Anno Hamacher
Antragslexikon Arbeitsrecht

Antragslexikon Arbeitsrecht

Herausgegeben von

Dr. Anno Hamacher

Richter am Bundesarbeitsgericht
Erfurt

Bearbeitet von

Katja Buschkröger

Richterin am Arbeitsgericht
Essen

Dr. Anno Hamacher

Richter am Bundesarbeitsgericht
Erfurt

Oliver Klose

Richter am Bundesarbeitsgericht
Erfurt

Peter Nübold

Vorsitzender Richter am
Landesarbeitsgericht
Düsseldorf

Dr. Christoph Ulrich

Vizepräsident des
Landesarbeitsgerichts
Düsseldorf

4., überarbeitete und erweiterte Auflage 2024

C.H.BECK

Zitierweise:
Stichworte: Hamacher Antragslexikon ArbR A. I. … (Stichwort) … Rn.
Systematischer Teil: Hamacher Antragslexikon ArbR A. I. Rn. …

beck.de

ISBN 978 3 406 81202 6

Wilhelmstraße 9, 80801 München

Druck und Bindung: Beltz Grafische Betriebe GmbH
Am Fliegerhorst 8, 99947 Bad Langensalza

Satz: Druckerei C.H.Beck Nördlingen
Umschlag: Ralph Zimmermann – Bureau Parapluie

chbeck.de/nachhaltig

Gedruckt auf säurefreiem, alterungsbeständigem Papier
(hergestellt aus chlorfrei gebleichtem Zellstoff

Vorwort zur 4. Auflage

Das positive Feedback zu unserem Werk – sowohl von Kolleginnen und Kollegen also auch von Prozessbevollmächtigten – stimmt uns froh und hat uns motiviert, nach fünf Jahren eine Neuauflage zu erarbeiten. Dieser Zeitraum war von Krisen, Neuerungen und Änderungen geprägt, die sich auch auf die Gesetzgebung, das Arbeitsrecht und das Arbeitsgerichtsverfahren ausgewirkt haben. Soweit die Antragstellung betroffen ist, haben wir versucht, die Auswirkungen durch eine Aktualisierung bestehender und die Aufnahme neuer Stichworte abzubilden, etwa mit den Stichworten „Home-Office“ in Teil A und „Ersatzeinreichung“ (iSd § 46g ArbGG) bei den allgemeinen Verfahrensanträgen in Teil C.

Wir hoffen, dass auch die Neuauflage allen an Arbeitsgerichtsverfahren Beteiligten hilfreich sein wird. Für Anregungen, konstruktive Hinweise und Kritik sind wir wie bisher dankbar.

Mai 2024

Katja Buschkröger
Anno Hamacher
Oliver Klose
Peter Nübold
Christoph Ulrich

Vorwort zur 1. Auflage

Nach § 137 Abs. 1 ZPO wird die mündliche Verhandlung dadurch eingeleitet, dass die Parteien ihre Anträge stellen. Dieser zeitliche Vorrang versinnbildlicht die herausragende Bedeutung des Antrags für das Führen eines Rechtsstreits. Mit der Antragstellung wird der Rechtszug auf das Gleis gesetzt. Der Antrag bestimmt den Streitgegenstand und damit auch die Vollstreckbarkeit und den Umfang der Rechtskraft eines aus dem Rechtsstreit resultierenden Urteils.

Leider ist die Mühe, die auf die Formulierung des Antrags verwendet wird, nach unserer richterlichen Erfahrung oftmals umgekehrt proportional zu seiner Wichtigkeit. Man weiß ja, worüber man streitet. Trotz der Pflicht nach § 139 Abs. 1 a. E. ZPO, auf eine sachdienliche Antragstellung hinzuweisen, überträgt sich diese Einstellung manchmal auch auf das Gericht: Es steuert auf die gütliche Einigung oder die spannenden Rechtsprobleme des Falles zu, ohne sich zu vergewissern, dass der Streit der Parteien im Antrag und dann auch im Tenor zutreffend abgebildet wird.

Die Verärgerung einer Partei, deren Anliegen materiell nicht nachgegangen wird, da ihre Klage wegen eines fehlerhaften Antrags als unzulässig abgewiesen wird, ist genauso verständlich wie die derjenigen Parteien, die nach abgeschlossenem Rechtsstreit bemerken müssen, dass all die Mühe vergeblich war, weil das tenorierte Ergebnis ihren Streit nicht präzise gelöst hat.

An dieser Stelle will unser Antragslexikon Hilfestellung leisten. Es richtet sich nicht nur an Kollegen, sondern vor allem auch an Anwälte, Verbandsvertreter und

Angehörige der Rechtsantragstellen, die täglich mit den unterschiedlichsten Sachverhalten und Fragestellungen konfrontiert werden und hieraus Anträge formulieren müssen.

Das Antragslexikon orientiert sich deshalb anders als andere Werke nicht an den verschiedenen Rechtsansprüchen oder Gesetzen, sondern an den zugrunde liegenden Sachverhalten. Im ABC sind zu zahlreichen Sachverhaltsstichwörtern mögliche Antragsmuster zu finden. Der Aufgabenstellung entsprechend haben wir uns auf Fragen der Antragstellung konzentriert und beschränkt. Ausführungen zur materiellrechtlichen Begründung des zu titulierenden Anspruchs werden nur gemacht, soweit dies zum Verständnis erforderlich ist.

Dieses Buch ist als Lexikon aufgebaut, und zwar getrennt zum Urteils- und zum Beschlussverfahren. Der Anwender braucht lediglich das zu seinem Sachverhalt passende Stichwort zu suchen. Dort findet er dann Empfehlungen zur Antragstellung mit konkreten Formulierungen. Zur Abgrenzung ist auch aufgeführt, wie man es besser nicht machen sollte (Negativbeispiele). Natürlich lassen sich nicht sämtliche denkbaren Lebenssachverhalte in allen Nuancen in einem solchen Werk erfassen. Es empfiehlt sich daher, die zitierte Rechtsprechung nachzulesen, um Unterschiede und Gemeinsamkeiten der Sachverhalte zu erkennen. Zu grundsätzlichen Fragen des Prozessrechts ist ein Blick in die „Systematische Einleitung“ zum Urteils- bzw. Beschlussverfahren ratsam.

In der Praxis werden unterschiedlichste Formulierungen verwendet, um einen Antrag einzuleiten. Zur Vereinfachung haben wir uns auf die Version beschränkt, die gleichzeitig als richterlicher Tenor geeignet ist. Es muss also jeweils hinzugedacht werden:

> Es werden folgende Anträge angekündigt: …

Zur besseren Verständlichkeit haben wir für die klagende Partei jeweils die männliche, für die beklagte jeweils die weibliche Form gewählt. Um Dopplungen zu verringern, haben wir mit Verweisungen gearbeitet. Es kann nicht schaden, auch in verwandten Stichwörtern nachzulesen.

Obwohl wir dieses Lexikon nach bestem Wissen erstellt haben, kann es natürlich vorkommen, dass Sie bei der Anwendung auf Kritik stoßen. Wenn dann der Satz: „Den Antrag habe ich aber dem Antragslexikon entnommen!“ nicht hilft, sollte man das tun, was bei jedem richterlichen Hinweis zur Antragstellung angezeigt ist: Diesem folgen. Den eigenen Antrag sollte man jedoch als Hilfsantrag aufrechterhalten, sofern der Hinweis nicht restlos überzeugend war

Im Rahmen eines solchen Werkes ist es nicht möglich, sämtliche denkbaren Sachverhalte zu behandeln. Wir hoffen aber, einen Großteil der praxisrelevanten Fragestellungen abgedeckt zu haben und allen Verfahrensbeteiligten eine wertvolle Praxishilfe anzubieten. Für ergänzende Hinweise und konstruktive Kritik sind wir dankbar.

Düsseldorf, im Januar 2010

Katja Buschkröger
Anno Hamacher
Oliver Klose
Peter Nübold
Christoph Ulrich

Inhaltsverzeichnis

Seite

Vorwort V
Abkürzungs- und Literaturverzeichnis XI
Stichwortverzeichnis XXI

A. Urteilsverfahren 1

I. Systematische Einleitung 1
1. Streitgegenstand 1
a) Klageantrag 3
b) Lebenssachverhalt 3
c) Beispiele 5
2. Die Klagearten 8
a) Leistungsklage 8
b) Feststellungsklage 10
aa) Rechtsverhältnis 11
bb) Feststellungsinteresse 15
cc) Zwischenfeststellungsklage 18
c) Gestaltungsklage 20
d) Einstweiliger Rechtsschutz 21
aa) Arrestverfahren 21
bb) Einstweilige Verfügung 22
3. Die Antragstellung 25
a) Zeitpunkt und Ort 25
b) Hinweispflicht des Gerichts 26
c) Bestimmtheitsgrundsatz 27
d) Anspruchshäufung 31
e) Bedingte Klageanträge 34
f) Klageänderung 36
g) Auslegung des Klageantrags 38

II. ABC der Anträge im Urteilsverfahren 39

B. Beschlussverfahren 415

I. Systematische Einleitung 415

1. Grundlagen 415
2. Leistungsanträge 424
3. Feststellungsanträge 426
4. Gestaltungsanträge 428
5. Vorläufiger Rechtsschutz: Arrest und einstweilige Verfügung 429

II. ABC der Anträge im Beschlussverfahren 430

Seite

C. Allgemeine Verfahrensanträge ... 545

D. Rechtsmittelverfahren ... 579

I. Berufung ... 579

1. Grundlagen ... 579
2. Einlegung der Berufung ... 579
3. Begründung der Berufung ... 580
4. Gestaltung der Anträge: ... 581
   a) Berufung des Klägers ... 581
   b) Berufung der Beklagten: ... 582
5. Beantwortung der Berufung ... 583
6. Von beiden Parteien eingelegte Berufung ... 583
7. Beschränkte Einlegung der Berufung ... 584
8. Klageerweiterung in der Berufungsinstanz ... 584
9. Zurückverweisung ... 584
10. Anschlussberufung ... 585
11. Ausschluss der vorläufigen Vollstreckbarkeit/Einstellung der Zwangsvollstreckung im Berufungsverfahren ... 586
12. Fristverlängerungsanträge ... 587
13. Antrag auf Ergänzung/Änderung der Zulassungsentscheidung, § 64 Abs. 3a ArbGG ... 588
14. Versäumnisverfahren/Entscheidung nach Lage der Akten ... 588

II. Revision ... 589

1. Grundlagen ... 589
2. Einlegung der Revision ... 589
3. Begründung der Revision ... 590
4. Gestaltung der Anträge ... 591
5. Beantwortung der Revision ... 591
6. Von beiden Parteien eingelegte Revision ... 592
7. Beschränkte Einlegung der Revision, Antragsänderung ... 592
8. Anschlussrevision ... 593
9. Vorläufige Vollstreckbarkeit ... 593
10. Antrag auf Ergänzung/Änderung der Zulassungsentscheidung, § 72 Abs. 2 S. 1 und 2 und § 64 Abs. 3a ArbGG ... 594
11. Versäumnisverfahren/Entscheidung nach Lage der Akten ... 594

III. Nichtzulassungsbeschwerde ... 595

1. Grundlagen ... 595
2. Einlegung der Nichtzulassungsbeschwerde ... 596
3. Begründung der Nichtzulassungsbeschwerde ... 597
   Umfassende Einlegung der Beschwerde ... 597
   Beschränkte Einlegung der Beschwerde ... 597
4. Beantwortung der Nichtzulassungsbeschwerde ... 598

Seite

IV. Revisionsbeschwerde ... 598

1. Grundlagen ... 598
2. Einlegung der Nichtzulassungsbeschwerde ... 598
3. Einlegung der Revisionsbeschwerde ... 599
4. Begründung der Revisionsbeschwerde ... 599
5. Beantwortung der Revisionsbeschwerde ... 600

V. Sofortige Beschwerde wegen verspäteter Absetzung des Berufungsurteils ... 600

1. Grundlagen ... 600
2. Einlegung der sofortigen Beschwerde ... 601
3. Begründung der sofortigen Beschwerde ... 601

VI. Anhörungsrüge ... 601

1. Grundlagen ... 601
2. Einlegung und Begründung der Anhörungsrüge ... 602

VII. Rechtsmittel im Beschlussverfahren ... 603

1. Beschwerde ... 603
2. Rechtsbeschwerde ... 605

E. Zwangsvollstreckungsverfahren ... 607

I. Allgemeine Voraussetzungen der Zwangsvollstreckung ... 607

1. Titel ... 607
2. Klausel ... 609
3. Zustellung ... 609
4. Behebung von Mängeln ... 610

II. Arten der Zwangsvollstreckung ... 610

1. Die Zwangsvollstreckung beim Amtsgericht ... 610
2. Die Zwangsvollstreckung beim Arbeitsgericht ... 610
   a) Vertretbare Handlungen. ... 610
   b) Unvertretbare Handlungen ... 611
   c) Unterlassung oder Duldung von Handlungen ... 614
   d) Abgabe einer Willenserklärung ... 616

III. Einwände des Schuldners ... 616

1. Erfüllung und Unmöglichkeit ... 616
2. Änderung der Umstände ... 617
3. Aufhebung des Titels ... 617
4. Schadensersatz ... 617

IV. Rechtsmittel ... 618

Abkürzungs- und Literaturverzeichnis

aA	anderer Ansicht
aaO	am angegebenen Ort
abgedr.	abgedruckt
Abh.	Abhandlung(en)
Abk.	Abkommen
abl.	ablehnend
ABM	Arbeitsbeschaffungsmaßnahme(n)
Abs.	Absatz
Abschn.	Abschnitt
aE	am Ende
ähnl.	ähnlich
ÄndG	Gesetz zur Änderung
aF	alte(r) Fassung
AG	Arbeitgeber; Aktiengesellschaft; Die Aktiengesellschaft (Zeitschrift); Amtsgericht
AGG	Allgemeines Gleichbehandlungsgesetz vom 14.8.2006 (BGBl. I S. 1897)
AiB	Arbeitsrecht im Betrieb (Zeitschrift)
AktG	Aktiengesetz
allgA	allgemeine Ansicht
allgM	allgemeine Meinung
Alt.	Alternative
aM	anderer Meinung
AN	Arbeitnehmer
Anders/Gehle ZPO	Anders/Gehle, Zivilprozessordnung, Kommentar, 82. Aufl. 2024
Anh.	Anhang
Anm.	Anmerkung
AP	Arbeitsrechtliche Praxis, Nachschlagewerk des Bundesarbeitsgerichts
APS/Bearbeiter	Ascheid/Preis/Schmidt (Hrsg.), Kündigungsrecht, Großkommentar zum gesamten Recht der Beendigung von Arbeitsverhältnisse, 7. Aufl. 2024
ArbG	Arbeitsgericht
ArbGG	Arbeitsgerichtsgesetz i. d. F. vom 2.7.1979 (BGBl. I S. 853, ber. S. 1036)
AR-Blattei	Arbeitsrecht-Blattei, Systematische Darstellungen und Gesetzestexte, begr. v. Sitzler, hrsg. v. Dieterich, Schwab, Neef und Oehmann (Stand 2007)
ArbZG	Arbeitszeitgesetz vom 6.6.1994 (BGBl. I S. 1170)
arg.	argumentum
Art.	Artikel
AuA	Arbeit und Arbeitsrecht (Zeitschrift)
AuB	Arbeit und Beruf (Zeitschrift)
Aufl.	Auflage

AÜG	Arbeitnehmerüberlassungsgesetz i. d. F. vom 3.2.1995 (BGBl. I S. 158)
AuR	Arbeit und Recht, Zeitschrift für die Arbeitsrechtspraxis
ausf.	ausführlich
Az.	Aktenzeichen
BA	Bundesagentur für Arbeit
BBAKNSV/Bearbeiter	Bader/Bram/Ahrendt/Klug/Kreutzberg-Kowalczyk/Nungeßer/Suckow/Volk, Kündigungs- und Bestandsschutz im Arbeitsverhältnis, Kommentar, Loseblatt
BAG	Bundesarbeitsgericht
BAG GS	Der Große Senat des Bundesarbeitsgerichts
BAGE	Entscheidungen des Bundesarbeitsgerichts
BAT	Bundesangestelltentarif; Bundesangestelltentarifvertrag
BAT-O	Tarifvertrag zur Anpassung des Tarifrechts – Manteltarifliche Vorschriften
Bauer/Krieger/Arnold Aufhebungsverträge	Arbeitsrechtliche Aufhebungsverträge, 10. Aufl. 2023
Bauer/Diller Wettbewerbsverbote	Wettbewerbsverbote, 9. Aufl. 2022
BB	Betriebs-Berater (Zeitschrift)
BDSG	Gesetz zur Fortentwicklung der Datenverarbeitung und des Datenschutzes vom 20.12.1990 (BGBl. I S. 2954)
BeckFormB ArbR/Bearbeiter	Joppich/Klemm/Kornbichler/Mohnke/Neighbour/Ohmann-Sauer/Schröder/Schwarz (Hrsg.), Beck'sches Formularbuch Arbeitsrecht, 4. Aufl. 2022
BeckOGK/Bearbeiter	Gsell/Krüger/Lorenz/Reymann (Hrsg.), beck-online. GROSSKOMMENTAR
BeckOK ArbR/Bearbeiter	Rolfs/Giesen/Kreikebohm/Udsching (Hrsg.), Beck'scher Online-Kommentar Arbeitsrecht
Beschl.	Beschluss
bestr.	bestritten
betr.	betreffend; betrifft
BetrAV	Betriebliche Altersversorgung, Mitteilungsblatt der Arbeitsgemeinschaft für betriebliche Altersversorgung
BetrAVG	Gesetz zur Verbesserung der betrieblichen Altersversorgung vom 19.12.1974 (BGBl. I S. 3610)
BetrR	Betriebsrat; Der Betriebsrat (Mitteilungen für die Betriebsräte der IG Chemie-Papier-Keramik)
BetrVG	Betriebsverfassungsgesetz i. d. F. vom 23.12.1988 (BGBl. I 1989 S. 1)
BGB	Bürgerliches Gesetzbuch in der Fassung der Bekanntmachung vom 2.1.2002 (BGBl. I S. 42)
BGBl.	Bundesgesetzblatt
BGH	Bundesgerichtshof
BGH GS	Bundesgerichtshof Großer Senat
BGHZ	Entscheidungen des Bundesgerichtshofs in Zivilsachen

BR .... Betriebsrat, Bundesrat
BRTV .... Bundesrahmentarifvertrag
BSG .... Bundessozialgericht
BSGE .... Entscheidungen des Bundessozialgerichts
BT .... Besonderer Teil; Bundestag
BUrlG .... Mindesturlaubsgesetz für Arbeitnehmer (Bundesurlaubsgesetz) vom 8.1.1963 (BGBl. I S. 2)
BVerfG .... Bundesverfassungsgericht
BVerfGE .... Entscheidungen des Bundesverfassungsgerichts
bzw. .... beziehungsweise

c.i.c. .... culpa in contrahendo

DArbR .... Deutsches Arbeitsrecht (Zeitschrift)
Däubler I, II .... Das Arbeitsrecht: Leitfaden für Arbeitnehmer, Bd. 1, 14. Aufl. 1995; Bd. 2, 10. Aufl. 1995
DB .... Der Betrieb (Zeitschrift)
ders. .... derselbe
DGB .... Deutscher Gewerkschaftsbund
dh .... das heißt
dies. .... dieselbe(n)
DKW/Bearbeiter .... Däubler/Klebe/Wedde (Hrsg.), Betriebsverfassungsgesetz, Kommentar, 19. Aufl. 2023
Dok. .... Dokument

EG .... Einführungsgesetz; Europäische Gemeinschaften
Einf. .... Einführung
Einl. .... Einleitung
entspr. .... entsprechend
Entw. .... Entwurf
ErfK/Bearbeiter .... Müller-Glöge/Preis/Gallner/Schmidt (Hrsg.), Erfurter Kommentar zum Arbeitsrecht, 24. Aufl. 2024
Erg. .... Ergänzung
EuGH .... Gerichtshof der Europäischen Gemeinschaften
EuroAS .... Europäisches Arbeits- und Sozialrecht (Zeitschrift)
eV .... eingetragener Verein
evtl. .... eventuell
EzA .... Entscheidungen zum Arbeitsrecht, hrsg. von Stahlhacke
EzAÜG .... Entscheidungssammlung zum Arbeitnehmerüberlassungsgesetz und zum sonstigen drittbezogenen Personaleinsatz, hrsg. von Leinemann und Düwell

f.,ff. .... folgende Seite bzw. Seiten
FA .... Fachanwalt Arbeitsrecht (Zeitschrift)
Fitting .... Fitting/Engels/Schmidt/Trebinger/Linsenmaier, Betriebsverfassungsgesetz mit Wahlordnung, Handkommentar, 32. Aufl. 2024
Fn. .... Fußnote
FormB-ArbR .... Hümmerich/Lücke/Mauer, Arbeitsrecht, 9. Aufl. 2018

GBl. .... Gesetzblatt; Gesetzblatt der Deutschen Demokratischen Republik
GbR .... Gesellschaft bürgerlichen Rechts
gem. .... gemäß
GemSoBG .... Gemeinsamer Senat der obersten Bundesgerichte
GG .... Grundgesetz für die Bundesrepublik Deutschland vom 23.5.1949 (BGBl. I S. 1)
ggf. .... gegebenenfalls
GK .... Gemeinschaftskommentar
GK-ArbGG/
Bearbeiter .... Gemeinschaftskommentar zum Arbeitsgerichtsgesetz, Loseblatt
GK-BetrVG/
Bearbeiter .... Wiese/Kreutz/Oetker/Raab/Weber/Franzen/Gutzeit/Jacobs, Gemeinschaftskommentar zum Betriebsverfassungsgesetz, 12. Aufl. 2022
GKG .... Gerichtskostengesetz i. d. F. vom 15.12.1975 (BGBl. I S. 3047)
GmbH .... Gesellschaft mit beschränkter Haftung
GmbHG .... Gesetz betreffend die Gesellschaften mit beschränkter Haftung i. d. F. vom 20.5.1898 (RGBl. S. 369, 846)
GMP/Bearbeiter .... Germelmann/Matthes/Prütting, Arbeitsgerichtsgesetz, Kommentar, 10. Aufl. 2022
GmS-OGB .... Gemeinsamer Senat der obersten Gerichtshöfe des Bundes
GrS .... Großer Senat
Grüneberg/Bearbeiter Bürgerliches Gesetzbuch, Kommentar, 83. Aufl. 2024

hA .... herrschende Ansicht
Hs. .... Halbsatz
Hauck/Noftz .... Sozialgesetzbuch, 2019
Helml/Pessinger .... Arbeitsgerichtsgesetz, 5. Aufl. 2021
Herschel/Löwisch .... Kommentar zum Kündigungsschutzgesetz, 6. Aufl. 1984
HK-AGG .... Däubler/Beck, Allgemeines Gleichbehandlungsgesetz, Handkommentar, 5. Aufl. 2022
HK-ArbGG/Bearbeiter Natter/Gross, Handkommentar zum Arbeitsgerichtsgesetz, 2. Aufl. 2013
HK-BetrVG/Bearbeiter Düwell, Handkommentar zum Betriebsverfassungsgesetz, 5. Aufl. 2018
HK-KSchG/Bearbeiter Fiebig/Gallner/Mestwerdt/Nägele, Handkommentar zum Kündigungsschutzgesetz, 4. Aufl. 2012
hL .... herrschende Lehre
hM .... herrschende Meinung
Hrsg.; hrsg. .... Herausgeber; herausgegeben
HWGNR/Bearbeiter .... Hess/Worzalla/Glock/Nicolai/Rose/Hulke, Kommentar zum BetrVG, 10. Aufl. 2018
HWK/Bearbeiter .... Henssler/Willemsen/Kalb, Arbeitsrecht, Kommentar, 11. Aufl. 2024
v. Hoyningen-Huene/
Linck .... Kündigungsschutzgesetz, Kommentar, 15. Aufl. 2013

HwB AR	Handwörterbuch zum Arbeitsrecht
HzA	Handbuch zum Arbeitsrecht, hrsg. von Leinemann, Loseblatt (Stand: 2018)
iAllg	im Allgemeinen
idF (v.)	in der Fassung (vom)
idR	in der Regel
idS	in diesem Sinn(e)
iE	im Einzelnen
iErg	im Ergebnis
ieS	im engeren Sinne
InsO	Insolvenzordnung vom 5.10.1994 (BGBl. I S. 2866)
iSd	im Sinne (der, des)
iSv	im Sinne von
iÜ	im Übrigen
iVm	in Verbindung (mit)
iW	im Wesentlichen
iwS	im weiteren Sinne
JA	Juristische Arbeitsblätter (Zeitschrift)
JR	Juristische Rundschau (Zeitschrift)
JurA	Juristische Analysen (Zeitschrift)
JurBüro	Das juristische Büro (Zeitschrift)
JuS	Juristische Schulung (Zeitschrift)
Justiz	Die Justiz (Zeitschrift)
JZ	Juristenzeitung (Zeitschrift)
Kap.	Kapitel
Kapovaz	Kapazitätsorientierte variable Arbeitszeit
KHzA/Bearbeiter	Kasseler Handbuch zum Arbeitsrecht (2 Bde.), 2. Aufl. 2000
KDZ/Bearbeiter	Kittner/Däubler/Zwanziger, KSchR – Kommentar für die Praxis, 10. Aufl. 2017
KG	Kammergericht (Berlin); Kommanditgesellschaft
KGaA	Kommanditgesellschaft auf Aktien
Komm.	Kommentar; Kommission
KPK/Bearbeiter	Sowka/Schiefer/Heise (Hrsg.), Kölner Praxiskommentar zum Kündigungsschutzgesetz und zu sonstigen kündigungsrechtlichen Vorschriften, 4. Aufl. 2012
KR	Kontrollrat
KR/Bearbeiter	Gemeinschaftskommentar zum Kündigungsschutzgesetz und sonstigen kündigungsschutzrechtlichen Vorschriften, 12. Aufl. 2019
krit.	kritisch
KSchG	Kündigungsschutzgesetz
KUG	Kurzarbeitergeld
LAG	Landesarbeitsgericht
LAGE	Entscheidungen des Landesarbeitsgerichts
LG	Landgericht

Lit.	Literatur
LKK/Bearbeiter	Löwisch/Kaiser/Klumpp, Betriebsverfassungsgesetz, Kommentar, 8. Aufl. 2022
LohnabzVO	Lohnabzugsverordnung
LohnFG	Gesetz über die Fortzahlung des Arbeitsentgelts im Krankheitsfalle (Lohnfortzahlungsgesetz) vom 27.7.1969 (BGBl. I S. 946)
LPersVG	Landespersonalvertretungsgesetz
LSG	Landessozialgericht
LVA	Landesversicherungsanstalt
mablAnm.	mit ablehnender Anmerkung
mÄnd	mit Änderung(en)
MAH ArbR/Bearbeiter	Moll (Hrsg.), Münchener Anwaltshandbuch Arbeitsrecht, 5. Aufl. 2021
maW	mit anderen Worten
MDR	Monatsschrift für Deutsches Recht (Zeitschrift)
MitbestErgG	Gesetz zur Ergänzung des Gesetzes über die Mitbestimmung der Arbeitnehmer in den Aufsichtsräten und Vorständen der Unternehmen des Bergbaus und der Eisen und Stahl erzeugenden Industrie (Montanmitbestimmungsergänzungsgesetz) vom 7.8.1956 (BGBl. I S. 707)
MitbestG	Gesetz über die Mitbestimmung der Arbeitnehmer (Mitbestimmungsgesetz) vom 4.5.1976 (BGBl. I S. 1153)
mkritAnm.	mit kritischer Anmerkung
MPFormB ArbR	Münchener Prozessformularbuch Arbeitsrecht, hrsg. von Zirnbauer, 5. Aufl. 2017
MTV	Manteltarifvertrag
MuA	Mensch und Arbeit (Zeitschrift)
MHdb ArbR I, II/ Bearbeiter	Kiel/Lunk/Oetker (Hrsg.), Münchener Handbuch zum Arbeitsrecht Band I – IV, 5. Aufl. 2021
MüKoBGB/ Bearbeiter	Münchener Kommentar zum Bürgerlichen Gesetzbuch, hrsg. von Rixecker und Säcker, 9. Aufl. 2021
MüKoZPO/ Bearbeiter	Münchener Kommentar zur Zivilprozessordnung, hrsg. von Krüger und Rauscher, 6. Aufl. 2020
MPFormB ArbR/ Bearbeiter	Zirnnbauer/Hahn (Hrsg.), Münchener Prozessformularbuch Arbeitsrecht, 6. Aufl. 2023
Musielak/Voit/ Bearbeiter	Zivilprozessordnung, 21. Aufl. 2024
mwN	mit weiteren Nachweisen
m. zahlr. Nachw.	mit zahlreichen Nachweisen
m. zust. Anm.	mit zustimmender Anmerkung
nachf.	nachfolgend
Nachw.	Nachweis
Neumann/Biebl	Arbeitszeitgesetz, Kommentar, 16. Aufl. 2012

Neumann/Fenski/ Kühn	Bundesurlaubsgesetz, Kommentar, 12. Aufl. 2021
NJW	Neue Juristische Wochenschrift
NJW-RR	NJW-Rechtsprechungs-Report, Zivilrecht (Zeitschrift)
nrkr.	nicht rechtskräftig
Nr.	Nummer(n)
NRW	Nordrhein-Westfalen
NZA	Neue Zeitschrift für Arbeitsrecht
NZA-RR	NZA-Rechtsprechungs-Report
NZS	Neue Zeitschrift für Sozialrecht
NZV	Neue Zeitschrift für Verkehrsrecht
o.	oben
o.a.	oben angegeben
oÄ	oder Ähnliches
öffentl.	öffentlich
OHG	offene Handelsgesellschaft
OLG	Oberlandesgericht
OLGZ	Rechtsprechung der Oberlandesgerichte in Zivilsachen, Amtliche Entscheidungssammlung
Personal	Personal Mensch und Arbeit im Betrieb (Zeitschrift)
PersF	Personalführung (Zeitschrift)
PersR	Personalrat
PersV	Die Personalvertretung (Zeitschrift)
PersVG	Bundespersonalvertretungsgesetz vom 15.3.1974 (BGBl. I S. 693)
Preis	Arbeitsrecht, Individualarbeitsrecht, 5. Aufl. 2017
RdA	Recht der Arbeit (Zeitschrift)
Rn.	Randnummer(n)
Richardi BetrVG/ Bearbeiter	Betriebsverfassungsgesetz, Kommentar, 17. Aufl. 2022
Richardi/Dörner/ Weber	Personalvertretungsrecht, 5. Aufl. 2020
RL	Richtlinie(n)
rkr.	rechtskräftig
RL	Richtlinie(n)
Rspr.	Rechtsprechung
RTV	Rahmentarifvertrag
S.	Seite(n); Satz
s.	siehe
SAE	Sammlung arbeitsrechtlicher Entscheidungen (Zeitschrift)
Schaub Arbeitsgerichts-verfahren	Arbeitsgerichtsverfahren, 7. Aufl. 20041
Schaub ArbR-HdB/ Bearbeiter	Ahrendt/Koch/Linck/Rinck/Rennpferdt/Treber/Vogelsang (Hrsg.), Arbeitsrechts-Handbuch, 20. Aufl. 2023
Schaub ArbRFV-HdB	Schaub/Straube/Vogelsang (Hrsg.) Arbeitsrechtliches Formular- und Verfahrensbuch, 15. Aufl. 2023

SchwBeschG ... Schwerbeschädigtengesetz vom 16.6.1953 (BGBl. I S. 389)
SchwbG ... Gesetz zur Sicherung der Eingliederung Schwerbehinderter in Arbeit, Beruf und Gesellschaft (Schwerbehindertengesetz) i.d.F.d.Bek. vom 26.8.1986 (BGBl. I S. 1422)
SG ... Sozialgericht
SGB ... Sozialgesetzbuch
SGG ... Sozialgerichtsgesetz i.d.F. vom 23.9.1975 (BGBl. I S. 2535)
SHSS/Bearbeiter ... Schlewig/Henssler/Schipp/Schnitker (Hrsg.), Arbeitsrecht in der betrieblichen Altersversorgung, Loseblatt
s.o. ... siehe oben
sog ... sogenannt(e)
st. ... ständig
StA ... Staatsangehörigkeit/Staatsanwalt(-schaft)
SPV Kündigung ... Stahlhacke/Preis/Vossen, Kündigung und Kündigungsschutz im Arbeitsverhältnis, 11. Aufl. 2015
str. ... streitig, strittig
stRspr ... ständige Rechtsprechung
s.u. ... siehe unten
SSV/Bearbeiter ... Schleusener/Suckow/Voigt (Hrsg.), Kommentar zum AGG, 5. Aufl. 2019
SW/Bearbeiter ... Schwab/Weth (Hrsg.), Kommentar zum Arbeitsgerichtsgesetz, 5. Aufl. 2017

teilw. ... teilweise
Thomas/Putzo/Bearbeiter ... Hüßtege/Reichold/Seiler/Nordemann (Hrsg.), Zivilprozessordnung mit Gerichtsverfassungsgesetz und den Einführungsgesetzen, Kommentar, 45. Aufl. 2024
TV ... Tarifvertrag
TVG ... Tarifvertragsgesetz i.d.F. vom 25.8.1969 (BGBl. I S. 1323)

u. ... und; unten; unter
ua ... unter anderem, und andere
uÄ ... und Ähnliche(s)
unstr. ... unstreitig
usw ... und so weiter
uU ... unter Umständen

v. ... vom; von
Veröff. ... Veröffentlichung, veröffentlicht
VG ... Verwaltungsgericht; auch Verwertungsgesellschaft
VGH ... Verfassungsgerichtshof
vgl. ... vergleiche
Vorb. ... Vorbemerkung

WahlO ... Wahlordnung
WdA ... Welt der Arbeit (Zeitschrift)
Wiedemann/Bearbeiter ... Tarifvertragsgesetz, 9. Aufl. 2023

ZAP	Zeitschrift für Anwaltspraxis
zB	zum Beispiel
Ziff.	Ziffer(n)
Zöller/Bearbeiter	Kommentar zur Zivilprozessordnung, 35. Aufl. 2024
ZPO	Zivilprozessordnung
zT	zum Teil
zust.	zuständig; zustimmend
zutr.	zutreffend
zzt.	zurzeit

Stichwortverzeichnis

A. Urteilsverfahren

Abberufung von einem Amt *(Ulrich)* ... 39
Abfindung *(Hamacher)* ... 39
Abgabe von Erklärungen *(Hamacher)* ... 39
Abmahnung *(Hamacher)* ... 41
Abrechnung *(Nübold)* ... 45
Abschlagszahlung/Vorschuss *(Hamacher)* ... 50
Abzug vom Lohn *(Nübold)* ... 50
Änderungskündigung *(Nübold)* ... 50
Akkord *(Hamacher)* ... 55
Aktien(optionen) *(Nübold)* ... 56
Allgemeiner Feststellungsantrag *(Nübold)* ... 57
Allgemeines Gleichbehandlungsgesetz (AGG) *(Nübold)* ... 61
Allgemeinverbindlicherklärung *(Hamacher)* ... 61
Altersteilzeit *(Ulrich)* ... 62
Anfechtung *(Nübold)* ... 67
Anhörungsrüge *(Ulrich)* ... 70
Anmeldung zur Sozialversicherung *(Nübold)* ... 71
Annahmeverzug *(Hamacher)* ... 71
Arbeitgeberdarlehen *(Nübold)* ... 73
Arbeitnehmerüberlassung *(Hamacher)* ... 74
Arbeitsbescheinigung *(Nübold)* ... 76
Arbeitskampf *(Ulrich)* ... 77
Arbeitsleistung *(Ulrich)* ... 84
Arbeitslosengeld *(Hamacher)* ... 85
Arbeitspapiere *(Nübold)* ... 85
Arbeitsschutz *(Ulrich)* ... 86
Arbeitssicherheit *(Ulrich)* ... 90
Arbeitsunfähigkeitsbescheinigung *(Nübold)* ... 91
Arbeitsverhältnis, Beendigung *(Nübold)* ... 92
Arbeitsverhältnis, Zustandekommen *(Nübold)* ... 92
Arbeitsvertrag *(Nübold)* ... 92
Arbeitszeit *(Ulrich)* ... 99
Arbeitszeitkonto *(Hamacher)* ... 102
Arbeitszeitnachweis *(Hamacher)* ... 107
Attestpflicht *(Nübold)* ... 107
Aufhebungsklage *(Hamacher)* ... 108
Aufhebungsvertrag *(Hamacher)* ... 108
Auflösung *(Hamacher)* ... 108
Aufrechnung *(Nübold)* ... 111
Aufwendungsersatz *(Nübold)* ... 112
Ausbildungsverhältnis *(Hamacher)* ... 113
Auskunft *(Hamacher)* ... 114
Auslösung *(Nübold)* ... 121
Auto *(Nübold)* ... 121

Bedingte Klageanträge *(Nübold)* ... 121
Bedingung, auflösende *(Nübold)* ... 123
Beendigung von Nebenabreden *(Ulrich)* ... 125
Beförderung *(Nübold)* ... 126
Befristung *(Nübold)* ... 126
bEM – Betriebliches Eingliederungsmanagement *(Hamacher)* ... 129
Benachteiligung *(Hamacher)* ... 130
Beschäftigung *(Ulrich)* ... 130
Beschäftigungsverbot *(Hamacher)* ... 149
Beschwerde *(Ulrich)* ... 149
Betriebliche Altersversorgung *(Klose)* ... 149
Betriebsübergang *(Nübold)* ... 153
Beurteilung *(Ulrich)* ... 159
Bewerbung *(Nübold)* ... 159
Bonus *(Hamacher)* ... 159
Brückenteilzeit *(Ulrich)* ... 160
Bruttolohn *(Hamacher)* ... 160
Buchauszug *(Hamacher)* ... 160
Bühnenmitarbeiter *(Hamacher)* ... 160

Dateien *(Nübold)* ... 162
Datenschutz *(Ulrich)* ... 164
Datenschutzbeauftragter *(Ulrich)* ... 167
Dienstwagen *(Nübold)* ... 169
Direktionsrecht *(Ulrich)* ... 169
Direktversicherung *(Nübold)* ... 175
Diskriminierung *(Hamacher)* ... 176
Domain-Adresse *(Nübold)* ... 177
Drittschuldnerklage/Einziehungsklage *(Hamacher)* ... 178
Duldung *(Hamacher)* ... 180

Ehrverletzung *(Nübold)* ... 181
Eigenkündigung *(Nübold)* ... 182
Eingruppierung *(Nübold)* ... 183
Einkommensbescheinigung *(Nübold)* ... 187
Einsicht in die Geschäftsbücher *(Hamacher)* ... 188
Einstellung *(Ulrich)* ... 188
Einwirken auf Verbandsmitglieder *(Hamacher)* ... 188
Einziehungsklage *(Hamacher)* ... 190
Elternzeit *(Ulrich)* ... 190
Entbindung von der Weiterbeschäftigung *(Ulrich)* ... 192
Entgeltbescheinigung *(Nübold)* ... 192
Entgeltfortzahlung *(Hamacher)* ... 193
Entgelttransparenz *(Buschkröger)* ... 193
Entschädigung *(Nübold)* ... 195
Entschädigung bei Diskriminierung *(Hamacher)* ... 197
Equal-Pay *(Hamacher)* ... 198
Erfüllung *(Hamacher)* ... 198
Ermahnung *(Hamacher)* ... 198

Fahrtenschreiberdiagramme *(Hamacher)* 199
Fahrtkosten *(Ulrich)* 200
Feiertag *(Hamacher)* 200
Firmenwagen *(Nübold)* 201
Fortbildungskosten *(Nübold)* 201
Foto/Video *(Hamacher)* 202
Freistellung von der Arbeitsleistung *(Hamacher)* 203
Freistellung von Verpflichtungen *(Hamacher)* 206

Geheimnis *(Ulrich)* 207
Genehmigung *(Nübold)* 210
Geschäftsführer *(Nübold)* 210
Geschäftsunterlagen *(Hamacher)* 212
Gesundheitsschutz *(Ulrich)* 212
Gewerkschaftsmitgliedschaft *(Hamacher)* 212
Gewerkschaftstätigkeit *(Hamacher)* 214
Gleichbehandlung *(Ulrich)* 218
Gratifikation *(Hamacher)* 219

Herausgabe *(Nübold)* 220
Hilfsantrag *(Nübold)* 221
Home-Office *(Hamacher)* 221

Inhalt des Arbeitsverhältnisses *(Ulrich)* 223
Insolvenz *(Hamacher)* 229
Internet *(Hamacher)* 231

Jubiläumszuwendung *(Hamacher)* 233

Karenzentschädigung *(Nübold)* 233
Konkurrentenklage *(Nübold)* 234
Konkurrenztätigkeit *(Nübold)* 239
Kraftfahrzeug *(Nübold)* 239
Kryptowährung *(Nübold)* 241
Kündigung einzelner Arbeitsbedingungen *(Hamacher)* 241
Kündigung *(Hamacher)* 241
Kündigungsfrist *(Hamacher)* 255
Künftige Zahlungen *(Hamacher)* 256

Leistungsbestimmung *(Hamacher)* 259
Leistungsbeurteilung *(Ulrich)* 262
Leistungsverweigerungsrecht *(Hamacher)* 265
Lohnnachweiskarte – Sozial- bzw. Urlaubskassenverfahren *(Buschkröger)* 267
Lohnsteuer *(Hamacher)* 267
Lohnsteuerbescheinigung *(Nübold)* 269
Lohnsteuerkarte *(Nübold)* 271

Mandantenschutzklausel *(Nübold)* 271
Mehrarbeit *(Nübold)* 271
Meldung zur Sozialversicherung *(Nübold)* 272

Mindestlohn *(Hamacher)* 273
Mitnahme von Hunden *(Hamacher)* 274
Mobbing *(Hamacher)* 275

Nachtarbeit, Ausgleich *(Hamacher)* 276
Nachteilsausgleich *(Hamacher)* 277
Nachweis (der Arbeitsbedingungen) *(Nübold)* 278
Nachzeichnung *(Hamacher)* 279
Nebentätigkeit *(Nübold)* 279
Nettolohn *(Hamacher)* 281

Parkplatz *(Hamacher)* 282
Personalakte *(Ulrich)* 283
Pflegezeit *(Buschkröger)* 285
Praktikant *(Hamacher)* 287
Provision *(Hamacher)* 288

Rechnungslegung *(Hamacher)* 295
Reisekosten *(Ulrich)* 295
Rückgruppierung *(Nübold)* 296
Rückkehrzusage *(Nübold)* 297
Rückzahlungsansprüche des Arbeitgebers *(Hamacher)* 297
Ruhen des Arbeitsverhältnisses *(Hamacher)* 299

Schadensersatz *(Nübold)* 299
Scheinselbstständigkeit *(Nübold)* 302
Schichtzulage *(Nübold)* 302
Schiedsspruch *(Hamacher)* 303
Schleppnetzantrag *(Nübold)* 303
Schlichtungsausschuss *(Hamacher)* 303
Schmerzensgeld *(Nübold)* 304
Sonn- und Feiertagszuschlag *(Ulrich)* 305
Sozialkassen *(Hamacher)* 307
Sozialplanansprüche *(Ulrich)* 308
Sozialversicherungsbeiträge *(Hamacher)* 309
Sozialversicherungsnachweis *(Nübold)* 310
Spesen *(Ulrich)* 311
Statusklage *(Nübold)* 311
Steuerschaden *(Hamacher)* 313
Streik *(Nübold)* 313
Stufenklage *(Hamacher)* 313

Tantieme *(Hamacher)* 316
Tarifgebundenheit *(Hamacher)* 316
Tariflohn *(Hamacher)* 316
Tarifvertrag, Abschluss *(Hamacher)* 317
Tarifvertrag, Anwendbarkeit *(Hamacher)* 317
Tarifvertrag, Bestehen und Auslegung *(Hamacher)* 320
Tarifvertrag, Durchführung von Bestimmungen *(Hamacher)* 323

Teilkündigung/Beendigung von Nebenabreden *(Ulrich)* 325
Teilzeit *(Ulrich)* 327

Überstunden *(Nübold)* 338
Unerlaubte Handlung *(Nübold)* 339
Unterlassung *(Nübold)* 339
Urlaubsabgeltung *(Nübold)* 343
Urlaubsbescheinigung *(Nübold)* 345
Urlaubsentgelt *(Nübold)* 346
Urlaubsgeld *(Nübold)* 346
Urlaubsgewährung *(Nübold)* 347
Urlaubskonto *(Nübold)* 350
Urlaubsumfang *(Nübold)* 351

Verdienstbescheinigung *(Buschkröger)* 354
Vergleich *(Nübold)* 354
variable Vergütung *(Hamacher)* 354
Vergütung *(Hamacher)* 355
Verhandlungsanspruch *(Hamacher)* 369
Vermögenswirksame Leistungen *(Nübold)* 371
Verpflegungsmehraufwendungen *(Ulrich)* 373
Versetzung *(Ulrich)* 373
Vertragsabschluss *(Hamacher)* 373
Vertragsstrafe *(Hamacher)* 376
Verzugspauschale *(Nübold)* 376
Vollstreckungsgegenklage *(Nübold)* 377
Vordienstzeiten, Anerkennung von *(Nübold)* 377
Vorschuss/Abschlagszahlung *(Hamacher)* 378
Vorstellungskosten *(Hamacher)* 380

Wahlschuld *(Nübold)* 380
Weisungsrecht *(Ulrich)* 381
Weiterbeschäftigung *(Ulrich)* 381
Wettbewerbsverbot *(Nübold)* 381
Wettbewerbsverstoß *(Nübold)* 385
Widerruf von Erklärungen *(Nübold)* 385
Widerrufsvorbehalt *(Ulrich)* 386
Wiedereingliederung *(Ulrich)* 388
Wiedereinstellung *(Ulrich)* 388

Zahlung *(Hamacher)* 391
Zeugnis *(Ulrich)* 395
Zielvereinbarung *(Ulrich)* 404
Zinsen *(Hamacher)* 407
Zurückbehaltungsrecht *(Hamacher)* 410
Zuschläge *(Hamacher)* 411
Zuschuss zum Mutterschaftsgeld *(Hamacher)* 411
Zustandekommen des Arbeitsverhältnisses *(Nübold)* 411
Zustimmungsersetzung *(Hamacher)* 411
Zutritt zum Betrieb *(Hamacher)* 412

Zuweisung *(Ulrich)* ... 412
Zwischenzeugnis *(Ulrich)* ... 413

B. Beschlussverfahren

Allgemeines Gleichbehandlungsgesetz AGG *(Klose)* ... 430
Allgemeinverbindlicherklärung (AVE) *(Klose)* ... 433
Amtszeit *(Klose)* ... 436
Anwaltskosten *(Klose)* ... 436
Arbeitsschutz *(Klose)* ... 439
Auskunft *(Klose)* ... 441
Auslegung einer Betriebsvereinbarung *(Klose)* ... 441
Ausschluss aus und Auflösung des Betriebsrats *(Klose)* ... 443

Berater bei Betriebsänderung *(Klose)* ... 445
Beschluss *(Klose)* ... 446
Betrieb *(Klose)* ... 447
Betriebsvereinbarung *(Klose)* ... 447
Betriebsversammlung *(Klose)* ... 449

Durchführung von Betriebsvereinbarungen *(Klose)* ... 451

Einigungsstelle *(Klose)* ... 454

Grober Verstoß gegen Pflichten des Arbeitgebers *(Klose)* ... 462
Grober Verstoß gegen Pflichten des Betriebsrats *(Klose)* ... 464

Hinweisgeberschutz *(Klose)* ... 464

Jugend- und Auszubildendenvertretung *(Buschkröger)* ... 465

Kosten der Betriebsratstätigkeit *(Klose)* ... 467
Kündigung von Betriebsratsmitgliedern und anderen Amtsträgern (§ 103 BetrVG) *(Buschkröger)* ... 469

Leitende Angestellte *(Buschkröger)* ... 472

Mitbestimmung in allgemeinen personellen Angelegenheiten *(Buschkröger)* ... 473
Mitbestimmung in sozialen Angelegenheiten *(Klose)* ... 479
Mitbestimmung in speziellen personellen Angelegenheiten (Einstellung, Versetzung, Eingruppierung) *(Buschkröger)* ... 486
Mitbestimmung in wirtschaftlichen Angelegenheiten *(Klose)* ... 494

Rechtsverordnung nach §§ 7f. AEntG, § 3a AÜG *(Klose)* ... 502

Sachmittel und Büropersonal *(Klose)* ... 502
Sachverständige *(Klose)* ... 505
Schlichtungsstelle, tarifliche *(Klose)* ... 507
Schulung *(Klose)* ... 508

Tariffähigkeit *(Klose)* ... 513
Tarifkollision iSd § 4a TVG *(Klose)* ... 516
Tarifzuständigkeit *(Klose)* ... 518
Tendenzeigenschaft *(Klose)* ... 521

Übernahme von Jugend- und Auszubildendenvertretern *(Buschkröger)* ... 522
Unterlassungsanspruch gegen den Betriebsrat *(Buschkröger)* ... 524
Unterrichtung *(Klose)* ... 526

Versetzung von Betriebsratsmitgliedern und anderen Amtsträgern (§ 103 BetrVG) *(Buschkröger)* ... 529

Wahlen *(Klose)* ... 530

Zugang zum Betrieb *(Klose)* ... 540
Zuständigkeit Betriebsrat/Gesamtbetriebsrat/Konzernbetriebsrat *(Klose)* ... 541

C. Allgemeine Verfahrensanträge

Akteneinsicht *(Nübold)* ... 545
Anerkenntnis *(Nübold)* ... 546
Aussetzung *(Nübold)* ... 547

Befangenheit *(Nübold)* ... 548
Berichtigung *(Nübold)* ... 549
Beweissicherung *(Nübold)* ... 550
Bindung an die Anträge *(Nübold)* ... 551

Entscheidung nach Aktenlage *(Hamacher)* ... 552
Ergänzungsurteil *(Nübold)* ... 552
Erledigungserklärung *(Nübold)* ... 554
Ersatzeinreichung *(Nübold)* ... 555

Fristverlängerung *(Nübold)* ... 557

Geschäftsgeheimnisstreitsachen *(Hamacher)* ... 558

Klageabweisung *(Hamacher)* ... 560

Nebenintervention *(Nübold)* ... 560
Nichtigkeitsklage *(Nübold)* ... 561

Protokollberichtigung *(Nübold)* ... 562
Prozesskostenhilfe *(Nübold)* ... 562

Rechtmittelzulassung *(Nübold)* ... 566
Restitutionsklage *(Nübold)* ... 567
Ruhen des Verfahrens *(Nübold)* ... 567

Streitverkündung *(Nübold)* ... 568

Tatbestandsberichtigung *(Nübold)* 569
Terminsänderung *(Nübold)* 570
Trennung *(Nübold)* 571

Verbindung *(Nübold)* 572
Versäumnisurteil *(Hamacher)* 573
Vorläufige Vollstreckbarkeit/Einstellung der Zwangsvollstreckung *(Ulrich)* 575

Wiedereinsetzung *(Nübold)* 576

Zuständigkeit *(Nübold)* 577

A. Urteilsverfahren

Übersicht A.

	Rn.
I. Systematische Einleitung	1–136
1. Streitgegenstand	2–31
a) Klageantrag	9
b) Lebenssachverhalt	10–13
c) Beispiele	14–31
2. Die Klagearten	32–95
a) Leistungsklage	33–41
b) Feststellungsklage	42–78
aa) Rechtsverhältnis	43–57
bb) Feststellungsinteresse	58–73
cc) Zwischenfeststellungsklage	74–78
c) Gestaltungsklage	79, 80
d) Einstweiliger Rechtsschutz	81–95
aa) Arrestverfahren	84
bb) Einstweilige Verfügung	85–95
3. Die Antragstellung	96–136
a) Zeitpunkt und Ort	96, 97
b) Hinweispflicht des Gerichts	98–100
c) Bestimmtheitsgrundsatz	101–109
d) Anspruchshäufung	110–120
e) Bedingte Klageanträge	121–131
f) Klageänderung	132–135
g) Auslegung des Klageantrags	136
II. ABC der Anträge im Urteilsverfahren	

I. Systematische Einleitung

Die **Bedeutung** des Klageantrags sowie die Grundsätze zur Antragsstellung im Urteilsverfahren sollen zunächst abstrakt dargestellt werden, bevor im ABC der Anträge im Urteilsverfahren konkret auf die Antragsstellung bei zahlreichen Lebenssachverhalten eingegangen wird. 1

1. Streitgegenstand

Nach §§ 253 Abs. 2 Nr. 2, 130 ZPO, § 46 Abs. 2 ArbGG muss die Klageschrift ua die bestimmte Angabe des Gegenstandes und des Grundes des erhobenen Anspruchs sowie einen bestimmten Antrag enthalten. Diese Angaben sind notwendig, damit nach Abschluss des Rechtsstreits feststeht, worüber in dem gerichtlichen Verfahren entschieden worden ist, welcher **Streitgegenstand** also einer rechtskräftigen Klärung zugeführt wurde.[1] Es herrscht der sog. **zweigliedrige Streitgegenstandsbegriff.**[2] Der Streitgegenstand wird durch den **Antrag und** den zu seiner Begründung vorgetragenen **Lebenssachverhalt** gebildet.[3] Zum Streitgegenstand sind dabei alle Tatsachen zu rechnen, die bei einer natürlichen, vom Standpunkt der Parteien ausgehenden, den Sachverhalt seinem Wesen nach erfassenden Betrachtungsweise zu dem zur Entscheidung gestellten Tatsachenkomplex gehören, den der Kläger zur Stützung seines 2

1 BAG 15.7.2008 – 3 AZR 172/07, NZA-RR 2009, 506; BGH 24.1.2008 – VII ZR 46/07, NJW-Spezial 2008, 205.
2 MüKoZPO/Becker-Eberhard Vor § 253 Rn. 32; vgl. auch GMP/Prütting Einl. Rn. 186 ff.
3 BAG 10.11.2021 – 10 AZR 696/19, NZA 2022, 345; BGH 31.5.2022 – VI ZR 804/20, NJW-RR 2022, 1071.

Rechtsschutzbegehrens dem Gericht unterbreitet hat.[4] Die Bestimmung des Streitgegenstands ist allein Sache des Klägers.[5] Der Vortrag des Beklagten ist insoweit unbeachtlich; er verändert den vom Kläger bestimmten Streitgegenstand nicht.[6] Streitgegenstand eines Rechtsstreits ist damit nicht ein bestimmter materiell-rechtlicher Anspruch.[7]

3 Den Streitgegenstand zu bestimmen, gebietet sich aus mehreren Gründen: Der Kläger muss im Rahmen der Dispositionsmaxime das **Ziel des Verfahrens** bestimmen. Ohne konkretes Ziel ist ein Gerichtsverfahren wert- und sinnlos. Nur bei einem konkreten Ziel kann geprüft werden, ob die Klage zulässig und begründet ist. Bei ungenügender Bestimmtheit des Klageantrags und damit des Streitgegenstands ist die Klage deswegen als **unzulässig** abzuweisen. Ein dennoch verkündetes Urteil kann folgenlos bleiben.[8] Der zutreffende Antrag ist das „Ticket" zum Ziel. Ohne ihn kann ein Verfahren nicht auf die richtigen Schienen gesetzt werden.

4 Auch die **Rechtskraftwirkung** eines Urteils (§ 322 ZPO) hängt vom Streitgegenstand ab.[9] Dies gilt selbst bei Verkennung des Streitgegenstands durch das erkennende Gericht und einem ggf. hierin liegenden Verstoß gegen § 308 Abs. 1 ZPO,[10] weshalb es besonders wichtig ist, dem Gericht zu erklären, um welchen Streitgegenstand es gehen soll. Die materielle Rechtskraft einer gerichtlichen Entscheidung verbietet – als negative Prozessvoraussetzung – eine neue Verhandlung über denselben Streitgegenstand (ne bis in idem).[11] Der Streitgegenstand muss deshalb so genau bezeichnet werden, dass sowohl bei einer der Klage stattgebenden als auch bei einer sie abweisenden Sachentscheidung feststeht, worüber das Gericht entschieden hat.[12] Eine **erneute Klage,** deren Streitgegenstand mit dem eines rechtskräftig entschiedenen Rechtsstreits identisch ist, ist deshalb **unzulässig.**[13] Ein erster Prozess entfaltet Präklusionswirkung. Zur Rechtskraftwirkung gehört im Übrigen nicht nur die Präklusion der im Vorprozess vorgetragenen Tatsachen, sondern auch die der nicht vorgetragenen Tatsachen, die nicht erst nach Schluss der mündlichen Verhandlung im ersten Prozess entstanden sind und bei natürlicher Anschauung zu dem im Vorprozess vorgetragenen Lebenssachverhalt gehören.[14]

5 Obsiegt etwa der Arbeitnehmer mit einer Kündigungsschutzklage (→ *Kündigung*), so steht aufgrund des von der Rechtsprechung definierten Streitgegenstands bei Kündigungsschutzklagen zudem fest, dass zwischen den Parteien zum Zeitpunkt der Kündigung ein Arbeitsverhältnis bestand.[15] Das gilt auch dann, wenn ein Versäumnisurteil gegen eine beklagte Partei bestandskräftig wird, die tatsächlich nie Arbeitgeber

4 BGH 25.10.2012 – IX ZR 207/11, BeckRS 2012, 23345.
5 BGH 31.5.2022 – VI ZR 804/20, NJW-RR 2022, 1071.
6 BAG 10.11.2021 – 10 AZR 696/19, NZA 2022, 345; BAG 20.2.2018 – 1 AZR 787/16, BeckRS 2018, 2751. Auch das Gericht kann den Streitgegenstand nicht erweitern oder verändern, aber verkennen.
7 BGH 15.12.2020 – VIII ZR 304/19, BeckRS 2020, 42398.
8 Etwa wenn die eingeklagte Willenserklärung nicht iSd § 894 ZPO fingiert werden kann, dazu BAG 14.3.2012 – 7 AZR 147/11, NJOZ 2012, 1782.
9 BAG 26.9.2013 – 2 AZR 682/12, NZA 2014, 443.
10 BAG 21.12.2022 – 7 AZR 489/21, NZA 2023, 493; vgl. BGH 28.5.1998 – I ZR 275/95, NJW 1999, 287.
11 BGH 19.11.2003 – VIII ZR 60/03, BGHZ 157, 47; BGH 22.10.2013 – XI ZR 42/12, BeckRS 2013, 19391; BAG 25.1.2018 – 8 AZR 309/16, NZA 2018, 933; MüKoZPO/Gottwald § 322 Rn. 40.
12 BAG 24.3.2011 – 6 AZR 691/09, NZA 2011, 1116.
13 BGH 15.12.2020 – VIII ZR 304/19, BeckRS 2020, 42398; BGH 17.3.1995 – V ZR 178/93, NJW 1995, 1757; bei einem Feststellungsantrag darf nicht die Frage der doppelten Rechtshängigkeit mit der Frage des Bestehens eines Feststellungsinteresses vermischt werden, vgl. BGH 15.12.2009 – XI ZR 110/09, NJW-RR 2010, 640, 641.
14 BGH 19.11.2003 – VIII ZR 60/03, BGHZ 157, 47.
15 BAG 21.4.2016 – 2 AZR 609/15, AP BGB § 626 Unkündbarkeit Nr. 14; vgl. BeckOGK/Hamacher KSchG § 4 Rn. 129.

war.[16] Wird demgegenüber eine allgemeine Feststellungsklage (→ *allgemeiner Feststellungsantrag*) als unbegründet abgewiesen, steht fest, dass ein Arbeitsverhältnis jedenfalls zum Zeitpunkt der letzten mündlichen Verhandlung nicht besteht.[17]

Auch die Wirkung der **Rechtshängigkeit** (§§ 261, 262 ZPO) ist vom Streitgegenstand abhängig. Die Rechtshängigkeitssperre setzt identische Streitgegenstände voraus. So wird die **Verjährung** nur im Umfang der Rechtshängigkeit gehemmt. Dies ist bei Teilklagen zu beachten.[18] Im Arbeitsrecht ist insoweit auch die Einhaltung **zweistufiger Ausschlussfristen** von Bedeutung. Die Zulässigkeit einer **Klageänderung** (§ 263 ZPO) richtet sich nach dem rechtshängigen Streitgegenstand. Es geht um dessen Änderung. 6

Der Streitgegenstand ist zudem von Bedeutung für die **Zuständigkeit der Arbeitsgerichte**[19] und regelmäßig Grundlage für die Bemessung des **Streitwerts** (§ 40 GKG). Die Zulässigkeit des Rechtswegs zu den Arbeitsgerichten ist für jeden Streitgegenstand gesondert zu prüfen.[20] 7

Schließlich ist der Streitgegenstand bei der **Einlegung von Rechtsmitteln** von Bedeutung. Bei mehreren, unterschiedlichen Streitgegenständen muss für jeden eine Rechtsmittelbegründung gegeben werden. Fehlt sie zu einem Streitgegenstand, so ist das Rechtsmittel insoweit unzulässig.[21] 8

a) Klageantrag

Der Klageantrag bestimmt somit (auch) Art und Umfang des Rechtsschutzbegehrens, der Rechtshängigkeit sowie der Rechtskraft einer abschließenden Entscheidung des Gerichts.[22] Der Kläger muss – auch im Klageantrag – eindeutig festlegen, welche Entscheidung er begehrt.[23] 9

b) Lebenssachverhalt

Eine Klage mit einem dem Wortlaut nach zulässigen Antrag kann dennoch unzulässig sein, wenn der Streitgegenstand nicht feststeht, wenn der Klagegrund unbestimmt ist. Bei bloß einem (identischen) Antrag, der aber auf zwei Lebenssachverhalte gestützt wird, liegen dennoch zwei Streitgegenstände vor.[24] In der Praxis wird bei der **mehrfachen Antragsbegründung** häufig nicht genügend differenziert. Der Kläger muss zwar **keine konkrete Anspruchsgrundlage** benennen, er muss aber die begehrte Rechtsfolge aus *einem* konkreten Lebensvorgang ableiten und dazu Tatsachen vortragen, die den **Streitgegenstand unverwechselbar festlegen.** Der angegebene Grund muss erkennen lassen, aus welchem Lebenssachverhalt der geltend gemachte Anspruch herrührt.[25] Entscheidend ist nicht der materiell-rechtliche, sondern der prozessuale Anspruch, also der Streitgegenstand.[26] Diesen prozessualen Streitgegen- 10

16 Vgl. BAG 28.2.1995 – 5 AZB 24/94, NZA 1995, 595.
17 BAG 21.12.2022 – 7 AZR 489/21, NZA 2023, 493.
18 Vgl. BGH 2.5.2002 – III ZR 135/01, NJW 2002, 2167.
19 Dazu etwa LAG Hamm 7.9.2016 – 2 Ta 21/16, BeckRS 2016, 74326.
20 BAG 7.7.1998 – 5 AZB 46/97, BeckRS 1998, 30370812; LAG Hamm 12.6.2018 – 2 Ta 667/17, NZA-RR 2018, 672.
21 Vgl. BAG 20.1.2009 – 9 AZR 650/07, AP Nr. 91 zu § 7 BUrlG Abgeltung.
22 BAG 10.12.1991 – 9 AZR 319/90, NZA 1992, 472.
23 BAG 9.10.2002 – 5 AZR 160/01, NZA 2003, 344.
24 BAG 2.8.2018 – 6 AZR 437/17, BeckRS 2018, 32165; BGH 4.7.2014 – V ZR 298/13, BeckRS 2014, 15565.
25 BAG 11.11.1997 – 9 AZR 598/96; BeckRS 2009, 65739.
26 Ausnahmsweise ist nach Auffassung des BGH von zwei Streitgegenständen auszugehen, wenn die materiell-rechtliche Regelung die zusammentreffenden Ansprüche durch eine Verselbstständigung der einzelnen Le-

stand kann er mit unterschiedlichen Rechtsausführungen und Anspruchsgrundlagen begründen. Das BAG führt dazu Folgendes aus: „*Ein und dieselbe Rechtsfolge kann aus ein und demselben Lebenssachverhalt und zugleich aus mehreren Normen des materiellen Rechts hergeleitet werden. Dann liegt Anspruchskonkurrenz und keine Verschiedenheit der Streitgegenstände vor.*“[27] Die Unterscheidung ist häufig nicht einfach. Der **Lebenssachverhalt** umfasst das ganze dem Klageantrag zugrundeliegende tatsächliche Geschehen, das bei natürlicher vom Standpunkt der Parteien ausgehender Betrachtungsweise zu dem durch den Vortrag des Klägers zur Entscheidung gestellten Tatsachenkomplex gehört oder gehört hätte.[28] Es kommt entscheidend darauf an, ob zusammentreffende Ansprüche erkennbar unterschiedlich ausgestaltet sind und einen unterschiedlichen Tatsachenvortrag zu dem jeweiligen Lebenssachverhalt erfordern.[29] Der Lebenssachverhalt geht über die Tatsachen, die die Tatbestandsmerkmale einer Anspruchsgrundlage ausfüllen, hinaus.[30] Nicht entscheidend ist, ob alle rechtserheblichen Tatsachen des Lebensvorgangs von den Parteien vorgetragen worden sind. Der Lebenssachverhalt muss in der Klageschrift nicht vollständig beschrieben sein; es reicht, dass der Anspruch individualisierbar oder identifizierbar ist.[31] Dabei handelt es sich um eine „Stufe unterhalb der Substantiierung“.[32] Nicht entscheidend ist, ob der Kläger die geltend gemachte Leistung nur einmal verlangt oder verlangen kann.[33] Legt ein Gericht seiner Entscheidung einen nicht geltend gemachten Lebenssachverhalt zugrunde, so ist dies ein Verstoß gegen § 308 Abs. 1 ZPO.[34]

11 Bei einer **Anspruchskonkurrenz** ist das Gericht nicht an die Reihenfolge der Anspruchsgrundlagen gebunden. Die Parteien können die vom Gericht vorzunehmende Rechtsprüfung nicht auf eine Anspruchsgrundlage beschränken, weil die Rechtsanwendung grundsätzlich nicht zur Disposition der Parteien steht.[35] Eine Entscheidung über den vom Kläger geltend gemachten prozessualen Anspruch, etwa den mit der Klage zur **Entscheidung** des Gerichts gestellten Anspruch auf Zahlung eines bestimmten Geldbetrages aufgrund eines bestimmten Sachverhalts, kann sachlich **nur einheitlich** ergehen.[36] Das nachträgliche Berufen auf eine weitere Anspruchsgrundlage ist entsprechend keine Klageänderung iSd § 263 ZPO. Der Streitgegenstand ändert sich nicht, wenn der Kläger erst im Verlauf des Rechtsstreits eine wirksame Anspruchsgrundlage benennt.[37] Liegen den geltend gemachten Ansprüchen **verschiedene Lebenssachverhalte** zugrunde, bestehen mehrere prozessuale Ansprüche und es besteht auch bei einem einheitlichen Klageziel[38] eine **Mehrheit von Streitgegenständen** (**alternative Klagehäufung** → Rn. 115). In diesem Fall muss der Kläger das Verhältnis der verschiedenen Streitgegenstände zueinander bestimmen, etwa die **Reihenfolge der Prüfung.** Andernfalls ist die Klage unzulässig, weil sie nicht hinrei-

bensvorgänge erkennbar unterschiedlich ausgestaltet, vgl. BGH 24.1.2013 – I ZR 60/11, NJW-RR 2013, 748; BGH 22.10.2013 – XI ZR 42/12, BeckRS 2013, 19391; BGH 11.10.2017 – I ZR 78/16, BeckRS 2017, 141118; LAG Düsseldorf 25.10.2023 – 12 Sa 262/23, BeckRS 2023, 42616.

27 BAG 23.11.2006 – 6 AZR 317/06, NZA 2007, 630.

28 BAG 17.4.2002 – 5 AZR 400/00, AP ZPO § 322 Nr. 34; BAG 18.5.2011 – 4 AZR 457/09, NZA 2011, 1378; BGH 20.3.2000 – II ZR 250/99, NJW 2000, 1958.

29 BAG 23.11.2006 – 6 AZR 317/06, NZA 2007, 630.

30 BGH 22.10.2013 – XI ZR 42/12, BeckRS 2013, 19391.

31 BGH 4.7.2018 – VII ZR 21/16, BeckRS 2018, 20308.

32 BGH 21.3.2018 – VIII ZR 68/17, BeckRS 2018, 6447.

33 Vgl. LAG Düsseldorf 5.10.2021 – 3 Sa 98/21, BeckRS 2021, 46855; BGH 3.3.2016 – IX ZB 33/14, NJW 2016, 1818.

34 BAG 20.2.2014 – 2 AZR 864/12, BeckRS 2014, 71259.

35 BAG 4.9.1996 – 4 AZN 104/96, NZA 1997, 282; vgl. BAG 13.9.2022 – 1 ABR 22/21, NZA 2022, 1616.

36 BGH 7.7.1983 – III ZR 119/82, NJW 1984, 615.

37 BAG 3.7.2019 – 10 AZR 499/17, NZA 2019, 1725.

38 BGH 27.11.2013 – III ZR 371/12, BeckRS 2014, 11030; BGH 21.11.2017 – II ZR 180/15, NJW 2018, 1259.

chend iSd § 253 ZPO bestimmt ist (**verdeckte Klagehäufung,** → Rn. 119).[39] Das Gericht ist an die vorgegebene Reihenfolge gebunden. Ist der Anspruch aufgrund des primär vorgegebenen Sachverhalts nicht begründet, erfolgt insoweit eine Klageabweisung. Das **Nachschieben** eines weiteren Lebenssachverhalts kann eine **Klageänderung** iSd § 263 ZPO darstellen (→ Rn. 132).

Es besteht auch die Möglichkeit, eine Teilklage zu erheben (etwa zur Begrenzung des Kostenrisikos). Auch ein einheitlicher Anspruch kann im Wege der Teilklage geltend gemacht werden, sofern er teilbar ist, etwa bei Zahlung von Geldsummen.[40] Werden also nur Teilansprüche geltend gemacht, ergreift die Rechtskraft auch nur diesen Teil.[41] Auch bei Erhebung einer **offenen Teilklage** hat der Kläger eindeutig festzulegen, welche Entscheidung er begehrt. Er hat grundsätzlich mehrere selbständige Ansprüche bestimmten Teilbeträgen zuzuordnen. Dieselbe Zuordnung ist auch erforderlich, wenn er nur einen Teil seiner angeblich höheren Gesamtforderung geltend macht. Jeder Anspruch muss identifizierbar sein. Der Kläger muss die begehrte Rechtsfolge aus einem konkreten Lebensvorgang ableiten. Der zugrunde liegende Sachverhalt darf nicht beliebig sein.[42] Werden diese Grundsätze nicht beachtet, kann eine **verdeckte Teilklage** vorliegen, bei der weder für den Gegner als auch für das Gericht nicht erkennbar ist, dass nur ein Teil eines Gesamtanspruchs geltend gemacht wird. Bezüglich der Rechtskraft gelten zwar dieselben Grundsätze wie für die offene Teilklage,[43] allerdings kann eine verdeckte Teilklage unzulässig sein (→ Rn. 98). 12

Derselbe Streitgegenstand liegt dann nicht vor, wenn zwar derselbe Lebenssachverhalt zugrunde liegt, aber **unterschiedliche Anträge** gestellt werden. Eine Feststellungsklage und eine Leistungsklage sind nicht auf dasselbe Ziel gerichtet und haben trotz eines möglichen identischen Lebenssachverhalts nicht denselben Streitgegenstand.[44] Der Streitgegenstand ist lediglich teilidentisch.[45] 13

c) Beispiele

Der Arbeitnehmer klagt seine **Vergütung** für den Monat Oktober 2008 iHv EUR 2500 ein. Er hat bis zum 20.10.2008 gearbeitet. Anschließend kündigt der Arbeitgeber ihm zunächst mündlich fristlos und am 31.10.2008 nochmal schriftlich fristlos. Es handelt sich nicht um einen einheitlichen Streitgegenstand. Der Kläger begehrt bis zum 20.10.2008 Vergütung, weil er gearbeitet hat. Anspruchsgrundlage ist dann sein Arbeitsvertrag iVm § 611 BGB. Ab dem 21.10.2008 hat er aber nicht mehr gearbeitet. Er kann Zahlung unter dem Gesichtspunkt des **Annahmeverzugs** verlangen (§ 615 BGB). Es handelt sich nicht nur um unterschiedliche Anspruchsgrundlagen, sondern auch um unterschiedliche Lebenssachverhalte. 14

Wird etwa bei einer **Zahlungsklage eine Gesamtforderung** geltend gemacht, die sich aus zahlreichen Einzelansprüchen zusammensetzt, so liegt kein einheitlicher Streitgegenstand vor.[46] **Wechselt** hingegen ein Kläger nur die **Art der Schadensberechnung,** ohne seinen Klageantrag zu erweitern oder diesen auf einen anderen Lebenssachverhalt zu stützen, liegt keine Änderung des Streitgegenstands vor.[47]

39 BGH 22.3.2018 – I ZR 118/16, BeckRS 2018, 23065; BAG 2.8.2018 – 6 AZR 437/17, BeckRS 2018, 32165; BAG 25.2.2021 – 8 AZR 171/19, NZA 2021, 1469.
40 BGH 20.1.2004 – VI ZR 70/03, NJW 2004, 1243.
41 BGH 22.9.2016 – V ZR 4/16, NJW 2017, 893.
42 BAG 9.10.2002 – 5 AZR 160/01, NZA 2003, 344; vgl. auch LAG Hamm 8.5.2008 – 8 Sa 420/07, BeckRS 2008, 142791.
43 BGH 25.9.2007 – X ZR 60/06, NJW 2008, 373.
44 BGH 10.10.1952 – V ZR 159/51, BGHZ 7, 268; MüKoZPO/Becker-Eberhard § 261 Rn. 56, 62 f.
45 Vgl. zur Rechtskraftwirkung BGH 17.2.1998 – VI ZR 342/96, NJW 1998, 1633.
46 LAG Rheinland-Pfalz 13.11.2007 – 3 Sa 975/06, BeckRS 2008, 51311.
47 BGH 18.5.2017 – VII ZR 122/14, NJW 2017, 2673.

15 Ein einheitlicher Streitgegenstand liegt nach Auffassung des BAG hingegen vor, wenn ein Arbeitnehmer einen **Bonus** in konkreter Höhe aufgrund betrieblicher Übung bzw. konkludenter Vereinbarung oder einen nach billigem Ermessen festzusetzenden Bonus begehrt.[48]

16 Der Arbeitnehmer verlangt vom Arbeitgeber in einem einheitlichen Antrag 5000,– EUR für die Monate Juli und August bei einem Bruttomonatsverdienst iHv 2500,– EUR. Der Arbeitnehmer hat in diesem Zeitraum allerdings vier Wochen nicht gearbeitet: Er hatte drei Wochen Erholungsurlaub und war zudem noch eine Woche erkrankt. Trotz eines einheitlichen Zahlungsantrags handelt es sich um (mindestens) drei verschiedene Streitgegenstände, da den Zahlungsansprüchen drei verschiedene Lebenssachverhalte zugrunde liegen. In der Praxis wird dies nicht genügend beachtet, gerade wenn Vergütung für einen längeren, monatelangen Zeitraum verlangt wird. Häufig wird noch nicht einmal in der Klageschrift erwähnt, dass der Arbeitnehmer gearbeitet hat. Regelmäßig wird in der Begründung nur aufgeführt, dass der Kläger seine Vergütung nicht erhalten habe, obwohl er seine **Arbeitsleistung** monatelang ordnungsgemäß erbracht habe. Hatte der Arbeitnehmer in dieser Zeit **Urlaub** oder war er **erkrankt,** so liegt ein anderer, abweichender Sachverhalt und damit liegen verschiedene Streitgegenstände vor.

17 Eine Arbeitnehmerin verlangt im Wege einer Eingruppierungsfeststellungsklage vom Arbeitgeber die Vergütung nach einer bestimmten **tariflichen Vergütungsgruppe.** Sie meint, die tariflichen Voraussetzungen lägen vor. Zugleich macht sie geltend, dass sie benachteiligt werde, weil nach dieser Vergütungsgruppe nur Männer vergütet würden. Es handelt sich um zwei Klagebegehren: Eine Eingruppierungsfeststellungsklage, deren Erfolg einen schlüssigen Sachvortrag voraussetzt, der die Tätigkeitsmerkmale der Vergütungsgruppe als gegeben erscheinen lässt, und eine Vergütungsfeststellungsklage wegen **Diskriminierung,** deren Erfolg von einem Tatsachenvortrag abhängt, der ausmacht, dass ein Verstoß gegen das AGG vorliegt mit der Folge, dass der benachteiligten Arbeitnehmerin auch Anspruch auf die Leistung zusteht, die der bevorzugten Gruppe gewährt wird.[49]

18 Wird eine Eingruppierungsfeststellungsklage auf die Erfüllung der **Eingruppierungsvoraussetzungen,** auf das Verbot der unterschiedlichen Behandlung von Teilzeit- und Vollzeitbeschäftigten und auf den allgemeinen **Gleichbehandlungsgrundsatz** wegen einer zeitlich später liegenden Gruppenbildung durch den Arbeitgeber gestützt, so handelt es sich in der Regel um drei verschiedene Streitgegenstände.[50]

18a Macht eine klagende Partei **Ansprüche nach dem AGG** wegen Diskriminierung aufgrund **mehrerer Merkmale** geltend, ist bislang offen, ob es sich er stets um verschiedene Streitgegenstände handelt.[51] Mehrere Streitgegenstände werden jedenfalls dann angenommen, wenn sich die Klageforderung nicht nur auf unterschiedliche Merkmale bezieht, sondern ihr auch verschiedene Lebenssachverhalte zugrunde liegen.[52]

19 Ansprüche auf eine erhöhte **Abfindung** auf Grundlage eines **Sozialplans** und aufgrund des arbeitsrechtlichen **Gleichbehandlungsgrundsatzes** sind verschiedene Streitgegenstände.[53] Nichts anderes gilt für einen Abfindungsanspruch aus § 1a KSchG.[54]

20 Erfüllungsansprüche (Primäransprüche) und Schadensersatzansprüche (Sekundäransprüche) stellen unterschiedliche Streitgegenstände dar.[55] Ein **Entschädigungsanspruch** auf Grundlage eines Vertragsverhältnisses und ein Anspruch auf Grundlage eines **Vergleichs** über eben dieses Vertragsverhältnis sind unterschiedliche Streitgegenstände.[56]

48 BAG 21.4.2010 – 10 AZR 163/09, NZA 2010, 808.
49 Vgl. BAG 4.9.1996 – 4 AZN 104/96, NZA 1997, 282.
50 BAG 17.4.2002 – 5 AZR 400/00, AP ZPO § 322 Nr. 34; ähnlich BAG 2.8.2018 – 6 AZR 437/17, BeckRS 2018, 32165.
51 Das BAG hat mit Blick auf die Ausschlussfrist entschieden, dass mit einer Klage wegen Benachteiligung auf Grund einer Behinderung nicht zugleich eine wegen des Alters eingereicht ist, vgl. BAG 26.9.2013 – 8 AZR 650/12, NZA 2014, 258; offengelassen LAG Berlin-Brandenburg 27.10.2022 – 21 Sa 317/22, BeckRS 2022, 42684.
52 LAG Berlin-Brandenburg 27.10.2022 – 21 Sa 317/22, BeckRS 2022, 42684.
53 BAG 26.3.2013 – 1 AZR 813/11, NZA 2013, 921.
54 Vgl. zur Anrechenbarkeit BAG 19.7.2016 – 2 AZR 536/15, NZA 2017, 121.
55 Vgl. BAG 24.5.2018 – 6 AZR 215/17, NJOZ 2018, 1735; LAG Düsseldorf 5.10.2021 – 3 Sa 98/21, BeckRS 2021, 46855; BGH 3.3.2016 – IX ZB 33/14, NJW 2016, 1818.
56 BGH 4.7.2014 – V ZR 298/13, BeckRS 2014, 15565.

21 Unterschiedliche Streitgegenstände sind anzunehmen, wenn sich der Kläger auf **unterschiedliche Tarifverträge** beruft.[57] Begehrt der Arbeitnehmer eine bestimmte tarifliche Vergütungshöhe und begründet dies alternativ mit zwei Vergütungsgruppen aus **unterschiedlichen Tarifverträgen,** die eine identische Vergütung vorsehen, so werden regelmäßig zwei verschiedene Streitgegenstände vorliegen. Dies gilt jedenfalls, soweit die Vergütungsgruppen unterschiedliche Voraussetzungen vorsehen. Regelmäßig wird auch der Geltungsbereich der Tarifverträge unterschiedliche Voraussetzungen verlangen.

22 Etwas anderes kann aber dann gelten, wenn der Arbeitsvertrag eine Bezugnahmeklausel enthält und unklar ist, auf welchen Tarifvertrag verwiesen wird. Der Arbeitnehmer verfolgt dann lediglich seinen Anspruch auf die „richtige" Vergütung, unabhängig davon, welches Tarifwerk zugrunde zu legen ist.[58]

23 Wird die Zahlungsklage wegen Einkommenssicherung sowohl auf einen **tariflichen Anspruch** als auch auf **einzelvertragliche Zusage/Inbezugnahme** gestützt, handelt es sich um zwei verschiedene Streitgegenstände.[59] Unterschiedliche Lebenssachverhalte sind auch dann gegeben, wenn eine Tarifnorm kraft Tarifgebundenheit oder aufgrund arbeitsvertraglicher Bezugnahme gelten soll.[60]

24 Der Arbeitgeber verlangt in einem einheitlichen Antrag vom Arbeitnehmer 10000,– EUR. Die Hälfte des Betrags, also 5000,– EUR wird als **Rückzahlung eines Arbeitgeberdarlehens** und die andere Hälfte als **Rückzahlung von Ausbildungskosten** verlangt. Es handelt sich trotz des einheitlichen Antrags um zwei Streitgegenstände. Bei der Feststellung der vereinbarten **Jahresarbeitszeit** bzw. der Wochenarbeitszeit handelt es sich um zwei unterschiedliche Arbeitszeitmodelle und damit um verschiedene Streitgegenstände.[61]

25 Ein Arbeitnehmer stellt zwei **Auflösungsanträge** nach § 9 KSchG. Liegen beiden Anträgen **zwei verschiedene Kündigungen** zugrunde, so haben die Auflösungsanträge unterschiedliche Streitgegenstände.

26 Der Arbeitnehmer verlangt eine höhere **Abfindungszahlung.** Zwischen den Parteien ist strittig, ob eine Vereinbarung eine Netto- oder Bruttoabfindung vorsieht. Ihm stehe auch eine erhöhte Zahlung unter Berücksichtigung des Progressionsvorbehalts zu. Bei der Zahlung einer restlichen Abfindungszahlung und der Erstattung von Nachteilen durch die Steuerprogression handelt es sich um zwei verschiedene Streitgegenstände.[62]

27 Der Arbeitgeber verlangt vom ausgeschiedenen Arbeitnehmer EUR 500, weil dieser sich von einem Kollegen das Geld geliehen habe. Er habe dem Mitarbeiter das Geld inzwischen erstattet, jedenfalls habe er sich den möglichen Anspruch des Kollegen abtreten lassen. Es handelt sich nicht lediglich um verschiedene Anspruchsgrundlagen. Die Geltendmachung von **Ansprüchen aus eigenem Recht** einerseits, aus **abgetretenem Recht** andererseits betrifft auch bei einem einheitlichen Klageziel zwei verschiedene Streitgegenstände, weil der Antrag auf unterschiedliche Lebenssachverhalte gestützt wird.[63]

28 Eine Feststellungsklage bzgl. der Verpflichtung zum **Schadensersatz** aufgrund eines Schadensereignisses und eine Leistungsklage auf Ersatz dieses Schadens haben nicht den identischen Streitgegenstand.[64] Allerdings entfällt das Rechtsschutzinteresse an der Feststellungsklage.

29 Ein Arbeitgeber verklagt eine Gewerkschaft auf EUR 500000 Schadensersatz, weil die von der Gewerkschaft organisierten Streiks unzulässig gewesen seien. Ein Teil der Klagesumme bezieht sich auf den Einnahmeverlust, den der Arbeitgeber durch den Ausfall der Produktion und die dadurch entgangenen Erlöse aus dem Verkauf erlitten hat. Ein anderer Teil der Klagesumme betrifft die in den folgenden Jahren durch Abwanderung von Kunden entgangenen Gewinne und ein weiterer Teil

57 Vgl. BAG 20.11.2018 – 10 AZR 121/18, NZA 2019, 552.
58 Vgl. BAG 19.1.2000 – 4 AZR 752/98, NZA 2000, 1170.
59 BAG 23.11.2006 – 6 AZR 317/06, NZA 2007, 630; BAG 20.11.2018 – 10 AZR 121/18, NZA 2019, 552; BAG 13.12.2023 – 5 AZR 307/22, NZA 2024, 422.
60 BAG 18.5.2011 – 4 AZR 457/09, NZA 2011, 1378; BAG 7.9.2022 – 5 AZR 128/22, NZA 2023, 240.
61 BAG 15.7.2020 – 10 AZR 507/18, NZA 2020, 1650.
62 BAG 27.7.2010 – 3 AZR 615/08, AP Nr. 52 zu § 253 ZPO.
63 BGH 27.9.2006 – VIII ZR 19/04, NJW 2007, 2414; OLG Schleswig 3.2.2014 – 5 U 94/13, BeckRS 2014, 17910; BAG 25.2.2021 – 8 AZR 171/19, NZA 2021, 1469; BGH 17.1.2023 – VI ZR 203/22, NJW 2023, 1361; BGH 17.11.2005 – IX ZR 8/04, NJW-RR 2006, 275.
64 BGH 4.7.2013 – VII ZR 52/12, BeckRS 2013, 12817.

schließlich die durch Schwierigkeiten beim Wiederaufbau der Produktion nach dem Streik verursachte Vermögenseinbuße. Alle Schadensersatzansprüche gehen auf denselben Tatbestand, nämlich den Streik als Klagegrundlage zurück. Sie betreffen aber **verschiedene Schäden** und stellen daher verschiedene Schadensersatzansprüche dar.[65]

30 Unterschiedliche Streitgegenstände hat ein **Unterlassungsantrag,** wenn er sowohl auf einer **Erstbegehungsgefahr** als auch auf eine **Wiederholungsgefahr** gestützt wird, wenn diese auf unterschiedliche Lebenssachverhalte beruhen.[66] Ein Verfahren, mit dem die Unterlassung von Konkurrenz begehrt wird, betrifft zwei Streitgegenstände, wenn es auf dem allgemeinen neben vertraglichen Konkurrenzverbot und auf § 19 BOStB gestützt wird.[67]

31 Umstritten ist, ob durch die rückwirkende Einführung des SokaSiG der Streitgegenstand bei anhängigen Verfahren ausgetauscht worden ist (→ *Sozialkassen*).

2. Die Klagearten

32 Zu unterscheiden sind wie im Zivilgerichtsverfahren Leistungsklage, Feststellungsklage sowie Gestaltungsklage. Allerdings geben einige arbeitsrechtliche Gesetze Klagearten und Anträge vor, so etwa in Kündigungsschutzverfahren gemäß § 4 KSchG oder in Entfristungsverfahren nach § 17 S. 1 TzBfG. Für den einstweiligen Rechtsschutz gelten gemäß § 62 Abs. 2 ArbGG die Grundsätze der ZPO.

a) Leistungsklage

33 Die Leistungsklage zielt auf einen **Vollstreckungstitel** und ist entsprechend auf eine Leistung oder → *Unterlassung* oder → *Duldung* gerichtet. Die Leistung kann in einem Tun wie Zahlung (Vergütung), Herausgabe von Sachen (Arbeitspapieren oder Arbeitsmitteln), Abgabe einer Willenserklärung (Wiedereinstellung oder Urlaubsgewährung) oder sonstigen Handlungen bestehen. Eine Unterlassungsklage kann etwa auf Unterlassung von Wettbewerb oder Streikmaßnahmen gerichtet sein.[68] Der Leistungskläger muss die begehrte Leistung so **genau bezeichnen,** dass der Beklagte sein Risiko erkennen und sich demgemäß erschöpfend verteidigen kann, dass ferner das entsprechende Urteil die Grenzen der Rechtskraft eindeutig erkennen lässt und dass es deshalb für die Zwangsvollstreckung klar ist.[69]

34 Ein besonderes **Rechtsschutzinteresse** ist im Grundsatz nicht erforderlich. Zwar muss für jede Klage ein Rechtsschutzbedürfnis gegeben sein. Das Rechtsschutzbedürfnis für eine Leistungsklage ergibt sich regelmäßig aus der Nichterfüllung des behaupteten materiellen Anspruchs und aus der **Vollstreckungsfähigkeit** des Titels.[70] Ein Leistungsantrag bedarf deswegen eines vollstreckungsfähigen Inhalts und muss deshalb bestimmt sein (→ *Rn. 101*).[71] Allerdings führt nicht jede mögliche Unsicherheit bei der Zwangsvollstreckung zur Unbestimmtheit des Klageantrags.[72] Besondere Umstände können das Rechtsschutzbedürfnis im Ausnahmefall entfallen lassen.[73] Es kann ausnahmsweise fehlen, wenn der Kläger die Gerichte „unnütz be-

65 Vgl. dazu BAG 21.3.1978 – 1 AZR 11/76, NJW 1978, 2114; vgl. auch LAG Düsseldorf 18.12.2013 – 7 Sa 343/13, BeckRS 2014, 66025.
66 BGH 11.10.2017 – I ZR 78/16, BeckRS 2017, 141118.
67 LAG Düsseldorf 25.10.2023 – 12 Sa 262/23, BeckRS 2023, 42616.
68 Gemäß § 15 UKlaG findet dieses Gesetz auf das Arbeitsrecht keine Anwendung; dazu Heinzelmann ArbR 2018, 597 ff.
69 BAG 29.8.1984 – 7 AZR 34/83, NZA 1985, 58.
70 BGH 25.10.2012 – III ZR 266/11, NZA 2012, 1382; BGH 22.8.2018 – VIII ZR 99/17, BeckRS 2018, 21236.
71 Vgl. BAG 27.3.2007 – 3 AZR 299/06, NZA-RR 2008, 82.
72 BGH 11.11.2022 – V ZR 213/21, NJW 2023, 217.
73 BAG 14.9.1994 – 5 AZR 632/93, NZA 1995, 220; BAG 15.1.1992 – 5 AZR 15/91, NZA 1992, 996; BGH 23.3.2022 – VIII ZR 133/20, NJW-RR 2022, 660.

müht" und prozessfremde Ziele verfolgt; die Anforderungen an eine solche Ausnahme sind aber hoch.[74] Die Rechtsprechung verneint ausnahmsweise ein Rechtsschutzbedürfnis bei der Leistungsklage, wenn andere Rechtsschutzmittel billiger, sicherer, schneller oder wirkungsvoller die angestrebten Rechtsschutzziele des Klägers herbeiführen oder wenn ein Leistungsantrag objektiv schlechthin sinnlos ist, wenn also der Kläger unter keinen Umständen mit seinem prozessualen Begehren irgendeinen schutzwürdigen Vorteil erlangen kann.[75] Zum Teil stellt das Gesetz besondere Voraussetzungen auf, etwa bei Klagen auf **künftige Leistungen** (§§ 257, 258, 259 ZPO). Bei Ansprüchen, die im Gegenseitigkeitsverhältnis stehen, muss gemäß § 259 ZPO die **Besorgnis** gerechtfertigt sein, dass sich der Schuldner der rechtzeitigen Leistung entzieht. Eine solche ist nicht ohne Weiteres anzunehmen. So wird zT verlangt, dass zu befürchten sein muss, der Schuldner werde sich trotz Verurteilung künftig der rechtzeitigen Leistung entziehen.[76] Zu beachten ist, dass § 259 ZPO **nicht** die Verfolgung eines **erst in der Zukunft entstehenden Anspruchs** ermöglicht (→ *künftige Zahlungen*).[77] Eine Feststellungsklage ist nicht gegenüber der Leistungsklage nach § 259 ZPO subsidiär (→ Rn. 59). Vielmehr ist regelmäßig zu prüfen, ob eine unzulässige Leistungsklage in eine zulässige Feststellungsklage umgedeutet werden kann.[78]

Die Leistungsklage kann allerdings **gesetzlich ausgeschlossen** sein. Ist über das Vermögen des Arbeitgebers das Insolvenzverfahren eröffnet, können Vergütungsansprüche aus der Zeit vor der Insolvenzeröffnung nur im Wege einer Insolvenzfeststellungsklage geltend gemacht werden (§§ 179 Abs. 1, 180 Abs. 1 S. 1 InsO; → *Insolvenz*). Für die Drittwiderspruchsklage nach § 771 ZPO entspricht es herrschender Auffassung, dass sie eine materiell-rechtliche Herausgabeklage, insbesondere eine Klage aus § 985 BGB, ausschließt.[79] **35**

Aufgrund der **beschränkten Rechtskraftwirkung** einer Leistungsklage ist zu bedenken, ob zusätzlich eine **Zwischenfeststellungsklage** zu erheben ist, wenn das dem Anspruch zugrunde liegende Rechtsverhältnis selbst im Streit steht (vgl. dazu → Rn. 62 ff.). **36**

Eine besondere Form der Leistungsklage und ein Sonderfall der objektiven Klagehäufung ist die → ***Stufenklage.***[80] Die Besonderheit der Stufenklage liegt darin begründet, dass § 254 ZPO zunächst auf der letzten Stufe einen **unbestimmten** Leistungsantrag zulässt.[81] Die Stufenklage muss sich gegen denselben Beklagten richten.[82] **37**

Gemäß § 254 ZPO kann die bestimmte Angabe der Leistungen, die der Kläger beansprucht, vorbehalten werden, bis die Rechnung mitgeteilt, das Vermögensverzeichnis vorgelegt oder die eidesstattliche Versicherung abgegeben ist, wenn mit der Klage auf Rechnungslegung oder auf Vorlegung eines Vermögensverzeichnisses oder auf Abgabe einer eidesstattlichen Versicherung die Klage auf Herausgabe desjenigen verbunden wird, was der Beklagte aus dem zugrunde liegenden Rechtsverhältnis schuldet. Die zunächst erforderliche **Auskunft** ist lediglich ein **Hilfsmittel,** um die **38**

74 BGH 4.6.2014 – VIII ZR 4/13, BeckRS 2014, 13957; BGH 22.8.2018 – VIII ZR 99/17, BeckRS 2018, 21236.
75 BAG 22.9.2020 – 3 AZR 433/19, NZA 2021, 577.
76 Vgl. BAG 30.1.2019 – 5 AZR 450/17, NZA 2019, 1065.
77 BGH 12.7.2006 – VIII ZR 235/04, NJW-RR 2006, 1485; BAG 22.10.2014 – 5 AZR 731/12, NZA 2015, 501; so auch BAG 27.6.2017 – 9 AZR 120/16, NZA 2017, 1215 für Urlaubsansprüche.
78 BGH 12.7.2006 – VIII ZR 235/04, NJW-RR 2006, 1485.
79 BGH 8.6.1989 – IX ZR 234/87, NJW 1989, 2542.
80 BGH 26. 5 1994 – IX ZR 39/93, NJW 1994, 3102.
81 BGH 2.3.2000 – III ZR 65/99, NJW 2000, 1645; BGH 29.3.2011 – VI ZR 117/10, NJW 2011, 1815.
82 LAG Berlin-Brandenburg 5.6.2012 – 3 Sa 134/12, BeckRS 2012, 75329; BGH 26. 5 1994 – IX ZR 39/93, NJW 1994, 3102.

fehlende Bestimmtheit auf der letzten Stufe der Leistungsklage herbeizuführen.[83] Deshalb ist eine Stufenklage etwa unzulässig, wenn die Auskunft nicht zur Herbeiführung der Bestimmbarkeit des Leistungsantrags dient.[84]

Beispiel:

39 So kann etwa die Klage auf Auskunft über die Vergütung unzulässig sein, wenn es an dem vorbereitenden Charakter fehlt, weil der Kläger seinen Zahlungsantrag selbst berechnen kann.[85] Allerdings ist zu prüfen, ob dann eine bloße Klagehäufung iSd § 260 ZPO gewollt ist.[86]

40 Fraglich ist, ob eine Stufenklage möglich ist, wenn der Kläger nicht nur seinen Anspruch konkret bestimmen, sondern in Kenntnis bringen will, **ob überhaupt ein Anspruch besteht,** etwa der Anspruch auf Gleichbehandlung.[87] Vom Wortlaut ist dieser Fall nicht von § 254 ZPO erfasst. Das BAG hat einen Auskunftsanspruch auch zur Klärung des Bestands eines Leistungsanspruchs anerkannt, sofern ein solcher wahrscheinlich ist.[88] Es hat auch eine Stufenklage für zulässig erachtet, wenn der Kläger andernfalls nicht zur Feststellung in der Lage ist.[89]

41 Über die einzelnen Stufen einer Stufenklage ist grundsätzlich **getrennt zu verhandeln,** doch kann der Kläger, nachdem der Beklagte ihm Auskunft erteilt oder Unterlagen vorgelegt hat, direkt zum eigentlichen Leistungsbegehren übergehen und einen bezifferten Antrag stellen.[90] Dies stellt keine Klageänderung dar. Die zu den Hilfsanträgen ergehenden Entscheidungen entfalten bezüglich des Grundes weder Rechtskraft noch insoweit eine Bindungswirkung im Sinne von § 318 ZPO.[91]

b) Feststellungsklage

42 Nach § 256 Abs. 1 ZPO kann auf Feststellung des Bestehens oder Nichtbestehens eines **Rechtsverhältnisses** Klage erhoben werden, wenn der Kläger ein rechtliches Interesse daran hat, dass das Rechtsverhältnis durch richterliche Entscheidung alsbald festgestellt wird. Ein derartiges Feststellungsurteil enthält **keinen Leistungsbefehl,** kann **nicht vollstreckt** werden und führt nicht zur Befriedigung des Klägers. Das Feststellungsurteil ist die schwächste Art des gerichtlichen Rechtsschutzes.[92] Die Feststellungsklage ist daher nur statthaft, wenn ein besonderes Feststellungsinteresse vorliegt. Dabei gilt der Grundsatz der **Subsidiarität von Feststellungsklagen.** Ein Kläger, der sein Begehren mittels Leistungsklage durchsetzen kann, wird regelmäßig keine Feststellungsklage erheben können. Es besteht aber kein absoluter Vorrang der Leistungsklage; eine Feststellungsklage kann bereits dann zulässig sein, wenn sie eine sachgemäße, einfache Erledigung der aufgetretenen Streitpunkte ermöglicht und prozesswirtschaftliche Erwägungen gegen einen Zwang zur Leistungsklage sprechen.[93] Die **Musterfeststellungsklage** (§§ 606ff. ZPO aF) findet im Arbeitsgerichtsverfahren keine Anwendung; dies hatte der Gesetzgeber in § 46 Abs. 2 S. 2 ArbGG aF

83 BGH 2.3.2000 – III ZR 65/99, NJW 2000, 1645; BAG 21.11.2000 – 9 AZR 665/99, NZA 2001, 1093.
84 BGH 2.3.2000 – III ZR 65/99, NJW 2000, 1645; BGH 29.3.2011 – VI ZR 117/10, NJW 2011, 1815: Die unzulässige Stufenklage kann aber ggf. in eine zulässige Klagehäufung gemäß § 260 ZPO umgedeutet werden.
85 BAG 12.7.2006 – 5 AZR 646/05, NZA 2006, 1294; LAG Rheinland-Pfalz 18.8.2008 – 3 Ta 147/08, BeckRS 2008, 56193.
86 LAG Rheinland-Pfalz 4.5.2015 – 2 Sa 403/14, BeckRS 2015, 71243.
87 Bejahend LAG Berlin-Brandenburg 30.7.2008 – 15 Sa 517/08, NZA 2009, 43.
88 BAG 21.11.2000 – 9 AZR 665/99, NZA 2001, 1093; BAG 12.10.2022 – 5 AZR 135/22, NZA 2023, 225.
89 BAG 21.11.2000 – 9 AZR 665/99, NZA 2001, 1093.
90 Vgl. LAG Berlin-Brandenburg 30.7.2008 – 15 Sa 517/08, NZA 2009, 43.
91 BGH 12.4.2016 – XI ZR 305/14, BeckRS 2016, 09349.
92 MüKoZPO/Becker-Eberhard § 256 Rn. 2.
93 BAG 2.12.2021 – 3 AZR 328/21, NZA 2022, 485.

klargestellt.[94] Gleiches gilt nunmehr für Musterfeststellungsklagen nach dem neuen VDuG.

aa) Rechtsverhältnis

Die Feststellungsklage dient der verbindlichen Feststellung bzw. Verneinung eines Rechtsverhältnisses. Unter **Rechtsverhältnis** versteht das BAG ein durch die Herrschaft der Rechtsnorm über einen konkreten Sachverhalt entstandenes rechtliches Verhältnis einer Person zu einer anderen Person oder einem Gegenstand.[95] Der BGH verwendet auch folgende Formel: Eine bestimmte, rechtlich geregelte Beziehung einer Person zu anderen Personen oder einer Person zu einer Sache.[96] Nicht feststellungsfähig sind hingegen **Tatsachen.**[97] 43

Es wird zwischen positiver und negativer Feststellungsklage unterschieden. Bei einer **positiven Feststellungsklage** beschreibt der Kläger den Lebenssachverhalt, aus dem er Rechtsfolgen herleitet; also das Rechtsverhältnis selbst.[98] Bei einer **negativen Feststellungsklage** muss der Kläger darlegen, dass die Beklagte aus einem bestimmten Lebenssachverhalt Rechte, insbesondere Ansprüche geltend machen will. Der Kläger hat die tatsächlichen Vorgänge anzugeben, aus denen die Beklagte einen Anspruch herleiten will. Er muss darlegen und ggf. beweisen, dass die Beklagte sich eines Anspruchs aufgrund dieses dargelegten bestimmten Sachverhalts berühmt.[99] 44

Das Rechtsverhältnis muss grundsätzlich zwischen den Parteien bestehen. Bei einem **Drittrechtsverhältnis** werden erhöhte Anforderungen an das Feststellungsinteresse gestellt.[100] Es muss grundsätzlich um ein **gegenwärtiges** Rechtsverhältnis handeln. Nicht ausreichend ist ein zukünftiges Rechtsverhältnis, das erst in Zukunft unter Voraussetzungen, deren Eintritt noch völlig offen ist, entstehen kann. So begründet die bloße Aussicht, einen Anspruch demnächst zu erwerben, kein gegenwärtiges Rechtsverhältnis.[101] Ausreichend sind nach Ansicht des BGH aber auch Beziehungen, die aus einem bereits vorhandenen Rechtsverhältnis künftig als Rechtsfolge erwachsen, so dass etwa bedingte oder betagte Beziehungen feststellungsfähig sind.[102] Bei einem vergangenheitsbezogenen Rechtsverhältnis ist das Feststellungsinteresse (→ Rn. 58 ff.) genau zu prüfen. 45

Die Feststellungsklage muss sich allerdings nicht notwendig auf das Rechtsverhältnis in seiner Gesamtheit beziehen, vielmehr können **auch einzelne Beziehungen und Folgen** eines Rechtsverhältnisses Gegenstand einer Feststellungsklage sein.[103] Hierzu zählen etwa auch (materiell-rechtliche) Ansprüche als einzelne Folge solcher Rechtsbeziehungen.[104] Dagegen sollen **bloße Vorfragen** oder **einzelne Elemente** eines Rechtsverhältnisses nicht unter den Begriff des Rechtsverhältnisses fallen.[105] Eine Feststellungsklage ist also unzulässig, wenn nur einzelne Elemente eines Rechtsverhältnis- 46

94 Kritisch Heinzelmann ArbR 2018, 597 ff.
95 BAG 10.5.1989 – 4 AZR 80/89, NZA 1989, 687.
96 BGH 7.3.2013 – VII ZR 223/11, NJW 2013, 1744.
97 BAG 27.6.1989 – 1 AZR 404/88, NZA 1989, 696; MüKoZPO/Becker-Eberhard § 256 Rn. 28; GMP/Künzl § 46 ArbGG Rn. 78.
98 BAG 19.6.1984 – 1 AZR 361/82, NZA 1984, 261.
99 BAG 19.6.1984 – 1 AZR 361/82, NZA 1984, 261.
100 BAG 18.4.2012 – 4 AZR 371/10, NZA 2013, 161.
101 BGH 19.1.2021 – VI ZR 194/18, NJW 2021, 1090.
102 BGH 19.11.2014 – VIII ZR 79/14, NJW 2015, 873.
103 BAG 15.7.2020 – 10 AZR 507/18, NZA 2020, 1650; BAG 19.6.1985 – 5 AZR 57/84, AP BAT § 4 Nr. 11.
104 BGH 3.5.1983 – VI ZR 79/80, NJW 1984, 1556; BGH 7.3.2013 – VII ZR 223/11, NJW 2013, 1744.
105 BAG 25.9.2003 – 8 AZR 446/02, NZA 2004, 1406; BGH 7.3.2013 – VII ZR 223/11, NJW 2013, 1744; GMP/Künzl § 46 ArbGG Rn. 76.

ses (also Umstände, die für das Entstehen eines Rechts oder Anspruchs eine Voraussetzung bilden), abstrakte Rechtsfragen oder rechtliche Vorfragen zur Entscheidung des Gerichts gestellt werden und durch die Entscheidung kein Rechtsfrieden eintritt.[106]

Beispiel:

47 Die Rechtsprechung hat etwa die Feststellung anrechnungsfähiger Vordienstzeiten[107] (→ *Inhalt des Arbeitsverhältnisses*) und die Feststellung der Wirksamkeit einer → *Versetzung*[108] für zulässig erachtet. Unzureichend soll hingegen die bloße *Verlängerung einer bereits erfolgten Versetzung* sein.[109] Ein rechtlich anzuerkennendes Interesse an der abstrakten Feststellung des durch die Betriebszugehörigkeit vermittelten Sozialstatus wird hingegen nicht anerkannt.[110] Es ist unzulässig, abstrakt die zutreffende → *Kündigungsfrist* feststellen zu lassen, da die ggf. einzuhaltende Kündigungsfrist allenfalls eine Vorfrage sonstiger Ansprüche darstellt.[111] Demgegenüber kann der Umfang der geschuldeten Arbeitszeit mittels einer Feststellungsklage geklärt werden.[112] Eine Vorfrage für Rechtsbeziehungen zwischen den Parteien stellt etwa die Frage nach der Rechtswidrigkeit einer Rechtsverletzung dar.[113] Gleiches gilt für die Frage nach der Zulässigkeit eines Verhaltens.[114] Ebenfalls als unzulässig hat das BAG eine Klage angesehen, mittels der festgestellt werden sollte, dass ein Arbeitsverhältnis auf die Beklagte nach § 613a BGB übergegangen ist (→ *Betriebsübergang*).[115] Zulässig ist hingegen, den Bestand eines Arbeitsverhältnisses zwischen dem Kläger und dem Übernehmer feststellen zu lassen. Auch der Umfang einer Leistungspflicht, etwa der Vergütungspflicht, kann Gegenstand einer Feststellungsklage sein,[116] nicht aber die bloße Berechnungsgrundlage für einen streitigen Anspruch.[117] So ist eine Feststellungsklage, mit der letztlich nur die Methode der Berechnung einer Ausgleichszulage festgestellt werden soll, unzulässig.[118] Allerdings hat das BAG den Modus zur Berechnung des pfändbaren Einkommens als zulässigen Gegenstand einer Feststellungsklage angesehen;[119] über weitere Faktoren der Berechnung darf dann aber kein Streit bestehen. Die Feststellung bloßer Tatsachen oder deren rechtlicher Bewertung fällt nicht in den Bereich des § 256 Abs. 1 ZPO, so etwa die Feststellung der Rechtswidrigkeit von Rechtshandlungen oder eines Arbeitskampfes.[120] Eine Klage, die auf die Feststellung gerichtet ist, dass der Arbeitnehmer als Aushilfslohn lediglich einen bestimmten Betrag ausgezahlt erhalten hat, ist unzulässig. Gleiches gilt für die Feststellung, dass die Abwesenheit eines Arbeitnehmers aufgrund krankheitsbedingter Arbeitsunfähigkeit und nicht wegen Urlaubs erfolgte.[121] Zulässig ist hingegen, ein Aussonderungsrecht nach § 47 InsO feststellen zu lassen.[122]

48 Unzulässig ist die Überprüfung bloßer abstrakter Rechtsfragen. Die Gerichte sind nicht für die Erstellung von Rechtsgutachten zuständig. § 256 Abs. 1 ZPO ermöglicht **nicht** die **gutachterliche Klärung abstrakter Rechtsfragen** durch die Gerichte.[123] Abstrakte Rechtsfragen sind kein Rechtsverhältnis.[124] Es muss ein Streit über Rechts-

106 BAG 21.11.2002 – 6 AZR 34/01, AP ZPO 1977 § 256 Nr. 74; BAG 21.4.2010 – 4 AZR 755/08, NZA 2010, 968.
107 BAG 6.11.2002 – 5 AZR 364/01, AP ZPO 1977 § 256 Nr. 78.
108 BAG 26.1.1993 – 1 AZR 303/92, NZA 1993, 714.
109 BAG 30.11.2016 – 10 AZR 673/15, NZA 2017, 468.
110 BAG 19.8.2003 – 9 AZR 641/02, NZA 2004, 285; BAG 6.11.2002 – 5 AZR 364/01, AP ZPO 1977 § 256 Nr. 78.
111 BAG 6.11.2002 – 5 AZR 364/01, AP ZPO 1977 § 256 Nr. 78.
112 BAG 15.7.2020 – 10 AZR 507/18, NZA 2020, 1650.
113 BGH 3.5.1977 – VI ZR 36/74, NJW 1977, 1288; BAG 18.4.2012 – 4 AZR 371/10, NZA 2013, 161.
114 BAG 18.4.2012 – 4 AZR 371/10, NZA 2013, 161.
115 BAG 25.9.2003 – 8 AZR 446/02, NZA 2004, 1406.
116 BAG 23.9.2020 – 5 AZR 193/19, NJW 2021, 569.
117 BGH 12.12.1994 – II ZR 269/93, NJW 1995, 1097; vgl. auch BAG 28.5.2014 – 5 AZR 794/12, NJW 2014, 2607.
118 BAG 29.11.2001 – 4 AZR 757/00, AP ZPO 1977 § 256 Nr. 69.
119 So BAG 17.4.2013 – 10 AZR 59/12, NZA 2013, 859.
120 BAG 21.12.1982 – 1 AZR 411/80, NJW 1983, 1750.
121 AA ArbG Schwerin 8.5.2018 – 4 Ca 1793/18, BeckRS 2018, 44331.
122 BAG 26.10.2010 – 3 AZR 496/08, NZA 2011, 654.
123 BAG 21.11.2002 – 6 AZR 34/01, AP ZPO 1977 § 256 Nr. 74; BGH 12.12.1994 – II ZR 269/93, NJW 1995, 1097.
124 BAG 24.4.2007 – 1 ABR 27/06, BeckRS 2007, 45117. Im Beschlussverfahren hat die Rechtsprechung allerdings bereits einen abstrakten Feststellungsantrag als zulässig angesehen, vgl. BAG 19.2.1991 – 1 ABR 36/90, NZA 1991, 565.

folgen aus einem konkreten Sachverhalt zwischen den Parteien bestehen. Die Abgrenzung ist im Einzelfall bisweilen schwierig.

Unzulässig ist etwa folgender Antrag:

> *Es wird festgestellt, dass die Unterrichtsverpflichtung des Klägers bezogen auf wissenschaftliche Fächer 8 Unterrichtsstunden und bezogen auf künstlerische Fächer 18 Unterrichtsstunden pro Woche beträgt.*

Der Feststellungsantrag **wiederholt** lediglich den **Gesetzestext** (hier § 5 Nr. 1 **49**
Buchst. a und Buchst. b LVV) und ist unzulässig, da er keinen Rechtsfrieden schaffen kann; die Gestaltung des Rechtsverhältnisses würde nicht abschließend geklärt.[125]

Unzulässig ist ebenfalls eine Klage, die auf Feststellung der rechtlichen Zulässigkeit **50**
tarifpolitischer Forderungen gerichtet ist, obwohl beide Tarifvertragsparteien ein Interesse daran haben können, mögliche tarifliche Regelungen vorab rechtlich beurteilen zu lassen. Gewerkschaften könnten mit einer positiven Feststellungsklage das Risiko ausschließen wollen, wegen eines um tarifgesetzwidriger Ziele willen geführten Streiks zum Schadenersatz verpflichtet zu sein. Arbeitgeber oder der Arbeitgeberverband könnten ein Interesse daran haben, die Gewerkschaft von einem Arbeitskampf durch eine gerichtliche Entscheidung über die Zulässigkeit der gewünschten tariflichen Regelungen abzuhalten. Es handelt sich aber um eine abstrakte Rechtsfrage. Dennoch sind die Tarifvertragsparteien nicht rechtsschutzlos. Gegen einen drohenden rechtswidrigen Streik können sich Arbeitgeber oder Arbeitgeberverbände etwa mit einer Klage auf Unterlassung zur Wehr setzen. Sie brauchen nicht den Eintritt eines Schadens abzuwarten.[126]

Die Zulässigkeit von **Elementefeststellungsklagen,** also Feststellungsklagen, die sich **51**
auf einzelne Bedingungen oder Folgen aus einem Rechtsverhältnis, auf bestimmte Ansprüche oder Verpflichtungen oder auf den Umfang einer Leistungspflicht beschränken,[127] wird befürwortet, wenn durch die gerichtliche Entscheidung eine **abschließende Klärung** erreicht werden kann und sie damit für die Parteien der einfachere und sachgerechtere Weg ist.[128] Das Feststellungsurteil muss trotz der fehlenden Vollstreckbarkeit kraft seiner inneren Wirkung geeignet sein, den Kläger zum Ziel zu führen und den Konflikt der Parteien endgültig zu lösen.[129] Die Rechtsprechung hat weitere Ausnahmen mit Blick auf die **Prozessökonomie** gemacht. Eine Feststellungsklage sei etwa zulässig, wenn auf diesem Wege eine sachgemäße und einfache Erledigung der aufgetretenen Streitpunkte zu erreichen ist und prozesswirtschaftliche Erwägungen gegen einen Zwang zur Leistungsklage sprechen, so etwa wenn eine Leistungsklage hätte beziffert werden müssen und damit eine komplizierte Neuberechnung erforderlich gewesen wäre.[130]

Mit Teilen des Schrifttums ist davon auszugehen, dass die **Unterscheidung** zwischen **52**
Rechtsverhältnis und bloßen Vorfragen in der Praxis **weitgehend aufgegeben** wurde und es entscheidend darauf ankommt, ob für den Kläger ein schutzwürdiges Interesse an der Feststellung eines einzelnen Elements besteht.[131] Der Streit zwischen den

125 BAG 21.11.2002 – 6 AZR 34/01, AP ZPO 1977 § 256 Nr. 74.
126 Dazu BAG 19.6.1984 – 1 AZR 361/82, NZA 1984, 261.
127 BAG 30.11.2016 – 10 AZR 673/15, NZA 2017, 468.
128 BAG 8.5.1984 – 3 AZR 68/82, AP BetrAVG § 7 Nr. 20; BAG 21.4.2010 – 4 AZR 755/08, NZA 2010, 968.
129 BAG 20.7.2000 – 6 AZR 13/99, FA 2001, 152, 153; BAG 30.11.2016 – 10 AZR 673/15, NZA 2017, 468.
130 BAG 18.2.2003 – 3 AZR 46/02, NZA-RR 2004, 97.
131 So GMP/Künzl § 46 ArbGG Rn. 76; krit. auch SW/Korinth § 46 ArbGG Rn. 70.

Parteien muss durch das Feststellungsurteil ausgeräumt werden können.[132] Dies ergibt sich auch aus Sinn und Zweck der Gesetzesvorschrift. Der Sinn der Beschränkung in § 256 Abs. 1 ZPO liegt nach Auffassung der Rechtsprechung darin, einer **Prozessvermehrung entgegenzuwirken.** Ein Kläger soll nicht die Möglichkeit haben, den Prozessgegner und die Gerichte wiederholt mit derselben Rechtssache zu befassen, indem er zunächst über die Rechtsgrundlagen und dann über den Anspruch selbst entscheiden lässt. Es soll der Bezug der begehrten Entscheidung zu einem konkreten Rechtsschutzbegehren sichergestellt werden.[133]

53 Vor diesem Hintergrund ist auch bei Feststellungsklagen die **hinreichende Bestimmtheit des Antrags** zu beachten. Ein stattgebendes Urteil muss geeignet sein, den Streit zwischen den Parteien endgültig und damit umfassend zu beenden (allerdings ist dieser Gesichtspunkt – auch – beim Feststellungsinteresse verortet).[134] Zudem muss bei Stattgabe der Klage der objektive Umfang der Bindungswirkung hinreichend feststellbar sein.[135] Bei der Feststellungsklage nach § 256 ZPO muss der Antrag also das Rechtsverhältnis, dessen Bestehen oder Nichtbestehen festgestellt werden soll, so genau bezeichnen, dass über dessen Identität und somit über den Umfang der Rechtskraft der Feststellung keinerlei Ungewissheit bestehen kann.[136] Der Feststellungsantrag muss den genauen Inhalt des Feststellungsbegehrens enthalten, der in Rechtskraft erwachsen soll.[137] Bei einer Feststellungsklage sind also **grundsätzlich keine geringeren Anforderungen an die Bestimmtheit** als bei einer Leistungsklage zu stellen.[138]

54 In der Praxis besteht häufig das Problem, dass die Parteien genau wissen, worüber sie streiten, ohne dass der gewählte Antrag objektiv in der Lage ist, den Streit zu lösen.

55 Geht es etwa um die Frage, dass bestimmte Arbeitsbedingungen im Arbeitsverhältnis gelten sollen, so müssen sowohl diese Arbeitsbedingungen als auch der Zeitpunkt, ab dem diese gelten sollen, hinreichend bestimmt sein. Auch bei einer negativen Feststellungsklage ist die Angabe des konkreten Schuldgrundes erforderlich.

> *Es wird festgestellt, dass das als Arbeitsverhältnis bezeichnete Rechtsverhältnis nicht durch die Kündigung der Beklagten aufgelöst worden ist.*

56 Das Rechtsverhältnis wird nicht hinreichend bestimmt bezeichnet, jedenfalls soweit aufgrund der Begründung etwa auch familien- oder gesellschaftsrechtliche Beziehungen in Frage kommen können.[139]

Unzulässig ist etwa folgender Antrag:[140]

> *Es wird festgestellt, dass der Kläger dem Beklagten nichts schuldet.*

57 Die Beantwortung der Frage, ob ein Streit zwischen den Parteien durch ein Feststellungsurteil endgültig ausgeräumt werden kann, ist bisweilen schwierig.

132 MüKoZPO/Becker-Eberhard § 256 Rn. 22.
133 BGH 12.12.1994 – II ZR 269/93, NJW 1995, 1097.
134 Vgl. BAG 7.2.2019 – 6 AZR 84/18. NZA 2019, 726 (727).
135 BAG 23.1.2007 – 9 AZR 557/06, NZA 2007, 1166.
136 BGH 6.12.2001 – VII ZR 440/00, NJW 2002, 681.
137 BAG 17.10.2001 – 4 AZR 637/00, BeckRS 2001, 30793434.
138 BAG 14.12.2011 – 5 AZR 675/10, NZA 2012, 618; BAG 14.12.2011 – 4 AZR 242/10, NZA 2012, 1452.
139 Dazu BAG 30.6.1988 – 2 AZR 797/87, BeckRS 1988, 30726788.
140 BGH 3.5.1983 – VI ZR 79/80, NJW 1984, 1556.

bb) Feststellungsinteresse

§ 256 Abs. 1 ZPO fordert ein rechtliches Interesse an der alsbaldigen Feststellung des Rechtsverhältnisses, das vom Kläger darzulegen ist. Dieses Feststellungsinteresse ist **Sachurteilsvoraussetzung** und daher in jeder Lage des Verfahrens **von Amts wegen** zu prüfen.[141] Die Parteien können hierauf nicht verzichten; die Gerichte sollen davor geschützt werden, Gutachten über abstrakte Rechtsfragen zu erstellen. Ist es während des Verfahrens weggefallen, hat der Kläger seine Klage entsprechend umzustellen (Erledigungserklärung), anderenfalls ist die Klage als unzulässig abzuweisen. Das BAG[142] ist allerdings der Auffassung, dass das besondere Feststellungsinteresse gemäß § 256 Abs. 1 ZPO **nur für ein stattgebendes Urteil** echte Prozessvoraussetzung ist. Für die **Abweisung einer Feststellungsklage** sei ein Feststellungsinteresse jedenfalls dann nicht erforderlich, wenn auch die in Betracht kommende Leistungsklage abzuweisen wäre, da ein Urteil, das eine Leistungsklage abweist, wie ein negatives Feststellungsurteil wirke.[143] Ein Gericht sei zu einer abweisenden Sachentscheidung befugt, wenn gewichtige prozessökonomische Gründe gegen eine bloße Prozessabweisung sprächen.[144] Im Schrifttum wird dies abgelehnt.[145] **58**

Ein **Feststellungsinteresse** im Sinne des § 256 Abs. 1 ZPO liegt vor, wenn dem konkreten vom Feststellungsantrag betroffenen Recht des Klägers eine Gefahr der Unsicherheit droht sowie der erstrebte Feststellungsausspruch geeignet ist, diese Gefahr zu beseitigen und unter dem Gesichtspunkt der Prozesswirtschaftlichkeit zu einer sinnvollen und sachgemäßen Erledigung der aufgetretenen Streitpunkte zu führen.[146] Eine Gefährdung des Rechts besteht in der Regel bereits dann, wenn die Gegenseite das Recht ernstlich bestreitet.[147] Ein allgemeines Klärungsinteresse ist nicht ausreichend.[148] Die erstrebte Feststellung muss geeignet sein, den zwischen den Parteien bestehenden Streit zu beenden und die Rechtsunsicherheit über die Rechtsstellung der klagenden Partei zu beseitigen sowie andernfalls gegebenenfalls erforderliche Leistungsklagen entbehrlich zu machen.[149] Demgegenüber fehlt es an dem Feststellungsinteresse, wenn durch eine Feststellung des jeweils begehrten Inhalts eine sachgemäße oder erschöpfende Streitlösung nicht erzielt würde und die Rechtsunsicherheit weiterhin bestehen bliebe.[150] Die Rechtskraft der Entscheidung muss weitere gerichtliche Auseinandersetzungen über die zwischen den Parteien strittigen Fragen um denselben Fragenkomplex ausschließen. Deshalb fehlt das Feststellungsinteresse, wenn durch die Entscheidung kein Rechtsfrieden geschaffen wird, weil etwa nur einzelne Elemente des Rechtsverhältnisses zur Entscheidung des Gerichts gestellt werden.[151] Ist etwa mehr als eine bloße Rechenaufgabe erforderlich, um mögliche Ansprüche des Klägers abschließend bestimmen zu können, ist das Rechtsschutzinteresse zu verneinen.[152] **59**

---

141 BAG 6.5.2003 – 1 AZR 340/02, NZA 2003, 1422; BAG 20.6.2013 – 6 AZR 842/11, NZA 2014, 384.

142 BAG 30.1.2002 – 10 AZR 8/01, NZA 2002, 639; BAG 23.3.2016 – 5 AZR 758/13, NZA 2016, 1229, so bereits BGH 24.2.1954 – II ZR 3/53, BGH 12, 308; vgl. auch BGH 10.10.2017 – XI ZR 456/16, NJW 2018, 227.

143 BAG 30.1.2002 – 10 AZR 8/01, NZA 2002, 639; BAG 24.9.2008 – 6 AZR 76/07; Musielak/Foerste ZPO § 256 Rn. 7.

144 BAG 24.9.2008 – 6 AZR 76/07, NZA 2009, 154; BAG 16.12.2015 – 5 AZR 567/14, NZA 2016, 438; etwa wenn die Klage eindeutig und unzweifelhaft abweisungsreif sei, BAG 23.3.2016 – 5 AZR 758/13, NZA 2016, 1229.

145 GMP/Künzl § 46 ArbGG Rn. 85 f.; SW/Korinth § 46 ArbGG Rn. 71; aA Zöller/Greger § 256 ZPO Rn. 13.

146 BGH 28.9.1999 – VI ZR 195/98, NJW 1999, 3774; BGH 25.7.2017 – II ZR 235/15, BeckRS 2017, 126165.

147 BGH 25.7.2017 – II ZR 235/15, BeckRS 2017, 126165.

148 BGH 13.1.2010 – VIII ZR 351/08, NJW 2010, 1877.

149 BAG 20.2.2018 – 1 AZR 361/16, NJW 2018, 1629.

150 BAG 20.2.2018 – 1 AZR 361/16, NJW 2018, 1629.

151 BAG 21.5.2019 – 9 AZR 260/18, NJW 2019, 3330.

152 Vgl. BAG 15.7.2020 – 10 AZR 507/18, NZA 2020, 1650; BAG 7.2.2019 – 6 AZR 84/18, NZA 2019, 726.

60 Ein Feststellungsinteresse ist nicht gegeben, wenn der Kläger nur ein **Musterverfahren** im Interesse der Belegschaft durchführen will, obwohl in seinem Arbeitsverhältnis keine Gefahr einer Unsicherheit gegeben ist.[153] Eine **Musterfeststellungklage** nach §§ 606ff. ZPO aF ist im Arbeitsgerichtsverfahren **unzulässig** (→ *Rn. 33*).

61 Das Feststellungsinteresse bedarf bei **beendeten Vertragsverhältnissen** einer besonderen Begründung, denn in aller Regel ist dann klar erkennbar, welche Ansprüche noch im Raum stehen. Ein Interesse an der Feststellung eines vergangenen Rechtsverhältnisses besteht nur dann, wenn sich hieraus **konkrete Folgen** für die **Gegenwart oder Zukunft** ergeben.[154] Es gehört nicht zu den Aufgaben der Gerichte, einer Partei zu bescheinigen, ob sie im Recht war oder nicht.[155] Dies gilt auch für den Fall, dass ein zunächst streitiges Rechtsverhältnis während des Prozesses erlischt. Der Rechtsstreit ist dann für erledigt zu erklären, wenn keine konkreten Folgen für Gegenwart oder Zukunft bestehen.

62 Erteilt der Arbeitgeber dem Arbeitnehmer eine Weisung und besteht Streit, ob sich der Arbeitgeber im Rahmen seines Direktionsrechts bewegt, so erledigt sich der Rechtsstreit, wenn der Arbeitgeber die Weisung zurücknimmt oder eine neue erteilt. Etwas anderes gilt allenfalls dann, wenn es Anzeichen dafür gibt, dass der Arbeitgeber eine gleichartige Weisung nochmals erteilen wird. Ist das Arbeitsverhältnis hingegen beendet, so ist ein Rechtsschutzbedürfnis kaum denkbar.

63 Bei **negativen Feststellungsklagen** muss der Gegner ein entsprechendes Rechtsverhältnis behaupten oder sich eines Anspruchs berühmen. Das Feststellungsinteresse entfällt regelmäßig, wenn die Gegenseite positive Feststellungsklage oder Leistungsklage erhebt.[156] Die Möglichkeit der Erhebung einer negativen Feststellungsklage kann entfallen, wenn der Gesetzgeber eine gesonderte, abschließende Klageart regelt, etwa durch die Befristungskontrollklage nach § 17 TzBfG.[157]

64 Das Feststellungsinteresse fehlt regelmäßig, wenn eine Leistungsklage möglich ist **(Subsidiarität).**[158] So besteht jedenfalls dann kein Feststellungsinteresse, wenn sich ein Feststellungs- und ein Leistungsantrag inhaltlich decken.[159] Der Vorrang der Leistungsklage gilt aber nicht ausnahmslos; teilweise wird hervorgehoben, dass ein solcher Vorrang nicht belegbar sei.[160] Der BGH hat bereits klargestellt, dass keine allgemeine Subsidiarität der Feststellungsklage gegenüber der Leistungsklage besteht. Kein Feststellungsinteresse besteht demnach dann, wenn eine Klage auf Leistung möglich und zumutbar und das Rechtsschutzziel erschöpft ist.[161] Trotz der Möglichkeit, Leistungsklage zu erheben, ist eine Feststellungsklage zulässig, wenn die Durchführung des Feststellungsverfahrens unter dem Gesichtspunkt der **Prozesswirtschaftlichkeit** zu einer sinnvollen und sachgemäßen Erledigung der aufgetretenen Streitpunkte führt.[162] Dies gilt etwa, wenn zu erwarten ist, dass die Beklagte sich auch einem Feststellungsurteil beugen wird. Im Arbeitsgerichtsverfahren werden so etwa Feststellungsklagen gegen die **öffentliche Hand** als Arbeitgeberin für zulässig angesehen.[163]

---

153 BAG 20.6.2013 – 6 AZR 842/11, NZA 2014, 384.
154 BAG 26.9.2002 – 6 AZR 523/00, NZA 2003, 230; vgl. BAG 15.7.2020 – 10 AZR 507/18, NZA 2020, 1650.
155 BAG 26.9.2002 – 6 AZR 523/00, NZA 2003, 230; BAG 19.12.2017 – 1 ABR 33/16, NZA 2018, 678.
156 BGH 21.12.2005 – X ZR 17/03, NJW 2006, 515; Musielak/Voit/Foerste ZPO § 256 Rn. 17.
157 BAG 15.2.2017 – 7 AZR 153/15, NZA 2017, 803.
158 BGH 27.6.1995 – XI ZR 8/94, NJW 1995, 2221; BGH 21.2.2017 – XI ZR 467/15, NJW 2017, 1823.
159 BAG 27.4.2017 – 6 AZR 119/16, NZA 2017, 1116.
160 Musielak/Foerste ZPO § 256 Rn. 12; vgl. Adam ZIP 2018, 2402.
161 BGH 4.7.2017 – XI ZR 741/16, NJW-RR 2017, 1077; dazu auch Adam ZIP 2018, 2402.
162 BAG 2.12.2021 – 3 AZR 328/21, NZA 2022, 485; BGH 4.6.1996 – VI ZR 123/95, NJW 1996, 2725.
163 BAG 25.3.2015 – 5 AZR 874/12, BeckRS 2015, 70803.

Beispiel:

Insoweit kann hier die **Eingruppierungsfeststellungsklage** genannt werden (→ *Eingruppierung*). Das Feststellungsinteresse besteht, wenn durch die Entscheidung über den Feststellungsantrag der Streit insgesamt beseitigt wird. Die Rechtskraft der Entscheidung muss weitere gerichtliche Auseinandersetzungen über die zwischen den Parteien strittigen Fragen um denselben Fragenkomplex ausschließen. Dies ist bei einer Eingruppierungsfeststellungsklage dann nicht der Fall, wenn etwa über weitere Faktoren, die die Vergütungshöhe bestimmen, wie etwa die Einstufung in einer Vergütungstabelle des öffentlichen Dienstes nach Lebensaltersstufen oder Stufen, die sich an der Beschäftigungszeit orientieren, Streit besteht.[164] Ein Feststellungsinteresse wird auch dann verneint, wenn sich eine Höhergruppierung wegen der Zahlung übertariflicher Zulagen nicht auswirken kann.[165] Ein Arbeitnehmer hat auch ein rechtliches Interesse daran, Meinungsverschiedenheiten über den Bestand und die Ausgestaltung von Versorgungsrechten bereits vor Eintritt des Versorgungsfalls klären zu lassen, damit er frühzeitig etwa bestehende **Versorgungslücken** schließen kann (→ *Betriebliche Altersversorgung Rn. 4*).[166] **65**

Bei einer **Bank** soll (bislang) ebenfalls hinreichende Gewähr dafür bestehen, dass sie sich an ein rechtskräftiges Feststellungsurteil hält.[167] Jedenfalls gilt dies für einen **Insolvenzverwalter.**[168] Das BAG hat das Feststellungsinteresse auch dann bejaht, wenn zu erwarten ist, dass schon auf ein Feststellungsurteil hin der Streit der Parteien endgültig erledigt ist, etwa weil sich die andere Partei in einem Parallelprozess dem Ausgang des auf Feststellung gerichteten Verfahrens unterworfen hat.[169] Der BGH hat schon das **Einvernehmen der Parteien** ausreichen lassen, die Wirksamkeit von Verträgen durch eine Feststellungsklage klären zu lassen, wenn eine endgültige Erledigung des Streites durch ein Feststellungsurteil zu erwarten ist.[170] **66**

Das BAG bejaht das Feststellungsinteresse auch dann, wenn das **Prozessgericht** – womöglich rechtsfehlerhaft – den Kläger erst **veranlasst,** seinen ursprünglich gestellten Leistungsantrag durch einen Feststellungsantrag zu ersetzen (bzw. zu ergänzen), denn ansonsten würde der mit § 256 Abs. 1 ZPO verfolgte Zweck in sein Gegenteil verkehrt, wenn in der höheren Instanz die Klage als unzulässig abgewiesen würde.[171] **67**

In der Praxis ist anzuraten, den ursprünglichen Leistungsantrag beizubehalten und lediglich durch einen hilfsweise gestellten Feststellungsantrag zu ergänzen, wenn die Auffassung des Gerichts nicht ohne weiteres überzeugt. Aus Kostengründen sollte andernfalls der eigene Antrag als Hilfsantrag gestellt werden. In jedem Fall sollte darauf geachtet werden, dass der Hinweis des Gerichts protokolliert wird. **68**

Die Leistungsklage schließt nach Auffassung des BAG eine Feststellungsklage auch dann nicht aus, wenn die Leistungsklage nicht geeignet ist, das Bestehen oder Nichtbestehen eines Rechtsverhaltnisses verbindlich zu klären.[172] **69**

Kann ein Kläger einen ansonsten möglichen Leistungsantrag noch **nicht beziffern,** muss differenziert werden: Ist eine Leistungsklage im Wege der **Stufenklage** möglich, **70**

164 BAG 17.10.2007 – 4 AZR 1005/06, NZA 2008, 713.
165 BAG 1.4.1987 – 4 AZR 485/86, BeckRS 1987, 30720889.
166 BAG 22.9.2020 – 3 AZR 433/19, NZA 2021, 577; BAG 19.12.2000 – 3 AZR 186/00, NZA 2001, 1260.
167 BGH 3.6.1997 – XI ZR 133/96, NJW 1997, 2320.
168 BGH 14.12.2006 – IX ZR 102/03, NJW 2007, 1588.
169 BAG 27.2.1997 – 2 AZR 160/96, NZA 1997, 757.
170 BGH 27.6.1995 – XI ZR 8/94, NJW 1995, 2221.
171 BAG 24.3.1993 – 4 AZR 282/92, NZA 1994, 35.
172 BAG 26.10.2010 – 3 AZR 496/08, NJW 2011, 701.

kann das Feststellungsinteresse fehlen.[173] Hiervon werden wiederum Ausnahmen gemacht, etwa im Wettbewerbsrecht oder aus prozessökonomischen Gründen.[174] Ein Kläger, der zunächst zulässigerweise eine Feststellungsklage erhebt, muss auch **nicht nachträglich** seinen Feststellungsantrag in einen Leistungsantrag **umändern,** wenn dieser aufgrund der Entwicklung im Laufe des Rechtsstreits möglich würde, etwa weil die Schadenshöhe festgestellt wird.[175]

71 Die Klage auf **zukünftige Leistung** (§ 259 ZPO) schließt eine **Feststellungsklage** nicht aus.[176] Es besteht ein Wahlrecht.[177] Dies muss gerade für zukünftige Vergütungsansprüche gelten, da deren gerichtliche Geltendmachung gemäß § 259 ZPO sehr umstritten ist, zumindest war (→ *künftige Zahlungen*). Ein besonderes Feststellungsinteresse ist dennoch darzulegen. Von daher ist regelmäßig anzuraten, eine Leistungsklage für bereits fällige Ansprüche in Verbindung mit einer Zwischenfeststellungsklage (→ *A. I. Rn. 74*) oder Feststellungsklage[178] zu erheben.

72 Gerade bei Schadensersatzklagen ist zu beachten, dass ein Kläger nicht gehalten ist, seine Klage in eine **Leistungs- und eine Feststellungsklage** aufzuspalten, wenn ein Teil des Schadens schon entstanden und mit der Entstehung eines weiteren Schadens noch zu rechnen ist.[179] Er kann aber auch eine Leistungsklage bezüglich eines Teils der Forderung neben eine Feststellungsklage bezüglich der Gesamtforderung, etwa des Gesamtschadens stellen, wenn der Gesamtschaden noch nicht beziffert werden kann. Es ist auch möglich, zwei Feststellungsanträge nebeneinander zu stellen, wenn sie sich auf verschiedene Streitgegenstände beziehen und für beide ein Feststellungsinteresse besteht.[180]

73 Bei einer Schadensersatzklage (→ *Schadensersatz*) kann ein „allgemeiner Feststellungsantrag" auf die Ersatzverpflichtung der beklagten Partei für Schäden aller Art gerichtet sein, die – auch in der Zukunft – noch entstehen. Ein solcher Antrag soll regelmäßig die Verpflichtung dem Streit der Parteien entziehen und die hieraus resultierenden Ersatzansprüche vor einer möglicherweise drohenden alsbaldigen Verjährung schützen. Ein zusätzlich gestellter „konkreter Feststellungsantrag" kann etwa Klarheit über Inhalt und Umfang der Verpflichtung im Hinblick auf einen ganz genau beschriebenen einzelnen Schadensposten schaffen.[181] Unzulässig ist eine solche Feststellungsklage aber dann, wenn das Risiko des Eintritts eines künftigen Schadens sehr gering ist.[182]

cc) Zwischenfeststellungsklage

74 Ein Unterfall der Feststellungsklage ist die Zwischenfeststellungsklage. Nach § 256 Abs. 2 ZPO kann bis zum Schluss der mündlichen Verhandlung die Klage dahingehend erweitert bzw. Widerklage erhoben werden, dass ein im Laufe des Prozesses streitig gewordenes Rechtsverhältnis (dieses kann auch schon vor dem Rechtsstreit

173 BAG 22.9.1992 – 9 AZR 404/90, NZA 1993, 429.
174 BGH 17.5.2001 – I ZR 189/99, NJW-RR 2002, 834.
175 BGH 4.6.1996 – VI ZR 123/95, NJW 1996, 2725.
176 BGH 7.2.1986 – V ZR 201/84, NJW 1986, 2507; BAG 15.1.1992 – 7 AZR 194/91, AP BetrVG 1972 § 37 Nr. 84; BAG 5.10.2000 – 1 AZR 48/00, NZA 2001, 849; BAG 1.2.2006 – 5 AZR 187/05, NZA 2006, 2060; LAG Rheinland-Pfalz 7.9.2012 – 6 Sa 709/11, BeckRS 2013, 66031.
177 BAG 29.10.1997 – 5 AZR 573/96, NZA 1998, 186.
178 Dazu BAG 30.1.2019 – 5 AZR 450/17, NZA 2019, 1065.
179 BGH 8.7.2003 – VI ZR 304/02, NJW 2003, 2827.
180 Vgl. BGH 28.9.1999 – VI ZR 195/98, NJW 1999, 3774.
181 BGH 28.9.1999 – VI ZR 195/98, NJW 1999, 3774.
182 BGH 2.4.2014 – VIII ZR 19/13, NJW-RR 2014, 840.

streitig sein),[183] von dessen Bestehen oder Nichtbestehen die Entscheidung ganz oder zum Teil abhängt, durch richterliche Entscheidung festgestellt wird. Hintergrund der Regelung ist, dass sich die **Rechtskraftwirkung** bei der Leistungsklage nur auf die Entscheidung über den prozessualen Anspruch bezieht, nicht aber auf die den Leistungsbefehl tragenden Feststellungen.[184] Mit der Zwischenfeststellungsklage kann die Rechtskraft der Entscheidung **ausgedehnt** werden. Werden demgegenüber die zu klärenden Rechtsbeziehungen bereits durch die Entscheidung in der Hauptsache erschöpfend geregelt, ist die Erhebung einer Zwischenfeststellungsklage unzulässig.[185] Mit der Zwischenfeststellungsklage wird ein **Begründungselement aus der Entscheidung** verselbständigt.[186] Es handelt sich um eine unselbständige Feststellungsklage.[187] Es muss eine Hauptklage anhängig sein.[188]

Das Bestehen bzw. Nichtbestehen des Rechtsverhältnisses muss für die Hauptklage vorgreiflich, dh präjudiziell sein. Ein besonderes Feststellungsinteresse muss nicht vorliegen, da die **Vorgreiflichkeit** das ansonsten für die Feststellungsklage erforderliche **Feststellungsinteresse ersetzt.**[189] Für die Entscheidung der Hauptsache muss also ohnehin darüber befunden werden, ob das streitige Rechtsverhältnis besteht.[190] Es kommt nicht darauf an, ob der Feststellungsantrag zu einer abschließenden Klärung aller zwischen den Parteien streitigen Fragen führt.[191] Damit hängt die Zulässigkeit einer Zwischenfeststellungsklage von weniger Voraussetzungen als die einer Feststellungsklage nach § 256 Abs. 1 ZPO ab. Sie ist also unter **erleichterten Voraussetzungen** zulässig.[192] Die Zwischenfeststellungsklage kann sich auch auf einen Teil der vorgreiflichen Rechte und Pflichten beschränken, weil dies weder für das Gericht noch für den Prozessgegner eine zusätzliche Belastung bedeutet. Sie ist dann unzulässig, wenn keine Vorgreiflichkeit (mehr) besteht[193] oder schon die in der Hauptsache ergehende Entscheidung die Rechtsbeziehungen erschöpfend klarstellt.[194] Hat sie also über die Hauptklage hinaus keine Rechtswirkungen, so ist sie unzulässig.[195] Werden mit der Hauptklage allerdings mehrere selbständige Ansprüche aus dem Rechtsverhältnis verfolgt und erschöpfen sie in ihrer Gesamtheit die Ansprüche aus dem Rechtsverhältnis, so können dennoch einzelne Ansprüche Gegenstand einer Zwischenfeststellungsklage sein.[196] Die Rechtskraftwirkung einer Zwischenfeststellungsklage ist nicht eingeschränkt.[197] **75**

Vor diesem Hintergrund kann der Praxis nur **geraten** werden, ernsthaft zu prüfen, ob nicht die **Erhebung einer Zwischenfeststellungsklage** sinnvoll ist. Sie kann **76**

183 MüKoZPO/Becker-Eberhard § 256 Rn. 83.
184 BAG 25.9.2003 – 8 AZR 446/02, NZA 2004, 1406.
185 BGH 28.1.2020 – EnZR 99/18, BeckRS 2020, 9287.
186 BAG 21.10.2015 – 4 AZR 663/14, BeckRS 2016, 67913; vgl. BAG 15.7.2020 – 10 AZR 507/18, NZA 2020, 1650.
187 MüKoZPO/Becker-Eberhard § 256 Rn. 80.
188 MüKoZPO/Becker-Eberhard § 256 Rn. 82; vgl. BAG 7.2.2019 – 6 AZR 84/18, NZA 2019, 726 (727); BAG 25.1.2024 – 6 AZR 390/20, NZA 2024, 568.
189 BAG 25.9.2003 – 8 AZR 446/02, NZA 2004, 1406; BAG 28.6.2006 – 10 AZR 385/05, NZA 2006, 1174; BAG 21.10.2015 – 4 AZR 663/14, BeckRS 2016, 67913.
190 BGH 15.12.2009 – XI ZR 110/09, NJW-RR 2010, 640 (642).
191 BAG 20.8.2002 – 3 AZR 14/01, AP BetrAVG § 1 Überversorgung Nr. 9.
192 BAG 15.1.1992 – 7 AZR 194/91, AP BetrVG 1972 § 37 Nr. 84.
193 BGH 1.6.2017 – I ZR 152/13, BeckRS 2017, 118021, etwa bei Schadensersatz- und Unterlassungsanspruch; vgl. BAG 15.7.2020 – 10 AZR 507/18, NZA 2020, 1650.
194 BAG 24.4.1996 – 4 AZR 876/94, NZA 1997, 50; BAG 15.1.1992 – 7 AZR 194/91, AP BetrVG 1972 § 37 Nr. 84; BGH 25.1.2023 – VIII ZR 230/21, NJW-RR 2023, 373.
195 BGH 7.3.2013 – VII ZR 223/11, BeckRS 2013, 05346.
196 BGH 7.3.2013 – VII ZR 223/11, BeckRS 2013, 05346.
197 BAG 21.10.2015 – 4 AZR 663/14, BeckRS 2016, 67913.

zugleich mit der Hauptklage, aber auch nachträglich oder als Widerklage erhoben werden.[198]

Beispiel:

77 Ein Beispiel zur **betrieblichen Übung:** Der Arbeitgeber stellt die Zahlung eines jährlichen Treuegeldes ein. Der Arbeitnehmer klagt den entsprechenden Betrag für das zurückliegende Kalenderjahr ein, da er der Auffassung ist, ein Anspruch besteht nach den Voraussetzungen einer betrieblichen Übung. Da er auch für die Zukunft das Treuegeld ausgezahlt haben möchte und der Anspruch als solcher im Streit steht, kann er im Wege der Zwischenfeststellungsklage die Verpflichtung zur Zahlung von Treuegeld feststellen lassen.[199] Hingegen ist die Klage auf → *künftige Zahlungen* unzulässig, da § 259 ZPO verlangt, dass der Anspruch bereits entstanden ist.

78 Wenn zwischen Arbeitnehmer und Arbeitgeber streitig ist, ob ein → *Betriebsübergang* vorliegt und ein Arbeitsverhältnis zwischen ihnen besteht, kann der Arbeitnehmer eine Leistungsklage auf Beschäftigung und Vergütung mit einer Zwischenfeststellungsklage verbinden, mit der der Arbeitnehmer das Bestehen eines Arbeitsverhältnisses feststellen lassen kann.

Der Antrag nach § 256 Abs. 2 ZPO kann etwa wie folgt formuliert werden:

1. **Die Beklagte wird verurteilt, an den Kläger <Leistung ausformulieren>**
2. **Im Wege der Zwischenfeststellungsklage nach § 256 Abs. 2 ZPO wird beantragt festzustellen, dass <Beschreibung des streitigen Rechtsverhältnisses> besteht.**

c) Gestaltungsklage

79 Eine Gestaltungsklage liegt immer dann vor, wenn die begehrte Rechtsfolge eine **Veränderung der Rechtslage** erfordert, die vom Gericht durch Gestaltungsurteil vorgenommen werden muss.[200] Gestaltungsklagen sind nur dann statthaft, wenn sie gesetzlich geregelt sind.[201] Neben prozessualen Gestaltungsklagen, wie etwa **Vollstreckungsgegenklagen** nach § 767 ZPO, sind im arbeitsgerichtlichen Verfahren beispielhaft **Auflösungsanträge** nach §§ 9, 10 KSchG, 78a Abs. 4 S. 1 Nr. 2 BetrVG bzw. Anpassungsanträge gemäß § 16 BetrAVG[202] und Leistungsbestimmungen nach § 315 Abs. 3 S. 2 BGB zu nennen. Die Gestaltungswirkung tritt mit **formeller Rechtskraft** des Urteils, also **ex nunc** ein; dies ist insbesondere beim Zinsantrag zu beachten (→ *Zinsen*). Soll ein Gestaltungsurteil die Rechtslage rückwirkend ändern, bedarf es insoweit einer ausdrücklichen gesetzlichen Regelung.[203] Einer Vollstreckung bedarf es nicht. Ein besonderes Rechtsschutzbedürfnis ist ebenfalls nicht erforderlich. Es liegt darin begründet, dass die begehrte Rechtsgestaltung nur durch Urteil herbeigeführt werden kann.

80 Auch eine Gestaltungsklage muss hinreichend bestimmt sein. Der Kläger hat das **umzugestaltende Rechtsverhältnis** sowie Art und Umfang der Umgestaltung **konkret** anzugeben.[204]

---

198 MüKoZPO/Becker-Eberhard § 256 Rn. 88; BGH 1.6.2017 – I ZR 152/13, BeckRS 2017, 118021.
199 BAG 28.6.2006 – 10 AZR 385/05, NZA 2006, 1174.
200 BAG 7.3.1996 – 2 AZR 432/95, NJW 1997, 759.
201 MüKoZPO/Becker-Eberhard Vor §§ 253 ff. Rn. 28.
202 LAG Köln 16.1.2014 – 7 Sa 438/13, BeckRS 2014, 71645.
203 BAG 7.3.1996 – 2 AZR 432/95, NJW 1997, 759.
204 MüKoZPO/Becker-Eberhard § 253 Rn. 155.

d) Einstweiliger Rechtsschutz

81 § 62 Abs. 2 S. 1 ArbGG verweist hinsichtlich Arrest- und einstweiliger Verfügungsverfahren auf die Vorschriften des Achten Buchs der ZPO, also auf die §§ 916 bis 945 ZPO. Lediglich bei der einstweiligen Verfügung beinhaltet § 62 Abs. 2 S. 2 ArbGG eine **Sonderregelung** hinsichtlich der **Notwendigkeit einer mündlichen Verhandlung.** Beide **Verfahrensarten** sind allerdings nicht der Zwangsvollstreckung zuzuordnen, vielmehr handelt es sich um Eilverfahren im Rahmen des einstweiligen Rechtsschutzes, die Ansprüche grundsätzlich nur sichern sollen. Deswegen werden im Grundsatz nur **vorläufige Maßnahmen zur Sicherung** der Ansprüche angeordnet.[205]

82 Der Arrest dient der (vorläufigen) Sicherung der Durchsetzung einer Forderung und die einstweilige Verfügung der einstweiligen Regelung eines Rechtsverhältnisses. Bei beiden Eilverfahren handelt es sich um **summarische Verfahren. Streitgegenstand** ist nicht der Anspruch, sondern dessen **Sicherung.**[206] Dementsprechend erstreckt sich auch die **Rechtskraft** des einstweiligen Rechtsschutzes nicht auf den Anspruch.[207] Rechtskraftwirkung entfaltet eine Entscheidung für nachfolgende Verfahren im einstweiligen Rechtsschutz, aber nicht in Bezug auf ein Hauptsacheverfahren.[208] Ein einstweiliges Rechtsschutzverfahren tritt nicht an die Stelle eines (normalen) arbeitsgerichtlichen Urteilsverfahrens. Die Verfahren im einstweiligen Rechtsschutz stehen eigenständig **neben dem Hauptsacheverfahren** und können vor oder während diesem anhängig gemacht werden.[209] Ein derartiges Eilverfahren mündet auch nicht automatisch in ein Hauptsacheverfahren. Vielmehr muss dieses **eigenständig anhängig** gemacht werden. Allerdings kann der Gegner das Hauptsacheverfahren erzwingen (§§ 926, 936 ZPO). Ist bereits ein Hauptsacheverfahren anhängig, so kann der Antrag auf einstweiligen Rechtsschutz **nicht im Wege der Klageerweiterung** anhängig gemacht werden, da der einstweilige Rechtsschutz eine völlig andere Verfahrensart ist. Der Übergang vom Hauptsache- in das Eilverfahren ist nach wohl überwiegender Meinung nicht möglich.[210] Da Arrest und einstweilige Verfügungsverfahren keine Klagen sind, wird wohl überwiegend vertreten, dass **Widerantrage ausgeschlossen** sind.[211]

83 Der Antragsteller haftet nach § 945 ZPO, sofern sich die Anordnung eines Arrests oder einer einstweiligen Verfügung von Anfang an als ungerechtfertigt erweist. Die Inanspruchnahme des einstweiligen Rechtsschutzes ist also nicht ohne Risiko.

aa) Arrestverfahren

84 Der Arrest ist im Vergleich zur einstweiligen Verfügung im arbeitsgerichtlichen Verfahren von nachgeordneter Bedeutung.[212] Der Arrest dient der Sicherung der Zwangsvollstreckung einer **Geldforderung** oder eines Anspruchs, der in eine Geld-

205 Musielak/Voit/Huber § 916 ZPO Rn. 1.
206 LAG Berlin-Brandenburg 18.3.2010 – 25 TaBVGa 2608/09, BeckRS 2010, 72568; OLG Saarbrücken 14.6.2023 – 1 V 91/22, BeckRS 2023, 26533.
207 LAG Köln 17.9.2009 – 4 SaGa 10/09 BeckRS 2009, 73449; Musielak/Voit/Huber § 916 ZPO Rn. 3.
208 LAG Rheinland-Pfalz 19.7.2012 – 10 TaBV 13/12, BeckRS 2012, 74133; Busemann ZTR 2014, 447; vgl. aber auch BAG 20.11.2012 – 1 AZR 611/11, NZA 2003, 334.
209 GMP/Schleusener § 62 ArbGG Rn. 77.
210 OLG Karlsruhe 29.12.1976 – 6 U 213/76, OLGZ 1977, 484; OLG München 28.10.1993 – 6 U 3618/93, OLGR München 1994, 178; aA bei Einverständnis der Parteien OLG Frankfurt 17.10.1988, 3 WF 212/88, FamRZ 1989, 296; Musielak/Voit/Foerste § 263 ZPO Rn. 5.
211 OLG Celle 27.6.2017 – 2 U 63/17, BeckRS 2017, 118146.
212 Zum Arrestverfahren Clemenz NZA 2007, 64 ff.

forderung übergehen kann (§ 916 Abs. 1 ZPO). Neben dem Arrestanspruch muss ein Arrestgrund bestehen, dh es muss ein Grund für das Eilverfahren vorliegen. Auch im Rahmen des einstweiligen Rechtsschutzes gilt der Dispositionsgrundsatz. Erforderlich ist also ein Antrag. Nach § 920 Abs. 1 ZPO soll der **Antrag** bzw. das Gesuch den Arrestanspruch unter Angabe des Geldbetrages oder -wertes sowie des Arrestgrundes enthalten. Der Antrag muss schlüssig sein, dh der Antragsteller muss sowohl einen Arrestanspruch als auch einen Arrestgrund hinreichend konkret darlegen. Beide sind nach § 920 Abs. 2 ZPO glaubhaft zu machen. Da der Gegner vor der Entscheidung nicht gehört werden muss, kann eine Entscheidung nicht davon abhängig gemacht werden, welche Umstände bestritten werden. Andererseits muss der Antragsteller die den Antrag stützenden Tatsachen in dem Eilverfahren auch nicht bereits „vorsorglich" beweisen. Das Gesetz begnügt sich mit der **Glaubhaftmachung** iSd § 294 ZPO.

bb) Einstweilige Verfügung

85 Das einstweilige Verfügungsverfahren ist in der Arbeitsgerichtspraxis von größerer Relevanz als der Arrest.[213] Im Vordergrund der gerichtlichen Praxis stehen sog. Leistungs- bzw. Befriedigungsverfügungen, etwa zur Durchsetzung des Beschäftigungs- oder des Urlaubsanspruchs.

86 Das einstweilige Verfügungsverfahren richtet sich weitgehend nach den Grundsätzen des Arrestverfahrens. Auch das einstweilige Verfügungsverfahren darf die Hauptsache grundsätzlich nicht vorwegnehmen. Es sind **vorläufige Maßnahmen** anzuordnen. Das Gericht kann gemäß § 938 Abs. 1 ZPO nach freiem Ermessen bestimmen, welche Anordnungen zur Erreichung des Zwecks erforderlich sind. Die Anordnungen sind nach §§ 936, 929 Abs. 2 ZPO innerhalb eines Monats zu vollziehen, dh Zwangsvollstreckungsmaßnahmen sind einzuleiten.[214]

87 Auch wenn das Gericht gemäß § 938 Abs. 1 ZPO nach freiem Ermessen bestimmen kann, welche Anordnungen zur Erreichung des Zwecks erforderlich sind, ist der Antrag **hinreichend bestimmt** zu stellen. Andernfalls ist er unzulässig. Aus § 938 Abs. 1 ZPO ergibt sich, dass der Antrag im einstweiligen Verfügungsverfahren nicht ebenso präzise gestellt werden muss, wie es § 253 Abs. 2 Nr. 2 ZPO im normalen Erkenntnisverfahren vorsieht. Ausreichend ist grundsätzlich die **Angabe des Rechtsschutzziels.**[215] Aber die Angabe des Zwecks unterliegt dem Bestimmtheitserfordernis.[216] Aus diesem Grund ist auch die Angabe geeigneter Sicherungsmaßnahmen zu empfehlen.[217] Der Spielraum des Gerichts bei Regelungsverfügungen ist recht weit.[218] Bei Leistungsverfügungen ist die begehrte Leistung ohnehin konkret zu bestimmen (→ *Rn. 94*).

88 Ist ein konkreter Antrag gestellt, so ist das Gericht nach § 308 Abs. 1 ZPO an diesen **Antrag gebunden.** Dies gilt auch im Verfahren des vorläufigen Rechtsschutzes.[219] Es darf dem Antragsteller zwar ein Weniger, nicht aber ein Mehr zusprechen.[220] Umstritten ist allerdings, ob dem Antragsteller ein aliud, also etwas Anderes zugespro-

213 Vgl. etwa Reinhard/Kliemt NZA 2005, 545; Walker ZfA 2005, 45; Clemenz NZA 2005, 129.
214 Vgl. LAG Nürnberg 31.7.2001 – 6 Sa 408/01, NZA-RR 2002, 272; Clemenz NZA 2005, 129, 131.
215 LAG Thüringen 10.4.2001 – 5 Sa 403/2000, NZA-RR 2001, 347; Musielak/Voit/Huber § 938 ZPO Rn. 3.
216 LAG München 8.9.2011 – 3 SaGa 21/11, BeckRS 2016, 65973.
217 Musielak/Voit/Huber § 938 ZPO Rn. 3.
218 Zöller/Vollkommer § 938 ZPO Rn. 2.
219 LAG Thüringen 10.4.2001 – 5 Sa 403/2000, NZA-RR 2001, 347; Musielak/Voit/Huber § 938 ZPO Rn. 5.
220 LAG Thüringen 10.4.2001 – 5 Sa 403/2000, NZA-RR 2001, 347; Zöller/Vollkommer § 938 ZPO Rn. 2.

chen werden darf. Das BVerfG hat dies offengelassen, aber darauf hingewiesen, dass jedenfalls ein Hinweis sowie die Gewährung rechtlichen Gehörs erforderlich ist.[221] § 938 Abs. 1 ZPO zeigt dann keine Auswirkungen, wenn ein bestimmtes Rechtsschutzziel nicht erkennbar ist oder die Wahl zwischen mehreren möglichen Zwecken besteht, die der Antragsteller mit einem im einstweiligen Verfügungsverfahren gestellten Antrag verfolgt.[222] Die Auswahl des Rechtsschutzziels darf nicht dem Gericht überlassen werden.[223]

Es sind **drei Arten der Verfügung** zu unterscheiden. Dabei ist – dem Arrestverfah- **89**
ren entsprechend – jeweils sowohl ein **Verfügungsanspruch** als auch ein **Verfügungsgrund,** also ein besonderes Eilbedürfnis[224] erforderlich. Das Gesetz kennt zunächst die **Sicherungsverfügung** nach § 935 ZPO. Deren Ziel ist die (bloße) Sicherung eines Rechts, wenn zu besorgen ist, dass durch Veränderung des bestehenden Zustands die Verwirklichung des Rechts vereitelt oder wesentlich erschwert werden könnte. Hierzu gehört etwa der Anspruch auf Herausgabe eines Gegenstandes, beispielsweise eines Autos. § 940 ZPO bestimmt die Voraussetzungen der **Regelungsverfügung.** Sie dient der Regelung eines einstweiligen Zustands eines streitigen Rechtsverhältnisses. Das Verfahren darf aber grundsätzlich **nicht auf Feststellung** gerichtet sein, da es auf Zwangsvollstreckung ausgerichtet ist. Die Gerichte sollen keine vorläufigen Rechtsgutachten erteilen. Zudem erstreckt sich die **Rechtskraft** einer einstweiligen Verfügung gerade nicht auf den zugrundeliegenden Anspruch bzw. das Rechtsverhältnis.[225] Ohnehin fehlt es regelmäßig an einem Verfügungsgrund.[226] In (besonderen) Ausnahmefällen wird ein Feststellungsantrag dennoch für zulässig erachtet, wenn keine andere Möglichkeit besteht, effektiven Rechtsschutz zu erhalten. Von dem unter → *Rn. 92* dargestellten Ausnahmefall abgesehen, ist von einem Feststellungsantrag abzuraten.

Unzulässig ist etwa ein immer wieder anzutreffender Feststellungsantrag bei Verset- **90**
zungen:

> *Es wird im Wege der einstweiligen Verfügung festgestellt, dass die Versetzung des Verfügungsklägers vom <Datum> unwirksam ist.*

Ebenso unzulässig ist der Versuch, ein vorteilhaftes vorläufiges Rechtsgutachten zu **91**
erhalten:[227]

> *Es wird im Wege der einstweiligen Verfügung festgestellt, dass dem Verfügungskläger ein Leistungsverweigerungsrecht nach § 273 BGB zusteht.*

Eine fragwürdige **Ausnahme** ist bei dem folgenden Fall bejaht worden (vgl. auch → Abgabe von Erklärungen Rn. 5):

Beispiel:

Ein Fußballspieler wollte zu einem Verein der ersten Bundesliga wechseln. Hierzu war unter ande- **92**
rem gemäß § 20 des Lizenzspielerstatutes des Deutschen Fußballbundes die vorherige Aufnahme in

221 BVerfG 22.1.2021 – 1 BvR 2793/20, NJW 2021, 2018 (2019); zust. Zöller/Vollkommer § 938 ZPO Rn. 1.
222 LAG Thüringen 10.4.2001 – 5 Sa 403/2000, NZA-RR 2001, 347.
223 LAG Thüringen 10.4.2001 – 5 Sa 403/2000, NZA-RR 2001, 347.
224 LAG Hessen 16.10.2017 – 16 SaGa 1175/17, BeckRS 2017, 147168.
225 LAG Köln 17.9.2009 – 4 SaGa 10/09 BeckRS 2009, 73449; LAG Köln 24.11.2010 – 5 Ta 361/10, BeckRS 2011, 65353; vgl. auch LAG Hamm 8.7.2008 – 14 SaGa 25/08, BeckRS 2008, 55457.
226 LAG Düsseldorf 25.9.2017 – 10 SaGa 14/17, BeckRS 2017, 143286.
227 LAG Köln 24.11.2010 – 5 Ta 361/10, BeckRS 2011, 65353.

die Transferliste des DFB notwendig. Das Gericht bewertete im Streitfall die Besonderheit, dass die begehrte einstweilige Verfügung nicht primär gegen den Arbeitgeber, also den Verein durchgesetzt werden sollte, sondern Rechtspositionen des Verfügungsklägers in seinem Verhältnis zu einem Dritten, dem DFB, sichern sollte. Es erschien nicht ausgeschlossen, dass in diesem Rechtsverhältnis der Verfügungsausspruch maßgeblich wird, ohne dass es auf eine Zwangsvollstreckung gegenüber der Verfügungsbeklagten ankäme.[228]

Der Antrag in diesem Ausnahmefall könnte etwa lauten:

Es wird im Wege der einstweiligen Verfügung bis zu einer Entscheidung in der Hauptsache festgestellt, dass zwischen den Parteien seit dem <Datum> keine arbeitsvertraglichen Beziehungen mehr bestehen.

93 Schließlich hat die Rechtspraxis die **Leistungsverfügung** (auch **Befriedigungsverfügung** genannt) entwickelt.[229] Die Abgrenzung zwischen der Regelungs- und der Leistungsverfügung ist schwierig und wird in der Praxis nicht immer herausgearbeitet. Die Leistungsverfügung zielt auf eine (vorläufige) Befriedigung des Antragstellers. Es kann aber auch die endgültige Befriedigung eintreten, etwa wenn die Verfügung der Unterlassung von Wettbewerb für einen Zeitraum dient. Eine auf **Abgabe einer Willenserklärung** gerichtete einstweilige Verfügung ist grundsätzlich ausgeschlossen, sofern die Willenserklärung nicht selbst nur einen vorläufigen Zustand herbeiführt.[230] Des Weiteren ist ein Urteil, das auf Abgabe einer Willenserklärung gerichtet ist, gemäß § 894 ZPO zu vollstrecken, dh die Willenserklärung wird bei Rechtskraft fingiert. Dennoch wird im Arbeitsgerichtsverfahren die Zulässigkeit von einstweiligen Verfügungen zur **Urlaubserteilung** und beim **Teilzeitanspruch** diskutiert (vgl. → *Urlaubsgewährung* und → *Teilzeit*). Alternativ kommt in Betracht, dem Antragsteller ein Recht einzuräumen, etwa für einen Zeitraum der Arbeit fernzubleiben oder die Arbeitszeit einseitig zu reduzieren.[231]

94 **Bei einer Leistungsverfügung ist** – trotz § 938 Abs. 1 ZPO – die begehrte Leistung (Handlung/Unterlassen) **genau zu bezeichnen.**[232] Dies gilt insbesondere bei **Unterlassungsverfügungen.**[233] Grundsätzlich muss ein Unterlassungsantrag aus rechtsstaatlichen Gründen eindeutig erkennen lassen, was vom Schuldner verlangt wird.[234] Bei einstweiligen Verfügungen im → *Arbeitskampf* wird zuweilen vertreten, es bedürfe eines großzügigen Maßstabs bezüglich der Bestimmtheit des Antrages, da das Gebot der Gewährung effektiven Rechtsschutzes in diesen Fällen einer zu engen Auslegung und Anwendung des Bestimmtheitserfordernisses gemäß § 253 Abs. 2 ZPO entgegenstehe.[235] Deshalb werde dem Bestimmtheitsgrundsatz genüge getan, wenn sich aus dem Antrag und der in der Begründung dargestellten tatsächlichen Fallgestaltungen ergebe, welche Handlungen unterlassen werden sollen und wenn diese für den Antragsgegner hinreichend erkennbar sind. Letztlich handelt es sich um eine Auslegung des Antrags. Es bleibt dabei, dass Leistungsanträge, insbesondere

228 LAG Berlin 31.8.2000 – 10 Sa 1728/00, NZA 2001, 53; darauf ist das ArbG Siegburg 16.12.2020 – 4 Ga 18/20, NZA-RR 2021, 129, nicht eingegangen bei der begehrten Feststellung, ob ein Arbeitnehmer nicht verpflichtet ist, ein Gesichtsvisier oder eine Mund-Nasen-Bedeckung zu tragen.
229 Musielak/Voit/Huber ZPO § 935 Rn. 2.
230 Musielak/Voit/Huber ZPO § 940 Rn. 26; LAG Hamm 28.12.2016 – 6 SaGa 17/16, NZA-RR 2017, 176.
231 Dazu LAG Hamm 28.12.2016 – 6 SaGa 17/16, NZA-RR 2017, 176.
232 Musielak/Voit/Huber ZPO § 938 Rn. 3, 5; LAG Hamm 28.12.2016 – 6 SaGa 17/16, NZA-RR 2017, 176; dazu etwa auch OLG Koblenz 9.6.2011 – 5 W 269/11, BeckRS 2012, 11001.
233 Zöller/Vollkommer ZPO § 938 Rn. 3.
234 Vgl. BAG 24.4.2007 – 1 AZR 252/06, NZA 2007, 987.
235 ArbG Berlin 6.5.2008 – 59 Ga 6988/08.

Unterlassungsanträge bestimmt zu formulieren sind. Globalanträge sind zulässig, aber regelmäßig unbegründet (→ Rn. 109a).[236]

So sind beispielsweise folgende Anträge im Rahmen von Arbeitskampfmaßnahmen **unzulässig:**[237]

> *1. Der Verfügungsbeklagten wird untersagt, ihre Mitglieder und sonstige Arbeitnehmer der Verfügungsklägerin zu Streiks und sonstigen Arbeitskampfmaßnahmen aufzurufen, um den Abschluss eines „Spartentarifvertrages für das Personal im XXX" durchzusetzen.*
>
> *2. Die Verfügungsbeklagte wird verpflichtet, mit allen verbandsrechtlichen zulässigen Mitteln auf ihre Mitglieder einzuwirken, um diese von einer Beteiligung an Arbeitsniederlegungen gemäß vorstehender Ziffer 1 abzuhalten.*

Was unter „sonstigen Arbeitskampfmaßnahmen" zu verstehen ist, bleibt unklar, ins- **95**
besondere, ob hierunter nur nach außen tretende Kampfhandlungen fallen. Der Antrag zu 2 bezeichnet die konkrete Handlung oder Unterlassung, deren künftige Begehung verboten oder erzwungen werden soll, nicht so genau, dass der Antrag vollstreckungsfähig ist (→ *Arbeitskampf*).

3. Die Antragstellung

a) Zeitpunkt und Ort

Die Klageerhebung ist in § 253 ZPO geregelt. Sie erfolgt grundsätzlich durch Einrei- **96**
chung eines Schriftsatzes, der bereits nach § 130 Nr. 2 ZPO den Antrag enthalten soll, der zu stellen beabsichtigt ist. Der Schriftsatz muss unterschrieben sein.[238] Die Klage kann aber auch bei der Rechtsantragstelle eines Arbeitsgerichts zu Protokoll erklärt werden (§§ 496 ZPO, 46 Abs. 2 ArbGG). Seit dem 1.1.2022 müssen vor allem Rechtsanwälte nach § 46g ArbGG Schriftsätze und Anträge als **elektronisches Dokument** bei Gericht einreichen. Umstritten ist derzeit, ob die Übergabe von Schriftsätzen im Termin ausgeschlossen ist, so dass auch eine Bezugnahme auf den Schriftsatz unzureichend wäre.[239] Das BAG hat einen zu Protokoll erklärten Antrag für zulässig erachtet, aber offengelassen, ob die darauf bezogene Begründung wirksam ins Verfahren eingeführt worden ist.[240]

Die Anträge werden in der **mündlichen Verhandlung** gestellt. Nach § 297 Abs. 1 S. 1 **97**
ZPO sind die Anträge aus den vorbereitenden Schriftsätzen **zu verlesen.** Die Verlesung der Anträge kann gemäß § 297 Abs. 2 ZPO dadurch ersetzt werden, dass die Parteien auf die Schriftsätze Bezug nehmen. Dies ist in der Praxis der Regelfall. Es muss allerdings deutlich werden, dass es sich um eine Antragstellung handelt.[241] Nimmt eine Partei ausdrücklich auf die Klageschrift Bezug, sind sämtliche darin angekündigten Anträge gestellt. Etwas anderes kann nur dann angenommen werden, wenn sich aus dem Protokoll unmissverständlich ergibt, dass die Partei nur auf einen

236 LAG Hessen 16.10.2017 – 16 SaGa 1175/17, BeckRS 2017, 147168.
237 LAG Hessen 2.5.2003 – 9 SaGa 637/03, NZA 2003, 679.
238 Zu Ausnahmen vgl. etwa BAG 24.10.2015 – 10 AZR 278/17, NJW 2019, 698 (699).
239 Dazu LAG Hessen 15.2.2023 – 18 Sa 967/22, BeckRS 2023, 25072; LAG Niedersachsen 6.7.2022 – 8 Sa 1148/20, NZA-RR 2022, 632; Siegmund NJW 2023, 1681.
240 BAG 29.6.2023 – 2 AZR 296/22, NZA 2023, 1105 (1111).
241 BAG 28.8.2008 – 2 AZR 63/07, NZA 2009, 275.

Teil der angekündigten Anträge Bezug genommen hat.[242] Sind die Anträge nicht in den **Schriftsätzen** enthalten, so müssen sie gemäß § 297 Abs. 1 S. 2 ZPO aus einer dem Protokoll als **Anlage** beizufügenden Schrift verlesen werden. Die grundsätzlich erforderliche schriftliche Vorbereitung der Anträge soll Fehler bei der Antragstellung vermeiden,[243] was der Bedeutung der Anträge entspricht. Dementsprechend hat in aller Regel eine ausdrückliche **Bezugnahme** auf bestimmte schriftliche Anträge zu erfolgen.[244] Eine konkludente Antragstellung kommt nur ausnahmsweise in Betracht.[245] Das Gericht ist darüber hinaus weder befugt noch verpflichtet, sich zusammenzusuchen, welcher Sachvortrag zu welchem schriftsätzlichen Antrag passt.[246] Der Vorsitzende kann aber nach § 297 Abs. 1 S. 3 ZPO auch gestatten, dass die Anträge **zu Protokoll erklärt** werden. Die Gestattung der mündlichen Antragstellung steht im Ermessen des Vorsitzenden.[247] Im Rahmen des Ermessens wird zu berücksichtigen sein, ob etwa eine Antragsänderung auf einen Hinweis des Gerichts nach § 139 ZPO erfolgt. Die Antragstellung ist nach § 160 Abs. 3 Nr. 2 ZPO zu **protokollieren.**[248] Ohne Antragstellung kann keine Sachentscheidung getroffen werden. Es besteht dann keine **Sachentscheidungsbefugnis** des Gerichts.[249] Wird einer Partei etwas zugesprochen, ohne dies beantragt zu haben, oder[250] ein Anspruch abgesprochen, den diese nicht erhoben hat, liegt ein Verstoß gegen § 308 Abs. 1 S. 1 ZPO vor.

b) Hinweispflicht des Gerichts

98 Nach § 139 Abs. 1 S. 2 ZPO hat das **Gericht** darauf **hinzuwirken,** dass sachdienliche Anträge gestellt werden. **Sachdienlich** sind solche Anträge, die eine Übereinstimmung zwischen dem prozessualen Antrag und dem materiellen Prozessziel herstellen.[251] Stimmen im arbeitsgerichtlichen Urteilsverfahren prozessualer Antrag und materielles Prozessziel nicht überein, muss dementsprechend darauf hingewirkt werden, dass die Parteien sachdienliche, ihrem materiellen Ziel entsprechende Anträge stellen.[252] Gerichtliche Hinweispflichten dienen der Vermeidung von Überraschungsentscheidungen und konkretisieren den Anspruch der Parteien auf rechtliches Gehör.[253] Dem Gericht obliegt keine allgemeine Beratungs-, Unterrichts- oder Aufklärungspflicht.[254] Die Hinweispflicht des Gerichts findet vielmehr ihre Beschränkung im Grundsatz der Parteiherrschaft (in der Dispositionsmaxime) sowie in der Neutralitätspflicht. Vor diesem Hintergrund besteht eine Pflicht, auf **Zulässigkeitsbedenken** hinzuweisen, wenn etwa der Klageantrag zu unbestimmt ist, aber bestimmbar wäre.[255] Geht beispielsweise die Vorinstanz von der Zulässigkeit eines Klageantrags aus, so ist das LAG gehalten, einen Hinweis zu erteilen, wenn es dieser Beurteilung nicht folgen will und etwa eine weitere Konkretisierung des Klageantrags für erforderlich hält.[256]Auf eine Änderung des Klageantrags darf hingewirkt werden,

242 BGH 5.3.2019 – VIII ZR 190/18, NJW 2019, 1950.
243 MüKoZPO/Prütting § 297 Rn. 7.
244 BAG 4.12.2002 – 5 AZR 556/01, NZA 2003, 341.
245 BAG 24.10.2017 – 1 AZR 166/16, NZA 2018, 196.
246 BAG 4.12.2002 – 5 AZR 556/01, NZA 2003, 341.
247 MüKoZPO/Prütting § 297 Rn. 12.
248 BAG 14.10.2020 – 5 AZR 347/21, NZA 2022, 653.
249 BAG 4.12.2002 – 5 AZR 556/01, NZA 2003, 341.
250 BAG 14.10.2020 – 5 AZR 347/21, NZA 2022, 653.
251 BAG 18.2.2003 – 9 AZR 356/02, NZA 2003, 911.
252 BAG 10.12.1991 – 9 AZR 319/90, NZA 1992, 472.
253 BAG 27.7.2016 – 7 ABR 16/14, NJW 2016, 3801.
254 LAG München 31.3.1960 – 6 Sa 31/60.
255 MüKoZPO/Wagner § 139 Rn. 21 f.
256 BAG 20.4.2016 – 10 AZR 111/15, NZA 2017, 141; BAG 27.7.2016 – 7 ABR 16/14, NJW 2016, 3801; BGH 10.3.2016 – VII ZR 47/13, NJW 2016, 2508.

soweit sich der geänderte Antrag im Rahmen des Prozessbegehrens hält, etwa das Verhältnis von Anträgen untereinander (Haupt- und Hilfsantrag) oder die Anpassung der Anträge an eine geänderte Prozesslage (Erledigung). Aus der Pflicht des § 139 ZPO kann nicht hergeleitet werden, dass es Aufgabe des Gerichts ist, einem zu unbestimmt gefassten und damit unzulässigen Klageantrag einen zulässigen Wortlaut und Inhalt zu geben.[257] Unzulässig ist auch das Hinwirken auf eine Erweiterung oder Änderung des Klagebegehrens. Ein Hinweis ist zu geben, wenn sich die mangelnde Bestimmtheit aus der fehlenden Prüfungsreihenfolge bei einer verdeckten Klagehäufung (→ *Rn. 119*) ergibt.

Regt ein Gericht etwa nach § 139 ZPO eine Feststellungsklage anstelle einer Leis- **99** tungsklage an, so kann daraus die Pflicht folgen, darauf hinzuweisen und zu empfehlen, den Leistungsantrag wenigstens hilfsweise aufrechtzuerhalten.[258] Auf Bedenken gegen die Schlüssigkeit der Klage muss das Gericht grundsätzlich auch eine anwaltlich vertretene Partei hinweisen.[259] Das gilt gerade dann, wenn der Rechtsanwalt die Rechtslage ersichtlich falsch beurteilt.[260] Ein Hinweis ist ebenfalls dann geboten, wenn für das Gericht offensichtlich ist, dass der Anwalt einer Partei die von dem Prozessgegner erhobenen Bedenken gegen die Fassung eines Klageantrags falsch aufgenommen hat.[261] Zwar kann sich eine Hinweispflicht des Gerichts erübrigen, wenn die betroffene Partei von der Gegenseite einen entsprechenden Hinweis erhalten hat. Dies gilt jedenfalls dann nicht, wenn die erste Instanz den Antrag unbeanstandet gelassen hat, da der Angriff der Gegenseite nicht schwerer als die ergangene günstige Sachentscheidung wiegt.[262] Es ist aber nicht Aufgabe des Gerichts, die Parteien zu günstigem Vorbringen anzuhalten.[263]

Regt das Gericht eine Änderung des Klageantrags an, so ist zu prüfen, ob der bisheri- **100** ge Klageantrag nicht als Hilfsantrag aufrechterhalten bleibt. Dies gilt insbesondere, wenn der Hinweis erst in der mündlichen Verhandlung erfolgt. Der Hinweis sollte in das Protokoll aufgenommen werden

c) Bestimmtheitsgrundsatz

§ 253 Abs. 2 Nr. 2 ZPO erfordert die bestimmte Angabe des Gegenstandes und einen **101** bestimmten Antrag. Der Antrag dient – wie bereits dargestellt (→ *A. I. Rn. 2ff.*) – dazu, den Streitgegenstand festzulegen. Zudem kommt dem Antrag Bedeutung im Rahmen des § 308 Abs. 1 ZPO zu. Das Gericht ist an die Anträge der Parteien gebunden. Es kann einer Partei nicht etwas zusprechen, was nicht beantragt ist.[264] Ziel ist ein dem Antrag stattgebendes Urteil. Bei Leistungsklagen soll das Urteil Grundlage der Vollstreckung sein und bedarf deswegen eines vollstreckungsfähigen Inhalts.[265] Dementsprechend kann ein Antrag nicht nur unbestimmt sein, wenn der Klageantrag zu unbestimmt formuliert ist, sondern auch dann, wenn der **Lebenssachverhalt** beliebig ist. Dieser muss in der Klageschrift nicht vollständig beschrieben sein; es reicht, dass der Anspruch **individualisierbar** oder identifizierbar ist

257 BGH 5.6.1997 – I ZR 69/95, NJW-RR 1998, 835.
258 BAG 18.2.2003 – 9 AZR 356/02, NZA 2003, 911.
259 BGH 7.12.2000 – I ZR 179/98, NJW 2001, 2548.
260 BAG 20.4.2016 – 10 AZR 111/15, NJW 2016, 2830.
261 BGH 7.12.2000 – I ZR 179/98, NJW 2001, 2548.
262 BAG 27.7.2016 – 7 ABR 16/14, NZA 2016, 1555.
263 BAG 20.3.1980 – 2 AZR 484/78, BeckRS 1980, 02726.
264 BAG 24.10.2017 – 1 AZR 166/16, NZA 2018, 196.
265 Vor diesem Hintergrund lohnt sich in Zweifelsfragen auch ein Blick in die Kommentarliteratur zur Zwangsvollstreckung, etwa zu §§ 704, 883, 887, 888 ZPO.

(→ *Rn. 10*),[266] dh der maßgebliche Sachverhalt muss nicht bereits vollständig beschrieben oder der Klageanspruch schlüssig und substanziiert dargelegt sein. So kann eine Klage unzulässig sein, wenn im Rahmen der Begründung kein Sachverhalt vorgetragen wird, sondern allein auf Anlagen verwiesen wird. Die gebotene Individualisierung der Klagegründe kann zwar auch durch eine konkrete Bezugnahme auf andere Schriftstücke erfolgen, die aus sich heraus verständlich sind, nicht aber durch umfangreiche ungeordnete Anlagenkonvolute.[267]

102 Ein Klageantrag ist **hinreichend bestimmt,** wenn er den erhobenen Anspruch konkret bezeichnet, dadurch den Rahmen der gerichtlichen Entscheidungsbefugnis (§ 308 ZPO) absteckt, Inhalt und Umfang der materiellen Rechtskraft der begehrten Entscheidung (§ 322 ZPO) erkennen lässt, das Risiko eines Unterliegens des Klägers nicht durch vermeidbare Ungenauigkeit auf den Beklagten abwälzt und schließlich eine Zwangsvollstreckung aus dem Urteil ohne eine Fortsetzung des Streits im Vollstreckungsverfahren erwarten lässt.[268] Der Streitgegenstand muss so genau bezeichnet werden, dass sowohl bei einer der Klage stattgebenden als auch bei einer sie abweisenden Sachentscheidung feststeht, worüber das Gericht entschieden hat.[269] Nach Auffassung der Rechtsprechung hängen die **Anforderungen,** welche an die Konkretisierung des Streitgegenstands in einem Klageantrag zu stellen sind, jedoch auch von den Besonderheiten des anzuwendenden **materiellen Rechts** und den Umständen des **Einzelfalls** ab.[270] Die Anforderungen an die Bestimmtheit des Klageantrags sind demnach also in **Abwägung** des zu schützenden Interesses der beklagten Partei, sich gegen die Klage erschöpfend verteidigen zu können, sowie ihres Interesses an Rechtsklarheit und Rechtssicherheit hinsichtlich der Entscheidungswirkungen mit dem ebenfalls schutzwürdigen Interesse der klagenden Partei an einem wirksamen Rechtsschutz festzulegen.[271] **Maßstab** muss letztlich sein, ob der gestellte Leistungsantrag, wenn er im Urteil übernommen wird, als Vollstreckungsgrundlage dienen kann.[272] Der Streit der Parteien darf nicht in die Vollstreckung verlagert werden.[273] Besonders problematisch sind insoweit regelmäßig Anträge auf → *Unterlassung.* So lassen sich zukunftsgerichtete Verbote regelmäßig nur generalisierend formulieren.[274]

103 Die Verwendung **auslegungsbedürftiger Begriffe** oder generalisierender Formulierungen im Antrag, wie etwa „eindeutig", „unübersehbar" oder „leicht erkennbar",[275] ist dennoch nicht grundsätzlich und generell unzulässig.[276] Der Gebrauch solcher Begriffe kann hinnehmbar oder im Interesse einer sachgerechten Verurteilung zweckmäßig oder sogar geboten sein, wenn über den Sinngehalt der verwendeten Begriffe oder Bezeichnungen kein Zweifel besteht, so dass die Reichweite von Antrag

266 BGH 4.7.2018 – VII ZR 21/16, BeckRS 2018, 20308; BGH 6.2.2019 – VIII ZR 54/18, BeckRS 2019, 1785; vgl. auch BAG 27.11.2019 – 10 AZR 476/18, AP TVG § 1 Tarifverträge: Bau Nr. 384 zur Bestimmtheit eines Mahnbescheidantrags.

267 BGH 17.7.2003 – I ZR 295/00, NJW-RR 2004, 639; BGH 17.3.2016 – III ZR 200/15, BeckRS 2016, 06151.

268 BGH 14.12.1998 – II ZR 330/97, NJW 1999, 954; BGH 21.3.2018 – VIII ZR 68/17, BeckRS 2018, 6447; BAG 24.3.2011 – 6 AZR 691/09, NZA 2011, 1116; vgl. BAG 16.12.2021 – 2 AZR 235/21, NZA 2022, 362; BAG 13.10.2021 – 4 AZR 403/20, NZA 2022, 416; MüKoZPO/Becker-Eberhard § 253 Rn. 88.

269 BAG 24.3.2011 – 6 AZR 691/09, NZA 2011, 1116.

270 BGH 22.1.2021 – V ZR 12/19, NJW-RR 2021, 401.

271 BGH 28.11.2002 – I ZR 168/00, NJW 2003, 668; BAG 14.12.2011 – 10 AZR 283/10, NZA 2012, 501.

272 Vgl. auch MüKoZPO/Becker-Eberhard § 253 Rn. 90.

273 BAG 10.5.2005 – 9 AZR 230/04 – NZA 2006, 155.

274 BAG 20.11.2012 – 1 AZR 611/11, NZA 2013, 437.

275 BGH 21.9.2017 – I ZR 53/16, BeckRS 2017, 140365.

276 BAG 26.7.2012 – 6 AZR 221/11, BeckRS 2012, 75484; BAG 14.12.2011 – 10 AZR 283/10, NZA 2012, 501.

(und Urteil) feststeht.[277] Die Verwendung von auslegungsbedürftigen Rechtsbegriffen führt auch dann nicht zur Unbestimmtheit des Antrags, wenn die Parteien nicht darüber streiten, was hierunter zu verstehen ist.[278] Streitgegenstände, die mit Worten nicht eindeutig zu beschreiben sind (wie etwa der Inhalt eines Computerprogramms), können auch durch Bezugnahme auf Anlagen bestimmt werden.[279] Die prozessualen Anforderungen dürfen gerichtlichen Rechtsschutz nicht beseitigen. Die Abgrenzung ist im Einzelfall schwierig. Die bloße **Wiederholung des Gesetzestextes** ist regelmäßig nicht geeignet, einen bestimmten Streit der Parteien mit Rechtskraftwirkung beizulegen.[280] Dies gilt im besonderen Maß bei Anträgen auf → *Unterlassung*.[281] Im Falle des Anspruchs auf → *Auskunft* nach Art. 15 Abs. 1 DS-GVO wird ausnahmsweise auch die bloße Wiederholung des Gesetzeswortlauts für hinreichend bestimmt erachtet.[282]

Zulässig ist folgender Antrag:[283]

> **Die Beklagte wird verurteilt, dem Kläger einen tabakrauchfreien Arbeitsplatz zur Verfügung zu stellen.**

Unzulässig ist etwa folgender Antrag:[284]

> *Die Beklagte wird verurteilt, diejenigen Belege beizufügen, aus denen die Richtigkeit des Zahlenmaterials entnommen werden kann.*

Belege, die die beklagte Partei vorlegen soll, sind konkret zu bezeichnen.

Unzulässig ist beispielhaft auch folgender Antrag:[285]

> *Die Beklagte wird verurteilt, den Kläger, gegebenenfalls nach entsprechender Vertragsänderung, vorbehaltlich der Zustimmung des Betriebsrats und gegebenenfalls nach Durchführung des Zustimmungsersetzungsverfahrens, in einem Arbeitsbereich einzusetzen, bei dem der Kläger noch leichte körperliche Tätigkeiten, bevorzugt im Sitzen, in geschlossenen und temperierten Räumen ausüben kann.*

Der Antrag ist zu unbestimmt, weil er lediglich die Aussagen einer fachärztlichen Be- **104**
scheinigung beinhaltet, ohne konkrete Angaben bezüglich der künftigen Weiterbeschäftigung zu beinhalten. (→ *Beschäftigung*).[286]

Auch **Willenserklärungen,** deren Vollstreckung sich nach § 894 ZPO richtet, sind im **105**
Antrag konkret anzugeben.[287]

---

277 BAG 16.12.2021 – 2 AZR 235/21, NZA 2022, 362; BGH 6.10.1999 – I ZR 92/97, NJW-RR 2000, 1204; BGH 22.11.2007 – I ZR 12/05, BeckRS 2008, 02622.
278 Vgl. BAG 21.10.2014 – 1 ABR 10/13, NZA 2015, 311.
279 BAG 12.1.2011 – 7 ABR 25/09, NZA 2011, 1304; BGH 22.11.2007 – I ZR 12/05, BeckRS 2008, 02622.
280 BAG 16.12.2021 – 2 AZR 235/21, NZA 2022, 362; BAG 9.7.2013 – 1 ABR 17/12, NZA 2013, 1166.
281 Vgl. etwa BGH 21.12.2011 – I ZR 190/10, NJW 2012, 2276; BGH 22.7.2021 – I ZR 194/20, GRUR 2021, 1534 zu den Ausnahmen.
282 Offengelassen BAG 16.12.2021 – 2 AZR 235/21, NZA 2022, 362.
283 BAG 17.2.1998 – 9 AZR 84/97, NJW 1999, 162.
284 BGH 26.1.1983 – IVb ZR 355/81, NJW 1983, 1056.
285 LAG Rheinland-Pfalz 22.1.2004 – 6 Sa 1207/03, LAGReport 2004, 360.
286 BAG 10.5.2005 – 9 AZR 230/04, NZA 2006, 155.
287 BAG 13.3.2013 – 7 AZR 334/11, NZA 2013, 804; MüKoZPO/Becker-Eberhard § 253 Rn. 150.

106 Es ist genau darauf zu achten, was geschuldet wird, etwa ob eine konkrete **Handlung** oder (nur) der Erfolg (Beseitigung einer Störung) geschuldet wird. Wird nur ein bestimmter Erfolg geschuldet, dann muss der Kläger auch nur den angestrebten Erfolg bestimmt bezeichnen und darf bzw. muss die Auswahl zwischen verschiedenen, zur Herbeiführung des Erfolgs geeigneten Mitteln dem Schuldner überlassen.[288] Ein anderslautender Antrag kann dann unbegründet sein.[289] Als Beispiele sind etwa die *Wahlschuld* oder ein Anspruch auf Beseitigung einer Störung nach § 1004 BGB[290] zu nennen.

107 **Nicht** in den Antrag gehören Teile der Klagebegründung, insbesondere etwaige Sachverhaltsumstände, wenn sie allein für die Klagebegründung von Bedeutung sind.

> *Die Beklagte wird verurteilt, die inhaltlich unzutreffende und beleidigende Abmahnung vom <Datum> aus der Personalakte des Klägers zu entfernen.*

108 Diese bewertende Beschreibung der Abmahnung hat im Antrag nichts zu suchen. Es besteht auch **kein Rechtsschutzbedürfnis** im Tenor eines Urteils festzustellen, dass die Abmahnung unzutreffend und beleidigend ist. Die Klage müsste insoweit abgewiesen werden, außer die Auslegung ergibt, dass es sich nicht um einen echten Teil des Antrags handelt. Beispielsweise ist auch der Zustellungszeitpunkt einer Kündigung nicht im Antrag einer Kündigungsschutzklage anzugeben, es sei denn, die Angabe dient dazu, eine von mehreren Kündigungen genau zu bezeichnen. Nicht erforderlich ist etwa auch die Angabe im Rahmen einer Zahlungsklage, dass es sich um Urlaubsabgeltung handelt. Die Angabe kann allerdings dann der Übersichtlichkeit dienen, wenn zahlreiche Zahlungsanträge im Rahmen eines Verfahrens gestellt werden. Erforderlich ist die Angabe aber nicht, da dies auch im Rahmen der Klagebegründung klargestellt werden kann.

109 Bei einem Antrag, der mit Blick auf ein geltend gemachtes **Zurückbehaltungsrecht** eine **Zug-um-Zug**-Verurteilung zum Gegenstand hat, ist zu beachten, dass die Zug-um-Zug zu erbringende Gegenleistung ebenfalls so bezeichnet werden muss, dass sie ihrerseits zum Gegenstand einer Leistungsklage gemacht werden könnte.[291] Der Kläger muss allerdings nicht von selbst ein Zurückbehaltungsrecht berücksichtigen, sollte dies aber aus Kostengründen tun.

109a Ein in der Praxis nicht selten anzutreffendes Phänomen sind unbestimmte **Einschränkungen** des Antrags. Hintergrund ist regelmäßig das Phänomen des **Globalantrags,** der eine Vielzahl von Fallgestaltungen erfasst.[292] Dem geltend gemachten Antrag kann nicht unter einschränkenden Voraussetzungen stattgegeben werden, wenn nicht ein „Weniger", sondern etwas „Anderes" als beantragt zugesprochen werden würde.[293] Besteht kein uneingeschränkter Anspruch muss der Umfang also konkretisiert werden, wenn der Antrag nicht als unbegründet abgewiesen werden soll. Dies geschieht regelmäßig durch die Umschreibung von **Ausnahmen.** Sind diese aber unbestimmt, wird der gesamte Antrag unbestimmt.[294]

---

288 BGH 22.1.2021 – V ZR 12/19, NJW-RR 2021, 401, 402.
289 MüKoZPO/Becker-Eberhard § 253 Rn. 140.
290 Dazu etwa BGH 22.1.2021 – V ZR 12/19, NJW-RR 2021, 401, 402.
291 BGH 21.12.2010 – X ZR 122/07, NJW 2011, 989.
292 Krit. zum Globalantrag, da das Rechtsverhältnis nicht bestimmt ist Jacobs FS Picker 1013 ff.
293 BAG 13.10.2021 – 4 AZR 403/20, NZA 2022, 416.
294 Vgl. BAG 16.12.2021 – 2 AZR 235/21, NZA 2022, 362.

d) Anspruchshäufung

Gemäß § 260 ZPO iVm § 46 Abs. 2 ArbGG können mehrere Ansprüche in einer Klage verbunden werden, auch wenn sie auf verschiedenen Gründen beruhen. Es geht um die **objektive Klagehäufung** gegen dieselbe beklagte Partei. Es können verschiedene Anträge aufgrund desselben Lebenssachverhalts oder auch verschiedene Anträge aufgrund verschiedener Lebenssachverhalte verbunden werden. **110**

Die **Zulässigkeitsvoraussetzungen einer Klagehäufung** ergeben sich aus § 260 ZPO. **111** Es muss sich um dieselben Parteien handeln. Der Rechtsweg vor den Gerichten für Arbeitssachen muss für sämtliche Anträge eröffnet sein (ggf. aus § 2 Abs. 3 ArbGG). Die örtliche Zuständigkeit des Gerichts muss für alle Klageansprüche gegeben sein (ggf. durch Bestimmung nach § 36 ZPO). Es muss sich um **dieselbe Verfahrensart** handeln. Anträge im Urteils- und Beschlussverfahren können nicht verbunden werden. Gleiches gilt für Urteils- und einstweilige Verfügungsverfahren.

Eine Anspruchshäufung kann sowohl in einem Antrag als auch in verschiedenen **112** Klageanträgen zum Ausdruck kommen. Werden in einem Klageantrag mehrere Ansprüche zusammengefasst, so muss sich aus der Begründung ergeben, aus welchen Einzelforderungen sich die **„Gesamtklage"** zusammensetzt.[295] Bei Zahlungsansprüchen sind etwa die für jeden Anspruch geforderten Teilbeträge im Rahmen der Begründung anzugeben.[296] Dies gilt insbesondere für sog. Teilleistungsklagen. Werden in einer **„Teil-Gesamt-Klage"**[297] mehrere Ansprüche nicht in voller Höhe, sondern teilweise verfolgt, muss angegeben werden, in welcher Höhe welcher Anspruch eingeklagt wird, dh wie sich die Gesamtsumme auf die verschiedenen Ansprüche verteilt. Allerdings kann bei einer Teilklage, mit der mehrere Ansprüche geltend gemacht werden, deren Summe den eingeklagten Teil übersteigt, die Bestimmung, bis zu welcher Höhe bzw. in welcher Reihenfolge die einzelnen Teilansprüche verfolgt werden, nachgeholt werden.[298]

Verschiedene **Kündigungen** können in einem Antrag oder jede Kündigung in einem **113** gesonderten Antrag angegriffen werden. Die Vergütung für mehrere Monate kann in einem Antrag und in einem Betrag zusammengefasst oder mittels verschiedener Anträge oder Beträge geltend gemacht werden. Bei einer **Schadensersatzklage** ist zu differenzieren: Macht der Kläger eine Gesamtforderung geltend, die sich aus einer Vielzahl von Einzelforderungen zusammensetzt, oder handelt es sich um einen einheitlichen Schadensersatzanspruch und bloße unselbstständige Rechnungsposten.[299] Keine Änderung des Streitgegenstands liegt vor, wenn der Kläger lediglich die **Art der Schadensberechnung** wechselt, ohne seinen Klageantrag zu erweitern oder diesen auf einen anderen Lebenssachverhalt zu stützen.[300]

Ein Sonderfall der Klagehäufung ist die → *Stufenklage* nach § 254 ZPO (→ *Rn. 37f.*). **114** Jede Stufe wird allerdings separat verhandelt und entschieden.

Ein Fall der Anspruchshäufung liegt auch bei einer **Eventualhäufung** vor, wenn also **115** Haupt- und Hilfsantrag gestellt werden (→ *Rn. 122f.*). Sie ist zulässig, soweit der

---

295 BAG 24.3.2011 – 6 AZR 691/09, NZA 2011, 1116; vgl. zu einer Ausnahme BAG 19.3.2014 – 7 AZR 480/12, NZA 2014, 1104.
296 BGH 9.1.2013 – VIII ZR 94/12, NJW 2013, 1367.
297 So BAG 24.3.2011 – 6 AZR 691/09, NZA 2011, 1116; BAG 24.9.2014 – 5 AZR 593/12, BeckRS 2014, 73965; BAG 7.7.2015 – 10 AZR 416/14, NZA 2015, 1533.
298 BAG 20.4.2016 – 10 AZR 111/15, NJW 2016, 2830.
299 BAG 17.12.2015 – 8 AZR 54/14, BeckRS 2016, 68734.
300 BGH 18.5.2017 – VII ZR 122/14, NJW 2017, 2673.

Hilfsantrag von einer innerprozessualen Bedingung abhängig gemacht wird.[301] Die bedingte Klagehäufung kann sowohl für den Fall des Obsiegens als auch für den Fall des Unterliegens gestellt sein. Wird ein Hilfsantrag erst im Verlaufe des Verfahrens gestellt, handelt es sich um eine Klageänderung (→ *Rn. 134f.*).

116 Eine Anspruchshäufung ist dann **nicht gegeben,** wenn mit einem Hilfsantrag lediglich ein **Minus** gegenüber dem Hauptantrag verlangt wird.[302] Die gerichtliche Geltendmachung eines quantifizierten Anspruchs beinhaltet grundsätzlich auch die Geltendmachung eines Anspruchs, der in seiner Höhe unterhalb des bezifferten (Haupt-)Anspruchs liegt.[303] Aus § 308 Abs. 1 ZPO ergibt sich, dass das Gericht deshalb ein Minus zuerkennen muss, wenn es in dem Sachantrag des Klägers enthalten ist, dieser aber nicht in voller Höhe begründet ist.[304] Ein lediglich zahlenmäßig gegenüber dem Hauptantrag abgestufter Hilfsantrag ist überflüssig und **unbeachtlich.**[305]

Nicht erforderlich und deshalb **unbeachtlich** ist beispielhaft folgender Antrag:

> *Die Beklagte wird verurteilt, an den Kläger EUR 3500 zu zahlen; hilfsweise EUR 3000 zu zahlen.*

117 Der Hilfsantrag ist nicht erforderlich, wenn es jedes Mal um denselben Klageanspruch geht. Verlangt der Arbeitnehmer eine Sonderzahlung in Höhe von 3500,– EUR wegen vertraglicher Regelung und mit dem Hilfsantrag 3000,– EUR, weil er meint, zumindest in dieser Höhe ergebe sich ein Anspruch aus dem Arbeitsvertrag, handelt es sich um **denselben Streitgegenstand.** Mit dem Hilfsantrag wird also nur ein Minus begehrt.

118 Dies gilt nicht, wenn es sich bei dem möglicherweise begründeten Teil der Klage nicht um ein Weniger, sondern um etwas Anderes, also ein **Aliud** handelt.[306] Das Gericht darf gemäß § 308 Abs. 1 S. 1 ZPO keiner Partei etwas zusprechen, was nicht beantragt ist.[307] So beinhaltet die gerichtliche Geltendmachung eines Zahlungsanspruchs – von seltenen Ausnahmen abgesehen – die Geltendmachung eines Anspruchs, der in seiner Höhe unterhalb des bezifferten *(Haupt-)*Anspruchs liegt. Um etwas Anderes handelt es sich, wenn etwa der Ausgleich eines niedriger zu beziffernden Schadens zu beanspruchen wäre, der geltend gemachte Anspruch auf Erfüllung aber nicht zusteht.[308] Wenn die Begründetheit des Vergütungsanspruchs nach einer höher bewerteten Lohngruppe nicht denknotwendig die Erfüllung der niedriger bewerteten beinhaltet, dh die höhere Lohngruppe ist keine echte Aufbaufallgruppe, dann kann der Anspruch auf Entgelt nach der niedrigeren Vergütungsgruppe nicht als vom Klageantrag umfasster Teilanspruch angesehen werden (→ *Eingruppierung*).[309] Die Abgrenzung, ob ein Weniger als Minus oder als Aliud zu werten ist, ist durch Auslegung zu ermitteln (→ *Rn. 137*).[310] Eine Abgrenzung ist insbesondere bei

301 Musielak/Voit/Foerste § 260 ZPO Rn. 8; MüKoZPO/Becker-Eberhard § 253 Rn. 19.
302 Vgl. dazu BGH 25.9.1986 – II ZR 31/86, NJW-RR 1987, 124.
303 BAG 22.6.2010 – 1 AZR 853/08, NZA 2010, 1243.
304 BAG 15.10.2013 – 9 AZR 1040/12, BeckRS 2014, 68598; vgl. auch BAG 26.3.2013 – 1 AZR 813/11, NZA 2013, 921: Es darf sich nicht um etwas Anderes handeln.
305 BAG 22.6.2010 – 1 AZR 853/08, NZA 2010, 1243.
306 BAG 6.6.2007 – 4 AZR 505/06, NZA-RR 2008, 189; BAG 9.4.2008 – 4 AZR 104/07, NZA 2008, 1257.
307 BAG 15.10.2013 – 9 AZR 1040/12, BeckRS 2014, 68598.
308 BAG 25.2.2009 – 4 AZR 41/08, AP TVG § 1 Tarifverträge: Verkehrsgewerbe Nr. 14.
309 BAG 25.2.2009 – 4 AZR 41/08, AP TVG § 1 Tarifverträge: Verkehrsgewerbe Nr. 14.
310 BAG 24.10.2017 – 1 ABR 45/16, NZA 2018, 119.

Vertragsänderungen (→ *Arbeitsvertrag*), etwa beim Teilzeitanspruch (→ *Teilzeit*), vorzunehmen, insbesondere dann, wenn der Zeitpunkt der Vertragsänderung unklar ist. Ob es sich bei dem „minderen" Anspruch um ein Weniger oder um etwas Anderes handelt, hängt von den konkreten Umständen und Ansprüchen sowie dem erkennbaren Begehren des Klägers ab.

Abzugrenzen von der Eventualklage ist die **alternative Klagehäufung (Alternativklage).**[311] Eine solche ist möglich bei einer echten → *Wahlschuld* iSd § 262 BGB. Im Arbeitsrecht ist hier das Wahlrecht des Arbeitgebers im Rahmen des § 6 Abs. 5 ArbZG zu nennen (→ *Nachtarbeit, Ausgleich*). Im Übrigen ist regelmäßig eine **alternative Häufung** unzulässig, denn letztlich ist der Streitgegenstand nicht hinreichend bestimmt.[312] Der Kläger lässt dann offen, über welchen Streitgegenstand entschieden werden soll. Typischerweise bezieht sich der Klageantrag auf zwei Lebenssachverhalte, ohne dass der Kläger eine Reihenfolge der Prüfung vorgibt. Gleiches gilt, wenn der Kläger seine Klageforderung aus mehreren Klageansprüchen zusammensetzt, diese insgesamt aber die Klageforderung übersteigen, ohne dass eine Rangfolge vorgegeben wird. Dieses in der Praxis häufig vorkommende Phänomen wird auch unter dem Begriff der **verdeckten Klagehäufung** behandelt. Abzugrenzen ist der Fall einer bloßen Häufung von Anspruchsgrundlagen (Anspruchskonkurrenz) vom Fall der verdeckten Klagehäufung. Bei dieser wird eine Forderung aufgrund unterschiedlicher Lebenssachverhalte geltend gemacht, während bei jener der Lebenssachverhalt gleich ist und die Voraussetzungen verschiedener Anspruchsvoraussetzungen vorliegen. Es muss angegeben werden, wie sich der eingeklagte Betrag auf die einzelnen Ansprüche verteilen soll und in welcher Reihenfolge die Einzelansprüche zur Entscheidung des Gerichts gestellt werden.[313] Andernfalls könnte der Streitgegenstand, über den entschieden werden soll, nicht bestimmt werden. Zwar sind solche Anträge auch einer Auslegung nach §§ 133, 157 BGB zugänglich, die zum Ergebnis haben kann, dass ein **verdeckter Hilfsantrag** vorliegt.[314] Jegliches Risiko sollte durch korrekte Antragstellung und -begründung vermieden werden. Der Kläger sollte also in der Klagebegründung **ausdrücklich** die **Reihenfolge** bezeichnen, in der er die Streitgegenstände geltend machen will, auch wenn die Vorgabe der Reihenfolge **konkludent**[315] und auch nachträglich im Laufe des Verfahrens[316] erfolgen kann. Das Gericht hat nach § 139 ZPO zunächst auf eine mangelnde Bestimmtheit der Klage hinzuweisen und auf eine zulässige Antragstellung hinzuwirken, § 139 ZPO.[317] 119

Ein **besonderer Fall der Klagehäufung** liegt im Falle des § 61 Abs. 2 ArbGG → *Entschädigung* vor. Es handelt sich um eine Modifikation der §§ 510b, 888a ZPO. Der Antrag setzt einen Leistungsantrag voraus, der wiederum auf die Vornahme einer Handlung gerichtet sein muss. § 61 Abs. 2 ArbGG führt zu einer beschleunigten Titulierung eines Schadensersatzanspruchs. Es handelt sich um eine Art unechter Hilfsantrag.[318] 120

311 BAG 12.12.2012 – 5 AZR 918/11, BeckRS 2013, 68694; BAG 2.8.2018 – 6 AZR 437/17, BeckRS 2018, 32165; BAG 18.2.2020 – 3 AZR 492/18, NZA 2021, 39, 41.
312 BAG 25.1.2023 – 10 AZR 29/22, NJW 2023, 1456.
313 LAG Rheinland-Pfalz 13.11.2007 – 3 Sa 975/06, BeckRS 2008, 51311.
314 So etwa LAG Hamm 19.12.2002 – 8 Sa 726/02, BeckRS 2004, 42067.
315 Vgl. BAG 18.2.2020 – 3 AZR 492/18, NZA 2021, 39, 41; BAG 30.3.2022 – 10 AZR 419/19, NZA 2022, 1126.
316 BAG 25.1.2023 – 10 AZR 29/22, NJW 2023, 1456.
317 BAG 28.4.2021 – 4 AZR 230/20, NZA 2021, 1572 (1574).
318 BeckOK ArbR/Hamacher ArbGG § 61 Rn. 28; GMP/Schleusener ArbGG § 61 Rn. 32.

e) Bedingte Klageanträge

121 → *Bedingte Klageanträge* sind **grundsätzlich unzulässig.**[319] Es ist mit der Aufgabe und den Zwecken eines staatlich geordneten Prozessverfahrens unvereinbar, dass ein Rechtsstreit geführt wird, der von Anfang an unter einer vom Kläger willkürlich gesetzten Bedingung steht und gegenstandslos wird, wenn die Bedingung nicht eintritt.[320] Hiervon werden aber zahlreiche **Ausnahmen** gemacht. Der Eintritt der Bedingung darf nicht vom bloßen Willen einer Partei abhängen. Dies gilt etwa bei **Rechtsbedingungen** oder Ähnlichem.

122 Dementsprechend sind **Hilfsanträge** zulässig, wenn sie von **innerprozessualen Bedingungen** abhängig gemacht werden.[321] Das Gericht führt den Eintritt der Bedingung selbst herbei. Der Hilfsantrag kann sich inhaltlich auf verschiedene Gründe beziehen. Er kann für den Fall gestellt werden, dass der Hauptantrag als unzulässig abgewiesen wird. Er kann aber auch für den Fall gestellt werden, dass der Hauptantrag für unbegründet erachtet wird. Dann wird über den Hilfsantrag ein neuer Streitgegenstand eingeführt. Es liegt eine Anspruchshäufung iSd § 260 ZPO vor. Haupt- und Hilfsantrag dürfen einander widersprechen bzw. sich gegenseitig ausschließen.[322]

123 Nach Auffassung des BAG[323] muss die innerprozessuale Bedingung aber **nicht notwendigerweise das Unterliegen oder Obsiegen mit dem Hauptantrag** sein, also eine bestimmte Entscheidung des Gerichts über den mit dem Hauptantrag verfolgten Anspruch. Vielmehr kann ein Antrag unter der auflösenden Bedingung gestellt werden, **dass das Gericht** im Zusammenhang mit dem (Haupt-)Antrag **zu einer Rechtsauffassung gelangt,** so dass es des Hilfsantrags nicht mehr bedarf. Konkret hat das BAG dies angenommen, bei einem Antrag gegen eine → *Versetzung* und einem Hilfsantrag gegen eine → *Änderungskündigung.*

1. **Hauptantrag, etwa gegen die Versetzung**
2. **unter der auflösenden Bedingung, dass das Gericht im Zusammenhang mit dem (Haupt-)Antrag zu der Rechtsauffassung gelangt, die angestrebte Versetzung habe keiner Vertragsänderung bedurft, *Änderungsschutzklage***

124 Der Kläger gibt die **Reihenfolge bei der Prüfung** der Anträge vor. Das Gericht ist daran gebunden. Der Hauptantrag ist vorrangig zu prüfen. Welcher Antrag Haupt- und welcher Hilfsantrag ist, sollte bei der Formulierung hinreichend klargestellt werden. Mit dem Wort **„hilfsweise"** wird nach dem üblichen prozessrechtlichen Sprachgebrauch ein Eventualverhältnis gekennzeichnet und zum Ausdruck gebracht, dass der Klageantrag nur nachrangig erhoben werden soll.[324] Etwas anderes kann gelten bei Verwendung der Begriffe „vorsorglich" oder „bereits jetzt". Bei der Verwendung des Begriffs „vorsorglich" kann die Auslegung der Prozesshandlung etwa zum Ergebnis kommen, dass damit der Kläger lediglich zu erkennen geben wollte, dass er eine

319 BAG 8.4.1988 – 2 AZR 777/87, NZA 1988, 741.
320 BAG 8.4.1988 – 2 AZR 777/87, NZA 1988, 741.
321 MüKoZPO/Becker-Eberhard § 253 Rn. 19.
322 BGH 4.7.2014 – V ZR 298/13, BeckRS 2014, 15565.
323 BAG 17.12.2015 – 2 AZR 304/15, NZA 2016, 568.
324 BAG 31.3.1993 – 2 AZR 467/92, NZA 1994, 237; LAG Düsseldorf 19.12.2002 – 7 Sa 1181/02, BeckRS 2007, 47639.

Entscheidung über den „Hauptantrag“ als vorrangig ansieht.[325] Vor diesem Hintergrund sollte ein Hilfsantrag „hilfsweise“ gestellt werden:

> **Hilfsweise für den Fall des Unterliegens mit dem Klageantrag zu <Nr.> wird beantragt, die Beklagte zu verurteilen, … .**

Die **innerprozessuale Bedingung** sollte weiter **präzisiert** werden. Es sollte klargestellt werden, ob der Hilfsantrag für jeden Fall des Unterliegens gestellt wird oder etwa nur für den Fall, dass der Hauptantrag als unzulässig abgewiesen wird. Die Rechtsprechung legt zum Teil aber Anträge als bedingt gestellt aus, auch wenn dies nicht ausdrücklich erfolgt, etwa bei Klagen gegen eine → *Änderungskündigung*[326] oder bei einem Antrag auf (Weiter-) → *Beschäftigung.*[327] **125**

Eine **subjektive eventuelle Klagehäufung** ist grundsätzlich unzulässig.[328] Prozesshandlungen, mit denen ein Verfahren erst eröffnet werden soll, vertragen keine Bedingung.[329] Sie sind unzulässig und damit unwirksam. Allerdings unterscheidet die Rechtsprechung zwischen außerprozessualen und innerprozessualen Bedingungen. Außerprozessuale Bedingungen sind immer unzulässig. Innerprozessuale Bedingungen können hingegen wirksam sein. Diese Hilfsanträge werden bereits mit Klageerhebung rechtshängig, auflösend bedingt durch die rechtskräftige Zuerkennung des Hauptanspruchs.[330] **126**

Uneigentliche Hilfsanträge sind zulässig. Sie werden nur für den Fall des Obsiegens mit dem Hauptantrag begehrt. Die Entscheidung über den weiteren Klageantrag hängt von der Entscheidung des Gerichts über einen vorherigen Antrag ab. Es handelt sich um eine „Art Rechtsbedingung“.[331] Die Rechtshängigkeit des Hilfsantrags ist auflösend bedingt durch den Misserfolg des Hauptantrags.[332] Zwischen den Anträgen besteht ein prozessuales Abhängigkeitsverhältnis.[333] Die Entscheidung des Gerichts hängt nicht vom Willen der Parteien oder verfahrensfremden Umständen ab. In der Praxis werden gerade bei Kündigungsschutzprozessen weitere Leistungsanträge, etwa auf Weiterbeschäftigung oder Vergütungszahlung, vom Obsiegen mit dem Kündigungsschutzklageantrag abhängig gemacht. Auch wenn ein Hilfsantrag nicht ausdrücklich als solcher bezeichnet werden muss,[334] ist dies bereits regelmäßig aus Kostengründen anzuraten: **127**

> **Im Falle des Obsiegens mit dem Klageantrag zu <Nr.> wird die Beklagte verurteilt, den Kläger …**

Die Stellung von uneigentlichen Hilfsanträgen ist vielfach geboten, um unnötige **Prozesskosten zu vermeiden.** Dies gilt im besonderen Maße im Rahmen von **Pro-** **128**

325 BAG 8.12.1988 – 2 AZR 294/88, BeckRS 1988, 31022501.
326 BAG 17.12.2015 – 2 AZR 304/15, BeckRS 2016, 67910.
327 BAG 30.8.2011 – 2 AZR 668/10, BeckRS 2014, 72791.
328 BAG 31.3.1993 – 2 AZR 467/92, NZA 1994, 237; BAG 8.12.1988 – 2 AZR 294/88, BeckRS 1988, 31022501; ausnahmsweise zulässig, wenn die Bedingung bereits eingetreten ist, BAG 12.11.1998 – 8 AZR 265/97, NZA 1999, 311.
329 BAG 8.12.1988 – 2 AZR 294/88, RzK I 5i 45.
330 BAG 8.12.1988 – 2 AZR 294/88, RzK I 5i 45.
331 BAG 8.4.1988 – 2 AZR 777/87, NZA 1988, 741.
332 BAG 10.3.2009 – 1 ABR 93/07, NZA 2009, 622.
333 BAG 21.11.2013 – 2 AZR 474/12, BeckRS 2014, 69409.
334 BAG 30.8.2011 – 2 AZR 668/10, BeckRS 2014, 72791; aA LAG Schleswig-Holstein 24.1.2018 – 5 Ta 137/17, NZA-RR 2018, 269.

zesskostenhilfe. Dies wird häufig nicht hinreichend beachtet. So sollten etwa nach einer Kündigung die Anträge auf Weiterbeschäftigung und Zahlung vom Annahmeverzug vom Erfolg des Kündigungsschutzantrages abhängig gemacht werden. Urlaubsabgeltung sollte nur bei Unterliegen mit einem Kündigungsschutzantrag geltend gemacht werden. Das BAG legt beispielweise regelmäßig einen Antrag auf vorläufige Weiterbeschäftigung im Rahmen einer Bestandsschutzstreitigkeit als Hilfsantrag für den Fall des Obsiegens mit dem Bestandsschutzantrag aus.[335] Macht aber eine Partei deutlich, dass ein unbedingter Antrag gewollt ist, kann nicht – auch nicht im Wege der Auslegung – von einem Hilfsantrag ausgegangen werden.[336] Umso wichtiger ist es, im Antrag oder der Begründung deutlich zu machen, was beantragt wird.

129 Zahlreiche Hilfsanträge sind **überflüssig** und daher unbeachtlich. Sie sind dann nicht als eigenständige Anträge anzusehen, wenn sie als Weniger oder Minus in den – zulässig – gestellten Hauptanträgen bereits enthalten sind (→ *Rn. 116f.*).

130 In der Praxis sind häufig Hilfsanträge zu finden, die nur für den Fall angekündigt werden, dass die Beklagte sich nicht in der **Güteverhandlung** in bestimmter Weise äußert.

> *Sollte die beklagte Partei im Gütetermin nicht zu Protokoll des Gerichts erklären, dass sie den Kläger weiterbeschäftigen wird, sofern ein die Klage stattgebendes Urteil zum Antrag zu <Nr. (Kündigungsschutzantrag)> ergeht, wird weiterhin folgender Antrag gestellt: <(Weiterbeschäftigungsantrag)>.*

131 Ein solcher Antrag wäre vom Wortlaut her **unzulässig.**[337] Eine Rechtsbedingung oder Ähnliches ist nicht zu erkennen. Der Eintritt hängt nicht von einer Entscheidung des Gerichts, sondern vom Verhalten des Gegners ab. Fraglich wäre auch, wie bei einem schriftlichen Anerkenntnis vor dem Gütetermin zu entscheiden wäre. Dennoch wird in der Praxis dies nicht beachtet und derartige Anträge werden anerkannt. Regelmäßig wird ein solcher Antrag aber ausgelegt werden können und zwar dahingehend, dass der Antrag **nur angedroht** oder **angekündigt,** aber nicht rechtshängig gemacht werden soll.[338]

f) Klageänderung

132 Die Zulässigkeit einer Klageänderung bestimmt sich nach den §§ 263, 264 ZPO. Eine Klageänderung liegt immer dann vor, wenn sich der Streitgegenstand ändert, dh wenn sich Klageantrag oder Klagegrund ändern.[339] Eine nachträgliche Klagehäufung durch **Einführung eines weiteren Lebenssachverhalts** ist als Klageänderung zu behandeln.[340] Der Kläger muss allerdings deutlich machen, dass er einen neuen prozessualen Anspruch verfolgt.[341] Keine Klageänderung in diesem Sinne ist eine **bloße Berichtigung** des Antrags, um etwa den Antrag klarer oder bestimmter zu fassen, wenn das Klagebegehren dasselbe bleibt.[342] Dies gilt auch, wenn sich Berichtigungen

335 BAG 22.7.2021 – 2 AZR 6/21, NZA 2021, 1405.
336 LAG Sachsen-Anhalt 8.11.2023 – 5 Ta 31/22, BeckRS 2023, 31337.
337 Vgl. LAG Düsseldorf 18.10.2006 – 6 Ta 551/06, BeckRS 2009, 74310; aA LAG Hessen 25.2.2011 – 1 Ta 483/10, BeckRS 2011, 70720; Bader jurisPR-ArbR 13/2023 Anm. 8.
338 LAG Baden-Württemberg 22.3.2011 – 5 Ta 1/11, NZA-RR 2011, 381; LAG Hamm 22.3.2022 – 14 Sa 1571/21, FA 2022, 213.
339 Musielak/Voit/Foerste § 263 ZPO Rn. 2; BAG 26.6.2013 – 5 AZR 428/12, NZA 2013, 1262.
340 BGH 4.7.2014 – V ZR 298/13, BeckRS 2014, 15565; vgl. BAG 20.11.2018 – 10 AZR 121/18, NZA 2019, 552.
341 BGH 31.5.2022 – VI ZR 804/20, NJW-RR 2022, 1071; vgl. BAG 10.11.2021 – 10 AZR 696/19, NZA 2022, 345.
342 MüKoZPO/Becker-Eberhard § 263 Rn. 8.

iSd § 264 Nr. 1 ZPO auf die Antragsformulierung auswirken. Keine bloße Berichtigung besteht etwa bei einer Umstellung von einer Sach- auf eine Geldleistung[343] oder bei einer Erledigungserklärung. Keine Klageänderung liegt auch bei Vorliegen der Voraussetzungen des § 264 ZPO vor. Um einen besonderen Anwendungsfall einer Erweiterung oder Beschränkung des Klageantrages iSd § 264 Nr. 2 ZPO handelt es sich beim Antrag auf → *Auflösung* nach § 9 KSchG, da das Auflösungsbegehren ohne Beachtung der für eine Klageänderung nach § 263 ZPO erforderlichen Voraussetzungen bis zum Schluss der letzten mündlichen Verhandlung in der Berufungsinstanz geltend gemacht werden kann.[344]

Eine Klageänderung ist nur dann zulässig, wenn der Beklagte einwilligt oder das Gericht sie für sachdienlich hält. Eine **Einwilligung** wird regelmäßig ausdrücklich oder ausnahmsweise konkludent erklärt. In der Praxis ist die **rügelose Einlassung** iSd § 267 ZPO von Bedeutung. Willigt der Beklagte nicht ein und hält das Gericht die Klageänderung auch nicht für sachdienlich, so ist der neue Klageantrag als **unzulässig** abzuweisen.[345] Ggf. ist aber noch über den früheren Antrag zu entscheiden.[346] **133**

Eine Klageänderung im engeren Sinn ist eine **nachträgliche** (auch Eventual-)**Klagehäufung** (§ 260 ZPO) zwar nicht, die Regelungen der §§ 263f. ZPO werden aber entsprechend angewendet.[347] **Sachdienlichkeit** liegt vor, wenn der bisherige Prozessstoff als Entscheidungsgrundlage verwertbar bleibt und durch die Zulassung der Klagehäufung ein neuer Prozess vermieden wird. Entscheidend ist der Gesichtspunkt der **Prozesswirtschaftlichkeit.**[348] Die Sachdienlichkeit ist im Allgemeinen erst dann zu verneinen, wenn ein völlig **neuer Streitstoff** in den Rechtsstreit eingeführt wird, bei dessen Beurteilung das Ergebnis der bisherigen Prozessführung **nicht verwertet** werden kann. Sachdienlich ist eine **Klageerweiterung,** wenn zwischen mehreren Streitgegenständen ein innerer rechtlicher oder tatsächlicher Zusammenhang besteht. Bei einem Kündigungsschutzverfahren ist eine Klageerweiterung zulässig, wenn der Kläger seine Klage allein um Streitgegenstände erweitert, die typischerweise zur Abwicklung des Arbeitsverhältnisses gehören.[349] Ohne Sachdienlichkeit oder Einwilligung der Gegenseite ist eine Klageerweiterung unzulässig.[350] Es besteht keine Pflicht des Gerichts, die Erweiterung nach § 145 ZPO abzutrennen. Ist **Prozesskostenhilfe** beantragt, so ist in jedem Fall zu überlegen, ob eine Klageerweiterung zulässig ist, da die Einreichung einer zweiten Klage mutwillig sein kann, da erhöhte Kosten entstehen.[351] **134**

Für die eigentliche Antragsstellung haben die §§ 263, 264 ZPO keine besondere Bedeutung. Es ist vor allem hinreichend deutlich zu machen, was gewollt ist, was beantragt wird und in welchem Verhältnis alte und neue Anträge stehen, etwa in einem Eventualverhältnis. Im Rahmen der Begründung sollte dann auf die Voraussetzungen des § 264 ZPO bzw. auf die Sachdienlichkeit der Antragsänderung eingegangen werden. **135**

343 MüKoZPO/Becker-Eberhard § 263 Rn. 10.
344 BAG 26.10.1979 – 7 AZR 752/77, NJW 1980, 1484.
345 MüKoZPO/Becker-Eberhard § 263 Rn. 52; Musielak/Voit/Foerste ZPO § 263 Rn. 11; Zöller/Greger ZPO § 263 Rn. 17.
346 BGH 24.9.1987 – VII ZR 187/86, NJW 1988, 128; BGH 4.8.2022 – III ZR 228/20, NJW-RR 2022, 1288.
347 BGH 19.3.2004 – V ZR 104/03, NJW 2004, 2152; MüKoZPO/Becker-Eberhard § 263 Rn. 21.
348 BAG 6.12.2001 – 2 AZR 733/00, NZA 2002, 816.
349 BAG 6.12.2001 – 2 AZR 733/00, NZA 2002, 816.
350 MüKoZPO/Becker-Eberhard ZPO § 263 Rn. 52.
351 So BAG 17.2.2011 – 6 AZB 3/11, NZA 2011, 422; LAG Düsseldorf 1.12.2014 – 2 Ta 533/14, BeckRS 2015, 66384; LAG Köln 21.11.2017 – 1 Ta 227/17, BeckRS 2017, 134398.

g) Auslegung des Klageantrags

136 Die Anforderungen an einen bestimmten Klageantrag sind auch erfüllt, wenn der Antrag durch Auslegung, insbesondere unter **Heranziehung der Klageschrift** und des sonstigen Vorbringens des Klägers, hinreichend bestimmt ist.[352] Nach Auffassung des BAG haben Gerichte Prozessanträge soweit als möglich **rechtsschutzgewährend** auszulegen.[353] Bei der Auslegung des Klageantrages ist neben dessen Wortlaut auch die Klagebegründung mitzuberücksichtigen. Auch ist die Prozessgeschichte zu beachten.[354] Es ist der **wirkliche Wille des Klägers** zu erforschen und nicht an dem buchstäblichen Sinn des Ausdrucks zu haften; der Antragswortlaut hat dann hinter dem erkennbaren Sinn und Zweck des Antrags zurückzutreten.[355] Die Gerichte sind gehalten, Klageanträge so auszulegen, dass eine Sachentscheidung über sie ergehen kann.[356] Im Zweifel ist dasjenige gewollt, was nach den Maßstäben der Rechtsordnung vernünftig ist und der wohlverstandenen Interessenlage entspricht.[357] Allerdings sind auch die schutzwürdigen Belange des Erklärungsadressaten zu berücksichtigen.[358] Dieser muss sich zur Sicherstellung einer ordnungsgemäßen Verteidigung gegen die Klage darauf verlassen können, dass ausschließlich über den gestellten Antrag entschieden wird und nicht über den Antrag, der richtigerweise hätte gestellt werden müssen.[359] Das verbietet es, eindeutigen Erklärungen nachträglich einen anderen Sinn zu geben, der dem Interesse des Erklärenden am besten dient.[360] Die Grenzen der Auslegung sind einzuhalten, auch wenn der Antrag den Interessen des Antragstellers widerspricht.[361] Stehen mehrere Auslegungsmöglichkeiten vollständig gleichrangig nebeneinander und ist der Widerspruch nicht aufklärbar ist, dann ist der Antrag wegen Perplexität unwirksam.[362]

137 Eine Ausfrage der Auslegung eines Antrags ist, ob ein Antrag als „minus" ein Teilbegehren beinhaltet (→ *Rn. 118*). Das **Teilbegehren** muss erkennbar zum Inhalt des ursprünglichen Antrags erhoben worden sein.[363] Es darf sich nicht um einen neuen Streitgegenstand handeln. Relevant ist dieser Aspekt vor allem bei einem Globalantrag, der eine Vielzahl von Fallgestaltungen erfasst. Ein Gericht darf nicht einem Globalantrag in einem eingeschränkten Umfang stattgeben, wenn der geltend gemachte Anspruch nicht unter einschränkenden Voraussetzungen geltend gemacht worden ist, wenn also diese einschränkenden Voraussetzungen nicht auch zum Inhalt des Anspruchs erhoben worden sind, denn es würde dann nicht ein „Weniger", sondern etwas „Anderes" – als beantragt – zugesprochen werden.[364] Dieses Problem ist vor allem bei Anträgen auf → *Unterlassung* (auch im Beschlussverfahren) anzutreffen.

138 Wie weit eine **gebotene Auslegung** gehen kann, veranschaulicht folgender Fall. Der Antrag lautete:

352 BAG 10.5.2005 – 9 AZR 230/04, NZA 2006, 155.
353 BAG 18.7.2013 – 6 AZR 47/12, NZA 2013, 1440.
354 BAG 12.9.2022 – 6 AZR 261/21, NZA 2022, 1627 (1629).
355 BAG 15.3.2001 – 2 AZR 141/00, NZA 2001, 1267.
356 BAG 14.12.2011 – 4 AZR 242/10, BeckRS 2012, 66904.
357 BGH 4.7.2014 – V ZR 298/13, BeckRS 2014, 15565; BGH 21.3.2018 – VIII ZR 68/17, BeckRS 2018, 6447; BAG 30.11.2016 – 10 AZR 673/15, NZA 2017, 468.
358 BAG 25.1.2018 – 8 AZR 309/16, NZA 2018, 933; BAG 24.5.2022 – 9 AZR 337/21, NZA 2022, 1530.
359 BAG 17.3.2015 – 9 AZR 702/15, NZA 2016, 124.
360 BAG 7.7.2015 – 10 AZR 416/14, NZA 2015, 1533.
361 BAG 17.3.2015 – 9 AZR 702/13, NZA 2016, 124.
362 BAG 17.3.2015 – 9 AZR 702/13, NZA 2016, 124.
363 BAG 13.10.2021 – 4 AZR 403/20, NZA 2022, 416 (418).
364 BAG 13.10.2021 – 4 AZR 403/20, NZA 2022, 416 (418).

> *Die Beklagte wird verurteilt, es zu unterlassen, das dem Kläger zustehende Arbeitsentgelt weder um einen Arbeitnehmerbeitrag für die zu seinen Gunsten bestehende betriebliche Altersversorgung bei der Versorgungsanstalt des Bundes und der Länder (VBL) zu kürzen, noch dafür von ihm zusätzliche Arbeitnehmerbeiträge zu erheben.*

Das BAG[365] hat diesen Unterlassungsantrag als **Feststellungsantrag** ausgelegt. Hintergrund ist, dass das begehrte Unterlassen, nämlich das Entgelt nicht um einen Arbeitnehmerbeitrag zu kürzen bzw. von dem Kläger zusätzliche Arbeitnehmerbeiträge zu erheben, nach mathematischen Regeln einer Forderung nach ungekürzter **Zahlung des zukünftigen Arbeitsentgelts** gleichkommt (minus x minus ergibt plus). Da es sich nicht um einen Antrag nach § 258 ZPO handelt, da der Entgeltanspruch nicht nur vom Zeitablauf abhängig ist, steht dem Antrag auf zukünftige Entgeltzahlung § 259 ZPO entgegen (→ *künftige Zahlungen*). **139**

II. ABC der Anträge im Urteilsverfahren

Abberufung von einem Amt

Bestellt die Arbeitgeberin den Arbeitnehmer zu einem besonderen Amt, etwa zum Datenschutzbeauftragten oder beispielsweise zum Sozialen Ansprechpartner, sind das jeweilige Amt und das zugrunde liegendes Rechtsverhältnis zu unterscheiden. Gegebenenfalls müssen sowohl die Abberufung vom Amt als auch eine Kündigung angegriffen werden.[366] Zu den Einzelheiten → *Datenschutzbeauftragter* → *Sozialer Ansprechpartner* → *Kündigung*

Abfindung

Eine Abfindung ist eine Geldschuld. Entsprechend handelt es sich um einen **Zahlungsanspruch,** der gerichtlich durch eine Leistungsklage geltend zu machen ist (→ *Zahlung*). Der Leistungsantrag ist konkret zu beziffern. Etwas anderes gilt lediglich bei einem Antrag auf → *Auflösung.* Regelmäßig wird es sich um einen **Bruttobetrag** handeln (→ *Vergütung Rn. 26*).[367] Beruht der Abfindungsanspruch auf einem Sozialplan, so hat der Arbeitnehmer ihn selbst zu berechnen. Fehlen ihm zur Berechnung erforderliche Angaben, so muss er regelmäßig einen Auskunftsanspruch geltend machen (→ *Auskunft*).

Die **Zwangsvollstreckung** richtet sich nach den §§ 803ff. ZPO (→ *E. Zwangsvollstreckung Rn. 11*).

Abgabe von Erklärungen

Gegenstand von Klageanträgen ist immer wieder auch die Abgabe von Erklärungen. **1**
Hierzu zählt zunächst die Abgabe von **Willenserklärungen.** Beispielhaft geht es um einen → *Vertragsabschluss,* insbesondere um den Abschluss eines → *Arbeitsvertrags* oder eines → *Aufhebungsvertrags* sowie um die Zustimmung zur → *Teilzeit.* Auch eine begehrte **Ergänzungsabrede** zu einem Arbeitsvertrag ist ein Vertrag.[368] Weitere

365 BAG 21.1.2020 – 3 AZR 225/19, NZA 2020, 1717; vgl. auch BAG 13.3.2024 – 7 ABR 11/23.
366 Vgl. auch BAG 6.6.2023 – 9 AZR 383/19, NZA 2023, 1329; BAG 27.7.2017 – 2 AZR 812/16, NZA 2018, 166.
367 BAG 27.7.2010 – 3 AZR 615/08, AP Nr. 52 zu § 253 ZPO; vgl. auch BAG 20.2.2018 – 1 AZR 787/16, BeckRS 2018, 2751.
368 BAG 24.10.2018 – 10 AZR 69/18, NZA 2019, 161.

Beispiele sind die → *Freistellung von der Arbeitsleistung,* die → *Freistellung von Verpflichtungen* oder die → *Genehmigung,* etwa von einer → *Nebentätigkeit* oder Urlaub (→ *Urlaubsgewährung*). Zu beachten gilt, dass regelmäßig eine **Leistungsklage** zu erheben ist, die **auf Abgabe einer konkreten Erklärung** gerichtet sein muss, und dass sich die Zwangsvollstreckung nach § 894 ZPO richtet. Dies hat für den Klageantrag zur Folge, dass der beantragte Tenor keine Zweifel darüber lassen darf, ob die gesetzliche Fiktion eingetreten ist.[369] Die begehrte Willenserklärung muss also hinreichend bestimmt im Antrag beschrieben sein. Mängel bei der Bestimmtheit können nicht im Rahmen des Vollstreckungsverfahren geheilt werden, da **§ 894 ZPO** eine spezielle Vollstreckungsvorschrift darstellt.[370] Bei einem **Vertragsschluss** muss etwa der Klageantrag den für eine Vertragseinigung **notwendigen Mindestinhalt** umfassen.[371] Bei **Genehmigungen** ist zu unterscheiden, ob diese für einen bestimmten Sachverhalt oder für eine Vielzahl künftiger Fallgestaltungen gelten sollen. Hier ist wiederum zu beachten, dass ein **Globalantrag** (→ A.I. Rn. 109a) als solcher nicht ohne weiteres unzulässig, regelmäßig aber unbegründet sein wird.[372]

2 Neben der Abgabe von Willenserklärungen kann auch die Abgabe von **Wissenserklärungen** Gegenstand von Klagen sein. Als Beispiele können hier Anträge auf → *Auskunft* oder auf Erteilung von → *Arbeitspapieren* genannt werden, etwa → *Abrechnung,* → *Lohnsteuerbescheinigung,* → *Nachweis (der Arbeitsbedingungen)* oder auch → *Meldung zur Sozialversicherung.* Regelmäßig wird die Abgabe einer solchen Erklärung eine unvertretbare Handlung darstellen, so dass sich die **Vollstreckung nach § 888 ZPO** richtet (→ *E. Rn. 15ff.*).

3 Aus der allgemeinen Rücksichtnahmepflicht oder aus § 242 BGB kann sich im Einzelfall auch ein Anspruch auf Abgabe von Erklärungen gegenüber Dritten ergeben, etwa die **Ausstellung von Bescheinigungen.**[373] Dabei ist zu beachten, dass zu unterscheiden ist, ob ein Anspruch auf Unterzeichnung eines ausgefüllten Formulars oder auf Ausfüllen und Unterzeichnung geltend gemacht wird. Auch wird, ähnlich wie bei dem Anspruch auf Erteilung eines → *Zeugnisses,* nicht ohne Weiteres ein Anspruch auf bestimmte Formulierungen oder Beschreibungen bestehen, etwa bei einer **Tätigkeitsbeschreibung.**[374] Soweit eine öffentlich-rechtliche Pflicht zur Abgabe einer Erklärung besteht, ist zu prüfen, ob die Arbeitgeberin im Rahmen einer **zeugenschaftlichen Funktion** tätig sein wird. Eine Klage auf einen **bestimmten Inhalt** einer Zeugenaussage ist **unzulässig.**[375]

4 Der Erlass einer **einstweiligen Verfügung** dürfte in diesem Bereich die Ausnahme sein, abgesehen von → *Urlaubsgewährung* oder → *Teilzeit.* Problematisch ist nicht allein, dass es sich nicht nur um die Sicherung eines Anspruchs handelt, ungeklärt ist auch, ob sich die Vollstreckung nach § 894 ZPO richtet; die Fiktion tritt erst mit Rechtskraft ein.

5 Einen Sonderfall aus dem Bereich des **Profisports** betraf die Frage, ob ein Basketballspieler als Profi-Spieler bei der Arbeitgeberin ausgeschieden war und seine **Spieler-Lizenz** sowie seine Sonderlizenz freigegeben waren (vgl. auch → A.I. Rn. 92).

369 BAG 24.10.2018 – 10 AZR 69/18, NZA 2019, 161; BAG 27.6.2017 – 9 AZR 120/16, NZA 2017, 1215.
370 BGH 19.5.2011 – I ZR 57/10, BeckRS 2011, 10598.
371 BAG 22.10.2019 – 1 AZR 217/18, NZA 2020, 181.
372 Dazu BAG 27.6.2017 – 9 AZR 120/16, NZA 2017, 1215.
373 Dazu BAG 24.10.2018 – 10 AZR 69/18, NZA 2019, 161.
374 Dazu BAG 24.10.2018 – 10 AZR 69/18, NZA 2019, 161.
375 LAG Frankfurt a.M. 5.1.1983 – 8 Ta 295/82, BB 1983, 2186.

> *Der Verfügungsbeklagten wird im Wege der einstweiligen Verfügung aufgegeben, die schriftliche Erklärung abzugeben, dass der Verfügungskläger zum Ablauf des <Datum> bei der Verfügungsbeklagten als Profi-Spieler ausgeschieden ist und seine Spieler-Lizenz sowie seine Sonderlizenz freigegeben wird.*[376]

Das LAG[377] hat diesen Antrag diskussionsfrei als zulässig angesehen. Bedenken be- 6
stehen aber bereits mit Blick auf das Antragsziel. Eine bestätigende Erklärung der Arbeitgeberin würde das Arbeitsverhältnis nicht beenden. Letztlich begehrt der Verfügungskläger eine dahingehende Feststellung, die aber im Rahmen des einstweiligen Verfügungsverfahrens unzulässig ist (→ *A. I. Rn. 89*). Auch die Freigabe bzw. das Erlöschen der Spieler-Lizenz für den bisherigen Verein ergibt sich nicht ohne weiteres aus der Erklärung der Arbeitgeberin/des Vereins, sondern aus der jeweiligen Spielordnung. Allerdings können Vereine je nach Spielordnung (vgl. etwa §§ 21d, 23 Abs. 2 DBB Spielordnung) einem Spieler die Freigabe erteilen.

Abmahnung

Weit überwiegend wird in der arbeitsgerichtlichen Praxis die Entfernung einer be- 1
reits erteilten Abmahnung aus der → *Personalakte* verlangt. Aber auch eine vorbeugende Unterlassungsklage ist bereits erhoben worden.[378]

Die **Entfernung einer Abmahnung** ist im Wege einer **Leistungsklage** geltend zu 2
machen. Die Zwangsvollstreckung richtet sich nach § 888 ZPO (→ *E. Rn. 15*). Der Antrag lautet:

> **Die Beklagte wird verurteilt, die Abmahnung vom <Datum> aus der Personalakte des Klägers zu entfernen.**

Nach ständiger Rechtsprechung des BAG[379] hat der Arbeitnehmer Anspruch auf Ent- 3
fernung einer unberechtigten oder unwirksamen Abmahnung aus der Personalakte entsprechend §§ 242, 1004 BGB. Bei einer **elektronisch geführten Akte** sollte der Antrag auf **Löschung** der Abmahnung gerichtet sein. Ob ein derartiger Anspruch gerichtlich geltend gemacht werden sollte, bedarf jedoch einer **gründlichen vorherigen Abwägung.**[380] Neben dem Umstand, dass ein derartiges Verfahren ein Arbeitsverhältnis tatsächlich belasten kann, ist zu berücksichtigen, dass das Verfahren im Falle einer Niederlage des Arbeitnehmers die Wirkung einer Beweissicherung zur Folge hat. Im Rahmen einer folgenden Kündigungsschutzklage stünde fest, dass die Abmahnung zu Recht erfolgt ist. Gewinnt hingegen der Arbeitnehmer, so wird der Arbeitgeber eine beabsichtigte Kündigung nicht auf diese Abmahnung stützen, sondern die Kündigung vorbereiten. Diese Bedenken gelten umso mehr, als den Arbeitnehmer auch keine Obliegenheit trifft, gegen eine vermeintlich unwirksame Abmahnung gerichtlich vorzugehen.[381] Er kann eine **Gegendarstellung** zur Personalakte reichen (§ 83 Abs. 2 BetrVG). Dem Arbeitnehmer drohen insoweit keine Rechtsnachteile, wenn er die Abmahnung nicht im Rahmen einer Klage angreift.

376 Vgl. ArbG Frankfurt a. M. 10.8.2023 – 1 Ga 67/23, SpuRt 2023, 505.
377 LAG Hessen 18.10.2023 – 6 SaGa 882/23, BeckRS 2023, 28831.
378 ArbG Bochum 17.5.1996 – 4 Ca 250/95, NZA-RR 1997, 82.
379 Vgl. nur BAG 27.11.1985 – 5 AZR 101/84, NJW 1986, 1065; BAG 5.8.1991 – 5 AZR 531/91, NZA 1993, 838; aA LAG Hamm 17.6.1993 – 4 Sa 1714/92, LAGE BGB § 611 Abmahnung Nr. 35.
380 Dazu Korinth ArbRB 2003, 94 ff.: Der Kampf gegen die Abmahnung als Kunstfehler?
381 BAG 13.3.1987 – 7 AZR 601/85, NZA 1987, 518; BAG 17.10.1989 – 1 ABR 100/88, NZA 1990, 193.

4 **Nach Beendigung des Arbeitsverhältnisses** wird die Leistungsklage nicht unzulässig, regelmäßig aber unbegründet.[382] Ein Anspruch besteht jedenfalls regelmäßig nicht mehr entsprechend §§ 242, 1004 BGB. Es wird aber ein Anspruch auf Löschung nach Art. 17 DS-GVO befürwortet.[383] Eine **mündliche Abmahnung** kann nicht aus der Personalakte entfernt werden. Gibt es ein Gesprächsprotokoll, so ist der Antrag darauf zu richten, dass eben dieses entfernt wird.

5 **Unzulässig** ist eine **Feststellungsklage,** mittels der die Unwirksamkeit der Abmahnung[384] oder die Verpflichtung des Beklagten, die Abmahnung zu entfernen, festgestellt werden soll. Gleiches gilt, sofern festgestellt werden soll, dass ein Arbeitgeber nicht berechtigt gewesen sein soll, eine Abmahnung auszusprechen.[385]

> *Es wird festgestellt, dass die Abmahnung vom <Datum> unwirksam und unberechtigt ist.*

6 Die Feststellungsklage ist **subsidiär** (→ *A. I. Rn. 64*). Bei der Abmahnung handelt es sich nicht um ein Rechtsverhältnis.[386] Es ist auch fraglich, ob es sich um ein einzelnes Element eines Rechtsverhältnisses iSd Rechtsprechung handelt.[387]

7 Die zu entfernende Abmahnung ist **genau zu bestimmen.** Dies wird regelmäßig durch Angabe des Datums, unter dem die Abmahnung erteilt wurde, erfolgen können. Abmahnungen ohne Datum können etwa durch Angabe der abgemahnten Pflichtverletzung konkretisiert werden. Letzteres gilt auch, sofern mehrere Abmahnungen unter demselben Datum erteilt worden sind. Zur eindeutigen Identifikation sollte die Abmahnung der Klageschrift in jedem Fall als Anlage beigefügt werden. Im Rahmen einer Klagehäufung kann auch die Entfernung mehrerer Abmahnungen mittels eines Antrags verlangt werden. Es muss nicht jede Abmahnung Gegenstand eines gesonderten Antrags sein.

8 Ob der Arbeitnehmer nicht nur die Entfernung, sondern auch die **Vernichtung** einer Abmahnung verlangen kann, ist umstritten.[388] Dies ist aber eine Frage der Begründetheit. Zu Ende gedacht bedeutet Entfernung aus der Personalakte aber auch Vernichtung, da der Arbeitgeber nicht mehrere Personalakten führt; Personalakte ist vielmehr die Sammlung von Vorgängen/Dokumenten, unabhängig von Form, Material, Stelle und Ort, an dem sie geführt wird,[389] auch wenn diese nicht als Personalakte bezeichnet ist. Es besteht für einen Arbeitgeber also keine Möglichkeit, eine Abmahnung zu entfernen, ohne sie zu vernichten. Ein dahingehender Antrag könnte etwa lauten:

382 BAG 14.9.1994 – 5 AZR 632/93, NZA 1995, 220; LAG Mainz 12.12.2012 – 8 Sa 379/12, BeckRS 2013, 68251; aA LAG Sachsen 31.3.2023 – 4 Sa 117/21, NZA-RR 2023, 344: unzulässig.

383 LAG Baden-Württemberg 28.7.2023 – 9 Sa 73/21, BeckRS 2023, 28186; MAH ArbR/Eisenbeis § 18 Rn. 45; Möhle NZA 2023, 137 ff.; vgl. aber auch LAG Thüringen 24.10.2023 – 5 Sa 424/22, BeckRS 2023, 43272; aA LAG Sachsen 31.3.2023 – 4 Sa 117/21, NZA-RR 2023, 344 für in Papierform geführte Personalakten.

384 BAG 9.9.2015 – 7 ABR 69/13, NZA 2016, 57; LAG Hamm 2.8.2002 – 10 TaBV 121/01; BeckRS 2002, 16457; vgl. auch BAG 17.10.1989 – 1 ABR 100/88, NZA 1990, 193.

385 Vgl. LAG Hamm 2.8.2002 – 10 TaBV 121/01; BeckRS 2002, 16457.

386 BAG 9.9.2015 – 7 ABR 69/13, NZA 2016, 57; LAG Baden-Württemberg 20.12.2018 – 17 Sa 11/18 BeckRS 2018, 39584.

387 Abl. LAG Hamm 2.8.2002 – 10 TaBV 121/01; BeckRS 2002, 16457: Es handle sich um eine Tatsache; so auch MAH ArbR/Eisenbeis § 18 Rn. 54.

388 LAG Köln 25.6.1997 – 7 Sa 1545/96, BeckRS 1997, 30769257.

389 LAG Baden-Württemberg 2.8.2000 – 12 Sa 7/00, BeckRS 2000, 30453602.

> **Die Beklagte wird verurteilt, die Abmahnung vom <Datum> aus der Personalakte des Klägers zu vernichten.**

In der Praxis findet sich zuweilen der folgende Antrag: 9

> *Der Beklagte wird verurteilt, die Abmahnung vom <Datum> ersatzlos aus der Personalakte des Klägers zu entfernen.*

Mit einem solchen Antrag auf **ersatzlose** Entfernung der Abmahnung wird **etwas** 10
Zusätzliches verlangt, und zwar die Unterlassung, künftig Ersatzstücke zur Personalakte zu nehmen.[390] Die Vollstreckung eines Unterlassungstitels richtet sich nach anderen Vorschriften. Soll sich der Antrag gegen Ersatzstücke von bestimmter Beschaffenheit richten, so ist der Antrag mangels hinreichender Bestimmtheit unzulässig.[391] Richtet sich der Antrag global gegen alle erdenklichen Ersatzstücke oder Nachfolger der Abmahnung, so wird der Antrag regelmäßig unbegründet sein.[392]

Womöglich ist mit einem solchen Antrag aber auch nur gemeint, eine Abmahnung 11
vollständig aus der Personalakte zu entfernen. Hintergrund eines derartigen Antrags kann eine Abmahnung sein, mittels derer mehrere Pflichtverstöße zugleich gerügt werden. Ist nur ein Pflichtverstoß unzutreffend, so kann nach ständiger Rechtsprechung[393] die Abmahnung nicht teilweise aufrechterhalten bleiben, sondern muss vollständig aus der Personalakte entfernt werden.[394] Dem Arbeitgeber verbleibt allerdings die Möglichkeit, wegen der weiteren, womöglich zutreffenden Pflichtverstöße erneute Abmahnungen auszusprechen.

Des Weiteren findet man in der Praxis häufig den Antrag, eine Abmahnung **zurück-** 12
zunehmen, regelmäßig verbunden mit dem Antrag, die Abmahnung aus der Personalakte zu entfernen:

> *Der Beklagte wird verurteilt, die Abmahnung vom <Datum> zurückzunehmen und aus der Personalakte des Klägers zu entfernen.*

Von einem solchen Antrag ist abzuraten.[395] Zunächst ist sehr fraglich, was damit 13
gemeint sein könnte. Mit der Rücknahme kann letztlich nur der **Widerruf** einer womöglich unrichtigen Tatsachenbehauptung gemeint sein.[396] Ein solcher Anspruch auf Widerruf gemäß § 1004 BGB besteht regelmäßig nur dann, wenn es sich um unzutreffende Tatsachenbehauptungen handelt, die gegenüber Dritten erfolgt sind. Ob überhaupt ein eigenständiger Anspruch geltend gemacht werden soll, ist durch Auslegung des Antrags zu ermitteln. Häufig hat die verwendete Formulierung nur dekla-

390 Vgl. LAG Köln 25.4.1997 – 11 Sa 760/96, FA 1998, 53.
391 LAG Köln 25.4.1997 – 11 Sa 760/96, FA 1998, 53; ArbG Bochum 17.5.1996 – 4 Ca 250/95, NZA-RR 1997, 82.
392 LAG Köln 25.4.1997 – 11 Sa 760/96, FA 1998, 53.
393 Vgl. etwa LAG Hamm 17.6.1993 – 4 Sa 1714/92, LAGE BGB § 611 Abmahnung Nr. 35.
394 BAG 13.3.1991 – 5 AZR 133/90, AP BGB § 611 Abmahnung Nr. 5; LAG Hamm 17.6.1993 – 4 Sa 1714/92, LAGE BGB § 611 Abmahnung Nr. 35.
395 Dazu Diller ArbRAktuell 2010, 595 ff.; vgl. auch ArbG Solingen 18.2.2016 – 3 BV 15/15 lev, BeckRS 2016, 67558.
396 Vgl. BAG 13.12.1989 – 5 AZR 10/89, BeckRS 1989, 30732674; LAG Hamm 2.8.2002 – 10 TaBV 121/01, BeckRS 2002, 16457; LAG Sachsen-Anhalt 19.12.2001 – 3 Sa 479/01, BeckRS 2001, 30794587.

ratorische Bedeutung,[397] gerade wenn in der Klagebegründung nichts zu einem Widerrufsanspruch ausgeführt wird. Ergibt die Auslegung hingegen, dass ein Widerruf und damit etwas Zusätzliches verlangt wird,[398] so ist der Antrag in dieser Form unzulässig, da er nicht hinreichend bestimmt und vollstreckungsfähig ist.[399] Dem Arbeitnehmer verbleibt die Möglichkeit, eine „normale" Widerrufsklage zu erheben, auch unabhängig vom Anspruch auf Entfernung der Abmahnung aus der Personalakte (→ *Widerruf von Erklärungen*).[400] Wenn der Arbeitnehmer den Widerruf geltend machen will, sollte er einen anderen Antrag wählen und seinen vermeintlichen Anspruch auch begründen. Allenfalls bei einer bloß **mündlich erteilten Abmahnung** erscheint der Antrag auf Widerruf der Abmahnung bedenkenswert.

> *Der Beklagte wird verurteilt, die Abmahnung vom <Datum> und alle darauf bezugnehmenden Vorgänge aus der Personalakte des Klägers zu entfernen.*

14 Auch bei einem solchen Antrag wird etwas Zusätzliches begehrt, welches aber nicht hinreichend bestimmt ist.[401] Sollten sich weitere Vorgänge in der Personalakte befinden, so muss der Arbeitnehmer Einsicht nehmen und diese im Antrag konkret bezeichnen.

15 Ob eine **vorbeugende Unterlassungsklage** begründet sein kann, ist bereits fraglich.[402] Zu denken ist etwa an Mobbingmaßnahmen. Eine globale Unterlassungsklage ist jedenfalls bereits **unzulässig** (→ *Unterlassung*).

> *Die Beklagte wird verurteilt, es zu unterlassen, weitere ungerechtfertigte Abmahnungen auszusprechen.*

16 Ein solcher Antrag ist zu unbestimmt. Ob eine Abmahnung ungerechtfertigt ist, kann nicht im Rahmen der Zwangsvollstreckung festgestellt werden. Möglich erscheint hingegen ein Unterlassungsantrag, der eine Abmahnung wegen eines bestimmten Vorfalls verhindern soll. Dann ist dieser Vorfall im Antrag hinreichend konkret zu beschreiben.

> **Die Beklagte wird verurteilt, es zu unterlassen, dem Kläger wegen des Nichterscheinens in ihrem Betrieb am <Datum> eine Abmahnung zu erteilen.**

17 Ist bereits eine ungerechtfertigte Abmahnung dem Arbeitnehmer überreicht, aber noch nicht zur Personalakte genommen worden, so kommt auch ein Antrag in Betracht, mit dem dem Arbeitgeber aufgegeben wird, es zu unterlassen, die Abmahnung zur Personalakte zu nehmen.[403]

18 Bei einer **betriebsverfassungsrechtlichen Abmahnung** wegen einer Pflichtverletzung einer Pflicht als Mitglied des Betriebsrats ist die richtige Verfahrensart regel-

---

397 Vgl. BAG 19.7.2012 – 2 AZR 782/11, NZA 2013, 91; LAG Sachsen-Anhalt 19.12.2001 – 3 Sa 479/01, BeckRS 2001, 30794587; vgl. auch LAG Hessen 16.6.1999 – 2 Sa 1231/98, BeckRS 1999, 30875202; LAG Niedersachsen 12.3.2018 – 15 Sa 319/17, NZA-RR 2018, 421.

398 Vgl. LAG Berlin-Brandenburg 11.7.2013 – 17 Ta (Kost) 6063/13, BeckRS 2013, 72164.

399 Vgl. LAG Sachsen-Anhalt 19.12.2001 – 3 Sa 479/01, BeckRS 2001, 30794587; aA wohl BAG 13.12.1989 – 5 AZR 10/89, BeckRS 1989, 30732674; vgl. auch BAG 15.4.1999 – 7 AZR 716/97, NZA 1999, 1037.

400 Vgl. BAG 15.4.1999 – 7 AZR 716/97, NZA 1999, 1037.

401 LAG Niedersachsen 12.3.2018 – 15 Sa 319/17, NZA-RR 2018, 421.

402 Dazu ArbG Bochum 17.5.1996 – 4 Ca 250/95, NZA-RR 1997, 82.

403 LAG München 23.3.1988 – 8 Sa 1060/88, LAGE BGB § 611 Abmahnung Nr. 13.

mäßig das Beschlussverfahren.[404] Auch insoweit ist ein Feststellungsantrag unzulässig, da eine Abmahnung eben kein Rechtsverhältnis ist.[405] Ein bloßes praktisches Bedürfnis an der Zulassung der Feststellungsklage genügt nicht.

Prozesskostenhilfe

Wird die Entfernung einer Abmahnung in Zusammenhang mit einer Kündigungsschutzklage (→ *Kündigung*) geltend gemacht, so ist der Antrag als **uneigentlicher Hilfsantrag** für den Fall des Obsiegens mit dem Kündigungsschutzantrag zu stellen.[406] Sollte der Kläger mit diesem Antrag keinen Erfolg haben und das **Arbeitsverhältnis** durch die Kündigung **aufgelöst** worden sein, so besteht nach Teilen der Rechtsprechung[407] bereits kein Rechtsschutzbedürfnis mehr bzgl. des Antrags auf Entfernung der Abmahnung; regelmäßig wäre ein solcher Antrag unbegründet.[408] **19**

Abrechnung

Übersicht

	Rn.
1. Grundsätze	1, 2
2. Antrag bei bereits erbrachter Zahlung	3–6
3. Antrag bei noch nicht erbrachter Zahlung	7–11
4. Sonstige Abrechnungsansprüche	12–14
5. Zwangsvollstreckung	15, 16

Siehe auch → *Entgeltbescheinigung.*

1. Grundsätze

Nach § 108 Abs. 1 GewO ist dem Arbeitnehmer **bei Zahlung des Arbeitsentgelts** eine Abrechnung in Textform zu erteilen. Die Abrechnung muss mindestens Angaben über Abrechnungszeitraum und Zusammensetzung des Arbeitsentgelts enthalten. Die Arbeitgeberin erfüllt den Anspruch auf die Textform nicht dadurch, dass sie dem Arbeitnehmer die Abrechnung in einem Online-Portal zum Abruf bereitstellt.[409] Die Verpflichtung zur Abrechnung entfällt jedoch gem. § 108 Abs. 2 GewO, wenn sich die Angaben gegenüber der letzten ordnungsgemäßen Abrechnung nicht geändert haben. Die letztgenannte Regelung begründet eine Einwendung der Arbeitgeberin. Sie hat also darzulegen, für welche Monate des Streitzeitraums ihre Verpflichtung zur Abrechnung nach § 108 Abs. 2 GewO entfallen sein könnte.[410] **1**

Entgegen weit verbreiteter Ansicht handelt es sich beim gesetzlichen Abrechnungsanspruch **nicht** um den Anspruch des Arbeitnehmers, von der Arbeitgeberin zu erfahren, **welche Ansprüche ihm zustehen**[411] bzw. wie diese richtig zu berechnen wären.[412] Es gibt keine Rechtsgrundlage dafür, dass die Arbeitgeberin die rechnerische **2**

404 BAG 9.9.2015 – 7 ABR 69/13, NZA 2016, 57.
405 AA ArbG Stuttgart 30.4.2019 – 4 BV 251/18, BeckRS 2019, 10979.
406 LAG Köln 14.11.2017 – 9 Ta 180/17, BeckRS 2017, 132844; aA LAG Baden-Württemberg 28.8.2023 – 15 Ta 9/23, BeckRS 2023, 22070: nicht mutwillig.
407 LAG Hessen 28.8.1987 – 13 Sa 278/87, LAGE BGB § 611 Abmahnung Nr. 15.
408 BAG 14.9.1994 – 5 AZR 632/93, NZA 1995, 220.
409 LAG Hamm 23.9.2021 – 2 Sa 179/21, NZA-RR 2022, 16.
410 BAG 26.4.2017 – 5 AZR 962/13, MDR 2017, 1309.
411 Zumindest ungenau auch BGH 19.12.2012 – VII ZB 50/11, NJW 2013, 539.
412 BAG 16.12.2015 – 5 AZR 567/14, NZA 2016, 438.

Vorarbeit für eine Leistungsklage des Arbeitnehmers leistet,[413] abgesehen davon, dass eine Lohnabrechnung nicht als formlos wirksames deklaratorisches Schuldanerkenntnis anzusehen ist und deshalb eine solche Klage nur unzureichend vorbereiten würde.[414] Ein solcher als Auskunft zu qualifizierender Anspruch besteht nur unter besonderen Umständen (→ *Auskunft*). Aus der Formulierung „bei Zahlung“ ergibt sich vielmehr, dass die Arbeitgeberin den Arbeitnehmer nur über eine **bereits erbrachte Zahlung** aufzuklären hat.[415] Das Gesetz bezweckt, dass die Arbeitgeberin den Arbeitnehmer informiert, welche Ansprüche im Einzelnen mit der Zahlung erfüllt werden sollen, wie sie dessen Arbeitsentgelt also tatsächlich berechnet hat[416] und was sie an steuer- und sozialversicherungsrechtlichen Abzügen vorgenommen hat.[417]

2. Antrag bei bereits erbrachter Zahlung

3 Ist die Zahlung bereits erbracht, empfiehlt sich der Antrag

> **Die Beklagte wird verurteilt, dem Kläger über die als <Tilgungsbestimmung, sofern getroffen, zB: Lohn März 2014> / am <Datum> erbrachte Zahlung von <erhaltener Betrag> EUR eine Abrechnung nach § 108 Abs. 1 GewO zu erteilen.**

4 Die Angabe der gesetzlichen Grundlage dient der Präzisierung, welche sich in den allermeisten Fällen allerdings auch aus der Klagebegründung ergeben dürfte.[418] Dem oftmals gestellten Antrag

> *Die Beklagte wird verurteilt, das Arbeitsverhältnis mit dem Kläger ordnungsgemäß abzurechnen.*

fehlt es hingegen schon an der hinreichenden Bestimmtheit im Sinne von § 253 Abs. 2 Nr. 2 ZPO, da nicht ersichtlich ist, auf welche Zahlungen sich das Begehren bezieht.[419] Die Wendung „ordnungsgemäß“ sollte als überflüssig unterbleiben.

5 Aus dem geschilderten Inhalt des Abrechnungsanspruchs ergibt sich zugleich, dass der Antrag

> *Es wird festgestellt, dass die Abrechnung des Arbeitsverhältnisses durch die Beklagte von $^1/_{12}$ Sonderzuwendung iHv. 57,97 Euro brutto durch Entgeltabrechnung für den jeweiligen Kalendermonat seit Januar 2015 unwirksam ist.*

nicht nur mangels eines feststellungsfähigen Rechtsverhältnisses unzulässig ist,[420] sondern auch als Leistungsantrag unbegründet wäre.

6 Hat die Arbeitgeberin eine Abrechnung erteilt, die der Arbeitnehmer für unrichtig hält, kommt ein Anspruch auf (Neu-)Abrechnung im Sinne einer Berichtigung grundsätzlich nicht in Betracht. Anderes gilt nur, wenn die vorgelegte Abrechnung

413 BAG 9.11.1999 – 9 AZR 771/98, NZA 2000, 1335.
414 BAG 27.2.2014 – 6 AZR 931/12, AP TVÜ § 8 Nr. 3 mwN.
415 st. Rspr., vgl. zuletzt BAG 12.10.2022 – 10 AZR 496/21, NZA 2023, 184.
416 BAG 16.12.2015 – 5 AZR 567/14, NZA 2016, 438.
417 BAG 12.7.2006 – 5 AZR 646/05, NZA 2006, 1294; BAG 7.9.2009 – 3 AZB 19/09, DB 2009, 2719.
418 LAG Hamm 8.2.2023 – 12 Ta 233/22, BeckRS 2023, 1787 Rn. 13.
419 BAG 25.4.2001 – 5 AZR 395/99, NZA 2001, 1157.
420 BAG 25.5.2016 – 5 AZR 135/16, NZA 2016, 1327.

völlig unbrauchbar ist.[421] Da in diesem Fall der gesetzliche Anspruch nicht erfüllt ist, kann der oben empfohlene Antrag ohne Veränderungen gestellt werden. Ein Anspruch auf Berichtigung einer Abrechnung besteht auch dann nicht, wenn der Arbeitnehmer eine **Nachzahlung** für einen bereits abgerechneten Zeitraum erstreitet. Die erteilte Abrechnung ist in diesem Fall nämlich nicht fehlerhaft, weil sie über die zunächst erfolgte Zahlung zutreffend Rechenschaft ablegt. Die Arbeitgeberin muss jedoch über die Nachzahlung eine eigene Abrechnung erteilen.[422]

3. Antrag bei noch nicht erbrachter Zahlung

Wenn die **Zahlung noch nicht erbracht** ist, soll nach Ansicht des BAG[423] der Abrechnungsanspruch noch nicht entstanden und daher nicht erfolgreich klagbar sein. 7
Gegen diese Auffassung bestehen allerdings erhebliche Bedenken. Die derzeitige Fassung des § 108 Abs. 1 und 2 GewO wurde im Zuge der Novelle v. 24.8.2002 mit Wirkung zum 1.1.2003 eingeführt. Der Gesetzentwurf[424] sah noch vor, dem Arbeitnehmer bereits bei Fälligkeit des Arbeitsentgelts eine Abrechnung zu erteilen. Daher änderte die Beschlussempfehlung des federführenden Ausschusses für Wirtschaft und Technologie[425] die Vorschrift ab, da die Regelung bei der praktischen Umsetzung Schwierigkeiten aufzuwerfen drohte, wenn im Unternehmen ohne Rücksicht auf unterschiedliche Fälligkeiten einheitliche Abrechnungstermine existieren.[426] Bereits die Gesetzesgeschichte spricht daher dafür, die Formulierung „bei Zahlung" als bloße Fälligkeitsbestimmung anzusehen. Auch in der Literatur wird vertreten, dass § 108 Abs. 1 GewO systematisch zu § 614 BGB gehört, in dem bekanntlich die Fälligkeit der Vergütung geregelt ist.[427] Es spricht auch inhaltlich vieles dafür, die Abrechnung dogmatisch als Nebenpflicht zum Zahlungsanspruch einzuordnen und sie damit gleichzeitig mit diesem entstehen zu lassen. Dagegen spricht nicht, dass auch für Vorschüsse eine Abrechnung zu erteilen ist. Auch solche werden im Hinblick auf einen Anspruch erbracht. Es handelt sich bei der Abrechnung gerade nicht um einen selbstständigen Anspruch. Wenn tatsächlich der Anspruch allein durch Zahlung entstünde, müsste die Arbeitgeberin auch bei einer versehentlichen Doppelzahlung über den Betrag eine Abrechnung erteilen, der dem Arbeitnehmer unstreitig nicht zusteht. Das erscheint sinnlos und zeigt, dass es sich beim Abrechnungsanspruch um einen Nebenanspruch zum Vergütungsanspruch handeln dürfte, der mit diesem entsteht, allerdings erst bei Zahlung fällig wird. Auch Abs. 2 spricht für die hier vertretene Auslegung. Wenn eine gleichartige Zahlung den Anspruch entfallen lässt, muss er notwendigerweise zuvor entstanden sein. Nach der Auffassung des BAG fielen jedoch das Entstehen, die Fälligkeit und das Entfallen auf einen Zeitpunkt. Letztlich besteht ein praktisches Bedürfnis dafür, den Abrechnungsanspruch bereits mit der Zahlung geltend machen zu können. Da ohnehin die Voraussetzungen des § 259 ZPO darzulegen sind, dürfte es sich meist um Fälle hartnäckiger Zahlungsverweigerung handeln. Es sollte dem Arbeitnehmer dann möglich sein, die notwendige Abrechnung nicht erst nach erfolgter Zahlung mit einer neuen Klage verlangen zu müssen.

421 BAG 9.11.1999 – 9 AZR 771/98, NZA 2000, 1335.
422 BAG 9.6.2010 – 5 AZR 122/09, BeckRS 2010, 73884.
423 BAG 13.10.2015 – 1 AZR 130/14, BeckRS 2016, 66930; BAG 27.1.2016 – 5 AZR 277/14, NZA 2016, 679 Rn 32 mwN.
424 BT-Drs. 14/8796 S. 8 und 25.
425 BT-Drs. 14/9254 S. 6.
426 *Wisskirchen* DB 2002, 1886 (1888).
427 ErfK/*Preis* GewO § 108 Rn. 1.

8 Auf Basis der hier vertretenen Auffassung – mit der sich das BAG bislang leider nicht auseinandergesetzt hat[428] – handelt es sich daher bei dem Abrechnungsanspruch nach § 108 GewO um eine zukünftige Leistung iSd § 259 ZPO, da dieser zwar mit dem Vergütungsanspruch entsteht, jedoch erst mit der Zahlung fällig wird. Zur Klagebegründung gehört demnach auch, weshalb die Besorgnis der Nichterfüllung des Abrechnungsanspruchs durch die Arbeitgeberin besteht.[429] Dann ist wie folgt zu beantragen:

> **1. Die Beklagte wird verurteilt, an den Kläger <genaue Bezeichnung des Anspruchs nach Gegenstand und Zeitraum, zB als (Rest-)Gehalt für März 2023> <Betrag> EUR brutto zu zahlen.**
> **2. Die Beklagte wird verurteilt, dem Kläger bei jeder auf die vorgenannte Schuld erfolgenden Zahlung eine Abrechnung zu erteilen.**

9 Die Bezeichnung des Anspruchs nach Gegenstand und Zeitraum gehört streng genommen nicht in den Antrag, sondern in die Klagebegründung. Insbesondere bei Versäumnisurteilen ist sie zur Bestimmung des Streitgegenstands jedoch hilfreich. Verlangt der Arbeitnehmer **Zinsen** auf die Vergütungsansprüche, sind diese nicht von der Abrechnungsverpflichtung erfasst, weil es sich dabei nicht um Arbeitsentgelt, sondern um Kapitaleinkünfte handelt.[430] Im Antrag kann man das zum Ausdruck bringen, indem man das Wort „Schuld" durch den Begriff „Hauptforderung" ersetzt.

10 Aus Kostengesichtspunkten kann es sich empfehlen, den Abrechnungsanspruch als unechten Hilfsantrag zu stellen:

> **1. Die Beklagte wird verurteilt, an den Kläger <genaue Bezeichnung des Anspruchs nach Gegenstand und Zeitraum, zB als (Rest-)Gehalt für März 2023> <Betrag> EUR brutto zu zahlen.**
> **2. Für den Fall des auch nur teilweisen Obsiegens mit dem vorgenannten Antrag wird die Beklagte verurteilt, dem Kläger bei jeder auf die vorgenannte Schuld erfolgenden Zahlung eine Abrechnung zu erteilen.**

11 Fehlerhaft wäre hingegen, obigen Antrag zu 2. wie folgt zu fassen:

> *2. Die Beklagte wird verurteilt, nach Zahlung des aus Ziffer 1 ergebenden Nettobetrages eine korrigierte Abrechnung für den Monat März 2023 zu erteilen.*

Eine zuvor von der Arbeitgeberin erteilte Abrechnung über eine gezahlte, nach Ansicht des Arbeitnehmers jedoch zu niedrige Vergütung ist nicht falsch, wenn sie über die Zusammensetzung des gezahlten Betrages im Sinne des § 108 GewO korrekt informiert. Sie ist daher nicht zu korrigieren. Vielmehr schuldet die Arbeitgeberin die Abrechnung nur über den **nachgezahlten Betrag.**[431] Im Wege der Auslegung und unter Beachtung der richterlichen Hinweispflicht nach § 139 ZPO wird zu klären sein, ob der Arbeitnehmer eine Korrektur im Wortsinn oder doch nur die Abrechnung über den nachgezahlten Betrag verlangt.

---

428 Vgl. nur BAG 12.10.2022 – 10 AZR 496/21, NZA 2023, 184 Rn. 45 f.; BAG 25.1.2023 – 10 AZR 109/22, NZA 2023, 629 Rn. 41 f.
429 Insoweit zutreffend BAG 9.12.2015 – 10 AZR 731/14, AP TVG § 1 Tarifverträge: Luftfahrt Nr. 35 Rn. 42.
430 LAG Berlin-Brandenburg 6.10.2011 – 6 Sa 932/11, BeckRS 2011, 77522.
431 BAG 9.6.2010 – 5 AZR 122/09, juris Rn. 28 = BeckRS 2010, 73884.

4. Sonstige Abrechnungsansprüche

Da die Arbeitgeberin nur über Zahlungen abzurechnen hat, ist ein Antrag wie 12

> *Die Beklagte wird verurteilt, dem Kläger eine Abrechnung für Juli 2014/über die ihm zustehenden sechs Urlaubstage/57 Überstunden/Schichtzulagen für März 2014 zu erteilen und den sich ergebenden Nettobetrag auszuzahlen.*

fehlerhaft.[432] Auf eine solche → *Auskunft* besteht nur ausnahmsweise ein Anspruch.[433] IdR wird sich der Kläger der Mühe unterziehen müssen, seine Ansprüche selbst zu berechnen und dann eine → *Zahlungsklage* zu erheben.

Steht dem Arbeitnehmer **ausnahmsweise** aufgrund einer besonderen Rechtsgrund- 13
lage (zB Tarifvertrag, gerichtlicher Vergleich, § 242 BGB[434]) ein über § 108 GewO hinausgehender Anspruch zu, eine Abrechnung für eine **noch nicht geleistete** Zahlung zu erhalten, lautet der Antrag:

> **Die Beklagte wird verurteilt, dem Kläger über <Bezeichnung des Anspruchs, zB: seinen Vergütungsanspruch für März 2023> eine Abrechnung zu erteilen.**

Zum möglichen Antrag nach § 61 Abs. 2 ArbGG, die Arbeitgeberin für den Fall, dass 14
die Handlung nicht binnen einer bestimmten Frist vorgenommen ist, zur Zahlung einer vom Gericht nach freiem Ermessen festzusetzenden Entschädigung verurteilen zu lassen → *Entschädigung.*

5. Zwangsvollstreckung

Aus dem Inhalt des Abrechnungsanspruchs als Wissenserklärung folgt, dass es sich 15
vollstreckungsrechtlich um eine **unvertretbare Handlung** handelt, also nach § 888 ZPO, nicht nach § 887 ZPO zu vollstrecken ist.[435] Die gegenteilige Ansicht[436] berücksichtigt nicht hinreichend den dargestellten Inhalt des § 108 GewO. Zwar kann jeder Steuerberater einen Bruttobetrag korrekt abrechnen. Nur die Arbeitgeberin selbst kann jedoch die Tilgungsbestimmung bezogen auf eine konkrete Zahlung treffen und nur sie weiß, welche Abzüge tatsächlich vorgenommen worden sind; es müssen ja nicht die korrekten sein. Der Arbeitnehmer soll gerade die Handlungen der Arbeitgeberin nachvollziehen und darauf kontrollieren können, ob sie der Rechtslage entsprechen.

Ist die Zahlung noch nicht erbracht, handelt es sich bezogen auf die Abrechnung um 16
eine **bedingte Leistung** iSd § 726 ZPO. Weil für Geldforderungen und unvertretbare Handlungen unterschiedliche Vollstreckungsorgane zuständig sind, kommt es zu einem Nacheinander in der Vollstreckung. Der für die Vollstreckung des Abrechnungsanspruchs nach § 726 ZPO zu führende Beweis der Zahlung wird in der Praxis nicht zu Problemen führen, da der Schuldner die Tatsache der Zahlung gerne zugestehen wird.

Weitere Einzelheiten zur Vollstreckung → *E. II. 2. b*).

432 LAG Rheinland-Pfalz 13.11.2012 – 3 Sa 175/12, BeckRS 2012, 214949.
433 BAG 9.11.1999 – 9 AZR 771/98, NZA 2000, 1335.
434 BAG 12.7.2006 – 5 AZR 646/05, NZA 2006, 1294 Rn. 15; BGH 19.12.2012 – VII ZB 50/11, NJW 2013, 539.
435 BAG 7.9.2009 – 3 AZB 19/09, DB 2009, 2719.
436 ZB LAG Hessen 22.10.2008 – 12 Ta 325/08, JurBüro 2009, 212; GMP/Germelmann § 62 Rn. 62.

Abschlagszahlung/Vorschuss

Abschlagszahlungen und Vorschüsse sind unter → *Vorschuss/Abschlagszahlung* besprochen.

Abzug vom Lohn

1 Es sind verschiedene Konstellationen denkbar, in denen sich der Arbeitnehmer dagegen wehren will, dass die Arbeitgeberin seine Vergütung nicht vollständig ausgezahlt hat. Beruft diese sich darauf, Gegenansprüche zu haben und hat eine „Verrechnung" vorgenommen, handelt es sich um eine → *Aufrechnung*. Meint sie hingegen, aus anderen Gründen weniger zahlen zu müssen, gelten die Ausführungen unter → *Zahlung* und → *Vergütung* ohne Einschränkung.

2 Für den Anspruch des Arbeitgebers auf den vom Arbeitnehmer zu tragenden Teil des Gesamtsozialversicherungsbeitrags (§ 28g S 1 SGB IV) gilt, dass dieser nach § 28g S. 2 und 3 SGB IV nur durch Abzug vom Arbeitsentgelt geltend gemacht werden kann.[437]

Änderungskündigung

Übersicht

	Rn.
1. Vorbehaltlose Annahme	3
2. Ablehnung des Angebots	4, 5
3. Annahme unter Vorbehalt	6–14
4. Außerordentliche Änderungskündigung	15
5. Hinweise für die Beratung	16
6. Änderungskündigung außerhalb des Kündigungsschutzgesetzes	17

1 Unter einer Änderungskündigung versteht man den Ausspruch einer Kündigung verbunden mit dem Angebot, das Arbeitsverhältnis zu geänderten Bedingungen fortzusetzen, vgl. § 2 KSchG. Sollen nur einzelne Arbeitsbedingungen, nicht hingegen das gesamte Arbeitsverhältnis gekündigt werden, spricht man von einer → *Teilkündigung*. Es ist daher die Erklärung der Arbeitgeberin zunächst daraufhin zu untersuchen, ob sie eine Kündigungserklärung enthält, oder ob die Arbeitgeberin lediglich von ihrem Direktionsrecht (→ *Direktionsrecht*) Gebrauch macht. Wegen der im Fall einer Änderungskündigung nach § 4 KSchG geltenden Klagefrist sollte bei unklarer Lage im Zweifel eine Kündigung angenommen werden. Beruft sich die Arbeitgeberin in erster Linie darauf, die Änderung der Arbeitsbedingungen durch Ausübung des Direktionsrechts bereits erreicht zu haben, wird sie in der Regel die Änderungskündigung nur bedingt – für den Fall, dass die Direktionsrechtsausübung unwirksam ist – erklären. Die Arbeitgeberin kann die Änderungskündigung auch vorsorglich im Sinne von bedingt nur für den Fall aussprechen, dass ihre Rechtsauffassung, sie könne die beabsichtigte Änderung auch ohne Kündigung herbeiführen, in einem Rechtsstreit von den Arbeitsgerichten nicht geteilt werden sollte.[438] Beruft sich die Arbeitgeberin auf die Ausübung des Direktionsrechts und erklärt hilfsweise eine Änderungskündigung, so sollte der Arbeitnehmer Ersteres mit einem Hauptantrag (→ *Direktionsrecht*) und Letzteres mit einem wie nachfolgend dargestellt gebil-

437 LAG Rheinland-Pfalz 10.6.2020 – 2 Sa 240/19, BeckRS 2020, 27527.
438 BAG 17.12.2015 – 2 AZR 304/15, NZA 2016, 568.

deten unechten Hilfsantrag („für den Fall des Obsiegens") angreifen.[439] Gleiches gilt, wenn die Arbeitgeberin in einem solchen Fall die Änderungskündigung nicht hilfsweise, sondern unbedingt ausspricht. Greift er nämlich die Änderungskündigung ebenfalls mit einem unbedingten Antrag an, droht ihm nach der zwar in der Literatur höchst umstrittenen[440] aber immer noch wohl nicht gänzlich aufgegebenen Rechtsprechung des Bundesarbeitsgerichts[441] (Stichwort: **überflüssige Änderungskündigung**) ansonsten ohne weiteres die Abweisung dieses Antrags, wenn das Gericht zur Überzeugung kommt, die Änderung per Direktionsrecht sei zulässig. Besondere Vorsicht ist geboten, wenn zweifelhaft ist, ob es sich bei der Kündigung überhaupt um eine echte Änderungskündigung handelt. Dies ist zB nicht der Fall, wenn die kündigende Arbeitgeberin die Fortsetzung des Arbeitsverhältnisses bei einem anderen Arbeitgeber anbietet; stellt der Arbeitnehmer dann nur den Änderungsschutzantrag und nimmt innerhalb der ersten Instanz auch keine Umstellung auf einen Kündigungsschutzantrag vor, verliert er den Rechtsstreit und sein Arbeitsverhältnis.[442] Jedenfalls hilfsweise sollte in Zweifelsfällen zusätzlich ein Kündigungsschutzantrag (→ *Kündigung*) gestellt werden.

Unterfällt das Arbeitsverhältnis dem **Kündigungsschutzgesetz** (anderenfalls siehe unter → Rn. 14), hat der Arbeitnehmer verschiedene Reaktionsmöglichkeiten: 2

1. Vorbehaltlose Annahme

Nimmt er das Änderungsangebot **vorbehaltlos an,** verliert die Änderungskündigung ihre Beendigungswirkung und die Parteien setzen das Arbeitsverhältnis zu den von der Arbeitgeberin angebotenen geänderten Bedingungen fort. In diesem Fall besteht in der Regel kein Anlass für einen Rechtsstreit. Allenfalls ist denkbar, dass die **Rechtzeitigkeit der Annahmeerklärung** zweifelhaft ist. Die vorbehaltlose Annahme des Änderungsangebots braucht nicht notwendig innerhalb der Frist des § 2 S. 2 KSchG erklärt zu werden. Die Annahmefrist ergibt sich vielmehr nach §§ 146ff. BGB aus dem Angebot der Arbeitgeberin.[443] Die Arbeitgeberin kann dem Arbeitnehmer nach § 148 BGB eine Frist zur vorbehaltlosen Annahme des Änderungsangebots setzen mit der Folge, dass nach deren fruchtlosem Ablauf das Angebot erlischt.[444] Jedoch darf die Arbeitgeberin für die vorbehaltlose Annahme des Änderungsangebots keine kürzere Frist als die nach § 2 S. 2 KSchG setzen.[445] Allerdings führt eine zu kurze Bestimmung der Annahmefrist durch die Arbeitgeberin im Änderungsangebot nicht zur Unwirksamkeit der Kündigung. Sie setzt vielmehr die gesetzliche Annahmefrist des § 2 S. 2 KSchG in Lauf.[446] Bestreitet die Arbeitgeberin die Rechtzeitigkeit der Annahme, besteht der Streit der Parteien darin, ob infolge der Änderungskündigung ein Änderungsvertrag zustande gekommen ist. Der Arbeitnehmer macht dann nicht die Unwirksamkeit der Kündigung geltend. Er vertritt vielmehr die Position, das Ar- 3

439 Vgl. BAG 17.12.2015 – 2 AZR 304/15, NZA 2016, 568.
440 Niemann RdA 2016, 339; Preis NZA 2015, 1; NK-GA/Nübold KSchG § 2 Rn. 70ff.
441 BAG 24.8.2004 – 1 AZR 419/03, AP KSchG 1969 § 2 Nr. 77 = NZA 2005, 51; BAG 26.8.2008 – 1 AZR 353/07, DB 2009, 461 = NZA-RR 2009, 300; BAG 29.9.2011 – 2 AZR 523/10, NZA 2012, 628; 29.9.2011 – 2 AZR 523/10, NZA 2012, 628; BAG 23.2.2012 – 2 AZR 44/11, DB 2012, 2104; BAG 28.8.2013 – 10 AZR 569/12, NZA-RR 2014, 181 = DB 2014, 123; siehe jetzt aber BAG 22.10.2015 – 2 AZR 124/14, NZA 2016, 225.
442 LAG Baden-Württemberg 27.6.2018 – 19 Sa 34/17, BeckRS 2018, 24332.
443 BAG 6.2.2003 – 2 AZR 674/01, AP KSchG 1969 § 2 Nr. 71 = NZA 2003, 659.
444 BAG 6.2.2003 – 2 AZR 674/01, AP KSchG 1969 § 2 Nr. 71 = NZA 2003, 659; BAG 1.2.2007 – 2 AZR 44/06, AP KSchG 1969 § 2 Nr. 132 = NZA 2007, 925.
445 BAG 18.5.2006 – 2 AZR 230/05, AP KSchG 1969 § 2 Nr. 83 = NZA 2006, 1092; LAG Köln 21.6.2002 – 11 Sa 1418/01, LAGE KSchG § 2 Nr. 42 = NZA-RR 2003, 247; KR/Kreft KSchG § 2 Rn. 135.
446 BAG 18.5.2006 – 2 AZR 230/05, AP KSchG 1969 § 2 Nr. 83 = NZA 2006, 1092.

beitsverhältnis werde aufgrund Vertragsschlusses fortgesetzt. Deshalb hat er keine Kündigungsschutzklage zu erheben, sondern muss den Fortbestand des Arbeitsverhältnisses zu den geänderten Bedingungen feststellen lassen:

> **Es wird festgestellt, dass das Arbeitsverhältnis der Parteien ab dem <Datum> (Tag nach dem Termin, zu dem die Kündigung erklärt wurde) zu den im <der Klageschrift beizufügenden> Kündigungsschreiben der Beklagten vom <Datum> genannten Bedingungen fortbesteht.**

2. Ablehnung des Angebots

4 Erklärt der Arbeitnehmer **nicht die Annahme** des Angebots oder lehnt er es ausdrücklich ab, so erlischt dieses und die Änderungskündigung hat die Wirkung einer **normalen Beendigungskündigung.** Wegen der dann geltenden Rechtslage kann auf das Stichwort → *Kündigung* verwiesen werden. Der richtige Antrag lautet:

> **Es wird festgestellt, dass das Arbeitsverhältnis der Parteien durch die Kündigung der Beklagten vom <Datum> nicht aufgelöst ist.**

5 Da das ursprünglich mit der Kündigung verbundene Änderungsangebot wirkungslos geblieben ist, sind Anträge wie

> *Es wird festgestellt, dass die Änderungen der Arbeitsbedingungen durch die Änderungskündigung vom <Datum> unwirksam sind und das Arbeitsverhältnis durch die Änderungskündigung nicht beendet ist.*[447]
>
> *Oder:*
>
> *Es wird festgestellt, dass die Änderung sozial ungerechtfertigt und das Arbeitsverhältnis nicht aufgelöst ist.*[448]

nicht zu empfehlen.

3. Annahme unter Vorbehalt

6 Nach § 2 KSchG kann der Arbeitnehmer als dritte Möglichkeit auch die **Annahme des Angebots unter dem Vorbehalt** erklären, dass die Kündigung nicht sozial ungerechtfertigt ist. Der Arbeitnehmer muss den Vorbehalt nach § 2 S. 2 KSchG „innerhalb der Kündigungsfrist, spätestens jedoch innerhalb von drei Wochen nach Zugang der Kündigung erklären.“ Auch wenn nach der neueren Rechtsprechung des Bundesarbeitsgerichts[449] viel dafür spricht, dass die Regelung des § 167 ZPO auf die Vorbehaltserklärung anwendbar ist, sollte diese vorsorglich innerhalb der genannten Frist der Arbeitgeberin unmittelbar zugestellt werden, um Streitigkeiten zu vermeiden. Nach Abgabe der Vorbehaltserklärung kann der Arbeitnehmer eine echte **„Änderungsschutzklage“** erheben. Dieser Rechtsstreit wird nur noch darüber geführt, ob die Änderung der Arbeitsbedingungen durch die Änderungskündigung wirksam ist. Die Änderungskündigung hat ihre mögliche Beendigungswirkung verloren. Unterliegt der Arbeitnehmer im Prozess, wird das Arbeitsverhältnis zu den angebotenen Bedingungen fortgesetzt. Gewinnt er, besteht es zu den alten Bedingungen weiter.

447 LAG Mecklenburg-Vorpommern 20.7.2006 – 1 Sa 97/06, juris.
448 So ArbG Siegburg 8.11.2006 – 3 Ca 2130/06, juris.
449 BAG 22.5.2014 – 8 AZR 662/13, NZA 2014, 924.

Nach der Formulierung in § 4 S. 2 KSchG soll der Klageantrag dahingehend lauten festzustellen, dass die Änderung der Arbeitsbedingungen sozial ungerechtfertigt oder aus anderen Gründen rechtsunwirksam ist.[450] Bei dieser Formulierung hat der Gesetzgeber allerdings einerseits außer Acht gelassen, dass die Begründung des Klagebegehrens nicht in den Tenor eines Urteils und damit auch nicht in den Antrag gehört. Die Wendung „sozial ungerechtfertigt oder aus anderen Gründen" ist daher überflüssig. Dass er die Kündigung für sozial ungerechtfertigt hält, muss der Arbeitnehmer wegen § 6 KSchG ohnehin dadurch deutlich machen, dass er sich in der Klagebegründung auf das Kündigungsschutzgesetz beruft. Mit der bloßen Rüge im Antrag wäre bei einer betriebsbedingten Kündigung womöglich nicht deutlich, ob sich diese auf § 1 Abs. 2 und/oder § 1 Abs. 3 KSchG bezieht. Andererseits wird bei der Formulierung in § 4 S. 2 KSchG die Änderungskündigung selbst gar nicht erwähnt. Aus Gründen der Bestimmtheit ist diese jedoch in den Antrag aufzunehmen. Es empfiehlt sich für die **Änderungsschutzklage** also folgender Antrag

> **Es wird festgestellt, dass die Änderung der Arbeitsbedingungen im Zusammenhang mit der Änderungskündigung der Beklagten vom <Datum> rechtsunwirksam ist.**

Das Bundesarbeitsgericht[451] hat allerdings einen entsprechend der gesetzlichen For- 7
mulierung gestellten Antrag dahingehend ausgeurteilt, dass „die Änderung der Arbeitsbedingungen … gemäß der Kündigung vom …" sozial ungerechtfertigt sei und in den Gründen ausgeführt, angesichts dessen bedürfe es keiner Entscheidung, ob die Änderung der Arbeitsbedingungen des Klägers aus anderen Gründen sozial ungerechtfertigt oder unwirksam sei.

In einer weiteren Entscheidung[452] hat das BAG den kreativen Antrag 8

> *Es wird festgestellt, dass die Änderungen der Arbeitsbedingungen durch die Änderungskündigung vom <Datum> weder sozial gerechtfertigt noch aus anderen Gründen rechtswirksam sind.*

in gleicher Weise wie vorstehend beschrieben behandelt.

Eine dogmatische Erläuterung dieses Vorgehens lässt sich den Entscheidungen nicht 9
entnehmen. Selbstverständlich ist das Gericht bei einer Kündigung grundsätzlich frei darin, auf welchen der geltend gemachten Unwirksamkeitsgründe es eine stattgebende Entscheidung stützt. Dass dieser Grund in den Tenor aufgenommen wird, erscheint allerdings erläuterungsbedürftig.

Ein Antrag wie[453] 10

> *Es wird festgestellt, dass die Änderung der Arbeitsbedingungen gemäß den Änderungskündigungen vom <Datum> sozial ungerechtfertigt ist.*

birgt die Gefahr, dass das Gericht die Klage dahingehend auslegt, andere Unwirksamkeitsgründe seien nicht gerügt und sollte daher vermieden werden.

450 So zu finden zB bei LAG Mecklenburg-Vorpommern 12.12.2007 – 2 Sa 156/07, BeckRS 2007, 147622.
451 BAG 22.10.2015 – 2 AZR 550/14, NZA-RR 2016, 243 = DB 2016, 1141.
452 BAG 22.10.2015 – 2 AZR 550/14, NZA-RR 2016, 243.
453 BAG 2.3.2017 – 2 AZR 546/16, NZA 2017, 905.

11 Hat der Arbeitnehmer die Vorbehaltsannahme erklärt, kommt weder ein Antrag auf Weiterbeschäftigung zu den alten Bedingungen bis zum rechtskräftigen Abschluss des Änderungsschutzprozesses[454] noch ein Antrag auf → *Auflösung* des Arbeitsverhältnisses nach §§ 9, 10 KSchG[455] in Betracht.

12 Fehlerhaft wäre der § 2 KSchG nachgebildete Antrag

> *Es wird festgestellt, dass die Änderungskündigung der Beklagten vom <Datum> sozial ungerechtfertigt ist.*

da für die Fassung des Antrags bei einer unter Vorbehalt angenommenen Änderungskündigung nicht § 2 KSchG, sondern § 4 S. 2 KSchG maßgeblich ist.[456]

13 Da Feststellungsklagen nur über das Bestehen oder Nichtbestehen von Rechtsverhältnissen zulässig sind, ist der Antrag

> *Es wird festgestellt, dass die Änderungskündigung der Beklagten vom <Datum> unwirksam ist.*[457]

ebenfalls fehlerhaft. Die Frage der Wirksamkeit einer Gestaltungserklärung stellt kein Rechtsverhältnis dar.

14 Bestreitet die Arbeitgeberin, dass die Vorbehaltsannahme (rechtzeitig) erklärt wurde, sollte der Arbeitnehmer gleichwohl (in der Dreiwochenfrist des § 4 KSchG!) **Änderungsschutzklage** nach § 4 S. 2 KSchG und **hilfsweise** – für den Fall des Unterliegens wegen nicht rechtzeitiger Annahme des Änderungsangebots unter Vorbehalt – **Kündigungsschutzklage** (zum Antrag siehe → *Kündigung*) nach § 4 S. 1 KSchG erheben. Die hilfsweise Kündigungsschutzklage kann nach hM entsprechend § 6 KSchG bis zum Schluss der mündlichen Verhandlung 1. Instanz erhoben werden, sofern die Änderungsschutzklage rechtzeitig erhoben wurde.[458] Im umgekehrten Fall, also wenn die Arbeitgeberin sich darauf beruft, der Arbeitnehmer habe das Änderungsangebot unter Vorbehalt angenommen, der Arbeitnehmer dies jedoch in Abrede stellt, empfiehlt sich für ihn, im Hauptantrag eine Kündigungsschutzklage (→ *Kündigung*) und als Hilfsantrag eine Änderungsschutzklage nach obigem Muster zu formulieren. Ein fehlerhaft als Kündigungsschutzantrag gestellter Antrag kann auch noch nach Ablauf der Klagefrist des § 4 KSchG in einen Änderungsschutzantrag umformuliert werden.[459]

1. Außerordentliche Änderungskündigung

15 Eine Änderungskündigung ist auch in Form einer **außerordentlichen Kündigung** möglich. Gegenüber dem oben vorgeschlagenen Antrag ergeben sich **keine Abweichungen.** Bei der außerordentlichen Änderungskündigung ist es in jedem Fall fehlerhaft, die nur bei ordentlichen Kündigungen zu prüfende soziale Rechtfertigung (mit) in den Antrag aufzunehmen, also zu beantragen

454 BAG 18.1.1990 – 2 AZR 183/89, NZA 1990, 734; BAG 19.12.1991 – 2 AZR 280/91, RzK I 10i Nr. 38; Thüringer LAG 18.12.1996 – 7 Ta 43/96, LAGE KSchG § 2 Nr. 21.
455 BAG 24.10.2013 – 2 AZR 320/13, NZA 2014, 486.
456 Zumindest missverständlich ArbG Krefeld 21.2.2008 – 1 Ca 950/07, BeckRS 2008, 52905 unter Rn. 19.
457 So zB LAG Schleswig-Holstein 11.12.2007 – 5 Sa 386/07, NZA-RR 208, 408.
458 BAG 17.5.2001 – 2 AZR 460/00, EzA BGB § 620 Kündigung Nr. 3; KR/Kreft § 2 KSchG Rn. 262.
459 BAG 21.5.2019 – 2 AZR 26/19, NZA 2019, 1143.

> *Es wird festgestellt, dass die dem Kläger mit außerordentlicher Änderungskündigung der Beklagten vom <Datum> angebotene Änderung der Arbeitsbedingungen nicht sozial gerechtfertigt ist.*[460]

5. Hinweise für die Beratung

16 Die **Entscheidung** darüber, **welche Variante** der Arbeitnehmer wählt, wenn er mit den angebotenen Bedingungen nicht einverstanden ist, ist häufig schwierig zu treffen. Nimmt er das Angebot nicht – auch nicht unter Vorbehalt – an, riskiert er den Bestand des Arbeitsverhältnisses. Erklärt er die Annahme unter Vorbehalt, muss er während des Rechtsstreits nach Ablauf der Kündigungsfrist bis zu einem rechtskräftigen Obsiegen zunächst zu den geänderten Bedingungen tätig werden.[461]

6. Änderungskündigung außerhalb des Kündigungsschutzgesetzes

17 Kommt es **außerhalb des Geltungsbereichs des Kündigungsschutzgesetzes** zum Ausspruch einer Änderungskündigung, sind die oben geschilderten Grundsätze nicht ohne weiteres anzuwenden. Insbesondere hat der Arbeitnehmer nach dem Gesetzeswortlaut dann nicht das allein aus § 2 KSchG folgende Recht, eine Annahme unter Vorbehalt der Wirksamkeit der Kündigung zu erklären. Eine gleichwohl erklärte Vorbehaltsannahme wäre demnach gemäß § 150 Abs. 2 BGB zu behandeln, gälte also als Ablehnung des Änderungsangebots verbunden mit einem eigenen Angebot. Auf dieses könnte die Arbeitgeberin sich einlassen, müsste es aber nicht. Dem Arbeitnehmer bliebe danach nur die Alternative, den Änderungsvertrag ohne Vorbehalt anzunehmen oder gegen die Kündigung Klage zu erheben (→ *Kündigung*). Allerdings wird unter Hinweis auf Wertungswidersprüche im Fall der außerordentlichen Kündigung sowie die Ungenauigkeiten des Gesetzgebers bei der Neufassung des Kündigungsschutzgesetzes vertreten, § 2 KSchG sei jedenfalls entsprechend anwendbar.[462] Dann könnte auch hier der Antrag so formuliert werden wie oben bei der echten Änderungsschutzklage empfohlen.

Akkord

Akkordlohn ist eine Form des Leistungslohns. Bei der Berechnung der Vergütung wird zwischen Geld- und Zeitakkord unterschieden.[463] Für die Antragstellung gelten die gleichen Grundsätze wie bei sonstigen Vergütungsansprüchen (→ *Vergütung*). Es ist also grundsätzlich ein bezifferter Leistungsantrag zu stellen, wenn der Arbeitnehmer seine Forderung selbst berechnen kann. Ist dies nicht der Fall, so muss er im Rahmen einer → *Stufenklage* (→ A. I. Rn. 37) zunächst → *Auskunft* verlangen, um seinen Vergütungsanspruch und damit den Zahlungsantrag anschließend beziffern zu können. Streiten sich die Parteien hingegen grundlegend um die Höhe von Berechnungsfaktoren, so kommt auch eine Feststellungsklage in Betracht (vgl. → *Inhalt des Arbeitsverhältnisses*).

460 So zu finden in LAG Berlin/Brandenburg 9.8.2007 – 18 Sa 753/07, BeckRS 2008, 54766.
461 BAG 18.1.1990 – 2 AZR 183/89, AP KSchG 1969 § 2 Nr. 27 = NZA 1990, 734; BAG 19.12.1991 – 2 AZR 280/91, RzK I 10i Nr. 38; KR/Kreft KSchG § 2 Rn. 249; zur außerordentlichen fristlosen Änderungskündigung BAG 27.3.1987 – 7 AZR 790/85, AP KSchG 1969 § 2 Nr. 20 = NZA 1988, 737.
462 KR/Kreft KSchG § 2 Rn. 7 ff.; HK-KSchR/Gallner KSchG § 4 Rn. 66; APS/Künzl KSchG § 2 Rn. 351.
463 Dazu MAH ArbR/Hexel § 20 Rn. 30 ff.

Aktien(optionen)[464]

1 Aktienoptionen räumen dem Inhaber der Option nach Maßgabe der Optionsbedingungen das Recht ein, von dem die Option gewährenden Unternehmen Aktien zu einem bestimmten Kurs zu erwerben. Wird dem Arbeitnehmer im Zusammenhang mit dem Arbeitsverhältnis die Teilnahme an einem Aktienoptionsplan versprochen, ist zunächst die Frage zu beantworten, **wer hieraus verpflichtet** wird. In Betracht kommen insbesondere die Vertragsarbeitgeberin sowie – wenn es um Aktien eines anderen Unternehmens (meist die Konzernmuttergesellschaft) geht – die emittierende Aktiengesellschaft.[465] Im erstgenannten Fall kann die Arbeitgeberin die Aktienoption nur selbst einräumen, wenn es sich um solche des eigenen Unternehmens handelt. Im anderen Fall hat sie jedoch die Erfüllbarkeit der eingegangenen Verpflichtung sicherzustellen. Dann kann beantragt werden:[466]

> **Die Beklagte wird verurteilt, dem Kläger das Recht zum Bezug von <Anzahl> Aktien der <Bezeichnung der Aktiengesellschaft> zum Basispreis von <Betrag> zu übertragen.**

Schwierig wird es für den Arbeitnehmer, wenn sich nicht seine Vertragsarbeitgeberin, sondern ausschließlich ein anderes Unternehmen verpflichtet hat. Hat dieses seinen Sitz im Ausland, stellt sich die Frage der internationalen Gerichtsbarkeit[467]

2 Verlangt der Arbeitnehmer lediglich die Gewährung von **Aktienoptionen** seiner Arbeitgeberin so lautet der Antrag:

> **Die Beklagte wird verurteilt, dem Kläger das Recht zum Bezug von <Anzahl> Aktien zum Basispreis von <Betrag> zu gewähren.**

3 Wird das Bezugsrecht vertragswidrig vereitelt, kommen vor allem Schadensersatzansprüche in Geld in Betracht (→ *Zahlung*).

Macht der Arbeitnehmer die Zahlung eines Ausübungsgewinns geltend, handelt es sich um eine Klage auf → *Vergütung*.[468]

Handelt es sich lediglich um **fiktive**[469] **oder „virtuelle" Aktien** („Phantom Stocks"[470]) dürften im Wege der Leistungsklage ausschließlich Ansprüche auf → *Zahlung* in Betracht kommen. Eine Verpflichtung zur Zuteilung lediglich fiktiver Aktien dürfte nicht vollstreckbar sein.[471] Sofern der Arbeitnehmer noch keine Auszahlung verlangen kann, dürfte sich eine Feststellungsklage empfehlen.

4 In der Praxis wesentlich seltener sind Ansprüche auf Übertragung von Aktien anstelle der bloßen Option zum Erwerb. Bei einem entsprechenden Streit kann beantragt werden:[472]

---

464 Eine instruktive Darstellung der prozessualen und materiellen Probleme findet sich bei Häferer/Burger NZA 2020, 143.
465 BAG 28.5.2008 – 10 AZR 351/07, NZA 2008, 1066.
466 BAG 16.1.2008 – 7 AZR 887/06, NZA 2008, 836 Rn. 12.
467 ArbG Villingen-Schwenningen 12.10.2022 – 8 Ca 339/21, BeckRS 2022, 34436.
468 BAG 21.10.2009 – 10 AZR 664/08, NZA-RR 2010, 289.
469 LAG Berlin-Brandenburg 16.5.2008 – 9 Sa 2577/07, BeckRS 2009, 74689.
470 LAG München 21.6.2007 – 2 Sa 1351/06, BeckRS 2009, 61625.
471 Ohne Begründung aA LAG Baden-Württemberg 22.10.2021 – 7 Sa 26/21, BeckRS 2021, 54408.
472 Vgl. LAG Hamburg 11.3.2014 – 5 Ta 5/14, ZIP 2014, 1696.

Die Beklagte wird verurteilt, auf das Aktiendepot des Klägers <Bezeichnung> eine Stückzahl von <Anzahl> <Bezeichnung> Aktien zu übertragen.

Bei **Inhaberaktien** erfolgt die Eigentumsübertragung grundsätzlich nach § 929 BGB, 5
während bei Namensaktien zur Wirksamkeit des Übertragungsvorganges noch zusätzlich das Indossament oder die Abtretung des verbrieften Rechtes erforderlich ist.[473] Ohne die Frage der Bestimmtheit zu problematisieren, hat das BAG in derselben Konstellation, also der Verpflichtung der Verschaffung fremder Aktien, auch den folgenden – m.E. auslegungsbedürftigen – Antrag als hinreichend bestimmt angesehen:

Die Beklagte wird verurteilt, an den Kläger 4.900.000 Stück Namensaktien <Bezeichnung der Aktiengesellschaft> im Nennbetrag von <Betrag> zu übereignen sowie zu übertragen und zu übergeben.

Die Zwangsvollstreckung aus einem entsprechenden Titel erfolgt nach § 884 ZPO.[474] 6

Allgemeiner Feststellungsantrag

Übersicht

	Rn.
1. „Schleppnetzantrag“	1–9
2. Sonstige Varianten des allgemeinen Feststellungsantrags	10–13
3. Rechtskraftwirkungen	14–16

1. „Schleppnetzantrag“

Für die Überprüfung von schriftlichen Kündigungen (→ *Kündigung*) und Be- 1
fristungen (→ *Befristung*) sind spezielle Klageanträge vorgeschrieben. Der Streitgegenstand derartiger Klagen beschränkt sich dann grundsätzlich auf die angegriffene Kündigung bzw. Befristung.[475] Spricht die Arbeitgeberin weitere Kündigungen aus (oder beruft sich auf andere, etwa im Verlauf des Rechtsstreits vereinbarte Befristungen), sind diese nicht automatisch mit angegriffen. Wegen der Klagefrist des § 4 KSchG (bzw. § 17 S. 1 TzBfG) droht dann ein **Rechtsverlust,** etwa weil der Arbeitnehmer fehlerhaft meint, das Gericht prüfe ohne weiteres auch die weitere Kündigung, oder weil diese – in Form einer Schriftsatzkündigung ausgesprochen – übersehen wird.

Aus diesem Grund hat die Praxis mit Billigung des Bundesarbeitsgerichts die so ge- 2
nannte allgemeine Feststellungsklage entwickelt. Sie wird meist in Kombination mit dem punktuellen Antrag gestellt und bildet nach der Rechtsprechung dann ein **„Schleppnetz“**, in dem sich spätere Beendigungsgründe verfangen. Bei einem solchen allgemeinen Feststellungsantrag ist nach Auffassung des Bundesarbeitsgerichts Streitgegenstand die Frage, ob das Arbeitsverhältnis bis zum Zeitpunkt der letzten

473 Staudinger/C. Heinze BGB § 929 Rn. 91.
474 LAG Hamburg, 11.3.2014 – 5 Ta 5/14, ZIP 2014, 1696.
475 Sog. punktuelle Streitgegenstandstheorie; ständige Rechtsprechung des BAG 13.11.1958 – 2 AZR 573/57, DB 1959, 768.

mündlichen Verhandlung in der Tatsacheninstanz oder über einen im Antrag genannten (späteren) Zeitraum hinaus fortbesteht.[476] Alle Beendigungstatbestände, die die Arbeitgeberin in einen solchen Prozess einführt, hat das Gericht zu prüfen. Auf Beendigungstatbestände, die bis zum Schluss der mündlichen Verhandlung entstanden sind, kann die Arbeitgeberin sich nicht mehr berufen, wenn sie versäumt hat, diese vorzutragen und das Gericht dem allgemeinen Feststellungsantrag stattgegeben hat. Nach der Rechtsprechung des BAG ist der Arbeitnehmer dabei nach Kenntnis von einer weiteren Kündigung gehalten, diese nunmehr eigens in den Prozess einzuführen und unter entsprechender Einschränkung des allgemeinen Feststellungsantrags iSv § 264 Nr. 2 ZPO einen dem Wortlaut des § 4 KSchG angepassten Antrag zu stellen. Diese Modifikation kann er aufgrund der durch den allgemeinen Feststellungsantrag offengehaltenen Möglichkeit eines Angriffs jedenfalls noch bis zum Schluss der mündlichen Verhandlung erster Instanz vornehmen.[477] Die geschilderten Erwägungen gelten nach Auffassungen des Bundesarbeitsgerichts gleichermaßen für **frühere Kündigungen,** also solche, die dem Arbeitnehmer in den letzten drei Wochen vor Klageerhebung zugegangen sind.[478] Nunmehr hat das Bundesarbeitsgericht nach der Novellierung des Kündigungsschutzgesetzes durch das Arbeitsmarktreformgesetz vom 24.12.2003 (BGBl. I 3002) allerdings Zweifel geäußert, ob das „Schleppnetz" auch noch nach Schluss der mündlichen Verhandlung erster Instanz, insbesondere also für erst während des zweiten Rechtszugs erklärte Kündigungen gilt.[479] Für den **Berufungsrechtszug** ist also bis zu einer Klarstellung durch das Bundesarbeitsgericht besondere Vorsicht geboten. Wenn der Arbeitnehmer in erster Instanz obsiegt hat, kommen prozessuale Gegebenheiten hinzu. Dann hat sich nämlich sein erstinstanzlich gestellter Antrag dahingehend konkretisiert, dass das Arbeitsverhältnis bis zum Schluss der letzten mündlichen Verhandlung erster Instanz nicht beendet ist. Eine Erweiterung dieses Feststellungsbegehrens in zeitlicher Hinsicht kann er als Berufungsbeklagter nur mittels einer Anschlussberufung erreichen.[480] Vorsorglich sollte der Arbeitnehmer davon ausgehen, dass das „Schleppnetz" nur für Kündigungen wirkt, die bis zur letzten mündlichen Verhandlung erster Instanz ausgesprochen sind und spätere Beendigungsgründe mit einer neuen Klage angreifen. Allerdings hat das BAG auch die Erweiterung eines Berufungsverfahrens auf eine neue Kündigung für möglich erachtet,[481] geht dabei aber nicht auf die Fragestellung ein, wie sich das mit der Präklusionsregelung des § 6 KSchG verträgt. Mit der Einführung des elektronischen Rechtsverkehrs dürfte sich das Risiko übersehener Schriftsatzkündigungen aufgrund der fehlenden Einhaltung des Schriftformerfordernisses reduzieren. Auch hat das BAG in seiner neueren Rechtsprechung auch dem Kündigungsschutzantrag selbst eine – allerdings zeitlich auf den Beendigungstermin der angegriffenen Kündigung beschränkte – „Schleppnetzwirkung" zuerkannt.[482]

3 Wie für jeden anderen Feststellungsantrag nach § 256 ZPO hat der Arbeitnehmer vorzutragen, dass ein diesbezügliches Feststellungsinteresse besteht.[483] Hierfür dürfte zunächst ausreichen, darauf hinzuweisen, dass die Gefahr weiterer Kündigungen

476 BAG 21.1.1998 – 2 AZR 581/86, NZA 1988, 651.
477 BAG 26.9.2013 – 2 AZR 682/12, NZA 2014, 443 = DB 2014, 899.
478 BAG 26.9.2013 – 2 AZR 682/12, NZA 2014, 443 = DB 2014, 899 Rn. 29.
479 BAG 26.9.2013 – 2 AZR 682/12, NZA 2014, 443 = DB 2014, 899 Rn. 29.
480 LAG Düsseldorf 19.4.2013 – 6 Sa 1275/12, unveröffentlicht, unter A. II.2.d der Gründe.
481 BAG 14.12.2017 – 2 AZR 86/17, NZA 2018, 646; BAG 10.12.2020 – 2 AZR 308/20, NZA 2021, 293; BAG 16.12.2021 – 6 AZR 154/21, NZA 2022, 1005.
482 BAG 18.12.2014 – 2 AZR 163/14, NZA 2015, 635.
483 Vgl. nur BAG 26.9.2013 – 2 AZR 682/12, NZA 2014, 443 = DB 2014, 899 Rn. 32.

drohe. Eine **Begründung des Antrags** ist auch deshalb **ratsam,** weil das Bundesarbeitsgericht verschiedentlich in Frage gestellt hat, ob bei Unterlassen jeglicher Begründung ein **echter Antrag** vorliegt, oder ob es sich um eine **bloße Floskel** im Sinne einer Schilderung der Rechtsfolge aus der Unwirksamkeit der angegriffenen Kündigung, ein „überflüssiges unselbständiges Anhängsel ohne eigene prozessrechtliche Bedeutung“,[484] handelt.[485] Der allgemeine Feststellungsantrag sollte deshalb auch nicht bloß an den punktuellen Antrag angehängt werden (häufig geschieht dies mit der Formulierung „sondern fortbesteht“), sondern im Anschluss an den punktuellen Antrag in einem eigenen unechten (Hilfs-)[486]Antrag wie folgt gestellt werden:

> **1. Es wird festgestellt, dass das Arbeitsverhältnis zwischen den Parteien durch die Kündigung der Beklagten vom <Datum> nicht aufgelöst ist.**
>
> **Für den Fall des Obsiegens mit dem Antrag zu 1.:**
>
> **2. Es wird festgestellt, dass das Arbeitsverhältnis der Parteien auch nicht durch andere Beendigungstatbestände aufgelöst wird, sondern fortbesteht.**

Häufig findet sich auch die Formulierung 4

> *Es wird festgestellt, dass das Arbeitsverhältnis ungekündigt fortbesteht.*

Es erscheint bereits zweifelhaft, ob die Eigenschaft eines Arbeitsverhältnisses, unge- 5
kündigt zu sein, zum Gegenstand eines Feststellungsantrags gemacht werden kann. Jedenfalls hat diese – allerdings vom Bundesarbeitsgericht[487] nicht gerügte – Formulierung gegenüber der empfohlenen den Nachteil, dass sie nur Kündigungen, nicht jedoch andere Beendigungstatbestände erfasst.

Teilweise wird der Schleppnetzantrag auch so gestellt, dass das (in der Zukunft lie- 6
gende) Datum, zu dem die ausgesprochene Kündigung wirken soll, mit in den Antrag aufgenommen wird, zB

> *Es wird festgestellt, dass das Arbeitsverhältnis zwischen den Parteien über den 30. September 2014 fortbesteht.*

Diese Formulierung birgt nicht nur die Gefahr, als bloße Floskel iSe Wiedergabe der 7
Rechtsfolgen ausgelegt zu werden, die sich aus der Unwirksamkeit der Kündigung ergeben.[488] Sie stellt zudem ein nur unvollkommenes Schleppnetz dar, da sie jedenfalls nach ihrem Wortlaut Kündigungen nicht erfasst, die erst nach dem angegebenen Datum wirken sollen. Zudem hat das Bundesarbeitsgericht wie dargestellt ohnehin einer jeden Kündigungsschutzklage eine solche begrenzte Schleppnetzwirkung zuerkannt.[489]

484 BAG 24.8.2023 – 2 AZR 19/23, NZA 2023, 1603 Rn. 13.
485 BAG 27.1.1994 – 2 AZR 484/93, NZA 1994, 812; BAG 16.3.1994 – 8 AZR 97/93, NZA 1994, 860.
486 BAG 28.2.2023 – 2 AZN 22/23, NZA 2023, 719.
487 Vgl. zB BAG 26.3.2009 – 2 AZR 633/07, DB 2009, 1653.
488 Zur Abgrenzung zwischen einem echten allgemeinen Feststellungsantrag und einer bloßen Floskel BAG 15.3.2001 – 2 AZR 141/00, NZA 2001, 1267; BAG 13.3.1997 – 2 AZR 512/96, NZA 1997, 844.
489 BAG 18.12.2014 – 2 AZR 163/14, NZA 2015, 635.

Teilweise finden sich auch Formulierungen wie[490]

> *Es wird festgestellt, dass das Arbeitsverhältnis nicht durch andere Beendigungstatbestände endet, sondern zu unveränderten Bedingungen über den <Datum> hinaus fortbesteht.*

8 Für die Feststellung „unveränderter Bedingungen" dürfte ein Feststellungsinteresse jedoch kaum zu begründen sein. Selbst wenn es sich bei der im „Schleppnetz" eingefangenen Kündigung um eine Änderungskündigung handelt, fehlt es – da der Arbeitnehmer diese ja übersehen und deshalb nicht reagiert hat – an einer rechtzeitigen Annahmeerklärung, so dass nur noch die Beendigungswirkung angegriffen werden kann.

9 In der Praxis wird oftmals im Verhandlungstermin die Erklärung des Arbeitgebers zu Protokoll genommen, er berufe sich jenseits des bzw. der punktuell angegriffenen nicht auf andere Beendigungstatbestände, worauf der Arbeitnehmer den allgemeinen Feststellungsantrag zurücknimmt oder für erledigt erklärt (letzteres ist aus Kostengründen zu empfehlen, wenn im fraglichen Gerichtsbezirk dem „Schleppnetzantrag" ein eigenständiger Gebührenwert zuerkannt wird). Sind alle bis zum Schluss der mündlichen Verhandlung vorhandenen Beendigungstatbestände durch separate Anträge abgedeckt, entfällt nämlich das nach § 256 ZPO erforderliche Feststellungsinteresse.[491]

2. Sonstige Varianten des allgemeinen Feststellungsantrags

10 Der allgemeine Feststellungsantrag hat jedoch nicht nur die beschriebene Schleppnetzfunktion. Er ist auchbeim **streitigen Ausspruch** einer Kündigung des Arbeitgebers,[492] bei einer mündlichen Kündigung, bei einer **angeblichen oder in ihrer Wirksamkeit streitigen Eigenkündigung** (→ *Eigenkündigung*), einem **Aufhebungsvertrag** (→ *Aufhebungsvertrag*) oder anderen **Beendigungsgründen** (jenseits von Kündigung und Befristung) sowie dann, wenn der Arbeitnehmer den Fortbestand des Arbeitsverhältnisses nach **§ 625 BGB** reklamiert, der richtige Klageantrag. Er lautet in diesen Fällen:

> **Es wird festgestellt, dass das Arbeitsverhältnis der Parteien über den <Datum des Tages, an dem nach Ansicht des Arbeitgebers das Arbeitsverhältnis beendet ist> hinaus fortbesteht.**

11 Da der Antrag in der Formulierung des § 4 KSchG eine Ausnahmeregelung für die Formulierung von Feststellungsklagen iSd § 256 ZPO darstellt, sind in den beschriebenen Konstellationen Anträge wie zB

> *Es wird festgestellt, dass das Arbeitsverhältnis der Parteien durch den Aufhebungsvertrag vom 30.4.2023 nicht aufgelöst ist.*[493]

fehlerhaft, wenn auch auslegungsfähig.

490 Lingemann/Groneberg NJW 2013, 2809 (2810).
491 BAG 13.3.1997 – 2 AZR 512/96, NZA 1997, 844; BAG 18.8.2005 – 8 AZR 523/04, NZA 2006, 145.
492 Mit guten Gründen teilweise abweichend Niemann NZA 2019, 65, der einen echten Kündigungsschutzantrag bevorzugt, wenn der Sachverhalt, auf den sich die Arbeitgeberin beruft, unter § 4 KSchG fällt.
493 So zB noch bis zur 9. Aufl. Schaub/Koch/Neef/Schrader/Vogelsang/Neef ArbFV-HdB § 67 I. 1; genauer FormB-ArbR/Mauer § 6 Kap. 2 A. IV. 1.

Herrscht Streit, **ob überhaupt ein Arbeitsverhältnis** zwischen den Parteien **besteht,** 12
ist ebenfalls ein allgemeiner Feststellungsantrag zu stellen, und zwar wie folgt:

> **Es wird festgestellt, dass zwischen den Parteien <je nach Fallgestaltung: seit dem …> ein Arbeitsverhältnis … <mindestens die wesentlichen Vertragsbedingungen aufführen, etwa: … als Maschinenführer mit einer Wochenarbeitszeit von 40 Stunden und einer Vergütung von 2800 EUR …> besteht.**

Ist der **Beginnzeitpunkt** angegeben, ist die Klage in der Regel auch dann begründet, wenn das Gericht zur Überzeugung gelangt, dass das Arbeitsverhältnis bereits früher als beantragt zustande gekommen ist.[494] Ist streitig, ob es sich bei dem Rechtsverhältnis zwischen den Parteien um ein Arbeitsverhältnis handelt: → *Statusklage.*

Beruft sich die Arbeitgeberin auf **mehrere Beendigungstatbestände,** von denen der 13
eine mit dem punktuellen Antrag und der andere mit dem allgemeinen Feststellungsantrag anzugreifen ist, so sind beide Anträge zu stellen, dabei jedoch der in seiner von der Arbeitgeberin angenommenen Wirkung zeitlich nachgehende nur als Hilfsantrag.[495] Soll die Wirkung zum selben Zeitpunkt eintreten, ist der punktuelle Antrag als Haupt- und der allgemeine Feststellungsantrag als Hilfsantrag zu stellen.

3. Rechtskraftwirkungen

Sofern eine Sachentscheidung über den allgemeinen Feststellungsantrag ergeht, ist 14
für die unterlegene Partei **besondere Vorsicht** geboten, insbesondere wenn der Bestand des Arbeitsverhältnisses Gegenstand mehrerer Rechtsstreitigkeiten ist:

Unterliegt der Kläger, steht bei Rechtskraft der Entscheidung fest, dass das Arbeits- 15
verhältnis zu dem Zeitpunkt nicht mehr bestanden hat, der mit dem Antrag reklamiert worden ist (beispielsweise der Schluss der mündlichen Verhandlung). Später wirkende Kündigungen kann der Arbeitnehmer dann nicht mehr erfolgreich angreifen.

Unterliegt die beklagte Arbeitgeberin, steht bei Rechtskraft der Entscheidung hin- 16
gegen fest, dass das Arbeitsverhältnis zu dem nämlichen Zeitpunkt noch fortbestanden hat. Auf Beendigungsgründe, welche zu einem früheren Zeitpunkt wirken sollten, kann die Arbeitgeberin sich dann nicht mehr erfolgreich berufen. Anderes gilt nur, wenn Streitgegenstand und Entscheidung auseinanderfallen, indem das Gericht einen früher wirkenden Beendigungsgrund aus seiner Entscheidung „ausklammert".

Allgemeines Gleichbehandlungsgesetz (AGG)

→ *Diskriminierung*

Allgemeinverbindlicherklärung

Nach § 5 TVG können **Tarifverträge** für allgemeinverbindlich erklärt werden, so 1
dass (entgegen § 3 Abs. 1 TVG) auch Nicht-Gewerkschafts- bzw. Verbandsmitglieder an diese Tarifverträge gebunden sind. Rechtsschutz gegen oder auf Erteilung einer Allgemeinverbindlicherklärung iSd § 5 TVG war früher unmittelbar nur in Verfah-

494 BAG 24.5.2022 – 9 AZR 337/21, NZA 2022, 1530.
495 Vgl. BAG 21.11.2013 – 2 AZR 474/12, EzA SGB V § 164 Nr. 1 Rn. 32.

ren vor den Verwaltungsgerichten zu erreichen.[496] Seit dem 16.8.2014 ist die Arbeitsgerichtsbarkeit gemäß § 2a Abs. 1 Nr. 5 ArbGG zuständig (→ B. II. *Allgemeinverbindlicherklärung*). Das Verfahren richtet sich nach § 98 ArbGG. Es handelt sich um ein **Beschlussverfahren.**

2 Die Gerichte für Arbeitssachen prüfen die Wirksamkeit einer Allgemeinverbindlicherklärung aber auch **inzident,** wenn Ansprüche auf den für allgemeinverbindlich erklärten Tarifvertrag gestützt werden. Die Arbeitsvertragsparteien können zudem eine **Feststellungsklage** erheben, mittels derer geprüft wird, ob der (allgemeinverbindlich erklärte) Tarifvertrag auf das Arbeitsverhältnis anzuwenden ist (→ *Tarifvertrag, Anwendbarkeit*). Bei ernsthaften Zweifeln an der Wirksamkeit der Allgemeinverbindlicherklärung ist ein Urteilsverfahren aber nach § 98 Abs. 6 ArbGG **auszusetzen** bis zur Erledigung eines Beschlussverfahrens.

Altersteilzeit

Übersicht

	Rn.
1. Grundlagen	1
2. Anträge	2–8
3. Wertguthaben/Insolvenz	9–11
4. Negativbeispiele	12–15
5. Sonstige Ansprüche	16
6. Einstweilige Verfügung	17

1. Grundlagen

1 Inhaltlich richtet sich der Anspruch aus den jeweils einschlägigen Tarifverträgen und Betriebsvereinbarungen auf den **Abschluss eines Altersteilzeitarbeitsvertrages.** In rechtlicher Hinsicht ist dazu der Abschluss eines Arbeitsvertrages erforderlich, mit dem das bisherige Arbeitsverhältnis beendet und ein Altersteilzeitarbeitsvertrag abgeschlossen wird. Der Arbeitnehmer muss deshalb die Verurteilung des Arbeitgebers zur Annahme seines Angebots auf Abschluss eines Altersteilzeitarbeitsvertrags und damit auf **Abgabe einer Willenserklärung** beantragen, → *Teilzeit.* Die Erklärung des Arbeitgebers auf Annahme des Angebotes gilt mit Rechtskraft eines dem Klageantrag stattgebenden Urteils gem. § 894 Abs. 1 S. 1 ZPO als abgegeben. Zu den Einzelheiten des § 894 ZPO, insbesondere zur Frage des Verhältnisses zwischen vorvertraglichem Angebot und Antrag vgl. → *Arbeitsvertrag* und → *Vertragsabschluss.* Der Inhalt des abzuschließenden Arbeitsvertrags muss im Klageantrag konkret bezeichnet werden.[497] Dazu reicht es aus, dass bezüglich des Inhalts auf einen Tarifvertrag Bezug genommen wird, wenn sich aus ihm die Einzelheiten des abzuschließenden Altersteilzeitarbeitsvertrages ergeben.[498]

Zur **Zwangsvollstreckung** von Ansprüchen nach § 894 vgl. → *E. Zwangsvollstreckung.*

---

496 Wiedemann/*Wank* § 5 TVG Rn. 168 ff.
497 BAG 19.9.2017 – 9 AZR 36/17, NZA 2017, 1612; BAG 4.5.2010 – 9 AZR 155/09, NZA 2010, 1063; BAG 16.12.2008 – 9 AZR 893/07, AP TzBfG § 8 Nr. 27; BAG 10.5.2005 – 9 AZR 294/04, NZA 2006, 231; BAG 15.9.2009 – 9 AZR 603/08, NZA 2010, 32.
498 BAG 10.5.2005 – 9 AZR 294/04, NZA 2006, 231.

2. Anträge

Auf dieser Grundlage könnte der erforderliche Leistungsantrag zB wie folgt formu- 2
liert werden:

> **Die Beklagte wird verurteilt, das Angebot des Klägers auf Abschluss eines Altersteilzeitvertrages nach Maßgabe der Bestimmungen des Tarifvertrages zur Förderung der Altersteilzeit <konkrete Bezeichnung> anzunehmen, mit der Maßgabe, dass das Altersteilzeitverhältnis am <Datum> beginnt und <Zeitraum> Jahre dauert.**

Oder bei der Altersteilzeit im Blockmodell:

> **Die Beklagte wird verurteilt, das Angebot des Klägers auf Abschluss eines Altersteilzeitvertrages im Blockmodell vom <Datum> bis <Datum> nach Maßgabe der Bestimmungen des Tarifvertrages zur Förderung der Altersteilzeit <konkrete Bezeichnung> anzunehmen, mit der Maßgabe, dass die Arbeitsphase vom <Datum> bis <Datum> und die Freistellungsphase vom <Datum> bis <Datum> dauert.**[499]

Das BAG hat in ständiger Rechtsprechung – freilich nach entsprechender Auslegung 3
– allerdings zunächst auch folgende Formulierung ausreichen lassen:

> *Die Beklagte wird verurteilt, mit dem Kläger einen Altersteilzeitvertrag nach Maßgabe der Bestimmungen des Tarifvertrages zur Förderung der Altersteilzeit <konkrete Bezeichnung> abzuschließen.*[500]

Diese Antragsformulierung ist abzulehnen, da sie die gesetzliche Systematik des § 894 S. 1 ZPO nicht abbildet.

Liegt kein einschlägiger Tarifvertrag vor, der in Bezug genommen werden kann, 4
muss der Antrag den wesentlichen Vertragsinhalt auf Basis der vorhandenen Rechtsgrundlage konkret bezeichnen. Soll Anspruchsgrundlage zB der Gleichbehandlungsgrundsatz sein, ist zu ermitteln, welche konkreten Vertragsbedingungen diesem zugrunde liegen. Sie sind dann im Antrag zu formulieren:

> **Die Beklagte wird verurteilt, das Angebot des Klägers auf Abschluss eines Altersteilzeitvertrages anzunehmen, wonach er für die Beklagte ab dem <Datum> bis zum <Datum> auf der Grundlage des bisherigen Arbeitsvertrages vom <Datum> als <Tätigkeitsbezeichnung> mit der Hälfte der bisherigen wöchentlichen Arbeitszeit (oder: mit einer Arbeitsphase vom <Datum> bis zum <Datum> und einer Freistellungsphase vom <Datum> bis <Datum>) und mit einem Entgelt von <Betrag> zuzüglich eines Aufstockungsbetrages von 20 % tätig wird.**

Da sich der Zeitpunkt, zu dem die fingierte Abgabe der Annahmeerklärung wirkt, 5
nach materiellem Recht beurteilt, bedarf es der zeitlichen Eingrenzung dem Grunde

499 BAG 13.12.2016 – 9 AZR 606/15, ArbR 2017, 115; LAG Hamm 22.9.2021 – 9 Sa 647/21, AuA 2021, Nr. 12 Rn 26.

500 BAG 4.5.2010 – 9 AZR 155/09, NZA 2010, 1063; BAG 30.9.2003 – 9 AZR 590/02, DB 2004, 935; LAG Köln 16.8.2002 – 12 Sa 499/02 – BeckRS 2002, 30902944.

nach nicht. Zur **Bestimmung des Klageziels** sollte der Zeitpunkt, ab dem der Altersteilzeitvertrag beginnen soll, gleichwohl angegeben werden. Dieser muss allerdings nicht mehr in der Zukunft liegen.[501] Denn der rückwirkende Abschluss eines Vertrags ist nicht mehr nichtig.[502] Die Angabe des Beginns der Altersteilzeit ist aber nicht zwingend. Dem Bestimmtheitserfordernis genügt es auch, wenn der Zeitpunkt nicht angegeben ist. Dann beginnt das Altersteilzeitverhältnis mit der Rechtskraft einer stattgebenden Entscheidung. Insofern könnte der Antrag dahingehend ausgelegt werden, dass der Arbeitnehmer eine Änderung ab Rechtskraft des Urteils begehrt. Gleichwohl sollte für einen konkreten Klageantrag klargestellt werden, ab wann der Vertrag geschlossen werden soll. Gleiches gilt für die Angabe des Altersteilzeitmodells, also etwa des üblichen Blockmodells. Ebenso sollte die Dauer des Altersteilzeitverhältnisses nebst den wesentlichen Vertragsbedingungen angegeben werden. Auch das Ende der Altersteilzeit muss nach Auffassung des BAG allerdings nicht zwingend aufgenommen werden, sofern in der zugrunde liegenden Regelung, etwa dem Tarifvertrag, die Beendigungstatbestände selbst geregelt sind. Dann soll der Antrag so auszulegen sein, dass der Arbeitnehmer die Beendigung zum spätesten in der Regelung genannten Zeitpunkt beantragt.[503] Aus Gründen der Klarheit des Antrags sollten dennoch sowohl Beginn als auch Ende aufgenommen werden. Die Verteilung der Arbeitszeit, also insbesondere, ob Altersteilzeit im Blockmodell oder im Teilzeitmodell erfolgen soll, kann geltend gemacht, oder aber dem Arbeitgeber überlassen werden.[504]

Die Beklagte wird verurteilt, das Angebot des Klägers auf Abschluss eines Altersteilzeitvertrages nach Maßgabe der Bestimmungen des Tarifvertrages zur Förderung der Altersteilzeit <konkrete Bezeichnung> anzunehmen, mit der Maßgabe, dass das Altersteilzeitverhältnis im <Teilzeitmodell/Blockmodell> am <Datum> beginnt und <Zeitraum> Jahre dauert.

6 Auch insofern ist zu beachten, dass der prozessuale Antrag in einer Wechselwirkung zum vorprozessualen Begehren steht, mit dem der Kläger gegenüber der Arbeitgeberin die Altersteilzeit geltend gemacht hat, vgl. → *Teilzeit* → *Arbeitsvertrag.*

7 Der **Antrag gegenüber dem Arbeitgeber** kann also entsprechend formuliert werden:

Sehr geehrter <Arbeitgeber>. Hiermit beantrage ich Altersteilzeit nach Maßgabe der Bestimmungen des Tarifvertrages zur Förderung der Altersteilzeit <konkrete Bezeichnung>, mit der Maßgabe, dass das Altersteilzeitverhältnis im <Teilzeitmodell/Blockmodell> am <Datum> beginnt und <Zeitraum> Jahre dauert.

8 Soweit die Anspruchsvoraussetzungen nicht vorliegen, etwa weil der Anspruch für einen Zeitpunkt vor dem in der tariflichen Regelung enthaltenen Lebensalter begehrt wird, kommt die Ausurteilung des „richtigen" Zeitpunktes als „Minus" zu dem im

501 Zur bisherigen Rechtsprechung: BAG 28.6.2000 – 7 AZR 904/98, EZA KSchG § 1 Wiedereinstellungsanspruch Nr. 5.

502 BAG 19.9.2017 – 9 AZR 36/17, NZA 2017, 1612; BAG 4.5.2010 – 9 AZR 155/09, NZA 2010, 1063; BAG 15.9.2009 – 9 AZR 603/08, NZA 2010, 32; BAG 24.6.2008, 9 AZR 313/07, NZA 2008, 1309; BAG 9.11.2006 – 2 AZR 509/05, EZA KSchG § 1 Wiedereinstellungsanspruch Nr. 8; BAG 9.3.2006 – 9 AZR 278/05, NZA 2006, 1413; BAG 27.4.2004 – 9 AZR 522/03, BAGE 110, 232.

503 BAG 4.5.2010 – 9 AZR 155/09, NZA 2010, 1063.

504 BAG 4.5.2010 – 9 AZR 155/09, NZA 2010, 1063.

Antrag genannten Zeitpunkt **nicht** in Betracht. Die gerichtliche Geltendmachung eines Anspruchs erfasst zwar grundsätzlich auch einen Anspruch, der als ein „Weniger" in ihm enthalten ist. Das setzt jedoch voraus, dass es sich bei dem – möglicherweise – begründeten Teil der Klage um ein „Minus" und nicht um etwas anderes, dh. ein **„Aliud"**, handelt. Im letzteren Fall bedarf es einer gesonderten prozessualen Geltendmachung durch mehrere Klageanträge. Nach diesen Grundsätzen ist die Begründung eines Altersteilzeitarbeitsverhältnisses mit dem nach den tariflichen Vorschriften frühestmöglichen Beginn nicht als „Minus" im Klageantrag enthalten.[505] Das BAG begründet dies mit einem fehlenden kongruenten Angebot des Arbeitnehmers, vgl. dazu auch → *Arbeitsvertrag.*

3. Wertguthaben/Insolvenz

Soweit die Arbeitgeberin einen Altersteilzeitvertrag abgeschlossen hat, der wegen 9
Eintritt des Insolvenzfalles nicht mehr oder nicht mehr vollständig abgewickelt werden kann, kommen Schadensersatzansprüche in Betracht, wenn die Wertguthaben nicht für den Insolvenzfall abgesichert worden sind[506] → *Schadensersatz.* Zudem kann der Arbeitnehmer die entsprechend den vertraglichen Vereinbarungen vorgesehene Sicherung der Wertguthaben im Wege der Klage auf → *Zahlung* geltend machen.[507] Ist ein Bürge zu bestellen oder Geld zu hinterlegen, kann wie folgt formuliert werden:

> **Die Beklagte wird verurteilt, Sicherheit in Höhe des bestehenden Wertguthabens von <Betrag> zu leisten durch Stellung eines Bürgen oder Hinterlegung von Geld oder solchen Wertpapieren, die nach § 234 Abs. 1 und 3 zur Sicherheitsleistung geeignet sind.**[508]

Gerät der Arbeitgeber in Insolvenz, kann nicht die Feststellung begehrt werden, dass 10
die Sicherung nicht zur Insolvenzmasse gehört. Denn tatsächlich ist sie Teil der Masse.[509] Denkbar ist es aber, ein Absonderungsrecht geltend zu machen:

> **Der Beklagte wird verurteilt, es zu unterlassen, hinsichtlich des bei der X GmbH unter der Kontonummer 111111 bestehenden Investmentkontos eine nicht durch ein Absonderungsrecht belastete Massezugehörigkeit zu reklamieren oder sich eines Verwertungsrechts nach § 166 Abs. 2 InsO zu berühmen, soweit das Guthaben aus diesem Investmentkonto zur Sicherung des Altersteilzeitguthabens der Klägerin benötigt wird.**[510]

Wird ein Altersteilzeitarbeitsverhältnis im Blockmodell vorzeitig gekündigt, kann der 11
Arbeitnehmer eine Ausgleichszahlung fordern, die dann eine Masseverbindlichkeit iSv § 55 Abs. 2 S. 2 InsO darstellt, wenn ein sog. starker vorläufiger Insolvenzverwalter die Arbeitsleistung des Arbeitnehmers in Anspruch nimmt.[511]

505 BAG 19.9.2017 – 9 AZR 36/17, NZA 2017, 1612.
506 BAG 23.2.2016 – 9 AZR 293/15, NZA 2016, 703; BAG 23. 2 2010 – 9 AZR 71/09, BB 2010, 2698.
507 LAG Niedersachsen 8.9.2016 – 7 Sa 807/15, NZA-RR 2016, 600.
508 LAG Baden-Württemberg 6.9.2014 – 3 Sa 47/19, ZIP 2014, 894; LAG Baden-Württemberg 30.1.2014 – 21 Sa 54/13, ArbR 2014, 259.
509 BAG 18.7.2013 – 6 AZR 47/12, NZA 2013, 1440.
510 BAG 18.7.2013 – 6 AZR 47/12, NZA 2013, 1440.
511 BAG 27.7.2017 – 6 AZR 801/16, BAGE 160, 6.

4. Negativbeispiele

12 Ein Feststellungsantrag kommt demgegenüber nicht in Betracht, weil für das Begehren ausschließlich die Leistungsklage zur Verfügung steht.

> *Es wird festgestellt, dass sich der Kläger im Zeitraum vom <Datum> bis zum <Datum> nach Maßgabe der Bestimmungen des Tarifvertrages zur Förderung der Altersteilzeit <konkrete Bezeichnung> in einem Altersteilzeitverhältnis befindet.*[512]

13 Unrichtig ist auch folgender häufig anzutreffender Antrag:

> *Die Beklagte wird verurteilt, dem Kläger den Abschluss eines Altersteilzeitvertrags in Form des Blockmodells nach den Regelungen des Tarifvertrags <Name> anzubieten.*

Denn der Kläger begehrt die Annahme seines Angebotes, nicht die Abgabe eines durch ihn anzunehmenden Angebotes durch den Arbeitgeber.[513]

14 Zuweilen werden auch verschiedene Begehren vermischt.

> *Die Beklagte wird verurteilt, mit dem Kläger ein Altersteilzeitarbeitsverhältnis dadurch zu begründen, dass die Beklagte verurteilt wird, mit dem Kläger das bestehende Arbeitsverhältnis dergestalt umzuändern, dass der Kläger nur noch 87,5 Arbeitsstunden pro Monat Arbeitsleistung zu erbringen hat und das Arbeitsentgelt wie folgt neu festgesetzt wird: 50% des bisherigen Arbeitsentgelts zzgl. eines Aufstockungsbetrages, der so zu berechnen ist, dass sich im Ergebnis eine Nettoentlohnung von mindestens 82,5% des bisherigen gesetzlichen Nettolohns ergibt.*

15 In dieser Situation hat das BAG zwar den grundsätzlichen Antrag auf Abschluss eines Altersteilzeitvertrages, nicht aber den die Zahlung bestreffenden Teil für hinreichend bestimmt gehalten. Das BAG hat sich damit beholfen, der Zahlungsteil sei „kein Bestandteil" des Antrages.[514]

5. Sonstige Ansprüche

16 Soweit während des Altersteilzeitverhältnisses einzelne Elemente des Inhaltes des Vertragsverhältnisses streitig werden, gelten die allgemeinen Grundsätze. So ist die Klage auf → *Zahlung* die richtige Klageart, wenn es um entgeltliche Leistungen aus dem Altersteilzeitvertrag geht.[515] Handelt es sich um einen grundsätzlichen Streit, kommt auch eine Feststellungsklage in Betracht[516] vgl. auch → *Inhalt des Arbeitsverhältnisses.* Dies gilt auch bei einem Streit über die insolvenzrechtliche Einordnung einer Forderung aus dem Altersteilzeitverhältnis.[517]

---

512 Vgl. zu Elternzeit: BAG 16.4.2013 – 9 AZR 535/11, AP Nr. 5 zu § 15 BEEG.

513 BAG 10.5.2005 – 9 AZR 294/04, NZA 2006, 231.

514 BAG 10.2.2004 – 9 AZR 89/03, NZA 2004, 872.

515 BAG 25.7.2023 – 9 AZR 332/22, NZA 2023, 528; zur Urlaubsabgeltung BAG 28.3.2023 – 9 AZR 219/22, ZTR 2023, 570.

516 BAG 27.7.2017 – 6 AZR 801/16, NZA 2018, 811; BAG 17.11.2015 – 9 AZR 509/14, BeckRS 2016, 66948; BAG 22.7.2014 – 9 AZR 946/12, ZTR 2014, 606.

517 BAG 27.7.2017 – 6 AZR 801/16, BAGE 160, 6.

6. Einstweilige Verfügung

Die Durchsetzung des Anspruchs auf Abschluss eines Altersteilzeitvertrages im Wege 17
der **einstweiligen Verfügung scheitert regelmäßig.** Dabei kann offen bleiben, ob die Abgabe einer Willenserklärung, die endgültige Verhältnisse herstellt, überhaupt möglich ist, weil die Hauptsache in vollem Umfang vorweggenommen wird.[518] Soweit man die einstweilige Verfügung zulässt, sind an Verfügungsanspruch und Verfügungsgrund besonders strenge Anforderungen zu stellen, weil die Hauptsache vorweggenommen wird. Der Arbeitnehmer muss im Hinblick auf den Verfügungsgrund darlegen, dringend auf die Altersteilzeit angewiesen zu sein. Dies ist aber kaum denkbar. Andererseits darf der Rechtsschutz des Arbeitnehmers auch nicht leerlaufen. Zu denkbaren Fallgestaltungen vgl. → *Teilzeit.*

Anfechtung

Übersicht

	Rn.
1. Anfechtung eines Vertrages	1–5
2. Anfechtung einzelner Vertragsbedingungen	6, 7
3. Anfechtung eines gerichtlichen Vergleichs	8–11
4. Sonstige Fallgestaltungen	12

1. Anfechtung eines Vertrages

Hat eine der Arbeitsvertragsparteien die **Anfechtung des Vertrages** erklärt, besteht 1
Streit über den Fortbestand des Arbeitsverhältnisses, ohne dass diese Konstellation spezialgesetzlich geregelt ist. Insbesondere unterliegt eine Klage des Anfechtungsgegners keiner Frist. Eine zeitliche Grenze zieht lediglich der Gesichtspunkt der Verwirkung. Es ist ein → *allgemeiner Feststellungsantrag* zu stellen:

> **Es wird festgestellt, dass das Arbeitsverhältnis der Parteien fortbesteht.**

Da Anfechtungen nicht dem Kündigungsschutzgesetz unterfallen, ist auch ein § 4 2
KSchG nachgebildeter Antrag fehlerhaft, wenn auch einer Auslegung zugänglich:[519]

> *Es wird festgestellt, dass das Arbeitsverhältnis der Parteien durch die Anfechtung der Beklagten vom <Datum> nicht aufgelöst worden ist.*

Dies gilt auch in Anbetracht des Umstands, dass sich das Bundesarbeitsgericht in ei- 3
nem Einzelfall – wohl aus Gründen der Klarheit – zu einer solchen Tenorierung hat hinreißen lassen.[520] Die Umstellung des fehlerhaften auf den hier empfohlenen Antrag stellt keine Klageänderung im Sinne des § 263 ZPO dar und ist daher auch in der Berufung unproblematisch möglich.[521]

518 Vgl. dazu Zöller/Vollkommer ZPO § 938 Rn. 2.

519 Ungenau daher BAG 6.9.2012 – 2 AZR 270/11, NZA 2013, 1087; unreflektiert LAG Mecklenburg-Vorpommern 19.5.2020 – 5 Sa 217/19, BeckRS 2020, 12521.

520 BAG 18.2.2021 – 6 AZR 92/19, NZA 2021, 446.

521 Vgl. zur ähnlichen Konstellation bei der Anfechtung eines Aufhebungsvertrages LAG Rheinland-Pfalz 14.10.2021 – 5 Sa 128/21, Rn. 27, BeckRS 2021, 48445.

Fehlerhaft ist ebenfalls der Antrag

> *Es wird festgestellt, dass das Arbeitsverhältnis der Parteien nicht infolge erfolgreicher Anfechtung nichtig ist.*[522]

4 Häufig wird die Arbeitgeberin neben der Anfechtung auch eine **Kündigung** des Arbeitsverhältnisses erklären. Dann hängt der Erfolg der Kündigungsschutzklage auch von der Wirksamkeit der Anfechtung ab, wenn diese – ihre Berechtigung unterstellt – auf einen Zeitpunkt wirkt, der vor dem Auflösungstermin der Kündigung liegt. Im Arbeitsverhältnis besteht die Rechtsfolge einer erfolgreichen Anfechtung (sofern sie sich nicht nur auf eine Vertragsänderung bezieht) darin, dass das Angebot zum Abschluss des Arbeitsvertrags durch den Anfechtenden nicht abgegeben worden ist und der Arbeitsvertrag deshalb entweder zukunftsbezogen (ex nunc) ab Zugang der Anfechtungserklärung[523] oder mit dem Zeitpunkt seiner Außervollzugsetzung[524] beseitigt worden ist. Ob die Anfechtung durchgreift, ist deshalb in aller Regel schon im Rahmen des Kündigungsschutzantrags zu überprüfen.[525] Einem gesonderten allgemeinen Feststellungsantrag bezogen auf die Anfechtung fehlt dann das Feststellungsinteresse.[526] In der geschilderten Konstellation kann – und sollte – der Arbeitnehmer daher auf den allgemeinen Feststellungsantrag verzichten und allein einen Kündigungsschutzantrag (→ *Kündigung* unter 2. b) stellen. Besonderes Augenmerk muss die Arbeitgeberin darauf legen, dass sie nicht durch ungeschicktes Agieren bewirkt, dass die Rechtskraft der Entscheidung über einen erfolgreichen Antrag den Erfolg eines Rechtsmittels gegen den anderen verhindert.[527]

5 Wird nicht der Arbeitsvertrag selbst, sondern ein Änderungsvertrag angefochten, handelt es sich in der Sache um einen Streit um den → *Inhalt des Arbeitsverhältnisses.* Fehlerhaft, wenn auch der Auslegung zugänglich ist daher der Antrag

> *Es wird festgestellt, dass das Arbeitsverhältnis zwischen den Parteien durch die Änderungsvereinbarung vom <Datum> nicht abgeändert wurde.*[528]

oder auch

> *Es wird festgestellt, dass der Änderungsvertrag vom <Datum> unwirksam ist und der Kläger hieraus keine weiteren Rechte herleiten kann.*[529]

Gegenstand einer Feststellungsklage kann nur ein Rechtsverhältnis sein. Die grundsätzlich zulässige **Elementenfeststellungsklage** sollte die streitigen Arbeitsbedingungen präziser beschreiben als durch Inbezugnahme eines Schriftstücks. Es ist nicht Aufgabe des Gerichts, sich die Unterschiede zwischen den beiden Versionen herauszusuchen. Es wäre auch unklar, wie das Gericht entscheiden sollte, wenn es zwar die Anfechtung des Änderungsvertrages für unbegründet hält, einzelne Bedingungen

522 So aber wohl LAG Mecklenburg-Vorpommern 10.1.2023 – 2 Sa 74/22, BeckRS 2023, 31166.
523 So für den Regelfall im Arbeitsverhältnis st. Rspr. seit BAG 5.12.1957 – 1 AZR 594/56, AP BGB § 123 Nr. 2.
524 BAG 3.12.1998 – 2 AZR 754/97, NZA 1999, 584 zu II 3a der Gründe.
525 BAG 20.3.2014 – 2 AZR 1071/12, NZA 2014, 1131; LAG Rheinland-Pfalz 15.4.2021 – 5 Sa 289/20, Rn 49, BeckRS 2021, 21706; LAG Hamm 26.1.2022 – 3 Sa 1087/21, juris.
526 LAG Baden-Württemberg 25.3.2021 – 17 Sa 45/20, Rn. 87, BeckRS 2021, 6507; inkonsequent daher LAG Rheinland-Pfalz 2.9.2019 – 3 Sa 527/16, Rn. 287, BeckRS 2019, 38070.
527 Lies hierzu BAG 18.2.2021 – 6 AZR 92/19, NZA 2021, 446.
528 LAG Rheinland-Pfalz 20.8.2021 – 1 Sa 103/21, Rn. 29, BeckRS 2021, 45637.
529 LAG Rheinland-Pfalz 9.6.2021 – 2 Sa 145/20, BeckRS 2021, 45635.

des neuen Vertrages jedoch zB wegen eines Verstoßes gegen ein gesetzliches Verbot nichtig sind, ohne dass eine Gesamtnichtigkeit anzunehmen ist. Es ist dann fraglich, ob der Antrag insgesamt abzuweisen sein soll, obwohl einzelne Bedingungen nicht wirksam geändert worden sind.[530] Für eine letztlich an § 4 S. 2 KSchG angelehnte Formulierung besteht keine gesetzliche Grundlage. Folgen aus dem Streit der Parteien konkrete Ansprüche, kann selbstverständlich auch eine Leistungsklage zB auf → *Vergütung* erhoben werden.

2. Anfechtung einzelner Vertragsbedingungen

Ist nicht der gesamte Arbeitsvertrag, sondern lediglich eine einzelne, gesondert 6
getroffene Vereinbarung angefochten, herrscht Streit nur über **einzelne Arbeitsbedingungen** (hierzu auch → *Inhalt des Arbeitsverhältnisses*). Auch dann ist idR eine Feststellungsklage zulässig, da nicht nur eine Vorfrage, sondern ein Teil des Rechtsverhältnisses im Streit steht. Im Antrag ist der Streit so genau wie möglich zu formulieren, zB:

> **Es wird festgestellt, dass die Beklagte dem Kläger Zahlung einer Wechselschichtzulage in Höhe von EUR 150,– brutto monatlich schuldet.**
>
> **Oder:**
>
> **Es wird festgestellt, dass die Beklagte dem Kläger einen pauschalen Fahrgeldzuschuss von EUR 30,– monatlich zu zahlen hat.**

Die Wirksamkeit einer Gestaltungserklärung stellt kein Rechtsverhältnis iSd § 256 7
ZPO dar. Falsch, wenn auch womöglich auslegungsfähig, ist deshalb:

> *Es wird festgestellt, dass die Anfechtungserklärung des Beklagten vom <Datum> unwirksam ist.*

3. Anfechtung eines gerichtlichen Vergleichs

Oftmals kommt es dazu, dass eine der Parteien nicht den Arbeitsvertrag selbst an- 8
ficht, sondern im Rahmen eines Rechtsstreits die **Anfechtung** eines dort abgeschlossenen **Vergleichs** erklärt. Der Streit der Parteien dreht sich dann zunächst darum, ob der Rechtsstreit durch den Vergleich beendet worden ist und erst in zweiter Linie über das materielle Klagebegehren in Form der ursprünglich gestellten Anträge. Nach ganz herrschender Ansicht ist der Streit über die Anfechtung des Prozessvergleichs grundsätzlich nicht in einem neuen Prozess zu klären; vielmehr ist der alte Rechtsstreit fortzusetzen, da im Fall der Unwirksamkeit des Vergleichs die Rechtshängigkeit der im Prozess geltend gemachten Anträge nicht beendet ist.[531] Der Anfechtende wird dann folgenden Antrag stellen:[532]

> **Es wird festgestellt, dass der gerichtliche Vergleich vom <Datum> den Rechtsstreit nicht beendet hat.**

530 Insoweit unreflektiert LAG Rheinland-Pfalz 20.8.2021 – 1 Sa 103/21, Rn. 38, BeckRS 2021, 45637.

531 BAG 24.9.2015 – 2 AZR 716/14, NZA 2016, 716 Rn. 16; BAG 23.11.2006 – 6 AZR 394/06, NZA 2007, 466 Rn. 15; BGH 6.7.1966 – Ib ZR 83/64, NJW 1966, 2399; zur Ausnahme siehe BGH 21.11.2013 – VII ZR 48/12, NJW 2014, 394.

532 BAG 23.11.2006 – 6 AZR 394/06, NZA 2007, 466.

Fehlerhaft, wenn auch der Auslegung zugänglich sind Anträge wie

> *Es wird beantragt, den Vergleich vor dem <Bezeichnung des Gerichts> vom <Datum> für nichtig/unwirksam zu erklären.*[533]

9 Es handelt sich dabei nicht um einen (Sach-)Antrag im eigentlichen Sinn;[534] die Partei bringt nur ihren Willen zum Ausdruck, dass der Rechtsstreit fortgesetzt wird. **Ergänzend stellt die Partei sodann ihre Sachanträge** aus dem ursprünglichen Verfahren, also zB einen Kündigungsschutzantrag, einen Klageabweisungsantrag oder – im zweiten Rechtszug – einen Antrag auf Zurückweisung der Berufung. Da es sich bei dem oben angegebenen Antrag nicht um einen Sachantrag handelt, tenoriert das Gericht stets nur, dass der Rechtsstreit durch den Vergleich (ggfs. auch: „nicht") erledigt ist, nicht etwa bei einem Unterliegen des Anfechtenden eine Abweisung oder Zurückweisung des Antrags.[535] Stellt das Gericht fest, dass der Rechtsstreit durch den Vergleich erledigt ist, hat es sich mit den Sachanträgen oder auch erst nach dem Vergleichsschluss klageerweiternd gestellten Anträgen inhaltlich nicht zu befassen.[536] Verlangt der Kläger/der Rechtsmittelführer ausdrücklich nicht nur hilfsweise deren Bescheidung, sind diese als unzulässig abzuweisen, da in einem bereits beendeten Rechtsstreit keine Anträge mehr gestellt werden können.[537]

10 Ist der fragliche Vergleich zur Erledigung mehrerer Rechtsstreitigkeiten abgeschlossen worden, kann die Frage seiner Wirksamkeit in jedem dieser Prozesse geklärt werden. Um eine Bindung auch für die anderen Prozesse herbeizuführen, empfiehlt es sich, die Unwirksamkeit des Vergleichs als Vorfrage klären zu lassen, sie demnach in dem gewählten Verfahren zum Streitgegenstand einer Zwischenfeststellungsklage nach § 256 Abs. 2 ZPO zu machen. Der Antrag lautet dann nach Auffassung des Bundesarbeitsgerichts:[538]

> **Es wird festgestellt, dass der Prozessvergleich vom <Datum> zum Aktenzeichen <konkrete Bezeichnung> unwirksam ist.**

11 Reklamiert eine der Parteien, den Vergleich wirksam nur zum Teil angefochten zu haben, bleibt die prozessbeendende Wirkung des Vergleichs davon unberührt, wenn die Anfechtung sich nicht auf den Streitgegenstand des Rechtsstreits bezieht. Dann wäre nicht der alte Prozess fortzusetzen, sondern eine Vollstreckungsgegenklage zu erheben (→ *Kapitel E. Zwangsvollstreckungsverfahren unter III. 2.*).

4. Sonstige Fallgestaltungen

12 Zum Streit über die Anfechtung eines Aufhebungsvertrags: → *Aufhebungsvertrag;* einer Eigenkündigung: → *Eigenkündigung;* zur Anfechtung einer Rechtshandlung nach §§ 129ff. InsO: → *Rückzahlungsansprüche des Arbeitgebers.*

Anhörungsrüge

→ *Rechtsmittelverfahren*

533 LAG Rheinland-Pfalz 25.11.2020 – 7 Sa 319/18, BeckRS 2020, 39307.
534 BAG 24.9.2015 – 2 AZR 716/14, NZA 2016, 716 Rn. 14.
535 Fehlerhaft daher LAG Rheinland-Pfalz 7.4.2022 – 2 Sa 108/21, BeckRS 2022, 22543.
536 BAG 11.7.2012 – 2 AZR 42/11, NZA 2012, 1316.
537 Insoweit unklar LAG Rheinland-Pfalz 3.5.2023 – 7 Sa 244/22, BeckRS 2023, 22023.
538 BAG 12.5.2010 – 2 AZR 544/08, NZA 2010, 1250.

Anmeldung zur Sozialversicherung

Hat die Arbeitgeberin die Anmeldung des Arbeitnehmers zur Sozialversicherung unterlassen, etwa weil sie ihn „schwarz" bezahlen will, aus ihrer Sicht das Arbeitsverhältnis nicht wirksam zustande gekommen ist oder sie ihn als freien Dienstnehmer einstuft, werden teilweise Klagen mit dem Ziel erhoben, die Arbeitgeberin zur Anmeldung zu verpflichten: 1

> *Die Beklagte wird verurteilt,*
>
> *den Kläger bei der <Bezeichnung der Krankenkasse> mit Wirkung ab dem <Datum> anzumelden.*
>
> *Oder:*
>
> *den Kläger bei der Sozialversicherung anzumelden, die entsprechenden Beiträge abzuführen und ihm dies nachzuweisen.*

Eine solche Klage kann vor den Gerichten für Arbeitssachen keinen Erfolg haben. 2
Das Bundesarbeitsgericht hält die Zuständigkeit der Sozialgerichte für gegeben.[539] Nach anderer Ansicht ist die Klage unzulässig (vgl. ausführlich dazu die Ausführungen unter → *Arbeitsbescheinigung*). Dem Arbeitnehmer bleibt jedoch die Möglichkeit, das Bestehen eines Arbeitsverhältnisses zum Gegenstand einer Feststellungsklage zu machen, zB:

> **Es wird festgestellt, dass**
>
> **zwischen den Parteien seit dem <Datum> ein Arbeitsverhältnis mit einer vereinbarten Bruttomonatsvergütung von EUR <Betrag> besteht.**
>
> **zwischen den Parteien vom <Datum> bis zum <Datum> ein Arbeitsverhältnis bestanden hat.**[540]

Im letztgenannten Beispiel einer **vergangenheitsbezogenen Feststellungsklage** ist 3
aber stets zu fragen, ob das erforderliche Feststellungsinteresse besteht; hierfür reicht nicht aus, wenn ein Sozialversicherungsträger trotz der fehlenden Bindungswirkung einer Entscheidung der Gerichte für Arbeitssachen ausdrücklich erklärt hat, er werde deren Entscheidung de facto respektieren.[541] Hat der Arbeitnehmer Zahlungen erhalten und befürchtet, dass die Arbeitgeberin Steuern und Sozialversicherungsbeiträge nicht abgeführt hat, kann er diese Information über eine Klage auf → *Abrechnung* erhalten.

Siehe auch unter → *Allgemeiner Feststellungsantrag* Rn. 12.

Will der Arbeitnehmer den Inhalt erfolgter Meldungen erfahren: → *Meldung zur Sozialversicherung.*

Annahmeverzug

In der Praxis handelt es sich regelmäßig um den **Annahmeverzug des Arbeitgebers.** 1
Relevant sind vor allem der Annahmeverzug nach Ablauf der Kündigungsfrist im Falle einer unwirksamen Kündigung, die einseitige Freistellung des Arbeitnehmers durch den Arbeitgeber und die Ausübung eines Leistungsverweigerungsrechts

539 BAG 5.10.2005 – 5 AZB 27/05, NZA 2005, 1429.
540 BAG 17.4.2002 – 5 AZR 458/00, EzA ZPO § 256 Nr. 63.
541 BAG 17.4.2002 – 5 AZR 458/00, EzA ZPO § 256 Nr. 63.

durch den Arbeitnehmer, etwa wenn der Arbeitgeber die Vergütung für einen längeren Zeitraum schuldig geblieben ist. Im Einzelfall ist aber zu untersuchen, ob es sich um einen Fall des Annahmeverzugs oder um einen Schadensersatzanspruch handelt.[542]

2 Rechtsfolge des Annahmeverzugs ist der Fortbestand des Vergütungsanspruchs, obwohl keine Arbeitsleistung erfolgt. Der Vergütungsanspruch ist mittels einer Leistungsklage durchzusetzen (→ *Vergütung*). Es gelten die Grundsätze des Bestimmtheitsgebots; bei einer Gesamtforderung sind die einzelnen Vergütungsbestandteile zu individualisieren.[543] Dabei kann zu beachten sein, dass Leistungen, etwa der Agentur für Arbeit, oder ein Zwischenverdienst iSd § 615 S. 2 BGB in Abzug zu bringen sind (→ *Vergütung*).

Unzulässig ist etwa folgender Antrag:

> *Die Beklagte wird verurteilt, den Lohn an den Kläger über den Kündigungszeitpunkt hinaus zu zahlen, sofern der Anspruch nicht auf öffentliche Träger der Arbeitslosen- und Sozialhilfe übergeht.*

3 Werden Vergütungsansprüche unter dem Gesichtspunkt des Annahmeverzugs nach Ausspruch einer **Kündigung** im Wege der **Klagehäufung** zusammen mit einer Kündigungsschutzklage geltend gemacht, so ist zur Vermeidung von **Prozesskosten** an die Stellung eines **unechten Hilfsantrags** zu denken, soweit Vergütungsansprüche für die Zeit nach Ablauf der Kündigungsfrist betroffen sind. Ein solcher Antrag ist insbesondere dann angezeigt, wenn zugleich **Prozesskostenhilfe** beantragt worden ist.

> **Für den Fall des Obsiegens mit dem Kündigungsschutzantrag/Antrag zu <Nr.> wird beantragt: Die Beklagte wird verurteilt, dem Kläger <Betrag> EUR nebst Zinsen iHv fünf Prozentpunkten über dem Basiszinssatz seit dem <Datum> zu zahlen.**

4 Eine **Feststellungsklage,** mittels der festgestellt werden soll, dass ein Fall des Annahmeverzugs vorliegt, ist hingegen unzulässig. Elemente und Vorfragen sind nicht feststellungsfähig (→ A.I.Rn. 46). Die Klage auf Feststellung des Annahmeverzugs ist unzulässig, weil dieser lediglich eine gesetzlich definierte Voraussetzung unterschiedlicher Rechtsfolgen, also lediglich eine Vorfrage für die Beurteilung dieser Rechtsfolgen ist (→ *Leistungsverweigerungsrecht*).[544]

5 Folgender Antrag ist daher beispielsweise **unzulässig:**

> *Es wird festgestellt, dass die Beklagte sich wegen der einseitigen Freistellung in Annahmeverzug befindet.*

6 Eine **Ausnahme** hiervon macht der BGH[545] allein in Fällen, in denen der Kläger eine Verurteilung der Beklagtenseite zu einer **Zug um Zug** zu erbringenden Leistung begehrt, der weitere Antrag des Klägers, den Annahmeverzug des Schuldners hinsicht-

542 Zur Abgrenzung vgl. etwa BAG 19.5.2010 – 5 AZR 162/09, NZA 2010, 1119.
543 BAG 24.9.2014 – 5 AZR 593/12, BeckRS 2014, 73965.
544 BGH 31.5.2000 – XII ZR 41/98, NJW 2000, 2663.
545 BGH 31.5.2000 – XII ZR 41/98, NJW 2000, 2663; vgl. BGH 13.10.2020 – VIII ZR 290/19, NJW-RR 2020, 1517.

lich der ihm gebührenden Leistung festzustellen. Dabei handelt es sich ausdrücklich um eine Ausnahme, die allein aus Gründen der Zweckmäßigkeit und mit dem schutzwürdigen Interesse des Klägers zu rechtfertigen ist, den für die Vollstreckung nach den §§ 756, 765 ZPO erforderlichen Nachweis des Annahmeverzugs bereits im Erkenntnisverfahren erbringen zu können.

Darüber hinaus kommt auch die Durchsetzung des Beschäftigungsanspruchs wäh- 7
rend des Annahmeverzugs in Betracht (→ *Beschäftigung*).

Der Arbeitgeber kann einen Anspruch auf → *Auskunft* geltend machen, welchen 8
Zwischenverdienst der Arbeitnehmer im Zeitraum des Annahmeverzugs erzielt hat bzw. über die von der Agentur für Arbeit und dem Jobcenter unterbreiteten Vermittlungsvorschläge.[546]

Einstweilige Verfügung

Es gelten die obigen Ausführungen. Es ist allein die Durchsetzung von Ansprüchen 9
denkbar, die Folge des Annahmeverzugs sind, etwa Zahlungs- oder Beschäftigungsansprüche.

Arbeitgeberdarlehen

Es kommt gar nicht selten vor, dass Arbeitgeber einem Mitarbeiter ein Darlehen – 1
meist mit Sonderkonditionen – gewähren, oftmals um diesem über eine finanzielle Schieflage hinwegzuhelfen. Ein Darlehen ist rechtlich von einem Vorschuss abzugrenzen.[547] Es handelt sich bei dem Darlehensvertrag um einen selbstständig neben dem Arbeitsvertrag abgeschlossenen bürgerlich-rechtlichen Vertrag.[548] Für entsprechende Rechtsstreitigkeiten ist der **Rechtsweg** zu den Gerichten für Arbeitssachen gemäß § 2 Abs. 1 Nr. 4a ArbGG gegeben.[549] Anderes gilt nur, wenn der Darlehensvertrag auch ohne das Arbeitsverhältnis zustande gekommen wäre.[550]

Zu einem Streit kommt es in diesem Zusammenhang meist dann, wenn der Mitar- 2
beiter ausscheidet und die Arbeitgeberin meint, nach den Bedingungen der Darlehensvereinbarung müsse das Darlehen nunmehr nicht mehr in Raten, sondern in einer Summe zurückgezahlt werden.[551] In anderen Konstellationen verlangen Arbeitgeber die Rückzahlung von Darlehensbeträgen, die sie dem Arbeitnehmer zur Finanzierung von Fortbildungen gewährt haben.[552] Sie können dann den Antrag stellen:

Die Beklagte wird verurteilt, an den Kläger <Betrag> EUR nebst Zinsen in Höhe von 5 Prozentpunkten über dem Basiszinssatz seit dem <Datum>/Rechtshängigkeit zu zahlen.

Zu möglichen Sonderproblemen bei Zahlungsansprüchen: → *Zahlung*.

Gewährt die Arbeitgeberin Mitarbeiterdarlehen auf der Grundlage einer generellen 3
Regelung und verlangt der Arbeitnehmer vergeblich den Abschluss eines Darlehens-

546 Dazu BAG 27.5.2020 – 5 AZR 387/19, NZA 2020, 1113.
547 LAG Rheinland-Pfalz 23.8.2011 – 3 Sa 125/11, BeckRS 2011, 78239.
548 BAG 19.1.2011 – 10 AZR 873/08, NZA 2011, 1159 = DB 2011 1224; beachte aber BAG 19.3.2009 – 6 AZR 557/07, NZA 2009, 896 und BAG 21.1.1999 – 8 AZR 373/97, BeckRS 1999, 30368263.
549 LAG Schleswig-Holstein 8.7.2013 – 5 Ta 110/13, BeckRS 2013, 71505.
550 LAG Rheinland-Pfalz 22.1.2008 – 2 Ta 278/07, BeckRS 2008, 53371.
551 ZB BAG 23.8.2012 – 8 AZR 394/11, NZA 2013, 227; BAG 12.12.2013 – 8 AZR 829/12, NZA 2014, 905.
552 ZB Hessisches LAG 22.5.2023 – 17 Sa 168/22, BeckRS 2023, 42496.

vertrages, etwa weil die Arbeitgeberin meint, er gehöre nicht zum begünstigten Personenkreis, kann der Arbeitnehmer beantragen:

> **Die Beklagte wird verurteilt, das Angebot des Klägers auf Abschluss eines Darlehensvertrages über eine Darlehenssumme von <Betrag> zu den Konditionen <Bezeichnung des der Klage beizufügenden Regelwerks> anzunehmen.**

4 Die Vollstreckung eines Urteils erfolgt dann nach § 894 ZPO → *Teil E. Zwangsvollstreckungsverfahren.*

Arbeitnehmerüberlassung

1 Bei der Überlassung von Arbeitnehmern bzw. bei der Leih- oder Zeitarbeit können sich verschiedene Sachverhalte ergeben.

Häufig stellt sich die Frage, ob zwischen dem Leiharbeitnehmer und dem Entleiher ein Arbeitsverhältnis besteht. Hier kommt ein → *allgemeiner Feststellungsantrag* in Betracht;[553] Mit einem solchen Antrag kann ein Arbeitnehmer das Bestehen eines Arbeitsverhältnisses zu einem Entleiher auf Grundlage der Vorschriften des AÜG geltend machen.[554] Im Klageantrag sind die Art der geschuldeten Arbeitsleistung, die Arbeitszeit und ggf. weitere Arbeitsbedingungen (wie etwa Beginn des Arbeitsverhältnisses) zu nennen.[555] Soweit auch die Arbeitsbedingungen, etwa der Beschäftigungsumfang, im Streit stehen, kann auf vergleichbare Anträge bei einem → *Betriebsübergang* verwiesen werden.

2 Im Arbeitsverhältnis zwischen dem Verleiher und dem Leiharbeitnehmer können sich grundsätzlich alle denkbaren bzw. üblichen Probleme innerhalb eines Arbeitsverhältnisses stellen, etwa Wirksamkeit einer Kündigung, Reichweite des Weisungsrechts oder Ähnliches. Bei der → *Vergütung* können sich aus dem sog. → *Equal-Pay*-Grundsatz besondere Fragestellungen ergeben. Da der Leiharbeitnehmer nicht ohne Weiteres Kenntnis von der Vergütungshöhe im Betrieb des Entleihers hat, steht ihm ein besonderer Anspruch auf → *Auskunft* gemäß § 13 AÜG zu (→ *Rn. 5*).

3 Bevor der Leiharbeitnehmer seinen Arbeitgeber auf Zahlung einer erhöhten Vergütung mittels bezifferter Leistungsklage verklagen kann, muss er regelmäßig erst Auskunft beim Entleiher einholen, ggf. durch Klage auf Auskunft. Dies gilt auch für sonstige wesentliche Arbeitsbedingungen im Entleiherbetrieb. Der Arbeitnehmer kann die Auskunftsklage gegen den Entleiher nicht im Wege der → *Stufenklage* mit der Klage gegen den Verleiher auf Zahlung der Vergütung verknüpfen, da sich die Stufenklage gegen denselben Beklagten richten muss.[556] Die Voraussetzungen der Stufenklage lassen sich nicht dadurch umgehen, dass auf der zweiten Stufe lediglich eine Feststellungsklage gegen den Verleiher gerichtet wird.[557] Im Übrigen ist darauf hinzuweisen, dass für eine Klage des Arbeitnehmers gegen den Entleiher nicht ohne weiteres der **Rechtsweg** vor den Arbeitsgerichten eröffnet ist, etwa für eine Zah-

553 BAG 24.5.2006 – 7 AZR 365/05, BeckRS 2009, 67935.

554 BAG 24.5.2022 – 9 AZR 337/21, NZA 2022, 1530; BAG 20.3.2018 – 9 AZR 508/17, NZA 2018, 931.

555 Vgl. BAG 26.4.2022 – 9 AZR 228/21, NZA 2022, 1257; ggf. kann zur Auslegung des Antrags auf die Klagebegründung zurückgegriffen werden.

556 LAG Berlin-Brandenburg 5.6.2012 – 3 Sa 134/12, BeckRS 2012, 75329; BGH 26. 5 1994 – IX ZR 39/93, NJW 1994, 3102.

557 BAG 28.5.2014 – 5 AZR 794/12, NJW 2014, 2607.

lungsklage.[558] Bei Rechtsstreitigkeiten zwischen einem Leiharbeitnehmer und einem Entleiher kann aber nach Sinn und Zweck der jeweiligen Norm der Rechtsweg eröffnet sein; so kann der Leiharbeitnehmer nach § 13 AÜG von seinem Entleiher Auskunft über die im Betrieb des Entleihers geltenden Arbeitsbedingungen vor den Arbeitsgerichten verlangen.[559]

Unzulässig ist folgender Antrag: 4

> *1. Die Beklagte zu 1 wird verurteilt, dem Kläger Auskunft über die Höhe des Arbeitsentgelts für den Zeitraum <Datum> für die Tätigkeit eines <Beschreibung der Tätigkeit, zB Schlossers> oder eines vergleichbaren Arbeitnehmers zu erteilen;*
>
> *2. es wird festgestellt, dass die Beklagte zu 2 verpflichtet ist, an den Kläger einen sich für den Zeitraum <Datum> für die Tätigkeit eines Schlossers oder eines vergleichbaren Arbeitnehmers bei der Entleiherin zu bezahlenden Bruttobetrag abzüglich eines bereits an den Kläger ausbezahlten Bruttoentgelts für den genannten Zeitraum iHv <Betrag> EUR zu zahlen.*

Der Antrag auf Auskunftserteilung lautet etwa:[560] 5

> **Die Beklagte wird verurteilt, dem Kläger Auskunft zu erteilen über die wesentlichen Arbeitsbedingungen eines vergleichbaren <Bezeichnung der Berufsgruppe oder der Tätigkeiten> in ihrem Betrieb, bezogen auf den Bruttostundenlohn, den Monatsbruttolohn, etwaige Sonderzahlungen und Zulagen, jeweils bezogen auf den Zeitraum <Daten, etwa von xxx bis xxx oder ab dem xxx>.**

Das BAG erachtet einen solchen Antrag für zulässig, insbesondere für hinreichend bestimmt, da § 13 AÜG selbst vorgibt, dass Auskunft über „die wesentlichen Arbeitsbedingungen vergleichbarer Arbeitnehmer" verlangt werden kann. Nach Auffassung des BAG ist es Aufgabe des Arbeitgebers zu definieren, wer mit dem entliehenen Arbeitnehmer vergleichbar ist. Es erscheint ratsam, die wesentlichen Arbeitsbedingungen zu benennen, an denen der Kläger interessiert ist.

Folgender Antrag ist ebenfalls für zulässig erachtet worden: 6

> **Die Beklagte wird verurteilt, dem Kläger Auskunft über die im Betrieb in <Ort> mit dem Kläger vergleichbaren Arbeitnehmer der Beklagten, die die technische Ausrüstung einschließlich PC und Drucker zusammenstellen, geltenden Arbeitsbedingungen bzgl. Arbeitsentgelt und die Zahl der Urlaubstage für die Zeit vom <Datum> bis zum <Datum> zu erteilen.**[561]

Kennt der Arbeitnehmer die Daten des Entleihers nicht, stellt sich die Frage, ob er 7
hierüber Auskunft von seinem Arbeitgeber (Verleiher) verlangen kann. Eine entsprechende Klage kann lauten:

> **Die Beklagte wird verurteilt, dem Kläger Auskunft über die Firma und die Anschrift des Entleihers zu erteilen.**

558 BAG 24.4.2018 – 9 AZB 62/17, BeckRS 2018, 9248.
559 BAG 24.4.2018 – 9 AZB 62/17, BeckRS 2018, 9248.
560 Vgl. BAG 24.4.2014 – 8 AZR 1081/12, NZA 2014, 968.
561 ArbG Stuttgart 23.1.2013 – 11 Ca 654/11, BeckRS 2013, 66585.

8 Ob eine solche Klage hingegen begründet ist, ist nicht eindeutig.[562] Allerdings hat der Entleiher dem Verleiher nach § 12 Abs. 1 S. 4 AÜG in einer Urkunde anzugeben, welche wesentlichen Arbeitsbedingungen für vergleichbare Arbeitnehmer des Entleihers gelten. Die **Zwangsvollstreckung** richtet sich nach § 888 ZPO (→ *E. Zwangsvollstreckung Rn. 15*).

Arbeitsbescheinigung

1 Nach § 312 Abs. 1 SGB III hat die Arbeitgeberin auf Verlangen des Arbeitnehmers oder auf Verlangen der Bundesagentur alle Tatsachen zu bescheinigen, die für die Entscheidung über den Anspruch auf Arbeitslosengeld oder für die Entscheidung über ein Versicherungspflichtverhältnis auf Antrag oder einen Anspruch auf Teilarbeitslosengeld erheblich sein können (Arbeitsbescheinigung), und zwar auf dem von der Bundesagentur für Arbeit hierfür vorgesehenen **Formular.** Seit dem 1.1.2023 hat die Arbeitgeberin die Bescheinigung nicht mehr dem Arbeitnehmer auszuhändigen. Vielmehr sieht die Neuregelung des § 313a Abs. 1 SGB III vor, dass die Arbeitgeberin die Bescheinigung der Bundesagentur elektronisch übermittelt. Die Bundesagentur hat nach Erhalt dem Arbeitnehmer unverzüglich einen Nachweis über die übermittelten Daten zuzuleiten. Hat die Arbeitgeberin die Übermittlung an die Bundesagentur trotz Verlangen unterlassen, kann der Arbeitnehmer beantragen:

> **Die Beklagte wird verpflichtet, der Bundesagentur für Arbeit die Arbeitsbescheinigung nach § 312 Abs. 1 SGB III für den Kläger gemäß § 313a Abs. 1 SGB III elektronisch zu übermitteln.**

2 Sinnlos ist es zu verlangen, dass das Formular „ordnungsgemäß" ausgefüllt übermittelt werden soll. Diesem Begehren fehlt es an der erforderlichen Bestimmtheit, so dass es bestenfalls durch Auslegung als gegenstandlos eingestuft werden kann. Die Vollstreckung eines erlangten Titels erfolgt nach § 888 ZPO (→ *E. Zwangsvollstreckungsverfahren*). Zum möglichen Antrag nach § 61 Abs. 2 ArbGG, die Arbeitgeberin für den Fall, dass die Handlung nicht binnen einer bestimmten Frist vorgenommen ist, zur Zahlung einer vom Gericht nach freiem Ermessen festzusetzenden Entschädigung verurteilen zu lassen → *Entschädigung.*

3 Hat die Arbeitgeberin auf der Bescheinigung Angaben gemacht, welche der Arbeitnehmer für falsch hält und die ihm Nachteile im Bezug von Arbeitslosengeld bringen können, werden teilweise Klagen auf **Berichtigung** erhoben, zB

> *Die Beklagte wird verurteilt, die Arbeitsbescheinigung nach § 312 Abs. 1 SGB III ordnungsgemäß[563] auszufüllen.*
> *Oder:*
> *Die Beklagte wird verurteilt, die Arbeitsbescheinigung nach § 312 Abs. 1 SGB III dahingehend auszufüllen, dass den Kläger kein Verschulden an der Beendigung des Arbeitsverhältnisses trifft.*

562 Dagegen LAG Thüringen 18.7.2013 – 6 Sa 41/12.

563 Dieser Formulierung fehlt zudem die erforderliche Bestimmtheit: BAG 25.4.2001 – 5 AZR 395/99, NZA 2001, 1157.

Derartige Klagen sind unabhängig von ihrer Formulierung zum Scheitern verurteilt. 4
Nach der Rechtsprechung des Bundesarbeitsgerichts[564] und des Bundessozialgerichts[565] sind sie wegen der öffentlich-rechtlichen Natur des Rechtsverhältnisses, aus dem der Klageanspruch hergeleitet wird, an die Sozialgerichte zu verweisen. Das erscheint zwar äußerst zweifelhaft,[566] da ein Streit zwischen Arbeitnehmer und Arbeitgeberin über den Inhalt einer Arbeitsbescheinigung nicht vor den Sozialgerichten zu verhandeln sein dürfte. Die öffentlich-rechtliche Verpflichtung der Arbeitgeberin zur Erteilung der Arbeitsbescheinigung nach § 312 Abs. 1 S. 1 SGB III besteht gegenüber der Bundesagentur für Arbeit.[567] Sie kann daher bei einer Klage des Arbeitnehmers gegenüber der Arbeitgeberin das Rechtsverhältnisses, aus dem der Klageanspruch hergeleitet wird, nicht prägen. Eine Klage vor den Gerichten für Arbeitssachen ist jedoch unabhängig davon sinnlos, selbst wenn sie auf eine korrespondierende Nebenpflicht aus dem Arbeitsverhältnis gestützt wird. Eine solche Klage ist jedenfalls unzulässig, da die Arbeitgeberin bei der Erteilung der Arbeitsbescheinigung in zeugenschaftlicher Funktion tätig ist. Eine Klage auf einen bestimmten Inhalt einer Zeugenaussage ist jedoch nicht zulässig.[568] Eine Klage gegen die Arbeitgeberin vor dem Sozialgericht bringt den Arbeitnehmer nach der Rechtsprechung des Bundessozialgerichts ebenfalls nicht weiter. Für eine Klage des Arbeitnehmers auf Ergänzung oder Berichtigung der Arbeitsbescheinigung besteht danach nämlich kein Rechtsschutzbedürfnis, sobald ein Verwaltungsverfahren läuft, weil die Arbeitsverwaltung im Rahmen dieses Verfahrens ohnehin von Amts wegen ermitteln muss. Ein Erfordernis zur Berichtigung einer Arbeitsbescheinigung außerhalb eines Antrags auf Arbeitslosengeld erscheint jedoch schwer vorstellbar. Ob aus taktischen Gründen eine Klage vor den Gerichten für Arbeitssachen sinnvoll erscheint in der Hoffnung, die Arbeitgeberin werde sich trotz der Unzuständigkeit im Wege des Vergleichs auf eine Berichtigung einlassen, muss der Arbeitnehmer selbst entscheiden.

Arbeitskampf

Übersicht

	Rn.
1. Grundsätze	1
2. Ansprüche der Arbeitgeberseite	2–17
3. Ansprüche Gewerkschaften/Arbeitnehmer/Betriebsrat	18–22

1. Grundsätze

Art. 9 Abs. 3 GG garantiert die **Koalitionsfreiheit.** Darunter fällt insbesondere der 1
Abschluss von Tarifverträgen.[569] Die Wahl der Mittel, die sie zur Erreichung dieses Zwecks für geeignet halten, überlässt Art. 9 Abs. 3 GG grundsätzlich den Koalitionen. Zu den geschützten Mitteln zählen Arbeitskampfmaßnahmen, die auf den Abschluss von Tarifverträgen gerichtet sind. Dabei sind **Streik und Aussperrung** die zentralen Arbeitskampfmittel. Im Einzelfall können Arbeitskampfmittel rechtswidrig

564 BAG 13.7.1988 – 5 AZR 467/87, NZA 1989, 321; so zuletzt auch LAG Schleswig-Holstein 3.8.2021 – 6 Ta 65/21 NZA-RR 2021, 613.
565 BSG 12.12.1990 – 11 RAr 43/88, NZA 1991, 696.
566 Vgl. auch die gegenläufige Begründung des Ausschusses für Arbeit und Sozialordnung vom 17.1.1979 BT-Drs. 8/2535, 34.
567 BSG 12.12.1990 – 11 RAr 43/88, NZA 1991, 696.
568 LAG Frankfurt 5.1.1983 – 8 Ta 295/82, BB 1983, 2186.
569 Vgl. auch BAG 22.6.2021 – 1 ABR 28/20, NZA 2022, 575.

sein. In dieser Situation kann zB der Arbeitgeber versuchen, den Streik zu verhindern. Der entsprechende Anspruch ergibt sich als Unterlassungsanspruch gem. §§ 1004, 823 Abs. 1 BGB wegen des Eingriffs in das Recht am eingerichteten und ausgeübten Gewerbebetrieb, dem jedoch wegen des Rechtes der Gewerkschaft auf Durchführung eines Arbeitskampfes als Ausfluss der verfassungsrechtlichen Garantie des Art. 9 Abs. 3 GG enge Grenzen gesetzt sind. Entscheidend für die Untersagung von Streikmaßnahmen ist die Rechtswidrigkeit des Arbeitskampfes. Denn der rechtswidrige Arbeitskampf ist von der Garantie des Art. 9 Abs. 3 GG nicht erfasst.[570] Im Rahmen des Arbeitskampfes geht es deshalb um **Unterlassungsansprüche,** die regelmäßig im Rahmen des **einstweiligen Verfügungsverfahrens** geltend gemacht werden. Die Anträge müssen so formuliert sein, dass sie eindeutig erkennen lassen, welche Verhaltensweisen dem Antragsgegner verboten werden sollen. Gegenstand und Umfang der Entscheidungsbefugnis des Gerichts müssen abgegrenzt sein und die Prüfung, welche Verhaltensweisen der Schuldner zu unterlassen hat, darf nicht aus dem Erkenntnis- in das Vollstreckungsverfahren verlagert werden.[571] → *Systematische Einleitung* Rn. 24. Das Hauptproblem bei der Antragstellung liegt darin, einerseits die fragliche **Verletzungshandlung** so **präzise zu beschreiben,** dass der Antrag dem Bestimmtheitserfordernis genügt, andererseits dem Verletzer aber nicht durch eine zu enge Formulierung Umgehungsmöglichkeiten zu eröffnen (→ *Unterlassung*). Im Ergebnis muss der Antrag also die konkret zu unterlassende Maßnahme **eindeutig bezeichnen,** sei es durch Bezeichnung des rechtswidrigen Streikmittels oder des rechtswidrigen Streikziels.[572] Der Begriff der Arbeitskampfmaßnahme als solcher ist jedenfalls unbestimmt.[573]

2. Ansprüche der Arbeitgeberseite

2 Zunächst ist es möglich, sich gegen **Vorbereitungshandlungen** eines Streiks zu wenden, zB eine Urabstimmung, die zur Durchführung eines aus Sicht des Arbeitgebers rechtswidrigen Streiks abgehalten werden soll:

Die Beklagte wird unter Androhung von Ordnungsgeld bis zu EUR 250 000,– für jeden Fall der Zuwiderhandlung, ersatzweise für den Fall, dass dieses nicht beigetrieben werden kann, Ordnungshaft <uU: gegen ihre gesetzlichen Vertreter> oder Ordnungshaft bis zu sechs Monaten verurteilt, es zu unterlassen,

eine Urabstimmung zur Vorbereitung eines Arbeitskampfes bei dem Kläger durchzuführen, sofern der Arbeitskampf das Ziel hat <genaue Bezeichnung des für verboten gehaltenen Streikziels>.[574]

3 Auch der **Streikaufruf** selbst kann Gegenstand des Verfahrens sein. Dabei kann sich die Rechtswidrigkeit daraus ergeben, dass entweder der Streik als solcher oder aber die einzelne Streikmaßnahme rechtswidrig ist.

Die Beklagte wird unter Androhung von Ordnungsgeld bis zu EUR 250 000,– für jeden Fall der Zuwiderhandlung, ersatzweise für den Fall, dass dieses

570 BAG 20.11.2018 – 1 AZR 189/17, NZA 2019, 402; BAG 14.8.2018 – 1 AZR 287/17, NZA 2019, 100.
571 BAG 20.11.2012 – 1 AZR 179/11, NZA 2013, 448; BAG 14.9.2010 – 1 ABR 32/09, EZA ZPO 2002, § 253 Nr. 4.
572 BAG 20.11.2018 – 1 AZR 189/17, NZA 2019, 402; BAG 20.11.2012 – 1 AZR 179/11, NZA 2013, 448.
573 BAG 25.8.2015 – 1 AZR 754/13, BAGE 152, 240.
574 LAG Baden-Württemberg 31.3.2009 – 2 SaGa 1/09, NZA 2009, 631.

nicht beigetrieben werden kann, Ordnungshaft <uU gegen ihre gesetzlichen Vertreter> oder Ordnungshaft bis zu sechs Monaten verurteilt, es zu unterlassen,

ihre Mitglieder oder andere Arbeitnehmer, die bei dem Kläger beschäftigt sind, zu einem Streik aufzurufen, der

<genaue Bezeichnung der für verboten gehaltenen Streikmaßnahme>[575]

oder das Ziel hat,

<genaue Bezeichnung des für verboten gehaltenen Streikziels>.

ZB dessen Ziel der Abschluss eines bundesweiten Sozialtarifvertrages zwischen den Parteien für die <Bezeichnung des Bereichs> ist, wie er durch Übersendung in der Version X vom <Datum> entsprechend dem Schreiben der Beklagten an den Kläger vom <Datum> gefordert worden ist.[576]

Denkbar ist die Rechtswidrigkeit des Streiks an sich zB dann, wenn der Streik gegen die Friedenspflicht verstößt, etwa wenn die Beklagte noch an einen anderen geltenden Tarifvertrag gebunden ist. Hier könnte etwa formuliert werden: 4

Die Beklagte wird unter Androhung von Ordnungsgeld bis zu EUR 250 000,– für jeden Fall der Zuwiderhandlung, ersatzweise für den Fall, dass dieses nicht beigetrieben werden kann, Ordnungshaft <uU: gegen ihre gesetzlichen Vertreter> oder Ordnungshaft bis zu sechs Monaten verurteilt, es bis zum <Laufzeit des noch geltenden Tarifvertrags> zu unterlassen,

ihre Mitglieder oder andere Arbeitnehmer, die bei dem Kläger beschäftigt sind, zu einem Streik zur Erzwingung des Abschlusses eines für den Kläger geltenden Tarifvertrages mit dem <Thema> aufzurufen.[577]

Bei einem Streikaufruf kann sich der Unterlassungsanspruch auch gegen den Betriebsrat bzw. einzelne Mitglieder des Betriebsrates richten, wenn diese insoweit in unzulässiger Weise die Betriebsmittel der Arbeitgeberin nutzen. Zwar begründet allein der Verstoß § 74 Abs. 2 S. 1 BetrVG keinen Unterlassungsanspruch, dieser kann sich jedoch aus § 1004 Abs. 1 S. 2 BGB ergeben, weil die sachlichen Betriebsmittel, auch im Rahmen von § 40 Abs. 2 BetrVG nur für die Betriebsratsarbeit überlassen werden. Deshalb kann dem Betriebsrat aufgrund der Neutralitätspflicht gem. § 74 BetrVG untersagt werden, sich im Arbeitskampf zu engagieren, zB bestimmte Betriebsmittel im Rahmen von Streiks der Gewerkschaft zur Verfügung zu stellen. 5

Der Beklagten wird aufgegeben, es zu unterlassen, die ihr von der Arbeitgeberin zur Verfügung gestellte dienstliche Durchwahlnummer <Nummer> sowie den namensbezogenen betrieblichen E-Mail Accounts <Name> für den Aufruf eines Streiks <genaue Bezeichnung> zu nutzen.[578]

575 BAG 20.11.2012 – 1 AZR 611/11, BAGE 144, 1, BAG 24.4.2007 – 1 AZR 252/06, NZA 2007, 987; LAG Hessen, 16.7.2018 – 16 SaGa 933/18, BeckRS 2018, 27887; LAG Hessen 7.11.14 – 9 SaGa 1496/14, BeckRS 2015, 68424; LAG Hamburg 21.5.14 – 5 SaGa 1/14, AuR 2014, 346. Auch: LAG Köln 1.7.2022 – 10 SaGa 8/22, BeckRS 2022, 49127; LAG Hessen 3.9.2021 – 16 SaGa 1046/21, BeckRS 2021, 28878.

576 LArbG Berlin-Brandenburg 14.8.2012 – 22 SaGa 1131/12, BeckRS 2012, 72275.

577 LAG Baden-Württemberg 3.8.2016 – 4 SaGa 2/16, BeckRS 2016, 71965; LAG Hessen 17.9.2008 – 9 SaGa 1442/08, NZA-RR 2009, 26. Vgl. auch LAG Nürnberg 20.7.2023 – 3 SaGa 6/23, NZA-RR 2023, 539; LAG Hamburg 15.6.2023 – 3 SaGa 1/23, juris.

578 BAG, 15.10.2013 – 1 ABR 31/12, BAGE 146, 189.

6 Sind einzelne **Arbeitskampfmaßnahmen unwirksam,** etwa bei einem Verstoß gegen eine Notdienstvereinbarung, kann folgendermaßen formuliert werden:

Die Beklagte wird unter Androhung von Ordnungsgeld bis zu EUR 250 000,– für jeden Fall der Zuwiderhandlung, ersatzweise für den Fall, dass dieses nicht beigetrieben werden kann, Ordnungshaft <uU: gegen ihre gesetzlichen Vertreter> oder Ordnungshaft bis zu sechs Monaten verurteilt, es zu unterlassen, folgende Arbeitskampfmaßnahmen <genaue Bezeichnung der aus Sicht des Klägers unzulässigen Arbeitskampfmaßnahmen, die gegen die Notdienstvereinbarung verstoßen> bei dem Kläger durchzuführen.

7 Ebenso wird es für zulässig gehalten, konkrete rechtswidrige Streikmaßnahmen zu untersagen. Dabei muss der Begriff der Arbeitskampfmaßnahme im Antrag jeweils präzisiert werden, weil er als solcher nicht trennscharf ist:[579]

Die Beklagte wird unter Androhung von Ordnungsgeld bis zu EUR 250 000,– für jeden Fall der Zuwiderhandlung, ersatzweise für den Fall, dass dieses nicht beigetrieben werden kann, Ordnungshaft <uU: gegen ihre gesetzlichen Vertreter> oder Ordnungshaft bis zu sechs Monaten verurteilt, es zu unterlassen, auf dem Betriebsgelände dessen Grenzen anhand des Mietvertrages vom <Datum> ersichtlich sind in der A-Straße, A-Stadt zum Zwecke <Streikziel> Arbeitskampfmaßnahmen <genaue Bezeichnung der verbotenen Streikmaßnahme> durchzuführen,[580] insbesondere

zB: durch Flugblatt oder auf sonstige Weise Mitglieder der Beklagten oder andere Personen dazu aufzurufen, zu mehreren Personen eine bestreikte Filiale des Klägers gezielt aufzusuchen, um dort entweder mit vielen Menschen zur gleichen Zeit einen Pfennigartikel zu kaufen und so für längere Zeit den Kassenbereich zu blockieren oder damit dort viele Menschen zur gleichen Zeit ihre Einkaufswagen mit dem Ziel voll (bitte keine Frischware!!!) packen, diese dann an der Kasse oder anderswo in den Filialräumen stehenzulassen.[581]

den Zugang zu den Betriebsstätten des Klägers in <konkrete Bezeichnung> und den Ausgang daraus zu behindern, insbesondere das Passieren von Arbeitnehmern, sonstigen Mitarbeitern, Lieferanten, Kunden und Besuchern durch körperliche Gewalt zu unterbinden oder zu behindern.[582]

Ebenso:

Die Beklagte wird unter Androhung von Ordnungsgeld bis zu EUR 250 000,– für jeden Fall der Zuwiderhandlung, ersatzweise für den Fall, dass dieses nicht beigetrieben werden kann, Ordnungshaft <uU: gegen ihre gesetzlichen Vertreter> oder Ordnungshaft bis zu sechs Monaten verurteilt, es zu unterlassen, die Zufahrt zum Betriebsgelände der <Arbeitgeberin> durch

579 Vgl. zum Begriff BAG 25.8.2015 – 1 AZR 754/13, BAGE 152, 240; LAG Rheinland-Pfalz 31.8.2016 – 4 Sa 512/15, BeckRS 2016, 111711.

580 LAG Rheinland-Pfalz 31.8.2016 – 4 Sa 512/15, BeckRS 2016, 111711. Vgl. auch BAG 20.11.2018 – 1 AZR 189/17, NZA 2019, 402.

581 BAG 22.9.2009 – 1 AZR 972/08, NZA 2009, 1357; vorhergehend LAG Berlin-Brandenburg 29.9.2008 – 5 Sa 967/08, NZA-RR 2009, 149.

582 LAG Hessen 17.9.2008 – 9 SaGa 1443/08, ArbuR 2009, 141.

die Streikmaßnahmen der Arbeitnehmer des Betriebes und/oder betriebsfremder Personen zur Verhinderung des Zutritts und Ausgangs von Lieferanten, Kunden, Besuchern und sonstigen zutrittswilligen Personen zu blockieren oder blockieren zu lassen oder hierzu aufzurufen, insbesondere indem Streikende oder Streikposten LKW an der Ein- oder Ausfahrt hindern, indem sie sich allein oder mit weiteren Personen vor diesen Fahrzeugen positionieren.[583]

Soweit **Notdienstregelungen** im Rahmen eines Streiks erforderlich sein können, etwa im Krankenhausbereich oder im Sicherheitsgewerbe, stellt sich die Frage, ob und wie diese durchgesetzt werden können. Die Rechtsprechung der Instanzgerichte hält es für möglich, derartige Regelung im Rahmen eines einstweiligen Verfügungsverfahrens durchzusetzen.[584] **8**

Der Beklagte wird aufgegeben, bis zum Abschluss einer Notdienstvereinbarung für den Streik vom <Datum>, längstens bis zum <Datum> folgenden Notdienst einzusetzen:

- **Im Operationssaal 1 beträgt die Notbesetzung während der Arbeitsniederlegung von Montag bis Freitag in der Früh-, Spät- und Nachtschicht und am Samstag und Sonntag in der Früh- und Spätschicht jeweils <konkret erforderliche Besetzung, zB 1 Arzt, 2 Pfleger etc.>.**[585]
- **6 x Operatoren in der Tunnelbetriebszentrale jeweils 2 für die Frühschicht, die Spätschicht und die Nachtschicht; 4 Tunnelbetriebswarte für die Tagschicht; 1 Sicherheitsbeauftragten für die Tagschicht, 1 IT-Projektingenieur für die Tagschicht.**[586]

Zuweilen finden sich auch Anträge, einen konkreten rechtswidrigen **Streikaufruf** zu **widerrufen** (→ *Widerruf von Erklärungen*). Soweit die Voraussetzungen für einen Widerruf vorliegen, kann zB folgender Antrag gestellt werden: **9**

Die Beklagte wird verurteilt, den Streikaufruf an ihre Mitglieder vom <Datum>, mit dem sie zu einem Streik ab dem <Datum> aufgerufen hat, in schriftlicher Form zu widerrufen.[587]

Zur effektiven Durchsetzung der grundrechtlich geschützten Rechtspositionen werden die Anträge typischerweise im Rahmen einer **einstweilige Verfügung** geltend gemacht.[588] **10**

Entscheidend für die Untersagung ist auch hier die Rechtswidrigkeit des Arbeitskampfes, die im Einzelnen dargelegt und glaubhaft gemacht werden muss.[589] **11**

583 LAG Berlin-Brandenburg 15.6.2016 – 23 SaGa 968/16, BeckRS 2016, 73979.

584 LAG Hamburg 26.3.2023 – 1 Ta 1/23, BeckRS 2023, 8596; LAG Köln 1.7.2022 – 10 SaGa 8/22, BeckRS 2022, 49127; LAG Schleswig-Holstein 13.11.2020 – 3 SaGa 7/20, BeckRS 2020, 41009; LAG Schleswig-Holstein 26.9.2018 – 6 SaGa 7/18, BeckRS 2018, 31780.

585 LAG Schleswig-Holstein 26.9.2018 – 6 SaGa 7/18, BeckRS 2018, 31780. Auch LAG Berlin-Brandenburg 20.10.2021 – 12 Ta 1310/21, BeckRS 2021, 34051.

586 LAG Hamburg 26.3.2023 – 1 Ta 1/23, BeckRS 2023, 8596.

587 LAG Köln 1.7.2022 – 10 SaGa 8/22, BeckRS 2022, 49127; LAG Köln 12.12.2005 – 2 Ta 457/05, NZA 2006, 62.

588 LAG Schleswig-Holstein 10.12.1996 – 6 Sa 577/96, BeckRS 1996, 30818161; LAG Hessen 22.7.2004 – 9 Sa Ga 593/04, NZA-RR 2005, 262; LAG Rheinland-Pfalz 22.6.2004 – 11 Sa 2096/03, BeckRS 2005, 40325.

589 LAG Hessen 22.7.2004 – 9 SaGa 593/04, NZA-RR 2005, 262; GMP/Germelmann § 62 Rn. 91; SW/Walker § 62 Rn. 142.

12 In der Praxis findet sich eine Vielzahl von Anträgen, die dem Bestimmtheitserfordernis nicht entsprechen.

> *Die Beklagte wird verurteilt, Streikmaßnahmen zu unterlassen.*[590]

13 Hier bleibt völlig offen, um welchen konkreten Streik es sich handeln soll.

> *Die Beklagte wird verurteilt, zu unterlassen, ihre Mitglieder und sonstige Arbeitnehmer der Klägerin zu Streiks und sonstigen Arbeitskampfmaßnahmen aufzurufen, um den Abschluss eines „Spartentarifvertrages für das Fahrpersonal im Schienenverkehr" durchzusetzen.*[591]

14 Nach dem Urteil des LAG bleibt bei dieser Formulierung offen, was „sonstige Arbeitskampfmaßnahmen" sein sollen. Das BAG hat demgegenüber den Antrag

> *Die Beklagte wird verurteilt, zu unterlassen, ihre Mitglieder und andere Arbeitnehmer des Klägers zu Streiks, Warnstreiks und sonstigen Arbeitsniederlegungen aufzurufen sowie Streiks, Warnstreiks und sonstige Arbeitsniederlegungen in Einrichtungen des Klägers zu organisieren und durchzuführen.*[592]

für zulässig gehalten. Insbesondere wollten die Kläger erkennbar sonstige Arbeitskampfformen in den Antrag einbeziehen, die von einem gewerkschaftlichen Kampfaufruf erfasst sind. Der Antrag ist jedenfalls als Globalantrag unbegründet. Ebenfalls ist unklar, ob hierunter bereits Maßnahmen der internen Willensbildung der Beklagten oder erst auch nach außen tretende Kampfhandlungen fallen.

> *Die Beklagten werden verurteilt, es zu unterlassen, Streikmaßnahmen, insbesondere Arbeitseinstellungen in den Betrieben der Mitgliedsunternehmen des Klägers aufgrund einer Urabstimmung durchzuführen oder durchführen zu lassen, insbesondere die Arbeitnehmer der Mitgliedsunternehmen des Klägers zu Arbeitseinstellungen aufzurufen oder aufrufen zu lassen, wenn nicht mindestens 75% der für die Bewegung in Betracht kommenden Mitglieder der Beklagten im Tarifgebiet Sachsen in der vom Vorstand der Beklagten beschlossenen geheimen Urabstimmung für die Arbeitseinstellung gestimmt haben.*[593]

15 Bei diesem Antrag bleibt offen, was „75% der für die Bewegung in Betracht kommenden Mitglieder der Beklagten" bedeuten soll.

16 Soweit ein rechtswidriger Streik oder eine sonstige rechtswidrige Arbeitskampfmaßnahme Schadensersatzforderungen nach sich ziehen können,[594] gelten die allgemeinen Regelungen → *Schadensersatz.* Im Rahmen von Schadensersatzansprüchen ist es nicht möglich, im Wege einer Zwischenfeststellungsklage die Rechtswidrigkeit der Arbeitskampfmaßnahme feststellen zu lassen.

---

590 ArbG Koblenz 17.8.2023 – 11 Ga 25/23, NZA-RR 2023, 680.
591 LAG Hessen 2.5.2003 – 9 SaGa 638/03, BB 2003, 1229.
592 BAG 20.11.2012 – 1 AZR 179/11, NZA 2013, 448.
593 ArbG Dresden 14.1.2004 – 1 Ca 3081/03, ArbuR 2004, 165.
594 BAG 26.7.2016 – 1 AZR 160/14, BAGE 155, 347; BAG 25.8.2015 – 1 AZR 754/13, BAGE 152, 240; LAG Hessen 5.12.2013 – 9 Sa 592/13, BB 2013, 3123.

Es wird festgestellt, dass die Beklagte ihr gegenüber verpflichtet war, die am <Datum> durchgeführten Arbeitskampfmaßnahmen mit dem Ziel <Streikziel> zu unterlassen.[595]

Zum einen wäre ein solcher Antrag schon nicht hinreichend bestimmt. Auch ein auf 17
die Zwischenfeststellung einer Unterlassungsverpflichtung gerichteter Antrag muss wegen der Anforderungen der §§ 308, 322 ZPO die zu unterlassende Handlung so genau bezeichnen, dass mit der Entscheidung feststeht, welcher Vorgang von der festgestellten Verpflichtung erfasst ist. Dem wird der Begriff „Arbeitskampfmaßnahmen" nicht gerecht. Zum anderen fehlt es an der nach § 256 Abs. 2 ZPO für die Zulässigkeit der Zwischenfeststellungsklage erforderlichen Vorgreiflichkeit, weil ein festgestellter Verstoß gegen eine gesetzliche Unterlassungsverpflichtung keine Feststellungswirkung für einen Schadensersatzprozess hätte.[596]

3. Ansprüche Gewerkschaften/Arbeitnehmer/Betriebsrat

Soweit der **Arbeitgeber** Arbeitskampfmaßnahmen durchführt, etwa **Aussperrun-** 18
gen, kommen sowohl Unterlassungsansprüche der Arbeitnehmer und Gewerkschaften als auch Schadensersatzansprüche in Betracht. Auch hier ist es wichtig, die konkret zu unterlassende Maßnahme eindeutig zu beschreiben. Die Anträge können analog zur Streikuntersagung formuliert werden:

Der Beklagte wird unter Androhung von Ordnungsgeld bis zu EUR 250000,– für jeden Fall der Zuwiderhandlung, ersatzweise für den Fall, dass dieses nicht beigetrieben werden kann, Ordnungshaft <uU: gegen ihre gesetzlichen Vertreter> oder Ordnungshaft bis zu sechs Monaten verurteilt, es zu unterlassen,
<genaue Bezeichnung der Arbeitskampfmaßnahme>:

Soweit der Arbeitgeber zB **Notdienstarbeiten** anordnet, könnte folgender Antrag ge- 19
stellt werden:

Der Beklagte wird unter Androhung von Ordnungsgeld bis zu EUR 250000,– für jeden Fall der Zuwiderhandlung, ersatzweise für den Fall, dass dieses nicht beigetrieben werden kann, Ordnungshaft <uU: gegen ihre gesetzlichen Vertreter> oder Ordnungshaft bis zu sechs Monaten verurteilt, es zu unterlassen, während der von der Klägerin für den Zeitraum ab dem <Datum> mit Beginn der Nachtschicht ab 18:00 Uhr geplanten unbefristeten Streiks im Bereich des <konkrete Beschreibung des bestreikten Bereiches> streikbereite und streikwillige Arbeitnehmer abweichend von den Festlegungen zum streikbedingten Notdienst, wie sie aus den Vereinbarungen <Name, Datum, Inhalt> ersichtlich sind, für Notdienste einzuteilen.[597]

Bei einer **Aussperrung** kann auch der Widerruf beantragt werden. 20

595 BAG 25.8.2015 – 1 AZR 754/13, BAGE 152, 240.
596 BAG 25.8.2015 – 1 AZR 754/13, BAGE 152, 240.
597 ArbG Berlin 6.5.2008 – 59 Ga 6988/08, n.v.; ArbG Berlin 12.10.2007 – 24 Ga 16462/07, ArbuR 2008, 66.

> **Der Beklagte wird verurteilt, den Aufruf an ihre Mitglieder vom <Datum> mit dem der Beklagte seine Mitgliedsfirmen zu einer Aussperrung der bei den Mitgliedsfirmen beschäftigten Arbeitnehmer ab dem <Datum> aufgerufen hat, in schriftlicher Form zu widerrufen.**

21 Zuweilen loben Arbeitgeber im Rahmen von Streikmaßnahmen für diejenigen Arbeitnehmer, die sich nicht an den Streiks beteiligen, eine sog. „Streikbruchprämie" aus. Diese Prämie ist im Rahmen eines Arbeitskampfes kein generell unzulässiges Arbeitskampfmittel.[598] Liegen die Voraussetzungen für die Gewährung nicht vor, kommen unmittelbare Zahlungsansprüche des Arbeitnehmers in Betracht, → *Zahlung*

22 Im Rahmen eines Arbeitskampfes können einzelne **Mitbestimmungsrechte des Betriebsrats** eingeschränkt sein, wenn bei deren vollständiger Aufrechterhaltung die ernsthafte Gefahr besteht, dass der Betriebsrat eine dem Arbeitgeber sonst mögliche Arbeitskampfmaßnahme verhindert und dadurch zwangsläufig zu dessen Nachteil in das Kampfgeschehen eingreift.[599] Besteht das Mitbestimmungsrecht des Betriebsrates in Einzelfällen fort, gelten die allgemeinen Grundsätze, so dass insbesondere Unterlassungsansprüche in Betracht kommen → *Mitbestimmung in sozialen Angelegenheiten.*

Arbeitsleistung

1 Der Arbeitnehmer verpflichtet sich durch den Abschluss des Arbeitsvertrages zur Erbringung der Arbeitsleistung. Die Arbeitspflicht ist die Hauptleistungspflicht des Arbeitnehmers. Die Arbeitsleistung ist vom Arbeitnehmer gem. § 613 S. 1 BGB im Zweifel persönlich zu erbringen. Andererseits muss er im Falle der Verhinderung keine Ersatzkraft stellen.

2 Die vertragliche Verpflichtung des Arbeitnehmers zur Arbeitsleistung kann – wenn auch in der Praxis selten – im Wege der **Leistungsklage** durchgesetzt werden. Nach der ständigen Rechtsprechung des BAG handelt es sich bei dem Anspruch auf Beschäftigung stets um eine unvertretbare Handlung, zu der der Schuldner nach § 888 ZPO durch Zwangsgeld und Zwangshaft angehalten werden kann. Dies gilt auch bei der Durchsetzung der Arbeitspflicht des Arbeitnehmers.[600] Trotz der Regelung in § 888 Abs. 3 ZPO, die eine Vollstreckbarkeit nicht vertretbarer Dienstleistungen und damit auch der Arbeitsleistung ausschließt, entfällt das Rechtsschutzbedürfnis für die Leistungsklage nicht.[601]

> **Der Beklagte wird verurteilt, seine Arbeitsleistung als Bäcker in der Bäckerei der Klägerin in <Ort> zu erbringen.**

3 Ist der Inhalt der konkreten Arbeitsleistung zwischen den Parteien streitig, muss diese im Antrag weitergehend konkretisiert werden, etwa durch Angabe der Tätigkeits-

598 BAG 14.8.2018 – 1 AZR 287/17, NZA 2019, 100; LAG Hamm 9.10.2018 – 12 Sa 748/18, BeckRS 2018, 34743; LAG Niedersachsen 18.5.2017 – 7 Sa 815/16, LAGE § 612 BGB 2002 Nr. 11.

599 BAG 20.3.2018 – 1 ABR 70/16, NZA 2018, 1992; LAG Schleswig-Holstein 16.6.2016 – 4 TaBV 44/15, BeckRS 2016, 72893.

600 Vgl. allgemein etwa BAG 5.2.2020 – 10 AZB 31/19 Rn. 14, NZA 2020, 542. Zum Streit, ob die Arbeitsleistung stets eine unvertretbare Handlung ist oder aber bei einfachen Arbeiten auch eine vertretbare Handlung angenommen werden kann vgl. S/W/Walker ArbGG § 62 Rn. 77.

601 So schon BAG 2.12.1965 – 2 AZR 91/65, AP BGB § 620 Befristeter Arbeitsvertrag Nr. 27.

merkmale. Der Antrag kann entsprechend den Ausführungen zum → *Beschäftigungsanspruch* formuliert werden. Gleichwohl stellt sich natürlich die Frage nach dem **Sinn und Zweck** einer derartigen Klage, wenn eine Vollstreckung auf der Grundlage von § 888 Abs. 3 ZPO von vornherein ausgeschlossen ist. Zu beachten ist aber, dass der Arbeitnehmer auf Antrag des Arbeitgebers zur Zahlung einer Entschädigung nach **§ 61 Abs. 2 ArbGG** verurteilt werden kann → *Entschädigung.*

Soweit durch einen Verstoß des Arbeitnehmers gegen seine vertragliche Pflicht zur persönlichen Arbeitsleitung ein Schaden entsteht, kommen **Schadensersatzansprüche** des Arbeitgebers in Betracht. Hier gelten für die Antragsformulierung keine Besonderheiten → *Schadensersatz.* Zu Ansprüchen auf **Befreiung** von der Pflicht zur Erbringung der **Arbeitsleistung** etwa durch Urlaub, siehe → *Urlaubsgewährung* oder in sonstigen Fällen → *Freistellung von der Arbeit.* 4

Beschäftigt der Arbeitgeber den Arbeitnehmer nicht, ist ebenfalls die Arbeitsleistung betroffen. Diese Fallgruppe wird unter dem Stichwort → *Beschäftigungsanspruch* bearbeitet. Soweit der Inhalt der zu erbringenden Arbeit aufgrund des Direktionsrechtes des Arbeitgebers streitig ist, wird auf die Ausführungen unter → *Direktionsrecht* Bezug genommen. Schließlich können einzelne Aspekte der zu leistenden Arbeit streitig sein → *Inhalt des Arbeitsverhältnisses.* 5

Arbeitslosengeld

Das Arbeitslosengeld ist eine Leistung der Sozialversicherung (vgl. §§ 136f. SGB III). 1
Erhält der Arbeitnehmer Arbeitslosengeld im Rahmen einer sog. Gleichwohlgewährung (§ 157 SGB III) für einen Zeitraum, in dem er noch Anspruch auf Entgelt (Vergütung oder Urlaubsabgeltung) hat, so gehen diese Ansprüche gegen den Arbeitgeber kraft Gesetzes auf die Agentur für Arbeit gemäß § 115 SGB X über, da der Anspruch auf Arbeitslosengeld in dieser Zeit eigentlich ruht, um Doppelleistungen zu vermeiden. Der Arbeitnehmer ist **in Höhe der übergegangenen Ansprüche nicht** mehr **aktivlegitimiert.** Er kann bei einer entsprechenden Ermächtigung (gewillkürte Prozessstandschaft) die Zahlung an die Agentur für Arbeit verlangen.[602]

Die die Leistungen der Agentur für Arbeit übersteigende Vergütung kann der Arbeitnehmer weiterhin gegen den Arbeitgeber einklagen. Der Betrag des erhaltenen **Arbeitslosengeldes** für diesen Zeitraum ist dann im Antrag **in Abzug** zu bringen → *Vergütung.* 2

Arbeitspapiere

Zu den Arbeitspapieren werden üblicherweise vor allem gezählt die Lohnsteuerbescheinigung, die Meldungen zur Sozialversicherung, der Versicherungsausweis (§ 18h SGB IV), die Urlaubsbescheinigung nach § 6 BUrlG, das Arbeitszeugnis sowie Arbeitsbescheinigungen nach § 312 SGB III. Auch das Zeugnis stellt ein Arbeitspapier dar.[603] Bis zu ihrer Abschaffung gehörte auch die → *Lohnsteuerkarte* dazu. Der Begriff des Arbeitspapiers (vgl. § 2 Abs. 1 3e ArbGG) ist rechtlich jedoch nicht definiert. Falsch ist deshalb der Antrag: 1

602 BAG 23.9.2009 – 5 AZR 518/08, DB 2009, 2605; BAG 19.3.2008 – 5 AZR 432/07, NZA 2008, 900. Prozesskostenhilfe kann aber regelmäßig nicht gewährt werden, vgl. LAG Köln 11.8.2011 – 7 Ta 12/11, BeckRS 2011, 76644.

603 BAG 27.4.2021 – 9 AZR 262/20, NZA 2021, 1327 Rn. 16.

> *Die Beklagte wird verurteilt, an den Kläger dessen Arbeitspapiere ausgefüllt herauszugeben.*

2 Diesem Antrag fehlt nicht nur die hinreichende Bestimmtheit. Für die oben aufgeführten Arbeitspapiere lässt sich auch kein einheitlicher Antrag formulieren. Insoweit wird auf Ausführungen unter den entsprechenden Stichwörtern verwiesen (→ *Lohnsteuerbescheinigung* → *Meldung zur Sozialversicherung* → *Urlaubsbescheinigung* → *Zeugnis* → *Arbeitsbescheinigung*). Siehe auch → *Abrechnung* sowie → *Entgeltbescheinigung*. Zu den früher in bestimmten Tarifbereichen geführten Lohnnachweiskarten → *Sozial- bzw. Urlaubskassenverfahren.*

Arbeitsschutz

1 Der Arbeitsschutz verfolgt das Ziel, die Arbeitnehmer vor gesundheitlichen Gefahren der Arbeit zu schützen. Dabei standen in den vergangenen Jahren pandemiebedingt diverse Corona-Schutzverordnungen im Fokus, um die Arbeitnehmer vor den Risiken eine Corona-Infektion zu schützen. Bei Anordnungen, die der Arbeitgeber zur Umsetzung der ihn treffenden Schutzpflichten zu erteilen hat, handelt es sich um Weisungen iSv § 106 S 2 GewO.[604] Dem entsprechend ging es in der betrieblichen Praxis häufig um fehlende Impfnachweise,[605] Verstöße gegen die Maskenpflicht[606] oder Täuschungen über Impfunfähigkeit[607] oder das Betriebsrisiko.[608]

Der technische Arbeitsschutz befasst sich im Wesentlichen mit der **Sicherheit am Arbeitsplatz,** also dem Schutz des Arbeitnehmers vor gesundheitlichen Gefahren bei und durch die Arbeit. Aufgabe des Arbeitgebers ist es, die erforderlichen Maßnahmen zu ergreifen, die die Sicherheit und Gesundheit der Beschäftigten gewährleisten. Dabei muss zwischen den **öffentlich-rechtlichen** Pflichten des Arbeitgebers und seinen **privatrechtlichen Pflichten** im Verhältnis zum Arbeitnehmer unterschieden werden. Das öffentlich-rechtliche Arbeitsschutzrecht wird durch diverse Spezialgesetze, etwa das Arbeitssicherheitsgesetz, das Gerätesicherheitsgesetz oder das Arbeitsschutzgesetz konkretisiert. Die privatrechtlichen Pflichten des Arbeitgebers folgen aus § 618 BGB. Teilweise finden sich aber auch in Tarifverträgen Regelungen zu speziellen Schutzvorschriften.[609] Andererseits ist auch der Arbeitnehmer im Rahmen seiner Möglichkeiten verpflichtet, für seine Sicherheit und Gesundheit bei der Arbeit zu sorgen, § 15 ArbSchG.

2 Soweit die rechtlichen Regelungen des Arbeitsschutzes dem Arbeitnehmer einen Anspruch auf Durchsetzung bestimmter Maßnahmen zum Arbeitsschutz einräumen, kann dieser Anspruch auch gerichtlich geltend gemacht werden. Dabei hat der Arbeitnehmer mehrere Möglichkeiten, seine Ziele durchzusetzen. Er kann den jeweiligen Anspruch im Wege der **Leistungsklage** verfolgen oder aber einen Unterlassungsanspruch als quasinegatorischen **Beseitigungsanspruch** geltend machen (→ *Unterlassung*). Zudem kann er sich auf ein **Zurückbehaltungsrecht** berufen, wenn der Arbeitgeber die Sicherheit am Arbeitsplatz nicht gewährleistet (→ *Leistungsverweigerungsrecht*). Der Arbeitnehmer sollte vorher allerdings genau abwägen,

604 BAG 1.6.2022 – 5 AZR 28/22, NZA 2022, 1387.
605 LAG Thüringen 3.8.2023 – 2 Sa 407/22, BeckRS 2023, 31588.
606 LAG Köln 19.8.2022 – 11 Sa 609/21, juris.
607 BAG 14.12.2023 – 2 AZR 66/23, BB 2024, 318.
608 BAG 4.5.2022 – 5 AZR 366/21, NZA 2022, 1113; BAG 13.10.2021 – 5 AZR 211/21, NZA 2022, 182.
609 ZB Regenerationskuren für Fluglotsen im Manteltarifvertrag für die bei der DFS Deutsche Flugsicherung, etwa BAG 2.8.2018 – 6 AZR 188/17, AP Nr 7 zu § 1 TVG Tarifverträge: Flugsicherung.

welcher Weg beschritten wird, um sich im Falle einer ungerechtfertigten Ausübung des Zurückbehaltungsrechtes nicht dem Risiko einer Kündigung durch den Arbeitgeber wegen beharrlicher Arbeitsverweigerung auszusetzen.[610] Darüber hinaus kann sich der Arbeitnehmer an die **zuständige Behörde** wenden, wenn die Arbeitssicherheit nicht gewährleistet ist und der Arbeitgeber der Beschwerde nicht abhilft, § 17 Abs. 2 ArbSchG. Schließlich besteht auch die Möglichkeit, den **Betriebsrat** einzuschalten, § 86a BetrVG. Kommt es durch die Verletzung von Arbeitsschutzvorschriften zu einer Schädigung des Arbeitnehmers,[611] sind auch **Schadensersatzansprüche** möglich, → *Schadensersatz.* Dies gilt auch bei Verstößen gegen die Fürsorgepflicht.[612] Auch reine **Zahlungsansprüche** sind denkbar. Erwirbt der Arbeitnehmer auf eigene Kosten benötigte Sicherheitskleidung, deren Kosten der Arbeitgeber zu tragen hat, kann er die Erwerbskosten einklagen[613] → *Zahlung,* → *Aufwendungsersatz.*

3 Auf der Grundlage von § 5 ArbStättVO kann der Arbeitnehmer im Wege der Leistungsklage gegen den Arbeitgeber zB einen Anspruch auf einen **tabakrauchfreien Arbeitsplatz** durchsetzen. Der Begriff „tabakrauchfrei" ist nach Auffassung des BAG hinreichend bestimmt, weil er deutlich mache, dass am jeweiligen Arbeitsplatz Tabakrauch weder zu sehen, zu schmecken oder zu riechen sein darf.[614] Deshalb kann auf Grundlage der Rechtsprechung des BAG wie folgt formuliert werden:

Die Beklagte wird verurteilt, dem Kläger für seine Tätigkeit als Schreibkraft einen tabakrauchfreien Arbeitsplatz zur Verfügung zu stellen.

4 Wenn der Arbeitnehmer einen entsprechenden Anspruch hat, kann er umgekehrt im Wege des Unterlassungsanspruchs geltend machen, nicht in einem Raucherbereich eingesetzt zu werden:

Der Beklagten wird aufgegeben es zu unterlassen, den Kläger in der in den Räumen der Beklagten eingerichteten Raucherzone zur Erbringung seiner Arbeitsleistung einzusetzen.[615]

5 Im Interesse des Gesundheitsschutzes können bei Kraftfahrern zB **Lenkzeitunterbrechungen** erforderlich sein. Dabei ist der Begriff der „Lenkzeitunterbrechung" hinreichend bestimmt. Hier kann im Wege der Leistungsklage etwa folgendes beantragt werden:

Die Beklagte wird verurteilt, dem Kläger eine Lenkzeitunterbrechung von 45 Minuten nach einer Gesamtlenkzeitdauer von <Anzahl> Minuten zu gewähren.[616]

6 Soweit es – wie hier – um die Klärung einer grundsätzlichen Frage geht, kommt auch eine Feststellungsklage in Betracht, → *Inhalt des Arbeitsverhältnisses.* Der Antrag lautet dann:

---

610 BAG 28.6.2018 – 2 AZR 436/17, NZA 2018, 1259.
611 BAG 20.6.2013 – 8 AZR 471/12, NZA-RR 2014, 63; BAG 14.12.2006 – 8 AZR 628/05, NZA 2007, 262.
612 LAG München 14.2.2022 – 4 Sa 457/21, COVuR 2022, 404.
613 BAG 10.3.1976 – 5 AZR 34/75, AP BGB § 618 Nr. 17.
614 BAG 10.5.2016 – 9 AZR 347/15, NZA 2016, 1134; BAG 19.5.2009 – 9 AZR 241/08, BB 2009, 1237; BAG 17.2.1998 – 9 AZR 84/97, NZA 1998, 1231. So auch LAG Berlin-Brandenburg 11.3.2008 – 11 Sa 1919/06, LAGE BGB 2002 § 618 Nr. 4.
615 BAG 10.5.2016 – 9 AZR 347/15, NZA 2016, 1134 betraf einen nichtrauchenden Croupier einer Spielbank.
616 BAG 18.11.2008 – 9 AZR 737/07, NZA-RR 2009, 354.

Es wird festgestellt, dass die Beklagte verpflichtet ist, dem Kläger nach einer Gesamtlenkzeitdauer von <Anzahl> Minuten eine Lenkzeitunterbrechung von <Anzahl> Minuten zu gewähren.

Oder:

Es wird festgestellt, dass die Beklagte verpflichtet ist, die Dienstpläne des Klägers so zu gestalten, dass sie Fahrtunterbrechungen nach Maßgabe des < Bezeichnung der konkreten Regelung> enthalten.[617]

7 Nichts anderes gilt bei im Tarifvertrag geregelten zusätzlichen Kurtagen für bestimmte Arbeitnehmergruppen, die der Arbeitnehmer geltend machen kann:

Die Beklagte wird verurteilt, dem Kläger bei der nächsten gemäß <Bezeichnung der tariflichen Regelung> durchzuführenden Regenerationskur zwei zusätzliche Kurtage zu gewähren.[618]

8 Auch in anderen Bereichen, etwa bei **Bildschirmarbeitsplätzen** können spezielle Regelungen Arbeitsunterbrechungen vorsehen. Eine Leistungsklage könnte folgendermaßen formuliert werden:

Die Beklagte wird verurteilt, dem Kläger für die Dauer der Tätigkeit auf dem Arbeitsplatz als <konkrete Bezeichnung> Arbeitsunterbrechungen und Blockfreistellungen gemäß § 6 Abs. 1 des Bildschirmtarifvertrages vom <Datum> zu gewähren.[619]

9 Auch hier ist die Geltendmachung im Rahmen einer Feststellungsklage möglich.

Auch medizinische Untersuchungen können eingefordert werden:

Die Beklagte wird verurteilt, den Kläger bei einem unabhängigen Arbeitsmediziner arbeitsmedizinisch untersuchen zu lassen.[620]

10 Ebenso ist es denkbar, bestimmte Rahmenbedingungen für eine Tätigkeit vorzugeben.

Die Beklagte wird verurteilt, Vorrichtungen oder Gerätschaften am Arbeitsplatz des Klägers so zu beschaffen, einzurichten und/oder zu unterhalten und ihre auf Anordnung zu erbringenden Dienstleistungen so zu regeln, dass er nicht mehr verpflichtet wird, täglich mehr als acht Mal Lasten, die ein Gewicht von <Anzahl> kg übersteigen, anzuheben, zu bewegen oder zu sortieren.[621]

617 BAG 6.5.2014 – 9 AZR 575/12, AP BGB § 618 Nr. 31.

618 BAG 2.8.2018 – 6 AZR 188/17, AP Nr 7 zu § 1 TVG Tarifverträge. In diesem Fall hat das BAG den ursprünglich vom Arbeitnehmer gestellten Antrag sehr weit im hier zugrunde gelegten Sinne ausgelegt.

619 LAG Niedersachsen 24.2.2006 – 10 Sa 905/05, LAGE TVG Telekom § 4 Nr. 2.

620 LAG Berlin-Brandenburg 21.7.2016 – 21 Sa 51/16 ArbuR 2017, 216. Zur Vollstreckung dieses Anspruchs: LArbG Berlin-Brandenburg 8.11.2018 – 21 Ta 1443/18, NJ 2019, 38.

621 LAG Rheinland-Pfalz 18.2.2004 – 9 Sa 956/03, BeckRS 2004, 30801203.

Zur Umsetzung des Gesundheitsschutzes kann es auch erforderlich sein, dass der 11
Arbeitnehmer den Arbeitgeber zur **Sauberkeit der Diensträume** anhält. In diesem Zusammenhang hat das LAG Rheinland-Pfalz folgendem Antrag stattgegeben:

> *Die Beklagte wird verurteilt, die regelmäßige Reinigung des dem Kläger dienstlich zugewiesenen Büros nämlich a) Leerung des Abfallbehälters im täglichen Turnus, b) Leerung des Papierkorbs im zweitägigen Turnus, c) Saugen des Teppichbodens im wöchentlichen Turnus, d) Reinigung der Büroeinrichtung im wöchentlichen Turnus, e) Reinigung der Fenster im vierteljährlichen Turnus f) Shampoo-Reinigung des Teppichbodens im jährlichen Turnus durch geeignete Maßnahmen sicherzustellen.*[622]

Mag dieser Antrag auch hinreichend bestimmt sein, so darf nicht übersehen werden, 12
dass das Arbeitsschutzrecht dem Arbeitgeber die Maßnahmen überlässt, durch die der Gesundheitsschutz gewährleistet wird, siehe unten „Gefährdungsbeurteilung". Richtig dürfte deshalb eher folgender Antrag sein:

> **Die Beklagte wird verurteilt, durch geeignete Maßnahmen sicherzustellen, dass das dem Kläger dienstlich zugewiesene Büro nebst Inventar so gereinigt wird, dass eine Gesundheitsgefährdung ausgeschlossen ist.**

Auch hier wäre bei einem generellen Streit eine Feststellungsklage möglich. 13

Ebenfalls möglich sind Unterlassungsanträge, um konkrete Maßnahmen im Bereich des Arbeitsschutzes durchzusetzen.

> **Die Beklagte wird verurteilt, es zu unterlassen, dem Kläger gegenüber Bereitschaftsdienste anzuordnen, wenn nicht während des gleichen Zeitraums in der Klinik ein anderer Arzt für die ärztliche Grundversorgung der Patienten der Abteilung für Neurologie zur Verfügung steht.**[623]

Zuweilen regeln Schutzvorschriften das Recht des Arbeitnehmers, sich auf Kosten 14
des Arbeitgebers **medizinisch untersuchen** zu lassen, etwa § 6 Abs. 3 ArbZG für Nachtarbeiter. Eine allgemeine Vorschrift für Untersuchungen des Arbeitnehmers, wenn die Art der Arbeit die Gefahr von Gesundheitsschäden mit sich bringt enthält § 11 ArbSchG. Verweigert der Arbeitgeber die Untersuchung, kann der Arbeitnehmer einen Freistellungsanspruch unter Fortzahlung der Vergütung geltend machen. Voraussetzung ist allerdings, dass die Untersuchung nicht außerhalb der Arbeitszeit durchgeführt werden kann. Ist dies möglich, entfallen der Freistellungsanspruch und die Pflicht zur Fortzahlung der Vergütung. Der Anspruch des Arbeitnehmers reduziert sich auf einen Zahlungsanspruch für die Kosten der Untersuchung →*Aufwendungsersatz*. Verweigert der Arbeitgeber dem Arbeitnehmer die Wahrnehmung eines während der Arbeitszeit erforderlichen Untersuchungstermins, kann folgender Antrag gestellt werden:

> **Die Beklagte wird verurteilt, den Kläger für den Zeitraum <von Datum/Uhrzeit> <bis Datum/Uhrzeit> von der Erbringung der Arbeitsleistung freizustellen.**

622 LAG Rheinland-Pfalz 19.12.2008 – 9 Sa 427/08, BeckRS 2009, 55988.
623 BAG 16.10.2013 – 10 AZR 9/13, NZA 2014, 264.

15 Umgekehrt gibt es Bereiche, in denen vor Aufnahme der Arbeit eine Untersuchung des Arbeitnehmers erforderlich ist, zB § 2 Abs. 1 S. 1 GesBergV. Eine entsprechende Untersuchung ist grundsätzlich freiwillig. Lediglich auf Grundlage der StrahlenschutzVO ist der Arbeitnehmer zur Duldung der ärztlichen Untersuchung verpflichtet. Werden diese Untersuchungen vom Arbeitnehmer nicht durchgeführt, führt die fehlende **Unbedenklichkeitsbescheinigung** regelmäßig zu einem **Beschäftigungsverbot.** Fordert der Arbeitnehmer gleichwohl seine Beschäftigung, gelten die unter → *Beschäftigungsanspruch* dargestellten Grundsätze. Soweit eine Untersuchung vom Arbeitnehmer geduldet werden muss, kann diese dennoch vom Arbeitgeber nicht gerichtlich durchgesetzt werden. Denn diese Maßnahmen werden von der zuständigen Behörde angeordnet. Der Arbeitgeber ist auf das allgemeine Instrumentarium beschränkt (zB Verweigerung der Vergütung).

16 § 5 Abs. 1 ArbSchG regelt die Pflicht des Arbeitgebers zur Erstellung einer **Gefährdungsbeurteilung** und in Zusammenhang mit § 6 ArbSchG die Dokumentation derselben. Denn Schutzmaßnahmen lassen sich erst ergreifen, wenn das Gefahrenpotential erkannt ist. Soweit der Arbeitgeber seine Pflichten nicht erfüllt, hat der Arbeitnehmer aus § 5 Abs. 1 ArbSchG iVm § 618 BGB dem Grunde nach einen klagbaren Anspruch auf Durchführung einer Gefährdungsanalyse. Dabei ist allerdings zu beachten, dass § 5 ArbSchG dem Arbeitgeber einen weiten Ermessensspielraum einräumt, in welcher Art und Weise die Gefährdungsbeurteilung durchgeführt wird.[624]

> **Die Beklagte wird verurteilt, für den Arbeitsplatz des Klägers eine Gefährdungsbeurteilung nach § 5 ArbSchG durchzuführen.**[625]

17 Auf gesetzlicher Grundlage sind im Betrieb zuweilen Fachkräfte zu bestellten, etwa für Arbeitssicherheit, § 5 ASiG. Diese sind nach § 8 ASiG unmittelbar dem Leiter des Betriebs zu unterstellen, der die Dienstaufsicht ausübt. Soweit der Arbeitgeber dies unterlässt, kommt folgender Antrag in Betracht:

> **Die Beklagte wird verurteilt, den Kläger in seiner Funktion als Fachkraft für Arbeitssicherheit im Rahmen einer Stabsstelle unmittelbar < zB dem Oberbürgermeister > zu unterstellen und festzustellen, dass diesem die Dienstaufsicht über seine Tätigkeit zusteht.**[626]

Zu den Mitbestimmungsrechten des Betriebsrates im Bereich des Arbeitsschutzes vgl. → *Mitbestimmung sozial.*

Umgekehrt können **Verstöße des Arbeitnehmers** gegen die Arbeitsschutzbestimmungen zum Anlass einer → *Abmahnung* oder einer → *Kündigung* genommen werden.[627]

Arbeitssicherheit

→ *Arbeitsschutz*

624 BAG 5.8.2008 – 9 AZR 1117/06, NZA 2009, 102.
625 LAG LArbG Berlin-Brandenburg 11.4.2018 – 15 Sa 1418/17, ZTR 2018, 460.
626 BAG 15.12.2009 – 9 AZR 769/08, BAGE 133, 1–13.
627 LAG Nürnberg 12.9.2023 – 7 Sa 8/23, BeckRS 2023, 40493.

Arbeitsunfähigkeitsbescheinigung

Dauert eine Arbeitsunfähigkeit länger als drei Kalendertage, hat der Arbeitnehmer 1
nach § 5 Abs. 1 S. 2 EFZG der Arbeitgeberin eine ärztliche Bescheinigung über das Bestehen der Arbeitsunfähigkeit sowie deren voraussichtliche Dauer spätestens an dem darauffolgenden Arbeitstag vorzulegen. Die Arbeitgeberin ist nach Satz 3 der genannten Regelung allerdings berechtigt, die Vorlage der ärztlichen Bescheinigung früher zu verlangen. Die Entscheidung darüber steht im nicht gebundenen Ermessen der Arbeitgeberin.[628] Von der Wirksamkeit der Anweisung hängt insbesondere ab, ob die Arbeitgeberin insoweit ein Zurückbehaltungsrecht geltend machen kann, wenn der Arbeitnehmer ihr im Krankheitsfall nicht nachgekommen ist.[629] Hält der Arbeitnehmer eine entsprechende Anweisung für unwirksam, beispielsweise weil sie nach seiner Ansicht schikanös oder willkürlich ist, gegen den allgemeinen Gleichbehandlungsgrundsatz oder gegen Diskriminierungsverbote verstößt,[630] und möchte dies für alle Fälle klären, sollte sein Antrag lauten:

> **Es wird festgestellt, dass der Kläger nicht verpflichtet ist, der Beklagten im Fall einer Arbeitsunfähigkeit eine ärztliche Bescheinigung über das Bestehen der Arbeitsunfähigkeit sowie deren voraussichtliche Dauer bereits <zeitliche Angabe entsprechend der Weisung der Arbeitgeberin, zB: am ersten Tag der Arbeitsunfähigkeit> vorzulegen.**

Es handelt sich insoweit um einen feststellungsfähigen Teil des Rechtsverhältnisses. 2
Hingegen wäre der Antrag

> *Es wird festgestellt, dass die Anweisung der Beklagten vom <Datum> unwirksam ist.*

unzulässig, da es sich dabei nicht um ein feststellungsfähiges Rechtsverhältnis handelt.[631]

Abzuraten ist auch von folgendem Antrag: 3

> *Die Beklagte wird verurteilt, ihre gegen den Kläger gerichtete Anweisung, im Falle einer Erkrankung bereits ab dem ersten Tag ein ärztliches Attest vorzulegen, zu widerrufen.*[632]

Der Widerruf einer – unterstellt – unwirksamen Maßnahme erscheint überflüssig und dürfte daher als Leistungsantrag unzulässig sein. Eine Konstellation, in der die Weisung zunächst wirksam war, aber von der Arbeitgeberin mit Wirkung für die Zukunft widerrufen werden muss, ist schwer vorstellbar.

Die Pflicht, eine **Gesundschreibung** vorzulegen, besteht grundsätzlich nicht. Lehnt 4
die Arbeitgeberin nach Ablauf der ärztlich attestierten Periode die Arbeitsaufnahme ab, trägt sie das Risiko der Vergütungszahlung bei objektiv vorhandener Arbeitsfähigkeit.[633] Dem Arbeitnehmer bleibt eine Klage auf → *Beschäftigung* oder → *Vergütung.*

628 BAG 14.11.2012 – 5 AZR 886/11, NZA 2013, 322.
629 BAG 1.10.1997 – 5 AZR 726/96, NZA 1998, 369.
630 Vgl. BAG 14.11.2012 – 5 AZR 886/11, NZA 2013, 322.
631 Vgl. Niemann NZA 2019, 65 ff. Fußnote 42.
632 Zweifelnd auch BAG 14.11.2012 – 5 AZR 886/11, NZA 2013, 322 = DB 2013, 464 Rn. 9.
633 LAG Berlin 10.5.2001 – 10 Sa 2695/00, NZA-RR 2002, 23.

Arbeitsverhältnis, Beendigung

1 Besteht Streit über die Beendigung des Arbeitsverhältnisses, richtet sich der Klageantrag danach, aufgrund welchen Umstandes diese eingetreten sein soll. Insoweit kann auf die Ausführungen zu → *Kündigung,* → *Kündigungsfrist,* → *Eigenkündigung,* → *Befristung,* → *Bedingung, auflösende* → *Aufhebungsvertrag,* → *Betriebsübergang* (dort unter 2. und 3.), → *Auflösung* und → *Anfechtung* verwiesen werden. Wendet sich ausnahmsweise nicht der Arbeitnehmer, sondern die Arbeitgeberin dagegen, dass das Arbeitsverhältnis beendet worden ist, gelten unabhängig vom den Streit auslösenden Sachverhalt die Ausführungen unter → *Eigenkündigung.*

2 Beruft sich die Arbeitgeberin auf einen sonstigen Beendigungsgrund, ist ein → *Allgemeiner Feststellungsantrag* (siehe dort unter Rn. 13, auch zum Zusammentreffen von besonders geregelten mit sonstigen Beendigungsgründen) zu stellen:

Es wird festgestellt, dass das Arbeitsverhältnis zwischen den Parteien über den <Beendigungsdatum, auf das sich die Arbeitgeberin beruft> hinaus fortbesteht.

3 Vorsorglich sollte die Klage in der 3-Wochen-Frist des § 4 KSchG/§ 17 S. 1 TzBfG erhoben werden, um das Risiko auszuschließen, dass die Gerichte dem Sachverhalt eine Kündigung oder eine Befristung entnehmen. Auf richterlichen Hinweis kann dann eine entsprechende Umstellung des Klageantrags erfolgen, wobei es sich empfiehlt, den allgemeinen Feststellungsantrag vorsorglich als Hilfsantrag aufrechtzuerhalten.

4 Ein instruktiver Beispielsfall findet sich in der Entscheidung des BAG vom 5.2. 2009,[634] die eine von der Arbeitgeberin erklärte „Versetzung in den einstweiligen Ruhestand" zum Gegenstand hatte. Denkbar wäre auch, dass sich die Arbeitgeberin – in der Sache vergeblich – darauf beruft, eine Beendigung sei durch einen Schadensausgleich im Wege der Naturalrestitution eingetreten.[635]

Arbeitsverhältnis, Zustandekommen

→ *Allgemeiner Feststellungsantrag,* → *Arbeitsvertrag,* → *Vertragsschluss,* → *Betriebsübergang,* → *Arbeitnehmerüberlassung.*

Arbeitsvertrag

Übersicht

	Rn.
1. Allgemeines	4–14
2. Antrag auf Annahme eines Vertragsangebots	15, 16
3. Antrag auf Abgabe eines Angebots	17
4. Rückwirkender Vertragsabschluss	18
5. Antrag bei Wahlrecht der Arbeitgeberin	19–25
6. Verschaffung eines Arbeitsvertrages bei einem Dritten	26–29
7. Einstweilige Verfügung	30

634 BAG 5.2.2009 – 6 AZR 151/08, DB 2009, 1710.
635 BAG 18.1.2000 – 9 AZR 932/98, NZA 2000, 1157.

Das Gesetz sieht **keinen Anspruch** des Arbeitnehmers auf einen **schriftlichen Arbeitsvertrag** vor. Dem Bedürfnis des Arbeitnehmers, seine Arbeitsbedingungen von der Arbeitgeberin schriftlich bestätigt zu bekommen, trägt das Nachweisgesetz Rechnung. Zu den insoweit in Betracht kommenden Anträgen siehe → *Nachweis der Arbeitsbedingungen.* 1

Denkbar sind allerdings Lebenssachverhalte, in denen der Arbeitnehmer ein Recht auf **Abschluss eines** (nicht notwendig schriftlichen) **Arbeitsvertrages** reklamiert (siehe hierzu auch → *Vertragsabschluss*). In Betracht kommt das vor allem bei Einstellungsverfahren im öffentlichen Dienst (dazu auch → *Konkurrentenklage* und → *Bewerbung*) und im Rahmen von Vertragsanbahnungen, denen der Arbeitnehmer eine entsprechende Verpflichtung entnimmt. Möglich sind auch ein Verlangen auf Fortsetzung eines beendeten Arbeitsverhältnisses (→ *Wiedereinstellung*) oder Ansprüche aus einer → *Rückkehrzusage.* 2

Es handelt sich in allen genannten Konstellationen um die Geltendmachung eines Anspruchs auf **Abgabe einer Willenserklärung** (§ 894 ZPO). 3

1. Allgemeines

Die nach § 894 S. 1 ZPO als abgegeben geltende Willenserklärung muss den für eine Vertragseinigung notwendigen **Mindestinhalt** (essentialia negotii) umfassen. Bei der Begründung eines Arbeitsverhältnisses gehören hierzu nach § 611 Abs. 1 BGB die „versprochenen Dienste“, also Art und Beginn der Arbeitsleistung. Eine Einigung über weitere Inhalte ist zwar nicht unbedingt erforderlich, sofern klar ist, dass die Arbeitsleistung überhaupt vergütet werden soll. Der Umfang der Arbeitsleistung und die Dauer des Arbeitsverhältnisses bestimmen sich ggf. nach den üblichen Umständen; die Vergütung folgt ggf. aus § 612 BGB.[636] Ob nicht dennoch eine Angabe dieser Konditionen sinnvoll ist, ist eine Frage des Einzelfalls. Verlangt der Arbeitnehmer nach einer wirksamen Beendigung des Arbeitsverhältnisses den Abschluss eines Folgevertrags, hält das Bundesarbeitsgericht eine Beschreibung des verlangten Vertragsinhalts durch eine Bezugnahme auf den vorangegangenen Vertragsinhalt für zulässig.[637] Das dürfte allerdings voraussetzen, dass der Kläger die zuletzt geltenden Vertragsbedingungen zumindest durch Bezugnahme auf ein zu den Akten gereichtes Exemplar vorträgt. 4

Können einzelne der verlangten Vertragsinhalte streitig sein, sollte möglicherweise mit Haupt- und Hilfsantrag gearbeitet werden, auch wenn das Bundesarbeitsgericht teilweise meint,[638] es sei eine Teilabweisung eines zu bestimmten Konditionen verlangten Vertragsschlusses möglich (zB Beginn des Arbeitsverhältnisses zu einem späteren Zeitpunkt). 5

Die Rechtsprechung des Bundesarbeitsgerichts lässt allerdings leider keine einheitliche Linie erkennen. Bereits im Jahr 2007 hatte der 9. Senat[639] zutreffend erkannt, dass ein auf Annahme eines Vertragsantrags gerichteter Klageantrag regelmäßig dessen Datum enthalten muss. Auch den Zusammenhang des materiellen Rechts mit dem Prozessrecht hat er gesehen. Ein Vertragsantrag müsse, wenn der anderen Vertragspartei kein Bestimmungsrecht eingeräumt werden solle, so formuliert sein, dass er 6

636 BAG 14.3.2012 – 7 AZR 147/11, AP BetrVG 1972 § 77 Betriebsvereinbarung Nr. 60.
637 BAG 21.12.2022 – 7 AZR 489/21, NZA 2023, 493 Rn. 51.
638 BAG 14.3.2012 – 7 AZR 147/11, AP BetrVG 1972 § 77 Betriebsvereinbarung Nr. 60 unter Rn. 23; BAG 15.10.2013 – 9 AZR 564/12, AP BGB § 611 Nr. 20 Rn. 30.
639 BAG 13.2.2007 – 9 AZR 575/05, NZA 2007, 807, Rn. 20.

durch ein bloßes „Ja" oder „Nein" angenommen werden könne. Für den auf Abgabe einer Annahmeerklärung gerichteten Klageantrag bedeute dies, dass er so konkretisiert sein müsse, dass kein Zweifel bestehe, welchen Inhalt der Vertrag habe, der auf Grund einer stattgebenden Entscheidung (§ 894 ZPO) zustande komme.

7 Obwohl aufgrund der vom Gesetzgeber vorgesehenen Vertragslösung auch der Verringerung der Arbeitszeit auf der Grundlage eines Teilzeitbegehrens nach § 8 TzBfG ein Vertragsschluss zugrunde liegt, hat der Senat[640] ein Jahr später dem dortigen Kläger noch in der Revisionsinstanz die Verschiebung des Anfangszeitpunkts um zwei Jahre erlaubt und gemeint, es handle sich bei gleichem Streitgegenstand um eine Teilrücknahme. Das erscheint mutig, da hierfür ein neuer Antrag nach § 145 BGB erforderlich war, also ein anderer Lebenssachverhalt und somit deutlich ein anderer Streitgegenstand vorliegt. Man stelle sich nur vor, die Arbeitgeberin habe zum Zeitpunkt der Änderung des Klageantrags nicht mehr die nach § 8 Abs. 7 TzBfG erforderliche Anzahl von Arbeitnehmern beschäftigt. Der Senat stellt für den späteren Vertragsbeginn dennoch auf das ursprüngliche, auf einen anderen Zeitpunkt gerichtete Änderungsverlangen – also das Angebot nach § 145 BGB – ab.

8 In einer weiteren Entscheidung[641] spricht der 9. Senat allerdings einem Klageantrag die Eigenschaft als Angebot nach § 8 TzBfG ab, da ein bei Gericht gestellter Sachantrag regelmäßig kein neuerliches rechtsgeschäftliches Vertragsangebot enthalte.

9 Später erlaubt der Senat hingegen die Verurteilung zu einem Vertragsabschluss mit der Modifikation, dass vorangegangene Tätigkeiten nur zu einem geringeren als dem beantragten Umfang anzurechnen sind. Die allein an § 308 Abs. 1 S. 1 ZPO aufgehängte Prüfung beantwortet er damit, die anzurechnende Betriebszugehörigkeit sei nicht unverzichtbar für die Annahme eines wirksamen Vertragsschlusses. Ob in materiell-rechtlicher Hinsicht überhaupt ein Antrag ohne eine vollständige Anerkennung vorlag, problematisiert er jedenfalls nicht ausdrücklich.[642]

10 An anderer Stelle[643] nutzt der Senat die Frage, ob in materiell-rechtlicher Hinsicht ein Vertragsangebot mit einem anderen Beginnzeitpunkt vorliegt, für die Prüfung, ob ein Vertragsverhältnis zu diesem anderen Zeitpunkt nicht als „Minus" im Klageantrag enthalten ist. Er kommt zu dem Ergebnis, dass nach den allgemeinen Maßstäben für die Bestimmtheit eines Antrags gemäß § 145 BGB der dortige Kläger kein hinreichend konkretes Angebot auf Abschluss eines Vertrages zu dem fraglichen anderen Zeitpunkt abgegeben hat.

11 Der 7. Senat[644] hat hingegen die Verurteilung, ein Angebot zur Wiedereinstellung anzunehmen, für rechtlich zulässig gehalten, auch wenn der Vertragsbeginn später als vom Kläger begehrt ausgeurteilt wird. Ob in materiell-rechtlicher Hinsicht ein entsprechendes Angebot im Sinne des § 145 BGB vorlag, wird nicht erörtert.

12 Auf durchgreifenden richterlichen Pragmatismus sollte sich ein Kläger besser nicht verlassen. Für einen Vertrag mit anderen Konditionen als den ursprünglich begehrten dürfte es ohne konkrete Anhaltspunkte in der Regel an einem Angebot des Arbeitnehmers fehlen. Das Bundesarbeitsgericht differenziert nicht ausreichend zwischen **dem materiellen Angebot und dem prozessualen Antrag.** Allerdings ist stets

640 BAG 24.6.2008 – 9 AZR 313/07, NZA 2008, 1309.
641 BAG 15.11.2011 – 9 AZR 729/07, BeckRS 2012, 65968, Rn. 27.
642 BAG 15.10.2013 – 9 AZR 564/12, AP BGB § 611 Nr. 20 Rn. 30.
643 BAG 19.9.2017 – 9 AZR 36/17, NZA 2017, 1612.
644 BAG 14.3.2012 – 7 AZR 147/11, AP BetrVG 1972 § 77 Betriebsvereinbarung Nr. 60 unter Rn. 23.

zu prüfen, wie das Angebot des Arbeitnehmers auszulegen ist, zB ob es nicht die Erklärung enthält, dass das Arbeitsverhältnis hilfsweise zu einem konkreten späteren Zeitpunkt beginnen soll. Am besten wird dieser weitere Zeitpunkt in dem Antrag nach § 145 BGB ausdrücklich erwähnt. In der Sache stellt dies dann ein unter eine Rechtsbedingung gestelltes zweites Angebot dar. Mit einem entsprechenden Hilfsantrag ist der Arbeitnehmer dann auch prozessual auf der sicheren Seite.

Verlangt der Arbeitnehmer noch **weitere Konditionen** des gewünschten Arbeitsver- 13
trages wie zB die Anerkennung einer Vorbeschäftigungszeit, so müssen auch diese hinreichend bestimmt angegeben werden.[645]

Die Arbeitgeberin kann sich einer Verpflichtung zum Abschluss eines Arbeitsvertra- 14
ges nicht mit dem Argument entziehen, die begehrte Beschäftigung sei ihr nicht (mehr) möglich.[646]

2. Antrag auf Annahme eines Vertragsangebots

Im Regelfall wird der Arbeitnehmer die Annahme des von ihm unterbreiteten kon- 15
kreten Angebots durch die Arbeitgeberin verlangen:

> **Die Beklagte wird verurteilt, das Angebot des Klägers auf Abschluss eines Arbeitsvertrages als <Bezeichnung der Tätigkeit und Angabe der Konditionen, insbesondere Umfang der Arbeitszeit und Vergütung> mit Wirkung ab dem <Datum> anzunehmen.**

Natürlich kann das Ansinnen des Arbeitnehmers auch darauf gerichtet sein, den In- 16
halt eines bereits bestehenden Arbeitsverhältnisses zu ändern, etwa:

> **Die Beklagte wird verurteilt, das Angebot des Klägers anzunehmen, mit Wirkung ab dem <Datum> die Zahl der wöchentlichen Unterrichtsstunden von 13 auf 15 zu erhöhen.**[647]

3. Antrag auf Abgabe eines Angebots

Der manchmal zu findende Antrag 17

> *Die Beklagte wird verurteilt, dem Kläger einen Arbeitsvertrag als <nähere Beschreibung> anzubieten.*

ist in der Regel nicht zu empfehlen. Macht der Arbeitnehmer geltend, ein Recht auf Abschluss eines Arbeitsvertrages zu haben, erscheint der Sinn einer Klage zweifelhaft, mit der er nur ein Angebot erhält, der Vertragsschluss jedoch noch von seiner Annahmeerklärung abhängt. Bis zur Annahmeerklärung entstehen dann nämlich unter keinem rechtlichen Gesichtspunkt Vergütungsansprüche des Arbeitnehmers.[648] Ein derartiger Antrag birgt zudem das Risiko, die **Annahmefrist** zu versäumen. Ausnahmsweise kann es allerdings auch im Interesse des Arbeitnehmers liegen, nicht schon mit Rechtskraft des seiner Klage stattgebenden Urteils vertraglich gebunden

645 BAG 15.10.2013 – 9 AZR 564/12, AP BGB § 611 Nr. 20 Rn. 17.
646 BAG 13.3.2013 – 7 AZR 334/11, NZA 2013, 804; BAG 13.4.2012 – 7 AZR 147/11, AP BetrVG 1972 § 77 Betriebsvereinbarung Nr. 60.
647 BAG 13.2.2007 – 9 AZR 575/05, NZA 2007, 807.
648 BAG 27.1.2016 – 5 AZR 9/15, NZA 2016, 691; s. auch Rn. 18.

zu sein, sondern erst danach unter Berücksichtigung der konkreten Umstände frei entscheiden zu können, ob er das Vertragsangebot der Arbeitgeberin annimmt. Zwar erfordert ein auf Abgabe eines Angebots gerichteter Antrag ein besonderes Rechtsschutzbedürfnis.[649] Für das Verlangen auf Zustandekommen eines Arbeitsvertrages besteht ein solches jedoch, weil ein einseitiges, § 12 S. 1 KSchG entsprechendes Lösungsrecht des Arbeitnehmers vom Vertrag fehlt.[650] Daran ändert nichts, dass der Arbeitnehmer einen Vertrag häufig komplikationslos kündigen können wird, wenn er ihn bei Eintritt der Rechtskraft nicht mehr in Vollzug setzen will. Bei einem längeren Rechtsstreit kann sich beispielsweise seine Situation etwa durch Abschluss eines Vertrages mit einer anderen Arbeitgeberin wesentlich verändert haben. Der Antrag auf Abgabe eines Angebots lautet:

> **Die Beklagte wird verurteilt, dem Kläger mit Wirkung vom <gewünschtes Datum> einen Arbeitsvertrag als <Bezeichnung der Tätigkeit und Angabe der Konditionen, insbesondere Umfang der Arbeitszeit und Vergütung> anzubieten.**[651]

4. Rückwirkender Vertragsabschluss

18 Seit der Schuldrechtsreform sind nach § 311a Abs. 1 BGB auf Abschluss eines Vertrages gerichtete Begehren auch **mit Wirkung für die Vergangenheit** möglich.[652] Das bedeutet allerdings nicht, dass der Vertrag selbst als in der Vergangenheit abgeschlossen gilt, sondern nur, dass seine Rechtsfolgen seit einem früheren Zeitpunkt gelten.[653] Ausgeschlossen ist allerdings eine gerichtliche Entscheidung, mit der ein Arbeitsverhältnis mit Rückwirkung zu einem Zeitpunkt vor Abgabe des Angebots begründet werden soll.[654] Taugt danach die Klage selbst nicht als Angebot, hat der Arbeitnehmer sicherzustellen, dass der Arbeitgeberin ein nach obigen Maßstäben hinreichendes Angebot rechtzeitig zugeht.

5. Antrag bei Wahlrecht der Arbeitgeberin

19 Es sind auch Konstellationen denkbar, in denen der Arbeitnehmer **keinen Anspruch** auf Abschluss eines Arbeitsvertrages **zu bestimmten Bedingungen hat,** zB wenn ein Tarifvertrag die Arbeitgeberin zur Übernahme von Auszubildenden verpflichtet, ihr aber ein **Wahlrecht** bezogen auf die Art der Beschäftigung einräumt. Dann sollte beantragt werden:

> **Die Beklagte wird verurteilt, dem Kläger mit Wirkung vom <gewünschtes Datum> einen Arbeitsvertrag <evtl.: in Vollzeit> anzubieten.**

20 Die **Vollstreckung** eines entsprechenden Titels richtet sich dann nicht nach § 894 ZPO, weil die Konditionen des Vertrages noch nicht bekannt sind. Vielmehr wird der

649 BAG 28.4.1998 – 9 AZR 348/97, NZA 1999, 152; BAG 15.5.2012 – 3 AZR 610/11, NZA 2012, 1279.

650 BAG 9.2.2011 – 7 AZR 91/10, NZA-RR 2012, 232; BAG 19.10.2011 – 7 AZR 33/11, AP BGB § 307 Nr. 60.

651 BAG 12.4.2017 – 7 AZR 446/15, NZA 2017, 1125; ein Beispiel für einen breit ausformulierten Vertrag enthält LAG Köln 21.8.2020 – 4 Sa 7/20, BeckRS 2020, 22460.

652 Vgl. nur BAG 27.4.2004 – 9 AZR 522/03, NZA 2004, 1225; BAG 12.8.2008 – 9 AZR 620/07, DB 2008, 2839; BAG 9.2.2011 – 7 AZR 91/10, NZA-RR 2012, 232.

653 BAG 15.9.2009 – 9 AZR 608/08, NZA 2010, 32 = DB 2010, 175.

654 BAG 24.4.2013 – 7 AZR 523/11, AP BetrVG 1972 § 77 Betriebsvereinbarung Nr. 63; BAG 15.10.2013 – 9 AZR 572/12, NZA-RR 2014, 119.

Arbeitnehmer die Verpflichtung der Arbeitgeberin wohl nach § 888 ZPO durchsetzen können.[655]

Ähnliches dürfte gelten, wenn der Anspruch des Arbeitnehmers zwar auf einen Ver- 21
tragsschluss/eine Vertragsänderung bezogen auf eine konkrete Beschäftigung gerichtet ist, jedoch insoweit **mehrere Arbeitsplätze** in Betracht kommen, zB bei Ansprüchen auf eine leidensgerechte Beschäftigung. Der Arbeitnehmer kann dann seinen Antrag im Sinne einer Wahlschuld und/oder mittels Haupt- und Hilfsverhältnis formulieren:

> **Die Beklagte wird verurteilt, dem Kläger mit Wirkung vom <gewünschtes Datum> einen Arbeitsvertrag <evtl.: in Vollzeit> anzubieten/ein Vertragsangebot zur Änderung des Arbeitsvertrags zu unterbreiten mit dem Inhalt, dass der Kläger nach ihrer Wahl als <Tätigkeiten: zB Kauenwärter oder Mitarbeiter der Magazinausgabe oder Lampenstube>,**
> **hilfsweise**
> **als <weitere Tätigkeit, zB: Gruben- und Sicherheitswart>,**
> **äußerst hilfsweise**
> **als <weitere Tätigkeit, zB: Mitarbeiter der Werkswache> tätig ist.**[656]

Der Arbeitnehmer muss dann für den Hauptantrag klarstellen, ob er der Arbeitgebe- 22
rin die Wahl lassen will, aus dem Spektrum der Tätigkeiten einen Arbeitsvertrag anzubieten, nach dem er nur eine der Tätigkeiten schuldet, oder ob er künftig ein Arbeitsverhältnis haben möchte, bei dem die Arbeitgeberin per Direktionsrecht aus den verschiedenen Tätigkeiten wählen kann, er letztlich also alle Tätigkeiten schuldet (was in materieller Hinsicht wohl eine Gleichwertigkeit der Tätigkeiten voraussetzt). Letzteres dürfte in der Regel seinem Interesse entsprechen.[657] Nur in derartigen Fällen dürfte beim Hauptantrag eine Vollstreckung nach § 894 ZPO in Betracht kommen, da bei der erstgenannten Konstellation mit Rechtskraft des Urteils nicht feststeht, welche Willenserklärung als abgegeben gilt. Es handelt sich dann um eine → *Wahlschuld.* Der Arbeitnehmer wird die Verpflichtung der Arbeitgeberin bei einem solchen Titel wohl nach § 888 ZPO durchsetzen können. Ein Vorgehen nach § 264 Abs. 2 BGB ist dem Arbeitnehmer hingegen versperrt, da diese Regelung nur für den Fall eines Wahlrechts des Gläubigers, nicht wie hier des Schuldners gilt.[658]

Beruft sich die Arbeitgeberin im Prozess darauf, (auch) andere Beschäftigungsmög- 23
lichkeiten erfüllten den Anspruch des Arbeitnehmers, kann er diese in den Klageantrag mit aufnehmen. Wichtig ist zudem, entsprechend den obigen Ausführungen auch den übrigen **Mindestinhalt** des verlangten Vertrages in den Antrag mit aufzunehmen, wenn nicht wie in dem vom Bundesarbeitsgericht entschiedenen Fall diese aufgrund der Üblichkeiten bei der Arbeitgeberin (Öffentlicher Dienst, Anwendung tariflicher Regelungen) auch ohne derartige Angaben ohne weiteres feststehen.

Denkbar ist in entsprechenden Konstellationen auch, dass der Arbeitnehmer ledig- 24
lich weiß, was ihm (aus gesundheitlichen Gründen) nicht mehr möglich ist, er aber aufgrund der Unternehmensgröße konkrete Beschäftigungsmöglichkeiten nicht nennen kann. Man wird dann folgenden – ebenfalls nach § 888 ZPO zu vollstreckenden – Antrag für zulässig halten können:

655 Vgl. LAG Berlin 1.3.2002 – 2 Sa 2316/01, BeckRS 2002, 30455010.
656 BAG 28.4.1998 – 9 AZR 348/97, NZA 1999, 152 = BeckRS 1998 30012676.
657 BAG 24.9.2003 – 5 AZR 282/02, NZA 2003, 1332.
658 Dies übersieht LAG Berlin 1.3.2002 – 2 Sa 2316/01, juris Rn. 29 = BeckRS 2002, 30455010.

> **Die Beklagte wird verurteilt, dem Kläger mit Wirkung vom <gewünschtes Datum> einen Arbeitsvertrag <evtl.: in Vollzeit> mit einer Tätigkeit anzubieten, bei der er nicht <gesundheitliche Einschränkung, zB: mehr als 10 kg heben> muss.**

25 Allerdings sollte der Arbeitnehmer die in derartigen Fällen in der Regel gegebene Verpflichtung der Arbeitgeberin zur Durchführung eines **betrieblichen Eingliederungsmanagements** (§ 84 Abs. 2 SGB IX) nutzen, um sich hinreichende Kenntnisse über passende Beschäftigungsmöglichkeiten zu verschaffen.

6. Verschaffung eines Arbeitsvertrages bei einem Dritten

26 Ausnahmsweise (meist Fälle mit einem konzernbezogenen Kündigungsschutz) ist auch denkbar, dass der Arbeitnehmer von seiner bisherigen Arbeitgeberin verlangen kann, dass diese ihm einen **Arbeitsvertrag bei einer anderen Arbeitgeberin verschafft.** Auch dann sind die Bedingungen des begehrten Arbeitsvertrages mit hinreichender Bestimmtheit in den Antrag aufzunehmen. Das Bundesarbeitsgericht hat insoweit folgenden Antrag für zulässig gehalten:

> **Die Beklagte wird verurteilt, dem Kläger mit Wirkung zum <Datum> zu den bislang bei ihr geltenden Arbeitsbedingungen einen Arbeitsvertrag bei der <Bezeichnung der anderen Arbeitgeberin> zu verschaffen.**[659]

27 Das setzt allerdings voraus, dass die bislang geltenden Arbeitsbedingungen der Klage entnommen werden können (beispielsweise durch Beifügung des aktuellen Arbeitsvertrags). Damit ein entsprechender richterlicher Tenor vollstreckbar ist, müssen die Arbeitsbedingungen dann mindestens im Tatbestand des Urteils aufgeführt werden.

28 Kommen mehrere Unternehmen als neue Arbeitgeberin in Betracht, sind sie einzeln aufzuführen („… bei der Firma A, der Firma B oder der Firma C …"). Eine Formulierung

> *Die Beklagte wird verurteilt, dem Kläger mit Wirkung zum <Datum> zu den bislang bei ihr geltenden Arbeitsbedingungen einen Arbeitsvertrag bei einem konzernangehörigen Unternehmen zu verschaffen.*

reicht mangels Bestimmtheit nicht aus.[660]

29 Schwierigkeiten bereitet die Antragsformulierung, wenn nicht die Verschaffung eines anderen Arbeitsvertrages zu den alten Bedingungen, sondern nur eine solche beispielsweise zu „angemessenen Bedingungen" verlangt werden kann. Dann genügt der Antrag

> *Die Beklagte wird verurteilt, dem Kläger mit Wirkung zum <Datum> einen angemessenen Arbeitsvertrag bei der <Bezeichnung der anderen Arbeitgeberin> zu verschaffen.*

659 BAG 10.5.2007 – 2 AZR 626/05, NZA 2007, 1278.
660 BAG 10.5.2007 – 2 AZR 626/05, NZA 2007, 1278.

nicht dem Bestimmtheitserfordernis; der Arbeitnehmer muss vielmehr konkrete Beschäftigungsmöglichkeiten benennen.[661]

7. Einstweilige Verfügung

Der Erlass einer solchen auf Abgabe oder Annahme eines Vertragsangebots dürfte **30**
ausscheiden. § 894 ZPO fingiert die Abgabe einer Willenserklärung nämlich nur bei Rechtskraft eines dahingehenden Urteils. Das hat grundsätzlich zur Folge, dass der Erlass einer einstweiligen Verfügung auf Abgabe einer Willenserklärung nicht in Betracht kommt.[662] Es ist auch kaum vorstellbar, dass bei der Frage des Abschlusses eines Arbeitsvertrags aus Gründen effektiven Rechtsschutzes eine Ausnahme zu machen ist, da dieser wie oben dargelegt auch rückwirkend verlangt werden kann.

Zur Sicherung eines Einstellungsanspruchs durch einstweilige Verfügung siehe unter → *Konkurrentenklage.*

Arbeitszeit

Typische Streitigkeiten betreffen den **Umfang der geschuldeten Arbeitszeit.** Ursa- **1**
che können unklare arbeitsvertragliche Regelungen sein. In dieser Situation kann die geltende Arbeitszeit im Rahmen einer (Elementen-)Feststellungsklage überprüft werden, wenn durch sie der Streit insgesamt beseitigt und das Rechtsverhältnis der Parteien abschließend geklärt werden kann. So ist die Klage beispielsweise wegen fehlendem Feststellungsinteresse unzulässig, wenn mit dem Begehren nur eine vorgreifliche Rechtsfrage geklärt werden kann, der eigentliche Streit aber offenbleibt.[663] Vgl. umfassend: → *Inhalt des Arbeitsverhältnisses.* Besteht ein grundsätzlicher Streit über die Arbeitszeit, kann wie folgt formuliert werden:

Es wird festgestellt, dass die vom Kläger zu erbringende regelmäßige wöchentliche Inanspruchnahmezeit einschließlich Ruhepausen <Anzahl Stunden > beträgt.[664]

Oder:

Es wird festgestellt, dass die vom Kläger zu erbringende regelmäßige wöchentliche Arbeitszeit ausschließlich Ruhepausen <Anzahl Stunden> beträgt.

Oder:

Es wird festgestellt, dass der Kläger nicht verpflichtet ist, sonntags und an Feiertagen zu arbeiten.[665]

Es kann auch eine negative Abgrenzung erfolgen, soweit sich der Arbeitgeber eines **2**
entsprechenden Anspruchs berühmt:

Es wird festgestellt, dass der Kläger nicht zur Ableistung einer 38-Stunden-Woche verpflichtet ist.[666]

661 BAG 10.5.2007 – 2 AZR 626/05, NZA 2007, 1278.
662 LAG Hamm 4.12.2014 – 16 SaGa 41/14, BeckRS 2016, 71220.
663 BAG 23.3.2016 – 5 AZR 758/13, NZA 2016, 1229.
664 BAG 18.10.2023 – 5 AZR 22/23, NZA 2024, 128; BAG 26.9.2012 – 10 AZR 336/11, BeckRS 2018, 14906; BAG 17.7.2008 – 6 AZR 505/07, NZA 2008, 1320; LAG Baden-Württemberg 17.9.2020 – 17 Sa 6/20, BeckRS 2020, 37658. Zur Abrufarbeit: LAG Hamm 18.1.2023 – 3 Sa 672/22, juris.
665 BAG 15.9.2009 – 9 AZR 757/08, DB 2009, 2552.
666 BAG 15.5.2013 – 10 AZR 325/12, ZTR 2013, 559.

3 Das BAG hält es zudem für möglich, die Anordnung selbst zum Gegenstand einer Feststellungklage zu machen.

> **Es wird festgestellt, dass die Anordnung der Beklagten vom <Datum> über die Erhöhung der Wochenarbeitszeit auf 48 Stunden unwirksam ist.**[667]
>
> **Oder:**
>
> **Es wird festgestellt, dass die Anordnung der Beklagten vom <Datum> wonach sich im Zeitraum <Zeitraum> die Arbeitszeit von 39 Stunden auf 36,5 Stunden reduziert, unwirksam ist.**[668]

4 Das BAG verweist darauf, dass mit der Feststellung ein Element aus der Gesamtentscheidung verselbständigt und mit eigener Rechtskraft versehen werde und hierdurch Rechtssicherheit und Rechtsklarheit für mögliche Folgestreitigkeiten hergestellt werde. Die Feststellung der vom Kläger zu leistenden wöchentlichen Arbeitszeit sei eine Vorfrage, die jedenfalls bei der Entscheidung über den Leistungsantrag zur Überstundenvergütung beantwortet werden muss. Dies ist jedenfalls insoweit zutreffend, als nach der ständigen Rechtsprechung des BAG auch einzelne Beziehungen und Folgen eines Rechtsverhältnisses Gegenstand einer Feststellungsklage sein können. Insbesondere das BAG anerkennt dies auch bei Streitigkeiten in Bezug auf das → *Direktionsrecht.*

5 Besonderheiten bestehen, wenn der Kläger nicht nur den Umfang der bestehenden Arbeitszeit klären will, sondern der Auffassung ist, dass sich seine Arbeitszeit verändert, insbesondere erhöht hat. Behauptet der Kläger eine **Erhöhung der Arbeitszeit,** also einen Wechsel von Teilzeit in Vollzeit, ist es möglich, dass die Voraussetzung für eine Beschäftigung mit einer veränderten Arbeitszeit bereits vorliegen. Dann wäre wie oben beschrieben an eine Feststellungsklage zu denken. Dies gilt etwa, wenn die erhöhte Arbeitszeit befristet übertragen worden ist und der Arbeitnehmer diese Befristung für unwirksam hält. Dann kann der Arbeitnehmer Feststellungsklage erheben.

> **Es wird festgestellt, dass die Arbeitszeit des Klägers über den <Datum> hinaus 38 Stunden pro Woche beträgt.**[669]

6 Andererseits kann es aber sein, dass der Arbeitnehmer nur einen Anspruch auf eine Arbeitszeitänderung hat. Dann muss er diese zuerst durchsetzen.[670] Das erfordert den Abschluss eines Änderungsvertrages → *Vertragsabschluss* → *Arbeitsvertrag.* Prozessual richtet sich dieser Anspruch dann auf Abgabe einer Willenserklärung. Der Kläger muss die Verurteilung des Arbeitgebers **zur Annahme seines Angebots** auf Abschluss eines Arbeitsvertrags und damit auf Abgabe einer Willenserklärung beantragen. Die Erklärung des Arbeitgebers auf Annahme des Angebotes gilt mit Rechtskraft eines dem Klageantrag stattgebenden Urteils gem. § 894 Abs. 1 S. 1 ZPO als abgegeben. Zu den Einzelheiten des § 894 ZPO vgl. → *Arbeitsvertrag.*

7 Das Begehren des Arbeitnehmers kann sich auf eine **Veränderung der vertraglich vereinbarten Arbeitszeit** beziehen, insbesondere auf eine Verringerung richten → *Teilzeit* → *Elternzeit* → *Altersteilzeit.*

---

667 BAG 21.3.2018 – 5 AZR 2/17, BeckRS 2018, 14900.
668 LAG Berlin-Brandenburg 9.8.2019 – 9 Sa 1874/18, NZA-RR 2019, 653.
669 BAG 25.4.2018 – 7 AZR 520/16 15.5.2013, NZA 2018, 1061; 23.3.2016 – 7 AZR 828/13, BAGE 154, 354–374.
670 Vgl. auch BAG 23.3.2016 – 7 AZR 828/13, BAGE 154, 354–374. Vgl. auch LAG Hamm 9.11.2022 – 6 Sa 202/22, NZA-RR 2023, 118.

> **Es wird festgestellt, dass sich die wöchentliche Arbeitszeit des Klägers von 40 auf 38 Stunden pro Woche reduziert hat.**[671]

Darüber hinaus ist oft problematisch, ob und wie die vereinbarte Arbeitszeit vergütet wird. Dies betrifft insbesondere die **Vergütung** spezieller **Arbeitszeiten,** etwa Bereitschafts-, Rufbereitschafts- oder Nachtarbeitszeiten. Soweit es auch hier um die Klärung grundsätzlicher Fragen geht, kommt eine Feststellungsklage in Betracht → *Inhalt des Arbeitsverhältnisses.* Ansonsten muss der Arbeitnehmer Leistungsklage erheben, die entweder auf die Zahlung des konkreten Gehaltes oder der jeweiligen einzelnen Zuschläge gerichtet ist → *Vergütung* → *Sonn- und Feiertagszuschlag* → *Zuschlag.* Im Rahmen einer Feststellungsklage könnte zB folgendermaßen formuliert werden: 8

> **Es wird festgestellt, dass es sich bei den in den Fahrplänen ausgewiesenen bisher nicht vergüteten Pausenzeiten, welche Wendezeiten enthalten, um vergütungspflichtige Arbeitszeiten handelt.**[672]

Daneben kann streitig sein, welche Tätigkeiten zur Arbeitszeit gehören. So entsteht regelmäßig Streit, ob und welche **Reisezeiten** unter den Begriff der Arbeitszeit fallen. Auch in dieser Situation gibt es mehrere Möglichkeiten für den Arbeitnehmer. Einerseits kann er Vergütung für entsprechende Zeiten verlangen → *Vergütung.* Andererseits ist eine Feststellungsklage möglich. Sie kann sich zB darauf beziehen, dass die Zeiten der Dienstreise als Arbeitszeit nach dem ArbZG zu berücksichtigen ist. 9

> **Es wird festgestellt, dass die Beklagte verpflichtet ist, die dienstlichen Wege- und die auswärtigen Geschäftszeiten so einzuteilen, dass die Arbeitszeit des Klägers einschließlich der dienstlichen Wegezeiten arbeitstäglich nicht zehn Stunden überschreitet, soweit keine außergewöhnlichen Fälle im Sinne des § 14 Arbeitszeitgesetz gegeben sind.**[673]

Ebenso wenn es darum geht, ob **Umkleidezeiten** zu vergüten sind. Einerseits ist eine Leistungsklage möglich, andererseits eine Feststellungsklage. Schwierig ist die Festlegung des Umfangs der Umkleidezeiten. Insoweit ist eine Präzisierung der Umkleidezeit ebenso erforderlich, wie die Angabe der konkreten Kleidungsstücke: 10

> **Es wird festgestellt, dass die Zeit des An- und Ablegens der Dienstkleidung bestehend aus Poloshirt und Sicherheitsschuhen im Betrieb der Beklagten im Umfang von 5 Minuten pro Tag zur vergütungspflichtigen Arbeitszeit zählt und von der Beklagten zu vergüten ist.**[674]

671 BAG 11.7.2019 – 6 AZR 548/18, NZA 2019, 1376.
672 BAG 17.7.2008 – 6 AZR 602/07, NZA-RR 2009, 88.
673 BAG 11.7.2006 – 9 AZR 519/05, NZA 2007, 155. Vgl. auch BAG 18.3.2020 – 5 AZR 25/19, AP Nr. 63 zu § 611 BGB Arbeitszeit.
674 BAG 25.4.2018 – 5 AZR 245/17, BB 2018, 1715. Das BAG hat den Antrag – ohne konkrete Angabe der Umkleidezeit – für auslegungsfähig gehalten und auf die „erforderliche Zeit" eingegrenzt. Vgl. auch BAG 31.3.2021 – 5 AZR 292/21, NZA 2021, 1197.

Gleiches gilt bei **Wegezeiten:**

> **Es wird festgestellt, dass die Beklagte verpflichtet ist, insgesamt zehn Minuten zum Aufsuchen des Waffenschließfachs, dem Laden und Entladen sowie An- und Ablegen der Dienstwaffe an den Tagen, an denen er tatsächlich gearbeitet und das dienstliche Waffenschließfach genutzt hat, zu vergüten.**[675]

11 **Unzulässig** weil ohne jede Eingrenzung ist demgegenüber folgender Antrag:

> *Es wird festgestellt, dass die Arbeitszeit des Klägers das Wechseln seiner Berufskleidung mit umfasst.*[676]

Mit diesem Antrag geht es dem Kläger nicht um die Feststellung eines grundsätzlich streitigen Rechtsverhältnisses.

12 Besteht zwischen einem Betriebsratsmitglied und dem Arbeitgeber Streit darüber, in welchem zeitlichen Umfang sich das Betriebsratsmitglied zur Wahrnehmung betriebsverfassungsrechtlicher Aufgaben bereithalten muss und damit über den Umfang einer Leistungspflicht, kann auch dies Gegenstand einer Feststellungsklage sein.[677]

13 Denkbar ist es auch, geleistete Arbeitszeiten dem → *Arbeitszeitkonto* gutzuschreiben.

Auch **Freizeitausgleich** für Arbeitszeiten kann streitig sein, etwa für Nachtarbeit, vgl. → *Ausgleich, Nachtarbeit.*

Bei einem **Arbeitszeitkonto** → *Arbeitszeitkonto.*

Arbeitszeitkonto

Übersicht

	Rn.
1. Finanzieller Ausgleich eines Arbeitszeitkontos	2
2. Freistellung von der Arbeitspflicht	3
3. Wahlschuld	4
4. Anzahl der Stunden auf dem Arbeitszeitkonto	5–16
5. Finanzieller Ausgleich bei Minusstunden	17
6. Verrechnung verschiedener Konten	18, 19
7. Führung des Arbeitszeitkontos	20, 21

1 Bei einem Arbeitszeitkonto können sich abhängig von der konkreten Ausgestaltung und der jeweiligen Rechtsgrundlage verschiedene Fallkonstellationen ergeben. Arbeitszeitkonten können als Geldkonten oder Zeitkonten geführt werden. Nach Beendigung des Arbeitsverhältnisses ist jedenfalls eine finanzielle Abgeltung einzuklagen.

1. Finanzieller Ausgleich eines Arbeitszeitkontos

2 Es gelten die Grundsätze zu Vergütungsansprüchen (→ *Vergütung*). Der Arbeitnehmer muss also einen **bezifferten Leistungsantrag** stellen. Das BAG befürwortet eine Erleichterung bei der Frage der Zulässigkeit. Wer den finanziellen Ausgleich von

675 BAG 13.10.2021 – 5 AZR 55/20, NZA 2022, 1055.
676 Vgl. dazu BAG 22.3.1995 – 5 AZR 934/93, NZA 1996, 107.
677 BAG 25.10.2017 – 7 AZR 731/15, NZA 2018, 538.

Stunden auf einem Arbeitszeitkonto verlangt, muss nicht im Einzelnen die Tage und die Uhrzeiten angeben, an denen der Arbeitnehmer über die vereinbarte Arbeitszeit hinaus tätig geworden ist.[678] Dies wäre etwa bei der Geltendmachung von Überstunden erforderlich, andernfalls wäre der Streitgegenstand nicht hinreichend festgelegt. In einem noch bestehenden Arbeitsverhältnis muss zum Zeitpunkt der mündlichen Verhandlung der abzugeltende Wert auf dem Konto bestehen.

2. Freistellung von der Arbeitspflicht

Sind Überstunden nicht finanziell, sondern durch Freizeit auszugleichen, dann muss 3
der Arbeitnehmer seinen Antrag entsprechend auf → *Freistellung von der Arbeitsleistung* in einem konkreten Umfang richten. Bei einem Feststellungsantrag hat der Arbeitnehmer ein Feststellungsinteresse darzulegen, etwa weil er den Umfang des Anspruchs kennen muss, um disponieren zu können.

Unzulässig ist hingegen der folgende Antrag:

> *Es wird festgestellt, dass die Beklagte verpflichtet ist, dem Kläger für <Anzahl> Stunden (Guthaben aus dem Arbeitszeitkonto) einen Freizeitausgleich zu gewähren.*

3. Wahlschuld

Sieht die Rechtsgrundlage eine echte → *Wahlschuld* iSd § 262 BGB vor, dann kann 4
der Arbeitgeber einen Ausgleich **entweder** durch Freistellung **oder** durch finanzielle Abgeltung leisten. Der Arbeitnehmer hat dann eine **Alternativklage** (→ A. I Rn. 119) zu erheben. Der Antrag lautet dann etwa:

> **Die Beklagte wird verurteilt, dem Kläger nach ihrer Wahl <Anzahl> bezahlte freie Arbeitstage/-stunden zu gewähren oder an ihn <Betrag> EUR brutto zu zahlen.**

4. Anzahl der Stunden auf dem Arbeitszeitkonto

Nicht selten begehrt ein Arbeitnehmer die Feststellung, dass das Zeitkonto einen un- 5
zutreffenden Wert aufweist und eine höhere als die bislang angegebene Stundenzahl ausweisen müsste. Die Ursachen können vielfältig sein. Zwischen den Arbeitsvertragsparteien kann beispielhaft Streit über die zutreffende Berechnung der Guthabenstunden oder die Anrechnung von Fehlstunden bestehen. Für die Feststellungsklage hat der Arbeitnehmer ein Feststellungsinteresse darzulegen. Ein solches ist etwa denkbar, wenn die Parteien über grundsätzliche Fragen der Berechnung streiten und ein Feststellungsurteil im Stande ist, diesen Streit aufzulösen (→ *Inhalt des Arbeitsverhältnisses*). Eine **Feststellungsklage** ist also zB möglich, wenn zwischen den Parteien im Streit steht, wie viele Stunden bei Vorliegen eines bestimmten Sachverhalts gutzuschreiben sind, etwa an Feiertagen.[679] Demgegenüber wird ein Feststellungsinteresse nach Beendigung des Arbeitsverhältnisses regelmäßig nicht vorliegen. Der Arbeitnehmer kann dann auf finanzielle Abgeltung klagen.

> **Es wird festgestellt, dass das Guthaben des Klägers auf seinem Arbeitszeitkonto per <Datum> <Anzahl> Stunden beträgt.**

678 BAG 13.3.2002 – 5 AZR 43/01, NZA 2002, 1112.
679 Vgl. BAG 23.1.2008 – 5 AZR 1036/06, NZA 2008, 1208.

> **Es wird festgestellt, dass die Beklagte verpflichtet ist, dem Kläger im Falle des Arbeitsausfalls aus Anlass von <Bezeichnung, etwa gesetzlichen Feiertagen> die Anzahl von Stunden gutzuschreiben, die der Kläger <konkrete Beschreibung, etwa schichtplanmäßig an den jeweiligen Tagen ohne den Ausfall gearbeitet hätte>.**[680]

6 Bei einer Feststellungsklage ist dennoch genau darauf zu achten, welche Feststellung begehrt wird und ob diese geeignet ist, strittige Fragen zwischen den Parteien auszuräumen. Voraussetzung ist regelmäßig, dass überhaupt ein Arbeitszeitkonto geführt wird oder einzurichten ist.

> *Es wird festgestellt, dass dem Kläger gegen die Beklagte ein Anspruch auf ein Zeitguthaben in Höhe von <Anzahl> Stunden für das Jahr <Datum> zusteht.*

7 Diese Feststellung wäre nicht geeignet, weitere Verfahren auszuschließen, da offenbliebe, wie weiter zu verfahren wäre, etwa ob und ggf wie das Guthaben gutzuschreiben oder abzugelten wäre, da in dem konkreten Fall kein Arbeitszeitkonto geführt wurde.[681]

8 Regelmäßig besteht nach Auffassung des BAG die Möglichkeit einer **Leistungsklage,** etwa dann, wenn der Arbeitgeber aus Sicht des Arbeitnehmers lediglich einzelne Tage unzutreffender Weise nicht berücksichtigt hat (vorzugswürdig ist eine Feststellungsklage, vgl. auch → *Urlaubskonto*). Regelmäßig ist der folgende Antrag zulässig:

> **Die Beklagte wird verurteilt, dem Arbeitszeitkonto des Klägers weitere <Anzahl> Arbeitsstunden gutzuschreiben.**[682]

9 Der Kläger muss bei einem Leistungsantrag zunächst angeben, ob er entweder die Erhöhung seines Zeitguthabens um eine bestimmte Stundenzahl oder eine Zeitgutschrift in bestimmter Höhe verlangt.[683] Bei einem Geldkonto, etwa einem „Langzeitkonto“ auf tariflicher Grundlage, das eine Entgeltumwandlung vorsieht, ist auch die Gutschrift von Geldbeträgen möglich.[684] Der Antrag, der auf eine „Gutschrift“ von Zeiten in einem genau angegebenen Umfang gerichtet ist, ist hinreichend bestimmt, wenn das Arbeitszeitkonto geleistete Mehr- oder Überarbeit aus oder allgemein solche Zeiten ausweist, die durch Freistellung von der Arbeitspflicht bei Fortzahlung der Vergütung auszugleichen sind (eben ein Arbeitszeit*konto*).[685] Dies gilt jedenfalls, soweit zwischen den Parteien keine Unklarheit besteht, wie die Gutschrift erfolgen soll.[686] Bei einem allgemeinen **„Stundenkonto“,** in das „Plus- und Minusstunden“ eingestellt werden, bedarf es keiner weiteren Konkretisierung, wie bzw. an welcher Stelle des Arbeitszeitkontos eine Gutschrift erfolgen soll.[687]

680 Vgl. BAG 14.8.2002 – 5 AZR 417/01, NZA 2003, 232.
681 BAG 23.3.2016 – 5 AZR 758/13, BeckRS 2016, 69495.
682 BAG 8.3.2020 – 5 AZR 36/19, NZA 2020, 868; BAG 16.7.2014 – 10 AZR 242/13, NZA 2015, 499; BAG 19.3.2014 – 5 AZR 954/12, NZA 2014, 787; BAG 22.1.2009 – 6 AZR 78/08, NZA 2009, 735; BAG 23.1.2008 – 5 AZR 1036/06, NZA 2008, 1208.
683 Vgl. BAG 3.9.2020 – 5 AZR 367/19, NZA-RR 2021, 5; BAG 23.8.2023 – 5 AZR 349/22, BeckRS 2023, 34698.
684 Vgl. LAG Sachsen 2.11.2023 – 4 Sa 96/22, BeckRS 2023, 45227.
685 BAG 18.1.2017 – 7 AZR 224/15, NZA 2017, 791; BAG 15.5.2019 – 7 AZR 396/17, NZA 2019, 1497.
686 BAG 16.7.2014 – 10 AZR 242/13, NZA 2015, 499.
687 Vgl. BAG 8.3.2020 – 5 AZR 36/19, NZA 2020, 868.

In einer Entscheidung hat das BAG aber die **Anforderungen erhöht,**[688] jedenfalls 10
dann, wenn zwischen den Parteien strittig ist, **wie die Gutschreibung erfolgen soll.**[689] Erforderlich sei eine Konkretisierung des Leistungsbegehrens, **an welcher Stelle** des Arbeitszeitkontos die Gutschrift erfolgen soll.[690] Entscheidend dürfte insoweit sein, wie das Arbeitszeitkonto konkret ausgestaltet ist. Der Leistungsantrag muss so hinreichend bestimmt sein, dass der Arbeitgeber weiß, was er zu tun hat. Weist ein Arbeitszeitkonto mehrere Kategorien auf, so ist anzugeben, an welcher Stelle die Gutschrift zu erfolgen hat bzw. es ist anzugeben, wie das Arbeitszeitkonto gestaltet ist.[691]

Die Beklagte wird verurteilt, dem Arbeitszeitkonto des Klägers in der Spalte <Bezeichnung> weitere <Anzahl> Arbeitsstunden gutzuschreiben.[692]

Von dieser erhöhten Anforderung wird dann wiederum eine Ausnahme gemacht, 11
wenn die begehrte Zeitgutschrift lediglich der **Rückgängigmachung der Streichung** eines Zeitguthabens dient, da der Arbeitgeber wisse, was er zu tun habe, nämlich die von ihm auf einem bestimmten Arbeitszeitkonto vorgenommene Kürzung ungeschehen zu machen.[693]

Der Antrag soll zudem nur dann zulässig sein, wenn der Arbeitgeber für den Arbeit- 12
nehmer ein Zeitkonto führt. Dies ist aber wohl eher eine Frage der Begründetheit. Bestehen hingegen **verschiedene Arbeitszeitkonten,** dann ist anzugeben, welches abgeändert werden soll.

Das BAG[694] hat auch bei einer **Feststellungsklage** die Anforderungen nicht so hoch- 13
gelegt.

Es wird festgestellt, dass die Beklagte verpflichtet ist, auf dem Arbeitszeitkonto des Klägers für Wochenfeiertage, an denen er dienstplanmäßig ohne den Feiertag zur Arbeit eingeteilt wäre, die tatsächlich an diesem Tag dienstplanmäßig ausgefallenen Arbeitsstunden gutzuschreiben.

Über die weiteren Faktoren, welche die Umsetzung der begehrten Entscheidung, 14
konkret den Umfang der Gutschrift auf dem Arbeitszeitkonto beträfen, bestünde kein Streit. An welcher Stelle des Arbeitszeitkontos die Gutschrift vorgenommen werden solle, komme zwar im Wortlaut des Antrags nicht zum Ausdruck, könne aber unter Berücksichtigung der von der Beklagten erstellten vorgelegten Monatsübersichten über den Stand des Arbeitszeitkontos durch Auslegung ermittelt werden.[695] Da die Zulässigkeit nur durch Auslegung befürwortet worden ist, erscheint es ratsam, insoweit keine Risiken einzugehen und im Antrag genauere Angaben zu machen. Ist das Arbeitszeitkonto differenziert ausgestaltet, ist also anzugeben, an welcher konkreten Stelle die Gutschrift erfolgen soll.

688 BAG 10.11.2010 – 5 AZR 766/09, NZA 2011, 876; BAG 21.3.2012 – 5 AZR 676/11, NZA 2012, 870.
689 Vgl. BAG 16.7.2014 – 10 AZR 242/13, BeckRS 2014, 72040.
690 BAG 12.12.2012 – 5 AZR 918/11, BeckRS 2013, 68694; LAG Hamm 21.11.2013 – 15 Sa 630/13, BeckRS 2014, 68553; vgl auch BAG 18.1.2017 – 7 AZR 224/15, NZA 2017, 791.
691 BAG 19.3.2014 – 5 AZR 954/12, NZA 2014, 787.
692 BAG 10.11.2010 – 5 AZR 766/09, NZA 2011, 876; LAG Hamm 21.11.2013 – 15 Sa 630/13, BeckRS 2014, 68553.
693 BAG 23.8.2023 – 5 AZR 349/22, BeckRS 2023, 34698; BAG 3.9.2020 – 5 AZR 367/19, NZA-RR 2021, 5; BAG 10.11.2010 – 5 AZR 766/09, NZA 2011, 876.
694 BAG 6.12.2017 – 5 AZR 118/17, NZA 2018, 597.
695 BAG 6.12.2017 – 5 AZR 118/17, NZA 2018, 597.

15 Die Leistungsklage kann verbunden werden mit einer **Zwischenfeststellungsklage,** wenn etwa die zutreffende Berechnungsgrundlage im Streit steht.

16 Im Übrigen ist genau darauf zu achten, welche Folgen die Regelungen in Betriebsvereinbarungen oder Tarifverträgen vorsehen. So geht es etwa in § 6 Abs. 3 S. 3 TVöD nicht um eine Gutschrift auf dem Arbeitszeitkonto, sondern um die **Minderung der Sollarbeitszeit.**[696]

5. Finanzieller Ausgleich bei Minusstunden

17 Die Regelungen des Arbeitszeitkontos können auch einen Ausgleich bei Minusstunden vorsehen. Der Arbeitgeber wird regelmäßig eine entsprechend verringerte (letzte) Monatsvergütung an den Arbeitnehmer zahlen, denn bei einem negativen Zeitguthaben des Arbeitnehmers handelt es sich der Sache nach um einen Lohn- oder Gehaltsvorschuss des Arbeitgebers.[697] Es ist aber auch nicht ausgeschlossen, dass der Arbeitgeber eine bezifferte Zahlungsklage erhebt, etwa weil die regelmäßige Monatsvergütung bereits ausgezahlt worden ist (→ *Zahlung*). Hat der Arbeitgeber ein **Minussaldo einbehalten,** muss der Arbeitnehmer eine Klage auf → *Vergütung* erheben, wenn er den Einbehalt für unzulässig hält.

6. Verrechnung verschiedener Konten

18 Ein weiterer Streitpunkt zwischen Arbeitsvertragsparteien kann die Frage sein, ob der Arbeitgeber berechtigt ist, Stunden auf verschiedenen Konten einseitig zu verrechnen, etwa aufgrund einer Betriebsvereinbarung. In Betracht kommen insoweit Feststellungsanträge, da die Frage mit einem solchen Antrag abschließend geklärt werden kann. Als zulässig wurde bereits folgender Antrag angesehen:

> **Es wird festgestellt, dass die Beklagte nicht berechtigt ist, eine Umbuchung des Zeitguthabens des Stundenkontos und des Feiertagskontos ohne Zustimmung des Klägers auf das Sollkonto vorzunehmen.**[698]

19 Es kann aber auch die Feststellung begehrt werden, dass das Konto, mit dessen Stunden aufgerechnet worden ist, die vorherige Stundenanzahl aufweist.

> **Es wird festgestellt, dass das Guthaben des Klägers auf seinem Stundenkonto zum Stichtag *(Datum)* insgesamt (Anzahl) Stunden beträgt.**[699]

7. Führung des Arbeitszeitkontos

20 Streiten sich die Arbeitsvertragsparteien darüber, wie das jeweilige Arbeitszeitkonto zu führen ist, insbesondere wie bestimmte Zeiten, wie etwa Umkleidezeiten, zu buchen sind, wird regelmäßig auf **Feststellungsanträge** zurückzugreifen sein. Leistungsanträge sind demgegenüber insoweit problematisch, gerade wenn sie sich auf die Zukunft beziehen. Folgender Antrag wurde als unzulässig angesehen.[700]

---

696 Dazu LAG Rheinland-Pfalz 25.1.2013 – 6 Sa 405/12, BeckRS 2013, 67484; BAG 8.12.2010 – 5 AZR 667/09, NZA 2011, 927.

697 Vgl etwa BAG 13.12.2000 – 5 AZR 334/99, NZA 2002, 390.

698 LAG Köln 15.9.2023 – 4 Sa 382/23, BeckRS 2023, 29573; vgl. LAG Köln 11.7.2023 – 4 Sa 359/23, BeckRS 2023, 22110.

699 LAG Köln 15.9.2023 – 4 Sa 382/23, BeckRS 2023, 29573.

700 LAG Berlin-Brandenburg 15.10.2021 – 2 Sa 701/21, BeckRS 2021, 40132.

> *Die Beklagte wird verurteilt, das Arbeitszeitkonto des Klägers im Soll mit einem wöchentlichen Arbeitszeitvolumen von 40 Stunden im Rahmen einer Fünf-Tage-Woche zu planen.*
>
> *Oder:*
>
> *Die Beklagte wird verurteilt, das Arbeitszeitkonto des Klägers im Ist mit der klägerseits tatsächlich geleisteten Arbeitszeit zzgl. eines Zeitanteils von 20 Minuten für Umkleide- und Übergabezeiten zu erfassen und zu buchen.*

Der Arbeitnehmer könne nicht eine abstrakte, sondern nur eine konkrete Planung 21
verlangen. Dieser Aspekt betrifft wohl eher die Begründetheit. Fraglich erscheint, ob mit Blick auf § 259 ZPO bereits ein Anspruch entstanden ist. Ein solcher dürfte erst mit der jeweils konkret geleisteten Schicht entstehen.

Arbeitszeitnachweis

Nach § 21a Abs. 7 ArbZG ist der Arbeitgeber verpflichtet, die Arbeitszeit der Arbeitnehmer aufzuzeichnen und auf Verlangen des Arbeitnehmers Kopien der Aufzeichnungen auszuhändigen. Zu den Aufzeichnungen in diesem Sinne zählen auch → *Fahrtenschreiberdiagramme.*[701] Der **Herausgabeanspruch** dient in der Regel der Vorbereitung einer Klage auf Überstundenvergütung (→ *Überstunden* und → *Vergütung*). In diesem Zusammenhang ist darauf hinzuweisen, dass es sich allein um einen Herausgabeanspruch handelt; die Vorschrift beinhaltet nicht eine Verpflichtung zur Ermittlung der vergütungsrechtlich relevanten Arbeitszeit oder einen Anspruch auf Abrechnung eines Vergütungsanspruches, es handelt sich **nicht um einen Auskunftsanspruch,** auch wenn das BAG diesen so bezeichnet.[702] Im Streit stand, ob der Anspruch im Rahmen einer → *Stufenklage* geltend gemacht werden kann.[703] Dies hat das BAG inzwischen bejaht.[704] Auch wenn der Zweck der Aushändigung von Aufzeichnungen nicht darauf gerichtet sei, Arbeitszeit im vergütungsrechtlichen Sinn darzustellen, sei es nicht ausgeschlossen, daraus Informationen in Bezug auf die Vergütung für geleistete Arbeit zu erlangen. Allerdings sind die Aufzeichnungen für Arbeitnehmer und Arbeitgeber ein geeignetes Hilfsinstrument bei der Rekonstruktion und Darlegung der Arbeitszeit.[705] § 21a Abs. 7 ArbZG sieht nur eine Aufbewahrungszeit von zwei Jahren vor.[706]

Der Antrag kann lauten:[707]

> **Die Beklagte wird verurteilt, dem Kläger Kopien der Arbeitszeitaufzeichnungen für den Zeitraum von <Datum> bis <Datum> auszuhändigen.**

Attestpflicht

→ *Arbeitsunfähigkeitsbescheinigung.*

---

701 LAG Köln 10.11.2010 – 3 Sa 770/10, BeckRS 2011, 68976.

702 Vgl. BAG 28.8.2019 – 5 AZR 425/18, NZA 2019, 1645 mit dem Hinweis, dass es sich dogmatisch um einen Herausgabeanspruch handelt.

703 Abl. LAG Sachsen 20.2.2018 – 7 Sa 38/17 (6), BeckRS 2018, 27022.

704 BAG 28.8.2019 – 5 AZR 425/18, NZA 2019, 1645.

705 BAG 21.12.2016 – 5 AZR 362/16, NZA-RR 2017, 233; BAG 26.6.2019 – 5 AZR 452/18, NZA 2019, 1361.

706 Vgl. dazu auch BAG 16.5.2011 – 5 AZR 347/11, NZA 2012, 939; LAG Hamm 11.11.2011 – 19 Sa 858/11, BeckRS 2012, 65705.

707 LAG Köln 10.11.2010 – 3 Sa 770/10, BeckRS 2011, 68976.

Aufhebungsklage

Eine Aufhebungsklage nach § 110 ArbGG ist angezeigt, wenn ein → *Schiedsspruch* angegriffen werden soll. Praktische Bedeutung haben Aufhebungsklagen bei → *Bühnenmitarbeitern,* da die Tarifvertragsparteien im NV Bühne die Einrichtung von Schiedsgerichten vorsehen.

Aufhebungsvertrag

1 Besteht Streit darüber, ob das Arbeitsverhältnis aufgrund eines Aufhebungsvertrags beendet ist, beispielsweise weil der Arbeitnehmer diesen angefochten hat (→ *Anfechtung*), ist eine **Feststellungsklage** gemäß § 256 Abs. 1 ZPO die zutreffende Klageart (→ *allgemeine Feststellungsklage*). Der Antrag kann wie folgt lauten:

> **Es wird festgestellt, dass das Arbeitsverhältnis der Parteien fortbesteht.**

2 In der Praxis findet sich vielfach ein der Kündigungsschutzklage nachgebildeter Antrag. Ein solcher Antrag ist jedoch **unzulässig:**[708]

> *Es wird festgestellt, dass das Arbeitsverhältnis der Parteien nicht aufgrund des Aufhebungsvertrages vom <Datum> aufgelöst ist.*

3 Ein solcher Feststellungsantrag mit einem punktuellen Streitgegenstand ist nur im Rahmen des § 4 KSchG zulässig. Ein derartiger punktueller Antrag wird aber regelmäßig als allgemeiner Feststellungsantrag ausgelegt werden können.[709]

4 Wird hingegen der **Abschluss eines Aufhebungsvertrages,** etwa aus Gründen der Gleichbehandlung, begehrt,[710] so richtet sich der Klageantrag auf die Zustimmung der beklagten Partei. Die Vertragsbedingungen sind im Antrag hinreichend konkret zu bestimmen (→ *Vertragsabschluss*).

5 Haben Arbeitnehmer und Arbeitgeber einen Aufhebungsvertrag geschlossen, so ist strittig, ob der Arbeitnehmer bei Nichtzahlung einer vereinbarten Abfindung vom Vertrag **zurücktreten** kann, so dass ein Rückgewährungsverhältnis entsteht.[711] Sofern dies bejaht wird, ist weiterhin problematisch, ob das Arbeitsverhältnis nach dem Rücktritt fortbesteht[712] (dann → *allgemeiner Feststellungsantrag*) oder der Arbeitnehmer seine → *Wiedereinstellung*[713] beantragen muss.

Auflösung

1 Das KSchG sieht in den §§ 9, 10 die Beendigung des Arbeitsverhältnisses durch Urteil nur als Ausnahme vor. Das Arbeitsverhältnis wird gegen Zahlung einer Abfin-

708 BAG 8.5.2008 – 6 AZR 517/07, NZA 2008, 1148; BAG 10.11.2011 – 6 AZR 357/10, NZA 2012, 205; LAG Hamm 25.10.2013 – 10 Sa 99/13, BeckRS 2014, 65099; unkrit. LAG Rheinland-Pfalz 14.11.2019 – 2 Sa 164/19, BeckRS 2019, 38069.

709 BAG 10.11.2011 – 6 AZR 357/10, NZA 2012, 205.

710 Vgl. etwa LAG München 3.3.2009 – 6 Sa 110/08, LAGE BGB 2002 § 623 Nr. 8.

711 Dagegen BAG 10.11.2011 – 6 AZR 342/10, AP Nr. 43 zu § 620 BGB Aufhebungsvertrag.

712 Vgl. Bauer NZA 2002, 169; MAH ArbR/Bengelsdorf § 49 Rn. 398.

713 So LAG Düsseldorf 19.3.2010 – 9 Sa 1138/09, BeckRS 2010, 69544; ArbG Siegburg 9.2.2010 – 5 Ca 2017/09, NZA-RR 2010, 345; dazu auch Besgen/Velten NZA-RR 2010, 561 ff.; Reinfelder NZA 2013, 62 ff.; offen gelassen BAG 10.11.2011 – 6 AZR 342/10, AP Nr. 43 zu § 620 BGB Aufhebungsvertrag.

dung durch Gerichtsentscheidung aufgelöst. Es handelt sich um ein **Gestaltungsurteil** (→ A. I. Rn. 79). **Fehlerhaft** ist deshalb folgender Antrag:

> *Es wird festgestellt, dass das Arbeitsverhältnis zum <Datum> gemäß § 9 KSchG gegen Zahlung einer Abfindung aufgelöst wird.*

Sowohl Arbeitnehmer als auch Arbeitgeber können unter bestimmten Voraus- 2
setzungen antragsberechtigt sein. § 9 Abs. 1 KSchG findet auch auf sog. Risikoträger Anwendung (§ 25a Abs. 5a KWG).[714] Der Auflösungsantrag kann nicht isoliert, sondern nur im Rahmen eines Kündigungsschutzprozesses gestellt werden (→ *Kündigung*).[715] Voraussetzung für ein stattgebendes Urteil ist immer, dass die Kündigung (auch) nicht sozial gerechtfertigt ist.[716] Nach Auffassung des BAG ist ein Auflösungsantrag in Verbindung mit einer Änderungsschutzklage nach § 4 S. 2 KSchG ausgeschlossen, also im Falle der Annahme des Änderungsangebots unter Vorbehalt.[717] Lehnt der Arbeitnehmer das Angebot ab, dann ist die Beendigung im Streit und der Auflösungsantrag zulässig.[718] Eine Auflösung des Arbeitsverhältnisses auf Antrag des Arbeitgebers scheidet bei einer maßregelnden Kündigung (§ 612a BGB) aus.[719]

Der **Antrag des Arbeitnehmers** ist als unechter oder uneigentlicher **Hilfsantrag** 3
(→ A. I. Rn. 122 ff.) für den Fall zu stellen, dass er mit seinem Kündigungsschutzantrag Erfolg hat, dh das Arbeitsverhältnis darf noch nicht durch die Kündigung aufgelöst sein.[720] Keinesfalls kann der Auflösungsantrag als echter Hilfsantrag gestellt werden.[721]

Der **Antrag des Arbeitnehmers** kann entsprechend wie folgt lauten: 4

> **Das Arbeitsverhältnis der Parteien wird zum <Datum> aufgelöst und die Beklagte wird verurteilt, an den Kläger eine angemessene Abfindung zu zahlen, deren Höhe in das Ermessen des Gerichts gestellt wird, mindestens aber <Betrag> EUR betragen sollte.**

Die Abfindungshöhe kann aber auch im Antrag beziffert werden, allerdings ist das 5
Gericht nicht an diesen Betrag gebunden. § 308 Abs. 1 ZPO gilt nicht.[722]

> **Das Arbeitsverhältnis der Parteien wird zum <Datum> aufgelöst und die Beklagte wird verurteilt, an den Kläger <Betrag> EUR als Abfindung zu zahlen.**

Im Auflösungsantrag ist der **Beendigungszeitpunkt** anzugeben. Mit Blick auf § 9 6
Abs. 2 KSchG wird teilweise auch empfohlen, den Beendigungszeitpunkt im Rahmen

714 Vgl. Bonanni ArbRB 2019, 79.

715 LAG Baden-Württemberg 30.12.2022 – 17 Sa 11/22, BeckRS 2022, 51740; dazu MAH ArbR/Boewer § 48 Rn. 279 ff.; str. ist, ob über den Kündigungsschutzantrag und den Auflösungsantrag nur einheitlich entschieden werden kann, vgl. dazu etwa APS/Biebl KSchG § 9 Rn. 7; ArbG Berlin 16.1.2017 – 28 Ca 3744/16, BeckRS 2017, 100361.

716 Vgl. BAG 21.9.2000 – 2 AZN 576/00, NZA 2001, 102; BAG 28.11.2007 – 5 AZR 952/06, NZA-RR 2008, 344.

717 BAG 24.10.2013 – 2 AZR 320/13, NZA 2014, 486.

718 So bereits BAG 29.1.1981 – 2 AZR 1055/78, NJW 1982, 1118.

719 BAG 27.9.2022 – 2 AZR 5/22, NJW 2023, 172.

720 APS/Biebl KSchG § 9 Rn. 19; vgl. BAG 28.5.2009 – 2 AZR 282/08, NZA 2009, 966.

721 BAG 23.6.1993 – 2 AZR 56/93, NZA 1994, 264.

722 BAG 26.6.1986 – 2 AZR 522/85, NZA 1987, 139.

eines eigenen Feststellungsantrags zu benennen.[723] In der Vorschrift heißt es aber nicht, dass das Gericht den Beendigungszeitpunkt feststellt, sondern festsetzt.

> *Als Auflösungszeitpunkt wird der <Datum> festgestellt.*

7 Die Höhe der **Abfindungszahlung** steht gemäß § 10 KSchG im Ermessen des Gerichts und ist daher nicht zwingend anzugeben. Es kann aber eine Summe angegeben werden.[724] Es ist auch zu empfehlen, eine Mindestsumme im Antrag oder in der Antragsbegründung mitzuteilen, damit, sollte dem Antrag nicht oder nicht vollständig entsprochen werden, ggf. die Beschwer festgestellt werden kann.[725] Allerdings trägt der Arbeitnehmer dann auch ein Kostenrisiko, wenn das Gericht der Summe nicht entspricht.[726]

8 Ein Meinungsstreit besteht bei der Frage, ob bei einem **Betriebsübergang** nach Rechtshängigkeit der Kündigungsschutzklage der Betriebsveräußerer einen Auflösungsantrag stellen oder der Betriebserwerber dem Rechtsstreit beitreten und den Antrag stellen kann, wenn das Arbeitsverhältnis nach Ausspruch der Kündigung auf den Betriebserwerber übergegangen ist. Das LAG Baden-Württemberg lehnt dies ab.[727] Es gehe um die Auflösung des Arbeitsverhältnisses mit dem Erwerber, weshalb auch der Arbeitnehmer den Auflösungsantrag seinerseits nur gegenüber dem Erwerber stellen könne. Das LAG Düsseldorf vertritt hingegen die Ansicht, dass der Erwerber dem Rechtsstreit beitreten und dann aus eigenem Recht einen Auflösungsrecht stellen könne.[728] Der Veräußerer ist jedenfalls nicht mehr Arbeitgeber iSd § 9 KSchG und kann keinen Antrag aus eigenem Recht stellten,[729] so dass sein Antrag bereits unzulässig wäre. Zutreffend ist aber davon auszugehen, dass der Erwerber dem Rechtsstreit beitreten und dann aus eigenem Recht einen Auflösungsantrag stellen kann.[730]

9 Auf **Arbeitgeberseite** wird der Auflösungsantrag regelmäßig nur für den Fall des Unterliegens mit dem Klageabweisungsantrag bzgl. der Kündigungsschutzklage gestellt.[731] In der Praxis wird teilweise auch auf den Klageabweisungsantrag verzichtet oder der Kündigungsschutzantrag anerkannt.[732] Der Auflösungsantrag wird dann zum „Hauptantrag".[733]

10 Der Antrag des Arbeitgebers kann etwa lauten:

> **Für den Fall des Unterliegens mit dem Klageabweisungsantrag: Das Arbeitsverhältnis der Parteien wird zum <Datum> aufgelöst und die Beklagte wird verurteilt, dem Kläger eine angemessene Abfindung zu zahlen, deren Höhe in das Ermessen des Gerichts gestellt, höchstens aber <Betrag> EUR betragen sollte.**

723 MPFormB ArbR/Zirnbauer B. II.5.
724 BAG 26.6.1986 – 2 AZR 522/85, NZA 1987, 139.
725 MAH ArbR/Boewer § 48 Rn. 310.
726 BAG 26.6.1986 – 2 AZR 522/85, NZA 1987, 139.
727 LAG Baden-Württemberg 24.5.2018 – 17 Sa 105/17, BeckRS 2018, 14067.
728 LAG Düsseldorf 3.7.2018 – 3 Sa 553/17, BeckRS 2018, 32834; LAG Düsseldorf 23.5.2018 – 1 Sa 762/17, BeckRS 2018, 14432; vgl. auch Wittek/Quantz BB 2022, 2549.
729 Dazu Faulenbach jurisPR-ArbR 11/2019 Anm. 6.
730 Faulenbach jurisPR-ArbR 11/2019 Anm. 6; so auch LAG Köln 1.3.2016 – 12 Sa 835/15, BeckRS 2016, 69466, falls der Bewerber ohnehin bereits Partei im Prozess ist.
731 BAG 23.6.1993 – 2 AZR 56/93, NZA 1994, 264.
732 Dazu BAG 29.1.1981 – 2 AZR 1055/78, NJW 1982, 1118.
733 APS/Biebl KSchG § 9 Rn. 46; vgl. BAG 29.1.1981 – 2 AZR 1055/78, NJW 1982, 1118.

> **Oder:**
> **Das Arbeitsverhältnis wird gegen Zahlung einer angemessenen Abfindung, die <Betrag> EUR nicht überschreiten sollte, zum <Datum> aufgelöst.**

Beim Zinsantrag ist zu beachten, dass **Zinsen** nicht vor Eintritt der Gestaltungswirkung anfallen können (→ *Zinsen*).[734] 11

Aufrechnung

Zunächst ist zu beachten, dass eine Aufrechnung mit einer oder gegen eine Bruttoforderung grundsätzlich ausscheidet.[735] Hat die Arbeitgeberin gegen eine Geldforderung des Arbeitnehmers mit einem Gegenanspruch aufgerechnet, ergibt sich **keine Besonderheit** im zu stellenden Antrag. Wird der Gegenanspruch vom Arbeitnehmer bestritten oder hält er die Aufrechnung beispielsweise wegen Nichteinhaltung der Pfändungsfreigrenzen für unwirksam, hat er schlicht **seinen eigenen Anspruch einzuklagen** (→ *Zahlung* → *Vergütung*). Handelt es sich bei dem Gegenanspruch um einen **Rückzahlungsanspruch,** beispielsweise bei einer Vertragsklausel, wonach das Weihnachtsgeld im Fall eines späteren Ausscheidens zurückgezahlt werden muss, unterläuft auf Seiten des klagenden Arbeitnehmers jedoch häufig der Fehler, dass der **falsche Streitgegenstand** eingeklagt wird. Da der inhaltliche Streit der Parteien sich darum dreht, ob der Arbeitnehmer seinen Anspruch (im Beispiel: auf Weihnachtsgeld trotz Ausscheidens) verloren hat, wird oftmals dieser streitige Anspruch eingeklagt. Selbst Obergerichte beschäftigen sich schlicht mit der streitigen Rechtsfrage, ohne auch nur das Wort „Aufrechnung" zu erwähnen und meinen, die Klage sei auf „Rückerstattung" des einbehaltenen Betrages gerichtet, so als hätte die Arbeitgeberin sich das gezahlte Geld zurückgeholt und müsste erneut zur Zahlung desselben verurteilt werden. Der Anspruch ist jedoch durch die Zahlung, die die Arbeitgeberin zurückverlangt, bereits erfüllt worden. Der Arbeitnehmer muss deshalb richtigerweise die Forderung einklagen, gegen die die Arbeitgeberin mit ihrem vermeintlichen Rückzahlungsanspruch die Aufrechnung erklärt hat, also das wegen der Aufrechnung nicht ausgezahlte Gehalt.[736] 1

Von der Aufrechnung zu unterscheiden ist ein **Vorschuss.** Da ein Vorschuss eine vorweggenommene Vergütungstilgung darstellt, bedarf es zur Verrechnung keiner Aufrechnung und Aufrechnungserklärung nach §§ 387, 388 BGB. Zudem findet § 394 BGB keine Anwendung. Als Vorschuss kann uU auch ein negatives Zeitguthaben behandelt werden.[737] 2

In der Frage, ob ein Arbeitnehmer seine Forderung im Rahmen einer **Ausschlussfrist** noch geltend machen muss, wenn die Arbeitgeberin gegen diese aufgerechnet hat, dürfte eine unentdeckte Divergenz in der Rechtsprechung des Bundesarbeitsgerichts vorliegen. Der 8. Senat hat hierzu die Auffassung vertreten, die Wahrung der Ausschlussfrist sei nach wie vor erforderlich, wenn die Arbeitgeberin mit der Übersendung einer Abrechnung über die Forderung zugleich die Aufrechnung erkläre.[738] 3

734 BAG 13.5.1969 – 5 AZR 309/68, NJW 1969, 1735.

735 BAG 22.3.2000 – 4 AZR 120/99, BeckRS 2000, 30783845; BAG 19.2.2004 – 6 AZR 664/02, BeckRS 2004, 41255; LAG Berlin-Brandenburg 20.11.2013 – 21 Sa 866/13, BeckRS 2014, 68419.

736 BAG 16.10.2007 – 9 AZR 144/07, NZA-RR 2008, 214 Rn. 33; die dort unausgesprochen zugelassene Aufrechnung „brutto gegen brutto" erscheint allerdings fehlerhaft (dazu LAG Rheinland-Pfalz 11.11.2014 – 6 Sa 243/14, BeckRS 2015, 66251).

737 Vgl. insgesamt BAG 13.12.2000 – 5 AZR 334/99, NZA 2002, 390.

738 BAG 27.10.2005 – 8 AZR 546/03, NZA 2006, 259 = BeckRS 2006, 40403 unter Rn. 22.

Der 5. Senat hingegen meint, mit der Aufrechnung habe die Arbeitgeberin den Anspruch nicht geleugnet, sondern ihn dadurch sogar bekräftigt, dass sie sich berühmt, ihn gemäß § 389 BGB zum Erlöschen gebracht zu haben.[739] Der vorsichtige Arbeitnehmer sollte also trotz erklärter Aufrechnung die Fristen zur Geltendmachung einhalten.

Aufwendungsersatz

1 Aufwendungsersatz wird nicht als Gegenleistung für erbrachte Arbeit gezahlt, sondern für besondere Aufwendungen und Auslagen, die dem Arbeitnehmer im Zusammenhang mit der Erbringung der Arbeitsleistung entstanden sind.[740] Alles, was zur „selbstverständlichen Einsatzpflicht" des Arbeitnehmers bei der Arbeit gehört, ist hiervon allerdings ausgeschlossen, da es durch die Vergütungszahlung ausgeglichen wird.[741] Aufwendungsersatz kann auch in pauschalierter Form (dann meist als Auslösung bezeichnet) vereinbart werden. Da es sich nicht um Vergütungsansprüche handelt, ist die Zahlung grundsätzlich – bei Pauschalzahlungen in gewissen Grenzen – steuer- und sozialversicherungsfrei. Der vor diesem Hintergrund häufig zu findende[742] Antrag,

> *Die Beklagte wird verurteilt, an den Kläger EUR <Betrag> netto zu zahlen.*

ist dennoch in der Regel fehlerhaft.[743] „Netto" darf nämlich nur beantragt werden, wenn die Arbeitgeberin sich ausnahmsweise verpflichtet hat, eventuell anfallende Abgaben zu tragen (echte Nettolohnvereinbarung). Ist der Arbeitnehmer lediglich der Auffassung, der verlangte Betrag bleibe abgabenfrei, ist der Betrag nicht als „netto" zu bezeichnen, da den Gerichten für Arbeitssachen eine entsprechende Bindung der Finanzbehörden bzw. Sozialversicherungsträger nicht möglich ist. Es ist allerdings zur Kennzeichnung, dass kein Arbeitsentgelt verlangt wird, auch nicht „brutto" zu beantragen.[744] Allenfalls kann die Aufwendung klarstellend als solche im Antrag benannt werden, also

> **Die Beklagte wird verurteilt, an den Kläger <optional: als Fahrtkostenabgeltung/Verpflegungszuschuss etc.> EUR <Betrag> nebst Zinsen in Höhe von 5 Prozentpunkten über dem Basiszinssatz seit dem <Datum> zu zahlen.**

2 Besteht Streit darüber, ob die Arbeitgeberin die Zahlung eines Aufwendungsersatzes zu Recht als steuer- und sozialversicherungspflichtig angesehen hat, kann der Arbeitnehmer von ihr in der Regel nicht mit Erfolg Zahlung eines Betrages in der abgeführten Höhe verlangen. Die Gerichte für Arbeitssachen sind nämlich jedenfalls dann nicht befugt, die Berechtigung der Abzüge von Steuern und Sozialversicherungsbeiträgen zu überprüfen, wenn für den Arbeitgeber nicht eindeutig erkennbar war, dass eine Verpflichtung zum Abzug nicht bestand.[745]

---

739 BAG 3.5.2023 – 5 AZR 268/22, AP TVG § 4 Ausschlussfristen Nr. 213.
740 BAG 25.1.2023 – 4 AZR 171/22, NZA 2023, 779.
741 BAG 16.10.2007 – 9 AZR 170/07, NZA 2008, 1012 Rn. 33.
742 ZB LAG Schleswig-Holstein 8.8.2023 – 2 Sa 44/23, BeckRS 2023, 27774; LAG Rheinland-Pfalz 11.1.2023 – 7 Sa 151/22, BeckRS 2023, 14162.
743 BAG 26.5.1998 – 3 AZR 96/97, DB 1998, 2615; 26.5.1998 – 3 AZR 171/97, DB 1998, 2614; 28.4.1982 – 4 AZR 642/79, DB 1982, 2044; 10.11.1982 – 4 AZR 231/82, DB 1983, 615.
744 Ungenau daher BAG 25.1.2023 – 4 AZR 171/22, NZA 2023, 779.
745 BAG 9.8.2016 – 9 AZR 417/15, BeckRS 2016, 74835.

Zum Anspruch auf Freistellung von zugunsten der Arbeitgeberin eingegangenen Verpflichtungen (→ *Freistellung von Verpflichtungen*). 3

Ist die **Arbeitgeberin der Ansicht, vom Arbeitnehmer Aufwendungsersatz verlangen zu können** und hat daher Einbehalte von seinem Nettoentgelt vorgenommen,[746] kann der Arbeitnehmer diese einklagen (→ *Vergütung*, → *Aufrechnung*). 4

Ausbildungsverhältnis

Die Arbeitsgerichte sind auch für Streitigkeiten in einem Berufsausbildungsverhältnis zuständig, da Auszubildende Arbeitnehmer iSd § 5 Abs. 1 ArbGG sind. Allerdings ist zunächst immer zu prüfen, ob ein → ***Schlichtungsausschuss*** gemäß § 111 Abs. 2 ArbGG gebildet ist; dessen Anrufung ist dann ggf. Prozessvoraussetzung, sofern das Ausbildungsverhältnis fortbesteht.[747] Eine zuvor erhobene Klage wird allerdings mit Beendigung des Schlichtungsverfahrens nachträglich zulässig.[748] Ist der Auszubildende noch **minderjährig** und damit nur beschränkt geschäftsfähig, ist die Klage durch seine Eltern als dessen gesetzliche Vertreter iSv § 1626 Abs. 1 iVm § 1629 Abs. 1 S. 2 Hs. 2 BGB zu erheben. 1

Auf den Berufsausbildungsvertrag sind nach § 10 Abs. 2 BBiG grundsätzlich die für den Arbeitsvertrag geltenden Regelungen anwendbar. Aus diesem Grund können im Ausbildungsverhältnis nahezu alle Probleme und damit Klageanträge wie in einem Arbeitsverhältnis auftreten; dazu zählen etwa Streitigkeiten über den → *Urlaub*, das → *Zeugnis*, das in § 16 BBiG geregelt ist, über die Kosten der Ausbildung[749] oder über die → *Vergütung*. Bei der Ausbildungsvergütung kann Streit darüber bestehen, ob diese angemessen iSd § 17 Abs. 1 BBiG ist.[750] Der Kläger kann dann unmittelbar den bezifferten Betrag einklagen, den er für angemessen hält. In Betracht kommt ebenso eine Feststellungsklage, jedenfalls soweit es die zukünftige Vergütung betrifft (→ *künftige Zahlungen*). 2

Ist ein → *Schlichtungsausschuss* gebildet, ist im Fall der → *Kündigung* für dessen Anrufung die Frist des § 4 S. 1 KSchG nicht anzuwenden.[751] Fällt der Schlichtungsausschuss einen Spruch und wird dieser nicht binnen einer Woche von beiden Parteien anerkannt, muss die Klage binnen zwei Wochen (§ 111 Abs. 2 S. 3 ArbGG) nach Zustellung des Spruchs Klage erhoben werden. Wird diese Klagefrist versäumt, ist die verspätet erhobene Klage als unzulässig abzuweisen. Dies gilt allerdings dann nicht, wenn der Spruch des Ausschusses entgegen § 111 Abs. 2 S. 4 ArbGG nicht mit einer Rechtsmittelbelehrung iSd § 9 Abs. 5 ArbGG versehen ist. Dann ist die Klage nach § 9 Abs. 5 S. 4 ArbGG noch binnen Jahresfrist zulässig. 3

Besteht der Auszubildende die **Abschlussprüfung** nicht, so verlängert sich auf sein Verlangen nach § 21 Abs. 3 BBiG das Ausbildungsverhältnis bis zur nächstmöglichen Wiederholungsprüfung, längstens um ein Jahr. Besteht insoweit Streit, dürfte ein → *Allgemeiner Feststellungsantrag* zu stellen sein. Im Anschluss an ein Berufsausbildungsverhältnis kann ein unbefristetes Arbeitsverhältnis entstehen, wenn der Auszu- 4

746 BAG 14.6.2016 – 9 AZR 181/1, NZA-RR 2016, 565.

747 GMP/Prütting ArbGG § 111 Rn. 19; zum Verhältnis von § 111 ArbGG und §§ 4, 7 KSchG vgl. BAG 23.7.2015 – 6 AZR 490/14, NZA-RR 2015, 628.

748 BAG 12.2.2015 – 6 AZR 845/13, NZA 2015, 741.

749 Dazu etwa BAG 21.9.1995 – 5 AZR 994/94, NZA 1996, 205.

750 Dazu etwa BAG 29.4.2015 – 9 AZR 108/14, NZA 2015, 1384.

751 BAG 23.7.2015 – 6 AZR 490/14, NZA-RR 2015, 628.

bildende nach § 24 BBiG weiterarbeitet.[752] Ein Mitglied der → *Jugend- und Auszubildendenvertretung* kann nach § 78a Abs. 2 BetrVG die Weiterbeschäftigung verlangen. Damit kann ein unbefristetes Vollzeitarbeitsverhältnis begründet werden.[753] In diesem Fall ist es Sache des Arbeitgebers nach § 78a Abs. 4 BetrVG feststellen zu lassen, dass ein Arbeitsverhältnis nicht zustande gekommen ist oder das Arbeitsverhältnis aufzulösen (→ *Übernahme von Jugendvertretern*).

5 Es ist jeweils zu überlegen, ob sich aus dem Zweck und der Art des Ausbildungsverhältnisses Besonderheiten ergeben. Eine Bestandsschutzstreitigkeit wird regelmäßig mit einem Weiterbeschäftigungsantrag verbunden. Hier ist zu beachten, dass es nicht um bloße → *Beschäftigung*, sondern um Ausbildung geht. Was hierunter zu verstehen ist, ergibt sich aus § 14 BBiG. Streiten die Parteien darüber, *ob* die Ausbildung fortzusetzen ist, kann der Antrag wie folgt lauten:

Die Beklagte wird verurteilt, den Kläger bis zum rechtskräftigen Abschluss des Kündigungsschutzverfahrens als <Bezeichnung> weiter auszubilden.

oder

Die Beklagte wird verurteilt, den Kläger bis zum rechtskräftigen Abschluss des Kündigungsschutzverfahrens als Auszubildender für den Beruf des <Bezeichnung>weiter zu beschäftigen.

Geht es nicht um das „Ob“, sondern um das „Wie“ der Ausbildung, so ist dies im Antrag zu konkretisieren (→ *Beschäftigung*).

Auskunft

Übersicht

	Rn.
1. Vergütung	6–18
2. Auskunftsanspruch des Arbeitgebers	19–24
3. Sonstige Auskunftsansprüche	25–27
4. Zwangsvollstreckung	28

1 Eine Auskunftsklage kann auf die Erlangung unterschiedlichster Informationen gerichtet sein. Häufig wird sie zulässigerweise[754] im Rahmen einer → ***Stufenklage*** (→ *A. I. Rn. 37,* zur Durchsetzung eines Vergütungsanspruchs → *Vergütung*) erhoben, wenn der Arbeitnehmer allein nicht in der Lage ist, seinen Vergütungsanspruch zu berechnen, sondern auf Informationen seines Arbeitgebers angewiesen ist. Gleiches ist bei der Durchsetzung eines Schadensersatzanspruchs denkbar. Im Rahmen einer Stufenklage muss die Auskunft grundsätzlich allein zur Bestimmbarkeit des Leistungsantrags auf der letzten Stufe dienen.[755] Die Auskunftsklage im Rahmen einer Stufenklage nach § 254 ZPO hat den Vorteil, dass diese die Verjährung nach § 204 Abs. 1 Nr. 1 BGB hemmt, während die bloße Auskunftsklage keine die Verjährung hemmende Rechtsfolge hat.[756] Daher ist regelmäßig anzuraten, Auskunftsansprüche im Rahmen einer Stufenklage geltend zu machen.[757] Zu beachten ist aller-

752 Dazu etwa BAG 20.3.2018 – 9 AZR 479/17, NZA 2018, 943.
753 BAG 24.8.2016 – 5 AZR 853/15, NZA-RR 2017, 76.
754 BAG 21.11.2000 – 9 AZR 665/99, NZA 2001, 1093; BAG 12.10.2022 – 5 AZR 135/22, NZA 2023, 225.
755 BGH 2.3.2000 – III ZR 65/99, NJW 2000, 1645; LAG Rheinland-Pfalz 4.5.2015 – 2 Sa 403/14, BeckRS 2015, 71243.
756 BAG 26.9.2007 – 10 AZR 511/06, NZA 2007, 1436.
757 *Nägele* ArbRB 2008, 98.

dings, dass, sofern für den Fall der Nichterteilung der Auskunft eine → *Entschädigung nach § 61 Abs. 2 ArbGG* beantragt wird, insoweit eine Stufenklage nicht in Betracht kommt. Dieser Entschädigungsantrag ist dann zu beziffern.[758]

Zum Auskunftsanspruch nach dem **Entgelttransparenzgesetz** (→ 16; → *Entgelttransparenz*). Noch nicht vollständig geklärt sind die Anforderungen an einen Antrag, mit dem der Arbeitnehmer Auskunft über **personenbezogener Daten** nach Art. 15 Abs. 1 DSGVO geltend machen will (→ *Datenschutz*). Das BAG hat bislang offengelassen, ob ein am reinen Wortlaut von Art. 15 Abs. 1 Hs. 2 DSGVO orientierter Antrag ohne nähere Konkretisierung hinreichend bestimmt ist.[759] Der BGH[760] hat einen solchen Antrag als hinreichend bestimmt angesehen; offengelassen hat aber auch er, ob eine *vollständige* Auskunft bestimmt genug gewesen wäre (zur Herausgabe von Kopien → Datenschutz Rn. 6a). 2

An dieser Stelle ist darauf hinzuweisen, dass begehrte Auskunftsansprüche oft aus zwei Gründen **unbegründet** sind: Arbeitnehmer begehren Auskunft häufig fehlerhaft in Form eines Antrags auf → *Abrechnung*, obwohl sie – unter gewissen Mühen – in der Lage wären, ihren Anspruch selbst zu berechnen. Oder der Kläger begehrt Auskunft über Umstände, die seiner Klage erst zum Erfolg verhelfen sollen. Grundsätzlich ist jedoch keine Partei gehalten, dem Gegner für seinen Prozesssieg das Material zu verschaffen, über das er nicht schon von sich aus verfügt.[761] Ein allgemeiner Auskunftsanspruch zwischen Arbeitsvertragsparteien besteht nicht.[762] Das BAG hat aber einen Auskunftsanspruch ausnahmsweise auch zur Klärung des Bestands eines Leistungsanspruchs anerkannt, sofern ein solcher wahrscheinlich ist (→*Gleichbehandlung*).[763] 3

Das BAG befürwortet einen Anspruch auf **schriftliche** Auskunftserteilung, wenn eine Auskunft in anderer Form nicht sinnvoll ist.[764] Grundsätzlich bedarf eine Auskunft aber nicht der Schriftform und kann auch durch einen Boten, etwa durch einen Rechtsanwalt, erteilt werden, zB mittels eines Schriftsatzes.[765] 4

Ein gesetzlicher Auskunftsanspruch besteht zugunsten eines **Leiharbeitnehmers** gegen den Entleiher gemäß § 13 AÜG (→ *Arbeitnehmerüberlassung*). 5

1. Vergütung

Der Arbeitnehmer kann etwa Auskunft über die Grundlagen seines Vergütungsanspruchs verlangen, wenn er hierüber unverschuldet keine Kenntnis hat.[766] Regelmä- 6

758 BAG 24.11.2004 – 10 AZR 169/04, NZA 2005, 362; offen gelassen LAG Hamm 21.10.2016 – 1 Sa 414/16, BeckRS 2016, 74887.

759 Vgl. nur BAG 16.12.2021 – 2 AZR 235/21, NJW 2022, 960; ähnlich LAG Hamm 2.12.2022 – 19 Sa 756/22, BeckRS 2022, 43126; dazu Römermann/Makowa SAE 2022, 67ff.; Lembke/Fischels FA 2022, 126ff.; dies. NZA 2022, 513ff.; Dörr MDR 2022, 605ff.; Rudkowski NZA 2024, 1 (6); aA LAG Baden-Württemberg 27.7. 2023 – 3 Sa 33/22, NZA-RR 2023, 511.

760 BGH 15.6.2021 – VI ZR 576/19, NJW 2021, 2726; vollständige Datenauskunft für zulässig erachtet hat das OLG Köln 10.8.2023 – 15 U 184/22, NZA-RR 2023, 515; vgl. auch BGH 5.3.2024 – VI ZR 330/21, GRUR-RS 2024, 6518.

761 BGH 11.6.1990 – II ZR 159/89, NJW 1990, 3151; BAG 20.11.2003 – 8 AZR 580/02, NZA 2004, 489.

762 BAG 26.6.1985 – 7 AZR 150/83, BeckRS 1985, 4907; BAG 14.11.2012 – 10 AZR 783/11, NZA 2013, 1150; BAG 26.4.2023 – 10 AZR 137/22, NJW 2023, 2592; LAG Niedersachsen 10.5.2005 – 13 Sa 842/04, NZA-RR 2005, 461.

763 BAG 21.11.2000 – 9 AZR 665/99, NZA 2001, 1093; vgl auch LAG Hamm 27.6.2013 – 11 Sa 54/13, BeckRS 2013, 73424.

764 BAG 22.5.2007 – 3 AZR 834/05, NZA 2007, 1283.

765 Vgl. BGH 28.11.2007 – XII ZB 225/05, NJW 2008, 917.

766 LAG Rheinland-Pfalz 7.7.2008 – 10 Ta 100/08, AuA 2008, 624; vgl. auch BGH 19.12.2012 – VII ZB 50/11, BeckRS 2013, 01758.

ßig kann der Arbeitnehmer keine Auskunft verlangen, wenn etwa die jeweiligen Arbeitsstunden Gegenstand der eigenen Wahrnehmung gewesen sind (vgl. auch § 138 Abs. 4 ZPO). Der Arbeitnehmer kann selbst Aufzeichnungen führen.[767] Eine Ausnahme ist gebilligt worden, wenn der Arbeitnehmer zwar Kenntnis hat, er aber diese dienstlich erlangte Kenntnis aufgrund vertraglicher Verpflichtung nicht nutzen darf.[768] Bei der Provision bestehen besondere Ansprüche auf Abrechnung (die nichts mit dem Anspruch nach § 108 GewO zu tun haben) und auf Auskunft (→ *Provision*). Der Auskunftsanspruch selbst umfasst grundsätzlich keinen Anspruch auf Vorlage von Belegen.[769] Ein Anspruch auf Auskunftserteilung kann aber auch eine Pflicht zur → ***Rechnungslegung*** nach § 259 BGB zum Inhalt haben,[770] etwa bei einem Tantieme- oder Zielprämienanspruch.[771] Was Inhalt des Anspruchs auf Rechnungslegung ist, ergibt sich aus § 259 BGB. Der Arbeitgeber muss keine Begründung für die erteilte Auskunft geben.[772]

7 Der Arbeitnehmer ist dann nicht in der Lage, seine Vergütungsansprüche selbst zu berechnen, wenn ihm die Berechnungsfaktoren nicht bekannt sind. Dies gilt regelmäßig nicht für die (fixe) Grundvergütung. Etwas anderes kann sich bei Formen **variabler** → ***Vergütung*** ergeben. Begehrt der Arbeitnehmer eine Auskunft zur Berechnung seines Anspruchs auf → ***Umsatzbeteiligung***, so kann Inhalt dieses Auskunftsanspruchs entsprechend § 259 BGB eine übersichtliche, in sich verständliche Zusammenstellung der Aufträge sein, die die Arbeitgeberin im fraglichen Zeitraum im Auftragsgebiet des Klägers erhalten und namentlich zu benennenden Mitarbeitern zugeteilt hat.[773]

8 Unzulässig ist ein Antrag, mit dem der Arbeitnehmer Auskunft über Informationen begehrt, die nicht geeignet sind, einen vermeintlichen Zahlungsanspruch zu beziffern.[774] Die mit der → *Stufenklage* begehrte Auskunft soll allein dazu dienen, den Zahlungsantrag auf der letzten Stufe zu konkretisieren. Ist dies nicht möglich, besteht kein Rechtsschutzinteresse. Unzulässig ist daher etwa folgender Antrag:[775]

> *Die Beklagte wird verurteilt, dem Kläger Auskunft zu erteilen, welche Erwägungen sie hinsichtlich seines Bonus' für das Geschäftsjahr <Datum> angestellt hat.*

9 Auf welche Informationen sich der Antrag richtet, ist selbstverständlich von den vereinbarten Berechnungsfaktoren abhängig. Der Antrag kann beispielhaft wie folgt lauten:[776]

> **Die Beklagte wird verurteilt, dem Kläger schriftlich Auskunft zu erteilen über alle Aufträge, die im Zeitraum vom <Datum> bis <Datum> im Auftragsgebiet <Bezeichnung> ausgeführt worden sind und über alle Aufträge, die von Mitarbeitern des Auftragsgebietes <Bezeichnung> außerhalb des Gebietes**

767 LAG Niedersachsen 10.5.2005 – 13 Sa 842/04, NZA-RR 2005, 461.
768 LAG Berlin-Brandenburg 30.7.2008 – 15 Sa 517/08, BeckRS 2009, 55135.
769 Vgl. LAG Rheinland-Pfalz 25.4.1996 – 7 (9) Sa 767/95, DB 1997, 1139.
770 Vgl. BGH 6.2.2002 – X ZR 215/00, NJW-RR 2002, 978; LAG Schleswig-Holstein 1.7.2014 – 1 Sa 63/14, BeckRS 2014, 72704.
771 Vgl. LAG Hamm 26.11.2004 – 10 Sa 2236/03, BeckRS 2005, 40639.
772 LAG Schleswig-Holstein 1.7.2014 – 1 Sa 63/14, BeckRS 2014, 72704.
773 BAG 21.11.2000 – 9 AZR 665/99, NZA 2001, 1093.
774 LAG Hessen 2.7.2012 – 7 Sa 1504/11, BeckRS 2012, 72803; LAG Sachsen 20.2.2018 7 Sa 38/17 (6), BeckRS 2018, 27022.
775 LAG Hessen 2.7.2012 – 7 Sa 1504/11, BeckRS 2012, 72803.
776 Vgl. BAG 21.11.2000 – 9 AZR 665/99, NZA 2001, 1093.

<Bezeichnung> ausgeführt worden sind, wobei die Aufträge nach Ort und Zeit zu bezeichnen sind und ferner anzugeben ist, von wie vielen Mitarbeitern der Auftrag ausgeführt wurde und welcher Nettoumsatz auf jeden Auftrag entfällt.

Gleiches gilt im Grundsatz bei einem tantiemeberechtigten Arbeitnehmer.[777] Darüber hinaus kann der Arbeitgeber etwa dem Arbeitnehmer die zur Bemessung der am Jahresergebnis orientierten individuellen Sonderzahlung notwendigen Auskünfte erteilen müssen.[778] Auch die Berechnung von → *Akkord*lohn ist dem Arbeitnehmer nicht möglich, wenn er nicht alle Berechnungsfaktoren kennen kann. In Ausnahmefällen sind Klagen mit dem Verlangen möglich, Auskunft über geleistete → *Überstunden* zu erlangen. Ein entsprechender Antrag könnte etwa lauten:[779] 10

Die Beklagte wird verurteilt, dem Kläger schriftlich Auskunft über die von ihm in der Zeit vom <Datum> bis zum <Datum> im Stundennachweis für Aushilfen bezüglich der einzelnen Tage vorgenommenen Eintragungen zum Beginn und Ende der Fahrt zu erteilen.

Eine Besonderheit besteht bei Fahrern. Diese können möglicherweise einen Anspruch auf Herausgabe der → *Fahrtenschreiberdiagramme* haben.[780] Der Anspruch auf Herausgabe der Aufzeichnungen ist allerdings nicht gleichzusetzen mit einer Verpflichtung des Arbeitgebers, die vergütungsrechtlich relevante Arbeitszeit zu ermitteln.[781] Ein entsprechender Anspruch besteht nicht ohne Weiteres. 11

Ein entsprechender Antrag könnte beispielhaft wie folgt lauten: 12

Die Beklagte wird verurteilt, dem Kläger schriftlich Auskunft über die Anzahl der von ihm in der Zeit vom <Datum> bis zum <Datum> geleisteten Arbeitsstunden zu erteilen.

Wird Auskunft über geleistete Überstunden oder Mehrarbeit verlangt, so ist sicherzustellen, dass der jeweilige Begriff hinreichend bestimmt und nicht unterschiedlich auslegbar ist. 13

Die Beklagte wird verurteilt, dem Kläger schriftlich Auskunft über die Anzahl seiner Mehrarbeitstunden in der Zeit vom <Datum> bis zum <Datum> zu erteilen.

Ist etwa der Begriff der Mehrarbeit in einem Tarifvertrag definiert und auch in diesem Sinne gemeint, so ist dies im Antrag durch einen entsprechenden Zusatz klarzustellen.[782] 14

Ebenfalls wird Auskunft über den Verdienst, zumeist über die variablen Verdienstbestandteile, geltend gemacht, um das **Urlaubsentgelt** berechnen zu können. Ein solcher Anspruch kann im Einzelfall bestehen.[783] Auch bei einem solchen Auskunftsan- 15

777 Vgl. etwa LAG Hamm 26.11.2004 – 10 Sa 2236/03, AuA 2005, 240.
778 LAG Niedersachsen 1.4.2008 – 1 Sa 1023/07, LAGE BGB 2002, § 611 Gratifikation Nr. 10.
779 LAG Schleswig-Holstein 20.1.2011 – 4 Sa 494/10, BeckRS 2011, 69537.
780 Vgl. LAG Niedersachsen 10.5.2005 – 13 Sa 842/04, NZA-RR 2005, 461; Hessisches LAG 19.3.2008 – 6 Sa 1256/07.
781 LAG Sachsen 20.2.2018 – 7 Sa 38/17 (6), BeckRS 2018, 27022.
782 Vgl. LAG Rheinland-Pfalz 6.12.2007 – 11 Sa 400/07, BeckRS 2008, 50990.
783 Vgl. BAG 27.7.2021 – 9 AZR 376/20, NZA 2022, 916.

spruch ist das Bestimmtheitsgebot einzuhalten. So ist darauf zu achten, dass die Zeiträume, über die Auskunft erteilt werden soll, mit den Referenzzeiträumen, die für die in den Zahlungsanträgen zu berücksichtigen Urlaubstage maßgeblich sein sollen, übereinstimmen.

16 Bei Vergütungsansprüchen auf Grundlage des allgemeinen **arbeitsrechtlichen Gleichbehandlungsgrundsatzes** hat der Arbeitnehmer häufig nicht alle erforderlichen Informationen zur Begründung und Durchsetzung eines Anspruchs. Das BAG hat insoweit bereits entschieden, dass ein Arbeitnehmer vom Arbeitgeber Auskunft über die verwendeten Regeln verlangen kann, wenn eine Anzahl von außertariflichen Angestellten eine Gehaltserhöhung erhalten hat.[784] Ein entsprechender Antrag kann etwa wie folgt lauten:

Die Beklagte wird verurteilt, dem Kläger schriftlich Auskunft über die bei den Gehaltserhöhungen im Jahr <Bezeichnung> bei den Angestellten im Bereich < konkrete Bezeichnung> verwendeten Regeln zu erteilen.[785]

Oder:

Die Beklagte wird verurteilt, dem Kläger schriftlich Auskunft über die Regeln zu erteilen, nach denen sie im Jahr <Zahl> den Angestellten im Bereich <Bezeichnung> Gehaltserhöhungen gewährt hat.

oder:

Die Beklagte wird verurteilt, dem Kläger schriftlich Auskunft über den jeweiligen monatlichen Verdienst inklusive Einmal- und Sonderzahlungen des Leiters der <Bezeichnung> der Beklagten, Herrn <Name> sowie dessen erfolgter Gehaltserhöhungen jeweils in der Zeit vom <Datum> bis zum <Datum> zu erteilen.

17 Im Rahmen der → *Arbeitnehmerüberlassung* besteht gemäß § 13 AÜG ein besonderer Auskunftsanspruch über die wesentlichen Arbeitsbedingungen, insbesondere über das Entgelt vergleichbarer Arbeitnehmer.[786]

18 Eine ebenfalls selbständiger Auskunftsanspruch ist in § 10 EntgTranspG enthalten (→ *Entgelttransparenz*).[787] Der Anspruch ist klagbar.[788]

2. Auskunftsanspruch des Arbeitgebers

19 Auch dem Arbeitgeber können Auskunftsansprüche zustehen. Befindet sich der Arbeitgeber im → *Annahmeverzug* (§ 615 BGB, § 11 KSchG), so kann er ggf. vom Arbeitnehmer Auskunft über erzielten **Zwischenverdienst** verlangen. Streitig ist allein, ob es sich um einen selbständig einklagbaren Anspruch handelt.[789] Ein solcher Antrag kann etwa lauten:

784 BAG 1.12.2004 – 5 AZR 664/03, NZA 2005, 289; vgl. auch LAG Niedersachsen 6.8.2010 – 10 Sa 1574/08, BeckRS 2010, 72271.
785 Vgl. BAG 1.12.2004 – 5 AZR 664/03, NZA 2005, 289.
786 Dazu BAG 24.4.2014 – 8 AZR 1081/12, NZA 2014, 968.
787 BeckOK ArbR/Roloff EntgTranspG § 10 Rn. 3; dazu auch Brune BB 2019, 436.
788 Dazu BAG 25.6.2020 – 8 AZR 145/19, NZA 2020, 1613; Roloff RdA 2019, 28 ff.
789 So BAG 29.7.1993 – 2 AZR 110/93, NZA 1994, 116; LAG Hessen 11.5.2018 – 10 Sa 1628/17, BeckRS 2018, 23971.

> **Der Beklagte wird verurteilt, der Klägerin schriftlich Auskunft über sein im Zeitraum vom <Datum> bis <Datum> erzieltes Einkommen zu erteilen.**

Mit Blick auf § 615 S. 2 BGB hat das BAG auch einen Anspruch auf Auskunft über 20
Vermittlungsangebote der Agentur für Arbeit und des Jobcenters bejaht, wenn der Arbeitnehmer Vergütung wegen Annahmeverzugs fordert und die Einwendung böswillig unterlassenen anderweitigen Erwerbs wahrscheinlich begründet ist. Ein solcher Antrag kann etwa lauten:

> **Der Beklagte wird verurteilt, der Klägerin Auskunft in Textform über die von der Agentur für Arbeit und dem Jobcenter in der Zeit vom (Datum) bis zum (Datum des Annahmeverzugs) dem Beklagten unterbreiteten Stellenangebote (iSd. § 35 Abs. 1, 2 SGB III) Dritter unter Nennung von Tätigkeit, Arbeitszeit, Arbeitsort und Vergütung erteilen.**

Ähnliches gilt bei der → *Karenzentschädigung.* Nach § 74c Abs. 1 HGB hat sich der 21
Arbeitnehmer anderweitigen Erwerb anrechnen zu lassen. Er ist gemäß § 74c Abs. 2 HGB zur Auskunft über die Höhe des Erwerbs verpflichtet. Es handelt sich um einen selbständig einklagbaren Anspruch.[790]

Hat der Arbeitnehmer während des Bestands des Arbeitsverhältnisses **Konkurrenz-** 22
tätigkeit betrieben und Kunden des Arbeitgebers abgeworben, so wird der Arbeitgeber regelmäßig keine Kenntnis haben, in welchem Umfang ihm Aufträge entgangen und dem Arbeitnehmer zugeflossen sind (→ *Wettbewerbsverbot*). Ein solcher Antrag kann etwa lauten:

> **Der Beklagte wird verurteilt, der Klägerin schriftlich Auskunft zu erteilen,**
> **a) welche Aufträge ihm seit dem <Datum> aufgrund der Ausschreibung des Büros der <Bezeichnung> über die <Bezeichnung des Auftrags> erteilt wurden**
> **b) in welchem Abwicklungsstand sich diese Aufträge befinden**
> **c) welche Vergütung er in Ausführung von Leistungen zu lit. a) bisher erhalten und noch zu erwarten hat.**

Es wird auch ein Auskunftsanspruch des Arbeitgebers befürwortet, wenn der Ar- 23
beitnehmer seiner Pflicht zur Rückgabe von **Geschäftsunterlagen** nicht nachkommt und Zweifel über den Umfang der in seinem Besitz befindlichen Geschäftsunterlagen bestehen; der Arbeitgeber hat dann neben den Herausgabeansprüchen in entsprechender Anwendung von § 666 BGB einen Anspruch auf Auskunftserteilung.[791] Folgender Antrag ist im Rahmen einer → *Stufenklage* bereits für zulässig erachtet worden:

> **Der Beklagte wird verurteilt, der Klägerin Auskunft zu geben, welche Geschäftsunterlagen der Klägerin er über die unter folgende Unterlagen hinaus in seinem Besitz hat, gleich ob Original, Kopie, EDV-Dateien oder in sonstiger Speicherung: <genaue Bezeichnung der Unterlagen)**

790 BAG 29.7.1993 – 2 AZR 110/93, NZA 1994, 116; LAG Schleswig-Holstein 15.3.2018 – 5 Sa 38/17, NZA-RR 2018, 525.

791 BAG 14.12.2012 – 10 AZR 283/10, NZA 2012, 501.

Auf der zweiten Stufe wäre dann der Antrag auf → *Herausgabe* der Unterlagen zu stellen. Geltend gemacht wird im Wege der → *Stufenklage* ua. auch Auskunft über **Geschäfte,** die der Arbeitnehmer in einem bestimmten Zeitraum im Geschäftszweig der Arbeitgeberin abgeschlossen, vermittelt und/oder angebahnt hat,[792] um Schadensersatz- und Herausgabeansprüche verfolgen zu können. Die Formulierung, Auskunft über "**in Aussicht genommene Geschäfte**" ist als nicht bestimmt genug angesehen worden, da unklar sei, wann ein Geschäft in Aussicht genommen sei, etwa schon dann, wenn sich ein Kunde unverbindlich erkundigt, oder wenn er konkrete Fragen stellt oder wenn er auf beantwortete Fragen weitere Fragen stellt oder erst dann, wenn er konkret mit dem Anliegen eines Vertragsschlusses herantritt.[793]

24 Schließlich kann dem Arbeitgeber ein Auskunftsanspruch nach §§ 666, 687 Abs. 2, 681 S. 2 BGB zustehen, wenn der Arbeitnehmer **Schmiergeldzahlungen** entgegengenommen hat.[794]

3. Sonstige Auskunftsansprüche

25 Zu den sonstigen Klagen, in denen Auskunft begehrt wird, zählen etwa Schadensersatz-, Erstattungs- und Herausgabeansprüche. Dies gilt insbesondere bei Verstößen gegen ein → *Wettbewerbsverbot.* Auskunftsansprüche können sich auch in Zusammenhang mit **Betriebs- und Geschäftsgeheimnissen** ergeben (→ *Geheimnis*), insbesondere aufgrund der geplanten Umsetzung der Richtlinie 2016/943/EU und dem der Umsetzung dienenden GeschGehG, vgl. § 8 GeschGehG.

26 **Tarifvertragsparteien oder deren Einrichtungen,** wie etwa Sozialkassen, streiten häufig über Informationen, die benötigt werden, um feststellen zu können, ob ein Tarifvertrag zur Anwendung kommt. Entscheidend ist auch hier, dass die gewünschte Auskunft hinreichend konkret im Antrag zum Ausdruck kommt. Das BAG hat beispielsweise folgender Auskunftsklage stattgegeben:[795]

> **Die Beklagte wird verurteilt, der Klägerin auf dem vorgeschriebenen Formular Nr. <Zahl>/dem der Klage beigefügten Formular Auskunft darüber zu erteilen, wie viele gewerbliche Arbeitnehmer, die eine nach den Vorschriften des SGB VI versicherungspflichtige Tätigkeit ausübten, in den Monaten <Bezeichnung> bis <Bezeichnung> in dem Betrieb der Beklagtenseite beschäftigt wurden, welche Bruttosumme und welche Sozialkassenbeiträge insgesamt für diese Arbeitnehmer in diesen Monaten angefallen sind.**

27 Weitere Auskunftsansprüche können etwa noch in Zusammenhang mit Fragen der Datenerhebung bestehen (→ *Datenschutz* und → *Daten*).[796] So sieht etwa Art. 15 DSGVO einen Auskunftsanspruch (→ Rn. 1a) vor.[797]

---

792 Dazu BAG 25.11.2021 – 8 AZR 226/20, NZA 2022, 655.
793 LAG Berlin-Brandenburg 1.12.2022 – 21 Sa 390/22, NZA-RR 2023, 183.
794 Dazu LAG Köln 31.10.2018 – 6 Sa 652/18, BeckRS 2018, 33318.
795 BAG 18.10.2006 – 10 AZR 576/05, NZA 2007, 1111.
796 Dazu etwa auch LAG Hessen 29.1.2013 – 13 Sa 263/12, BeckRS 2013, 67364; LAG Rheinland-Pfalz 4.5.2015 – 2 Sa 403/14, BeckRS 2015, 71243.
797 Dazu LAG Baden-Württemberg 20.12.2018 – 17 Sa 11/18, BeckRS 2018, 39584.

4. Zwangsvollstreckung

Die **Zwangsvollstreckung** richtet sich regelmäßig nach § 888 ZPO (→ *E. Rn. 15*).[798] 28
Es kommt auch ein Antrag auf → *Entschädigung nach § 61 Abs. 2 ArbGG* in Betracht.[799]

Auslösung

→ *Aufwendungsersatz*

Auto

→ *Kraftfahrzeug*

Bedingte Klageanträge

Ein Klageantrag kann bedingt – als Hilfsantrag – gestellt werden in dem Sinn, dass er 1
nur in Abhängigkeit von der gerichtlichen Entscheidung über den zugehörigen Hauptantrag gestellt sein soll. Dabei ist jeweils **durch Auslegung zu ermitteln, was die Bedingung ist,** von deren Eintritt oder Nichteintritt abhängt, ob auch über den Hilfsantrag eine Entscheidung begehrt wird.[800] Die Bedingung muss also nicht stets darin bestehen, ob dem Hauptantrag stattgegeben wird. Auch der tragende Grund für diese Entscheidung, also beispielsweise die Frage der Zulässigkeit des Hauptantrags, kann vom Kläger zur maßgeblichen Bedingung bestimmt werden. Wichtig zu beachten ist, dass Hilfsanträge stets **nur innerhalb desselben Prozessrechtsverhältnisses,** dh gegenüber derselben Gegenpartei, gestellt werden können. Wird ein Antrag gegen eine Partei nur für den Fall gestellt, dass die Klage gegen eine andere Partei Erfolg hat/verloren geht, so ist er als unzulässig abzuweisen.[801] Es handelt sich insbesondere im Fall eines streitigen Betriebsübergangs um einen beliebten Fehler. Soweit das Bundesarbeitsgericht[802] für **Beschlussverfahren** anderes vertritt, da es dort keinen Antragsgegner gebe, erscheint dies äußerst zweifelhaft. Auch im Beschlussverfahren wird durch die Antragstellung ein Prozessrechtsverhältnis begründet. Bei einer bedingten Antragstellung, die betriebsverfassungsrechtliche Rechte gegenüber anderen als den beim Hauptantrag Beteiligten betrifft, bliebe jedoch möglicherweise bis in die Rechtsbeschwerdeinstanz offen, ob ein Prozessrechtsverhältnis auch zu den anderen Beteiligten begründet wird. Die Unzulässigkeit einer eventuellen subjektiven Klagehäufung ist allerdings geheilt, wenn die Bedingung eingetreten ist (zB durch rechtskräftige Abweisung des Hauptantrags).[803] Unzulässig ist es (auch im Verhältnis zur selben Partei) zudem, einen Antrag von außerprozessualen Gegebenheiten wie etwa dem Abschluss eines Mitbestimmungsverfahrens abhängig zu machen.[804] Es lassen sich zwei Arten von bedingten Klageanträgen unterscheiden:

---

798 LAG Hessen 30.11.2015 – 10 Ta 328/15, BeckRS 2016, 67451; vgl. auch BGH 13.7.2017 – I ZR 64/16, NJW 2018, 235.
799 BAG 24.11.2004 – 10 AZR 169/04, NZA 2005, 362; offengelassen LAG Hamm 21.10.2016 – 1 Sa 414/16, BeckRS 2016, 74887.
800 BAG 19.11.2015 – 6 AZR 559/14, NZA 2016, 314 Rn. 18.
801 BAG 31.3.1993 – 2 AZR 467/92, NZA 1994, 237; BAG 11.12.1997 – 8 AZR 729/96, NZA 1998, 534.
802 BAG 19.10.1999 – 1 ABR 64/98, BeckRS 1999, 30781178.
803 BAG 12.11.1998 – 8 AZR 265/97, NZA 1999, 311.
804 BAG 22.6.1999 – 9 AZR 541/98, NZA 2000, 606.

2 Der Kläger kann sie zum einen davon abhängig machen, dass das Gericht einem anderen Antrag stattgibt (sog. **unechter Hilfsantrag**).[805] Über einen unechten Hilfsantrag ist auch dann in der Rechtsmittelinstanz zu entscheiden, wenn das Vordergericht hierzu nicht Stellung genommen hat, weil es den Hauptantrag für unbegründet hielt.[806]

Ein unechter Hilfsantrag ist mit folgender Wendung einzuleiten:

Für den Fall des Obsiegens mit dem vorstehenden Antrag wird beantragt, …

3 Eine derartige Antragstellung ist vor allem sinnvoll, wenn der bedingt geltend gemachte Anspruch nur in Betracht kommt, wenn der Kläger mit dem Hauptantrag Erfolg hat. Ein Beispiel stellt der allgemeine Weiterbeschäftigungsantrag im Verhältnis zum Kündigungsschutzantrag dar. Schon **aus Kostengründen** ist es nicht sinnvoll, den allgemeinen Weiterbeschäftigungsantrag auch für den Fall zu stellen, dass das Gericht den Kündigungsschutzantrag abweist. Wird über den Hilfsantrag nicht entschieden, bleibt er nämlich bei der Streitwertfestsetzung außer Betracht.[807] Oftmals seitens der antragstellenden Rechtsanwälte wie auch der urteilenden Gerichte übersehen wird, dass eine derartige Konstellation auch dann vorliegt, wenn die Arbeitgeberin **mehrere Kündigungen** ausgesprochen hat, die zu unterschiedlichen Terminen wirken sollen. In der Sache handelt es sich dann bei der später wirkenden Kündigung um eine vorsorgliche Erklärung. Ob es sich um eine unbedingt ausgesprochene Kündigung handelt, die im Fall der Wirksamkeit der ersten Kündigung ins Leere geht, oder um eine auflösend bedingt erklärte, ist eine Frage der Auslegung der Kündigungserklärung im Einzelfall. Anders als bei der Auslegung einer Antragstellung können hier Kostengesichtspunkte keine Rolle spielen, da eine unbedingt erklärte zweite Kündigung für die Arbeitgeberin keine besonderen Kosten bewirkt. Klarstellen muss sie lediglich, dass sie dennoch an der zuvor ausgesprochenen Kündigung festhält. Aus den bereits angeführten Gründen legt das Bundesarbeitsgericht[808] eine gegen beide Kündigungen erhobene Klage jedenfalls dahingehend aus, dass die später wirkende Kündigung im Regelfall nur hilfsweise – nämlich durch eine auflösend bedingte Antragstellung[809] – angegriffen wird. Ist das Arbeitsverhältnis bereits durch die erste Kündigung beendet worden, wäre eine gegen die zweite Kündigung unbedingt erhobene Klage nämlich ohne weitere Prüfung abzuweisen. „Überholt" die später ausgesprochene Kündigung die vorangegangene in ihrer Beendigungswirkung (zB Ausspruch einer fristlosen Kündigung während des Laufs der Kündigungsfrist einer vorangegangenen ordentlichen Kündigung), kann der Kläger die Klage gegen die zuerst ausgesprochene Kündigung um die spätere erweitern und zugleich erklären, dass der ursprüngliche Klageantrag nunmehr als unechter Hilfsantrag zur Klageerweiterung gestellt wird.

4 Nicht zu empfehlen ist hingegen, ein unechtes Hilfsverhältnis mit einem Antrag wie folgt zu benennen:

805 Grundlegend BAG 8.4.1988 – 2 AZR 777/87, NZA 1988, 741.
806 BAG 29.9.1993 – 4 AZR 693/92, NZA 1994, 761.
807 BAG 13.8.2014 – 2 AZR 871/12, NZA 2014, 1359.
808 BAG 21.11.2013 – 2 AZR 474/12, BeckRS 2014, 69409 Rn. 20; vgl. bereits BAG 19.12.1958 – 2 AZR 390/58, AP GewO § 133b Nr. 1; BAG 10.3.1977 – 4 AZR 675/75, DB 1977, 1322 Rn. 34.
809 BAG 21.11.2013 – 2 AZR 598/12, BeckRS 2014, 70205.

Sollte die beklagte Partei im Gütetermin nicht zu Protokoll des Gerichts erklären, dass sie die klägerische Partei weiterbeschäftigen wird, sofern ein der Klage stattgebendes Urteil (Obsiegen mit dem Feststellungsantrag zu Ziffer 1.) ergeht, stellen wir folgenden weiteren Antrag:

<Weiterbeschäftigungsantrag>

5 Zwar wird vertreten, das Stellen eines allgemeinen Weiterbeschäftigungsantrags durch einen Rechtsanwalt bereits vor dem Gütetermin sei überflüssig und daher wegen der Kostenfolgen pflichtwidrig.[810] Sofern man die vor dem Weiterbeschäftigungsantrag stehende Einleitung nicht nur als eine bloße Absichtserklärung auslegen kann,[811] sondern als weitere innerprozessuale Bedingung neben derjenigen des Obsiegens mit dem Bestandsschutzantrag verstehen soll, erweist sich der aufgeführte Antrag jedoch wegen nicht hinreichender Bestimmtheit dieser zusätzlichen Bedingung als unzulässig.[812] Als zulässig angesehen wird, den Antrag für den Fall der Erfolglosigkeit der Güteverhandlung zu stellen.[813]

6 Zum anderen kann der Kläger einen Antrag davon abhängig machen, dass das Gericht den Hauptantrag abweist (sog. **echter Hilfsantrag**). Das kann beispielsweise zur Wahrung einer Ausschlussfrist sinnvoll sein.[814] Ein solcher Hilfsantrag wird mit der Formulierung

Für den Fall des Unterliegens mit dem vorstehenden Antrag wird beantragt, ...

zum Ausdruck gebracht. Haupt- und Hilfsantrag dürfen einander widersprechen oder sich gegenseitig ausschließen.[815] Stellt der Kläger einen Hilfsantrag erst im Laufe des Rechtsstreits, so ist eine solche nachträgliche Klagehäufung prozessual wie eine Klageänderung zu behandeln.[816] Wird ein Hauptantrag durch die Vorinstanz abgewiesen und nach einem Hilfsantrag erkannt, setzt eine Entscheidung über den Hauptantrag im Rechtsmittelverfahren voraus, dass der durch die Abweisung dieses Antrags beschwerte Kläger das zulässige Rechtsmittel (ggfs. auch durch Anschlussberufung oder Anschlussrevision) verfolgt. Legt nur der Beklagte ein Rechtsmittel ein, erwächst die Abweisung des Hauptantrags in Rechtskraft.[817]

Grundsätzliches zu bedingten Anträgen findet sich unter (→ *A. I. Rn. 121ff.*).

Bedingung, auflösende

1 Wird der Arbeitsvertrag unter einer auflösenden Bedingung geschlossen, gelten nach § 21 TzBfG im Grundsatz die Regelungen zur → *Befristung*. Entsprechend § 17 S. 1 TzBfG ist **binnen drei Wochen** nach Eintritt der Bedingung Klage zu erheben. In den Fällen, in denen die Bedingung bereits vor Ablauf der Zweiwochenfrist eingetreten ist, beginnt die Frist mit der Mitteilung der Arbeitgeberin über den Eintritt der Be-

810 LG Arnsberg 28.1.2014 – I-3 S 91/13.
811 So LAG Hamm 22.3.2022 – 14 Sa 1571/21.
812 LAG Baden-Württemberg 22.3.2011 – 5 Ta 1/11, NZA-RR 2011, 381; LAG Sachsen 14.4.2015 – 4 Ta 263/14 (3).
813 Hess. LAG 31.7.2013 – 1 Ta 182/13.
814 BAG 17.10.2017 – 9 AZR 80/17, NZA 2018, 57.
815 BGH 4.7.2014 – V ZR 298/13, MDR 2014, 1043.
816 BGH 4.7.2014 – V ZR 298/13, MDR 2014, 1043.
817 BAG 20.9.2017 – 6 AZR 474/16, NZA 2018, 1643.

dingung, §§ 21, 15 Abs. 2 TzBfG.[818] Streiten die Parteien über den Eintritt der auflösenden Bedingung bzw. über den Zeitpunkt des Eintritts der auflösenden Bedingung, beginnt die Dreiwochenfrist grundsätzlich mit dem vom Arbeitgeber in der schriftlichen Erklärung angegebenen Zeitpunkt des Eintritts der auflösenden Bedingung zu laufen.[819]

Der Antrag sollte dann grundsätzlich lauten:

Es wird festgestellt, dass das Arbeitsverhältnis der Parteien nicht auf Grund <Bezeichnung der das Arbeitsverhältnis angeblich auflösenden Bedingung, zB: „§ 33 Abs. 2 TVöD" oder „der in § 7 des Arbeitsvertrages vom ... vereinbarten auflösenden Bedingung"> beendet ist.

2 Unter Aufgabe der früheren Rechtsprechung hat das Bundesarbeitsgericht entschieden,[820] dass Gleiches gilt, wenn sich die Parteien nicht über die **Wirksamkeit** der auflösenden Bedingung, sondern auch oder ausschließlich darüber streiten, ob diese **tatsächlich eingetreten** ist (weil es nach Ansicht des Arbeitnehmers am Bedingungseintritt fehlt). Die Bedingungskontrollklage umfasst schließlich die damit in Zusammenhang stehende Frage, ob die Beklagte den Bedingungseintritt treuwidrig herbeigeführt hat und sie sich deswegen nicht auf den Eintritt der auflösenden Bedingung berufen kann.[821]

3 Besteht der Streit darin, ob beispielsweise eine Tarifnorm für den gegebenen Fall überhaupt eine auflösende Bedingung vorsieht, dürfte nach wie vor ein → *allgemeiner Feststellungsantrag* zu stellen sein:[822]

Es wird festgestellt, dass das Arbeitsverhältnis zwischen den Parteien über den <Datum, zu dem nach Ansicht der Arbeitgeberin das Arbeitsverhältnis aufgelöst ist> hinaus fortbesteht.

4 Im Hinblick auf die geschilderte Rechtsprechungsänderung ist allerdings dringend anzuraten, vorsorglich die Drei-Wochen-Frist des § 17 Satz 1 TzBfG einzuhalten und mindestens hilfsweise auch den Antrag entsprechend § 17 Satz 1 TzBfG zu stellen. Allerdings nimmt das Bundesarbeitsgericht auch eine wohlmeinende Auslegung von im Wortlaut fehlerhaften Anträgen vor.[823] Zuletzt hat das BAG entschieden, dass auch ein dem Wortlaut nach als Bedingungskontrollklage gemäß § 17 Satz 1 TzBfG gestellter Antrag in Auslegung des Klagebegehrens zugleich eine allgemeine Feststellungsklage im Sinne von § 256 Abs. 1 ZPO enthalten kann.[824] Zudem wendet der 7. Senat den nach der Rechtsprechung des 2. Senats des Bundesarbeitsgerichts angenommenen erweiterten punktuellen Streitgegenstand und die damit einhergehende (eingeschränkte) „Schleppnetzwirkung" eines Antrags nach § 4 S. 1 KSchG[825] auch für die Bedingungskontrolle an.[826] Auch hat er entschieden, dass eine vor Beginn der

818 BAG 27.7.2011 – 7 AZR 402/10, AP TzBfG § 21 Nr. 9.
819 BAG 4.11.2015 – 7 AZR 851/13, NZA 2016, 634.
820 BAG 6.4.2011 – 7 AZR 704/09, NZA-RR 2013, 43; BAG 27.7.2011 – 7 AZR 402/10, APTzBfG § 21 Nr. 9; BAG 23.7.2014 – 7 AZR 771/12, NZA 2014, 1341; BAG 15.2.2017 – 7 AZR 82/15, NZA-RR 2017, 398 Rn. 13.
821 BAG 1.8.2018 – 7 AZR 882/16, BeckRS 2018, 32265 Rn. 15.
822 BAG 20.2.2008 – 7 AZR 990/06, juris.
823 ZB BAG 15.2.2017 – 7 AZR 82/15, NZA-RR 2017, 398 Rn. 17.
824 BAG 20.6.2018 – 7 AZR 689/16, NJW 2019, 103 Rn. 24.
825 Vgl. nur BAG 18.12.2014 – 2 AZR 163/14, NZA 2015, 635.
826 BAG 1.8.2018 – 7 AZR 882/16, BeckRS 2018, 32265 Rn. 24.

Frist der §§ 21, 17 Satz 1 TzBfG beim Arbeitsgericht eingereichte, zu diesem Zeitpunkt im Zweifel auf allgemeine Feststellung gerichtete Klage mit dem später eintretenden Fristbeginn allein als Bedingungskontrollklage zu verstehen ist.[827] Insgesamt nimmt der zuständige 7. Senat also eine anwenderfreundliche Auslegung vor. Dies sollte jedoch nicht dazu verleiten, sich nicht um einen von vorneherein korrekten Antrag zu bemühen. Außerdem muss der Kläger dem Arbeitsgericht (§§ 21, 17 Satz 2 TzBfG iVm. § 6 KSchG!) umfassend deutlich machen, unter welchen Gesichtspunkten er die Beendigung des Arbeitsverhältnisses aufgrund Bedingungseintritts angreifen will.

5 Die Klagefrist und die Fiktion nach §§ 21, 17 Satz 2 TzBfG iVm § 7 Hs. 1 KSchG gelten nicht für die Einhaltung der Auslauffrist des § 15 Abs. 2 TzBfG. § 15 Abs. 2 TzBfG regelt keinen Unwirksamkeitsgrund für die auflösende Bedingung; vielmehr wird das vereinbarte Vertragsende durch die gesetzliche Anordnung modifiziert.[828]

6 Beruft sich der Arbeitnehmer sowohl auf die Unwirksamkeit der vereinbarten auflösenden Bedingung (oder darauf, diese sei nicht eingetreten) als auch darauf, die fragliche Regelung sehe keine auflösende Bedingung vor, hat er die Klage nach §§ 21, 17 Satz 1 TzBfG mit der allgemeinen Feststellungsklage zu verbinden:[829]

> **1. Es wird festgestellt, dass das Arbeitsverhältnis der Parteien nicht auf Grund der <Bezeichnung der das Arbeitsverhältnis angeblich auflösenden Bedingung, zB: „§ 33 Abs. 2 TVöD" oder „der in § 7 des Arbeitsvertrages vom … vereinbarten auflösenden Bedingung"> beendet ist.**
> **2. Es wird festgestellt, dass das Arbeitsverhältnis der Parteien über den <Datum, zu dem nach Ansicht der Arbeitgeberin das Arbeitsverhältnis aufgelöst ist> hinaus fortbesteht.**

7 Ist die Bedingung unstreitig noch nicht eingetreten, ist für eine Bedingungskontrollklage nach § 17 Satz 1 TzBfG kein Raum, da wie dargelegt mit dieser nach der neueren Rechtsprechung des Bundesarbeitsgerichts nicht nur der Streit über die Wirksamkeit der Bedingung, sondern auch der über deren Eintritt zu entscheiden ist. Der Arbeitnehmer kann allerdings die Frage, ob überhaupt wirksam eine Bedingung vereinbart wurde, bereits vorab klären, und zwar mit einem allgemeinen Feststellungsantrag:

> **Es wird festgestellt, dass das Arbeitsverhältnis der Parteien nicht auf Grund der Regelung <Bezeichnung der Bedingungsabrede, zB: in § 1 des Arbeitsvertrags vom …> auflösend bedingt ist.**[830]

Die gegen eine auflösende Bedingung gerichtete Klage kann mit dem – für den Fall des Obsiegens zu stellenden – Weiterbeschäftigungsantrag (→ *Beschäftigung unter 2.*) verbunden werden.

Beendigung von Nebenabreden

→ *Teilkündigung*

827 BAG 27.7.2016 – 7 AZR 276/14, NZA-RR 2017, 84 Rn. 18.
828 BAG 12.8.2015 – 7 AZR 592/13, NZA 2016, 173 Rn. 33.
829 BAG 16.10.2008 – 7 AZR 185/07, BeckRS 2009, 58468; BAG 18.10.2006 – 7 AZR 662/05, AP TzBfG § 21 Nr. 3.
830 Vgl. zur entsprechenden Konstellation bei der Zweckbefristung BAG 15.5.2012 – 7 AZR 35/11, NZA 2012, 1366.

Beförderung

→ *Konkurrentenklage*

Befristung

1 Gesetzliche Regelungen für die Befristung von Arbeitsverhältnissen finden sich vor allem im Teilzeit- und Befristungsgesetz (TzBfG). Insbesondere bestimmt § 17 TzBfG eine § 4 KSchG nachgebildete Klagefrist. Danach hat ein Arbeitnehmer spätestens **binnen drei Wochen** nach dem vereinbarten Ende des befristeten Arbeitsvertrages **Klage** beim Arbeitsgericht zu erheben, wenn er die Unwirksamkeit der Befristung geltend machen will. Nach der ständigen Rechtsprechung des Bundesarbeitsgerichts unterliegt bei mehreren aufeinanderfolgenden befristeten Arbeitsverträgen grundsätzlich **nur der letzte Arbeitsvertrag** der Befristungskontrolle. Ausnahmsweise ist der vorletzte Arbeitsvertrag der Befristungskontrolle zu unterziehen, wenn es sich bei dem nachfolgenden – letzten – Arbeitsvertrag um einen unselbständigen Annex zum vorherigen Vertrag handelt.[831] Die Klagefrist gilt ebenfalls, wenn der Arbeitnehmer geltend macht, die nur mündlich vereinbarte Befristung sei **mangels Einhaltung der Schriftform** des § 14 Abs. 4 TzBfG unwirksam.[832] Sie ist auch dann einzuhalten, wenn der Arbeitnehmerstatus während eines befristeten Rechtsverhältnisses nicht abschließend geklärt ist.[833] Entsprechend der Formulierung in § 17 S. 1 TzBfG lautet der Antrag:

> **Es wird festgestellt, dass das Arbeitsverhältnis der Parteien nicht auf Grund der <Bezeichnung der Befristungsabrede, zB: im Arbeitsvertrag vom …> vereinbarten Befristung zum <Datum> beendet ist.**

2 Das Datum des die Befristung enthaltenden Vertrags sollte neben dem streitbefangenen Beendigungstermin im Klageantrag bezeichnet werden, um die notwendige Bestimmtheit eindeutig zu gewährleisten.[834] Ein → *allgemeiner Feststellungsantrag* oder eine Leistungsklage wahren die gesetzliche Frist nicht, selbst wenn in der Begründung auf die Unwirksamkeit der Befristung abgestellt wird.[835] Eine derartige, innerhalb der Klagefrist des § 17 TzBfG erhobene Klage kann jedoch bis zum Schluss der mündlichen Verhandlung erster Instanz zu einer Befristungskontrollklage erweitert werden.[836] Auch die Erhebung einer Klage vor Ablauf der vereinbarten Vertragslaufzeit wahrt die Klagefrist des § 17 Satz 1 TzBfG.[837]Hat der Arbeitnehmer die **Klagefrist unverschuldet versäumt,** kann er nach § 17 S. 2 TzBfG iVm § 5 KSchG die nachträgliche Klagezulassung beantragen:

> **Es wird beantragt, die Befristungskontrollklage nachträglich zuzulassen.**

831 Vgl. nur BAG 21.8.2019 – 7 AZR 572/17, NZA 2019, 1709 Rn. 18.
832 LAG Berlin-Brandenburg 10.7.2008 – 14 Sa 604/08, BeckRS 2011, 67014; BAG 15.2.2012 – 10 AZR 111/11, NZA 2012, 733 Rn. 40.
833 BAG 15.2.2012 – 10 AZR 111/11, NZA 2012, 733 Rn. 40.
834 BAG 23.1.2019 – 7 AZR 733/16, NZA 2019, 700 Rn. 9; BAG 15.12.2021 – 7 AZR 530/20, NZA 2022, 774 Rn. 13.
835 BAG 16.4.2003 – 7 AZR 119/02, NZA 2004, 283.
836 Grundlegend BAG 30.11.1961 – 2 AZR 295/61, AP KSchG 1951 § 5 Nr. 3; BAG 15.5.2012 – 7 AZR 6/11, NZA 2012, 1148.
837 BAG 21.3.2018 – 7 AZR 428/16, NZA 2018, 999 Rn. 11.

Ob eine Befristungskontrollklage nach § 17 TzBfG oder eine allgemeine Feststellungsklage nach § 256 ZPO zu erheben ist, richtet sich nach der Begründung, auf die der Kläger seine Klage stützen will. Hält er eine Befristung wegen Verstoßes gegen das Transparenzgebot in § 307 Abs. 1 BGB, gegen das Schriftformerfordernis des § 14 Abs. 4 TzBfG, wegen Fehlens eines sie rechtfertigenden Sachgrunds iSv. § 14 Abs. 1 TzBfG und aufgrund einer Diskriminierung wegen des Alters nach § 7 Abs. 2 AGG für unwirksam, handelt es sich sämtlich um Unwirksamkeitsgründe, die Gegenstand einer fristgebundenen Befristungskontrollklage gemäß § 17 Satz 1 TzBfG sind. Meint er hingegen, eine Befristungsabrede sei **überhaupt nicht vereinbart worden,**[838] sie sei nach § 305c BGB überraschend, es handele sich um eine „falsa demonstratio", so dass sie nicht Vertragsbestandteil geworden sei, eine solche sei mangels Zustimmung des Betriebsrats zu seiner Einstellung nach § 99 Abs. 1 BetrVG nicht wirksam zustande gekommen,[839] die Befristungsvereinbarung sei gegenstandslos geworden, da er von ihr wegen einer Störung der Geschäftsgrundlage zurückgetreten sei oder er beruft sich auf § 41 Satz 2 SGB VI, ist sie nicht mit einer Befristungskontrollklage, sondern einer allgemeinen Feststellungsklage gemäß § 256 Abs. 1 ZPO (→ *allgemeiner Feststellungsantrag*) anzugreifen, für welche die Klagefrist des § 17 TzBfG nicht gilt.[840] Eine solche ist auch dann die richtige Klageart, wenn der Arbeitnehmer sich auf den Eintritt einer Bedingung berufen will, welche die **Verlängerung** eines befristeten Arbeitsverhältnisses um einen weiteren Zeitraum vorsieht.[841] 3

Welche Klage der Kläger erhoben hat, beurteilt das Bundesarbeitsgericht in Auslegung des Klagebegehrens unter Heranziehung der Klagebegründung sowie unter Berücksichtigung des Klageziels und der Interessenlage des Klägers; es zieht also aus seiner Argumentation und der hierfür zutreffenden Antragstellung Rückschlüsse auf die Antragstellung.[842] 4

Dies sollte jedoch nicht dazu verleiten, sich nicht um einen von vorneherein korrekten Antrag zu bemühen. Außerdem muss der Kläger dem Arbeitsgericht (§ 17 Satz 2 TzBfG iVm § 6 KSchG!) umfassend deutlich machen, unter welchen Gesichtspunkten er die Beendigung des Arbeitsverhältnisses aufgrund der Befristung angreifen will. 5

Will der Arbeitnehmer geltend machen, es sei keine Befristung vereinbart worden, jedenfalls sei eine solche unwirksam, empfiehlt es sich, den oben aufgeführten punktuellen Antrag nach § 17 S. 1 TzBfG und den allgemeinen Feststellungsantrag nebeneinander – uU auch im Haupt- und Hilfsverhältnis[843] – zu stellen.[844] Dabei ist darauf zu achten, dass der allgemeine Feststellungsantrag ausdrücklich gestellt und gesondert begründet wird, damit er sich von einer bloßen Floskel abhebt, mit welcher lediglich die im Falle der Unwirksamkeit der Befristung eintretende Rechtsfolge beschrieben wird.[845] Auch sollte der Arbeitnehmer bei einer Klage im Haupt- und 6

838 BAG 20.2.2002 – 7 AZR 622/00, EzA TzBfG § 17 Nr. 1 = BeckRS 2002, 41081.

839 Terminologisch unklar und nicht differenzierend LAG Köln 13.1.2022 – 6 Sa 386/21, juris.

840 Vgl. insgesamt BAG 18.1.2017 – 7 AZR 236/15, NZA 2017, 849 Rn. 22; BAG 15.2.2017 – 7 AZR 291/15, NZA 2017, 912 Rn. 11; BAG 25.10.2017 – 7 AZR 632/15, NZA 2018, 507 Rn. 19.

841 BAG 24.5.2023 – 7 AZR 169/22. NZA 2023, 1391.

842 BAG 25.10.2017 – 7 AZR 632/15, NZA 2018, 507 Rn. 18 mwN.

843 BAG 21.6.2023 – 7 AZR 88/22, NZA 2023, 1527.

844 LAG Baden-Württemberg 28.10.2020 – 10 Sa 41/20, juris Rn. 59; vgl. zur ähnlichen Konstellation bei der auflösenden Bedingung BAG 16.10.2008 – 7 AZR 185/07, AP TzBfG § 14 Nr. 53; BAG 18.10.2006 – 7 AZR 662/05, AP TzBfG § 21 Nr. 3.

845 Vgl. insoweit BAG 16.3.1994 – 8 AZR 97/93, NZA 1994, 860.

Hilfsverhältnis berücksichtigen, dass eine Befristungskontrollklage „ins Leere" geht und damit unbegründet ist, wenn keine Befristung vereinbart war.[846]

7 Kommen verschiedene Sachverhalte als Abschluss einer Befristungsvereinbarung in Betracht, sollte der Arbeitnehmer vorsorglich alle zum Gegenstand seiner Klage nach § 17 TzBfG und/oder § 256 ZPO machen.[847]

8 Besonderheiten ergeben sich bei einer **Zweckbefristung.** Ein zweckbefristeter Arbeitsvertrag endet nach § 15 Abs. 2 TzBfG nämlich frühestens zwei Wochen nach Zugang der schriftlichen Unterrichtung des Arbeitnehmers durch den Arbeitgeber über den Zeitpunkt der Zweckerreichung. Vor einer solchen schriftlichen Unterrichtung ist für eine Befristungskontrollklage nach § 17 S. 1 TzBfG kein Raum, da mit dieser nicht nur der Streit über die Wirksamkeit der Befristung, sondern auch der über den Eintritt durch Zweckerreichung zu entscheiden ist. Der Arbeitnehmer kann allerdings die Frage, ob überhaupt wirksam eine Zweckbefristung vereinbart wurde, bereits vorab klären, und zwar mit einem allgemeinen Feststellungsantrag:

> **Es wird festgestellt, dass das Arbeitsverhältnis der Parteien nicht auf Grund der Regelung <Bezeichnung der Befristungsabrede, zB: in § 1 des Arbeitsvertrags vom ...> befristet ist.**[848]

9 Bei einem Streit über die **Befristung einzelner Arbeitsbedingungen** ist ebenfalls nicht ein Befristungskontrollantrag, sondern der allgemeine Feststellungsantrag zu stellen.[849] Dann streiten die Parteien nämlich letztlich darüber, welchen Inhalt das Arbeitsverhältnis nach Ablauf der vereinbarten Zeit hat. Zu in diesem Fall zutreffenden Formulierungen des Klageantrags: → *Inhalt des Arbeitsverhältnisses.*

10 Die Frage der Unwirksamkeit einer Befristung stellt kein feststellungsfähiges Rechtsverhältnis iSd § 256 ZPO dar. Fehlerhaft sind deshalb Anträge wie

> *Es wird festgestellt, dass die Befristung des Arbeitsverhältnisses der Parteien im Arbeitsvertrag vom <Datum> unwirksam ist.*

11 Von einer Befristungsvereinbarung ist ein → *Aufhebungsvertrag* zu unterscheiden. Dieser stellt eine Vereinbarung über das vorzeitige Ausscheiden eines Arbeitnehmers aus einem Arbeitsverhältnis dar. Er ist seinem Regelungsgehalt nach auf eine alsbaldige Beendigung der arbeitsvertraglichen Beziehungen gerichtet. Das bringen die Parteien in der Regel durch die Wahl einer zeitnahen Beendigung, die sich häufig an der jeweiligen Kündigungsfrist orientiert, und weitere Vereinbarungen über Rechte und Pflichten aus Anlass der vorzeitigen Vertragsbeendigung zum Ausdruck. Ein solcher Aufhebungsvertrag ist dann nicht Gegenstand der arbeitsgerichtlichen Befristungskontrolle. Demgegenüber ist von einer der Befristungskontrolle unterliegenden, auf die befristete Fortsetzung des Arbeitsverhältnisses gerichteten Abrede auszugehen, wenn der von den Parteien gewählte Beendigungszeitpunkt die jeweilige Kündigungsfrist um ein Vielfaches überschreitet und es an weiteren Vereinbarungen im Zusammenhang mit der Beendigung des Arbeitsverhältnisses fehlt, wie sie in ei-

846 BAG 19.11.2019 – 7 AZR 582/17, NZA 2020, 374 Rn. 33.
847 Vgl. den Sachverhalt in BAG 17.5.2017 – 7 AZR 301/15, NZA 2017, 134.
848 BAG 15.5.2012 – 7 AZR 35/11, NZA 2012, 1366; BAG 21.3.2017 – 7 AZR 222/15, NZA 2017, 631.
849 BAG 14.1.2004 – 7 AZR 213/03, NZA 2004, 719; BAG 4.6.2003 – 7 AZR 406/02, BB 2003, 1683; BAG 2.9.2009 – 7 AZR 233/08, NZA 2009, 1253; BAG 23.3.2016 – 7 AZR 828/13, NZA 2016, 881 Rn. 42; BAG 25.4.2018 – 7 AZR 520/16, NZA 2018, 1061; BAG 28.10.2021 – 6 AZR 9/21, NZA 2022, 427.

nem Aufhebungsvertrag regelmäßig getroffen werden. Dazu gehören insbesondere Freistellungen, Urlaubsregelungen, ggf. auch Abfindungen uÄ. Für das Eingreifen der Befristungskontrolle ist nicht die von den Parteien gewählte Vertragsbezeichnung entscheidend, sondern der Regelungsgehalt der getroffenen Vereinbarung.[850]

Die Klage einer **Arbeitgeberin** auf Feststellung der Wirksamkeit einer Befristungsabrede durch einen allgemeinen Feststellungsantrag nach § 256 ZPO ist nur zulässig, wenn sie auf einem Streit über Gesichtspunkte beruht, die auch der Arbeitnehmer mit einer derartigen Klage geltend machen müsste; Aspekte, die der Arbeitnehmer mit einer Befristungskontrollklage vorzubringen hat, führen nach Ansicht des BAG hingegen zur Unzulässigkeit des von der Arbeitgeberin gestellten Antrags.[851] Das überzeugt, soweit – vergleichbar wie bei einer Kündigungsschutzklage – rein arbeitnehmerschützende Gesichtspunkte in Rede stehen. Mit dem Verstreichenlassen der Klagefrist hat es der Arbeitnehmer zudem in der Hand, derartige Unwirksamkeitsgründe zu heilen. Allerdings dürfte sich auch die Arbeitgeberin darauf berufen können, einer vereinbarten Befristung mangele es an der nach § 14 Abs. 4 TzBfG erforderlichen Schriftform. Von den Normzwecken der Klarstellungs-, Beweis- und Warnfunktion treffen jedenfalls die ersten beiden auch auf sie zu. Entsteht während des Laufs der Befristung Streit über das Erfüllen des Schriftformerfordernisses, müsste daher auch die Arbeitgeberin eine entsprechende Feststellungsklage erheben können. Daran wäre sie nach der zitierten Rechtsprechung allerdings gehindert, weil das BAG wie unter Rn. 3 ausgeführt auch das Schriftformerfordernis der Regelung des § 17 TzBfG unterstellt. Sie könnte damit die beispielsweise für die Frage der ordentlichen Kündbarkeit bedeutsame Frage, ob eine formwirksame Befristung vorliegt, nicht vorab gerichtlich prüfen lassen. 12

Die gegen eine Befristung gerichtete Klage kann mit dem – für den Fall des Obsiegens zu stellenden – Weiterbeschäftigungsantrag (→ *Beschäftigung unter 2.*) verbunden werden. 13

Macht der Arbeitnehmer nicht die Unwirksamkeit einer Befristung geltend, sondern beruft er sich darauf, dass befristete Arbeitsverhältnis gelte nach § 15 Abs. 6 TzBfG als auf unbestimmte Zeit verlängert, weil es nach dem Befristungsende mit Wissen der Arbeitgeberin fortgesetzt worden sei, kann er sein Klagebegehren ohne Bindung an die Frist des § 17 S. 1 TzBfG mit einem → *allgemeinen Feststellungsantrag* verfolgen.[852] 14

bEM – Betriebliches Eingliederungsmanagement

In § 167 Abs. 2 SGB IX ist das betriebliche Eingliederungsmanagement (bEM) definiert. Danach muss der Arbeitgeber mit der zuständigen Interessenvertretung mit Zustimmung und Beteiligung der betroffenen Person die Möglichkeiten, wie eine **Arbeitsunfähigkeit** von insgesamt mehr als sechs Wochen im Jahr möglichst überwunden und mit welchen Leistungen oder Hilfen erneuter Arbeitsunfähigkeit vorgebeugt und der Arbeitsplatz erhalten werden kann. Das BAG beschreibt das bEM als einen rechtlich regulierten verlaufs- und ergebnisoffenen „Suchprozess“, der individuell angepasste Lösungen zur Vermeidung zukünftiger Arbeitsunfähigkeit ermitteln soll.[853] Es erlangt eine besondere Bedeutung bei einer krankheitsbedingten 1

850 BAG 14.12.2016 – 7 AZR 49/15, NZA 2017, 634 Rn. 20; s. auch BAG 1.2.2015 – 7 AZR 17/13, NZA 2015, 1066.
851 BAG 15.2.2017 – 7 AZR 153/15, NZA 2017, 803.
852 BAG 9.2.2023 – 7 AZR 266/22, NZA 2023, 770.
853 BAG 7.9.2021 – 9 AZR 571/20, NZA 2022, 257 (258).

→ *Kündigung* und der Frage, ob der **Verhältnismäßigkeitsgrundsatz** eingehalten worden ist.

2 Darüber hinaus wird aber auch von Arbeitnehmern die Durchführung eines bEM gegenüber dem Arbeitgeber verlangt. Allerdings begründet § 167 Abs. 2 S. 1 SGB IX nach Ansicht des BAG **keinen Individualanspruch** der betroffenen Arbeitnehmer auf Einleitung und Durchführung eines bEM.[854] Meint der Arbeitnehmer, dennoch einen durchsetzbaren Anspruch zu haben, kommt folgender Leistungsantrag in Betracht:

> *Die Beklagte wird verurteilt, mit dem Kläger ein bEM gem. § 167 SGB IX unter Beteiligung des Personalrats und der Schwerbehindertenvertretung der Beklagten sowie unter Beteiligung des Integrationsamts und der Rehabilitationsträger einzuleiten und durchzuführen und mit diesen zu klären, wie die Arbeitsunfähigkeit möglichst überwunden werden und mit welchen Leistungen oder Hilfen erneuter Arbeitsunfähigkeit vorgebeugt und sein Arbeitsplatz erhalten werden kann.*

3 Damit wiederholt der Kläger allerdings lediglich den Gesetzeswortlaut. Dennoch hat das BAG[855] diesen Antrag rechtsschutzgewährend als zulässig (ausgelegt) und angesehen. Es geht um die Einleitung und Durchführung eines den gesetzlichen Mindestanforderungen entsprechenden bEM. Eine weitere Konkretisierung der Durchführungsmaßnahmen kann vom Kläger im Hinblick auf die Besonderheiten des bEM nicht verlangt werden. § 167 Abs. 2 SGB IX schreibt weder konkrete Maßnahmen noch einen bestimmten Verfahrensablauf vor; es lassen sich lediglich gewisse Mindeststandards ableiten. Zu diesen gehört es, mit den vorgesehenen Stellen und Personen eine an den Zielen des bEM orientierte Klärung ernsthaft zu versuchen. Es dürfen keine vernünftigerweise in Betracht zu ziehenden Anpassungs- und Änderungsmöglichkeiten ausgeschlossen werden. Der Klageantrag muss dem Gestaltungsspielraum Rechnung tragen, den die gesetzliche Regelung dem Arbeitgeber einräumt. Die Vorinstanz[856] hatte dies noch anders gesehen. Der Antrag sei hinsichtlich der Einleitung eines bEM zulässig, aber in Bezug auf dessen Durchführung unzulässig. Der Kläger habe lediglich die Vorschrift des § 167 Abs. 2 SGB IX abgeschrieben. Jedenfalls in Fällen, in denen der Kläger vom Arbeitgeber ganz bestimmte Maßnahmen verlangt, sind diese im Antrag aufzunehmen.

Benachteiligung

→ *Diskriminierung*

Beschäftigung

Übersicht

	Rn.
1. Beschäftigung im unstreitigen Arbeitsverhältnis	2–45
a) Antrag gerichtet auf eine bestimmte Tätigkeit	5–17
b) Antrag gerichtet auf mehrere alternative Tätigkeiten	18–20
c) Antrag und Direktionsrecht	21
d) Antrag gerichtet auf eine bestimmte Hierarchieebene	22, 23

854 BAG 7.9.2021 – 9 AZR 571/20, NZA 2022, 257 (259).
855 BAG 7.9.2021 – 9 AZR 571/20, NZA 2022, 257 (258).
856 LAG Nürnberg 8.10.2020 – 5 Sa 117/20, NZA-RR 2021, 119 (120).

Rn.
e) Negativbeispiele ... 24–27
f) Sonderfall „Leidensgerechte Beschäftigung" (Schwerbehinderung/Wiedereingliederung) ... 28–37
g) Sonderfall Arbeitsunfähigkeit ... 38, 39
h) Sonderfall Beteiligung Arbeitnehmervertretung ... 40–44
i) Feststellungsanträge ... 45
2. Der Weiterbeschäftigungsantrag ... 46–67
a) Überblick ... 46–49
b) Anträge ... 50–64
c) Entbindung von der Weiterbeschäftigung ... 65–67
3. Besonderheiten Versetzung ... 68
4. Einstweilige Verfügung ... 69–72
a) Beschäftigung ... 69, 70
b) Weiterbeschäftigung ... 71, 72
5. Zwangsvollstreckung ... 73, 74

Im Rahmen der Beschäftigung sind **drei grundlegende Situationen** zu unterscheiden: das ungekündigte Arbeitsverhältnis, das gekündigte Arbeitsverhältnis bis zum Ablauf der Kündigungsfrist und das gekündigte Arbeitsverhältnis nach Ablauf der Kündigungsfrist bis zum Abschluss des Rechtsstreites über die Kündigung. Letztere Situation ist aber nicht auf die Kündigung beschränkt, sondern stellt sich in gleicher Weise bei einem Streit über die Wirksamkeit der Befristung oder einer auflösenden Bedingung. Diese Konstellation wird allgemein als Weiterbeschäftigung bezeichnet. Zur Zwangsvollstreckung (→ *E.*) Der Anspruch auf Beschäftigung oder Weiterbeschäftigung kann nur für die Zukunft geltend gemacht werden, weil die Arbeitsleistung nicht nachholbar ist. Es handelt sich damit in diesen Konstellationen immer um eine Klage auf eine zukünftige Leistung.[857] Dabei wird allerdings nicht einheitlich beurteilt, ob es sich um einen Fall des § 258 oder § 259 ZPO handelt. Nach der zutreffenden h.M. greift § 259 ZPO.[858] Erforderlich ist deshalb, dass die Besorgnis besteht, dass sich der Arbeitgeber der rechtzeitigen Leistung entziehen werde. Diese Besorgnis muss der Arbeitnehmer darlegen. Das BAG hat insoweit zum Weiterbeschäftigungsantrag vertreten, dass es zur Begründung der Besorgnis nicht ausreicht, wenn der Arbeitgeber eine Vielzahl von Kündigungen ausgesprochen hat,[859] vgl. unten 2a). 1

1. Beschäftigung im unstreitigen Arbeitsverhältnis

Ein Arbeitnehmer hat Anspruch darauf, entsprechend seinem Arbeitsvertrag tatsächlich beschäftigt zu werden.[860] Dieser Anspruch besteht zunächst bis zum Ablauf der Kündigungsfrist.[861] Verweigert der Arbeitgeber die vertragsgemäße Beschäftigung, kann der Arbeitnehmer diese gerichtlich geltend machen.[862] Der Inhalt des Beschäftigungsanspruchs richtet sich nach den zwischen den Parteien getroffenen Abreden. Der Antrag muss sich also auf den vertraglich vereinbarten Arbeitsplatz 2

857 BAG 21.12.2022 – 7 AZR 489/21, NZA 2023, 493; BAG 22.7.2014 – 9 AZR 1066/12, NZA 2014, 1330; BAG 29.10.1997 – 5 AZR 573/96, NZA 1988, 329; LAG Hamm 12.1.2017 – 18 Sa 1200/16, Beck RS 2017, 124667; LAG Baden-Württemberg 11.9.2013 – 13 Sa 31/13, Beck RS 2013, 72709.
858 BAG 27.4.2021 – 9 AZR 343/20, NZA 2022, 1693; BAG 24.5.2018 – 2 AZR 67/18, NZA 2018, 1127; BAG 18.10.2017 – 10 AZR 47/17, NZA 2018, 162.
859 BAG 24.5.2018 – 2 AZR 67/18, NZA 2018, 1127.
860 BAG 12.9.2022 – 6 AZR 261/21, NZA 2022, 1627; BAG 15.6.2021 – 9 AZR 217/20, NZA 2021, 1625; BAG 25.1.2018 – 8 AZR 524/16, BeckRS 2018, 13001; BAG GS 27.2.1985 – GS 1/84, AP BGB § 611 Beschäftigungspflicht Nr. 14, zu C I 3 der Gründe; BAG 9.4.2014 – 10 AZR 637/13, NZA 2014, 719.
861 BAG 6.9.2006 – 5 AZR 703/05, NZA 2007, 37.
862 Zur Problematik der arbeitsvertraglich vereinbarten Suspendierung vgl. ErfK/Preis BGB § 611 Rn. 702 ff.

beziehen. Es geht dabei aber nur um die Durchsetzung der **tatsächlichen Beschäftigung,** nicht auch der übrigen Konditionen.

3 Die Antragsformulierung ist **besonders sorgfältig zu bearbeiten.** Ein Beschäftigungstitel ist nur dann hinreichend bestimmt, wenn sich die Art der Beschäftigung aus dem Titel ergibt und zwischen den Parteien im Übrigen kein Streit über die auszuführende Tätigkeit herrscht.[863] Zwar ist im Rahmen der späteren Vollstreckung bei Auslegungszweifeln das gesamte Urteil, insbesondere auch Tatbestand und Entscheidungsgründe, heranzuziehen, doch treten erfahrungsgemäß bei der Zwangsvollstreckung von Beschäftigungstiteln häufig Schwierigkeiten auf. Insbesondere ist oft unklar, welche konkrete Tätigkeit mit einer **pauschalen Berufsbezeichnung** verbunden ist. Auch das BAG fordert, dass die Verpflichtung zur Arbeitsleistung so präzise bezeichnet werden muss, dass keine Unklarheiten bestehen und ein Leistungsurteil vollstreckbar wäre.[864] Andererseits darf nicht übersehen werden, dass der Arbeitgeberin das Direktionsrecht zusteht. Erforderlich ist, dass zumindest die Art der begehrten Beschäftigung durch Auslegung des Antrags gegebenenfalls unter Heranziehung der Klageschrift und des sonstigen Vorbringens der klagenden Partei feststellbar ist. Das Berufsbild der begehrten Beschäftigung oder die zuzuweisende Tätigkeit müssen sich hinreichend bestimmt feststellen lassen.[865] So kann zB der Begriff „Einkäufer" als solcher bereits nicht trennscharf sein, weil er vor allem bei größeren Unternehmen völlig unterschiedliche Tätigkeiten erfasst. Der Streit darf aber nicht in den Bereich der Vollstreckung verschoben werden.[866] Erforderlich ist deshalb, dass die jeweilige Bezeichnung schon im Antrag durch **konkrete Tätigkeitsmerkmale** beschrieben wird, also zB bei einem Einkäufer durch die konkrete Stellenbeschreibung der Einkaufsposition.[867] Eine **Berufsbezeichnung** ist nur dann ausreichend, wenn sie eindeutig besetzt ist, zB Bäcker, oder die Tätigkeitsbeschreibung klar ist, zB Gartenarbeiter, Bote oder Schreibkraft. Ob der Arbeitnehmer dann als Bäcker in der Teigmacherei oder am Backofen beschäftigt wird, obliegt dem Arbeitgeber kraft dessen Direktionsrechts.[868] Die Berufsbezeichnung reicht also nur dann aus, wenn sich aus ihr eindeutig ergibt, worin die dem Arbeitnehmer zuzuweisenden Tätigkeiten bestehen sollen.[869] Das gilt auch für den Begriff „Chefarzt"[870] oder „Schulleiter".[871]

4 Da lediglich der Beschäftigungsanspruch geltend gemacht werden soll, hat die **Angabe der Vergütung oder ähnlicher Bestandteile** im Antrag keine Berechtigung. Denn dadurch wird der Antrag unklar. Insbesondere ist unklar, was unter dem Begriff „unveränderte Arbeitsbedingungen" zu verstehen sein soll, wenn es um die tat-

863 BAG 15.6.2021 – 9 AZR 217/20, NZA 2021, 1625; BAG 3.12.2019 – 9 AZR 78/19, NZA 2020, 578; BAG 25.1.2018 – 8 AZR 524/16, BeckRS 2018, 13001; BAG 27.5.2015 – 5 AZR 88/14, NZA 2015, 1053; LAG Baden-Württemberg 21.2.2007 – 17 Ta 1/07, BeckRS 2009, 63620.

864 Vgl. auch BAG 21.12.2022 – 7 AZR 489/21, NZA 2023, 493; BAG 15.6.2021 – 9 AZR 217/20, NZA 2021, 1625; BAG 3.12.2019 – 9 AZR 78/19, NZA 2020, 578; BAG 25.1.2018 – 8 AZR 524/16, BeckRS 2018, 13001; BAG 27.5.2015 – 5 AZR 88/14, NZA 2015, 1053; BAG 25.8.2010 – 10 AZR 275/09, NZA 2010, 1355; BAG 22.10.2008 – 4 AZR 735/07 Rn. 53, NZA 2009, 336.

865 Vgl. auch BAG 21.12.2022 – 7 AZR 489/21, NZA 2023, 493; BAG 15.6.2021 – 9 AZR 217/20, NZA 2021, 1625; BAG 3.12.2019 – 9 AZR 78/19, NZA 2020, 578; BAG 27.5.2015 – 5 AZR 88/14, NZA 2015, 1053; BAG 15.4.2009 – 3 AZB 93/08, NZA 2009, 917.

866 BAG 25.1.2018 – 8 AZR 524/16, BeckRS 2018, 13001; BAG 27.5.2015 – 5 AZR 88/14, NZA 2015, 1053; BAG 13.6.2006 – 9 AZR 229/05, NZA 2007, 91; BAG 10.5.2005 – 9 AZR 230/04, NZA 2006, 155.

867 Vgl. zum Begriff „Lagerleiter" LAG Rheinland-Pfalz 3.2.2005 – 2 Ta 23/05, NZA-RR 2005, 550; vgl. auch BAG 13.6.2006 – 9 AZR 229/05, NZA 2007, 91.

868 LAG Schleswig-Holstein 7.6.2005 – 5 Sa 68/05, NZA-RR 2005, 514 ff.

869 BAG 25.1.2018 – 8 AZR 524/16, BeckRS 2018, 13001; BAG 27.5.2015 – 5 AZR 88/14, NZA 2015, 1053.

870 LAG Berlin-Brandenburg 28.10.2020 – 25 Sa 1105/20, BeckRS 2020, 43112.

871 BAG 1.6.2022 – 5 AZR 407/21, NZA 2022, 1407.

sächliche Beschäftigung geht. Dies gilt auch bei der Aufnahme der Vergütung in den Antrag.[872] Einerseits ist häufig gar nicht streitig, welche Vergütung der Arbeitnehmer zu beanspruchen hat, andererseits ist unklar, ob und welches Gehalt mit dem Hinweis auf die Vergütung geltend gemacht werden soll, zumal es sich auch insoweit um eine Klage auf zukünftige Leistung handelt, vgl. auch → *zukünftige Leistung.*

a) Antrag gerichtet auf eine bestimmte Tätigkeit

Berufsbezeichnung eindeutig und Tätigkeit unstreitig

Unproblematisch ist der Antrag, wenn Berufsbild und Arbeitsbedingungen eindeutig 5
oder nicht im Streit sind.[873]

> **Die Beklagte wird verurteilt, den Kläger in der Bäckerei der Beklagten in <Ort> als Bäcker zu beschäftigen.**

Nichtssagend sind demgegenüber Bezeichnungen ohne jede Unterscheidungskraft: 6

> *Die Beklagte wird verurteilt, den Kläger als Angestellten zu beschäftigen.*[874]

Konkretisierung der Tätigkeit im Antrag

Ergänzende Angaben sind erforderlich, wenn das Berufsbild nicht eindeutig oder die 7
Arbeitsbedingungen streitig sind. In diesem Fall sind die umstrittenen Tätigkeiten in den Antrag aufzunehmen. Existiert eine Tätigkeitsbeschreibung, kann diese als Anlage beigefügt und aufgezeigt werden, welche Arbeitsbedingungen streitig sind. Im gerichtlichen Tenor darf freilich nicht auf eine Anlage Bezug genommen werden.[875]

> **Die Beklagte wird verurteilt, den Kläger in der technischen Infrastruktur der Niederlassung <Name> mit Sitz in <Ort> als Fernmeldehandwerker/Fachwirt Telekom mit Tätigkeiten gemäß Tätigkeitsbeschreibung vom <Datum> zu beschäftigen.**[876]

Ist die Berufsbezeichnung nicht eindeutig, weil damit keine konkreten Tätigkeiten 8
verbundenen sind und existiert auch keine Tätigkeitsbeschreibung, sind die streitigen Tätigkeiten im Antrag ausdrücklich zu formulieren:

> **Die Beklagte wird verurteilt, den Kläger in der technischen Infrastruktur der Niederlassung <Name> mit Sitz in <Ort> als Fernmeldehandwerker/Fachwirt Telekom mit folgenden Tätigkeiten <Auflistung der Tätigkeiten> zu beschäftigen.**

Es wäre also unzulässig in einer derartigen Situation lediglich allgemein die Berufs- 9
bezeichnung anzugeben.

872 Vgl. auch Natter/Gross Arbeitsgerichtsgesetz § 46 Rn. 76.

873 BAG 9.4.2014 – 10 AZR 637/13, NZA 2014, 719, zur Bezeichnung als „Krankenschwester"; BAG 13.6.2006 – 9 AZR 229/05, NZA 2007, 91.

874 So aber LAG Köln 17.1.2012 – 12 Sa 1502/10, Beck RS 2012, 68076; dagegen zutreffend BAG 27.5.2015 – 5 AZR 88/14, NZA 2015, 1053.

875 BAG 12.1.2011 – 7 ABR 25/09, NZA 2011, 1304; falsch Selzer NZA 2011, Beilage 4 S. 164.

876 Vgl. LAG Hamm 12.1.2017 – 18 Sa 1200/16, Beck RS 2016 126115; LAG Schleswig-Holstein 10.2.2005 – 4 Sa 477/04, BeckRS 2005, 40615.

> *Die Beklagte wird verurteilt, den Kläger als Ergänzungskraft mit pädagogischen Aufgaben zu beschäftigen.*[877]

10 **Ergänzende Angaben** wie **Gehalt** oder sonstige Konditionen sind verfehlt, s.o. Zudem ist unklar, ob damit ein eigener Zahlungsantrag formuliert werden soll. Dies wäre aber nur denkbar als Klage auf → *zukünftige Leistung.*

> *Die Beklagte wird verurteilt, den Kläger zu den Bedingungen des zwischen den Parteien bestehenden Arbeitsvertrages vom <Datum> als Bäcker zu einem Stundenlohn von EUR <Betrag >zu beschäftigen.*

11 Dies gilt auch, wenn auf die bisherige Vergütung Bezug genommen wird:

> *Die Beklagte wird verurteilt, den Kläger unter Beibehaltung seiner bisherigen Bezüge als Bäcker zu beschäftigen.*

12 Die bloße **Angabe der tariflichen Entgeltgruppe** kann aber der Konkretisierung der Tätigkeit dienen. Dies kommt in Betracht, wenn die konkrete Entgeltgruppe des Tarifvertrages die Tätigkeitsmerkmale enthält. Dann reicht es nach BAG aus, die konkrete Entgeltgruppe zu nennen.

> **Die Beklagte wird verurteilt, den Kläger in der technischen Infrastruktur der Niederlassung <Name> mit Sitz in <Ort> als Fernmeldehandwerker/Fachwirt Telekom mit Tätigkeiten gemäß der Tätigkeitsbeschreibung zu beschäftigen, die in der Entgeltgruppe T 6 des Entgeltrahmentarifvertrages vom <Datum> bezeichnet sind.**[878]

13 Entsprechende Anträge kommen auch in Betracht, wenn die Parteien über die Ausübung des Direktionsrechtes streiten, etwa wenn der Arbeitnehmer der Auffassung ist, der Arbeitgeber habe ihm unwirksam eine neue Tätigkeit zugewiesen, vgl. → *Direktionsrecht.*

14 Sind im Rahmen der Tätigkeit **nur einzelne Elemente streitig,** können diese im Wege der negativen Abgrenzung beschrieben werden. So kann, wenn sich die Parteien nur darüber streiten, ob ein Mitarbeiter zur Ableistung einer Nachtschicht verpflichtet ist, wie folgt formuliert werden:

> **Die Beklagte wird verurteilt, den Kläger als Krankenpfleger in der Tagschicht zu beschäftigen.**[879]

15 Eine Leistungsklage muss allerdings nicht auf eine Handlung oder ein positives Tun gerichtet sein. Ziel können auch **das Unterlassen** oder die Duldung von Handlungen sein. Rechtlich ist allerdings nicht unproblematisch, ob ein Anspruch auf vertrags-

877 Vgl. LAG Hamm 12.1.2017 – 18 Sa 1200/16, Beck RS 2016 126115; ArbG Herne 23.2.2016 – 2 Ca 2390/15, Beck RS 126115. In diesem Fall haben LAG und ArbG freilich unterschiedlich beurteilt, ob mit der Bezeichnung im Antrag ein hinreichend konkretes Berufsbild verknüpft ist.

878 BAG 13.6.2012 – 10 AZR 313/11, NZA-RR 2013, 188; LAG Baden-Württemberg 11.9.2013 – 13 Sa 31/13, BeckRS 2013, 72709; LAG Schleswig-Holstein 10.2.2005 – 4 Sa 477/04, BeckRS 2005, 40615.

879 Vgl. BAG 9.4.2014 – 10 AZR 637/13, NZA 2014, 719, der auf eine Tätigkeit „ohne Nachtschichten" gerichtet ist. Mit dieser Formulierung dürfte es sich allerdings eher um einen Unterlassungsantrag handeln.

gemäße Beschäftigung zugleich auch den Anspruch umfasst, eine nicht vertragsgemäße Beschäftigung zu unterlassen.[880] Nach der wohl überwiegenden Auffassung ist es möglich, einen **Unterlassungsantrag** zu formulieren.[881] Vorausgesetzt ist, dass das zu unterlassende Verhalten so konkret bezeichnet wird, dass der Beklagte sein Risiko erkennen und sein Prozessverhalten darauf einrichten kann und der dem Antrag stattgebende Titel eindeutig ist. Der Unterlassungsantrag darf deshalb nicht derart undeutlich gefasst sein, dass sein Streitgegenstand und der Umfang der Prüfungs- und Entscheidungsbefugnis des Gerichts nicht mehr klar umrissen sind, die Beklagte sich deshalb nicht erschöpfend verteidigen kann und im Ergebnis dem Vollstreckungsgericht die Entscheidung darüber überlassen bleibt, was verboten ist, vgl. → *Unterlassung:*

> **Die Beklagte wird verurteilt, es zu unterlassen, den Kläger mehr als 40 Stunden verteilt auf 7 aufeinander folgende Tage als Bäcker in der Bäckerei der Beklagten in <Ort> zu beschäftigen.**[882]

Wird die Unterlassung dagegen mit einer Leistung kombiniert, ist schwierig zu beur- 16
teilen, was der Kläger letztlich begehrt. Teilweise wird die Klage bei einer entsprechenden Kombination einheitlich als Leistungsklage ausgelegt. Richtigerweise sollte die Kombination unterbleiben und – auch im Hinblick auf eine spätere Vollstreckung – getrennte Anträge formuliert werden.[883]

> *Die Beklagte wird verurteilt, es zu unterlassen, den Kläger mit Reinigungs- und Aufräumarbeitern in <Ort> beschäftigen, sondern ihm gemäß der arbeitsplatzspezifischen Untersuchung vom <Datum> als Fahrer zu beschäftigen.*

Vgl. aber auch → *Direktionsrecht Rn. 15, 16.*

Macht der Arbeitnehmer eine Tätigkeit aus dem **Homeoffice** geltend, begehrt er in 17
der Sache ebenfalls die Unterlassung von Handlungen durch die Arbeitgeberin, wenn die Homeoffice-Tätigkeit keine weitere Mitwirkungshandlung durch die Arbeitgeberin erfordert. Dies ist etwa der Fall, wenn der Arbeitnehmer für seine Tätigkeit nur ein dienstliches Laptop benötigt, über das er verfügt. Zu den Einzelheiten: → Home-Office Rn. 4.

b) Antrag gerichtet auf mehrere alternative Tätigkeiten

Bei der Formulierung des Antrags ist auch zu berücksichtigen, dass dem arbeitsver- 18
traglichen Beschäftigungsanspruch aufgrund des **Direktionsrechtes** unterschiedliche Beschäftigungsvarianten entsprechen können und die Gefahr besteht, dass die konkret geltend gemachte Beschäftigung nicht vom Direktionsrecht gedeckt ist oder auch eine andere als die beantragte Beschäftigung dem Direktionsrecht entspricht. Auch kann die Zuweisung von Einzelaufgaben im Rahmen einer gleichwertigen Be-

880 So aber LAG München 1.12.2004 – 5 Sa 913/04, NZA-RR 2005, 354; LAG Düsseldorf 28.2.1995 – 6 Sa 1986/94, LAGE BGB § 1004 Nr. 3; HWK/Thüsing § 611 BGB Rn. 170; Der Arbeitnehmer habe einen Beschäftigungsanspruch, nicht einen Anspruch auf Unterlassung unwirksamer Weisungen.

881 So zutreffend BAG 9.4.2014 – 10 AZR 637/13, NZA 2014, 1434; Hess. LAG 5.11.2012 – 21 Sa 593/10, BeckRS 2013, 66216; Hess. LAG 1.6.2012 – 14 SaGa 124/12, BeckRS 2012, 72133; LAG Thüringen 10.4.2001 – 5 Sa 403/2000, NZA-RR 2001, 347; unklar allerdings BAG 25.8.2010 – 10 AZR 275/09, NZA 2010, 1355, da es von zwei Möglichkeiten spricht, ohne das Verhältnis zu klären.

882 Hess. LAG 1.6.2012 – 14 SaGa 124/12, BeckRS 2012, 72133.

883 Vgl. aber Hess. LAG 5.11.2012 – 21 Sa 593/10, BeckRS 2013, 66216.

schäftigung der Beklagten überlassen werden. Denn der Beschäftigungsanspruch räumt dem Arbeitnehmer regelmäßig nicht das Recht ein, den Arbeitsplatz selbst zu bestimmen Deshalb kann es sinnvoll sein, im Antrag mit **Beschäftigungsalternativen** zu arbeiten und darin **weitere konkrete Beschäftigungsmöglichkeiten** aufzuzeigen und dem Arbeitgeber die Auswahl der konkreten Beschäftigung zu überlassen.[884]

> **Die Beklagte wird verurteilt, den Kläger als Verwaltungsangestellten im Bereich Einkauf mit den Tätigkeiten <konkrete Beschreibung>, alternativ als Sachbearbeiter Telekommunikation mit den Tätigkeiten <konkrete Beschreibung>, alternativ als Housing Management (Assistent) mit den Tätigkeiten <konkrete Beschreibung>, alternativ als Angestellten (Materialverwaltung) mit den Tätigkeiten <konkrete Beschreibung>, alternativ als Frachtabfertiger mit den Tätigkeiten <konkrete Tätigkeit>, alternativ als Telefonist/Verwaltungsangestellten (Bürokommunikation) mit den Tätigkeiten <konkrete Tätigkeit>, alternativ als Lagerangestellten (Material- und Gütebestimmung) mit den Tätigkeiten <konkrete Tätigkeit> zu beschäftigen.**[885]

19 Das BAG hält dabei auch folgenden Antrag für auslegungsfähig:

> **Die Beklagte wird verurteilt, den Kläger am Standort in <Ort> ausschließlich mit den Tätigkeiten zu beschäftigen, die in § 2 des Arbeitsvertrags vom <Datum> aufgelistet sind.**[886]

20 Voraussetzung für diese Auslegung ist allerdings, dass sich aus dem Arbeitsvertrag tatsächlich eindeutige Tätigkeitsbereiche ergeben, die einer Konkretisierung zugänglich sind. Im Falle des BAG waren dies „Assistentin der Geschäftsleitung", „Personalsachbearbeitung", „Firmengelände/Gebäude" und „Haustechnik". Insoweit wird berücksichtigt, dass der Arbeitnehmer sonst Gefahr liefe, dass der Antrag schon deshalb als unbegründet abgewiesen würde, weil der Arbeitgeberin innerhalb des arbeitsvertraglich festgelegten Rahmens ein Weisungsspielraum verbleibt.

c) Antrag bei ausgeübtem Direktionsrecht

21 Fraglich ist, ob sich der Arbeitnehmer bei dem **Entzug einer durch Direktionsrecht zugewiesenen Tätigkeit** darauf beschränken kann, die zuletzt zugewiesene Tätigkeit im Rahmen des Beschäftigungsanspruchs geltend zu machen. Zuweilen wird die Auffassung vertreten, der Arbeitnehmer könne bei im Arbeitsvertrag nur rahmenmäßig umschriebener Leistungspflicht nicht die zuletzt ausgeübte Tätigkeit durchsetzen. Denn ein bestimmter Beschäftigungsanspruch stehe dem Arbeitnehmer nicht mehr zu.[887] In diesem Falle müsste der Arbeitnehmer stets den oben stehenden Antrag formulieren. Nach der herrschenden Auffassung kann der Arbeitnehmer hingegen ohne weiteres die zuletzt ausgeübte Tätigkeit klageweise geltend machen. Wenn

884 BAG 15.6.2021 – 9 AZR 217/20, NZA 2021, 1625; LAG Rheinland-Pfalz 8.6.2006 – 6 Sa 853/05, BeckRS 2007, 40684; BAG 10.5.2005 – 9 AZR 230/04, NZA 2006, 155.

885 BAG 10.5.2005 – 9 AZR 230/04, NZA 2006, 155, wobei aufgrund der Aktenlage die jeweiligen Tätigkeiten eindeutig beschrieben waren.

886 BAG 15.6.2021 – 9 AZR 217/20, NZA 2021, 1625.

887 LAG Hamm 8.3.2005 – 19 Sa 2128/04, NZA-RR 2005, 462; LAG Nürnberg 10.9.2002 – 6 (4) Sa 66/01, LAGE BGB § 611 Direktionsrecht Nr. 29; Klose, jurisPR-ArbR 29/2005; vgl. auch BAG 24.1.2001 – 5 AZR 411/99, BeckRS 2010, 74727.

die Arbeitspflicht durch eine Weisung des Arbeitgebers in zulässiger Weise konkretisiert worden ist, kann sich der Arbeitnehmer darauf beschränken, diese Beschäftigungsvariante geltend zu machen. Denn diese bleibt als zuletzt ausgeübte Variante des Direktionsrechtes wirksam. Solange der Arbeitgeber nicht rechtswirksam von seinem Weisungsrecht erneut Gebrauch gemacht oder eine wirksame Freistellung von der Arbeit ausgesprochen hat, bleibt es bei der zugewiesenen Arbeitsaufgabe am bisherigen Ort.[888] Umgekehrt hindert aber auch ein Beschäftigungstitel die Arbeitgeberin aber nicht daran, dem Arbeitnehmer im Rahmen des Direktionsrechtes eine andere vertragsgemäße Beschäftigung zuzuweisen.[889]

d) Antrag gerichtet auf eine bestimmte Hierarchieebene

Zulässig ist es auch, bei mehreren in Betracht kommenden Beschäftigungsvarianten 22
die konkrete Ebene und die damit verbundenen Funktionen anzugeben und dem Arbeitgeber dann die Auswahl zu überlassen, wenn der Arbeitnehmer einen auf diese Führungsebene gerichteten Anspruch auf Beschäftigung hat.[890] Dies setzt aber voraus, dass die Beschäftigungsvarianten auf dieser Hierarchieebene unstreitig sind.

> **Die Beklagte wird verurteilt, den Kläger als Leiter einer Linienfunktion im Geschäftsbereich <Name> auf der Führungsebene 2 zu beschäftigen.**[891]

Auch hier stellt sich wiederum die Frage, ob sich der Arbeitnehmer bei dem Entzug 23
einer durch Direktionsrecht zugewiesenen Tätigkeit darauf beschränken kann, diese zuletzt zugewiesene Tätigkeit im Rahmen des Beschäftigungsanspruchs geltend zu machen, was aber zu bejahen ist, s. o. c).

e) Negativbeispiele

Zuweilen wird in der gerichtlichen Praxis nach wie vor die Beschäftigung zu unver- 24
änderten Arbeitsbedingungen geltend gemacht:

> *Die Beklagte wird verurteilt, den Kläger zu unveränderten Arbeitsbedingungen tatsächlich zu beschäftigen.*[892]

Dieser Antrag ist zu unbestimmt, weil sich die Art der Beschäftigung nicht mit der 25
erforderlichen Klarheit ergibt. Häufig werden die „unveränderten" Arbeitsbedingungen in einen Zusammenhang mit der Tätigkeit gestellt, also:

> *Die Beklagte wird verurteilt, den Kläger zu unveränderten Arbeitsbedingungen als Inventarisator zu beschäftigen.*[893]

888 So zutreffend der 10. Senat des BAG in ständiger Rechtsprechung: BAG 18.10.2017 – 10 AZR 330/16, NZA 2017, 1452; BAG 18.10.2017 – 10 AZR 47/17, NZA 2018, 162; BAG 18.10.2017 – 10 AZR 296/11, NZA 2017, 1452; BAG 25.8.2010 – 10 AZR 275/09, NZA 2010, 1355. Ebenso BAG 15.6.2021 – 9 AZR 217/20, NZA 2021, 1625 Rn. 40.

889 Vgl. unter Rn. 63 sowie BAG 15.6.2021 – 9 AZR 217/20, NZA 2021, 1625; BAG 5.2.2020 – 10 AZB 21/20, NZA 2020, 542; BAG 21.3.2018 – 10 AZR 560/16, NZA 2018, 1071; LAG Düsseldorf 9.8.2019 – 13 Ta 402/18 Rn. 9, BeckRS 2019, 25015.

890 LAG Baden-Württemberg 12.6.2006 – 4 Sa 68/05, AuA 2007, 122.

891 LAG Baden-Württemberg 12.6.2006 – 4 Sa 68/05, AuA 2007, 122.

892 BAG 21.12.2022 – 7 AZR 489/21, NZA 2023, 493; LAG Köln 24.10.1995 – 13 (5) Ta 245/95, NZA-RR 1996, 108.

893 So aber LAG München 23.11.2011 – 5 Sa 575/10, BeckRS 2013, 73704.

26 In dieser Kombination bleibt unklar, was der Hinweis auf die unveränderten Arbeitsbedingungen bedeuten soll. Da die konkrete Beschäftigung – insoweit zutreffend – angegeben worden ist, bedeutet der Hinweis auf die unveränderten Arbeitsbedingungen ein „mehr", das zur Unklarheit des Antrages führt. Denn letztlich bleibt offen, worin die unveränderten Arbeitsbedingungen bestehen sollen.

27 Ebenso ist folgender Antrag unzulässig:

> *Die Beklagte wird verurteilt, den Kläger auf einem zumutbaren Arbeitsplatz zu angemessenen Vertragsbedingungen zu beschäftigen.*[894]

Er ist zu unbestimmt. Was ein zumutbarer Arbeitsplatz zu angemessenen Bedingungen sein soll, wird das Geheimnis dieses Klägers bleiben.

f) Sonderfall „Leidensgerechte Beschäftigung" (Schwerbehinderung/Wiedereingliederung)

28 Einem Beschäftigungsantrag geht nicht immer eine vom Arbeitnehmer nicht akzeptierte Entscheidung des Arbeitgebers voraus. Auch der Arbeitnehmer kann ein Interesse an einer veränderten Beschäftigung haben. Bei kranken oder schwerbehinderten Menschen besteht oft das Bedürfnis, die Tätigkeit auf einem leidensgerechten Arbeitsplatz fortzusetzen.[895] Das Bundesarbeitsgericht anerkennt einen entsprechenden Anspruch auf eine anderweitige Beschäftigung unmittelbar kraft Gesetzes, so dass der Arbeitnehmer keinen Anspruch auf Vertragsänderung durchsetzen muss.[896] Insoweit gelten auch hier die beschriebenen Grundsätze der Konkretisierung der Tätigkeit. Gleichwohl wird oft versucht, global eine leidensgerechte Beschäftigung einzufordern:

> *Die Beklagte wird verurteilt, den Kläger an einem leidensgerechten Arbeitsplatz zu beschäftigen.*[897]

29 Der Kläger will die Suche nach dem leidensgerechten Arbeitsplatz dem Arbeitgeber überlassen. Dabei bleibt offen, wie der Arbeitnehmer genau beschäftigt werden soll. Der Begriff „leidensgerecht" ist nicht hinreichend bestimmt. Es bedarf der Konkretisierung im dargelegten Sinn. Dies gilt bei schwerbehinderten Menschen auch für folgenden Antrag:

> *Die Beklagte wird verurteilt, den Kläger gegebenenfalls nach entsprechender Vertragsänderung, vorbehaltlich der Zustimmung des Betriebsrats und gegebenenfalls nach Durchführung des Zustimmungsersetzungsverfahrens, in einem Arbeitsbereich einzusetzen, bei dem der Kläger leichte körperliche Tätigkeiten, bevorzugt im Sitzen, in geschlossenen und temperierten Räumen ausüben kann.*[898]

---

894 LAG Köln 30.9.2005 – 12 (10) Sa 394/05, juris.

895 Vgl. auch Kreutzberg-Kowalczyk RdA 2021, 65.

896 BAG 3.12.2019 – 9 AZR 78/19, NZA 2020, 578; BAG 16.5.2019 – 6 AZR 329/18, NZA 2019, 1198; BAG 10.5.2005 – 9 AZR 230/04, NZA 2006, 155. Der Arbeitnehmer muss also entgegen einer in der Literatur vertretenen Auffassung nicht zunächst eine Änderung seines Vertrages durchsetzen, vgl. etwa Boecken RdA 2012, 210.

897 BAG 3.12.2019 – 9 AZR 78/19, NZA 2020, 578; LAG Köln 27.10.2021 – 11 Sa 105/21, BeckRS 2021, 46899; LAG Schleswig-Holstein 7.6.2005 – 5 Sa 68/05, NZA-RR 2005, 514.

898 BAG 10.5.2005 – 9 AZR 230/04, NZA 2006, 155.

30 Der Kläger kann auch nicht einfach ein ärztliches Attest wiedergeben. Er muss die Art der Beschäftigung konkretisieren, also auf der Grundlage der unter Ziffer 1. dargestellten Antragsformulierungen.

31 Auch bei der Geltendmachung eines leidensgerechten Arbeitsplatzes ist zu beachten, dass dem Beschäftigungsanspruch aufgrund des **Direktionsrechtes** unterschiedliche leidensgerechte Beschäftigungsvarianten entsprechen können. Deshalb kann regelmäßig auch nicht einfach ein einzelner konkreter Arbeitsplatz angegeben werden.[899] Hier besteht die Gefahr, dass die konkret geltend gemachte Beschäftigung nicht vom Anspruch auf den leidensgerechten Arbeitsplatz gedeckt ist oder auch eine andere als die beantragte Beschäftigung dem Direktionsrecht entspricht. Deshalb muss auch hier zumindest die Art der begehrten Beschäftigung angegeben werden.

32 Zudem kann es sinnvoll sein, im Antrag mit **Beschäftigungsalternativen** zu arbeiten und darin **weitere konkrete Beschäftigungsmöglichkeiten** aufzuzeigen und dem Arbeitgeber die Auswahl der konkreten Beschäftigung zu überlassen, vgl. unter Rz. 17. Dies kommt insbesondere in Betracht, wenn sich der Arbeitnehmer nicht sicher ist, ob welche konkrete Beschäftigung als leidensgerecht anzusehen ist. Ein zulässiger Antrag könnte beispielsweise lauten:

Die Beklagte wird verurteilt, den Kläger als Verwaltungsangestellten im Bereich Einkauf mit den Tätigkeiten <Auflistung der vom AN für leidensgerecht gehaltenen Tätigkeiten >, alternativ als Sachbearbeiter <Name> mit den Tätigkeiten <konkrete Beschreibung der dort vorhandenen leidensgerechten Tätigkeiten>, zu beschäftigen.

33 Denkbar wäre es in diesem Zusammenhang auch, bestimmte Tätigkeiten, die nicht leidensgerecht sind, ausdrücklich als Beschäftigungsmöglichkeit auszuschließen.[900] Dies kommt zB in Betracht, wenn der Arbeitnehmer unter Beibehaltung seines bisherigen Arbeitsplatzes mit einigen Veränderungen leidensgerecht weiterbeschäftigt werden könnte.

34 Fehl am Platz ist in jedem Fall der Hinweis „gegebenenfalls nach entsprechender Vertragsänderung". Bei dieser Formulierung ist schon unklar, ob es sich um eine unzulässige alternative oder eine zulässige Eventualklagehäufung handelt.[901] Er ist auch nicht erforderlich, da sich der Anspruch des Arbeitnehmers nach der zutreffenden Rechtsprechung des BAG unmittelbar aus dem Gesetz ergibt. Eine Vertragsänderung ist gerade nicht erforderlich. Hinzu kommen Probleme bei der Zwangsvollstreckung. Denn diese könnte erst nach Rechtskraft der Vertragsänderung durchgesetzt werden.

35 Das BAG hat mit dem Hinweis auf die besonderen Umstände der **Wiedereingliederung** zudem folgenden Antrag für **zulässig** gehalten:

Die Beklagte wird verurteilt, dem Kläger im Rahmen der Maßnahme der stufenweisen Wiedereingliederung in das Erwerbsleben entsprechend der ärztlichen Empfehlung zur Wiedereingliederung vom <Datum> einen Arbeitsplatz zur Verfügung zu stellen und ihn zu beschäftigen.[902]

899 BAG 3.12.2019 – 9 AZR 78/19, NZA 2020, 578; LAG Köln 27.10.2021 – 11 Sa 105/21, BeckRS 2021, 46899.
900 Vgl. ArbG Düsseldorf 29.11.2011 – 2 Ca 963/11, BeckRS 2012, 66125.
901 Vgl. Kreutzberg-Kowalczyk RdA 2021, 137.
902 BAG 13.6.2006 – 9 AZR 229/05, NZA 2007, 91.

36 Denkbar wäre auch ein Anspruch auf einen Telearbeitsplatz, jedenfalls dann, wenn insoweit betriebliche Regelungen existieren. Denn der Arbeitgeber ist im Falle einer Schwerbehinderung ggf. auch zu einer Änderung seiner Arbeitsorganisation verpflichtet:

> **Die Beklagte wird verurteilt, es dem Kläger zu ermöglichen, seine Tätigkeit als <Beschreibung der Tätigkeit> am <Tag/Tage> von <Uhrzeit> bis <Uhrzeit> in seiner Wohnung <Bezeichnung Ort> gemäß den Richtlinien <Bezeichnung der Rechtsgrundlage Telearbeit> erbringen zu lassen.**[903]

37 Aus dem Wiedereingliederungsverhältnis können auch Entgeltansprüche geltend gemacht werden.[904]

g) Sonderfall Arbeitsunfähigkeit

38 Soweit Arbeitnehmer im Zeitpunkt der Klageerhebung oder im Zeitpunkt der letzten mündlichen Verhandlung arbeitsunfähig sind, stellt sich die Frage, ob und wie in dieser Situation eine Beschäftigung durchgesetzt werden kann. Zuweilen findet sich folgender Antrag:

> *Die Beklagte wird verurteilt, den Kläger nach dem Ende seiner Arbeitsunfähigkeit wieder in der Bäckerei der Beklagten in <Ort> als Bäcker zu beschäftigen.*

39 Dabei handelt es sich – soweit der Arbeitnehmer nicht konkret seine Wiedergenesung zu einem konkreten Zeitpunkt bezeichnen kann – um einen unzulässigen bedingten Klageantrag, vgl. → *Systematische Einleitung Rn. 107ff.* Soweit der Arbeitnehmer in dieser Situation den folgenden Beschäftigungsantrag stellt,

> **Die Beklagte wird verurteilt, den Kläger in der Bäckerei der Beklagten in <Ort> als Bäcker zu beschäftigen.**

ist dieser zwar nicht unzulässig, aber im Regelfall unbegründet, weil im Hinblick auf die bestehende Arbeitsunfähigkeit ein Beschäftigungshindernis besteht. Dieser Gedanke lässt sich ohnehin verallgemeinern. Eine Verurteilung zur Beschäftigung scheidet aus, wenn der Arbeitnehmer aus rechtlichen Gründen an der Erbringung der Arbeitsleistung gehindert ist.[905] Denkbar wäre, soweit der Arbeitgeber dem Arbeitnehmer während einer Phase der Arbeitsunfähigkeit eine andere Tätigkeit zuweist, aber eine Feststellungsklage, vgl → *Direktionsrecht*. Denn trotz der Arbeitsunfähigkeit bestünde ein Feststellungsinteresse.

h) Sonderfall Beteiligung Arbeitnehmervertretung

40 Soweit Arbeitnehmer etwa im Falle der Schwerbehinderung uU einen Anspruch auf eine anderweitige Beschäftigung haben, stellt sich – soweit vorhanden – die Frage der Beteiligung der Arbeitnehmervertretung. So muss der Betriebsrat zB einer Versetzung zustimmen. Liegt diese nicht vor, kommt auch eine Beschäftigung zu den geänderten leidensgerechten Bedingungen nicht in Betracht. Allerdings ist ein Arbeitge-

903 LAG Niedersachsen, 6.12.2010 – 12 Sa 860/10, BeckRS 2011, 68917.
904 BAG 24.9.14 – 5 AZR 611/12, NZA 2014, 1407.
905 BAG 9.4.2014 – 10 AZR 637/13, NZA 2014, 719; BAG 17.2.1998 – 9 AZR 130/97, NZA 1999, 100; LAG Rheinland-Pfalz 26.1.2011, 8 Sa 521/10; LAG Berlin-Brandenburg 29.10.2014 – 17 Sa 285/14, Beck RS 73623.

ber gegenüber schwerbehinderten Menschen grundsätzlich verpflichtet, das Zustimmungsersetzungsverfahren durchzuführen. Anders nur dann, wenn feststeht, dass die vom Betriebsrat geltend gemachten Zustimmungsverweigerungsgründe objektiv vorliegen und die Zustimmungsverweigerung rechtlich tragen.[906] Vor diesem Hintergrund lässt es das BAG zu, dass der Antrag dann, wenn sich die Arbeitgeberin auf diese Einwendung beruft, unter den Vorbehalt der Zustimmung des Betriebsrates gestellt wird:

Die Beklagte wird verurteilt, den Kläger – vorbehaltlich der Zustimmung des Betriebs/Personalrates – in der Bäckerei der Beklagten in <Ort> als Bäcker zu beschäftigen.[907]

Die Arbeitgeberin, die für eine Maßnahme der Zustimmung des Betriebsrats bedarf, **41**
ist davon genauso abhängig wie eine Prozesspartei, die für eine Handlung einer behördlichen Genehmigung bedarf. Wenn die Arbeitgeberin ihre Pflicht zur Einholung der Zustimmung leugnet, liegen auch die Voraussetzungen des § 259 ZPO vor. In einer weiteren Entscheidung[908] hat das BAG den entsprechenden Zusatz im Antrag als Begründungselement der Klage verstanden. Dies erscheint zutreffender, weil die Einschränkung auf einer Einwendung des Arbeitgebers beruht, die von ihm geltend zu machen ist.

Teilweise wird es auch für möglich gehalten,[909] den Arbeitgeber gleichzeitig zur Ein- **42**
holung der Zustimmung gegenüber der Personalvertretung zu verurteilen:

Die Beklagte wird verurteilt, beim Betriebs-/Personalrat die Zustimmung nach § 99 BetrVG einzuholen, einschließlich des Zustimmungsersetzungsverfahrens.

Dieser Antrag erscheint allerdings etwas weitreichend formuliert. Denkbar wäre **43**
auch eine Kombination aus Vertragsänderung und Zustimmungsersetzung.

Die Beklagte wird verurteilt, den Kläger gegebenenfalls nach entsprechender Vertragsänderung, vorbehaltlich der Zustimmung des BR und gegebenenfalls nach Durchführung des Zustimmungsersetzungsverfahrens als Verwaltungsangestellter, alternativ Sachbearbeiter zu beschäftigen.

Generell gilt: Soweit im Antrag auf eine erforderliche Änderung des Arbeitsvertrages **44**
oder ähnliches verwiesen wird, handelt es sich um Begründungselemente der Klage.[910]

i) Feststellungsanträge

Soweit ein Streit um die Reichweite der Beschäftigung besteht, kommt auch eine **45**
Feststellungsklage in Betracht. Geht es um die Reichweite des Direktionsrechtes, kann der Arbeitnehmer eine **Feststellungsklage** gerichtet auf die Feststellung der

906 BAG 3.12.2002 – 9 AZR 481/01, NZA 2003, 1215; auch Kreutzberg-Kowalczyk RdA 2021, 65.

907 BAG 3.12.2002 – 9 AZR 481/01, NZA 2003, 1215; LAG Rheinland-Pfalz 8.6.2006 – 6 Sa 853/05, BeckRS 2007, 40684. Vgl. auch Geißinger ZAP 2020, 151.

908 BAG 10.5.2005 – 9 AZR 230/04, NZA 2006, 155.

909 LAG Hamm 17.5.2001 – 8 (6) Sa 30/01, BeckRS 2001, 31010821.

910 BAG 10.5.2005 – 9 AZR 230/04 NZA 2006, 155.

Rechtswidrigkeit der Weisung erheben → *Direktionsrecht* Rn. 7. Geht es um die Freistellung von der Arbeit ist die Feststellungsklage möglich, wenn es um eine Befreiung zu einem bestimmten Zweck oder aus einem bestimmten Anlass geht → *Freistellung von der Arbeitsleistung* Rn. 7.

2. Der Weiterbeschäftigungsantrag

a) Überblick

46 Nach dem Ablauf der Kündigungsfrist oder dem Ablauf einer Befristung entsteht ein Schwebezustand, wenn der Arbeitnehmer diese gerichtlich überprüfen lässt. In dieser Situation kann der Arbeitnehmer im gekündigten Arbeitsverhältnis bei Vorliegen der Tatbestandvoraussetzungen zunächst den speziellen Weiterbeschäftigungsanspruch nach **§ 102 Abs. 5 S. 1 BetrVG** geltend machen. Im Falle des § 102 Abs. 5 BetrVG muss der Arbeitgeber den Arbeitnehmer bis zum rechtskräftigen Abschluss des Kündigungsrechtsstreits zu unveränderten Arbeitsbedingungen weiterbeschäftigen. Während der Dauer der Weiterbeschäftigung besteht das ursprüngliche Arbeitsverhältnis auflösend bedingt fort. Daneben anerkennt das BAG einen **allgemeinen Weiterbeschäftigungsanspruch,** wenn die Kündigung entweder offensichtlich unwirksam ist[911] oder aber der Arbeitnehmer ein besonderes Interesse an der tatsächlichen Beschäftigung darlegen kann.[912] Bei dem Antrag nach § 102 Abs. 5 BetrVG und dem allgemeinen Weiterbeschäftigungsantrag handelt es sich um **unterschiedliche Streitgegenstände.** Sie können aber inhaltlich gleich formuliert werden. Allerdings muss der Arbeitnehmer darlegen, aus welchem Sachverhalt er die Weiterbeschäftigung herleiten möchte. Ob beide Ansprüche nebeneinander geltend gemacht werden können oder in ein Verhältnis von Haupt- und Hilfsantrag gestellt werden müssen, ist bislang ungeklärt. In jedem Fall ist es unerlässlich, dem Gericht eine **Prüfungsreihenfolge** vorzugeben. Ansonsten ist der Antrag bereits unzulässig → *Systematische Einleitung A I Rn. 119.*

47 Der Antrag auf vorläufige Weiterbeschäftigung während eines Kündigungsschutzverfahrens ist regelmäßig ein **unechter Hilfsantrag** für den Fall des Obsiegens mit dem Bestandsschutzantrag. Das gilt auch dann, wenn die Formulierung des Antrags seinen Hilfscharakter nicht unmittelbar zu erkennen gibt.[913]

48 Soweit der Arbeitnehmer den Weiterbeschäftigungsantrag **über den rechtskräftigen Abschluss des Rechtsstreits hinaus** geltend machen möchte, kann dieser nach § 259 ZPO nur dann zulässig sein, wenn der Arbeitgeber zu erkennen gibt, er werde den Arbeitnehmer auch dann nicht vertragsgemäß beschäftigen, wenn die Unwirksamkeit sämtlicher streitbefangener Kündigungen rechtskräftig festgestellt ist. Es reicht deshalb nach Auffassung des BAG nicht aus, wenn der Arbeitgeber nur eine Vielzahl von Kündigungen ausgesprochen hat.[914]

49 Eine Sondersituation liegt vor, wenn der Arbeitgeber gegenüber dem Arbeitnehmer zunächst eine Versetzung ausgesprochen hat und der Arbeitnehmer diese mit dem Antrag auf Beschäftigung zu den bisherigen Bedingungen angegriffen hat, → *Direktionsrecht.* Spricht der Arbeitgeber dann eine Kündigung aus, stellt sich die Frage, wie

911 BAG (Großer Senat) 27.2.1985 – GS 1/84, AP BGB § 611 Beschäftigungspflicht Nr. 14.
912 BAG 8.4.1988 – 2 AZR 777/87, NZA 1988, 741.
913 BAG 22.7.2021 – 2 AZR 6/21, NZA 2021, 1405 Rn 45; BAG 7.5.2020 – 2 AZR 692/19, NZA 2021, 225 Rn. 62; BAG 20.11.2014 – 2 AZR 512/13, NZA 2015, 679 Rn. 56; BAG 31.7.2014 – 2 AZR 434/13, NZA 2015, 358 Rn. 55; vgl. auch Niemann, NZA 2019, 65.
914 21.12.2022 – 7 AZR 489/21, NZA 2023, 493; BAG 24.5.2018 – 2 AZR 67/18, NZA 2018, 1127.

sich der – alte – Antrag auf Beschäftigung zum in Betracht kommenden Weiterbeschäftigungsantrag verhält. Denkbar wäre, dass es sich um den identischen Anspruch handelt, so dass eine doppelte Rechtshängigkeit bestünde. Indes dürfte es sich um verschiedene Streitgegenstände handeln, so dass beide Anträge nebeneinander verfolgt werden können.

b) Anträge

Auch der Weiterbeschäftigungsantrag muss die durchzusetzende Tätigkeit eindeutig 50
bezeichnen.[915] Insoweit kann auf die dargestellten Anforderungen zur Konkretisierung der Beschäftigung selbst verwiesen werden. Allerdings wird im Rahmen der Weiterbeschäftigung häufig nicht das „Wie", sondern nur das „Ob" streitig sein, so dass die Nennung der Berufsbezeichnung oder Tätigkeitsbezeichnung ausreicht. Erforderlich ist darüber hinaus, den Klageantrag in **zeitlicher Hinsicht zu beschränken.** Denn die Reichweite des Weiterbeschäftigungsanspruchs ist zeitlich durch den Eintritt der Rechtskraft im Kündigungsschutzverfahren beschränkt. Nach Rechtskraft kann es dann zwar wieder einen Beschäftigungsanspruch geben, der ist aber vom Weiterbeschäftigungsanspruch zu unterscheiden.[916]

Möglich ist bei **eindeutiger Berufsbezeichnung** folgender Antrag: 51

Die Beklagte wird verurteilt, den Kläger bis zum rechtskräftigen Abschluss des Kündigungsschutzverfahrens in der Bäckerei der Beklagten als Bäcker weiterzubeschäftigen.

Ergänzende Angaben sind erforderlich, wenn das Berufsbild nicht eindeutig oder die 52
Arbeitsbedingungen streitig sind. In diesem Fall sollte eine Tätigkeitsbeschreibung als Anlage beigefügt werden.

Die Beklagte wird verurteilt, den Kläger bis zum rechtskräftigen Abschluss des Kündigungsschutzverfahrens in der technischen Infrastruktur der Niederlassung <Name> mit Sitz in <Ort> als Supporttechniker mit Tätigkeiten gemäß Tätigkeitsbeschreibung vom <Datum> weiterzubeschäftigen.

Stehen die mit der Berufsbezeichnung verbundenen Tätigkeiten nicht fest, sind diese 53
im Antrag zu formulieren:

Die Beklagte wird verurteilt, den Kläger bis zum rechtskräftigen Abschluss des Kündigungsschutzverfahrens in der technischen Infrastruktur der Niederlassung <Name> mit Sitz in <Ort> als Supporttechniker mit folgenden Tätigkeiten <Auflistung der Tätigkeiten> weiterzubeschäftigen.

Der **allgemeine Weiterbeschäftigungsantrag** sollte im Rahmen eines anhängigen 54
Kündigungsschutzverfahrens aus Kostengründen als **uneigentlicher Hilfsantrag** für den Fall des Obsiegens mit dem Feststellungsantrag gestellt werden.[917] Dies ist unerlässlich, soweit der Kläger **Prozesskostenhilfe** beantragt hat.

915 BAG 17.3.2015 – 9 AZR 702/13, NZA 2016, 124; BAG 30.8.2011 – 2 AZR 668/10, BeckRS 2014, 72791; BAG 15.4.2009 – 3 AZB 93/08, NZA 2009, 917.

916 LAG Köln 14.8.2006 – 14 Sa 146/06, BB 2007, 336.

917 BAG 14.12.2023 – 2 AZR 55/23, Beck RS 2023, 2029590; BAG 5.4.2023 – 7 AZR 224/22, ZTR 2023, 590; BAG 30.8.2011 – 2 AZR 668/10, BeckRS 2014, 72792.

> **Die Beklagte wird für den Fall des Obsiegens mit dem Antrag zu <Angabe des Kündigungsschutzantrags> verurteilt, den Kläger in der Bäckerei der Beklagten als Bäcker bis zum rechtskräftigen Abschluss des Kündigungsschutzverfahrens weiterzubeschäftigen.**

55 **Unzulässig** wäre hingegen folgender Antrag:

> *Die Beklagte wird verurteilt, den Kläger zu unveränderten Arbeitsbedingungen bis zum rechtskräftigen Abschluss des Kündigungsschutzverfahrens weiterzubeschäftigen.*[918]

56 Dieser Antrag ist zu unbestimmt, weil sich die Art der Beschäftigung nicht mit der erforderlichen Klarheit ergibt. Der Begriff der „unveränderten" Arbeitsbedingungen ist nicht trennscharf. Der Begriff vermengt zudem die Beschäftigung mit anderen Vertragsbedingungen. Damit ist unklar, ob auch ein Zahlungsantrag geltend gemacht werden soll → *zukünftige Leistung*. Zwar wird hier auf der Grundlage des Gesetzeswortlautes zuweilen vertreten, dass es ausreicht, die Weiterbeschäftigung zu unveränderten Arbeitsbedingungen geltend zu machen,[919] dabei wird jedoch übersehen, dass das Erfordernis eines bestimmten Klageantrags insbesondere für die spätere Zwangsvollstreckung unerlässlich ist.[920] In der Praxis wird im Rahmen des § 102 Abs. 5 BetrVG meist noch der Zusatz eingefügt, den Kläger „zu unveränderten Arbeitsbedingungen" als „konkrete Tätigkeit" weiterzubeschäftigen. Auch diese führt jedoch zur Unklarheit.

57 In dieser Situation hilft auch der Verweis auf einen Arbeitsvertrag nicht weiter:

> *Die Beklagte wird verurteilt, den Kläger zu unveränderten Arbeitsbedingungen bis zum rechtskräftigen Abschluss des Kündigungsschutzverfahrens zu den Bedingungen des Arbeitsvertrages vom <Datum> weiterzubeschäftigen.*[921]

> *Die Beklagte wird verurteilt, den Kläger zu den bisherigen vertraglichen Bedingungen bis zum rechtskräftigen Abschluss des Kündigungsschutzverfahrens weiterzubeschäftigen.*[922]

58 Denn mit dem Hinweis auf den Arbeitsvertrag sind eine Vielzahl von möglichen Arbeitsbedingungen sowie weiteren Regelungen verbunden, die zur Unzulässigkeit des Antrags führen.

59 Ebenso wenig kann die Beschäftigung auch hier nicht in Zusammenhang mit der Beschäftigung zu unveränderten Arbeitsbedingungen gestellt werden. Gegenüber der tatsächlichen Beschäftigung wird jedenfalls ein „mehr" geltend gemacht, das aber im Unklaren bleibt.

---

918 BAG 27.5.2015 – 5 AZR 88/14, NZA 2015, 1053; LAG Niedersachsen 12.3.2018 – 15 Sa 319/17, NZA-RR 2018, 421; LAG Düsseldorf 16.6.2017 – 3 Sa 862/16, BeckRS 2017, 118307. Vgl. aber auch BAG v. 14.12.2023 – 2 AZR 55/23, Beck RS 2023, 2029590.

919 So Klebe/Schumann S. 349.

920 BAG 14.4.2009 – 3 AZB 93/08, NZA 2009, 917; Ulrich, Das Weiterbeschäftigungsverhältnis, S. 143.

921 BAG 27.5.2015 – 5 AZR 88/14, NZA 2015, 1053.

922 BAG 5.4.2023 – 7 AZR 224/22, ZTR 2023, 590.

> *Die Beklagte wird verurteilt, den Kläger Arbeitsbedingungen bis zum rechtskräftigen Abschluss des Kündigungsschutzverfahrens zu unveränderten Arbeitsbedingungen als Inventarisator weiter zu beschäftigen.*[923]

Eine Kumulation der zur Unzulässigkeit des Antrags führenden Merkmale enthält 60
folgender Antrag:

> *Die Beklagte wird verurteilt, den Kläger bis zum rechtskräftigen Abschluss des Kündigungsschutzverfahren zu unveränderten Arbeitsbedingungen gemäß Arbeitsvertrag als Angestellten weiter zu beschäftigen.*[924]

Neben den bereits zuvor genannten Bedenken fehlt es hier zudem an der Konkretisierung der Tätigkeit.

Gleichfalls unzulässig ist die häufig anzutreffende Variante, den Weiterbeschäfti- 61
gungsantrag zeitlich nicht zu begrenzen.

> *Die Beklagte wird verurteilt, den Kläger als Bäcker weiterzubeschäftigen.*

Auch folgender Antrag geht fehl: 62

> *Die Beklagte wird für den Fall des Obsiegens mit dem Antrag zu <Angabe des Kündigungsschutzantrags> verurteilt, den Kläger zu folgenden Arbeitsbedingungen weiterzubeschäftigen:*
> - *Vertragsparteien sind die Parteien des Rechtsstreits*
> - *Der Arbeitsort erstreckt sich auf einen Umkreis von ca. 80 km um den Wohnsitz des Klägers*
> - *Die Tätigkeit erstreckt sich auf den im Außendienst zu erbringenden Vertrieb der von der Beklagten vertriebenen Produkte, die zum Verkaufsprogramm gehören*
> - *Die Höhe des Bruttogehaltes orientiert sich im Sinne des § 612 Abs. 2 BGB an die für die Tätigkeit üblich zu leistende Vergütung.*[925]

Der Antrag ist in jeder Hinsicht unbestimmt. Der Kläger versucht hier den Rechts- 63
streit um die Reichweite des Direktionsrechtes in den Weiterbeschäftigungsantrag zu verlagern. Bei diesem geht es aber nur um die tatsächliche Beschäftigung. **Ergänzende Angaben** wie **Gehalt** oder sonstige Konditionen sind verfehlt, s. o. Zudem sind sie hier auch noch fernab jeder Bestimmtheit formuliert.

Zuweilen werden Weiterbeschäftigungsanträge in den Schriftsätzen folgendermaßen 64
eingeleitet: „Sollte die beklagte Partei im Gütetermin nicht zu Protokoll des Gerichts erklären, dass sie die klägerische Partei weiterbeschäftigen wird, sofern ein der Klage stattgebendes Urteil ergeht, stellen wir folgenden weiteren Antrag". Schwierig zu beurteilen ist, wie diese Einleitung ausgelegt werden muss. Denkbar wäre, dass es sich nicht um eine bloße Absichtserklärung, sondern eine weitere innerprozessuale Bedingung handelt. In diesem Falle wäre der Weiterbeschäftigungsantrag mangels hin-

923 So aber LAG München 23.11.2011 – 5 Sa 575/10, BeckRS 2013, 73704; wohl auch BAG 24.5.2018 – 2 AZR 67/18, NZA 2018, 1127.

924 So aber LAG Köln 17.1.2012 – 12 Sa 1502/10, Beck RS 2012, 68076; dagegen zutreffend BAG 27.5.2015 – 5 AZR 88/14, NZA 2015, 1053.

925 LAG Hamm v. 7.6.2017 – 14 Sa 936/14, BeckRS 2017, 123749.

reichender Bestimmtheit unzulässig. Richtigerweise sollte diese Erklärung dahingehend ausgelegt werden, dass es sich um eine reine Absichtserklärung handelt und eine förmliche Antragstellung erst noch erfolgen soll.[926]

c) Entbindung von der Weiterbeschäftigung

65 Soweit der Arbeitgeber auf der Grundlage des § 102 Abs. 5 S. 2 BetrVG im Einzelfall die **Entbindung von der Verpflichtung zur Weiterbeschäftigung** geltend machen kann, lautet der Antrag:

> **Die Verfügungsbeklagte wird von der Verpflichtung zur Weiterbeschäftigung des Verfügungsklägers entbunden.**

Dieser Antrag ist im einstweiligen Verfügungsverfahren geltend zu machen.[927]

66 Überflüssig ist, es, weitere Voraussetzungen in den Antrag aufzunehmen.

> *Die Beklagte im Wege der einstweiligen Verfügung von der Verpflichtung, den Verfügungsbeklagten gemäß § 102 Abs. 5 Satz 1 BetrVG aufgrund des Widerspruchs des Betriebsrats vom <Datum> bis zum rechtskräftigen Abschluss des Kündigungsschutzverfahrens weiter zu beschäftigen, zu entbinden.*[928]

67 Bei einem allgemeinen Beschäftigungsanspruch kann zudem ein Antrag auf → *Entschädigung* nach § 61 Abs. 2 ArbGG in Betracht kommen.

3. Besonderheiten Versetzung

68 Bei einem Streit über eine Versetzung stellt sich typischerweise die Frage, ob die dem Arbeitnehmer zugewiesene Beschäftigung vom Direktionsrecht gedeckt ist. Vgl. dazu schon oben 1. c). Hinsichtlich der Anträge kommen dann neben den bisher dargestellten Anträgen auf die vertragsgemäße tatsächliche Beschäftigung auch positive oder negative **Feststellungsklagen** in Betracht. Diese können nach der h. M. mit dem Anspruch auf vertragsgerechte Beschäftigung **kumulativ geltend gemacht werden.**[929] Bei der Prüfung des Beschäftigungsanspruchs ist die Wirksamkeit der Ausübung des Direktionsrechtes als Vorfrage zu beurteilen.[930] Vgl. umfassend → *Direktionsrecht.*

4. Einstweilige Verfügung

a) Beschäftigung

69 Der **Beschäftigungsanspruch** lässt sich auch im Wege der einstweiligen Verfügung geltend machen. Allerdings ist die **Erfolgsaussicht gering,** weil es sich um eine Leistungsverfügung handelt, bei der im Rahmen der Prüfung des **Verfügungsgrundes** besonders strenge Anforderungen zu stellen sind. Nach zutreffender hM bedarf es

926 So zutreffend LAG Baden-Württemberg, 22.3.2011 – 5 Ta 1/11, NZA-RR 2011, 381.
927 Vgl. auch Schmeisser NZA 2016, 169; LAG Hessen 5.3.2018 – 16 SaGa 127/18, BeckRS 2018, 9394.
928 Vgl. aber LAG Berlin-Brandenburg 12.1.2023 – 26 SaGa 1111/22, BeckRS 20123 12479.
929 Unklar BAG 25.8.2010 – 10 AZR 275/09, NZA 2010, 1355, da es von zwei Möglichkeiten spricht, ohne das Verhältnis zu klären; LAG München 1.12.2004 – 5 Sa 913/04, NZA-RR 2005, 354. BAG 13.6.2012 – 10 AZR 296/11, NZA 2012, 1154, lässt beide Anträge ohne weiteres nebeneinander zu. Dies ist indes nicht unproblematisch.
930 BAG 18.10.2017 – 10 AZR 47/17, NZA 2018, 162.

einer besonderen Dringlichkeitssituation. Erforderlich ist, dass der Arbeitnehmer glaubhaft macht, auf die sofortige Erfüllung des Beschäftigungsanspruchs dringend angewiesen zu sein. Der Arbeitnehmer muss über die bloße, durch seine Nichtbeschäftigung verursachte Rechtsbeeinträchtigung hinaus ein ernsthaftes Bedürfnis an einer gerichtlichen Eilentscheidung glaubhaft machen.[931] In Betracht kommt die einstweilige Verfügung damit jedenfalls für Berufsgruppen, bei denen die tatsächliche Beschäftigung zwingend für den Erhalt der Qualifikation ist, zB bei operierenden Ärzten, idR hingegen nicht bei Außendienstmitarbeitern.[932] Geht es nur um den Erwerb einer Qualifikation, etwa im Ausbildungsverhältnis, dürfte die einstweilige Verfügung gleichfalls regelmäßig ausscheiden. Andererseits

> **Der Verfügungsbeklagten wird aufgegeben, den Verfügungskläger bis zu einer erstinstanzlichen Entscheidung in der Hauptsache als <Beschäftigungsbezeichnung> in <Ort> mit den Tätigkeiten <konkrete Beschreibung> zu beschäftigen.**

Darüber hinaus kommt im Rahmen einer Versetzung aber auch eine Regelungsverfügung in Betracht. Gemäß § 940 ZPO sind einstweilige Verfügungen zum Zweck der Regelung eines einstweiligen Zustandes in Bezug auf ein streitiges Rechtsverhältnis zulässig, sofern diese Regelung zur Abwendung wesentlicher Nachteile oder zur Verhinderung drohender Gewalt oder aus anderen Gründen nötig erscheint. Denkbar wäre es deshalb, einer Arbeitgeberin im Rahmen einer Regelungsverfügung aufzugeben, den Kläger vorläufig nicht mit den neu zugewiesenen Tätigkeiten oder am neuen Arbeitsort einzusetzen, → *Direktionsrecht.* 70

b) Weiterbeschäftigung

Auch der **Weiterbeschäftigungsanspruch** kann im Wege der einstweiligen Verfügung verfolgt werden, allerdings mit unterschiedlichen Erfolgsaussichten. Der allgemeine Weiterbeschäftigungsanspruch wird nur im Ausnahmefall mit einer einstweiligen Verfügung durchsetzbar sein. Vor einem erstinstanzlichen der Kündigung stattgebenden Urteil ist erforderlich, dass die Kündigung offensichtlich unwirksam ist und das Beschäftigungsinteresse des Arbeitnehmers die Interessen des Arbeitgebers überwiegt.[933] Dies wird sich nur selten annehmen lassen. Demgegenüber wird im Rahmen des § 102 Abs. 5 BetrVG die Auffassung vertreten, dass sich der Anspruch regelmäßig im Wege der einstweiligen Verfügung durchsetzen ließe. Der Verfügungsanspruch ergebe sich ohne weiteres aus dem Sicherungsinteresse.[934] Andere sehen nicht, dass der Gesetzgeber die allgemeinen Grundsätze des Verfügungsverfahrens außer Kraft setzen wollte.[935] 71

931 So zutreffend auch Kliemt/Reinhard NZA 2005, 547.

932 LAG Rheinland-Pfalz 6.5.2021 – 2 SaGa 1/21, BeckRS 2021, 38737; LAG Baden-Württemberg 27.5.2021 – 3 SaGa 1/21 Rn. 18, BeckRS 2021, 52504; LAG Hessen 15.12.2017 – 10 SaGa 1508/17, Beck RS 2017, 159871; LAG Düsseldorf 1.6.2005 – 12 Sa 352/05, MDR 2005, 1419; LAG Köln 13.5.2005 – 4 Sa 400/05, AE 2006, 24; LAG Berlin 4.1.2005 – 17 Sa 2664/04, BeckRS 2005, 31050156; LAG Düsseldorf 3.12.2003, NZA-RR 2004, 181; LAG Hamm 18.2.1998 – 3 Sa 297/98, NZA-RR, 1998, 422; GK-ArbGG/Vossen § 62 Rn. 64, 69a; Ostrowicz/Künzl/Schäfer Rn. 457. A. A. LAG Hamburg 23.8.2017 – 5 SaGa 2/17, BeckRS 2017, 142045; teilweise wird differenziert: LAG Hamm 5.2.2021 – 12 SaGa 1/21, ZTR 2021, 485.

933 LAG Rheinland-Pfalz 24.7.2014 – 3 SaGa 2/14, BeckRS 2014, 73117; LAG Köln 22.1.2014 – 11 SaGa 10/13, BeckRS 2014, 69767.

934 LAG Sachsen 1.8.2014 – 2 SaGa 10/14, BeckRS 2014, 72230; LAG Hamburg 21.5.2008 – 4 SaGa 2/08, BeckRS 2011, 66752; Hanau BB 1972, 455.

935 Baur ZTR 1989, 375 ff.

> **Der Verfügungsbeklagten wird aufgegeben, den Verfügungskläger bis zur erstinstanzlichen Entscheidung über das Kündigungsschutzverfahren <Az.:> als <Beschäftigungsbezeichnung> mit den Tätigkeiten <konkrete Beschreibung> weiter zu beschäftigen.**

72 In jedem Fall darf der Kläger seinen Verfügungsgrund nicht durch eine widersprüchliche Antragstellung widerlegen.

> *Der Verfügungsbeklagten wird aufgegeben, den Kläger bis zum rechtskräftigen Abschluss des Kündigungsschutzverfahrens als Bäcker zu beschäftigen.*
>
> *Hilfsweise*
>
> *Der Verfügungsbeklagten wird aufgegeben, den Kläger bis zum rechtskräftigen Abschluss des Kündigungsschutzverfahrens unwiderruflich freizustellen.*[936]

5. Zwangsvollstreckung

73 Die Zwangsvollstreckung eines Antrages auf Beschäftigung oder Weiterbeschäftigung richtet sich nach § 888 ZPO. Es handelt sich um eine unvertretbare Handlung.[937] Deshalb ist die Verhängung eines Zwangsgeldes zu beantragen, Da sich § 888 ZPO auf die Vornahme einer Handlung richtet, ist auch bei mehreren Verletzungshandlungen nur ein einheitlicher Betrag festzusetzen. Kommt der Schuldner seiner Verpflichtung auch nach einem Zwangsgeld nicht nach, kann erneut die Verhängung eines Zwangsgeldes beantragt werden.[938] Zur Abwendung der Zwangsvollstreckung muss die Arbeitgeberin dem Arbeitnehmer einen funktionsfähigen Arbeitsplatz zur Verfügung stellen und ihm die mit dem Arbeitsplatz verbundenen Aufgaben übertragen.[939] Der Beschäftigungstitel hindert die Arbeitgeberin aber nicht daran, dem Arbeitnehmer im Rahmen des Direktionsrechtes eine andere vertragsgemäße Beschäftigung zuzuweisen.[940] Die Zuweisung einer neuen Beschäftigung, die vom Willen des Schuldners abhängt, führt allerdings nicht zur Unmöglichkeit der Beschäftigung.[941] Anders ist dies nur dann, wenn die fehlende Beschäftigungsmöglichkeit nicht vom Willen des Schuldners abhängig ist und unstreitig ist.[942] Ist dies der Fall, kann auf Grundlage des vorhandenen Titels allerdings eine andere – wenn auch vertragsgemäße Beschäftigung – nicht durchgesetzt werden. Etwas anderes könnte allenfalls gelten, wenn der Titel selbst bestimmt, welche andere Art der vertragsgemäßen Beschäftigung der Vollstreckungsgläubiger anstelle der ausdrücklich titulierten Tätigkeit verlangen kann.

74 Wird ein Unterlassungsantrag formuliert, richtet sich die Vollstreckung nach § 890 ZPO. Zwangsmittel sind Ordnungsgeld oder Ordnungshaft. Vgl. zu den Einzelheiten der Vollstreckung: → *Teil E. Zwangsvollstreckung Rn. 14.*

936 LAG Rheinland-Pfalz 26.2.2015 – 5 SaGa 7/14, BeckRS 2015, 67337.
937 BAG 28.2.2023 – 8 AZB 17/22 Rn. 12, NZA 2023, 590; BAG 5.2.2020 – 10 AZB 31/19, NZA 2020, 542.
938 LAG Hessen 20.2.2013 – 12 Ta 478/12, BeckRS 203, 67361; vgl. auch LAG Baden-Württemberg 19.9.2013 – 13 Ta 15/13, BeckRS 2013, 199768.
939 BAG 13.6.2006 – 9 AZR 229/05, NZA 2007, 91.
940 BAG 5.2.2020 – 10 AZB 21/20, NZA 2020, 542; BAG 21.3.2018 – 10 AZR 560/16, NZA 2018, 1071; LAG Düsseldorf 9.8.2019 – 13 Ta 402/18 Rn. 9, BeckRS 2019, 25015.
941 BAG 28.2.2023 – 8 AZB 17/22 Rn. 17, NZA 2023, 590; BAG 5.2.2020 – 10 AZB 31/19, NZA 2020, 542.
942 BAG 5.2.2020 – 10 AZB 21/20, NZA 2020, 542; BAG 5.2.2020 – 10 AZB 31/19, NZA 2020, 542; LAG Düsseldorf 9.8.2019 – 13 Ta 402/18 Rn. 9, BeckRS 2019, 25015.

Beschäftigungsverbot

Das Beschäftigungsverbot spielt in Arbeitsgerichtsverfahren regelmäßig allein als **Vorfrage** eine Rolle, etwa ob Vergütung wegen → *Annahmeverzug* bei einem behördlichen Beschäftigungsverbot geschuldet wird oder bei einer schwangeren Mitarbeiterin mit Blick auf Beschäftigungsverbote nach §§ 3ff. MuSchG zu zahlen ist.[943] Beschäftigungsverbote können darüber hinaus selbstverständlich bei Klagen auf → *Beschäftigung* Folgen haben; ggf. auch erst im Rahmen der Vollstreckung. Zudem kommt es mitunter vor, dass eine Arbeitnehmerin begehrt, der Arbeitgeberin solle untersagt werden, sie mit bestimmten Tätigkeiten zu beschäftigen, etwa während der Stillzeit.[944] Inhaltlich handelt es sich um einen Antrag auf → *Unterlassung.*

Beschwerde

→ *Rechtsmittelverfahren*

Betriebliche Altersversorgung

Betriebliche Altersversorgung (bAV) liegt vor, wenn die im Betriebsrentengesetz 1
(BetrAVG) abschließend aufgezählten Voraussetzungen erfüllt sind: Die Zusage muss einem **Versorgungszweck** dienen, die Leistungspflicht nach dem Inhalt der Zusage durch ein im Gesetz genanntes **biologisches Ereignis** (Alter, Invalidität oder Tod) ausgelöst werden, und es muss sich um die Zusage eines Arbeitgebers **aus Anlass eines Arbeitsverhältnisses** handeln.[945] Die Leistungen der bAV sind – auch im Falle der Hinterbliebenenversorgung – in erster Linie Lohn des berechtigten Arbeitnehmers, den er als Gegenleistung für die im Arbeitsverhältnis erbrachte Betriebstreue erhält.[946] Ansprüche aus bAV sind daher grundsätzlich wie → *Vergütung* mit bezifferter Leistungsklage geltend zu machen. Häufig ist der Streit zwischen den Parteien grundsätzlicher Natur, so dass es sinnvoll sein kann, nicht nur Zahlung für vergangene Zeiträume einzuklagen, sondern auch **künftige Leistungen** geltend zu machen. Hier ist im Rahmen der bAV eine Besonderheit zu beachten. Die Zulässigkeit richtet sich nach § 258 ZPO. Es handelt sich bei Ruhegeldansprüchen grundsätzlich um eine Verpflichtung, die nicht von einer Gegenleistung, sondern nur vom Zeitablauf abhängig ist.[947] Die Voraussetzung des § 259 ZPO – die Besorgnis, dass der Schuldner sich der rechtzeitigen Leistung entziehen werde – muss nicht dargetan sein.[948] Für eine Klage gemäß § 258 ZPO wird ferner kein besonderes Rechtsschutzinteresse verlangt. Auch unstreitige Ansprüche oder Teile hiervon können als künftige Leistung eingeklagt werden.[949] Bei der Antragsformulierung ist zu beachten, dass Verzugszinsen keine Leistungen iSv § 258 ZPO, sondern Sekundäransprüche sind, deren Entstehung ungewiss ist, so dass sie nicht für die Zukunft eingeklagt werden können.[950] Entspre-

943 Dazu etwa BAG 21.10.2015 – 5 AZR 843/14, AP BGB § 615 Nr. 144.
944 Vgl. etwa LAG Baden-Württemberg 10.8.2021 – 11 SaGa 1/21, BeckRS 2021, 46353.
945 St. Rspr. vgl. BAG 25.4.2017 – 3 AZR 668/15 – Rn. 19, AP BetrAVG § 1 Auslegung Nr. 59; 28.10.2008 – 3 AZR 317/07 – Rn. 21, BeckRS 2009, 58464; Blomeyer/Rolfs/Otto/Rolfs BetrAVG § 1 Rn. 5.
946 BAG 11.12.2007 – 3 AZR 249/06 – Rn. 28 mwN, NZA 2008, 532, 535.
947 BAG 4.8.2015 – 3 AZR 137/13 – Rn. 19 mwN, NZA 2015, 1447; 10.12.1971 – 3 AZR 190/71, AP BGB § 242 Ruhegehalt Nr. 154.
948 BAG 14.3.2023 – 3 AZR 175/22 – Rn. 13, NZA 2023, 655; 14.7.2015 – 3 AZR 594/13 – Rn. 12, BeckRS 2015, 72447.
949 BAG 14.3.2023 – 3 AZR 175/22 – Rn. 14ff., NZA 2023, 655; zur Möglichkeit des sofortigen Anerkenntnisses sowie zur Aufforderung durch den Betriebsrentner zur außergerichtlichen Titulierung vgl. Diller ArbRAktuell 2023, 301.
950 BAG 22.10.2019 – 3 AZR 429/18 – Rn. 38 mwN, BAGE 168, 150 = AP BetrAVG § 1 Ablösung Nr. 81.

chendes gilt für die Feststellung einer Verpflichtung zur Zahlung von Zinsen.[951] Ein auf zukünftige Leistungen gerichteter Klageantrag muss nicht nachträglich (teilweise) auf die Zahlung eines bezifferten Betrags umgestellt werden, wenn im Laufe des Prozesses einzelne, ursprünglich zukünftige Ansprüche bereits fällig geworden sind.[952]

2 Steht dem Betriebsrentner unstreitig ein bestimmter Betrag zu und begehrt er nur eine höhere Rente, so sollte auch nur die Differenz zwischen gezahlter und begehrter Betriebsrente eingeklagt werden (sog. **Spitzenbetragsklage**[953]), es sei denn, es besteht ein Titulierungsinteresse bezüglich der gesamten Betriebsrente.[954] Allerdings umfasst die Rechtskraft des Urteils bei der Geltendmachung von Teilansprüchen nur diesen Teil, nicht den freiwillig gezahlten Sockelbetrag.[955] Da es sich bis zur Höhe des streitigen Differenzbetrags nur um ein vorgreifliches Rechtsverhältnis handelt, erkennt das BAG regelmäßig ein Interesse daran an, eine gerichtliche Entscheidung über den vollen Betrag der wiederkehrenden Leistungen zu erstreiten.[956] Klagt der Arbeitnehmer den vollen Betrag der begehrten Betriebsrente ein, sollte der Arbeitgeber ein sofortiges (Teil-)Anerkenntnis in Bezug auf die unstreitig zu zahlende Betriebsrente mit der Kostenfolge des § 93 ZPO in Betracht ziehen.[957] Der Antrag einer Spitzenbetragsklage könnte lauten:[958]

Der Beklagte wird verurteilt, an den Kläger monatlich am ersten Tag des jeweiligen Monats beginnend mit dem <Datum> über den Betrag von <unstreitige Betriebsrente> EUR hinaus weitere Euro <Differenz zur begehrten Betriebsrente> nebst Zinsen iHv jeweils fünf Prozentpunkten über dem Basiszinssatz zu zahlen.

3 Will der Versorgungsempfänger eine seiner Ansicht nach nicht den Maßgaben des **§ 16 BetrAVG** entsprechende **Anpassungsentscheidung** gerichtlich überprüfen lassen, so ist ebenfalls eine auf die Zahlung der Differenz zwischen gezahlter und bei ordnungsgemäßer Anpassung zu zahlender Betriebsrente gerichtete Leistungsklage die zutreffende Antragsart.[959] § 16 BetrAVG räumt dem Arbeitgeber ein Leistungsbestimmungsrecht ein. Der Versorgungsempfänger kann die Anpassungsentscheidung des Arbeitgebers in entsprechender Anwendung des § 315 Abs. 3 Satz 2 BGB durch das Gericht überprüfen lassen.[960] Ein bezifferter Leistungsantrag ist nicht erforderlich, wenn das Gericht den zu zahlenden Betrag nach § 315 Abs. 3 Satz 2 BGB rechtsgestaltend bestimmt. Mit der Angabe des anspruchsbegründenden Sachverhalts und eines Mindestbetrages wird dem Bestimmtheitsgebot des § 253 Abs. 2 Nr. 2 ZPO Genüge getan. Allerdings ist die Angabe eines Mindestbetrages erforderlich.[961]

951 BAG 25.1.2022 – 3 AZR 406/21 – Rn. 28, NZA 2022, 792.
952 BGH 4.5.2005 – VIII ZR 5/04, NJW-RR 2005, 1169; Zöller/Greger § 257 Rn. 6; TP/Reichold § 257 Rn. 1; vgl. auch BAG 22.10.2014 – 5 AZR 731/12 – Rn. 15 mwN, NZA 2015, 51 = BAGE 149, 343 zur fehlenden Notwendigkeit der Umstellung von einem Feststellungs- auf einen Leistungsantrag.
953 BAG 21.1.2020 – 3 AZR 565/18 – Rn. 31, NZA 2020, 449; 8.3.2017 – 3 AZN 886/16 (A) – Rn. 7 mwN, NZA-RR 2017, 271.
954 Vgl. zum Titulierungsinteresse BAG 14.2.2012 – 3 AZB 59/11 – Rn. 20, NZA 2012, 469 = BAGE 140, 362.
955 BAG 15.5.2018 – 3 AZB 8/18 – Rn. 9, NZA 2018, 887.
956 BAG 8.3.2017 – 3 AZN 886/16 (A) – Rn. 7, NZA-RR 2017, 271.
957 Vgl. zur Kostenfolge BAG 14.2.2012 – 3 AZB 59/11 – Rn. 12ff., NZA 2012, 469 = BAGE 140, 362; Bauer/Lingemann/Diller/Haußmann/Diller AnwaltsFormB Arbeitsrecht, M 18.12 Anm. 3.
958 Zu einer – vom BAG akzeptierten – Alternativformulierung vgl. Klageantrag zu 4. in BAG 21.1.2020 – 3 AZR 565/18 – Rn. 9, AP BetrAVG § 1 Nr. 80.
959 Kemper/Kisters-Kölkes/Berenz/Bode/Pühler, BetrAVG § 16 Rn. 96.
960 BAG 31.7.2007 – 3 AZR 810/05 – Rn. 11, BAGE 123, 319.
961 BAG 20.4.2010 – 3 AZR 509/08 – Rn. 36, NZA 2011, 1092 = BAGE 134, 89.

Bezüglich der Zinsen ist zu beachten, dass der Anspruch auf Verzugszinsen – ebenso wie auf Prozesszinsen – frühestens ab Fälligkeit der Forderung entstehen kann. Leistungen, die nach billigem Ermessen zu bestimmen sind, werden bei gerichtlicher Bestimmung erst aufgrund eines rechtskräftigen Gestaltungsurteils nach § 315 Abs. 3 BGB fällig. Dazu gehören auch die aufgrund einer Anpassungsentscheidung nach § 16 Abs. 1 und Abs. 2 BetrAVG zu gewährenden Leistungen.[962]

Zur Klärung von Streitigkeiten in Bezug auf bAV wird häufig auf **Feststellungsanträge** zurückgegriffen. 4 Ein gegenwärtiges Rechtsverhältnis besteht schon vor Eintritt des Versorgungsfalls. Bereits die Versorgungsanwartschaft begründet ein betriebsrentenrechtliches Rechtsverhältnis.[963] So kann ein Feststellungsantrag die Frage betreffen, nach welcher Versorgungsordnung sich die Leistungen der betrieblichen Altersversorgung richten. Ein solcher Antrag (sog. → Elementenfeststellungsantrag A. I. Rn. 51) betrifft den Umfang der Leistungspflicht der Versorgungsschuldnerin. Besteht hierüber zwischen den Parteien Streit, ist auch ein Interesse an alsbaldiger gerichtlicher Feststellung anzunehmen.[964]

Es wird festgestellt, dass die Beklagte verpflichtet ist, an den Kläger bei Eintritt des Versorgungsfalls Leistungen der betrieblichen Altersversorgung auf der Grundlage von <konkrete Bezeichnung der Versorgungsordnung> zu erbringen.

Bei einer Hinterbliebenenversorgung als Teil des Versorgungsversprechens an den 5 Arbeitnehmer handelt es sich um einen Vertrag zugunsten Dritter iSv § 328 Abs. 1 BGB. Dieser berechtigt den Arbeitnehmer, die Leistungen auch selbst geltend zu machen (§ 335 BGB), was der Arbeitnehmer vor dem Eintritt des Versorgungsfalls ggf. durch einen Feststellungsantrag klären lassen kann.[965] Vor dem Eintritt des Nachversorgungsfalls steht hingegen der durch die Zusage einer Hinterbliebenenversorgung begünstigte Ehepartner des versorgungsberechtigten (ehemaligen) Arbeitnehmers in keinem nach § 256 ZPO Abs. 1 ZPO feststellungsfähigen Rechtsverhältnis zum Versorgungsschuldner.[966] Auch das Bestehen eines so genannten **Verschaffungsanspruchs** bezüglich einer bestimmten Versorgung kann bereits vor Eintritt des Versorgungsfalls zum Gegenstand eines Feststellungsantrags gemacht werden.[967]

Es wird festgestellt, dass die Beklagte verpflichtet ist, dem Kläger bei Eintritt des Versorgungsfalles eine Versorgung zu verschaffen, die er erhalten würde, wenn der Beklagte seit dem <Datum> monatliche Beiträge iHv x% seines zusatzversorgungspflichtigen Bruttoentgelts für seine betriebliche Altersversorgung aufgewendet hätte, indem er den entsprechenden Betrag in die Pensionskasse <konkrete Bezeichnung der Pensionskasse> eingezahlt hätte.

962 BAG 10.12.2013 – 3 AZR 595/12 – Rn. 9 ff., BetrAV 2014, 201.
963 Vgl. BAG 7.3.1995 – 3 AZR 282/94, BAGE 79, 236, 239 = NZA 1996, 48, 49; 28.7.1998-3 AZR 100/98 – BAGE 89, 262, 266 = NZA 1999, 444.
964 BAG 30.1.2024 – 3 AZR 144/23 – Rn. 12, BeckRS 2024, 8543; 20.6.2023 – 3 AZR 231/22 – Rn. 13, NZA 2024, 143.
965 BAG 31.7.2018 – 3 AZR 731/16 – Rn. 18, NZA 2019, 59.
966 BAG 31.7.2018 – 3 AZR 731/16 – Rn. 26, NZA 2019, 59.
967 BAG 25.4.2017 – 3 AZR 668/15 – Rn. 13 f., AP BetrAVG § 1 Auslegung Nr. 59; 12.11.2013 – 3 AZR 92/12 – Rn. 25 ff., NZA-RR 2014, 315; 12.10.2004 – 3 AZR 571/03, NZA 2005, 1127, 1128. Nicht um einen Verschaffungsanspruch, sondern um eine Frage der Unverfallbarkeit handelt es sich, wenn der AN nach seinem Ausscheiden eine → *Direktversicherung* fortführen möchte, vgl. BAG 12.2.2013 – 3 AZR 99/11 Rn. 15 ff. AP BetrVG § 2 Nr. 67.

6 Entsprechend den allgemeinen Grundsätzen (→ *A. I. Rn. 36*) kann beim Streit über die Berechnung der Betriebsrente nicht nur das Rechtsverhältnis im Ganzen, sondern es können auch einzelne daraus entstehende Rechte, Pflichten oder Folgen Gegenstand einer Feststellungsklage sein.[968] Eine Feststellungsklage kann sich daher auch auf bestimmte Ansprüche oder Verpflichtungen oder auf den Umfang einer Leistungspflicht beschränken.[969] Für die Klärung einzelner Berechnungsfragen, bei denen ungewiss ist, ob sie sich im Ergebnis auf den zu berechnenden Anspruch überhaupt auswirken, kann allerdings das Feststellungsinteresse fehlen.[970] Der für das Betriebsrentenrecht zuständige Dritte Senat des Bundesarbeitsgerichts betont in ständiger Rechtsprechung, dass der **Vorrang der Leistungsklage** nicht uneingeschränkt gilt.[971] Eine Feststellungsklage ist dann zulässig, wenn auf diesem Wege eine sachgemäße, einfachere Erledigung der aufgetretenen Streitpunkte zu erreichen ist und prozesswirtschaftliche Erwägungen gegen einen Zwang zur Leistungsklage sprechen. Wäre bei einer klageabweisenden Entscheidung der Streit der Parteien ohne Überlastung des Prozessstoffs mit komplizierten Berechnungsfragen bereinigt, reicht dies aus, um den Antrag auf ein Feststellungsurteil über den Grund des Anspruchs als prozessökonomisch sinnvoll anzusehen und deshalb zuzulassen.[972] Auch um Ansprüche gegen den **Pensions-Sicherungs-Verein** durchzusetzen, wird kein Vollstreckungstitel benötigt. Bei diesem mit hoheitlichen Aufgaben beliehenen Unternehmen ist zu erwarten, dass es auch einem Feststellungsurteil nachkommt.[973] Besondere Aufmerksamkeit ist der Frage zu widmen, gegen wen die Versorgungsansprüche geltend gemacht werden. Bei einer mittelbaren Versorgungszusage kann wegen der Einstandspflicht nach § 1 Abs. 1 S. 3 BetrAVG auch der Arbeitgeber selbst Anspruchsgegner sein. Die Klage kann dann ggf. gegen den Arbeitgeber und die Stelle, über die die Versorgung durchgeführt wird, als Gesamtschuldner gerichtet werden.[974]

7 Für die **Bestimmtheit** des Feststellungsantrags genügt es, das festzustellende Rechtsverhältnis so genau zu bezeichnen, dass der Umfang der Rechtshängigkeit und der späteren Rechtskraft feststehen. Feststellungsanträge bedürfen dabei anders als Leistungsanträge keiner Bezifferung.[975] Auch eine Wahlschuld kann eine bestimmte Leistung sein, weil nur ein einheitlicher Anspruch besteht, der jedoch einen alternativen Inhalt hat (monatliche Rentenzahlung oder einmalige Kapitalzahlung). Der Gläubiger muss in diesem Fall eine Klage mit alternativen Anträgen erheben.[976]

8 Ist die Versorgungsordnung Gegenstand einer Betriebsvereinbarung, kann deren Inhalt auch in einem Beschlussverfahren zwischen Betriebsrat und Arbeitgeber geklärt werden (→ *Durchführung einer Betriebsvereinbarung*). Der Betriebsrat soll auch die (Teil-)Unwirksamkeit einer ablösenden Neuregelung feststellen lassen können.[977]

968 BAG 31.7.2018 – 3 AZR 731/16 – Rn. 19, NZA 2019, 59; 21.2.2017 – 3 AZR 297/15 – Rn. 13, NZA 2017, 723; 8.5.1984 – 3 AZR 68/82 – zu I, AP BetrAVG § 7 Nr. 20.

969 BAG 20.6.2023 – 3 AZR 231/22 – Rn. 23, NZA 2024, 143; 25.1.2022 – 3 AZR 406/21 – Rn. 25, NZA 2022, 792; 26.1.2021 – 3 AZR 139/17 – Rn. 28, NZA 2021, 1099.

970 BAG 18.1.2005 – 3 ABR 21/04, NZA 2006, 167, 169.

971 Vgl. BAG 26.4.2018 – 3 AZR 738/16 – Rn. 28, NZA 2018, 1066; 14.2.2012 – 3 AZR 109/10 – Rn. 52; 28.10.2008 – 3 AZR 171/07 – Rn. 16, BeckRS 2009, 63 537; 24.6.1998 – AZR 288/97, NZA 1999, 318.

972 BAG 28.10.2008 – 3 AZR 171/07 – Rn. 16, BeckRS 2009, 63 537; BAG 19.12.2000 – 3 AZR 451/99, NZA 2002, 615, 616; enger Bauer/Lingemann/Diller/Haußmann/Diller, AnwaltsFormB Arbeitsrecht, M 18.10 Anm. 3: nur bis zum Eintritt des Versorgungsfalls zulässig.

973 BAG 23.4.2002 – 3 AZR 268/01 – zu A 2, AP BetrAVG § 1 Gleichbehandlung Nr. 54.

974 BAG 11.12.2007 – 3 AZR 249/06 – Rn. 46 ff. NZA 2008, 532; vgl. Reinecke FS Kemper S. 383 ff.

975 BAG 7.11.1995 – 3 AZR 952/94 – zu A, AP TVG § 1 Tarifverträge: Bühnen Nr. 1.

976 BAG 12.2.2013 – 3 AZR 100/11 – Rn. 14, BAGE 144, 231 = NZA 2013, 733.

977 BAG 17.8.1999 – 3 ABR 55/98, AP BetrVG 1972 § 77 Nr. 9 = SAE 2000, 225 (Blomeyer).

9 Steht die Verschaffungspflicht fest, so hat der Versorgungsberechtigte bei berechtigtem Interesse einen **Auskunftsanspruch** über die Höhe der ihm zustehenden Zusatzversorgung, § 4a BetrAVG, den er im Wege der Leistungsklage durchsetzen kann (→ *Auskunft*).[978] Erteilt der Arbeitgeber dem Arbeitnehmer schuldhaft eine unrichtige oder unvollständige Auskunft, macht er sich schadensersatzpflichtig. Meint der Arbeitnehmer, die Auskunft sei unrichtig, so kommt eine „Berichtigungsklage" nicht in Betracht, stattdessen ist in Bezug auf die streitigen Fragen der Berechnung ein Feststellungsantrag in Betracht zu ziehen (→ Rn. 5).[979] Wenn der Arbeitnehmer im Vertrauen auf die Richtigkeit und Vollständigkeit der unrichtigen Auskunft eine Vermögensdisposition getroffen oder unterlassen hat, besteht ein Anspruch auf → *Schadensersatz.*

Betriebsübergang

Übersicht

	Rn.
1. Geltendmachung eines Arbeitsverhältnisses gegen den (vermeintlichen) Betriebserwerber	1–8
2. Geltendmachung eines Arbeitsverhältnisses gegen den (vermeintlichen) Betriebsveräußerer	9–12
3. Zusammentreffen von Betriebsübergangs- und Kündigungssachverhalten	13–23

Die Frage, **ob ein konkreter Lebenssachverhalt die Voraussetzungen eines Betriebsübergangs** nach § 613a BGB erfüllt, ist von den Umständen des Einzelfalls abhängig und daher oftmals schwierig zu beurteilen. Der Streit darüber bedeutet zugleich die Ungewissheit, wer auf Arbeitgeberseite Vertragspartner ist.

1. Geltendmachung eines Arbeitsverhältnisses gegen den (vermeintlichen) Betriebserwerber

1 Meint der Arbeitnehmer, dass sein Arbeitsverhältnis aufgrund eines Betriebsübergangs mit einer **neuen Arbeitgeberin** fortbesteht, lautet der Antrag der gegen den (vermeintlichen) Betriebserwerber zu richtenden Klage:

Es wird festgestellt, dass <optional: seit dem Datum des streitigen Betriebsübergangs> zwischen dem Kläger und der Beklagten <= vermeintliche Betriebsübernehmerin> ein Arbeitsverhältnis besteht, und zwar zu den Bedingungen des Arbeitsverhältnisses, das am <Datum, an dem zuletzt sicher das Arbeitsverhältnis mit dem Betriebsveräußerer bestanden hat>/bis zum <Tag vor dem streitigen Betriebsübergang> zwischen dem Kläger und der <Erstarbeitgeberin> bestanden hat.

Oder:

Es wird festgestellt, dass zwischen dem Kläger und der Beklagten <= vermeintliche Betriebsübernehmerin> <optional: seit dem Datum des streitigen Betriebsübergangs> ein Arbeitsverhältnis zu den Bedingungen seines am <Datum, an dem zuletzt sicher das Arbeitsverhältnis mit dem Betriebsveräußerer bestanden hat>/bis zum <Tag vor dem streitigen Betriebsübergang> bestehenden Arbeitsverhältnisses zur <Erstarbeitgeberin> besteht.[980]

978 BAG 27.1.1998 – 3 AZR 415/96 – zu A III 2, AP BetrAVG § 1 Zusatzversorgungskassen Nr. 45; SHSS/Diller Teil 10 C Rn. 56.

979 SHSS/Diller Teil 10 C Rn. 57.

980 BAG 13.12.2007 – 8 AZR 937/06, NZA 2008, 1021.

Oder:

Es wird festgestellt, dass das am <Datum> zwischen dem Kläger und der <Erstarbeitgeberin> begründete Arbeitsverhältnis <optional: seit dem Datum des streitigen Betriebsübergangs> mit der Beklagten fortbesteht.[981]

2 Die Angabe eines Datums ist nicht notwendiger Bestandteil des Antrags, kann aber je nach Fallgestaltung sinnvoll sein. Lässt man es weg, wird nur festgestellt, dass zwischen den Parteien (jedenfalls) im Zeitpunkt der letzten mündlichen Verhandlung ein Arbeitsverhältnis besteht. Allerdings hat das Bundesarbeitsgericht bei einem entsprechenden Antrag gemeint, auf Datum des Übergangs des Arbeitsverhältnisses „kommt es nicht an", insoweit liege kein eigenständiges Element des Klagantrags vor.[982] Der Verzicht auf ein Datum vermeidet Auslegungsprobleme in Fällen, in denen fraglich ist, an welchem Tag die Voraussetzungen eines Betriebsübergangs erfüllt waren.

3 Zur Erfüllung des Bestimmtheitserfordernisses müssen die Konditionen des Arbeitsverhältnisses mit dem Betriebsveräußerer selbstverständlich in der Klagebegründung (und später dann mindestens im Tatbestand des Urteils; anders als beim Antrag ist bei der Urteilsformel jedoch grds. keine Bezugnahme auf Anlagen etc möglich[983]) erläutert werden. Möglich ist es auch, eine Leistungsklage auf → *Beschäftigung* und → *Vergütung* mit einer entsprechenden (Zwischen-)Feststellungsklage zu verbinden (→ vgl. *Teil A. Systematische Einleitung Rn. 4ff.*).

4 Besteht bei einem Betriebsübergang auf Erwerberseite ein Gemeinschaftsbetrieb, entscheidet sich die Frage, welches Unternehmen Arbeitgeberin wird danach, wer das Direktionsrecht hat: nur eines der beteiligten Unternehmen oder eine von diesen gebildete BGB-Gesellschaft. Auch bei Vorliegen einer BGB-Gesellschaft dürfte aber regelmäßig keine Übertragung des Direktionsrechts auf diese vorliegen, sondern dort nur die faktische Ausübung koordiniert werden.[984] Neben dem Übergang des Arbeitsverhältnisses an sich können auch dessen konkrete **Inhalte** streitig oder unklar sein. In diesem Fall müssen entsprechende zusätzliche Feststellungen in den Antrag mit aufgenommen werden, zB:

Es wird festgestellt, dass das zwischen dem Kläger und der <Erstarbeitgeberin> seit dem <Datum> bestehende Arbeitsverhältnis zuletzt als Buchhalter mit einer Arbeitszeit von 40 Stunden die Woche und einem Monatsbruttogehalt von 3200 EUR <optional: seit dem <Datum des streitigen Betriebsübergangs> mit der Beklagten <= vermeintliche Betriebserwerberin> fortbesteht.

5 Anträge wie

Es wird festgestellt, dass …
… das Arbeitsverhältnis des Klägers von der … auf die … übergegangen ist.[985]

981 So auch Selzer NZA 2011 Beilage 4, 164 (172).
982 BAG 10.10.1996 – 8 AZR 778/94, BeckRS 1996, 30924093.
983 BAG 12.1.2011 – 7 ABR 25/09, NZA 2011, 1304 Rn. 20, 29.
984 BAG 26.8.1999 – 8 AZR 588/98, BeckRS 1999, 30780253.
985 BAG 31.1.2008 – 8 AZR 2/07, AP BGB § 613a Nr. 339; ähnlich aber FormB-ArbR/Mauer Kap. 2 A. II. 7 S. 1790 und Korinth ArbRB 2011, 125.

sind unzulässig, da nicht auf die Feststellung eines Rechtsverhältnisses gerichtet, allerdings auslegungsfähig. Soweit nicht der Übergang des Arbeitsverhältnisses an sich, sondern lediglich (einzelne) Inhalte desselben streitig sind:[986] → *Inhalt des Arbeitsverhältnisses.* Sinnvoll kann dann sein, eine Leistungsklage verbunden mit einer Zwischenfestsetzungsklage zu erheben (vgl. *Teil A. Systematische Einleitung Rn. 74ff.*).

Auch wenn der Betriebsübernehmer den Arbeitnehmer zwar weiter beschäftigt, dies aber nur auf der Grundlage eines anlässlich des (von ihm negierten) Betriebsübergangs abgeschlossenen neuen Arbeitsvertrages zu anderen (meist schlechteren) Bedingungen, ist nicht der Bestand, sondern lediglich der → *Inhalt des Arbeitsverhältnisses* streitig. Der zu einem solchen Sachverhalt ergangenen Entscheidung des 8. Senats des Bundesarbeitsgerichts vom 21.5.2008[987] kann man allerdings entnehmen, dass auch dort nicht immer mit hinreichender Präzision tenoriert wird: 6

> *Die Beklagte wird verurteilt, den Kläger auf der Grundlage ihrer mit dem Kommunalunternehmen Kreiskrankenhäuser Z geschlossenen Arbeitsverträge weiterzubeschäftigen.*

Der gewählte Weiterbeschäftigungstenor ist mangels Bestimmtheit nicht vollstreckbar, zumal nicht einmal im Tatbestand des Urteils der Inhalt der genannten Arbeitsverträge wiedergegeben wird. Auch verkennt er, dass die Pflicht zur Beschäftigung auf eine Tätigkeit, nicht jedoch auf die übrigen Arbeitsbedingungen wie Vergütung oder Höhe des Urlaubsanspruchs etc. gerichtet ist → *Beschäftigung.* 7

Es sind auch Konstellationen denkbar, in denen der gegen den (vermeintlichen) Betriebserwerber gerichtete Feststellungsantrag gleichzeitig auch gegen die ursprüngliche Arbeitgeberin – also den (vermeintlichen) Betriebsveräußerer – gerichtet sein kann. Beispielsweise kann der Arbeitnehmer der Auffassung sein, im Zeitpunkt einer Kündigung seiner bisherigen Arbeitgeberin habe diese ihre Arbeitgeberstellung aufgrund eines Betriebsübergangs bereits verloren gehabt. Der Arbeitnehmer kann dann die kündigende Arbeitgeberin mit einem Hauptantrag auf die Feststellung verklagen, dass zu ihr im Kündigungszeitpunkt kein Arbeitsverhältnis mehr bestanden habe, um sodann mit einem – objektiv bedingten – Hilfsantrag Kündigungsschutzklage gegen sie zu führen. Daneben kann der Arbeitnehmer die weitere – potenzielle – Arbeitgeberin als Betriebserwerberin auf die Feststellung verklagen, dass zwischen ihnen ein – ungekündigtes – Arbeitsverhältnis bestehe. Die beiden allgemeinen Feststellungsanträge können dann zu einer einzigen Formulierung zusammengefasst werden.[988] 8

2. Geltendmachung eines Arbeitsverhältnisses gegen den (vermeintlichen) Betriebsveräußerer

Denkbar ist auch, dass die ursprüngliche Arbeitgeberin sich darauf beruft, das Arbeitsverhältnis bestehe aufgrund Betriebsübergangs mit einem neuen Arbeitgeber, der Arbeitnehmer hingegen meint, es liege **kein Betriebsübergang** vor oder nur ein Teilbetriebsübergang, welcher sein Arbeitsverhältnis nicht betreffe. Insbesondere seit der Einführung der Belehrungspflicht nach § 613a Abs. 5 BGB treten zudem zuneh- 9

986 ZB BAG 4.6.2008 – 4 AZR 421/07, NZA 2008, 1360; BAG 20.6.2012 – 4 AZR 657/10, DB 2013, 238; BAG 3.7.2013 – 4 AZR 961/11, NZA-RR 2014, 80 = DB 2013, 2335.
987 BAG 21.5.2008 – 8 AZR 481/07, NZA 2009, 144.
988 So in einer ähnlichen Konstellation BAG 24.9.2015 – 2 AZR 562/14, NZA 2016, 366.

mend Sachverhalte auf, in denen Arbeitnehmer auch bei unstreitig vorliegendem Betriebsübergang ihr Glück lieber bei der **Betriebsveräußerin** suchen, beispielsweise weil sich der Erwerber als insolvent herausgestellt hat. Streitig ist in diesen Fällen meist, ob der Arbeitnehmer dem Übergang des Arbeitsverhältnisses **wirksam widersprochen** hat. Der Antrag der gegen die ursprüngliche Arbeitgeberin/Betriebsveräußerin zu richtenden Klage sollte in den aufgeführten Konstellationen lauten:

> **Es wird festgestellt, dass das Arbeitsverhältnis zwischen den Parteien <optional: über den <Datum des Betriebsübergangs> hinaus> fortbesteht.**[989]

10 Auf das Datum dürfte meist verzichtet werden können. Soweit in derartigen Anträgen Zusätze wie „zu unveränderten Arbeitsbedingungen" aufgenommen werden, erscheint dies nicht ratsam. Zum einen stellt sich bereits die Frage der Bestimmtheit. Zum anderen dürfte im Regelfall über den angeratenen Antrag hinaus ein Feststellungsinteresse fehlen, da sich die Arbeitgeberin nicht auf das Bestehen eines andersartigen Arbeitsverhältnisses beruft. Selbstverständlich kann der Arbeitnehmer in der Klage zusätzlich (kostengünstig nur hilfsweise) Zahlungsansprüche geltend machen, die davon abhängen, dass sein Arbeitsverhältnis zum Betriebsveräußerer fortbesteht (→ *Zahlung/Vergütung*).

11 Stets ist zu beachten, dass Gegenstand einer Feststellungsklage nach § 256 ZPO nur Rechtsverhältnisse (oder Teile derselben) sein können (→ *Teil A. Systematische Einleitung Rn. 43ff.*). **Unzulässig** sind deshalb Anträge wie:

> *Es wird festgestellt, dass ...*
> *... der Kläger dem Übergang seines Arbeitsverhältnisses wirksam widersprochen hat.*
> *... Arbeitgeberin des Klägers die Firma X ist.*
> *... das zwischen der Beklagten und dem Kläger begründete Arbeitsverhältnis nicht zum <Datum> auf die <vermeintliche Übernehmerin> übergegangen ist.*[990]

12 Denkbar ist auch, dass nicht der Arbeitnehmer das Fortbestehen des Arbeitsverhältnisses begehrt, sondern dass die Arbeitgeberin Klarheit gewinnen will, dass das Arbeitsverhältnis aufgrund eines Betriebsübergangs nicht mehr zu ihr besteht. Dies kann sie durch eine negative Feststellungsklage erreichen:

> **Es wird festgestellt, dass zwischen den Parteien <optional: seit dem <Datum des Betriebsübergangs>> kein Arbeitsverhältnis besteht.**[991]

3. Zusammentreffen von Betriebsübergangs- und Kündigungssachverhalten

13 Häufig sind Streitigkeiten im Bereich des § 613a BGB mit Kündigungssachverhalten verbunden. Dann stellt sich zunächst die Problematik des **richtigen Beklagten.** Wird die Kündigung noch **vom Betriebsveräußerer** ausgesprochen, ist die Kündigungsschutzklage gegen diesen zu erheben.[992] Die **Passivlegitimation** des Arbeitgebers,

989 BAG 21.12.2017 – 8 AZR 700/16, NZA 2018, 854; BAG 25.1.2018 – 8 AZR 309/16, NZA 2018, 933.
990 So aber LAG Thüringen 9.2.2017 – 3 Sa 403/15, BeckRS 2017, 107165; beim BAG unter 8 AZR 183/17 erledigt durch sechsmonatiges Ruhen.
991 BAG 25.1.2018 – 8 AZR 338/16, Rn. 8, BeckRS 2018, 2098.
992 MAH ArbR/Boewer § 48 Rn. 96; APS/Hesse KSchG § 4 Rn. 48; Reufels ArbRB 2007, 61.

der die Kündigung ausgesprochen hat, wird durch einen **nach Kündigungsausspruch** während des Kündigungsschutzprozesses eingetretenen Betriebsübergang nicht beseitigt; vielmehr sind die §§ 265, 325 ZPO entsprechend anzuwenden.[993] § 325 ZPO findet aber gegenüber dem Betriebserwerber dann keine Anwendung, wenn die Kündigungsschutzklage gegen den kündigenden Betriebsveräußerer erst nach vollzogenem Betriebsübergang rechtshängig geworden ist.[994] Zum Zeitpunkt der Kündigung muss das Arbeitsverhältnis noch mit dem Betriebsveräußerer bestanden haben. Andernfalls geht zum einen die Kündigung ins Leere, zum anderen liegen aber auch nicht die Voraussetzungen der Kündigungsschutzklage vor; sie ist unschlüssig.[995] Dabei ist das Gericht (selbstverständlich) nicht an die Rechtsansichten der Parteien gebunden, sondern überprüft zunächst, ob nach dem Vorbringen des Klägers (und dem unstreitigen Vortrag) ein Betriebsübergang vorliegt.[996] Wird der Betriebsübergang von der Arbeitgeberin bestritten, kann – und sollte im Regelfall – sich der Arbeitnehmer deshalb deren Vortrag hilfsweise zu eigen machen.[997]

14 Bei wie meist **unklarer Sach- und Rechtslage** sollte eine **subjektive Klagehäufung** dergestalt erwogen werden, dass binnen der Frist des § 4 KSchG gegen die bisherige (kündigende) Arbeitgeberin ein Kündigungsschutzantrag gestellt und gegen die Erwerberin Klage auf Feststellung eines mit ihr bestehenden Arbeitsverhältnisses erhoben wird.[998] Stellt sich heraus, dass der Betriebsübergang nach der Kündigung, aber vor Rechtshängigkeit erfolgt ist, kann der Antrag gegen die Erwerberin auf einen Kündigungsschutzantrag umgestellt werden. Betriebsveräußerin und Betriebserwerberin können – und **sollten – in demselben Rechtsstreit** als Streitgenossinnen verklagt werden.[999] Nicht zuletzt aufgrund der unterschiedlich verteilten Darlegungslasten droht sonst die Gefahr inhaltlich divergierender Entscheidungen.

15 Die zutreffenden Anträge können wie folgt lauten (wobei die Beklagte zu 1. die Betriebsveräußerin und die Beklagte zu 2. die Betriebserwerberin sind):

1. **Es wird festgestellt, dass das Arbeitsverhältnis des Klägers mit der Beklagten zu 1. durch die Kündigung vom <Datum> nicht aufgelöst ist.**
2. **Es wird festgestellt, dass das zwischen dem Kläger und der Beklagten zu 1. begründete Arbeitsverhältnis <optional: seit dem <Datum des streitigen Betriebsübergangs>> mit der Beklagten zu 2. fortbesteht.**

16 Zur Frage, ob ein Datum und/oder die Konditionen des Arbeitsverhältnisses in den Antrag aufgenommen werden sollten siehe oben unter 1. Rn. 2 bis 4. Bei den genannten Anträgen handelt es sich um eine subjektive Klagehäufung. Obsiegt der Arbeitnehmer mit beiden Anträgen, kann daher die Beklagte zu 2. gegen die Entscheidung

993 BAG 13.4.2000 – 2 AZR 215/99, NZA 2001, 144.

994 BAG 18.2.1999 – 8 AZR 485/97, NZA 1999, 1142; APS/Hesse KSchG § 4 Rn. 48.

995 BAG 18.4.2002 – 8 AZR 346/01, NZA 2002, 1207; BAG 27.10.2005 – 8 AZR 568/04, NZA 2006, 668; BAG 15.12.2005 – 8 AZR 202/05, NZA 2006, 597.

996 Ein schönes Beispiel findet sich in BAG 20.3.2014 – 8 AZR 1/13, NZA 2014, 1095 = BeckRS 2014, 69978.

997 BAG 15.12.2005 – 8 AZR 202/05, NZA 2006, 597; BAG 15.12.2011 – 8 AZR 692/10, DB 2012, 1690; BAG 25.4.2013 – 6 AZR 49/12, AP InsO § 343 Nr. 1 Rn. 106.

998 MAH ArbR/Boewer § 48 Rn. 98; Reufels ArbRB 2007, 61; vgl. auch BAG 18.4.2002 – 8 AZR 346/01, NZA 2002, 1207 und Müller-Glöge NZA 1999, 449 (456).

999 Vgl. BAG 25.4.1996 – 5 AS 1/96, NZA 1996, 1676. Haben Betriebsveräußerer und Betriebserwerber verschiedene allgemeine Gerichtsstände, so soll nach Auffassung des BAG das zuständige Gericht nach § 36 Nr. 3 ZPO zu bestimmen sein. Leider prüft das BAG nicht, ob der besondere Gerichtsstand des Erfüllungsortes gegeben ist.

über die Kündigung nur dann Berufung einlegen, wenn sie insoweit dem Rechtsstreit auf Seiten der Beklagten zu 1. als Nebenintervenientin beitritt.[1000]

17 Kündigt – vorsorglich – die (vermeintliche) **Betriebserwerberin,** ist die Klage grundsätzlich gegen diese zu richten.

18 Wegen des relativ geringen Kostenrisikos ist jedenfalls bei unübersichtlichen oder unklaren Sachverhalten ratsam, eher eine (vermeintliche) Arbeitgeberin zu viel als eine zu wenig in die Klage einzubeziehen. In den Anträgen muss dann deutlich gemacht werden, zu wem jeweils das Bestehen des Arbeitsverhältnisses reklamiert wird. Der Arbeitnehmer sollte in derartigen Konstellationen auch eine Kündigung angreifen, bei welcher er davon ausgeht, dass sie nicht von demjenigen stammt, der bei ihrem Ausspruch sein Arbeitgeber war. Wenn er die Rechtslage zutreffend beurteilt, wird er diese Klage auf der Grundlage der Rechtsprechung des Bundesarbeitsgerichts mangels Bestehen eines Rechtsverhältnisses zu diesem Beklagten zwar verlieren. Hat er die Rechtslage hingegen fehlerhaft eingeschätzt, droht wegen der Frist des § 4 KSchG der Verlust des Arbeitsverhältnisses zum Kündigenden, wenn er keine Klage erhebt. Wem es nicht zu kompliziert ist, der kann – wenn mehr dafür spricht, dass der Kündigende nicht (mehr) Arbeitgeber war – natürlich auch wie folgt beantragen:

> **1. Es wird festgestellt, dass zwischen dem Kläger und der Beklagten <kündigende „Arbeitgeberin"> seit dem <Datum des streitigen Betriebsübergangs> kein Arbeitsverhältnis besteht.**
>
> **hilfsweise (für den Fall des Unterliegens)**
>
> **2. Es wird festgestellt, dass das zwischen dem Kläger und der Beklagten <kündigende „Arbeitgeberin"> bestehende Arbeitsverhältnis durch die Kündigung der Beklagten vom <Datum> nicht aufgelöst ist.**

19 Da der Arbeitnehmer nicht wissen kann, wie das Gericht den Sachverhalt beurteilt, darf er auch sich **widersprechende Anträge** stellen, ohne dass dies deren Zulässigkeit beeinträchtigt. Er sollte dann in der Begründung deutlich machen, was sein vordringliches Klageziel ist, also eine **Prüfungsreihenfolge** vorgeben, **ohne jedoch bezogen auf die verschiedenen Beklagten mit Haupt- und Hilfsanträgen zu arbeiten,** da sonst im Hilfsverhältnis die Klage wegen einer außerprozessualen Bedingung als unzulässig abgewiesen wird[1001] (→ *Teil A. Systematische Einleitung Rn. 121f.*). Beispielsweise kann nach Auffassung des Arbeitnehmers der Betriebsübergang bereits vor Ausspruch der Kündigung erfolgt sein, so dass er lediglich hilfsweise auf dem Standpunkt steht, das Arbeitsverhältnis bestehe mit dem Betriebsveräußerer fort, da die von diesem ausgesprochene Kündigung unwirksam ist; auch kann zu berücksichtigen sein, dass dem Arbeitnehmer noch das Widerspruchsrecht nach § 613a Abs. 6 BGB zustehen kann.[1002]

20 Richtet der Kläger seine Klage gegen mehrere Beklagte, muss in den Anträgen bzw. deren Begründung klargestellt werden, gegen welche der Beklagten sich diese jeweils richten, da sonst die Abweisung als unzulässig mangels hinreichender Bestimmtheit droht. Abzuraten ist daher von Anträgen wie:

1000 LAG Baden-Württemberg 6.6.2016 – 9 Sa 9/16, BeckRS 2016, 73946.
1001 Fehlerhaft daher Korinth ArbRB 2011, 125.
1002 Ausführlich zu den verschiedenen Fallgestaltungen LAG Düsseldorf 29.4.2009 – 12 Sa 1551/08, NZA-RR 2009, 637.

> *Es wird festgestellt, dass das Arbeitsverhältnis des Klägers durch die Kündigung vom <Datum> nicht aufgelöst ist.*

Auch im Arbeitsrecht gilt, dass man ein Verhältnis immer zu einem anderen hat. Be- **21**
dacht werden sollte auch, ob (hilfsweise) ein Antrag auf → *Wiedereinstellung* gestellt wird, für den Fall, dass sich herausstellt, dass der Betriebsübergang erst nach dem Ausspruch der aus betriebsbedingten Gründen (Betriebsschließung) vom späteren Betriebsveräußerer erklärten Kündigung – aber noch während des Laufs der Kündigungsfrist – erfolgt oder jedenfalls vereinbart[1003] worden ist.

In Form von Verschmelzung, Aufspaltung und Vollübertragung bzw. Abspaltung, **22**
Ausgliederung und Teilübertragung sind vielfältige Konstellationen denkbar.[1004] Auch hier gilt, dass im Zweifel die Klage gegen alle in Betracht kommenden Unternehmen gerichtet werden sollte.

Zum Zusammentreffen von Betriebsübergangssachverhalten und von Auflösungsan- **23**
trägen, die im Rahmen eines Kündigungsschutzprozesses gestellt werden, sind vielfältige Konstellationen denkbar. Siehe dazu unter → *Auflösung.*[1005]

Beurteilung

→ *Leistungsbeurteilung*

Bewerbung

Insbesondere im Bereich des öffentlichen Dienstes kann für Stellenbewerber ein Recht auf eine Teilhabe am Bewerbungsverfahren in Betracht kommen. Wegen der Eilbedürftigkeit wird der Anspruch meist im Wege der **einstweiligen Verfügung** geltend zu machen sein. Der Antrag ist so konkret wie möglich auf Teilnahme an der Stufe des Bewerbungsverfahrens zu formulieren, welche die potentielle Arbeitgeberin verweigert hat. Wegen der Einzelheiten siehe → *Konkurrentenklage.*

Bonus

Der Bonus ist eine Form der **Sonderzahlung** und somit der (variablen) → *Vergütung.* Für ihn gelten hinsichtlich der Antragsstellung keine Besonderheiten. Kann der Arbeitnehmer seinen Anspruch nicht selbst berechnen, so muss er im Wege der → *Stufenklage* zunächst einen Anspruch auf → *Auskunft* gegen den Arbeitgeber geltend machen.[1006] Eine Stufenklage setzt insoweit nicht voraus, dass durch die auf der ersten Stufe geltend gemachten Auskünfte alle Informationen zu erlangen sind, die für die Bezifferung des in einer weiteren Stufe verfolgten Zahlungsanspruchs notwendig sind.[1007] Hat der Arbeitgeber den Bonus nach billigem Ermessen zu bestimmen, gelten die Grundsätze zur → *Leistungsbestimmung.* Auch insoweit kann eine Stufenklage angezeigt sein, da der Arbeitnehmer die Tatsachen benennen muss, die das Gericht für die Bestimmung nach § 315 Abs. 3 S. 2 BGB benötigt.[1008] Gerade bei einer unverbindlichen Leistungsbestimmung muss der Leistungsantrag nicht bezif-

1003 BAG 15.12.2011 – 8 AZR 197/11, NZA-RR 2013, 179.
1004 Umfassend Düwell NZA 2012, 761.
1005 Ausführlich auch Wittek/Quantz BB 2022, 2549.
1006 Dazu BAG 8.9.2021 – 10 AZR 11/19, NZA 2022, 261.
1007 BAG 8.9.2021 – 10 AZR 11/19, NZA 2022, 261.
1008 BAG 8.9.2021 – 10 AZR 11/19, NZA 2022, 261.

fert werden; vielmehr kann auch nur eine Mindestsumme angegeben werden. Der Antrag lautet dann etwa:[1009]

> **Die Beklagte wird verurteilt, an den Kläger einen Bonus zu zahlen, der der Höhe nach in das Ermessen des Gerichts gestellt wird, der aber mindestens <Betrag> beträgt.**

Brückenteilzeit

→ *Teilzeit*

Bruttolohn

Die Vergütung ist grundsätzlich als Bruttolohn einzuklagen (→ *Vergütung*). Eine Klage auf Zahlung von → *Nettolohn* kommt nur in Ausnahmefällen in Betracht.

Buchauszug

Der Anspruch auf Erteilung des Buchauszugs ist ein **Hilfsanspruch,** welcher der Durchsetzung eines etwaigen Anspruchs auf Zahlung einer → *Provision* dient. Er wird regelmäßig auf der zweiten Stufe einer → *Stufenklage* geltend gemacht.

Bühnenmitarbeiter

1 Die Arbeitsverhältnisse von Bühnenmitarbeitern, insb. sog. Solomitgliedern, an Theatern und ähnlichen Einrichtungen, die vom Bund, von einem Bundesland oder einer Gemeinde betrieben werden, richten sich regelmäßig nach dem Normalvertrag Bühne **(NV Bühne).** Es werden auf eine Spielzeit **befristete Arbeitsverhältnisse** abgeschlossen. Diese verlängern sich um jeweils eine weitere Spielzeit, wenn keine Vertragspartei der anderen Seite eine schriftliche sog. Nichtverlängerungsmitteilung zukommen lässt (vgl. § 61 NV Bühne). Vor Erklärung der **Nichtverlängerungsmitteilung** muss der Arbeitgeber den Bühnenmitarbeiter hören. Wird der befristete Vertrag aufgrund einer Nichtverlängerungsmitteilung nicht verlängert, kann und muss der Bühnenmitarbeiter innerhalb einer Ausschlussfrist von vier Monaten Klage gegen die Nichtverlängerungsmitteilung erheben. Es geht um die Wirksamkeit der Nichtverlängerungsmitteilung und damit um die Verlängerung des Arbeitsvertrags um eine weitere Spielzeit, wenn die Befristungsabrede als solche wirksam ist. Nach § 69 Abs. 8 NV Bühne sind **Klagen gegen Nichtverlängerungsmitteilungen** zu erheben.

2 Dabei ist § 53 NV Bühne zu beachten, wonach für alle bürgerlichen Rechtsstreitigkeiten zwischen den Arbeitsvertragsparteien unter Ausschluss der Arbeitsgerichtsbarkeit die eingesetzten **Schiedsgerichte** zuständig sind. Dies bedeutet, dass das Solomitglied zunächst eine Schiedsklage zu erheben hat. Hiergegen kann Berufung beim Bühnenoberschiedsgericht eingelegt werden. Die Partei, die mit dem abschließenden → *Schiedsspruch* nicht einverstanden ist, kann sodann eine sog. **Aufhebungsklage** nach § 110 ArbGG erheben. Es gelten insofern die Voraussetzungen des § 253 ZPO.[1010] Zwar spricht § 110 Abs. 1 ArbGG von der Aufhebung des Schiedsspruchs, nach Ansicht des BAG ist Gegenstand des Aufhebungsverfahrens aber nicht die vom

1009 BAG 3.8.2016 – 10 AZR 710/14, NZA 2016, 1334; vgl. auch LAG Hessen 16.10.2020 – 14 Sa 204/20, BeckRS 2020, 44262.

1010 GMP/Germelmann ArbGG § 110 Rn. 22; Helml/Pessinger/Pessinger ArbGG § 110 Rn. 10; Schwab/Weth/Tiedemann ArbGG § 110 Rn. 39.

Bühnenschiedsgericht getroffene und vom Bühnenoberschiedsgericht abgeänderte oder bestätigte Entscheidung, sondern das Sachbegehren, das der Kläger vor dem Schiedsgericht anhängig gemacht hat.[1011] Mit Blick auf den Gesetzeswortlaut wird dennoch vorgeschlagen, sowohl den Aufhebungsantrag als auch den Sachantrag zu stellen, da die Entscheidung des Schiedsgerichts auch formal beseitigt werden sollte.[1012] Ein Antrag, der allein auf Aufhebung des Schiedsspruchs gerichtet ist, ist unzureichend, kann aber womöglich auszulegen sein.[1013]

Der Bühnenmitarbeiter kann eine Befristungskontrollklage beim Schiedsgericht er- 3
heben (→ *Befristung*), wenn er meint, die Befristungsabrede sei unwirksam.[1014]

Es wird festgestellt, dass das Arbeitsverhältnis der Parteien nicht aufgrund der Befristung im Arbeitsvertrag vom (Datum) zum (Datum) beendet worden ist.

Meint der Bühnenmitarbeiter die Befristungsabrede sei zwar wirksam, der befristete 4
Arbeitsvertrag habe sich aber verlängert, weil die Nichtverlängerungsmitteilung unwirksam sei, kann der Antrag – ggf. als Hilfsantrag – beim Schiedsgericht lauten:

Es wird festgestellt, dass das Arbeitsverhältnis der Parteien fortbesteht.

Oder:

Es wird festgestellt, dass das Arbeitsverhältnis der Parteien durch die Nichtverlängerungsmitteilung vom <Datum> nicht beendet worden ist.

Zweifelhaft ist der folgende Antrag:

Es wird festgestellt, dass die Nichtverlängerungsmitteilung vom (Datum) unwirksam ist.

Die Nichtverlängerungsmitteilung ist zwar nach dem herkömmlichen Verständnis 5
eines Rechtsverhältnisses iSd. § 256 Abs. 1 ZPO nicht als ein solches einzuordnen. Dennoch erfüllt ein solcher Sachantrag nach Ansicht des BAG die Voraussetzungen des § 256 Abs. 1 ZPO, denn mit der Regelung in § 69 Abs. 8 NV Bühne haben die Tarifvertragsparteien die Wirksamkeit der Nichtverlängerungsmitteilung als ein feststellungsfähiges Rechtsverhältnis iSv § 256 Abs. 1 ZPO ausgestaltet.[1015] Ein allgemeiner Feststellungsantrag nach § 256 Abs. 1 ZPO ist ebenfalls zulässig; der NV Bühne schreibt keinen speziellen Antrag vor. Der letztgenannte Antrag ist ebenfalls als zulässig angesehen worden, obwohl er dem Kündigungsschutzantrag nach § 4 KSchG bzw. dem Befristungskontrollantrag nach § 17 TzBfG nachempfunden ist.

Der Antrag der Aufhebungsklage hängt – ähnlich wie im Revisionsverfahren[1016] – 6
von der jeweiligen Prozesskonstellation ab.[1017] Dies ist auch bei der Parteibezeich-

1011 BAG 12.1.2000 – 7 AZR 925/98, NZA 2000, 1345 (1346); BAG 2.8.2017 – 7 AZR 601/15, AP BGB § 611 Bühnenengagementsvertrag Nr. 65.

1012 GMP/Germelmann ArbGG § 110 Rn. 22a; Helml/Pessinger/Pessinger ArbGG § 110 Rn. 10.

1013 Vgl. BAG 12.1.2000 – 7 AZR 925/98, NZA 2000, 1345 (1346).

1014 BAG 13.12.2017 – 7 AZR 369/16, AP BGB § 611 Bühnenengagementsvertrag Nr. 66.

1015 BAG 20.3.2019 – 7 AZR 237/17, AP BGB § 611 Bühnenengagementsvertrag Nr. 69; BAG 2.8.2017 – 7 AZR 601/15, AP BGB § 611 Bühnenengagementsvertrag Nr. 65; BAG 13.12.2017 – 7 AZR 369/16, AP BGB § 611 Bühnenengagementsvertrag Nr. 66.

1016 BAG 15.11.2018 – 6 AZR 385/17, NJW 2019, 796 (797).

1017 Schwab/Weth/Tiedemann § ArbGG 110 Rn. 40.

nung zu berücksichtigen. Die Aufhebungsklage gegen einen Schiedsspruch, der die **Schiedsklage abgewiesen** hat, kann lauten:

> **Der Schiedsspruch des Bühnenoberschiedsgerichts <Bezeichnung> vom <Datum und Aktenzeichen> wird aufgehoben und <Sachantrag, etwa es wird festgestellt, dass die Nichtverlängerungsmitteilung vom <Datum> unwirksam ist>.**

7 Die Aufhebungsklage gegen einen Schiedsspruch, der der **Schiedsklage stattgegeben** hat, kann lauten:[1018]

> **Der Schiedsspruch des Bühnenoberschiedsgerichts <Bezeichnung> vom <Datum und Aktenzeichen> wird aufgehoben und die Klage abgewiesen.**

Dateien

1 Befindet sich der Arbeitnehmer unbefugt im Besitz von Dateien der Arbeitgeberin (oder andersherum!), stellt die Formulierung eines hilfreichen Antrags im Hinblick auf die besondere Natur derselben (schwierig zu benennen und leicht zu vervielfältigen) besondere Anforderungen. Soweit möglich und aussagekräftig sollten der **Name, der Speicherort und der Inhalt** konkret genannt werden. Ein auf Löschung gerichteter Antrag ist als nicht vertretbare Handlung nach § 888 ZPO zu vollstrecken. Sicherheit, ob eine Löschung vollständig und unwiderruflich erfolgt ist, dürfte der Gläubiger aufgrund der leichten Kopierbarkeit allerdings nur schwierig erlangen. Das könnte erklären, weshalb nur wenig einschlägige Rechtsprechung existiert. Da nicht ausgeschlossen werden kann, dass vor einer Herausgabe eines Speichermediums unerlaubt Kopien gefertigt worden sind, hilft auch ein solcher Antrag nicht sicher weiter. Daher kann es sich anbieten, dem Gegner (ggfs. zusätzlich) aufgeben zu lassen, es zu unterlassen, die fraglichen Dateien weiter auf Datenträgern zu speichern oder zu verwenden. Im Fall eines Verstoßes kann dann nach § 890 ZPO ein Ordnungsgeld verhängt werden. Oftmals wird es Schwierigkeiten bereiten, den Entscheidungsinhalt in einer einheitlichen Urkunde niederzulegen. Dann kommt ausnahmsweise auch im Urteilstenor eine Bezugnahme auf Anlagen in Betracht.[1019]

2 Aus der vorhandenen Rechtsprechung lassen sich folgende Anträge aufführen, die als zulässig erachtet wurden, auch wenn dort Name, Speicherort und Inhalt nicht vollständig angegeben sind:

Den Antrag,

> **Die Beklagte wird verurteilt, Dateien von Fotos und jedwede Datenträger, insbesondere gemäß anliegender Liste A, die im Zusammenhang stehen mit <Beschreibung des sachlichen Inhalts>, an den Kläger herauszugeben.**

hat das LAG Köln[1020] – unausgesprochen – für hinreichend bestimmt gehalten, allerdings ohne zu problematisieren, wie eine Herausgabe von Dateien zu erfolgen hat. Ähnlich hat das LG Itzehoe[1021] formuliert:

1018 Vgl. etwa BAG 21.12.2022 – 7 AZR 448/21, AP BGB § 611 Bühnenengagementsvertrag Nr. 70.
1019 LAG Düsseldorf 10.1.2020 – 6 Sa 360/18, BeckRS 2020, 63270.
1020 LAG Köln 19.1.2015 – 2 Sa 861/13, BeckRS 2015, 66911 Rn. 349 ff.
1021 LG Itzehoe 22.7.2014 – 11 S 62/13, BeckRS 2015, 2802.

Die Beklagte wird verurteilt, die folgenden Dateien, die sich im „EDV-Ordner" befinden, an den Kläger herauszugeben:
<Beschreibung des sachlichen Inhalts>

Das LAG Rheinland-Pfalz[1022] hat den folgenden Antrag für zutreffend erachtet: 3

Die Beklagte wird verurteilt, dem Kläger vollständig die textlichen oder datentechnischen Aufzeichnungen der zu ihrem Geschäftsgeheimnis gehörenden Kunden- und Lieferantendaten, Kalkulationen, Konditionen und sonstige betriebliche Kontaktdaten, ohne Rückbehalt von Kopien oder Abschriften jeglicher Art, seien sie visuell verkörpert oder auf Datenträgern gespeichert, herauszugeben oder vollständig zu vernichten.

Da an Daten kein Sacheigentum bestehen kann,[1023] kommt eine Herausgabevollstre- 4
ckung nach § 985 BGB nicht in Betracht. Die aufgeführten Anträge sollten daher dahingehend ergänzt werden, auf welchem Weg die Beklagte dem Kläger die Daten zur Verfügung stellen soll. Es dürfte sich dann um eine Vollstreckung nach § 888 ZPO handeln.

Befinden sich die Dateien auf einem Speichermedium, das dem Kläger gehört, 5
kommt jedoch ein echter Herausgabeanspruch in Betracht. Dabei ist besonderes Augenmerk auf eine konkrete Beschreibung des Speichermediums zu legen. Der Antrag

Die Beklagte wird verurteilt, den in ihrem Besitz befindlichen, im Eigentum des Klägers stehenden USB-Stick herauszugeben.

ist mangels hinreichender Bestimmtheit unzulässig[1024]

In einem auf Löschung gerichteten Antrag müssen die Dateien mit ihrem Namen 6
und/oder ihrem Inhalt möglichst genau beschrieben werden:

Die Beklagte wird verurteilt, die Dateien mit „Arbeitskopien" des Outlook-Postfachs des Klägers ...PST_20101116, ...PST_20101117 und ... ...PST_20101117_DUMPSTER sowie sämtliche Kopien dieser Dateien zu löschen.[1025]

Die Beklagte wird verurteilt, sämtliche von ihr gefertigten Kopien der vollständigen Ermittlungsakte der Staatsanwaltschaft Frankfurt am Main – 6100 JS xxxxxxx/12 – oder in analoger und ggf. digitaler Fassung gespeicherte Daten zu löschen.[1026]

Denkbar ist auch ein Anspruch auf Unterlassung der Nutzung der Inhalte von Datei- 7
en und/oder der Offenlegung derselben gegenüber Dritten:

1022 LAG Rheinland-Pfalz 1.9.2016 – 5 Sa 139/16, BeckRS 2016, 74588.
1023 Erman/Ebbing BGB § 985 Rn. 4.
1024 LAG Köln 19.1.2015 – 2 Sa 861/13, BeckRS 2015, 66911.
1025 VGH Baden-Württemberg 30.7.2014 – 1 S 1352/13, NVwZ-RR 2015, 161 Rn. 34.
1026 LAG Hessen 10.7.2015 – 14 Sa 1119/14, BeckRS 2016, 65755.

> **Die Beklagte wird unter Androhung eines vom Gericht für jeden Fall der Zuwiderhandlung festzusetzenden Ordnungsgeldes von bis zu 250.000,00 Euro, ersatzweise Ordnungshaft, oder Ordnungshaft von bis zu sechs Monaten verurteilt, es zu unterlassen,**
>
> **...die Unterlagen entsprechend den Anlagen <Bezeichnung der Dateien> unabhängig von der Sprachfassung und unabhängig von etwaigen Schwärzungen ganz oder teilweise Dritten elektronisch, in Papierform oder in sonstiger Weise mitzuteilen und/oder zugänglich zu machen und/oder selbst oder durch Dritte zu verwerten.**[1027]
>
> **...die Inhalte der <Bezeichnung der Dateien> zu nutzen und/oder Dritten offenzulegen.**[1028]

8 Besteht Ungewissheit, in welchem Umfang der Vertragspartner unberechtigt noch im Besitz von Dateien ist oder diese genutzt hat,[1029] kommt zudem in Betracht, im Wege der → *Stufenklage* zunächst → *Auskunft* zu verlangen.

9 Seit dem 26.4.2019 kann die Arbeitgeberin bezogen auf Geschäftsgeheimnisse Ansprüche auf Unterlassung auch auf § 6 GeschGehG stützen, solche auf Vernichtung oder Herausgabe auf § 7 Nr. 1 GeschGehG und Auskunftsansprüche auf § 8 Nr. 3 GeschGehG. Ein plastisches Beispiel zu den dabei auftretenden Schwierigkeiten findet sich in einer Entscheidung des Arbeitsgerichts Hamburg vom 27.1.2022.[1030] Derartige Klagen kann die Arbeitgeberin mit einem Antrag nach § 16 GeschGehG verbinden:

> **Die <möglichst genaue Bezeichnung der als geheimhaltungsbedürftig angesehenen Informationen, zB „als Anlagen ASt 7 und ASt 9 vorgelegten Dokumente"> werden als geheimhaltungsbedürftig eingestuft.**[1031]

Siehe auch → *Geheimnis.*

Datenschutz

1 Der Datenschutz ist Teil des verfassungsrechtlich durch Art. 2 Abs. 1 GG abgesicherten **Persönlichkeitsrechtes.**[1032] Da trotz vielfacher Anstrengungen nach wie vor ein Arbeitnehmerdatenschutzgesetz nicht in Sicht ist, richtet sich der Datenschutz auch im Arbeitsverhältnis nach den allgemeinen Regelungen. Dies ist neben dem BDSG vor allem die Datenschutzgrundverordnung (DS-GVO). Die Rechtsform einer Verordnung, die nach Art. 288 Abs. 2 AEUV für die Mitgliedstaaten der Europäischen Union in allen Teilen verbindlich ist und unmittelbar in jedem Mitgliedstaat gilt, schließt allerdings nicht aus, dass nationale Regelungen auch weiterhin Geltung beanspruchen können, soweit sie mit der Verordnung in Einklang stehen. Rechte der Beschäftigten umfassen Rechte auf Information, Auskunft, Berichtigung, Löschung, Sperrung bzw. eingeschränkte Verarbeitung und Widerspruch. Diese Individualrechte finden sich in Art. 13ff. DS-GVO bzw. auch in den §§ 33ff. BDSG. Allerdings ist

1027 LAG Düsseldorf 10.1.2020 – 6 Sa 360/18, BeckRS 2020, 63270.
1028 LAG Hamm (Westfalen) 23.6.2021 – 10 SaGa 9/21, BeckRS 2021, 41734.
1029 LAG Frankfurt 17.12.2014 – 6 Sa 493/14, BeckRS 2016, 67259.
1030 ArbG Hamburg 27.1.2022 – 4 Ca 356/20, BeckRS 2022, 4994.
1031 ArbG Düsseldorf 23.1.2020 – 12 Ga 5/20, BeckRS 2020, 23409.
1032 BVerfG 11.3.2008 – 1 BvR 256/08, NVwZ 2008, 543.

insoweit Art. 88 DS-GVO zu beachten. Die Mitgliedstaaten können durch Rechtsvorschriften oder durch Kollektivvereinbarungen nur **spezifischere Vorschriften** zur Gewährleistung des Schutzes der Rechte und Freiheiten hinsichtlich der Verarbeitung personenbezogener Beschäftigtendaten im Beschäftigungskontext vorsehen, so dass sich die Frage des Verhältnisses der Rechtsvorschriften stellt. Jedenfalls bleiben nationale Rechtsvorschriften zur Gewährleistung des Schutzes der Rechte und Freiheiten von Beschäftigten hinsichtlich der Verarbeitung ihrer personenbezogenen Daten im Beschäftigungskontext unangewendet, wenn sie nicht die in ebendiesem Art. 88 Abs. 1 und 2 vorgegebenen Voraussetzungen und Grenzen beachten.[1033]

Folgende Anträge sind möglich: 2

Nach Art. 13 DS-GVO, der die Datenerhebung beim Betroffenen selbst regelt, ist der Betroffene bei der Erhebung von personenbezogenen Daten zu **informieren.** Nach Art. 13 DS-GVO besteht die Verpflichtung nicht, wenn und soweit die betroffene Person bereits über die Informationen verfügt. Diese Kenntnis kann insbesondere durch eine entsprechende Klausel im Arbeitsvertrag vermittelt werden. Soweit die Pflicht zur Information nicht erfüllt worden ist, ist eine Leistungsklage möglich und an der konkret zu erteilenden Information auszurichten.

> **Die Beklagte wird verurteilt, dem Kläger <den Namen und die Kontaktdaten des Verantwortlichen sowie gegebenenfalls seines Vertreters> oder <die Zwecke, für die die personenbezogenen Daten verarbeitet werden sollen, > mitzuteilen.**

Ist schon streitig, ob es sich bei den Daten überhaupt um personenbezogene Daten handelt, ist eine Feststellungsklage denkbar, soweit es sich um ein generelles Problem des relevanten Datums handelt und die Konsequenzen für den Fall, dass es sich tatsächlich um ein solches Datum handelt, nicht streitig sind. 3

> **Es wird festgestellt, dass es sich bei der Einzelangabe <konkrete Bezeichnung des Datums> um personenbezogene Daten handelt.**

Nach Art. 15 DS-GVO kann der Betroffene **Auskunft** verlangen, soweit seine personenbezogenen Daten verarbeitet werden. Während die Informationspflichten proaktiv zu erfüllen sind, besteht die Pflicht des Verantwortlichen, Auskunft zu erteilen, nur auf Antrag. 4

Diese Auskunft umfasst ua die Verarbeitungszwecke sowie die Benennung der Kategorien personenbezogener Daten, die verarbeitet werden. Der Verantwortliche stellt eine Kopie der personenbezogenen Daten, die Gegenstand der Verarbeitung sind, zur Verfügung. Für alle weiteren Kopien, die die betroffene Person beantragt, kann der Verantwortliche ein angemessenes Entgelt auf der Grundlage der Verwaltungskosten verlangen. Stellt die betroffene Person den Antrag elektronisch, so sind die Informationen in einem gängigen elektronischen Format zur Verfügung zu stellen, sofern sie nichts anderes angibt. Die Auskunft kann vom Arbeitnehmer im Wege der Auskunftsklage geltend machen → *Auskunft.* 5

1033 Vgl. auch EuGH 30.3.2023 – C-34/21, NZA 2023, 487; BAG 29.6.2023 – 2 AZR 296/22, NZA 2023, 1105; BAG 5.5.2022 – 2 AZR 363/21, NZA 2022, 1191.

Die Beklagte wird verurteilt, dem Kläger Auskunft zu erteilen über die zu seiner Person gespeicherten Daten, die Herkunft dieser Daten, den/die Empfänger, an die die Daten weitergegeben werden sowie den Zweck der Speicherung dieser Daten.[1034]

6 Auch hier ist wichtig, dass die Daten konkret bezeichnet werden, damit der Umfang des Auskunftsverlangens nicht unklar wird.

Die Beklagte wird verurteilt, dem Kläger Auskunft darüber zu erteilen, welche personenbezogenen Daten im Hinblick auf seinen E-Mail-Account im Rahmen der Konzernbetriebsvereinbarung zum Einsatz und Nutzung der und in vorgelagerten Dateien und Datenbanken gespeichert werden und wurden, insbesondere welche Betreffzeilen eingehender E-Mails und welche Daten über seine Angaben über private und geschäftliche Internet- bzw. E-Mail-Nutzung gespeichert wurden bzw. noch sind.[1035]

7 In diesem Fall blieb unklar, was „vorgelagerte Datenbanken" bedeuten sollte. Ebenso:

Die Beklagte wird verurteilt, dem Kläger Auskunft über die von ihr verarbeiteten und nicht in der Personalakte des Klägers gespeicherten personenbezogenen Leistungs- und Verhaltensdaten des Klägers zu erteilen, im Hinblick auf die Zwecke der Datenverarbeitung und die Empfänger, gegenüber denen die Beklagte die personenbezogenen Daten des Klägers offengelegt hat oder noch offenlegen wird.[1036]

8 Hier werden auslegungsbedürftige Begriffe verwendet. Bei der Formulierung „Leistungs- und Verhaltensdaten" handelt es sich um unbestimmte Rechtsbegriffe, deren (vollstreckungsrechtliche) Reichweite im vorliegenden Fall unklar ist. Ferner verunklart die Ausnahme eines Speicherorts im Antrag („nicht in der Personalakte des Klägers gespeichert"), welche Auskünfte im Ergebnis verlangt werden.[1037]

9 § 15 Abs. 3 DS-GVO regelt zudem, dass der Verantwortliche eine Kopie der personenbezogenen Daten, die Gegentand der Verarbeitung sind, zur Verfügung zu stellen hat. Hier ist gleichfalls auf eine präzise Beschreibung zu achten. Dabei ist zu berücksichtigen, dass für den Arbeitnehmer als Gläubiger des Anspruchs aus Art. 15 Abs. 3 DS-GVO im Regelfall nicht immer ersichtlich sein wird, welche Unterlagen sich bei der Arbeitgeberin konkret befinden. Folgender Antrag könnte formuliert werden:

Die Beklagte wird verurteilt, der Klägerin Kopien der von den Beklagten verarbeiteten personenbezogenen Daten betreffend die Datenkategorien Telefonnotizen, Aktenvermerke, Gesprächsprotokolle, E-Mails, Briefe und Zeichnungsunterlagen für Kapitalanlagen im Zeitraum vom <Datum> bis zum <Datum> zu überlassen.[1038]

1034 Vgl. LAG Niedersachsen 22.1.2007 – 11 Sa 614/06, NZA-RR 2007, 585; auch ArbG Berlin 24.9.1987 – 10 Ca 159/87, BB 1980, 70.
1035 LAG Hessen 29.1.2013 – 13 Sa 263/12, BeckRS 2013, 67364.
1036 BAG 16.12.2021 – 2 AZR 235/21, NZA 2022, 362.
1037 BAG 16.12.2021 – 2 AZR 235/21, NZA 2022, 362.
1038 Vgl. OLG München 4.10.2021 – 3 U 2906/20, DAR 2022, 150.

Unzulässig demgegenüber: 10

> **Die Beklagte wird verurteilt, dem Kläger eine Kopie sämtlicher E-Mails, die Gegenstand der von ihr vorgenommenen Verarbeitung sind, zur Verfügung zu stellen.**[1039]

Die E-Mails, von denen eine Kopie zur Verfügung gestellt werden soll, sind hier nicht 11 in einer Weise bezeichnet, dass im Vollstreckungsverfahren unzweifelhaft wäre, auf welche elektronischen Nachrichten sich die Verurteilung konkret bezieht.

Die betroffene Person hat zudem das Recht, von dem Verantwortlichen unverzüglich 12 die **Berichtigung** sie betreffender unrichtiger personenbezogener Daten zu verlangen, Art. 16 DS-GVO. Eine **Löschung** kommt nach Art. 17 DS-GVO in Betracht. Daneben ist ein Recht auch **Einschränkung der Verarbeitung** möglich, Art. 18 DS-GVO.

> **Die Beklagte wird verurteilt, die in der Personalakte befindlichen Einzelangaben <konkrete Bezeichnung der beanstandeten Daten> zu berichtigen/löschen <bei der Berichtigung ist das richtige Datum anzugeben mit „berichtigen zu">.**[1040]

Soweit die Verletzung von Datenschutzbestimmungen **Schadensersatzansprüche** 13 begründet, insbesondere nach Art. 82 Abs. 1 DS-GVO,[1041] richtet sich der Klageantrag nach den allgemeinen Grundsätzen → *Schadensersatz.*

Die in der DS-GVO bzw. im BDSG geregelten organisatorischen Pflichten der mit 14 der Datenverarbeitung befassten Stellen, etwa die Pflicht einen Datenschutzbeauftragten zu bestellen → *Datenschutzbeauftragter* oder die mit der Datenverarbeitung befassten Mitarbeiter auf das Datengeheimnis zu verpflichten, sind demgegenüber nicht von den bei dem Arbeitgeber beschäftigten Mitarbeitern durchsetzbar. Denn es handelt sich nicht um individuelle Rechtspositionen der Arbeitnehmer. Hier muss die Aufsichtsbehörde tätig werden. Hier handelt es sich um individualrechtliche Rechtspositionen → *Datenschutzbeauftragter.*

Datenschutzbeauftragter

Der Datenschutzbeauftragte ist Teil des Systems der Datenschutzkontrolle. Dabei ist 1 grundsätzlich zwischen dem Amt des Datenschutzbeauftragten und dem der Bestellung zugrunde liegenden Grundverhältnis zu trennen. Handelt es sich um einen externen Datenschutzbeauftragten, wird als Grundverhältnis regelmäßig ein Geschäftsbesorgungsvertrag bestehen. Der interne Datenschutzbeauftragte ist hingegen regelmäßig auch Arbeitnehmer. Allerdings kann die Übertragung des Amtes und der damit verbundenen Aufgaben dem Arbeitnehmer nicht per Ausübung des Direktionsrechts zugewiesen werden, sondern es bedarf einer Vereinbarung.[1042] Daran ändert § 4f Abs. 1 BDSG nichts. Denn diese Norm regelt nur die einseitige Bestellung. Davon zu unterscheiden ist die vertragliche Grundlage, nach der sich der Beauftragte

1039 Vgl. BAG 27.4.2021 – 2 AZR 342/20, NZA 2021, 1053.

1040 LG Frankfurt 12.9.2007 – 2/15 S 22/07 – juris; OLG Düsseldorf 11.5.2005 – 15 U 196/04, NJW 2005, 2401; vgl. ArbG Frankfurt 28.4.2004 – 9 Ca 6822/03, BeckRS 2005, 42356.

1041 Vgl. LAG Baden-Württemberg 28.7.2023 – 9 Sa 73/21, BeckRS 2023, 28189; LAG Schleswig-Holstein 21.2.2023 – 1 Sa 148/22, ZD 2023, 703; LAG Düsseldorf 26.4.2023 – 12 Sa 18/23, NZA-RR 2023, 578.

1042 BAG 23.3.2011 – 10 AZR 562/09, NZA 2011, 1036 Rz. 29.

für den Datenschutz schuldrechtlich verpflichtet, diese Aufgabe zu übernehmen. Im Ergebnis kann das Amt als Datenschutzbeauftragter durchaus mit dem Arbeitsvertrag in einer Verbindung stehen. Nicht selten wird der Arbeitsvertrag für die Dauer der Übertragung des Amtes und der damit verbundenen Tätigkeit – auflösend bedingt – erweitert.[1043] Soweit der Arbeitnehmer in diesen Fällen vom Amt des Datenschutzbeauftragten abberufen wird, kann er auf **zwei Wegen** mit unterschiedlicher Zielsetzung vorgehen. Er kann zum einen **Leistungsklage** auf → *Beschäftigung*, also zB Klage auf Weiterbeschäftigung als Datenschutzbeauftragter erheben.

> **Die Beklagte wird verurteilt, den Kläger im Betrieb <Ort> als Datenschutzbeauftragten zu beschäftigen.**[1044]

2 Darüber hinaus kann der Arbeitnehmer aber auch eine **Feststellungsklage** erheben, die umfassend auf die Unwirksamkeit der erklärten Teilkündigung oder des Widerrufs abzielt. Für den Fall des Widerrufs lässt das BAG folgenden Antrag zu:

> **Es wird festgestellt, dass die Rechtsstellung des Klägers als Beauftragter für den Datenschutz nicht durch den Widerruf der Beklagten vom <Datum> beendet worden ist.**[1045]

3 Die Suche nach dem feststellungsfähigen Rechtsverhältnis bereitet bei diesem Antrag gewisse Schwierigkeiten. Auch wenn diese Formulierung noch auslegungsfähig sein dürfte, sollte der Antrag auch hier sinnvoller Weise direkt näher am Rechtsschutzziel und am feststellungsfähigen Rechtsverhältnis orientiert werden. Dies besteht darin, dass der Kläger die Feststellung begehrt, nach wie vor Datenschutzbeauftragter zu sein.

> **Es wird festgestellt, dass der Kläger über den <Datum> hinaus gemäß der Bestellung vom <Datum> weiterhin Datenschutzbeauftragter der Beklagten ist.**[1046]

4 Besteht ein Arbeitsverhältnis und möchte die Arbeitgeberin nur das Amt des Datenschutzbeauftragten durch Widerruf und die damit verbundenen arbeitsrechtlichen Aufgaben beenden, ist uU eine → *Teilkündigung* denkbar.

5 Dann muss der Arbeitnehmer jedenfalls auch die Teilkündigung angreifen.[1047] Es kann dann wie folgt formuliert werden:

> **Es wird festgestellt, dass der Kläger über den <Datum> hinaus gemäß der Bestellung vom <Datum> weiterhin Datenschutzbeauftragter der Beklagten ist.**
>
> **Es wird festgestellt, dass das Arbeitsverhältnis der Parteien durch die (Teil-) Kündigung der Beklagten vom <Datum> nicht aufgelöst ist.**

1043 BAG 23.3.2011 – 10 AZR 562/09, NZA 2011, 1036 Rz. 29.
1044 Insoweit zutreffend ArbG Dortmund 20.2.2013 – 10 Ca 4800/12, BeckRS 2014, 65102.
1045 BAG 6.6.2023 – 9 AZR 383/19, NZA 2023, 1329; BAG 23.3.2011 – 10 AZR 562/09, NZA 2011, 1036. Zum Sozialen Ansprechpartner vgl. BAG 30.9.2015 – 10 AZR 251/14, BAGE 153, 32. Vgl. auch BAG 18.10.2023 – 5 AZR 68/23, NZA 2024, 125 zum Betriebsbeauftragten für Abfall.
1046 Vgl. auch LArbG Berlin-Brandenburg 15.10.2013 – 3 Sa 567/13, BeckRS 2015, 73367.
1047 BAG 23.3.2011 – 10 AZR 562/09, NZA 2011, 1036; BAG 13.3.2007 – 9 AZR 612/05, NZA 2007, 563.

Kündigt die Arbeitgeberin das bestehende Arbeitsverhältnis insgesamt, ist diese Kündigung anzugreifen.[1048] Dann gelten keine Besonderheiten → *Kündigung* 6

Dienstwagen

→ *Kraftfahrzeug*

Direktionsrecht

Übersicht

	Rn.
1. Grundlage	2–6
2. Feststellungsanträge	7–11
3. Anträge auf Beschäftigung	12, 13
4. Unterlassungsanträge	14
5. Verhältnis der Anträge	15, 16
6. Negativbeispiele	17–19
7. Antrag und Direktionsrecht	20
8. Einstweilige Verfügung	21–23

Hinter dem Stichwort „Direktionsrecht" verbergen sich **diverse Fallgestaltungen,** 1
denen gemeinsam ist, dass der Arbeitnehmer mit der vom Arbeitgeber zugewiesenen Arbeit im Hinblick auf Art, Zeit oder Ort der Tätigkeit nicht einverstanden ist. In dieser Situation kann er versuchen, einerseits die tatsächlich erfolgte Zuweisung anzugreifen, andererseits statt der zugewiesenen Arbeit eine andere durchzusetzen.

1. Grundlagen

Der Arbeitnehmer hat Anspruch darauf, entsprechend seinem Arbeitsvertrag **tat-** 2
sächlich beschäftigt zu werden, vgl. → *Beschäftigung.* Dieses Recht ist allerdings nicht statisch. Der Arbeitgeber ist berechtigt, eine nur rahmenmäßig umschriebene Leistungspflicht nach Zeit, Ort und Art näher zu bestimmen. Dieses sog. **Weisungs- oder Direktionsrecht** findet seine Rechtsgrundlage in § 106 GewO. Danach kann der Arbeitgeber Inhalt, Ort und Zeit der Arbeitsleistung nach billigem Ermessen näher bestimmen, soweit diese Arbeitsbedingungen nicht durch den Arbeitsvertrag, Bestimmungen einer Betriebsvereinbarung, eines anwendbaren Tarifvertrages oder gesetzlicher Vorschriften festgelegt sind. Der Umfang des Direktionsrechtes lässt sich also nicht generell festlegen. Je enger die Tätigkeit des Arbeitnehmers sowie die Einzelheiten seiner Beschäftigung, der Einsatzort oder Umfang und Lage der Arbeitszeit festgeschrieben sind, umso geringer ist der Spielraum des Arbeitgebers zur Ausübung seines Direktionsrechtes.[1049]

Soweit der Arbeitnehmer der Auffassung ist, der Arbeitgeber überschreite durch eine 3
Weisung das Direktionsrecht in inhaltlicher, örtlicher oder zeitlicher Art und Weise, kann er Rechtsschutz beanspruchen. Denn die **Grenzen des Direktionsrechtes** sind **in vollem Umfang** gerichtlich **überprüfbar.**

Problematisch ist allerdings, **welcher Weg** beschritten werden soll und kann. Ist die 4
Weisung rechtswidrig, kann der Arbeitnehmer die Befolgung der Weisung verwei-

1048 Vgl. auch BAG 25.8.2022 – 2 AZR 225/20, NZA 2022, 1457; BAG 5.12.2019 – 2 AZR 223/19, NZA 2020, 227; BAG 27.7.2017 – 2 AZR 812/16, NZA 2018, 166.

1049 BAG 30.11.2022 – 5 AZR 336/21, NZA 2023, 429; BAG 24.10.2018 – 10 AZR 19/18, BB 2018, 3059; BAG 19.4.2007 – 2 AZR 78/06, AP BGB § 611 Direktionsrecht Nr. 77; ErfK/Preis BGB § 611 Rn. 277; LAG Köln 26.10.1984 – 6 Sa 740/84, NZA 1985, 258.

gern und zB Ansprüche aus Annahmeverzug geltend machen.[1050] Er setzt sich dann aber dem Risiko der ggf. fristlosen verhaltensbedingten Kündigung wegen beharrlicher Arbeitsverweigerung aus. Dieses Vorgehen ist also mit großen Risiken verbunden, wenn sich nachträglich herausstellen sollte, dass die Weisung tatsächlich rechtmäßig gewesen ist.

5 Nach Auffassung des Bundesarbeitsgerichtes stehen dem Arbeitnehmer bei einem Streit über die Berechtigung der Versetzung **zwei Wege** zur Verfügung. Er kann die Berechtigung im Wege der Feststellungsklage klären lassen oder den Anspruch auf vertragsgemäße Beschäftigung im Rahmen einer Klage auf künftige Leistung nach § 259 ZPO durchsetzen.[1051] Denkbar sind jedoch auch Unterlassungsanträge. Dazu unten 4.

6 Bei mehreren Versetzungen ist zu beachten, dass es sich auch nur um einen Annex zur ursprünglichen Versetzung handeln kann, die dann nicht mehr gesondert zum Gestand einer Klage gemacht werden kann.[1052]

2. Feststellungsanträge

7 Der Arbeitnehmer kann die **zugewiesene Arbeit antreten** und nach Auffassung des BAG eine **Feststellungsklage** gerichtet auf die Feststellung der Rechtswidrigkeit der Weisung erheben. Ausgangspunkt dieser Überlegung ist, dass auch einzelne Beziehungen und Folgen eines Rechtsverhältnisses Gegenstand einer Feststellungsklage sein können, → *Systematische Einleitung* Rn. 33, 42. Die Unwirksamkeit der Weisung oder der Versetzung ist als solches allerdings selbst kein Rechtsverhältnis. Es geht vielmehr darum, den Inhalt des Rechtsverhältnisses zu verändern[1053] Die Darstellung orientiert sich im Folgenden aber gleichwohl am in std. Rspr. vertretenen Feststellungsantrag des BAG. Die Antragsformulierung muss aber stets deutlich machen, welche konkrete Weisung der Arbeitnehmer angreifen möchte. Dabei sollte zur **eindeutigen Identifikation** auch die mit der Weisung zugewiesene Tätigkeit beschrieben werden.

Positive Feststellungsklage:

Es wird festgestellt, dass die Weisung der Beklagten vom <Datum>, mit der dem Kläger Tätigkeiten als <Beschreibung der zugewiesenen Tätigkeiten> zugewiesen worden sind, unwirksam ist.[1054]

8 Da nach allgemeinem Sprachgebrauch im Arbeitsrecht die Änderung des Arbeitsplatzes nach Art, Zeit oder Ort der Tätigkeit auch als „Versetzung" bezeichnet wird, kann auf Grundlage der Rspr. des BAG wie folgt formuliert werden:

Es wird festgestellt, dass die Versetzung des Klägers nach <Ort> unwirksam ist.[1055]

1050 Vgl. Dazu etwa BAG 27.5.2015 – 5 AZR 88/14, NZA 2015, 1053.
1051 So ausdrücklich BAG 18.10.2017 – 10 AZR 47/17, NZA 2018, 162; BAG 25.8.2010 – 10 AZR 275/09, NZA 2010, 1355. Vgl. auch 24.10.2018 – 10 AZR 19/18, BB 2018, 3059.
1052 BAG 30.11.2016 – 10 AZR 644/15, NZA 2017, 451.
1053 Vgl. Zutreffend Niemann NZA 2019, 65 Rn. 42.
1054 Vgl. 24.10.2018 – 10 AZR 19/18, BB 2018, 3059; BAG 18.10.2017 – 10 AZR 47/17, NZA 2018, 162; BAG 27.10.2005 – 6 AZR 123/05, NZA 2006, 621.
1055 Vgl. BAG 27.10.2005 – 6 AZR 123/05, NZA 2006, 621.

> **Es wird festgestellt, dass die Versetzung der Beklagten vom <Datum> in den Bereich <Nennung des konkreten Bereiches> unwirksam ist.**[1056]

Da es um den Gegenstand der Weisung nach Art, Zeit und Ort der Tätigkeit geht, 9
sind weitere Angaben, insbesondere zum Gehalt nicht nur überflüssig, sondern falsch. Denn sie führen zur Unklarheit des Antrags.

> *Es wird festgestellt, dass der Kläger nach wie vor als Leiter des Lagers unter Beibehaltung seiner bisherigen Bezüge tätig bleibt.*

Im Rahmen der (Zwischen-)Feststellungklage kann die Weisung natürlich auch in- 10
haltlich angegriffen und der Umfang der Leistungspflicht zum Gegenstand des Rechtstreits gemacht werden.

> **Es wird festgestellt, dass der Kläger aufgrund der Weisung der Beklagten vom <Datum> nicht verpflichtet ist, eine Tätigkeit als <Beschreibung der zugewiesenen Tätigkeiten> zu erbringen.**[1057]

Negative Feststellungsklage:

Der Arbeitnehmer kann aber nicht nur positiv Feststellung der Rechtswidrigkeit der 11
Weisung geltend machen. Möglich ist auch eine negative Feststellungsklage, mit der er geltend macht, nicht zur Leistung der zugewiesenen Arbeit verpflichtet zu sein.[1058]

> **Es wird festgestellt, dass der Kläger nicht verpflichtet ist, Tätigkeiten als <Beschreibung der zugewiesenen Tätigkeiten> wahrzunehmen.**[1059]

3. Anträge auf Beschäftigung:

Neben der Rechtswidrigkeit der jeweiligen Weisung kann der Arbeitnehmer auch 12
seinen **Beschäftigungsanspruch** geltend machen, also versuchen, die Tätigkeit durchzusetzen, die er seiner Auffassung nach schuldet. Denn der Arbeitnehmer hat Anspruch auf vertragsgemäße Beschäftigung. Zu den möglichen Anträgen vgl. → *Beschäftigung*.

Besonders zu beachten ist, dass dem arbeitsvertraglichen Beschäftigungsanspruch 13
aufgrund des Direktionsrechtes **unterschiedliche Beschäftigungsvarianten** entsprechen können und die Gefahr besteht, dass die konkret geltend gemachte Beschäftigung nicht vom Direktionsrecht gedeckt ist oder auch eine andere als die beantragte Beschäftigung dem Direktionsrecht entspricht. Hier muss mit **Beschäftigungsalternativen** gearbeitet und dem Arbeitgeber die Auswahl der konkreten Beschäftigung überlassen werden. Etwas anderes gilt aber dann, wenn das Direktionsrecht vor der unwirksamen Weisung bereits durch eine zulässige Weisung konkretisiert war. Dann kann der Arbeitnehmer sich darauf beschränken, diese Beschäftigungsvariante gel-

1056 Vgl. BAG 30.11.2022 – 5 AZR 336/21, NZA 2023, 429.
1057 BAG 18.10.2017 – 10 AZR 330/16, NZA 2017, 1452.
1058 So schon BAG 20.1.1960 – 4 AZR 267/59, DB 1960, 442; BAG 3.12.2008 – 5 AZR 62/08, NZA-RR 2009, 527; BAG 22.10.2008 – 4 AZR 735/07, NZA 2009, 188; LAG München 1.12.2004 – 5 Sa 913/04, NZA-RR 2005, 354; LAG Rheinland/Pfalz 16.4.2003 – 9 Sa 91/03, BeckRS 2003, 30798468.
1059 Siehe auch LAG Köln 9.5.2008 – 11 Sa 261/08, LAGE GewO 2003 § 106 Nr. 5.

tend zu machen. Denn solange der Arbeitgeber nicht rechtswirksam von seinem Weisungsrecht Gebrauch gemacht hat, bleibt es bei der zugewiesenen Arbeitsaufgabe. Im Falle der unwirksamen Weisung richtet sich der Beschäftigungsanspruch auf die zuletzt zugewiesene Tätigkeit. Dies gilt auch im Falle einer (nur) unbilligen Weisung.[1060] vgl. umfassend c) → *Beschäftigung.*

4. Unterlassungsanträge

14 Eine Leistungsklage kann nach allgemeinen Grundsätzen allerdings nicht auf eine Handlung oder ein positives Tun gerichtet sein. Ziel der Leistungsklage können auch **das Unterlassen** oder die Duldung von Handlungen sein. Rechtlich ist allerdings nicht unproblematisch, ob ein Anspruch auf vertragsgemäße Beschäftigung zugleich auch den Anspruch umfasst, eine nicht vertragsgemäße Beschäftigung zu unterlassen. Nach der wohl überwiegenden Auffassung ist es möglich, einen **Unterlassungsantrag** zu formulieren.[1061] Vgl. ausführlich → *Beschäftigung Rn. 15.*

> **Die Beklagte wird verurteilt, es zu unterlassen, den Kläger mehr als 40 Stunden verteilt auf 7 aufeinander folgende Tage als Bäcker in der Bäckerei der Beklagten in <Ort> zu beschäftigen.**[1062]

5. Verhältnis der Anträge

15 Positive oder negative **Feststellungsklagen** können nach der hM mit dem Anspruch auf vertragsgerechte **Beschäftigung kumulativ geltend gemacht werden.**[1063] Denn das Rechtsschutzziel der Anträge ist jeweils unterschiedlich. Während mit der Feststellungsklage die Rechtmäßigkeit der Weisung überprüft werden soll, geht es bei der Beschäftigungsklage um die Durchsetzung der vertragsgemäßen Beschäftigung. Auch wenn die Rechtswidrigkeit der Weisung feststeht, ergibt sich daraus im Regelfall nicht, wie der Arbeitnehmer tatsächlich zu beschäftigen ist. Deshalb spricht das BAG in std. Rspr. von „zwei Wegen". Es kann also durchaus wie folgt formuliert werden:[1064]

> 1. **Es wird festgestellt, dass die Versetzung der Beklagten vom <Datum> in den Bereich <Nennung des konkreten Bereiches> unwirksam ist.**
> 2. **Die Beklagte wird verurteilt, den Kläger als <Berufsbezeichnung> mit Tätigkeiten <Beschreibung der Tätigkeiten> in <Ort> zu beschäftigen.**

16 In gleicher Weise könnte nach der wohl überwiegenden Auffassung auch ein **Unterlassungsanspruch** kumulativ geltend gemacht werden.

1060 BAG 18.6.2021 – 9 AZR 217/20, NZA 2021, 1625; BAG 18.10.2017 – 10 AZR 330/16, NZA 2017, 1452; BAG 18.10.2017 – 10 AZR 47/17, NZA 2018, 162; BAG 18.10.2017 – 10 AZR 296/11, NZA 2017, 1452; BAG 25.8.2010 – 10 AZR 275/09, NZA 2010, 1355.

1061 So zutreffend BAG 9.4.2014 – 10 AZR 637/13, NZA 2014, 1434; Hess. LAG 5.11.2012 – 21 Sa 593/10, BeckRS 2013, 66216; Hess. LAG 1.6.2012 – 14 SaGa 124/12, BeckRS 2012, 72133; LAG Thüringen 10.4.2001 – 5 Sa 403/2000, NZA-RR 2001, 347; dagegen LAG München 1.12.2004 – 5 Sa 913/04, NZA-RR 2005, 354. Unklar BAG 25.8.2010 – 10 AZR 275/09, NZA 2010, 1355, da es von zwei Möglichkeiten spricht, ohne das Verhältnis zu klären.

1062 Hess. LAG 1.6.2012 – 14 SaGa 124/12, BeckRS 2012, 72133.

1063 Unklar BAG 25.8.2010 – 10 AZR 275/09, NZA 2010, 1355, da es von zwei Möglichkeiten spricht, ohne das Verhältnis zu klären; LAG München 1.12.2004 – 5 Sa 913/04, NZA-RR 2005, 354. BAG 13.6.2012 – 10 AZR 296/11, NZA 2012, 1154 lässt beide Anträge ohne weiteres nebeneinander zu. Dies ist indes nicht unproblematisch.

1064 BAG 18.10.2017 – 10 AZR 47/17, NZA 2018, 162; BAG 24.1.2001 – 5 AZR 411/99, BeckRS 2010, 74727.

> **1. Es wird festgestellt, dass die Versetzung der Beklagten vom <Datum> in den Bereich <Nennung des konkreten Bereiches> unwirksam ist.**
> **2. Die Beklagte wird verurteilt, den Kläger als <Berufsbezeichnung> mit Tätigkeiten <Beschreibung der Tätigkeiten> in <Ort> zu beschäftigen.**
> **3. Die Beklagte wird verurteilt, es zu unterlassen, den Kläger mit Tätigkeiten <Beschreibung der Tätigkeiten> in <Ort> zu beschäftigen.**

6. Negativbeispiele

Feststellung eines Zurückbehaltungsrechtes

> *Es wird festgestellt, dass der Kläger nicht verpflichtet ist, die ihm am <Datum > zugewiesene Tätigkeit als <Tätigkeitsbeschreibung> zu verrichten und ihm ein Zurückbehaltungsrecht zusteht.*

Häufig beantragen Arbeitnehmer die Feststellung eines Zurückbehaltungsrechtes, **17**
um das Risiko einer Kündigung durch den Arbeitgeber zu vermeiden. Allerdings kann nach § 256 ZPO Gegenstand einer Feststellungsklage nur die Feststellung des Bestehens oder Nichtbestehens eines Rechtsverhältnisses sein.

Auch einzelne Beziehungen und Folgen eines Rechtsverhältnisses können Gegen- **18**
stand einer Feststellungsklage sein. Dies gilt allerdings nicht für bloße Vorfragen → *Systematische Einleitung* Rn. 33. Ob und inwieweit das Zurückbehaltungsrecht Gegenstand einer Feststellungsklage sein kann, ist umstritten[1065] → *Leistungsverweigerung.* Nach zutreffender Auffassung dürfte, selbst wenn man ein feststellungsfähiges Rechtsverhältnis annehmen sollte, regelmäßig das Feststellungsinteresse fehlen, → *Leistungsverweigerung.*

Zurücknahme der Weisung

> *Die Beklagte wird verurteilt, die Weisung vom <Datum > zurückzunehmen.*

Auch dieser Antrag ist nicht am Rechtsschutzziel orientiert und mit dem oben be- **19**
schriebenen Unterlassungsantrag vergleichbar.

7. Antrag und Direktionsrecht

Es kommt vor, dass die Arbeitgeberin gegenüber dem Arbeitnehmer kurz vor der **20**
mündlichen Verhandlung eine neue Weisung ausspricht. Hat der Arbeitnehmer im Hinblick auf die ursprüngliche Weisung nur den Feststellungsantrag gestellt, mit dem die Unwirksamkeit der Weisung festgestellt werden soll, ist § 256 Abs. 1 ZPO zu beachten. Diese Bestimmung setzt ein im Zeitpunkt der letzten mündlichen Verhandlung bestehendes Feststellungsinteresse voraus. Hält der Arbeitgeber an der ursprünglichen Weisung nicht mehr fest, fehlt es daran. Zwar steht der Umfang des Direktionsrechtes aufgrund der neuen Weisung regelmäßig weiterhin im Streit, dieser Streit kann aber nicht durch die Feststellung der Unwirksamkeit der ursprünglichen Versetzung gelöst werden. Auch für diesen Fall empfiehlt sich ein kumulatives Vorgehen, → Rn. 15. Insbesondere der geltend gemachte Beschäftigungsantrag wird

1065 Vgl. zum Annahmeverzug BGH 31.5.2000 – XII ZR 41/98, NJW 2000, 2663; aA zum Zurückbehaltungsrecht LAG Mecklenburg-Vorpommern 6.5.2004 – 1 Sa 240/03, LAGE ArbGG 1979 § 64 Nr. 37.

durch die erneute Ausübung des Direktionsrechtes durch die Arbeitgeberin nicht beeinträchtigt. Der Streitgegenstand wird ausschließlich vom Kl. mit seinem Klagebegehren bestimmt. Das Vorbringen des Bekl. oder Verteidigungsvorbringen des Kl. gegenüber dem Beklagtenvortrag verändert den vom Kl. mit seinem Antrag und seinem Klagevorbringen festgelegten Streitgegenstand nicht.[1066]

8. Einstweilige Verfügung

21 Auch die Möglichkeit der einstweiligen Verfügung hängt ab vom jeweils gestellten Antrag. Hin und wieder wird auch im Rahmen der einstweiligen Verfügung versucht, den von der Rechtsprechung im Hauptsacheverfahren zugelassenen **Feststellungsantrag** nachzubilden. Der Arbeitnehmer macht dann im Wege der einstweiligen Verfügung die Feststellung der Rechtswidrigkeit der Weisung geltend. Soweit ein positiver oder negativer **Feststellungsantrag** geltend gemacht werden soll, ist das Verfahren der einstweiligen Verfügung ausgeschlossen. Denn feststellende einstweilige Verfügungen sind weder zur Sicherung der Zwangsvollstreckung noch zur vorläufigen Durchsetzung eines Anspruchs noch zur verbindlichen Klärung der Rechtslage geeignet. Die Rechtskraft einer einstweiligen Verfügung erstreckt sich nicht auf das streitige Rechtsverhältnis, sondern auf den Sicherungsgrund, kann nicht, vgl. → *Systematische Einleitung Rn. 86.*[1067] Die einstweilige Verfügung ist deshalb einerseits denkbar, wenn der **Beschäftigungsanspruch** geltend gemacht werden soll. Für den Antrag ergeben sich deshalb keine Besonderheiten, → *Beschäftigung.*

> **Die Verfügungsbeklagte wird verurteilt, den Verfügungskläger bis zu einer erstinstanzlichen Entscheidung in der Hauptsache als <Berufsbezeichnung> mit <konkrete Tätigkeiten> in <Ort> zu beschäftigen.**

22 Darüber hinaus kommt im Rahmen einer Versetzung aber auch eine Regelungsverfügung in Betracht. Gemäß § 940 ZPO sind einstweilige Verfügungen zum Zweck der Regelung eines einstweiligen Zustandes in Bezug auf ein streitiges Rechtsverhältnis zulässig, sofern diese Regelung zur Abwendung wesentlicher Nachteile oder zur Verhinderung drohender Gewalt oder aus anderen Gründen nötig erscheint. Denkbar wäre es deshalb, einer Arbeitgeberin im Rahmen einer Regelungsverfügung aufzugeben, den Kläger vorläufig nicht mit den neu zugewiesenen Tätigkeiten oder am neuen Arbeitsort einzusetzen.

> **Der Verfügungsbeklagten wird aufgegeben, es bis zu einer erstinstanzlichen Entscheidung in der Hauptsache zu dulden, dass der Verfügungskläger seine neue Tätigkeit als < neue Tätigkeit> in <neuer Ort> aufnimmt.**[1068]

23 Auch hier sind die Erfolgsaussichten in der Praxis freilich gering. Denn neben dem erforderlichen Verfügungsanspruch muss – nach wohl überwiegender Meinung – auch hier eine besondere Eilbedürftigkeit bestehen, die es erforderlich macht, zur Abwendung wesentlicher Nachteile bereits vor einer Klärung strittiger Rechtsfragen

1066 BAG 18.11.2014 – 1 AZR 257/13, NZA 2015, 306. Vgl. auch 20.2.2018 – 1 AZR 787/16, ArbRAktuell 2018, 214.

1067 Vgl. nur SW/Walker § 62 ArbGG Rn. 93; LArbG Köln 24.11.2010 – 5 Ta 361/10, BeckRS 2011, 65353; LAG München 1.12.2004 – 5 Sa 913/04, NZA-RR 2005, 354; aA LAG Köln 7.4.2016 – 12 SaGa 9/16, BeckRS 2016, 69468.

1068 LArbG Berlin-Brandenburg 1.11.2016 – 7 SaGa 1629/16, BB 2017, 372.

im Hauptsacheverfahren nach summarischer Prüfung eine vorläufige Regelung zu treffen.

Direktversicherung

Unter einer Direktversicherung versteht man in der betrieblichen Altersversorgung 1
eine Lebensversicherung, die durch den Arbeitgeber auf das Leben des Arbeitnehmer abgeschlossen wird, § 1b Abs. 2 BetrAVG. Im Fall des Ausscheidens des Arbeitnehmers kann es zum Streit darüber kommen, wie mit der Versicherung weiter verfahren werden soll.

Insbesondere kommt es vor, dass der Arbeitnehmer die vollständige **Übertragung** 2
der Versicherungsnehmereigenschaft auf sich verlangt. Da er hierfür auch der Zustimmung des Versicherungsunternehmens bedarf, kann er von der Arbeitgeberin nicht die Übertragung selbst, sondern nur die Abgabe der hierfür erforderlichen Erklärungen verlangen:

> **Die Beklagte wird verurteilt, alle erforderlichen Erklärungen gegenüber der <Name der Versicherungsgesellschaft> abzugeben, die dem Kläger die Übernahme der Versicherungsnehmereigenschaft des <genaue Bezeichnung des Versicherungsvertrags> ermöglichen.**

Zwar wird vertreten, ein solcher Titel sei nicht hinreichend bestimmt, weil er die die 3
Leistungspflicht des Schuldners nicht eindeutig bestimme.[1069] Zutreffend hat jedoch das Bundesarbeitsgericht darauf hingewiesen, dass es für die Vollstreckungsfähigkeit eines Titels ausreichend ist, wenn darin nicht die konkret abzugebenden Erklärungen oder vorzunehmenden Handlungen bestimmt sind, sondern der durch die Erklärungen oder Handlungen zu bewirkende Erfolg. Es ist dann Sache des Schuldners, auf welche Weise er den von ihm geschuldeten Erfolg herbeiführt.[1070] Auch in der Insolvenz der Arbeitgeberin soll die Klage gegen diese als Versicherungsnehmerin zu richten sein, nicht gegen den Insolvenzverwalter.[1071]

Hat hingegen die Arbeitgeberin die sog. versicherungsförmige Lösung nach § 2 4
Abs. 2 S. 2 BetrAVG gewählt, sind kaum rechtliche Auseinandersetzungen denkbar.

Hat die Arbeitgeberin den Versicherungsvertrag gekündigt, kommen Ansprüche auf 5
Verschaffung[1072] (→ *Betriebliche Altersversorgung*) und auf → *Schadensersatz*[1073] in Betracht.

Wenn der Arbeitnehmer meint, die Arbeitgeberin habe fehlerhaft Beiträge zur Direktversicherung nicht gezahlt, hat er zu beantragen:

> **Die Beklagte wird verurteilt, zugunsten des Klägers auf das Konto der <Name der Versicherungsgesellschaft> mit der Kontonummer <Bezeichnung> auf den Versicherungsvertrag <genaue Bezeichnung> <Betrag> EUR zu zahlen.**

1069 LAG Nürnberg 20.11.2014 – 5 Ta 141/14, juris.
1070 BAG 31.5.2012 – 3 AZB 29/12, NZA 2012, 1117; BAG 12.2.2013 – 3 AZR 99/11, BeckRS 2013, 68678.
1071 OLG Düsseldorf 4.7.2022 – I-12 W 2/22, ZInsO 2023, 382; aA wohl ArbG Düsseldorf 20.12.2021– 6 Ca 8002/20, ZInsO 2022, 1699.
1072 LAG Düsseldorf 17.12.2014 – 12 Sa 580/14, NZA-RR 2015, 264.
1073 BAG 18.9.2012 – 3 AZR 176/10, AP BetrAVG § 1 Lebensversicherung Nr. 35; BAG 12.2.2013 – 3 AZR 99/11, BeckRS 2013, 68678.

6 Welchen Antrag der Arbeitnehmer zu stellen hat, wenn er gegen die Arbeitgeberin seinen Auskunftsanspruch nach § 4a Abs. 1 BetrAVG geltend macht, lässt sich nicht verallgemeinern. Der Antrag muss möglichst präzise beschreiben, welche Auskunft der Arbeitnehmer erstrebt. Besteht Streit über den Berechnungsweg kann der Arbeitnehmer nicht verlangen, dass die Arbeitgeberin eine Auskunft nach seinen Vorstellungen erteilt:

> *Die Beklagte hat die unverfallbaren Anwartschaften des Klägers auf betriebliche Altersversorgung aus der Direktversicherung <Bezeichnung> neu zu berechnen und dabei <Inhalt der Rechtsauffassung des Klägers> zugrunde zu legen.*[1074]

Diskriminierung

1 Diskriminierungen, Ungleichbehandlungen oder Benachteiligungen können in unterschiedlichsten Formen auftreten und sich auf die verschiedensten Bereiche des Arbeitslebens auswirken. Der Gesetzgeber hat im **Allgemeinen Gleichbehandlungsgesetz** (AGG) das Wesentliche geregelt. Danach sind Benachteiligungen, die nicht gerechtfertigt sind, unzulässig und unwirksam. Für den zutreffenden Klageantrag kommt es dann darauf an, **welche Folge** die Unwirksamkeit der unzulässigen Maßnahme hat bzw. welche geltend gemacht werden soll. Handelt es sich etwa um eine → *Versetzung,* kann sich der Klageantrag auf die Feststellung der Unwirksamkeit der Versetzung oder auch auf die Weiterbeschäftigung zu den bisherigen Arbeitsbedingungen (→ *Beschäftigung*) richten. → *Kündigungen* sind durch eine Kündigungsschutzklage anzugreifen. Gegenstand kann aber auch beispielsweise eine → *Beurteilung* sein. Das AGG sieht in § 15 AGG zudem eine Verpflichtung des Arbeitgebers zur Leistung von → *Schadensersatz* und bei einem immateriellen Schaden ein Anspruch auf → *Entschädigung bei Diskriminierung* vor.

2 Eine Form der Diskriminierung kann → *Mobbing* sein. Zu beachten ist in diesem Zusammenhang, dass die Rechtswidrigkeit eines Verhaltens nicht Gegenstand einer allgemeinen Feststellungsklage nach § 256 Abs. 1 ZPO sein kann.[1075] Die Rechtswidrigkeit ist kein Rechtsverhältnis (→ *A I Rn. 47*). Aus diesem Grund ist ein entsprechender **Feststellungsantrag unzulässig:**[1076]

> *Es wird festgestellt, dass der Vorgesetzte <Name> den Kläger in unzulässiger Weise mobbt bzw. bosst.*

3 Das AGG sieht weitere spezielle Rechtsfolgen vor. So hat der Arbeitnehmer ein **Beschwerderecht** gemäß § 13 Abs. 1 AGG, das unabhängig von dem Beschwerderecht nach § 84 BetrVG ist. Nach § 12 Abs. 3 AGG hat der betroffene Arbeitnehmer gegen den Arbeitgeber Anspruch darauf, dass dieser die zur Beseitigung der Störung erforderlichen Maßnahmen ergreift. Allerdings hat er keinen Anspruch auf eine bestimmte Maßnahme.[1077] Der Arbeitnehmer hat Anspruch auf die Ausübung rechtsfehlerfreien Ermessens durch den Arbeitgeber. Wenn allerdings – nach objektiver Betrachtungsweise – eine rechtsfehlerfreie Ermessensentscheidung des Arbeit-

1074 BAG 23.8.2011 – 3 AZR 669/09, NZA-RR 2012, 268.
1075 BAG 18.4.2012 – 4 AZR 371/10, NZA 2013, 161; LAG Rheinland-Pfalz 2.6.2016 – 5 Sa 552/15, BeckRS 2016, 70711.
1076 LAG Rheinland-Pfalz 2.6.2016 – 5 Sa 552/15, BeckRS 2016, 70711.
1077 BAG 25.10.2007 – 8 AZR 593/06, NZA 2008, 223.

gebers nur das Ergebnis haben kann, **eine bestimmte Maßnahme** zu ergreifen, hat der Arbeitnehmer Anspruch auf deren Durchführung. Der Arbeitnehmer kann dann etwa die Abmahnung, Versetzung oder sogar die Kündigung eines Kollegen oder Vorgesetzten einklagen.

Wie der Antrag zu lauten hat, wenn der Arbeitnehmer die **Entlassung des Störers** verlangt, ist nicht unproblematisch. 4

> **Die Beklagte wird verurteilt, das Arbeitsverhältnis mit dem Mitarbeiter <Name> zu beenden;**
>
> **hilfsweise für den Fall des Unterliegens die Beklagte wird verurteilt, das Arbeitsverhältnis mit dem Mitarbeiter <Name> zu kündigen.**

Der Hauptantrag ist vom LAG Hamm (ohne Beanstandung durch das BAG)[1078] dahingehend ausgelegt worden, dass eine Kündigung verlangt werde, da andernfalls der Antrag zu unbestimmt sei. Dies erscheint fraglich. Die in § 12 Abs. 3 AGG aufgeführten Maßnahmen sind nicht abschließend, sondern nur beispielhaft.[1079] Zwar hat der betroffene Arbeitnehmer gegen den Arbeitgeber Anspruch darauf, dass dieser die zur Beseitigung der Störung erforderlichen Maßnahmen ergreift, einen Anspruch auf eine bestimmte Maßnahme eröffnen die gesetzlichen Vorschriften jedoch nicht.[1080] Er hat Anspruch auf die Ausübung rechtsfehlerfreien Ermessens durch den Arbeitgeber.[1081] Der Arbeitgeber hat bei mehreren gleich geeigneten Maßnahmen ein **Wahlrecht.** Er könnte etwa auch die Beendigung des Arbeitsverhältnisses durch Abschluss eines Aufhebungsvertrages herbeiführen. Vor diesem Hintergrund erscheint der Antrag, der auf eine Beendigung gerichtet ist, nicht zu unbestimmt, sondern in der Regel sogar zutreffender zu sein.[1082] 5

Domain-Adresse

Ist die Arbeitgeberin der Ansicht, der Arbeitnehmer verletze mit der Nutzung einer Domain-Adresse ihre Rechte (insbesondere ihr Marken- oder Namensrecht), kommen vor allem Ansprüche auf → *Unterlassung* in Betracht: 1

> **Der Beklagte wird verurteilt, es bei Meidung eines für jeden Fall der Zuwiderhandlung fälligen Ordnungsgeldes bis zu <Betrag, max. 250.000 EURO>, ersatzweise Ordnungshaft bis zu sechs Monaten, zu unterlassen, im Verkehr im „Internet" den Domain-Namen <Bezeichnung> zu benutzen und/oder benutzen zu lassen und/oder an Dritte zu übertragen und/oder diesen Domain-Namen reserviert zu halten.**[1083]

Außerdem kann sie verlangen, dass der Arbeitnehmer auf die fragliche Domain-Adresse verzichtet: 2

1078 Vgl. LAG Hamm 6.3.2006 – 16 Sa 76/05, BeckRS 2008, 50471; BAG 25.10.2007 – 8 AZR 593/06, NZA 2008, 223.
1079 Vgl. nur ErfK/Schlachter AGG § 12 Rn. 3; BeckOGK/Benecke AGG § 12 Rn. 30.
1080 BAG 25.10.2007 – 8 AZR 593/06, NZA 2008, 223; BeckOK ArbR/Roloff AGG § 12 Rn. 12.
1081 BeckOK ArbR/Roloff AGG § 12 Rn. 12.
1082 ArbG Solingen 24.2.2015 – 3 AZR 1356/13, BB 2015, 564; kritisch Grimm ArbRB 2015, 137.
1083 BAG 9.9.2015 – 7 AZR 668/13, NZA 2016, 435.

Der Beklagte wird verurteilt, durch Abgabe einer entsprechenden Erklärung gegenüber dem Deutschen Network Information Center (DENIC eG) zu veranlassen, dass die Reservierung des Domain-Namens <Bezeichnung> für den Beklagten gelöscht wird.[1084]

Drittschuldnerklage/Einziehungsklage

1 Für die Drittschuldnerklage des Gläubigers gegen den Drittschuldner (in der Regel den Arbeitgeber) gelten die Grundsätze der Zahlungs-/Vergütungsklage. Streitgegenstand sind die Vergütungsansprüche des Schuldners (des Arbeitnehmers) gegenüber dem Drittschuldner, nicht etwa die Ansprüche des klagenden Gläubigers gegen den Schuldner (→ *Vergütung*). Streitgegenstand ist also nicht der bereits titulierte, dem Kläger gegen den Schuldner zustehende Anspruch, sondern der gepfändete und zur Einziehung überwiesene Anspruch des Schuldners gegen die beklagte Drittschuldnerin.[1085]

2 Auch die Drittschuldnerklage muss **hinreichend bestimmt** sein. Bei der Drittschuldnerklage auf Zahlung gepfändeter Arbeitsvergütung, die nach Zeitabschnitten bemessen ist, gehört zur erforderlichen Bezeichnung des Streitgegenstands regelmäßig die **Angabe der Zeitabschnitte,** für die Vergütung in näher bestimmter Höhe verlangt wird.[1086] Die Drittschuldnerklage muss darüber hinaus **beziffert** sein. Hierbei dient § 836 Abs. 3 ZPO. Der Schuldner ist zur Auskunft verpflichtet. Dem Gläubiger steht zudem gemäß § 840 ZPO gegen den Arbeitgeber als Drittschuldner eine Art Auskunftsanspruch zu, damit er seine Forderungen beziffern kann. Vor diesem Hintergrund ist ein bezifferter Antrag möglich.

3 Der Antrag

Die Beklagte wird verurteilt, an die Klägerin gepfändete Beträge abzuführen.

ist unbestimmt und damit unzulässig.[1087] Unterbleibt eine ordnungsgemäße Drittschuldnererklärung, werden die Voraussetzungen einer zulässigen und schlüssigen Drittschuldnerklage aber nicht gemindert.[1088]

4 Zu beachten ist in diesem Zusammenhang auch § 836 Abs. § ZPO. Der Schuldner ist nicht nur verpflichtet, Auskunft zu erteilen, sondern auch die vorhandenen **Urkunden** über die Forderung **herauszugeben.** Beide Ansprüche stehen nebeneinander. Der Herausgabeanspruch wird zusammen mit der Forderung auf Lohnzahlung als Nebenrecht mitgepfändet.[1089] Ist der Drittschuldner nicht zur Herausgabe bereit, so ist der Anspruch durch Klage vom Gläubiger durchzusetzen.[1090] Die Klage kann lauten:

1084 BAG 9.9.2015 – 7 AZR 668/13, NZA 2016, 435; BGH 31.7.2008 – I ZR 21/06, BeckRS 2008, 21196.
1085 BAG 7.7.2015 – 10 AZR 416/14, NZA 2015, 1533.
1086 BAG 7.7.2015 – 10 AZR 416/14, NZA 2015, 1533; BAG 30.10.2019 – 10 AZR 177/18, NZA 2020, 889; LAG Rheinland-Pfalz 22.5.2019 – 7 Sa 178/17, BeckRS 2019, 16131.
1087 Dazu Staab NZA 1993, 439 ff.
1088 BAG 7.7.2015 – 10 AZR 416/14, NZA 2015, 1533.
1089 BGH 19.12.2012 – VII ZB 50/11, NJW 2013, 539.
1090 Vgl. BGH 25.3.2010 – VII ZB 11/08, BeckRS 2010, 11179; Musielak/Voit/Flockenhaus ZPO § 836 Rn. 9.

> **Die Beklagte wird verurteilt, dem Kläger die Lohnabrechnung für die Monate <Datum> sowie künftig bis zur Tilgung der Forderung des Klägers aus dem Pfändungs- und Überweisungsbeschlusses des <Bezeichnung des Gerichts, Datum und Aktenzeichen des Beschlusses> herauszugeben.**

Die Drittschuldnerklage ist immer auf einen **Nettobetrag** gerichtet. Einer besonde- 5
ren Bezeichnung – wie bei einfachen Vergütungsklagen (→ *Nettolohn*) – bedarf es nicht. Zu beachten ist, dass § 841 ZPO den Gläubiger verpflichtet, dem Schuldner, also dem Arbeitnehmer, den **Streit zu verkünden.** Ein Verstoß gegen § 841 ZPO führt aber nicht zur Unzulässigkeit der Klage.[1091]

Ob ein Gläubiger, der Einkommen des Arbeitnehmers gepfändet hat, diese Pfän- 6
dung, die sich nach § 832 ZPO auch auf künftige Bezüge erstreckt, durch Klage auf → ***Zahlung*** und → ***künftige Zahlungen*** iSd § 259 ZPO gegen den Arbeitgeber durchsetzen kann, ist problematisch.[1092] Das BAG hat in einer Entscheidung im Jahr 2003 offen gelassen, ob gegenüber einem Drittschuldner geringere Anforderungen an eine Klage auf zukünftige Leistung als bei der normalen Vergütungsklage gestellt werden dürfen.[1093] Auch in seiner Entscheidung vom 9.4.2008 spricht das BAG von einer „besonderen Konstellation der Drittschuldnerklage".[1094] Eine solche Klage ist für zulässig erachtet worden. Nunmehr geht das BAG aber zutreffend davon aus, dass § 259 ZPO nur bereits entstandene, nicht aber erst künftig fällige Ansprüche erfasst.[1095] Vor diesem Hintergrund ist **die Drittschuldnerklage auf Zahlung künftiger Vergütungsansprüche als unzulässig** anzusehen (→ ***künftige Zahlungen***).[1096]

Das BAG hat folgenden Antrag für unzulässig erachtet: 7

> *Die Beklagte wird verurteilt, künftig mit Wirkung ab <Datum> für die Dauer der Beschäftigung der Streitverkündeten bei der Beklagten die pfändbaren Beträge des Einkommens der Streitverkündeten an den Kläger zu zahlen bis zum vollständigen Ausgleich des Betrags von <Betrag> EUR nebst Zinsen iHv fünf Prozentpunkten über dem jeweiligen Basiszinssatz seit dem <Datum> mit der Maßgabe, dass die Beträge an die Direktversicherung beim <Angaben zur Versicherung und Versicherungsnummer> das pfändbare Einkommen der Streitverkündeten nicht reduzieren.*

Das BAG sah „lediglich" keine Besorgnis, dass der Schuldner sich der rechtzeitigen Leistung entziehen werde. Allerdings hat es den Antrag als Feststellungsantrag ausgelegt.

Die Klage kann **nach bisheriger herrschender Meinung** auf die Zeit der Zahlung ei- 8
nes bestimmten Gehaltes und bis zur Tilgung der Forderung auch im Klageantrag **begrenzt** werden.[1097] Allerdings ist die angeführte Beschränkung des Klageantrags **nicht zwingend** geboten, weil der Beklagten die Rechtsbehelfe nach § 775 Nr. 4 und 5 ZPO und §§ 767, 769 ZPO zur Verfügung stehen.[1098] Ein solcher Antrag, soweit ein

1091 Musielak/Voit/Flockenhaus ZPO § 841 Rn. 3.
1092 So bislang BAG 16.5.2013 – 6 AZR 556/11, NZA 2013, 1079.
1093 BAG 13.3.2002 – 5 AZR 755/00, NZA 2002, 1232; so noch BAG 23.2.1983 – 4 AZR 508/81, AP ZPO § 850c Nr. 4.
1094 BAG 4.8.2008 – 4 AZR 104/07, NZA-RR 2009, 79.
1095 BAG 22.10.2014 – 5 AZR 731/12, NZA 2015, 701.
1096 Hamacher NZA 2015, 714 ff.
1097 BAG 23.2.1983 – 4 AZR 508/81, AP ZPO § 850c Nr. 4.
1098 BAG 23.2.1983 – 4 AZR 508/81, AP ZPO § 850c Nr. 4.

solcher Antrag auf künftige Zahlung überhaupt für zulässig erachtet wird, kann etwa lauten:[1099]

> *Die Beklagte wird verurteilt, an den Kläger <rückständiger Betrag> EUR zu zahlen und nach dem <Datum> jeweils monatlich am letzten Tage des Monats <Betrag> EUR zu zahlen bis zur Tilgung der Forderung des Klägers aus dem Pfändungs- und Überweisungsbeschluss des Amtsgerichts <Bezeichnung> vom <Datum>, Az.: <konkretes Aktenzeichen>.*

9 Ein Antrag muss **nach bisheriger herrschender Meinung** nicht auf die Zeit des Fortbestands des Arbeitsverhältnisses begrenzt werden. Eine solche Begrenzung ergibt sich bereits von Gesetzes wegen.[1100]

Auch der folgende Antrag wurde bislang für zulässig erachtet:[1101]

> *Die Beklagte wird verurteilt, ab dem <Datum> an den Kläger die sich unter Berücksichtigung der aus dem Pfändungs- und Überweisungsbeschluss des Amtsgerichts <Bezeichnung> vom <Datum>, Az. <konkretes Aktenzeichen> sowie der Freigrenzen ergebenden pfändbaren Beträge zu zahlen mit der Maßgabe, die Zahlung auf die Dauer des Beschäftigungsverhältnisses zu begrenzen; ausgehend von einem Bruttoeinkommen von <Betrag> EUR und dem Bestehen einer Unterhaltsverpflichtung für eine Person sind dies derzeit monatlich <Betrag> EUR.*

10 Ein solches Urteil wäre aber aufgrund der unbestimmten Bezeichnung der pfändbaren Beträge bei zukünftig abweichenden Beträgen nicht vollstreckbar. Vollstreckbar ist es nur bezüglich der angegebenen Beträge, so dass die weiteren Angaben weggelassen werden sollten.

Duldung

1 Bei Anträgen auf Duldung von Handlungen soll nicht der Beklagte Handlungen vornehmen oder unterlassen, sondern solche des Klägers dulden. Die zu duldende Handlung muss im Antrag hinreichend bestimmt sein, dh die zu duldenden Handlungen müssen so genau bezeichnet sein, dass der in Anspruch genommene Schuldner im Falle einer dem Antrag entsprechenden gerichtlichen Entscheidung eindeutig erkennen kann, was von ihm verlangt wird.[1102] Auch insoweit gilt, dass diese Prüfung nicht in das Vollstreckungsverfahren verlagert werden darf. Allerdings sind bei Duldungsanträgen gewisse **Verallgemeinerungen** häufig unvermeidlich, weil andernfalls die Möglichkeit, gerichtlichen Rechtsschutz zu erlangen, durch prozessuale Anforderungen unzumutbar erschwert würde.[1103] Die zu duldenden Handlungen müssen also nicht in allen Einzelheiten im Antrag aufgenommen werden, dh die Modalitäten der duldenden Handlung müssen nicht näher beschrieben werden, denn die Verpflichtung zur Duldung erschöpft sich nicht notwendig im Unterlassen einer einzelnen Handlung.[1104] Je nach den konkreten Umständen können weitere Handlungspflichten mit der Duldung verbunden sein, etwa beim → *Zutritt zum Betrieb* das

1099 BAG 23.2.1983 – 4 AZR 508/81, AP ZPO § 850c Nr. 4.
1100 BAG 16.5.2013 – 6 AZR 556/11, NZA 2013, 1079.
1101 Vgl. LAG Baden-Württemberg 16.8.2007 – 11 Sa 8/07, ZInsO 2008, 167.
1102 BAG 22.6.2010 – 1 AZR 179/09, NZA 2010, 1365 (1366).
1103 BAG 22.6.2010 – 1 AZR 179/09, NZA 2010, 1365 (1366); BGH 28.9.2011 – VIII ZR 242/10, NJW 2012, 63.
1104 BAG 15.10.2014 – 7 ABR 74/12, NZA 2015, 560 (561 f.).

Öffnen von Türen, die einem ungehinderten Zugang im Wege stehen, oder die Anweisung an das Pfortenpersonal, den Kläger hereinzulassen. Eine Verurteilung zur Duldung einer Handlung wird nach § 890 ZPO vollstreckt.

Klassisches Beispiel für einen Antrag auf Duldung einer Handlung ist der → *Zutritt zum Betrieb.* Ein Antrag auf Duldung kommt etwa auch bei der Beschäftigung im → *Home-Office* oder bei der → *Mitnahme von Hunden* in Betracht. In der Praxis müssen regelmäßig Anträge, in denen der Beklagte etwas, wie etwa den Zutritt zu Räumlichkeiten, gewährt oder eine Verhaltensweise gestattet werden soll, als Anträge auf Duldung von Handlungen ausgelegt werden. Es sollte aber unmittelbar ein ausdrücklicher Antrag auf Duldung gestellt werden. 2

Ehrverletzung

Das allgemeine Persönlichkeitsrecht schützt nach § 823 Abs. 1 BGB eine Person vor Herabwürdigungen insbesondere durch Ehrverletzungen, und zwar selbst dann, wenn diese nicht in den Anwendungsbereich des § 823 Abs. 2 BGB iVm §§ 185ff. StGB fallen. Ehrkränkende Äußerungen können für den Verletzten einen quasinegatorischen Beseitigungsanspruch (§ 1004 Abs. 1 BGB) in Form eines Widerrufsanspruches sowie einen Unterlassungsanspruch begründen.[1105] Besteht die Ehrverletzung nicht in einer Tatsachenbehauptung, sondern in einem bloßen Werturteil,[1106] kann grundsätzlich nur Unterlassung, nicht Widerruf verlangt werden.[1107] Für die Frage, ob eine Behauptung wahr ist, trägt in der Regel beim Widerrufsverlangen der Kläger,[1108] bei der Unterlassungsklage der Beklagte die Beweislast. In Arbeitsgerichtsprozessen geht es meist um Äußerungen von Arbeitnehmern über die Arbeitgeberin oder Kollegen.[1109] Zu beachten ist, dass gegen Äußerungen, die der **Rechtsverfolgung** in einem Verfahren dienen, Abwehransprüche, also insbesondere auch Unterlassungsansprüche, grundsätzlich nicht mit Erfolg erhoben werden können. Der Antrag ist daher in diesen Fällen entsprechend einzuschränken. 1

Zu den Klageanträgen siehe unter den Stichworten → *Widerruf von Erklärungen* und → *Unterlassung.* Der Wert der Beschwer, der meist mangels Zulassung der Berufung deren Statthaftigkeit bestimmt, richtet sich nach dem Interesse des Klägers an der beantragten Unterlassung bzw. dem beantragten Widerruf. Von dem in §§ 23 Abs. 3 S. 2 RVG, 52 Abs. 2 GKG genannten Regelwert iHv 5.000,00 € kann im Einzelfall – bei geringer Beeinträchtigung auch erheblich nach unten – abgewichen werden.[1110] 2

Denkbar sind auch Klagen auf Zahlung von → *Schmerzensgeld.*[1111] Sind die ehrverletzenden Äußerungen Inhalt einer → *Abmahnung,* kann dies zu einem Anspruch auf Entfernung derselben aus der Personalakte führen.[1112] 3

1105 Vgl. zB BAG 21.2.1979 – 5 AZR 568/77, DB 1979, 1513.
1106 Zur Abgrenzung siehe BGH 16.11.2004 – VI ZR 298/03, NJW 2005, 279; LAG Düsseldorf 7.10.2020 – 12 SaGa 15/20, Rn. 36ff., BeckRS 2020, 39183.
1107 BGH 16.6.1998 – VI ZR 205/97, NJW 1998, 3047; BGH 22.6.1982 – VI ZR 251/80, NJW 1982, 2246; BVerfG 7.5.1997 – 1 BvR 1805/92, BeckRS 1997, 127766.
1108 OLG München 10.5.1995 – 21 U 3622/93, BeckRS 1995, 5714.
1109 Hess. LAG 9.5.2012 – 18 Sa 1596/11, BeckRS 2012, 71642; ArbG Bochum 9.2.2012 – 3 Ca 1203/11, BeckRS 2012, 68181; LAG Rheinland-Pfalz 26.7.2018 – 4 Sa 42/17, BeckRS 2018, 29922.
1110 BGH 17.1.2023 – VI ZB 114/21, NJW-RR 2023, 959; vgl. zur Wertfestsetzung auch LAG Nürnberg 3.6.2020 – 2 Ta 57/20.
1111 LAG Rheinland-Pfalz 17.6.2011 – 7 Sa 2/11, BeckRS 2011, 74578, LAG Frankfurt 18.12.2013 – 18 Sa 769/13, BeckRS 2014, 70830.
1112 ArbG Paderborn 9.6.2016 – 2 Ca 457/15, BeckRS 2016, 72418.

Eigenkündigung

1 Unter einer Eigenkündigung versteht man die Kündigung des Arbeitsverhältnisses durch den Arbeitnehmer. Stellt der Arbeitnehmer in Abrede, dass das Arbeitsverhältnis durch eine Eigenkündigung beendet worden ist (beispielsweise weil er die Kündigungserklärung angefochten hat oder diese für formunwirksam hält), hat er einen Klageantrag in Form eines → *allgemeinen Feststellungsantrags* zu formulieren. Die oftmals gewählte Formulierung entsprechend § 4 KSchG

> *Es wird festgestellt, dass das Arbeitsverhältnis der Parteien nicht durch eine Eigenkündigung des Klägers/nicht durch die Kündigung des Klägers vom … aufgelöst ist.*[1113]

ist mangels gesetzlicher Grundlage fehlerhaft,[1114] allerdings auslegungsfähig.[1115]

2 Entsprechendes gilt, wenn die Arbeitgeberin in Abrede stellt, dass das Arbeitsverhältnis durch eine Eigenkündigung des Arbeitnehmers beendet worden ist,[1116] oder wenn sie geltend machen will, eine seitens des Arbeitnehmers erklärte außerordentliche Kündigung sei mangels eines wichtigen Grundes iSd § 626 Abs. 2 BGB unwirksam.[1117]

3 Der zutreffende Antrag lautet daher in allen genannten Konstellationen:

> **Es wird festgestellt, dass das Arbeitsverhältnis zwischen den Parteien über den <Beendigungsdatum, auf das sich die gegnerische Partei beruft> hinaus fortbesteht.**

Da es sich nicht um einen Antrag nach § 4 KSchG handelt, ist dieser weder fristgebunden noch kann die Fiktionswirkung nach § 7 KSchG eintreten.[1118] Für den Antrag des Arbeitgebers, den Fortbestand des Arbeitsverhältnisses festzustellen, entfällt idR ein rechtliches Interesse iSv § 256 Abs 1 ZPO, wenn das Arbeitsverhältnis inzwischen unstreitig aus anderen Gründen beendet ist.[1119]

4 Die Arbeitgeberin dürfte im Wege der einstweiligen Verfügung nach Ausspruch einer außerordentlichen Eigenkündigung des Arbeitnehmers die Unterlassung von Wettbewerb aufgrund des arbeitsvertraglichen → *Wettbewerbsverbots* nur dann verlangen können, wenn im einstweiligen Verfügungsverfahren davon auszugehen ist, dass sich die außerordentliche Kündigung im Hauptsacheverfahren als unwirksam erweist.[1120]

5 Hat der Arbeitnehmer eine außerordentliche Eigenkündigung ausgesprochen, können auch Ansprüche auf → *Schadensersatz* nach § 628 Abs. 2 BGB in Betracht kommen.

1113 BAG 6.2.1992 – 2 AZR 408/91, DB 1992, 1529 = NJW 1992, 2173; BAG 3.7.2003 – 2 AZR 327/02, BeckRS 2003, 3037084; LAG Baden-Württemberg 11.10.2013 – 12 Sa 15/13, BeckRS 2014, 68977; ArbG Berlin 23.11.2012 – 28 Ca 15060/12, BeckRS 2013, 65501.
1114 BAG 21.9.2017 – 2 AZR 57/17, NZA 2017, 1524.
1115 BAG 1.10.2020 – 2 AZR 214/20, NZA 2020, 1637 Rn. 10.
1116 BAG 26.10.2017 – 6 AZR 158/16, NZA 2018, 297; BAG 1.10.2020 – 2 AZR 214/20, NZA 2020, 1637 Rn. 10; LAG Rheinland-Pfalz 11.2.2016 – 2 Sa 338/15, BeckRS 2016, 68764.
1117 LAG Sachsen 26.1.2016 – 3 Sa 588/15, BeckRS 2016, 111789.
1118 BAG 21.9.2017 – 2 AZR 57/17, NZA 2017, 1524.
1119 BAG 1.10.2020 – 2 AZR 214/20, NZA 2020, 1637; LAG Köln 16.9.2015 – 5 Sa 480/15, BeckRS 2016, 65274.
1120 LAG Rheinland-Pfalz 23.2.2015 – 2 SaGa 1/15, BeckRS 2015, 68014.

Eingruppierung

Viele Klagen über die richtige Eingruppierung scheitern an der den Arbeitnehmer treffenden Darlegungslast, insbesondere bei Aufbaufallgruppen.[1121] Es gibt wohl wenige Klagebegehren, bei denen die Erfolgsquote ähnlich niedrig ist. Gegen Null tendiert sie erfahrungsgemäß bei denjenigen Klagen, welche nicht den korrekten Antrag enthalten. Der Arbeitnehmer kann seine Rechte mittels einer Klage auf → *Zahlung* der Vergütungsdifferenz (→ *Vergütung*) und/oder einer Feststellungsklage (vgl. *A. I. Rn. 33ff.*) geltend machen. Ist das Arbeitsverhältnis beendet, empfiehlt sich eine Zahlungsklage über die Vergütungsdifferenz. Besteht das Arbeitsverhältnis fort, sollte der Arbeitnehmer die Rückstände beziffert einklagen und im Übrigen einen Feststellungsantrag formulieren. Nur Letztgenannter führt zu Rechtskraftwirkungen auch für künftige Ansprüche.[1122] Eine Anpassung der Zahlungsansprüche im Hinblick auf den Zeitablauf während der Dauer des Rechtsstreits ist möglich, aber nicht zwingend erforderlich. Liegt eine Überschneidung der Zeiträume von Zahlungs- und Feststellungsantrag vor, ist letzterer grundsätzlich mangels Feststellungsinteresses insoweit unzulässig,[1123] kann unter Umständen jedoch als Zwischenfeststellungsklage nach § 256 Abs. 2 ZPO zulässig sein.[1124] In einer Eingruppierungsfeststellungsklage ist die verlangte Vergütungsgruppe genau zu bezeichnen. Eine Fallgruppe darf nur dann in den Antrag aufgenommen werden, wenn sich daraus weitere Rechte ergeben können, beispielsweise wenn nur aus einer bestimmten Fallgruppe heraus ein Bewährungsaufstieg möglich ist. Der Antrag einer Eingruppierungsfeststellungsklage lautet daher: 1

Es wird festgestellt, dass die Beklagte verpflichtet ist, den Kläger seit dem <Datum> nach Vergütungsgruppe <Ziffer> des <genaue Bezeichnung des Vergütungssystems, meist Tarifvertrag>[1125] zu vergüten und die Bruttonachzahlungsbeträge ab dem auf den jeweiligen Fälligkeitszeitpunkt folgenden Tag mit fünf Prozentpunkten über dem Basiszinssatz zu verzinsen.

Die Feststellung der Zinsverpflichtung ist zulässig, weil dadurch deren Beginn geklärt wird; allerdings kann wegen fehlenden Verschuldens eine solche unter Umständen nicht bereits ab Fälligkeit, sondern erst ab Rechtshängigkeit in Betracht kommen.[1126] Sinnfrei ist hingegen der Zusatz „… und die sich ab dem 1.5.2019 ergebenden Entgeltdifferenzen abzurechnen und an die Klägerin auszuzahlen".[1127] Auch die derzeitige Vergütungstabelle gehört nicht in den Antrag.[1128] 2

Eine Eingruppierung stellt eine bloße Rechtsanwendung dar, nicht etwa einen rechtsgestaltenden Akt des Arbeitgebers. Falsch und nur durch Auslegung zu retten ist deshalb der Antrag 3

1121 Beispielhaft BAG 22.06.2022 – 4 AZR 495/21, NZA 2023, 1259 mit lesenswerten Anm. von Wennmacher jurisPR-ArbR 6/2023 Anm. 8.
1122 Zum Umfang der Rechtskraftwirkung BAG 21.10.2015 – 4 AZR 663/14, NZA-RR 2016, 312.
1123 BAG 24.3.2022 – 6 AZR 255/21, NZA 2022, 1138 Rn. 14;BAG 29.6.2017 – 6 AZR 785/15, NZA-RR 2017, 600 Rn. 14; BGH 4.7.2013 – VII ZR 52/12, NJW-RR 2013, 1105 Rn. 11.
1124 BAG 27.1.2011 – 6 AZR 578/09, AP TVG § 1 Tarifverträge: Versorgungsbetriebe Nr. 2 BAG 26.1.2017 – 6 AZR 671/15, NZA-RR 2017, 325 Rn. 13.
1125 Zu diesem Erfordernis BAG 23.2.2022 – 4 AZR 250/21, NZA 2022, 1146 Rn. 29.
1126 BAG 11.6.1997 – 10 AZR 613/96, DB 1998, 87;s. auch BAG 13.5.2015 – 4 AZR 355/13, NZA-RR 2015, 644 mwN.
1127 So jedoch LAG Mecklenburg-Vorpommern 23.11.2021 – 5 Sa 89/21, BeckRS 2021, 41279.
1128 BAG 16.12.2021 – 6 AZR 377/20, AP BGB § 611 Kirchendienst Nr. 102 Rn. 19.

Die Beklagte wird verurteilt, den Kläger in Vergütungsgruppe <Ziffer> des Tarifvertrages <Bezeichnung> einzugruppieren[1129]/einzugruppieren und zu vergüten.[1130]

4 Unzulässig – wenn auch idR auslegungsfähig – sind auch Anträge wie

Es wird festgestellt, dass der Kläger in die Vergütungsgruppe <Ziffer> des <Bezeichnung des Vergütungssystems> eingruppiert ist[1131]/einzugruppieren ist.[1132]

5 Einzelne Voraussetzungen eines Rechtsverhältnisses, wie das „Eingruppiert-Sein", aus dem sich zwar Rechtsfolgen ergeben können, das aber eine konkrete Verpflichtung der Beklagten nicht auslöst, stellen kein feststellungsfähiges Rechtsverhältnis dar.[1133] Entgegen der Auffassung des LAG Köln[1134] handelt es sich bei dem genannten Antrag daher nicht um die übliche Eingruppierungsfeststellungsklage.[1135]

6 Im Einzelfall kann die Auslegungsfähigkeit fehlerhafter Anträge beispielsweise an der Prozessgeschichte scheitern, etwa wenn der Kläger seinen ursprünglichen korrekten Antrag im Verlauf des Rechtsstreits zurückgenommen und verändert hat.[1136]

7 Die obigen Ausführungen gelten auch, wenn der Arbeitnehmer sich gegen eine von der Arbeitgeberin vorgenommene (korrigierende) **Rückgruppierung** wendet.[1137] Der Antrag

Es wird festgestellt, dass die von der Beklagten per <Datum> vorgenommene Rückgruppierung des Klägers aus der Entgeltgruppe <Bezeichnung> in die Entgeltgruppe <Bezeichnung> unwirksam ist.

verkennt ebenfalls, dass es sich dabei lediglich um einen wertenden Akt ohne konstitutive Bedeutung handelt.[1138] Der Arbeitnehmer muss vielmehr seine Rechte wie bei jeder anderen streitigen Eingruppierung geltend machen, nämlich sinnvollerweise mit einem Antrag auf Zahlung der rückständigen Vergütungsdifferenzen verbunden mit einer normalen Eingruppierungsfeststellungsklage, gerichtet auf die vor der Rückgruppierung zugrunde gelegte Vergütungsgruppe.

1129 BAG 17.12.2020 – 6 AZR 639/19, NZA 2021, 644 Rn. 15 ff.; BAG 22.10.2008 – 4 AZR 735/07, AP TVG § 1 Tarifverträge: Chemie Nr. 20; unreflektiert anders LAG Sachsen 19.6.2023 – 2 Sa 328/21, BeckRS 2023, 27314.

1130 LAG Rheinland-Pfalz 22.5.2023 – 3 Sa 290/22, Rn. 40, BeckRS 2023, 22256.

1131 BAG 27.1.2011 – 6 AZR 578/09, AP TVG § 1 Tarifverträge: Versorgungsbetriebe Nr. 2; anders BAG 15.6.2011 – 4 AZR 737/09, AP BAT §§ 22, 23 Rückgruppierung Nr. 7; BAG 1.6.2017 – 6 AZR 741/15, NZA-RR 2018, 34; fehlerhaft daher LAG Berlin-Brandenburg 24.8.2022 – 25 Sa 1526/21, NZA-RR 2023, 31; LAG Mecklenburg-Vorpommern 21.6.2022 – 2 Sa 73/21, BeckRS 2022, 28498.

1132 BAG 1.6.2017 – 6 AZR 741/15, NZA-RR 2018, 34 Rn. 14; unreflektiert LAG München 14.2.2023 – 7 Sa 165/22, juris; Revision anhängig unter 4 AZR 208/23; zutreffend hingegen LAG Düsseldorf 28.5.2021 – 6 Sa 51/21, Rn. 81, BeckRS 2021, 21267.

1133 BAG 2.7.2008 – 4 AZR 392/07, BeckRS 2011, 78883.

1134 LAG Köln 15.12.2022 – 8 Sa 479/22, BeckRS 2022, 55334, Rn. 22; fehlerhaft auch LAG Mecklenburg-Vorpommern 1.12.2021 – 3 Sa 132/21, BeckRS 2021, 43688.

1135 BAG 2.7.2008 – 4 AZR 392/07, BeckRS 2011, 78883.

1136 BAG 12.9.2022 – 6 AZR 261/21, NZA 2022, 1627 Rn. 15.

1137 BAG 11.7.2018 – 4 AZR 488/17, BeckRS 2018, 29823.

1138 BAG 11.10.2006 – 4 AZR 534/05, AP BMT-G II § 20 Nr. 9.

Nicht zu empfehlen ist auch der Antrag

> *Es wird festgestellt, dass die Beklagte verpflichtet ist, dem Kläger für 2017 die Entgeltdifferenz nebst 5 Prozentpunkte Zinsen über dem Basiszinssatz seit dem 1.4.2018 abzurechnen und auszuzahlen, die sich daraus ergibt, dass das Leistungsbezogene Entgelt für 2017 pflichtwidrig anhand der Entgeltgruppe 11 Stufe 6 TVöD VKA i.V.m. Entgeltordnung TVöD VKA berechnet und gezahlt wurde, statt der geschuldeten Entgeltgruppe 13 Stufe 6.*

Entgegen der Auffassung des Landesarbeitsgericht Köln[1139] bestehen gegen die Zulässigkeit eines solchen Antrags durchaus Bedenken. Es handelt sich gerade nicht um eine übliche Eingruppierungsfeststellungsklage, da die begehrte Feststellung lediglich einen abgeschlossenen Zeitraum umfasst und deshalb das Rechtsverhältnis der Parteien nicht „umfassender geklärt werden kann als durch eine auf Vergütung gerichtete Leistungsklage".[1140] Jedenfalls außerhalb des öffentlichen Dienstes dürfte nicht sichergestellt sein, dass die Arbeitgeberin auf eine bloße Feststellung hin leisten wird.[1141] 8

Unter Umständen kann der Arbeitnehmer auch eine sog. **Elementenfeststellungsklage** erheben, 9

> **Es wird festgestellt, dass die Beklagte verpflichtet ist, die Zeit ab dem 1.12.2014 als Beschäftigungszeit des Klägers in der Entgeltgruppe 8 des Entgeltrahmentarifvertrags für die festvergüteten Arbeitnehmer/innen der Westdeutsche Spielbanken GmbH & Co. KG in der Spieltechnik und in der Kasse idF vom 12.10.2012 zu berücksichtigen.**

nämlich wenn durch die Entscheidung über den Feststellungsantrag ein zwischen den Parteien bestehender Streit über Leistungsverpflichtungen insgesamt bereinigt wird und das Rechtsverhältnis der Parteien abschließend geklärt werden kann.[1142] Unzulässig ist jedoch die Klärung nur einer einzelnen Voraussetzung eines Rechtsverhältnisses.[1143]

Verlangt der Arbeitnehmer, **mehr als eine Gruppe höher** vergütet zu werden als die Arbeitgeberin bislang zugesteht (zB Gruppe 11 statt 8), kann er in der Regel allein die aus seiner Sicht zutreffende Gruppe in den Antrag aufnehmen, ohne wegen der Zwischengruppen (hier 9 und 10) Hilfsanträge stellen zu müssen.[1144] Meist wird es sich nämlich nicht um etwas Anderes, sondern nur um ein Weniger handeln, über welches das Gericht ohnehin von Amts wegen zu entscheiden hat. Damit diese Rechtslage vom erkennenden Gericht nicht übersehen wird, sollte mindestens in der Begründung darauf hingewiesen werden, der Kläger berufe sich hilfsweise darauf, die Voraussetzungen der niedrigeren Gruppe zu erfüllen. Bestehen im Hinblick auf die 10

1139 LAG Köln 12.9.2023 – 4 Sa 362/23, Rn. 98, BeckRS 2023, 42618.

1140 So die Begründung des Bundesarbeitsgerichts in der vom LAG Köln zitierten Entscheidung vom 2.12.1981 – 4 AZR 301/79, BeckRS 1981, 106111 = juris Rn. 24.

1141 Hierzu BAG 13.8.2009 – 6 AZR 330/08, NZA-RR 2010, 420.

1142 BAG 23.1.2019 – 4 AZR 541/17, Rn. 15, BeckRS 2019, 8903; BAG 2.12.2021 – 3 AZR 328/21, NZA 2022, 485.

1143 BAG 12.9.2022 – 6 AZR 261/21, NZA 2022, 1627 Rn. 14.

1144 BAG 6.6.2007 – 4 AZR 505/06, NZA-RR 2008, 189; BAG 9.4.2008 – 4 AZR 124/07, NZA-RR 2009, 311; ein Gegenbeispiel zeigt BAG 18.9.2018 – 9 AZR 199/18, BeckRS 2018, 32168.

Inhalte der Vergütungsgruppen Zweifel, ob es sich um ein Weniger oder um etwas Anderes handelt, sollte mit Haupt- und Hilfsantrag gearbeitet werden. Ein nach der Rechtslage überflüssiger Hilfsantrag wäre schlicht unbeachtlich.[1145]

11 Besonderer Aufmerksamkeit bedürfen Sachverhalte, bei denen der Arbeitnehmer die **Eingruppierung aus verschiedenen Gesichtspunkten herleitet.** Es wird sich dann trotz eines einzigen Klageantrags häufig um eine Klagehäufung handeln, weil nicht mehrere Anspruchsgrundlagen desselben Anspruchs, **sondern unterschiedliche Streitgegenstände** vorliegen. Der Arbeitnehmer hat dann anzugeben, worauf er seinen Antrag in erster Linie und worauf er ihn lediglich hilfsweise stützt. Eine alternative Klagehäufung, bei der der Kläger sein Klagebegehren aus mehreren Streitgegenständen herleitet und dem Gericht die Auswahl überlässt, auf welchen Streitgegenstand es die stattgebende Entscheidung stützt, ist nämlich unzulässig.[1146] Das Bundesarbeitsgericht hat beispielsweise eine Eingruppierung in eine Entgeltgruppe aufgrund der Erfüllung der entsprechenden Eingruppierungsmerkmale als einen anderen Streitgegenstand angesehen als die Eingruppierung in dieselbe Entgeltgruppe aufgrund eines Bewährungsaufstiegs.[1147] Begehrt der Arbeitnehmer die Eingruppierung in eine bestimmte Vergütungsgruppe einerseits auf der Grundlage einer „originären" Eingruppierung in ein tarifliches Vergütungssystem und andererseits unter Anwendung einer Matrix, welche die Überleitung von einem früher geltenden Tarifvertrag in die Entgeltgruppen des aktuellen Tarifvertrags regelt, so handelt es sich ebenfalls um unterschiedliche Streitgegenstände.[1148]

12 Wegen der insbesondere nach der neueren Rechtsprechung des Bundesarbeitsgerichts[1149] mit einer Klage auf künftige Vergütung verbundenen Probleme (→ *künftige Zahlungen*) kann nicht empfohlen werden, aus einem Eingruppierungsstreit herrührende Vergütungsansprüche auf diesem Weg geltend zu machen. Das Bundesarbeitsgericht hat zudem früher Überlegungen angestellt, ob nicht einer Eingruppierungsfeststellungsklage der Vorrang vor einer Klage auf künftige Vergütung zukommt mit der Maßgabe, dass letztere unzulässig ist.[1150]

13 Manche Entgeltordnungen sehen nicht nur an die Erfüllung von Tatbestandsmerkmalen geknüpfte Eingruppierungen im engeren Sinn vor, sondern auch meist an die Dienstzeit geknüpfte **Entgeltstufen.** Jedenfalls wenn sowohl die Gruppe als auch die Stufe streitig sind, müssen beide zum Gegenstand eines Feststellungsantrags gemacht werden. Ansonsten fehlt der Klage das Feststellungsinteresse, da dann lediglich eine Vorfrage geklärt wird, welche die Rechtsgrundlagen für den Vergütungsanspruch nicht so weit abschließend klärt, dass die konkrete Bezifferung dann lediglich eine einfache Rechenaufgabe ist, die von den Parteien nach einem unstreitigen Verfahren selbst gelöst werden kann.[1151] Gegenstand der Feststellungsklage muss also stets (nur) das sein, was streitig ist. Gilt dies nur für die Entgeltstufe, sollte demnach eine bloße **Stufenfeststellungsklage**[1152] erhoben werden:

1145 BAG 6.6.2007 – 4 AZR 505/06, NZA-RR 2008, 189.
1146 BGH 19.4.2012 – I ZR 86/10, NJW-RR 2012, 1506.
1147 BAG 24.2.2010 – 4 AZR 657/08, AP ZPO § 551 Nr. 68 Rn. 27 ff.
1148 LAG Düsseldorf 2.5.2013 – 13 Sa 1405/12, BeckRS 2013, 70902.
1149 BAG 22.10.2014 – 5 AZR 731/12, NZA 2015, 501.
1150 BAG 9.4.2008 – 4 AZR 104/07, NZA-RR 2009, 79; vgl. auch LAG Köln 19.4.2013 – 4 Sa 1122/12, BeckRS 2013, 72367.
1151 BAG 18.9.2018 – 9 AZR 199/18, BeckRS 2018, 32168.
1152 BAG 13.7.2022 – 5 AZR 412/21, NZA 2022, 1488; LAG Rheinland-Pfalz 9.2.2021 – 6 Sa 204/20, BeckRS 2021, 6993.

> **Es wird festgestellt, dass die Beklagte verpflichtet ist, an den Kläger ab dem <Datum> eine Vergütung nach der Stufe <Bezeichnung, etwa 3> der Entgeltgruppe <Bezeichnung, etwa 13, und Bezeichnung des Tarifvertrags> zu zahlen.**

Abzuraten ist hingegen von folgendem Antrag: 14

> *Es wird festgestellt, dass der Kläger die Stufe <Bezeichnung, etwa 4> der Entgeltgruppe <Bezeichnung, etwa 13, und Bezeichnung des Tarifvertrags> ab dem <Datum> erreicht hat.*

Streitgegenstand eines solchen Antrags wäre die Klärung einer einzelnen Voraussetzung eines Rechtsverhältnisses, nämlich das Erreichen einer bestimmten Stufe einer Entgeltgruppe zu einem bestimmten Zeitpunkt, welche noch keine konkreten Verpflichtungen der Beklagten auslöst.[1153] 15

Einkommensbescheinigung

Im Bereich der **Grundsicherung für Arbeitsuchende** nach dem SGB II bestimmt 1
dessen § 58 die Pflicht zur Erteilung einer Einkommensbescheinigung. Wer jemanden, der laufende Geldleistungen nach dem SGB II beantragt hat oder bezieht, gegen Arbeitsentgelt beschäftigt, ist verpflichtet, auf dem von der Agentur für Arbeit vorgesehenen Vordruck unverzüglich Art und Dauer dieser Erwerbstätigkeit sowie die Höhe des Arbeitsentgelts oder der Vergütung für die Zeiten zu bescheinigen, für die diese Leistung beantragt worden ist oder bezogen wird. Die Verpflichtung der Arbeitgeberin gegenüber dem Träger der Grundsicherung ist **öffentlich-rechtlicher Natur;** korrespondierend besteht jedoch ein **privatrechtlicher Anspruch** des Arbeitnehmers auf Erteilung einer Einkommensbescheinigung gegen die Arbeitgeberin, der in die Zuständigkeit der Gerichte für Arbeitssachen fällt (vgl. die entsprechende Konstellation bei der → *Arbeitsbescheinigung*). Den Vordruck erhält die Arbeitgeberin durch den Arbeitnehmer nach Maßgabe des § 58 Abs. 2 SGB II oder unmittelbar von der Agentur für Arbeit. Die ausgefüllte Einkommensbescheinigung hat die Arbeitgeberin nach § 58 Abs. 1 S. 3 SGB II dem Arbeitnehmer auszuhändigen. Eine Übersendung unmittelbar an die Agentur kann für den Arbeitnehmer mit sozialrechtlichen Nachteilen verbunden sein, da er sie in diesem Fall nicht auf ihre Richtigkeit überprüfen kann.[1154] Verweigert die Arbeitgeberin dies, kann er insoweit folgenden Antrag stellen:

> **Die Beklagte wird verurteilt, an den Kläger die Einkommensbescheinigung nach § 58 Abs. 1 SGB II für den Zeitraum <Datumsangaben nach der Vorgabe der Agentur für Arbeit> ausgefüllt herauszugeben.**

Durch die Bezugnahme auf die gesetzliche Regelung dürfte die geschuldete Pflicht 2
grundsätzlich hinreichend bestimmt beschrieben sein. Allerdings ist die Angabe des Zeitraums erforderlich, da dieser von der konkreten Fallgestaltung abhängt. In der Praxis verlangt die Agentur für Arbeit – womöglich zur Missbrauchsbekämpfung – die Bescheinigung teilweise auch für Zeiträume, die über den gesetzlichen Rahmen

1153 BAG 12.9.2022 – 6 AZR 261/21, NZA 2022, 1627.
1154 LSG Baden-Württemberg 17.6.1999 – L 11 EG 1293/99, BeckRS 2013, 74478.

hinausgehen. Soweit hier nicht Unzumutbares verlangt wird, dürfte sich die vertragliche Nebenpflicht auch auf diese Angaben erstrecken.

3 Da der Anspruch erst fällig wird, wenn die Arbeitgeberin den Vordruck auf die oben geschilderte Art erhalten hat, gehört entsprechender Vortrag zu einer schlüssigen Klage. Es handelt sich um eine nach § 888 ZPO zu vollstreckende unvertretbare Handlung (→ *Teil E. Zwangsvollstreckung*), da § 58 SGB II gerade die Arbeitgeberin selbst verpflichtet. Eine Klage auf Berichtigung einer erteilten Einkommensbescheinigung dürfte nicht mit Erfolg erhoben werden können (vgl. → *Arbeitsbescheinigung*).

Einsicht in die Geschäftsbücher

Es handelt sich um einen **Hilfsanspruch,** welcher der Durchsetzung eines etwaigen Anspruchs auf Zahlung einer → *Provision* dient.

Einstellung

1 Der Begriff der Einstellung hat diverse Aspekte. Individualarbeitsrechtlich erfasst er den gesamten Vorgang der Anbahnung des Arbeitsverhältnisses bis zur Eingliederung in die betrieblichen Abläufe. Dabei ist der **private Arbeitgeber** regelmäßig frei, ob und mit wem er einen Arbeitsvertrag abschließt. Soweit im Einzelfall der Abschluss eines Arbeitsvertrages geltend gemacht werden kann → *Vertragsabschluss.* Im **öffentlichen Dienst** gelten aufgrund von Art. 33 Abs. 2 GG Besonderheiten. Danach hat jeder Deutsche nach seiner Eignung, Befähigung und fachlichen Leistung gleichen Zugang zu jedem öffentlichen Amte. Auch wenn der private Arbeitgeber regelmäßig in gleicher Weise für die zu besetzende Stelle die Bestenauslese verwirklichen will, soll im öffentlichen Dienst durch die Auswahl des am besten geeigneten Bewerbers die Funktionsfähigkeit gesichert werden. Zudem soll die Wettbewerbssituation unter den Bewerbern geklärt werden. Wer sich auf eine Stelle im öffentlichen Dienst bewirbt, dem steht aus Art. 33 Abs. 2 GG ein subjektives Recht auf chancengleiche Teilnahme am Bewerbungsverfahren zu[1155] → *Konkurrentenklage.*

2 Auch einen **Verhandlungsanspruch** gibt es grundsätzlich nicht, soweit nichts anderes zwischen den Parteien vereinbart worden ist → *Verhandlungsanspruch.* Nach dem Ende des Arbeitsverhältnisses kommt in bestimmten Fällen ein → *Wiedereinstellungsanspruch* in Betracht.

Einwirken auf Verbandsmitglieder

1 Aus dem Abschluss eines Tarifvertrages folgt die Verpflichtung der Tarifvertragsparteien, für die Einhaltung und Durchführung des Tarifvertrages (→ *Tarifvertrag, Durchführung von Bestimmungen*) zu sorgen.[1156] Dazu zählt die gegenseitige Pflicht der Tarifvertragsparteien, auf ihre Mitglieder einzuwirken, die tariflichen Vorschriften einzuhalten.[1157] Dieser Anspruch kann im Wege der **Leistungsklage** verfolgt werden.[1158]

2 In Abkehr seiner früheren Rechtsprechung, wonach die Klage auf Einwirkung zur Durchführung eines Tarifvertrages nur dann als Leistungsklage zulässig ist, wenn ein

1155 Burg RdA 2023, 142.
1156 BAG 29.4.1992 – 4 AZR 432/91, NZA 1992, 846.
1157 BAG 3.2.1988 – 4 AZR 513/87, AP TVG § 1 Tarifverträge – Druckindustrie Nr. 20.
1158 BAG 3.2.1988 – 4 AZR 513/87, AP TVG § 1 Tarifverträge – Druckindustrie Nr. 20.

bestimmtes Einwirkungsmittel benannt wird,[1159] hält das BAG nunmehr eine Klage auf Einwirkung zur Durchführung eines Tarifvertrags auch dann als **Leistungsklage** für zulässig, wenn **kein bestimmtes Einwirkungsmittel** benannt wird.[1160] Für die Bestimmtheit eines Leistungsantrags ist demnach allein entscheidend, ob ein dem Antrag stattgebendes Urteil so genau bezeichnet ist, dass der Schuldner ohne weiteres erkennen kann, durch welche Verhaltensweisen er dem Urteilsspruch nachkommen kann, so dass das Urteil insoweit vollstreckungsfähig ist. Der Begriff „Einwirkung" ist nach diesem Verständnis eindeutig genug. Einwirken auf einen Verband oder eine Person, eine Handlung vorzunehmen oder zu unterlassen, bedeutet demnach, durch irgendein Tun den Dritten darauf hinzuweisen, er möge eine bestimmte Handlung vornehmen oder unterlassen. Der Schuldner hat bei einer entsprechenden Verurteilung die **freie Wahl, welches Mittel der Einwirkung** er wählt, um dem Urteilsspruch gerecht zu werden. Dem Gläubiger bleibt es aber unbenommen, die Verurteilung des Schuldners zu einer bestimmten Einwirkungsmaßnahme zu verlangen. Ein solcher Klageantrag ist zwar zulässig, allerdings wird eine solche Klage im Allgemeinen unbegründet sein, weil eine Tarifvertragspartei vom Tarifpartner grundsätzlich nicht ein bestimmtes Vorgehen gegen dessen Mitglieder verlangen kann.

Das **Ziel der Einwirkung** muss aber im Antrag genau bezeichnet werden. Dies kann **3**
ein bestimmtes Verhalten der Mitglieder sein. Auch ein Unterlassen von bestimmten Verhaltensweisen kann das Ziel sein.

Leistungsanträge können dementsprechend wie folgt lauten:

Die Beklagte wird verurteilt, ihren Mitgliedern mitzuteilen, dass im Geltungsbereich des Tarifvertrages <genaue Bezeichnung unter Angabe von Datum und Tarifvertragsparteien> <genaue Beschreibung des künftigen Verhaltens der Mitglieder, zB eine Beschäftigung im Umfang von <Zahl> Stunden> zu unterlassen ist.

Die Beklagte wird verurteilt, auf ihre Mitglieder <ggf. Angabe der Branche> dahingehend einzuwirken, dass diese <genaue Beschreibung der Handlung/des Verhaltens

etwa: befristete Arbeitsverträge zwischen ihnen und Mitgliedern der Klägerin nur dann abschließen, wenn in jedem Einzelfall die Voraussetzungen der Regelung in §/Nr. <konkrete Tarifnorm> des Tarifvertrages <genaue Bezeichnung unter Angabe von Datum und Tarifvertragsparteien> erfüllt sind oder beispielsweise konkrete Tarifverträge in konkret angegebenen Betrieben anzuwenden[1161]>.

Soll lediglich auf ein bestimmtes Mitglied eingewirkt werden, so ist dieses konkret im **4**
Antrag zu benennen. Problematisch ist, ob auch die Namen der Gewerkschaftsmitglieder im Antrag zu nennen sind, zu deren Gunsten der beklagte Verband auf seine Mitglieder einwirken soll. Das ArbG Berlin[1162] hat dies verneint, da es um einen Ein-

1159 BAG 3.2.1988 – 4 AZR 513/87, AP TVG § 1 Tarifverträge – Druckindustrie Nr. 20; das BAG hat stattdessen eine Feststellungsklage für zulässig erachtet, die darauf gerichtet ist, dass die andere Tarifvertragspartei als Beklagte verpflichtet ist, ihre Mitglieder oder ein bestimmtes Mitglied einzuwirken.

1160 BAG 29.4.1992 – 4 AZR 432/91, NZA 1992, 846; BAG 25.1.2006 – 4 AZR 552/04, NZA 2006, 1008; vgl. auch LAG Berlin-Brandenburg 19.8.2021 – 14 SaGa 955/21, BeckRS 2021, 22624.

1161 ArbG Berlin 15.6.2021 – 30 Ga 5272/21, BeckRS 2021, 46693.

1162 ArbG Berlin 21.9.2021 – 30 Ca 5638/21, BeckRS 2021, 27239.

wirkungs- und nicht um einen Durchführungsanspruch gehe. Geschuldet sei nur die Einwirkungshandlung und nicht ein Erfolg. Ein Verfahren nach § 99 ArbGG (→ *Tarifkollision iSd § 4a TVG*) sei nicht vorrangig.

5 Es werden auch Anträge im **einstweiligen Verfügungsverfahren** gestellt mit dem Ziel, auf Verbandsmitglieder einzuwirken, Tarifverträge in den Betrieben der Mitglieder anzuwenden.[1163] Dies wird gerade dann in Betracht gezogen, wenn es um Tarifverträge mit kurzen Laufzeiten geht, so dass im Hauptsacheverfahren womöglich keine rechtskräftige Entscheidung zu erlangen ist.

Einziehungsklage

Der Begriff ist eine andere Bezeichnung für die → *Drittschuldnerklage.*

Elternzeit

1 Gem. § 15 Abs. 2 BEEG haben Arbeitnehmer einen Anspruch auf Elternzeit für den Zeitraum bis zur Vollendung des dritten Lebensjahres des Kindes. Eine nicht beanspruchte Elternzeit von bis zu 24 Monaten darf auch zwischen dem 3. und dem 8. Lebensjahr des Kindes in Anspruch genommen werden. Inhaltlich bedeutet Elternzeit eine Freistellung des Arbeitnehmers von der vertraglichen Arbeitspflicht. Während der Dauer der Elternzeit sind die beiderseitigen Hauptleistungspflichten suspendiert. Die Elternzeit muss nach § 16 BEEG allerdings vom Arbeitnehmer in Anspruch genommen, also rechtzeitig beantragt werden. Damit regelt das Gesetz keinen Anspruch des Arbeitnehmers, sondern ein Gestaltungsrecht. Das Elternzeitverlangen ist darauf gerichtet, das Arbeitsverhältnis für einen bestimmten Zeitraum zum Zwecke der Betreuung und Erziehung eines Kindes zum Ruhen zu bringen.[1164]

2 Bestreitet der Arbeitgeber die Voraussetzungen für die Inanspruchnahme von Elternzeit, kann der Arbeitnehmer eine Feststellungsklage erheben. Denn auch ein Streit über den Inhalt eines Arbeitsverhältnisses kann zulässiger Gegenstand einer Elementenfeststellungsklage sein, wenn sich die Feststellung hinreichend bestimmt auf den Umfang der Leistungspflicht des Arbeitgebers bezieht. Das Feststellungsinteresse besteht, wenn der Streit insgesamt beseitigt und das Rechtsverhältnis der Parteien abschließend geklärt werden kann, → *Inhalt des Arbeitsverhältnisses.*

Es wird festgestellt, dass sich der Kläger ab dem <Datum> bis zum <Datum> in Elternzeit befindet.[1165]

3 Zur Präzisierung kann in Streitfällen darüber hinaus auch das zu betreuende Kind im Antrag bezeichnet werden.

Es wird festgestellt, dass sich der Kläger ab dem <Datum> bis zum <Datum> zur Betreuung und Erziehung seines Kindes K, geboren am <Datum> in Elternzeit befindet.

1163 LAG Berlin-Brandenburg 19.8.2021 – 14 SaGa 955/21, BeckRS 2021, 22624: Anträge zulässig, aber unbegründet.
1164 BAG 10.5.2016 – 9 AZR 145/15, NZA 2016, 1137, Rn. 18; BAG 15.4.2008 – 9 AZR 380/07, NZA 2008, 998.
1165 Vgl. nur BAG 28.5.14 – 7 AZR 456/12, BeckRS 2014, 72270; BAG 16.4.2013 – 9 AZR 535/11, BeckRS 2013, 71116; BAG 16.7.1997 – 5 AZR 309/96, NZA 1998, 104.

4 Die Elternzeit kann unter bestimmten Voraussetzungen vorzeitig beendet oder verlängert werden. Auch in diesen Fällen ist die Feststellungsklage möglich. Im Falle der Verlängerung der Elternzeit kann folgendes beantragt werden:

> **Es wird festgestellt, dass die Elternzeit des Klägers bis zum <Datum> fortdauert.**[1166]

5 Soweit dieser Zeitpunkt bei der letzten mündlichen Verhandlung bereits verstrichen sein sollte, ist der Antrag im Perfekt zu formulieren („fortgedauert hat"). Das Feststellungsinteresse entfällt in der Regel nicht, da Folgeansprüche von der Entscheidung abhängen, zB Annahmeverzug.[1167]

Im Fall der Verkürzung:

> **Es wird festgestellt, dass die Elternzeit des Klägers am <Datum> endet.**

6 Ist die Elternzeit bereits beendet, ist wiederum im Perfekt zu formulieren:

> **Es wird festgestellt, dass die Elternzeit des Klägers am <Datum> geendet hat.**[1168]

7 Gestattet ist dem Arbeitnehmer nach § 15 Abs. 4 BEEG während der Elternzeit eine **Teilerwerbstätigkeit** von bis zu 32 Stunden pro Woche. Diese kann sowohl beim bisherigen Arbeitgeber[1169] als auch bei einem Dritten geleistet werden. Für die Arbeitsaufnahme bei einem Dritten bedarf der Arbeitnehmer freilich der Zustimmung des bisherigen Arbeitgebers. Soweit Streitigkeiten über die Teilzeitarbeit während der Elternzeit bestehen, gelten die allgemeinen Grundsätze. Anders als die bloße Inanspruchnahme der Elternzeit, die als Gestaltungsrecht nicht von einer Zustimmung des Arbeitgebers abhängig ist, setzt die Elternteilzeit eine Vertragsänderung voraus[1170] → *Teilzeit.*

8 Soweit in bestimmten Fällen auch während der Elternzeit Zahlungsansprüche geltend gemacht werden können, zB Ansprüche auf Urlaubsgeld, handelt es sich um Zahlungsansprüche, für die keine Besonderheiten gelten → *Zahlung/Vergütung.*[1171]

9 Soweit die Elternzeit für andere Ansprüche eine Rolle spielt, bestehen gleichfalls keine Besonderheiten. So kann es sein, dass im Rahmen von Eingruppierungsfragen streitig ist, ob und wie eine Elternzeit zu berücksichtigen ist. Auch können sich im Anschluss an die Elternzeit Streitigkeiten bei der Berechnung von Urlaubsansprüchen entstehen.[1172] Auch hier gelten die allgemeinen Grundsätze → *Zahlung/Vergütung,* → *Eingruppierung.* Soweit der Arbeitnehmer meint, der Arbeitgeber habe

1166 LAG Niedersachsen 13.11.2006 – 5 Sa 402/06, BeckRS 2007, 41260; LAG Rheinland-Pfalz 4.11.2004 – 4 Sa 606/04, ArbuR 2005, 424; LAG Berlin 7.6.2001 – 10 Sa 2770/00, NZA-RR 2001, 625.

1167 LAG Niedersachsen 13.11.2006 – 5 Sa 402/06, BeckRS 2007, 41260; vgl. auch BAG 16.12.2014 – 9 AZR 915/13, NZA 2015, 825.

1168 LAG Hamm 7.12.2017 – 17 Sa 1164/17, BeckRS 2017, 137775.

1169 BAG 24.9.2019 – 9 AZR 435/18, NZA 2020, 340.

1170 BAG 24.9.2019 – 9 AZR 435/18, NZA 2020, 340.

1171 BAG 11.4.2000 – 9 AZR 225/99, NZA 2001, 512; Annahmeverzug bei vorzeitiger Beendigung: LAG Köln 22.12.2004 – 7 Sa 879/04, BeckRS 2005, 42317; zu Urlaubsabgeltungsansprüchen: BAG 20.5.2008 – 9 AZR 219/07, NZA 2008, 1237.

1172 BAG 27.10.2020 – 9 AZR 630/19, NZA 2021, 586; BAG 19.3.2019 – 9 AZR 495/17, NZA 2019, 1136.

ihn im Anschluss an die Elternzeit bestimmter Art und Weise zu vergüten, kommt auch eine Feststellungsklage in Betracht.

> **Es wird festgestellt, dass die Beklagte den Kläger bereits ab dem <Datum der Rückkehr aus der Elternzeit> nach <Ziffer Tarifvertrag> zu vergüten hat.**[1173]

10 Kündigt der Arbeitgeber während der Elternzeit, gelten keine Besonderheiten für den Antrag → *Kündigung.*[1174]

Entbindung von der Weiterbeschäftigung

→ *Beschäftigung*

Entgeltbescheinigung

1 Im Unterschied zur → *Abrechnung* handelt es sich bei der in § 108 Abs. 3 S. 1 GewO normierten Pflicht der Arbeitgeberin zur Erteilung einer Entgeltbescheinigung um eine Regelung des Sozialrechts.[1175] Die Sozialversicherungsträger benötigen die in der Bescheinigung enthaltenen Informationen, um die Höhe von einkommensabhängigen Leistungen wie beispielsweise Kranken- oder Arbeitslosengeld zu ermitteln. In der zu § 108 Abs. 3 S. 1 GewO erlassenen Entgeltbescheinigungsverordnung vom 19.12.2012 (gültig ab 1.7.2013) finden sich umfangreiche Regelungen dazu, welche Angaben die Arbeitgeberin in eine solche Bescheinigung aufzunehmen hat. Die Verordnung schreibt zudem vor, dass die Arbeitgeberin die Entgeltbescheinigung nicht nur auf Aufforderung, sondern zugleich mit der Abrechnung nach § 108 Abs. 1 und 2 GewO erteilen muss. Da die Pflicht zur Erteilung der Bescheinigung demnach nicht auf einem konkreten sozialrechtlichen Sachverhalt begründet ist, dürfte die Arbeitgeberin diese auch im Verhältnis zum Arbeitnehmer schulden.

> **Die Beklagte wird verurteilt, dem Kläger für <Abrechnungszeitraum, zB: März 2019> eine Entgeltbescheinigung nach § 108 Abs. 3 S. 1 GewO zu erteilen.**

2 Die Angabe der exakten gesetzlichen Grundlage im Antrag dient dabei der Konkretisierung des Begehrens. Das Gesetz kennt nämlich in § 108 Abs. 3 S. 2 GewO noch eine andere Form der Entgeltbescheinigung. Danach kann der Arbeitnehmer von der Arbeitgeberin zu anderen Zwecken (zB zur Vorlage an den Vermieter oder die Bank) eine Entgeltbescheinigung verlangen, die sich auf die Angaben nach Absatz 1 beschränkt. Welchen Mehrwert eine solche Form der Entgeltbescheinigung im Vergleich zu den Abrechnungen selbst haben soll, bleibt offen. Sollte sich dennoch – möglicherweise weil die Abrechnung ein Mehr an Daten über den Arbeitnehmer enthält, als er den Adressaten wissen lassen möchte – die Notwendigkeit einer Klage auf eine Entgeltbescheinigung nach § 108 Abs. 3 S. 2 GewO ergeben, empfiehlt sich der folgende Antrag:

1173 BAG 27.1.2011 – 6 AZR 526/09, BeckRS 2011, 70009.
1174 BAG 10.5.2016 – 9 AZR 145/15, NZA 2016, 1137, Rn. 18; BAG 10.5.2016 – 9 AZR 145/15, NZA 2016, 1137.
1175 Landmann/Rohmer/Neumann, Gewerbeordnung, Stand 91. Ergänzungslieferung März 2023, § 108 Rn. 18; fehlerhaft nicht differenzierend LAG Hamm 8.2.2023 – 12 Ta 233/22, Rn. 19, BeckRS 2023, 1787.

> **Die Beklagte wird verurteilt, dem Kläger für <Abrechnungszeitraum, zB: März 2019 oder das Jahr 2019> eine Entgeltbescheinigung nach § 108 Abs. 3 S. 2 GewO zu erteilen, die sich auf folgende Angaben beschränkt: <Benennung der Angaben>.**

Bei der Erteilung von Entgeltbescheinigungen nach § 108 Abs. 3 S. 1 und 2 GewO 3
dürfte es sich um eine unvertretbare Handlung handeln, da gerade die Arbeitgeberin die Ausstellerin sein soll. Die Vollstreckung erfolgt daher nach § 888 ZPO (→ *Teil E. Zwangsvollstreckung*).

Entgeltfortzahlung

Von Entgeltfortzahlung ist die Rede, wenn Arbeitnehmer nicht arbeiten und dennoch Anspruch auf Vergütung haben. Häufigster Anwendungsfall ist die Entgeltfortzahlung im Krankheitsfall oder aufgrund eines gesetzlichen Feiertages. Der Entgeltfortzahlungsanspruch ist der (während der Arbeitsunfähigkeit) aufrecht erhaltene Vergütungsanspruch und teilt dessen rechtliches Schicksal.[1176] Von daher kann umfassend auf die Anmerkungen zur → *Vergütung* hingewiesen werden.

Entgelttransparenz

Das Gesetz zur Förderung der Entgelttransparenz zwischen Männern und Frauen 1
(EntgTranspG) schafft den rechtlichen Rahmen zur Durchsetzung von Entgeltgleichheit zwischen Männern und Frauen. Das in § 3 EntgTranspG geregelte Verbot, bei gleicher oder gleichwertiger Arbeit wegen des Geschlechts unmittelbar oder mittelbar zu benachteiligen, sowie das in § 7 geregelte Gebot, gleiche oder gleichwertige Arbeit auch gleich zu vergüten, werden flankiert durch individuelle und kollektive Auskunftsansprüche. Zu den kollektiven Ansprüchen siehe → *Entgelttransparenz – Betriebsrat.* Die Rechte aus dem AGG bleiben dabei unberührt, vgl. § 2 Abs. 2 Abs. 1, § 3 Abs. 4 EntgTranspG.

Gemäß §§ 10ff. EntgTranspG kann ein Arbeitnehmer in Betrieben mit in der Regel 2
mehr als 200 Beschäftigten bei demselben Arbeitgeber zur Überprüfung, ob das Gesetz durch den Arbeitgeber eingehalten wird, Auskunft verlangen. Voraussetzung ist, dass die Arbeitnehmer eine gleiche oder gleichwertige Tätigkeit benennen. Sie können neben dem durchschnittlichen monatlichen Bruttoentgelt auch **Auskunft über bis zu zwei einzelne Entgeltbestandteile** verlangen, § 10 Abs. 1 S. 3 EntgTranspG. Das Verlangen hat in Textform zu erfolgen. Eine erneute Auskunft kann erst nach zwei Jahren verlangt werden, es sei denn, die Voraussetzungen haben sich wesentlich verändert.

Die Auskunft richtet sich unabhängig davon, ob der Arbeitgeber Tarifverträge an- 3
wendet, an den **Betriebsrat,** § 14 Abs. 1 S. 1 EntgTranspG bzw. § 15 Abs. 2 EntgTranspG, wobei der **Betriebsrat verlangen kann, dass der Arbeitgeber diese Verpflichtung übernimmt,** § 14 Abs. 1 S. 4 EntgTranspG und auch der Arbeitgeber die Verpflichtung durch Erläuterung gegenüber dem Betriebsrat übernehmen kann, § 14 Abs. 2 EntgTranspG.

In betriebsratslosen Betrieben richtet sich die Auskunft gegen den Arbeitgeber, es sei 4
denn, die Vertreter der Tarifvertragsparteien vereinbaren in tarifgebundenen oder tarifanwendenden Betrieben die Übernahme der Verpflichtung mit dem Arbeitgeber. Findet eine Übernahme statt, so sind die Beschäftigten darüber zu informieren.

1176 BAG 16.1.2002 – 5 AZR 430/00, NZA 2002, 746.

5 Der Anspruch ist daher gegen den Arbeitgeber zu richten,
- wenn im Betrieb kein Tarifvertrag Anwendung findet,
- der Betriebsrat im tarifgebundenen bzw. tarifanwendenden Betrieb die Übernahme durch den Arbeitgeber verlangt hat,
- der Arbeitgeber im tarifgebundenen bzw. tarifanwendenden Betrieb die Übernahme der Auskunft erklärt hat,
- im tarifgebundenen bzw. tarifanwendenden Betrieb kein Betriebsrat existiert und keine Übernahme der Verpflichtung durch die Tarifvertragsparteien stattgefunden hat.

6 Der Anspruch ist an die zuständigen Tarifvertragsparteien zu richten
- in tarifgebundenen oder tarifanwendenden betriebsratslosen Betrieben, wenn die Tarifvertragsparteien die Übernahme mit dem Arbeitgeber vereinbart haben,

7 Der Anspruch ist an den Betriebsrat zu richten
- soweit der Arbeitgeber die Übernahme nicht erklärt hat und der Betriebsrat dieses nicht verlangt hat.

8 **Klagegegner** ist jedoch nach überwiegender Meinung bereits aus dogmatischen Gründen nicht der jeweils Auskunftsverpflichtete, sondern der Arbeitgeber.[1177] Das Verfahren ist im **Urteilsverfahren** zu führen.[1178]

9 Voraussetzung für eine Klage ist jedoch, dass der Arbeitnehmer vorher das Auskunftsverlangen nach Maßgabe der §§ 11ff. EntgTranspG ordnungsgemäß erhoben hat.

10 Die §§ 11–16 EntgTranspG regeln im Einzelnen, welche Angaben verlangt werden können. Nach § 11 Abs. 1 EntgTranspG bezieht sich die Auskunft auf die Angabe der Kriterien und Verfahren der Entgeltfindung und auf die Angabe zum Vergleichsentgelt. Beides ist in §§ 11 Abs. 2 und 3 EntgTranspG geregelt. Demnach ist zu differenzieren, ob der Arbeitgeber an einen Tarifvertrag gebunden ist bzw. diesen anwendet oder aber nicht.

11 Soweit ein **Tarifvertrag** zur Anwendung kommt, ist der Auskunftsanspruch nach § 11 Abs. 2 EntgTranspG bezüglich der Kriterien und der Verfahren der Entgeltfindung auf die **Angabe der tariflichen Regelungen** und die **Angabe, wo die Regelungen einzusehen sind.** Soweit kein Tarifvertrag Anwendung findet, hat der Arbeitgeber Informationen über die Festlegung des eigenen Entgelts, des Entgelts für die Vergleichstätigkeit.

12 Bezüglich des Vergleichsentgelts ist jeweils der auf Vollzeitäquivalente hochgerechnete statistische Median des durchschnittlichen monatlichen Bruttoentgelts sowie der konkret benannten (maximal zwei) Entgeltbestandteile jeweils bezogen auf das Kalenderjahr für die gleich eingruppierten Beschäftigten des anderen Geschlechts bei Tarifanwendung oder aber – soweit kein Tarifvertrag Anwendung findet – aller Beschäftigten des anderen Geschlechts bzw. der erfragten bzw. durch den Arbeitgeber bzw. den Betriebsrat als gleichwertig erachteten Tätigkeiten anzugeben. Ein Anspruch auf die Angabe des Durchschnittsgehalts gibt es nicht.[1179] Die Vergleichstätigkeit sollte so konkret wie möglich benannt werden.[1180]

1177 BAG 25.6.2020 – 8 AZR 145/19, BeckRS 2020, 16256; Beck-OK ArbR/Roloff EntgTranspG § 10 Rn. 4; ErfK-Schlachter EntgTranspG § 14 Rn. 3; Kocher AuR 2018, 8; aA Holler NZA 2017, 822.
1178 Beck-OK ArbR/Roloff EntgTranspG § 10 Rn. 4; ErfK-Schlachter EntgTranspG § 14 Rn. 3.
1179 ArbG Karlsruhe 23.9.2022 – 8 Ca 126/22 – ArbR 2023. 391.
1180 BAG 25.6.2020 – 8 AZR 145/19, BeckRS 2020, 16256; BT-Drs. 18/11133 S. 58.

Für die Frage, welcher Antrag gestellt werden soll, ist damit danach zu differenzieren, ob ein Tarifvertrag Anwendung findet oder nicht. 13

Bei **Anwendung eines Tarifvertrags** sollte daher folgender Antrag gestellt werden: 14

> **1. Die Beklagte wird verurteilt, Auskunft zu erteilen, welcher Tarifvertrag zur Regelung des Entgelts aktuell/für den Zeitraum ab ... im Betrieb zur Anwendung kommt und wo dieser einzusehen ist.**
>
> **2. Die Beklagte zu verurteilen, Auskunft über den auf Vollzeitäquivalente hochgerechneten statistischen Median des durchschnittlichen Bruttoentgelts sowie der (zB Schichtzulagen; Erschwerniszulagen; Provisionen) und der ..., jeweils bezogen auf ein Kalenderjahr der männlichen/weiblichen Arbeitnehmer der Entgelt/Vergütungsgruppe X des Tarifvertrages Y bzw. der durch den Arbeitgeber mitgeteilten vergleichbaren Arbeitnehmer ... zu erteilen.**

Kommt kein Tarifvertrag oder ein anderes gesetzliches Vergütungssystem zur Anwendung, so kommt folgender Antrag in Betracht: 15

> **1. Die Beklagte wird verurteilt, Auskunft zu erteilen, nach welchen Kriterien und Verfahren das Entgelt der Klägerin/des Klägers sowie das Entgelt der Mitarbeiter Meyer, Müller und Schulze/der Mitarbeiter in der Abteilung Entgeltabrechnung/der Mitarbeiter in der Tätigkeit als Außendienstverkäufer festgelegt worden ist.**
>
> **2. Die Beklagte zu verurteilen, Auskunft über den auf Vollzeitäquivalente hochgerechneten statistischen Median des durchschnittlichen Bruttoentgelts sowie der (zB Schichtzulagen; Erschwerniszulagen; Provisionen) und der (jeweils Mitarbeiter des anderen Geschlechts) Mitarbeiter Meyer, Müller und Schulze/der Mitarbeiter in der Abteilung Entgeltabrechnung/der Mitarbeiter in der Tätigkeit als Außendienstverkäufer jeweils bezogen auf ein Kalenderjahr zu erteilen.**

Der Arbeitnehmer kann bei Verletzung des Gebots zur Entgeltgleichheit entsprechende Nachzahlungen verlangen und insoweit Klage auf → *Vergütung* erheben. Wurde die Auskunft nicht erteilt, so kommt dem Arbeitnehmer im Falle des nicht tarifanwendenden bzw. -gebundenen Arbeitgebers eine Umkehr der Darlegungs- und Beweislast zugute, § 15 Abs. 2 EntgTranspG. 16

Gleichzeitig kommt die Zahlung einer → *Entschädigung wegen Diskriminierung* nach § 15 Abs. 2 AGG in Betracht. 17

Entschädigung

Übersicht

	Rn.
1. Wettbewerbsverbot	1
2. Diskriminierung/AGG	2
3. Entschädigung nach § 61 Abs. 2 ArbGG	3–6

1. Wettbewerbsverbot

1 Zur Zahlungspflicht des Arbeitgebers während eines vereinbarten Wettbewerbsverbots → *Karenzentschädigung.*

2. Diskriminierung/AGG

2 Gemäß § 15 Abs. 2 S. 1 AGG kann der Arbeitnehmer von der Arbeitgeberin bei einem Verstoß gegen das Benachteiligungsverbot nach § 7 Abs. 1 AGG wegen eines Schadens, der nicht Vermögensschaden ist, eine angemessene Entschädigung in Geld verlangen (→ *Entschädigung bei Diskriminierung*).

Zu weiteren Ansprüchen bei Verstößen gegen das AGG → *Diskriminierung.*

3. Entschädigung nach § 61 Abs. 2 ArbGG

3 Spricht das Urteil die Verpflichtung zur Vornahme einer Handlung aus, kann der Kläger nach § 61 Abs. 2 ArbGG den zusätzlichen Antrag stellen, dass die Beklagte zugleich für den Fall, dass die Handlung nicht binnen einer bestimmten Frist vorgenommen ist, zur Zahlung einer vom Gericht nach freiem Ermessen festzusetzenden Entschädigung verurteilt wird. Der Begriff der Handlung ist nicht im allgemeinen Sprachsinn zu verstehen, gemeint sind vielmehr nur solche, die nach **§§ 887 oder 888 ZPO** zu vollstrecken wären, insbesondere also nicht Herausgabepflichten, die Abgabe einer Willenserklärung oder das Unterlassen einer Handlung. Ein solcher Antrag muss allerdings gut überlegt werden, da hierdurch **die Zwangsvollstreckungsmöglichkeit nach § 887 ZPO oder § 888 ZPO ausgeschlossen** wird, § 61 Abs. 1 S. 2 ArbGG. Das bedeutet, dass nach positiver Entscheidung über den Entschädigungsantrag, also nicht erst ab Fristablauf,[1181] der ursprüngliche Leistungsantrag nicht mehr durchgesetzt werden kann sondern nur noch – nach Fristablauf –der Entschädigungsanspruch. Der Leistungsanspruch geht durch den erfolglosen Ablauf der für die Auskunftserteilung festgesetzten Frist nicht unter;[1182] die Schuldnerin kann ihn also auch noch nach Fristablauf erfüllen. Der sinnvollerweise als unechter Hilfsantrag, also für den Fall des Obsiegens mit dem Leistungsantrag zu formulierende Antrag kann bis zum Schluss der mündlichen Verhandlung vor dem Landesarbeitsgericht gestellt und wie folgt formuliert werden:

> **1. <normaler Leistungsantrag>**
>
> **2. Für den Fall, dass die Beklagte die Verpflichtung zu 1. auf <Bezeichnung der Handlung> nicht innerhalb von <angemessener Zeitraum> ab Zustellung des Urteils erfüllt, wird die Beklagte verurteilt, an den Kläger als Entschädigung EUR <Betrag> zu zahlen.**[1183]

4 Bei der **Festsetzung der Frist** ist einerseits zu berücksichtigen, wie lange die Beklagte für die Vornahme der Handlung benötigen wird. Andererseits ist die gesetzliche Rechtsmittelfrist von einem Monat zu beachten; diese darf nicht unterschritten werden.[1184] Wie bei der → *Entschädigung bei Diskriminierung* ist uU auch ein unbezifferter Zahlungsantrag möglich. Für die Zeit nach Fristablauf können auch → *Zinsen* verlangt werden.

1181 BAG 24.11.2004 – 10 AZR 169/04, NZA 2005, 362.
1182 BAG 4.10.1989 – 4 AZR 396/89, EzA ArbGG 1979 § 61 Nr. 16.
1183 BAG 18.10.2006 – 10 AZR 576/05, NZA 2007, 1111.
1184 BAG 5.6.1985 – 4 AZR 533/83, EzA TVG § 4 Bauindustrie Nr. 30.

In der Klagebegründung sollte der Arbeitnehmer dann ausführen, innerhalb welcher 5 Frist der Antrag zu 1. realistisch erfüllt werden kann und welchen Wert der Anspruch für ihn hat. Maßgebend für die Festsetzung der Entschädigung, die entsprechend § 287 ZPO vorzunehmen ist, ist nämlich der Schaden, der dem Kläger unter Würdigung aller Umstände voraussichtlich dadurch entsteht, dass die geschuldete Handlung nicht vorgenommen wird.[1185] Fehlt es an einer solchen Darlegung durch den Kläger, ist der Antrag unbegründet.[1186]

Wird eine Klage auf Erteilung von Auskünften mit einem Antrag gem. § 61 Abs. 2 6 ArbGG verbunden, ist ein gleichzeitig für den Fall der fristgemäß erteilten Auskunft gestellter unbestimmter Antrag auf die Leistung, die sich aus der Auskunft ergibt, unzulässig.[1187]

Entschädigung bei Diskriminierung

Nach § 15 Abs. 2 AGG ist einem Benachteiligten iSd AGG für **immaterielle Schäden** 1 eine Entschädigung zu zahlen. Der Anspruch ist gemäß § 15 Abs. 4 AGG fristgebunden. Es ist ein **Leistungsantrag** zu stellen. Die Besonderheit besteht darin, dass der Antrag **nicht beziffert** werden muss. Auch ein unbezifferter Zahlungsantrag ist zulässig, wenn die Bestimmung des Betrages von einer gerichtlichen Schätzung oder billigem Ermessen des Gerichts abhängig ist.[1188] Der Kläger darf also die Höhe der von ihm begehrten Entschädigung in das Ermessen des Gerichts stellen.[1189] Er muss dann allerdings die Tatsachen vortragen, die das Gericht für die Schätzung heranziehen soll, und die Größenordnung der geltend gemachten Forderung angeben.[1190] Die Größenordnung ist nicht zwingend im Antrag anzugeben. Sie sollte allerdings erfolgen, da andernfalls nach früherer Auffassung zumindest eine Einschränkung der Rechtsmittelmöglichkeiten oder sogar die Unzulässigkeit des Antrags in Kauf genommen werden müsste.[1191]

Ein solcher **unbezifferter Antrag** kann etwa wie folgt lauten: 2

Die Beklagte wird verurteilt, an den Kläger eine Entschädigung nach billigem Ermessen des Gerichts, mindestens jedoch <Betrag> EUR zu zahlen.

Oder:

Die Beklagte wird verurteilt, an den Kläger eine Entschädigung zu zahlen, die in das Ermessen des Gerichts gestellt wird und <Betrag> EUR nicht unterschreiten sollte.

Passivlegitimiert ist allein der Arbeitgeber bzw. der potentielle Arbeitgeber.[1192] Kla- 3 gen gegen Personalvermittler sind ggf. unbegründet, nicht aber unzulässig.

1185 BAG 6.5.1987 – 4 AZR 641/86, DB 1987, 2662.

1186 LAG Berlin-Brandenburg 31.3.2021 – 23 Sa 1381/20, LAGE BGB 2002 § 123 Nr. 20.

1187 BAG 24.11.2004 – 10 AZR 169/04, NZA 2005, 362 Rn 25 ff.

1188 BAG 11.8.2016 – 8 AZR 406/14, NZA-RR 2017, 132; BAG 22.1.2009 – 8 AZR 906/07, BeckRS 2009, 69262; BAG 12.9.2006 – 9 AZR 807/05, NZA 2007, 507; BAG 15.2.2005 – 9 AZR 635/03, NZA 2005, 870; Mückl BB 2008, 1842.

1189 BAG 14.6.2023 – 8 AZR 136/22, NZA 2023, 1248.

1190 BAG 2.6.2022 – 8 AZR 191/21, NZA 2022, 1461.

1191 Vgl. BGH 9.7.1974 – VI ZR 236/73, VersR 1974, 1182; BAG 19.10.1988 – 8 AZR 110/86, BeckRS 1988, 30728196.

1192 BAG 23.1.2014 – 8 AZR 118/13, NJW-Spezial 2014, 402.

Equal-Pay

Der Leiharbeitnehmer hat gegen seinen Arbeitgeber (Verleiher) Anspruch auf dieselben wesentlichen Arbeitsbedingungen, die im Betrieb des Entleihers gelten. Dies gilt insbesondere für das Arbeitsentgelt, sofern ein geltender Tarifvertrag hiervon nicht abweicht (→ *Arbeitnehmerüberlassung*). Regelmäßig wird die Zahlung von Vergütungsdifferenzen verlangt (→ *Vergütung*). Für Klagen gegen den Entleiher ist bereits der Rechtsweg vor den Gerichten für Arbeitssachen nicht ohne weiteres eröffnet,[1193] sofern nicht ein Arbeitsverhältnis mit diesem besteht. Für den Auskunftsanspruch nach § 13 AÜG ist allerdings der Rechtsweg vor den Arbeitsgerichten eröffnet;[1194] der Leiharbeitnehmer kann also von seinem Entleiher → *Auskunft* über die im Betrieb des Entleihers geltenden Arbeitsbedingungen in einem arbeitsgerichtlichen Verfahren verlangen.

Erfüllung

Die Erfüllung ist eine (rechtsvernichtende) **Einwendung,**[1195] wodurch nach § 362 Abs. 1 BGB das Schuldverhältnis oder einzelne Forderungen erlöschen. Der Schuldner kann Erfüllung einwenden; eine zulässige Klage ist bzw. wird dann unbegründet. Der Kläger kann ggf. mit einer → *Erledigungserklärung* oder Klagerücknahme reagieren. Die Erfüllung ist **kein Rechtsverhältnis** und kann deswegen auch nicht Gegenstand einer Feststellungsklage sein. Gegenstand der Feststellungsklage kann – bei einem entsprechenden Feststellungsinteresse – allein die Frage sein, ob das Rechtsverhältnis bzw. die Forderung (fort-)besteht, wenn die Gegenseite Erfüllung bzw. Nichterfüllung einwendet.

Ermahnung

1 Neben Abmahnungen werden auch schriftliche Ermahnungen zur → *Personalakte* eines Arbeitnehmers genommen. Die Grundsätze zur → *Abmahnung* gelten nicht nur für förmliche Abmahnungen, sondern im Grundsatz für sämtliche schriftlichen Rügen, Ermahnungen, Verwarnungen und andere Schreiben, die zu der Personalakte genommen werden und die weitere berufliche Entwicklung eines Arbeitnehmers nachteilig beeinflussen können.[1196] Im Gegensatz zur Abmahnung gibt es allerdings keine förmlichen Anforderungen an eine wirksame Ermahnung. Etwaige Unterschiede betreffen ggf. nur die Begründetheit einer Klage. Für den Klageantrag kann auf die Ausführungen zur → *Abmahnung* Bezug genommen werden.

2 Die **Entfernung der Ermahnung** ist ebenfalls im Wege einer **Leistungsklage** geltend zu machen. Ein besonderes Rechtsschutzinteresse ist bei einer Leistungsklage nicht erforderlich;[1197] etwas anderes kann allenfalls bei Beendigung des Arbeitsverhältnisses gelten. Der Antrag lautet:

> **Die Beklagte wird verurteilt, die Ermahnung vom <Datum> aus der Personalakte des Klägers zu entfernen.**

1193 BAG 24.4.2018 – 9 AZB 62/17, BeckRS 2018, 9248.
1194 BAG 24.4.2018 – 9 AZB 62/17, BeckRS 2018, 9248.
1195 LAG Rheinland-Pfalz 6.3.2023 – 8 Sa 104/22, BeckRS 2023, 14237; BeckOK BGB/Dennhardt § 362 Rn. 3.1.
1196 LAG Hamm 25.9.2009 – 19 Sa 383/09; BeckRS 2009, 73928; ArbG Solingen 2.6.2016 – 3 Ca 670/15 lev, BeckRS 2016, 70619; ArbG Ulm 14.3.2017 – 5 Ca 328/16, BeckRS 2017, 163038.
1197 ArbG Solingen 2.6.2016 – 3 Ca 670/15 lev, BeckRS 2016, 70619.

Fahrtenschreiberdiagramme

1 Die Rechtsprechung sieht zutreffend in Art. 14 Abs. 2 der Verordnung (EWG) 3821/85 und § 21a Abs. 7 ArbZG Anspruchsgrundlagen für die Aushändigung von Kopien der Fahrtenschreiberdiagramme.[1198] Fahrtenschreiberdiagramme sind Unterlagen iSd § 21a Abs. 7 ArbZG (→ *Arbeitszeitnachweis*).[1199] Hintergrund des Begehrens ist regelmäßig die Geltendmachung von Überstundenvergütung eines Fahrers. Fahrtenschreiberdiagramme sind jedenfalls teilweise geeignet, Überstundenvergütungsansprüche zu substantiieren,[1200] auch wenn sie die Einhaltung der Lenk- und Ruhezeiten im Straßenverkehr und nicht die Fahrleistung des betreffenden Arbeitnehmers gegenüber seinem Arbeitgeber dokumentieren sollen.[1201] Der Herausgabeanspruch dient also in der Regel der Vorbereitung einer Klage auf Überstundenvergütung (→ *Überstunden*, → *Vergütung*). Daneben wird in der Praxis bei unmittelbarer Klage auf Vergütungszahlung die Vorlage der Fahrtenschreiberdiagramme im Rahmen der §§ 421 ff. ZPO verlangt.[1202] Zu beachten ist jeweils, dass Art. 14 Abs. 2 der Verordnung (EWG) 3821/85 lediglich eine Aufbewahrungsfrist von einem Jahr vorsieht. § 21a Abs. 7 ArbZG sieht allerdings eine Aufbewahrungszeit von zwei Jahren vor.[1203]

2 Der Antrag kann etwa wie folgt lauten:

Die Beklagte wird verurteilt, dem Kläger Kopien der vom Fahrtenschreiber des Fahrzeugs mit dem amtlichen Kennzeichen <Kennzeichen> für den Zeitraum <Datum> bis <Datum> aufgezeichneten Fahrtenschreiberdiagramme auszuhändigen.

3 Der Anspruch auf Herausgabe besteht nur für Zeiträume, in denen der Kläger das Fahrzeug gesteuert hat. Diese sind im Antrag konkret anzugeben.

4 Umstritten war, ob der Anspruch auf Herausgabe der Fahrtenschreiberdiagramme **im Rahmen einer → *Stufenklage*** zur Geltendmachung eines Vergütungsanspruchs durchgesetzt werden kann, denn aus der „Auskunft" lässt sich nicht der Zahlungsanspruch unmittelbar ermitteln.[1204] Der Herausgabeanspruch ist kein Anspruch auf → *Auskunft* iSd § 254 ZPO. Das BAG sieht es etwas großzügiger. Es müssten nicht zwingend sämtliche Informationen auf der ersten Stufe verlangt werden, die für die Bezifferung des in einer weiteren Stufe verfolgten Leistungsbegehrens notwendig sind. Es könne genügen, dass lediglich ein Teil der benötigten Informationen im Wege der Auskunftsklage zu erlangen ist.[1205] Das BAG[1206] hat es für zulässig erachtet, einen Auskunftsanspruch nach § 21a Abs. 7 ArbZG auf der ersten Stufe einer Stufenklage geltend zu machen. Auch wenn der Zweck der Aushändigung von Aufzeich-

1198 LAG Niedersachsen 10.5.2005 – 13 Sa 842/04, NZA-RR 2005, 461; LAG Hessen 19.3.2008 – 6 Sa 1256/07, BeckRS 2008, 54491; vgl. auch LAG Köln 19.6.2012 – 11 Sa 148/12, BeckRS 2012, 75998.
1199 LAG Köln 10.11.2010 – 3 Sa 770/10, BeckRS 2011, 68976.
1200 BAG 21.12.2016 – 5 AZR 362/16, NZA-RR 2017, 233; LAG Hessen 19.3.2008 – 6 Sa 1256/07, BeckRS 2008, 54491.
1201 LAG Rheinland-Pfalz 29.7.2004 – 6 Sa 246/04, BeckRS 2005, 42085.
1202 Vgl. dazu etwa LAG Rheinland-Pfalz 7.4.2004 – 10 Sa 2028/03, BeckRS 2004, 42010.
1203 Vgl. dazu auch BAG 16.5.2011 – 5 AZR 347/11, NZA 2012, 939; LAG Hamm 11.11.2011 – 19 Sa 858/11, BeckRS 2012, 65705.
1204 LAG Sachsen 20.2.2018 – 7 Sa 38/17 (6), BeckRS 2018, 27022.
1205 BAG 9.11.2021 – 1 AZR 206/20, NZA 2022, 286; BAG 28.8.2019 – 5 AZR 425/18, NZA 2019, 1645; BGH 6.4.2016 – VIII ZR 143/15, NJW 2017, 156.
1206 BAG 28.8.2019 – 5 AZR 425/18, NZA 2019, 1645.

nungen nach § 21a Abs. 7 ArbZG nicht darauf gerichtet sei, Arbeitszeit im vergütungsrechtlichen Sinn darzustellen, sei es auch nicht ausgeschlossen, daraus Informationen in Bezug auf die Vergütung für geleistete Arbeit zu erlangen.

5 Die **Zwangsvollstreckung** richtet sich nach § 887 ZPO, sofern davon ausgegangen werden kann, dass es sich nicht um eine unvertretbare Handlung handelt (→ *E. Rn. 14*).

Fahrtkosten

1 Ob und in welchem Umfang Arbeitnehmern ein Anspruch auf Erstattung von Fahrtkosten mit dem privaten Fahrzeug zusteht, richtet sich vor allem nach dem Anlass der Fahrt und der Entfernung. Für die täglichen **Fahrten zwischen Wohnung und Arbeitsstätte** besteht regelmäßig keine Pflicht zur Erstattung durch die Arbeitgeberin. Hier handelt es sich um private Kosten. Gleichwohl entscheiden sich Arbeitgeber auch hier in Einzelfällen zu einer anteiligen Kostenübernahme. Insoweit kommt es auf die vertraglichen Abreden oder die Regelungen einer Betriebsvereinbarung oder eines Tarifvertrages an.

2 Etwas anderes gilt für **Dienstreisen.** Soweit der Arbeitnehmer im Zusammenhang mit seinen Dienstpflichten für die Arbeitgeberin Aufwendungen macht, die der Arbeitsausführung dienen und für deren Abgeltung die vereinbarte Arbeitsvergütung nicht bestimmt ist, hat er gegen die Arbeitgeberin einen Anspruch auf Erstattung, soweit diese erforderlich waren oder der Arbeitnehmer sie den Umständen nach für erforderlich halten durfte. Hier greift § 670 BGB.[1207] Die einzelnen erstattungsfähigen Aufwendungen im Rahmen dieser allgemeinen Norm sind vielgestaltig. Zu den erstattungsfähigen Aufwendungen gehören aber in jedem Fall die Fahrtkosten für den Einsatz eines privaten Fahrzeugs bei Dienstreisen. Die Zahlung durch die Arbeitgeberin erfolgt sozialversicherungsfrei. Dies hat Auswirkungen auf den Antrag → *Aufwendungsersatz.* Häufig werden von der Arbeitgeberin für typisch anfallende Auslagen auch Pauschalen gewährt, die dann als „Spesenpauschale" oder „Auslöse" bezeichnet werden. Derartige Pauschalierungen finden sich oft in Tarifverträgen.[1208] Auch hier ergeben sich keine Besonderheiten für den Antrag → *Aufwendungsersatz.* Nichts anderes gilt für sog. →*Verpflegungsmehraufwendungen,* für die gleichfalls typischerweise steuerfreie Pauschbeträge gewährt werden → *Aufwendungsersatz.*

Feiertag

Bei Feiertagen ergeben sich Fragen vorrangig zur → *Entgeltfortzahlung.* Problematisch kann auch die → *Urlaubsgewährung* sein. Zwar besteht grundsätzlich an Feiertagen keine Arbeitspflicht. Etwas anderes kann aber in Schichtbetrieben gelten. Dann ist problematisch, ob der Arbeitnehmer Urlaub nehmen muss, wenn er an einem gesetzlichen Feiertag eingeteilt wäre. Das BAG hat insoweit auch einen Feststellungsantrag für zulässig erachtet.[1209] Ein solcher Antrag könnte demnach lauten:

> **Es wird festgestellt, dass die Beklagte gesetzliche Feiertage, an denen der Kläger ohne Urlaubsgewährung zur Arbeit verpflichtet wäre, nicht als Erfüllung auf seinen Jahresurlaubsanspruch anrechnen darf.**

1207 Grundlegend: BAG 16.10.2007 – 9 AZR 170/07, AP BGB § 670 Nr. 34; LAG Düsseldorf 30.7.2009 – 15 Sa 268/09, BeckRS 2009, 72888.
1208 BAG 12.12.2012 – 5 AZR 355/12, NZA 2013, 1158; BAG 14.10.2004 – 6 AZR 494/03, AuR 2005, 197.
1209 BAG 15.1.2013 – 9 AZR 430/11, NZA 2013, 1091.

Ob ein solcher Antrag ein Rechtsverhältnis betrifft, erscheint zweifelhaft. Alternativ kann auch ein Antrag in Betracht kommen, der den → *Urlaubsumfang* betrifft.

Firmenwagen

→ *Kraftfahrzeug*

Fortbildungskosten

Verlangt der Arbeitnehmer vom Arbeitgeber Ersatz von Kosten, die ihm durch eine Fort- oder Weiterbildung entstanden sind, hat er eine Klage auf → *Aufwendungsersatz* zu erheben.[1210] Bei umfangreicheren Fortbildungsmaßnahmen übernimmt häufig der Arbeitgeber von vorneherein die Kosten verbunden mit einer vertraglichen Abrede, dass der Arbeitnehmer diese (teilweise oder auch pro rata temporis) **zurückzuzahlen** hat, sofern er binnen bestimmter Zeit (nach Abschluss der Bildungsmaßnahme) das Unternehmen verlässt. Tritt dieser Fall ein, berufen sich Arbeitnehmer oftmals erfolgreich auf die Unwirksamkeit der Klausel, nunmehr auch auf der Grundlage der §§ 305 ff. BGB.[1211] Praxisrelevant sind auch **Darlehensmodelle ohne Bindungsfrist.** Bei der Kontrolle nach § 307 Abs. 1 BGB ist dann maßgebend, ob und inwieweit der Arbeitnehmer mit der Fort- oder Weiterbildung einen geldwerten Vorteil erlangt und ob und inwieweit sie betrieblichen Gegebenheiten dient.[1212] Hat der Arbeitgeber unter Berufung auf (vermeintliche) Rückzahlungsansprüche eine **Aufrechnung** zB gegen den letzten Gehaltsanspruch erklärt, muss der Arbeitnehmer eine Klage auf Zahlung der nicht ausbezahlten → *Vergütung* (vgl. dort insbesondere unter Ziffer 7) erheben[1213] (vgl. auch → *Aufrechnung*). 1

Verlangt die Arbeitgeberin vom Arbeitnehmer die **Rückzahlung** der ihr durch die Fortbildung entstandenen Kosten, handelt es sich um eine Zahlungsklage: 2

> **Der Beklagte wird verurteilt, an die Klägerin <Betrag> EUR nebst Zinsen in Höhe von 5 Prozentpunkten über dem Basiszinssatz seit dem <Datum>/ Rechtshängigkeit zu zahlen.**

Zu möglichen Sonderproblemen bei Zahlungsansprüchen: → *Zahlung.*

Beruft sich die Arbeitgeberin auf eine Rückzahlungsverpflichtung, ohne diese (jedenfalls zunächst) einzuklagen, kommt auch eine negative Feststellungsklage des Arbeitnehmers in Betracht: 3

> **Es wird festgestellt, dass der Kläger nicht verpflichtet ist, an die Beklagte Fortbildungskosten aus der Fortbildung <genaue Bezeichnung, zB durch Titel und Datum> zurückzuzahlen.**[1214]

1210 LAG Baden-Württemberg 19.11.2013 – 22 Sa 27/13, BeckRS 2014, 68307.

1211 BAG 25.4.2023 – 9 AZR 187/22, NZA 2023, 1122; BAG 18.3.2014 – 9 AZR 545/12, NZA 2014, 957 = DB 2014, 1620; BAG 28.5.2013 – 3 AZR 103/12, NZA 2013, 1419 = DB 2013, 2152; BAG 14.1.2009 – 3 AZR 900/07, NZA 2009, 666 = DB 2009, 1129; BAG 18.11.2008 – 3 AZR 192/07, NZA 2009, 435 = DB 2009, 853; vgl. aber BAG 19.1.2011 – 3 AZR 621/08, NZA 2012, 85 = DB 2011, 1338.

1212 BAG 25.1.2022 – 9 AZR 144/21, NZA 2022, 978; LAG Düsseldorf 30.3.2023 – 13 Sa 1071/21, BeckRS 2023, 46154.

1213 ZB BAG 18.3.2014 – 9 AZR 545/12, NZA 2014, 957 = DB 2014, 1620; die dortige Nettoklage ist allerdings steuerlich ungenau.

1214 LAG Niedersachsen 29.10.2014 – 17 Sa 274/14, BeckRS 2015, 69952.

Foto/Video

1 Fragen im Rahmen eines Arbeitsverhältnisses zu Fotos oder Videos ergeben sich vorrangig bei der **Beweisführung,** ob etwa für das Gericht ein Sachvortragsverwertungs- oder ein Beweiserhebungsverbot besteht. Die Weitergabe von Fotos/Videos durch den Arbeitnehmer kann einen Grund für eine → *Kündigung* darstellen, wenn dabei etwa Persönlichkeitsrechte verletzt, gegen ein → *Wettbewerbsvervot* verstoßen oder ein → *Geheimnis* verraten wurde. Der Arbeitgeber kann beispielsweise auch daran denken, die Verbreitung, Wiedergabe oder Vervielfältigung mittels einer Unterlassungsklage zu unterbinden.[1215] Lässt demgegenüber der Arbeitgeber (aus Beweiszwecken) Fotos oder Videos vom Arbeitnehmer anfertigen, so kann der Arbeitnehmer an eine Klage auf → *Unterlassung* oder auf → *Herausgabe* bzw. bei Digitalfotos auf Löschung (→ *Dateien*) denken.[1216] Folgender Antrag ist etwa für zulässig erachtet worden:[1217]

> **Der Beklagte wird verurteilt, es zu unterlassen, das nachfolgend wiedergegebene Bildnis, welches den Kläger <ggf. näher beschreiben> zeigt, zu veröffentlichen oder zu verbreiten.**

2 Auch der folgende Unterlassungsantrag ist vom BAG unbeanstandet gelassen worden:[1218]

> **Die Beklagte wird verurteilt, es zu unterlassen, die Videoaufnahmen, auf denen der Kläger zu sehen ist und die im Internet unter <Internetadresse, etwa „http://www...." veröffentlicht sind/waren, weiterhin der Öffentlichkeit zugänglich zu machen.**

3 Zum Teil wird diskutiert, ob die Formulierung „der Öffentlichkeit zugänglich machen" hinreichend konkret ist.[1219] Mit Blick auf die Regelungen in §§ 22, 23 KUG werden die Formulierungen „zu veröffentlichen oder zu verbreiten" regelmäßig aber nicht als problematisch angesehen.

4 Im Übrigen geht es vielfach darum, dass der Arbeitgeber Fotos/Videos auf seiner Homepage im → ***Internet*** nutzt und diese nach Beendigung des Arbeitsverhältnisses entfernt oder unkenntlich gemacht werden sollen. Ein Antrag auf Vernichtung/ Löschung, der nicht beanstandet worden ist, lautet:[1220]

> **Der Beklagte hat sämtliche Fotos und Videos, die folgende Inhalte zeigen: <genaue Beschreibung> auf den Portalen <genaue Bezeichnung, ggf. mit Angabe der der Internetadresse> veröffentlicht sind, zu vernichten/ löschen.**

1215 Vgl. dazu LAG Sachsen 7.11.2022 – 4 Sa 34/21, GRUR-RS 2022, 46509.

1216 Dazu etwa LAG Rheinland-Pfalz 11.7.2013 – 10 SaGa 3/13, BeckRS 2013, 71272; zu einer einstweiligen Verfügung vgl. LAG Hessen 24.1.2012 – 19 SaGa 1480/11, BeckRS 2012, 67214.

1217 Vgl. OLG Karlsruhe 14.5.2014 – 6 U 55/13, becklink 1032575; OLG Köln 7.1.2014 – 15 U 86/13, NJW-RR 2014, 1069.

1218 BAG 19.2.2015 – 8 AZR 1011/13, MMR 2015, 544.

1219 LAG Rheinland-Pfalz 30.11.2012 – 6 Sa 271/12, BeckRS 2013, 67028.

1220 Vgl. LAG Sachsen 7.11.2022 – 4 Sa 34/21, GRUR-RS 2022, 46509.

In dem dortigen Antrag wurde zudem wahlweise die Herausgabe verlangt. Es fragt 5
sich allerdings, wie eine Herausgabe bei digitalen Fotos aussehen soll. Regelmäßig wird ein Kläger nicht die bloße Vervielfältigung und Weiterleitung begehren, vielmehr soll keine Datei bei der Beklagtenseite verbleiben. Vor diesem Hintergrund erscheint ein **Antrag auf Löschung** von Fotos zielgerichtet zu sein. Die Löschung von Fotos und Filmaufnahmen ist hinreichend bestimmt, wenn der in Anspruch genommene Beklagte eine (ggf. mittelbare) Funktionsherrschaft über die Daten innehat.[1221]

Zur Konkretisierung der Dateien können der Klage eine Kopie bzw. ein Ausdruck 6
beigefügt werden.[1222]

> *Die Beklagte wird verurteilt, die von ihr bei Youtube, Facebook … <oder Bezeichnung sonstiger Plattformen> eingestellten Videos, in denen der Kläger vorkommt, zu löschen.*

Diese bloße Angabe im Antrag genügt nicht dem Bestimmtheitsgebot.[1223] Etwas an- 7
deres kann wiederum gelten, wenn die Löschung *aller* Aufnahmen verlangt wird.[1224] Solche Globalanträge sind nicht unzulässig, können aber unbegründet sein, wenn kein umfassender Anspruch besteht.

Freistellung von der Arbeitsleistung

Die Freistellung von der Arbeitsleistung kann der Arbeitnehmer bei einer ent- 1
sprechenden Anspruchsgrundlage verlangen. Hierzu gehören etwa die Ansprüche auf → *Urlaub*, → *Feiertag*, Arbeitnehmerweiterbildungsurlaub (etwa § 1 AWbG NRW), → *Ausgleich Nachtarbeit*, aus einem → *Arbeitszeitkonto* oder auch auf Freizeit zur Arbeitssuche nach § 629 BGB. Gegenstand von Klagen waren auch schon mögliche Freistellungsansprüche auf Grundlage der Fürsorgepflicht des Arbeitgebers oder auf Basis von Art. 9 Abs. 3 GG.[1225] Ziel einer solchen Klage ist die **Abgabe einer Freistellungserklärung** des Arbeitgebers, also einer Willenserklärung (→ *Abgabe von Erklärungen*). Die Zwangsvollstreckung richtet sich nach § 894 ZPO (→ *E. Rn. 32*). Davon abzugrenzen sind Sachverhalte, bei denen der Arbeitnehmer per Gesetz oder Vertrag von der Arbeitsleistung freigestellt ist, ohne dass es zuvor einer Erklärung des Arbeitgebers bedarf. In diesen Fällen ist eine Feststellungsklage zu erheben. Soweit der Arbeitnehmer demgegenüber gegen seinen Willen von der Arbeitsleistung freigestellt worden ist, geht es ihm um → *Beschäftigung*.

Beim **Leistungsantrag** auf Abgabe einer Willenserklärung ist zu differenzieren: Hat 2
der Arbeitgeber ein Wahlrecht, ob er den Arbeitnehmer von der Arbeitsleistung freistellt oder den Anspruch durch Zahlung erfüllt, ist eine Alternativklage (vgl. *A. I. Rn. 119*) zu erheben, vgl. beispielsweise → *Ausgleich Nachtarbeit*. Hat der Arbeitgeber ein → *Leistungsbestimmungsrecht*, so sind die dortigen Besonderheiten zu berücksichtigen.

Begehrt der Kläger während eines **bestimmten Zeitraums** freigestellt zu werden, so 3
kann der Antrag etwa lauten:

1221 BGH 13.10.2015 – VI ZR 271/14, NJW 2016, 1094.
1222 BeckOK ZPO/Bacher § 253 Rn. 64a.
1223 Vgl. LG Frankfurt a. M. 13.11.2018 – 2–03 T 6/18, BeckRS 2018, 30968.
1224 Vgl. OLG Koblenz 20.5.2014 – 3 U 1288/13, BeckRS 2014, 10308.
1225 Vgl. etwa LAG Rheinland-Pfalz 20.11.2008 – 2 Sa 328/08, BeckRS 2009, 54446; LAG Köln 11.1.1990 – 8 Sa 1020/89, BB 1990, 999.

> **Die Beklagte wird verurteilt, den Kläger am <Datum> von der Arbeitsleistung freizustellen.**
>
> **Oder:**
>
> **Die Beklagte wird verurteilt, den Kläger vom <Datum> bis zum <Datum> von der Arbeitsleistung freizustellen.**

4 Verlangt der Arbeitnehmer die Freistellung zu einem **bestimmten Zeitpunkt,** so ist zu beachten, dass sich die Zwangsvollstreckung nach § 894 ZPO richtet, dh die Erklärung des Schuldners gilt erst **mit Rechtskraft** des Urteils als abgegeben. Oft wird eine rechtskräftige Entscheidung vor dem angestrebten Freistellungszeitpunkt nicht zu erlangen sein. Dann ist ein Antrag im **Wege der einstweiligen Verfügung** zu bedenken. Aber auch hier stellt sich die Frage der Zwangsvollstreckung. Zudem soll eine einstweilige Verfügung das Hauptsacheverfahren nicht vorwegnehmen, so dass problematisch ist, ob unmittelbar die Abgabe der Freistellungserklärung oder die bloße Gestattung des Fernbleibens beantragt werden kann. Auf die Ausführungen zur Urlaubsgewährung im Rahmen einer einstweiligen Verfügung kann verwiesen werden (→ *Urlaub*).

5 Begehrt der Arbeitnehmer nur die **teilweise** Freistellung an Arbeitstagen, um etwa an Sitzungen, beispielsweise als Beisitzer im Ortsvorstand seiner Gewerkschaft teilnehmen zu können, kann der Antrag wie folgt lauten:[1226]

> **Die Beklagte wird verurteilt, den Kläger am <Datum/Wochentag (zB mittwochs)> ab <Uhrzeit> bis zum Arbeitsende von der Arbeitsleistung freizustellen.**

6 Besteht Streit über den Anspruch auf Freistellung als solchen und nicht über den Zeitpunkt, etwa weil der Arbeitgeber insoweit ein Leistungsbestimmungsrecht hat, dann genügt auch folgender Antrag:

> **Die Beklagte wird verurteilt, den Kläger an <Anzahl> Tagen im Umfang von jeweils <Anzahl> Stunden von der Arbeitsleistung freizustellen.**
>
> **Oder:**
>
> **Die Beklagte wird verurteilt, den Kläger an <Anzahl> Tagen von der Arbeitsleistung freizustellen.**

7 Es kommt allerdings auch eine **Feststellungsklage** in Betracht.[1227] Sie ist zulässig, wenn mit ihr der Streit prozessökonomisch endgültig erledigt werden kann, dh wenn mit ihr eine sachgerechte, einfache Erledigung der aufgetretenen Streitpunkte zu erreichen ist und prozesswirtschaftliche Überlegungen gegen einen Zwang zur Leistungsklage sprechen (→ *A. I. Rn. 64*). Eine solche Feststellungsklage ist etwa dann zulässig, wenn es um das Guthaben und den daraus folgenden Freizeitausgleich aus einem → *Arbeitszeitkonto* geht. Eine Feststellungsklage kommt ebenfalls in Betracht, wenn zwischen den Arbeitsvertragsparteien Streit darüber besteht, ob der Arbeitnehmer bereits freigestellt ist.

1226 LAG Rheinland-Pfalz 20.11.2008 – 2 Sa 328/08, BeckRS 2009, 54446.
1227 Vgl. auch BAG 23.2.2022 – 10 AZR 99/21, NZA 2022, 1073; BAG 11.11.2020 – 4 AZR 210/20, NZA 2022, 68.

Eine Feststellungsklage ist auch dann zulässig, wenn Streit darüber besteht, ob dem 8
Arbeitnehmer ein Anspruch auf eine jährliche Befreiung zu einem bestimmten Zeitpunkt oder zu einem bestimmten Zweck zusteht. Dies gilt beispielsweise, wenn im Streit ist, ob der Arbeitgeber verpflichtet ist, dem Arbeitnehmer zu einer bestimmten Veranstaltung Freizeit oder Weiterbildungsurlaub zu gewähren. Als Beispiel kann die Freistellung am Rosenmontag genannt werden.

> **Es wird festgestellt, dass die Beklagte verpflichtet ist, den Kläger zur Teilnahme an der <Bezeichnung der konkreten Veranstaltung> von der Arbeitsleistung freizustellen.**
>
> **Oder:**
>
> **Es wird festgestellt, dass die Beklagte verpflichtet ist, den Kläger in der Zeit vom <Datum> bis <Datum> zur Teilnahme an der <Bezeichnung der konkreten Veranstaltung> von der Arbeitsleistung freizustellen.**

Die obigen Ausführungen gelten auch, soweit die Parteien über sog. **Schichtfreizeit-** 9
tage streiten.[1228] Gleiches gilt für die Frage, ob der Arbeitnehmer von der Rufbereitschaft freigestellt ist. Dabei ist darauf zu achten, ob der Arbeitnehmer für alle Zeiten bzw. Formen der Bereitschaft freigestellt sein will oder eben nur für bestimmte. In einem solchen Fall wäre zwar ein Globalantrag zulässig, aber unbegründet, wenn dem Arbeitgeber im Rahmen seines Direktionsrechts die Zuweisung von Bereitschaftszeiten grundsätzlich zusteht.[1229] Da die Arbeitsgerichte für Rechtsgutachten unzuständig sind, muss die Berechtigung zur Anordnung von Bereitschaftszeiten auch im Streit stehen. Das Feststellungsinteresse fehlt etwa, wenn die Verpflichtung des Arbeitnehmers zur Teilnahme an Bereitschaftszeiten an bestimmten Wochentagen zwischen den Parteien nicht zur Diskussion steht.[1230]

Besteht zwischen den Parteien Streit darüber, ob der Arbeitgeber verpflichtet ist, den 10
Arbeitnehmer **unter Fortzahlung der Vergütung** freizustellen, so kann auch dies mittels Leistungsklage nach weitläufiger Meinung geklärt werden.

> *Die Beklagte wird verurteilt, die Klägerin an <Anzahl> Tagen unter Fortzahlung der Vergütung im Umfang von jeweils <Anzahl> Stunden von der Arbeitsleistung freizustellen.*[1231]

Ein entsprechender Titel kann allerdings **nicht als Vollstreckungsgrundlage** für die 11
Entgeltzahlung dienen. Inhaltlich handelt es sich vielmehr um einen Leistungsantrag auf Abgabe der Willenserklärung verbunden mit dem Antrag auf Feststellung, dass der Arbeitgeber verpflichtet ist, die Vergütung während der Freistellung fortzuzahlen. Dem Arbeitnehmer verbleibt die Möglichkeit, den Leistungsantrag auf Abgabe der Freistellungserklärung zu stellen. Bleibt die Zahlung der Vergütung aus, muss diese nachträglich eingeklagt werden (→ *Vergütung*). Die Voraussetzungen des § 259 ZPO sind für die zukünftige Zahlung der Vergütung (→ *künftige Zahlungen*) nicht gegeben, da der Anspruch auf Vergütung zeitabschnittsweise – idR monatlich – entsteht.

1228 Dazu BAG 27.4.2017 – 6 AZR 119/16, NZA 2017, 1116.

1229 Vgl. BAG 27.7.2021 – 9 AZR 448/20, NZA 2021, 1702.

1230 Vgl. BAG 27.7.2021 – 9 AZR 448/20, NZA 2021, 1702.

1231 LAG Hamm 10.7.2008 – 16 Sa 44/08, BeckRS 2009, 51332; vgl. auch BAG 15.7.2009 – 5 AZR 867/08, NZA 2009, 1366.

12 Es ist daher eine **Feststellungsklage** vorzugswürdig, die sowohl die Freistellungs- als auch die Zahlungspflicht zum Gegenstand hat. Haben sich die Parteien etwa über eine Freistellung geeinigt, besteht aber noch Streit über die Frage der Vergütungspflicht, so kann das Feststellungsinteresse vorliegen, wenn weitere gleichgelagerte Probleme in der Zukunft zu erwarten sind oder sich Rechtsfolgen für die Vergangenheit (etwa in Bezug auf Schadensersatzansprüche) ergeben.

Es wird festgestellt, dass die Beklagte verpflichtet gewesen ist, den Kläger in der Zeit vom <Datum> bis <Datum> unter Fortzahlung des Arbeitsentgelts zur Teilnahme an der <Bezeichnung der konkreten Veranstaltung> freizustellen.[1232]

13 Bei abgeschlossenen Sachverhalten ist allerdings regelmäßig eine Zahlungsklage zu erheben. Bei einem bereits beendeten Arbeitsverhältnis wird ein Feststellungsinteresse grundsätzlich ausgeschlossen sein. Unzulässig ist auch folgender Feststellungsantrag:

Es wird festgestellt, dass die Beklagte verpflichtet ist, den Kläger für die Teilnahme an <Bezeichnung der Veranstaltung> von der Arbeitsleistung freizustellen, soweit keine zwingenden betrieblichen Gründe entgegenstehen.[1233]

14 Mit einem solchen Antrag wäre der Streit der Parteien nicht endgültig erledigt. Es müsste immer wieder im Einzelfall untersucht werden, ob einer Freistellung zwingende betriebliche Gründe entgegenstehen und was zwingende betriebliche Gründe sind.

Freistellung von Verpflichtungen

1 Ein Anspruch auf Befreiung von einer Verpflichtung (§ 257 BGB) kann etwa Gegenstand eines Schadensersatzes (im Wege der Naturalrestitution) sein (→ *Schadensersatz*) oder eine Form des Aufwendungsersatzes analog § 670 BGB darstellen. Voraussetzung ist jeweils, dass die Verbindlichkeit des Klägers gegenüber dem Dritten noch besteht und nicht, etwa durch Erfüllung, untergegangen ist. Im kollektiven Arbeitsrecht können der Betriebsrat bzw. ein einzelnes Betriebsratsmitglied Anspruch auf Freistellung von Kosten für die Betriebsratstätigkeit haben (→ *Kosten der Betriebsratstätigkeit*).

2 Besonderes Augenmerk ist auf eine ausreichende **Bestimmtheit des Klageantrags** zu richten. Die Verbindlichkeit, von welcher der Kläger freigestellt werden möchte, muss im Antrag nach ihrem Grund – wenn es sich um eine Geldforderung handelt, auch in ihrer Höhe – bestimmt bezeichnet werden.[1234] Sie muss im Antrag so genau und umfassend beschrieben werden, dass auf Grundlage eines Urteils ohne Weiteres eine Zwangsvollstreckung nach § 887 ZPO möglich ist (→ *E. Rn. 13*).[1235]

1232 BAG 18.11.2008 – 9 AZR 815/07, DB 2009, 632.
1233 LAG Rheinland-Pfalz 20.11.2008 – 2 Sa 328/08, BeckRS 2009, 54446.
1234 BAG 17.1.2018 – 5 AZR 205/17, NZA 2018, 784; BAG 25.6.2009 – 8 AZR 236/08, BB 2009, 1525;BGH 19.11.2019 – XI ZR 575/16, BeckRS 2019, 35940; Musielak/Voit/Lackmann ZPO § 704 Rn. 8.
1235 Vgl. BAG 17.1.2018 – 5 AZR 205/17, NZA 2018, 784.

> **Die Beklagte wird verurteilt, den Kläger von der Zahlungsverpflichtung in Höhe von EUR <Betrag, ggf. mit Zinsen> gegenüber <Bezeichnung des Drittgläubigers> freizustellen.**

Wenn dem Kläger die genaue Angabe der Höhe der Schuld im Zeitpunkt der Klage- 3
erhebung nicht möglich ist, dann kann er einen Antrag auf **Feststellung der Schadensersatzpflicht** der Beklagten stellen (→ *Schadensersatz*).[1236]

Dennoch werden in der Praxis statt Feststellungsanträgen auch generelle Freistel- 4
lungsanträge für zulässig erachtet. Das BAG hat etwa die Zulässigkeit des folgenden Antrags nicht beanstandet.[1237]

> *Die Beklagte wird verurteilt, den Kläger von sämtlichen Verbindlichkeiten betreffend die Prozesskosten des Rechtsstreits <genaue Bezeichnung> freizustellen.*

Gleiches gilt für den Antrag: 5

> *Die Beklagte wird verurteilt, den Kläger von allen Ansprüchen von <Bezeichnung des Anspruchinhabers> aus dem Schadensfall vom <Datum/Bezeichnung> freizustellen.*[1238]

Die Vollstreckbarkeit nach § 887 ZPO ist nicht gegeben, jedenfalls äußerst fraglich. 6
Deswegen ist anzuraten, einen Feststellungsantrag zu stellen, wenn die Verbindlichkeit (noch) nicht beziffert werden kann. Der Antrag lautet dann:

> **Es wird festgestellt, dass die Beklagte verpflichtet ist, den Kläger von allen Ansprüchen von <Bezeichnung des Anspruchinhabers> aus dem Schadensfall vom <Datum/Bezeichnung> freizustellen.**

Geheimnis

Die Bedeutung des Geheimnisschutzes im Arbeitsleben nimmt mit der fortschrei- 1
tenden Technisierung der Arbeitsbereiche zu. Der Arbeitnehmer ist nach allgemeiner Auffassung aus der arbeitsvertraglichen Treuepflicht zur Verschwiegenheit verpflichtet und hat Betriebs- und Geschäftsgeheimnisse[1239] zu wahren. Zudem existieren diverse spezialgesetzliche Geheimhaltungspflichten, zB § 17 UWG. Diese Pflichten hat der Gesetzgeber aufgegriffen und durch das am 26.4.2019 in Kraft getretene Gesetz zum Schutz von Geschäftsgeheimnissen (**Geschäftsgeheimnisgesetz,** GeschGehG) kodifiziert.[1240] Dieses Gesetz definiert erstmals den Begriff des Geschäftsgeheimnisses, erlaubte Handlungen, Handlungsverbote sowie Rechtfertigungsgründe. Zudem regelt es Ansprüche gegen den Rechtsverletzer. Nach § 2 Nr. 1 GeschGehG ist die Geheimheit bzw. die fehlende Offenkundigkeit des Geheimnisses weiterhin von zentraler Bedeutung. Von der Frage des Geheimnisschutzes zu unter-

1236 BAG 25.6.2009 – 8 AZR 236/08, BB 2009, 1525; BGH 4.6.1996 – VI ZR 123/95, NJW 1996, 2725; BGH 2.9.2021 – VII ZR 124/20, BeckRS 2021, 30903.

1237 BAG 14.11.1991 – 8 AZR 628/90, NZA 1992, 691; die Klage wurde als unbegründet zurückgewiesen.

1238 Vgl. LAG Bremen 7.11.2007 – 2 Sa 29/06, BeckRS 2008, 53883; vgl auch BAG 16.12.2015 – 5 AZR 567/14, NZA 2016, 438.

1239 Zum Begriff: BAG 26.2.1987 – 6 ABR 46/84, DB 1987, 2526.

1240 Vgl. Preis/Seiwert RdA 2019, 351.

scheiden ist die Frage, ob und inwieweit sich der Arbeitnehmer des Wettbewerbs zu enthalten hat, → *Wettbewerbsverbot.*

2 Soweit der Arbeitnehmer Geschäftsgeheimnisse verletzt, kommen **Unterlassungsansprüche** des Arbeitgebers gegen den Arbeitnehmer in Betracht, vgl. → *Unterlassung.* § 6 des Geschäftsgeheimnisgesetzes nennt insoweit ebenfalls Ansprüche auf Beseitigung bzw. Unterlassung bei Wiederholungsgefahr. Dabei besteht das Hauptproblem der Antragstellung darin, die fragliche Verletzungshandlung so präzise zu beschreiben, dass der Antrag dem Bestimmtheitserfordernis genügt. Der Inhalt des Verbotes kann in Worte gefasst werden oder sich aus den dem Klageantrag beigefügten Fotografien, technischen Zeichnungen usw. ergeben. Dabei muss das Geheimnis im Klageantrag selbst nicht offengelegt werden. Es ist aber deutlich zu beschreiben, was genau geschützt werden soll.[1241]

Der Beklagte wird unter Androhung von Ordnungsgeld bis zu EUR 250 000,– für jeden Fall der Zuwiderhandlung, ersatzweise Ordnungshaft <uU: gegen ihre gesetzlichen Vertreter> oder Ordnungshaft bis zu sechs Monaten verurteilt, es zu unterlassen,

die von der Klägerin entwickelte Technologie <konkrete Bezeichnung> Dritten unmittelbar oder mittelbar zur Kenntnis zu geben.[1242]

Oder:

im geschäftlichen Verkehr zu Wettbewerbszwecken unter Verwendung der Kundenliste der Klägerin – beigefügt als Anlage <Nr.> – an deren Kunden heranzutreten und eigene Produkte, insbesondere das Produkt <Name> anzubieten.[1243]

Oder:

Daten über die bei der Beklagten gezahlten Bruttodurchschnittsgehälter oder Zulagen zu veröffentlichen oder in anderer Art und Weise bekannt zu geben.[1244]

Oder:

Die Kontaktdaten und sonstige auf dem Social-Media-Profil des Beklagten auf LinkedIn gespeicherten Informationen zu den nachfolgend aufgelisteten Kunden der Klägerin, nämlich <Name>, geschäftlich für sich selbst oder für Dritte zu verwenden.[1245]

3 Der Antrag kann auch **positiv formuliert** werden:

Der Beklagte wird verurteilt, über alle Geschäftsvorgänge, insbesondere technische Verfahrensabläufe, Rezepturen, Werkzeugkonzeptionen, Kunden, Preise und Produkte bezogen auf die Produktion der Klägerin von <Produktbezeichnung> laut Anlage <Nr.> Stillschweigen zu bewahren.[1246]

1241 BAG 25.4.1989 – 3 AZR 35/99, DB 1989, 2340; BGH 23.1.1981 – I ZR 48/79, GRUR 1981, 517. LAG Hamm 18.10.2013 – 10 SaGa 28/13, BeckRS 2014, 69415.

1242 Vgl. auch LAG Köln 28.9.2022 – 11 Sa 128/22, BeckRS 2022, 50817; LAG Düsseldorf 3.6.2020 – 12 SaGa 4/20, MMR 2020, 181.

1243 BAG 19.5.1998 – 9 AZR 394/97, NZA 1999, 200. Vgl. auch LAG Rheinland-Pfalz 23.2.2015 – 2 SaGa 1/15, BeckRS 2015, 68014. Vgl. auch LAG Baden-Württemberg 18.8.2021 – 4 SaGa 1/21, MMR 2022, 79; LAG Düsseldorf 10.1.2020 – 6 Sa 360/18, BeckRS 2020, 63270.

1244 BAG 26.2.1987 – 6 ABR 46/84, DB 1987, 2526.

1245 LAG Hessen 27.5.2020 – 18 Sa 1109/19, BeckRS 2020, 26850.

1246 BAG 19.5.1998 – 9 AZR 394/97, NZA 1999, 200.

Ist der Arbeitnehmer im Besitz von zB Kundendaten die Geschäftsgeheimnisse darstellen, kann auch die → *Herausgabe* verlangt werden.

> **Der Beklagte wird verurteilt, der Klägerin vollständig die textlichen oder datentechnischen Aufzeichnungen der zu ihrem Geschäftsgeheimnis gehörenden Kunden- und Lieferantendaten, Kalkulationen, Konditionen und sonstige betriebliche Kontaktdaten, ohne Rückbehalt von Kopien oder Abschriften jeglicher Art, seien sie visuell verkörpert oder auf Datenträgern gespeichert, herauszugeben, oder nachweislich rückhaltlos und vollständig zu vernichten.**[1247]

Unbestimmt ist demgegenüber der folgende Antrag: 4

> *Dem Beklagten wird es untersagt, die beiliegenden Anlagen <Nr. und Nr.> und/oder deren Inhalte ganz oder in Teilen, wörtlich oder sinngemäß oder sonstige Informationen, die die Klägerin im geschäftlichen Verkehr als vertraulich gekennzeichnet oder die der Beklagte im Zusammenhang mit der Anbahnung von Geschäftsverbindungen zur Klägerin erhalten hat, ganz oder in Teilen, wörtlich oder sinngemäß, an bestimmte oder unbestimmte Dritte mitzuteilen, weiter zu geben, zu verwerten oder in sonstiger Weise zweckwidrig zu gebrauchen.*[1248]

Denn hier bleibt offen, was „sonstige Informationen" sein sollen. 5

Auch das zu schützende Geheimnis selbst muss konkret bezeichnet werden, so dass es nicht ausreicht, sich auf „Geschäfts- und Betriebsgeheimnisse zu beziehen.

> *Dem Beklagten wird es untersagt, Betriebs- und Geschäftsgeheimnisse Dritten mitzuteilen und/oder zu verbreiten und/oder verbreiten zu lassen und/oder auf einem zur dauerhaften Speicherung geeigneten Datenträger, worunter insbesondere (aber nicht abschließend) USB-Sticks, Speicherkarten, Festplatten, Disketten-, CD-, DVD-, Bluray- und sonstige physische Laufwerke zählen, zu speichern, aufzubewahren oder in sonstiger Weise zu besitzen bzw. solche Datenträger Dritten zugänglich zu machen.*[1249]

Ebenfalls unbestimmt, weil unklar ist, welche Kundenliste betroffen sein soll, ist folgender Antrag:

> *Dem Beklagten wird es untersagt, die Kundenlisten der Verfügungsklägerin dadurch zu verwerten, dass diese Kunden und/oder Geschäftspartner der Verfügungsklägerin von der Verfügungsbeklagten abgeworben werden oder dies versucht wird.*[1250]

Verfügt der Kläger noch über Unterlagen, kommen Ansprüche auf → *Herausgabe* in 6
Betracht.[1251]

Soweit der Geheimnisschutz strafbewehrt ist, kommt die Geltendmachung einer **Vertragsstrafe** in Betracht → *Vertragsstrafe.*

1247 OLG Dresden 14.3.2023 – 4 U 1377/22, NJ 2023, 257; LAG Rheinland-Pfalz 1.9.2016 – 5 Sa 139/16, BeckRS 2016, 74588.

1248 OLG München 20.1.2005 – 6 U 3236/04, OLGR München 2005, 298.

1249 LAG Rheinland-Pfalz 14.1.2016 – 5 SaGa 9/15, BeckRS 2016, 66466.

1250 OLG Brandenburg 22.4.2010 – 6 U 18/10, WRP 2011, 510.

1251 LAG Rheinland-Pfalz 1.9.2016 – 5 Sa 139/16, BeckRS 2016, 74588.

Zu den sich aus der Verletzungshandlung ergebenden **Schadensersatzansprüchen**[1252] → *Schadensersatz.*

Zur Vorbereitung eines Schadensersatzanspruchs wegen der Verletzung der Geheimhaltungspflichten kann auf der Grundlage von § 242 BGB uU auch eine **Klage auf Auskunft** über den Umfang des Verstoßes des Arbeitnehmers in Betracht kommen. Einen entsprechenden Anspruch regelt § 8 des Geschäftsgeheimnisgesetzes. Zum entsprechenden Antrag vgl. → *Auskunft.*

> **Der Beklagte wird verurteilt, der Klägerin Auskunft zu erteilen über die Personen, denen die <konkret bezeichneten Betriebs- und Geschäftsgeheimnisse> der Klägerin mündlich oder schriftlich übermittelt, weitergegeben oder sonst zur Kenntnis gebracht wurden.**[1253]

7 Der Unterlassungsanspruch des Arbeitgebers lässt sich im Eilfall auch im Wege der **einstweiligen Verfügung** geltend machen. In diesem Fall gelten für den Klageantrag keine Besonderheiten.

8 Nach § 52 S. 2 ArbGG kann die **Öffentlichkeit** für die Verhandlung oder für einen Teil der Verhandlung **ausgeschlossen** werden, wenn eine Partei den Ausschluss der Öffentlichkeit beantragt, weil ua Betriebs- oder Geschäftsgeheimnisse zum Gegenstand der Verhandlung oder der Beweisaufnahme gemacht werden; außerdem ist § 171b GVG entsprechend anzuwenden.[1254]

> **Wird beantragt, die Öffentlichkeit für die mündliche Verhandlung am <Datum> auszuschließen.**[1255]

Genehmigung

Der Arbeitnehmer bedarf in unterschiedlichen Konstellationen einer Einwilligung (vorherigen Zustimmung) der Arbeitgeberin. Trotz der Legaldefinitionen in §§ 183f. BGB wird in der Praxis häufig von Genehmigung oder bestenfalls von Zustimmung gesprochen. Ein allgemein gültiger Antrag lässt sich insoweit nicht formulieren, so dass auf die Hinweise zu folgenden Stichworten zu verweisen ist:

→ *Nebentätigkeit*

→ *Teilzeit* (Tätigkeit bei einem anderen Arbeitgeber während der Elternzeit)

Zu Urlaubswünschen des Arbeitnehmers: → *Urlaubsgewährung.*

Zum Begehren des Arbeitnehmers auf Fortführung einer Direktversicherung mit eigenen Mitteln: → *Direktversicherung.*

Geschäftsführer

1 Nach § 5 Abs. 1 S. 3 ArbGG gilt der Geschäftsführer einer GmbH nicht als Arbeitnehmer. Für Rechtsstreitigkeiten im Zusammenhang mit der laufenden Geschäfts-

1252 LAG Rheinland-Pfalz 24.5.2018 – 5 Sa 267/17, BeckRS 2018, 17962.
1253 Vgl. OLG Dresden 14.3.2023 – 4 U 1377/22, NJ 2023, 257; OLG München 20.1.2005 – 6 U 3236/04, OLGR München 2005, 298.
1254 BAG 16.5.2019 – 8 AZN 809/18, BeckRS 2019, 25505.
1255 BAG 16.5.2019 – 8 AZN 809/18, BeckRS 2019, 25505.

führertätigkeit sind daher die Gerichte für Arbeitssachen **nicht zuständig.** Im Zusammenhang mit der Kündigung des Geschäftsführeranstellungsvertrages werden dennoch häufig Klagen beim Arbeitsgericht erhoben.

Sinnvoll kann dies zunächst sein, wenn das Unternehmen außerdem die Abberufung als Geschäftsführer erklärt. Nach der neueren Rechtsprechung des Bundesarbeitsgerichts greift die Fiktionswirkung des § 5 Abs 1 S. 3 ArbGG nach der Abberufung nicht mehr, und zwar auch dann, wenn diese erst nach Eingang der Klage, aber vor einer rechtskräftigen Entscheidung über die Rechtswegzuständigkeit erfolgt.[1256] Gleiches gilt, wenn der Geschäftsführer bis zu diesem Zeitpunkt wirksam sein Amt niederlegt.[1257] Der bloße Wegfall der gesetzlichen Fiktion führt allerdings nicht automatisch zur Zuständigkeit der Arbeitsgerichte. Durch die Abberufung ändert sich der rechtliche Charakter des Anstellungsverhältnisses nicht. Nach einer Abberufung ist daher festzustellen, ob der Tätigkeit des früheren Geschäftsführers materiell-rechtlich ein Arbeitsverhältnis oder ein freies Dienstverhältnis zugrunde gelegen hat. Dabei trägt dieser die Darlegungslast für die die Zuständigkeit der Arbeitsgerichte begründenden Umstände.[1258] Der Geschäftsführer einer GmbH wird für diese in aller Regel auf der Grundlage eines freien Dienstvertrags, nicht eines Arbeitsvertrags tätig; er nimmt Arbeitgeberfunktionen wahr und ist deshalb keine arbeitnehmerähnliche, sondern eine im Arbeitgeberlager stehende Person.[1259] Eine Weisungsgebundenheit des GmbH-Geschäftsführers, die so stark ist, dass sie auf einen Status als Arbeitnehmer schließen lässt, kommt allenfalls in extremen Ausnahmefällen in Betracht.[1260] Eine materiell-rechtliche Frage ist es hingegen, ob ein Geschäftsführer nach § 14 Abs. 1 Nr. 1 KSchG vom allgemeinen Kündigungsschutz ausgeschlossen ist.[1261] 2

Daneben kommt es vor, dass sich der Geschäftsführer darauf beruft, neben dem Geschäftsführeranstellungsvertrag habe noch eine weitere Rechtsbeziehung, beispielsweise ein **(ruhendes) Arbeitsverhältnis** bestanden.[1262] Seit der Einführung des Schriftformerfordernisses für Aufhebungsverträge kommt dies insbesondere dann in Betracht, wenn ein Arbeitnehmer zum Geschäftsführer „befördert" worden ist.[1263] Dann ist eine Kündigungsschutzklage (→ *Kündigung*) zu erheben. Erklärt das Unternehmen im Rechtsstreit auf Nachfrage ausdrücklich, die Kündigung beziehe sich nicht (auch) auf ein solches, stellt jedoch das Bestehen eines Arbeitsverhältnis in Abrede, ist die Klage auf einen → *allgemeinen Feststellungsantrag* umzustellen. 3

Macht ein Geschäftsführer geltend, er sei wegen seiner eingeschränkten Kompetenz in Wirklichkeit Arbeitnehmer gewesen, begründet dies nicht die Zuständigkeit der Gerichte für Arbeitssachen.[1264] Die Fiktion des § 5 Abs 1 S 3 ArbGG greift nämlich unabhängig davon, ob das Rechtsverhältnis materiell-rechtlich ein Arbeitsverhältnis ist.[1265] 4

1256 BAG 22.10.2014 – 10 AZB 46/14, NZA 2015, 60; BAG 8.9.2015 – 9 AZB 21/15, NZA 2015, 1342.

1257 BAG 3.12.2014 – 10 AZB 98/14, NZA 2015, 180.

1258 LAG Düsseldorf 7.12.2023 – 3 Ta 273/23, BeckRS 2023, 38963mwN.

1259 BAG 8.2.2022 – 9 AZB 40/21, NZA 2022, 430.

1260 BAG 27.4.2021 – 2 AZR 540/20, Rn. 20, NZA 2021, 857.

1261 Dazu BAG 21.9.2017 – 2 AZR 865/16, NZA 2018, 358; BAG 23.2.2017 – 6 AZR 665/15, NZA 2017, 995.

1262 Instruktiv BAG 5.6.2008 – 2 AZR 754/06, NZA 2008, 1002; BAG 3.2.2009 – 5 AZB 100/08, NZA 2009, 669 = DB 2009, 907; vgl. auch BAG 25.10.2007 – 6 AZR 1045/06, NZA 2008, 168; BAG 26.10.2012 – 10 AZB 60/12, NZA 2013, 54 = DB 2012, 2699; vgl. auch BAG 23.8.2011 – 10 AZB 51/10, DB 2011, 2386.

1263 BAG 15.3.2011 – 10 AZB 32/10, NZA 2011, 874 = DB 2011, 1400; BAG 24.10.2013 – 2 AZR 1078/12, NZA 2014, 540; vgl. aber BAG 26.10.2012 – 10 AZB 55/12, BeckRS 2013, 66911.

1264 BAG 14.6.2006 – 5 AZR 592/05, NZA 2006, 1154 = DB 2006, 2239; BAG 15.11.2013 – 10 AZB 28/13 BeckRS 2014, 73465.

1265 BAG 3.2.2009 – 5 AZB 100/08, NZA 2009, 669 = DB 2009, 907; BAG 4.2.2013 – 10 AZB 78/12, NZA 2013, 397 = DB 2013, 521.

5 Liegt der rechtlichen Beziehung zwischen Geschäftsführer und Gesellschaft ein Arbeitsverhältnis zugrunde, geht bei einem **Betriebsübergang** gemäß § 613a BGB zwar das Arbeitsverhältnis, nicht aber die Organstellung auf den Erwerber über.[1266] Auch das wäre gegenüber dem Erwerber mit einem → *allgemeinen Feststellungsantrag* geltend zu machen.

6 Letztlich kann auch ein sog. **„sic-non-Fall"** die Zuständigkeit der Gerichte für Arbeitssachen begründen. Darunter fällt ein Klageantrag, der nur dann begründet sein kann, wenn das Rechtsverhältnis als Arbeitsverhältnis einzuordnen ist. Dann eröffnet bei streitiger Tatsachengrundlage die bloße Rechtsansicht der Klagepartei, es handele sich um ein Arbeitsverhältnis, den Rechtsweg zu den Arbeitsgerichten.[1267] In Fällen, in denen die Zuständigkeit der Arbeitsgerichte allein aus der Anwendung der sic-non-Rechtsprechung resultiert, findet § 2 Abs. 3 ArbGG (Annahme einer Zusammenhangszuständigkeit) grundsätzlich keine Anwendung[1268]

7 Kann die maßgebliche Norm sowohl arbeitsrechtlicher als auch rein privatrechtlicher Natur sein (zB wenn der Kläger eine außerordentliche Kündigung angreift), handelt es sich um einen sog. **„et-et-Fall"**, bei der die reine Rechtsbehauptung nicht ausreicht, sondern die Arbeitnehmereigenschaft schlüssig darzulegen und bei streitiger Tatsachengrundlage bereits an dieser Stelle Beweis zu erheben ist.[1269] Gleiches gilt für einem sog. **„aut-aut-Fall"**, in dem der Kläger die Klageforderung aus einem Rechtsverhältnis herleitet, das er für ein Arbeitsverhältnis, die Beklagte dagegen für das Rechtsverhältnis eines weisungsfrei tätigen Handelsvertreters hält.[1270]

Geschäftsunterlagen

In der Praxis geht es regelmäßig darum, dass der Arbeitgeber die → *Herausgabe* der Geschäftsunterlagen verlangt, die er dem Arbeitnehmer zur Verfügung gestellt oder dieser im Rahmen seiner Tätigkeit erlangt hat. Besonderes Augenmerk ist auf die Bestimmtheit des Antrags zu richten.[1271] Bei → *Dateien* wird es auch darum gehen, diese zu löschen (→ *Dateien Rn. 6*).

Gesundheitsschutz

→ *Arbeitsschutz*

Gewerkschaftsmitgliedschaft

1 Neben der → *Gewerkschaftstätigkeit,* insbesondere dem → *Arbeitskampf,* können auch in Zusammenhang mit der Mitgliedschaft in einer Gewerkschaft Streitigkeiten bestehen. Zu beachten ist allerdings, dass es sich regelmäßig um Streitigkeiten **zwischen Mitglied und Gewerkschaft** handelt, für die die **ordentliche Gerichtsbarkeit** zuständig ist. Beispielsweise kann die Feststellung begehrt werden, dass der Beschluss, ein Mitglied auszuschließen, unwirksam ist.[1272] Es geht auch um Zahlungs-

1266 BAG 20.7.2023 – 6 AZR 228/22, NZA 2023, 1457.

1267 Vgl. etwa BAG 15.11.2013 – 10 AZB 28/13, BeckRS 2014, 73465 Rn. 21 mwN; ausführlich zu sic-non-Fällen Horcher NZA 2020, 1433.

1268 BAG 4.9.2018 – 9 AZB 10/18, AP GVG § 17a Nr. 64 Rn. 25.

1269 BAG 21.1.2019 – 9 AZB 23/18, NZA 2019, 490.

1270 BAG 3.11.2020 – 9 AZB 47/20, NZA 2020, 1729.

1271 Dazu BAG 14.12.2011 – 10 AZR 283/10, NZA 2012, 501; LAG Hessen 26.11.2013 – 13 Sa 972/13, BeckRS 2014, 68780.

1272 OLG Frankfurt 12.9.2018 – 4 U 234/17, BeckRS 2018, 25143; BGH 27.9.1993 – II ZR 25/93, NJW 1994, 43; OLG Düsseldorf 18.5.1994 – 7 W 14/94, NJW-RR 1994, 1402.

klagen, etwa die Abführung von Vergütung, die ein Mitglied für die Ausübung eines Aufsichtsmandats erhält,[1273] oder die Zahlung des Mitgliedbeitrags,[1274] etwa bei Streit über die Wirksamkeit der Kündigungsfrist.[1275]

Im Rahmen **von arbeitsgerichtlichen Verfahren** spielt die Mitgliedschaft in einer 2
Gewerkschaft zunächst eine Rolle bei der Frage der → *Tarifgebundenheit* und dementsprechend bei der Anwendbarkeit eines Tarifvertrages (→ *Tarifvertrag, Anwendbarkeit*) und beim → *Tariflohn.* Gleiches gilt, wenn **ein Dritter auf die Mitgliedschaft einwirken** will. Dies kann etwa in der Form erfolgen, dass der Arbeitgeber beim Einstellungsgespräch **nach der Mitgliedschaft fragt** und später bei einer unzutreffenden Antwort die → *Anfechtung* des Arbeitsvertrages erklärt oder eine → *Kündigung* ausspricht. Des Weiteren kommt es vor, dass ein Arbeitgeber den **Austritt aus einer Gewerkschaft fördern** will. In diesem Zusammenhang kommt ein Antrag der Gewerkschaften auf → *Unterlassung* solcher Handlungen in Betracht, ggf auch im Rahmen eines einstweiligen Verfügungsverfahrens.[1276]

Ein zulässiger Antrag der Gewerkschaft, um die Unterlassung der Zahlung einer 3
Prämie für Gewerkschaftsaustritt und damit zusammenhängende Maßnahmen durchzusetzen, könnte etwa wie folgt lauten:[1277]

Die Beklagte wird verurteilt, es zu unterlassen

a) Mitarbeitern eine Mitarbeitertreueprämie oder sonstige Vorteile für den Fall zu versprechen, dass sie eine verbindliche Kündigungsbestätigung ihrer bisherigen Mitgliedschaft in einer Arbeitnehmervertretung vorweisen können,

b) in ihrem Betrieb Mitteilungen auszuhängen, in welchen darauf hingewiesen wird, dass man sich im Büro einen Vordruck für die Kündigung abholen könne, wenn man aus der Gewerkschaft austreten möchte,

c) Mitarbeiter mündlich oder schriftlich aufzufordern, aus der Gewerkschaft auszutreten.

Will eine Gewerkschaft verhindern, dass die Einstellung eines Mitglieds vom Austritt 4
aus der Gewerkschaft abhängig gemacht wird,[1278] oder Arbeitnehmer nach ihrer Gewerkschaftszugehörigkeit gefragt werden, so können die Anträge etwa lauten:

Die Beklagte wird verurteilt, es zu unterlassen,

den Abschluss von Arbeitsverträgen zwischen ihr und Mitgliedern der Klägerin vom Austritt aus der Klägerin abhängig zu machen.

Der folgende Antrag ist zwar – als **Globalantrag** – hinreichend bestimmt, aber in der 5
Regel **unbegründet:**[1279]

1273 LG Frankfurt 27.4.2018 – 2-30 O 238/17, NJW-RR 2018, 1128; OLG Frankfurt 7.12.2017 – 3 U 167/14, NZG 2018, 870.
1274 AG Mettmann 31.12.2015 – 25 C 384/15, BeckRS 2016, 05604.
1275 Dazu auch BGH 29.7.2014 – II ZR 243/13, NJW 2014, 3239 zur Mitgliedschaft in einem Arbeitgeberverband.
1276 Dazu ArbG Gelsenkirchen 9.3.2016 – 3 Ga 3/16, BeckRS 2016, 67555.
1277 Vgl ArbG Gelsenkirchen 9.3.2016 – 3 Ga 3/16, BeckRS 2016, 67555.
1278 Vgl BAG 2.6.1987 – 1 AZR 651/85, NJW 1987, 2893.
1279 BAG 18.11.2014 – 1 AZR 257/13, NZA 2015, 306: Für die Begründetheit fehlte auch die Begehungsgefahr.

> *Die Beklagte wird verurteilt, es zu unterlassen,*
>
> *die in ihrem Unternehmen beschäftigten Arbeitnehmer schriftlich aufzufordern, schriftlich zu erklären, ob sie Mitglied der Gewerkschaft <Gewerkschaftsname> sind.*

6 Der folgende Antrag ist hingegen **unbestimmt:**[1280]

> *Die Beklagte wird verurteilt, es zu unterlassen,*
>
> *die in ihrem Unternehmen beschäftigten Arbeitnehmer schriftlich aufzufordern, schriftlich zu erklären, ob sie Mitglied der Gewerkschaft <Gewerkschaftsname> sind, es sei denn, dass die Frage zur Klärung der Anwendung von Arbeitsbedingungen aus einem mit der Klägerin abgeschlossenen Tarifvertrag erforderlich ist*

7 Die einschränkende Bedingung ist nicht ausreichend klar. Die Problematik, wann die beschriebene Fragestellung „zur Klärung der Anwendung von Arbeitsbedingungen aus einem mit der Klägerin geschlossenen Tarifvertrag erforderlich" – also nicht von der erstrebten Unterlassung umfasst – ist, kann nur unter Berücksichtigung aller Umstände des Einzelfalls beurteilt werden.[1281]

Gewerkschaftstätigkeit

Übersicht

	Rn.
1. Ansprüche der Gewerkschaften	2–12
2. Unterlassungsanspruch der Arbeitgeber	13–16
3. Gewerkschaftskonkurrenz	17, 18
4. Einstweiliger Rechtsschutz	19

1 Zu den gerichtsrelevanten Tätigkeitsbereichen zählen insbesondere Tarifvertragsverhandlungen, → *Arbeitskampf* und Werbungsaktivitäten. Die Gewerkschaften versuchen etwa die Duldung der **Mitgliederwerbung** im Betrieb des Arbeitgebers durchzusetzen, während der Arbeitgeber regelmäßig einen Unterlassungsanspruch geltend macht. Auch bei **Konkurrenz zwischen Gewerkschaften** können Ansprüche geltend gemacht werden, beispielsweise auf Unterlassung rechtswidriger Eingriffe in die Koalitionsfreiheit.[1282] Eine Gewerkschaft kann ein Zugangsrecht auch in Bezug auf **betriebsverfassungsrechtliche Aufgaben** nach § 2 Abs. 2 BetrVG geltend machen (→ *B II Zugang zum Betrieb*).

1. Ansprüche der Gewerkschaften

2 Die Mitgliederwerbung kann durch verschiedenste Maßnahmen innerhalb oder außerhalb der Betriebe erfolgen. Regelmäßig werden Gewerkschaften Werbemaßnahmen in den Betrieben durchführen wollen und verlangen daher ein **Zugangsrecht** (→ Zutritt zum Betrieb). Im Antrag ist genau zu unterscheiden, welches Verhalten vom Arbeitgeber verlangt wird. Wird vom Arbeitgeber eine Handlung verlangt, etwa die Erlaubnis oder Gestattung, oder soll er ein Verhalten der Gewerkschaftsfunktionäre/-mitglieder dulden? Die **Zwangsvollstreckung** (→ *E. Rn. 13ff.*) richtet sich nach

1280 BAG 18.11.2014 – 1 AZR 257/13, NZA 2015, 306: Für die Begründetheit fehlte auch die Begehungsgefahr.
1281 BAG 18.11.2014 – 1 AZR 257/13, NZA 2015, 306, Rn. 44.
1282 So etwa LAG Köln 17.1.2008 – 6 Sa 1354/07, DB 2008, 1979.

unterschiedlichen Vorschriften. Die Klage ist entweder auf die Verurteilung zur Vornahme einer vertretbaren oder unvertretbaren Handlung iSd §§ 887, 888 ZPO, auf die Abgabe einer Willenserklärung iSv § 894 Abs. 1 ZPO oder auf die Verurteilung zur Duldung von Handlungen der Klägerseite iSv § 890 Abs. 1 ZPO gerichtet. Regelmäßig wird lediglich die → ***Duldung* von Handlungen** verlangt (werden können).[1283] Der Zutritt zum Betrieb wird regelmäßig kurzfristig begehrt, so dass auch ein Antrag im Weg der einstweiligen Verfügung (→ *A I Rn. 85ff.*) in Betracht zu ziehen ist.[1284]

Anträge, mit denen die Duldung von Handlungen verlangt wird, müssen die zu duldenden Handlungen so **genau bezeichnen,** dass der in Anspruch Genommene im Falle einer dem Antrag entsprechenden gerichtlichen Entscheidung eindeutig erkennen kann, was von ihm verlangt wird.[1285] Dennoch sind bei Duldungsanträgen **generalisierende Formulierungen** regelmäßig unvermeidlich. Nach der Rechtsprechung des BAG würde andernfalls die Möglichkeit, gerichtlichen Rechtsschutz zu erlangen, durch prozessuale Anforderungen unzumutbar erschwert, wenn nicht gar beseitigt.[1286] Ein **Globalantrag,** der eine Vielzahl von Fallgestaltungen erfasst, ist aber insgesamt als **unbegründet** abzuweisen, wenn es darunter Fallgestaltungen gibt, in denen er sich als unbegründet erweist.[1287] 3

Wird etwa ein Zutrittsrecht geltend gemacht, so sollten im Antrag die **Modalitäten des begehrten Zugangs** näher beschrieben werden, etwa die konkreten Tage, die Uhrzeit und die Anzahl der Gewerkschaftsbeauftragten. Andernfalls erfasst der Antrag eine unbeschränkte Anzahl von Gewerkschaftsbeauftragten sowie sämtliche Tage und Uhrzeiten, an denen der Betrieb geöffnet ist. Ob ein so umfassendes Zugangsrecht besteht, kann jedoch fraglich sein. Im Antrag ist der Zweck des begehrten Zutritts anzugeben, etwa zur Mitgliederwerbung durch Überreichung von Broschüren, Formularen und Flugblättern. Das ist hinreichend bestimmt.[1288] 4

Ein zulässiger Antrag, um ein **Zutrittsrecht** durchzusetzen, könnte etwa wie folgt lauten:[1289] 5

Die Beklagte wird verurteilt, den Zutritt <Anzahl> betriebsfremder, von der Klägerin beauftragter Personen in den Betrieb <Bezeichnung der Betriebsstätte> am <Datum> zu dulden, um dort während <Uhrzeiten; etwa Öffnungszeiten der Kantine; Pausenzeit> Mitgliederwerbung durch Überreichung von Formularen und Flugblättern betreiben zu können.

Der folgende Antrag ist zwar hinreichend bestimmt, aber in der Regel wohl unbegründet, weil er **zu generalisierend** ist:[1290] 6

Die Beklagte wird verurteilt, den Zutritt betriebsfremder, von der Klägerin beauftragter Personen in den Betrieb <Bezeichnung der Betriebsstätte> zu dulden, um dort während der Öffnungszeiten der Kantine <Uhrzeiten> Mitgliederwerbung betreiben können.

1283 Vgl. BAG 22.6.2010 – 1 AZR 179/09, NZA 2010, 1365.
1284 Vgl. etwa ArbG Suhl 27.2.2023 – 1 BVGa 5/22.
1285 BAG 28.2.2006 – 1 AZR 460/04, NZA 2006, 798; BAG 22.6.2010 – 1 AZR 179/09, NZA 2010, 1365.
1286 BAG 28.2.2006 – 1 AZR 460/04, NZA 2006, 798.
1287 BAG 28.2.2006 – 1 AZR 460/04, NZA 2006, 798.
1288 BAG 28.2.2006 – 1 AZR 460/04, NZA 2006, 798; BAG 22.6.2010 – 1 AZR 179/09, NZA 2010, 1365.
1289 Weitere Anträge dazu LAG Bremen 26.11.2013 – 1 Sa 74/13, BeckRS 2014, 67918; LAG Köln 16.9.2016 – 10 Sa 328/16, ArbuR 2017, 221.
1290 Vgl. BAG 28.2.2006 – 1 AZR 460/04, NZA 2006, 798.

7 Wenn es um den Aushang eines **Plakats** geht, kann der Antrag wie folgt aussehen:[1291]

Die Beklagte wird verurteilt, in ihren Betrieben <Bezeichnung> das Aushängen des Plakats <Thema> am Schwarzen Brett oder an einer sonstigen für Bekanntmachungen vorgesehenen Stelle durch einen Beauftragten der Klägerin (für den Zeitraum <Datum>) zu dulden.

8 Ein weiteres Beispiel – zur Durchsetzung einer **Unterschriftenaktion** – könnte wie folgt aussehen:[1292]

Die Beklagte wird verurteilt zu dulden, dass ein Beauftragter der Klägerin im Betrieb <Bezeichnung mit Angabe des konkreten Orts> am <Datum/Uhrzeit> Unterschriftenlisten auslegt, mit denen bei der Belegschaft/beim Publikum um Unterstützung für <Thema> geworben wird.

9 In Zeiten der Corona-Pandemie waren die Möglichkeiten zur Mitgliederinformation bzw. -werbung eingeschränkt, so dass bei Gewerkschaften/Arbeitnehmervereinigungen die Idee aufkam, Beschäftigte über die Arbeitgeberin per **E-Mail** anzuschreiben. Probleme bestehen auch mit Blick auf die Zunahme von Tätigkeiten im → *Home-Office*. Es wird insoweit über ein **digitales Zugangsrecht** diskutiert.[1293] Hierzu können zählen die Herausgabe von betrieblichen E-Mail-Adressen, die Erstellung eines E-Mail-Verteilers oder die Weiterleitung an die E-Mail-Adressen der betriebsangehörigen Arbeitnehmer.[1294]

Die Beklagte wird verurteilt, der Klägerin zu gestatten, während der aufgrund der derzeitigen Pandemielage verminderten Möglichkeit, Beschäftigte vor Ort in den Betriebsgebäuden zu erreichen, in autonomer inhaltlicher Verantwortung über die Beklagte zum Zwecke der direkten Ansprache von Beschäftigten E-Mails mit Informationen < ggf. Beschreibung> zu versenden.

10 Der Antrag ist als zulässig, aber unbegründet angesehen worden.[1295] Es handele sich um einen Globalantrag mit dem eine Handlungsverpflichtung für eine Vielzahl künftiger Fallkonstellationen verfolgt werde. Der Wortlaut des Antrags spricht allerdings für eine zeitliche Einschränkung, wobei fraglich erscheint, ob diese hinreichend bestimmt ist.

11 Es wird auch die Veröffentlichung von Informationen im **Intranet** des Betriebs verlangt.[1296]

Die Beklagte wird verurteilt, die von der Klägerin zum Zweck der Mitglieder- und Beschäftigteninformation erstellten, beschäftigtenbezogenen Informationen im Intranet der Beklagten unter der neu zu schaffenden Rubrik Interessenvertretung <Bezeichnung> zu veröffentlichen.[1297]

1291 BAG 30.8.1983 – 1 AZR 121/81, AP GG Art. 9 Nr. 38.
1292 BAG 25.1.2005 – 1 AZR 657/03, NZA 2005, 592.
1293 Mamerow NZA-RR 2022, 351; Hjort/Mamerow NZA 2021, 1758; Göpfert/Stöckert NZA 2021, 1209; Meyer SAE 2023, 27; Stoffels ZFA 2023, 561 ff.
1294 Vgl. dazu LAG Nürnberg 26.9.2023 – 7 Sa 344/22, BeckRS 2023, 44386.
1295 ArbG Bonn 11.5.2022 – 2 Ca 93/22, NZA-RR 2022, 351.
1296 ArbG Hamburg 31.3.2022 – 4 Ca 248/21, BeckRS 2022, 7027.
1297 ArbG Hamburg 31.3.2022 – 4 Ca 248/21, BeckRS 2022, 7027: zulässig.

Auch dieser Antrag ist als zulässig, aber unbegründet bewertet worden. Bedenken 12
bestehen allenfalls hinsichtlich der Frage, ob die zu veröffentlichenden Informationen hinreichend bestimmt sind.

2. Unterlassungsanspruch der Arbeitgeber

Die Arbeitgeber sehen regelmäßig betriebliche Interessen beeinträchtigt, insbesonde- 13
re bei Benutzung betrieblicher Mittel. Bei unzulässigen Werbemaßnahmen steht ihnen ein **Unterlassungsanspruch** zu. Bei Unterlassungsansprüchen ist das zu unterlassende Verhalten konkret zu beschreiben. Globalanträge sind regelmäßig nicht unzulässig, sie sind aber häufig unbegründet (→ *Unterlassung*).

Wendet sich der Arbeitgeber gegen die **Zusendung von E-Mails** an die betrieb- 14
lichen E-Mail-Adressen seiner Mitarbeiter, so kann der Antrag etwa wie folgt lauten:[1298]

Die Beklagte wird verurteilt, es zu unterlassen, E-Mails an die dienstlichen E-Mail-Adressen der Mitarbeiter der Klägerin zu senden, ohne dass die Mitarbeiter die Beklagte hierzu zuvor aufgefordert haben oder die Klägerin zuvor ihr Einverständnis erteilt hat.

Will sich der Arbeitgeber gegen die Verbreitung einer **Gewerkschaftszeitung** weh- 15
ren, kann der Antrag etwa wie folgt aussehen:[1299]

Die Beklagte wird verurteilt, es zu unterlassen, eine von ihr herausgegebene Zeitung <Titel> im Betrieb <Bezeichnung> zu verteilen und/oder verteilen zu lassen und/oder zu verbreiten oder verbreiten zu lassen und/oder am „Schwarzen Brett" auszuhängen.

Unzulässig ist etwa auch das eigenmächtige und gewaltsame **Eindringen** einzelner 16
Gewerkschaftsmitglieder **in Betriebsräume.** Der Antrag soll dann etwa wie folgt lauten:[1300]

Der Beklagten wird aufgegeben, es zu unterlassen, Mitarbeiter der Klägerin im <Bezeichnung der Betriebsstätte> an der Arbeitsaufnahme oder Arbeitsdurchführung durch psychische Gewalt zu behindern, insbesondere diese nicht dadurch in ihrer Willensfreiheit zu beeinträchtigen, dass in die Betriebsräume/Büros entgegen den Willen der sich dort aufhaltenden Mitarbeiter eingedrungen oder eingestiegen wird.

3. Gewerkschaftskonkurrenz

Gemäß § 2 Abs. 1 Nr. 2 ArbGG sind die Gerichte für Arbeitssachen auch zuständig 17
für Streitigkeiten zwischen tariffähigen Parteien, sofern es um Streitigkeiten der Vereinigungsfreiheit geht. Ob hierzu auch Streitigkeiten konkurrierender Koalitionen zählen, ist umstritten, wird aber immer wieder bejaht.[1301] Regelmäßig werden **Unter-**

1298 Vgl. BAG 20.1.2009 – 1 AZR 515/08, NZA 2009, 615.
1299 Vgl. LAG Köln 19.2.1999 – 11 Sa 962/98, NZA-RR 1999, 655.
1300 Vgl. LAG Niedersachsen 17.11.2008 – 11 SaGa 1433/08, NZA-RR 2009, 209.
1301 Vgl. dazu GMP/Schlewing ArbGG § 2 Rn. 46.

lassungsansprüche gegen den Konkurrenten geltend gemacht. Die obigen Ausführungen geltend entsprechend.

18 Das BAG hat etwa folgenden Antrag für zulässig erachtet:[1302]

> **Die Beklagte wird verurteilt, es künftig zu unterlassen, wörtlich oder sinngemäß**
> 1. **mit einem Mitgliedsbeitrag von EUR <Betrag> pro Monat für Neumitglieder für den Eintritt in ihre Organisation zu werben, und/oder**
> 2. **sich gezielt an die Mitglieder der Klägerin zu wenden mit dem Angebot, im Falle des Austritts für EUR <Betrag> pro Monat bei der Beklagten Mitglied zu werden, und/oder**
> 3. **überhaupt für Neumitglieder einen geringeren Mitgliedsbeitrag anzubieten als für Altmitglieder.**

4. Einstweiliger Rechtsschutz

19 In diesem Bereich sind einstweilige Verfügungen häufig, da es regelmäßig – ebenso wie beim → *Arbeitskampf* – darum geht, beabsichtigte Maßnahmen kurzfristig durchsetzen bzw. zu verhindern. Für den Antrag gelten keine Besonderheiten. Vor allem bei Unterlassungsansprüchen ist daran zu denken, dass sie grundsätzlich bis zur Entscheidung in der Hauptsache zu begrenzen sind.

Gleichbehandlung

1 Ungleichbehandlungen, Benachteiligungen und Diskriminierungen können in unterschiedlichen Formen auftreten. Der Gesetzgeber hat im Allgemeinen Gleichbehandlungsgesetz (AGG) einen Schutz gegen Benachteiligungen geregelt. Folge eines Verstoßes ist die Unwirksamkeit der Maßnahme. Zu den damit verbundenen Anträgen → *Diskriminierung.* Darüber hinaus kann der Arbeitnehmer von der Arbeitgeberin bei einem Verstoß gegen das Benachteiligungsverbot nach § 7 Abs. 1 AGG wegen eines Schadens, der nicht Vermögensschaden ist, eine angemessene Entschädigung in Geld verlangen. Zu diesem Leistungsantrag → *Entschädigung bei Diskriminierung.*

Auch unabhängig vom AGG kennt das Arbeitsrecht Ansprüche auf Gleichbehandlung. Mit dem Begriff der Gleichbehandlung ist im Arbeitsrecht allerdings **kein besonderer Antrag** verbunden. Das Argument der Gleichbehandlung kann lediglich als Anspruchsgrundlage für Ansprüche des Arbeitnehmers gegen seine Arbeitgeberin herangezogen werden. Es gibt also **keinen** eigenen **„Antrag auf Gleichbehandlung"**, sondern es muss jeweils der **Antrag** gestellt werden, der das **Ziel der Gleichbehandlung** am besten **verwirklicht.** Typischerweise verlangt der Arbeitnehmer aber vor allem die Gewährung von Leistungen auf der Basis des allgemeinen arbeitsrechtlichen Gleichbehandlungsgrundsatzes. Danach hat der Arbeitgeber seine Arbeitnehmer oder Gruppen von Arbeitnehmern, die sich in vergleichbarer Lage befinden, bei Anwendung einer selbst gegebenen Regelung gleich zu behandeln.[1303]

1302 BAG 31.5.2005 – 1 AZR 141/04, NZA 2005, 1182. Krit. Anm. Arnold/Wiese NZA 2009, 716 (720 f.).
1303 BAG 26.4.2023 – 10 AZR 137/22, Rn. 22, NZA 2023, 1046; BAG 25.1.2023 – 10 AZR 29/22, Rn. 26, NZA 2023, 584; BAG 21.12.2017 – 6 AZR 790/16, ZTR 2018, 261; BAG 3.12.2008 – 5 AZR 74/08, DB 2009, 460; BAG 23.1.2008 – 1 AZR 988/06, NZA 2008, 709; BAG 14.3.2007 – 5 AZR 420/06, NZA 2007, 862.

2 Die **Rechtsfolgen** des allgemeinen arbeitsrechtlichen Gleichbehandlungsgrundsatzes sind je nach **Zielrichtung unterschiedlich.** Häufiger Anwendungsfall ist die Zahlung von Sondervergütungen, von denen sich ein Arbeitnehmer zu Unrecht ausgeschlossen fühlt. In diesem Fall zielt der Gleichbehandlungsgrundsatz auf die vorenthaltene Leistung.[1304] Hier ist eine Zahlungsklage zu erheben → *Zahlung,* → *Vergütung,* oder soweit der Kläger die Gewährungsvoraussetzungen der Leistung nicht kennt, eine **Auskunft** geltend zu machen[1305] → *Auskunft.* Denkbar ist auch, dass eine arbeitsrechtliche Weisung gegen den Gleichbehandlungsgrundsatz verstößt. Dann kann die Weisung angegriffen werden → *Direktionsrecht.* Weiteres Beispiel ist die Einbeziehung von Arbeitnehmern in die betriebliche Altersversorgung, also wenn der Arbeitnehmer der Auffassung ist, er könne eine Betriebsrente nach Maßgabe der für die übrigen Mitarbeiter bestehenden Versorgungszusagen beanspruchen[1306] → *betriebliche Altersversorgung.* Ebenso ist es möglich, dass sich aus der Gleichbehandlung ein Anspruch auf Weiterbeschäftigung durch Abschluss eines neuen Arbeitsvertrages ergibt → *Vertragsabschluss.*[1307]

3 Geht es darum, dass vorenthaltene Leistungen zum Inhalt des Arbeitsverhältnisses werden sollen, kann eine Feststellungsklage erhoben werden. Dabei kann sich der Kläger im Rahmen der Antragstellung aber nicht auf die vergleichbaren Mitarbeiter berufen, sondern muss den Inhalt der begehrten Regelung formulieren → *Inhalt des Arbeitsverhältnisses*

> **Es wird festgestellt, dass der Kläger nach Vollendung des 65. Lebensjahres Anspruch auf Leistungen der betrieblichen Altersversorgung nach der Versorgungsordnung <Name> der Beklagten vom <Datum> hat.**[1308]

4 Mangels hinreichender Bestimmtheit sind von vornherein folgende Anträge **unzulässig:**

> *Es wird festgestellt, dass die Beklagte verpflichtet ist, dem Kläger die gleiche Vergütung zu zahlen wie dem Mitarbeiter <Name>.*

> *Die Beklagte wird verurteilt, den Kläger zu den gleichen Arbeitsbedingungen zu beschäftigen wie die vergleichbaren Mitarbeiter <Name>.*

In diesen Fällen fehlt die Angabe der konkreten Gleichbehandlungsbedingungen.

Gratifikation

Unter Gratifikation ist eine **Sonderzahlung** des Arbeitgebers zu einem bestimmten Anlass zu verstehen, etwa zu Weihnachten. Es gelten die Grundsätze zur → *Vergütung.* Kann der Arbeitnehmer seinen Anspruch nicht beziffern, dann kommt ein Anspruch auf → *Auskunft* in Betracht, der ggf. zusammen mit dem Zahlungsanspruch im Rahmen einer → *Stufenklage* (→ *A. I. Rn. 37*) geltend zu machen ist. Hat

1304 BAG 25.1.2023 – 10 AZR 29/22, Rn. 26, NZA 2023, 584.

1305 BAG 26.4.2023 – 10 AZR 137/22, Rn. 32, NZA 2023, 1046. Vgl. auch LAG Düsseldorf 20.4.2023 – 13 Sa 535/22, Rn. 109, BeckRS 2023, 43378; LAG Mecklenburg-Vorpommern 13.12.2022 – 2 Sa 99/22, Rn. 62, BeckRS 2022, 52261.

1306 BAG 19.8.2008 – 3 AZR 194/07, NZA 2009, 196; BAG 20.11.1990 – 3 AZR 613/89, DB 1991, 1330.

1307 BAG 13.8.2008 – 7 AZR 513/07, NZA 2009, 27.

1308 BAG 19.8.2008 – 3 AZR 1063/06, NZA 2009, 240. Vgl. auch LAG Hamburg 23.2.2023 – 8 Sa 29/21, juris.

der Arbeitgeber die Gratifikation nach billigem Ermessen zu bestimmen, gelten die Grundsätze zur → *Leistungsbestimmung*.

Herausgabe

1 Die Fassung eines Antrags auf Herausgabe ist davon abhängig, was herausverlangt wird. Ist Streitgegenstand der Klage ein Geldanspruch, beispielsweise auf Herausgabe einer ungerechtfertigten Bereicherung im Fall einer Überzahlung oder auf Herausgabe kassierter Beträge an die Arbeitgeberin, ist ein → *Zahlungsantrag* zu stellen.[1309] Herausgabeansprüche richten sich beispielsweise auf → *Arbeitspapiere*, auf → *Dateien*. Bei Kraftfahrzeugen siehe → *Kraftfahrzeug* und → *Fahrtenschreiberdiagramme*.

2 Bei sonstigen Ansprüchen auf Herausgabe von Gegenständen ist besondere Sorgfalt auf die **hinreichende Bestimmtheit** der Antragsformulierung zu legen. Der Gegenstand muss so genau bezeichnet werden, dass er in der Zwangsvollstreckung ohne weitere Aufklärung zu identifizieren ist.[1310] Etwaige Ungenauigkeiten können nicht erst im Vollstreckungsverfahren geklärt werden. Welche Anforderungen an die Konkretisierung des Streitgegenstandes zu stellen sind, hängt auch von den Besonderheiten des anzuwendenden materiellen Rechts und den Umständen des Einzelfalls ab.[1311] Hierbei ist das zu schützende Interesse des Beklagten, sich gegen die Klage erschöpfend verteidigen zu können, sowie sein Interesse an der Rechtsklarheit und Rechtssicherheit hinsichtlich der Entscheidungswirkungen mit dem ebenfalls schutzwürdigen Interesse des Klägers an einem wirksamen Rechtsschutz abzuwägen. Generalisierende Formulierungen können daher im Einzelfall unvermeidlich sein.[1312] Als hinreichend konkret wurden zB angesehen:

Die Beklagte wird verurteilt, an den Kläger das Gesellenstück, ein Sideboard aus Kirschbaumfurnier mit einer Länge von 140 cm, einer Höhe von 120 cm und einer Tiefe von 50 cm, herauszugeben.[1313]

und

Die Beklagte wird verurteilt, an den Kläger das Mobiltelefon iPhone 4 mit der International Mobile Station Equipment Identity (IMEI) <Angabe der Nummer> herauszugeben.[1314]

3 Insbesondere bei der Herausgabe von Geschäftsunterlagen stellt sich der Arbeitgeberin häufig das Problem, dass sie keine genaue Kenntnis hat, welche Unterlagen der Arbeitnehmer noch in seinem Besitz hat. Die Lösung kann dann nicht in einer weiten Formulierung liegen. Der Antrag

Die Beklagte wird verurteilt, an den Kläger sämtliche Geschäftsunterlagen betreffend ihre Firma „Antiquitätenhandel A." herauszugeben.

1309 Zu Schmiergeldzahlungen BAG 25.2.2021 – 8 AZR 171/19, NZA 2021, 1469; LAG Köln 5.10.2023 – 6 Sa 152/22, BeckRS 2023, 29539.
1310 BAG 7.5.1980 – 4 AZR 214/78, ArbuR 1981, 124.
1311 BGH 28.11.2002 – I ZR 168/00, NJW 2003, 668.
1312 BAG 14.12.2011 – 10 AZR 283/10, NZA 2012, 501 = DB 2012, 1098.
1313 LAG Köln 20.12.2001 – 10 Sa 430/01, BeckRS 2001, 30810024.
1314 LAG Rheinland-Pfalz 8.2.2017 – 1 Sa 490/16, BeckRS 2017, 106874.

ist deshalb als unzulässig angesehen worden, da es nicht Aufgabe des Gerichtsvollziehers als dem zuständigen Vollstreckungsorgan sei, herauszufinden, welche Unterlagen sich auf die genannte Firma bezögen.[1315]

Das Bundesarbeitsgericht[1316] erlaubt eine Antragstellung mit der Formulierung „folgende Unterlagen, die bei der Beklagten **im Original und/oder Kopie** vorhanden sind", an den Kläger herauszugeben. Das erscheint im Hinblick auf die notwendige Bestimmtheit zweifelhaft und in der Sache überflüssig. Der Kläger wird sich wohl festlegen müssen, ob er behaupten will, der Beklagte habe bezogen auf das einzelne Dokument sowohl Originale als auch Kopien oder nur eines von beiden. Geht er so vor, muss sich die Beklagte zu jedem Dokument dazu erklären, ob sie Originale und/oder Kopien in ihrem Besitz hat. Es ist nicht Aufgabe des Gerichtsvollziehers, Feststellungen dazu zu treffen, ob eine Unterlage im Original und/oder in Kopie vorhanden ist. Will man überhaupt solche in ihrem Effekt höchst zweifelhafte Herausgabeverlangen einklagen, muss notfalls eine **Stufenklage mit einem Auskunftsverlangen** auf der ersten Stufe erhoben werden[1317] (→ *Auskunft*). 4

Ein Herausgabe- bzw. Auskunftsverlangen ist nicht bereits dadurch rechtlich erfüllt, dass die Beklagte ihm lediglich zur Abwendung der Zwangsvollstreckung nachkommt.[1318] 5

Ist die Herausgabe dem Verpflichteten unmöglich, kommen Ansprüche auf → *Schadensersatz* in Betracht.[1319] Auch besteht die Möglichkeit, im Wege der Klagehäufung nach § 260 ZPO eine Klage auf Schadensersatz gemäß § 280 Abs. 1 und 3, § 281 BGB für den Fall des fruchtlosen Ablaufs einer von dem Gericht zur Erfüllung des Herausgabeanspruchs zu setzenden Frist (§ 255 Abs. 1 ZPO) unter den Voraussetzungen des § 259 ZPO bereits zusammen mit der Herausgabeklage zu erheben.[1320] 6

Hilfsantrag

→ *bedingte Klageanträge.*

Home-Office

Die Tätigkeit im Home-Office ist vor allem während der Corona-Pandemie zum Thema geworden. Gestritten wurde etwa um die Wirksamkeit einer → *Kündigung* des Arbeitsverhältnisses,[1321] wenn der Arbeitnehmer beispielsweise nicht im Betrieb arbeiten wollte (oft in Zusammenhang mit einem Streit über die damalige Impfpflicht) und geltend machte, der Arbeitgeber könne ihn – unter Beachtung des Verhältnismäßigkeitsgrundsatzes – im Home-Office beschäftigen.[1322] Gestritten wird auch über die Kündigung einer Zusatzvereinbarung über Tätigkeiten im Homeoffice 1

1315 LAG Rheinland-Pfalz 27.2.2004 – 3 Sa 1262/03, BeckRS 2004, 30801384; zu Gesprächsprotokollen LAG Berlin-Brandenburg 30.3.2023 – 5 Sa 1046/22, BeckRS 2023, 17663 Rn. 27; vgl. auch OLG Koblenz 9.6.2011 – 5 W 269/11, WM 2012, 1541.
1316 BAG 14.12.2011 – 10 AZR 283/10, NZA 2012, 501.
1317 BAG 14.12.2011 – 10 AZR 283/10, NZA 2012, 501; OLG Koblenz 9.6.2011 – 5 W 269/11, BeckRS 2012, 11001.
1318 BAG 14.12.2011 – 10 AZR 283/10, NZA 2012, 501.
1319 BAG 21.8.2014 – 8 AZR 655/13, NZA 2015, 94; LAG Rheinland-Pfalz 16.2.2022 – 7 Sa 307/21, BeckRS 2022, 9421; LAG Schleswig-Holstein 23.11.2021 – 1 Sa 135/21, BeckRS 2021, 43695 (verschwundene Arbeitsmaterialien).
1320 BGH 9.11.2017 – IX ZR 305/16, NJW 2018, 786.
1321 Vgl. etwa LAG Rheinland-Pfalz 8.9.2022 – 2 Sa 187/21, BeckRS 2022, 42944; Müller NZA 2022, 1096 ff.
1322 Vgl. etwa LAG Hessen 11.8.2022 – 5 SaGa 728/22, BeckRS 2022, 20187.

(→ *Teilkündigung*).[1323] Probleme kann es mit der Erfassung der Arbeitszeit geben, die wiederum auch zum Ausspruch von Kündigungen oder zu Streitigkeiten über die → *Vergütung* führen. Ein weiterer Schwerpunkt ist die → *Beschäftigung.* Im Streit steht etwa, ob der Arbeitgeber im Rahmen seines → *Direktionsrechts* eine Tätigkeit im Home-Office zuweisen kann bzw. muss oder eine solche Zuweisung beenden kann. Macht der Arbeitnehmer einen Anspruch auf (Weiter-)**Beschäftigung** im Home-Office geltend,[1324] ist eine entsprechende Anspruchsgrundlage regelmäßig im Streit, insbesondere die Wirksamkeit und Auslegung einer → *Betriebsvereinbarung.*[1325] Im kollektiven Arbeitsrecht stehen Streitigkeiten im Rahmen des § 87 Abs. 1 Nr. 14 BetrVG im Fokus (→ *Mitbestimmung sozial*).

2 Zur Klärung kann ein Feststellungsantrag in Betracht gezogen werden, allerdings nicht im Rahmen einer einstweiligen Verfügung (→ *A. I. Rn. 89 ff.*). Ggf. ist der Umfang, in dem die Tätigkeit im Home-Office erbracht werden soll, im Antrag anzugeben.

> **Es wird festgestellt, dass der Kläger berechtigt ist, <ggf. im Umfang von xx Stunden pro Woche bzw. an xx Tagen in der Woche> im Homeoffice als <Tätigkeitsbeschreibung bzw. Berufsbild> zu arbeiten.**

3 Ein Leistungsantrag kann lauten:

> **Die Beklagte wird verurteilt, den Kläger <ggf. im Umfang von xx Stunden pro Woche bzw. an xx Tagen in der Woche> im Homeoffice als <Tätigkeitsbeschreibung bzw. Berufsbild> zu beschäftigen.**

4 Demgegenüber erscheint der folgende Antrag unter mehreren Gesichtspunkten als fragwürdig:[1326]

> *Die Beklagte wird verurteilt, den Kläger gegebenenfalls nach entsprechender Vertragsänderung, vorbehaltlich der Zustimmung des Betriebsrates und gegebenenfalls nach Durchführung des Zustimmungsersetzungsverfahrens als <Beschreibung der Tätigkeit> im Homeoffice, gelegen in der Wohnung des Klägers in <Wohnanschrift>, zu beschäftigen.*

5 Sofern der Kläger meint, es sei eine **Vertragsänderung** erforderlich, muss er letztlich einen → *Vertragsabschluss* geltend machen. Wenn die → *Beschäftigung* im Home Office eine Versetzung iSd §§ 99, 95 BetrVG darstellen sollte, ist es Sache des Arbeitgebers einzuwenden, ihm sei die Beschäftigung ohne Zustimmung des Betriebsrats unmöglich. Für den Fall, dass der Betriebsrat seine Zustimmung zu einer Versetzung nicht erteilt hat, kann der Arbeitnehmer ggf. die Durchführung eines Zustimmungsersetzungsverfahrens (→ *Zustimmungsersetzung*) einklagen.

6 Bei einem Leistungsantrag ist vorab aber zu prüfen, was genau der Kläger begehrt und ob und ggf. welche Handlungen durch den Arbeitgeber vorgenommen werden müssen. Bedarf es keiner Vornahme von Handlungen durch den Arbeitgeber, son-

1323 LAG Hamm 16.3.2023 -18 Sa 832/22, NZA-RR 2023, 401 ff.

1324 Vgl. dazu LAG Köln 12.1.2022 – 3 Sa 540/21, BeckRS 2022, 10911; Schulze/Simon ArbR 2021, 119 ff.; Barrein NZA 2022, 1088 ff.; Müller, Homeoffice in der arbeitsrechtlichen Praxis, 3. Aufl. 2022.

1325 Dazu Vogelsang/Wensing NZA 2023, 385 ff.

1326 So Müller Homeoffice Rn. 97.

dern begehrt der Arbeitnehmer die → ***Duldung*** eigener Handlungen bzw. die → *Unterlassung* von Handlungen durch den Arbeitgeber, ist ein entsprechender Antrag auf Duldung oder Unterlassung zu stellen.

> **Die Beklagte wird verurteilt, die Erbringung der Arbeitsleistung als <Bezeichnung der Tätigkeit bzw. Berufsbild> durch den Kläger <ggf. im Umfang von xx Stunden pro Woche bzw. an xx Tagen in der Woche> im Homeoffice zu dulden.**

7 Anträge, in denen es wörtlich um die **Gestattung** von Handlungen oder Verhaltensweisen geht, deuten regelmäßig darauf hin, dass es vielmehr um die Duldung von eben solchen geht. Dies gilt auch für Anträge in einstweiligen Verfügungsverfahren.[1327]

> *Die Verfügungsbeklagte wird verurteilt, es dem Verfügungskläger zu gestatten, bis zur Entscheidung in der Hauptsache im Homeoffice tätig zu sein, soweit keine zwingenden betrieblichen Gründe entgegenstehen.*[1328]

8 Bei einem solchen Antrag handelt es sich inhaltlich um einen Antrag auf → *Duldung.* Auch ein solcher Antrag darf nicht unbestimmt sein. Zwar müssen nicht alle Modalitäten der begehrten geduldeten Tätigkeit im Home-Office näher beschrieben werden. Dieser ist aber unbestimmt, da nicht klar sein dürfte, was unter zwingenden betrieblichen Gründen, die einer Tätigkeit im Home-Office entgegenstehen können, zu verstehen ist.

9 Der Arbeitgeber kann ein **Zutrittsrecht** zum Home-Office geltend machen. Regelmäßig kommen ein Feststellungsantrag oder ein Antrag auf Duldung des Zutritts in Betracht (vgl. → *Zutritt zum Betrieb*).

Inhalt des Arbeitsverhältnisses

1 Es kommt nicht selten vor, dass die Parteien über den Inhalt des Arbeitsverhältnisses streiten. Ausgangspunkt können **unklare arbeitsvertragliche Regelungen** sein. Darüber hinaus ist es möglich, dass einzelne Arbeitsbedingungen befristet vereinbart worden sind und nun Streit herrscht, ob und in welchem Umfang Ansprüche bestehen, dazu unten → Rn. 24, vgl. → *Befristung Rn. 9.* Auch anlässlich eines Betriebsübergangs kann der Inhalt des Arbeitsverhältnisses streitig werden → *Betriebsübergang.*

2 So kann zB streitig sein, wie viele Urlaubstage dem Arbeitnehmer zustehen oder welcher Tarifvertrag das Arbeitsverhältnis erfasst. In dieser Situation kann der Arbeitnehmer auf **zwei Wegen** mit unterschiedlicher Zielsetzung vorgehen. Er kann ohne weiteres **Leistungsklage,** also zB Klage auf Gewährung weiterer Urlaubstage erheben, wenn er der Auffassung ist, ihm stünden mehr Urlaubstage zu → *Urlaubsgewährung,* oder andere Ansprüche aus dem Tarifvertrag im Wege der Leistungsklage verfolgen.

3 Darüber hinaus stellt sich die Frage, ob der Arbeitnehmer eine **Feststellungsklage** erheben kann, also zB feststellen lassen kann, wie viele Urlaubstage ihm pro Kalenderjahr zustehen bzw. welcher Tarifvertrag das Arbeitsverhältnis erfasst. Dies ist zu bejahen. Voraussetzung ist allerdings, dass Gegenstand der erhobenen Feststellungsklage ein Rechtsverhältnis iSv § 256 Abs. 1 ZPO ist. Eine Feststellungsklage muss sich allerdings nicht notwendig auf das Rechtsverhältnis insgesamt erstrecken. Sie kann

1327 Vgl. etwa LAG Baden-Württemberg 17.9.2021 – 12 SaGa 3/21, BeckRS 2021, 31744.
1328 LAG München 26.8.2021 – 3 SaGa 13/21, COVuR 2021, 620.

sich auch auf einzelne Beziehungen oder Folgen aus einem Rechtsverhältnis, auf bestimmte Ansprüche oder Verpflichtungen oder auf den Umfang der Leistungspflicht beschränken.[1329] Vgl. dazu ausführlich → *Systematische Einleitung* Rn. 36. Auf dieser Grundlage kann der Streit über den Inhalt eines Arbeitsverhältnisses zulässiger Gegenstand einer **Elementenfeststellungsklage** sein, wenn sich die Feststellung hinreichend bestimmt auf den Umfang der Leistungspflicht des Arbeitgebers bezieht. Besonders zu prüfen ist das **Feststellungsinteresse.** Es besteht, wenn die Leistungspflicht streitig ist. Es entfällt hingegen, wenn die Klage auf die Feststellung einzelner Vorfragen für einen Zahlungsanspruch gerichtet ist. Für eine Feststellungsklage kann allerdings trotz der Möglichkeit einer vorrangigen Leistungsklage ein Feststellungsinteresse bestehen, wenn durch sie der Streit insgesamt beseitigt und das Rechtsverhältnis der Parteien abschließend geklärt werden kann.[1330] So ist die Klage beispielsweise wegen fehlendem Feststellungsinteresse unzulässig, wenn mit dem Begehren nur eine vorgreifliche Rechtsfrage geklärt werden kann, der eigentliche Streit aber offenbleibt.[1331] Zudem ist in diesen Fällen besonders darauf zu achten, dass die Beantwortung der Rechtsfrage nicht auf die Erstattung ein in seiner Reichweite unbestimmtes Rechtsgutachten hinausläuft.

4 Besonders wesentlich ist auch im Rahmen der Feststellungsklage, dass der Antrag hinreichend bestimmt im Sinne des § 253 Abs. 2 Nr. 2 ZPO ist. Die Feststellungsklage muss die konkrete Angabe des Gegenstandes und des Grundes des Anspruchs erkennen lassen. Der Streitgegenstand muss so präzise beschrieben werden, dass die eigentlich zwischen den Parteien streitige Rechtsfrage mit Rechtskraftwirkung entschieden werden kann. Die in diesem Rahmen erforderliche konkrete Formulierung des Feststellungsantrags hängt von der jeweiligen konkret streitigen Leistungspflicht ab. Dabei ist es erforderlich, den Streitpunkt eindeutig im Antrag zu definieren. Der Antrag muss sich also an der konkret streitigen Leistungspflicht orientieren und diese präzise abbilden. Das BAG hat beispielsweise zB folgende Feststellungsanträge für zulässig gehalten:

5 Streit über die zu leistende Arbeitszeit (vgl. auch → *Arbeitszeit*):

Es wird festgestellt, dass die vom Kläger zu erbringende regelmäßige wöchentliche Inanspruchnahmezeit einschließlich Ruhepausen <Anzahl Stunden > beträgt.[1332]

1329 BAG 20.6.2023 – 3 AZR 231/22, NZA 2024, 143; BAG 14.12.2022 – 10 AZR 8/21, BeckRS 2022, 46065; BAG 23.2.2022 – 10 AZR 99/21, NZA 2022, 1073; BAG 8.12.2021 – 10 AZR 641/19, MDR 2022, 965; BAG 22.3.2018 – 6 AZR 833/16, Beck RS 2018, 14165; BAG 25.4.2018 – 7 AZR 520/16, NZA 2018, 1061; BAG 25.1.2018 – 6 AZR 687/16, NZA-RR 2018, 308; BAG 3.7.2013 – 4 AZR 961/11, NZA-RR 2014, 80; BAG 16.5.2013 – 6 AZR 680/11; NZA-RR 2013, 499; BAG 14.12.2011 – 4 AZR 242/10, NZA 2012, 1452; BAG 15.9.2009 – 9 AZR 757/08, DB 2009, 2551; BAG 17.7.2008 – 6 AZR 505/07, NZA 2008, 1320; BAG 17.7.2008 – 6 AZR 602/07, NZA-RR 2009, 88; BAG 27.10.2005 – 6 AZR 123/05, BAGE 116, 160; BAG 5.6.2003 – 6 AZR 277/02, EzA ZPO § 256 Nr. 2.

1330 BAG 20.6.2023 – 3 AZR 231/22, NZA 2024, 143; BAG 14.12.2022 – 10 AZR 8/21, BeckRS 2022, 46065; BAG 23.2.2022 – 10 AZR 99/21, NZA 2022, 1073; BAG 8.12.2021 – 10 AZR 641/19, MDR 2022, 965; BAG 22.3.2018 – 6 AZR 833/16, Beck RS 2018, 14165; BAG 25.1.2018 – 6 AZR 687/16, NZA-RR 2018, 308; BAG 26.8.2015 – 4 AZR 719/13, NZA 2016, 177; BAG 3.7.2013 – 4 AZR 961/11, NZA-RR 2014, 80; BAG 16.5.2013 – 6 AZR 680/11; NZA-RR 2013, 499; BAG 12.12.2012 – 4 AZR 65/11, ZTR 2013, 558; BAG 17.7.2008 – 6 AZR 505/07, NZA 2008, 1320; BAG 17.7.2008 – 6 AZR 602/07, NZA-RR 2009, 88; BAG 12.3.2008 – 4 AZR 616/07, EzA TVG § 4 Chemische Industrie Nr. 10; BAG 5.6.2003 – 6 AZR 277/02, EzA ZPO § 256 Nr. 2.

1331 BAG 23.3.2016 – 5 AZR 758/13, NZA 2016, 1229.

1332 BAG 18.10.2023 – 5 AZR 22/23, NZA 2024, 128; BAG 26.9.2012 – 10 AZR 336/11, ZTR 2013, 135; BAG 17.7.2008 – 6 AZR 602/07, NZA-RR 2009, 88.

> **Es wird festgestellt, dass der Kläger nicht verpflichtet ist, sonntags und an Feiertagen zu arbeiten.**[1333]

oder: 6

> **Es wird festgestellt, dass die Dienstpläne so zu gestalten sind für den Kläger, dass sie Fahrtunterbrechungen im Umfang von < Anzahl h> nach § 1 Abs. 3 Nr. 1 FPersV enthalten.**[1334]

Streit über vergütungspflichtige Arbeitszeiten: 7

> **Es wird festgestellt, dass es sich bei den in den Fahrplänen ausgewiesenen Pausenzeiten, welche Wendezeiten enthalten, um vergütungspflichtige Arbeitszeiten handelt.**[1335]

Denkbar ist es auch, geleistete Arbeitszeiten dem → *Arbeitszeitkonto* gutzuschreiben. 8

> **Es wird festgestellt, dass die Beklagte verpflichtet ist, auf dem Arbeitszeitkonto des Klägers für Wochenfeiertage, an denen sie dienstplanmäßig ohne den Feiertag zur Arbeit eingeteilt werde, die tatsächlich an diesem Tag dienstplanmäßig ausgefallenen Arbeitsstunden gutzuschreiben.**[1336]

In diesen Fällen ist aber auf eine hinreichende Bestimmtheit der Anträge zu achten. 9
Es muss deutlich werden, was Inhalt des Zeitguthabens sein soll, Deshalb ist die Klage beispielsweise bei Verwendung des Begriffs „Zeitguthaben“ wegen mangelnder Bestimmtheit unzulässig.[1337] Der Antrag, einem Zeitkonto Stunden gutzuschreiben, ist hinreichend bestimmt, wenn der Arbeitgeber ein Zeitkonto führt, auf dem zu erfassende Zeiten nicht aufgenommen wurden und noch gutgeschrieben werden können, und konkretisiert wird, wo die Gutschrift erfolgen soll.[1338]

> *Es wird festgestellt, festzustellen, dass dem Kläger gegen die Beklagte ein Anspruch auf ein Zeitguthaben in Höhe von 112,75 Stunden für das Schuljahr 2011/2012 zusteht.*

Bei der Klage auf Feststellung der **Anwendbarkeit eines Tarifvertrages** ist wesent- 10
lich, dass ein bestimmter Tarifvertrag auf ein Arbeitsverhältnis Anwendung findet. Deshalb ist dieser Tarifvertrag so im Antrag zu benennen, dass keine Zweifel darüber bestehen, welcher Tarifvertrag gemeint ist. Möglich ist aber der Zusatz des „jeweils gültigen“ konkret bezeichneten Tarifvertrags.[1339]

1333 BAG 15.9.2009 – 9 AZR 757/08, DB 2009, 2551.
1334 BAG 6.5.2014 – 9 AZR 557/12, ZTR 2014, 657.
1335 BAG 17.7.2008 – 6 AZR 602/07, NZA-RR 2009, 88.
1336 BAG 6.12.2017 – 5 AZR 118/17, NZA 2018, 597. Zu Umkleidezeiten: BAG 13.12.2016 – 9 AZR 574/15, NZA 2017, 459.
1337 BAG 23.3.2016 – 5 AZR 758/13, NZA 2016, 1229.
1338 BAG 28.9.2016 – 7 AZR 829/16, NZA 2019, 259; BAG 28.9.2011 – 7 AZR 248/14, NZA 2017, 335.
1339 BAG 25.1.2018 – 6 AZR 687/16, NZA-RR 2018, 308; BAG 25.1.2017 – 4 AZR 517/15, NZA 2017, 1623; BAG 22.3.2017, 4 AZR 462/16, NZA 2017, 587.

Es wird festgestellt, dass die Beklagte verpflichtet ist, den Kläger beginnend mit dem <Datum> nach dem <Tarifvertrag Name> in seiner jeweils gültigen Fassung zu vergüten.[1340]

Es wird festgestellt, dass auf das Arbeitsverhältnis zwischen den Parteien der <Tarifvertrag Name> und die diesen ergänzenden, ändernden oder ersetzenden Tarifverträge Anwendung finden.[1341]

Es wird festgestellt, dass der <Tarifvertrag Name> Inhalt des zwischen den Parteien bestehenden Arbeitsverhältnisses ist.[1342]

11 **Unzulässig** mangels Bezeichnung des Tarifvertrages ist demgegenüber folgender Antrag:

Es wird festgestellt, dass die Beklagte verpflichtet ist, die jeweils gültigen Entgelttarifverträge des Einzelhandels NRW auf das Arbeitsverhältnis anzuwenden sowie weiterhin die pauschale Überstundenvergütung iHv. 166,00 Euro brutto zu zahlen.

12 Streit über Erhöhung der Vergütung:

Es wird festgestellt, dass die Beklagte verpflichtet ist, dem Kläger ab dem <Datum> bis zum <Datum> einen Stundenlohn in Höhe von EUR <Betrag> zu zahlen.[1343]

13 Streit über Zuschläge:

Es wird festgestellt, dass die Beklagte verpflichtet ist, Feiertagszuschläge auch während der Bereitschaftsruhezeit an den Kläger zu zahlen.[1344]

Es wird festgestellt, dass die Beklagte verpflichtet ist, an den Kläger einen Nachtarbeitszuschlag iHv 30% auf den Zustelllohn für die während der Nachtzeit geleisteten Arbeitsstunden zu.[1345]

14 Streit über Anzahl der Urlaubstage:

Es wird festgestellt, dass die Beklagte verpflichtet ist, dem Kläger ab dem <Datum> zusätzlich <Anzahl> weitere Tage Jahresurlaub zu gewähren.[1346]

1340 BAG 16.6.2021 – 6 AZR 281/20, ZTR 2012, 508; BAG 28.4.2021 – 4 AZR 234/20, BeckRS 2012, 22423; BAG 25.1.2018 – 6 AZR 687/16, NZA-RR 2018, 308; BAG 25.1.2017 – 4 AZR 517/15, NZA 2017, 1623; BAG 22.3.2017, 4 AZR 462/16, NZA 2017, 587; BAG 27.9.2001 – 6 AZR 308/00, NZA 2002, 527.

1341 BAG 25.1.2018 – 6 AZR 687/16, NZA-RR 2018, 308; BAG 26.8.2015 – 4 AZR 719/13, NZA 2016, 177; BAG 20.6.2012 – 4 AZR 656/10, AP Nr. 32 § 613a BGB; BAG 22.10.2008 – 4 AZR 784/07, NZA 2009, 151.

1342 BAG 3.7.2013 – 4 AZR 961/11, NZA-RR 2014, 80.

1343 BAG 3.12.2008 – 5 AZR 74/08, NZA 2009, 367.

1344 BAG 12.3.2008 – 4 AZR 616/07, EzA TVG § 4 Chemische Industrie Nr. 10.

1345 BAG 14.12.2022 – 10 AZR 8/21, BeckRS 2022, 46065.

1346 BAG 19.1.2016 – 9 AZR 608/14; BAG 12.3.2008 – 4 AZR 616/06, EzA TVG § 4 Chemische Industrie Nr. 10; vgl. auch BAG 24.9.2008 – 10 AZR 669/07, NZA 2009, 45.

Es wird festgestellt, dass die Beklagte verpflichtet ist, dem Kläger ab dem <Datum> insgesamt <Anzahl> Werktage Jahresurlaub zu gewähren.

Streit über Zusatzurlaub: 15

Es wird festgestellt, dass die Beklagte verpflichtet ist, dem Kläger für das Kalenderjahr <Jahr> zusätzlich einen Zusatzurlaub von <Anzahl> weiteren Tagen zu gewähren.[1347]

Streit über Ausgleichstage 16

Es wird festgestellt, dass der Kläger für jeden zahlungspflichtigen Wochenfeiertag Anspruch auf einen bezahlten freien Tag nach <konkrete Bezeichnung der Regelung aus der sich der Anspruch ergibt> hat.[1348]

Streit über Urlaubsentgelt: 17

Es wird festgestellt, dass die Beklagte verpflichtet ist, die Zeit vom <Datum> bis <Datum> mit dem Urlaubsentgelt zu vergüten[1349]

Streit über Wettbewerbsverbot: 18

Es wird festgestellt, dass zwischen den Parteien ab dem <Datum> ein nachvertragliches Wettbewerbsverbotes zu den Bedingungen der Vereinbarung vom <Datum> besteht.

Streit über Altersversorgung als solche: 19

Es wird festgestellt, dass der Kläger nach Vollendung des 65. Lebensjahres Anspruch auf Leistungen der betrieblichen Altersversorgung nach der Versorgungsordnung <Name> der Beklagten vom <Datum> hat.[1350]

Streit über die Berechnung der Altersversorgung: 20

Es wird festgestellt, dass die Beklagte verpflichtet ist, die an den Kläger ab dem <Datum Eintritt des Versorgungsfalls> gemäß der <Bezeichnung der Rechtsgrundlage der Betriebsrente> so zu berechnen, dass <konkrete Formel>.[1351]

Bei Streit darüber, ob Hinterbliebene aus der betrieblichen Altersversorgung anspruchsberechtigt sind:

1347 BAG 23.11.2017 – 6 AZR 43/16, NZA-RR 2018, 217.

1348 BAG 22.3.2018 – 6 AZR 833/16, Beck RS 2018, 14165. Vgl. auch BAG 23.2.2022 – 10 AZR 99/21, NZA 2022, 1073; BAG 8.12.2021 – 10 AZR 641/19, MDR 2022, 965.

1349 BAG 16.5.2013 – 6 AZR 680/11, NZA-R 2013, 499.

1350 BAG 20.6.2023 – 3 AZR 231/22, NZA 2024, 143; BAG 19.8.2008 – 3 AZR 1063/06, NZA 2009, 240.

1351 BAG 20.6.2023 – 3 AZR 231/22, NZA 2024, 143; BGH 20.9.2023 – IV ZR 120/22, NZA 2024, 131; BAG 17.1.2012 – 3 AZR 135/10, AP Nr. 30 § 1 Betriebliche Altersversorgung.

Es wird festgestellt, dass der Ehefrau des Klägers <Name, geboren>, für den Fall des Vorversterbens bei zu diesem Zeitpunkt noch bestehender Ehe aus der Pensionszusage der Beklagten vom <Datum> ein Anspruch auf eine Hinterbliebenenversorgung zusteht.[1352]

21 **Unzulässig** ist demgegenüber folgender Antrag:

Es wird festgestellt, dass die Beklagte verpflichtet ist, dem Kläger ab dem <Datum> den ihm zustehenden Jahresurlaub zu gewähren.

22 Mit diesem Antrag geht es dem Kläger nicht um die Feststellung eines grundsätzlich streitigen Elementes des Arbeitsverhältnisses, sondern um die Gewährung von Urlaub → *Urlaubsgewährung.*

Ebenso:

Es wird festgestellt, dass dem Kläger ein Rückkehrrecht zur Beklagten entsprechend der <Vereinbarung vom Datum> zusteht.[1353]

23 Es fehlt die Bestimmtheit bei:

Es wird festgestellt, dass die Beklagte verpflichtet ist, dem Beschäftigungsverhältnis abgesehen von den im Vertrag geregelten Ausnahmen, die Bestimmungen des TVÖD zugrunde zu legen.[1354]

24 Darüber hinaus ist es möglich, dass **einzelne Arbeitsbedingungen befristet** vereinbart worden sind und nun Streit herrscht, ob und in welchem Umfang Ansprüche bestehen. So können dem Arbeitnehmer abweichend vom Arbeitsvertrag für einen bestimmten Zeitraum andere Tätigkeiten übertragen werden oder vorübergehend eine andere Arbeitszeit vereinbart werden. Zunächst ist bedeutsam, dass einzelne befristet vereinbarte Elemente des Arbeitsvertrages nicht von § 17 TzBfG erfasst werden, so dass der Arbeitnehmer nicht fristgerecht eine Befristungskontrollklage erheben muss.[1355] Ebenfalls ist wichtig zu erkennen, dass die Frage der Unwirksamkeit einer Befristung auch kein feststellungsfähiges Rechtsverhältnis iSd § 256 ZPO darstellt → *Befristung* Rn. 10. Fehlerhaft sind deshalb Anträge wie:

Es wird festgestellt, dass die Befristung der <Bezeichnung der Sonderleistung, zB Feiertagszulage> im Arbeitsvertrag vom <Datum> unwirksam ist.

Richtigerweise geht es auch hier um einen allgemeinen Feststellungsantrag, der auf die durch die Befristung vorenthaltene Teilleistung aus dem Arbeitsverhältnis zwischen den Parteien gerichtet ist.[1356] Denn die Parteien streiten darüber, welchen In-

1352 BAG 3.6.2020 – 3 AZR 226/19, NZA 2020, 1397.
1353 BAG 13.6.2012 – 7 AZR 669/10, AP Nr. 63 § 307 BGB.
1354 BAG 14.12.2011 – 4 AZR 242/10, NZA 2012, 1452.
1355 BAG 2.9.2009 – 7 AZR 233/08, NZA 2009, 1253; BAG 14.1.2004 – 7 AZR 213/03, Rn. 33, NZA 2004, 719; BAG 4.6.2003 – 7 AZR 406/02, Rn. 12, NZA 2003, 1424; BAG 23.1.2002 – 7 AZR 563/00, Rn. 11, NZA 2003, 104.
1356 BAG 25.4.2018 – 7 AZR 520/16, NZA 2018, 1061; BAG 23.3.2016 – 7 AZR 828/13, NZA 2016, 881 Rn. 42;

halt das Arbeitsverhältnis nach Ablauf der vereinbarten Zeit hat. Geht es um die Frage, ob eine befristete Arbeitszeiterhöhung fort gilt, kann wie folgt formuliert werden:

> **Es wird festgestellt, dass die vom Kläger zu erbringende regelmäßige wöchentliche Arbeitszeit <Anzahl Stunden> beträgt.**[1357]

Insolvenz

Bei der **Insolvenz des Arbeitgebers** ist zu beachten, dass grundsätzlich eine Klage gegen den Insolvenzverwalter zu erheben ist, da diesem gemäß § 80 InsO die **Verwaltungs- und Verfügungsbefugnis** übertragen wird. Der Insolvenzverwalter nimmt dann auch die Arbeitgeberfunktionen wahr. Bereits anhängige Verfahren gegen die Gemeinschuldnerin, die die Insolvenzmasse betreffen, werden nach § 240 ZPO unterbrochen.[1358] Keine die Masse betreffende Streitigkeiten sind beispielsweise Zeugnisstreitigkeiten, die bereits gegen die Gemeinschuldnerin erhoben worden sind.[1359] Unterbrochene Verfahren können nach § 85 InsO wieder aufgenommen werden. 1

Eine Ausnahme vom Grundsatz, dass sich eine Klage gegen den Insolvenzverwalter zu richten hat, gilt für den Fall, dass der Insolvenzverwalter eine **Freigabeerklärung** für eine selbständige Erwerbstätigkeit des Schuldners abgegeben hat,[1360] vgl. §§ 35 Abs. 2, 295 InsO. Der Schuldner kann dann auf eigene Rechnung einen Betrieb führen und ist entsprechend selbst Partei eines Verfahrens.[1361] Ansprüche gegen den Schuldner im Rahmen dieser selbständigen Erwerbstätigkeit sind dann **keine Masseverbindlichkeiten.** 2

Bei **Klagen gegen den Insolvenzverwalter** gelten folgende Besonderheiten: 3

Eine Leistungsklage ist unzulässig, wenn es sich um **Insolvenzforderungen** nach §§ 38, 108 Abs. 2 InsO handelt, dh die Forderung muss den Zeitraum vor Insolvenzeröffnung betreffen.[1362] Nach § 87 InsO können Insolvenzgläubiger ihre Forderungen in diesem Fall nur nach den Vorschriften über das Insolvenzverfahren, also durch **Anmeldung zur Insolvenztabelle** gemäß §§ 174ff. InsO verfolgen. Werden sie vom Insolvenzverwalter bestritten oder entsteht Streit über ihren Rang, so muss der Gläubiger gegen diesen nach § 180 InsO Klage auf Feststellung zur Tabelle erheben.[1363] Die Insolvenzfeststellungsklage nach §§ 179 bis 181 InsO ist nur statthaft, wenn die Klageforderung im Insolvenzverfahren angemeldet, geprüft und bestritten worden ist. Es handelt sich um eine Sachurteilsvoraussetzung.[1364] Eine nicht angemeldete, ungeprüfte Forderung kann also nicht im Klageweg durchgesetzt werden. Das erfor-

1357 Ähnlich: BAG 25.4.2018 – 7 AZR 520/16, NZA 2018, 1061; BAG 23.3.2016 – 7 AZR 828/13, NZA 2016, 881 Rn. 42.

1358 Das PKH-Verfahren wird bei Insolvenz des Arbeitgebers aber nicht unterbrochen, vgl. BGH 24.8.2010 – 3 AZB 13/10, BeckRS 2010, 72844.

1359 BAG 30.1.1991 – 5 AZR 32/90, NZA 1991, 599.

1360 Dazu Lindemann BB 2011, 2357ff.

1361 Dazu etwa BAG 10.4.2008 – 6 AZR 368/07, NZA 2008, 1127; zu den Besonderheiten im Insolvenzplanverfahren BAG 19.11.2015 – 6 AZR 559/14, NZA 2016, 314.

1362 BAG 11.12.2001 – 9 AZR 459/00, NZA 2002, 975; vgl. auch BAG 27.9.2007 – 6 AZR 975/06, NZA 2009, 89; zur Abgrenzung zuletzt etwa BAG 25.1.2018 – 6 AZR 8/17, NZA 2018, 1153; BAG 27.7.2017 – 6 AZR 801/16, NZA 2018, 811.

1363 Vgl. BGH 23.10.2003 – IX ZR 165/02, NZI 2004, 214.

1364 BAG 16.6.2004 – 5 AZR 521/103, BAGE 111, 131; BGH 23.10.2003 – IX ZR 165/02, ZIP 2003, 2379; BGH 21.2.2000 – II ZR 231/98, ZIP 2000, 705.

derliche Feststellungsinteresse ergibt sich bereits aus dem Insolvenzrecht.[1365] **Entscheidend** ist dabei, **wie der Kläger die Forderung einordnet.** Geht der Kläger unzutreffend von einer Masseverbindlichkeit aus, so ist die Leistungsklage zulässig, aber unbegründet.[1366]

4 Der Antrag, der sich aus §§ 179 Abs. 1, 183 Abs. 1 InsO ergibt, lautet dann etwa:[1367]

> **Der Anspruch des Klägers auf Zahlung von EUR <Betrag> wird im Insolvenzverfahren über das Vermögen d. <Name/Firma> mit Aktenzeichen <Az.> zur Insolvenztabelle festgestellt.**[1368]
>
> **Oder:**
>
> **Es wird festgestellt, dass dem Kläger im Insolvenzverfahren über das Vermögen d. <Name/Firma> mit Aktenzeichen <Az.> eine Insolvenzforderung in Höhe von EUR <Betrag> zusteht.**

5 Demgegenüber ist ein Antrag, dass der Widerspruch des Insolvenzverwalters gegen die Anmeldung unbegründet ist, nicht zulässig; der Widerspruch ist kein feststellungsfähiges Rechtsverhältnis.[1369] **Masseverbindlichkeiten** können demgegenüber grundsätzlich mittels Leistungsklage gegen den Insolvenzverwalter geltend gemacht werden (→ *Vergütung* und → *Zahlung*). Hierunter fallen insbesondere alle Arbeitsentgeltansprüche, die aus der Beschäftigung nach Insolvenzverfahrenseröffnung erwachsen.[1370] Eine Ausnahme besteht: Hat der Insolvenzverwalter die **Masseunzulänglichkeit** gemäß § 208 Abs. 1 InsO angezeigt, so können Forderungen iSd § 209 Abs. 1 Nr. 3 InsO nicht mehr mit der Leistungsklage verfolgt werden.[1371] Vom Insolvenzverwalter bestrittene Masseverbindlichkeiten können nach Anzeige der Masseunzulänglichkeit nur noch durch **Feststellungsklage** verfolgt werden. Der Antrag kann dann wie folgt lauten:[1372]

> **Es wird festgestellt, dass der Kläger eine Forderung in Höhe von EUR <Betrag> gegen die Insolvenzmasse hat.**

6 Etwas anderes gilt, soweit der Arbeitnehmer **Neumasseverbindlichkeiten** iSd § 209 Abs. 1 Nr. 2, Abs. 2 Nr. 2 InsO geltend macht. Diese fallen nicht unter das Vollstreckungsverbot nach § 210 InsO. Handelt es sich aber tatsächlich um eine Altmasseverbindlichkeit, so ist Leistungsklage nicht unzulässig, sondern unbegründet.[1373] Wiederum etwas anderes gilt, wenn der Insolvenzverwalter die **Neumasseunzulänglichkeit** hinreichend darlegt; dann ist das Vollstreckungsverbot entsprechend anzuwenden mit der Folge, dass wiederum nur eine Feststellungsklage in Betracht kommt.[1374]

1365 BAG 24.1.2006 – 3 AZR 483/04, NZA-RR 2007, 595.
1366 BAG 21.2.2013 – 6 AZR 406/11, NZI 2013, 546; BAG 25.6.2014 – 5 AZR 283/12, BeckRS 2014, 72952.
1367 Vgl. BAG 6.8.2002 – 1 AZR 247/01, NZA 2003, 449.
1368 Dieser Antrag wird zutreffend als ein wenig unpräzise angesehen; LAG Düsseldorf 14.3.2018 – 12 Sa 806/17, BeckRS 2018, 8208; MüKoInsO/Schumacher § 179 Rn. 6.
1369 AA wohl LAG Düsseldorf 29.9.2022 – 5 Sa 390/22, BeckRS 2022, 48905.
1370 Vgl. BAG 5.2.2009 – 6 AZR 110/08, NZA 2009, 1215.
1371 BAG 11.12.2001 – 9 AZR 459/00, NZA 2002, 975; BAG 5.2.2009 – 6 AZR 110/08, NZA 2009, 1215.
1372 Vgl. BAG 5.2.2009 – 6 AZR 110/08, NZA 2009, 1215.
1373 BAG 22.2.2018 – 6 AZR 95/17, NJW 2018, 1628.
1374 BAG 5.8.2022 – 6 AZR 441/21, NZA 2022, 1605.

7 Haben der Schuldner und der Arbeitnehmer vor der Insolvenzeröffnung einen Aufhebungsvertrag geschlossen, so ist strittig, ob der Arbeitnehmer bei Nichtzahlung der vereinbarten Abfindung vom Vertrag zurücktreten kann, so dass ein Rückgewährungsverhältnis entsteht.[1375] Sofern dies bejaht wird, ist weiterhin problematisch, ob das Arbeitsverhältnis nach dem Rücktritt fortbesteht[1376] (→ *allgemeiner Feststellungsantrag*) oder der Arbeitnehmer seine → *Wiedereinstellung*[1377] beantragen muss.

8 Nach **Anfechtung** einer Entgeltzahlung kann der Insolvenzverwalter Klage auf → *Zahlung* gegen den Arbeitnehmer erheben. Dabei ist folgende Besonderheit beim Inhalt des Rückgewährungsanspruchs zu beachten: Das BAG[1378] geht davon aus, dass im Regelfall der Arbeitnehmer nur den **Nettolohn** erhalten hat. Soweit Sozialversicherungsbeiträge an die Einzugsstelle abgeführt worden sind, kann die Zahlung gegenüber der Einzugsstelle angefochten werden. Dies bedeutet also eine Abweichung gegenüber den → *Rückzahlungsansprüchen des Arbeitgebers.* Etwas anderes soll aber dann gelten, wenn das Bruttoentgelt insgesamt an den Arbeitnehmer abgeführt worden ist; dann kann der Insolvenzverwalter den Bruttobetrag geltend machen.[1379]

Internet

1 Die Nutzung des Internets und elektronischer Medien kann zu den **unterschiedlichsten Lebenssachverhalten** und entsprechenden Streitgegenständen führen. Vertragspflichtverletzungen durch die Nutzung des Internets führen regelmäßig zum Ausspruch einer → *Abmahnung* oder einer → *Kündigung.* Weiterhin kann begehrt werden, dass im Internet, etwa in Sozialen Netzwerken hinterlassene Erklärungen widerrufen oder künftig unterlassen werden (→ *Widerruf von Erklärungen* und → *Unterlassung*).[1380] Auch Ansprüche auf Zahlung von → *Schmerzensgeld* werden geltend gemacht.[1381] Verlangt wird zum Teil, Daten in sozialen Netzen nicht zu verwenden (→ *Unterlassung,* → *Dateien,* → *Datenschutz* und → *Geheimnis*).[1382]

2 Verwendet die Arbeitgeberin → *Fotos* der Beschäftigten auf Ihrer Homepage, so stellt sich spätestens bei Beendigung des Arbeitsverhältnisses die Frage, ob der Arbeitnehmer die **Entfernung der Fotos,** auf denen er abgebildet ist, oder von → *Videos* verlangen kann.

3 In Betracht kommen Leistungsklagen: Die Entfernung bzw. das Unkenntlichmachen oder die künftige → *Unterlassung.* Bei beiden Klagearten ist der Bestimmtheitsgrundsatz zu beachten. Der Beklagte muss wissen, was er tun oder unterlassen soll. Zu global gefasste Anträge sind regelmäßig zwar zulässig, können aber unbegründet sein.[1383] Um welche Bilder es sich handelt, kann durch **Beifügung von Ausdrucken** der Fotos konkretisiert werden.[1384]

1375 Dagegen BAG 10.11.2011 – 6 AZR 342/10, AP Nr. 43 zu § 620 BGB Aufhebungsvertrag.
1376 Vgl. Bauer NZA 2002, 169; MAH ArbR/Bengelsdorf § 49 Rn. 398.
1377 So LAG Düsseldorf 19.3.2010 – 9 Sa 1138/09, BeckRS 2010, 69544; ArbG Siegburg 9.2.2010 – 5 Ca 2017/09, NZA-RR 2010, 345; dazu auch Besgen/Velten NZA-RR 2010, 561 ff.; offengelassen BAG 10.11.2011 – 6 AZR 342/10, AP Nr. 43 zu § 620 BGB Aufhebungsvertrag.
1378 BAG 18.10.2018 – 6 AZR 506/17, BeckRS 2018, 34157.
1379 BAG 18.10.2018 – 6 AZR 506/17, BeckRS 2018, 34157.
1380 Dazu etwa ArbG Bochum 9.2.2012 – 3 Ca 1203/11, BeckRS 2012, 68181.
1381 LAG Hessen 13.4.2015 – 7 Sa 1013/14, MMR 2016, 497.
1382 ArbG Hamburg 24.1.2013 – 29 Ga 2/13, BeckRS 2013, 68150.
1383 Vgl. dazu KG Berlin 28.7.2006 – 9 U 226/05, NJW-RR 2007, 109.
1384 Vgl. LAG Rheinland-Pfalz 30.11.2012 – 6 Sa 271/12, BeckRS 2013, 67028.

4 **Problematisiert** wird etwa folgende Antragsstellung:[1385]

> **Der Beklagten wird untersagt, das sich auf der Homepage „< genaue Bezeichnung, etwa http://www. xxx>“ durch Anklicken des Links <Bezeichnung> gezeigte Bild, auf dem der Kläger zu sehen ist, weiterhin der Öffentlichkeit zugänglich zu machen.**

5 Hier wird gefragt, ob die Formulierung „der Öffentlichkeit zugänglich machen“ hinreichend konkret ist.[1386] Der Antrag sei allerdings auslegungsfähig. Es gehe darum, dass das Foto im Internet verwendet werde. Allerdings scheint dies nicht ohne Weiteres ein Problem der Zulässigkeit zu sein. Im Übrigen wird mit Blick auf die Regelungen in §§ 22, 23 KUG die Formulierungen „zu veröffentlichen oder zu verbreiten“ nicht als problematisch angesehen.[1387]

6 Folgender Antrag ist etwa für zulässig erachtet worden:[1388]

> **Der Beklagte wird verurteilt, es zu unterlassen, das nachfolgend wiedergegebene Bildnis, welches den Kläger <ggf. näher beschreiben> zeigt, zu veröffentlichen oder zu verbreiten.**

7 Das Unkenntlichmachen einer Person oder eines Gesichts ist Gegenstand des folgenden Antrags:[1389]

> **Der Beklagte wird verurteilt, das Gesicht des Klägers in dem Bild auf der Homepage der Beklagten *Homepage „< genaue Bezeichnung, etwa http://www. xxx>“* unkenntlich zu machen.**[1390]

8 Ein weiterer möglicher Streitpunkt ist die Frage, wem ein Social-Media-Account und die in diesem Rahmen gewonnen Daten, etwa Vertriebskontakte „gehören“.[1391] Auch insoweit können Klage auf → *Unterlassung,*[1392] → *Herausgabe* oder → *Schadensersatz* in Betracht kommen.

9 Schließlich steht auch die Nutzung von **Internetseiten** bzw. einer → *Domain-Adresse* im Streit.

10 Auch der Erlass einer **einstweiligen Verfügung** kommt in Betracht. Es handelt sich um eine sog. Leistungs- oder Befriedigungsverfügung (→ *A. I. Rn. 93*).[1393] Besonderheiten bei der Antragsformulierung gibt es nicht zu beachten.

1385 Vgl. auch BAG 19.2.2015 – 8 AZR 1011/13, MMR 2015, 544.
1386 LAG Rheinland-Pfalz 30.11.2012 – 6 Sa 271/12, BeckRS 2013, 67028.
1387 Auch BAG 19.2.2015 – 8 AZR 1011/13, MMR 2015, 544, hat dies nicht beanstandet.
1388 Vgl. OLG Karlsruhe 14.5.2014 – 6 U 55/13, becklink 1032575; OLG Köln 7.1.2014 – 15 U 86/13, NJW-RR 2014, 1069.
1389 ArbG Frankfurt 20.6.2012 – 7 Ca 1649/12, BeckRS 2013, 67003.
1390 Vgl. ArbG Frankfurt 20.6.2012 – 7 Ca 1649/12, BeckRS 2013, 67003.
1391 Dazu etwa Hoffmann-Remy/Tödtmann NZA 2016, 792; Ernst CR 2012, 276 ff.
1392 Dazu etwa AG Brandenburg – 31.1.2018 – 31 C 212/17, NZA-RR 2018, 364.
1393 Vgl. LAG Hessen 24.1.2012 – 19 SaGa 1480/11, BeckRS 2012, 67214.

Jubiläumszuwendung

Eine Jubiläumszuwendung oder -prämie ist ein **Unterfall der Sondervergütung,** die aus bestimmten Anlässen oder zu bestimmten Terminen gewährt wird. Als Sondervergütung hat sie unabhängig von der konkreten Anspruchsgrundlage Entgeltcharakter und ist daher eine besondere Form der → *Vergütung.* Ist dem Arbeitnehmer die Höhe einer Jubiläumszuwendung, die etwa auf betrieblicher Übung beruht, nicht bekannt, so kann ggf. ein Anspruch auf → *Auskunft* im Rahmen einer → *Stufenklage* in Betracht kommen. Besteht kein Anspruch auf Zahlung eines bestimmten Betrages, sondern ist es dem Arbeitgeber überlassen, die Höhe zu bestimmen, dann steht diesem insoweit ein Recht auf → *Leistungsbestimmung* zu.

Karenzentschädigung

Ein **nachvertragliches Wettbewerbsverbot** (→ *Wettbewerbsverbot*) ist nur wirksam, 1
wenn die Arbeitgeberin sich verpflichtet, für die Dauer des Verbots eine Karenzentschädigung von mindestens der Hälfte der vom Arbeitnehmer zuletzt bezogenen vertragsgemäßen Leistungen zu zahlen, § 74 Abs. 2 HGB. Diese Untergrenze gilt unabhängig vom Umfang des Verbots. Die konkrete Berechnung der Anspruchshöhe im Einzelnen bereitet oftmals Schwierigkeiten. Auch die Regelung des § 74c HGB zur Anrechnung anderweitig erzielten oder böswillig unterlassenen Erwerbs setzt ein gewisses mathematisches Verständnis voraus.[1394] Entscheidend ist jeweils nicht, was der Arbeitnehmer während der maßgeblichen Zeiträumen erhalten hat, sondern was für seine Tätigkeit in den Zeiträumen gezahlt worden ist.[1395] Von einem Dritten im Hinblick auf das Arbeitsverhältnis versprochene beschränkte Aktienerwerbsrechte können allenfalls dann Teil der vertragsmäßigen Leistungen iSv § 74 Abs. 2 HGB sein, wenn der Vertragsarbeitgeber im Einzelfall ausdrücklich oder konkludent im Hinblick auf die Gewährung solcher Leistungen eine eigene (Mit-)Verpflichtung eingegangen ist.[1396] Eine vertragliche Vereinbarung, die eine über die Vorgaben des § 74c Abs. 1 HGB hinausgehende Anrechnung eines vom Arbeitnehmer in der Karenzzeit durch anderweitige Verwertung seiner Arbeitskraft erzielten oder aufgrund böswilligen Unterlassens nicht erzielten Erwerbs auf die Karenzentschädigung vorsieht, führt nicht zur Unverbindlichkeit eines nachvertraglichen Wettbewerbsverbots, sondern nach § 75d S. 1 HGB nur dazu, dass die vertragliche Anrechnungsvereinbarung für den Arbeitnehmer unverbindlich ist, als sie über die Vorgaben des § 74c Abs. 1 S. 1 HGB hinausgeht.[1397] Da es sich beim Anspruch auf Karenzentschädigung um einen Zahlungsanspruch handelt, gelten für die Antragstellung die Ausführungen unter → *Zahlung.* Dabei kann es sinnvoll sein, neben den bislang aufgelaufenen Rückständen auch die bis zur Beendigung des Wettbewerbsverbots noch zu zahlenden Beträge mit einzuklagen. Die Antragsfassung für eine solche Klage auf künftige Leistungen findet sich unter → *künftige Zahlungen.* Allerdings hat das Bundesarbeitsgericht zuletzt dahinstehen lassen, ob eine derartige Klage überhaupt möglich ist; jedenfalls müssten nach seiner Ansicht in einem solchen Klageantrag die für den Anspruch maßgebenden Bedingungen, insbesondere die Einhaltung des Wettbewerbsverbots und das Fehlen eines die Anrechnungsgrenzen übersteigenden Erwerbs, Niederschlag finden.[1398] Unklar ist auch, inwiefern die neuere Rechtsprechung

1394 Zur Berechnung siehe zB BAG 16.11.2005 – 10 AZR 152/05, NJW 2006, 3227 Rn. 22.
1395 BAG 16.11.1973 – 3 AZR 61/73, DB 1974, 484.
1396 BAG 25.8.2022 – 8 AZR 453/21, Rn. 37 NZA 2023, 154.
1397 BAG 16.12.2021 – 8 AZR 498/20, NZA 2022, 713.
1398 BAG 22.3.2017 – 10 AZR 448/15, NZA 2017, 845.

des 5. Senats des Bundesarbeitsgerichts[1399] Ansprüche auf künftige Karenzentschädigung betrifft.

2 Nach derzeitiger Rechtslage dürfte Arbeitslosengeld auch dann nicht auf den Anspruch auf Karenzentschädigung anrechenbar sein, wenn die Einkünfte des Arbeitnehmers aus Karenzentschädigung und ausgezahltem Arbeitslosengeld die Anrechnungsgrenze des § 74c Abs. 1 S. 1 HGB überschreiten.[1400] Ob dies auch für erhaltenes Krankengeld gilt, ist noch nicht entschieden; jedenfalls kann dann nur auf den gezahlten Betrag, nicht auf einen hochgerechneten fiktiven Bruttobetrag abgestellt werden,[1401] so dass es im Regelfall nicht zu einer anspruchskürzenden Anrechnung kommen wird.

3 Es kann sich ein Anspruch auf → *Schadensersatz* in Höhe der gesetzlichen Karenzentschädigung ergeben, wenn die Arbeitgeberin ein Wettbewerbsverbot mit einer unwirksamen Vertragsklausel verwendet – etwa weil es räumlich zu weit gefasst ist – und der Arbeitnehmer im Vertrauen darauf anderweitigen Verdienst unterlässt.[1402]

Konkurrentenklage

Übersicht

	Rn.
1. Auswahlverfahren	2–7
2. Einstellung	8–10
3. Beförderung	11–15
4. Abbruch des Auswahlverfahrens	16
5. Einstweilige Verfügung	17–22

1 Der Abschluss eines Arbeitsvertrages unterliegt im Allgemeinen dem Grundsatz der Vertragsfreiheit. Auch der Schutz vor Diskriminierungen nach dem Allgemeinen Gleichbehandlungsgesetz (AGG) verschafft dem Arbeitnehmer keinen Anspruch auf Einstellung (§ 15 Abs. 6 AGG), sondern allenfalls auf Entschädigung (→ *Entschädigung bei Diskriminierung*). In der Privatwirtschaft ist deshalb eine erfolgreiche Konkurrentenklage kaum denkbar. Anders ist die Situation jedoch wegen Art. 33 Abs. 2 GG (Prinzip der Bestenauslese) im **öffentlichen Dienst.** Entsprechendes gilt dort, wenn bereits ein Arbeitsverhältnis besteht, aber der Arbeitnehmer auf eine **Beförderungsstelle versetzt** werden möchte, nicht allerdings bei bloßen Versetzungen oder Umsetzungen.[1403] Hier ist auch in der Privatwirtschaft ein Anspruch denkbar, wenn allein die fragliche Stelle den Anspruch eines schwerbehinderten Arbeitnehmers auf behinderungsgerechte Beschäftigung nach § 164 Abs. 4 S. 1 Nr. 1 SGB IX erfüllt. Sofern nicht die fragliche Stelle bereits endgültig mit einem Konkurrenten besetzt ist,[1404] kann der Bewerber gerichtlichen Rechtsschutz suchen. Für derartige Klageverfahren sind nicht die Verwaltungsgerichte, sondern die Gerichte für Arbeitssachen zuständig, wenn das betreffende öffentliche Amt im Rahmen eines Arbeitsverhältnis-

1399 BAG 22.10.2014 – 5 AZR 731/12, NZA 2015, 501.
1400 Vgl. BAG 14.9.2011 – 10 AZR 198/10, NZA-RR 2012, 98; LAG Köln 30.1.2014 – 13 Sa 744/13, NZS 2014, 396.
1401 BAG 23.11.2004 – 9 AZR 595/03, NZA 2005, 411; LAG Köln 13.9.2022 – 4 Sa 416/21, BeckRS 2022, 33202 Rn. 45 ff.
1402 BGH 25.10.2012 – VII ZR 56/11, NJW 2013, 2027; OLG Brandenburg 15.12.2020 – 6 U 172/18, GmbHR 2021, 647.
1403 LAG Berlin-Brandenburg 14.3.2012 – 15 SaGa 2494/11, BeckRS 2012, 69863.
1404 BVerfG 24.9.2002 – 2 BvR 857/02, DVBl 2002, 1633.

ses ausgeübt werden soll und die öffentliche Verwaltung sich daher bei ihrer Entscheidung, mit welchem Stellenbewerber ein entsprechender Arbeitsvertrag abgeschlossen werden soll, auf dem Boden des Privatrechts bewegt.[1405]

Je nach Fallgestaltung können auch Ansprüche auf → *Schadensersatz*[1406] oder auf → *Entschädigung bei Diskriminierung* bestehen.

Je nach Stand des Bewerbungsverfahrens kommen verschiedene Anträge in Betracht:

1. Auswahlverfahren

Befürchtet der Kläger, von **ausgeschriebenen Stellen** nicht (rechtzeitig) zu erfahren, 2
etwa weil die Behörde ihm mitgeteilt hat, er sei für derartige Stellen per se ungeeignet, zB zu alt, kann beantragt werden:

Die Beklagte wird verurteilt, dem Kläger jede Ausschreibung einer Stelle als <genaue Bezeichnung der Stelle/Funktion> mitzuteilen.

Zuerkannt worden ist auch ein Antrag, mit dem der Bewerber die Feststellung be- 3
gehrt hat, ein bestimmter Grund schließe eine Einstellung in den öffentlichen Dienst nicht grundsätzlich aus, zB:[1407]

Es wird festgestellt, dass allein die rechtskräftige Verurteilung des Klägers wegen … keinen Zweifel an seiner charakterlichen Eignung begründet, welcher die Beklagte zur Nichteinstellung des Klägers in den öffentlichen Schuldienst berechtigt.

Wird dem Arbeitnehmer die **Teilnahme an einem konkreten Auswahlverfahren** 4
verweigert, ist der Antrag so bestimmt wie möglich auf Teilnahme an der Stufe des Bewerbungsverfahrens zu formulieren, die die potentielle Arbeitgeberin verweigert hat, beispielsweise:

Die Beklagte wird verurteilt, den Kläger im Rahmen des Auswahlverfahrens für die Stelle als <genaue Bezeichnung> zu einem Auswahlgespräch einzuladen/in das Auswahlverfahren für die Stelle als … einzubeziehen.[1408]

Hat die Arbeitgeberin die **Bewerbung** um Einstellung oder Versetzung aus einem 5
Grund, den der Arbeitnehmer für rechtswidrig hält, bereits **abgelehnt,** kann er eine neue, fehlerfreie Entscheidung verlangen:

Die Beklagte wird verurteilt, über die Bewerbung des Klägers für die Stelle als <genaue Bezeichnung> unter Beachtung der Rechtsauffassung des Gerichts neu zu entscheiden.[1409]

1405 BAG 14.12.1988 – 7 AZR 773/87, NZA 1989, 820; BAG 23.8.1989 – 7 AZR 546/88, BeckRS 1989, 30731767.
1406 BAG 27.7.2021 – 9 AZR 326/20, NZA 2021, 1775.
1407 LAG Düsseldorf 24.4.2008 – 11 Sa 2101/07, LAGE GG Art. 33 Nr. 17.
1408 BAG 12.10.2010 – 9 AZR 518/09, NZA 2011, 306; BAG 6.5.2014 – 9 AZR 724/12, BeckRS 2014, 71102.
1409 BAG 18.9.2007 – 9 AZR 672/06, AP GG Art. 33 Abs. 2 Nr. 64; BAG 2.12.1997 – 9 AZR 445/96, NZA 1998, 884; LAG Schleswig-Holstein 8.6.2016 – 3 Sa 9/16, BeckRS 2016, 74179.

6 Das Bundesarbeitsgericht meint, insbesondere vor dem Hintergrund möglicher Schadensersatzansprüche könne auch eine (Zwischen-)Feststellungsklage folgenden Inhalts sinnvoll und möglich sein:[1410]

> **Es wird festgestellt, dass die zu Ungunsten des Klägers ergangene Auswahlentscheidung der Beklagten vom <Datum> rechtswidrig ist.**

7 Insoweit bestehen allerdings erhebliche Zweifel, weil die Rechtswidrigkeit des gegnerischen Verhaltens grundsätzlich nicht Gegenstand einer allgemeinen Feststellungsklage nach § 256 Abs. 1 ZPO sein kann.[1411]

2. Einstellung

8 Nur wenn in der Person des Bewerbers sämtliche Einstellungsvoraussetzungen erfüllt sind und dessen Einstellung die einzig denkbare rechtmäßige Entscheidung ist, kann sich ein verfassungsrechtlicher **Einstellungsanspruch** ergeben.[1412] Der Arbeitnehmer kann dann die Verurteilung der Arbeitgeberin zur Annahme seines Angebots auf Abschluss eines Arbeitsvertrages und damit auf Abgabe einer Willenserklärung beantragen (→ *Arbeitsvertrag*). Die Annahmeerklärung der Arbeitgeberin gilt mit Rechtskraft eines dem Klageantrag stattgebenden Urteils gem. § 894 Abs. 1 S. 1 ZPO als abgegeben. Seit der Neuregelung des § 311a Abs. 1 BGB ist insoweit auch der rückwirkende Abschluss eines Vertrags möglich.[1413] Der auf dieser Basis zu stellende Antrag muss den **Bestimmtheitsanforderungen** entsprechen, wie sie allgemein an Vertragsanträge im Sinne des § 145 BGB gestellt werden und so formuliert sein, dass er mit einem „ja" angenommen werden kann, zB:

> **Die Beklagte wird verurteilt, das Angebot des Klägers auf Abschluss eines Arbeitsvertrages als vollbeschäftigter Angestellter in Vergütungsgruppe VI TVöD mit Wirkung ab dem <Datum> anzunehmen.**[1414]

9 Fehlerhaft und daher auslegungsbedürftig ist hingegen der Antrag

> *Die Beklagte wird verurteilt, die Stelle des <Bezeichnung> mit dem Kläger zu besetzen.*[1415]

10 Klärungsbedürftig bliebe, was von der Beklagten begehrt wird. Im arbeitsrechtlichen Kontext wird in der Sache kein „Verwaltungsakt" verlangt, sondern der Abschluss eines Arbeitsvertrages. Für eine Klage auf Beschäftigung dürfte es an der vertraglichen Grundlage fehlen.[1416]

1410 BAG 18.9.2007 – 9 AZR 672/06, AP GG Art. 33 Abs. 2 Nr. 64.
1411 BAG 18.4.2012 – 4 AZR 371/10, NZA 2013, 161.
1412 BAG 19.2.2003 – 7 AZR 67/02, AP GG Art. 33 Abs. 2 Nr. 58.
1413 Vgl. BAG. 24.6.2008 – 9 AZR 313/07, NZA 2008, 1309; BAG 9.11.2006 – 2 AZR 509/05, EzA KSchG § 1 Wiedereinstellungsanspruch Nr. 8; BAG 27.4.2004 – 9 AZR 522/03, NZA 2009, 1225 = DB 2004, 2700.
1414 Vgl. BAG 20.3.2018 – 9 AZR 249/17, AP GG § 33 Abs. 2 Nr. 80; LAG Berlin-Brandenburg 12.8.2022 – 6 Sa 103/22.
1415 So aber LAG Mecklenburg-Vorpommern 23.6.2020 – 2 Sa 227/19, BeckRS 2020, 22570 Rn. 16.
1416 Anders, aber wenig überzeugend LAG Mecklenburg-Vorpommern 22.1.2019 – 2 Sa 97/18, BeckRS 2019, 18249 Rn. 44: Klageziel sei es, dass die Beklagte die „rechtlichen und tatsächlichen Voraussetzungen" der Beschäftigung schaffe.

3. Beförderung

Geht es nicht um die Einstellung, sondern besteht bereits ein Arbeitsverhältnis und der 11
Kläger möchte auf eine **(Beförderungs-)Stelle versetzt** werden, lautet der Antrag:

> **Die Beklagte wird verurteilt, das Angebot des Klägers auf Änderung des Arbeitsvertrages anzunehmen, wonach er mit Wirkung ab dem <Datum> als <genaue Beschreibung der Stelle, zB: vollbeschäftigter Angestellter in Vergütungsgruppe VI TVöD> angestellt ist.**

Bedeutet die Zuweisung der neuen Stelle keine Änderung des Arbeitsverhältnisses, 12
insbesondere weil sie im Rahmen des arbeitgeberseitigen Direktionsrechts bleibt, sollte beantragt werden:

> **Der Beklagte wird verurteilt, dem Kläger mit Wirkung ab dem <Datum> die Stelle als <genaue Bezeichnung> zu übertragen.**

Da der Einstellungsanspruch bzw. der Anspruch auf Übertragung einer Beförde- 13
rungsstelle wegen der hohen Voraussetzungen nur selten erfolgreich sein wird, empfiehlt es sich, den oben unter 1. dargestellten Antrag auf fehlerfreie Entscheidung über die Bewerbung[1417] als Hilfsantrag zu den genannten Anträgen zu stellen.

Will der Arbeitnehmer zunächst nur die Einbeziehung am weiteren Auswahlverfah- 14
ren erreichen, kann er diese mit einem wie oben unter 1. geschilderten Antrag versuchen.[1418]

Lehnt die Arbeitgeberin Bewerbungen des Arbeitnehmers auf eine bestimmte Ebene 15
von Beförderungsstellen grundsätzlich ab, weil sie meint, er erfülle nicht die notwendigen Voraussetzungen, kann auch dies einer Klärung zugeführt werden, zB:[1419]

> **Es wird festgestellt, dass der Kläger die laufbahnrechtlichen Voraussetzungen für die Bewerbung auf ein <genaue Bezeichnung des Amtes> erfüllt.**

4. Abbruch des Auswahlverfahrens

Reklamiert der Arbeitnehmer, das Bewerbungsverfahren sei ohne sachlichen Grund 16
(manipulativ) abgebrochen worden, kommen unterschiedliche Ansprüche in Betracht. Will er seine Einstellung durchsetzen, gilt das oben unter 2. Gesagte entsprechend. Ein rechtswidriger Abbruch des Auswahlverfahrens ist in diesem Zusammenhang irrelevant.[1420] Kann er nur die Fortsetzung des Bewerbungsverfahrens verlangen, ist zu beantragen:

> **Der Beklagte wird verurteilt, das Stellenbesetzungsverfahren für die <genaue Bezeichnung der Stelle> bis zum rechtskräftigen Abschluss des Hauptsacheverfahrens oder einer vorherigen unbefristeten Übertragung der Stelle an ihn fortzusetzen.**[1421]

1417 LAG Niedersachsen 9.1.2014 – 5 Sa 980/13, BeckRS 2014, 66084.
1418 LAG Hamm 27.4.2016 – 5 Sa 1449/15, NZA-RR 2016, 555.
1419 LAG Köln 27.5.2010 – 7 Sa 1505/09, BeckRS 2011, 72761.
1420 BAG 20.3.2018 – 9 AZR 249/17, AP GG § 33 Abs. 2 Nr. 80.
1421 LAG Hamm 26.5.2023 – 6 SaGa 3/23, BeckRS 2023, 43250 Rn. 72 unter 1.a.; ArbG Düsseldorf 18.8.2008 – 3 Ca 4268/08, BeckRS 2009, 50322; vgl. auch BAG 17.8.2010 – 9 AZR 347/09, NZA 2011, 516 Rn. 33.

5. Einstweilige Verfügung

17 Meist wird es erforderlich sein, die **Teilhabe am Bewerbungsverfahren,** den **Einstellungs-/Beförderungsanspruch** und/oder den **Anspruch auf fehlerfreie Entscheidung** durch eine **einstweilige Verfügung** zu **sichern.** Das grundrechtsgleiche Recht auf gleichen Zugang zu jedem öffentlichen Amt nach Art. 33 Abs. 2 GG lässt sich nämlich nur vor einer Besetzung der Stelle mit einem Konkurrenten verwirklichen. Nach der Rechtsprechung kann eine Konkurrentenklage im öffentlichen Dienst grundsätzlich **keinen Erfolg** mehr haben, wenn die begehrte Stelle **endgültig anderweitig besetzt** worden ist.[1422] Einem fehlerhaft zurückgewiesenen Bewerber steht dann allenfalls noch → *Schadensersatz* zu, wenn ihm die Stelle hätte übertragen werden müssen.[1423] Eine Ausnahme hat das Bundesarbeitsgericht für den Fall zugelassen, dass die Behörde den Anspruch des Bewerbers auf effektiven Rechtsschutz vereitelt hat.[1424] Es bedarf deshalb aus zeitlichen Gründen in aller Regel der Sicherung durch eine einstweilige Verfügung nach §§ 935ff. ZPO, wobei in geeigneten Fällen auch bedacht werden kann, ob der Antrag nicht nur den Zeitraum bis zur rechtskräftigen Entscheidung umfassen soll, sondern darüber hinaus bis zu dem Zeitpunkt, in dem die rechtskräftige arbeitsgerichtliche Entscheidung nicht mehr durch das Bundesverfassungsgericht aufgehoben werden kann.[1425]

Der Beklagten wird unter Androhung eines Ordnungsgeldes bis zu EUR 250.000,– für den Fall der Zuwiderhandlung aufgegeben, es bis zur rechtskräftigen Entscheidung über den <mindestens gleichzeitig anhängig zu machenden; wenn schon anhängig: den im Verfahren <genaue Bezeichnung> anhängigen > Anspruch des Klägers auf Einstellung für die Stelle als <genaue Bezeichnung>/Anspruch des Klägers auf Neubescheidung der Bewerbung um die Stelle als <genaue Bezeichnung> zu unterlassen, diese anderweitig endgültig zu besetzen.

bzw. wenn sich der Streit noch in der Phase des Auswahlverfahrens befindet:

Der Beklagten wird unter Androhung eines Ordnungsgeldes bis zu EUR 250.000,– für den Fall der Zuwiderhandlung aufgegeben, eine endgültige Besetzung der Stelle als <genaue Bezeichnung> zu unterlassen, bis sie über die Bewerbung des Klägers um diese Stelle erneut entschieden hat und eine Frist von zwei Wochen nach Mitteilung der erneuten Entscheidung an den Kläger abgelaufen ist.[1426]

18 Kumulativ dazu können auch die oben dargestellten Anträge auf Teilhabe am Bewerbungsverfahren im Rahmen der einstweiligen Verfügung gestellt werden, wobei deren Begründetheit fraglich ist. Dagegen ließe sich einwenden, es fehle das Sicherungsinteresse; die Arbeitgeberin könne nämlich das Bewerbungsverfahren auf eigenes Risiko (bezogen auf den Ausgang des Hauptsacheverfahrens) ohne den Kläger durchführen.

1422 BAG 28.5.2002 – 9 AZR 751/00, NZA 2003, 324; BVerfG 9.7.2002 – 2 BvQ 25/02, NVwZ 2002, 606.

1423 BAG 2.12.1997 – 9 AZR 668/96, NZA 1998, 882; der Schaden kann mittels einer Feststellungsklage geltend gemacht werden: BAG 19.2.2008 – 9 AZR 70/07, NZA 2008, 1016.

1424 BAG 18.9.2007 – 9 AZR 672/06, MDR 2008, 576.

1425 ArbG Münster 21.5.2019 – 2 Ga 7/19, BeckRS 2019, 55397 Rn. 44.

1426 Vgl. LAG Hamm 27.4.2016 – 5 Sa 1449/15, NZA-RR 2016, 555.

Mangels hinreichender Bestimmtheit unzulässig wäre hingegen der Antrag: 19

> *Die Beklagte wird im Wege der einstweiligen Verfügung verurteilt, der Beklagten aufzugeben, alles zu unterlassen, was eine Beförderung oder Einweisung einer Mitbewerberin/eines Mitbewerbers in die vorgenannte Beförderungsstelle bewirken könnte.*[1427]

Falsch wäre es auch, den **Anspruch auf Abschluss des Vertrages** durch einstweilige 20
Verfügung zu verlangen:

> *Die Beklagte wird im Wege der einstweiligen Verfügung verurteilt, das Angebot des Klägers auf Abschluss eines Arbeitsvertrages als vollbeschäftigter Angestellter in Vergütungsgruppe VI TVöD mit Wirkung ab dem <Datum> anzunehmen.*

Eine einstweilige Verfügung auf Abgabe einer Willenserklärung ist grundsätzlich un- 21
zulässig.[1428]

Eine besondere Konstellation stellt es dar, wenn die Arbeitgeberin die ausgeschriebe- 22
ne Stelle einem Mitbewerber während des Konkurrentenstreits nicht endgültig (dazu → Rn. 15), sondern kommissarisch übertragen möchte oder dies sogar bereits vollzogen hat. Um zu verhindern, dass der Konkurrent für ein evtl. zu wiederholendes Auswahlverfahren einen Erfahrungsvorsprung gewinnt, kann der Arbeitnehmer nach allerdings nicht unbestrittener Auffassung Folgendes beantragen:

> **Der Beklagten wird aufgegeben, die vorläufige Besetzung des Dienstpostens der Stelle als <genaue Bezeichnung> mit dem ausgewählten Bewerber <Name> rückgängig zu machen/mit einem anderen Bewerber als dem Kläger bis zur rechtskräftigen Entscheidung über die Bewerbung des Klägers zu unterlassen.**[1429]

Konkurrenztätigkeit

Ist die Arbeitgeberin der Ansicht, der Arbeitnehmer gehe während eines oder im Anschluss an ein Arbeitsverhältnis einer verbotenen Konkurrenztätigkeit nach, kommen vor allem Ansprüche auf Auskunft, Schadensersatz und Unterlassung in Betracht. Insoweit wird auf die Ausführungen unter → *Wettbewerbsverbot* verwiesen.

Kraftfahrzeug

Stellt die Arbeitgeberin dem Arbeitnehmer ein Kraftfahrzeug zur **dienstlichen Nut- 1
zung** zur Verfügung, können vor allem Ansprüche des Arbeitnehmers auf → *Aufwendungsersatz* beispielsweise für Parkgebühren, Tankkosten oder Mautgebühren entstehen. Entsprechendes gilt, wenn der Arbeitnehmer sein eigenes Fahrzeug zu dienstlichen Zwecken einsetzt. Hier kommt auch der Ersatz von Schäden am Kraftfahrzeug in Betracht[1430] sowie auch Anspruch auf Erstattung von Zahlungen, die der Arbeitnehmer beispielsweise für einen Feuerwehreinsatz zahlen musste.[1431]

1427 LAG Köln 7.7.2016 – 7 SaGa 17/16, BeckRS 2016, 111134.

1428 OLG Zweibrücken 11.8.2008 – 4 W 66/08, MDR 2009, 221.

1429 LAG Berlin-Brandenburg 30.6.2023 – 12 Sa 331/23, BeckRS 2023, 21446; LAG Berlin-Brandenburg 28.6.2012 – 25 SaGa 863/12, BeckRS 2013, 66343; vgl. aber LAG Berlin-Brandenburg 14.10.2016 – 9 SaGa 1640/16, BeckRS 2016, 111915.

1430 BAG 28.10.2010 – 8 AZR 647/09, NZA 2011, 406; LAG Rheinland-Pfalz 23.4.2013 – 6 Sa 559/12, ZTR 2013, 463; LAG Düsseldorf 22.10.2014 – 12 Sa 617/14, NZA-RR 2015, 219.

1431 LAG Berlin-Brandenburg 20.3.2014 – 26 Sa 2223/13, NZA-RR 2014, 552.

2 Häufig wird dem Arbeitnehmer zusätzlich das Recht eingeräumt, das von der Arbeitsgeberin gestellte Fahrzeug auch zu **privaten Zwecken** oder jedenfalls für den Weg zwischen Wohnung und Arbeitsstätte zu nutzen. Es stellt dann einen Teil der Arbeitsvergütung dar und ist als Sachbezug zu versteuern. Dies wirkt sich auch auf die Formulierung von Zahlungsklagen aus, wenn dem Arbeitnehmer zwar das Auto zur Verfügung stand, die Arbeitgeberin aber das Gehalt nicht gezahlt hat:

> **Die Beklagte wird verurteilt, an den Kläger EUR <Summe aus Geldanspruch und geldwertem Vorteil der privaten Nutzung> brutto abzüglich erhaltener <Betrag des geldwerten Vorteils der privaten Nutzung> netto nebst Zinsen in Höhe von 5 Prozentpunkten über dem Basiszinssatz aus EUR <Betrag des Geldanspruchs> seit dem <Datum> zu zahlen.**

3 Hat hingegen die Arbeitgeberin das Fahrzeug dem Arbeitnehmer vertragswidrig nicht zur Verfügung gestellt, kommt ein Anspruch auf → *Schadensersatz* in Betracht, der in der Regel als Bruttosumme geltend zu machen ist.[1432] Denkbar ist auch, dass der Arbeitnehmer den Anspruch auf Überlassung geltend macht. Dann lautet der Antrag:

> **Die Beklagte wird verurteilt, dem Kläger ein Kraftfahrzeug <genaue Bezeichnung von Marke und Typ oder versprochener Fahrzeugklasse> zur privaten Nutzung zur Verfügung zu stellen.**

4 Verlangt die Arbeitgeberin das überlassene Fahrzeug zurück, weil sie meint, es bestehe kein Recht zur Nutzung (mehr), handelt es sich um einen Anspruch auf → *Herausgabe* (grundsätzlich in Form einer Holschuld).[1433] Es ist zu beantragen:

> **Die Beklagte wird verurteilt, an den Kläger das Kraftfahrzeug <genaue Bezeichnung von Marke und Typ sowie Angabe der Fahrgestellnummer/Fahrzeugidentifizierungsnummer> einschließlich des Fahrzeugscheins und der <Anzahl> dazugehörigen Schlüssel herauszugeben.**

5 Die Angabe des amtlichen Kennzeichens statt der Fahrzeugidentifizierungsnummer kann zu Zweifelsfragen führen.[1434] Die Antragsfassung gilt auch, wenn der Arbeitnehmer einen Anspruch auf Herausgabe eines konkreten Fahrzeugs hat.[1435]

6 Verursacht der Arbeitnehmer mit einem der Arbeitgeberin gehörenden Fahrzeug einen Verkehrsunfall, kann diese nach den Grundsätzen der Arbeitnehmerhaftung höhere Versicherungsprämien oder den Verlust eines Beitragsnachlasses als →*Schadensersatz* geltend machen.[1436] Gleiches gilt für unversicherte Schäden,[1437] aus versicherungsrechtlichen Gründen nicht jedoch für einen vereinbarten Selbstbehalt.[1438]

Zum Anspruch auf Nutzung eines Parkplatzes → *Parkplatz.*

1432 Zur Berechnung BAG 16.11.1995 – 8 AZR 240/95, NZA 1996, 415; BAG 27.5.1999 – 8 AZR 415/98, NZA 1999, 1038; BAG 25.1.2001 – 8 AZR 412/00, BeckRS 2001, 30789401; BAG 21.3.2012 – 5 AZR 651/10, NZA 2012, 616.
1433 LAG Berlin-Brandenburg 10.1.2013 – 10 Sa 1809/12, LAGE BGB 2002 § 985 Nr. 1.
1434 BGH 11.2.2009 – VIII ZR 328/07, BeckRS 2009, 06498 Rn. 35.
1435 LAG Rheinland-Pfalz 20.7.2017 – 5 Sa 80/17, BeckRS 2017, 127066.
1436 LAG Rheinland-Pfalz 8.1.2014 – 7 Sa 84/13, BeckRS 2014, 68454.
1437 LAG Schleswig-Holstein 14.9.2011 – 3 Sa 241/11, BeckRS 2011, 78465.
1438 BAG 13.12.2012 – 8 AZR 432/11, NZA 2013, 622.

Kryptowährung

Kryptowährungen wie etwa der Bitcoin können nicht Gegenstand eines normalen 1
Zahlungsantrags sein, weil sie nur in digitaler Form existieren. Eigentumsnachweise an Bitcoin werden in persönlichen digitalen Brieftaschen („Wallets") gespeichert. Ein Antrag kann daher lauten:

> **Die Beklagte wird verurteilt, 0,9 Bitcoin (BTC) an die Wallet-Adresse <genaue Bezeichnung> des Klägers zu übertragen.**[1439]

Da es sich bei Kryptowährungen mangels staatlicher Anerkennung nicht um eine 2
Währung im Rechtssinn handelt, kommt eine Anwendung vom § 244 BGB nicht in Betracht.

Streitig ist, wie ein solcher Titel **vollstreckt** werden kann. Teilweise wird vertreten, es 3
handle sich um eine unvertretbare Handlung iSv § 888 ZPO.[1440] Bei einer „normalen" Zahlungsforderung spielt es allerdings für den Gläubiger keine Rolle, ob der Schuldner ihm das Geld persönlich aushändigt, oder ob er beispielsweise erfolgreich eine Pfändung vornimmt und die Bank oder die Arbeitgeberin des Schuldners die Summe überweist. Vorzugswürdig erscheint daher, solches auch im Fall der Kryptowährung anzunehmen. Für den Gläubiger ist es auch hier (wirtschaftlich) ohne Bedeutung, durch wen und auf welche Weise die Gutschrift der Kryptowährung in seinem „Wallet" herbeigeführt wird, so dass ein Titel nach § 887 ZPO zu vollstrecken wäre.[1441] Anderes kann jedoch gelten, wenn es gerade um die Übertragung einer Kryptowährung aus dem „Wallet" der Beklagten geht.[1442]

Kündigung einzelner Arbeitsbedingungen

Das KSchG kommt nicht bei der Kündigung einzelner Arbeitsbedingungen zur Anwendung. Dementsprechend ist auch § 4 KSchG nicht einschlägig und es ist kein Kündigungsschutzantrag zu stellen. Es geht vielmehr um die → *Teilkündigung/ Beendigung von Nebenabreden.*

Kündigung

Übersicht

Rn.
1. Grundlagen 1–5
2. Kündigungsschutzklage 6–63
   a) Streitgegenstand 9–13
   b) Feststellungsklage 14–20
   c) Beendigungstermin 21, 22
   d) unbedingte Klageerhebung 23–27
   e) Vertragsparteien 28–41
   f) Mehrere Kündigungen 42–55
   g) Sonstige Zusätze 56–63
3. Prozesskostenhilfe 64–66
4. Einstweiliger Rechtsschutz 67

1439 Vgl. OLG Düsseldorf 19.1.2021 – I-7 W 44/20, MDR 2021, 643.
1440 BeckOGK/Mössner, Stand 1.5.2023, BGB § 90 Rn. 107.4.
1441 OLG Düsseldorf 19.1.2021 – I-7 W 44/20, MDR 2021, 643.
1442 LG Berlin 7.4.2021 – 66 O 20/21, BeckRS 2021, 44121.

1. Grundlagen

1 Klagen, die sich gegen eine Kündigung des Arbeitsverhältnisses richten, spielen in der Praxis eine besondere Rolle. Dabei ist zwischen schriftlichen und mündlichen Kündigungen zu unterscheiden. Die Unwirksamkeit einer **schriftlichen** Kündigung muss durch eine **Kündigungsschutzklage** gemäß § 4 KSchG geltend gemacht werden. Dies gilt unabhängig davon, ob Kündigungsschutz besteht.[1443]

2 Hat der Arbeitgeber dem Arbeitnehmer **mündlich** – und damit unter Verstoß gegen §§ 623, 125 BGB – gekündigt, findet § 4 KSchG keine Anwendung. Der Arbeitnehmer hat einen → ***allgemeinen Feststellungsantrag*** gemäß § 256 Abs. 1 ZPO zu stellen.[1444] Es ist daher **unzulässig** – wie in der Praxis üblich – eine Kündigungsschutzklage iSd § 4 KSchG zu stellen:

> *Es wird festgestellt, dass das Arbeitsverhältnis durch die mündliche Kündigung vom <Datum> nicht aufgelöst ist.*

3 Das Gleiche gilt, wenn zwischen den Parteien **streitig** ist, **ob** dem Kläger eine **schriftliche Kündigung** zugegangen ist. Erklärt der Arbeitnehmer, er habe keine Kündigung erhalten, und behauptet der Arbeitgeber demgegenüber, es sei eine schriftliche Kündigung zugestellt worden, kann der Arbeitnehmer nur eine **allgemeine Feststellungsklage** gemäß § 256 Abs. 1 ZPO erheben.[1445] Gleiches gilt, wenn der Kläger behauptet, das Kündigungsschreiben sei nicht unterschrieben.[1446] Ist der Sachverhalt unsicher, sollte vorsorglich zusätzlich hilfsweise die bestrittene schriftliche Kündigung mit einer Kündigungsschutzklage angegriffen werden. Der Mangel der Schriftform kann im Übrigen auch noch nach Ablauf der Dreiwochenfrist geltend gemacht werden.[1447] Gleiches gilt, wenn dem Arbeitgeber die **Kündigung nicht zuzurechnen** ist, etwa die Kündigung durch einen Vertreter ohne Vertretungsmacht erklärt worden ist.[1448] Das BAG hat nicht ausdrücklich erklärt, welcher Antrag in diesen Fällen zutreffend ist, der Klageantrag nach § 4 KSchG oder der allgemeine Feststellungsantrag. Ist eine Kündigung unstreitig nicht dem Arbeitgeber zuzurechnen, besteht aber bereits kein Feststellungsinteresse.[1449] Steht im Streit, ob es sich bei einer schriftlichen Erklärung um eine Kündigung handelt, sollte der Arbeitnehmer vorsichthalber eine Kündigungsschutzklage erheben. Kommt das Gericht zu dem Auslegungsergebnis, es handele sich nicht um eine Kündigungserklärung, so ist der Kündigungsschutzantrag unzulässig und nicht unbegründet.[1450]

1443 BeckOGK/Hamacher KSchG § 4 Rn. 20 f.; APS/Hesse/Tiedemann KSchG § 4 Rn. 11.

1444 BeckOGK/Hamacher KSchG § 4 Rn. 408; APS/Hesse/Tiedemann KSchG § 4 Rn. 11; vgl. BAG 10.11.2011 – 6 AZR 357/10, NZA 2012, 91; Niemann NZA 2019, 65 (66).

1445 BeckOGK/Hamacher KSchG § 4 Rn. 36.2; aA Niemann NZA 2019, 65 (67), der immer dann eine Kündigungsschutzklage nach § 4 KSchG befürwortet, wenn andernfalls die Wirksamkeitsfiktion des § 7 KSchG drohe. Entscheidend ist aber der Vortrag des Klägers; er legt den Streitgegenstand fest. Wenn er behauptet, es sei ihm keine Kündigung zugegangen, hat er einen allgemeinen Feststellungsantrag zu stellen. Der anschließende Vortrag der Beklagten hat keinen Einfluss auf den Streitgegenstand, vgl. BAG 20.2.2018 – 1 AZR 787/16, BeckRS 2018, 2751. Die Beklagte kann die Fiktionswirkung vielmehr als Einwendung erheben.

1446 AA Niemann NZA 2019, 65 (67).

1447 BAG 6.9.2012 – 2 AZR 858/11, NZA 2013, 524.

1448 BAG 6.9.2012 – 2 AZR 858/11, NZA 2013, 524; LAG Berlin-Brandenburg 3.8.2017 – 5 Sa 369/17, BeckRS 2017, 130386; dazu Niemann NZA 2019, 65 (67).

1449 LAG Berlin-Brandenburg 3.8.2017 – 5 Sa 369/17, BeckRS 2017, 130386.

1450 BAG 21.12.2022 – 7 AZR 489/21, NZA 2023, 493; BAG 22.5.1980 – 2 AZR 613/78, BeckRS 2009, 67100.

§ 4 S. 1 KSchG ist auch dann nicht einschlägig, wenn die Parteien über die Wirksam- 4
keit einer → ***Eigenkündigung*** des Arbeitnehmers streiten.[1451]

Ist nicht die Wirksamkeit einer Kündigung, sondern nur die Einhaltung der zutref- 5
fenden **Kündigungsfrist** und damit der Beendigungszeitpunkt zwischen den Parteien streitig, so ist ebenfalls eine allgemeine Feststellungsklage zu erheben (→ *Kündigungsfrist*).

2. Kündigungsschutzklage

Die Kündigungsschutzklage ist in der gerichtlichen Praxis von immenser Relevanz. 6
Zum einen ist der mögliche Erhalt des Arbeitsplatzes für den Arbeitnehmer evident wichtig, zum anderen bergen die Regelungen der §§ 4, 7 KSchG ein Haftungsrisiko für den Prozessbevollmächtigten. Wird die Kündigungsschutzklage nicht **innerhalb von drei Wochen** nach Zugang der schriftlichen Kündigung erhoben, so gilt diese als wirksam. Zwar ist die Rechtsprechung[1452] bei der Auslegung von Kündigungsschutzanträgen recht großzügig, dieser sind aber dennoch Grenzen gesetzt. Es bedarf eines zumindest auslegungsfähigen Antrags gemäß § 253 Abs. 2 ZPO.[1453] Ist ein Antrag nicht als Kündigungsschutzantrag iSd § 4 KSchG auslegbar, so greift § 7 KSchG und die Kündigung gilt als wirksam. Nicht erforderlich ist, dass die Kündigungsschutzklage beim ArbG erhoben wird; eine Klageerweiterung im Rahmen des Berufungsverfahrens beim LAG ist ebenfalls möglich, sofern dies nach den allgemeinen Grundsätzen nach § 533 ZPO zulässig ist.[1454]

Hat der Arbeitnehmer die Klagefrist unverschuldet versäumt, kann er die **nach-** 7
trägliche Zulassung der Kündigungsschutzklage gemäß § 5 KSchG beantragen. Dieser Antrag ist gemäß § 5 Abs. 2 S. 1 KSchG mit dem Kündigungsschutzantrag (→ *Rn. 13*) zu verbinden. Ausreichend ist es, wenn Kündigungsschutzantrag und der Antrag auf nachträgliche Zulassung in der Zwei-Wochen-Frist des § 5 Abs. 3 S. 1 KSchG vorliegen.[1455] Der Antrag lautet:

> **Es wird beantragt, die Kündigungsschutzklage nachträglich zuzulassen.**

Der Antrag kann auch vorsorglich gestellt werden für den Fall, dass das Gericht zu 8
der Auffassung kommt, dass die Kündigungsschutzklage verspätet erhoben worden ist. In der Praxis wird häufig nicht genügend darauf geachtet, dass die Tatsachen sowie die Mittel der Glaubhaftmachung derselben in der Zwei-Wochen Frist angegeben werden müssen.

a) Streitgegenstand[1456]

Streitgegenstand einer Kündigungsschutzklage mit einem Antrag nach § 4 S. 1 9
KSchG ist nicht der Bestand des Arbeitsverhältnisses als solcher. Sie richtet sich vielmehr gegen die Auflösung des Arbeitsverhältnisses durch eine **bestimmte Kündigung** (zu dem in ihr vorgesehenen Termin).[1457]

1451 BAG 1.10.2020 – 2 AZR 214/20, NJW 2020, 3675.

1452 Vgl. BAG 13.12.2007 – 2 AZR 818/06, NZA 2008, 589 (590).

1453 Nach Auffassung des BAG ist bei der Auslegung ein großzügiger Maßstab anzulegen; dies ergebe sich aus dem Zweck des § 6 KSchG, vgl. BAG 18.7.2013 – 6 AZR 420/12, BeckRS 2013, 73484.

1454 BAG 14.12.2017 – 2 AZR 86/17, NZA 2018, 646.

1455 BeckOGK/Burg KSchG § 5 Rn. 91; APS/Hesse/Tiedemann KSchG § 5 Rn. 71.

1456 Vgl. dazu Schwab RdA 2013, 357 ff.; Preis/Schneider FS Prütting, 2018, 467 ff.

1457 BAG 21.1.1988 – 2 AZR 581/86, NZA 1988, 2691; BAG 15.3.2001 – 2 AZR 141/00, NZA 2001, 1267; BAG 22.11.2012 – 2 AZR 732/11, NZA 2013, 665.

10 Deswegen wird von einem **punktuellen Streitgegenstand** gesprochen. Es wird nicht allein die Wirksamkeit der Kündigung angegriffen.[1458] Die Rechtsprechung folgt einer **erweiterten punktuellen Streitgegenstandstheorie.** Bei einer erfolgreichen Kündigungsschutzklage wird zugleich festgestellt, dass zum **Zeitpunkt des Kündigungszugangs** ein Arbeitsverhältnis zwischen den Parteien bestand.[1459] Nach nunmehr bekräftigter Auffassung des Bundesarbeitsgerichts beinhaltet die stattgebende rechtskräftige Entscheidung über einen Antrag gemäß § 4 S. 1 KSchG zugleich die Feststellung, dass zum **vorgesehenen Auflösungszeitpunkt** zwischen den Parteien noch ein Arbeitsverhältnis existiert.[1460] Zum Zeitpunkt der Kündigung muss das Arbeitsverhältnis noch bestanden haben, andernfalls ist die Klage als unbegründet abzuweisen.[1461] Der Umfang der Rechtskraft kann aber im Einzelfall eingeschränkt sein, etwa wenn dieselbe Kammer zeitgleich über zwei verschiedene Kündigungen entschieden hat (sog. **Ausklammerung**).[1462] Dies ist vor allem bei **Mehrfachkündigungen** zu beachten,[1463] insbesondere dann, wenn sie jeweils in eigenständigen Verfahren angegriffen werden.

11 Daraus folgt zunächst, dass es sich bei der Kündigungsschutzklage gemäß § 4 S. 1 KSchG um eine **Feststellungsklage** und nicht etwa um eine Gestaltungsklage handelt. Des Weiteren bedeutet dieses Verständnis des Streitgegenstands, dass *grundsätzlich* jede **weitere Kündigung gesondert angegriffen** werden muss, nach der Rechtsprechung zumindest solche, die das Arbeitsverhältnis zu einem nachfolgenden Zeitpunkt beenden sollen. Dies erfordert eine besondere Achtsamkeit: Werden mehrere Kündigungen ausgesprochen und nicht alle explizit angegriffen, greift die Wirksamkeitsfiktion des § 7 KSchG für die nicht angegriffenen Kündigungen Platz, jedenfalls sofern die nachfolgenden Kündigungen das Arbeitsverhältnis zu einem späteren Zeitpunkt beenden sollen. Linderung verspricht insoweit die Verbindung mit einem → *allgemeinen Feststellungsantrag* nach § 256 ZPO (sog. **Schleppnetzantrag**). Ggf. können sogar ein Weiterbeschäftigungsantrag oder andere Leistungsanträge analog § 6 KSchG ausreichend sein.[1464]

12 Das BAG hat mit seinen Entscheidungen aus dem Jahr 2014 aber die **Bedeutung eines Schleppnetzantrags eingeschränkt.** Da mit der Stattgabe einer Kündigungsschutzklage zugleich feststeht, dass das Arbeitsverhältnis zum vorgesehenen Beendigungszeitpunkt besteht, steht damit auch fest, dass es nicht durch andere Beendigungsgründe (etwa weitere Kündigungen oder auch beispielhaft eine Anfechtung) zuvor oder zum gleichen Zeitpunkt beendet worden ist.[1465] Daraus folgt wiederum

1458 BeckOGK/Hamacher KSchG § 4 Rn. 128.1; MAH ArbR/Boewer § 48 Rn. 149; aA APS/Hesse/Tiedemann KSchG § 4 Rn. 20; auch mit § 256 ZPO kann nicht allein die Kündigungserklärung angegriffen werden, da es sich nur um ein Element des Rechtsverhältnisses handelt; vgl. allerdings BGH 7.3.2013 – VII ZR 223/11, NJW 2013, 1744.

1459 Vgl. etwa BAG 5.10.1995 – 2 AZR 909/94, NZA 1996, 651; BAG 15.12.2005 – 8 AZR 202/05, NZA 2006, 597; BAG 22.11.2012 – 2 AZR 732/11, NZA 2013, 665; BAG 20.3.2014 – 2 AZR 1071/12, NZA 2014, 1131; aA Stahlhacke FS Leinemann, 2006, 389 (400).

1460 BAG 18.4.2002 – 8 AZR 346/01, NZA 2002, 1207; BAG 22.11.2012 – 2 AZR 732/11, NZA 2013, 665; BAG 16.12.2021 – 6 AZR 154/21, NZA 2022, 1005; LAG Hamm 19.1.2006 – 4 Sa 1959/04, BeckRS 2006, 30805663; zunächst offen gelassen BAG 26.9.2013 – 2 AZR 682/12, NZA 2014, 443; aber bestätigt durch BAG 18.12.2014 – 2 AZR 163/14, NZA 2015, 635; krit. BeckOGK/Hamacher KSchG § 4 Rn. 135.3 ff.

1461 BAG 22.11.2012 – 2 AZR 738/11, AP Nr. 75 zu § 4 KSchG 1969.

1462 BAG 22.11.2012 – 2 AZR 732/11, NZA 2013, 665; LAG Berlin-Brandenburg 30.4.2015 – 26 Ta 625/15, BeckRS 2015, 68915.

1463 BAG 26.9.2013 – 2 AZR 682/12, NZA 2014, 443.

1464 BAG 23.4.2008 – 2 AZR 699/06, BB 2008, 1673.

1465 BAG 18.12.2014 – 2 AZR 163/14, NZA 2015, 635; so auch BAG 24.5.2018 – 2 AZR 67/18, NZA 2018, 1127 für die Änderungskündigung; LAG Rheinland-Pfalz 16.4.2015 – 5 Sa 701/14, NZA-RR 2015, 411.

zum einen, dass es eines Schleppnetzantrags nur dann bedarf, wenn weitere Beendigungstatbestände **zu einem späteren Zeitpunkt** erfasst werden sollen.[1466] Es fehlt für den Zeitraum der vom Arbeitgeber anvisierten Kündigungsfrist ein entsprechendes Feststellungsinteresse.[1467]

Zum anderen folgt daraus, dass **der Arbeitgeber weitere Beendigungsgründe** vor 13
oder zum selben Zeitpunkt in den Prozess **einbringen** muss.[1468] Bei dem Schleppnetzantrag muss hingegen der Arbeitnehmer weitere Beendigungstatbestände oder zumindest deren Möglichkeit einführen, um sein besonderes Feststellungsinteresse darzulegen (→ *allgemeiner Feststellungsantrag*).[1469] Der Streitgegenstand einer Kündigungsschutzlage **kann** aber **eingeschränkt** werden, etwa wenn verschiedene Kündigungen Gegenstand separater Kündigungsschutzklagen sind (Ausklammerung).[1470]

b) Feststellungsklage

Der Antragswortlaut ist **im Gesetz** (§ 4 S. 1 KSchG) ausdrücklich vorgegeben. Der 14
zutreffende Kündigungsschutzantrag lautet dementsprechend:[1471]

> **Es wird festgestellt, dass das Arbeitsverhältnis der Parteien durch die Kündigung der Beklagten vom <Datum> nicht aufgelöst ist.**

Aufgrund der punktuellen Streitgegenstandstheorie ist es unzureichend, allein die 15
Wirksamkeit der Kündigung mittels Feststellungsklage anzugreifen. Die Kündigung selbst ist kein Rechtsverhältnis, sondern eine Rechtshandlung, und kann daher nicht Gegenstand einer Feststellungsklage sein.[1472] Ebenso wenig ist ein Kündigungsgrund ein feststellungsfähiges Rechtsverhältnis.[1473]

Folgende Anträge sind daher **ungenügend:** 16

> *Es wird festgestellt, dass die Kündigung vom <Datum> unwirksam ist.*

oder

> *Es wird festgestellt, dass das Arbeitsverhältnis noch ungekündigt fortbesteht.*

Unzulässig sind Leistungs- oder Gestaltungsklagen, wie etwa die folgenden Bei- 17
spiele:

> *Die Kündigung aufzuheben und die Beklagte zu verpflichten, den Kläger wieder einzustellen.*

1466 Vossen RdA 2015, 291, 293; Lingemann/Siemer Anm. AP KSchG 1969 § 4 Nr. 79.
1467 Vossen RdA 2015, 291, 293.
1468 Dazu Vossen RdA 2015, 291 ff.; Lingemann/Siemer Anm. AP KSchG 1969 § 4 Nr. 79; Preis/Schneider FS Prütting, 2018, 467 ff.
1469 BAG 26.9.2013 – 2 AZR 682/12, NZA 2014, 443.
1470 BAG 20.5.1999 – 2 AZR 278/98, BeckRS 2010, 73037.
1471 BAG 13.12.2007 – 2 AZR 818/06, NZA 2008, 589, 590; Niemann NZA 2019, 65; ähnlich Fischer NJW 2009, 1256. Unverständlich bleibt, dass nicht der genaue Gesetzeswortlaut empfohlen wird.
1472 BAG 30.6.1988 – 2 AZR 797/87, BeckRS 1998, 30726788.
1473 AA wohl BGH 7.3.2013 – VII ZR 223/11, NJW 2013, 1744.

18 oder

> *Die Kündigung wird für unwirksam erklärt.*

19 Das Gericht stellt nur die Unwirksamkeit einer vom Arbeitgeber ausgesprochenen Kündigung fest und gestaltet nicht das Arbeitsverhältnis oder gar die einseitige Willenserklärung um. Gestaltend wird das Gericht nur bei einem **Auflösungsantrag** (→ *Auflösung*) tätig. Eine Wiedereinstellung setzt eine vorherige Beendigung des Arbeitsverhältnisses voraus (→ *Wiedereinstellung*).

20 Ein **besonderes Feststellungsinteresse** gemäß § 256 Abs. 1 ZPO ist regelmäßig nicht eigens darzulegen. Es ergibt sich daraus, dass der Gesetzgeber den Antrag in den § 4 KSchG vorgeschrieben hat, um die Fiktionswirkung nach § 7 KSchG zu verhindern.[1474] Es entfällt ausnahmsweise dann, wenn das Arbeitsverhältnis vor dem in der Kündigung vorgesehen Termin bzw. zeitgleich unstrittig beendet wird, etwa auch durch eine Eigenkündigung des Arbeitnehmers[1475] oder aufgrund einer rechtskräftigen gerichtlichen Entscheidung.[1476] Gleiches gilt, wenn die Parteien vereinbart haben, die angefochtene Kündigung solle keine Rechtswirkungen entfallen.[1477]

c) Beendigungstermin

21 Nach der Auffassung des BAG (s. o.) zählt zum Streitgegenstand auch die Frage, ob die Kündigung das Arbeitsverhältnis zu dem in ihr **vorgesehenen Termin** auflöst. Wohl vor diesem Hintergrund wird häufig der Kündigungsschutzantrag mit dem vorgesehenen Beendigungstermin ergänzt:

> *Es wird festgestellt, dass das Arbeitsverhältnis der Parteien durch die Kündigung vom <Datum der Kündigung> nicht zum <Datum der Beendigung> aufgelöst wird.*

22 Das Gesetz sieht die Nennung des Beendigungstermins in § 4 KSchG nicht vor. Erforderlich ist sie nicht. Die Einhaltung der Kündigungsfrist (→ *Kündigungsfrist*) muss auch nicht innerhalb der Klagefrist von § 4 KSchG mit einer Kündigungsschutzklage geltend gemacht werden.[1478] Bei einer Kündigungsschutzklage geht es um die „Nichtauflösung“, also um den Bestand des Arbeitsverhältnisses. Der Wortlaut eines solchen Antrags könnte **beschränkend** ausgelegt werden, gerade wenn – versehentlich – ein anderer als der im Kündigungsschreiben angegebene Termin aufgenommen wird. In der Praxis wird dies vielfach jedoch nicht bemängelt. Aus der Klagebegründung ergibt sich regelmäßig, dass sich der Arbeitnehmer gegen die Wirksamkeit der Kündigung und nicht allein gegen den vorgesehenen Beendigungszeitpunkt wehren will.

d) Unbedingte Klageerhebung

23 Die Klage ist grundsätzlich unbedingt zu erheben.[1479] Eine **subjektive eventuelle Klagehäufung** ist grundsätzlich **unzulässig.**[1480] Allerdings bewirkt eine derartige un-

1474 BAG 23.7.2015 – 6 AZR 490/14, NZA-RR 2015, 628; BAG 11.2.1981 – 7 AZR 12/79, AP Nr. 8 zu § 4 KSchG 1969; BeckOGK/Hamacher KSchG § 4 Rn. 108.
1475 BAG 11.2.1981 – 7 AZR 12/79, AP Nr. 8 zu § 4 KSchG 1969; BAG 4.8.1983 – 2 AZR 43/82; LAG Berlin-Brandenburg 6.5.2010 – 2 Sa 2778/09, BeckRS 2010, 73427.
1476 Vgl. BAG 21.12.2022 – 7 AZR 489/21, NZA 2023, 493.
1477 BAG 24.5.2018 – 2 AZR 67/18, NZA 2018, 1127.
1478 BAG 5.12.2005 – 2 AZR 148/05, NZA 2006, 791.
1479 BeckOGK/Hamacher KSchG § 4 Rn. 238; APS/Hesse/Tiedemann KSchG § 4 Rn. 28.
1480 BAG 31.3.1993 – 2 AZR 467/92, NZA 1994, 237.

zulässige Klage nicht die Versäumung der Klagefrist gemäß § 4 KSchG. Auch unzulässige Klagen können die Frist des § 4 KSchG wahren.[1481] Der Gesetzeszweck wird erreicht, wenn für die beklagte Partei ersichtlich ist, dass der Kläger sich gegen die Kündigung wehren will.

Dennoch sollte kein Risiko eingegangen werden und daher eine subjektive Klagehäu- **24**
fung ausschließlich unbedingt erfolgen.

In der Praxis werden die Kündigung **oder** weitere Kündigungen häufig **vorsorglich** **25**
oder **hilfsweise** angegriffen. Die vorsorgliche oder hilfsweise Klageerhebung wahrt die Klagefrist nach § 4 KSchG.[1482] Ein Hilfsantrag wird ohnehin sofort rechtshängig.[1483] Erhält der Arbeitnehmer etwa ein Schreiben, das nicht ausdrücklich als Kündigung bezeichnet wird, aber zumindest Änderungen der Arbeitsbedingungen beinhaltet, wird vorsorglich, für den Fall, dass das Schreiben als Kündigung anzusehen ist, Kündigungsschutzklage erhoben. Es handelt sich um eine zulässige Rechtsbedingung.[1484]

Erhält der Arbeitnehmer verschiedene Kündigungen, beispielsweise zunächst eine **26**
fristlose und wenige Tage später eine fristgerechte Kündigung (in der Praxis häufig wegen der Einhaltung der unterschiedlichen Fristen nach § 102 Abs. 2 BetrVG anzutreffen), so empfehlen sich folgende Anträge:[1485]

> 1. **Es wird festgestellt, dass das Arbeitsverhältnis der Parteien durch die fristlose/außerordentliche Kündigung der Beklagten vom <Datum> nicht aufgelöst ist.**
> 2. **Hilfsweise für den Fall, dass der vorstehende Klageantrag Erfolg hat: Es wird festgestellt, dass das Arbeitsverhältnis der Parteien auch durch die fristgerechte/ordentliche Kündigung vom <Datum> nicht aufgelöst ist.**

Solch ein uneigentlicher Hilfsantrag ist iSd § 4 KSchG unproblematisch und aus Kos- **27**
tengründen sogar empfehlenswert (s.u. → Rn. 44, 63). Werden allerdings verschiedene Kündigungen zu **demselben Beendigungstermin** ausgesprochen, so sind alle Kündigungen anzugreifen, auch wenn vom Streitgegenstand der Kündigungsschutzklage die Feststellung erfasst wird, dass das Arbeitsverhältnis zum vorgesehenen Beendigungszeitpunkt besteht.

e) Vertragsparteien

Den richtigen Beklagten zu wählen, ist regelmäßig kein Problem der bloßen Antrags- **28**
formulierung. Die Parteibezeichnung gehört zu den **unverzichtbaren Bestandteilen der Klageschrift** (§ 253 Abs. 2 Nr. 1 ZPO). Zwar ist für die Parteistellung im Prozess nicht allein die formelle Bezeichnung der Partei in der Klageschrift maßgeblich,[1486] der Auslegung sind aber Grenzen gesetzt.[1487] Wer zunächst statt seines Arbeitgebers einen Dritten verklagt, versäumt in der Regel die Einhaltung der Klagefrist, so dass die Wirksamkeit der Kündigung fingiert wird (§ 7 KSchG).

1481 BAG 31.3.1993 – 2 AZR 467/92, NZA 1994, 237.

1482 APS/Hesse/Tiedemann KSchG § 4 Rn. 29.

1483 BeckOGK/Hamacher KSchG § 4 Rn. 238.2; APS/Hesse/Tiedemann KSchG § 4 Rn. 29.

1484 APS/Hesse/Tiedemann KSchG § 4 Rn. 29.

1485 Niemann NZA 2019, 65 (66).

1486 BAG 18.4.2002 – 8 AZR 346/01, NZA 2002, 1207.

1487 Vgl. dazu etwa LAG Hamm 24.9.2012 – 8 Sa 444/12, NZA-RR 2013, 46. BAG 18.10.2012 – 6 AZR 41/11, NZI 2013, 151: Selbst bei äußerlich eindeutiger, aber offenkundig unrichtiger Bezeichnung ist grundsätzlich diejenige Person als Partei angesprochen, die erkennbar durch die Parteibezeichnung betroffen werden soll.

29 Sind nur ein Kläger und eine Beklagte am Prozess als Parteien beteiligt, so bedarf es grundsätzlich im Antrag keiner weiteren Erklärung, wer Partei des Arbeitsverhältnisses ist. Etwas anderes gilt, wenn **mehrere Beklagte** beteiligt sind. In der Praxis wird häufig nicht klargestellt, gegen welche Beklagte sich die Kündigungsschutzklage richten soll. Selbst wenn der Klageantrag zwei Beklagte alternativ als Vertragspartner benennt, muss das Gericht selbstverständlich prüfen, wie der Antrag auszulegen ist.[1488]

> *Es wird festgestellt, dass das Arbeitsverhältnis mit der Beklagten zu 1) bzw. mit der Beklagten zu 2) durch die Kündigung vom <Datum> nicht aufgelöst ist.*

30 Probleme bereitet die Gesellschaft bürgerlichen Rechts **(GbR),** die bereits nach der Rechtsprechung selbst Träger Rechten und Verbindlichkeiten sein kann; dies ist ab dem 1.1.2024 ausdrücklich in § 705 Abs. 2 BGB nF durch das MoPeG geregelt. In der Kündigungsschutzklage muss zum Ausdruck kommen, dass das Arbeitsverhältnis mit der GbR besteht. Problematisch ist etwa eine Kündigungsschutzklage gegen eine GbR wenn zugleich noch Vergütungsansprüche auch gegen die Gesellschafter eingeklagt werden. In diesen Fällen sollten die verschiedenen Beklagten in der Klageschrift bezeichnet (beispielsweise mit Beklagte zu 1), Beklagte zu 2) usw.) und diese Bezeichnung sollte dann im Klageantrag übernommen werden. Werden gegen zwei Gesellschafter auch Zahlungsansprüche geltend gemacht, bestand das Arbeitsverhältnis aber allein mit der GbR, dann könnte der Antrag etwa so lauten:

> **Es wird festgestellt, dass das Arbeitsverhältnis mit der Beklagten zu < Bezeichnung der GbR> durch die Kündigung vom <Datum> nicht aufgelöst ist.**

31 Ist hingegen **unklar,** ob eine GbR oder lediglich ein (angeblicher) Gesellschafter Arbeitgeber ist, dann ist es ratsam, die Kündigungsschutzklage gegen alle potentiellen Arbeitgeber zu richten.[1489] Um dies zu verdeutlichen, sollte gegen jeden potentiellen Arbeitgeber ein gesonderter Antrag gestellt werden. Unzureichend ist die häufig zu findende Formulierung „Arbeitsverhältnis der Parteien", weil nicht deutlich wird, wer Arbeitgeber und damit Partei des Arbeitsverhältnisses ist.

32 Ebenfalls zu Schwierigkeiten führt die Eröffnung des **Insolvenzverfahrens** über das Vermögen der Arbeitgeberin und die Bestellung eines Insolvenzverwalters. Kündigt der Insolvenzverwalter, so ist die Kündigungsschutzklage gegen diesen zu richten.[1490] Gleiches gilt, wenn innerhalb der Klagefrist das Insolvenzverfahren eröffnet wird. Ist also zum **Zeitpunkt der Klageerhebung ein Insolvenzverwalter bestellt,** dann ist die Kündigungsschutzklage gegen den Insolvenzverwalter zu richten, und zwar auch dann, wenn die Kündigung noch vom Schuldner erklärt wurde.[1491] Bei Nichtbeachtung ist die Klage aber nicht unzulässig, sondern unbegründet. Im Antrag muss der Insolvenzverwalter hingegen nicht aufgenommen werden.

> **Es wird festgestellt, dass das Arbeitsverhältnis des Klägers und der Insolvenzschuldnerin durch die Kündigung vom <Datum> nicht aufgelöst ist.**

1488 Vgl. BAG 8.11.2022 – 6 AZR 15/22, NZA 2023, 166.
1489 MAH ArbR/Boewer § 48 Rn. 93.; BeckOGK/Hamacher KSchG § 4 Rn. 179.
1490 Vgl. dazu BAG 18.10.2012 – 6 AZR 41/11, NZI 2013, 151.
1491 BAG 21.11.2013 – 6 AZR 979/11, NJW 2014, 1037.

Die Problematik des richtigen Beklagten stellt sich insbesondere bei einem (möglichen) → ***Betriebsübergang.*** Wird die Kündigung noch vom Betriebsveräußerer ausgesprochen, so ist die Kündigungsschutzklage gegen diesen zu erheben.[1492] Die **Passivlegitimation** des Arbeitgebers, der die Kündigung ausgesprochen hat, wird durch einen **nach Kündigungsausspruch** während des Kündigungsschutzprozesses eingetretenen Betriebsübergang nicht beseitigt, vielmehr sind die §§ 265, 325 ZPO entsprechend anzuwenden.[1493] § 325 ZPO findet aber gegenüber dem Betriebserwerber dann keine Anwendung, wenn die Kündigungsschutzklage gegen den kündigenden Betriebsveräußerer erst nach vollzogenem Betriebsübergang rechtshängig geworden ist.[1494] Zum Zeitpunkt der Kündigung muss das Arbeitsverhältnis noch mit dem Betriebsveräußerer bestanden haben. Andernfalls geht zum einen die Kündigung ins Leere, zum anderen liegen nicht die Voraussetzungen der Kündigungsschutzklage vor; sie ist unschlüssig.[1495] Wird der Betriebsübergang vom Arbeitnehmer bestritten, dann kann sich der Arbeitnehmer aber den Vortrag des Arbeitgebers hilfsweise zu eigen machen.[1496] 33

Bei **unklarer Sach- und Rechtslage** sollte eine **subjektive Klagehäufung** dergestalt erwogen werden, dass gegen den bisherigen Arbeitgeber ein Kündigungsschutzantrag und gegen den Erwerber Klage auf Feststellung eines bestehenden Arbeitsverhältnisses erhoben wird.[1497] Betriebsveräußerer und Betriebserwerber können in demselben Rechtsstreit als Streitgenossen verklagt werden.[1498] 34

Die **zutreffenden Anträge** können dem Stichwort → *Betriebsübergang* (→ Rn. 14ff.) entnommen werden. 35

Ein derartiger Antrag ist nach der Rechtsprechung des BAG auch dann zulässig, wenn der **Betriebsübergang bereits vor Ausspruch der Kündigung** erfolgt sein soll und der Kläger lediglich hilfsweise auf dem Standpunkt steht, das Arbeitsverhältnis bestehe mit dem Betriebsveräußerer (der Beklagten zu 1) fort.[1499] Der Kläger will nach Auffassung des BAG regelmäßig mit einem solchen Antrag in erster Linie die Unwirksamkeit der Kündigung und sodann – für den Fall des Obsiegens insoweit – den Bestand des Arbeitsverhältnisses mit Betriebserwerber (der Beklagten zu 2) und hilfsweise – für den Fall, dass die Kündigungen unwirksam sind und ein Übergang jedoch nicht stattgefunden hat – den Fortbestand des Arbeitsverhältnisses mit der Beklagten zu 1) festgestellt wissen. Derartige Sachanträge eines Klägers stehen in einem objektiven und nicht in einem subjektiven Eventualverhältnis. Der Arbeitnehmer sollte jedenfalls eine **Prüfungsreihenfolge** vorgeben. Der Kläger kann, gerade wenn er davon ausgeht, dass bereits vor der Kündigung das Arbeitsverhältnis mit der Beklagten zu 2) bestand, vorrangig die Feststellung des ungekündigten Bestandes eines Arbeitsverhältnisses mit der Beklagten zu 2) begehren.[1500] Dennoch kann er auch gegen den Betriebsveräußerer Klage erheben, da die Möglichkeit des Widerspruchs 36

1492 MAH ArbR/Boewer § 48 Rn. 96; Reufels ArbR 2007, 61; dazu BeckOGK/Hamacher KSchG § 4 Rn. 197.
1493 BAG 13.4.2000 – 2 AZR 215/99, NZA 2001, 144.
1494 BAG 18.2.1999 – 8 AZR 485/97, NZA 1999, 1142; MAH ArbR/Boewer § 48 Rn. 97.
1495 BAG 18.4.2002 – 8 AZR 346/01, NZA 2002, 1207; BAG 15.12.2005 – 8 AZR 202/05, NZA 2006, 597.
1496 BAG 15.12.2005 – 8 AZR 202/05, NZA 2006, 597.
1497 MAH ArbR/Boewer § 48 Rn. 98; Reufels ArbR 2007, 61; vgl. BAG 18.4.2002 – 8 AZR 346/01, NZA 2002, 1207 und Müller-Glöge NZA 1999, 449 (456), die sich für eine Feststellungsklage gegenüber dem Erwerber und eine lediglich hilfsweise Kündigungsschutzklage aussprechen.
1498 Vgl. BAG 24.6.2004 – 2 AZR 215/03, AP BGB § 613a Nr. 278; BAG 25.4.1996 – 5 AS 1/96, NZA 1996, 1676. Haben Betriebsveräußerer und Betriebserwerber verschiedene allgemeine Gerichtsstände, so ist das zuständige Gericht nach § 36 Nr. 3 ZPO zu bestimmen.
1499 BAG 24.6.2004 – 2 AZR 215/03, AP BGB § 613a Nr. 278.
1500 Dazu LAG Düsseldorf 29.4.2009 – 12 Sa 1551/08, NZA-RR 2009, 637.

gegen den Betriebsübergang besteht, so dass das Arbeitsverhältnis auf den Betriebsveräußerer zurückfällt und grundsätzlich so zu behandeln ist, als habe es immer mit dem Betriebsveräußerer fortbestanden.[1501]

37 **Unzulässig** ist dagegen in einem solchen Fall die sog. eventuelle subjektive Klagehäufung (vgl. oben):[1502]

> 1. *Es wird festgestellt, dass das Arbeitsverhältnis mit der Beklagten zu 1) durch die Kündigung vom <Datum> nicht aufgelöst ist.*
> 2. *hilfsweise gegenüber der Beklagten zu 2) festzustellen, dass das Arbeitsverhältnis mit der Beklagten zu 2) durch die Kündigung vom <Datum> nicht aufgelöst worden ist.*

38 Keine unzulässige subjektive Klagehäufung liegt demgegenüber vor, wenn der Arbeitnehmer mit seinem Hauptantrag ein **einheitliches Arbeitsverhältnis** mit zwei Beklagten und mit einem Hilfsantrag ein Arbeitsverhältnis mit nur einer der beiden Beklagten geltend macht. Die betroffene Beklagte soll mit beiden Anträgen in Anspruch genommen werden, so dass die Rechtshängigkeit des allein gegen eine Beklagte gerichteten Hilfsantrags von einer **innerprozessualen** und nicht von einer außerprozessualen Bedingung abhängig ist.[1503]

39 Das BAG erwägt in einer neueren Entscheidung, dass bei s**treitigem Betriebsübergang** und anschließender Kündigung durch den Veräußerer eine gegen beide „Arbeitgeber" gerichtete Klage auf die Feststellung, das Arbeitsverhältnis des Arbeitnehmers sei **vor Zugang der Kündigung** vom kündigenden Veräußerer auf den Erwerber **übergangen,** nach § 256 ZPO zulässig und insoweit auf Beklagtenseite eine aus materiellen und prozessualen Gründen notwendige Streitgenossenschaft iSv § 62 ZPO anzunehmen sein könnte.[1504]

40 **Unzulässig** ist nach bisheriger Auffassung der Rechtsprechung der Antrag, mit dem festgestellt werden soll, dass ein Arbeitsverhältnis **übergegangen** ist. Gegenstand einer Feststellungsklage kann nur ein Rechtsverhältnis, nicht eine Rechtsfolge sein (→ *Betriebsübergang*).[1505]

41 **Unzulässig** ist folgender Antrag, wenn der Kläger davon ausgeht, dass sein Arbeitsverhältnis nicht durch Betriebsübergang von der Beklagten zu 1) auf die Beklagte zu 2) übergegangen ist und deswegen eine durch die Beklagte zu 2) ausgesprochene Kündigung unwirksam ist:

> *Es wird festgestellt, dass das Arbeitsverhältnis bzw. die Arbeitsverhältnisse zwischen den Parteien durch die Kündigung der Beklagten zu 2) vom <Datum> nicht beendet wird/werden, sondern mit der Beklagten zu 1) über den <Datum> und mit der Beklagten zu 2) über den <Datum> fortbesteht.*

1501 Dazu LAG Düsseldorf 29.4.2009 – 12 Sa 1551/08, NZA-RR 2009, 637.

1502 LAG Düsseldorf 19.12.2002 – 7 Sa 1181/02, BeckRS 2007, 47639; vgl. auch BAG 24.6.2004 – 2 AZR 215/03, AP BGB § 613a Nr. 278.

1503 BAG 18.11.2021 – 2 AZR 229/21, NZA 2022, 200, 201.

1504 BAG 24.9.2015 – 2 AZR 562/14, NZA 2016, 366.

1505 Vgl. aber BAG 24.9.2015 – 2 AZR 562/14, NZA 2016, 366; offengelassen BAG 11.5.2023 – 6 AZR 121/22 (A), BeckRS 2023, 18431; abl. BAG 25.1.2018 – 8 AZR 309/16, NZA 2018, 933, 936.

f) Mehrere Kündigungen

Bei mehreren Kündigungsschreiben ist zunächst zu prüfen, ob überhaupt verschiedene Kündigungen vorliegen oder eine Kündigung mehrfach verlautbart wird.[1506] Das Problem kann etwa auftreten, wenn **unter demselben Datum verschiedene Kündigungen** ausgesprochen werden. Bei mehreren Kündigungsschreiben ist regelmäßig davon auszugehen, dass auch mehrere Kündigungserklärungen gewollt sind.[1507] So liegen mehrere Kündigungen vor, wenn verschiedene Kündigungsgründe angegeben werden.[1508] Etwas anderes ist denkbar, wenn ein Arbeitgeber dieselbe Kündigung auf verschiedenen Wegen zugehen lässt, etwa durch Einschreiben und persönliche Übergabe. Dies kann selbst dann gelten, wenn zwei Kündigungsschreiben, die denselben Kündigungsvorgang betreffen und in Form und Wortlaut völlig identisch sind, lediglich ein (computergeneriertes) unterschiedliches Datum tragen und dem Arbeitnehmer doppelt (etwa einmal per Einschreiben mit Rückschein und einmal als Einwurf-Einschreiben) zugehen. Es handelt sich dann um eine doppelt verlautbarte Kündigung.[1509] **Sicherheitshalber** sollte von mehreren Kündigungen ausgegangen werden. Dies ist im Antrag kenntlich zu machen. Ausreichend ist schlichtweg auch die folgende Formulierung:[1510] 42

> **Es wird festgestellt, dass das Arbeitsverhältnis der Parteien durch die (beiden) Kündigungen vom <Datum> nicht aufgelöst ist.**

Zulässig ist ebenfalls folgender Antrag:[1511] 43

> **Es wird festgestellt, dass das Arbeitsverhältnis der Parteien weder durch die außerordentliche Kündigung vom <Datum> noch durch die ordentliche Kündigung vom <Datum> aufgelöst ist.**

Häufig findet sich folgende Formulierung: 44

> *Es wird festgestellt, dass das Arbeitsverhältnis durch die Kündigung vom <Datum>, zugestellt durch Übergabe am <Datum>, sowie durch die Kündigung vom <Datum>, zugestellt per Einschreiben am <Datum>, nicht aufgelöst wird.*

Grundsätzlich besteht kein Rechtsschutzinteresse an der Feststellung, wie oder wann Kündigungsschreiben zugegangen sind. Die Angabe wird in der Regel dazu dienen, die Kündigung zu identifizieren. Regelmäßig ist dies nicht erforderlich. 45

Werden mehrere Kündigungen zu verschiedenen Beendigungszeitpunkten ausgesprochen, so ist es bereits aus Kostengründen angebracht, die Kündigungen zu einem späteren Beendigungszeitpunkt mittels eines **unechten Hilfsantrags** anzugreifen 46

1506 Vgl. dazu etwa LAG Düsseldorf 24.5.2007 – 13 Sa 1287/06, BeckRS 2007, 47014; BAG 23.4.2008 – 2 AZR 699/06.

1507 BAG 23.6.2009 – 2 AZR 474/07, NZA 2009, 1136; LAG Düsseldorf 24.5.2007 – 13 Sa 1287/06, BeckRS 2007, 47014.

1508 BAG 23.6.2009 – 2 AZR 474/07, NZA 2009, 1136; LAG Düsseldorf 24.5.2007 – 13 Sa 1287/06, BeckRS 2007, 47014; nicht aber, wenn keine Gründe angegeben worden sind vgl. BAG 9.6.2011 – 2 AZR 284/10, NZA-RR 2012, 12.

1509 BAG 6.9.2007 – 2 AZR 264/06, NZA 2008, 636.

1510 Vgl. LAG Düsseldorf 24.5.2007 – 13 Sa 1287/06, BeckRS 2007, 47014.

1511 BAG 9.9.2010 – 2 AZR 714/08, NZA 2011, 343.

(→ Rn. 25; → *Bedingte Klageanträge,* → *A. I. Rn. 107ff.*).[1512] Kündigt der Arbeitgeber etwa zunächst außerordentlich und in einem weiteren Schreiben hilfsweise ordentlich, etwa weil die unterschiedlichen Fristen des § 102 Abs. 2 BetrVG einzuhalten waren, liegen zwei verschiedene Kündigungen vor, die beide anzugreifen sind. Die ordentliche Kündigung kann als unechter Hilfsantrag für den Fall des Obsiegens mit dem Antrag gegen die außerordentliche Kündigung angegriffen werden (vgl. → Rn. 26). Kündigt der Arbeitgeber in derselben Erklärung **sowohl außerordentlich** als auch **hilfsweise ordentlich,** so handelt es sich nach früherer Auffassung des BAG um eine Kündigungserklärung mit unterschiedlichen Beendigungsterminen.[1513] Zutreffend handelt es sich um zwei Kündigungen, wobei die „hilfsweise" oder „vorsorglich" erklärte Kündigung unter einer – zulässigen auflösenden Rechtsbedingung iSv § 158 Abs. 2 BGB steht.[1514] Es ist ausreichend, die Kündigung als solche anzugreifen, wenn der Arbeitnehmer sich uneingeschränkt gegen die Auflösung des Arbeitsverhältnisses wehrt.[1515] Es kann aber klarstellend ergänzt werden, dass das Arbeitsverhältnis weder außerordentlich noch ordentlich aufgelöst ist.

47 Der Antrag sollte daher wie folgt lauten:[1516]

> **Es wird festgestellt, dass das Arbeitsverhältnis der Parteien durch die Kündigung vom <Datum> weder außerordentlich noch ordentlich aufgelöst ist.**

48 Etwas anderes gilt dann, wenn der Arbeitnehmer sich lediglich gegen die außerordentliche, **nicht** aber **gegen die ordentliche Kündigung** zur Wehr setzen will. In diesem Fall ist folgender Antrag möglich:

> **Es wird festgestellt, dass das Arbeitsverhältnis der Parteien durch die außerordentliche Kündigung vom <Datum> nicht aufgelöst ist.**

49 Regelmäßig findet sich folgender Antrag, der häufig auch nicht beanstandet wird.[1517]

> *Es wird festgestellt, dass das Arbeitsverhältnis durch die Kündigung vom <Datum> nicht fristlos/zum <Datum der außerordentlichen Beendigung>, sondern zum <Datum der fristgerechten Beendigung> aufgelöst ist.*

50 Ein Feststellungsinteresse für die weitere Feststellung besteht aber regelmäßig nicht, wenn die Unwirksamkeit der außerordentlichen Kündigung festgestellt worden ist.

51 Ist zu befürchten, dass der Arbeitgeber noch **Folgekündigungen** ausspricht bzw. ausgesprochen hat, empfiehlt es sich grundsätzlich, zusätzlich einen → *allgemeinen Feststellungsantrag* zu stellen **(Schleppnetzantrag).**

52 Werden **mehrere Kündigungen mit unterschiedlichen Daten** ausgesprochen, so können alle Kündigungen innerhalb eines Antrags oder jede einzelne in einem ge-

1512 Das BAG legt Anträge auch ohne ausdrücklichen Hilfsantrag dahingehend aus, vgl. BAG 21.11.2013 – 2 AZR 474/12, BeckRS 2014, 69409, gerade dann, wenn auch weitere Kündigungen nur hilfsweise oder vorsorglich ausgesprochen worden sind.

1513 Vgl. auch BAG 16.11.1970 – 2 AZR 33/70, AP KSchG § 3 Nr. 38; BAG 15.11.1984 – 2 AZR 613/83, NZA 1985, 661.

1514 BAG 23.5.2013 – 2 AZR 54/12, NZA 2013, 1197; BeckOGK/Hamacher KSchG § 4 Rn. 38; APS/Hesse/Tiedemann KSchG § 4 Rn. 100; Niemann NZA 2019, 65.

1515 BAG 15.11.1984 – 2 AZR 613/83, NZA 1985, 661.

1516 Vgl. APS/Hesse/Tiedemann KSchG § 4 Rn. 18,107.

1517 Vgl. BAG 6.7.2006 – 2 AZR 215/05, NZA 2006, 1405; BAG 9.9.2010 – 2 AZR 714/08, NZA 2011, 343.

sonderten Antrag angegriffen werden. Sofern die Kündigungen zu **demselben Beendigungstermin** ausgesprochen worden sind, bietet es sich an, alle Kündigungen **in einem Antrag** anzugreifen. Da vom Streitgegenstand auch erfasst ist, ob das Arbeitsverhältnis zu dem in der Kündigung vorgesehenen Termin aufgelöst wird, kann über mehrere Kündigungen zum selben Termin ohnehin **nur einheitlich entschieden** werden.[1518] Der Arbeitnehmer könnte auch bei mehreren Anträgen nur erfolgreich sein, wenn alle Kündigungen unwirksam sind.

Wenn beispielsweise von drei Kündigungen zum selben Beendigungstermin zwei 53
unwirksam sein sollten, so wäre der Kläger auch bei drei Anträgen nicht teilweise mit zwei Anträgen erfolgreich.

Der Antrag lautet also wie folgt: 54

> **Es wird festgestellt, dass das Arbeitsverhältnis der Parteien durch die Kündigungen vom <Datum>, vom <Datum> und vom <Datum> nicht aufgelöst ist.**

Unter dem Stichwort **„Überholende Kündigung“**[1519] fällt ein Sachverhalt, bei dem 55
zunächst eine ordentliche Kündigung unter Einhaltung einer längeren Kündigungsfrist ausgesprochen worden ist und der Arbeitgeber sodann eine fristlose Kündigung (bzw. eine weitere Kündigung mit kürzerer Kündigungsfrist) hinterherschiebt. Hat der Kläger zunächst eine Kündigungsschutzklage gegen die erste, ordentliche Kündigung erhoben, so erfasst der Streitgegenstand nach Auffassung des BAG auch die fristlose Kündigung, die das Arbeitsverhältnis vorher beenden könnte. Dennoch ist ein weiterer Kündigungsschutzantrag zu stellen und zwar als Hauptantrag und der bisherige Antrag gegen die (überholte) ordentliche Kündigung als Hilfsantrag.[1520]

g) Sonstige Zusätze

Der Kündigungsschutzantrag ist entsprechend der gesetzlichen Formulierung zu stel- 56
len. Weitere Ergänzungen sind für den Streitgegenstand einer Kündigungsschutzklage iSd § 4 KSchG nicht erforderlich. Soll hingegen ein weiterer Streitgegenstand ins Verfahren eingeführt werden, so ist dieser im Rahmen eines gesonderten Antrags festzulegen. Dies gilt zunächst für den sog. Schleppnetzantrag (→ *allgemeiner Feststellungsantrag*).

In der Praxis zu finden ist ua folgende Formulierung: 57

> *Es wird festgestellt, dass zwischen den Parteien ein unbefristetes Arbeitsverhältnis besteht, welches insbesondere nicht durch die Kündigung vom <Datum> aufgelöst worden ist.*

Erforderlich und weiterführend ist ein solcher Antrag nicht. Steht keine Befristung 58
im Raum, so besteht auch kein Rechtsschutzbedürfnis an der Feststellung, dass ein unbefristetes Arbeitsverhältnis besteht. Ist hingegen auch die Wirksamkeit einer Befristung streitig, so ist eine **Entfristungsklage** nach § 17 TzBfG zu erheben (→ *Befristung*). Die Problematik, dass sonstige Beendigungsgründe unerkannt bleiben,

1518 Moll/Boewer § 48 Rn. 152; offen gelassen BAG 23.6.2009 – 2 AZR 474/07, NZA 2009, 1136.
1519 Niemann NZA 2019, 65 (66).
1520 Vgl. Niemann NZA 2019, 65 (66); BAG 24.5.2018 – 2 AZR 67/18, NZA 2018, 1127, Rn. 34.

kann durch einen gesonderten Schleppnetzantrag gelöst werden (→ *allgemeiner Feststellungsantrag*).

59 Vielfach werden auch **Teile der Begründung** der Kündigungsschutzklage mit in den Antrag „gepackt". Dort haben sie nichts zu suchen. Es besteht idR kein Feststellungsinteresse etwa daran, dass ein Arbeitsverhältnis am 1.3.1997 begründet worden ist. Gleiches gilt beispielhaft für den Kündigungsgrund.

> *Es wird festgestellt, dass das zwischen den Parteien am <Datum> begründete Arbeitsverhältnis durch die Kündigung der Beklagten vom <Datum>, die mehr als 10 Arbeitnehmer beschäftigt, wegen Verdachts der Untreue oder aus sonstigen Gründen nicht zum <Datum> oder zu einem anderen Zeitpunkt beendet wird, vielmehr fortbesteht.*

60 Kein einziger Zusatz weist einen Mehrwert aus.

> *Es wird festgestellt, dass das Arbeitsverhältnis zwischen den Parteien durch die Kündigung der Beklagten vom <Datum> und durch die Aussperrung der Klägerin und Einforderung der Zugangsschlüssel nicht beendet werden wird.*

61 Auch bei diesem Antrag stellt sich die Frage, ob ein Interesse an der Feststellung besteht, dass das Arbeitsverhältnis aufgrund der weiteren genannten Umstände nicht beendet wird. Hiervon kann allenfalls dann ausgegangen werden, wenn sich der Arbeitgeber explizit darauf beruft. Letztlich sind es (regelmäßig) nur Folgeumstände der Kündigungserklärung, die nicht Streitgegenstand und nicht in den Klageantrag aufzunehmen sind.

62 Schließlich findet sich auch der folgende Antrag immer wieder:

> *Es wird festgestellt, dass das zwischen den Parteien bestehende Arbeitsverhältnis nicht durch die Kündigung vom <Datum>, dem Kläger am <Datum> zugegangen, aufgelöst worden ist.*

63 Das Datum der Zustellung ist nicht feststellungsfähig. Es dient allenfalls bei mehreren Kündigungen mit demselben Datum der Individualisierung.

3. Prozesskostenhilfe

64 Die Stellung eines **Prozesskostenhilfeantrags** unter Beifügung eines Entwurfs einer Kündigungsschutzklage wahrt die Klagefrist des § 4 KSchG nach überwiegender Meinung nicht.[1521] Die Kündigungsschutzklage muss daher unabhängig von der Bewilligung von Prozesskostenhilfe gestellt werden.

65 Nachdrücklich **abzuraten** ist daher von folgender Antragsformulierung:

> *Es wird beantragt, dem Antragsteller für den nachfolgenden Rechtsstreit Prozesskostenhilfe unter Beiordnung des Unterzeichners für die nachfolgende Klage zu bewilligen. Nach Bewilligung von Prozesskostenhilfe werde ich beantragen, die Klage zuzustellen und festzustellen, dass durch die Kündigung des Arbeitgebers vom <Datum> das Arbeitsverhältnis nicht aufgelöst worden ist.*

1521 Vgl. etwa LAG Schleswig-Holstein 24.5.2007 – 4 Ta 147/07; BeckRS 2007, 44708; APS/Hesse/Tiedemann KSchG § 4 Rn. 28a.

Sofern neben Erhebung der Kündigungsschutzklage **weitere Ansprüche** gerichtlich 66 geltend gemacht werden sollen, die in Abhängigkeit des Erfolgs mit der Kündigungsschutzklage stehen, so sind diese Anträge als (uneigentliche) **Hilfsanträge** für den Fall des Obsiegens mit dem Kündigungsschutzantrag zu stellen. Dies gilt insbesondere für den Weiterbeschäftigungsantrag, die Urlaubsabgeltung, Annahmeverzugsansprüche oder die Entfernung einer Abmahnung.

4. Einstweiliger Rechtsschutz

Der Antrag auf Erlass einer einstweiligen Verfügung kommt nicht in Betracht. **Fest-** 67 **stellungsanträge** sind im Rahmen des einstweiligen Verfügungsverfahrens ohnehin **grundsätzlich unzulässig.** Es besteht auch kein Bedarf. Eine „vorläufige Rechtsansicht" des Gerichts hilft den Parteien nicht weiter. Zu denken ist allein an einen Antrag auf Weiterbeschäftigung oder Zahlung des Notbedarfs, sofern die Wirksamkeit der Kündigung umstritten ist.

Kündigungsfrist

Will sich ein Arbeitnehmer nicht gegen die Wirksamkeit einer Kündigung seines Ar- 1 beitsverhältnisses wehren, sondern allein die **Einhaltung der zutreffenden Kündigungsfrist** geltend machen, dann hat er keine Kündigungsschutzklage iSd § 4 KSchG zu erheben. Richtig ist vielmehr eine → *allgemeine Feststellungsklage* nach § 256 Abs. 1 ZPO.[1522] Diese Differenzierung hat nicht nur für die Antragsformulierung Bedeutung; der Arbeitnehmer ist grundsätzlich auch nicht gehalten, die dreiwöchige **Klagefrist** gemäß § 4 S. 1 KSchG einzuhalten.[1523]

Die Einhaltung der zutreffenden Kündigungsfrist nach Ausspruch einer ordentlichen 2 Kündigung ist abzugrenzen von der Klage gegen Ausspruch einer außerordentlichen Kündigung. In diesem Fall will der Arbeitgeber die Kündigungsfrist gerade nicht einhalten und nutzt ein besonderes Gestaltungsrecht. Eine außerordentliche Kündigung muss nicht fristlos ausgesprochen werden. Auch eine solche außerordentliche, aber nicht fristlose Kündigung muss innerhalb der dreiwöchigen Klagefrist angegriffen werden (→ *Kündigung*).

Der richtige allgemeine Feststellungsantrag zur Geltendmachung der Kündigungs- 3 frist lautet:

> **Es wird festgestellt, dass das Arbeitsverhältnis bis zum <Datum der zutreffenden Kündigungsfrist> fortbestanden hat/fortbesteht.**

Unzutreffend ist der folgende Antrag, der sich an einen Kündigungsschutzantrag 4 gemäß § 4 KSchG anlehnt.[1524]

> *Es wird festgestellt, dass das zwischen den Parteien bestehende Arbeitsverhältnis nicht durch die Kündigung vom <Datum der Kündigung> zum <Datum der vom Arbeitgeber angegebenen Kündigungsfrist> aufgelöst worden ist, sondern bis zum Ablauf des <Datum der zutreffenden Kündigungsfrist> fortbestanden hat.*

1522 BeckOGK/Hamacher KSchG § 4 Rn. 101.5; Niemann NZA 2019, 65 (69).

1523 BAG 6.7.2006 – 2 AZR 215/05, NZA 2006, 1405. Ausnahmsweise kommt der Gesichtspunkt der Verwirkung in Betracht, BAG 12.8.2008 – 8 AZR 201/07, NZA 2009, 29.

1524 So auch Niemann NZA 2019, 65 (69). Dies wird in der Praxis aber nicht immer beanstandet, vgl. nur BAG 6.7.2006 – 2 AZR 215/05, NZA 2006, 1405; BAG 4.7.2001 – 2 AZR 469/00, AP BGB § 622 Nr. 59.

5 Das BAG hat allerdings folgenden Antrag für zutreffend erachtet, wenn auch die Wirksamkeit einer außerordentlichen Kündigung strittig ist:[1525]

> **Es wird festgestellt, dass das Arbeitsverhältnis der Parteien nicht durch die außerordentliche Kündigung vom <Datum> mit sofortiger Wirkung aufgelöst ist, sondern bis zum <Datum der zutreffenden Kündigungsfrist> fortbestanden hat.**

6 Unzulässig ist der Antrag, mit dem abstrakt die zutreffende Kündigungsfrist festgestellt werden soll, da die ggf. einzuhaltende **Kündigungsfrist kein Rechtsverhältnis** ist, sondern allenfalls eine Vorfrage sonstiger Ansprüche darstellt.[1526]

> *Es wird festgestellt, dass im Arbeitsverhältnis der Parteien eine Kündigungsfrist von mindestens einem Monat zum Monatsende gilt/die gesetzlichen Kündigungsfristen nach § 622 BGB zur Anwendung kommen.*

Künftige Zahlungen

1 Sofern künftige Zahlungen eingeklagt werden sollen, sind die §§ 257 bis 259 ZPO zu beachten (→ *A. I. Rn. 34*). Unproblematisch sind wiederkehrende Leistungen, die **nicht** von einer **Gegenleistung** abhängig sind. Sie können ohne weiteres nach **§ 258 ZPO** eingeklagt werden. Hierzu zählen etwa **Ruhegeldzahlungen** (→ *Betriebliche Altersversorgung*).[1527] Im Gegensatz zu § 259 ZPO ist die Besorgnis, dass sich der Schuldner der rechtzeitigen Leistung entziehen wird, keine Voraussetzung. Für eine Klage nach § 258 ZPO wird kein besonderes Rechtsschutzinteresse verlangt, so dass nach der Rechtsprechung des BAG[1528] sogar unstreitige Ansprüche oder Teile hiervon als künftige Leistung eingeklagt werden können, dh auch wenn der Schuldner bisher freiwillig und pünktlich gezahlt hat. Auf Beklagtenseite ist ggf. mit Blick auf die Kosten an ein *Anerkenntnis* (→ *C. Anerkenntnis*) hinsichtlich unstrittiger Ansprüche zu denken.

2 Praxisrelevant, aber **problematisch** war früher die Klage auf künftige **Vergütungszahlungen.** Sie richtet sich nicht nach § 258 ZPO, sondern fällt in den Anwendungsbereich des **§ 259 ZPO,** weil diese Ansprüche von der künftigen Arbeitsleistung des Arbeitnehmers abhängig sind.[1529] Begründet wird dies damit, dass Einwendungen des Arbeitgebers aus einer künftigen Nichtleistung von Diensten des Arbeitnehmers durch Vollstreckungsgegenklage nach § 767 ZPO geltend gemacht werden könnten.[1530] Im Mittelpunkt früherer Diskussion stand das Problem, dass künftige Vergütungsansprüche entfallen können, wenn das Arbeitsverhältnis beendet wird oder die geschuldete Arbeitsleistung ausbleibt und die Vergütung nicht fortzuzahlen ist. Dies hatte die weitere Frage zur Folge, in welchem Umfang diese Unsicherheit im Klageantrag zu berücksichtigen ist. Der **4. Senat des BAG**[1531] hatte für die Bestimmbarkeit der Forderung im Sinne von § 259 ZPO nicht erforderlich gehalten, dass die Leistung

1525 BAG 9.9.2010 – 2 AZR 714/08, NZA 2011, 343.
1526 BAG 6.11.2002 – 5 AZR 364/01, AP ZPO 1977 § 256 Nr. 78.
1527 BAG 14.3.2023 – 3 AZR 175/22, NZA 2023, 655; BAG 9.11.1999 – 3 AZR 361/98, NZA 2000, 556.
1528 BAG 14.3.2023 – 3 AZR 175/22, NZA 2023, 655.
1529 Vgl. Laber/Goetzmann ArbRB 2007, 309.
1530 Vgl. bereits RAG 20.2.1937 – RAG 247/36, ARS 29, 68 (71); BAG 23.2.1983 – 4 AZR 508/81, AP ZPO § 850c Nr. 4.
1531 BAG 23.2.1983 – 4 AZR 508/81, AP ZPO § 850c Nr. 4.

unter allen Umständen mit Sicherheit geschuldet wird, sondern nur, dass sie, falls sich nichts Unerwartetes ereignet, geschuldet bleibt. Diese **Rechtsprechung** hatte der 4. Senat dann allerdings ausdrücklich **aufgegeben.**[1532] Der **5. Senat des BAG** hatte zunächst in seiner Entscheidung vom 13.3.2002[1533] die Zulässigkeit einer Klage auf zukünftige Vergütung bejaht, allerdings folgende Voraussetzungen aufgestellt: Da künftige Vergütungsansprüche ua dann entfallen, wenn das Arbeitsverhältnis beendet wird, die geschuldete Arbeitsleistung ausbleibt oder die Vergütung nicht fortzuzahlen ist, wie zB bei längerer Krankheit, unbezahltem Urlaub, unentschuldigten Fehlzeiten usw., sind **die für den Vergütungsanspruch maßgeblichen Bedingungen in den Antrag aufzunehmen.** Nur das Unerwartete kann unberücksichtigt bleiben. Hierzu gehört die Beendigung des Arbeitsverhältnisses nach Auffassung des BAG nicht. Vor diesem Hintergrund wurde bereits damals die Meinung vertreten, dass die Klage nach § 259 ZPO zwar grundsätzlich zulässig, aber **praktisch nicht um- bzw. durchsetzbar** sei,[1534] insbesondere weil die Bedingungen für die Vollstreckung nicht durch öffentliche Urkunden iSd § 726 Abs. 1 ZPO zu beweisen seien. Auch der 4. Senat des BAG[1535] äußerte dann grundsätzliche Bedenken gegen die Zulässigkeit: Er erwog, Klagen auf künftige Vergütungsansprüche entsprechend einer **bestimmten tariflichen Vergütungsgruppe grundsätzlich** – mit der Ausnahme vorsätzlicher Verweigerung unzweifelhaft geschuldeter Vergütung – für **unzulässig** anzusehen. Im Ergebnis dürfe die Einräumung einer solchen Möglichkeit nicht dazu führen, dass die eigentlich dem zivilprozessualen Erkenntnisverfahren zugewiesene Überprüfung des Bestehens einer komplexen Rechtsgrundlage mit all ihren verschiedenen Tatbestandsmerkmalen in systemwidriger Weise in das Klauselerteilungsverfahren verschoben werde. Der 2. Senat des BAG[1536] teilte die Bedenken des 4. Senats zunächst nicht. Er verwies in anschließenden Entscheidungen allein darauf, dass auch künftige Vergütungszahlungen zu künftigen Leistungen iSd § 259 ZPO zählen.

Für Klarheit hat der 5. Senat gesorgt. Mit seinem **Urteil vom 22.10.2014**[1537] hat das BAG darauf hingewiesen, dass § 259 ZPO **nicht die Verfolgung eines erst in der Zukunft entstehenden Anspruchs ermöglicht** (→ *A. I. Rn. 34*). Er setzt vielmehr voraus, dass der geltend gemachte Anspruch bereits entstanden ist.[1538] Daraus ergibt sich die Frage, wann Vergütungsansprüche aus dem Arbeitsverhältnis entstehen. Das BAG meint zutreffend, erst mit Erbringung der Arbeitsleistung entstehe der Vergütungsanspruch;[1539] dies entspricht auch der Rechtsprechung zur Abgrenzung von Insolvenz- und Masseforderungen bei der Vergütung.[1540] Im Ergebnis kann also die laufende Vergütung nicht als künftige Leistung nach § 259 ZPO eingeklagt werden. Früher empfohlene Klageanträge sind **unzulässig.** 3

1532 BAG 9.4.2008 – 4 AZR 104/07, NZA 2008, 1257.

1533 BAG 13.3.2002 – 5 AZR 755/00, NZA 2002, 1232; aA LAG Berlin-Brandenburg 3.9.2008 – 17 Sa 913/08, BeckRS 2011, 67029.

1534 LAG Berlin-Brandenburg 3.9.2008 – 17 Sa 913/08, BeckRS 2011, 67029; Ziemann FS Schwerdtner 2003, 715 ff.; Berkowsky RdA 2006, 77, 81.

1535 BAG 9.4.2008 – 4 AZR 104/07, NZA 2008, 1257; so auch ohne Zweifel LAG Nürnberg 13.6.2012 – 2 Sa 675/11, BeckRS 2015, 66227.

1536 BAG 24.10.2013 – 2 AZR 1078/12, NZA 2014, 540.

1537 BAG 22.10.2014 – 5 AZR 731/12, NZA 2015, 501; zust Hamacher NZA 2015, 714 ff.; kritisch Kolb NJW 2015, 1773; vgl. auch BAG 19.2.2020 – 5 AZR 180/18, BeckRS 2020, 7773.

1538 BeckOK ZPO/Bacher § 259 Rn. 4.

1539 Dazu auch Boemke/Jäger RdA 2016, 141 ff.; vgl. auch BGH 26.6.2008 – IX ZR 87/07, NJW-RR 2008, 1441; LG Karlsruhe 19.12.2019 – 13 O 62/19 KfH, BeckRS 2019, 32345.

1540 Vgl. auch BAG 25.1.2018 – 6 AZR 8/17, NZA 2018, 1153.

Die Beklagte wird verurteilt, zukünftig an den Kläger für jeden Monat bis spätestens zum <Bezifferung> Werktag des Folgemonats EUR <Betrag> brutto zu zahlen unter der Bedingung, dass das Arbeitsverhältnis besteht, der Kläger nicht zusammenhängend mehr als sechs Wochen krankgeschrieben war oder einzelne, für sich genommen kürzere Fehlzeiten aufzuweisen hat, die als Fortsetzungserkrankung innerhalb des nach dem Entgeltfortzahlungszeitraumes maßgeblichen Zeitraumes anzusehen sind, kein unbezahlter Urlaub genommen wurde und keine unentschuldigten Fehlzeiten vorliegen.

4 Es ist also zunächst genau zu prüfen, wann einzelne Vergütungsansprüche entstehen und Entstehung und Fälligkeit auseinanderfallen. Dies ist womöglich bei Sonderzahlungen denkbar.

5 Als **besondere Voraussetzung** für die Zulässigkeit einer Klage auf Zahlung des künftig fällig werdenden Arbeitsentgelts verlangt § 259 ZPO jedenfalls die **Besorgnis der nicht rechtzeitigen Erfüllung** des Leistungsanspruchs. Diese Besorgnis liegt vor, wenn der Schuldner den Anspruch ernstlich bestreitet. Allein das Bestreiten der vom Arbeitnehmer beanspruchten Forderungen durch den Arbeitgeber reicht insoweit nicht aus.[1541]

6 Als **Alternative** bietet sich die Klage auf Zahlung bereits fälliger Ansprüche sowie die Erhebung einer Zwischenfeststellungsklage[1542] (→ *A. I. Rn. 74*) oder eine Feststellungsklage an.[1543] Der Vorrang der Leistungsklage gilt nicht bei streitigen künftigen Leistungen (→ *A. I. Rn. 71*).[1544] Aber auch bei Feststellungsklagen muss ein **gegenwärtiges Rechtsverhältnis** im Streit stehen.[1545]

7 Ein solcher Feststellungsantrag kann etwa lauten:

Es wird festgestellt, dass die Beklagte verpflichtet ist, dem Kläger ein jährliches Weihnachtsgeld in Höhe von <Prozentzahl> % des jeweiligen Basisentgelts zum <Datum> eines Jahres zu zahlen.

8 In der Praxis stellt sich mitunter die Frage, ob der Arbeitnehmer die **Unterlassung** von **künftigen Kürzungen** der Vergütung geltend machen kann. Das BAG[1546] hat zutreffend erkannt, dass mit solch einem Antrag inhaltlich die Forderung nach ungekürzter Zahlung des zukünftigen Arbeitsentgelts begehrt wird und deswegen § 259 ZPO ein Problem darstellt. Allerdings hat es den Antrag in einen Feststellungsantrag umgedeutet.

9 Eine → ***Drittschuldnerklage*** ist nach bisheriger Auffassung des BAG **zulässig.** Aber auch dies erscheint nunmehr fraglich.[1547]

1541 BAG 5.4.2018 – 5 AZR 84/17, NZA 2021, 581.
1542 LAG Rheinland-Pfalz 16.3.2021 – 8 Sa 235/20, BeckRS 2021, 18873.
1543 Vgl. BAG 3.12.2008 – 5 AZR 74/08, NZA 2009, 367.
1544 BAG 1.2.2006 – 5 AZR 187/05, NZA 2006, 2060; LAG Rheinland-Pfalz 7.9.2012 – 6 Sa 709/11, BeckRS 2013, 66031.
1545 Hamacher NZA 2015, 714 (719); LAG Rheinland-Pfalz 16.3.2021 – 8 Sa 235/20, BeckRS 2021, 18873.
1546 BAG 21.1.2020 – 3 AZR 225/19, AP BetrAVG § 1 Zusatzversorgungskassen Nr. 75; vgl. auch BAG 13.3.2024 – 7 ABR 11/23.
1547 Dazu Hamacher NZA 2015, 714 (718).

Leistungsbestimmung

Übersicht

	Rn.
1. Grundlagen	1–4
2. Klageanträge nach unbilliger Ausübung	5–13
3. Klageanträge nach unterbliebener Ausübung	14–16
4. Klageanträge nach verbindlicher Ausübung	17

1. Grundlagen

Gerade in Dauerschuldverhältnissen können für einige (künftige) Leistungen nur **Rahmenbedingungen** festgelegt werden. Die konkrete Bestimmung der Leistung kann einem Vertragspartner nach § 315 BGB übertragen werden. Auch in Arbeitsverhältnissen gibt es zahlreiche Formen des einseitigen Leistungsbestimmungsrechts. Regelmäßig steht die einseitige Leistungsbestimmung dem Arbeitgeber zu. 1

Das wichtigste Leistungsbestimmungsrecht des Arbeitgebers ist das → *Direktionsrecht.* Neben der Konkretisierung der Arbeitspflicht ist auch die → **Vergütung** Gegenstand von Leistungsbestimmungsrechten. Vor allem bei Sondervergütungen behält sich der Arbeitgeber häufig vor, über das „Ob" zu entscheiden und ggf. die Höhe einseitig festzulegen. Gleiches gilt, wenn etwa bei einem Dienstwagen, der auch zur privaten Nutzung überlassen wird, lediglich die Fahrzeugklasse (etwa Mittelklasse oder Oberklasse) vertraglich festgelegt wird (→ *Kraftfahrzeug*). Hat sich der Arbeitgeber den Widerruf von Leistungen (etwa Zulagen, Gratifikationen) vorbehalten, so ist das Widerrufsrecht ein Leistungsbestimmungsrecht. Kann eine übliche Vergütung nach § 612 Abs. 2 BGB nicht festgestellt werden, kommt nach Auffassung des BAG ein Anspruch nach den §§ 316, 315 BGB in Betracht.[1548] Gegenstand eines Leistungsbestimmungsrechts kann grundsätzlich auch der Umfang einer im Gegenseitigkeitsverhältnis stehenden Hauptleistungspflicht sein, etwa die Verlängerung der Dauer der wöchentlichen **Arbeitszeit.**[1549] Schließlich ist auch die Anpassung der → *betrieblichen Altersversorgung* nach § 16 BetrAVG ein Fall der Leistungsbestimmung. 2

Das Leistungsbestimmungsrecht ist ein **Gestaltungsrecht** und wird durch eine (gestaltende) Willenserklärung gegenüber dem Vertragspartner (§ 315 Abs. 2 BGB) ausgeübt. Grundsätzlich ist die Leistungsbestimmung **unwiderruflich** und mit seiner Ausübung verbraucht. Beim Direktionsrecht handelt es sich aber nicht um ein einmaliges Leistungsbestimmungsrecht; es kann immer wieder erneut ausgeübt werden. Eine Änderung der Leistungsbestimmung oder Neubestimmung der Leistung kann darüber hinaus aus Gründen der Billigkeit wegen Veränderung der tatsächlichen oder rechtlichen Voraussetzungen gestattet oder sogar geboten sein.[1550] 3

Maßstab für die Bestimmung ist im Zweifel billiges Ermessen (§ 315 Abs. 1 BGB). Die Vertragsparteien können auch einen anderen Maßstab vereinbaren.[1551] § 319 Abs. 2 BGB kennt als weitesten Maßstab das „freie Belieben". Dann sind nur die Grenzen der guten Sitten und das Verbot des Rechtsmissbrauchs und der Willkür zu beachten.[1552] 4

1548 BAG 21.11.2001 – 5 AZR 87/00, NZA 2002, 624.
1549 BAG 14.8.2007 – 9 AZR 59/07, ZTR 2008, 150.
1550 BAG 8.5.2003 – 6 AZR 43/02, AP BGB § 315 Nr. 82.
1551 BAG 16.3.1982 – 3 AZR 1124/79, AP HGB § 87a Nr. 5; BeckOGK/Netzer BGB § 315 Rn. 73.
1552 BAG 16.3.1982 – 3 AZR 1124/79, AP HGB § 87a Nr. 5.

2. Klageanträge nach unbilliger Ausübung

5 Die Leistungsbestimmung ist dem Vertragspartner gegenüber nach § 315 Abs. 3 S. 1 BGB nur verbindlich, wenn sie der Billigkeit (oder dem vereinbarten Maßstab) entspricht.[1553] Ist der Berechtigte zugleich Gläubiger der Leistung, so kann der Schuldner, in der Regel also der Arbeitnehmer, die Unwirksamkeit im Rahmen einer **Feststellungsklage** geltend machen,[1554] beispielsweise die Unwirksamkeit einer Versetzung oder sonstiger Änderungen der Tätigkeiten (→ *Direktionsrecht*).[1555] Es besteht keine Klagefrist. Die Grenze ist nur die Verwirkung. Für diesen Fall ist die Klage als unzulässig abzuweisen.[1556] Allerdings bedarf es bei einem rein vergangenheitsbezogenen Rechtsverhältnis bzw. Element eines solchen der Darlegung des besonderen Feststellungsinteresses.

6 Unzulässig ist folgender Feststellungsantrag:

> *Es wird festgestellt, dass die von der Beklagten festgelegte Arbeitszeit von <Zeit> bis <Zeit> nicht billigem Ermessen entspricht.*

7 Gegenstand ist bei solch einem Antrag weder das Rechtsverhältnis noch ein einzelnes Recht oder Anspruch. Die Unverbindlichkeit einer Leistungsbestimmung ist kein Rechtsverhältnis.[1557]

8 Hat der Arbeitgeber die Rechtsstellung des Arbeitnehmers aus dessen Sicht unwirksam verändert, kann der Arbeitnehmer auch eine **Leistungsklage** auf der Grundlage der bisherigen Bedingungen erheben (→ *Direktionsrecht*).[1558] Der Berechtigte, also regelmäßig der Arbeitgeber, kann sich hingegen nicht auf die Unverbindlichkeit berufen.

9 Fehlt mangels wirksamer Leistungsbestimmung eine Regelung, so kann der Vertragspartner nach § 315 Abs. 3 S. 2 BGB die Bestimmung durch das Gericht treffen lassen. Es handelt sich um ein **Gestaltungsurteil** (→ *A. I. Rn. 79*).[1559] Die Gestaltungsklage muss hinreichend bestimmt sein. Der Kläger hat die zu gestaltende Leistung konkret anzugeben. Handelt es sich um einen Geldbetrag, so sollte sich aus dem Antrag oder der Klagebegründung eine Mindestsumme ergeben, um eine mögliche Beschwer bestimmen zu können.

> **Es wird beantragt, die Höhe der Gratifikation für das Jahr <Zahl> gemäß <§/Nr.> des Arbeitsvertrages vom <Datum> zu bestimmen.**

10 Solche Gestaltungsanträge sind in der Praxis die Ausnahme. Die richterliche Gestaltung muss nicht notwendig Inhalt des Klageantrags sein.[1560] Die Rechtsprechung be-

---

1553 Nach unzutreffender früherer Auffassung des 5. Senats war eine unbillige Ausübung vorläufig verbindlich, BAG 22.2.2012 – 5 AZR 249/11, NZA 2012, 858; aufgegeben BAG 14.9.2017 – 5 AS 7/17, NZA 2017, 1452.

1554 Vgl. Staudinger/Rieble BGB § 315 Rn. 582.

1555 Vgl. BAG 7.10.1982 – 2 AZR 455/80, AP BGB § 620 Teilkündigung Nr. 5.

1556 BAG 12.12.2006 – 9 AZR 747/06, NZA 2007, 396.

1557 Staudinger/Rieble BGB § 315 Rn. 584; aA für Energielieferverträge BGH 13.6.2007 – VIII ZR 36/06, NJW 2007, 2540; dazu auch BGH 15.1.2014 – VIII ZR 80/13, NZM 2014, 487.

1558 LAG München 18.9.2002 – 5 Sa 619/02, NZA-RR 2003, 269; aA LAG Hamm 8.3.2005 – 19 Sa 2128/04, NZA-RR 2005, 462.

1559 Staudinger/Rieble(BGB § 315 Rn. 592.

1560 Staudinger/Rieble BGB § 315 Rn. 595.

fürwortet die Zulässigkeit sog. **„verdeckter Gestaltungsurteile“.**[1561] Diese können sowohl im Rahmen von Leistungs- als auch in Feststellungsklagen ergehen. Die Klage kann also **unmittelbar auf Zahlung** des nach Meinung des Arbeitnehmers vom Arbeitgeber zu leistenden Betrages bzw. auf die begehrte Leistung gerichtet werden.[1562] Der Klageantrag kann unmittelbar auf einen bestimmten Betrag gerichtet sein oder auch nur eine Mindestsumme angegeben. Der Klageantrag muss also nicht beziffert werden; ein solcher unbezifferter Zahlungsantrag ist zulässig, wenn sich der auszuurteilende Betrag erst aus einer Entscheidung des Gerichts ergibt.[1563] Allerdings muss der Kläger die Tatsachen, die das Gericht für die Festlegung heranziehen soll, benennen und die Größenordnung der geltend gemachten Forderung klarstellen.[1564] Der Antrag lautet dann etwa:[1565]

> **Die Beklagte wird verurteilt, an den Kläger einen Bonus zu zahlen, der der Höhe nach in das Ermessen des Gerichts gestellt wird, der aber mindestens <Betrag> beträgt.**

Um die Tatsachen benennen zu können, die das Gericht für die Bestimmung nach § 315 Abs. 3 S. 2 BGB durch Urteil benötigt, kann der Kläger ggf. auch eine **Stufenklage** erheben, um zunächst auf der ersten Stufe einen Auskunftsanspruch geltend zu machen.[1566] **11**

Solche Leistungsurteile sind auch vorläufig vollstreckbar.[1567] Die Leistungsklage ist dann der prozessual einfachere und schnellere Weg. Werden in einem solchen Fall auch **Zinsen** beantragt, so ist zu beachten, dass diese nicht vor der Gestaltungswirkung anfallen können (→ *Zinsen*).[1568] **12**

Die richterliche Gestaltung nach § 315 Abs. 3 S. 2 BGB kann aber auch im Rahmen eines **Feststellungsurteils** erfolgen. Bei Zahlungsansprüchen gilt dies zumindest dann, wenn zu erwarten ist, dass der Beklagte auf ein feststellendes Urteil hin zahlen wird.[1569] **13**

3. Klageanträge nach unterbliebener Ausübung

Steht einer Vertragspartei ein Leistungsbestimmungsrecht zu, so muss sie es auch ausüben.[1570] Dies gilt im Arbeitsverhältnis gerade bei der Bestimmung von Vergütungsbestandteilen. Kommt der Arbeitgeber seiner **Pflicht zur Leistungsbestimmung** nicht nach, kommt eine Leistungsklage in Betracht, mit welcher der Berechtigte zur Leistungsbestimmung gezwungen werden soll: **14**

> **Die Beklagte wird verurteilt, die Höhe der Gratifikation für das Jahr <Zahl> nach <§/Nr.> des Arbeitsvertrages vom <Datum> zu bestimmen.**

1561 Vgl. BAG 17.8.2004 – 3 AZR 367/03, NZA-RR 2005, 672: „verdeckte Rechtsgestaltung“.
1562 Vgl. BGH 24.11.1995 – V ZR 174/94, NJW 1996, 1054; BAG 21.4.2010 – 10 AZR 163/09, NZA 2010, 808; BAG 18.10.2017 – 10 AZR 330/16, NZA 2017, 1452.
1563 BAG 28.10.2008 – 3 AZR 903/07, NZA-RR 2009, 327; Staudinger/Rieble BGB § 315 Rn. 596.
1564 BAG 8.9.2021 – 10 AZR 11/19, NZA 2022, 261.
1565 BAG 3.8.2016 – 10 AZR 710/14, NZA 2016, 1334.
1566 BAG 8.9.2021 – 10 AZR 11/19, NZA 2022, 261.
1567 Vgl. BAG 9.12.1987 – 4 AZR 561/87, NZA 1988, 329.
1568 BAG 24.10.2018 – 10 AZR 285/16, NZA 2019, 387.
1569 LAG Köln 5.4.2005 – 9 Sa 1316/04, AE 2006, 171.
1570 BeckOGK/Netzer BGB § 315 Rn. 68.

15 Ein solcher Antrag kann dennoch **nicht empfohlen** werden, da bei Verzögerung gemäß § 315 Abs. 3 S. 2 BGB die Bestimmung durch das Gericht getroffen werden kann. Dies kann – wie bereits ausgeführt – durch eine „verdeckte Gestaltungsklage" geschehen (s.o.). Die richterliche Ersatzbestimmung im Rahmen einer Leistungsklage ist also der prozessual einfachere Weg. Ein entsprechendes Vornahmeurteil wäre zunächst nach § 888 ZPO zu vollstrecken.[1571]

16 Ist der Berechtigte zugleich der Schuldner, so kann er im Falle des Verzugs mit der Ausübung seines Leistungsbestimmungsrechts schadensersatzpflichtig werden. Dies gilt etwa, wenn der Arbeitgeber Vergütungsbestandteile zu bestimmen hat oder auch im Fall des § 16 BetrAVG.[1572] Es gelten die Ausführungen zum → *Schadensersatz.* Mit der Leistung kann der Schuldner erst nach der Leistungsbestimmung durch das Gericht in Verzug geraten, sofern nichts anderes vereinbart ist.[1573]

4. Klageanträge nach verbindlicher Ausübung

17 Hat der Berechtigte den jeweiligen Maßstab bei der Ausübung seines Rechts eingehalten und die Leistung wirksam bestimmt, so kann ein sich daraus ergebender Anspruch ohne Weiteres eingeklagt werden. Der Kläger kann etwa eine durch den Arbeitgeber festgelegte Gratifikation durch Zahlungsklage einfordern (→ *Vergütung*).

Leistungsbeurteilung

Übersicht

	Rn.
1. Grundlagen	1
2. Anträge	2–11
3. Negativbeispiele	12

1. Grundlagen

1 Eine Leistungsbeurteilung ist ein wichtiger Baustein moderner Personalführung. Sie ist zentral für die strategische Personalplanung, kann aber auch Element eines Vergütungssystems sein. Der Arbeitgeber kann Eignung, Befähigung und fachliche Leistungen der bei ihm beschäftigten Arbeitnehmer beurteilen und die Beurteilung in die Personalakte aufnehmen. Auch formalisierte Regelbeurteilungen dürfen erstellt werden.[1574] Andererseits kann der Arbeitnehmer auf der Grundlage von § 82 Abs. 2 BetrVG in angemessenen Zeitabständen die Durchführung eines Beurteilungsgespräches verlangen. In dieser Situation sind zwei Fallkonstellationen typisch. Der Arbeitnehmer ist unzufrieden mit der ihm erteilten Beurteilung oder der Arbeitgeber erfüllt seine Pflicht zur Beurteilung nicht. Ist der Arbeitnehmer mit der Beurteilung unzufrieden, ist zu beachten, dass dem Arbeitgeber ein Beurteilungsspielraum zusteht. Dieser kann nur darauf kontrolliert werden, ob der Beurteiler allgemeine Beurteilungsmaßstäbe beachtet, alle wesentlichen Umstände berücksichtigt und ein fehlerfreies Verfahren eingehalten hat. Liegen diese Voraussetzungen nicht vor, hat der

1571 Staudinger/Rieble BGB § 315 Rn. 611.
1572 Vgl. BAG 28.10.2008 – 3 AZR 171/07, NZA-RR 2009, 499.
1573 Vgl. LAG Düsseldorf 5.1.2007 – 9 (3) Sa 925/06, FA 2007, 218.
1574 BAG 18.8.2009 – 9 AZR 617/08, BeckRS 2009, 74877; BAG 18.11.2008 – 9 AZR 865/07, NZA 2009, 206; BAG 8.5.2001 – 9 AZR 208/00, EzA BGB § 611 Fürsorgepflicht Nr. 60.

Arbeitnehmer grundsätzlich einen Anspruch auf Entfernung der Beurteilung.[1575] Da diese regelmäßig vom Arbeitgeber zur → *Personalakte* genommen wird, besteht ein entsprechender Entfernungsanspruch. Insofern besteht eine Parallele zur Entfernung einer → *Abmahnung*. Ist der Arbeitnehmer mit dem Inhalt der Beurteilung nicht einverstanden und möchte eine neue oder eine andere Beurteilung erreichen, hängen die einzelnen Rechte vom Inhalt des Beurteilungssystems ab. So kann die Leistungsbeurteilung im Rahmen einer → *Zielvereinbarung* erfolgen und mit einem Vergütungssystem gekoppelt sein. Im letzten Fall wird der Anspruch mit einer Klage auf → *Vergütung* geltend gemacht.[1576] Zudem weist die Beurteilung im Regelfall Elemente einer → *Leistungsbestimmung* auf, wenn sie einseitig erfolgt, ggf. durch Einschaltung einer paritätischen Kommission und kann deshalb unbillig sein.

2. Anträge

Geht es dem Arbeitnehmer um die Entfernung der Beurteilung aus der Personalakte, 2
ist folgender Antrag richtig:

Die Beklagte wird verurteilt, die Beurteilung des Klägers vom <Datum> aus der Personalakte zu entfernen.[1577]

Kommt darüber hinaus im Einzelfall wegen einer unterlassenen oder mangelhaft 3
durchgeführten Beurteilung ein Anspruch auf Beurteilung bzw. Neuvornahme der Beurteilung in Betracht, sind folgende Anträge möglich:

Die Beklagte wird verurteilt, den Kläger auf der Grundlage der Beurteilungsrichtlinien vom <Datum> durch <Beurteiler> für den Zeitraum vom <Datum> bis <Datum> zu beurteilen.

Die Beklagte wird verurteilt, den Kläger auf der Grundlage der Beurteilungsrichtlinien vom <Datum> durch <Beurteiler> für den Zeitraum vom <Datum> bis <Datum> erneut zu beurteilen.[1578]

Eine Neuvornahme ist allerdings nur möglich, soweit die Beurteilung nach den ein- 4
schlägigen Regelungen nachholbar ist.

Denkbar ist auch eine **Kombination aus beiden Anträgen.** Der Kläger kann also ei- 5
nerseits die Entfernung der Beurteilung geltend machen, andererseits, soweit die Beurteilung unwirksam ist und die weiteren Voraussetzungen vorliegen, die erneute Beurteilung verlangen.[1579]

Ein Anspruch auf eine **Abänderung der Leistungsbeurteilung** durch das Gericht 6
kommt wegen des Beurteilungsspielraumes des Arbeitgebers grundsätzlich nicht in Betracht. Möglich ist dies einerseits im öffentlichen Dienst, wenn der Beurteilungs-

1575 BAG 18.11.2008 – 9 AZR 865/07, NZA 2009, 206; BAG 8.5.2001 – 9 AZR 208/00, EzA BGB § 611 Fürsorgepflicht Nr. 60; BAG 22.1.1997 – 10 AZR 468/96, NZA 1997, 837.

1576 Vgl. zu einer Kopplung LAG Hessen 22.5.2022 – 18 Sa 1418/20, BeckRS 2022, 18207; LAG München 6.4.2022 – 5 Sa 786/21, BeckRS 2022, 12958.

1577 Antrag auf Basis: BAG 18.11.2008 – 9 AZR 865/07, NZA 2009, 206. Vgl. auch BAG 8.5.2001 – 9 AZR 208/00, EzA BGB § 611 Fürsorgepflicht Nr. 60.

1578 LAG Rheinland-Pfalz 8.11.2018 – 4 Sa 451/17, BeckRS 2018, 32799.

1579 BAG 18.8.2009 – 9 AZR 617/08; BeckRS 2009, 74877.

spielraum des Dienstherren auf Null reduziert ist.[1580] In diesem Fall hält das BAG folgenden Antrag für möglich:

> **Die Beklagte wird verurteilt, die am <Datum> erteilte dienstliche Beurteilung nach Maßgabe der Rechtsauffassung des Gerichts abzuändern und neu zu erstellen.**[1581]

Dieser Antrag ist der → *Konkurrentenklage* nachgebildet.

7 Andererseits kann die **Leistungsbeurteilung** etwa bei der Einbeziehung einer paritätischen Kommission **unbillig** sein. Dann handelt es sich um eine → *Leistungsbestimmung* durch einen Dritten im Sinne von § 319 Abs. 1 BGB. Ist diese Entscheidung unverbindlich im Sinne von § 319 Abs. 1 Satz 2 BGB, kommt eine Festlegung durch das Gericht in Betracht. Hier hält das BAG folgende Antrag für zulässig, auch wenn der Anspruch auf eine Leistungsbestimmung durch das Gericht gerichtet ist:

> **Die Beklagte wird verurteilt, die Gesamtpunktsumme der Leistungsbeurteilung des Klägers vom <Datum> für den Beurteilungszeitraum <Zeitraum> auf <X> Punkte festzusetzen.**[1582]

8 Ein Fall der Billigkeitskontrolle nach § 315 BGB, mit der die Leistung überprüft werden könnte liegt demgegenüber regelmäßig nicht vor → *Leistungsbestimmung* → Zielvereinbarung. Denn es geht nicht um die Bestimmung der Leistung, also etwa der Entgelthöhe, sondern um die bloße Beurteilung der Arbeitsleistung des Arbeitnehmers als solche.

9 Auch der Anspruch des Arbeitnehmers auf Erörterung seiner Beurteilung gem. § 82 Abs. 2 S. 1 BetrVG ist im Urteilsverfahren einklagbar.[1583] Der Betriebsrat kann diesen Anspruch nicht für den Arbeitnehmer geltend machen. Der Arbeitnehmer ist allerdings berechtigt, ein Betriebsratsmitglied seiner Wahl hinzuzuziehen.

> **Die Beklagte wird verurteilt, mit dem Kläger die Beurteilung seiner Leistungen sowie die Möglichkeiten seiner beruflichen Entwicklung unter Beteiligung des Betriebsratsmitgliedes <Name> zu erörtern.**

10 Denkbar ist auch der umgekehrte Fall, dass der Kläger meint, er sei nicht zu beurteilen. In diesem Fall kann ein Unterlassungsantrag formuliert werden:

> **Die Beklagte wird verurteilt, es zu unterlassen, eine dienstliche Beurteilung über den Kläger für den Beurteilungszeitraum vom <Datum> bis zum <Datum> zu erstellen.**[1584]

11 Ist das Beurteilungssystem mit einem **Vergütungssystem** gekoppelt, etwa an die Gewährung einer Sonderzahlung, kommt eine Leistungsklage → *Bonus* bzw ein Auskunftsanspruch → *Auskunft* in Betracht.[1585]

1580 LAG Schleswig-Holstein 3.3.2009 – 5 Sa 406/08, NZA 2009, 559.
1581 BAG 18.8.2009 – 9 AZR 617/08, BeckRS 2009, 74877.
1582 BAG 18.5.2016 – 10 AZR 183/15 –, BAGE 155, 109.
1583 Fitting § 82 Rn. 14; Richardi/Thüsing § 82 Rn. 18; vgl. auch BAG 20.4.2010 – 1 ABR 85/08, BAGE 134, 56; BAG 16.11.2004 – 1 ABR 53/03, BAGE 112, 341.
1584 BAG 22.5.2012 – 9 AZR 616/10, ZTR 2012, 595.
1585 Vgl. BAG 18.6.2014 – 10 AZR 699/13, BAGE 148, 271.

3. Negativbeispiele

12 **Unklar** und damit zu vermeiden sind demgegenüber Anträge, die darauf gerichtet sind, die Beurteilung **„ersatzlos" zu entfernen** oder gar die **„Beurteilung zurückzunehmen"**. Denn damit ist letztlich wohl ein Widerruf gemeint, der an spezielle Voraussetzungen gebunden ist → *Widerruf von Erklärungen.* Wegen des Subsidiaritätsprinzips unzulässig ist auch eine **Feststellungsklage,** mittels der die Unwirksamkeit der Beurteilung oder die Verpflichtung der Beklagten, die Beurteilung zu entfernen, festgestellt werden soll. Hier wird in vollem Umfang auf die Ausführungen zur Abmahnung verwiesen → *Abmahnung.*

Leistungsverweigerungsrecht

1 Zwischen den Parteien ist häufig streitig, ob ein Leistungsverweigerungsrecht besteht, etwa ein Zurückbehaltungsrecht gemäß §§ 273, 320 BGB. Das Leistungsverweigerungsrecht hat **rechtsgestaltende** Wirkung.[1586] Die Ausübung eines solchen Rechts kann unterschiedliche Rechtsfolgen haben, etwa einen Vergütungsanspruch ohne Arbeitsleistung (→ *Annahmeverzug*). Besteht hingegen kein Leistungsverweigerungsrecht, droht eine → *Kündigung* wegen Arbeitsverweigerung. Um dem Risiko einer falschen Einschätzung über den Bestand eines solchen Rechts zu begegnen, wird teilweise die Erhebung einer **Feststellungsklage** als zulässig angesehen.[1587] Ein Leistungsverweigerungsrecht ist zwar **kein Rechtsverhältnis,** einzelne Rechte oder Pflichten und der Umfang einer Leistungspflicht können aber auch Gegenstand einer Feststellungsklage sein (→ *A. I. Rn. 46*).[1588] Elemente und Vorfragen sind hingegen nicht feststellungsfähig. Die Abgrenzung ist allerdings schwierig (→ *A. I. Rn. 46f.*). So ist etwa die Klage auf Feststellung des Annahmeverzugs unzulässig (→ *Annahmeverzug*).[1589] Aber selbst wenn Leistungsverweigerungs- und Gestaltungsrechte grundsätzlich feststellungsfähig sind,[1590] bleibt regelmäßig das **Feststellungsinteresse** fraglich. Ein Gestaltungsrecht kann als solches ausgeübt werden. Die Rechtsfolgen können dann im Wege von Leistungsklagen oder das umfassende Rechtsverhältnis betreffende Feststellungsklagen geltend gemacht werden. Für Rechtsgutachten können Gerichte nicht in Anspruch genommen werden. Das BAG hat ein Feststellungsinteresse bejaht, wenn die Feststellungsklage die **einzige Möglichkeit** ist, eine bestehende rechtliche Ungewissheit über das Bestehen eines Zurückbehaltungsrechts mit Rechtskraftwirkung zu beseitigen.[1591]

2 Bei einem möglichen Antrag ist die Unterscheidung zwischen Vorfragen und der Feststellung eines Rechts genau zu beachten. Bislang ist zwar folgender Antrag für zulässig erachtet worden:[1592]

> *Es wird festgestellt, dass der Kläger nicht verpflichtet ist, die ihm übertragenen Arbeiten zu verrichten, solange der Betriebsrat der Versetzung nicht zugestimmt hat oder die fehlende Zustimmung ersetzt ist.*

1586 Vgl. BGH 29.4.1986 – IX ZR 145/85, NJW-RR 1986, 992; BeckOK BGB/Lorenz § 273 Rn. 49.

1587 LAG Mecklenburg-Vorpommern 6.5.2004 – 1 Sa 240/03, LAGE ArbGG 1979 § 64 Nr. 37; vgl. auch OLG Hamm 1.7.1981 – 8 U 19/81, NJW 1981, 2473; zuvor LG Dortmund 10.10.1980 – 3 O 673/79, NJW 1981, 764.

1588 BAG 24.3.1993 – 4 AZR 282/92, NZA 1994, 35; BAG 23.1.2007 – 9 AZR 557/06, NZA 2007, 1166.

1589 BGH 31.5.2000 – XII ZR 41/98, NJW 2000, 2663.

1590 MüKoZPO/Becker-Eberhard § 256 Rn. 15; BAG 23.1.2007 – 9 AZR 557/06, NZA 2007, 1166.

1591 BAG 23.1.2007 – 9 AZR 557/06, NZA 2007, 1166.

1592 Vgl. LAG Mecklenburg-Vorpommern 6.5.2004 – 1 Sa 240/03, LAGE ArbGG 1979 § 64 Nr. 37.

3 Mit einem solchen Antrag wird aber nicht die Feststellung des Leistungsverweigerungsrechts, sondern vielmehr die Feststellung der **Rechtsfolgen** bei Ausübung eines solchen Rechts begehrt. Der Antrag müsste daher wie folgt lauten:

> **Es wird festgestellt, dass der Kläger berechtigt ist, die ihm übertragenen Arbeiten zurückzuhalten, solange die Beklagte ihm lediglich <Beschreibung der Tätigkeit/Umstände, zB einen Raum im Keller des Betriebs> zur Verfügung stellt.**

4 Da ein Zurückbehaltungsrecht nicht zeitlich unbegrenzt besteht, ist der Antrag **zeitlich zu begrenzen.**[1593] Die zeitliche Begrenzung muss ebenfalls hinreichend bestimmt sein.

5 **Unzulässig** ist etwa folgender Antrag:[1594]

> *Es wird festgestellt, dass dem Kläger ab dem <Datum> ein Zurückbehaltungsrecht seiner Arbeitsleistung zusteht, solange er <Bezeichnung der Umstände, zB permanenten Mobbingattacken> ausgesetzt ist.*

6 Ein solcher Antrag ist **zu unbestimmt,** da nicht hinreichend klar ist, wie lange und unter welchen Voraussetzungen ein Zurückbehaltungsrecht steht. Der Begriff des Mobbings ist zu unbestimmt.[1595] Der Kläger müsste vielmehr im Antrag angeben, mit welchen Tätigkeiten er nicht mehr betraut werden darf oder mit welchen Vorgesetzten oder Kollegen er nicht mehr zusammenarbeiten kann (→ *Mobbing*).

7 Denkbar ist auch eine **negative Feststellungsklage** der Arbeitgeberin:

> *Es wird festgestellt, dass dem Kläger aus den von ihm geltend gemachten Gründen <genaue Bezeichnung, zB vertragswidrige örtliche Versetzung> kein Leistungsverweigerungs- oder Zurückbehaltungsrecht zusteht.*

8 Mit Blick auf das Risiko, dass ein Gericht einen Feststellungsantrag als unzulässig betrachtet, wird die Stellung von **Hilfsanträgen** angeraten (→ *Annahmeverzug*). So können bei der Zuweisung von bestimmten Tätigkeiten die Anträge gestellt werden, die der Durchsetzung des Beschäftigungsanspruchs (→ *Beschäftigung*) dienen, oder auch **Unterlassungsanträge** (→ *Unterlassung*).

9 Eine **einstweilige Verfügung** zur Feststellung eines Leistungsverweigerungsrechts ist ohne Aussicht auf Erfolg und damit nicht praxisrelevant.[1596] Feststellungsanträge sind im einstweiligen Rechtsschutz ohnehin im Grundsatz ausgeschlossen (→ *A. I. Rn. 89ff.*) Es dürfte zudem an einem Verfügungsgrund fehlen. Dem Antragsteller steht es frei, das Gestaltungsrecht, sofern es besteht, auszuüben. Sofern dies zweifelhaft ist, kann der Antrag auf Erlass einer einstweiligen Verfügung nicht dazu missbraucht werden, ein **vorläufiges Rechtsgutachten** eines Gerichts einzuholen.

1593 BAG 23.1.2007 – 9 AZR 557/06, NZA 2007, 1166.
1594 BAG 23.1.2007 – 9 AZR 557/06, NZA 2007, 1166.
1595 BAG 23.1.2007 – 9 AZR 557/06, NZA 2007, 1166.
1596 LAG Köln 24.11.2010 – 5 Ta 361/10, BeckRS 2011, 65353.

Lohnnachweiskarte – Sozial- bzw. Urlaubskassenverfahren

1 Die **Sozial- bzw. Urlaubskassenverfahren** sind besondere Verfahren im Bereich des Bauhauptgewerbes sowie der Baunebengewerbe, insbesondere im Maler- und Lackierer, Dachdecker- und Gerüstbauerhandwerk. Diese führen auf Basis entsprechender teilweise allgemeinverbindlicher Tarifverträge zum einen Verfahren zur Sicherung der Altersversorgung oder von Sonderzahlungen, aber teilweise auch ein besonderes **Urlaubskassenverfahren** durch. In diesem Zusammenhang hat der Arbeitgeber jeweils für ein Urlaubsjahr, insbesondere aber auch bei Beendigung dem Arbeitnehmer einen Nachweis, der in den verschiedenen Verfahren etwas unterschiedlich bezeichnet wird (zB im Bauhauptgewerbe: Jahreskontoauszug; im Maler- und Lackiererhandwerk: elektronische Lohnnachweiskarte) zu erteilen. Diese Nachweise basieren auf den Meldungen zur jeweiligen Kasse, die wiederum der Ermittlung von tariflichen Ansprüchen des Arbeitnehmers auf Urlaub und Urlaubsvergütung sowie zur Feststellung von Ersatzansprüchen gegenüber der Urlaubskasse dienen.

2 Je nach tariflicher Bezeichnung dieses Nachweises kommt daher ein entsprechender **Herausgabeanspruch** in Betracht.

> **Die Beklagte wird verurteilt, dem Kläger einen unterschriebenen Ausdruck der elektronischen Meldung/des Jahreskontoauszuges/eine unterschriebene Kopie des Meldeformulars für das Jahr XXX herauszugeben.**

3 Enthalten Lohnnachweiskarte, Meldung oder Jahreskontoauszug unrichtige Daten, so kann der Arbeitnehmer vom Arbeitgeber verlangen, dass dieser die Meldung an die Urlaubskasse **korrigiert.** Dieses ist für den Jahreskontoauszug in § 6 Abs. 10 VTV Bau ausdrücklich unter Regelung besonderer Ausschlussfristen geregelt (so auch § 50 RTV Maler). Auch in den weiteren Tarifverträgen über Sozialkassenverfahren sind regelmäßig Ausschlussfristen geregelt.

4 Ein entsprechender Antrag könnte wie folgt aussehen:

> **Die Beklagte wird verurteilt, die Meldung an die SOKA-Bau/die UK/ZVK Maler- und Lackiererhandwerk für den Monat <Bezeichnung> dahingehend zu berichtigen, dass ein tatsächlicher genommener Urlaub von <Zahl> Tagen mit einem Urlaubsentgelt von <Betrag> gemeldet wird.**

5 § 6 Abs. 10 VTV Bauhauptgewerbe enthält noch die Regelung, dass nach Rechtskraft dieser Verpflichtung ein Direktanspruch gegen die SOKA-Bau auf Berichtigung besteht, wenn die Vollstreckung des Titels wirtschaftlich unzweckmäßig ist. Für den Fall der öffentlichen Zustellung des Urteils gilt dieses sogar vor Rechtskraft. Die SOKA-Bau muss dann selbst die Berichtigung auf Basis des Urteils ohne Meldung seitens des Arbeitgebers vornehmen.

Lohnsteuer

1 Der Arbeitnehmer kann (und sollte) die von ihm zu tragende Lohnsteuer im Rahmen einer (Brutto-)Vergütungsklage mit einklagen (→ *Vergütung*). Nach Zahlung durch den Arbeitgeber ist der Arbeitnehmer dann verpflichtet, die Steuern selbst ab-

zuführen. Besteht Streit, ob eine Vereinbarung über → *Nettolohn* getroffen worden ist, kann auch eine Feststellungsklage in Betracht kommen (→ *Vergütung*).

2 Problematisch ist hingegen, ob der Arbeitnehmer auch **Zahlung an das Finanzamt** verlangen kann. Bei einer Nettolohnabrede ist damit noch nicht ohne weiteres geklärt, wer im Innenverhältnis die Steuern zu tragen hat.[1597] Insoweit kommt eine Klage auf Freistellung gegenüber dem Finanzamt in Betracht (→ *Freistellung von Verpflichtungen*). Sofern eine Zahlungsklage befürwortet wird, ist im Antrag das betreffende Finanzamt anzugeben.[1598] Abzuführen ist die Lohnsteuer an das Betriebsstättenfinanzamt (§ 41a EStG).

3 Hat der **Arbeitgeber** hingegen die vom Arbeitnehmer zu tragende Lohnsteuer bereits abgeführt, kann er → *Erfüllung* einwenden (in gerichtlichen Verfahren wird dies nicht selten vernachlässigt).[1599] Der Arbeitnehmer muss dann die abgeführten Steuern im Rahmen seines Antrags auf Zahlung der Bruttovergütung **in Abzug** bringen (→ *Vergütung*). Hat der Arbeitgeber demgegenüber **zu wenig Lohnsteuer** von den Einkünften des Arbeitnehmers einbehalten und abgeführt, kann er bis zur Inanspruchnahme durch das Finanzamt vom Arbeitnehmer Freistellung von etwaigen Nachforderungen (→ *Freistellung von Verpflichtungen*) und nach Inanspruchnahme die Erstattung der gezahlten Lohnsteuern verlangen.[1600] Es handelt sich dann um einen Antrag auf → *Zahlung*.

4 Ist der Arbeitnehmer hingegen der Auffassung, der Arbeitgeber habe eine **zu hohe Lohnsteuer** berechnet und entsprechend einbehalten und abgeführt, so ist er grundsätzlich auf steuerrechtliche Rechtsbehelfe beschränkt.[1601] Die Arbeitsgerichte sind nach der Rechtsprechung des Bundesarbeitsgerichts **nicht befugt,** die Berechtigung der Abzüge für Lohnsteuer **zu überprüfen.**[1602] Der Arbeitnehmer kann daher nicht Arbeitsentgelt in Höhe der vermeintlich zu viel abgeführten Lohnsteuer beim Arbeitsgericht einklagen. Auch eine Feststellungsklage in diesem Sinne ist mangels Rechtsschutzinteresses unzulässig.

> *Es wird festgestellt, dass die Beklagte nicht berechtigt war, Lohnsteuern in Höhe von EUR <Betrag> von der Vergütung des Klägers für den Monat <Bezeichnung und Jahr> einzubehalten und abzuführen.*

5 Etwas anderes ist allenfalls dann denkbar, wenn für den Arbeitgeber eindeutig erkennbar war, dass eine Verpflichtung zum Abzug nicht bestand.[1603] Der Arbeitnehmer kann dann insoweit Vergütungsklage erheben (→ *Vergütung*). Da das Zuflussprinzip gilt, ist zu überlegen, ob ein solcher Fall bereits vorliegt, wenn der Arbeitgeber keinerlei Nettovergütung auszahlt (→ *Vergütung*).

6 Hat der Arbeitgeber bei der Abführung der Lohnsteuer schuldhaft Nebenpflichten aus dem Arbeitsvertrag verletzt und dabei einen **Schaden** des Arbeitnehmers verur-

1597 Dazu LAG München 3.5.2011 – 7 Sa 847/10.
1598 Vgl. LAG Rheinland-Pfalz 26.8.2009 – 7 Sa 281/09, BeckRS 2009, 74279.
1599 BAG 30.4.2008 – 5 AZR 725/07, NZA 2008, 884; BAG 17.10.2018 – 5 AZR 538/17, NJW 2019, 695; LAG Schleswig-Holstein 6.7.2023 – 5 Sa 185 öD/22, BeckRS 2023, 24265).
1600 BAG 14.11.2018 – 5 AZR 301/17, NZA 2019, 250; LAG Baden-Württemberg 10.2.2023 – 12 Sa 50/22, NZA-RR 2023, 258.
1601 BAG 30.4.2008 – 5 AZR 725/07, NZA 2008, 884; BAG 31.3.2021 – 5 AZR 197/20, NZA 2021, 1041.
1602 BAG 30.4.2008 – 5 AZR 725/07, NZA 2008, 884; BAG 14.11.2018 – 5 AZR 301/17, NZA 2019, 250.
1603 BAG 30.4.2008 – 5 AZR 725/07, NZA 2008, 884.

sacht (insbesondere einen Zinsverlust), so kommt eine Klage auf → *Schadensersatz* in Betracht.[1604]

Hat der Arbeitgeber von den Einkünften des Arbeitnehmers **zu wenig Lohnsteuern** 7
einbehalten und an das Finanzamt abgeführt, kann er nach Inanspruchnahme und Zahlung der Lohnsteuer gemäß § 426 Abs. 1 Satz 1 BGB iVm § 42d Abs. 1 EStG deren Erstattung verlangen.[1605] Dies wird regelmäßig im Wege einer Leistungsklage erfolgen (→ *Rückzahlungsansprüche des Arbeitgebers*). Bei Überzahlung kann der Arbeitnehmer die Befreiung von einer Steuerschuld erlangen, die nach § 19 Abs. 1 Satz 2 EStG unabhängig davon entstand, ob ein Rechtsanspruch auf die Vergütung bestand (→ *Rückzahlungsansprüche des Arbeitgebers*).[1606]

Lohnsteuerbescheinigung

Seit dem Jahr 2004 hat die Arbeitgeberin die Daten, welche sie bislang vom Lohn- 1
konto in die Lohnsteuerkarte eingetragen hat, mittels **elektronischer Lohnsteuerbescheinigung** spätestens bis Ende Februar des Folgejahres (§ 93c Abs. 1 Nr. 1 AO) an das Betriebsstättenfinanzamt zu übermitteln (eine Ausnahme gilt nur für Arbeitgeber ohne maschinelle Lohnabrechnung, die ausschließlich Arbeitnehmer im Rahmen einer geringfügigen Beschäftigung in ihrem Privathaushalt im Sinne des § 8a des Vierten Buches Sozialgesetzbuch beschäftigen und keine elektronische Lohnsteuerbescheinigung erteilen, § 41b EStG in der Fassung vom 18.7.2016). Nach § 41b Abs. 1 S. 3 EStG hat die Arbeitgeberin dem Arbeitnehmer einen **Ausdruck** der elektronischen Lohnsteuerbescheinigung auszuhändigen oder elektronisch bereitzustellen. Erfüllt sie diese Pflicht nicht, lautet der Antrag:

> **Die Beklagte wird verurteilt, dem Kläger einen Ausdruck der elektronischen Lohnsteuerbescheinigung für das Jahr <Jahreszahl> auszuhändigen oder elektronisch bereitzustellen.**

Insoweit handelt es sich wegen der unterschiedlichen Möglichkeiten der Arbeitgebe- 2
rin, ihrer Informationspflicht nachzukommen, um eine → *Wahlschuld.* Dies wird verkannt, wenn ausschließlich die „Herausgabe" eines Ausdrucks der elektronischen Lohnsteuerbescheinigung verlangt wird.[1607] Auch sollte der Unterschied zwischen „elektronisch" und „elektrisch" beachtet werden.[1608]

Der Antrag 3

> *Die Beklagte wird verurteilt, dem Kläger eine Lohnsteuerbescheinigung zu erteilen.*[1609]

verkennt, dass in der Sprache des Gesetzes die Lohnsteuerbescheinigung das ist, was die Arbeitgeberin dem Finanzamt zu übermitteln hat, ist also allenfalls im Wege der Auslegung zu retten.[1610]

1604 BAG 30.4.2008 – 5 AZR 725/07, NZA 2008, 884.
1605 BAG 16.6.2004 – 5 AZR 521/03, NZA 2004, 1274; BAG 14.11.2018 – 5 AZR 301/17, NZA 2019, 250.
1606 Dazu BAG 13.10.2010 – 5 AZR 648/09, NZA 2011, 219.
1607 So aber tenoriert vom LAG Baden-Württemberg 5.3.2020 – 17 Sa 11/19, LAGE ZPO 2002 § 331a Nr. 3.
1608 Möglicherweise auch nur ein Schreibfehler in LAG Mecklenburg-Vorpommern 12.12.2018 – 3 Sa 123/18, BeckRS 2018, 37168.
1609 ArbG Berlin 15.6.2022 – 55 Ca 456/21 ua.
1610 LAG Baden-Württemberg 7.12.2017 – 4 Ta 12/17, BeckRS 2017, 137441; überaus großzügig insoweit ArbG Aachen 17.9.2020 – 3 Ca 313/20.

4 In der Praxis beliebt, aber zusätzlich mangels Bestimmtheit der Formel „ordnungsgemäß ausgefüllt"[1611] sinnlos sind Anträge wie

> *Die Beklagte wird verurteilt, an den Kläger die ordnungsgemäß ausgefüllte Lohnsteuerbescheinigung herauszugeben.*

5 Hält der Arbeitnehmer Eintragungen der Arbeitgeberin in der Lohnsteuerbescheinigung etwa wegen Eingabefehlern, unterlassenen Angaben oder bei Streit über die steuerliche Behandlung für unrichtig, soll nach der Rechtsprechung ein konkret zu formulierender Berichtigungsanspruch in Betracht kommen:

> **Die Beklagte wird verurteilt, die Angabe auf der Lohnsteuerbescheinigung des Klägers für das Jahr <Jahreszahl> dahin zu korrigieren, dass als <Bezeichnung der fraglichen Angabe> nicht <streitige Angabe des Arbeitgebers>, sondern <begehrter Eintrag> angegeben wird.**

6 Das Bundesarbeitsgericht hält für derartige Klagen die Zuständigkeit der Finanzgerichte für gegeben.[1612] Der Bundesfinanzhof ist anderer Meinung, wenn es bei dem Rechtsstreit „im Kern um arbeitsrechtliche Fragen geht".[1613] Richtig erscheint Folgendes: Die Lohnsteuerbescheinigung ist ein Beweispapier über den Lohnsteuerabzug, wie er tatsächlich stattgefunden hat, nicht wie er – nach Auffassung des Arbeitnehmers – hätte durchgeführt werden müssen; mit Einwendungen gegen die Lohnsteuerbescheinigung kann ein unzutreffender Abzug ohnehin nicht mehr ungeschehen gemacht werden.[1614] Hält der Arbeitnehmer den vorgenommenen Steuerabzug für falsch, muss er sich an das Finanzamt halten (→ *Lohnsteuer*). Eine Klage gegen die Arbeitgeberin ist – gleich vor welchem Gericht – sinnlos. Das hat jetzt auch das Bundesarbeitsgericht erkannt.[1615]

7 An die Arbeitgeberin kann sich der Arbeitnehmer lediglich wegen eines ihm entstandenen (Zins-)Schadens halten. Werden auf der Lohnsteuerbescheinigung Aussagen über das Arbeitsverhältnis getroffen, die der Arbeitnehmer für unzutreffend hält (in den zitierten Entscheidungen war dies jeweils die Dauer des Arbeitsverhältnisses), mag er diese arbeitsrechtliche Fragestellung zum Gegenstand einer Feststellungsklage machen[1616] und im Fall des Obsiegens das Urteil dem Finanzamt vorlegen. Hält sich das Finanzamt nicht an den Inhalt des Urteils, kann er den Steuerbescheid vor dem Finanzgericht anfechten. Eine Klage auf Berichtigung der in zeugenschaftlicher Eigenschaft der Arbeitgeberin von ihr auf der Lohnsteuerbescheinigung abgegebenen Erklärungen ist nach diesseitiger Ansicht nicht zulässig.[1617] Entsprechend ist auch steuerrechtlich die Verpflichtung der Arbeitgeberin zur Berichtigung einer Lohnsteuerbescheinigung nur für einen hier nicht relevanten Spezialfall vorgesehen (§ 41c Abs. 3 S. 5 EstG).

1611 BAG 25.4.2001 – 5 AZR 395/99, NZA 2001, 1157.
1612 BAG 11.6.2003 – 5 AZB 1/03, NZA 2003, 877; BAG 7.5.2013 – 10 AZB 8/13, NZA 2013, 862.
1613 BFH 4.9.2008 – VI B 108/07, BFH/NV 2009, 175.
1614 BFH 4.9.2008 – VI B 108/07, BFH/NV 2009, 175.
1615 BAG 7.5.2013 – 10 AZB 8/13, NZA 2013, 862 Rn. 13; vgl. auch LAG Hamburg 14.12.2016 – 3 TaBV 8/16, BeckRS 2016, 132201.
1616 Bei derartigen vergangenheitsbezogenen Feststellungsklagen ist allerdings stets zu fragen, ob das erforderliche Feststellungsinteresse besteht: BAG 17.4.2002 – 5 AZR 458/00, EzA ZPO § 256 Nr. 63.
1617 Vgl. auch LAG Frankfurt 5.1.1983 – 8 Ta 295/82, BB 1983, 2186.

Zum möglichen Antrag nach § 61 Abs. 2 ArbGG, die Arbeitgeberin für den Fall, dass die Handlung nicht binnen einer bestimmten Frist vorgenommen ist, zur Zahlung einer vom Gericht nach freiem Ermessen festzusetzenden Entschädigung verurteilen zu lassen (→ *Entschädigung*). 8

Die Aushändigung oder elektronische Bereitstellung der elektronischen Lohnsteuerbescheinigung ist als unvertretbare Handlung einzustufen, so dass die **Vollstreckung** eines entsprechenden Titels nach § 888 ZPO erfolgt[1618] (→ *Teil E. Zwangsvollstreckung*). 9

Lohnsteuerkarte

Bereits seit dem Jahr 2004 erfolgen die Angaben der Arbeitgeberin zu den steuerlich relevanten Umständen nicht mehr auf der Lohnsteuerkarte, sondern mittels der elektronischen → *Lohnsteuerbescheinigung* unmittelbar gegenüber dem Finanzamt. Die Arbeitgeber erhalten die für den Steuerabzug maßgeblichen Merkmale per Datenabruf beim Bundeszentralamt für Steuern. Lohnsteuerkarten wurden letztmals für das Jahr 2010 ausgegeben; wegen Verzögerungen bei der Umstellung auf das papierlose Verfahren behielt die Lohnsteuerkarte für 2010 auch für die Jahre 2011, 2012 und teilweise bis 2013 ihre Gültigkeit. Die Frage des richtigen Antrags im Zusammenhang mit dem Ausfüllen oder der Herausgabe von Lohnsteuerkarten stellt sich daher nicht mehr.

Mandantenschutzklausel

Bei einer allgemeinen Mandantenschutzklausel ist es dem Arbeitnehmer untersagt, nach seinem Ausscheiden mit der Beratung ehemaliger Mandanten seines Arbeitgebers zu diesem in Konkurrenz zu treten. Nach der ständigen Rechtsprechung des Bundesarbeitsgerichts stehen Mandantenschutzklauseln in rechtlicher Hinsicht Wettbewerbsverboten gleich.[1619] Für die in Frage kommenden Anträge kann auf → *Wettbewerbsverbot* verwiesen werden. 1

Im Unterschied zu Mandantenschutzklauseln ist bei sog. Mandantenübernahmeklauseln gerade kein Konkurrenzverbot vereinbart, sondern im Gegenteil die Betreuung von Mandanten der ehemaligen Arbeitgeberin, allerdings gegen Abführung eines Teils des Honorars, ausdrücklich zugelassen. Verlangt die frühere Arbeitgeberin die vereinbarten Leistungen, handelt es sich um eine Klage auf → *Zahlung*. Vertritt der Arbeitnehmer die Ansicht, die Klausel sei unwirksam, so dass er keine Abführung des Honorars schulde, kann er im Wege einer negativen Feststellungsklage vorgehen[1620] → *Inhalt des Arbeitsverhältnisses*. 2

Mehrarbeit

In Rechtsprechung und Schrifttum wird verschiedentlich Mehrarbeit nicht auf individuelle Vereinbarungen bezogen, sondern als die Arbeit angesehen, die über die gesetzliche Arbeitszeit hinausgeht, während sich „Überstunden" auf das Überschreiten der individuellen Arbeitszeit beziehen soll. Eine durchgängig klare Abtrennung der Begriffe findet sich jedoch weder im allgemeinen Sprachgebrauch noch im juristi-

1618 LAG Rheinland-Pfalz 3.8.2011 – 8 Ta 157/11, BeckRS 2011, 76840; LAG Hamm 8.8.2012 – 7 Ta 173/12, BeckRS 2012, 73496; LAG Köln 8.4.2021 – 9 Ta 24/21, LAGE ZPO 2002 § 888 Nr. 19.

1619 BAG 27.9.1988 – 3 AZR 59/87, NZA 1989, 467 = DB 1989, 1089.

1620 LAG Schleswig-Holstein 1.7.2014 – 1 Sa 392/13, BeckRS 2014, 72371.

schen Bereich,[1621] so dass bei ihrer Verwendung in Anträgen stets in der Begründung erläutert werden sollte, was gemeint ist.

Antragsempfehlungen finden sich beim Stichwort → *Überstunden.*

Meldung zur Sozialversicherung

1 Nach § 28a SGB IV treffen die Arbeitgeberin **weitreichende Meldepflichten** gegenüber der Einzugsstelle. Zu nennen sind hier insbesondere die Meldepflichten bei **Beginn** und **Ende** einer sozialversicherungspflichtigen Beschäftigung, **Änderungen in der Beitragspflicht** oder der **persönlichen Daten** sowie die **Jahresmeldung.** § 28a Abs. 5 SGB IV schreibt vor, dass die Arbeitgeberin dem Beschäftigten den **Inhalt der Meldung in Textform mitzuteilen** hat (für die durch Datenübertragung erstatteten Meldungen konkretisiert nach § 25 Abs. 1 DEÜV). Entsprechend ist zu beantragen:

> **Die Beklagte wird verurteilt, dem Kläger den Inhalt der Meldung zur Sozialversicherung betreffend <Angabe des meldepflichtigen Tatbestands>/die Jahresmeldung für das Jahr <Jahreszahl> in Textform mitzuteilen.**[1622]

2 Wie bei allen Arbeitspapieren dürfte es sich um eine Holschuld handeln.[1623] Noch aus Zeiten des Sozialversicherungsnachweisheftes stammend und damit **veraltet** ist:

> *Die Beklagte wird verurteilt, dem Kläger den Sozialversicherungsnachweis ausgefüllt herauszugeben.*[1624]

3 Hält der Arbeitnehmer die Meldung des Arbeitgebers für inhaltlich fehlerhaft, werden in der Praxis Anträge auf **Berichtigung** erhoben, insbesondere in der Form

> *Die Beklagte wird verurteilt, dem Kläger eine ordnungsgemäße Meldung zur Sozialversicherung herauszugeben.*

4 Auch wenn sie – anders als hier[1625] – in hinreichend bestimmter Form formuliert werden, können solche Klagen vor den Gerichten für Arbeitssachen keinen Erfolg haben. Nach der Rechtsprechung des BAG sind sie an die Sozialgerichte zu verweisen.[1626] Das erscheint zwar zweifelhaft,[1627] da ein Streit zwischen Arbeitnehmer und Arbeitgeberin nicht vor den Sozialgerichten zu verhandeln sein dürfte. Die öffentlich-rechtlichen Pflichten der Arbeitgeberin bestehen nicht gegenüber dem Arbeitnehmer. Die Klage ist jedoch jedenfalls unzulässig, da die Arbeitgeberin in zeugenschaftlicher Funktion tätig ist. Eine Klage auf einen bestimmten Inhalt einer Zeugenaussage ist nicht zulässig (vgl. im Einzelnen → *Arbeitsbescheinigung*). Stehen hinter den unterschiedlichen Auffassungen Differenzen über Inhalte des Arbeitsver-

1621 BAG 26.4.2017 – 10 AZR 589/15, NZA 2017, 1069.
1622 ArbG Hagen 16.9.2021 – 1 Ca 46/21, BeckRS 2021, 48708.
1623 BAG 8.3.1995 – 5 AZR 848/93, NZA 1995, 671.
1624 Vgl. zB den der Entscheidung des LAG Baden-Württemberg vom 7.12.2017 – 4 Ta 12/17 – zugrunde liegenden Schuldtitel.
1625 Vgl. BAG 25.4.2001 – 5 AZR 395/99, NZA 2001, 1157.
1626 BAG 13.7.1988 – 5 AZR 467/87, NZA 1989, 321; vgl. auch LAG Baden-Württemberg 2.2.2011 – 18 Ta 2/11, BeckRS 2011, 68820.
1627 Vgl. auch die Begründung des Ausschusses für Arbeits- und Sozialordnung vom 17.1.1979 BT-Drs. 8/2535, 34.

hältnisses, kann der Arbeitnehmer seine Vorstellungen zum Inhalt einer entsprechenden Feststellungsklage machen (→ *Inhalt des Arbeitsverhältnisses*).

Hat die Arbeitgeberin die Anmeldung des Arbeitnehmers zur Sozialversicherung 5
gänzlich unterlassen (→ *Anmeldung zur Sozialversicherung*).

Zum möglichen Antrag nach § 61 Abs. 2 ArbGG, die Arbeitgeberin für den Fall, dass 6
die Handlung nicht binnen einer bestimmten Frist vorgenommen ist, zur Zahlung einer vom Gericht nach freiem Ermessen festzusetzenden Entschädigung verurteilen zu lassen (→ *Entschädigung*).

Die Verpflichtung der Arbeitgeberin, dem Arbeitnehmer den Inhalt einer Meldung 7
an die Einzugsstelle mitzuteilen, stellt eine unvertretbare Handlung dar, so dass die **Vollstreckung** eines entsprechenden Titels nach § 888 ZPO erfolgt[1628] (→ *Teil E. Zwangsvollstreckung*).

Mindestlohn

Zum 16.8.2014 ist das Gesetz zum Mindestlohn (MiLoG) in Kraft getreten. Der 1
Mindestlohn beläuft sich ab dem 1.1.2024 auf 12,41 EUR brutto und wird ab dem Jahr 2025 12,84 Euro brutto betragen. Es handelt sich um einen Bruttobetrag.[1629] In Betracht kommen vorrangig **Leistungsklagen** auf Zahlung von Vergütungsdifferenzen (→ *Vergütung*).[1630] Unter den Voraussetzungen der §§ 14 AEntG, 13 MiLoG ist eine Nettoentgeltklage (→ *Nettolohn*) möglich. Keine Frage der Zulässigkeit, sondern der Schlüssigkeit ist der Umstand, dass die Klageforderung nach den tatsächlich geleisteten Arbeitsstunden und nicht anhand eines Stundendurchschnitts zu berechnen ist.[1631]

Besonderes Augenmerk ist bei einer **Gesamtklage** darauf zu legen, dass die einzelnen 2
Teilbeträge hinreichend bestimmt sind.[1632] Beruft sich der Kläger nur hilfsweise auf das MiLoG, macht er dennoch nicht zwei verschiedene Streitgegenstände geltend. Beantragt der Kläger einen bestimmten Eurobetrag als vereinbarte Vergütung für in einem bestimmten Zeitraum geleistete Arbeit, umfasst der Lebenssachverhalt auch den der vertraglichen Vergütung innewohnenden gesetzlichen Mindestlohnsockel. Der Mindestlohn wird also stets vom Streitgegenstand einer auf Vergütung für geleistete Arbeit gerichteten Klage umfasst.[1633]

Neben einer Leistungsklage auf Zahlung der Vergütungsrückstände kommt unter en- 3
gen Voraussetzungen eine Klage auf Feststellung der zutreffenden Berechnung des Stundenlohns in Betracht, wenn damit abschließend der Rechtsstreit erledigt werden kann (→ *A. I. Rn. 59*). Eine Klage, mit der die Unwirksamkeit einer bestimmten Abrechnungsweise festgestellt werden soll, ist unzulässig.[1634]

> *Es wird festgestellt, dass die Beklagte verpflichtet ist, dem Kläger einen Stundenlohn in Höhe von 9,19 EUR zu bezahlen.*

1628 LAG Hamm 8.8.2012 – 7 Ta 173/12, BeckRS 2012, 73496.
1629 BAG 25.5.2016 – 5 AZR 135/16, NJW 2016, 3323, Rn. 28 f.
1630 So etwa BAG 25.5.2016 – 5 AZR 135/16, NJW 2016, 3323.
1631 BAG 29.6.2016 – 5 AZR 716/15, NZA 2016, 1332; dazu auch BAG 24.6.2020 – 5 AZR 93/19, NZA 2020, 1707.
1632 Vgl BAG 29.6.2016 – 5 AZR 716/15, NZA 2016, 1332.
1633 BAG 30.1.2019 – 5 AZR 43/18, NZA 2019, 768.
1634 BAG 25.5.2016 – 5 AZR 135/16, NJW 2016, 3323.

4 Ein Antrag, der die bloße Feststellung auf Verpflichtung der Zahlung von dem Mindestlohn zum Inhalt hat, ist unzulässig. Es besteht kein Feststellungsinteresse. Die Verpflichtung ergibt sich bereits aus dem Gesetz und steht zudem häufig nicht im Streit.[1635]

Mitnahme von Hunden

1 Immer wieder gibt es Streit darüber, ob ein Arbeitnehmer seinen Hund mit in den Betrieb bzw. an seinen Arbeitsplatz nehmen kann, sei es aus Gründen der Tierbetreuung, sei es aus medizinischen Gründen, wie etwa bei Belastungsstörungen. Vielfach ist die Mitnahme von Hunden von Arbeitgebern erlaubt.[1636] Regelmäßig wird kein Anspruch auf die Mitnahme bestehen – eine Ausnahme kann etwa bei einem Blindenhund oder aufgrund des Gleichbehandlungsgrundsatzes vorliegen –, der Arbeitgeber hat aber sein Direktionsrecht ermessensfehlerfrei auszuüben.[1637]

2 Als Klageantrag kommt ein **Feststellungsantrag** in Betracht,[1638] es sei denn, es geht allein um eine rein vergangenheitsbezogene Feststellung.

Es wird festgestellt, dass der Kläger zur Mitnahme seines (Assistenz-)Hundes an den Arbeitsplatz berechtigt ist.

3 Ebenso sind **Leistungsanträge** möglich. Allerdings ist zu differenzieren. Anträge, Einlass zum Betrieb zu gewähren oder zu gestatten, sind im Ergebnis regelmäßig auf → ***Duldung*** von Handlungen gerichtet. Es geht um den → *Zutritt zum Betrieb* in Begleitung des Hundes. Dem Arbeitnehmer geht es in der Sache nicht darum, dass die Arbeitgeberin Handlungen vornimmt, sondern darum, selbst im Betrieb der Arbeitgeberin Handlungen vornehmen zu können und hieran nicht gehindert zu werden.[1639]

Die Beklagte wird verurteilt, dem Kläger zusammen mit seinem Hund Zutritt zu den Büroräumlichkeiten in der <Adresse> zu gewähren.[1640]

Die Beklagte wird verurteilt, dem Kläger zu gestatten, seinen Hund während der Arbeitszeit mit an seinen Arbeitsplatz zu nehmen.

4 Dementsprechend sollte auch ein ausdrücklicher Antrag auf Duldung gestellt werden.

Die Beklagte wird verurteilt, die Mitnahme des Hundes <nähere Beschreibung> durch den Kläger an den Arbeitsplatz <nähere Beschreibung> zu dulden.

5 Eine Verurteilung zur Duldung einer Handlung wird nach § 890 ZPO vollstreckt (→ E. Rn. 24ff.). Die zu duldenden Handlungen müssen nicht in allen Einzelheiten im Antrag aufgenommen werden, dh. die Modalitäten des begehrten Zugangs müs-

1635 LAG Sachsen 11.5.2016 – 2 Sa 551/15, BeckRS 2016, 111812.
1636 Vgl. Ledwon/Sura NZA-RR 2023, 389; www.bv-bürohund.de.
1637 Dazu Bonanni/Jares ArbRB 2016, 374ff.; Stück ArbRAktuell 2022, 639ff.
1638 LAG Rheinland-Pfalz 8.9.2022 – 2 Sa 490/21, BeckRS 2022, 43847.
1639 Vgl. BAG 28.2.2006 – 1 AZR 460/04, NZA 2006, 798.
1640 LAG Düsseldorf 24.3.2014 – 9 Sa 1207/13, BeckRS 2014, 67430.

sen nicht näher beschrieben werden, denn die Verpflichtung zur Duldung erschöpft sich nicht notwendig im Unterlassen der Behinderung des Zutritts mit dem Hund. Je nach den konkreten Umständen können weitere Handlungspflichten mit der Duldung verbunden sein, wie etwa das Öffnen von Türen, die einem ungehinderten Zugang im Wege stehen, oder die Anweisung an das Pfortenpersonal, den Kläger mit Hund hereinzulassen.[1641]

6 Sofern ein Anspruch auf Mitnahme nicht bestehen sollte, wird in der Praxis als Hilfsantrag mitunter der Antrag gestellt, dem Arbeitnehmer zu gestatten, im → *Home-Office* zu arbeiten.

Mobbing

1 Unter „Mobbing" versteht man das systematische Anfeinden, Schikanieren oder Diskriminieren von Arbeitnehmern untereinander oder durch Vorgesetzte. § 3 Abs. 3 AGG definiert als „Belästigung" eine Benachteiligung, wenn unerwünschte Verhaltensweisen, die mit einem in § 1 AGG genannten Grund in Zusammenhang stehen, bezwecken oder bewirken, dass die Würde der betreffenden Person verletzt und ein von Einschüchterungen, Anfeindungen, Erniedrigungen, Entwürdigungen oder Beleidigungen gekennzeichnetes Umfeld geschaffen wird. Es kommt danach grundsätzlich auf die **Zusammenschau** der einzelnen unerwünschten Verhaltensweisen an, um zu beurteilen, ob „Mobbing" vorliegt. Wesensmerkmal der als „Mobbing" bezeichneten Form der Rechtsverletzung ist damit die systematische, sich aus vielen einzelnen Handlungen/Verhaltensweisen zusammensetzende Verletzung. Allerdings ist **„Mobbing" kein Rechtsbegriff**[1642] und damit auch keine Anspruchsgrundlage für Ansprüche des Arbeitnehmers gegen den Arbeitgeber, Vorgesetzte oder Kollegen. Der Sachverhalt ist im Rahmen einer sorgfältigen Einzelfallprüfung daraufhin zu untersuchen, ob arbeitsrechtliche Pflichten oder ein Recht bzw. Rechtsgut iSd §§ 823ff. BGB verletzt wurden. Die Beweislast trägt der klagende Arbeitnehmer.[1643]

2 Sieht sich ein Arbeitnehmer derartigem Verhalten ausgesetzt, kommen Ansprüche auf → *Schadensersatz,* → *Schmerzensgeld* und → *Unterlassung* sowie die Geltendmachung eines → *Leistungsverweigerungsrechts* in Betracht. Zudem kann der Arbeitnehmer vom Arbeitgeber Maßnahmen nach § 12 Abs. 3 AGG verlangen, etwa die Versetzung oder sogar die Entlassung des Störers (vgl. auch die Stichworte → *Diskriminierung* → *Entschädigung bei Diskriminierung*).

3 Bereits mangels Bestimmtheit **unzulässig** ist ein bloßer Feststellungsantrag, etwa wie folgt:

> *Es wird festgestellt, dass der Kläger gemobbt wird.*
>
> *Oder:*
>
> *Es wird festgestellt, dass Herr <Name> den Kläger in unzulässiger Weise mobbt bzw. bosst.*[1644]

1641 Vgl. zur Duldung BAG 15.10.2014 – 7 ABR 74/12, AP BetrVG 1972 § 80 Nr. 79; BAG 28.2.2006 – 1 AZR 460/04, NZA 2006, 798 (799).

1642 LAG Köln 10.7.2020 – 4 Sa 118/20, BeckRS 2020, 22826.

1643 Vgl. insgesamt BAG 16.5.2007 – 8 AZR 709/06, NZA 2007, 1154; BAG 25.10.2007 – 8 AZR 593/06, NZA 2008, 223; BAG 24.4.2008 – 8 AZR 347/07, DB 2008, 2086.

1644 LAG Rheinland-Pfalz 2.6.2016 – 5 Sa 552/15, BeckRS 2016, 70711.

4 **Unzulässig** ist auch folgender Antrag:

> *Es wird festgestellt, dass dem Kläger ab dem <Datum> ein Zurückbehaltungsrecht seiner Arbeitsleistung zusteht, solange er permanenten Mobbing-Attacken (oder einer Mobbing-Situation) ausgesetzt ist.*

5 Zwar besteht die Möglichkeit, das Bestehen eines Zurückbehaltungsrechts feststellen zu lassen (→ *Leistungsverweigerungsrecht*), allerdings ist der Begriff „Mobbing" aus den besagten Gründen zu unbestimmt. Der Kläger muss konkret die Tatsachen angeben, aus denen er die Mobbing-Situation ableitet, dh er muss angeben, welche konkreten Umstände seiner Arbeit oder welche Handlungen oder Äußerungen seiner Vorgesetzten oder Arbeitskollegen er als Mobbing betrachtet. Um diesem Erfordernis an einen hinreichend bestimmten Klageantrag zu genügen, muss der Kläger etwa angeben, mit welchen Vorgesetzten oder Mitarbeitern er nicht mehr zusammenarbeiten kann oder mit welchen Tätigkeiten er nicht mehr betraut werden darf, weil im Rahmen dieser Aufgaben oder bei einer Zusammenarbeit mit diesen Personen Mobbing-Situationen entstünden.[1645]

6 Dementsprechend ist auch folgender Feststellungsantrag **unzulässig,** mit dem die künftige Schadensersatzpflicht (dazu → *Schadensersatz*) festgestellt werden soll:[1646]

> *Es wird festgestellt, dass die Beklagte verpflichtet ist, dem Kläger sämtliche derzeit noch nicht bezifferbare Schäden zu ersetzen, die ihm auf Grund der Mobbing-Übergriffe erwachsen sind oder noch erwachsen werden.*

7 Das BAG hat den Antrag allerdings dahingehend ausgelegt, dass die Feststellung der Schäden begehrt wird, die dem Kläger aufgrund der behaupteten Verletzung seines Persönlichkeitsrechts und seiner Gesundheit im streitgegenständlichen Zeitraum entstanden sind.

8 Auch die folgende Klage ist vor diesem Hintergrund bereits **unzulässig:**[1647]

> *Es wird festgestellt, dass die Beklagte verpflichtet ist, dem Kläger jeglichen Schaden zu ersetzen, der ihm aufgrund des Mobbingverhaltens seines Vorgesetzen <Name> bis zur Beendigung des Arbeitsverhältnisses zum <Datum> entstanden ist.*

Nachtarbeit, Ausgleich

1 In § 6 Abs. 5 ArbZG hat der Gesetzgeber eine **Wahlschuld** iSd § 262 BGB begründet.[1648] Der Arbeitgeber hat für geleistete Nachtarbeit einen Ausgleich entweder durch Freistellung **oder** durch Zahlung eines Zuschlags auf das dem Arbeitnehmer hierfür zustehende Bruttogehalt zu leisten. Solange die Wahlmöglichkeit besteht, kann der Arbeitnehmer nicht unmittelbar auf Zahlung eines Zuschlags klagen, sondern muss eine **Alternativklage** (→ *A. I Rn. 119*) erheben.[1649] Der Antrag lautet dann etwa:

1645 Vgl. BAG 23.1.2007 – 9 AZR 557/06, NZA 2007, 1166.
1646 BAG 16.5.2007 – 8 AZR 709/06, NZA 2007, 1154.
1647 Entgegen LAG Schleswig-Holstein 15.10.2008 – 3 Sa 196/08, BeckRS 2009, 50641, das allein auf die Unbegründetheit der Klage abgestellt hat.
1648 BAG 5.9.2002 – 9 AZR 202/01, NZA 2003, 563; BAG 9.12.2015 – 10 AZR 423/14, NZA 2016, 426.
1649 BAG 12.12.2012 – 5 AZR 918/11, BeckRS 2013, 68694; LAG Rheinland-Pfalz 28.11.2013 – 2 Sa 329/13, BeckRS 2014, 68438.

Die Beklagte wird verurteilt, den Kläger nach ihrer Wahl für <Anzahl> Arbeitstage von der Arbeitsleistung freizustellen oder an ihn EUR <Betrag> brutto zu zahlen.

Besteht keine Wahlschuld mehr, sondern hat sich die Forderung bereits auf einen 2
Freistellungs- oder einen Zahlungsanspruch konkretisiert, gelten die allgemeinen Grundsätze (→ *Freistellung von der Arbeitsleistung* oder → *Vergütung*).

Eine Feststellungsklage kommt ebenfalls in Betracht (→ *Inhalt des Arbeitsverhältnis-* 3
ses),[1650] beispielsweise wenn in einem Tarifvertrag die Höhe des Ausgleichs geregelt ist, aber Streit über die Berechnungsmethode besteht. Dabei ist besondere Sorgfalt darauf zu verwenden, den Streitpunkt im Antrag konkret und präzise zu formulieren, zB:

Es wird festgestellt, dass die Beklagte verpflichtet ist, dem Kläger für jede Nachtschicht von <Uhrzeit> bis <Uhrzeit> einen Ausgleich in Höhe von EUR <Betrag> zu zahlen oder Freizeit im Umfang von <Anzahl> Stunden zu gewähren.

Oder:

Es wird festgestellt, dass die Beklagte verpflichtet ist, dem Kläger für die ab dem <Datum> geleistete Nachtarbeit wahlweise einen Nachtarbeitszuschlag von <Zahl> Prozent des Bruttostundenlohnes in Höhe von <Betrag in Euro> für jede zwischen 23:00 Uhr und 06:00 Uhr geleistete Arbeitsstunde zu zahlen oder für jeweils <Anzahl> zwischen 23:00 Uhr und 06:00 Uhr geleistete Nachtarbeitsstunden je <Anzahl> bezahlte freie Tage zu gewähren.[1651]

Nachteilsausgleich

Die Zahlung des Nachteilsausgleichs in Form einer → *Abfindung* ist im Wege der 1
Leistungsklage geltend zu machen. Es bedarf **nicht der Bezifferung** des Zahlungsbetrags, wenn es um den Ausgleich einer Entlassung geht. Es genügt die Erhebung einer Klage, die die Höhe der zu zahlenden Abfindung in das **Ermessen des Gerichts** stellt, jedenfalls dann, wenn die für die Bemessung der Abfindung maßgebenden Umstände in der Klageschrift mitgeteilt werden.[1652] Der Nachteilsausgleich in Form einer Abfindung ist lohnsteuerrechtlich wie Arbeitseinkommen zu behandeln. Der Antrag ist daher nicht auf eine Nettozahlung zu richten.

Der Antrag kann demnach wie folgt lauten: 2

Die Beklagte wird verurteilt, an den Kläger einen Nachteilsausgleich zu zahlen, dessen Höhe in das Ermessen des Gerichts gestellt wird und EUR <Betrag> nicht unterschreiten sollte.

1650 BAG 9.12.2015 – 10 AZR 423/14, NZA 2016, 426; BAG 13.12.2018 – 6 AZR 549/17, BeckRS 2018, 38681; BAG 25.5.2022 – 10 AZR 230/19, NJW 2022, 2705.

1651 LAG Mecklenburg-Vorpommern 27.6.2018 – 3 Sa 226/17, BeckRS 2018, 19626; LAG Mecklenburg-Vorpommern 17.10.2017 – 2 Sa 59/17, BeckRS 2017, 146973; vgl. auch BAG 9.12.2015 – 10 AZR 423/14, NZA 2016, 426; vgl. auch BAG 25.5.2022 – 10 AZR 230/19, NJW 2022, 2705.

1652 BAG 22.2.1983 – 1 AZR 260/81, NJW 1984, 323; LAG Sachsen-Anhalt 29.7.2016 – 2 Sa 53/14, BeckRS 2016, 129541; auch zu Besonderheiten im Insolvenzverfahren.

3 Bei anderen Nachteilen iSd § 113 Abs. 2 BetrVG ist der Antrag grundsätzlich zu beziffern.[1653] Fahrtkosten- oder Umzugskostenersatz können steuer- und sozialversicherungspflichtfrei sein.

Nachweis (der Arbeitsbedingungen)

1 In der Regel wird über ein vereinbartes Arbeitsverhältnis ein schriftlicher Arbeitsvertrag geschlossen, von dem der Arbeitnehmer eine zumindest von der Arbeitgeberin unterzeichnete Ausfertigung erhält. Soweit dies unterbleibt, hat die Arbeitgeberin dem Arbeitnehmer – sofern dieser nicht nur zur vorübergehenden Aushilfe von höchstens einem Monat eingestellt ist – eine von ihr **unterzeichnete Niederschrift** mit den wesentlichen Vertragsbedingungen auszuhändigen (zu den Einzelheiten siehe vor allem § 2 Abs. 1 NachwG; mit Wirkung ab dem 1.8.2022 sind die auszuweisenden Vertragsbedingungen wesentlich ausgeweitet worden). Die Verletzung dieser Pflicht kann gravierende Folgen haben, beispielsweise zu Ansprüchen des Arbeitnehmers auf → *Schadensersatz* führen.[1654] Der Antrag kann wie folgt formuliert werden:

> **Die Beklagte wird verurteilt, dem Kläger einen schriftlichen Nachweis gem. § 2 Abs. 1 NachwG über die wesentlichen Vertragsbedingungen des zwischen den Parteien vereinbarten Arbeitsverhältnisses zu erteilen.**

2 Begehrt der Arbeitnehmer nur den Nachweis **einer bestimmten** Vertragsbedingung, etwa weil diese im schriftlichen Arbeitsvertrag nicht aufgeführt ist oder sich zwischenzeitlich verändert hat (vgl. § 3 NachwG), muss der Antrag präzisiert werden, zB:

> **Die Beklagte wird verurteilt, dem Kläger einen schriftlichen Nachweis gem. § 2 Abs. 1 NachwG/§ 3 NachwG über <fraglicher Umstand, zB die Arbeitszeit/den Arbeitsort/die Dauer des jährlichen Erholungsurlaubs etc.> in dem zwischen den Parteien vereinbarten Arbeitsverhältnis zu erteilen.**

3 Soweit man für zulässig hält, dass der Arbeitnehmer einen Nachweis **bestimmten Inhalts** verlangen kann,[1655] ist auch dieser in den Antrag aufzunehmen:

> **Die Beklagte wird verurteilt, dem Kläger einen schriftlichen Nachweis gem. § 2 Abs. 1 NachwG über die Arbeitszeit von 40 Stunden wöchentlich/den Arbeitsort Düsseldorf/die Dauer des jährlichen Erholungsurlaubs in Höhe von 30 Tagen etc. in dem zwischen den Parteien vereinbarten Arbeitsverhältnis zu erteilen.**

4 Zum möglichen Antrag nach § 61 Abs. 2 ArbGG, die Arbeitgeberin für den Fall, dass die Handlung nicht binnen einer bestimmten Frist vorgenommen ist, zur Zahlung einer vom Gericht nach freiem Ermessen festzusetzenden Entschädigung verurteilen zu lassen → *Entschädigung.*

1653 Fitting § 113 BetrVG Rn. 37.

1654 BAG 21.2.2012 – 9 AZR 486/10, NZA 2012, 750; BAG 20.6.2018 – 4 AZR 235/15, BeckRS 2018, 31022; zu Ansprüchen im Zusammenhang mit der Unterrichtung über das bei der Kündigung einzuhaltende Verfahren Rolfs/Schmid NZA 2022, 945.

1655 So zB LAG Berlin-Brandenburg 5.11.2015 – 5 Sa 969/15, NZA-RR 2016, 242; Feldgen Nachweisgesetz Rn. 79.

Die Pflicht der Arbeitgeberin zur Erteilung eines Nachweises über die Vertrags- 5
bedingungen stellt eine unvertretbare Handlung dar, so dass die **Vollstreckung** eines entsprechenden Titels nach § 888 ZPO erfolgt (→ *Teil E. Zwangsvollstreckung*).

Nachzeichnung

Mit Einführung des § 4a TVG ist auch das Nachzeichnungsrecht nach Abs. 4 eingeführt worden, Eine Gewerkschaft kann die Nachzeichnung der Rechtsnormen des kollidierenden Tarifvertrages verlangen. Der Antrag richtet sich also auf den Abschluss eines Tarifvertrages (→ *Tarifvertrag, Abschluss*).

Nebentätigkeit

Sofern seine Arbeitsleistung oder berechtigte Interessen der Arbeitgeberin nicht be- 1
einträchtigt werden, ist der Arbeitnehmer frei darin, eine – uU auch selbstständige – Nebentätigkeit aufzunehmen. Allerdings können insbesondere in vertraglichen oder tariflichen Regelungen Zustimmungsvorbehalte zu finden sein. **Verweigert** die Arbeitgeberin die **Zustimmung,** kann der Arbeitnehmer beantragen:

Die Beklagte wird verurteilt, der Aufnahme einer Nebentätigkeit des Klägers als <Tätigkeit und weitere Konditionen, insbesondere evtl. anderer Arbeitgeber, Arbeitszeitumfang> mit Wirkung ab dem <Datum> zuzustimmen.[1656]

Oder:

Die Beklagte wird verurteilt, ihre Einwilligung zu einer Nebentätigkeit des Klägers als <Tätigkeit und weitere Konditionen, insbesondere evtl. anderer Arbeitgeber, Arbeitszeitumfang> mit Wirkung ab dem <Datum> zu erklären.[1657]

Trotz der Legaldefinitionen in §§ 183f. BGB werden die Begriffe Zustimmung, Ein- 2
willigung und Genehmigung in diesem Zusammenhang nicht immer trennscharf verwendet. Wer sich nicht an die gesetzliche Definition hält, muss jedenfalls in der Klagebegründung sein Begehren eindeutig klarstellen. Die Vollstreckung eines zusprechenden Urteils erfolgt dann nach § 894 ZPO (→ *Teil E. Zwangsvollstreckung*), da es sich bei der Erteilung einer Zustimmung iSd § 182 BGB um eine Willenserklärung handelt.[1658]

Ist der Arbeitnehmer anders als die Arbeitgeberin der Ansicht, für die Aufnahme der 3
Nebentätigkeit **bedürfe es keiner Zustimmung,** kann er eine Feststellungsklage erheben:

Es wird festgestellt, dass der Kläger für die Aufnahme einer Tätigkeit als <Tätigkeit und weitere diese beschreibende Konditionen, insbesondere evtl. anderer Arbeitgeber/Auftraggeber, Arbeitszeitumfang> keiner Zustimmung der Beklagten bedarf.

1656 Vgl. LAG München 29.7.2010 – 3 Sa 731/09, BeckRS 2010, 74590.
1657 BAG 28.2.2002 – 6 AZR 357/01, DB 2002, 1560; LAG Köln 22.3.2013 – 4 Sa 1062/12, BeckRS 2013, 70869.
1658 OLG Düsseldorf 18.10.2007 – VI-W (Kart) 8/07, BeckRS 2008, 01097.

> **Oder:**
>
> **Es wird festgestellt, dass der Kläger berechtigt ist, eine Nebentätigkeit als <Tätigkeit und weitere diese beschreibende Konditionen, insbesondere evtl. anderer Arbeitgeber/Auftraggeber, Arbeitszeitumfang> auszuüben.**[1659]

4 Gleiches gilt, wenn eine einzel- oder kollektivrechtliche Regelung keinen Erlaubnisvorbehalt bestimmt, sondern das Ausüben bestimmter Tätigkeiten generell untersagt,[1660] und wenn die geltende Regelung kein Verbot mit Erlaubnisvorbehalt, sondern eine generelle Erlaubnis mit Verbotsvorbehalt enthält; dann kann der Antrag um die Feststellung ergänzt werden, dass die Beklagte nicht berechtigt ist, dem Kläger die konkret beschriebene Nebentätigkeit zu untersagen.[1661]

5 Hingegen wäre die Formulierung

> *Es wird festgestellt, dass die Untersagung der Nebentätigkeit des Klägers als <Beschreibung> unwirksam ist.*[1662]

unzulässig, da die Unwirksamkeit oder Wirksamkeit der Rechtshandlung einer Partei nicht zum Gegenstand einer Feststellung gemacht werden kann.[1663]

6 Will die Arbeitgeberin dem Arbeitnehmer eine beabsichtigte oder bereits aufgenommene Nebentätigkeit **untersagen,** lautet der Antrag:

> **Der Beklagte wird verurteilt, eine Tätigkeit als <Tätigkeit und weitere Konditionen, insbesondere evtl. anderer Arbeitgeber> zu unterlassen.**

Zu **Konkurrenztätigkeiten** siehe auch → *Wettbewerbsverbot, Wettbewerbsverstoß.*

7 Insbesondere wenn der konkrete Verdacht einer Vertragsverletzung besteht, kommt ein Anspruch der Arbeitgeberin auf **Auskunft** (siehe auch → *Auskunft*) über eine ausgeübte Nebentätigkeit in Betracht. Dann lautet der Antrag beispielsweise:

> **Der Beklagte wird verurteilt, der Klägerin Auskunft über den zeitlichen Umfang seiner Nebentätigkeit als <Tätigkeit und weitere Konditionen, insbesondere evtl. anderer Arbeitgeber> zu erteilen.**

8 Oftmals kommt es im Zusammenhang mit der Ausübung von Nebentätigkeiten zum Ausspruch von Abmahnungen[1664] (→ *Abmahnung*) oder Kündigungen (→ *Kündigung*). Allerdings handelt ein Arbeitnehmer, der mit der Ausübung einer rechtmäßigen Nebentätigkeit nicht bis zu einer gerichtlichen Entscheidung abwartet, unter Berücksichtigung seiner Grundrechte aus Art. 12 Abs 1 GG und Art. 2 Abs 1 GG auch dann nicht pflichtwidrig, wenn die Ausübung der Nebentätigkeit unter einem arbeitsvertraglichen Erlaubnisvorbehalt steht.[1665]

1659 BAG 19.12.2019 – 6 AZR 23/19, NZA 2020, 952; BAG 24.3.2010 – 10 AZR 66/09, NZA 2010, 693 = DB 2010, 1240; LAG Berlin-Brandenburg 1.9.2020 – 16 Sa 2073/19.
1660 BAG 28.2.2002 – 6 AZR 357/01, DB 2002, 1560.
1661 LAG Baden-Württemberg 5.5.2023 – 12 Sa 11/22.
1662 LAG Rheinland-Pfalz 4.5.2010 – 3 Sa 688/09, BeckRS 2010, 71148.
1663 BAG 18.4.2012 – 4 AZR 371/10, NZA 2013, 161 Rn. 10.
1664 BAG 15.6.2021 – 9 AZR 413/19, NZA 2021, 1780.
1665 BAG 13.5.2015 – 2 ABR 38/14, NZA 2016, 116.

Nettolohn

1 Grundsätzlich vereinbaren die Arbeitsvertragsparteien Bruttovergütungen. Nur bei der **Vereinbarung einer Nettovergütung** oder unter besonderen Umständen können Vergütungsansprüche als Nettobeträge eingeklagt werden (→ *Vergütung*). Mit einer Nettoentgeltabrede vereinbaren die Parteien, dass der Arbeitgeber im Innenverhältnis zum Arbeitnehmer alle auf das Arbeitsentgelt entfallenden Steuern und Beiträge zur Sozialversicherung trägt.[1666] Nettoentgeltvereinbarungen sind die Ausnahme und müssen deshalb einen entsprechenden Willen klar erkennen lassen;[1667] es werden daher hohe Anforderungen gestellt.[1668] Besteht Streit darüber, ob eine Nettovereinbarung getroffen worden ist, kommt auch eine Feststellungklage in Betracht (→ *Vergütung*). § 14 AEntG (§ 1a AEntG aF) enthält eine Sonderregelung für die **Bürgenhaftung,** die eine Nettolohnklage zulässt.[1669] Auch unter den Voraussetzungen der §§ 14 AEntG, 13 MiLoG ist eine solche Nettoentgeltklage möglich (→ *Mindestlohn*). Eine Nettoklage ist etwa zulässig, wenn der Arbeitgeber die Bruttovergütung abgerechnet, Steuern und Sozialversicherungsbeiträge unstrittig abgeführt und den verbleibenden Nettolohn etwa mit einer Gegenforderung aufgerechnet hat. Gleiches gilt, wenn Streit darüber besteht, ob abgerechnete Nettobeträge als Sachbezug geleistet worden sind.[1670] Eine Nettoklage (als Zahlung an einen Dritten) im Rahmen einer → *Entgeltumwandlung* ist auch für zulässig erachtet worden, wenn die Grenzen des § 3 Nr. 63 EStG oder des § 14 I 2 SGB IV ersichtlich nicht überschritten sind.[1671] Bei **Zuschlägen** kann ein ArbG einen Nettobetrag nur dann ausurteilen, wenn sichergestellt ist, dass die begehrten Zuschläge steuer- und sozialversicherungsfrei nach § 3b Abs. 1 Nr. 3 EStG bzw. § 1 Abs. 1 Nr. 1 Sozialversicherungsentgeltverordnung (SvEV) sind.[1672] Dies ist nicht möglich, wenn eine steuerrechtliche Frage ungeklärt ist.[1673]

2 Eine Nettoklage, ohne dass eine Nettolohnvereinbarung getroffen worden ist, wird allerdings auch im Übrigen regelmäßig hinreichend bestimmt,[1674] aber häufig unbegründet sein, denn die schlüssige Begründung einer Nettolohnklage erfordert dann die Darlegung der für den **Tag des Zuflusses** maßgeblichen elektronischen **Steuerabzugsmerkmale** iSv. § 39e EStG.[1675]

3 Will der Kläger eine Nettozahlung einklagen, dann muss er die begehrte Zahlung **ausdrücklich als „netto“** bezeichnen.[1676]

Die Beklagte wird verurteilt, an den Kläger <Betrag> EUR netto zu zahlen.

4 Verlangt der Kläger ausdrücklich eine Nettozahlung, dann kann ein Gericht diese nicht in einen Bruttozahlbetrag umwandeln, da durch das Streichen des Zusatzes „netto“ der Streitgegenstand ausgewechselt werden würde.[1677] Etwas anderes ist es,

1666 LAG Berlin-Brandenburg 2.6.2022 – 26 Sa 841/21, BeckRS 2022, 26325.
1667 BAG 23.9.2020 – 5 AZR 251/19, NZA 2021, 341.
1668 LAG Baden-Württemberg 10.2.2023 – 12 Sa 50/22, NZA-RR 2023, 258.
1669 Dazu BAG 12.1.2005 – 5 AZR 617/01, NZA 2005, 627.
1670 BAG 31.5.2023 – 5 AZR 273/22, NZA 2023, 1319.
1671 BAG 8.3.2022 – 3 AZR 361/21, NZA 2022, 724.
1672 BAG 25.5.2022 – 4 AZR 454/21, AP TVG § 1 Auslegung Nr. 239.
1673 BAG 24.2.2021 – 10 AZR 130/19, NZA 2021, 1427.
1674 BAG 23.9.2020 – 5 AZR 251/19, NJW 2021, 714; LAG Köln 22.6.2023 – 8 Sa 78/23, BeckRS 2023, 43071.
1675 BAG 23.9.2020 – 5 AZR 251/19, NJW 2021, 714; LAG Köln 22.6.2023 – 8 Sa 78/23, BeckRS 2023, 43071.
1676 BAG 4.8.2016 – 6 AZR 129/15, NZA-RR 2016, 627.
1677 BAG 20.2.2018 – 1 AZR 787/16, BeckRS 2018, 2751.

wenn der Arbeitnehmer einen Bruttovergütungsanspruch in seinem Antrag nicht als solchen bezeichnet. In einem solchen Fall kann das Gericht im Tenor den Zusatz „brutto“ angeben, denn es handelt sich nicht um eine Einschränkung eines ohne diesen Zusatz gestellten Antrags, sondern verdeutlicht nur, was von Gesetzes wegen gilt.[1678]

Parkplatz

1 Die Frage, ob die **kostenlose Nutzung eines Parkplatzes** ein arbeitsvertraglicher Anspruch des Arbeitnehmers ist, kann ebenfalls Gegenstand eines Urteilsverfahrens sein. In Betracht kommen sowohl eine Leistungs- als auch eine Feststellungsklage. Da es sich um zukünftige Leistungen des Arbeitgebers handelt, ist die Leistungsklage nicht vorrangig.

2 Der Antrag könnte lauten:

Die Beklagte wird verurteilt, dem Kläger weiterhin einen kostenfreien Parkplatz auf dem Parkgelände <Beschreibung/Adresse> zur Verfügung zu stellen.

3 Dabei ist aber darauf zu achten, genau zu bestimmen, was begehrt wird und was dem Arbeitgeber möglich ist. Gibt es keine reservierten Parkplätze und werden diese auch von anderen genutzt, so dass nicht zu jeder Zeit ein freier Parkplatz garantiert werden kann, dann ist allein die kostenfreie Zufahrt bzw. Nutzung des Parkgeländes/-hauses strittig. In einem solchen Fall bietet sich auch ein Feststellungsantrag an:

Es wird festgestellt, dass die Beklagte verpflichtet ist, dem Kläger kostenfrei die Zufahrt und Nutzung des Parkgeländes/Parkhauses <Beschreibung/Adresse> zu ermöglichen.

4 Regelmäßig wird jedenfalls kein Anspruch auf einen **bestimmten Parkplatz** bestehen. Allerdings kann die → *Leistungsbestimmung* des Arbeitgebers unbillig und damit unwirksam sein. In einem solchen Fall kann bis zur wirksamen erneuten Ausübung des Leistungsbestimmungsrechts auch der konkrete, zuletzt zugewiesene Parkplatz in Betracht kommen. Der Antrag kann dann etwa lauten:[1679]

Die Beklagte wird verurteilt, dem Kläger weiterhin zu den bisherigen Bedingungen kostenfrei zu dienstlichen Zwecken den Parkplatz <Ort, ggf. Parkplatz-Nummer> zur Verfügung zu stellen.

5 Stellt der Arbeitgeber einen Parkplatz zur Verfügung, hat er für dessen Verkehrssicherheit zu sorgen. Bei der Verletzung dieser Pflicht können sich Ansprüche auf → *Schadensersatz* ergeben.[1680]

6 Schließlich kann es auf einem Firmenparkplatz zu Maßnahmen eines → *Arbeitskampfes* kommen.[1681]

1678 BAG 17.2.2016 – 5 AZN 981/15, NZA 2016, 574; BAG 4.8.2016 – 6 AZR 129/15, NZA-RR 2016, 627.
1679 Vgl. LAG Hessen 16.11.2009 – 17 Sa 900/09, BeckRS 2010, 70724.
1680 LAG Düsseldorf 11.9.2017 – 9 Sa 42/17, BeckRS 2017, 124514.
1681 Dazu BAG 20.11.2018 – 1 AZR 189/17, NZA 2019, 402.

Personalakte

1 Der Begriff der Personalakte ist nicht gesetzlich geregelt. Er wird aber zB in § 83 BetrVG vorausgesetzt. Der Begriff wird materiell üblicherweise als eine Sammlung von Urkunden und Vorgängen verstanden, die die persönlichen und dienstlichen Verhältnisse des Arbeitnehmers betreffen und in einem inneren Zusammenhang mit dem Arbeitsverhältnis stehen.[1682] Für den Begriff ist es unerheblich, wo die Personalakte geführt wird und in welcher Form dies geschieht. Die Personalakte kann insbesondere auch vollständig elektronisch geführt werden. Streitigkeiten im Rahmen der Personalakte sind vielfältig. Der wichtigste Streit ist der über die Entfernung einer Abmahnung aus der Personalakte → *Abmahnung*. Daneben kann der Arbeitnehmer umgekehrt aber auch ein Interesse daran haben, andere in die Personalakte aufgenommene Dokumente oder Daten zu beseitigen, etwa eine → *Leistungsbeurteilung*.

2 Darüber hinaus besteht zudem ein **genereller Anspruch auf Entfernung** sonstiger unrichtiger Angaben aus der Personalakte. Dies gilt zB wenn der Arbeitgeber eine „Ermahnung" erteilt. Zudem kann die Entfernung solcher Dokumente begehrt werden, die nicht in die Personalakte gehören, zB sensibler Gesundheitsdaten. Soweit es sich um **Daten** handelt, die vom **BDSG** oder von der **DS-GVO** erfasst werden, kommen auch darauf gestützte Beseitigungsansprüche in Betracht. Zudem greifen die dort geregelten Ansprüche auf Auskunft und Löschung. → *Datenschutz*. Allerdings hat das BAG die datenschutzrechtlichen Ansprüche nach §§ 32ff. BDSG bislang nicht auf die Personalakte in Papierform erstreckt.[1683] Nichts anderes gilt nach hM auch für die Bestimmungen der DS-GVO, so dass der Löschungsanspruch aus Art. 17 DS-GVO auf in Papierform geführte Personalakten nicht anwendbar ist.[1684] → *Datenschutz*.

3 Im Rahmen des Entfernungsanspruchs ist das zu entfernende Dokument genau zu bezeichnen:

> **Die Beklagte wird verurteilt, das <konkrete Bezeichnung des zu entfernenden Dokumentes, zB ärztliche Gutachten des Psychiaters Dr. <Name>> vom <Datum> aus der Personalakte des Klägers zu entfernen.**[1685]

4 Ein Feststellungsanspruch kommt demgegenüber mangels eines feststellungsfähigen Rechtsverhältnisses nicht in Betracht:

> *Es wird festgestellt, dass die Aufnahme des <Bezeichnung des beanstandeten Dokumentes der Personalakte> in die Personalakte unwirksam ist.*[1686]

5 Gehören die Daten in die Personalakte, unterliegen sie aber einem besonderen Schutz, kann zB eine konkrete Art der Aufbewahrung beantragt werden.

1682 BAG 16.11.2010 – 9 AZR 573/09, NZA 2011, 453.

1683 BAG 16.11.2010 – 9 AZR 573/09, NZA 2011, 453, aA Riesenhuber, Einsicht und Löschungsanspruch nach BDSG im Beschäftigungsverhältnis, NZA 2014, 753.

1684 LAG Sachsen 31.3.2023 – 4 Sa 117/21, NZA-RR 2023, 344, Rn. 36; LAG Niedersachsen 4.5.21 – 11 Sa 1180/20, BeckRS 2021, 24370. AA LAG Sachsen 23.11.18 – 5 Sa 7/17, NZA-RR 19, 355.

1685 Zur Abmahnung vgl. BAG 9.9.2015 – 7 ABR 69/13, NZA 2016, 57; BAG 20.1.2015 – 9 AZR 860/13, NZA 2015, 805.

1686 BAG 9.9.2015 – 7 ABR 69/13, NZA 2016, 57 zur Abmahnung.

Die Beklagte wird verurteilt, die <konkrete Bezeichnung des problematischen Dokumentes, zB ärztliche Mitteilung> vom <Datum> in einem geschlossenen Umschlag abzuheften, wobei alleine der Personalleiter oder sein Stellvertreter öffnungsberechtigt sind und jede Öffnung mit Datum und Grund zu vermerken ist.[1687]

6 Der Arbeitnehmer ist auch berechtigt, in seine Personalakte **Einsicht** zu nehmen.[1688] Zwar regelt nur § 83 BetrVG das entsprechende Recht ausdrücklich, es steht aber auch außerhalb der Anwendbarkeit des BetrVG allen Arbeitnehmern zu. Dieses Recht kann jederzeit in Anspruch genommen werden, auch noch nach dem Ende des Arbeitsverhältnisses. Dann ergibt sich der Anspruch aus der nachvertraglichen Rücksichtnahmepflicht. Ein Anspruch auf **Herausgabe der Personalakte** besteht demgegenüber nicht.

7 Wird das Einsichtsrecht verweigert, lautet der Antrag:

Die Beklagte wird verurteilt, dem Kläger Einsicht in die über ihn geführte Personalakte einschließlich Sonder- und Nebenakten zu gewähren.[1689]

8 Dabei ist der Begriff der Personalakte hinreichend bestimmt, weil er sich auf die Personalakte im formellen Sinn bezieht. Soweit zudem Akten geführt werden, die gegenständlich nicht mit der Hauptakte verbunden sind, bezieht sich das Einsichtsrecht auch hierauf. Eine Eingrenzung des Zeitraums, für den die Einsicht begehrt wird, ist nicht erforderlich, aber möglich. Ohne konkrete Eingrenzung bezieht sie sich auf die gesamte Dauer des Arbeitsverhältnisses.[1690]

9 Da der Arbeitnehmer im Geltungsbereich des BetrVG zudem einen Anspruch darauf hat, nach § 83 Abs. 1 S. 2 BetrVG ein Betriebsratsmitglied hinzuzuziehen, kann der Antrag folgendermaßen ergänzt werden:

Die Beklagte wird verurteilt, dem Kläger im Beisein eines Betriebsratsmitgliedes seiner Wahl Einsicht in die über ihn geführte Personalakte zu gewähren.[1691]

10 Demgegenüber kann der Arbeitnehmer das Einsichtsrecht nach überwiegender Auffassung nicht durch einen Dritten ausüben lassen. Denn es ist ein höchstpersönliches Recht.[1692]

Die Beklagte wird verurteilt, dem Kläger Einsicht in seine Personalakte durch Frau Rechtsanwältin Meyer, Ottostraße 3, 40222 Düsseldorf zu gewähren.

11 Nimmt das Betriebsratsmitglied teil, kommen aufgrund der Teilnahme im Einzelfall Ansprüche auf Kostenerstattung in Betracht.[1693]

1687 BAG 12.9.2006 – 9 AZR 271/06, NZA 2007, 269.
1688 BAG 12.7.2016 – 9 AZR 791/14, NZA 2016,1344; BAG 16.11.2010 – 9 AZR 573/09, NZA 2011, 453.
1689 BAG 16.11.2010 – 9 AZR 573/09, NZA 2011, 453; BAG 11.5.1994 – 5 AZR 660/93, EzA BAT § 13 Nr. 30.
1690 Vgl. zur Dauer: BAG 16.11.2010 – 9 AZR 573/09, NZA 2011, 453.
1691 Vgl. BAG 12.7.2016 – 9 AZR 791/14, NZA 2016, 1344.
1692 BAG 12.7.2016 – 9 AZR 791/14, NZA 2016,1344; LAG Schleswig-Holstein 17.4.2014 – 5 Sa 385/13, BB 2014, 1715.
1693 LAG Hessen 11.4.2016 – 16 TaBV 162/15, NZA-RR 2016, 533.

Der Arbeitnehmer kann der Personalakte auch Erklärungen beifügen und diese so 12
vervollständigen. Hierzu zählt etwa die Gegendarstellung zu einer erteilten Abmahnung. § 83 Abs. 2 BetrVG regelt, dass Erklärungen des Arbeitnehmers zum Inhalt der Personalakte dieser auf sein Verlangen beizufügen sind.

> **Die Beklagte wird verurteilt, das <Bezeichnung des aufzunehmenden Dokumentes, zB die schriftliche Stellungnahme des Klägers vom Datum> zu der über ihn geführten Personalakte zu nehmen.**

Ein Anspruch auf Paginierung besteht allerdings nicht.[1694] 13

Wird die Personalakte elektronisch geführt, muss der Arbeitgeber diese nach hM les- 14
bar machen.[1695] In diesem Fall ergeben sich aus den §§ 34ff. BDSG und Art. 17 DS-GVO besondere Auskunfts-, Löschungs-, Berichtigungs- und Sperrungsrechte. Diese werden unter dem Stichwort → *Datenschutz* abgearbeitet. Demgegenüber hat der Arbeitnehmer kein Recht, die Verwahrung der Personalakte zu unterlassen, wenn sie künftig elektronisch geführt werden soll.[1696]

Die Arbeitgeberin kann sich schadensersatzpflichtig machen, wenn sie unbefugt den 15
Inhalt der Personalakte offenbart. Der Zahlungsanspruch richtet sich nach den allgemeinen Grundsätzen → *Zahlung*.

Pflegezeit

Übersicht

1. Kurzzeitpflege 2–4
2. Langzeitpflege 5
3. Teilweise Freistellung 6–13

Das Pflegezeitgesetz schafft für Arbeitnehmer im Wesentlichen zwei Ansprüche auf 1
Freistellung von der Arbeit: § 2 PflegeZG schafft einen Anspruch auf **kurzzeitige Freistellung** für bis zu zehn Arbeitstage, § 3 PflegeZG auf eine **längerfristige Freistellung** von bis zu sechs Monaten pro Pflegebedürftiger.

1. Kurzzeitpflege

Nach § 2 PflegeZG besteht ein Anspruch auf kurzzeitige Freistellung von der Arbeit 2
für Beschäftigte, wenn ein akuter Pflegefall eines nahen Angehörigen besteht und die Freistellung des konkreten Beschäftigten erforderlich ist. Liegen die Voraussetzungen des § 2 PflegeZG vor, so steht dem Arbeitnehmer ein → *Leistungsverweigerungsrecht* zu.[1697] Der Arbeitnehmer wird durch die Erklärung, Pflegezeit in Anspruch zu nehmen, von der Verpflichtung zur Arbeitsleistung frei. Eine Leistungsklage zur Sicherung der Ansprüche ist damit ausgeschlossen. Der Arbeitnehmer kann allenfalls nach erfolgter Inanspruchnahme feststellen lassen, dass in dem in Anspruch genommenen Zeitraum keine Arbeitspflicht bestand.[1698]

1694 BAG 16.10.2007 – 9 AZR 110/07, NZA 2008, 367.
1695 ErfK/Kania BetrVG § 83 Rn. 5.
1696 OVG NRW 17.12.2018 – 1 A 203/17, DRiZ 2019, 100.
1697 ErfK/Gallner PflegeZG § 2 Rn. 1; APS/Rolfs PflegeZG § 5 Rn. 11; BAG 15.11.2011 – 9 AZR 249/10, BAGE 140, 32 zu § 3 PflegeZG spricht von einem einseitigen Gestaltungsrecht.
1698 BAG 15.11.2011 – 9 AZR 249/10, BAGE 140, 32.

3 Verweigert der Arbeitgeber die Freistellung, so stellt sich die Problematik, inwiefern – regelmäßig aufgrund des akuten Bedarfs im **Wege einer einstweiligen Verfügung** – die Rechtslage für den betroffenen Arbeitnehmer geklärt werden kann. Da die Rechtsfolge von Gesetzes wegen eintritt und lediglich der Ausübung des Leistungsverweigerungsrechts bedarf, besteht für den Arbeitnehmer die Unsicherheit, mit welchen Konsequenzen er bei unwirksamer Ausübung dieses Rechts zu rechnen hat. Diese können von dem Verlust möglicher Vergütungsansprüche nach § 616 BGB bzw. aus tariflichen Regelungen bis hin zu einer außerordentlichen Kündigung führen. In dieser Konstellation kommt eine einstweilige Verfügung praktisch nicht in Betracht, da diese nur feststellenden Charakter haben kann. Diese Problematik ist identisch mit der Konstellation, dass ein Arbeitgeber bereits gewährten → *Urlaub* widerruft. Auch hier kommt eine „Risikominimierung" für den Arbeitnehmer im Wege der einstweiligen Verfügung nicht in Betracht, da die feststellende Verfügung nicht der materiellen Rechtskraft erwächst.[1699] Für die Frage, ob es sich um eine entgeltliche Freistellung handelt, dürfte ein Verfügungsgrund ohnehin nicht bestehen.

4 Kommt es im Späteren zu Streitigkeiten über die Vergütungspflicht, so kann diese im Wege einer Klage auf Zahlung der → *Vergütung* verfolgt werden.

2. Langzeitpflege

5 Der Anspruch auf **Langzeitpflege** gemäß § 3 PflegeZG muss zehn Arbeitstage vor Beginn schriftlich angekündigt werden. Auch hier tritt die Rechtsfolge ein, dass der Arbeitnehmer bei rechtzeitiger Ankündigung ohne weiteres Handeln des Arbeitgebers von der Arbeit fernbleiben darf. Ein Leistungsantrag ist daher ausgeschlossen, der Arbeitnehmer kann bei Auftreten einer Streitigkeit lediglich feststellen lassen, dass er nicht zur Arbeitsleistung verpflichtet ist bzw. war.[1700]

3. Teilweise Freistellung

6 Nach § 3 Abs. 4 PflegeZG bzw. § 2a PfZG kann der Arbeitnehmer nicht nur einen Anspruch auf vollständige Freistellung, sondern auch auf eine **Teilzeittätigkeit** geltend machen.

7 Eine Zustimmungsfiktion ist nicht geregelt, so dass für den Fall der Ablehnung durch den Arbeitgeber oder des Scheiterns der Vereinbarung der Arbeitgeber auf Zustimmung zu der verringerten Arbeitszeit in Anspruch zu nehmen ist. Die Struktur der Norm entspricht insoweit § 15 Abs. 7 BEEG (→ *Teilzeit*).

8 Ein hierauf gerichteter Antrag im Hauptsacheverfahren könnte wie folgt aussehen:

> **Die Beklagte wird verurteilt, der Verringerung der Wochenarbeitszeit des Klägers vom <Datum> bis zum <Datum> auf <Anzahl> Stunden zuzustimmen, bei einer Verteilung auf <Zahl> Arbeitstage in der Zeit von jeweils <Uhrzeit> bis <Uhrzeit>.**

9 Daneben kommt für den Teilzeitantrag auch eine **einstweilige Verfügung** in Betracht, da die Gewährung von Teilzeit nicht von Gesetzes wegen, sondern durch eine Einigung der Vertragsparteien zustande kommt, die ggf. durch das Gericht ersetzt

1699 ArbG Frankfurt 30.7.1998 – 2 Ga 169/08, ARSt 1999, 133.
1700 BAG 15.11.2011 – 9 AZR 249/10, BAGE 140, 32.

wird.[1701] Mit der einstweiligen Verfügung kann die verringerte Beschäftigung zunächst gesichert werden (s. a. → *Teilzeit*).

Der Antrag könnte wie folgt formuliert werden: 10

> **Die Antragsgegnerin/Verfügungsbeklagte wird verpflichtet, den Antragsteller/Verfügungskläger bis zu einer rechtskräftigen Entscheidung im Hauptsacheverfahren, längstens aber bis zum <Datum> mit einer wöchentlichen Arbeitszeit von <Zahl> Stunden bei einer Verteilung auf <Zahl> Arbeitstage in der Zeit von jeweils <Uhrzeit> bis <Uhrzeit> zu beschäftigen.**

Die Pflegezeit ist pro pflegebedürftigen, nahem Angehörigen auf sechs Monate be- 11
schränkt, § 4 Abs. 1 S. 1 PflegeZG und kann nur einmal in Anspruch genommen werden.[1702] Familienpflegeteilzeit nach § 2a FPfZG ist auf 24 Monate beschränkt. Mit Zustimmung des Arbeitgebers kann eine zunächst kürzer verlangte Pflegezeit bis zur Höchstdauer verlängert werden, § 4 Abs. 1 S. 3 PflegeZG bzw. § 2a Abs. 3 S. 2 FPfZG gewähren einen Anspruch auf Zustimmungserteilung, wenn ein vorgesehener Wechsel in der Person des Pflegenden aus einem wichtigen Grund nicht erfolgen kann. Verweigert der Arbeitgeber die Zustimmung, so könnte diese mit folgendem Antrag erlangt werden:

> **Die Beklagte wird verurteilt, die Zustimmung zur Verlängerung der Pflegezeit des Klägers für den pflegebedürftigen <Name> bis zum <Datum> zu erteilen.**

Der Rechtsanspruch ist auf **Abgabe einer Willenserklärung** gerichtet, die gemäß 12
§ 894 ZPO erst mit Rechtskraft der Entscheidung als erteilt gilt. Im Hinblick auf die Kürze der Zeit wird zur Sicherung der Fortführung der Pflege und Durchsetzung des Rechtsanspruchs regelmäßig eine **einstweilige Verfügung** erforderlich sein, auch wenn die Vorwegnahme der Hauptsache geradezu unvermeidbar ist.

Im Hinblick auf die vergleichbare Situation bei der → *Urlaubsgewährung* bietet sich 13
folgender Antrag an:

> **Dem Antragsteller/Verfügungskläger wird im Wege der einstweiligen Verfügung gestattet, bis zum <Datum> von der Arbeit fernzubleiben.**

Praktikant

Wer Praktikant ist, wird in § 22 Abs. 1 S. 2 MiLoG geregelt. Der Rechtsweg vor den Gerichten ist regelmäßig eröffnet (§§ 2, 5 ArbGG).[1703] Grundsätzlich sind im Rahmen eines Praktikums zahlreiche Klageanträge denkbar. Praxisrelevant sind vor allem Fragen bzgl. der Abgrenzung zu einem Arbeitsverhältnis (→ *Statusklage* → *allgemeiner Feststellungsantrag*), zur → *Vergütung* und zum → *Zeugnis*. Praktikanten haben gemäß § 2 Abs. 1a NachwG auch Anspruch auf einen → *Nachweis* der Praktikumsbedingungen.

1701 LAG Berlin-Brandenburg 20.9.2017 – 15 SaGa 823/17, BeckRS 2017, 129788; LAG Hamm 28.12.2016 – 6 SaGa 17/16, NZA-RR 2017, 176.

1702 BAG 15.11.2011 – 9 AZR 249/10, BAGE 140, 32.

1703 Vgl. etwa LAG Hamm 2.9.2013 – 2 Ta 18/13, BeckRS 2013, 72714; häufig handelt es sich auch um arbeitnehmerähnliche Personen dazu BAG 21.12.2010 – 10 AZB 14/10, NZA 2011, 309; anders bei einem studienbegleitenden Praktikum LAG Sachsen 9.3.2009 – 4 Ta 16/09, AE 2009, 269.

Provision

Übersicht

	Rn.
1. Abrechnung	2–6
2. Buchauszug	7–17
3. Abgabe einer eidesstattlichen Versicherung	18
4. Auskunft	19–22
5. Einsicht in die Geschäftsbücher	23–26
6. Zahlung	27–31
7. Rückzahlung von Provisionen	32

1 Der Anspruch auf Zahlung von Provisionen ist ein **Vergütungsanspruch.** Er ist wie jeder andere Vergütungsanspruch geltend zu machen, dh grundsätzlich ist eine bezifferte **Leistungsklage** (→ *Vergütung*) erforderlich. Unter den Voraussetzungen des § 256 ZPO kann auch eine Feststellungsklage in Betracht kommen.[1704] Regelmäßig stehen dem Arbeitnehmer nicht die erforderlichen Informationen und Daten zur Verfügung, um seinen Zahlungsanspruch im Rahmen einer Leistungsklage beziffern zu können. § 87c HGB, der über § 65 HGB auch für Arbeitnehmer zur Anwendung kommt, bietet hierfür **Hilfswerkzeuge:** Ansprüche auf Erteilung einer Abrechnung, eines Buchauszugs, auf Auskunft, auf Einsichtnahme in die Geschäftsbücher und ggf. auf Abgabe einer eidesstattlichen Versicherung. Der Arbeitnehmer kann diese Ansprüche im Rahmen einer → ***Stufenklage*** (→ *A. I. Rn. 37*) geltend machen. Sie bietet dem Kläger den Vorteil, seinen Leistungsantrag zunächst nicht beziffern zu müssen; der eigentliche Zahlungsantrag kann als letzte Stufe also zunächst nur unbestimmt angekündigt werden. Vor der Entscheidung über die **letzte Stufe,** also regelmäßig nach Erteilung des Buchauszugs bzw. der Auskunft, ist der Zahlungsantrag zu präzisieren, also zu **beziffern.** Unterlässt der Kläger dies, so ist die Klage unzulässig. Ergibt sich aufgrund des Buchauszugs oder der Auskunft kein weiterer Zahlungsanspruch und kann dieser auch nicht anderweitig konkretisiert werden, so ist die verbliebene Klage regelmäßig zurückzunehmen.[1705] Allgemein setzen auch die Hilfsansprüche voraus, dass die jeweilige Provisionsregelung dargelegt wird.[1706]

1. Abrechnung

2 Auf der ersten Stufe der Stufenklage ist die Provisionsabrechnung einzuklagen, sofern sie nicht bereits erteilt worden ist. Nach § 87c Abs. 1 HGB hat der Unternehmer über die Provision, auf die der Handelsvertreter Anspruch hat, monatlich abzurechnen. Über § 65 HGB gilt diese Regelung auch für Handlungsgehilfen und sonstige Arbeitnehmer, die provisionsberechtigt sind.[1707] Der Anspruch auf Erteilung der Abrechnung hat nichts mit einer Abrechnung nach § 108 GewO zu tun (→ *Abrechnung*).

3 Der Abrechnungsanspruch kann auch allein, dh außerhalb einer Stufenklage geltend gemacht werden.[1708] Sofern bereits ein bezifferbarer, noch nicht erfüllter Provisionsanspruch besteht, kann daneben selbstverständlich auch zusätzlich unmittelbar Zahlung im Wege der objektiven Klagehäufung verlangt werden. Bei einem solchen Vor-

1704 Vgl. etwa LAG Schleswig-Holstein 28.6.2023 – 1 Sa 84/22, BeckRS 2023, 26862.
1705 MüKoZPO/Becker-Eberhard § 254 Rn. 26.
1706 LAG Düsseldorf 18.4.2023 – 3 Sa 377/22, NZA-RR 2023, 639 (644).
1707 Vgl. nur ErfK/Oetker HGB § 65 Rn. 4.
1708 ErfK/Oetker HGB § 87c Rn. 3.

gehen ist allerdings besondere Sorgfalt auf die Präzisierung der Streitgegenstände zu legen, damit sich keine Rechtskraftprobleme ergeben.

Da der Arbeitgeber grundsätzlich monatlich, jedenfalls alle drei Monate abzurechnen 4
hat, ist im Klageantrag der **Abrechnungszeitraum** anzugeben.[1709] Andernfalls ist der Antrag nicht hinreichend bestimmt iSd § 253 Abs. 2 ZPO.

> **Die Beklagte wird verurteilt, die von dem Kläger in der Zeit vom <Datum> bis <Datum> verdienten Provisionen abzurechnen.**[1710]
>
> **Oder:**
>
> **Die Beklagte wird verurteilt, dem Kläger eine Abrechnung über die von ihm im Zeitraum <Datum> verdienten Provisionen zu erteilen.**

Es besteht grundsätzlich **kein Anspruch** auf eine **ergänzte** Abrechnung. Der Ab- 5
rechnungsanspruch dient der Kontrolle der Provisionszahlung bzw. des Grundes für das Unterlassen einer Zahlung. Hält der Arbeitnehmer die Abrechnung für unzutreffend, so hat er seine **weiteren Hilfsansprüche** geltend zu machen oder ggf. unmittelbar weitere Provisionszahlungen einzuklagen.[1711] Etwas anderes gilt allein dann, wenn zwischen den Parteien Streit darüber besteht, ob bestimmte Arten von Geschäften provisionspflichtig sind. Hier kann der Arbeitnehmer Ergänzung der Abrechnung um die streitigen Geschäfte beantragen.

Die **Zwangsvollstreckung** richtet sich entweder nach § 887 ZPO oder § 888 ZPO: Sie 6
erfolgt – grundsätzlich – nach § 887 ZPO (→ *E. Rn. 13*), wenn die Berechnungsgrundlagen auch für Dritte erkennbar sind, und nach § 888 ZPO, wenn nur der Unternehmer die Abrechnung vornehmen kann, etwa wenn keine Bücher geführt worden sind.[1712]

2. Buchauszug

Der Buchauszug ist eine **geordnete Zusammenstellung** aller Angaben aus den Ge- 7
schäftsbüchern und Geschäftspapieren des Unternehmers, die für die Berechnung, Höhe und Fälligkeit der Provision bedeutsam sein können.[1713] Der Anspruch auf Erteilung des Buchauszugs ist lediglich ein **Hilfsanspruch,** der der Durchsetzung eines etwaigen Anspruchs auf Zahlung einer Provision dient. Nach § 87c Abs. 2 HGB kann der Handelsvertreter einen Buchauszug über alle Geschäfte verlangen, für die ihm nach § 87 HGB Provision zusteht. Ein Titel zur Erstellung eines Buchauszugs ist nach § 887 ZPO zu vollstrecken (→ *E. Rn. 13*).[1714]

Hinsichtlich des Anspruchs auf Erteilung einer **Abrechnung** sieht das Gesetz keine 8
bestimmte Reihenfolge vor, so dass die Ansprüche zugleich geltend gemacht werden können.[1715] Es besteht insoweit **kein prozessuales Kumulierungsverbot,** dh zwi-

1709 MüKoHGB/Ströbl § 87c Rn. 37; BeckOK HGB/Lehmann § 87c Rn. 14.

1710 Vgl. BAG 20.8.1996 – 9 AZR 471/95, NZA 1996, 1151; LAG Mecklenburg-Vorpommern 15.11.2005 – 5 Sa 4/05, BeckRS 2011, 67500.

1711 BeckOK HGB/Lehmann § 87c Rn. 15.

1712 BeckOK ArbR/Hagen HGB § 87c Rn. 8; ErfK/Oetker HGB § 87c Rn. 3; BeckOK HGB/Lehmann § 87c Rn. 16; MüKoHGB/Ströbl § 87c Rn. 39.

1713 BGH 21.3.2001 – VIII ZR 149/99, NJW 2001, 2333; LAG Hamm 6.6.2002 – 16 Sa 192/01, LAGReport 2002, 331; vgl. MüKoHGB/Ströbl § 87c Rn. 40.

1714 BGH 26.4.2007 – I ZB 82/06, NJW-RR 2007, 1475; OLG Bamberg 27.5.2008 – 4 W 68/07, NJW-RR 2008, 1422; OLG Karlsruhe 10.11.2014 – 9 W 37/14, BeckRS 2015, 02539.

1715 Vgl. LAG Mecklenburg-Vorpommern 15.11.2005 – 5 Sa 4/05, BeckRS 2011, 67500; OLG Köln 23.2.1972 – 2 U 81/71, BB 1972, 467.

schen dem Antrag auf Erteilung einer Abrechnung und dem auf Erteilung eines Buchauszugs bedarf es **keines Stufenverhältnisses.** Allerdings kann der Arbeitgeber in der Provisionsabrechnung bereits alle Angaben machen, die für einen Buchauszug erforderlich sind. Dann entfällt der Anspruch auf Erteilung eines Buchauszugs.[1716]

9 Von daher empfiehlt es sich, auf der ersten Stufe nur die Provisionsabrechnung zu verlangen.

10 Die Antragstellung ist nicht unproblematisch. Zum Teil werden in der Rechtsprechung hohe Anforderungen an die Bestimmtheit des Antrags gestellt. Als Antrag wird überwiegend folgende Formulierung als ausreichend angesehen:[1717]

Die Beklagte wird verurteilt, dem Kläger über die in der Zeit vom <Datum> bis <Datum> verdienten Provisionen einen Buchauszug zu erteilen.

11 Der **Zeitraum** ist anzugeben.[1718] Zum Teil wird auch die **Angabe des Geschäftsbereichs** verlangt.[1719] Dies ist jedenfalls dann zutreffend, wenn mehrere Geschäftsbereiche vorhanden sind und sich der Provisionsanspruch des Arbeitnehmers nicht auf alle Geschäftsbereiche bezieht. Die jeweilige Provisionsregelung ist ohnehin darzulegen.

12 Teilweise wird aber gefordert, im Antrag konkret anzugeben, wie der Buchauszug inhaltlich gestaltet sein soll:[1720]

Die Beklagte wird verurteilt, dem Kläger einen Buchauszug zu erteilen, der sich auf alle von der Beklagten während des Zeitraums vom <Datum> bis zum <Datum> im Gebiet <Gebietsbezeichnung> hinsichtlich der Produkte <Bezeichnung der Produkte> geschlossenen Verträge erstreckt und folgende Angaben enthält: Name und Anschrift der Kunden, Kundennummer (sofern vorhanden), Datum der Auftragserteilung und der Auftragsbestätigung, Datum der Lieferung bzw. Teillieferung, Datum und Nummer der Rechnung bzw. Teilrechnung einschließlich des Rechnungsbetrages, Datum der Zahlung bzw. Teilzahlung, im Falle einer Stornierung: Angaben des Datums und Mitteilung der Gründe.

13 Grundsätzlich ist die einfache Geltendmachung eines Buchauszugs wie im ersten Beispiel ausreichend. Der Begriff „Buchauszug" ist hinreichend bestimmt.[1721] Der Buchauszug muss eine vollständige, geordnete und übersichtliche Darstellung aller Angaben enthalten, die für die Provision von Bedeutung sind.[1722] Verbleiben trotz Erteilung eines Buchauszugs noch **Unklarheiten,** so kann der Arbeitnehmer auf ei-

1716 BGH 23.10.1981 – ZR 171/79, DB 1982, 376.

1717 So LAG Mecklenburg-Vorpommern 15.11.2005 – 5 Sa 4/05, BeckRS 2011, 67500; auch nicht beanstandet durch BAG 20.8.1996 – 9 AZR 471/95, NZA 1996, 1151; vgl. auch MPFormBAR/Köhne Form B. II. 1.7.; Fleddermann ArbRAktuell 2010, 597.

1718 OLG Hamm 14.5.2018 – 18 U 85/17, BeckRS 2018, 15892; BeckOK HGB/Lehmann § 87c Rn. 26.

1719 OLG Hamm 14.5.2018 – 18 U 85/17, BeckRS 2018, 15892; BeckOK HGB/Lehmann § 87c Rn. 26.

1720 So OLG Saarbrücken 15.6.2001 – 1 U 78/01, NJW-RR 2002, 34 mit Verweis auf BGH 21.3.2001 – VIII ZR 149/99, NJW 2001, 2333: Der BGH beschäftigt sich aber mit der Begründetheit eines Antrags, bestimmte Angaben im Buchauszug aufzunehmen.

1721 LAG Hessen 30.11.2015 – 10 Ta 328/15, BeckRS 2016, 67451; vgl. auch OLG Hamm 14.5.2018 – 18 U 85/17, BeckRS 2018, 15892.

1722 BGH 20.9.2006 – VIII ZR 100/05, NJW-RR 2007, 246; LAG Hessen 30.11.2015 – 10 Ta 328/15, BeckRS 2016, 67451; LAG Düsseldorf 9.6.2020 – 3 Sa 114/20, BeckRS 2020, 43977.

ner weiteren Stufe Auskunft vom Arbeitgeber verlangen (→ *Rn. 19*). Es ist eine andere Frage, ob es **sinnvoll** ist, bereits mit dem Klageantrag **bestimmte Angaben** zu verlangen, um ein etwaiges Zwangsvollstreckungsverfahren zu vereinfachen.[1723] Ist ein Buchauszug erteilt worden, dieser aber unvollständig, so kann nur unter bestimmten Voraussetzungen ein **ergänzter Buchauszug** verlangt werden, etwa wenn Angaben über bestimmte Teilbezirke oder Zeiträume fehlen.[1724] In diesem Fall sind die verlangten Ergänzungen ohnehin konkret zu bezeichnen.

Welche Angaben verlangt werden können, hängt davon ab, welche Angaben für die **14**
Berechnung, Höhe und Fälligkeit der Provision bedeutsam sein können. Hierfür kommt es zunächst wiederum auf die jeweilige Provisionsregelung sowie auf die zwingenden gesetzlichen Regelungen an. Im Buchauszug sind auch noch schwebende, stornierte oder solche Geschäfte aufzunehmen, deren Provisionspflicht streitig ist.[1725] Jedenfalls wenn zwischen den Parteien der Kreis der provisionspflichtigen Geschäfte streitig ist, darf auch die Entscheidung dies nicht offenlassen.[1726] Der Buchauszug hat vielmehr sämtliche Einzeldaten aller als provisionspflichtig in Betracht kommenden Geschäfte zu enthalten.[1727]Dementsprechend sollte auch der Antrag die geforderten Angaben aufnehmen. Provisionssatz und Provisionsbetrag sind hingegen den Abrechnungen und nicht einem Buchauszug zu entnehmen.[1728] Allerdings ist bei zweifelsfrei nicht provisionspflichtigen Geschäften der Buchauszug ausgeschlossen.[1729]

Bereits als zulässig ist der folgende Antrag anerkannt worden:[1730] **15**

> *Die Beklagte wird verurteilt, dem Kläger einen Buchauszug für sämtliche in der Zeit vom <Datum> bis <Datum> abgeschlossen Verträge <genaue Bezeichnung> zu erteilen, für die ein Provisionsanspruch des Klägers nicht ausgeschlossen ist.*

Diese Antragsformulierung erscheint dennoch nicht unproblematisch, da die Frage, **16**
für welche Verträge Provisionsansprüche **ausgeschlossen** sind, dann auf das Zwangsvollstreckungsverfahren verschoben werden könnte.

Ist im Vorfeld bereits streitig, ob ein Provisionsanspruch für bestimmte Vertragsty- **17**
pen oder Verträge mit bestimmten Vertragspartnern ausgeschlossen sein könnte, so empfiehlt es sich, wie oben ausgeführt, diese in den Antrag aufzunehmen, um so den Streit entscheiden zu lassen.

> **Die Beklagte wird verurteilt, dem Kläger einen Buchauszug für sämtliche in der Zeit vom <Datum> bis <Datum> abgeschlossenen <Bezeichnung>-Verträge zu erteilen, insbesondere für die mit dem Kunden <Bezeichnung> abgeschlossenen <Bezeichnung>-Verträge.**

1723 OLG Hamm 14.5.2018 – 18 U 85/17, BeckRS 2018, 15892.
1724 BGH 20.2.1964 – VII ZR 147/62, BB 1964, 409; BGH 26.4.2007 – I ZB 82/06, NJW-RR 2007, 1475; MüKoHGB/Ströbl § 87c Rn. 52; LAG Rheinland-Pfalz 28.1.2009 – 7 Sa 434/08, BeckRS 2009, 61430; vgl. auch OLG Bamberg 27.5.2008 – 4 W 68/07, NJW-RR 2008, 1422 zur Ergänzung im Wege der Ersatzvornahme durch einen vereidigten Buchsachverständigen.
1725 LAG Hamm 6.6.2002 – 16 Sa 192/01, LAGReport 2002, 331; BGH 21.3.2001 – VIII ZR 149/99, NJW 2001, 2333.
1726 OLG Hamburg 2.5.1968 – 6 U 144/67, MDR 1968, 673; MüKoHGB/Ströbl § 87c Rn. 61.
1727 LAG Düsseldorf 9.6.2020 – 3 Sa 114/20, BeckRS 2020, 43977.
1728 BGH 21.3.2001 – VIII ZR 149/99, NJW 2001, 2333.
1729 LAG Thüringen 14.12.2021 – 1 Sa 177/20, BeckRS 2021, 44087; BGH 11.5.2016 – VII ZR 64/15, BeckRS 2016, 10116.
1730 LAG Hamm 6.6.2002 – 16 Sa 192/01, LAGReport 2002, 331.

3. Abgabe einer eidesstattlichen Versicherung

18 Ob darüber hinaus ein Anspruch auf Abgabe einer eidesstattlichen Versicherung nach § 259 Abs. 2 BGB besteht, ist umstritten und zweifelhaft.[1731] Ein solcher Antrag ist aber nicht unzulässig, allenfalls unbegründet. Der Antrag kann daher lauten:

> **Die Beklagte wird verurteilt, die Richtigkeit des Buchauszugs an Eides Statt zu versichern.**

4. Auskunft

19 Nach § 87c Abs. 3 HGB kann der Handelsvertreter Mitteilung über alle Umstände verlangen, die für den Provisionsanspruch, seine Fälligkeit und seine Berechnung wesentlich sind. Umstritten ist, ob der Auskunftsanspruch lediglich den **Anspruch auf Erteilung einer Abrechnung und eines Buchauszugs ergänzt.**[1732] Trotz Erteilung einer Abrechnung und eines Buchauszugs müssen dann noch **Unklarheiten** bestehen. Es kann Mitteilung über Umstände verlangt werden, die sich nicht aus der Abrechnung und dem Buchauszug ergeben.[1733] Im Antrag sind daher die Umstände, über die Auskunft zu geben ist, **konkret** zu bezeichnen.[1734] Nach anderer Auffassung besteht zwischen den verschiedenen Hilfsansprüchen keine zwingende Reihenfolge.[1735] Gerade im Arbeitsrecht könne auch außerhalb der §§ 65, 87c HGB ein Auskunftsanspruch über verdiente Provisionen in Betracht kommen. Nach dieser Auffassung bedarf der Klageantrag – ebenso wie beim Buchauszug – keine näheren Vorgaben dazu, welche Angaben im Rahmen der Auskunft zu machen sind.

20 Da sich im Rahmen einer Stufenklage noch nicht absehen lässt, ob die Geltendmachung des Hilfsanspruchs erforderlich sein wird, ist zunächst nur eine allgemeine, also unbestimmte Ankündigung des Antrags möglich mit dem Vorbehalt, die Umstände noch zu konkretisieren.

> **Hilfsweise für den Fall, dass sich trotz Erteilung der Abrechnung und des Buchauszugs Unklarheiten ergeben, wird die Beklagte verurteilt, über weitere, noch zu konkretisierende Umstände, die für den Provisionsanspruch, seine Fälligkeit und seine Berechnung wesentlich sind, Mitteilung zu machen.**

21 Vor dem Termin, in dem über den Auskunftsanspruch zu entscheiden ist, müssen dann die Umstände aber rechtzeitig präzisiert und konkret im Antrag benannt werden. Hat die Beklagte die Auskunft erteilt und verbleiben keine Unklarheiten, ist der Antrag regelmäßig zurückzunehmen.

22 Bestehen **Zweifel,** ob die erteilten Auskünfte richtig sind, kann der Arbeitnehmer regelmäßig nicht die Korrektur der Auskunft verlangen, sondern ist auf die Abgabe ei-

1731 Die Regelungen des § 87c HGB sind grundsätzlich spezieller. Ein Anspruch auf Abgabe einer eidesstattlichen Versicherung besteht allenfalls, wenn die Einsichtnahme in die Bücher keine Klarheit gebracht hat: BGH 16.5.1960 – VII ZR 206/59, NJW 1960, 1662; OLG Hamm 21.3.1957 – 18 U 251/56, NJW 1959, 51; für eine uneingeschränkte Zulässigkeit: OLG Frankfurt 13.12.1994 – 5 U 214/93, NJW-RR 1995, 351; LAG Thüringen 21.7.2009 – 1 Sa 211/08, BeckRS 2010, 72333.

1732 So BGH 21.3.2001 – VIII ZR 149/99, NJW 2001, 2333; MüKoHGB/Ströbl § 87c Rn. 64.

1733 MüKoHGB/Ströbl § 87c Rn. 64.

1734 MüKoHGB/Ströbl § 87c Rn. 72; BeckOK HGB/Lehmann § 87c Rn. 33.

1735 LAG Hessen 30.11.2015 – 10 Ta 328/15, BeckRS 2016, 67451.

ner **eidesstattlichen Versicherung** (→ *Rn. 18*) beschränkt.[1736] Auch dieser Antrag kann im Wege der Stufenklage geltend gemacht werden. Nach der Erteilung der Auskunft müssen dann aber die bestehenden Zweifel konkretisiert werden.

> **Hilfsweise für den Fall, dass Zweifel an der Richtigkeit der erteilten Auskunft bestehen, wird die Beklagte verurteilt, die Richtigkeit der Auskünfte an Eides Statt zu versichern.**[1737]

5. Einsicht in die Geschäftsbücher

23 Nach § 87c Abs. 4 HGB kann der Handelsvertreter verlangen, dass nach Wahl des Unternehmers entweder ihm oder einem von ihm zu bestimmenden Wirtschaftsprüfer oder vereidigten Buchsachverständigen Einsicht in die Geschäftsbücher oder die sonstigen Urkunden gewährt wird, wie dies zur Feststellung der Richtigkeit oder Vollständigkeit der Abrechnung nach § 87c Abs. 1 HGB oder des Buchauszugs (§ 87c Abs. 2 HGB) erforderlich ist. Voraussetzung ist, dass der Buchauszug verweigert wird oder begründete Zweifel an der Richtigkeit oder Vollständigkeit der Abrechnung oder des Buchauszugs bestehen.

24 Der Anspruch auf Einsichtnahme kann **nicht gleichzeitig** mit den Ansprüchen auf Abrechnung und Buchauszug geltend gemacht werden.[1738] Der Anspruch ist im Rahmen der Stufenklage nur **hilfsweise** für den Fall geltend zu machen, dass Zweifel an der Richtigkeit oder Vollständigkeit der Abrechnung oder des Buchauszugs bestehen oder der Buchauszug verweigert wird.[1739] Da dies vorab nicht feststeht, sollte sowohl die Rücknahme des Antrags als auch die Konkretisierung der Zweifel vorbehalten werden.

25 Der Anspruch ist beschränkt. Er besteht nur soweit, wie dies zur Feststellung der Richtigkeit oder Vollständigkeit der Abrechnung oder des Buchauszugs erforderlich ist. Dementsprechend muss im Klageantrag der **Umfang der Bucheinsicht** genau angegeben werden.[1740] Die Konkretisierung ist aber erst nach Erteilung des Buchauszugs möglich.

> **Für den Fall, dass Zweifel an der Richtigkeit oder Vollständigkeit der Abrechnung oder des Buchauszugs bestehen, wird die Beklagte verurteilt, nach ihrer Wahl entweder dem Kläger oder einem von diesem zu bestimmenden Wirtschaftsprüfer oder vereidigten Buchsachverständigen Einsicht in die Geschäftsbücher oder in sonstige (noch näher zu bezeichnende) Urkunden so weit zu gewähren.**

26 Vor dem Termin, in dem über den Anspruch auf Einsichtnahme zu entscheiden ist, müssen dann die Urkunden konkretisiert werden. Verbleiben keine Zweifel an der Richtigkeit oder Vollständigkeit der Abrechnung oder des Buchauszugs und kann der Provisionsanspruch bereits beziffert werden, so ist der Antrag regelmäßig zurückzunehmen.

1736 MüKoHGB/Ströbl § 87c Rn. 75.
1737 Vgl. MPFormBAR/Köhne B. II. 1.7.
1738 MüKoHGB/Ströbl § 87c Rn. 91; BGH 24.6.1971 – VII ZR 223/69, NJW 1971, 1610.
1739 LAG Düsseldorf 9.6.2020 – 3 Sa 114/20, BeckRS 2020, 43977; OLG Düsseldorf 1.7.1965 – 8 U 270/64, NJW 1965, 2352.
1740 MüKoHGB/Ströbl § 87c Rn. 89; BeckOK HGB/Lehmann § 87c Rn. 46.

6. Zahlung

27 Der Zahlungsantrag kann im Rahmen einer Stufenklage **zunächst** wie folgt angekündigt werden:

> **Die Beklagte wird verurteilt, die sich aus der Abrechnung/dem Buchauszug/der Auskunft ergebenden Provisionen an den Kläger zu zahlen.**[1741]
>
> **Oder:**
>
> **Die Beklagte wird verurteilt, den sich nach der Abrechnung/dem Buchauszug/der Auskunft noch zu beziffernden Betrag an den Kläger zu zahlen.**

28 In der Praxis finden sich auch im Rahmen einer Stufenklage Anträge mit bezifferten Beträgen, die damit begründet werden, dass es sich um **Mindestbeträge** handelt. Werden aber Stufenklage und bezifferter Zahlungsantrag zusammen erhoben, dann kann die Stufenklage bereits als unzulässig angesehen werden.[1742]

> *Die Beklagte wird verurteilt, die sich nach der Abrechnung/dem Buchauszug/der Auskunft ergebenden Provisionen, mindestens aber EUR <Betrag> an den Kläger zu zahlen.*

29 Von einem derartigen Antrag ist abzuraten.[1743] Er führt lediglich zu **Unklarheiten:** Soweit der Kläger bzgl. bestimmter vermittelter Geschäfte einen konkreten Betrag bereits beziffern kann, so ist unmittelbar in dieser Höhe ein bezifferter Leistungsantrag zu stellen. Ein Rechtsschutzinteresse an der Durchsetzung der Hilfsansprüche, wie etwa an der Erteilung eines Buchauszugs, besteht bzgl. dieser Geschäfte ohnehin nicht. Nur für die Geschäfte, für die der Provisionsanspruch noch nicht beziffert werden kann, ist die Stufenklage zu erheben. Kann der Arbeitnehmer die Zahlungsansprüche nur teilweise beziffern, hat er einen bezifferten Zahlungsantrag sowie eine Stufenklage mit unbeziffertem Zahlungsantrag zu stellen.

30 Ist der Mindestbetrag hingegen **lediglich geschätzt,** so hilft seine Nennung nicht weiter, da dennoch die vorherigen Stufen der Klage zu durchlaufen sind. Es ist dringend davon abzuraten, einen solchen Zahlungsantrag ohne Stufenverhältnis zu stellen. Mangels hinreichender Begründung wird er der Abweisung unterliegen. Dann droht – allerdings abhängig vom Umfang der Rechtskraft – ein endgültiger Rechtsverlust.

31 Kann der Arbeitnehmer aufgrund der erfüllten Hilfsansprüche seine Ansprüche letztlich **beziffern,** so ist der Zahlungsantrag abschließend umzustellen und der konkrete, dh bezifferte Betrag einzufordern. Insoweit kann auf das Stichwort → *Vergütung* verwiesen werden.

7. Rückzahlung von Provisionen

32 Dem Arbeitgeber kann ein Anspruch auf Rückzahlung geleisteter Ansprüche zustehen, etwa ein Vorschuss geleistet und die Provision nicht vollständig verdient worden ist (→ *Vorschuss* und → *Rückzahlungsansprüche des Arbeitgebers*).[1744]

1741 Vgl. etwa MPFormBAR/Köhne B. II. 1.7.
1742 ArbG München 15.1.2008 – 17 Ca 393/07, AE 2008, 142.
1743 Vgl. MüKoZPO/Becker-Eberhard § 254 Rn. 18.
1744 BAG 21.1.2015 – 10 AZR 84/14, NZA 2015, 871, insb. auch zu Anforderungen an die Schlüssigkeit einer solchen Klage auf Rückzahlung von Provisionsansprüchen.

Rechnungslegung

1 Gemäß § 259 BGB kann ein Anspruch auf Rechnungslegung bestehen. Es handelt sich um einen **Hilfsanspruch,** der dazu dient, den eigentlichen Hauptanspruch durchzusetzen. Insoweit gelten dieselben Grundsätze wie bei einem Anspruch auf → *Auskunft.* Letztlich begehrt der Kläger eine Auskunft nebst Belegen.[1745] Der Anspruch auf Rechnungslegung wird im Rahmen einer → *Stufenklage* geltend gemacht. Bei einer → *Provision* bestehen besondere Vorschriften über Abrechnung, Buchauskunft, Einsicht in Geschäftsbücher usw. Unter den Voraussetzungen des § 259 Abs. 2 BGB besteht die Pflicht zur Abgabe einer eidesstattlichen Versicherung (dazu → *Provision*).

2 Es gilt auch insoweit der Bestimmtheitsgrundsatz. Was unter Rechnungslegung zu verstehen ist, ergibt sich aus § 259 BGB.[1746] Danach ist dem Berechtigten eine **geordnete Zusammenstellung** einer die Einnahmen oder Ausgaben enthaltende Rechnung mitzuteilen und, soweit Belege erteilt zu werden pflegen, Belege vorzulegen. Mögliche Belege müssen hinreichend bestimmt sein.[1747]

> **Die Beklagte wird verurteilt, dem Kläger (Auskunft zu erteilen und) Rechnung zu legen über <konkrete Bezeichnung der gewünschten Angaben, etwa bestimmte Geschäfte> in dem Zeitraum <Datum>.**

3 Unzulässig ist daher der folgende Antrag:

> *Die Beklagte wird verurteilt, dem Kläger unter Belegvorlage darüber Auskunft zu erteilen und Rechnung zu legen, in welchem Umfang sie in nicht rechtsverjährter Zeit <konkrete Bezeichnung der gewünschten Angaben>.*

4 Der Zusatz „in nicht verjährter Zeit" lässt nicht eindeutig erkennen, für welchen Zeitraum der Kläger von der Beklagten die Rechnungslegung verlangt.[1748]

5 Im Rahmen der → *Stufenklage* versteht die Rechtsprechung unter dem Begriff der Rechnungslegung alle Auskünfte, die zur Anbringung eines bezifferten Zahlungsantrags erforderlich sind.[1749]

Reisekosten

Reiskosten ist ein Sammelbegriff für alle Kosten, die bei einer Dienstreise entstehen. Dazu gehören → *Fahrtkosten,* Übernachtungskosten, → *Verpflegungsmehraufwendungen* und sonstige Nebenkosten einer Reise. Oft werden die bei einer Reise des Arbeitnehmers anfallenden Kosten auch als → *Spesen* bezeichnet. Ob und in welchem Umfang Arbeitnehmern ein Anspruch auf Erstattung von Reisekosten zusteht, richtet sich vor allem nach dem Anlass der Reise und der Entfernung. Keine Reisekosten sind die bei der täglichen Fahrt zur Arbeit anfallenden → *Fahrtkosten.* Etwas anderes gilt für Dienstreisen. Soweit der Arbeitnehmer im Zusammenhang mit seinen Dienstpflichten für den Arbeitgeber Aufwendungen macht, die der Arbeitsaus-

1745 Vgl. OLG Brandenburg 4.3.2009 – 4 U 72/08, BeckRS 2009, 07166.
1746 OLG Brandenburg 4.3.2009 – 4 U 72/08, BeckRS 2009, 07166.
1747 OLG Rostock 29.8.2023 – 4 U 166/22, NJOZ 2023, 1324.
1748 LG Düsseldorf 24.4.2012 – 4a O 286/10, BeckRS 2013, 14826.
1749 BAG 9.11.2021 – 1 AZR 206/20, NZA 2022, 286.

führung dienen und für deren Abgeltung die vereinbarte Arbeitsvergütung nicht bestimmt ist, hat er gegen die Arbeitgeberin einen Anspruch auf Erstattung, soweit diese erforderlich waren oder der Arbeitnehmer sie den Umständen nach für erforderlich halten durfte. Hier greift § 670 BGB.[1750] Die einzelnen erstattungsfähigen Aufwendungen sind vielgestaltig. Erstattungsfähig sind nicht nur die bei einer Dienstreise anfallenden Fahrtkosten, sondern sämtliche Auslagen des Arbeitnehmers im Interesse der Arbeitgeberin, aus Anlass der Dienstreise. Die Zahlung der Erstattung durch den Arbeitgeber erfolgt sozialversicherungsfrei. Dies hat Auswirkungen auf den Antrag → *Aufwendungsersatz.* Häufig werden von der Arbeitgeberin für typisch anfallende Auslagen auch Pauschalen gewährt, die dann als „Spesenpauschale" oder „Auslöse" bezeichnet werden. Derartige Pauschalierungen finden sich oft in Tarifverträgen.[1751] Auch hier ergeben sich keine Besonderheiten für den Antrag → *Aufwendungsersatz.* Nichts anderes gilt für sog. →*Verpflegungsmehraufwendungen,* für die gleichfalls typischerweise steuerfreie Pauschbeträge gewährt werden → *Aufwendungsersatz.*

Rückgruppierung

1 Der Arbeitgeber des öffentlichen Dienstes ist grundsätzlich berechtigt, eine fehlerhafte, der Tätigkeit des Arbeitnehmers nicht entsprechende tarifliche Eingruppierung zu korrigieren. Voraussetzung ist allerdings, dass im Arbeitsvertrag nicht konstitutiv eine Eingruppierung und Vergütung auf der Basis einer konkreten Entgeltgruppe vereinbart ist.[1752] Unter besonderen Umständen kann eine solche Rückgruppierung jedoch treuwidrig sein,[1753] zB bei einer wiederholten korrigierenden Rückgruppierung.[1754] Beruft sich der Arbeitnehmer auf die ihm zuvor als maßgebend mitgeteilte und der Vergütung zugrunde gelegte Vergütungsgruppe, muss der Arbeitgeber allerdings die objektive Fehlerhaftigkeit der bisher gewährten Vergütung darlegen und ggf. beweisen.[1755] Das gilt auch für eine korrigierende Rückgruppierung in der Privatwirtschaft.[1756] Die für die korrigierende Rückgruppierung geltenden Grundsätze finden auch auf den Fall der Verweigerung des Bewährungs- bzw. Zeitaufstiegs[1757] und für eine korrigierende Rückstufung Anwendung, sofern die Einstufung nicht auf einer Ermessensausübung, sondern auf Rechtsanwendung beruht.[1758]

2 Die Grundsätze der korrigierenden Rückgruppierung gelten ihrem Sinn und Zweck nach auch in solchen Fällen, in denen die Arbeitgeberin durch Abkehr von der der Beschäftigten früher mitgeteilten und in der Folgezeit praktizierten Eingruppierung eine Vergütungssteigerung in der Zukunft zu verhindern sucht. Die Übertragung der Grundsätze der korrigierenden Rückgruppierung ist aber nur dann berechtigt, wenn sich aus der durch die Arbeitgeberin zunächst angenommenen Entgeltgruppe oder dem mitgeteilten Tätigkeitsmerkmal zwingend die tarifliche Voraussetzung auch der begehrten Entgeltgruppe ergibt.[1759]

1750 Grundlegend: BAG 16.10.2007 – 9 AZR 170/07, AP BGB § 670 Nr. 34; LAG Düsseldorf 30.7.2009 – 15 Sa 268/09, BeckRS 2009, 72888.
1751 BAG 12.12.2012 – 5 AZR 355/12, NZA 2013, 1158; BAG 14.10.2004 – 6 AZR 494/03, AuR 2005, 197.
1752 BAG 18.10.2018 – 6 AZR 246/17, NZA-RR 2019, 102.
1753 BAG 13.12.2017 – 4 AZR 576/16, NZA 2018, 601.
1754 LAG Rheinland-Pfalz 8.6.2021 – 6 Sa 396/20, öAT 2021, 261.
1755 BAG 27.4.2022 – 4 AZR 463/21, NZA 2022, 1426; BAG 5.6.2014 – 6 AZR 1008/12, DB 2014, 1995 mwN.
1756 BAG 11.7.2018 – 4 AZR 488/17, BeckRS 2018, 29823.
1757 BAG 16.10.2002 – 4 AZR 447/01, BeckRS 2003, 40324.
1758 BAG 5.6.2014 – 6 AZR 1008/12, AP TV-L § 16 Nr. 7; LAG Mecklenburg-Vorpommern 27.2.2018 – 5 Sa 224/16, BeckRS 2018, 5418.
1759 BAG 16.8.2023 – 4 AZR 339/22, AP TVöD § 12 Nr. 19.

Führt die Arbeitgeberin eine korrigierende Rückgruppierung des Arbeitnehmers durch, handelt es sich im Kern um einen Streit über die zutreffende Eingruppierung. Die Antragsformulierungen sind deshalb unter → *Eingruppierung* erläutert. 3

Spricht sie zum Zweck der Rückgruppierung eine Änderungskündigung aus, gelten die Ausführungen unter → *Änderungskündigung.* 4

Rückkehrzusage

Insbesondere wenn ein Arbeitnehmer innerhalb eines Konzerns zu einem anderen Unternehmen wechselt, aber auch im Zusammenhang mit Betriebsübergangssachverhalten kommt es zu Vereinbarungen des Inhalts, dass die ursprüngliche Arbeitgeberin dem Arbeitnehmer verspricht, ihn bei bestimmten Entwicklungen des neuen Arbeitsverhältnisses „wieder einzustellen", etwa wenn es zu einer betriebsbedingten Beendigung des neuen Arbeitsverhältnisses kommt. Grundlage der Zusage kann auch eine Betriebsvereinbarung sein.[1760] Streitigkeiten entstehen vor allem darüber, ob überhaupt eine verbindliche Zusage erteilt worden ist,[1761] ob die Bedingungen hierfür eingetreten sind[1762] und zu welchen Bedingungen die Weiterbeschäftigung erfolgen muss. 1

In der Sache verlangt der Arbeitnehmer den Abschluss eines Arbeitsvertrages, so dass auf die Ausführungen unter → *Arbeitsvertrag* verwiesen werden kann. 2

Meint der Arbeitnehmer, aus anderen Gesichtspunkten als einer (individualrechtlichen oder kollektivrechtlichen) Zusage einen Anspruch darauf zu haben, dass die Arbeitgeberin ihn wieder einstellt (insbesondere bei nachträglicher Veränderung prognostizierter Umstände bei Kündigungen): → *Wiedereinstellung.* 3

Rückzahlungsansprüche des Arbeitgebers

Immer wieder kommt es vor, dass der Arbeitgeber den Arbeitnehmer überzahlt, dh es wird eine zu hohe Vergütung abgerechnet und ausgezahlt oder irrtümlich doppelt überwiesen. Weiterhin kommen Rückzahlungsansprüche in Betracht bei Sonderzahlungen (etwa Weihnachtsgeld) und Ausscheiden vor einem bestimmten Stichtag (etwa vor dem 31.3. des Folgejahres), bei → *Arbeitgeberdarlehen* und → *Fortbildungskosten.*[1763] Gleiches gilt bei der → *Anfechtung* des Arbeitsvertrags, einzelner Vertragsbedingungen oder Entgeltzahlungen im Rahmen eines Insolvenzverfahrens[1764] (§§ 129 ff. InsO). 1

Der Rückzahlungsanspruch des Arbeitgebers richtet sich regelmäßig auf den **überzahlten Bruttobetrag.**[1765] Hierzu zählen aber **nicht** die **Arbeitgeberanteile** am Sozialversicherungsbeitrag.[1766] Behält der Arbeitgeber zu wenig → *Lohnsteuer* ein und wird vom Finanzamt in Anspruch genommen, so bleibt der Arbeitnehmer dennoch Steuerschuldner; der Arbeitgeber hat einen Erstattungsanspruch.[1767] Ein Rückzahlungsanspruch kann sich auch aufgrund von Abführung erhöhter Steuern ergeben, 2

1760 BAG 13.4.2012 – 7 AZR 147/11, AP BetrVG 1972 Betriebsvereinbarung Nr. 60.
1761 BAG 13.4.2012 – 7 AZR 147/11, AP BetrVG 1972 Betriebsvereinbarung Nr. 60.
1762 BAG 15.10.2013 – 9 AZR 572/12, NZA-RR 2014, 119.
1763 Vgl. etwa Coché/Striegler DB 2024, 253 ff.
1764 Dazu etwa BAG 25.5.2022 – 6 AZR 497/21, NZI 2022, 782.
1765 BAG 24.10.2000 – 9 AZR 610/99, NZA 2001, 663; BAG 9.4.2008 – 4 AZR 164/07, FA 2008, 189: krit. Lüderitz BB 2010, 2629 ff.
1766 BAG 23.4.1997 – 5 AZR 29/96, NZA 1997, 1002.
1767 BAG 14.11.2018 – 5 AZR 301/17, NZA 2019, 250.

etwa wenn der Arbeitgeber diese wegen Beendigung des Arbeitsverhältnisses nicht mehr vom laufenden Lohn abziehen kann.[1768] Ob ein Anspruch gemäß § 812 Abs. 1 BGB besteht, weil der Arbeitnehmer die Befreiung einer Steuerschuld erlangt hat, ist umstritten.[1769]

3 Zu beachten ist in diesem Zusammenhang allerdings § 26 SGB IV. Der Arbeitnehmer erlangt ohne Rechtsgrund einen **Erstattungsanspruch** nach § 26 Abs. 2 SGB IV für die zu Unrecht entrichteten Sozialversicherungsbeiträge (allerdings haben die Sozialversicherungsträger nach § 28 SGB IV erweiterte Möglichkeiten, den Erstattungsanspruch durch Verrechnung/Aufrechnung zu erfüllen). Der Arbeitgeber hat zunächst nur **Anspruch auf Abtretung** des Anspruchs, wenn der Arbeitnehmer den Erstattungsbetrag noch nicht erhalten hat. Dementsprechend muss der Arbeitgeber in Höhe der abgeführten Sozialversicherungsbeiträge einen **bezifferten Abzug** machen, andernfalls ist der Antrag nicht hinreichend bestimmt.[1770] Wurde dem Arbeitnehmer die zu Unrecht entrichteten Sozialversicherungsbeiträge von der Einzugsstelle bereits ausgezahlt, ist eine Abtretung nicht (mehr) möglich. In diesem Fall hat der Arbeitnehmer den Wert des Anspruchs zu ersetzen, so dass der Arbeitgeber ausnahmsweise vom Arbeitnehmer Zahlung verlangen kann.[1771]

4 Werden die Beträge vom Bruttobetrag nicht in Abzug gebracht, dann ist die Klage in entsprechender Höhe im Grundsatz **unbegründet.** Werden die Sozialversicherungsbeträge nicht – weder im Antrag noch in der Begründung – beziffert, dann ist eine Klage auf Rückzahlung eines Bruttobetrags bereits **unzulässig,** weil er unbestimmt ist.[1772] Ohne Bezifferung kann der jeweilige Betrag nicht in Abzug gebracht werden.

5 Der Antrag wird daher in der Regel beispielsweise wie folgt lauten müssen:

Der Beklagte wird verurteilt, an die Klägerin EUR <Betrag> zu zahlen.
Der Beklagte wird zudem verurteilt, seinen Erstattungsanspruch (gemäß § 26 SGB IV) gegen die <Bezeichnung> Kasse in Höhe von EUR <Betrag> an die Klägerin abzutreten.

6 **Unzulässig** ist hingegen etwa folgender Antrag:

Der Beklagte wird verurteilt, an die Klägerin EUR <Betrag> zu zahlen abzüglich des Erstattungsanspruchs gegen die <Bezeichnung>-Kasse, den der Beklagte an die Klägerin abzutreten hat.

7 Hat der Arbeitnehmer den Erstattungsbetrag von der Krankenkasse bereits erhalten, gelten die Grundsätze für Zahlungsklagen (→ *Zahlung*). Eine Bezeichnung des Betrags als Bruttobetrag ist weder erforderlich noch zutreffend. Der Antrag lautet daher beispielsweise:

Der Beklagte wird verurteilt, an die Klägerin EUR <Betrag> zu zahlen.

1768 Dazu LAG Sachsen 21.3.2014 – 5 Sa 427/13, BeckRS 2014, 128313.

1769 Dazu BAG 13.10.2010 – 5 AZR 648/09, NZA 2011, 219; ArbG Mannheim 12.2.2008 – 8 Ca 412/07, BeckRS 2008, 53079.

1770 BAG 9.4.2008 – 4 AZR 164/07, FA 2008, 189; BAG 21.1.2015 – 10 AZR 84/14, NZA 2015, 871.

1771 BAG 9.4.2008 – 4 AZR 164/07, NJOZ 2008, 5178 (5187); LAG Rheinland-Pfalz 10.7.2019 – 7 Sa 433/18, NZA-RR 2019, 578, 579.

1772 BAG 1.1.2015 – 10 AZR 84/14, NZA 2015, 871; BAG 9.4.2008 – 4 AZR 164/07, NJOZ 2008, 5178 (5187); LAG Rheinland-Pfalz 10.7.2019 – 7 Sa 433/18, NZA-RR 2019, 578, 579.

Ruhen des Arbeitsverhältnisses

Zwischen den Arbeitsvertragsparteien kann im Streit stehen, ob ihr Arbeitsverhältnis 1
ruht. Grund hierfür kann zwar auch eine vertragliche Vereinbarung sein, regelmäßig wird es aber um die Frage gehen, ob die Voraussetzungen einer entsprechenden tarifvertraglichen Regelung vorliegen, etwa wenn dem Arbeitnehmer eine Erwerbsminderungsrente bewilligt wird. Von einer Feststellungsklage ist abzusehen, denn das Ruhen des Arbeitsverhältnisses ist kein feststellungsfähiger Gegenstand;[1773] das Eintreten oder Ausbleiben des Ruhens ist vielmehr allein Vorfrage für das Bestehen der Hauptpflichten aus dem Arbeitsvertrag. Bei einer rein vergangenheitsbezogenen Feststellung wird zudem das besondere Feststellungsinteresse regelmäßig nicht gegeben sein.

> *Es wird festgestellt, dass das Arbeitsverhältnis des Klägers für die Zeit vom <Datum> bis <Datum> nicht ruhte.*

Will der Arbeitnehmer geltend machen, dass das Arbeitsverhältnis nicht ruht, kann 2
er mittels **Leistungsklagen** seine → *Beschäftigung* oder die Zahlung von (Annahmeverzugs-) → *Vergütung* einfordern.

Schadensersatz

Schadensersatzansprüche können auf unterschiedliche Gegenstände gerichtet sein. 1
Meist wird es sich um **Zahlungsansprüche** handeln (→ *Zahlung* → *Schmerzensgeld*). Bei **Personenschäden** kann die Haftung der Arbeitgeberin nach § 104 SGB VII beschränkt sein. Die Berechnung des Schadens erfolgt nach der sog. **Differenzhypothese** durch Vergleich der infolge des haftungsbegründenden Ereignisses eingetretenen Vermögenslage mit derjenigen, die ohne dieses Ereignis bestünde, wobei zusätzlich eine normative Kontrolle stattzufinden hat.[1774] Insbesondere bei komplexen Vorgängen ist auf die hinreichende Konkretisierung des Streitgegenstands zu achten. Bei Schadensersatzansprüchen liegt ein einheitlicher **Streitgegenstand** vor, wenn das schadensverursachende Verhalten bei natürlicher Betrachtung eine Einheit bildet, wenn es sich mithin um dieselbe Pflichtverletzung handelt, sich die einzelnen in eine Gesamtforderung eingestellten Rechnungspositionen also auf dieselben Anspruchsvoraussetzungen gründen lassen, deren Vorliegen sich aus demselben Lebenssachverhalt ergibt und hieraus ein Schaden folgt, der sich nicht in unterschiedliche Schadenspositionen und erst recht nicht in unterschiedliche Schadensarten (z.B. Sachschaden, Verdienstausfall, Schmerzensgeld) aufteilen lässt.[1775] Bei einer **Teilleistungsklage,** mit der mehrere selbständige Ansprüche geltend gemacht werden, bedarf es einer näheren Spezifizierung, wie sich der eingeklagte Betrag auf die einzelnen Ansprüche verteilen soll und in welcher Reihenfolge diese Ansprüche bis zu der geltend gemachten Gesamtsumme zur Entscheidung des Gerichts gestellt werden sollen; andernfalls ist der Streitgegenstand nicht hinreichend bestimmt und die Klage ist unzulässig.[1776] Da es sich bei Klagen aus Erfüllungsgesichtspunkten und solchen auf Schadensersatz um **unterschiedliche Streitgegenstände** handeln

1773 LAG Berlin-Brandenburg 14.2.2020 – 12 Sa 1601/19, BeckRS 2020, 8573 mzustAnm. Elzer ArbR 2020, 332.
1774 BAG 17.1.2018 – 5 AZR 205/17, NZA 2018, 784.
1775 BAG 17.12.2015 – 8 AZR 54/14, BeckRS 2016, 68734.
1776 BAG 17.12.2015 – 8 AZR 54/14, BeckRS 2016, 68734 Rn. 14.

kann,[1777] ist in einschlägigen Konstellationen vorsorglich klarzustellen, ob Letzteres überhaupt geltend gemacht wird. Liegen unterschiedliche Streitgegenstände vor, handelt es sich um eine alternative Klagehäufung, so dass der Kläger anzugeben hat, worauf er seine Forderung in erster Linie und worauf lediglich hilfsweise stützt.

2 Besteht der Schaden in einem **Verdienstausfall** des Arbeitnehmers, kann sowohl das entgangene Netto- als auch das entgangene Bruttoentgelt zugrunde gelegt werden.[1778] Das Bundesarbeitsgericht berechnet den Schaden regelmäßig nach der Bruttolohnmethode.[1779] Bei verspäteter Vergütungszahlung kann es auch zu einem ersatzfähigen **Steuerschaden** kommen.[1780]

3 Wird ein für vorläufig vollstreckbar erklärtes Urteil aufgehoben oder abgeändert, ist der Kläger nach § 717 Abs. 2 Satz 1 ZPO zum Ersatz desjenigen Schadens verpflichtet, welcher der Beklagten durch die Vollstreckung des Urteils oder durch eine zur Abwendung der Vollstreckung gemachte Leistung entstanden ist. Die Regelung ist gemäß § 62 Abs. 2 Satz 1 ArbGG auch im arbeitsgerichtlichen Urteilsverfahren anwendbar.[1781]

4 Für die unterschiedlichen Konstellationen, in denen Schadensersatz nicht in Geld verlangt wird, lässt sich kein allgemeingültiger Antrag formulieren. Ein besonderes Augenmerk ist dann allerdings auf die Bestimmtheit der Formulierung zu richten. Dies gilt vor allem auch bei Klagen auf → *Unterlassung*. Denkbar ist auch, dass der Schadensersatzanspruch auf den Abschluss eines (Folge-)Vertrags gerichtet ist (→ *Arbeitsvertrag*). Bei Aufhebungsverträgen führt nach der Rechtsprechung des Bundesarbeitsgerichts ein Verstoß gegen das Gebot fairen Verhandelns im Wege des Schadensersatzes unmittelbar zu einem Entfall der Rechtswirkungen des Aufhebungsvertrags und damit zu einer Fortsetzung des ursprünglichen Arbeitsverhältnisses zu unveränderten Bedingungen[1782] (→ *Aufhebungsvertrag*).

5 Um das Vollstreckungsprivileg des § 850f Abs. 2 ZPO zu erhalten sowie im Hinblick auf § 302 Nr. 1 InsO[1783] ist auch ein dementsprechender Feststellungsantrag möglich:[1784]

> **1. <normaler Zahlungsantrag>**
> **2. Es wird festgestellt, dass die zu Ziffer 1. titulierte Verpflichtung wegen einer vorsätzlich begangenen unerlaubten Handlung der Beklagten begründet ist.**

Hat der Kläger in einem ersten Rechtsstreit zunächst nur einen Zahlungstitel erstritten, kann der Feststellungsantrag auch zum Gegenstand einer eigenständigen Klage gemacht werden.[1785]

6 Sind Schäden zu befürchten, die derzeit noch nicht (abschließend) beziffert werden können, kann die Feststellung einer Schadensersatzpflicht beantragt werden:

1777 Vgl. BAG 27.7.2010 – 3 AZR 615/08, juris = AP ZPO § 253 Nr. 52; BGH 25.10.2012 – IX ZR 207/11, NJW 2013, 540 = DB 2012, 2932.
1778 BGH 15.11.1994 – VI ZR 194/93, NJW 1995, 389.
1779 BAG 8.8.2002 – 8 AZR 574/01, AP BGB § 618 Nr. 14.
1780 BAG 19.10.2000 – 8 AZR 632/99, BeckRS 2000, 30787459 unter II. 3. b) und c) der Gründe.
1781 Ein Beispielsfall findet sich in BAG 22.10.2020 – 8 AZR 412/19, NZA 2021, 127.
1782 BAG 7.2.2019 – 6 AZR 75/18, NZA 2019, 688 Rn. 37.
1783 BGH 16.11.2016 – VIII ZR 297/15, NJW-RR 2017, 380 Rn. 20.
1784 LAG Rheinland-Pfalz 10.7.2018 – 6 Sa 319/16, BeckRS 2018, 25516.
1785 BGH 30.11.1989 – III ZR 215/88, NJW 1990, 834.

> **Es wird festgestellt, dass die Beklagte zum Ersatz aller (weiteren) <ggfs. materiellen und immateriellen> Schäden verpflichtet ist, die dem Kläger durch <genaue Bezeichnung des Grundes des Schadensersatzanspruchs,[1786] also der zum Schadensersatz verpflichtenden Handlung[1787]/bzw. mE besser: des zum Ersatz verpflichtenden Ereignisses[1788]> entstanden sind und noch entstehen werden.**

Dabei ist eine großzügige Beurteilung der Frage geboten, ob der Geschädigte die 7
Wahrscheinlichkeit eines Vermögensschadens hinreichend dargelegt hat.[1789]

In einem späteren Rechtsstreit auf Zahlung von Schadensersatz sind dann nur noch der Ursachenzusammenhang mit dem Schadensereignis und die Schadenshöhe nachzuweisen.[1790]

Das Bundesarbeitsgericht[1791] hält zutreffend den Antrag 8

> *Es wird festgestellt, dass die Beklagte verpflichtet ist, dem Kläger sämtliche Schäden zu ersetzen, die ihm aufgrund der Mobbing-Angriffe erwachsen sind oder noch erwachsen werden.*

für unbestimmt. Wenn es meint, dies mit der Formulierung „aufgrund der Verletzung der Gesundheit und des Persönlichkeitsrechts" hinreichend reparieren zu können, setzt es sich immer noch erheblichen Zweifeln aus. Auch damit dürfte der Grund des Schadensersatzanspruchs nur unzureichend beschrieben sein. Es bleibt unklar, welche Handlungen der Beklagten bzw. welche Schadenereignisse gemeint sein sollen.

Zum Anspruch auf → *Freistellung von Verpflichtungen* siehe dort.

Gegenstand des Schadensersatzanspruchs kann auch eine **Verschaffungspflicht** der 9
Arbeitgeberin sein. **Unzulässig** ist dann etwa folgender Antrag:

> *Die Beklagte wird verurteilt, den Kläger so zu stellen, als wäre ihm die ausgeschriebene Beförderungsstelle als Leiter der X-Abteilung mit Wirkung zum <Datum> übertragen worden.*

Ein solcher Antrag hat keinen vollstreckungsfähigen Inhalt und ist daher nicht 10
hinreichend bestimmt iSd § 253 Abs. 2 ZPO.[1792] Es ist nicht ersichtlich, ob Inhalt der Verschaffungspflicht finanzielle oder sonstige Nachteile, etwa eine Beschäftigung mit höherwertigen Tätigkeiten, sein sollen. **Zulässig** ist dieser Antrag nach Ansicht des BAG[1793] als **Feststellungsantrag** mit folgender Einschränkung:

1786 BAG 22.7.2010 – 8 AZR 1012/08, NZA 2011, 93 = DB 2011, 177; ungenau BAG 14.11.2013 – 8 AZR 813/12, NZA 2014, 564.

1787 Nicht ausreichend zB „wegen Mobbing-Aktionen in den Jahren …": LAG Rheinland-Pfalz 28.8.2001 – 5 Sa 521/01, BeckRS 2001, 30793078.

1788 BGH 10.1.1983 – VIII ZR 231/81, NJW 1983, 2247 Rn. 39; vgl. BAG 19.2.2009 – 8 AZR 188/08, DB 2009, 1134.

1789 BGH 26.7.2018 – I ZR 274/16, NJW-RR 2018, 1301.

1790 BAG 22.7.2010 – 8 AZR 1012/08, NZA 2011, 93 = DB 2011, 177.

1791 BAG 16.5.2007 – 8 AZR 709/06, NZA 2007, 1154.

1792 BAG 19.2.2008 – 9 AZR 70/07, NZA 2008, 1016.

1793 BAG 19.2.2008 – 9 AZR 70/07, NZA 2008, 1016; BAG 12.12.2017 – 9 AZR 152/17, NZA 2018, 515.

Es wird festgestellt, dass die Beklagte verpflichtet ist, den Kläger vergütungsmäßig so zu stellen, als wäre ihm die ausgeschriebene Beförderungsstelle als Leiter der X-Abteilung mit Wirkung zum <Datum> übertragen worden.

11 Bei Schadensersatzansprüchen im Zusammenhang mit **Verstößen gegen das AGG** bestehen keine Besonderheiten (→ *Entschädigung* bei *Diskriminierung*).

Scheinselbstständigkeit

Im Fall von Scheinselbstständigkeit dürften die Probleme der Arbeitsvertragsparteien weitgehend öffentlich-rechtlicher Natur (Nachzahlung von Steuern und Sozialversicherungsbeiträgen) sein. Soweit sich daraus Zahlungsansprüche insbesondere der Arbeitgeberin gegen den Arbeitnehmer ergeben, siehe → *Zahlung* und → *Rückzahlungsansprüche des Arbeitgebers.* Herrscht Streit, ob es sich um echte Selbstständigkeit oder einen Fall von Scheinselbstständigkeit handelt, kann eine → *Statusklage* erhoben werden. Häufig entzündet sich der Streit, wenn der „Auftraggeber" das Rechtsverhältnis gekündigt hat (→ *Kündigung*) oder sich auf eine Beendigung aus anderen Gründen beruft (→ *Befristung;* → *Allgemeiner Feststellungsantrag*). Stehen aus Sicht des Arbeitnehmers noch Entgeltforderungen aus: → *Vergütung.*

Schichtzulage

1 Ob und inwieweit der Arbeitnehmer verpflichtet ist, Schichtarbeit zu leisten, richtet sich nach den zugrunde liegenden Vereinbarungen. Davon zu unterscheiden ist die Problematik, ob und inwieweit ein Anspruch auf eine zusätzliche Vergütung besteht, etwa in Form einer Zulage. Zwar ist geleistete Arbeit zu vergüten, ein gesetzlicher Anspruch auf einen Zuschlag besteht indes nicht, sondern hängt von den zugrunde liegenden Vereinbarungen ab. Oft regelt ein Tarifvertrag Schichtzulagen. Soweit der Arbeitnehmer die konkrete Zulage für die geleistete Arbeit geltend machen möchte, muss er eine Zahlungsklage erheben[1794] (→ *Zahlung* und → *Vergütung*).

2 Ist zwischen den Parteien streitig, ob Schichtarbeit überhaupt zuschlagpflichtig ist, etwa weil unklar ist, ob das Arbeitsverhältnis einem Tarifvertrag unterfällt, der eine Schichtzulage regelt, kommt eine Feststellungsklage in Betracht (→ *Inhalt des Arbeitsverhältnisses*). Denn eine Feststellungsklage kann sich auch auf einzelne Beziehungen oder Folgen aus einem Rechtsverhältnis, auf bestimmte Ansprüche oder Verpflichtungen oder auf den Umfang der Leistungspflicht beschränken (vgl. → *Teil A. I. Rn. 46f.*).

3 Möglich ist in diesem Fall zB folgender Antrag:

Es wird festgestellt, dass die Beklagte verpflichtet ist, an den Kläger die Schichtzulage gemäß <genaue Bezeichnung der Anspruchsgrundlage, uU auch Angabe zur Höhe> zu zahlen.[1795]

siehe auch → *Zuschläge.*

1794 BAG 13.1.2016 – 10 AZR 792/14, NZA-RR 2016, 333.
1795 BAG 19.3.2014 – 10 AZR 744/13, NZA-RR 2014, 512.

Schiedsspruch

Gemäß §§ 101 ff. ArbGG können Tarifvertragsparteien **Schiedsgerichte** einsetzen 1
und die Arbeitsgerichtsbarkeit ausschließen. Hauptanwendungsfall sind Verfahren von Bühnenmitarbeitern (→ *Bühnenmitarbeiter*); das Schiedsgerichtsverfahren ist im NV Bühne tarifvertraglich festgelegt. Der Schiedsspruch des Schiedsgerichts kann gemäß § 110 ArbGG durch eine → ***Aufhebungsklage*** angegriffen werden, insb. wenn der Schiedsspruch auf der Verletzung einer Rechtsnorm beruht. Das Aufhebungsverfahren hat einen **revisionsähnlichen Charakter:** Die Schiedssprüche werden auf Rechtsfehler hin überprüft.[1796] Die Aufhebungsklage richtet sich gemäß § 110 Abs. 1 ArbGG auf die „Aufhebung des Schiedsspruchs".[1797] Mit der Entscheidung des letzten Schiedsgerichts ist etwa das Bühnenschiedsgerichtsverfahren verbraucht; Gegenstand des Aufhebungsverfahrens nach § 110 ArbGG ist daher nach Auffassung des BAG nicht (allein) die Entscheidung des Schiedsgerichts, sondern das Sachbegehren, das der Kläger vor dem Schiedsgericht anhängig gemacht hat.[1798] Deswegen ist nach Ansicht des BAG im Aufhebungsverfahren der **Sachantrag** zu stellen.[1799] Allerdings sollte auch die Entscheidung des Schiedsgerichts beseitigt werden, so dass sowohl der Aufhebungsantrag als auch der Sachantrag zu stellen sind.[1800]

> **Der Spruch des Schiedsgerichts <Bezeichnung> vom <Datum> wird aufgehoben; <Sachantrag: etwa die Beklagte wird verurteilt, ... bzw. Klageabweisung>.**

Wird allein der Aufhebungsvertrag gestellt, so kann – regelmäßig – dieser dahinge- 2
hend ausgelegt werden, dass auch der Sachantrag aus dem Schiedsgerichtsverfahren gestellt wird.[1801]

Es geht also nicht darum, den Schiedsspruch abzuändern. Daher ist von dem folgen- 3
den Antrag abzuraten, auch wenn er womöglich auslegungsfähig sein dürfte:

> *Der Spruch des Schiedsgerichts <Bezeichnung> vom <Datum>-wird abgeändert und die Beklagte wird verurteilt, <Sachantrag>.*

Zu beachten ist die **zweiwöchige Klagefrist** nach § 110 Abs. 3 ArbGG 4

Schleppnetzantrag

→ *Allgemeiner Feststellungsantrag*

Schlichtungsausschuss

Nach § 111 Abs. 2 S. 1 ArbGG können insbesondere im Bereich des **Handwerks** 1
Schlichtungsausschüsse für Streitigkeiten zwischen Auszubildenden und Ausbildern, also aus dem → *Ausbildungsverhältnis* gebildet werden. Ist ein solcher Ausschuss gebildet, dann muss nach § 111 Abs. 2 S. 5 ArbGG einer Klage vor dem ArbG eine

1796 BAG 2.8.2017 – 7 AZR 601/15, BeckRS 2017, 136141; GMP/Germelmann § 110 ArbGG Rn. 5.
1797 BAG 2.8.2017 – 7 AZR 601/15, BeckRS 2017, 136141.
1798 BAG 12.1.2000 – 7 AZR 925/98, NZA 2000, 1345; BAG 15.11.2018 – 6 AZR 385/17, NJW 2019, 796.
1799 BAG 12.1.2000 – 7 AZR 925/98, NZA 2000, 1345.
1800 GMP/Germelmann § 110 ArbGG Rn. 22a.
1801 BAG 12.1.2000 – 7 AZR 925/98, NZA 2000, 1345.

Verhandlung vor dem Ausschuss vorangegangen sein. Es handelt sich um ein **vorgerichtliches Schiedsverfahren.**[1802] Im Falle von Streitigkeiten im Rahmen bestehender **Berufsausbildungsverhältnissen** ist also die Anrufung des Schlichtungsausschusses **Prozessvoraussetzung** für die Klage vor dem ArbG.[1803] Ohne vorherige Einschaltung des Ausschusses ist eine Klage unzulässig.[1804] Allerdings kann die mangelnde Nichtanrufung noch nach Klageeinreichung geheilt werden, wenn das Schlichtungsverfahren nachgeholt wird.[1805] Eine Klage vor dem ArbG ist zulässig, wenn das Verfahren vor dem Schlichtungsausschuss durchgeführt und abgeschlossen worden ist. Der Abschluss erfolgt grundsätzlich durch einen → *Schiedsspruch;* etwas anderes gilt, wenn der Ausschuss anders zum Ausdruck bringt, dass das Verfahren abgeschlossen ist.[1806]

2 Das Verfahren vor dem jeweiligen Ausschuss wird regelmäßig durch eine entsprechende **Verfahrensordnung** geregelt.[1807] Das Gesetz enthält in § 111 Abs. 2 ArbGG keine Vorgaben, wie der Ausschuss anzurufen ist.[1808] Jedenfalls erfüllen Anträge, die denen vor dem ArbG entsprechen, mögliche Anforderungen an die Anrufung

3 Wird der Spruch des Ausschusses nicht anerkannt – nur bei Anerkenntnis erlangt er Rechtskraft –,[1809] sind – unabhängig vom Ausgang des Schlichtungsverfahrens – vor dem ArbG die **üblichen Klageanträge** zu stellen.[1810] Es bedarf keiner Anträge, den Spruch des Ausschusses aufzuheben oder abzuändern.[1811] Die Partei, zu deren Lasten der Spruch ausgefallen ist, ist nicht beschwert, da dieser letztlich ohne entsprechende Anerkennung folgenlos ist. Eine Ausnahme hiervon wird in **Bestandsschutzstreitigkeiten** befürwortet, in denen der ausbildende Arbeitgeber unterlegen ist. Es sei ein schutzwürdiges Interesse an der Beseitigung des Schlichtungsspruchs anzuerkennen wegen des zugunsten des Antragstellers erzeugten **Rechtsscheins** und im Hinblick auf mögliche akzessorische Ansprüche, wie etwa unter dem Aspekt des Annahmeverzugs. Aus diesem Grund sei eine Klage auf Feststellung, dass das Ausbildungsverhältnis zu einem bestimmten Zeitpunkt beendet worden ist, regelmäßig zulässig.[1812]

Schmerzensgeld

1 Wird in einem Rechtsstreit Schmerzensgeld geltend gemacht, handelt es sich um einen Zahlungsantrag → *Zahlung.* Eine Besonderheit besteht jedoch darin, dass nicht notwendig ein bestimmter Geldbetrag gefordert werden muss, sondern die Höhe des Schmerzensgeldes auch in das **Ermessen des Gerichts** gestellt werden kann. Aus der Klage (nicht notwendigerweise aus dem Antrag) muss sich dann jedoch neben den tatsächlichen Grundlagen für die Bemessung auch zumindest eine ungefähre Größenordnung ergeben, damit das Erfordernis hinreichender Bestimmtheit nach § 253

1802 Natzel SAE 2016, 1 (3); vgl. BAG 18.10.1961 – 1 AZR 437/60, AP GG Art. 101 Nr. 16.

1803 BAG 22.2.2018 – 6 AZR 50/17, NZA 2018, 575 (576); BAG 12.2.2015 – 6 AZR 845/13, NZA 2015, 741 (742); LAG Köln 24.4.2020 – 9 Ta 46/20, BeckRS 2020, 9102; GMP/Prütting ArbGG § 111 Rn. 19; Schwab/Weth/Tiedemann § 111 ArbGG Rn. 6.

1804 GMP/Prütting ArbGG § 111 Rn. 19.

1805 BAG 12.2.2015 – 6 AZR 845/13, NZA 2015, 741 (742).

1806 BAG 12.2.2015 – 6 AZR 845/13, NZA 2015, 741 (743); vgl. BAG 22.2.2018 – 6 AZR 50/17, NZA 2018, 575 (576).

1807 HWK/Kalb § 111 ArbGG Rn. 20.

1808 Natzel SAE 2016, 1 (3).

1809 HWK/Kalb § 111 ArbGG Rn. 23.

1810 Schwab/Weth/Tiedemann § 111 ArbGG Rn. 31.

1811 HWK/Kalb § 111 ArbGG Rn. 31.

1812 HWK/Kalb § 111 ArbGG Rn. 33.

ZPO gewahrt ist.[1813] Gleichzeitig sichert der Kläger damit ab, dass er bei einem Obsiegen unter Unterschreiten des Betrages beschwert ist und ggf. auch ohne Zulassung das erstinstanzliche Urteil einer Überprüfung im Berufungsverfahren unterziehen lassen kann. Eine Bindung des Gerichts, insbesondere eine Begrenzung nach oben, tritt durch die Angabe eines Mindestbetrags nicht ein.[1814] Zweckmäßigerweise beantragt man wie folgt:

> **Die Beklagte wird verurteilt, an den Kläger ein Schmerzensgeld zu zahlen, dessen Höhe in das Ermessen des Gerichts gestellt wird, mindestens jedoch EUR <Betrag>, nebst Zinsen in Höhe von 5 Prozentpunkten über dem Basiszinssatz seit dem <Datum>.**

2 Auch eine Teilklage kann möglich sein.[1815] Zu den Anforderungen an einen bezifferten Zahlungsantrag → *Zahlung.* Zur Möglichkeit eines Feststellungsantrags bezogen auf noch nicht bezifferbare Schäden[1816] → *Schadensersatz.*

3 Vom Schmerzensgeld zu unterscheiden ist ein Anspruch auf eine Entschädigung wegen einer Verletzung des allgemeinen Persönlichkeitsrechts. Hierbei handelt es sich nicht um ein Schmerzensgeld gemäß § 253 Abs. 2 BGB, sondern um eine Zahlung, die auf den Schutzauftrag aus Art. 1 und Art. 2 Abs. 1 GG zurückgeht.[1817] Bis auf die Bezeichnung hat diese Unterscheidung jedoch keinen Einfluss auf die Antragsfassung.

Sonn- und Feiertagszuschlag

1 Ob und inwieweit der Arbeitnehmer verpflichtet ist, Sonn- oder Feiertagsarbeit zu erbringen, richtet sich nach dem öffentlichen Arbeitszeitrecht in Verbindung mit den individualrechtlichen Vereinbarungen. Davon zu unterscheiden ist die Problematik, ob und inwieweit eine Vergütungspflicht besteht bzw. Arbeit an diesen Tagen durch Freizeit ausgeglichen werden muss. Zwar ist geleistete Arbeit zu vergüten, ein gesetzlicher Anspruch auf einen Zuschlag besteht indes nicht, sondern hängt von der Parteivereinbarung ab.[1818] Soweit der Arbeitnehmer die nicht gezahlte Vergütung der geleisteten Arbeit oder einen Zuschlag für bestimmte Sonn- oder Feiertage geltend machen möchte, muss er eine Zahlungsklage erheben[1819] (→ *Zahlung* → *Vergütung*).

2 Ist zwischen den Parteien streitig, ob die geleistete Arbeit zuschlagpflichtig ist, etwa weil unklar ist, ob das Arbeitsverhältnis einem Tarifvertrag unterfällt, kommt eine Feststellungsklage in Betracht (→ *Inhalt des Arbeitsverhältnisses*). Denn eine Feststellungsklage kann sich auch auf einzelne Beziehungen oder Folgen aus einem Rechtsverhältnis, auf bestimmte Ansprüche oder Verpflichtungen oder auf den Umfang der Leistungspflicht beschränken (*Systematische Einleitung* → *A. I. Rn. 33*).

1813 BAG 19.10.1988 – 8 AZR 110/86, BeckRS 1988, 30728196; BAG 18.3.2010 – 8 AZR 1044/08, NZA 2010, 1129; BGH 24.9.1991 – VI ZR 60/91, NJW 1992, 311.

1814 BGH 30.4.1996 – VI ZR 55/95, NJW 1996, 2425.

1815 BGH 20.1.2004 – VI ZR 70/03, NJW 2004, 1243.

1816 OLG Nürnberg 25.4.2018 – 5 W 639/18, BeckRS 2018, 8915.

1817 BAG 19.2.2015 – 8 AZR 1007/13, NZA 2015, 994.

1818 BAG 20.7.2022 – 10 AZR 220/20, AP Nr. 20 zu § 2 EntgeltFG; BAG 11.1.2006 – 5 AZR 97/05, NZA 2006, 372.

1819 Zuschlag an Pfingstsonntag: BAG 24.2.2021 – 10 AZR 130/19, NZA 2021, 1427. Zum Sonntagszuschlag „Antrittsgebühr" BAG 11.12.2013 – 10 AZR 1018/12, NZA-RR 2014, 280; Zu Zuschlägen nach TVöD: BAG 24.9.2008 – 6 AZR 259/08, NZA 2008, 1431; Wechselschichtzulage: BAG 24.9.2008 – 10 AZR 770/07, NZA 2009, 272.

3 Es kann auch streitig sein, für welche Zeiten der Zuschlag zu zahlen ist.

> **Es wird festgestellt, dass die Beklagte verpflichtet ist, an den Kläger Feiertagszuschläge auch während der Bereitschaftsruhezeit zu zahlen.**[1820]

4 Auch die Höhe der Zuschläge kann Gegenstand der Feststellungsklage sein:

> **Es wird festgestellt, dass die Höhe des Feiertagszuschlags für jede Arbeitsstunde im Rahmen der vereinbarten wöchentlichen Arbeitszeit von 40 Stunden ab dem <Datum> <Betrag> beträgt.**

5 Ebenso kann eine Gutschrift für Feiertage auf dem Arbeitszeitkonto festgestellt werden:

> **Es wird festgestellt, dass die Beklagte verpflichtet ist, auf dem Arbeitszeitkonto des Klägers für Wochenfeiertage, an denen sie dienstplanmäßig ohne den Feiertag zur Arbeit eingeteilt werde, die tatsächlich an diesem Tag dienstplanmäßig ausgefallenen Arbeitsstunden gutzuschreiben.**[1821]

6 Oder ein Freizeitausgleich:

> **Es wird festgestellt, dass die Beklagte verpflichtet ist, den Freizeitausgleich für die an Wochenfeiertagen geleistete Arbeit gemäß <Norm> im Dienstplan des Klägers gesondert auszuweisen.**[1822]

> **Es wird festgestellt, dass die Beklagte verpflichtet ist, dem Kläger bei einem Einsatz an einem auf einen Werktag fallenden Feiertag einen Ersatzruhetag an einem Werktag von 00:00 Uhr bis 24:00 Uhr zu gewähren.**[1823]

7 Ebenfalls möglich ist eine Kombination bei mehreren streitigen Zuschlägen:

> **Es wird festgestellt, dass die Beklagte verpflichtet ist, an den Kläger für jede Arbeitsstunde im Rahmen der vereinbarten wöchentlichen Arbeitszeit von 40 Stunden Sonntagszuschläge für die Arbeit an Sonntagen zwischen 00:00 Uhr und 24:00 Uhr in Höhe von <Betrag> brutto pro Stunde, Feiertagszuschläge für Arbeit an gesetzlichen Feiertagen zwischen 00:00 Uhr und 24:00 Uhr in Höhe von <Betrag> brutto pro Stunde und Nachtarbeitszuschläge für zwischen 20:00 Uhr und 06:00 Uhr geleisteter Arbeit in Höhe von <Betrag> brutto pro Stunde zu zahlen.**[1824]

1820 BAG 22.3.2018 – 6 AZR 833/16, Beck RS 2018, 14165; BAG 12.3.2008 – 4 AZR 616/07, EzA TVG § 4 Chemische Industrie Nr. 10.
1821 BAG 6.12.2017 – 5 AZR 118/17, NZA 2018, 597. Vgl. auch BAG 24.2.2021 – 10 AZR 130/19, NZA 2021, 1427.
1822 BAG 17.11.2016 – 6 AZR 465/15, AP TV-L § 6 Nr. 2.
1823 BAG 8.12.2021 – 10 AZR 641/19, BAGE 176, 371.
1824 BAG 12.12.2012 – 5 AZR 918/11, BeckRS 2013, 68694.

Auch eine Konkretisierung auf bestimmte Feiertage ist denkbar: 8

> **Es wird festgestellt, dass die Beklagte verpflichtet ist, dem Kläger für tatsächliche Arbeitsleistungen am Ostersonntag und Pfingstsonntag einen Zeitzuschlag in Höhe von X % gemäß dem <TV-Name> zu zahlen.**[1825]

Falsch ist demgegenüber zB folgender Antrag: 9

> *Es wird festgestellt, dass der Feiertagszuschlag für den Monat <Datum> <Betrag> beträgt.*

Denn in diesem Fall geht es dem Kläger nicht um die Klärung einer generellen Frage 10
des Arbeitsverhältnisses, sondern lediglich um die isolierte Klärung eines spezifischen Zuschlags für einen konkreten Zeitraum. Dies kann nur durch eine Zahlungsklage verfolgt werden (→ *Zahlung* → *Vergütung*).

Vergleiche auch: → *Inhalt des Arbeitsverhältnisses.*

Sozialkassen

In einigen Branchen, insb. im Bauhandwerk, gibt es sog. Sozialkassen als **gemein-** 1
same Einrichtungen. Da diese von den Beiträgen der Arbeitgeber der Branche finanziert werden, sind in der Praxis häufig Klagen der Einrichtungen gegen vermeintliche Beitragszahler zu finden. Es handelt sich dabei um Klagen auf → *Zahlung.* Der Klageanspruch einer **Beitragsklage der Sozialkasse** ist der auf der Grundlage eines Verfahrenstarifvertrags in einem Kalendermonat für die **gewerblichen Arbeitnehmer** anfallende Sozialkassenbeitrag.[1826] Regelmäßig macht eine Sozialkasse Beiträge für einen längeren Zeitraum als einen Kalendermonat geltend; die Rechtsprechung geht dann von einer **„Gesamtklage“** aus.[1827] Dies hat zur Folge, dass die Sozialkasse darzulegen hat, wie sich die Ansprüche auf die einzelnen Monate verteilen. So muss bei einer Klage auf Beiträge zu den Sozialkassen der Bauwirtschaft die Kasse die Beiträge nach Kalendermonaten aufschlüsseln. Die **Aufschlüsselung** muss dabei nicht zwingend im Klageantrag erfolgen, die gebotene Individualisierung der Klagegründe kann auch durch eine konkrete Bezugnahme auf beigefügte **Anlagen** erfolgen;[1828] ggf. auch noch nachträglich.[1829] Nach der Rechtsprechung des BAG[1830] genügt etwa eine Klage auf Beiträge zu dem Sozialkassenverfahren der Bauwirtschaft für gewerbliche Arbeitnehmer grundsätzlich bereits dann den Vorgaben des § 253 Abs. 2 Nr. 2 ZPO, wenn die Einrichtung darlegt, von welchem Arbeitgeber sie für welche Kalendermonate Beiträge in welcher Höhe begehrt. Etwas anders sieht es bei Beiträgen für **Angestellte** aus. Der prozessuale Anspruch ist der für jeden einzelnen beschäftigten Angestellten in einem Kalendermonat anfallende Festbeitrag. Die Sozialkasse macht keinen einheitlichen Beitragsanspruch, sondern im Weg der objektiven Klagehäufung zusammengefasste Einzelansprüche für die jeweilige Zahl der beschäftigten Angestellten geltend. Deswegen fordert die Rechtsprechung, die Zahl der beschäftigten

1825 BAG 17.8.11 – 10 AZR 347/10, NZA 2012, 824.

1826 BAG 16.11.2022 – 10 AZR 183/20, AP TVG § 1 Tarifverträge: Bau Nr. 419; BAG 24.2.2021 – 10 AZR 43/19, NZA 2021, 1729.

1827 BAG 16.11.2022 – 10 AZR 183/20, AP TVG § 1 Tarifverträge: Bau Nr. 419; BAG 24.2.2021 – 10 AZR 43/19, NZA 2021, 1729; BAG 24.2.2021 – 10 AZR 43/19, NZA 2021, 1729.

1828 BAG 30.10.2019 – 10 AZR 177/18, NZA 2020, 889.

1829 BAG 24.2.2021 – 10 AZR 43/19, NZA 2021, 1729.

1830 BAG 17.6.2020 – 10 AZR 322/18, NZA 2020, 1571;

Angestellten unter Angabe des jeweiligen Monats zu benennen.[1831] Macht die Urlaubs- und Lohnausgleichskasse der Bauwirtschaft Beiträge für Angestellte geltend, dann wird der Streitgegenstand bereits als hinreichend bestimmt angesehen, wenn sie darlegt, von welchem Arbeitgeber sie für welche Zahl von Angestellten in welchem Kalendermonat Beiträge in welcher Höhe erstrebt. Die Kasse muss die Arbeitnehmer, für die sie Beiträge fordert, **nicht namentlich** bezeichnen, damit die Klage hinreichend bestimmt ist.[1832]

2 Daneben haben aber auch Arbeitnehmer Ansprüche gegen die Sozialkassen. Hier sind einige Besonderheiten zu beachten. Hinweise hierzu finden sich etwa unter www.soka-bau.de. Ansprüche, etwa auf Zahlung von Urlaubsentgelt oder -abgeltung richten sich zum Teil gegen die Einrichtung, zum Teil aber auch gegen den Arbeitgeber. Regelmäßig handelt es sich auch insoweit um Klagen auf → *Zahlung*. Daneben kommen auch Ansprüche auf Meldung an die Einrichtung bzw. auf Berichtigung der Meldung gegen den Arbeitgeber und gegen die Einrichtung auf Berichtigung des Arbeitnehmerkontos in Betracht. Regelmäßig geht es um die Korrektur der → *Lohnnachweiskarte*[1833] oder Arbeitnehmerkontoauszug.

3 Nachdem das BAG die Allgemeinverbindlicherklärungen über das Sozialkassenverfahren im Baugewerbe für unwirksam erklärt hatte, hat der Gesetzgeber das SokaSiG rückwirkend eingeführt.[1834] Insoweit war umstritten, ob in bereits rechtshängigen Verfahren der Streitgegenstand ausgetauscht worden und damit eine Klageänderung erfolgt ist.[1835] Das SokaSiG selbst hat keine Auswirkungen auf mögliche Anträge (zur Auswirkung auf Beschlussverfahren zur Prüfung der → *Allgemeinverbindlicherklärung*).[1836]

Sozialplanansprüche

Die Betriebspartner sind grds. frei darin, welche Nachteile der von einer Betriebsänderung betroffenen Arbeitnehmer sie in welchem Umfang und auf welche Art und Weise ausgleichen oder mildern wollen.[1837] Angesichts dieses weit reichenden Spielraums sind die Fallgestaltungen vielfältig. Die Zahlung von → *Abfindungen* bei betriebsbedingten Kündigungen ist typisch für Sozialpläne. Soweit die Abfindung von der Arbeitgeberin nicht gezahlt wird, kann der Arbeitnehmer eine Klage auf → *Zahlung* erheben. Dies gilt auch für andere dem Arbeitnehmer eingeräumte Zahlungsansprüche, etwa Überbrückungsbeihilfen, Übernahme von Umzugskosten, Fahrtkostenerstattung oder Umschulungskosten. Soweit Wiedereinstellungsansprüche eingeräumt werden: vgl. → *Wiedereinstellung*. Auch wenn ein Arbeitnehmer unter Verstoß gegen § 75 BetrVG (Gleichbehandlung) in unzulässiger Weise von Sozialplanleistungen ausgenommen worden ist, kann er regelmäßig unmittelbar die Zahlung des Betrages einklagen, der ihm zustünde, wenn er unter den Geltungsbereich des Sozial-

1831 BAG 16.11.2022 – 10 AZR 183/20, AP TVG § 1 Tarifverträge: Bau Nr. 419; BAG 25.5.2022 – 10 AZR 37/19, AP TVG § 1 Tarifverträge: Bau Nr. 416.

1832 BAG 30.10.2019 – 10 AZR 177/18, NZA 2020, 889.

1833 Vgl. dazu auch BAG 20.2.2001 – 9 AZR 661/99, NZA 2002, 218.

1834 Dazu Biedermann BB 2017, 1333; das SoKaSiG ist verfassungsgemäß BAG 20.11.2018 – 10 AZR 121/18, BeckRS 2018, 34489.

1835 Dazu LAG Hessen 3.11.2017 – 10 Sa 424/17, BeckRS 2017, 139838; LAG Berlin-Brandenburg 21.9.2017 – 21 Sa 1694/16, BeckRS 2017, 128529; Klocke AuR 2018, 230ff.; jetzt für einheitlichen Streitgegenstand BAG 20.11.2018 – 10 AZR 121/10, BeckRS 2018, 34489.

1836 Vgl auch BAG 21.3.2018 – 10 ABR 62/16, BeckRS 2018, 5080.

1837 BAG 9.11.2021 – 1 AZR 278/20, NZA 2022, 646; BAG 8.12.2015 – 1 AZR 779/14, BeckRS 2016 68711; BAG 19.6.2007 – 1 AZR 340/06, NZA 2007, 1357; BAG 25.1.2000 – 1 ABR 1/99, NZA 2000, 1069. Vgl. auch BAG 14.2.2023 – 1 ABR 28/21, NZA 2023, 702.

planes fallen würde. Denn in diesem Fall bleibt der Sozialplan wirksam, solange nur einzelne Arbeitnehmer benachteiligt worden sind und die Mehrbelastung des Arbeitgebers durch die Korrektur des Sozialplanes im Verhältnis zum Gesamtvolumen des Sozialplanes nicht ins Gewicht fällt[1838] → *Zahlung.* Hat der Arbeitgeber keinen Sozialplan versucht, kommt ein Anspruch auf → *Nachteilsausgleich* in Betracht.

Sozialversicherungsbeiträge

Der **Arbeitnehmer** kann die **von ihm zu tragenden Sozialversicherungsbeiträge** im 1
Rahmen einer (Brutto-)**Vergütungsklage** mit einklagen (→ *Vergütung*).[1839] Nach Zahlung durch den Arbeitgeber an ihn ist der Arbeitnehmer verpflichtet, die Beiträge selbst abzuführen. Die vom Arbeitgeber zu tragenden Beiträge, den sog. Arbeitgeberanteil, kann der Arbeitnehmer hingegen nicht einklagen. Hat der Arbeitgeber die vom Arbeitnehmer zu tragenden Sozialversicherungsbeiträge bereits abgeführt, so kann er im Rahmen einer Bruttovergütungsklage insoweit → *Erfüllung* einwenden.[1840] Der Arbeitnehmer muss dann die abgeführten Beiträge im Rahmen seines Antrags auf Zahlung der Bruttovergütung **in Abzug** bringen (→ *Vergütung*).

Unzulässig ist eine Klage, mit der der Arbeitnehmer die Zahlung der Sozialversiche- 2
rungsbeiträge an die „zuständige Krankenkasse" begehrt.[1841] Zum einen wäre bereits der Zahlungsempfänger zu unbestimmt, zum anderen wird das Rechtsschutzbedürfnis verneint, weil der Arbeitnehmer die Einziehung offener Beiträge bei der **Einzugsstelle** beantragen kann (§ 28h Abs. 2 SGB IV).[1842]

Unzulässig ist auch folgender Antrag: 3

> *Die Beklagte wird verpflichtet, ihrer dem Kläger gegenüber bestehenden Verpflichtung, die gesetzlichen Sozialversicherungsabgaben rückwirkend ab dem <Datum> und fortlaufend monatlich ordnungsgemäß und vollumfänglich abzuführen, nachzukommen.*

Ein solcher Antrag ist schon nicht hinreichend bestimmt. Es ist vollkommen unklar, 4
was ordnungsgemäß und vollumfänglich bedeutet.

Hat der Arbeitgeber keine oder zu geringe Sozialversicherungsbeiträge abgeführt, so 5
kann der Arbeitnehmer auch keine **Feststellungsklage** erheben, da hierfür der **Rechtsweg** vor den Arbeitsgerichten nicht eröffnet ist:[1843]

> *Es wird festgestellt, dass der Arbeitgeber zur Abführung von Sozialversicherungsbeiträgen in Höhe von EUR <Betrag> verpflichtet ist.*

Ist der Arbeitnehmer der Auffassung, der Arbeitgeber habe **zu hohe Sozialversiche-** 6
rungsbeiträge berechnet und entsprechend einbehalten und abgeführt, so ist er

1838 BAG 17.11.2015 – 1 AZR 983/13, NZA 2016, 501; BAG 21.10.2003 – 1 AZR 407/02, NZA 2004, 559.

1839 Die Arbeitsgerichte sind hingegen unzuständig für die vom Arbeitgeber zu tragenden Sozialversicherungsbeiträge. Gleiches gilt für den vom Arbeitgeber zu tragenden Zuschuss zur privaten Krankenversicherung, vgl. BAG 19.8.2008 – 5 AZB 75/08, NZA 2008, 1313.

1840 BAG 30.4.2008 – 5 AZR 725/07, NZA 2008, 884; LAG Berlin-Brandenburg 4.6.2015 – 26 Sa 2257/14, BeckRS 2015, 71766.

1841 LAG Nürnberg 28.5.2002 – 6 (2) Sa 347/01, BeckRS 2002, 41227; vgl. auch BSG 26.9.1996 – 12 RK 37/95, NZS 1997, 370.

1842 AA aber LAG Rheinland-Pfalz 26.8.2009 – 7 Sa 281/09, BeckRS 2009, 74279.

1843 LAG Düsseldorf 29.2.1988 – 17 Sa 1762/87, NZA 1989, 322.

grundsätzlich auf sozialrechtliche Rechtsbehelfe beschränkt (Rückerstattung § 26 SGB IV, ggf. Anrufung des Sozialgerichts).[1844] Die Arbeitsgerichte sind nach Auffassung des Bundesarbeitsgerichts **nicht befugt,** die Berechtigung der Abzüge für Sozialversicherungsbeiträge **zu überprüfen.**[1845]

7 Der Arbeitnehmer kann daher nicht Arbeitsentgelt in Höhe der vermeintlich zu viel abgeführten Sozialversicherungsbeiträge beim Arbeitsgericht einklagen.[1846] Etwas anderes ist allenfalls dann denkbar, wenn für den Arbeitgeber eindeutig erkennbar war, dass eine Verpflichtung zum Abzug nicht bestand.[1847] Der Arbeitnehmer kann dann insoweit Vergütungsklage erheben (→ *Vergütung*).

8 Hat der Arbeitgeber bei der Abführung der Sozialversicherungsbeiträge schuldhaft Nebenpflichten aus dem Arbeitsvertrag verletzt und dabei einen **Schaden** des Arbeitnehmers verursacht, so kommt eine Schadensersatzklage in Betracht (→ *Schadensersatz*).[1848]

9 Der **Arbeitgeber** kann vom Arbeitnehmer zu viel gezahlte Bruttovergütung und damit auch Sozialversicherungsbeiträge erstattet verlangen (→ *Rückzahlung an Arbeitgeber*).

10 **Unzuständig** sind die Gerichte für Arbeitssachen für Klagen, mit denen die **Anmeldung** von Arbeitnehmern bei Krankenkassen geltend gemacht wird[1849] (→ *Anmeldung zur Sozialversicherung*). Hintergrund ist regelmäßig ein Streit über den Status des Klägers, also ob dieser Arbeitnehmer ist (→ *Statusklage*).

Die Beklagte wird verurteilt, den Kläger zur Sozialversicherung anzumelden.

11 Gleiches gilt, wenn der Kläger meint, der Arbeitgeber habe ihn zu Unrecht als Arbeitnehmer bei der Sozialversicherung angemeldet.[1850]

Sozialversicherungsnachweis

Wohl Formularbüchern aus Zeiten des längst abgeschafften Sozialversicherungsnachweisheftes entnommene Anträge wie

Die Beklagte wird verurteilt, dem Kläger den Sozialversicherungsnachweis ausgefüllt herauszugeben.

entsprechen nicht mehr der Rechtslage, auch wenn der Begriff „Sozialversicherungsnachweis“ immer noch in neueren Entscheidungen zu finden ist.[1851] Auch den Begriff des Sozialversicherungsnachweises selbst kennt das Sozialgesetzbuch nicht.[1852] Die mit der Sozialversicherung des Arbeitnehmers zusammenhängenden Anträge finden sich unter → *Meldung zur Sozialversicherung.*

1844 BAG 30.4.2008 – 5 AZR 725/07, NZA 2008, 884; LAG Berlin-Brandenburg 4.6.2015 – 26 Sa 2257/14, BeckRS 2015, 71766.
1845 BAG 30.4.2008 – 5 AZR 725/07, NZA 2008, 884; BAG 14.5.2018 – 9 AS 2/18, NZA 2018, 1287.
1846 BAG 14.5.2018 – 9 AS 2/18, NZA 2018, 1287.
1847 BAG 30.4.2008 – 5 AZR 725/07, NZA 2008, 884.
1848 BAG 30.4.2008 – 5 AZR 725/07, NZA 2008, 884.
1849 BAG 5.10.2005 – 5 AZB 27/05, NZA 2005, 1429.
1850 BAG 14.5.2018 – 9 AS 2/18, NZA 2018, 1287.
1851 ZB LAG Köln 1.12.2022 – 6 Sa 583/22, BeckRS 2022, 55330.
1852 LAG Baden-Württemberg 7.12.2017 – 4 Ta 12/17, BeckRS 2017, 137441, Rn. 18.

Spesen

Der Begriff „Spesen" ist arbeitsrechtlich nicht konkret definiert. Der insofern umgangssprachliche Begriff meint häufig umfassend die Ausgaben, die dem Arbeitnehmer typischerweise bei der beruflichen Tätigkeit abseits des regulären Arbeitsortes entstehen → *Reisekosten.* In diesem weit verstandenen Sinne geht es um → *Fahrtkosten,* Übernachtungskosten, Verpflegungskosten (→ *Verpflegungsmehraufwendungen*) sowie sonstige Nebenkosten. Teilweise wird mit dem Begriff „Spesen" auch nur der steuerrechtliche Begriff der → *Verpflegungsmehraufwendungen* umschrieben. Was der Arbeitnehmer geltend machen möchte, ist eine Frage der Auslegung. Dabei kommt es auf die vertraglichen Abreden oder die Regelungen einer Betriebsvereinbarung oder eines Tarifvertrages an. Soweit der Arbeitnehmer im Zusammenhang mit seinen Dienstpflichten für die Arbeitgeberin Aufwendungen macht, die der Arbeitsausführung dienen und für deren Abgeltung die vereinbarte Arbeitsvergütung nicht bestimmt ist, hat er gegen die Arbeitgeberin einen Anspruch auf Erstattung, soweit diese erforderlich waren oder der Arbeitnehmer sie den Umständen nach für erforderlich halten durfte. Hier greift § 670 BGB.[1853] Die einzelnen erstattungsfähigen Aufwendungen im Rahmen dieser allgemeinen Norm sind vielgestaltig. Erstattungsfähig sind nicht nur die bei einer Dienstreise anfallenden Fahrtkosten, sondern sämtliche Auslagen des Arbeitnehmers im Interesse des Arbeitgebers, aus Anlass der Dienstreise. Versteht der Arbeitnehmer unter dem Begriff der Spesen Verpflegungsmehraufwendungen, sind uU die die steuerlichen gesetzlichen Pauschalen des § 9 Abs. 4a EStG gemeint, die die Arbeitgeberin dem Arbeitnehmer erstatten soll. Dabei kommt es allerdings auf die konkreten Abreden zwischen den Parteien an. Denn die Arbeitgeberin ist gesetzlich nicht zur Zahlung des Verpflegungsmehraufwandes verpflichtet. Die Zahlung erfolgt sozialversicherungsfrei. Dies hat Auswirkungen auf den Antrag (→ *Aufwendungsersatz*). Häufig werden von der Arbeitgeberin für typisch anfallende Auslagen auch Pauschalen gewährt, die dann als „Spesenpauschale" oder „Auslöse" bezeichnet werden. Derartige Pauschalierungen finden sich oft in Tarifverträgen.[1854] Auch hier ergeben sich keine Besonderheiten für den Antrag (→ *Aufwendungsersatz*). Nichts anderes gilt für sog. Verpflegungsmehraufwendungen, für die gleichfalls typischerweise steuerfreie Pauschbeträge gewährt werden (→ *Aufwendungsersatz*).

Statusklage

Ist streitig, ob es sich bei dem Rechtsverhältnis zwischen den Parteien um ein 1
Arbeitsverhältnis, eine **freie Mitarbeit,** einen Werkvertrag,[1855] ein arbeitnehmerähnliches Rechtsverhältnis oder ein sonstiges Rechtsverhältnis handelt, kann eine sogenannte Statusklage erhoben werden. Wird – wie meist – ein Arbeitsverhältnis reklamiert, ist stets der Rechtsweg zu den Gerichten für Arbeitssachen gegeben.[1856] Der Antrag lautet dann:

Es wird festgestellt, dass <optional: seit dem ... > zwischen den Parteien ein Arbeitsverhältnis <optional: Vertragsbedingungen aufführen, etwa: ... als Maschinenführer mit einer Wochenarbeitszeit von 40 Stunden und einer Vergütung von EUR <Betrag> besteht.

1853 Grundlegend: BAG 16.10.2007 – 9 AZR 170/07, AP BGB § 670 Nr. 34; LAG Düsseldorf 30.7.2009 – 15 Sa 268/09, BeckRS 2009, 72888.
1854 BAG 12.12.2012 – 5 AZR 355/12, NZA 2013, 1158; BAG 14.10.2004 – 6 AZR 494/03, AuR 2005, 197.
1855 BAG 25.9.2013 – 10 AZR 282/12, NZA 2013, 1348.
1856 BAG 20.7.1994 – 5 AZR 169/93, NZA 1995, 190.

2 Für Statusklagen vertritt das BAG bislang die Auffassung, diese könnten selbst dann auf die **Feststellung des Status** beschränkt werden, wenn im Laufe des Rechtsstreits bereits erkennbar wird, dass später über einzelne Arbeitsbedingungen gestritten wird.[1857] Die Angabe der Vertragsbedingungen wird jedenfalls entbehrlich sein, wenn diese zwischen den Parteien nicht streitig sind, da dann auch ohne dies der Streit der Parteien umfassend geklärt wird. Auch beim Stellen eines allgemeinen Feststellungsantrags (→ *allgemeiner Feststellungsantrag*) werden in aller Regel keine näheren Angaben zum Inhalt des Arbeitsverhältnisses verlangt. Da bei einer freien Mitarbeit keine Bruttovergütung vereinbart wird und in der Regel nicht davon ausgegangen werden kann, die für freie Mitarbeit vereinbarte **Vergütung** sei der Höhe nach auch für eine Beschäftigung als Arbeitnehmer verabredet,[1858] kann aber eine Angabe des verlangten Betrages sinnvoll sein, es sei denn, bei der Arbeitgeberin wird unstreitig – etwa auf der Grundlage eines Tarifvertrages – ein Vergütungssystem angewandt und über die Einordnung des Arbeitnehmers kann kein Streit entstehen. Das BAG lässt es bei gebotener rechtsschutzgewährender Auslegung ausreichen, wenn sich fehlende Angaben aus der Klagebegründung ergeben. Anders als das Gericht bei der Abfassung des Tenors[1859] kann der Kläger im Antrag ohne weiteres auch auf eine beigefügte Anlage verweisen (vgl. → *Unterlassung Rn. 5*). Entsprechend dem obigen Vorschlag ist der Antrag auch zu fassen, wenn der Kläger ein Heimarbeitsverhältnis geltend macht.[1860] Jedenfalls dann, wenn sich die gegenwärtigen tatsächlichen Umstände seit Vertragsbeginn nicht geändert haben, bedarf es auch keines gesonderten Feststellungsinteresses für einen bis dahin zurückreichenden Klageantrag.[1861] **Rein vergangenheitsbezogene** Feststellungsklagen (also solche, die sich ausschließlich auf das Bestehen eines Arbeitsverhältnisses in einem beendeten Zeitraum beziehen) hält das Bundesarbeitsgericht jedoch in der Regel mangels Feststellungsinteresse iSd § 256 ZPO für unzulässig[1862] (→ *Anmeldung zur Sozialversicherung*). In diesem Fall dürfte es ausreichen, eventuell noch offene Ansprüche, zB auf → *Vergütung*[1863] einzuklagen. Soweit teilweise die Feststellung eines „unbefristeten" Arbeitsverhältnisses verlangt und tenoriert wird,[1864] dürfte es hierzu eines gesondert zu begründenden Feststellungsinteresses bedürfen.

3 Hat der „Auftraggeber" eine **Kündigung** ausgesprochen, sollte – innerhalb der Drei-Wochen-Frist des § 4 S. 1 KSchG – eine Kündigungsschutzklage (→ *Kündigung*) erhoben werden.[1865] In diesem Rechtsstreit wird dann inzident die Frage der Arbeitnehmereigenschaft geklärt. Für einen eigenständigen Antrag wie oben besteht in dieser Konstellation nur dann ein Feststellungsinteresse, wenn neben dem Status an sich auch andere Punkte wie der Beginn des Arbeitsverhältnisses oder dessen Inhalt geklärt werden sollen.[1866] Es ist nicht möglich, allein die Kündigung überprüfen zu lassen, ohne sich festzulegen, welche Natur das Rechtsverhältnis haben soll:

1857 BAG 20.7.1994 – 5 AZR 169/93, NZA 1995, 190.
1858 BAG 26.6.2019 – 5 AZR 178/18, NZA 2019, 1558.
1859 BGH 14.2.1989 – X ZB 8/87, NJW-RR 1989, 1085.
1860 BAG 14.6.2016 – 9 AZR 305/15, NZA 2016, 1453.
1861 BAG 17.4.2013 – 10 AZR 272/12, NZA 2013, 903 Rn. 29; BAG 6.11.2002 – 5 AZR 364/01, AP ZPO 1977 § 256 Nr. 78.
1862 BAG 17.4.2002 – 5 AZR 458/00, EzA ZPO § 256 Nr. 63.
1863 BAG 25.4.2023 – 9 AZR 253/22, NZA 2023, 1175.
1864 LAG Rheinland-Pfalz 14.3.2019 – 2 Sa 285/18, BeckRS 2019, 18150.
1865 BAG 30.11.2021 – 9 AZR 145/21, NZA 2022, 623; BAG 21.5.2019 – 9 AZR 295/18, NZA 2019, 1411.
1866 LAG Düsseldorf 6.2.2018 – 3 Sa 632/17, BeckRS 2018, 13925; LAG Baden-Württemberg 25.3.2021 – 17 Sa 45/20; vgl. auch BAG 1.12.2020 – 9 AZR 102/20, NZA 2021, 552; ungenau daher LAG Hamm 7.6.2017 – 14 Sa 936/15, BeckRS 2017, 123749; fehlerhaft LAG Rheinland-Pfalz 29.10.2020 – 5 Sa 200/19.

> *Es wird festgestellt, dass das Rechtsverhältnis der Parteien durch die Kündigung vom <Datum> nicht aufgelöst ist.*

Dem Antrag fehlt die **Bestimmtheit** bezogen auf den Inhalt des festzustellenden Rechtsverhältnisses.[1867] Legt sich der Kläger fest, dass es sich um ein Arbeitsverhältnis handeln soll, ist die Klage bereits unbegründet, wenn Unwirksamkeitsgründe nicht festgestellt werden können; dann kann also der Status dahinstehen.[1868]

Siehe auch → *Scheinselbstständigkeit und* → *Geschäftsführer.*

Steuerschaden

Gerät der Arbeitgeber mit Zahlungsansprüchen in Verzug, so kann es progressionsbedingt zu einem Steuerschaden beim Arbeitnehmer kommen. In Ausnahmefällen kann dies auch in Betracht kommen, wenn etwa eine Abfindung verfrüht gezahlt wird.[1869] Ein Steuerschaden kann auch dann entstehen, wenn Vergütung zu spät ausgezahlt wird.[1870] Der Rechtsweg vor den Arbeitsgerichten ist eröffnet.[1871] Es handelt sich um einen Anspruch auf → *Schadensersatz,* so dass vorrangig eine Zahlungsklage (→ *Zahlung*), eine Klage auf → *Freistellung von Verpflichtungen* oder auch eine Feststellungsklage in Betracht kommen;[1872] die letztere, wenn der Schaden noch nicht beziffert werden kann. Das erforderliche Feststellungsinteresse setzt für einen Schadensersatzanspruch allerdings voraus, dass ein Schadenseintritt wahrscheinlich ist.[1873] Bei einer Feststellungsklage ist darauf zu achten, dass Gegenstand des Antrags ein Rechtsverhältnis oder ein feststellbares Element eines solchen ist; die begehrte Feststellung muss geeignet sein zu klären, ob und ggf. in welcher Höhe dem Kläger ein Steuerschaden entstanden ist.[1874]

Streik

→ *Arbeitskampf*

Stufenklage

Bei der Stufenklage handelt es sich um eine **besondere Form der Leistungsklage** 1
und um einen Sonderfall der objektiven Klagehäufung.[1875] Sie ist in § 254 ZPO geregelt. Sie ermöglicht es, einen **zunächst unbestimmten Leistungsantrag** auf der letzten Stufe etwa mit einem Auskunftsanspruch zu verbinden.[1876] Auf den ersten Stufen

1867 BAG 30.6.1988 – 2 AZR 797/87, BeckRS 1988, 30726788.

1868 BAG 25.4.2001 – 5 AZR 360/99, NZA 2002, 87.

1869 Dies muss konkret vereinbart sein; BAG 23.6.2016 – 8 AZR 757/14, NZA 2016, 1459; vgl. auch LAG Mecklenburg-Vorpommern 10.5.2022 – 2 Sa 249/21, NZA-RR 2023, 7. Ob zB eine Verletzung der Pflicht zur Weiterbeschäftigung geeignet ist, Schadensersatzansprüche für entgangene Steuervorteile zu begründen, hat das BAG offengelassen, vgl. BAG 31.3.2022 – 8 AZR 207/21, NZA 2022, 1288.

1870 Dazu BAG 20.6.2002 – 8 AZR 488/01, NZA 2003, 268; LAG München 17.2.2022 – 3 Sa 613/21, BeckRS 2022, 6889.

1871 LAG Sachsen 27.1.2014 – 4 Ta 268/13 (8), BeckRS 2014, 69710.

1872 BAG 28.10.2008 – 3 AZR 171/07, NZA-RR 2009, 499.

1873 LAG Düsseldorf 2.3.2022 – 4 Sa 1104/21, BeckRS 2022, 8128; vgl. BGH 9.3.2012 – V ZR 156/11, NJW 2012, 2022.

1874 Dazu LAG Rheinland-Pfalz 18.7.2019 – 5 Sa 26/19, BeckRS 2019, 20213.

1875 BGH 26. 5 1994 – IX ZR 39/93, NJW 1994, 3102.

1876 BAG 28.8.2019 – 5 AZR 425/18, NZA 2019, 1645; BAG 1.12.2004 – 5 AZR 664/03, NZA 2005, 289; LAG Rheinland-Pfalz 4.5.2015 – 2 Sa 403/14, BeckRS 2015, 71243; BGH 6.4.2016 – VIII ZR 143/15, NJW 2017, 156; BGH 29.3.2011 – VI ZR 117/10, NJW 2011, 1815.

werden zunächst Hilfsansprüche (zB → *Auskunft,* → *Rechnungslegung*) geltend gemacht, die dazu dienen, den Hauptanspruch durchzusetzen und den Leistungsantrag auf der letzten Stufe bestimmen, bei Zahlungsansprüchen etwa beziffern zu können (→ *A. I. Rn. 37ff.;* sog. präparatorischer Informationsanspruch[1877]). Die Stufenklage ist dabei nicht auf die in § 254 ZPO aufgeführten Gegenstände beschränkt, vielmehr können auch andere Formen der geordneten Auskunft über Tatsachen begehrt werden.[1878] Dient die Auskunft dazu, den Leistungsantrag bestimmen zu können, kann sie nach Ansicht des BAG[1879] über den Gesetzeswortlaut von § 254 ZPO hinaus Informationsansprüche jeglicher Art erfassen. Der Begriff der → *Rechnungslegung* im Rahmen des § 254 ZPO erfasst zudem alle Auskünfte, die zur Anbringung eines bezifferten Zahlungsantrags erforderlich sind. Mit der Stufenklage kann nicht nur ein der Höhe, sondern auch dem Gegenstand nach **noch unbekannter** und daher noch nicht zu beziffernder Leistungsanspruch zugleich mit den zu seiner Konkretisierung erforderlichen Hilfsansprüchen auf Auskunft und gegebenenfalls Richtigkeitsversicherung erhoben werden (→ *A. I. Rn. 40*).[1880] Die Auskunft muss für die Erhebung eines bestimmten Antrags erforderlich sein.[1881] Es genügt allerdings, auf der letzten Stufe einen Antrag auf → *Leistungsbestimmung* vorzubereiten.[1882] Es müssen nicht zwingend sämtliche Informationen verlangt werden, die für die Bezifferung des in einer weiteren Stufe verfolgten Leistungsbegehrens notwendig sind, vielmehr kann es genügen, dass lediglich ein Teil der benötigten Informationen im Wege der Auskunftsklage zu erlangen ist.[1883] Aus diesem Grund hat das BAG es für zulässig erachtet, einen Auskunftsanspruch nach § 21a Abs. 7 ArbZG auf der ersten Stufe einer Stufenklage geltend zu machen (→ *Fahrtenschreiberdiagramme*).[1884] Vor diesem Hintergrund ist eine Stufenklage also nur dann ausgeschlossen, wenn die Auskunft in keiner Weise der näheren Bestimmung eines noch nicht hinreichend bestimmten, in einer nachfolgenden Stufe geltend gemachten Leistungsbegehrens, sondern anderen Zwecken dient.[1885]

2 Die Anträge einer Stufenklage stehen nicht in einem Verhältnis eines Haupt- und weiterer Hilfsanträge zueinander.[1886] Die zu den Hilfsanträgen ergehenden Entscheidungen entfalten bezüglich des Grundes weder Rechtskraft noch insoweit eine Bindungswirkung im Sinne von § 318 ZPO.[1887] Mit Erhebung der Stufenklage wird bereits auch der unbezifferte Hauptantrag rechtshängig.[1888] Hauptanwendungsfälle sind Ansprüche auf Zahlung von erfolgsabhängigen Vergütungsbestandteilen, etwa einer → *Provision* oder einer → *Gratifikation.*

1877 LAG Düsseldorf 9.1.2020 – 11 Sa 1023/18, BeckRS 2020, 10791.
1878 BAG 8.9.2021 – 10 AZR 11/19, NZA 2022, 261; BAG 26.4.2023 – 10 AZR 137/22, NJW 2023, 2592; vgl. LAG Hessen 19.6.2020 – 14 Sa 1335/19, BeckRS 2020, 26847.
1879 BAG 9.11.2021 – 1 AZR 206/20, NZA 2022, 286.
1880 BAG 12.10.2022 – 5 AZR 135/22, NZA 2023, 225.
1881 BAG 28.8.2019 – 5 AZR 425/18, NZA 2019, 1645.
1882 BAG 8.9.2021 – 10 AZR 11/19, NZA 2022, 261.
1883 BAG 9.11.2021 – 1 AZR 206/20, NZA 2022, 286; BAG 8.9.2021 – 10 AZR 11/19, NZA 2022, 261; BAG 28.8.2019 – 5 AZR 425/18, NZA 2019, 1645; BGH 6.4.2016 – VIII ZR 143/15, NJW 2017, 156.
1884 BAG 28.8.2019 – 5 AZR 425/18, NZA 2019, 1645; aA LAG Sachsen 20.2.2018 – 7 Sa 38/17, NZA 2019, 1645.
1885 BAG 26.4.2023 – 10 AZR 137/22, NJW 2023, 2592.
1886 LAG Thüringen 28.3.2018 – 6 Sa 344/17, BeckRS 2018, 10961.
1887 BGH 12.4.2016 – XI ZR 305/14, BeckRS 2016, 09349.
1888 BAG 3.8.2016 – 10 AZR 710/14, NZA 2016, 1334.

Ein Antrag kann etwa lauten: 3

> **1. Die Beklagte wird verurteilt, dem Kläger Auskunft zu erteilen und Rechnung zu legen über <konkrete Bezeichnung der gewünschten Angaben, etwa bestimmte Geschäfte> in dem Zeitraum <Datum>.**
>
> **2. Die Beklagte wird verurteilt, an den Kläger den sich aus der Auskunft ergebenden Betrag zu zahlen.**

Der zunächst unbestimmte Leistungsantrag wird bereits zusammen mit dem Antrag 4
auf der ersten Stufe rechtshängig. Über die einzelnen Stufen hat das Gericht getrennt und nacheinander durch Teil- bzw. Schlussurteil zu entscheiden.[1889] Eine einheitliche Entscheidung ist nur dann möglich, wenn die Klage insgesamt unzulässig oder insgesamt unbegründet ist,[1890] etwa weil ein möglicher Schadensersatzanspruch bereits verjährt wäre.[1891] Eine Stufenklage ist dann **unzulässig,** wenn sich der Leistungsanspruch auf der letzten Stufe nicht aus der Auskunft ermitteln lässt.[1892] Eine Stufenklage ist auch dann unzulässig, wenn die Auskunft überhaupt nicht dem Zweck einer Bestimmbarkeit des Leistungsanspruchs dient, sondern dem Kläger sonstige, hiermit nicht in Zusammenhang stehende Informationen über seine Rechtsverfolgung verschaffen soll,[1893] etwa wenn sie allein einer Abschätzung der Erfolgsaussichten einer Klage dienen soll.[1894] Die Anträge auf den ersten Stufen müssen hinreichend bestimmt sein. Der bloße Umstand, dass der Leistungsantrag auf der letzten Stufe der Stufenklage (zunächst) nicht bestimmt werden muss, führt nicht dazu, dass die Beachtung des Bestimmtheitsgrundsatzes bei den vorherigen Anträgen entbehrlich wäre.[1895] Ist Auskunft erteilt worden, dann muss der Antrag auf der letzten Stufe beziffert werden, andernfalls ist er unzulässig.[1896]

Problematisch ist, eine **Stufenklage nur als uneigentlichen Hilfsantrag** für den Fall 5
des Unterliegens mit einem Zahlungsantrag zu stellen. Meint der Kläger seinen Zahlungsanspruch bereits beziffern zu können und begehrt er nur für den Fall, dass das Gericht dies anders sieht, zunächst Auskunft, um einen weiteren Hilfsantrag auf der letzten Stufe beziffern zu können, so stellt sich die Frage der doppelten Rechtshängigkeit.

Die Stufenklage muss sich auf allen Stufen gegen denselben Beklagten richten.[1897] So 6
kann ein Leih-Arbeitnehmer eine Auskunftsklage gegen den Entleiher nicht im Wege der Stufenklage mit der Klage gegen den Verleiher auf Zahlung der Vergütung verknüpfen (→ *Arbeitnehmerüberlassung*). Die Voraussetzungen der Stufenklage lassen sich auch nicht dadurch umgehen, dass auf der zweiten Stufe lediglich eine Feststellungsklage gegen den Verleiher gerichtet wird.[1898] Der Auskunftsanspruch nach § 13

1889 BAG 28.6.2011 – 3 AZR 385/09, AP Nr. 24 zu § 9 BetrAVG; LAG Thüringen 28.3.2018 – 6 Sa 344/17, BeckRS 2018, 10961.

1890 BAG 14.11.2012 – 10 AZR 783/11, NZA 2013, 1150.

1891 LAG Düsseldorf 9.1.2020 – 11 Sa 1023/18, BeckRS 2020, 10791.

1892 LAG Sachsen 20.2.2018 – 7 Sa 38/17 (6), BeckRS 2018, 27022.

1893 BAG 9.11.2021 – 1 AZR 206/20, NZA 2022, 286; LAG Hessen 19.6.2020 – 14 Sa 1335/19, BeckRS 2020, 26847; LAG Düsseldorf 9.1.2020 – 11 Sa 1023/18, BeckRS 2020, 10791.

1894 BAG 24.8.2023 – 2 AZR 306/22, BeckRS 2023, 32750.

1895 Vgl. BAG 27.7.2021 – 9 AZR 376/20, NZA 2022, 916.

1896 LAG Thüringen 28.3.2018 – 6 Sa 344/17, BeckRS 2018, 10961.

1897 LAG Berlin-Brandenburg 5.6.2012 – 3 Sa 134/12, BeckRS 2012, 75329; BGH 26. 5 1994 – IX ZR 39/93, NJW 1994, 3102.

1898 BAG 28.5.2014 – 5 AZR 794/12, NJW 2014, 2607.

AÜG dient nicht dazu, beurteilen zu können, ob eine Ordnungswidrigkeit nach § 16 AÜG vorliegt. Eine Stufenklage mit diesem Ziel ist insoweit ausgeschlossen.[1899]

7 Bei Klagen des Arbeitgebers geht es zumeist um Verstöße gegen ein **Wettbewerbsverbot.** Der Arbeitgeber ist regelmäßig zunächst auf Auskunft des Arbeitnehmers angewiesen, um eventuelle Schadensersatz-, Herausgabe- oder Abtretungsansprüche geltend zu machen.[1900]

8 Abzugrenzen ist die Stufenklage iSd § 254 ZPO von einer sog. **Stufenfeststellungsklage,** bei der es um die zutreffende Stufenzuordnung im Rahmen der → *Eingruppierung* im öffentlichen Dienst geht und insoweit als zulässig erachtet wird.[1901]

Tantieme

Tantiemen sind eine Form der variablen → *Vergütung,* der Arbeitnehmer kann also Zahlungsklage erheben. Besteht Streit über Berechnungsfaktoren auch für die Zukunft, so kann eine Feststellungsklage in Frage kommen (→ *Inhalt des Arbeitsverhältnisses*). Ist der Arbeitnehmer unverschuldet nicht in der Lage, seinen Anspruch zu berechnen, so kann auch eine → *Stufenklage* (→ *A. I. Rn. 37*) in Betracht kommen, auf deren ersten Stufe → *Auskunft* begehrt wird. Soll sich die Höhe einer Tantieme nach einer → *Zielvereinbarung* richten, kommen weitere Anträge in Betracht.

Tarifgebundenheit

1 Es ist zu unterscheiden: Besteht zwischen den Arbeitsvertragsparteien Streit darüber, ob ein bestimmter Tarifvertrag im Arbeitsverhältnis zur Anwendung kommt, weil auch der andere Vertragspartner tarifgebunden ist, so kann eine Feststellungsklage erhoben werden, die auf die Frage der Anwendbarkeit des Tarifvertrages gerichtet ist (→ *Tarifvertrag,* → *Anwendbarkeit*). Hingegen ist keine Feststellungsklage möglich, die auf die Feststellung gerichtet ist, dass der Vertragspartner tarifgebunden ist. Rechtliche Eigenschaften oder Fähigkeiten einer Person stellen regelmäßig **kein Rechtsverhältnis** dar, das einer selbständigen gerichtlichen Feststellung zugänglich wäre.[1902] Etwas anderes gilt nur dann, wenn das Gesetz besondere Verfahren hierfür zur Verfügung stellt, wie etwa in § 97 ArbGG für die Frage der → *Tariffähigkeit* oder → *Tarifzuständigkeit.* Gleiches gilt für die Tarifgebundenheit eines abstrakt bezeichneten Teils der Mitglieder eines Verbandes.[1903]

2 Dementsprechend ist folgender Antrag unzulässig:

> *Es wird festgestellt, dass die Beklagte hinsichtlich der vom Arbeitgeberverband <Bezeichnung> abgeschlossenen Tarifverträge <Bezeichnung> tarifgebunden ist.*

Tariflohn

1 Der Tariflohn ist wie jede andere → *Vergütung* einzuklagen. Ist dem Arbeitnehmer untertariflicher Lohn abgerechnet und ausgezahlt worden, kann die Bruttodifferenz eingeklagt werden. Hat der Arbeitnehmer lediglich nicht abgerechnete Nettoauszah-

1899 Vgl. LAG Hessen 18.4.2023 – 15 Sa 1310/22, BeckRS 2023, 13405: Kein Auskunftsanspruch.
1900 Vgl. etwa LAG Düsseldorf 9.1.2020 – 11 Sa 1023/18, BeckRS 2020, 10791.
1901 Vgl. dazu BAG 17.1.2019 – 6 AZR 585/17, NJOZ 2019, 616; BAG 20.9.2012 – 6 AZR 211/11, NZA-RR 2013, 105.
1902 BAG 24.4.2007 – 1 ABR 27/06, NZA 2007, 1011.
1903 BAG 24.4.2007 – 1 ABR 27/06, NZA 2007, 1011.

lungen erhalten, ist die tarifliche Bruttovergütung abzgl. der erhaltenen Nettozahlung einzuklagen (→ *Vergütung*).

Ist zwischen den Parteien streitig, nach welcher Lohngruppe sich der Tariflohn be- 2
stimmt, handelt es sich um einen Streit über die zutreffende → *Eingruppierung*.

Tarifvertrag, Abschluss

Grundsätzlich besteht keine rechtliche Pflicht einer Koalition, mit einer anderen 1
Koalition auch nur Verhandlungen über einen Tarifvertrag zu führen.[1904] Erforderlich ist also eine entsprechende Vereinbarung. Allerdings ist durch das Tarifeinheitsgesetz in § 4a Abs. 4 TVG ein Anspruch auf → *Nachzeichnung* des kollidierenden Tarifvertrages begründet worden. Insoweit ist das Urteilsverfahren die zutreffende Verfahrensart.[1905]

Bei der Antragsstellung ist zu beachten, dass sich die Vollstreckung nach § 894 ZPO 2
richtet. Der Klageantrag ist auf die Abgabe einer Willenserklärung gerichtet (→ *Vertragsabschluss;* → *Abgabe von Erklärungen*). Er muss also so formuliert sein, dass er den gesamten, nach der Vorstellung des Klägers erstrebten Vertragsinhalt erfasst.[1906] Grundsätzlich muss die nach § 894 Satz 1 ZPO als abgegeben geltende Willenserklärung den für eine Vertragseinigung notwendigen Mindestinhalt umfassen.[1907]

Der Antrag kann etwa lauten:[1908] 3

> **Die Beklagte wird verurteilt, das Angebot der Klägerin auf Abschluss des folgenden Tarifvertrags anzunehmen: <Text des Tarifvertrages>.**

Unzulässig ist etwa folgender Antrag:[1909] 4

> *Die Beklagte wird verurteilt, mit der Klägerin Tarifverträge zu <Bezeichnung des Themas, etwa „Führung, Verwaltung und Sicherung der Wertguthaben von Langzeitkonten"> abzuschließen.*

Der Inhalt des Tarifvertrages, der abgeschlossen werden soll, wird nicht benannt. Die 5
bloße bestimmte Bezeichnung des Vertrages ist unzureichend. Damit ist der Antrag zu unbestimmt. Gleiches gilt auch für andere Arten von Verträgen, etwa für Arbeitsverträge.

Tarifvertrag, Anwendbarkeit

Zwischen Arbeitsvertragsparteien ist häufig umstritten, ob ein bzw. welcher Tarifver- 1
trag auf ihr Arbeitsverhältnis Anwendung findet. Diese Prüfung kann **inzident** erfolgen, etwa wenn der Arbeitnehmer tarifliche Ansprüche einklagt. Insoweit ist auch an eine Zwischenfeststellungsklage (→ *A. I. Rn. 74*) zu denken.[1910]

1904 BAG 25.9.2013 – 4 AZR 173/12, BeckRS 2014, 68159.
1905 ErfK/Koch ArbGG § 99 Rn. 2.
1906 BAG 25.9.2013 – 4 AZR 173/12, BeckRS 2014, 68159.
1907 BAG 24.10.2018 – 10 AZR 69/18, BeckRS 2018, 32259.
1908 BAG 25.9.2013 – 4 AZR 173/12, BeckRS 2014, 68159.
1909 BAG 9.12.2009 – 4 AZR 190/08, NZA 2010, 712.
1910 Vgl. LAG Bremen 31.1.2018 – 3 Sa 109/17, BeckRS 2018, 25336.

2 Nach der Rechtsprechung kann die Anwendbarkeit eines Tarifvertrags im Arbeitsverhältnis auch Gegenstand einer **Feststellungsklage** sein. Eine Feststellungsklage muss sich nicht notwendigerweise auf das Rechtsverhältnis in seiner Gesamtheit beziehen, sondern kann auch einzelne Beziehungen oder Folgen eines Rechtsverhältnisses betreffen **(Elementenfeststellungsklage).** Festgestellt werden können deshalb auch einzelne sich aus dem Rechtsverhältnis ergebende Rechte, Ansprüche und Pflichten (→ *A. I. Rn. 46*). Die Anwendbarkeit eines bestimmten Tarifvertrags im Arbeitsverhältnis betrifft nicht eine abstrakte Rechtsfrage, sondern bestimmt den Umfang der Rechte und Pflichten im Arbeitsverhältnis, soweit der Tarifvertrag diese regelt.[1911] Auch das besondere **Feststellungsinteresse** ist gegeben, da durch die Entscheidung, welcher Tarifvertrag auf das Arbeitsverhältnis der Parteien anzuwenden ist, eine Vielzahl von Einzelfragen dem Streit der Parteien endgültig entzogen und die tariflichen Rechte und Pflichten beider Parteien für die Zukunft grundsätzlich geklärt sowie zahlreiche einzelne Leistungsklagen vermieden werden.[1912] Prozessökonomische Gesichtspunkte sprechen also für eine Feststellungsinteresse.

3 Ob ein Tarifvertrag zur Anwendung kommt, kann aus unterschiedlichen Gründen fraglich sein, etwa ob beide Arbeitsvertragsparteien Mitglieder der Tarifvertragsparteien sind, ob ein Tarifvertrag durch einzelvertragliche Bezugnahme Gegenstand des Arbeitsverhältnisses geworden ist,[1913] ob der Tarifvertrag wirksam für allgemeinverbindlich erklärt worden ist oder auch welcher Tarifvertrag bei Tarifkonkurrenz und Tarifpluralität anzuwenden ist.

4 Der Antrag lautet dann:[1914]

Es wird festgestellt, dass auf das Arbeitsverhältnis der Parteien der <genaue Bezeichnung des Tarifvertrages, insbesondere Angabe der Tarifvertragsparteien, Branche, Region, Fassung> Anwendung findet.

5 Der Feststellungsantrag muss aber hinreichend bestimmt sein. Unzulässig ist etwa der folgende Antrag:[1915]

Es wird festgestellt, dass die Beklagte verpflichtet ist, dem mit dem Kläger am <Datum> begründeten Beschäftigungsverhältnis, abgesehen von den im Vertrag vereinbarten Ausnahmen, die Bestimmungen des <genauer Tarifvertrag> in seiner jeweils gültigen Fassung zugrunde zu legen.

6 Die einschränkende Klausel „abgesehen von den im Vertrag vereinbarten Ausnahmen" macht den Antrag unbestimmt. Bei einer stattgebenden Entscheidung bestünde keine Rechtsklarheit darüber, zu welchen konkreten vertraglichen Bedingungen zwischen der klagenden Partei und der Beklagten jeweils ein Arbeitsverhältnis besteht.

7 Ebenfalls **unzulässig** ist ein Antrag, in dem die Tarifverträge nicht konkret bezeichnet, sondern **nur allgemein beschrieben** sind. Der jeweilige Tarifvertrag ist im An-

1911 BAG 26.7.2001 – 8 AZR 759/00, AP ZPO 1977 § 256 Nr. 63.

1912 BAG 20.3.1991 – 4 AZR 455/90, AP TVG § 4 Tarifkonkurrenz Nr. 20; BAG 26.8.2015 – 4 AZR 719/13, NZA 2016, 177.

1913 BAG 25.10.2000 – 4 AZR 506/99, NZA 2002, 100.

1914 Vgl. BAG 30.8.2017 – 4 AZR 95/14, NZA 2018, 255.

1915 BAG 14.12.2011 – 4 AZR 242/10, NZA 2012, 1452; vgl. auch BAG 26.1.2011 – 4 AZR 333/09, NZA-RR 2011, 504.

trag vielmehr so zu benennen, dass keine Zweifel darüber bestehen, welcher Tarifvertrag gemeint ist.[1916] Es ist nicht Aufgabe des Gerichts zu ermitteln, welche Tarifverträge einschlägig sind, insbesondere welche Gewerkschaften und welche Arbeitgeberverbände die regelnden Tarifverträge abgeschlossen haben und welcher der in Betracht kommenden Tarifverträge nach seinem persönlichen Geltungsbereich der für den Kläger einschlägige ist.[1917]

> *Es wird festgestellt, dass die Beklagte verpflichtet ist, die jeweils gültigen Entgelttarifverträge der <Branche, z.B. des Einzelhandels NRW> auf das Arbeitsverhältnis anzuwenden.*

Besteht zwischen den Arbeitsvertragsparteien Streit über den persönlichen Gel- 8
tungsbereich des Tarifvertrags, so hat das BAG angedeutet, dass folgender Antrag in Betracht kommen könnte:[1918]

> *Es wird festgestellt, dass der Kläger <tarifliche Bezeichnung des persönlichen Geltungsbereichs, zB technischer Angestellter> im Sinne des <Bezeichnung des Tarifvertrages> ist.*

Ein solcher Antrag ist aber abzulehnen. Es handelt sich um eine rechtliche Eigen- 9
schaft einer Person, die aber regelmäßig **kein Rechtsverhältnis** darstellt, das einer selbständigen gerichtlichen Feststellung zugänglich wäre.[1919] Es sollte daher der oben empfohlene Antrag gestellt werden.

Gegenstand einer Feststellungsklage kann nur ein klärungsfähiges und klärungsbe- 10
dürftiges **konkretes Rechtsverhältnis** sein.[1920] Demgegenüber ist umstritten, ob § 9 TVG Feststellungsklagen über **abstrakte Rechtsverhältnisse** ermöglicht.[1921] Bei **Verbandsklagen** nach § 9 TVG ist die Wirksamkeit des Tarifvertrags oder einzelner Tarifnormen nicht nur als Vorfrage zu prüfen, sondern selbst unmittelbarer und einziger Verfahrensgegenstand (→ *Tarifvertrag, Bestehen und Auslegung*).[1922]

Die Parteien können auch **einzelne Ansprüche aus dem Tarifvertrag** zum Gegen- 11
stand einer Feststellungsklage machen.[1923] Dies gilt jedenfalls dann, wenn noch ein Feststellungsinteresse für die Zukunft besteht, dh das Arbeitsverhältnis nicht bereits beendet ist oder der Tarifvertrag unstreitig für die Zukunft keine Anwendung mehr findet.

Ein solcher Antrag kann etwa lauten:[1924] 12

> **Es wird festgestellt, dass die Beklagte verpflichtet ist, die Zulage iSd §/ Nr. <Zahl> des <Bezeichnung des Tarifvertrages> an den Kläger zu zahlen.**

1916 BAG 25.1.2017 – 4 AZR 517/15, BeckRS 2017, 117545.
1917 BAG 25.1.2017 – 4 AZR 517/15, BeckRS 2017, 117545.
1918 BAG 26.7.2001 – 8 AZR 759/00, AP ZPO 1977 § 256 Nr. 63.
1919 BAG 24.4.2007 – 1 ABR 27/06, NZA 2007, 1011.
1920 LAG Düsseldorf 29.4.2020 – 12 Sa 540/19, BeckRS 2020, 11664.
1921 Dafür BAG 4.7.2007 – 4 AZR 491/06, NZA 2008, 307; dagegen Spelge RdA 2023, 269, 271.
1922 Dazu Spelge RdA 2023, 269.
1923 BAG 15.3.2006 – 4 AZR 75/05, NZA 2006, 690.
1924 Vgl. BAG 15.3.2006 – 4 AZR 75/05, NZA 2006, 690; BAG 4.6.2008 – 4 AZR 421/07, NZA 2008, 1360. Der dort tenorierte Zusatz „für dessen Dauer während des Bestehens des Arbeitsverhältnisses“ erscheint überflüssig.

Tarifvertrag, Bestehen und Auslegung

1 Nach § 2 Abs. 1 Nr. 1 ArbGG können **Tarifvertragsparteien** Rechtsstreitigkeiten über das Bestehen bzw. Nichtbestehen von Tarifverträgen im Urteilsverfahren vor den Gerichten für Arbeitssachen führen. Hierzu zählen Streitigkeiten über den wirksamen Abschluss, über die Gültigkeit, über die Wirksamkeit einer Kündigung sowie über den Geltungsbereich eines Tarifvertrages.[1925] Ausreichend ist auch ein Streit über einzelne Tarifnormen. Es geht allerdings nicht um die Anwendbarkeit auf ein Arbeitsverhältnis im Einzelfall (→ *Tarifvertrag, Anwendbarkeit*).

2 Die Frage der zutreffenden Klageart regelt **§ 9 TVG.** Danach sind rechtskräftige Entscheidungen in Rechtsstreitigkeiten zwischen Tarifvertragsparteien über das Bestehen oder Nichtbestehen von Tarifverträgen oder einzelner Tarifbestimmungen für Tarifgebundene bindend. Die Norm stellt eine einheitliche Anwendung der Tarifverträge sicher. Im Rahmen des § 9 TVG sind nur Feststellungsklagen denkbar.[1926] Die Norm ermöglicht nach Ansicht der Rechtsprechung eine **abstrakte Feststellungsklage** über Tarifnormen und erweitert damit das Anwendungsgebiet von § 256 Abs. 1 ZPO auf die Klärung eines abstrakten Rechtsverhältnisses, nämlich über das Bestehen oder Nichtbestehen oder über die Auslegung eines Tarifvertrages.[1927] Ein abstraktes Rechtsverhältnis wird etwa dann angenommen, wenn von einer Arbeitgeberin geltend gemacht wird, dass ein bestimmter Tarifvertrag bezogen auf die bei ihr bestehenden Arbeitsverhältnisse *keine* Geltung entfaltet.[1928] Bei **Verbandsklagen** nach § 9 TVG ist die Wirksamkeit des Tarifvertrags oder einzelner Tarifnormen nicht nur als Vorfrage zu prüfen, sondern selbst unmittelbarer und einziger Verfahrensgegenstand.[1929] Die Möglichkeit, ein abstraktes Rechtsverhältnis feststellen zu lassen, begründet aber **keine eigenständige Klageart** neben den in der ZPO vorgesehenen Klagen. Sie spezifiziert lediglich die Zulässigkeitsvoraussetzungen in einem zwischen den Tarifvertragsparteien über Bestand oder Inhalt des von ihnen geschlossenen Tarifvertrags geführten Prozess.[1930] § 9 TVG eröffnet allerdings nicht die Möglichkeit, eine rein theoretische Rechtsfrage klären zu lassen und hierzu ein gerichtliches Rechtsgutachten einzuholen.[1931] Das erforderliche **Feststellungsinteresse** ist dann gegeben, wenn Anhaltspunkte vorliegen, die die Klärung der Rechtsfrage zum gegenwärtigen Zeitpunkt erforderlich machen, etwa die gegenwärtige oder zukünftige fehlerhafte Anwendung von Tarifnormen durch einen Tarifvertragspartner.[1932] Eine Verbandsklage ist auch dann zulässig, wenn es um den Zeitraum der – nicht ausgeschlossenen – **Nachwirkung des Tarifvertrags** geht.[1933]

3 Prozessparteien können nur die Tarifvertragsparteien sein **(Verbandsklage).**[1934] Bei einem Verbandstarifvertrag sind dies die Gewerkschaft und der Arbeitgeberverband, bei einem Firmen- oder Haustarifvertrag die Gewerkschaft und der Arbeitgeber. Die Feststellung eines Drittrechtsverhältnisses, etwa mit den Mitgliedern

1925 GMP/Schlewing/Dickerhof-Borello § 2 ArbGG Rn. 15.
1926 BAG 30.5.1984 – 4 AZR 512/81, NZA 1984, 300; Wiedemann/Oetker § 9 TVG Rn. 27; MAH ArbR/Hamacher/van Laak § 70 Rn. 7.
1927 BAG 6.6.2007 – 4 AZR 411/06, NZA 2008, 1086; BAG 7.11.1995 – 3 AZR 676/94, NZA 1996, 1214; Wiedemann/Oetker TVG § 9 Rn. 5; aA Spelge RdA 2023, 269, 271.
1928 LAG Düsseldorf 29.4.2020 – 12 Sa 540/19, BeckRS 2020, 11664; vgl. BAG 4.7.2007 – 4 AZR 491/06, AP TVG § 4 Tarifkonkurrenz Nr. 35.
1929 Dazu Spelge RdA 2023, 269.
1930 BAG 15.6.2016 – 4 AZR 805/14, NZA 2017, 326; BAG 17.10.2023 – 9 AZR 39/23, NZA 2024, 355 (356).
1931 BAG 14.6.1995 – 4 AZR 915/93, NZA 1996, 43.
1932 BAG 15.6.2016 – 4 AZR 805/14, NZA 2017, 326.
1933 BAG 15.6.2016 – 4 AZR 805/14, NZA 2017, 326.
1934 BAG 9.12.2009 – 4 AZR 190/08, NZA 2010, 712.

der Verbände/Gewerkschaften, ist nur unter besonderen Voraussetzungen zulässig (→ *A.I. Rn. 45*).[1935]

An den Klageantrag sind auch im Rahmen des § 9 TVG die Anforderungen des § 253 ZPO zu stellen. Gerade mit Blick auf die Bindungswirkung muss der Umfang der objektiven Rechtskraft einer auf den Antrag ergehenden Sachentscheidung hinreichend und zuverlässig erkennbar sein.[1936] Dazu sind grundsätzlich die konkreten Namen der Parteien des Tarifvertrages zu bezeichnen, damit der Tarifvertrag genau und unverwechselbar gekennzeichnet ist.[1937] Im Antrag sind neben dem fraglichen Tarifvertrag auch die betreffende Tarifnorm sowie umstrittene Tarifbegriffe zu benennen. Sodann ist der von der klagenden Tarifvertragspartei als zutreffend angesehene Auslegungsschritt zu formulieren. Der auszulegende Tarifbegriff muss abstrakt sein und darf sich nicht auf ein konkretes Rechtsverhältnis beziehen. Nicht Gegenstand einer solchen Verbandsklage darf die Subsumtion eines konkreten Sachverhaltes unter die auslegungsbedürftige Tarifnorm sein.[1938] 4

Der Antrag 5

Es wird festgestellt, dass die Befristung der Übertragung von Tätigkeiten, die nach den Richtpositionsbeschreibungen den Gehaltsgruppen 16, 17 oder 18 des bei der Beklagten zur Anwendung kommenden Gehaltstarifvertrages zuzuordnen sind, bei den Mitgliedern der Klägerin nicht zulässig ist.

ist daher aus mehreren Gründen unzulässig:[1939] Die rechtliche Bewertung eines konkreten Verhaltens der Gegenseite ist kein Rechtsverhältnis; es soll die Zulässigkeit gegenüber Dritten festgestellt werden. 6

Streiten sich die Tarifvertragsparteien über die **Wirksamkeit eines Tarifvertrages,** so kann der Feststellungsantrag wie folgt lauten: 7

Es wird festgestellt, dass der Tarifvertrag <genaue Bezeichnung mit Datum und Angabe der Tarifvertragsparteien> wirksam/unwirksam ist.

Den folgenden Antrag 8

Es wird festgestellt, dass der Tarifvertrag <genaue Bezeichnung> vom <Datum> zwischen den Parteien keine Wirksamkeit entfaltet.

hat das BAG nur durch Auslegung für zulässig erachtet.[1940] Die Formulierung „zwischen den Parteien keine Wirksamkeit entfaltet" lege eine schuldrechtliche Verbindung nahe.

Ist zwischen den Parteien die Wirksamkeit einer **Kündigung des Tarifvertrages** im Streit, so hat das BAG den folgenden Antrag (wohl in Anlehnung an den Kündigungsschutzantrag) für zulässig erachtet:[1941] 9

1935 Dazu BAG 18.4.2012 – 4 AZR 371/10, NZA 2013, 161.
1936 BAG 4.7.2007 – 4 AZR 491/06, NZA 2008, 307.
1937 BAG 4.7.2007 – 4 AZR 491/06, NZA 2008, 307; BAG 17.10.2023 – 9 AZR 39/23, NZA 2024, 355 (356).
1938 Zu all dem BAG 18.4.2012 – 4 AZR 371/10, NZA 2013, 161; BAG 17.10.2023 – 9 AZR 39/23, NZA 2024, 355 (356).
1939 BAG 18.4.2012 – 4 AZR 371/10, NZA 2013, 161.
1940 BAG 4.7.2007 – 4 AZR 491/06, NZA 2008, 307.
1941 BAG 26.4.2000 – 4 AZR 170/99, NZA 2000, 1010; ebenso LAG Hessen 5.4.2012 – 9 Sa 1748/11, BeckRS 2012, 75425.

> *Es wird festgestellt, dass durch die Kündigungserklärung des Beklagten vom <Datum> der Tarifvertrag <genaue Bezeichnung mit Datum und Angabe der Tarifvertragsparteien> nicht beendet ist.*

10 Die Form des Kündigungsschutzantrags ist allerdings eine Besonderheit, die in § 4 KSchG begründet ist. Zutreffend ist daher der folgende Antrag:

> **Es wird festgestellt, dass der Tarifvertrag <genaue Bezeichnung mit Datum und Angabe der Tarifvertragsparteien> fortbesteht.**

11 Unzulässig ist hingegen der folgende Antrag:

> *Es wird festgestellt, dass die Kündigung des Tarifvertrages <genaue Bezeichnung> vom <Datum der Kündigung> unwirksam ist.*

12 Der Klageantrag ist auf die Feststellung der Unwirksamkeit einer Rechtshandlung, nämlich der Kündigungserklärung, gerichtet; die Kündigung ist kein Rechtsverhältnis iSd § 256 Abs. 1 ZPO.[1942]

13 Ist die **Wirksamkeit einzelner Tarifnormen** im Streit, so kann der Antrag etwa wie folgt lauten:[1943]

> **Es wird festgestellt, dass §/Nr. <konkrete Tarifnorm> des Tarifvertrages <genaue Bezeichnung mit Datum und Angabe der Tarifvertragsparteien> gültiges Tarifrecht ist.**

14 Auch wenn die **Auslegung einzelner Tarifnormen** zwischen den Tarifvertragsparteien streitig ist, kommt nur eine Feststellungsklage in Betracht.[1944] Inhalt und Anwendungsbereich einer Tarifnorm sind Auslegungsstreitigkeiten.[1945] Gegenstand einer solchen Feststellungsklage kann die Frage sein, ob ein Tarifvertrag auf eine genau bestimmte, in ihrer Zusammensetzung zweifelsfrei feststehende und von den anderen Arbeitnehmern klar abgrenzbare Gruppe von Arbeitnehmern anwendbar ist.[1946]

15 Der Antrag kann bei Auslegungsstreitigkeiten wie folgt lauten:[1947]

> **Es wird festgestellt, dass §/Nr. <konkrete Tarifnorm> des Tarifvertrages <genaue Bezeichnung mit Datum und Angabe der Tarifvertragsparteien> so auszulegen ist, dass <genaue Beschreibung des Auslegungsergebnisses>.**
>
> **Das konkrete Auslegungsergebnis kann etwa wie folgt beschrieben werden: allen Arbeitnehmern in der Branche <Beschreibung des betrieblichen/regionalen Geltungsbereichs des Tarifvertrages> bei Erfüllung der tariflichen Voraussetzungen nach §/Nr. <Angabe der konkreten Tarifnorm> für den 24. Dezember eines Jahres jeweils acht Stunden nach dem Lohnausfallprinzip zu vergüten sind.**

1942 Vgl. BGH 2.5.1991 – I ZR 184/89, NJW-RR 1991, 1266; BAG 26.4.2000 – 4 AZR 170/99, NZA 2000, 1010.
1943 BAG 25.9.1987 – 7 AZR 315/86, NZA 1988, 358.
1944 BAG 12.4.2000 – 5 AZR 372/98, NZA 2002, 226.
1945 BAG 7.11.1995 – 3 AZR 676/94, NZA 1996, 1214.
1946 BAG 23.2.1995 – 6 AZR 329/94, NZA 1996, 109.
1947 Vgl. BAG 12.4.2000 – 5 AZR 372/98, NZA 2002, 226; BAG 15.12.2010 – 4 AZR 197/09, NZA 2011, 1000.

Ein weiteres Beispiel eines Antrags lautet:[1948] 16

> **Es wird festgestellt, dass die Beklagte/die Mitglieder des Beklagten verpflichtet ist/sind, gemäß §/Nr. <konkrete Tarifnorm> des Tarifvertrages auch über den 1. Januar <Jahreszahl> hinaus den Kinderzuschlag für die Dauer der Gültigkeit dieses Tarifvertrages an den berechtigten Personenkreis zu zahlen.**

Ist der persönliche Geltungsbereich strittig, so kann ein Antrag etwa lauten:[1949] 17

> **Es wird festgestellt, dass der Geltungsbereich in § x des Tarifvertrags <genaue Bezeichnung> auch diejenigen vor dem <Datum> mit der Beklagten begründeten Arbeitsverhältnisse derjenigen Arbeitnehmer erfasst, die bereits am <Datum> Mitglied der Klägerin waren und es noch immer sind.**

Auch **negative Feststellungsklagen** sind möglich.[1950] Bei einem Streit über eine Ur- 18
laubsgeldregelung ist etwa folgender Antrag als zulässig erachtet worden:

> **Es wird festgestellt, dass für Urlaub, der ab dem <Datum> angetreten worden ist, kein Anspruch auf ein zusätzliches tarifliches Urlaubsgeld besteht.**

Tarifvertrag, Durchführung von Bestimmungen

Die Durchführungspflicht der Tarifvertragsparteien ist eine **Nebenpflicht,** die jedem 1
privatrechtlichen Vertrag immanent ist. Die Durchführungspflicht ist die Konkretisierung des allgemeinen Prinzips „pacta sunt servanda" und des Grundsatzes von Treu und Glauben (§ 242 BGB).[1951] Die Tarifvertragsparteien haben auch alles zu unterlassen, was die tarifvertraglichen Regelungen leerlaufen lassen könnte. Bei Verbandstarifverträgen besteht ein Anspruch auf Einwirkung auf die jeweiligen Mitglieder → *Einwirken auf Verbandsmitglieder.*

Den Tarifvertragsparteien eines Firmen- oder Hausvertrages steht die Möglichkeit 2
offen, von dem Tarifvertragspartner im Wege der **Leistungsklage** die Durchführung des abgeschlossenen Tarifvertrages zu verlangen. § 9 TVG steht einer Leistungsklage nicht entgegen.[1952] Es kann eine bestimmte Handlung oder ein Unterlassungsanspruch geltend gemacht werden. Das vom Prozessgegner erwartete **Verhalten** ist **konkret zu beschreiben.**

> **Die Beklagte wird verurteilt, auf die Arbeitsverhältnisse zwischen ihr und ihren Arbeitnehmern, die Mitglieder der Klägerin sind, den zwischen ihr und der Klägerin am <Datum> abgeschlossenen Tarifvertrag <konkrete Bezeichnung des Tarifvertrages> (im <Beschreibung des Bereichs/Betriebs, wenn der Tarifvertrag nicht für das gesamte Unternehmen gilt>) anzuwenden.**

1948 Vgl. BAG 28.9.1977 – 4 AZR 446/76, AP TVG 1969 § 9 Nr. 1.
1949 BAG 15.6.2016 – 4 AZR 805/14, NZA 2017, 326.
1950 BAG 24.6.2003 – 9 AZR 563/02, AP TVG § 1 Tarifverträge: Gebäudereinigung Nr. 15.
1951 BAG 29.4.1992 – 4 AZR 432/91, NZA 1992, 846.
1952 BAG 14.6.1995 – 4 AZR 915/93, NZA 1996, 43; BAG 13.10.2021 – 4 AZR 403/20, NZA 2022, 416 (422).

3 Bei der Antragsformulierung ist wie immer auch die Begründetheit des Antrags zu beachten. Der Anspruch auf Durchführung des Tarifvertrags besteht nur, soweit dessen Wirkung reicht, seine Normen also unmittelbar und zwingend gelten; ein Tarifvertrag gilt nur für **Gewerkschafts- und Verbandsmitglieder** bzw. den einzelnen Arbeitgeber. Problematisch ist etwa die Antragsformulierung, wenn die Durchführung eines Tarifvertrags für alle derzeitigen und zukünftigen beschäftigten (arbeitnehmerähnlichen) Personen, die Mitglied der antragstellenden Gewerkschaft sind bzw. sein werden, begehrt wird. Es stellt sich dann die Frage, ob ein Antrag unbestimmt ist bzw. die Gewerkschaftsmitglieder namentlich benannt werden müssen. Das BAG[1953] lässt mit Blick auf § 726 ZPO zu, dass dem beweisbelasteten Gläubiger nachgelassen wird, erst im Klauselerteilungsverfahren den Eintritt anspruchsbegründeter Tatsachen nachzuweisen, wenn die Durchsetzbarkeit des geltend gemachten materiell-rechtlichen Anspruchs von diesen abhängt. So ist die Mitgliedschaft in der Gewerkschaft eine Tatsache iSd §§ 726, 731 ZPO.

4 Schwierigkeiten bereitet ein Antrag, um die **Erörterung** von Fragen im Rahmen einer durch Tarifvertrag zu bildenden **paritätischen Kommission** durchzusetzen. Einerseits können generalisierende Formulierungen im Einzelfall unvermeidlich sein, da ansonsten die Möglichkeit, gerichtlichen Rechtsschutz zu erlangen, durch prozessuale Anforderungen unzumutbar erschwert oder sogar beseitigt werden könnte.[1954] Die prozessualen Anforderungen dürfen also nicht überspannt werden. Andererseits ist ein Leistungsantrag nur dann hinreichend bestimmt, wenn ein stattgebendes Urteil die Leistung so genau bezeichnet, dass der Schuldner ohne Weiteres erkennen kann, durch welche Verhaltensweisen er dem Urteilsspruch nachkommen kann, und das Urteil vollstreckungsfähig ist.[1955]

5 Der Antrag könnte wie folgt lauten:[1956]

> **Die Beklagte wird verurteilt, drei Arbeitgebervertreter sowie drei Stellvertreter zu benennen und sie in die Paritätische Auswahlkommission gemäß § < Norm des konkreten Tarifvertrages> zu entsenden, um die Kommission zu bilden und die <konkrete Maßnahme> zu erörtern/zu ermöglichen <je nach Aufgabe der Kommission im Tarifvertrag>.**

6 Nach Auffassung des BAG kann die Durchführungspflicht auch im Wege der **Feststellungsklage** verfolgt werden, obwohl der Weg der Leistungsklage offensteht.[1957]

> **Es wird festgestellt, dass die Beklagte verpflichtet ist, ihre Arbeitnehmer, die Mitglieder der Klägerin sind, nach Maßgabe des Tarifvertrages <konkrete Bezeichnung des Tarifvertrages unter Angabe von Datum und Tarifvertragsparteien> zu behandeln.**

1953 BAG 13.10.2021 – 4 AZR 403/20, NZA 2022, 416 (418) mzustAnm Seifert.
1954 BAG 13.10.2021 – 4 AZR 403/20, NZA 2022, 416; BAG 26.7.2012 – 6 AZR 221/11, BeckRS 2012, 75484.
1955 BAG 26.7.2012 – 6 AZR 221/11, AP TVG § 1 Tarifverträge: Telekom Nr. 14.
1956 BAG 26.7.2012 – 6 AZR 221/11, AP TVG § 1 Tarifverträge: Telekom Nr. 14.
1957 BAG 11.9.1991 – 4 AZR 71/91, NZA 1992, 321.

Unzulässig ist jedenfalls folgender Antrag: 7

> *Es wird festgestellt, dass die Beklagte durch <Beschreibung des Verhaltens, zB Abschluss von Arbeitsverträgen zu bestimmten Bedingungen> gegen ihre Durchführungspflicht aus dem Tarifvertrag <konkrete Bezeichnung des Tarifvertrages unter Angabe von Datum und Tarifvertragsparteien> verstoßen hat.*

Ein Verstoß gegen die Durchführungspflicht ist kein Rechtsverhältnis iSd § 256 8
Abs. 1 ZPO.[1958]

Teilkündigung/Beendigung von Nebenabreden

Häufig werden mit Arbeitnehmer eine Vielzahl von Vertragsbedingungen bei Vertragsschluss oder zeitlich später im Wege einer zusätzlichen Vereinbarung verabredet. Dem Arbeitnehmer kann zB durch eine separate Abrede eine Erschwerniszulage gezahlt, eine weitere Arbeitsaufgabe oder aber ein zusätzliches Amt übertragen werden. Im Zuge der Digitalisierung traten in der letzten Zeit häufiger Fälle auf, in denen die Homeofficeregelung gekündigt wurde.[1959] In diesen Fällen stellt sich die Frage, ob die Arbeitgeberin die Bindung an die einzelne vertragliche Arbeitsbedingung separat beenden kann. Wesentliches Merkmal dieser Situation ist, dass der Arbeitgeber das Arbeitsverhältnis nicht als Ganzes zur Disposition stellt.[1960] Durch diese Zielrichtung unterscheidet sich die Teilkündigung von der Beendigungs- oder Änderungskündigung. Ist das Recht zur einseitigen Änderung einzelner Vertragsbedingungen vertraglich vereinbart, bedarf es keiner Teilkündigung. In diesem Fall handelt es sich um einen → *Widerrufsvorbehalt.* Denkbar ist auch die Befristung von Nebenabreden. So kann dem Arbeitnehmer eine bestimmte Aufgabe auf Zeit übertragen werden oder aber befristet die Arbeitszeit erhöht werden. Dann handelt es sich um die Befristung einzelner Arbeitsbedingungen → *Befristung.* 1

Die einseitige Änderung einzelner Vertragsbedingungen durch **Kündigung** ist, da sie das vereinbarte Ordnungs- und Äquivalenzgefüge eines Vertrages stört, grundsätzlich unzulässig. Solche sog. Teilkündigungen einzelner arbeitsvertraglicher Vereinbarungen können aber zulässig sein, wenn dem Kündigenden hierzu – wirksam – das Recht eingeräumt wurde. Zudem darf kein zwingender Kündigungsschutz umgangen werden und das Äquivalenzgefüge des Arbeitsverhältnisses muss unverändert bleiben.[1961] 2

In dieser Situation kann der Arbeitnehmer auf **zwei Wegen** mit unterschiedlicher Zielsetzung vorgehen. Er kann ohne weiteres **Leistungsklage,** also zB Klage auf Zahlung der vereinbarten Zulage erheben. Darüber hinaus kann der Arbeitnehmer aber auch eine **Feststellungsklage** erheben, die umfassend auf die Unwirksamkeit der erklärten Teilkündigung abzielt. Erforderlich ist, dass durch sie der Streit insgesamt beseitigt und das Rechtsverhältnis der Parteien abschließend geklärt werden kann. Dabei hängt der konkrete Antrag ab vom Inhalt der gekündigten Abrede. Geht es um die Teilkündigung einer Zahlungsabrede, lautet der Antrag zB: 3

1958 BAG 11.9.1991 – 4 AZR 71/91, NZA 1992, 321.
1959 LAG Hamm 16.3.2023 – 18 Sa 832/22, Rn. 19, NZA-RR 2023, 401.
1960 BAG 6.6.2023 – 9 AZR 621/19, Rn. 28, NZA 2023, 1314; ErfK/Müller-Glöge BGB § 620 Rz. 49.
1961 BAG 6.6.2023 – 9 AZR 621/19, Rn. 28, NZA 2023, 1314; BAG 18.5.2017 – 2 AZR 721/16, NZA 2017, 1195.

Es wird festgestellt, dass die Beklagte verpflichtet ist, dem Kläger über den <Datum> hinaus eine <Inhaltsbeschreibung, zB die Erschwerniszulage> gem. der Nebenabrede der Parteien vom <Datum> zu zahlen.[1962]

4 Das BAG hält auch folgenden Antrag für auslegungsfähig und deshalb zulässig:

Es wird festgestellt, dass die Nebenabrede der Parteien vom <Datum> betreffend <Inhaltsbeschreibung, zB die Erschwerniszulage> zum Arbeitsvertrag der Parteien vom <Datum> durch die Kündigung der Beklagten vom <Datum> nicht beseitigt worden ist.[1963]

Es wird festgestellt, dass die Kündigung der Nebenabrede der Parteien vom <Datum> betreffend <Inhaltsbeschreibung, zB die Erschwerniszulage> unwirksam ist.[1964]

5 Während die erste Formulierung tatsächlich noch auslegungsfähig sein dürfte, lehnen sich die weiteren Formulierungen zu sehr an § 4 KSchG an → *Allgemeiner Feststellungsantrag.* Zwar können auch einzelne Beziehungen und Folgen eines Rechtsverhältnisses Gegenstand einer Feststellungsklage sein. Die Kündigung selbst aber ist kein Rechtsverhältnis, sondern eine Rechtshandlung und kann dem entsprechend nicht Gegenstand einer Feststellungsklage sein[1965] → *Kündigung.* Richtigerweise sollte der Antrag auch hier am Rechtsschutzziel orientiert werden, also daran, dass die Verpflichtung zur Weitergewährung der gekündigten Leistung – hier die Fortzahlung der gekündigten Erschwerniszulage – festgestellt werden soll.

6 Ebenfalls fehlerhaft ist der Antrag:

Es wird festgestellt, dass das Arbeitsverhältnis zu unveränderten Arbeitsbedingungen über den <Datum> fortbesteht.[1966]

7 Für die Feststellung „unveränderter Arbeitsbedingungen" ist ein Feststellungsinteresse bei einer Teilkündigung nicht zu begründen. Es geht nur darum, dass die teilgekündigte Leistung weiter gewährt werden soll. Darauf ist der Feststellungsantrag zu richten.

8 Soll durch die Teilkündigung das Arbeitsverhältnis insgesamt beendet werden, dann gilt folgendes:

Es wird festgestellt, dass das Arbeitsverhältnis der Parteien durch die (Teil-) Kündigung der Beklagten vom <Datum> nicht aufgelöst ist.

1962 So auch LAG Düsseldorf 27.6.2023 – 8 Sa 1049/21, Rn. 93, BeckRS 2023, 42881; LAG Hamm 20.10.2022 – 18 Sa 138/22, Rn. 114, BeckRS 2022, 48268; LAG Hamm 13.5.2016 – 16 Sa 1652/15, BeckRS 2016, 73176.

1963 BAG 18.5.2017 – 2 AZR 721/16, NZA 2017, 1195.

1964 LAG Mecklenburg-Vorpommern 25.2.2020 – 5 Sa 132/19, BeckRS 2020, 5754; LAG Rheinland-Pfalz 5.7.2017 – 4 Sa 512/16, BeckRS 2017, 133912.

1965 So auch LAG Düsseldorf 27.6.2023 – 8 Sa 1049/21, Rn. 93, BeckRS 2023, 42881; LAG Hamm 20.10.2022 – 18 Sa 138/22 –, Rn. 114, BeckRS 2022, 48268.

1966 LAG Nürnberg 11.5.2021 – 7 Sa 289/20, Rn. 151, BeckRS 2021, 26228.

Teilzeit

Übersicht

	Rn.
1. Der Anspruch auf Teilzeit und Brückenteilzeit	1–29
a) Grundlagen	1–5
b) Anträge	6–16
c) Fiktionswirkung des § 8 Abs. 5 TzBfG	17–20
d) Negativbeispiele	21–25
e) Einstweilige Verfügung	26–29
2. Verlängerung der Arbeitszeit nach § 9 TzBfG	30–32
3. Teilzeit während der Elternzeit beim bisherigen Arbeitgeber	33–45
a) Anträge	35–43
b) Sonderfall Antrag nach Zeitablauf	44, 45
4. Teilzeit während der Elternzeit bei einem anderen Arbeitgeber	46–48
5. Teilzeit während der Pflegezeit	49

1. Der Anspruch auf Teilzeit und Brückenteilzeit

a) Grundlagen

§ 8 TzBfG regelt einen gesetzlichen Anspruch auf – unbefristete – Teilzeitarbeit. Dieser Anspruch setzt voraus, dass das Arbeitsverhältnis länger als sechs Monate bestanden hat und der Arbeitgeber in der Regel mehr als 15 Arbeitnehmer beschäftigt. In diesem Fall kann der Arbeitnehmer seinen Teilzeitwunsch drei Monate vor Beginn der beabsichtigten Teilzeit geltend machen, § 8 Abs. 2 TzBfG. Der **Anspruchsinhalt** richtet sich ausweislich der gesetzlichen Formulierung auf die dauerhafte **Verringerung der** mit dem Arbeitgeber **vertraglich vereinbarten Arbeitszeit.** § 9a TzBfG ergänzt diese unbefristete Teilzeit durch ein Recht auf befristete Teilzeit. Auch hier ist das eigentliche Ziel die Verringerung der vertraglich vereinbarten Arbeitszeit. Wesentlich ist aber, dass der Arbeitnehmer verlangen kann, dass die vertraglich vereinbarte Arbeitszeit nur für den im Voraus bestimmten Zeitraum verringert wird. Es geht also – soweit die Voraussetzungen des § 9a TzBfG eingreifen – um eine von vornherein zeitlich begrenzte Verringerung der Arbeitszeit. Nach Ablauf des Zeitraums von mindestens einem Jahr bis maximal fünf Jahren kehrt der Arbeitnehmer automatisch zu seiner ursprünglich vereinbarten Arbeitszeit zurück.[1967] 1

Ziel der Teilzeit ist in sämtlichen Fällen damit die Abgabe einer Willenserklärung durch den Arbeitgeber, iE die Zustimmung zur Änderung des Arbeitsvertrages im Hinblick auf die vertraglich vereinbarte Arbeitszeit, sog. „Vertragslösung".[1968] Neben dem Umfang der Reduzierung der Arbeitszeit sollte der Arbeitnehmer auch angeben, wie die verringerte Arbeitszeit auf die Arbeitstage verteilt werden soll und zwar im Rahmen der Reduzierung.[1969] Auch insoweit ist der Anspruch auf Zustimmung des Arbeitgebers zum Abschluss einer entsprechenden vertraglichen Vereinbarung gerichtet. 2

Der Arbeitnehmer muss deshalb die Verurteilung des Arbeitgebers zur **Annahme seines Angebots** auf Reduzierung der vertraglich vereinbarten Arbeitszeit und damit 3

1967 Korinth, Einstweilige Verfügung auf Brückenteilzeit oder (Eltern-) Teilzeit, ArbRB 2018, 384; Besgen, Die neue Brückenteilzeit B+P 2019, 19. Vgl. auch BAG 7.9.2021 – 9 AZR 595/20, NZA 2021, 1708.

1968 BAG 18.9.2018 – 9 AZR 20/18, AP AGG § 22 Nr. 16; BAG 19.9.2017 – 9 AZR 36/17, NZA 2017, 1612; BAG 13.11.2012 – 9 AZR 259/11, NZA 2013, 373; BAG 18.2.2003 – 9 AZR 164/02, NZA 2003, 1392; BAG 19.8.2003 – 9 AZR 542/02, AP TzBfG § 8 Nr. 4.

1969 LAG Düsseldorf 17.5.2006 – 12 Sa 175/06, DB 2006, 1682; ErfK/Preis TzBfG § 8 Rn. 6.

auf Abgabe einer Willenserklärung beantragen. Die Erklärung des Arbeitgebers auf Annahme des Angebotes gilt mit Rechtskraft eines dem Klageantrag stattgebenden Urteils gem. § 894 Abs. 1 S. 1 ZPO als abgegeben. Zu den Einzelheiten des § 894, insbesondere zur Frage des Verhältnisses zwischen vorvertraglichem Angebot und Antrag, vgl. → *Arbeitsvertrag.* Der auf dieser Basis zu stellende Antrag muss den Bestimmtheitsanforderungen entsprechen, wie sie allgemein an Vertragsanträge im Sinne des § 145 BGB gestellt werden und so formuliert sein, dass er mit einem „ja" angenommen werden kann. Dabei muss der **Inhalt der Reduzierung** im Klageantrag **konkret bezeichnet**[1970] werden. Der gewünschte Zeitpunkt der Reduzierung muss dabei nicht angegeben werden, weil er sich aus dem Gesetz ergibt.[1971] Insofern kann der Antrag dahingehend ausgelegt werden, dass der Arbeitnehmer eine Änderung ab Rechtskraft des Urteils begehrt. Gleichwohl sollte für einen konkreten Klageantrag klargestellt werden, ab wann der Vertrag geschlossen werden soll. Dies auch deshalb, damit das Klagebegehren mit dem vorgerichtlichen Antrag in Einklang steht. Das Datum muss allerdings nicht mehr in der Zukunft liegen.[1972] Der rückwirkende Abschluss eines Vertrags ist nicht mehr nichtig,[1973] vgl. → *Arbeitsvertrag;* →*Vertragsabschluss.* Für den Anspruch auf Brückenteilzeit ist zudem die beabsichtigte Dauer der Verringerung anzugeben.

4 **Achtung:** Unabhängig vom Klageantrag muss sowohl für den Anspruch auf Brückenteilzeit als auch für die Teilzeit nach § 8 TzBfG ein **rechtzeitiger Antrag** nach § 8 Abs. 2 TzBfG gestellt werden. Denn der Anspruch auf Verteilung der verringerten Arbeitszeit setzt voraus, dass der Arbeitnehmer die Verringerung der Arbeitszeit und deren Umfang rechtzeitig beantragt hat. Dabei ist entscheidend, dass der Arbeitnehmer tatsächlich eine Verringerung und Verteilung nach § 8 TzBfG anbietet. Auch dieser – nunmehr in Textform erforderliche Antrag – muss so formuliert werden, dass er durch ein schlichtes „Ja" angenommen werden kann. Schädlich ist deshalb etwa das „Angebot" damit zu beenden den Arbeitgeber zu bitten, einen Vertragsentwurf zur Prüfung durch den Anwalt zu erstellen. Der Antrag gegenüber dem Arbeitgeber kann regelmäßig nicht im Klageantrag liegen. Nach der Rechtsprechung des BAG enthält ein Klageantrag regelmäßig kein neues rechtsgeschäftliches Angebot.[1974]

5 Zur Zwangsvollstreckung von Ansprüchen nach § 894 ZPO, vgl. → *Teil 4 Zwangsvollstreckung.*

b) Anträge

6 Auf dieser Grundlage könnte der Klageantrag bei einer Teilzeit nach § 8 TzBfG zB wie folgt formuliert werden:

1970 BAG 3.12.2019 – 9 AZR 95/19, NZA 2020, 672; BAG 19.9.2017 – 9 AZR 36/17, NZA 2017, 1612; BAG 15.10.2013 – 9 AZR 399/13, AP § 611 BGB Nr. 19; BAG 15.11.2011 – 9 AZR 729/07, AP § 8 TzBfG Nr. 30.

1971 BAG 3.12.2019 – 9 AZR 95/19, NZA 2020, 672; BAG 13.11.2012 – 9 AZR 259/11, NZA 2013, 373; BAG 15.11.2011 – 9 AZR 729/07, AP § 8 TzBfG Nr. 30; BAG 24.6.2008 – 9 AZR 514/07, NZA 2008, 1289; BAG 16.10.2007 – 9 AZR 239/07, NZA 2008, 289; BAG 21.6.2005 – 9 AZR 409/04, NZA 2006, 317.

1972 BAG 3.12.2019 – 9 AZR 95/19, NZA 2020, 672; BAG 19.9.2017 – 9 AZR 36/17, NZA 2017, 1612; BAG 13.11.2012 – 9 AZR 259/11, NZA 2013, 373; BAG 4.5.2010 – 9 AZR 155/09, NZA 2010, 1063; BAG 28.6.2000 – 7 AZR 904/98, EZA KSchG § 1 Wiedereinstellungsanspruch Nr. 5.

1973 BAG 3.12.2019 – 9 AZR 95/19, NZA 2020, 672; BAG 19.9.2017 – 9 AZR 36/17, NZA 2017, 1612; BAG 12.6.2013 – 7 AZR 557/11, BeckRS 2011, 75295; BAG 15.10.2013 – 9 AZR 399/13, AP § 611 BGB Nr. 19; BAG 13.11.2012 – 9 AZR 259/11, NZA 2013, 373; BAG 9.2.2011 – 7 AZR 334/11, NZA 2013, 804; zur bisherigen Rechtslage: BAG 24.6.2008 – 9 AZR 313/07, NZA 2008, 1309; BAG 9.11.2006 – 2 AZR 509/05, EzA KSchG § 1 Wiedereinstellungsanspruch Nr. 8; BAG 27.4.2004 – 9 AZR 522/03, BAGE 110, 232.

1974 BAG 15.11.2011 – 9 AZR 729/07 – § 8 TzBfG Nr. 30.

> **Die Beklagte wird verurteilt, der Verringerung der Arbeitszeit des Klägers auf <Anzahl, zB 27 Stunden> pro Woche ab dem <Datum> zuzustimmen, mit nachstehender arbeitstäglicher Verteilung: <zB Montag: 8.15 Uhr bis 13.00 Uhr, Dienstag: 8.15 Uhr bis 13.00 Uhr, Mittwoch: 8.15 Uhr bis 16.45 Uhr einschließlich 30 Minuten Pause, Donnerstag: 8.15 Uhr bis 13.00 Uhr, Freitag: 8.15 Uhr bis 13.00 Uhr>.**[1975]

Die Angabe der **Verteilung der Arbeitszeit** ist **nicht zwingend.** Wenn der Arbeit- 7
nehmer keine eigenen Vorstellungen von der Verteilung hat, kann er sie dem Arbeitgeber durch Ausübung seines Direktionsrechtes überlassen. Die Befugnis des Arbeitgebers, die Verteilung der Arbeitszeit selbst zu bestimmen, gehört zum Kernbereich des arbeitgeberseitigen Direktionsrechts und muss nicht in den Tenor aufgenommen werden.[1976] Auch soweit der ursprüngliche Arbeitsvertrag eine konkrete Regelung zur Verteilung enthält, verbleibt es beim Direktionsrecht, weil sich diese Regelung nur auf die Vollarbeitszeit beziehen dürfte.

Wird dem Arbeitgeber das Direktionsrecht überlassen, gilt folgender Antrag: 8

> **Die Beklagte wird verurteilt, der Verringerung der Arbeitszeit des Klägers auf 28,5 Stunden ab dem <Datum> pro Woche zuzustimmen.**[1977]

Der vorherige **Antrag gegenüber der Arbeitgeberin** kann in Textform entsprechend 9
formuliert werden:

> **Sehr geehrte <Arbeitgeberin>. Hiermit beantrage ich die Verringerung meiner Arbeitszeit auf <Anzahl, zB 27 Stunden> pro Woche ab dem <Datum>, mit nachstehender arbeitstäglicher Verteilung: <zB Montag: 8.15 Uhr bis 13.00 Uhr, Dienstag: 8.15 Uhr bis 13.00 Uhr, Mittwoch: 8.15 Uhr bis 16.45 Uhr einschließlich 30 Minuten Pause, Donnerstag: 8.15 Uhr bis 13.00 Uhr, Freitag: 8.15 Uhr bis 13.00 Uhr>.**

Wesentlich ist, dass der Arbeitnehmer die Verringerung seiner Arbeitszeit und den 10
Umfang der Verringerung spätestens drei Monate vor deren Beginn in Textform geltend machen muss und dabei die gewünschte Verteilung der Arbeitszeit angeben soll, § 8 TzBfG. Der Zugang ist sicherzustellen.

Meint der Arbeitnehmer, die ursprünglich begehrte Teilzeit sei nicht wirksam zu- 11
stande gekommen, etwa weil er sein Teilzeitverlangen zurückgenommen habe, gelten die allgemeinen Regeln. Bestand vorher ein Vollzeitarbeitsverhältnis, kann der Arbeitnehmer die Feststellung geltend machen, nach wie vor in Vollzeit beschäftigt zu sein, wenn die Arbeitgeberin von einer Teilzeitbeschäftigung ausgeht.[1978]

1975 BAG 19.8.2003 – 9 AZR 542/02, AP TzBfG § 8 Nr. 4; vgl. auch BAG 11.6.2013 – 9 AZR 786/11, NZA 2013, 1074; BAG 13.11.2012 – 9 AZR 259/11, NZA 2013, 373. Vgl. auch LAG Mecklenburg-Vorpommern 26.9.2023 – 2 Sa 29/23, BeckRS 2023, 36684; LAG Hessen 8.5.2023 – 17 Sa 1165/22, juris.

1976 BAG 13.11.2012 – 9 AZR 259/11, NZA 2013, 373; BAG 15.11.2011 – 9 AZR 729/07, AP § 8 TzBfG Nr. 30; BAG 13.9.2009 – 9 AZR 910/08, AP TzBfG § 8 Nr. 29; BAG 27.4.2004 – 9 AZR 522/03, NZA 2004, 1225.

1977 BAG 5.9.2023 – 9 AZR 329/22, NZA 2024, 190; BAG 7.9.2021 – 9 AZR 595/20, NZA 2021, 1708; BAG 3.12.2019 – 9 AZR 95/19, NZA 2020, 672; BAG 27.4.2004 – 9 AZR 522/03, NZA 2004, 1225.

1978 BAG 9.3.2021 – 9 AZR 312/20, NZA 2021, 1031.

Es wird festgestellt, dass die Arbeitszeit des Klägers über den <Datum> hinaus 38 Stunden pro Woche beträgt.[1979]

12 Umgekehrt gibt es Fälle, in denen sich die Arbeitgeberin auf die Unwirksamkeit des abgeschlossenen Teilzeitarbeitsvertrages beruft. Hier kann der Arbeitnehmer ein Interesse daran haben, die Wirksamkeit des abgeschlossenen Vertrages geltend zu machen.[1980] In dieser Situation kann formuliert werden:

Es wird festgestellt, dass sich die Arbeitszeit des Klägers ab dem <Datum> auf 27 Stunden pro Woche mit der Arbeitszeit Montag: 8.15 Uhr bis 13.00 Uhr, Dienstag: 8.15 Uhr bis 13.00 Uhr, Mittwoch: 8.15 Uhr bis 16.45 Uhr einschließlich 30 Minuten Pause, Donnerstag: 8.15 Uhr bis 13.00 Uhr, Freitag: 8.15 Uhr bis 13.00 Uhr, reduziert hat.

13 Unzutreffend demgegenüber aber:

Es wird festgestellt, dass der zwischen den Parteien am <Datum> abgeschlossene Teilzeitvertrag wirksam ist.[1981]

Der Feststellungsantrag hat sich an den Bedingungen des Arbeitsverhältnisses zu orientieren, die streitig sind,[1982] → *Allgemeiner Feststellungsantrag.*

14 Im Falle einer **Brückenteilzeit** ergibt sich lediglich die Abweichung, dass der Arbeitnehmer diese befristet geltend macht. Denn insoweit verweist § 9a Abs. 2 TzBfG auf § 8 Abs. 2–5 TzBfG.

Die Beklagte wird verurteilt, der Verringerung der Arbeitszeit des Klägers für einen Zeitraum von <Dauer, mindestens 1 Jahr, höchstens 5 Jahre > auf <Anzahl, zB 27 Stunden> pro Woche ab dem <Datum> zuzustimmen, mit nachstehender arbeitstäglicher Verteilung: < zB Montag: 8.15 Uhr bis 13.00 Uhr, Dienstag: 8.15 Uhr bis 13.00 Uhr, Mittwoch: 8.15 Uhr bis 16.45 Uhr einschließlich 30 Minuten Pause, Donnerstag: 8.15 Uhr bis 13.00 Uhr, Freitag: 8.15 Uhr bis 13.00 Uhr>.

15 Die Angabe der **Verteilung der Arbeitszeit** ist auch hier **nicht zwingend** und kann dem Direktionsrecht der Arbeitgeberin überlassen bleiben.

Die Beklagte wird verurteilt, der Verringerung der Arbeitszeit des Klägers für einen Zeitraum von <Dauer, mindestens 1 Jahr, höchstens 5 Jahre > auf 28,5 Stunden> ab dem <Datum> pro Woche zuzustimmen.[1983]

16 Der in Textform erforderliche **Antrag gegenüber der Arbeitgeberin** kann entsprechend formuliert werden:

1979 BAG 9.3.2021 – 9 AZR 312/20, NZA 2021, 1031.
1980 LAG Hamm 29.11.2023 – 9 Sa 693/23, BeckRS 2023, 39665.
1981 So aber: LAG Hamm 29.11.2023 – 9 Sa 693/23, BeckRS 2023, 39665.
1982 Vgl. auch BAG 25.7.2023- 9 AZR 278/23, NZA 2024, 198.
1983 BAG 27.4.2004 – 9 AZR 522/03, NZA 2004, 1225.

> **Sehr geehrte <Arbeitgeberin>. Hiermit beantrage ich ab dem <Datum> für einen Zeitraum von <Dauer, mindestens 1 Jahr, höchstens 5 Jahre > die Verringerung meiner Arbeitszeit auf <Anzahl, zB 27 Stunden> pro Woche, mit nachstehender arbeitstäglicher Verteilung: <zB Montag: 8.15 Uhr bis 13.00 Uhr, Dienstag: 8.15 Uhr bis 13.00 Uhr, Mittwoch: 8.15 Uhr bis 16.45 Uhr einschließlich 30 Minuten Pause, Donnerstag: 8.15 Uhr bis 13.00 Uhr, Freitag: 8.15 Uhr bis 13.00 Uhr>.**

c) Fiktionswirkung des § 8 Abs. 5 TzBfG

Besonderheiten bestehen, wenn die Arbeitgeberin den **Antrag** des Arbeitnehmers 17
auf Teilzeit oder Brückenteilzeit **nicht rechtzeitig abgelehnt** hat. Denn die Zustimmung der Arbeitgeberin wird nach § 8 Abs. 5 S. 3 TzBfG fingiert, wenn sie die vom Arbeitnehmer verlangte Änderung der Arbeitszeit nicht formgerecht oder nicht innerhalb der gesetzlich bestimmten Frist abgelehnt hat. In diesem Fall muss der Arbeitnehmer **Feststellungsklage** erheben, wenn die Arbeitgeberin bestreitet und er den Streit gerichtlich klären will. Der Inhalt der Feststellungsklage richtet sich nach dem Inhalt der Fiktionswirkung.

> **Es wird festgestellt, dass sich die Arbeitszeit des Klägers ab dem <Datum> auf 27 Stunden pro Woche mit der Arbeitszeit Montag: 8.15 Uhr bis 13.00 Uhr, Dienstag: 8.15 Uhr bis 13.00 Uhr, Mittwoch: 8.15 Uhr bis 16.45 Uhr einschließlich 30 Minuten Pause, Donnerstag: 8.15 Uhr bis 13.00 Uhr, Freitag: 8.15 Uhr bis 13.00 Uhr, reduziert hat.**

Im Falle der Brückenteilzeit kommt noch die Dauer der Verringerung hinzu: 18

> **Es wird festgestellt, dass sich die Arbeitszeit des Klägers ab dem <Datum> für einen Zeitraum von <Dauer, mindestens 1 Jahr, höchstens 5 Jahre> auf 27 Stunden pro Woche mit der Arbeitszeit Montag: 8.15 Uhr bis 13.00 Uhr, Dienstag: 8.15 Uhr bis 13.00 Uhr, Mittwoch: 8.15 Uhr bis 16.45 Uhr einschließlich 30 Minuten Pause, Donnerstag: 8.15 Uhr bis 13.00 Uhr, Freitag: 8.15 Uhr bis 13.00 Uhr, reduziert hat.**

Da sich der Arbeitnehmer nicht sicher sein kann, ob die Fiktionswirkung tatsäch- 19
lich eingetreten ist, sollte er als Hilfsantrag zusätzlich den unter 2. genannten Leistungsantrag formulieren. Eine einstweilige Verfügung mit dem Inhalt des Feststellungsantrages ist von vornherein ausgeschlossen vgl. → *Systematische Einleitung Rn. 86.*[1984]

Wichtig ist, dass der dargestellte Feststellungsantrag nur möglich ist, wenn es um den 20
Eintritt der Fiktionswirkung geht. Der Antrag scheidet aus, wenn es um die Reduzierung als solche geht, weil für das Begehren ausschließlich die Leistungsklage zur Verfügung steht.

1984 SW/Walker § 62 Rn. 93; LAG Köln 24.11.2010 – 5 Ta 361/10, BeckRS 2011, 65353; LAG München 1.12.2004 – 5 Sa 913/04, NZA-RR 2005, 354; LAG Hamm 8.7.2008 – 14 SaGa 25/08, EzA-SD 2008, Nr. 14. Anders wohl LAG Köln 7.4.2016 – 12 SaGa 9/16, BeckRS 2016, 69468.

d) Negativbeispiele

21 Unrichtig ist demgegenüber folgender häufig anzutreffender Antrag:

> *Die Beklagte wird verurteilt, dem Kläger den Abschluss eines Teilzeitvertrags mit der Verringerung der Arbeitszeit von 38,5 Stunden auf 28,5 Stunden pro Woche ab dem <Datum> und folgender Arbeitszeitverteilung <konkrete Verteilung> anzubieten.*

22 Denn der Kläger begehrt die Annahme seines Angebotes, nicht die Abgabe eines durch ihn anzunehmenden Angebotes durch den Arbeitgeber.[1985] Dies wäre allenfalls dann denkbar, falls eine separate Anspruchsgrundlage existiert, die dem Kläger einen Anspruch auf einen „Kürzungsvertrag" einräumt.

23 Das BAG hat folgenden Antrag im Hinblick auf die Verteilung der Arbeitszeit für unklar, aber gleichwohl für auslegungsfähig gehalten:

> *Die Beklagte wird verurteilt, der Verringerung der Arbeitszeit des Klägers auf 32 Stunden pro Woche bei einer gleichmäßigen Verteilung dieser Arbeitszeit auf montags bis donnerstags zu je acht Stunden zuzüglich Pausen zuzustimmen.*[1986]

24 Zuweilen findet sich auch der Hinweis, zusätzlich einen Anspruch auf Beschäftigung im Umfang der gewünschten Arbeitszeit geltend zu machen.[1987]

> *Die Beklagte wird verurteilt, den Kläger nach Maßgabe einer reduzierten Arbeitszeit von 32 Stunden bei einer gleichmäßigen Verteilung dieser Arbeitszeit auf montags bis donnerstags zu je acht Stunden zuzüglich Pausen tatsächlich als Schlosser zu beschäftigen.*

25 Der Antrag auf Beschäftigung ist nach der Konzeption des TzBfG auch bei einem Obsiegen mit dem Teilzeitverlangen in erster Instanz abweisungsreif. Trotz Obsiegen mit dem Anspruch auf Reduzierung der Arbeitszeit in erster Instanz tritt wegen § 894 ZPO keine – vorläufige – Rechtskraft ein, so dass ein Anspruch auf Beschäftigung in reduziertem Umfang nicht Platz greift. Es ist also gerade die Konsequenz der gesetzlichen Regelung, dass ein Beschäftigungsanspruch als vollstreckbarer Anspruch ausscheidet.[1988] Denkbar wäre allenfalls, diesen Anspruch auf den Tag nach Rechtskraft einzugrenzen.

e) Einstweilige Verfügung

26 Die Durchsetzung des Anspruchs im Wege der einstweiligen Verfügung scheitert in der Praxis häufig. Dabei kann offen bleiben, ob die Abgabe einer Willenserklärung, die endgültige Verhältnisse herstellt, überhaupt möglich ist, weil die Hauptsache in vollem Umfang vorweggenommen wird.[1989] Richtigerweise ist die einstweilige Verfü-

1985 BAG 10.5.2005 – 9 AZR 294/04, NZA 2006, 231.
1986 BAG 18.2.2003 – 9 AZR 164/02, NZA 2003, 1392.
1987 So Mittag AiB 2002, 350.
1988 Wohl auch BAG 19.8.2003 – 9 AZR 542/02, AP § 8 TzBfG Nr. 4; LAG Hamm 8.7.2008 – 14 SaGa 25/08, EzA-SD 2008.
1989 Die einstweilige Verfügung für generell ausgeschlossen halten Rolfs RdA 2001, 129, 136 und Dütz AuR 2003, 161.

gung aus Gründen des effektiven Rechtsschutzes nicht generell ausgeschlossen.[1990] Allerdings dürfte der **Erlass** der einstweiligen Verfügung in aller Regel bereits am **fehlenden Verfügungsgrund** scheitern. Es ist nur in seltenen Fällen denkbar, dass die Arbeitszeitreduzierung eilbedürftig ist. Da die Hauptsache vorweggenommen wird, sind an den Verfügungsgrund nach der bislang nach wie vor überwiegenden Ansicht besonders strenge Anforderungen zu stellen. Der Arbeitnehmer muss danach Gründe darlegen, dringend auf die Arbeitszeitreduzierung und die gewünschte Verteilung der Lage der Arbeitszeit angewiesen zu sein.[1991] Denkbar wäre eine einstweilige Verfügung auf dieser Grundlage jedenfalls dann, wenn ein Arbeitnehmer dringend auf die Teilzeit angewiesen ist, um nach Beendigung der Möglichkeiten der Elternzeit die Kinderbetreuung zu organisieren, etwa wenn die Großmutter, die das Kind bislang Nachmittags nach der Schule betreut hat, plötzlich verstirbt und keine andere Betreuungsperson zur Verfügung steht.[1992] Weitere praktische Fälle sind typischer Weise mit der Brückenteilzeit verbunden. Es kommt aber auch hier maßgeblich auf die Begründung des befristeten Teilzeitbegehrens an. Typischerweise wird der Arbeitnehmer in diesen Fällen aber eher auf die zeitnahe Realisierung seines Teilzeitwunsches angewiesen sein. Jedenfalls müssen die Gerichte darauf achten, dass der berechtigte dringende Anspruch des Arbeitnehmers auf befristete oder unbefristete Arbeitszeitreduzierung nicht leerläuft.[1993] Ebenso ist dies denkbar im Rahmen der → *Pflegezeit.* Gleiches gilt im Rahmen der Elternteilzeit, vgl. unten III.

Problematisch ist, welcher Antrag im Rahmen des einstweiligen Verfügungsverfahrens richtigerweise formuliert wird. Während teilweise vertreten wird, der Eilantrag richte sich nicht auf Zustimmung des Arbeitgebers,[1994] wird teilweise genau dieser Antrag empfohlen.[1995] Allerdings ist auch im ersten Fall unklar, worauf der Antrag gerichtet sein soll. Denkbar sind Anträge gerichtet auf konkrete Beschäftigung zur gewünschten Arbeitszeit,[1996] Gestattung der Arbeit zur gewünschten Arbeitszeit[1997] oder Unterlassung einer abweichenden Beschäftigung.[1998] **27**

Der zu formulierende Antrag hat sich am **Rechtsschutzziel des Klägers** zu orientieren. Der Kläger möchte sein Teilzeitbegehren durchsetzen. Dabei soll die Hauptsache regelmäßig nicht vorweggenommen werden. Sein Rechtsschutzziel ist im Rahmen der Durchsetzung des Teilzeitbegehrens die tatsächliche Beschäftigung zu den gewünschten – reduzierten – Zeiten.[1999] **28**

1990 Korinth, Einstweilige Verfügung auf Brückenteilzeit oder Elternteilzeit, ArbRB 2018, 384. LAG Köln 4.6.2021 – 5 Ta 71/21, BeckRS 2021, 15368.

1991 Zutreffend LAG Hamm 8.7.2008 – 14 SaGa 25/08, EzA-SD 2008; LAG Hamburg 4.9.2006 – 4 Sa 41/06, NZA-RR 2007, 122; Reinhard/Kliemt NZA 2005, 545. Im Ergebnis wohl auch LAG Köln 4.6.2021 – 5 Ta 71/21, BeckRS 2021, 15368.

1992 Beispiel nach ErfK/Preis TzBfG § 8 Rn. 76. Vgl. auch Hessisches Landesarbeitsgericht 30.1.2006 – 16 SaGa 1823/05.

1993 Weitergehend: Korinth, Einstweilige Verfügung auf Brückenteilzeit oder Elternteilzeit, ArbRB 2018, 384.

1994 So Personalbuch 2023/Poeche Teilzeitbeschäftigung Rn. 49.

1995 Reinhard/Kliemt NZA 2005, 545 formulieren: „Der Verfügungsbeklagten wird aufgegeben, der Verringerung der wöchentlichen Arbeitszeit des Verfügungsklägers auf 20 Wochenstunden vorläufig bis zur Entscheidung in der Hauptsache zuzustimmen"; ähnlich Gotthardt NZA 2001, 1183.

1996 Personalbuch 2023/Poeche Teilzeitbeschäftigung Rn. 49.

1997 Grobys/Brahm NZA 2001, 1175; Hamann Anm. zu LAG Hamm 8.7.2008, jurisPR – ArbR 39/2008 Anm. 3.

1998 LAG Niedersachsen 15.4.2008 – 11 Sa 1374/07, BeckRS 2008, 56138 – lässt folgenden Antrag zu: „Der Verfügungsbeklagten wird aufgegeben, es zu unterlassen, die Verfügungsklägerin außerhalb der Arbeitszeit von sieben Stunden zuzüglich 45 Minuten Pause montags und freitags von 9:00 bis 16:45 sowie einer täglichen Arbeitszeit von drei Stunden dienstags und mittwochs von 9:00 bis 12:00 ab dem 13. Juni 2006 bis zu einer rechtskräftigen Entscheidung in der Hauptsache zu beschäftigen."

1999 So auch LAG Hamm 8.7.2008 – 14 SaGa 25/08, EzA-SD 2008, Nr. 14; LAG Köln 15.10.2013 – 12 SaGa 3/13 – BeckRS 2014, 65220.

> **Der Verfügungsbeklagten wird aufgegeben, den Verfügungskläger bis zu einer erstinstanzlichen Entscheidung im Hauptsacheverfahren <Az.:>, (bei befristetem Teilzeitanspruch zusätzlich: längstens bis zum <Datum>) nur noch mit einer wöchentlichen Arbeitszeit von <Anzahl 25 Stunden an den Tagen Montag bis Freitag in der Zeit von 08.00 Uhr bis 13:00 Uhr> zu beschäftigen.**[2000]

29 Im Wege der einstweiligen Verfügung kann demgegenüber der Antrag auf Feststellung des Eintritts der Fiktionswirkung nicht verfolgt werden. Denn eine Feststellungsverfügung ist grundsätzlich unzulässig, vgl. schon oben → Rn. 16.[2001]

2. Verlängerung der Arbeitszeit nach § 9 TzBfG

30 Gem. § 9 TzBfG hat der Arbeitgeber einen teilzeitbeschäftigten Arbeitnehmer, der ihm den Wunsch nach einer Verlängerung seiner vertraglich vereinbarten Arbeitszeit angezeigt hat, bei der Besetzung eines entsprechenden freien Arbeitsplatzes bei gleicher Eignung in den gesetzlich genannten Fällen bevorzugt zu berücksichtigen.

31 Der sich hieraus ergebende Anspruch führt zu einer Veränderung des Arbeitsvertrages, so dass die Klage gerichtet ist auf eine Änderung des Arbeitsvertrages mit erhöhtem Arbeitszeitvolumen.[2002]

> **Die Beklagte wird verurteilt, der Erhöhung der Arbeitszeit von <Anzahl, zB 28,5 Stunden auf 37,5 Stunden> pro Woche ab dem <Datum> zuzustimmen, mit nachstehender arbeitstäglicher Verteilung: Montag: 8.15 Uhr bis 16.45 Uhr, Dienstag: 8.15 Uhr bis 16.45 Uhr, Mittwoch: 8.15 Uhr bis 16.45 Uhr, Donnerstag: 8.15 Uhr bis 16.45 Uhr, jeweils einschließlich 30 Minuten Pause und Freitag: 8.15 Uhr bis 13.45 Uhr.**

32 **Verletzt der Arbeitgeber** schuldhaft seine Pflicht nach § 9 TzBfG zur bevorzugten Berücksichtigung eines teilzeitbeschäftigten Arbeitnehmers und besetzt die Stelle endgültig mit einem anderen Arbeitnehmer, kann dies einen Schadensersatzanspruch des bevorzugt zu berücksichtigenden Arbeitnehmers nach § 280 Abs. 1 und Abs. 3, § 281 Abs. 2, § 283 Satz 1, § 275 Abs. 1 und Abs. 4, § 251 Abs. 1, § 252 BGB iVm § 9 TzBfG aF auslösen.[2003] Dann gelten die allgemeinen Anforderungen an den Antrag: → *Schadensersatz.*

3. Teilzeit während der Elternzeit beim bisherigen Arbeitgeber

33 Nach § 15 Abs. 4 BEEG darf der Arbeitnehmer während der Elternzeit nicht mehr als 32 Wochenstunden im Durchschnitt des Monats erwerbstätig sein. Dieser Erwerbstätigkeit kann der Arbeitnehmer während der Elternzeit bei seiner bisherigen Arbeitgeberin nachgehen. Nach § 15 Abs. 5 bis 7 BEEG kann der Arbeitnehmer gegenüber

2000 LAG Köln 4.6.2021 – 5 Ta 71/21, BeckRS 2021, 15368; LAG Köln 15.10.2013 – 12 SaGa 3/13 – BeckRS 2014, 65220; LAG Hamm 8.7.2008 – 14 SaGa 25/08, EzA-SD 2008; LAG Schleswig-Holstein 1.3.2007 – 4 SaGa 1/07, AuA 2007, 559; Hessisches Landesarbeitsgericht 20.11.2006 – 19 SaGa 1832/06 – nv; Hessisches Landesarbeitsgericht 30.1.2006 – 16 SaGa 1823/05.

2001 SW/Walker § 62 ArbGG Rn. 93; LAG Köln 24.11.2010 – 5 Ta 361/10, BeckRS 2011, 65353; LAG München 1.12.2004 – 5 Sa 913/04, NZA-RR 2005, 354; LAG Hamm 8.7.2008 – 14 SaGa 25/08, EzA-SD 2008, Nr. 14. AA: Zöller/Vollkommer § 935 ZPO Rn. 2, § 940 Rn. 2. Vgl. zu einem Feststellungsbegehren im einsteiligen Rechtsschutz auch LAG Köln 7.4.2016 – 12 SaGa 9/16, BeckRS 2016, 69468.

2002 BAG 16.9.2008 – 9 AZR 781/07, NZA 2008, 1285; BAG 15.8.2006 – 9 AZR 8/06, NZA 2007, 255; LAG Köln 22.3.2013 – 9 Sa 828/12 – juris.

2003 BAG 21.1.2021 – 8 AZR 195/19, NZA 2021, 1022.

der Arbeitgeberin unter bestimmten Voraussetzungen die Verringerung der Arbeitszeit und ihre Verteilung geltend machen. Dabei sollen sich Arbeitgeber und Arbeitnehmer über einen Antrag auf Verringerung der Arbeitszeit und deren Ausgestaltung innerhalb von vier Wochen einigen. Kommt die Einigung nicht zustande, kann der Arbeitnehmer während der Elternzeit zweimal nach Maßgabe des § 15 Abs. 7 BEEG eine Verringerung der Arbeitszeit beanspruchen.

Der **Anspruchsinhalt** richtet sich auch hier im Regelfall auf die Verringerung der **34**
mit dem Arbeitgeber vertraglich vereinbarten Arbeitszeit, sog. **Vertragslösung.**[2004] Anspruchsinhalt ist die **Abgabe einer Willenserklärung** durch den Arbeitgeber, i.e. die Zustimmung zur Änderung des Arbeitsvertrages im Hinblick auf die vertraglich vereinbarte Arbeitszeit. Der Antrag muss den allgemeinen Bestimmtheitsanforderungen entsprechen, so dass er mit „ja" angenommen werden kann. Der Arbeitnehmer muss deshalb die Verurteilung des Arbeitgebers zur Annahme seines Angebots auf Reduzierung der vertraglich vereinbarten Arbeitszeit und damit auf Abgabe einer Willenserklärung beantragen. Zudem sollte der Zeitpunkt angegeben werden, ab dem die Arbeitszeit reduziert werden soll, vgl. oben → Rn. 3. Die Erklärung des Arbeitgebers auf Annahme des Angebotes gilt mit Rechtskraft eines dem Klageantrag stattgebenden Urteils gem. § 894 Abs. 1 Satz 1 ZPO als abgegeben. Die Verteilung der Arbeitszeit kann, muss aber nicht angegeben werden. Der Arbeitnehmer kann die Verteilung der Arbeitszeit dem Arbeitgeber nach billigem Ermessen überlassen. Will er eine bestimmte Verteilung erreichen, erstreckt sich der Verringerungsanspruch aus § 15 Abs. 6 BEEG aber auch auf die Verteilung der Arbeitszeit.

a) Anträge

Auf dieser Grundlage könnte der Antrag zB wie folgt formuliert werden: **35**

> **Die Beklagte wird verurteilt, während der Dauer der Elternzeit vom <Datum> bis zum <Datum> der Verringerung der Arbeitszeit von <Anzahl, zB 38,5 Stunden auf 27 Stunden> pro Woche ab dem <Datum > zuzustimmen, mit nachstehender arbeitstäglicher Verteilung: Montag: 8.15 Uhr bis 13.00 Uhr, Dienstag: 8.15 Uhr bis 13.00 Uhr, Mittwoch: 8.15 Uhr bis 16.45 Uhr einschließlich 30 Minuten Pause, Donnerstag: 8.15 Uhr bis 13.00 Uhr, Freitag: 8.15 Uhr bis 13.00 Uhr.**[2005]

Die Angabe der **Verteilung der Arbeitszeit** ist nicht zwingend. Der Verringerungs- **36**
anspruch aus § 15 Abs. 6 BEEG erstreckt sich allerdings grundsätzlich auch auf die Verteilung der verringerten Arbeitszeit. Sie bleibt also nicht ausschließlich dem Ermessen des Arbeitgebers nach § 106 GewO überlassen. Der Arbeitnehmer kann die Verteilung der Arbeitszeit aber auch dem Arbeitgeber durch Ausübung seines Direktionsrechtes überlassen.[2006]

In diesem Fall gilt folgender Antrag: **37**

> **Die Beklagte wird verurteilt, während der Dauer der Elternzeit vom <Datum> bis zum <Datum> der Verringerung der Arbeitszeit des Klägers von <Anzahl, zB 38,5 Stunden auf 28,5 Stunden> pro Woche zuzustimmen.**

2004 BAG 18.9.2018 – 9 AZR 20/18, AP AGG § 22 Nr. 16; BAG 19.9.2017 – 9 AZR 36/17, NZA 2017, 1612; BAG 15.4.2008 – 9 AZR 380/07, NZA 2008, 998.

2005 Vgl. nur BAG 16.4.2013 – 9 AZR 535/11, AP Nr. 5 zu § 15 BEEG; BAG 15.4.2008 – 9 AZR 380/07, NZA 2008, 998.

2006 BAG 19.2.2013 – 9 AZR 461/11, NZA 2013, 907; vgl. BAG 15.12.2009 – 9 AZR 72/09, BeckRS 2010, 66638.

38 Ein Feststellungsantrag kommt demgegenüber nicht in Betracht, weil für das Begehren ausschließlich die Leistungsklage zur Verfügung steht.

> *Es wird festgestellt, dass sich der Kläger im Zeitraum vom 21.2.2012 bis zum 20.2.2015 in Elternzeit befindet mit einer Verringerung seiner Arbeitszeit auf 50 %.*[2007]

39 Zu beachten ist, dass der Antragsteller den Antrag auf Teilzeit während der Elternzeit mit dem Antrag auf Erteilung von Elternzeit verbinden kann.[2008] Vgl. dazu auch → *Elternzeit*. Die Teilzeit während der Elternzeit kann auch in Anspruch genommen werden, wenn der Arbeitnehmer zunächst Elternzeit ohne Beschäftigung beantragt hat. Für dieses **„Erhöhungsverlangen"** gelten die gleichen Voraussetzungen, da Bezugspunkt der vorherige Umfang der Arbeitsleistung ist.

40 Arbeitet der Arbeitnehmer bereits in Teilzeit, kann diese Teilzeit während der Elternzeit fortgesetzt werden. Der Antrag lautet dann:

> **Die Beklagte wird verurteilt, während der Dauer der Elternzeit vom <Datum> bis zum <Datum> einer Teilzeittätigkeit im Umfang von <Angabe der bisherigen vertraglichen Arbeitszeit, zB 20 Stunden> pro Woche ab dem <Datum> zuzustimmen.**[2009]

41 Ist die **Fiktionswirkung** eingetreten, kommt folgender Antrag in Betracht:

> **Es wird festgestellt, dass sich die Arbeitszeit des Klägers während der Dauer der Elternzeit vom <Datum> bis zum <Datum> von <Anzahl, zB 38,5 Stunden auf 28,5 Stunden> pro Woche <ggf. Angabe der Verteilung> reduziert hat.**

42 Eine **einstweilige Verfügung** kommt nur **ausnahmsweise** in Betracht. Da der Arbeitnehmer im Rahmen des Anspruchs auf Elternzeit grundsätzlich nicht zur Arbeitsleistung verpflichtet ist, ist die Organisation der Kinderbetreuung anders als im Rahmen des allgemeinen Teilzeitanspruchs nach hM kein Argument für eine Teilzeit. Denkbar wäre allein der Fall, dass der Arbeitnehmer auf die Teilzeit während der Elternzeit zur Sicherung seines Lebensunterhaltes dringend angewiesen ist. In diesem Fall wäre der Teilzeitanspruch aber nur ein Mittel zur Durchsetzung von Entgeltansprüchen.

43 Soweit die einstweilige Verfügung ausnahmsweise möglich sein sollte, bietet sich folgender Antrag an:

> **Der Verfügungsbeklagten wird aufgegeben, den Verfügungskläger bis zu einer erstinstanzlichen Entscheidung im Hauptsacheverfahren <Az.:> mit einer wöchentlichen Arbeitszeit von 25 Stunden an den Tagen Montag bis Freitag in der Zeit von 7:30 Uhr bis 13:00 Uhr zu beschäftigen.**[2010]

2007 BAG 16.4.2013 – 9 AZR 535/11, AP Nr. 5 zu § 15 BEEG.

2008 BAG 16.4.2013 – 9 AZR 535/11, AP Nr. 5 zu § 15 BEEG; BAG 19.2.2013 – 9 AZR 461/11, NZA 2013, 907; BAG 15.4.2008 – 9 AZR 380/07, NZA 2008, 998.

2009 Vgl. nur BAG 19.2.2013 – 9 AZR 461/11, NZA 2013, 907.

2010 LAG Hamm 8.7.2008 – 14 SaGa 25/08, EzA-SD 2008; LAG Schleswig-Holstein 1.3.2007 – 4 SaGa 1/07, AuA 2007, 559; LAG Hessen 20.11.2006 – 19 SaGa 1832/06, BeckRS 2007, 42271; LAG Hessen 30.1.2006 – 16 SaGa 1823/05, BeckRS 2006, 138774.

b) Sonderfall Antrag nach Zeitablauf

Es stellt sich jedoch die Frage, ob eine Feststellungsklage ausnahmsweise in Betracht kommt, wenn der vom Arbeitnehmer gewünschte Zeitraum der Teilzeitbeschäftigung verstrichen ist, etwa bei einer Teilzeit während der Elternzeit oder der neuen Brückenteilzeit. Diese Teilzeitarten sind naturgemäß befristet. Es kommt, vor, dass die Elternzeit bereits abgelaufen, bevor rechtskräftig über den Teilzeitanspruch entschieden worden ist. In dieser Situation wird teilweise folgender Antrag für zulässig gehalten: **44**

> *Es wird festgestellt, dass die Beklagte verpflichtet gewesen ist, für den Zeitraum vom <Datum> bis zum <Datum> einer Teilzeitbeschäftigung des Klägers während der Elternzeit mit 30 Wochenstunden, verteilt auf die Wochentage Montag bis Freitag zuzustimmen.*[2011]

Diese Sichtweise ist unzutreffend. Der nachträgliche Feststellungsantrag kommt in dieser Konstellation nicht in Betracht. Denkbar bleibt auch in diesem Falle nur der Leistungsantrag. Insoweit hat das BAG auch eine vergangenheitsbezogene Leistungsklage zugelassen. Das Rechtsschutzbedürfnis für diesen (nachträglichen) Leistungsantrag ergibt sich aus der Nichterfüllung des materiell-rechtlichen Anspruchs. Dafür genügt regelmäßig die Behauptung des Klägers, dass der von ihm verfolgte Anspruch besteht. Ob ein solcher Anspruch gegeben ist, ist eine Frage seiner materiell-rechtlichen Begründetheit.[2012] Nach zutreffender Rechtsprechung des BAG kann das Begehren also auch dann insgesamt mit einer Leistungsklage verfolgt werden, wenn der gesamte Zeitraum, für den der Arbeitnehmer die Vertragsänderung erstrebt, in der Vergangenheit liegt. Dies gilt sowohl für die Verringerung als auch für die Verteilung der Arbeitszeit.[2013] **45**

4. Teilzeit während der Elternzeit bei einem anderen Arbeitgeber

Nach § 15 Abs. 4 Satz 3 BEEG darf der Arbeitnehmer die während der Elternzeit zulässigen 32 Wochenstunden der Erwerbstätigkeit auch bei einem anderen Arbeitgeber leisten. Allerdings bedarf die Teilzeitarbeit bei einem anderen Arbeitgeber oder die Aufnahme einer selbständigen Tätigkeit der Zustimmung des bisherigen Arbeitgebers. Dieser kann die Zustimmung nur innerhalb von vier Wochen aus dringenden betrieblichen Gründen schriftlich ablehnen. Lehnt der Arbeitgeber die Zustimmung ab, kommt eine Klage des Arbeitnehmers in Betracht. Dabei muss konkret angegeben werden, welcher Tätigkeit bei welchem Arbeitgeber zugestimmt werden soll. Ist die Frist zur Ablehnung überschritten, kann Klage auf Feststellung erhoben werden, dass die Zustimmung als erteilt anzusehen ist. **46**

Auf dieser Grundlage könnte der Antrag zB wie folgt formuliert werden: **47**

> **Die Beklagte wird verurteilt, der Tätigkeit des Klägers während der Elternzeit vom <Datum> bis zum <Datum> bei der Firma <Name, Anschrift> als <konkrete Tätigkeitsbeschreibung> im Umfang von <Anzahl, zB 30 Stunden pro Woche> zuzustimmen.**

2011 LAG Hessen 3.7.2017 – 7 Sa 1341/16, BeckRS 2017, 141355.
2012 BAG 9.5.2006 – 9 AZR 278/05, NZA 2006, 1413; BAG 14.9.1994 – 5 AZR 632/93 – BAGE 77, 378.
2013 BAG 16.12.2014 – 9 AZR 915/13, NZA 2015, 825; Sievers jurisPR-ArbR 16/2018 Anm. 5.

48 Der Inhalt der Feststellungsklage richtet sich nach dem Inhalt der Fiktionswirkung.

> **Es wird festgestellt, dass die Zustimmung des Beklagten zur Tätigkeit des Klägers während der Elternzeit vom <Datum> bis zum <Datum> bei der Firma <Name, Anschrift> als <konkrete Tätigkeitsbeschreibung> im Umfang von <Anzahl, zB 30 Stunden pro Woche> als erteilt gilt.**

5. Teilzeit während der Pflegezeit

49 → *Pflegezeit*

Überstunden

1 Hat der Arbeitnehmer Überstunden (zur Abgrenzung zur → *Mehrarbeit* siehe dort) geleistet, kommt je nach Vereinbarung ein Ausgleich durch → *Freistellung von der Arbeitsleistung* oder durch Zahlung der vereinbarten → *Vergütung* in Betracht (siehe insoweit auch → *Wahlschuld*). Der Anspruch kann auf einer arbeitsvertraglichen oder einer kollektivrechtlichen Grundlage beruhen, aber ebenso auf einer Vergütungserwartung im Sinne des § 612 BGB.[2014] Der Streit kann sich auch daran entzünden, dass der Arbeitgeber bestimmte Sachverhalte nicht als → *Arbeitszeit* wertet oder ob eine vertraglich vereinbarte Pauschalabgeltung wirksam ist.[2015] Zudem kann Streit darüber entstehen, ob dem Arbeitnehmer für die Überstunden → *Zuschläge* zu zahlen sind. Eine Klausel, der Arbeitnehmer werde „in Vollzeit" beschäftigt, ist so zu verstehen, dass die regelmäßige Dauer der Arbeitszeit 40 Wochenstunden nicht übersteigt.[2016]

2 Um eine **unzulässige verdeckte Teilklage** (vgl. → *Teil A. I. Rn. 12*) zu vermeiden, muss der Arbeitnehmer die Zeitabschnitte angeben, für die er Entgelt verlangt.[2017] Zur **Begründung** eines Anspruchs auf Überstundenvergütung hat der Arbeitnehmer ohnehin **im Einzelnen darzulegen,** an welchen Tagen und zu welchen Tageszeiten er über die übliche Arbeitszeit hinaus gearbeitet hat. Der Arbeitnehmer muss dabei vortragen, von welcher Regelarbeitszeit er ausgeht, dass er tatsächlich gearbeitet hat und ggf. welche Tätigkeiten er ausgeführt hat.[2018] Ob ein Verstoß der Arbeitgeberin gegen ihre vom BAG[2019] angenommene Pflicht, Beginn und Ende der täglichen Arbeitszeit zu erfassen, Auswirkungen auf die Darlegungslast hat, ist noch nicht ausdrücklich entschieden, jedoch nach den Maßgaben der Rechtsprechung des 5. Senats[2020] unwahrscheinlich. Steht fest, dass Überstunden auf Veranlassung des Arbeitgebers geleistet worden sind, kann aber der Arbeitnehmer seiner Darlegungs- oder Beweislast für einzelne Überstunden nicht in jeder Hinsicht genügen, hat das Gericht den Umfang geleisteter Überstunden nach § 287 Abs. 2 iVm. Abs. 1 Satz 1 und Satz 2 ZPO zu schätzen, sofern die Schätzung nicht mangels jeglicher konkreter Anhaltspunkte willkürlich wäre.[2021]

2014 BAG 21.12.2016 – 5 AZR 362/16, NZA-RR 2017, 233.
2015 BAG 18.11.2015 – 5 AZR 751/13, NZA 2016, 487; BAG 22.2.2012 – 5 AZR 765/10, NZA 2012, 861.
2016 BAG 25.3.2015 – 5 AZR 602/13, NZA 2015, 1002.
2017 Ziemann FS Schwerdtner 2003, S. 715 ff.
2018 BAG 17.4.2002 – 5 AZR 644/00, AP BGB § 611 Mehrarbeitsvergütung Nr. 40. Der Arbeitnehmer muss auch vortragen, dass die Überstunden vom Arbeitgeber angeordnet, gebilligt oder geduldet wurden oder jedenfalls zur Erledigung der geschuldeten Arbeit notwendig waren. Zur Darlegungslast im Einzelnen s. BAG 21.12.2016 – 5 AZR 362/16, NZA-RR 2017, 233.
2019 BAG 13.9.2022 – 1 ABR 22/21, NZA 2022, 1616.
2020 BAG 4.5.2022 – 5 AZR 359/21, NZA 2022, 1267; vgl. auch BAG 21.12.2016 – 5 AZR 362/16, NZA-RR 2017, 233.
2021 BAG 13.12.2016 – 9 AZR 574/15, NZA 2017, 459; BAG 25.3.2015 – 5 AZR 602/13, NZA 2015, 1002.

Der in Anbetracht der damit verbundenen Mühen oftmals zu findende Antrag 3

> *Die Beklagte wird verurteilt, die vom Kläger … <Zeitraum> abgeleisteten Überstunden abzurechnen.*

ist untauglich. In der Sache handelt es sich dabei nämlich um einen Auskunftsanspruch. Dieser besteht jedoch nur in Ausnahmefällen (→ *Auskunft*).

Besteht Streit, ob geleistete Überstunden Auswirkungen auf die Höhe bzw. die Be- 4
rechnung anderer Ansprüche haben, kommt auch eine Feststellungsklage in Betracht (vgl. *Teil A. Systematische Einleitung Rn. 51ff.* und → *Inhalt des Arbeitsverhältnisses*):

> **Es wird festgestellt, dass die Beklagte verpflichtet ist, bei der Berechnung der <Bezeichnung des fraglichen Anspruchs, zB: der Frühpensionsleistungen> des Klägers geleistete Überstunden zu berücksichtigen.**[2022]

Wird ein → *Arbeitszeitkonto* geführt, kann es darum gehen, dass Stunden gutge- 5
schrieben werden.

Bei **Kraftfahrern** beachte auch → *Fahrtenschreiberdiagramme.*

Unerlaubte Handlung

Im Fall einer unerlaubten Handlung kommen Ansprüche des Verletzten auf Zahlung 1
→ *Zahlung* von → *Schmerzensgeld* und womöglich auch Unterlassung künftiger Beeinträchtigungen → *Unterlassung* in Betracht. Siehe ferner → *Schadensersatz,* insoweit auch zu der Möglichkeit, feststellen zu lassen, dass ein Anspruch auf unerlaubter Handlung beruht.

Die Zuständigkeit der Gerichte für Arbeitssachen für Rechtsstreitigkeiten aus uner- 2
laubten Handlungen, soweit diese mit dem Arbeitsverhältnis in Verbindung stehen, folgt aus § 2 Abs. 1 Nr. 3d und 9 ArbGG.[2023]

Unterlassung

Verletzt eine der Parteien andauernd die Rechte der Gegenpartei, reicht es oftmals 1
nicht aus, lediglich → *Schadensersatz* zu verlangen. Der Verletzte kann ein Interesse daran haben, **künftige Verletzungen** zu verhindern, beispielsweise weil bei geschäftsschädigenden Handlungen die Schadensberechnung schwierig und die Durchsetzung der Ansprüche ungewiss ist, bei → *Ehrverletzungen* die Persönlichkeitsverletzung durch Geld nicht ungeschehen gemacht werden kann oder der Verletzte bloßen Schadensersatz aus anderen Gründen als unzureichend erachtet. Auch bei Verletzungen des Körpers oder der Gesundheit liegt ein solches Interesse auf der Hand.

Voraussetzung eines jeden Unterlassungsanspruchs ist eine vom Kläger darzulegende 2
Begehungsgefahr. Darauf muss auch bei der Formulierung des Antrags geachtet werden. Im Antrag darf keine Verallgemeinerung vorgenommen werden, die so weit geht, dass dort nicht mehr das Charakteristische der nach Ansicht des Klägers vom Beklagten – etwa aufgrund eines vorangegangenen Pflichtenverstoßes – drohenden Verhaltensweise zum Ausdruck kommt.[2024]

2022 Vgl. BAG 18.2.2014 – 3 AZR 568/12, BeckRS 2014, 68286.

2023 Für Streitigkeiten zwischen Leiharbeitnehmer und Entleiher: BAG 15.3.2011 – 10 AZB 49/10, NZA 2011, 653.

2024 BGH 18.6.2015 – I ZR 26/14, MDR 2016, 291.

3 Das Hauptproblem bei der Antragstellung liegt oft darin, einerseits die fragliche Verletzungshandlung so präzise zu beschreiben, dass der Antrag dem **Bestimmtheitserfordernis** genügt, andererseits dem Verletzer aber nicht durch eine zu enge Formulierung **Umgehungsmöglichkeiten** zu eröffnen. Der Antrag muss für den Beklagten eindeutig erkennen lassen, welcher Handlungen er sich enthalten soll; diese Frage darf nicht durch eine ungenaue Antragsformulierung (und uU einen entsprechend ungenauen Titel) aus dem Erkenntnis- in das Vollstreckungsverfahren verlagert werden.[2025] Allerdings dürfen die Anforderungen insoweit auch nicht überspannt werden, da andernfalls effektiver Rechtsschutz vereitelt würde. Dementsprechend sind die Gerichte auch verpflichtet, Anträge nach Möglichkeit so auszulegen, dass eine Sachentscheidung ergehen kann. Zudem ist zu berücksichtigen, dass der Bestimmtheitsgrundsatz nicht dazu führen darf, dass der Kläger unter Hintanstellung seiner berechtigten Geheimhaltungsinteressen gezwungen ist, im Klageantrag Geschäfts- oder Betriebsgeheimnisse zu offenbaren.[2026] Zukunftsgerichtete Verbote lassen sich häufig nur generalisierend formulieren. Die Notwendigkeit gewisser Subsumtionsprozesse im Rahmen einer etwa erforderlich werdenden Zwangsvollstreckung steht daher der Verwendung ausfüllungsbedürftiger Begriffe in einem Unterlassungstitel und dem darauf gerichteten Antrag nicht generell entgegen.[2027] Erfasst ein (zwar hinreichend bestimmter, aber zu weit gefasster) Antrag auch Fallgestaltungen, für die ein Anspruch auf Unterlassung nicht besteht (sog. Globalabtrag), ist er insgesamt als unbegründet abzuweisen.[2028] Eine allgemeingültige Formulierung existiert nicht. Aus der vielfältigen Rechtsprechung lassen sich folgende Beispiele nennen:

Die Beklagte wird unter Androhung von Ordnungsgeld bis zu 250 000 EUR für jeden Fall der Zuwiderhandlung, ersatzweise Ordnungshaft <uU: gegen ihre gesetzlichen Vertreter> oder Ordnungshaft bis zu sechs Monaten verurteilt, es zu unterlassen,

... ihre Mitglieder oder andere Arbeitnehmer, die bei dem Kläger beschäftigt sind, zu einem Streik aufzurufen, der <genaue Bezeichnung der für verboten gehaltenen Streikhandlung>.[2029]

... wörtlich oder sinngemäß mit einem Mitgliedsbeitrag von einem Euro pro Monat für Neumitglieder für den Eintritt in ihre Organisation zu werben.[2030]

... in dem Betrieb <Bezeichnung> die zwischen der Gewerkschaft <Bezeichnung> und dem Arbeitgeberverband <Bezeichnung> abgeschlossenen Tarifverträge auf die Mitglieder der Klägerin anzuwenden, namentlich: <Auflistung der Tarifverträge>.[2031]

... den Kläger als faulsten Mitarbeiter Deutschlands, König der Tagediebe, als schräg und unehrlich zu bezeichnen.[2032]

... mit dem Kläger „Trennungsgespräche" zu führen, sofern dieser nicht selber zu „Trennungsgesprächen" auf sie zukommt.[2033]

2025 BAG 11.12.2007 – 1 ABR 73/06, NZA-RR 2008, 353.
2026 BGH 22.3.2018 – I ZR 118/16, DB 2018, 2495.
2027 BAG 16.10.2013 – 10 AZR 9/13, NZA 2014, 264.
2028 Ständige Rechtsprechung, vgl. nur BAG 13.10.2009 – 9 AZR 139/08, NZA-RR 2010, 623 Rn. 23.
2029 BAG 24.4.2007 – 1 AZR 252/06, NZA 2007, 987.
2030 BAG 31.5.2005 – 1 AZR 141/04, NZA 2005, 1182.
2031 LAG Berlin-Brandenburg 28.3.2023 – 16 Sa 155/22, Revision anhängig unter 4 AZR 283/23.
2032 BAG 18.2.1999 – 8 AZR 735/97, NZA 1999, 645.
2033 ArbG Berlin 1.12.2003 – 28 Ga 29101/03, juris.

... im geschäftlichen Verkehr zu Wettbewerbszwecken die cadmiumfreie Rezeptur des Klägers für Fassadenprofile – Anlage F – zu verwenden.[2034]

... vor anderen Arbeitnehmern als solchen, die wegen ihrer Aufgaben im Unternehmen der Beklagten informationsberechtigt sind, über den Gesundheitszustand des Klägers und dessen Krankheitstage zu sprechen.[2035]

... selbst oder durch Dritte den Kläger ohne seine Einwilligung zu filmen, zu fotografieren und/oder ihm heimlich nachzustellen und/oder ihn heimlich zu kontrollieren[2036]

... dem Kläger gegenüber Bereitschaftsdienste anzuordnen, wenn nicht während des gleichen Zeitraums in der Klinik ein anderer Arzt für die ärztliche Grundversorgung der Patienten der Abteilung für Neurologie zur Verfügung steht.[2037]

... Mitarbeiter mündlich oder schriftlich aufzufordern, aus der Gewerkschaft <Bezeichnung> auszutreten.[2038]

... Fotos und/oder Videos zu vervielfältigen, zu verbreiten und/oder öffentlich wiederzugeben, die das Cockpit von Flugzeugen des Klägers oder Teile davon zeigen, soweit hierfür keine Zustimmung des Klägers vorliegt.[2039]

... sich in Bezug auf den Kläger wörtlich oder sinngemäß wie folgt zu äußern und solche Äußerungen zu verbreiten:

„Mit Bedauern müssen wir Ihnen mitteilen, dass Herr <Kläger> nach sehr schweren Verletzungen seiner arbeitsvertraglichen Pflichten, die zu einer fristlosen Kündigung unsererseits führen mussten und juristisch aufgearbeitet werden müssen, nicht mehr für Ihr Projekt tätig sein wird."[2040]

Als unbestimmt anzusehen sein dürfte hingegen der folgende Antrag: 4

Die Beklagte wird verurteilt, die Wiederveröffentlichung des zu Werbezwecken erstellten Videos, auf welchem der Kläger zu sehen ist, auf ihrer Homepage zu unterlassen.[2041]

Ausreichend wäre dies, wenn das Video auf einem Datenträger dem Antrag beigefügt 5
wird. Insofern hat es der Kläger stets leichter als das Gericht. Anders als – im Regelfall – die Entscheidungsformel darf sich der Antrag auf eine Anlage beziehen, wenn der Verfahrensgegenstand dadurch ausreichend individualisiert wird. Im Urteil muss dann der Inhalt der Anlage wenn möglich in die Entscheidungsformel oder – im Fall der Antragsabweisung – in den Tatbestand aufgenommen werden.[2042] Ist es aus technischen Gründen nicht möglich, eine Anlage – beispielsweise eine Abbildung oder andere schwer zu beschreibende Verbotsgegenstände – in den Tenor aufzunehmen

2034 BAG 19.5.1998 – 9 AZR 394/97, NZA 1999, 200; zum Schutz von Geschäftsgeheimnissen siehe auch LAG Hamm 18.10.2013 – 10 SaGa 28/13, BeckRS 2014, 69415.
2035 LAG Hamm 25.4.2013 – 16 SaGa 8/13, BeckRS 2013, 70834.
2036 LAG Rheinland-Pfalz 11.7.2013 – 10 SaGa 3/13, BeckRS 2013, 71272.
2037 BAG 16.10.2013 – 10 AZR 9/13, NZA 2014, 264.
2038 Vgl. ArbG Gelsenkirchen 9.3.2016 – 3 Ga 3/16, BeckRS 2016, 67555.
2039 LAG Sachsen 7.11.2022 – 4 Sa 34/21, GRUR-Prax 2023, 401.
2040 ArbG Berlin 15.6.2022 – 55 Ca 456/21 ua.
2041 Anders LAG Rheinland-Pfalz 8.5.2013 – 8 Sa 36/13, BeckRS 2013, 72007; in der dazugehörigen Revisionsentscheidung vom 19.2.2015 – 8 AZR 1011/13, BeckRS 2015, 67598, hat der Senat die Frage der Bestimmtheit nicht thematisiert.
2042 BAG 12.1.2011 – 7 ABR 25/09, NZA 2011, 1304 mwN.

und wird diese daher unter entsprechender Bezugnahme dem Urteilstext angehängt, muss eine hinreichend sichere Verbindung beider Teile erfolgen und die richterliche Unterschrift beides abdecken. In Fällen, in denen der Gegenstand, auf den sich der Unterlassungsausspruch bezieht, nach Art und Umfang nicht in das Urteil aufgenommen werden kann, wie z. B. bei Unterlassungstiteln, die sich auf Kino- und Fernsehfilme oder auf Software beziehen, ist anerkannt, dass dann in der gerichtlichen Entscheidung auch auf Anlagen, die zu den Akten gegeben worden sind, verwiesen werden kann.[2043]

6 Die Zwangsvollstreckung eines Unterlassungstitels erfolgt durch Ordnungsmittel nach § 890 ZPO (→ *Teil E. Zwangsvollstreckung*).

7 Besonderheiten gelten, wenn der Arbeitnehmer verlangt, dass die Arbeitgeberin bei der Zahlung der Vergütung bestimmte Dinge unterlässt, beispielsweise bestimmte Kürzungen:

> *Die Beklagte wird verurteilt, es zu unterlassen, das dem Kläger zustehende Arbeitsentgelt um einen Arbeitnehmerbeitrag für die zu seinen Gunsten bestehende betriebliche Altersversorgung bei der Versorgungsanstalt des Bundes und der Länder (VBL) zu kürzen.*

8 Der Antrag betrifft nach seinem Wortlaut die Zahlung künftiger Vergütung, so dass ihm § 258 ZPO entgegen steht, da der Entgeltanspruch nicht nur vom Zeitablauf abhängig ist. Das BAG hat ihn daher „im wohlverstandenen Interesse des Klägers" als Feststellungsantrag ausgelegt.[2044]

9 Zum Unterlassungsantrag insbesondere bei → ***Ehrverletzungen*** ist zudem zu beachten, dass eine Klage auf Unterlassung von Äußerungen, die im Rahmen eines anhängigen oder in Vorbereitung eines konkreten gerichtlichen Verfahrens zur Rechtsverfolgung oder -verteidigung abgegeben werden, nach der langjährigen ständigen Rechtsprechung des Bundesgerichtshofs mangels Rechtsschutzinteresses unzulässig ist.[2045] Diese Einschränkung gilt lediglich nicht, wenn die Äußerungen außerhalb der eigentlichen Rechtsverfolgung abgegeben werden, beispielsweise wenn der Äußernde mit einer außergerichtlichen Kampagne an die Öffentlichkeit geht; dann kann die Unterlassung der Äußerungen außerhalb des Rechtsstreits verlangt werden.[2046] Im Antrag kann die Einschränkung wie folgt berücksichtigt werden:[2047]

> **Die Beklagte wird unter Androhung von Ordnungsgeld bis zu 250 000 EUR für jeden Fall der Zuwiderhandlung, ersatzweise Ordnungshaft <uU: gegen ihre gesetzlichen Vertreter> oder Ordnungshaft bis zu sechs Monaten verurteilt, es zu unterlassen, außerhalb laufender oder einzuleitender behördlicher oder gerichtlicher Verfahren Dritten gegenüber zu behaupten, …**

2043 BGH 14.10.1999 – I ZR 117/97, NJW 2000, 2207.

2044 BAG 21.1.2020 – 3 AZR 225/19, NZA 2020, 1717.

2045 BGH 14.6.1977 – VI ZR 111/75, VersR 1977, 836; 10.6.1986 – VI ZR 154/85, NJW 1986, 2502; 13.10.1987 – VI ZR 83/87, VersR 1988, 379; 17.12.1991 – VI ZR 169/91, VersR 1992, 443; 18.10.1994 – VI ZR 74/94, VersR 1995, 176; 16.11.2004 – VI ZR 298/03, VersR 2005, 277; 11.12.2007 – VI ZR 14/07, NJW 2008, 996; 19.7.2012 – I ZR 105/11, VersR 2013, 601; das Bundesverfassungsgericht hat diese Rechtsprechung für verfassungsrechtlich unbedenklich gehalten: BVerfG 25.9.2006 – 1 BvR 1898/03, NJW-RR 2007, 840.

2046 BGH 16.11.2004 – VI ZR 298/03, VersR 2005, 277.

2047 BAG 26.8.1997 – 9 AZR 61/96, NZA 1998, 712; zu eng wohl LAG Düsseldorf 7.10.2020 – 12 SaGa 15/20.

Beleidigenden Äußerungen außerhalb von behördlichen oder gerichtlichen Verfahren kann man sich wie folgte erwehren: 10

> **Der Beklagte wird unter Androhung von Ordnungsgeld bis zu 250 000 EUR für jeden Fall der Zuwiderhandlung, ersatzweise Ordnungshaft <uU: gegen ihre gesetzlichen Vertreter> oder Ordnungshaft bis zu sechs Monaten verurteilt, es zu unterlassen,**
>
> **den Geschäftsführer der Klägerin J... R... persönlich oder gegenüber Dritten als „Arschloch" zu bezeichnen,**
>
> **wörtlich oder sinngemäß zu behaupten, die Klägerin unterbreite Versprechen, die in der Folge nicht eingehalten werden,**
>
> **wörtlich oder sinngemäß gegenüber Dritten zu äußern, dass diese sich einen neuen Job suchen sollten, da man bei der Klägerin nur verarscht werde.**[2048]

Abhängig von der Dringlichkeit kann auch sinnvoll sein, das Unterlassungsbegehren mittels **einstweiliger Verfügung** zu verfolgen. Beim Antrag ergeben sich daraus keine Änderungen. Verlangt der Arbeitnehmer mit einer einstweiligen Verfügung das Unterlassen von aus seiner Sicht rechtswidrigen Weisungen der Arbeitgeberin, dürfte es in der Regel an einem Verfügungsgrund fehlen.[2049] Es ist kaum vorstellbar, dass die Weisung nicht bereits erteilt ist. Rechtswidrigen Weisungen braucht der Arbeitnehmer dann auch ohne gerichtliche Entscheidungen nicht zu folgen. Das Risiko einer Fehleinschätzung und nachfolgender Sanktionen wie Abmahnung oder Kündigung vermag ihm das Gericht dann nicht zu nehmen, weil eine einstweilige Verfügung für entsprechende nachfolgende Verfahren keine Rechtskraftwirkung hat. In der Sache begehrt der Arbeitnehmer eine – unzulässige – feststellende einstweilige Verfügung. 11

Zu Ehrverletzungen beachte auch die Ausführungen unter → *Widerruf von Erklärungen.*

Zur Unterlassung von Wettbewerb → *Wettbewerbsverbot.*

Zum Unterlassungsanspruch von Arbeitgebern gegen Gewerkschaften → Gewerkschaftstätigkeit.

Unterlassung von Arbeitskampfmaßnahmen: → *Arbeitskampf.*

Zu Unterlassungsansprüchen im Zusammenhang mit Stellenbesetzungen: →*Konkurrentenklage* unter 5.

Zu Geschäfts- und Betriebsgeheimnissen: → *Geheimnis.*

Urlaubsabgeltung

Im laufenden Arbeitsverhältnis sieht das BUrlG eine finanzielle Abgeltung von Urlaub nicht vor. Nach § 7 Abs. 4 BUrlG sind jedoch diejenigen Urlaubsansprüche abzugelten, die dem Arbeitnehmer wegen Beendigung des Arbeitsverhältnisses nicht gewährt werden konnten. Der Wechsel der Arbeitgeberin im Rahmen eines **Betriebsübergangs** stellt keine derartige Beendigung des Arbeitsverhältnisses zum Ver- 1

2048 LAG Schleswig-Holstein 27.8.2014 – 3 Sa 153/14, BeckRS 2014, 72834.
2049 AA, allerdings mit einem Fehlzitat LAG Hamm 22.2.2019 – 18 SaGa 7/19, BeckRS 2019, 9576.

äußerer dar.[2050] Der Europäische Gerichtshof hat am 20. Januar 2009[2051] entschieden, dass die Urlaubsansprüche insbesondere **langfristig erkrankter** Arbeitnehmer nicht am 31. März des jeweiligen Folgejahres erlöschen. Nachfolgend hat das Bundesarbeitsgericht seine gegenteilige langjährige Rechtsprechung aufgegeben[2052] und nimmt nunmehr an, dass die Urlaubsansprüche bei langandauernder Arbeitsunfähigkeit am 31. März des zweiten auf das jeweilige Urlaubsjahr folgenden Jahres verfallen.[2053] Ebenfalls im Anschluss an eine Vorlage zum Europäischen Gerichtshof hat das Bundesarbeitsgericht im Zusammenhang mit der Frage des Verfalls von Urlaubsansprüchen besondere **Mitwirkungsobliegenheiten** des Arbeitgebers bei der Gewährung und Inanspruchnahme von Urlaub bestimmt.[2054] Der Urlaubsabgeltungsanspruch ist zudem vererblich, wenn er durch den Tod des Arbeitnehmers im laufenden Arbeitsverhältnis entstanden ist.[2055] Das hat jetzt auch das Bundesarbeitsgericht akzeptiert.[2056] Durch den Einfluss des europäischen Rechts ist die Bedeutung der Vorschrift insgesamt noch gestiegen. Da es sich beim Anspruch auf Urlaubsabgeltung um einen normalen Zahlungsanspruch handelt, siehe zur Antragsfassung unter → *Zahlung* und → *Vergütung.*

2 Die **Anzahl der** bei Beendigung des Arbeitsverhältnisses noch offenen und damit abzugeltenden **Urlaubstage** wie auch die **Höhe der** zu zahlenden **Abgeltung** (vgl. hierzu die Ausführungen unter → *Urlaubsentgelt*) hat der Arbeitnehmer selbst zu berechnen. Es gibt keine Rechtsgrundlage dafür, dass die Arbeitgeberin die rechnerische Vorarbeit für eine Leistungsklage des Arbeitnehmers zu leisten hat.[2057] Fehlerhaft (vgl. → *Abrechnung*) sind daher Anträge wie:

> *Die Beklagte wird verurteilt, dem Kläger über die ihm zustehende Urlaubsabgeltung eine Abrechnung zu erteilen.*
>
> *Oder auch:*
>
> *Die Beklagte wird verurteilt, die noch offenen 21 Urlaubstage des Klägers abzugelten.*

3 Nimmt der Arbeitnehmer den Arbeitgeber auf Abgeltung von (Teil)Urlaub in Anspruch, der aus mehreren Kalenderjahren stammt, obliegt es ihm klarzustellen, wie viele Urlaubstage aus welchem Urlaubsjahr den Gegenstand seines Zahlungsbegehrens bilden, um dem Bestimmtheitserfordernis des § 253 Abs 2 Nr. 2 ZPO zu genügen.[2058]

4 Streiten die Parteien hauptsächlich über die Beendigung des Arbeitsverhältnisses, kann es sich für den Arbeitnehmer empfehlen, die offenen Urlaubstage in Form der Abgeltung im Wege eines uneigentlichen Hilfsantrags, also für den Fall des Unterliegens in der Bestandsstreitigkeit, zu verlangen.

2050 BAG 2.12.1999 – 8 AZR 774/98, AP BGB § 618 Nr. 202.
2051 EuGH 20.1.2009 – C-350/06 und C-520/06, NZA 2009, 135 – Schultz-Hoff.
2052 BAG 24.3.2009 – 9 AZR 983/07, NZA 2009, 538.
2053 BAG 7.8.2012 – 9 AZR 353/10, NZA 2012, 1216 = DB 2012, 2462.
2054 BAG 19.2.2019 – 9 AZR 423/16, NZA 2019, 977.
2055 EuGH 12.6.2014 – C-118/13, NZA 2014, 651 Bollacke = DB 2014, 1437; EuG 6.11.2018 – C-569/16 und C-570/16, NZA 2018, 1467.
2056 BAG 22.1.2019 – 9 AZR 45/16, NZA 2019, 829.
2057 BAG 9.11.1999 – 9 AZR 771/98, NZA 2000, 1335.
2058 BAG 20.12.2022 – 9 AZR 266/20, NZA 2023, 683.

Urlaubsbescheinigung

Nach § 6 Abs. 1 BUrlG besteht bei einem Arbeitgeberwechsel im laufenden Jahr kein 1
Urlaubsanspruch des Arbeitnehmers gegen die neue Arbeitgeberin, soweit er bereits von der früheren Arbeitgeberin **erfüllt**[2059] worden ist. Die Vorschrift schließt damit zugunsten der Folgearbeitgeberin Doppelansprüche aus. Eine andere Frage ist, ob der Arbeitnehmer Urlaubsansprüche für die Zeiten eines im Annahmeverzug befindlichen Arbeitsverhältnisses erwirbt, in denen er ein Arbeitsverhältnis zu einer anderen Arbeitgeberin hat („Doppelarbeitsverhältnis").[2060] Zur praktischen Umsetzung der Regelung bestimmt § 6 Abs. 2 BUrlG, dass die Arbeitgeberin bei Beendigung des Arbeitsverhältnisses dem Arbeitnehmer eine Bescheinigung über den im laufenden Kalenderjahr erhaltenen oder abgegoltenen Urlaub auszuhändigen hat, die sogenannte Urlaubsbescheinigung. Wie bei allen Arbeitspapieren dürfte es sich um eine Holschuld handeln.[2061] Zu empfehlen ist, den Antrag dem Wortlaut der gewünschten Bescheinigung anzunähern:

Die Beklagte wird verurteilt, dem Kläger eine Urlaubsbescheinigung nach § 6 Abs. 2 BUrlG über die im Kalenderjahr <Jahreszahl> gewährten bzw. abgegoltenen insgesamt <Zahl> Urlaubstage zu erteilen.[2062]

Hingegen soll dem Antrag 2

Die Beklagte wird verurteilt, dem Kläger für das Urlaubsjahr <Jahreszahl> eine Urlaubsbescheinigung nach § 6 Abs. 2 BUrlG zu erteilen.

die hinreichende Bestimmtheit fehlen.[2063] Jedenfalls wenn – was der Regelfall sein dürfte – dem Arbeitnehmer die Zahl der erhaltenen/abgegoltenen Urlaubstage bekannt ist, sollten diese mit in den Antrag aufgenommen werden, um sich eine sonst möglicherweise erforderliche Berichtigungsklage zu sparen. Da das Gesetz den Umfang des Anspruchs eindeutig festlegt, dürfte es zu weit gehen, von der Arbeitgeberin zu verlangen, dass sie weitere Informationen in die Bescheinigung aufnimmt, wie etwa den im früheren Arbeitsverhältnis geltenden Urlaubsanspruch, einen Hinweis, wenn dort keine 5-Tage-Woche galt und einen eventuellen Verzicht auf Urlaubsabgeltung beispielsweise zugunsten einer erhöhten Abfindung.[2064]

Da es sich bei der Urlaubsbescheinigung nicht um eine Willenserklärung, sondern 3
eine Wissenserklärung handelt, richtet sich die Vollstreckung nicht nach § 894 ZPO, sondern nach § 888 ZPO[2065] (→ *Teil E. Zwangsvollstreckung*). Zum Problem des Verhältnisses zwischen der Vollstreckung auf Herausgabe einer vorliegenden Urlaubsbescheinigung nach § 883 ZPO und der Vollstreckung nach § 888 ZPO siehe die Ausführungen unter → *Teil E. Zwangsvollstreckung.*

Zum möglichen Antrag nach § 61 Abs. 2 ArbGG, die Arbeitgeberin für den Fall, dass 4
die Urlaubsbescheinigung nicht binnen einer bestimmten Frist erteilt worden ist, zur

2059 BAG 17.2.1966 – 5 AZR 447/65, DB 1966, 627.
2060 dazu BAG 21.2.2012 – 9 AZR 487/10, NZA 2012, 793.
2061 BAG 8.3.1995 – 5 AZR 848/93, NZA 1995, 671.
2062 LAG Sachsen 25.6.2021 – 2 Sa 264/20; Hk-BUrlG/Hohmeister § 6 Rn. 15.
2063 Leinemann/Linck § 6 BUrlG Rn. 44; anders wohl LAG Hessen 7.8.2001 – 2 Sa 106/01, NZA-RR 2002, 263.
2064 So aber Praxiskommentar BUrlG/Tillmanns § 6 Rn. 41.
2065 LAG Rheinland-Pfalz 14.8.2009 – 9 Ta 180/09, JurBüro 2010, 51; NFK/Neumann § 6 BUrlG Rn. 15.

Zahlung einer vom Gericht nach freiem Ermessen festzusetzenden Entschädigung verurteilen zu lassen → *Entschädigung.*

Urlaubsentgelt

1 Für jeden Tag, für den ihn die Arbeitgeberin aufgrund Urlaubsgewährung von der ansonsten bestehenden Arbeitspflicht befreit hat, steht dem Arbeitnehmer Urlaubsentgelt zu. Nach der ständigen Rechtsprechung des Bundesarbeitsgerichts[2066] ist dessen Höhe nach einem Produkt aus **Geld- und Zeitfaktor** zu bemessen. Dabei wird der Geldfaktor nach § 11 Abs. 1 BUrlG aus den Daten der Vergangenheit ermittelt (Referenzprinzip), während sich der Zeitfaktor ausschließlich nach der wegen des Urlaubs ausfallenden Arbeitszeit bemisst (Lohnausfallprinzip). Zum zutreffenden Antrag: → *Zahlung* und → *Vergütung.* Nichts anderes gilt, wenn der Arbeitnehmer nach Beendigung des Arbeitsverhältnisses Schadensersatz wegen nicht erhaltenen Urlaubs verlangt.[2067]

2 Die **Anzahl der zu vergütenden Urlaubstage** wie auch die **Höhe des** zu zahlenden **Urlaubsentgelts** hat der Arbeitnehmer selbst zu berechnen. Das gilt auch, wenn zwischen den Parteien unterschiedliche Auffassungen über die Berechnung bestehen. Es gibt keine Rechtsgrundlage, die die Arbeitgeberin zur rechnerischen Vorarbeit für eine Leistungsklage des Arbeitnehmers verpflichtet.[2068] Fehlerhaft (vgl. → *Abrechnung*) sind daher Anträge wie:

> *Die Beklagte wird verurteilt, das Urlaubsentgelt des Klägers für die Monate März und April unter Einbeziehung der Überstunden Fernverkehr neu zu berechnen.*

3 Besteht Streit, ob oder wie bestimmte Faktoren in die Berechnung einzubeziehen sind, kann der Arbeitnehmer für einen bestimmten Urlaubszeitraum eine Zahlungsklage erheben und/oder die Streitfrage zum Gegenstand einer (Zwischen-)Feststellungsklage machen[2069] (vgl. → *A. I. Rn. 36 und* → *A. I. Rn. 74ff.*). Vgl. auch → *Inhalt des Arbeitsverhältnisses.* Angenommen worden ist das beispielsweise für die Höhe einer variablen Vergütung.[2070]

Urlaubsgeld

Ein Anspruch auf Urlaubsgeld, also eine über das Urlaubsentgelt hinausgehende Vergütung im Zusammenhang mit dem Erholungsurlaub, steht dem Arbeitnehmer nicht nach dem Gesetz, sondern nur aufgrund besonderer individualvertraglicher Vereinbarung (auch aufgrund betrieblicher Übung)[2071] oder kollektiver Regelung zu. Sofern ein solcher Anspruch besteht, handelt es sich um einen normalen Anspruch auf → *Vergütung.* Es kommen daher insbesondere Zahlungsklagen und Klagen auf Feststellung eines Anspruches auf Urlaubsgeld mit näher bezeichnetem Inhalt in Betracht.[2072] Ob der Anspruch auf Urlaubsgeld davon abhängt, dass tatsächlich Urlaub

2066 BAG 9.11.1999 – 9 AZR 771/98, NZA 2000, 1335; 22.1.2002 – 9 AZR 601/00, NZA 2002, 1041; BAG 6.12.2017 – 5 AZR 699/16, NZA 2018, 582; BAG 27.7.2021 – 9 AZR 376/20, NZA 2022, 916.

2067 BAG 24.5.2017 – 5 AZR 251/16, BeckRS 2017, 128351; vgl. auch BAG 16.5.2017 – 9 AZR 572/16, NZA 2017, 1056.

2068 BAG 9.11.1999 – 9 AZR 771/98, NZA 2000, 1335.

2069 LAG Hamburg 6.3.2014 – 1 Sa 49/13, BeckRS 2014, 70351.

2070 BAG 27.7.2021 – 9 AZR 376/20, NZA 2022, 916.

2071 BAG 25.1.2023 – 10 AZR 109/22, NZA 2023, 629.

2072 ZB LAG Hessen 19.9.2022 – 7 Sa 1116/18, BeckRS 2022, 51717.

genommen wurde, hängt von der Ausgestaltung der Anspruchsgrundlage ab.[2073] Entsprechendes gilt für die Frage, ob urlaubstäglich bemessenes Urlaubsgeld dem Arbeitnehmer auch für Urlaubstage zu zahlen ist, die ihm gemäß § 208 Abs. 1 Satz 1 SGB IX als Zusatzurlaub für schwerbehinderte Menschen zustehen,[2074] und für die Einordnung als Arbeitsentgelt (arbeitsleistungsbezogene Zahlung) oder als Anspruch, mit dem arbeitsleistungsunabhängige Zwecke verfolgt werden.[2075] Ein echtes Urlaubsgeld ist nicht mindestlohnwirksam.[2076]

Urlaubsgewährung

Übersicht

	Rn.
1. Anträge	2–6
2. Vollstreckung	7
3. Einstweilige Verfügung	8–10

Das deutsche Arbeitsrecht kennt kein Recht des Arbeitnehmers auf Selbstbeurlau- 1
bung. Vielmehr hat die Arbeitgeberin den Urlaub nach § 7 Abs. 1 bis 3 BUrlG zu gewähren, also unter den dort genannten Konditionen zu bestimmen, wann der Urlaubsanspruch des Arbeitnehmers durch Befreiung von der Arbeitspflicht realisiert werden soll. Es handelt sich um eine einseitige empfangsbedürftige Willenserklärung der Arbeitgeberin.[2077] Eine Prozessbeschäftigung allein zur Abwendung der Zwangsvollstreckung eines titulierten allgemeinen Weiterbeschäftigungsanspruchs begründet kein Arbeitsverhältnis, so dass eine Urlaubsgewährung nicht in Betracht kommt.[2078]

1. Anträge

Will der Arbeitnehmer sie allgemein zu dieser Pflicht anhalten, soll es möglich sein 2
zu beantragen:

> *Die Beklagte wird verurteilt, dem Kläger seinen Erholungsurlaub im Umfang von <Anzahl> Tagen zu gewähren.*[2079]

M. E. ist dieser Antrag allerdings nicht zu empfehlen. Geht es dem Arbeitnehmer vor 3
allem darum, dass ihm noch weitere Tage Urlaub zustehen, handelt es sich um einen Streit über die Höhe des Urlaubsanspruches, der besser in Form eines Feststellungsantrags geklärt wird → *Urlaubsumfang.* Auch das Bundesarbeitsgericht legt derartige Anträge teilweise als Feststellungsbegehren aus.[2080] Will er mit dem Titel dagegen auch die tatsächliche Gewährung durchsetzen, ergeben sich bei der genannten Antragsfassung Vollstreckungsprobleme (dazu unter 2.).

2073 BAG 12.10.2010 – 9 AZR 522/09, NZA 2011, 695; 16.8.2022 – 9 AZR 490/21, NZA 2022, 1683 Rn. 26.
2074 BAG 10.3.2020 – 9 AZR 109/19, NZA 2020, 1255.
2075 BAG 12.12.2018 – 4 AZR 123/18, NZA 2019, 543 Rn. 41.
2076 BAG 20.9.2017 – 10 AZR 171/16, NZA 2018, 53.
2077 BAG 17.5.2011 – 9 AZR 189/10, NZA 2011, 1032 = DB 2011, 2152.
2078 ArbG Hamburg 9.12.2020 – 16 Ga 11/20, BeckRS 2020, 42041; anderes gilt, wenn die vorläufige Beschäftigung vertraglich vereinbart wird: BAG 20.5.2021 – 2 AZR 457/20, NZA 2021, 1092.
2079 BAG 18.3.2014 – 9 AZR 669/12, EzA-SD 2014, Nr. 16, 4–6; BAG 7.7.2015 – 10 AZR 939/13, NZA-RR 2015, 665; BAG 8.5.2018 – 9 AZR 578/17, NZA 2018, 1011.
2080 BAG 26.5.2020 – 9 AZR 129/19, NZA-RR 2021, 21.

4 In aller Regel wird es dem Arbeitnehmer ohnehin darauf ankommen, seinen Urlaubsanspruch in einem **bestimmten Zeitraum** zu verwirklichen. Kommt die Arbeitgeberin dem trotz Kundgabe eines konkreten Urlaubswunsches des Arbeitnehmers nicht nach, bleibt ihm nur die Klage:

> **Die Beklagte wird verurteilt, dem Kläger vom <Urlaubsbeginn> bis zum <Urlaubsende> Erholungsurlaub zu gewähren.**

5 Reicht es dem Arbeitnehmer aus, überhaupt seinen Urlaub zu erhalten, und zwar unabhängig von einem konkreten Zeitraum, ist folgender Antrag zulässig:

> **Die Beklagte wird verurteilt, dem Kläger für das Urlaubsjahr <Jahreszahl> 30 bezahlte Tage Urlaub ab Rechtskraft der Entscheidung zu gewähren.**[2081]
> **Oder beispielsweise:**
> **Die Beklagte wird verurteilt, dem Kläger für Urlaub aus dem Jahr 2013 drei Tage Ersatzurlaub zu gewähren.**[2082]

Die Zwangsvollstreckung soll nach Ansicht des Bundesarbeitsgerichts dann nach § 888 ZPO erfolgen[2083] (beachte jedoch Rn. 7). Unbeschadet ihrer Zulässigkeit dürften die Anträge in der Sache jedoch nur selten zu empfehlen sein. Zum einen droht dem Arbeitnehmer dann, den Urlaub zu einer Zeit zu erhalten, zu welcher er ihn nicht haben möchte. Der erstgenannte Antrag kann zudem dazu führen, dass der Titel ins Leere geht, nämlich wenn die Parteien von der Rechtskraft der Entscheidung zu spät erfahren. Außerdem dürfte der Antrag unbegründet sein, da der Arbeitgeber einwenden kann, es würde ihm so die Möglichkeit genommen, betriebliche Belange einzuwenden.

6 Mangels Bestimmtheit unzulässig ist es jedoch, die Gewährung an zusätzliche Bedingungen zu knüpfen wie etwa

> *Die Beklagte wird verurteilt, dem Kläger auf seinen Antrag unter Beachtung der gesetzlichen Regelung in § 7 Abs. 2 Satz 2 BUrlG Erholungsurlaub in Form von halben Urlaubstagen zu gewähren, es sei denn, dass dem dringende betriebliche Belange oder Urlaubswünsche anderer Arbeitnehmer, die unter sozialen Gesichtspunkten den Vorrang verdienen, entgegenstehen.*[2084]

2. Vollstreckung

7 Heillos umstritten ist, wie ein auf Urlaubsgewährung gerichteter Tenor zu **vollstrecken** ist.[2085] Einerseits wird vertreten, da es sich bei der Urlaubsgewährung um eine Willenserklärung handele, sei § 894 ZPO einschlägig,[2086] jedenfalls wenn die Klage auf Urlaubserteilung für einen bestimmten kalendermäßig festgelegten Zeitraum gerichtet ist.[2087] Das trifft auf die oben empfohlenen Anträge zu. Es wird dem

2081 BAG 18.3.2014 – 9 AZR 669/12, AP BUrlG § 7 Nr. 72.
2082 BAG 11.12.2018 – 9 AZR 161/18, NZA 2019, 634.
2083 BAG 19.3.2019 – 9 AZR 315/17, BB 2019, 2493.
2084 BAG 27.6.2017 – 9 AZR 120/16, NZA 2017, 1215.
2085 Lesenswert LAG Berlin-Brandenburg 30.9.2022 – 6 Sa 280/22, BB 2023, 1145 Rn. 129 ff.
2086 BAG 27.6.2017 – 9 AZR 120/16, NZA 2017, 1215; NFK/Neumann BUrlG § 7 Rn. 50 und 53.
2087 BAG 12.4.2011 – 9 AZR 80/10, NZA 2011, 1050.

Arbeitnehmer für den auf einen konkreten Zeitraum gerichteten Antrag allerdings selten rechtzeitig helfen, da erst mit Rechtskraft der Entscheidung die Willenserklärung als abgegeben gilt. Andere Autoren[2088] wollen nicht zuletzt im Hinblick auf diese Probleme eine Vollstreckung nach § 888 ZPO (unvertretbare Handlung) zulassen, jedenfalls wenn der Titel nicht auf einen bestimmten Zeitraum gerichtet, sondern nur die Urlaubsdauer angegeben ist. Der Arbeitnehmer könne die Arbeitgeberin dann zur Erfüllung der titulierten Verpflichtung zu einem von ihm gewünschten Termin auffordern. Verweigere die Arbeitgeberin dieses, könne der Arbeitnehmer die Zwangsvollstreckung auf Festsetzung eines Zwangsgeldes einleiten. Im Zwangsvollstreckungsverfahren könne die Arbeitgeberin einwenden, den ausgeurteilten Urlaub bereits erfüllt zu haben oder ein Leistungsverweigerungsrecht nach § 7 Abs. 1 Satz 1 BUrlG geltend machen.[2089] Nicht einfacher wird die Frage der richtigen Vollstreckungsart durch die neuere Rechtsprechung des Bundesarbeitsgerichts, wonach eine wirksame Urlaubserteilung stets voraussetzt, dass die Arbeitgeberin dem Arbeitnehmer die Urlaubsvergütung vor Antritt des Urlaubs zahlt oder vorbehaltlos zusagt.[2090] Zwar ist diese Rechtsprechung zu einer vorsorglichen Urlaubserteilung nach fristloser Kündigung ergangen. Die Begründung, es handle sich beim Urlaub per definitionem um eine bezahlte Freistellung, gilt jedoch für alle Konstellationen.

3. Einstweilige Verfügung

Für die rechtzeitige Durchsetzung eines abgelehnten Urlaubswunsches sind beide 8
Wege ungeeignet, so dass in der Praxis normale Klagen auf Urlaubsgewährung selten sind. Wegen der Eilbedürftigkeit wird vielmehr meist **einstweiliger Rechtsschutz** gesucht. Da im einstweiligen Rechtsschutz eine Vorwegnahme der Hauptsache möglichst zu vermeiden ist, erscheint hier der von Corts[2091] entwickelte Antrag empfehlenswert:

Dem Kläger wird im Wege der einstweiligen Verfügung gestattet, vom <Urlaubsbeginn> bis zum <Urlaubsende> der Arbeit fernzubleiben.

Irgendwelcher Vollstreckungsakte bedarf es dann nicht, weil es sich um eine rechts- 9
gestaltende Verfügung handelt. Die Zustellung einer vollstreckbaren Kurzausfertigung im Parteibetrieb reicht in jedem Fall aus.[2092] Es wird jedoch auch vertreten, es könne die Gewährung des Urlaubs durch einstweilige Verfügung verlangt werden.[2093]

Anders sieht die Situation aus, wenn der Arbeitnehmer behauptet, die Arbeitgeberin 10
habe ihm bereits Urlaub für den fraglichen Zeitraum gewährt, diese das jedoch – häufig erst kurz vor dem Urlaubsantritt – in Abrede stellt. Bleibt der Arbeitnehmer im Hinblick auf seine Sicht der Arbeit fern, riskiert er Sanktionen für unentschuldigtes Fehlen. Eine einstweilige Verfügung auf (erneute) Urlaubsgewährung bzw. Gestattung des Fernbleibens dürfte erfolglos sein, wenn der Arbeitnehmer selbst vorträgt, bereits Urlaub erhalten zu haben. Eine auf Feststellung gerichtete einstweilige Verfügung ist nicht möglich (vgl. *Teil A. Systematische Einleitung Rn. 77ff.*). Das Risiko, die Gewährung nicht beweisen zu können, kann eine einstweilige Verfügung dem Ar-

2088 Praxiskommentar BUrlG/Arnold § 7 Rn. 116.
2089 Dagegen BAG 12.4.2011 – 9 AZR 80/10, NZA 2011, 1050 Rn. 15; zur Gewährung von Schichtfreizeittagen s. BAG 27.4.2017 – 6 AZR 119/16, NZA 2017, 1116.
2090 BAG 10.2.2015 – 9 AZR 455/13, NZA 2015, 998.
2091 Corts NZA 1998, 357.
2092 Näher Corts NZA 1998, 357, 358 linke Spalte.
2093 ArbG Hamburg 9.12.2020 – 16 Ga 11/20, BeckRS 2020, 42041 mwN.

beitnehmer nicht abnehmen. Entsprechendes gilt, wenn Streit herrscht, ob die Arbeitgeberin eine Urlaubsgewährung (wirksam) widerrufen hat.

Besteht Streit vor allem darüber, wie hoch der Urlaubsanspruch des Arbeitnehmers ist → *Urlaubsumfang.*

Urlaubskonto

1 In der betrieblichen Praxis wird über die Urlaubsansprüche der Mitarbeiter häufig „Buch geführt“ in Form eines sog. Urlaubskontos. In Betracht kommen schriftlich geführte Listen genauso wie eine EDV-gestützte Erfassung. Besteht Streit der Parteien über die **Anzahl der verbliebenen Urlaubstage,** haben vor diesem Hintergrund Anträge auf Berichtigung eines solchen Urlaubskontos Eingang in die Rechtsprechung gefunden:

> *Die Beklagte wird verurteilt, dem bei ihr für den Kläger geführten Urlaubskonto <Anzahl> weitere Tage hinzuzufügen/gutzuschreiben.*
> *Oder gar:*
> *Die Beklagte zu verurteilen, die von dem Kläger im Zeitraum vom 25. Mai 2021 bis 1. Juni 2021 genommenen sechs Urlaubstage nicht auf den Jahresurlaub anzurechnen, sondern dem Urlaubskonto des Klägers gutzuschreiben.*[2094]

2 Obwohl auch das Bundesarbeitsgericht[2095] wie im ersten Beispiel aufgeführt tenoriert, kann ein solcher Antrag nicht empfohlen werden:

3 Bei der Gutschrift auf einem Urlaubskonto dürfte es sich um eine unvertretbare Handlung handeln, die nach § 888 ZPO zu vollstrecken ist. Voraussetzung ist allerdings, dass es überhaupt ein definiertes „Konto“ gibt, dessen Stand objektiv festgestellt werden kann. Die Arbeitgeberin kann ein Zwangsgeld dann abwenden, indem sie nachweist, dass sie als Reaktion auf das Urteil eine entsprechende Veränderung auf dem Konto eingetragen hat. Der Arbeitnehmer hat dann den Titel zurückzugeben. Nichts hindert die Arbeitgeberin daran, anschließend einen Abzug in Höhe der vorangegangenen Gutschrift vorzunehmen.

4 Entscheidend gegen einen Leistungsantrag spricht zudem, dass es sich bei dem Urlaubskonto lediglich um eine **Wissenserklärung** handeln dürfte. Wie bei der Lohnabrechnung[2096] stellt das Konto daher grundsätzlich kein deklaratorisches Schuldanerkenntnis dar. Ansprüche können aus ihm daher in der Regel nicht abgeleitet werden.

5 Der genannte Leistungsantrag ist letztlich auch deshalb unbehelflich, weil Urlaubskonten regelmäßig bezogen auf das jeweilige Kalenderjahr geführt werden. In der dem Urteil des Bundesarbeitsgerichts vom 17.5.2011 im Instanzenzug vorangegangenen Entscheidung des LAG Saarland vom 25.11.2009[2097] hatte dieses entsprechend tenoriert, dem Urlaubskonto „für das Jahr 2009“ Urlaubstage hinzuzufügen (nachdem der dortige Kläger erstinstanzlich noch eine Ergänzung für 2008 verlangt hatte).

2094 LAG Niedersachsen 23.11.2022 – 2 Sa 93/22, BeckRS 2022, 49698, Revision anhängig unter 9 AZR 13/23.
2095 BAG 17.5.2011 – 9 AZR 197/10, DB 2012, 182; BAG 16.7.2014 – 10 AZR 752/13, BeckRS 2014, 72949; BAG 25.1.2022 – 9 AZR 230/21, NZA 2022, 643.
2096 BAG 27.2.2014 – 6 AZR 931/12, AP TVÜ § 8 Nr. 3; BAG 10.3.1987 – 8 AZR 610/84, NZA 1987, 557 = DB 1987, 1694.
2097 LAG Saarland 25.11.2009 – 2 Sa 36/09, BeckRS 2010, 68039.

Mit Ablauf des Jahres 2009 war der Titel damit erledigt. Wohl aus dieser Problematik heraus hat das BAG in den Gründen bei der Wiedergabe des Antrags die Angabe der Jahreszahl unterlassen: Eine wahrhaft salomonische Entscheidung, um den Kläger nicht nach mehrjähriger Prozessführung mit der Frage zu konfrontieren, ob im Jahr 2011 noch die Korrektur des längst nicht mehr geführten Urlaubskontos des Jahres 2009 verlangt werden kann.

6 Diese Überlegungen zeigen, dass von einem Antrag bzw. Tenor auf Gutschrift von Tagen auf einem Urlaubskonto letztlich allenfalls eine feststellende Wirkung verbleibt. Um die geschilderten Probleme zu vermeiden, kann in den fraglichen Fallgestaltungen daher **allein ein Feststellungsantrag** empfohlen werden, siehe → *Urlaubsumfang*. Als einen solchen hat auch das Bundesarbeitsgericht selbst in früherer Zeit einen Antrag, dem Urlaubskonto Tage gutzuschreiben, ausgelegt,[2098] zuletzt jedenfalls auch dann, wenn der Arbeitnehmer nicht darlegt, dass die Arbeitgeberin ein Urlaubskonto führt, welches den Anspruch nach der zugrunde liegenden Abrede verbindlich bestimmt.[2099]

7 Es ist leider zu konstatieren, dass sich die Rechtsprechung oftmals lediglich mit den materiellen Rechtsfragen beschäftigt, ohne die vorrangige Frage nach der zulässigen Antragstellung zu problematisieren.[2100] Das mag im konkreten Fall ein pragmatischer Ansatz sein, führt jedoch leider für die Rechtsanwender nicht zur Klarheit.

Urlaubsumfang

1 Ist das Arbeitsverhältnis beendet, sollte der Kläger auch bei einem Streit über den Umfang des im Beendigungszeitpunkt noch offenen Urlaubs unmittelbar seine → *Urlaubsabgeltung* einklagen. Oftmals besteht zwischen den Arbeitsvertragsparteien aber auch während des unbeendeten Arbeitsverhältnisses Uneinigkeit über den Umfang des noch verbliebenen Urlaubsanspruchs. Ein Interesse an einer entsprechenden Feststellung kann der Arbeitnehmer vor allem deshalb haben, weil er seine Urlaubsplanung von der Höhe der bestehenden Ansprüche abhängig machen möchte. Besteht zwischen den Parteien Streit, welche Urlaubsansprüche durch eine Urlaubsgewährung erfüllt worden sind, sollte nicht beantragt werden:

> *Es wird festgestellt, dass es sich bei dem von der Beklagten dem Kläger gewährten Urlaub im Zeitraum vom 26. Februar bis einschließlich 27. März 2018 um 22 Resturlaubstage aus dem Jahr 2016 handelte.*

2 Für eine derartige vergangenheitsbezogene Feststellung fehlt idR das notwendige Feststellungsinteresse.[2101] Rührt der Streit daher, dass der Arbeitgeber bei der Urlaubsgewährung keine Tilgungsbestimmung vorgenommen hat, findet die in § 366 Abs. 2 BGB vorgegebene Tilgungsreihenfolge mit der Maßgabe Anwendung, dass zuerst gesetzliche Urlaubsansprüche und erst dann den gesetzlichen Mindesturlaub übersteigende Urlaubsansprüche erfüllt werden.[2102]

2098 BAG 9.5.1995 – 9 AZR 552/93, AP BUrlG § 7 Übertragung Nr. 22 = NZA 1996, 149.
2099 BAG 17.11.2015 – 9 AZR 547/14, NZA 2016, 308.
2100 Als Beispiel eignen sich BAG 14.3.2017 – 9 AZR 7/16, NZA-RR 2017, 376 und LAG München 23.3.2023 – 3 Sa 497/22, NZA-RR 2023, 404.
2101 BAG 3.12.2019 – 9 AZR 54/19, NZA 2020, 541.
2102 BAG 1.3.2022 – 9 AZR 353/21, NZA 2022, 911.

3 Um eine unzulässige Elementenfeststellungsklage handelt es sich bei dem Antrag

> *Es wird festgestellt, dass dem Kläger für die Jahre 2013, 2014 und 2015 jeweils ein Jahresurlaubsanspruch iHv. 30 Kalendertagen gegen die Beklagte zustand.*[2103]

4 Bei einem Streit über die Höhe des noch bestehenden Urlaubsanspruchs kann der Kläger besser beantragen:

> **Es wird festgestellt, dass dem Kläger per <Datum> noch ein Urlaubsanspruch in Höhe von <Anzahl> Tagen zusteht.**

5 Häufig wird ein solcher Streit daraus resultieren, dass der Arbeitnehmer sich darauf beruft, aus dem Vorjahr oder gar den Vorjahren noch offene Urlaubsansprüche zu besitzen, während die Arbeitgeberin einwendet, dass sie diese bereits erfüllt habe oder dass sie verfallen seien. Dann kann der Antrag präzisierend lauten:

> **Es wird festgestellt, dass dem Kläger aus dem Kalenderjahr <Jahreszahl>/ aus den Kalenderjahren <Jahreszahl> bis <Jahreszahl> noch ein (Ersatz-) Urlaubsanspruch in Höhe von <Anzahl> Tagen zusteht.**[2104]
>
> **Oder:**
>
> **Es wird festgestellt, dass die Beklagte verpflichtet ist, dem Kläger weitere <Anzahl> Tage Urlaub (Resturlaub aus dem Jahr <Jahreszahl>) zu gewähren.**[2105]

6 In einer frühen „Keller"-Entscheidung[2106] hat das Bundesarbeitsgericht allerdings das Feststellungsinteresse derartiger Klagen im Hinblick auf den Vorrang einer Leistungsklage in Abrede gestellt. Insbesondere wenn es nur um wenige Tage geht, wird der Arbeitnehmer kaum plausibel machen können, dass er seine Urlaubswünsche davon abhängig machen möchte, in welcher Höhe ihm noch Urlaub zusteht. Allerdings lässt sich das Feststellungsinteresse auch mit den praktischen Problemen bei der Durchsetzung von konkreten Urlaubswünschen begründen[2107] (→ *Urlaubsgewährung*). Will man den Bedenken dennoch Rechnung tragen, soll nach der Rechtsprechung des Bundesarbeitsgerichts folgender Antrag gestellt werden können:

> *Die Beklagte wird verurteilt, dem Kläger für das Jahr <Jahreszahl> weitere <Anzahl> Tage Urlaub zu gewähren.*[2108]

2103 BAG 21.5.2019 – 9 AZR 260/18, NZA 2019, 1599.

2104 BAG 17.5.2011 – 9 AZR 189/10, NZA 2011, 1032 = DB 2011, 2152; BAG 21.2.2012 – 9 AZR 487/10, NZA 2012, 793 = DB 2012, 1513; BAG 5.8.2014 – 9 AZR 77/13, NZA 2015, 625; BAG 14.2.2017 – 9 AZR 207/16, BeckRS 2017, 106695; BAG 14.2.2017 – 9 AZR 386/16, NZA 2017, 655; BAG 19.2.2019 – 9 AZR 321/16, NZA 2019, 1043; BAG 20.12.2022 – 9 AZR 245/19, NZA 2023, 1116.

2105 BAG 16.12.2008 – 9 AZR 164/08, NZA 2009, 689; BAG 25.5.2016 – 5 AZR 298/15, NZA 2016, 1028; BAG 29.9.2020 – 9 AZR 364/19, NZA 2021, 429; BAG 30.11.2021 – 9 AZR 145/21, NZA 2022, 623.

2106 BAG 19.11.1983 – 6 AZR 419/80, BeckRS 1983, 4952; vgl. aber BAG 18.11.2003 – 9 AZR 95/03, NZA 2004, 651.

2107 BAG 12.4.2011 – 9 AZR 80/10, NZA 2011, 1050 = DB 2011, 2150; BAG 25.5.2016 – 5 AZR 298/15, NZA 2016, 1028; LAG Berlin-Brandenburg 30.9.2011 – 6 Sa 1629/11, LAGE BUrlG § 7 Nr. 50.

2108 BAG 11.7.2006 – 9 AZR 535/05, BeckRS 2006, 43273; BAG 11.12.2001 – 9 AZR 522/00, BeckRS 2002, 40319; BAG 3.6.2014 – 9 AZR 944/12, NZA 2015, 123; BAG 23.11.2017 – 6 AZR 43/16, NZA-RR 2018, 217.

Allerdings hat sich das Bundesarbeitsgericht in den einschlägigen Entscheidungen 7
nicht mit der Frage auseinandergesetzt, wie die Vollstreckung eines solchen Titels erfolgen soll (dazu → *Urlaubsgewährung*). Im Hinblick auf neuere Entscheidungen des Bundesarbeitsgerichts dürfte man die den Vorrang eines Leistungsantrags postulierende Rechtsprechung auch als veraltet ansehen können.[2109]

Zu auslegungsbedürftigen[2110] Anträgen wie 8

> *Die Beklagte wird verurteilt, dem Urlaubskonto des Klägers weitere <Anzahl> Tage gutzuschreiben.*

siehe unter → *Urlaubskonto.*

Sollte umstritten sein, wie hoch der Urlaubsanspruch des Arbeitnehmers pro Jahr 9
grundsätzlich ist, handelt es sich um einen Streit über einzelne Arbeitsbedingungen:

> **Es wird festgestellt, dass der Kläger einen jährlichen Urlaubsanspruch in Höhe von <Anzahl> Tagen hat.**[2111]
>
> **Oder auch:**
>
> **Es wird festgestellt, dass die Beklagte verpflichtet ist, dem Kläger pro Jahr <Anzahl> Urlaubstage zu gewähren.**[2112]
>
> **Oder:**
>
> **Es wird festgestellt, dass der Kläger einen Anspruch auf Zusatzurlaub in Höhe von drei 24-Stunden-Schichten pro Jahr hat.**[2113]

Insbesondere für den Streitwert ist zu beachten, dass Gegenstand des Streits selbst- 10
verständlich nur diejenigen Tage sind, die der Arbeitnehmer über das von der Arbeitgeberin gewährte Maß hinaus verlangt.[2114]Vergleiche insoweit auch → *Inhalt des Arbeitsverhältnisses.*

Möglich ist auch eine Kombination aus der Feststellung der offenen Ansprüche aus 11
der Vergangenheit und einer Klärung der dem Arbeitnehmer grundsätzlich zustehenden Urlaubsansprüche.[2115]

2109 Bereits BAG 10.2.2015 – 9 AZR 53/14 (F), NZA 2015, 1005 bejaht ohne weiteres die Zulässigkeit eines Feststellungsantrags; so auch BAG 4.11.2015 – 7 AZR 851/13, NZA 2016, 634 Rn. 44; ausdrücklich BAG 19.3.2019 – 9 AZR 406/17, NZA 2019, 1435.

2110 BAG 9.5.1995 – 9 AZR 552/93, AP BUrlG § 7 Übertragung Nr. 22 = NZA 1996, 149.

2111 BAG 5.11.2002 – 9 AZR 470/01, AP TVG § 1 Tarifverträge: Chemie Nr. 15; BAG 21.7.2015 – 9 AZR 145/14, AP TVG § 1 Tarifverträge: Versorgungsbetriebe Nr. 6.

2112 BAG 9.9.2003 – 9 AZR 468/02, EzA TVG § 4 Chemische Industrie Nr. 6; BAG 21.10.2014 – 9 AZR 956/12, NZA 2015, 297.

2113 BAG 16.2.2021 – 9 AZR 176/20, AP TVG § 1 Tarifverträge: Verkehrsgewerbe Nr. 28; BAG 18.7.2017 – 9 AZR 850/16, BeckRS 2017, 123673; BAG 19.2.2014 – 10 AZR 539/13, AP TV-L § 27 Nr. 1.

2114 BAG 12.7.2016 – 9 AZR 264/15, BeckRS 2016, 73354.

2115 BAG 18.10.2016 – 9 AZR 123/16, NZA 2017, 267; BAG 15.11.2016 – 9 AZR 534/15, NZA 2017, 339; BAG 16.2.2021 – 9 AZR 176/20, AP TVG § 1 Tarifverträge: Verkehrsgewerbe Nr. 28.

Verdienstbescheinigung

1 Gemäß § 98 SGB X hat der Arbeitgeber den Leistungsträgern bzw. den Einzugsstellen der Sozialversicherung auf deren Verlangen Auskunft über die Art und Dauer der Beschäftigung, den Beschäftigungsort und das Arbeitsentgelt zu erteilen. Zudem hat er alle notwendigen Auskünfte für die Beitragsentrichtung zu geben. Hierzu gehört auch die Vorlage der Geschäftsbücher, Listen oder andere Unterlagen, aus denen Angaben über die Beschäftigung hervorgehen. Diese Vorschrift wird in den einzelnen Versicherungszweigen von einer Vielzahl ergänzender Regelungen flankiert (zB §§ 159, 166, 192, 198, 209 SGB VII, §§ 315–319, 404, SGB III, § 28a SGB IV, § 198 SGB V, § 190 SGB VI).

2 Es handelt sich um eine öffentlich-rechtliche Verpflichtung. Die Aufforderung, bei der Ermittlung des Sachverhalts mitzuwirken, stellt einen Verwaltungsakt dar, so dass gegen ihn der Widerspruch und sodann der Rechtsweg zu den Sozialgerichten eröffnet ist.[2116]

3 Die von der Auskunft des Arbeitgebers betroffenen Arbeitnehmer haben einen öffentlich-rechtlichen Anspruch auf richtige Auskunftserteilung. Dieser Anspruch muss, wenn er nicht ausreichend erfüllt wurde, vor dem Sozialgericht geltend gemacht werden. Dieses gilt auch für die Berichtigung einer derartigen Bescheinigung.[2117]

4 Für die Rechte des Arbeitnehmers auf Erteilung von Bescheinigungen s. → *Entgeltbescheinigung.*

Vergleich

1 In verschiedenen Konstellationen kann zwischen den Parteien eines durch Vergleich abgeschlossenen Rechtsstreits Streit entstehen, ob diesem eine verfahrensbeendende Wirkung zukommt, beispielsweise im Fall einer Anfechtung, eines Rücktritts, bei Vorliegen der Voraussetzungen des § 779 BGB[2118] (Irrtum über Tatsachen, nicht reiner Rechtsirrtum)[2119] oder bei Nichtigkeit seiner materiell-rechtlichen Regelungen.[2120] Zur zutreffenden Antragstellung bei der Geltendmachung der Unwirksamkeit eines gerichtlichen Vergleichs – aus welchen Gründen auch immer – siehe → *Anfechtung* unter 3.

2 Von der Geltendmachung der Unwirksamkeit ist der Fall zu unterscheiden, dass eine der Parteien nach den Grundsätzen des Wegfalls der Geschäftsgrundlage nach § 313 BGB eine Anpassung des Vergleichs verlangt. Der zutreffende Antrag richtet sich dann nach dem von ihr verfolgten Ziel.

variable Vergütung

Die variable Vergütung ist eine Variante der → *Vergütung.* Sie ist regelmäßig leistungs- oder erfolgsabhängig. Es gibt verschiedene Formen der variablen Vergütung:

2116 BSG 18.5.1995 – 7 RAr 2/95, NZS 1995, 521; BeckOGK/Frauhammer SGB X § 98 Rn. 9.

2117 LSG Niedersachsen 3.1.1994 – 4 S (S) 197/93, NZS 1994, 288: BeckOGK/Frauhammer SGB X § 98 Rn. 9; Schlegel/Voelzke juris-PK SGB X § 98 Rn. 87).

2118 LAG Rheinland-Pfalz 21.9.2022 – 7 Sa 178/22, BeckRS 2022, 43843; LAG Rheinland-Pfalz 7.4.2022 – 2 Sa 108/21, BeckRS 2022, 22543.

2119 BGH 11.11.2020 – VIII ZR 191/18, NJW-RR 2021, 84 Rn. 37.

2120 Zu Rücktritt und materiell-rechtlicher Unwirksamkeit umfassend BAG 24.9.2015 – 2 AZR 716/14, NZA 2016, 716.

→ *Akkord*, → *Bonus*, → *Gratifikation*, → *Provision* oder → *Tantieme* können beispielhaft genannt werden. Allen Formen ist gemein, dass das Problem auftreten kann, die Höhe des Anspruchs nicht im Antrag beziffern zu können, weil dem Arbeitnehmer Informationen fehlen. Dann ist regelmäßig im Rahmen einer → *Stufenklage* zunächst → *Auskunft* zu beantragen (zu den weiteren Stufen vgl. → *Provision*). Bei einer weiteren Variante müssen die Parteien eine → *Zielvereinbarung* schließen, so dass sich etwa Probleme ergeben können, wenn eine solche Vereinbarung unterbleibt.

*

Vergütung

Übersicht

	Rn.
1. Allgemeines	1–15
2. Bezifferter Leistungsantrag	16–21
3. Zahlungsempfänger	22
4. Beklagte	23–25
5. Geldforderung	26–33
a) Brutto- oder Nettoklage	27–29
b) Bruttovergütungsvereinbarung	30, 31
c) Nettovergütungsvereinbarung	32, 33
6. Klagehäufung und Teilklage	34–36
7. Vergütungsdifferenzen	37, 38
8. Berücksichtigung von in Abzug zu bringenden Beträge	39–47
9. Weitere Angaben im Antrag	48–51
10. Betriebsübergang	52
11. Prozesskostenhilfe	53
12. Einstweiliger Rechtsschutz	54, 55
13. Zwangsvollstreckung	56

1. Allgemeines

Vergütungsansprüche sind regelmäßig **Geldschulden.** Für fällige Vergütungsansprüche gelten daher die Grundsätze der Zahlungsklage (→ *Zahlung*), dh es muss grundsätzlich eine **Leistungsklage** erhoben werden, wobei der Zahlungsbetrag bestimmt, dh beziffert sein muss. Es darf keine Ungewissheit über den Umfang des begehrten Anspruchs bestehen.[2121] Die Zwangsvollstreckung richtet sich nach den §§ 803ff. ZPO (→ *E. Rn. 11*). Keine Frage der Antragsformulierung, aber dennoch eine der Zulässigkeit ist die hinreichende Bestimmtheit des Streitgegenstands. Bei einer Leistungsklage auf Zahlung von Vergütung, welche üblicherweise nach Zeitabschnitten bemessen ist (so § 614 S. 2 BGB), gehört zur erforderlichen Bezeichnung des Streitgegenstands regelmäßig die Angabe, für welche Zeitabschnitte Vergütung in welcher bestimmten Höhe verlangt wird. Nur durch diese Angaben zum Lebenssachverhalt wird sichergestellt, dass das Gericht nicht etwas anderes zuspricht, als von der klagenden Partei beantragt wird.[2122] **Die Zeiträume, für die die Vergütung verlangt wird, müssen also kalender- und/oder stundenmäßig angegeben werden.**[2123] Die Angaben müssen sich aus der Antragsbegründung ergeben. Alternativ kann auf eine Verdienstbescheinigung/Vergütungsabrechnung Bezug genommen werden.[2124] 1

2121 BAG 29.8.1984 – 7 AZR 34/83, NZA 1985, 58.

2122 BAG 7.7.2015 – 10 AZR 416/14, NZA 2015, 1533; BAG 29.8.2018 – 7 AZR 206/17, NZA 2019, 253; LAG Schleswig-Holstein 21.7.2020 – 1 Sa 17/20, BeckRS 2020, 23376.

2123 LAG Hamm 10.8.2004 – 6 Sa 1182/04, ArbR 2005, 74.

2124 LAG Baden-Württemberg 16.6.1999 – 17 Sa 108/98, NZA-RR 2000, 268; vgl. auch BGH 11.2.2004 – VIII ZR 127/03, NJW-RR 2005, 216.

2 Für künftig fällig werdende Vergütungsansprüche gelten die Grundsätze des § 259 ZPO (→ *künftige Zahlungen*). Unter bestimmten Voraussetzungen (Vollstreckungsverbot gemäß § 210 InsO) ist die Leistungsklage im **Insolvenzfall** (→ *Insolvenz*) unzulässig.

3 Wenn der Anspruch beziffert werden kann, muss regelmäßig eine Leistungsklage erhoben werden.[2125] Nur in **Ausnahmefällen** ist eine **Feststellungsklage** ausreichend. Dies gilt unter bestimmten Voraussetzungen bei einem Streit über die zutreffende → *Eingruppierung.* Ein Feststellungsinteresse wird etwa auch dann bejaht, wenn nur ein **einzelnes Element** des Zahlungsanspruchs, etwa die Frage anzurechnender Vordienstzeiten oder die Höhe des Stundenlohns, im Streit steht. Dies gilt jedenfalls, sofern die Parteien über andere für die Vergütung maßgeblichen Faktoren nicht streiten und die Gegenseite deshalb die konkrete Berechnung der Zahlungsansprüche ohne Weiteres selbst durchführen kann.[2126] Ist etwa mehr als eine bloße Rechenaufgabe erforderlich, um mögliche Ansprüche des Klägers abschließend bestimmen zu können, ist das Rechtsschutzinteresse zu verneinen.[2127] Die Feststellungsklage kann sich auf einzelne Ansprüche beschränken.[2128] Die Feststellungsklage ist zulässig, wenn sie zu einer abschließenden Klärung führt, der einfachere und sachgerechtere Weg und geeignet ist, den Streit zwischen den Parteien prozessökonomisch für Vergangenheit und Zukunft zu klären.[2129]

4 Ein solcher Feststellungsantrag kann etwa lauten:[2130]

Es wird festgestellt, dass die Beklagte verpflichtet ist, dem Kläger ab <Datum> ein monatliches Bruttogehalt in Höhe von EUR <Betrag> zu zahlen.

5 Unzulässig ist etwa ein Feststellungsantrag, mit dem der Arbeitnehmer die Verpflichtung zur Zahlung einer in der Höhe unbestimmten Vergütungskomponente verlangt, wenn die Berechnung nicht eindeutig ist, sondern von verschiedenen Faktoren abhängt.[2131]

Es wird festgestellt, dass die Beklagte verpflichtet ist, die ERA-Strukturkomponente gemäß § 4c des Tarifvertrages ERA-Anpassungsfonds vom <Datum> in der Fassung vom <Datum> bis zur betrieblichen ERA-Einführung zu zahlen.

6 Ein solcher Antrag klärt allein die Frage, ob die Beklagte überhaupt verpflichtet ist, eine Komponente zu zahlen, nicht aber wie die von dem Arbeitnehmer begehrte Zahlung zu berechnen und wann sie zu leisten ist

7 Bei der Frage, ob der **Lohn** dauerhaft **erhöht** ist, kann ebenfalls ein Feststellungsantrag in Betracht kommen. Eine Klage auf zukünftige Leistung (→ *künftige Zahlungen*) ist gegenüber Feststellungsklagen nicht vorrangig (→ *A. I. Rn. 71*), allerdings erfordern sowohl § 259 ZPO als auch § 256 ZPO bereits entstandene Vergütungsansprüche. Auch bei einer entsprechenden Feststellungsklage ist das Bestimmtheits-

2125 BAG 24.5.2007 – 6 AZR 706/06, NZA 2007, 1175.
2126 BAG 14.12.2022 – 10 AZR 8/21, BeckRS 2022, 46065.
2127 Vgl. BAG 15.7.2020 – 10 AZR 507/18, NZA 2020, 1650; BAG 7.2.2019 – 6 AZR 84/18, NZA 2019, 726.
2128 BAG 25.5.2022 – 10 AZR 230/19, NJW 2022, 2705; BAG 14.12.2022 – 10 AZR 8/21, BeckRS 2022, 46065.
2129 BAG 8.5.1984 – 3 AZR 68/82, NZA 1985, 155; vgl. auch BAG 21.4.2010 – 4 AZR 755/08, NZA 2010, 968; MAH ArbR/Hexel § 22 Rn. 124.
2130 Vgl. MAH ArbR/Hexel § 22 Rn. 125.
2131 BAG 21.4.2010 – 4 AZR 755/08, NZA 2010, 968.

erfordernis einzuhalten. Dies gilt insbesondere für die Frage, welche Lohnbestandteile erhöht sein sollen.

Folgender Antrag ist beispielsweise **unzulässig,** weil er nicht hinreichend bestimmt 8
ist:[2132]

> *Es wird festgestellt, dass die Beklagte verpflichtet ist, die Lohnerhöhung vom <Datum> iHv 3 % ab dem <Datum> hinaus an den Kläger weiterzugeben.*

Unklar ist, was unter „Lohn" zu verstehen sein soll, ob nur der Stundenlohn des Klä- 9
gers oder auch andere Vergütungsbestandteile wie Zulagen, Zuschläge, Einmalzahlungen, Mehrarbeitsvergütungen und ähnliche Leistungen erfasst werden sollen.

Nicht besser ist folgender Antrag: 10

> *Es wird festgestellt, dass die Beklagte verpflichtet ist, an den Kläger seit dem <Datum> eine Gehaltserhöhung iHv 3,0% zu zahlen sowie seit dem <Datum> eine Gehaltserhöhung iHv 2,1 %, die rückständigen Beträge sofort zu zahlen.*

Auch hier ist bereits unklar, was unter Lohnerhöhung zu verstehen ist.[2133] 11

Unzulässig ist auch ein Antrag, mit dem die **Unwirksamkeit einer bestimmten Ab-** 12
rechnungsweise festgestellt werden soll. Es handelt sich bereits um kein feststellungsfähiges Rechtsverhältnis.[2134]

> *Es wird festgestellt, dass die Abrechnung des Arbeitsverhältnisses durch die Beklagte von 1/12 Urlaubsgeld iHv <Betrag> Euro brutto und 1/12 Sonderzuwendung iHv <Betrag>Euro brutto durch Entgeltabrechnung für den jeweiligen Kalendermonat seit <Datum> unwirksam ist.*

Ist streitig, ob tarifliche Vergütungsregelungen grundsätzlich im Arbeitsverhältnis 13
zur Anwendung kommen, so kann auch dies mittels Feststellungsklage geklärt werden. Ein solcher Feststellungsantrag muss hinreichend bestimmt sein (→ *Tarifvertrag, Anwendbarkeit* und → *Inhalt Arbeitsverhältnis*). **Unzulässig** ist etwa folgender Antrag:[2135]

> *Es wird festgestellt, dass der Kläger als gewerblicher Arbeitnehmer in der <Branche/Region> nach dem Vergütungstarifvertrag <konkrete Bezeichnung, inkl. Tarifvertragsparteien und Fassung> zu vergüten ist, wie er für gewerbliche Arbeitnehmer der <Branche/Region> gilt.*

Dieser Antrag gibt schon nicht den Zeitpunkt an, von dem an die tarifliche 14
Vergütung begehrt wird. Zudem ist der jeweilige Tarifvertrag konkret anzugeben. Alternativ kann auch eine Zahlungsklage in Verbindung mit einer **Zwischenfeststellungsklage** (→ *A. I. Rn. 74ff.*) zu überlegen sein.

Hat der Arbeitgeber den Arbeitnehmer **überzahlt,** so kann er den zu viel gezahlten 15
Betrag zurückerstattet verlangen, sofern er nicht wirksam aufrechnet (→ *Rückzahlungsansprüche*).

2132 BAG 14.12.2011 – 5 AZR 675/10, NZA 2012, 618.
2133 LAG Rheinland-Pfalz 23.7.2015 – 5 Sa 121/15, BeckRS 2015, 72313.
2134 BAG 25.5.2016 – 5 AZR 135/16, NJW 2016, 3323.
2135 BAG 17.10.2001 – 4 AZR 637/00, BeckRS 2001, 30793434.

2. Bezifferter Leistungsantrag

16 Im Rahmen einer Leistungsklage ist der Antrag zu beziffern. Der Antrag lautet etwa:

Die Beklagte wird verurteilt, an den Kläger EUR <Betrag> brutto zu zahlen.

17 Sofern **Verzugszinsen** miteingeklagt werden sollen, ist der Antrag entsprechend zu ergänzen (→ *Zinsen*).

18 Folgende Anträge sind beispielsweise **unzulässig,** weil sie nicht hinreichend bestimmt sind:

Die Beklagte wird verurteilt, den Lohn an den Kläger über den Kündigungszeitpunkt hinaus zu zahlen, sofern der Anspruch nicht auf öffentliche Träger der Arbeitslosen- und Sozialhilfe übergeht.

Oder:

Die Beklagte wird verurteilt, dem Kläger Urlaubsgeld zu zahlen, welches er bisher nicht bekommen hat, sowie auch seine Nachtzuschläge für die Arbeit ab <Uhrzeit> bis <Uhrzeit> früh zu zahlen und zu überprüfen.

Oder:

Die Beklagte wird verpflichtet, dem Kläger gegenüber ihrer Lohnzahlungsverpflichtung ab dem <Datum> rückwirkend und fortlaufend monatlich nachzukommen und die entsprechenden Zahlungen zu leisten.

Oder:

Die Beklagte wird verurteilt, dem Kläger den ihm zustehenden Lohn aus seiner Tätigkeit bei der Beklagten vom <Datum> bis zum <Datum> zu zahlen.

Oder auch:

Die Beklagte wird verurteilt, dem Kläger den ihm zustehenden Lohn aus seiner Tätigkeit bei der Beklagten vom <Datum> bis zum <Datum> unter Berücksichtigung des Anspruchsübergangs auf die Krankenkasse oder einer erfolgten Pfändung zu zahlen.

19 **Abzuraten** ist regelmäßig von Anträgen, die **Abrechnung und Zahlung** verlangen. Sie sind unzulässig, weil nicht vollstreckbar,[2136] jedenfalls unbegründet:

Die Beklagte wird verurteilt, die Vergütung für den Monat <Bezeichnung> ordnungsgemäß abzurechnen und (den sich daraus ergebenden Nettobetrag) auszuzahlen.

20 Ein solcher Antrag enthält eigentlich eine → *Stufenklage.* Dabei wird auf der ersten Stufe regelmäßig aber keine Abrechnung, sondern → *Auskunft* oder → *Rechnungs-*

2136 Dazu LAG Nürnberg 29.2.2016 – 7 Ta 17/16, BeckRS 2016, 66840.

legung verlangt.[2137] § 108 GewO sieht eine Abrechnung *bei* Zahlung und zwar über den ausgezahlten Betrag vor (→ *Abrechnung*).[2138] Etwas anderes gilt allerdings bei der Provisionsabrechnung (→ *Provision*). Eine Stufenklage kommt regelmäßig nur dann in Betracht, wenn der Arbeitnehmer seinen Vergütungsanspruch nicht allein berechnen kann (→ *Auskunft*).[2139] Deshalb fehlt einer solchen Klage regelmäßig der vorbereitende Charakter des Abrechnungsantrags.[2140]

Trotz Bezifferung kann ein Zahlungsantrag unzulässig sein, wenn unklar bleibt, was **21**
genau vom Schuldner verlangt wird und nicht vollstreckbar sind. So gibt es etwa bei tariflichen Zuschüssen zum Kurzarbeitergeld Obergrenzen, die einzuhalten sind. Die **Einhaltung der Obergrenze** darf nicht auf das Vollstreckungsverfahren verlagert werden.[2141]

> *Die Beklagte wird verurteilt, an den Kläger für (Monat und Jahr) EUR <Betrag> brutto nebst Zinsen abzüglich gezahlter EUR <Betrag> brutto, begrenzt auf einen Nettobetrag von EUR <Betrag> zu zahlen.*

3. Zahlungsempfänger

Regelmäßig soll der Kläger auch Zahlungsempfänger sein. Dies ist aber keineswegs **22**
zwingend. Es kann bzw. in einigen Fällen muss auch die Zahlung an **Dritte** verlangt werden. Vorrangig ist hier an einen Fall der **Prozessstandschaft** zu denken. So kann der Arbeitnehmer Vergütungsansprüche, die wegen der Zahlung von Arbeitslosengeld auf die Bundesagentur für Arbeit nach § 115 Abs. 1 SGB X übergegangen sind, im Wege der gewillkürten Prozessstandschaft für die Bundesagentur geltend machen.[2142] Der Dritte ist dann im Antrag so genau zu bezeichnen, dass er **zweifelsfrei identifiziert** werden kann. Regelmäßig gehört hierzu mindestens die Angabe der Anschrift. Hiervon können Ausnahmen gemacht werden, wenn der Dritte auch so unzweifelhaft feststeht. So hat das BAG die Tenorierung einer Zahlung an die Bundesagentur für Arbeit als ausreichend angesehen.[2143] Es bietet sich an, das entsprechende Aktenzeichen des Vorgangs mit anzugeben. Im Übrigen kann auf die Kommentarliteratur zur Parteibezeichnung gemäß § 253 ZPO zurückgegriffen werden. Ist ein Anspruch auf einen Dritten zum Teil übergegangen, ist vom Kläger ggf. klarzustellen, in welcher Höhe er die Zahlung aus eigenem Recht an sich selbst und in welcher Höhe auf der Grundlage einer gewillkürten Prozessstandschaft an den Dritten verlangt.[2144] Auch im Bereich der → *betrieblichen Altersversorgung* wird die Zahlung an einen Dritten verlangt, etwa bei einer Entgeltumwandlung an eine Versicherung oder an ein Versorgungswerk.[2145]

2137 Vgl. LAG Mecklenburg-Vorpommern 11.1.2022 – 2 Sa 115/21, BeckRS 2022, 28249.
2138 Vgl. etwa LAG Rheinland-Pfalz 18.8.2008 – 3 Ta 147/08, BeckRS 2008, 56193.
2139 LAG Rheinland-Pfalz 18.8.2008 – 3 Ta 147/08, BeckRS 2008, 56193.
2140 LAG Rheinland-Pfalz 7.7.2008 – 10 Ta 100/08, AuA 2008, 624.
2141 Vgl. BAG 2.10.2022 – 5 AZR 48/22, NZA 2023, 587.
2142 BAG 19.3.2008 – 5 AZR 432/07, NJW 2008, 2204; BAG 23.9.2009 – 5 AZR 518/08, DB 2009, 2605.
2143 BAG 19.3.2008 – 5 AZR 432/07, NJW 2008, 2204; Jobcenter ist auch ausreichend LAG Baden-Württemberg 12.2.2016 – 12 Sa 2/15, BeckRS 2016, 69019.
2144 LAG Baden-Württemberg 30.6.2020 – 9 Sa 13/20, NZA-RR 2020, 627; LAG Köln 10.5.2010 – 5 Sa 7/10, BeckRS 2010, 70866.
2145 Vgl. etwa BAG 8.3.2022 – 3 AZR 361/21, NZA 2022, 724.

4. Beklagte

23 Die Bestimmung der Beklagten ist regelmäßig kein Problem der konkreten Antragstellung, sondern der allgemeinen Klageerhebung. Besonderheiten sind zu beachten, wenn sich die Klage gegen mehrere Beklagte richtet **(subjektive Klagehäufung).** In diesem Fall ist klarzustellen, gegen wen sich der jeweilige Vergütungsanspruch richtet. Sind die Beklagten **Gesamtschuldner,** so ist eine entsprechende Klarstellung im Antrag (und Tenor) geboten.[2146] Dies gilt bereits, um eine Abgrenzung zur Teilschuld (§ 420 BGB) vorzunehmen. Jedenfalls ist klarzustellen, in welchem Umfang sie gesamtschuldnerisch haften, wenn sie nicht in vollem Umfang als Gesamtschuldner haften. Im Arbeitsverhältnis kommt eine gesamtschuldnerische Haftung insbesondere bei einem → *Betriebsübergang* gemäß § 613a BGB oder bei einer Spaltung nach § 133 UmwG in Betracht. Wird hingegen nur ein Gesamtschuldner verklagt (§ 421 BGB), bedarf es keiner Klarstellung der gesamtschuldnerischen Haftung im Antrag (und Tenor).[2147]

24 Der Antrag kann bei einer **gesamtschuldnerischen Haftung** etwa wie folgt lauten:

Die Beklagten werden verurteilt, an den Kläger gesamtschuldnerisch EUR <Betrag> brutto zu zahlen.

Oder

Die Beklagten werden als Gesamtschuldner verurteilt, an den Kläger EUR <Betrag> brutto zu zahlen.

25 Haften die Beklagten nur für einen Teilbetrag gesamtschuldnerisch, ist für den überschießenden Betrag ein weiterer Antrag zu stellen:

Die Beklagte zu 2 wird verurteilt, an den Kläger (weitere) EUR <Betrag> brutto zu zahlen.

5. Geldforderung

26 Der Arbeitnehmer muss nicht zwingend einen EURO-Betrag einklagen. Ein in ausländischer Währung ausgedrückter Geldbetrag kann ebenfalls vor einem deutschen Gericht eingeklagt werden (§ 244 BGB).[2148]

a) Brutto- oder Nettoklage

27 Ob ein Arbeitnehmer seine Vergütung als Brutto- oder Nettozahlung einklagen kann, hängt von bestimmten Voraussetzungen ab, die aber vor allem das materielle Recht betreffen. Zunächst stellt sich die Frage, ob im Antrag die **Bezeichnung** der Klageforderung als Brutto- bzw. Nettozahlung überhaupt zulässig ist.[2149] Hintergrund der Problematik ist die Frage, ob die Gerichte für Arbeitssachen mit Bindung für die Steuerbehörden und Finanzgerichte sowie die Krankenkassen festlegen können, ob

2146 Vgl. BAG 27.6.2006 – 3 AZR 85/05, NZA-RR 2008, 35.
2147 BGH 17.5.1990 – III ZR 191/88, NJW 1990, 2615.
2148 BAG 26.7.1995 – 5 AZR 216/94, NZA 1996, 30.
2149 Dazu Ziemann FS Schwerdtner, 2003, 715, 727 ff.

ein Betrag abgabenpflichtig ist oder nicht.[2150] Das BAG hat daher die Auffassung vertreten, dass in einen Entscheidungstenor das Wort „netto" nur dann aufzunehmen ist, wenn der Arbeitgeber aus arbeitsrechtlichen Gründen gehalten ist, alle etwaigen Abgaben zu tragen, die auf eine von ihm geschuldete Geldleistung zu entrichten sind (→ *Nettolohn*).[2151] Die Hinzufügung des Begriffs „brutto" ist hingegen zulässig.[2152] Der Zusatz „brutto" verdeutlicht, was von Gesetzes wegen gilt.[2153] Aus diesem Grund kann ein Gericht auch im Tenor den Zusatz „brutto" zur Klarstellung einfügen, sofern keine Nettoklage beabsichtigt ist.[2154] Die Frage, ob eine Bezeichnung des Betrages zulässig ist, stellt sich daher allein bei der Geltendmachung einer Nettoforderung. Hiervon ist aber ohnehin regelmäßig abzuraten (vgl. unten → Rn. 31). Ein Gericht kann bei einer Nettoklage diese nicht selbständig in einen Bruttobetrag umrechnen; dies würde einen Austausch des Streitgegenstands darstellen.[2155] Die Nettozahlung (an einen Dritten) ist auch dann möglich, wenn das Gesetz Ansprüche steuerlich und sozialversicherungsrechtlich freigestellt hat, etwa den Zuschuss nach § 1a BetrAVG, soweit die Grenzen der § 3 Nr. 63 EStG, § 14 Abs. 1 S. 2 SGB IV nicht überschritten sind.[2156]

Mangels Bestimmtheit unzulässig ist jedenfalls eine nicht bezifferte Verbindung 28
von Brutto- und Nettolohnklage:

> *Die Beklagte wird verurteilt, an den Kläger den sich aus der Bruttovergütung EUR <Betrag> ergebenden Nettobetrag zu zahlen.*

Gleiches gilt für den folgenden Antrag: 29

> *Die Beklagte wird verurteilt, an den Kläger <Betrag> EUR brutto zu zahlen und zu verbeitragen.*

Der Kläger macht zusätzlich etwas Unbestimmtes geltend.

b) Bruttovergütungsvereinbarung

Der Arbeitnehmer kann bei einer **Bruttovergütungsabrede** den gesamten **Brutto-** 30
lohn einklagen; ggf. muss er nach der Zwangsvollstreckung die Steuern und Sozialversicherungsabgaben selbst abführen.[2157]

Ist eine Bruttovergütung vereinbart, so kann der Arbeitnehmer auch Nettobeträge 31
einklagen. Eine solche Klage auf → *Nettolohn* ist nach Auffassung der Rechtsprechung **zulässig.**[2158] Der Arbeitnehmer muss dann aber zur schlüssigen Begründung

2150 BAG 26.5.1998 – 3 AZR 96/97, AP TVG § 1 Tarifverträge: Bau Nr. 207; BAG 28.4.1982 – 4 AZR 642/79, AP TVG § 1 Tarifverträge: Bau Nr. 39; ausführlich Rolfs RdA 2013, 350 ff.

2151 BAG 26.5.1998 – 3 AZR 96/97, AP TVG § 1 Tarifverträge: Bau Nr. 207; LAG Berlin-Brandenburg 2.6.2022 – 26 Sa 841/21, BeckRS 2022, 26325.

2152 Vgl. etwa BAG 15.11.2000 – 5 AZR 365/99, NZA 2001, 386; BAG 17.11.2008 – 9 AZR 65/08; vgl. MAH ArbR/Hexel § 22 Rn. 102, 154; Rolfs RdA 2013, 350 (356).

2153 BAG 17.2.2016 – 5 AZN 981/15, NZA 2016, 574; Schmidt FS Bundesfinanzhof, 2018, 605, 611.

2154 Dazu BAG 17.2.2016 – 5 AZN 981/15, NZA 2016, 574; BAG 20.2.2018 – 1 AZR 787/16, BeckRS 2018, 2751.

2155 BAG 20.2.2018 – 1 AZR 787/16, BeckRS 2018, 2751.

2156 BAG 8.3.2022 – 3 AZR 361/21, NZA 2022, 724.

2157 Vgl. BAG 7.3.2001 – GS 1/00, NZA 2001, 1195; bereits BGH 21.4.1966 – VII ZB 3/66, WM 1966, 758; MAH ArbR/Hexel § 22 Rn. 108; krit. mit Vorschlag einer Gesetzesänderung Blomeyer RdA 2011, 203 ff.

2158 BAG 29.8.1984 – 7 AZR 34/83, NZA 1985, 58; zust. Ziemann FS Schwerdtner, 2003, 715 ff.; aA Berkowsky/Drews DB 1985, 2099 ff.; dies. DB 1994, 1978 ff.

seines Antrags alle **zur Berechnung des Nettobetrags erforderlichen Angaben** wie die Steuerklasse **zum Zeitpunkt des Zuflusses** und die anzuwendenden Sozialversicherungssätze in Form einer nachvollziehbaren Abrechnung vortragen.[2159] Eine Lohnabrechnung des Arbeitgebers kann genügen, wenn sie unstreitig bleibt. Bei einer irrtümlich unzutreffenden Abrechnung kann der Arbeitgeber hieran nicht festgehalten werden.[2160] Des Weiteren ist zu beachten, dass sich der Nettobetrag **im Laufe eines Verfahrens ändern** kann. Die Lohnsteuer entsteht nach § 38 Abs. 2 EstG erst in dem Zeitpunkt, in dem der Arbeitslohn dem Arbeitnehmer zufließt, **sog. Zuflussprinzip.**[2161] Die Jahreslohnsteuer bemisst sich nach dem Arbeitslohn, den der Arbeitnehmer im Kalenderjahr bezieht; dabei gilt laufender Arbeitslohn in dem Kalenderjahr als bezogen, in dem der Lohnzahlungszeitraum, also der Zeitraum, für den der laufende Arbeitslohn gezahlt wird, endet (§ 38a Abs. 1 EstG).[2162] Eine Entgeltnachzahlung ist aber nicht laufender Arbeitslohn, sondern ein „sonstiger Bezug" (§ 38a Abs. 1 EstG), bei dem das Zuflussprinzip gilt.[2163] Bei den Sozialversicherungsbeiträgen gilt das Zuflussprinzip hingegen nur bei einmaligen Einnahmen (§ 22 Abs. 1 SGB IV).[2164] Da zu Beginn eines Verfahrens noch nicht feststeht, wann dem Arbeitnehmer die Vergütung zufließen wird, muss der Antrag und die Begründung bei jeder Änderung angepasst werden.[2165] Nach Auffassung des BAG kann zur Steuerberechnung die Hinzuziehung eines Sachverständigen in Betracht kommen, der Kosten verursachen würde. Vor diesem Hintergrund ist genauestens zu überlegen, ob bei einer Bruttolohnvereinbarung ein Nettobetrag eingeklagt werden soll. Grundsätzlich ist hiervon **dringend abzuraten.**[2166] Der Arbeitgeber ist bei einer Verurteilung zu einem Nettobetrag nicht verpflichtet, Steuern abzuführen, so dass ggf. der Arbeitnehmer den Nettobetrag selbst versteuern müsste.[2167] Die Verpflichtung zur Zahlung weiterer, über die bezifferten Beträge an den Kläger hinausgehende Beträge an das Finanzamt müsste im Tenor einer Entscheidung ausgesprochen werden. Das BAG hat bereits **zur Bruttolohnklage geraten.**[2168] Ausnahmen gelten für Nettoentgeltklagen nach §§ 14 AentG, 13 MiLoG.

c) Nettovergütungsvereinbarung

32 Ist zwischen den Parteien **strittig, ob** eine Nettolohnvereinbarung getroffen worden ist, so kann der Kläger eine entsprechende Zahlungsklage erheben. Zu denken ist auch, diese mit einer Zwischenfeststellungsklage zu verbinden. In Betracht kommt aber auch eine Feststellungsklage. Eine Schwarzgeldabrede ist keine Nettolohnabrede.[2169]

2159 BAG 19.7.2007 – 6 AZR 1087/06, AP InsO § 55 Nr. 14; LAG Rheinland-Pfalz 5.6.2018 – 6 Sa 337/17, BeckRS 2018, 28491; MAH ArbR/Hexel § 22 Rn. 103.
2160 BAG 19.7.2007 – 6 AZR 1087/06, AP InsO § 55 Nr. 14; LAG Rheinland-Pfalz 5.6.2018 – 6 Sa 337/17, BeckRS 2018, 28491.
2161 Vgl. dazu BAG 7.3.2001 – GS 1/00, NZA 2001, 1195.
2162 Dazu BAG 29.8.1984 – 7 AZR 34/83, NZA 1985, 58; vgl. aber auch Berkowsky/Drews DB 1985, 2099 (2100).
2163 BAG 26.2.2003 – 5 AZR 223/02, NZA 2003, 922.
2164 Dazu auch BAG 19.7.2007 – 6 AZR 1087/06, AP InsO § 55 Nr. 14.
2165 Vgl. Berkowsky NZI 2008, 20.
2166 Vgl. Berkowsky NZI 2008, 20; Schmidt FS Bundesfinanzhof, 2018, 605, 612; auch Berkowsky/Drews DB 1994, 1978 zu möglichen steuerrechtlichen Problemen; Ziemann FS Schwerdtner, 2003, 715 ff.; BFH 18.6.1993 – VI R 67/90, BB 1993, 2370.
2167 BFH 18.6.1993 – VI R 67/90, BB 1993, 2370.
2168 Vgl. auch BAG 26.2.2003 – 5 AZR 223/02, NZA 2003, 922.
2169 BAG 22.6.2016 – 10 AZR 808/14, NZA 2016, 1218.

> **Es wird festgestellt, dass die Beklagte verpflichtet ist, dem Kläger monatlich ein monatliches Nettogehalt in Höhe von EUR <Betrag> zu zahlen.**
>
> **Oder:**
>
> **Es wird festgestellt, dass es sich bei der Vergütungsvereinbarung der Parteien vom <Datum> um eine solche handelt, bei welcher die Beklagte zuzüglich zu der vereinbarten Grundvergütung <ggf weitere Vergütungsbestandteile> den Arbeitgeberzuschuss zu den Sozialversicherungsbeiträgen sowie die Lohnsteuern nach deutschem Recht zu tragen hat.**[2170]

Besteht eine **Nettolohnabrede,** so kann der Arbeitnehmer jedenfalls seine Vergütung 33
als **Nettobetrag** einklagen (→ *Nettolohn*). Umstritten ist, ob lediglich eine Nettolohnklage oder auch eine (hochgerechnete) Bruttolohnklage zulässig ist. Nach Auffassung des BAG beschränkt eine Nettolohnvereinbarung von vornherein die einklagbare Vergütung auf das um die gesetzlichen Lohnabzüge verminderte Arbeitsentgelt.[2171] Dabei handelt es sich aber um eine Frage der Begründetheit. Der Antrag auf Zahlung einer bezifferten Nettovergütung ist bestimmt und zulässig.[2172]

6. Klagehäufung und Teilklage

Mehrere Vergütungsansprüche können **in verschiedenen Klageanträgen** im Rah- 34
men einer Klagehäufung gesondert geltend gemacht werden. Sie können aber auch **in einem Antrag** zusammengefasst werden.[2173] Der Kläger muss in seiner Begründung die verschiedenen selbständigen Ansprüche bestimmten Teilbeträgen zuordnen.[2174] Bei mehreren im Wege einer objektiven Klagehäufung nach § 260 ZPO in einer Klage verfolgten Ansprüchen muss also erkennbar sein, aus welchen Einzelforderungen sich die **„Gesamtklage"** zusammensetzt.[2175] Zulässig ist auch eine Klage, wenn sie für den jeweiligen streitbefangenen Zeitraum als **abschließende Gesamtklage** zu verstehen ist.[2176] Es ist keine datumsmäßige Angabe erforderlich, an welchen einzelnen Tagen der Kläger seine Dienste leistete, wenn Gegenstand der Klage die Gesamtheit – und nicht nur ein Teil – der im angegebenen Zeitraum abgeleisteten Dienste ist.[2177] Werden im Wege einer **„Teil-Gesamt-Klage"** mehrere Ansprüche nicht in voller Höhe, sondern teilweise verfolgt, muss die Klagepartei genau angeben, **in welcher Höhe sie aus den einzelnen Ansprüchen Teilbeträge** einklagt.[2178] Es ist zu beachten, dass bei einer verdeckten Klagehäufung oder Teilklage die Klage unzulässig ist, obwohl der Klageantrag beziffert ist (→ *A. I Rn. 12;* → *Zahlung*).[2179] Es ist vorzutragen, aus welchen Einzelforderungen sich der Gesamtbetrag zusammensetzt.[2180] Zudem wird regelmäßig beim Zinsantrag eine Aufsplitterung erforderlich sein (→ *Zinsen*).

2170 LAG Hamm 24.2.2000 – 4 Sa 1609/99, BeckRS 2000, 30783439.

2171 BAG 8.4.1987 – 5 AZR 60/86; aA Ziemann FS Schwerdtner, 2003, 715, 717.

2172 BAG 26.2.2003 – 5 AZR 223/02, NZA 2003, 922; ArbG Düsseldorf 24.9.2010 – 10 Ca 2697/10, BeckRS 2010, 75428.

2173 BAG 27.2.2014 – 6 AZR 367/13, NZA 2014, 681; BAG 27.7.2011 – 7 AZR 412/10, NZA 2012, 360.

2174 BAG 9.10.2002 – 5 AZR 160/01, NZA 2003, 344; vgl auch BGH 9.1.2013 – VIII ZR 94/12, NJW 2013, 1367a.

2175 BAG 7.7.2015 – 10 AZR 416/14, NZA 2015, 1533.

2176 BAG 23.9.2015 – 5 AZR 626/13, AP BGB § 612 Nr. 79; BAG 25.5.2016 – 5 AZR 135/16, NJW 2016, 3323; BAG 23.9.2020 – 5 AZR 251/19, NZA 2021, 341.

2177 LAG Hamm 25.4.2019 – 18 Sa 95/19, BeckRS 2019, 15041.

2178 BAG 7.7.2015 – 10 AZR 416/14, NZA 2015, 1533; LAG Schleswig-Holstein 21.7.2020 – 1 Sa 17/20, BeckRS 2020, 23376.

2179 Vgl. auch LAG Hamm 8.5.2008 – 8 Sa 420/07, BeckRS 2008, 142791; BAG 24.9.2014 – 5 AZR 593/12, BeckRS 2014, 73965.

2180 BAG 27.7.2011 – 7 AZR 412/10, NZA 2012, 360; Ziemann FS Schwerdtner, 2003, 715ff., zu einer Ausnahme vgl. BAG 19.3.2014 – 7 AZR 480/12, NZA 2014, 1104.

35 Bei **Teilklagen** gibt es keine Besonderheiten in der Antragsformulierung. Entscheidend ist, dass in der Begründung hinreichend zum Ausdruck kommt, welcher Teil eines Anspruchs geltend gemacht wird, um eine unzulässige verdeckte Teilklage zu vermeiden. Der Kläger muss eine **Zuordnung** vornehmen, wenn er nur einen Teil seiner angeblich höheren Gesamtforderung geltend macht. Jeder Anspruch muss identifizierbar sein.[2181] Bei Vergütungsansprüchen wird der Kläger regelmäßig die Zeitabschnitte angeben müssen, für die er Entgelt verlangt.[2182] Die Geltendmachung von „Mindestbeträgen" ist vor diesem Hintergrund idR ein Anzeichen für die Unzulässigkeit der Klage.

36 Handelt es sich um **Brutto- und Nettobeträge,** so sind diese gesondert im Antrag aufzunehmen. Dies gilt etwa, wenn neben offenen Vergütungsansprüchen noch Beträge geltend gemacht werden, die vom abgerechneten Nettoentgelt in Abzug gebracht worden sind.

Die Beklagte wird verurteilt, an den Kläger EUR <Betrag> brutto und EUR <Betrag> netto zu zahlen.

7. Vergütungsdifferenzen

37 Verlangt der Arbeitnehmer Vergütungsdifferenzen ist zu unterscheiden: Hat der Arbeitgeber eine zu geringe Bruttovergütung abgerechnet und ausgezahlt, so kann der Arbeitnehmer schlicht die Bruttodifferenz einklagen. Der bereits abgerechnete Bruttobetrag ist dem Arbeitnehmer schon zugeflossen. Dies gilt etwa, wenn der Arbeitnehmer weitere Stunden oder Zuschläge geltend macht.

38 Häufig wird hingegen der gesamte neu berechnete Bruttobetrag abzüglich der ausgezahlten Nettovergütung eingeklagt. Ein solcher Antrag bietet sich nur an, wenn es Anhaltspunkte gibt, dass der Arbeitgeber auch Steuern und Sozialversicherungsabgaben nicht entrichtet hat. Gleiches gilt, wenn der Arbeitnehmer lediglich eine Nettozahlung, aber keine Abrechnung über den Bruttobetrag erhalten hat, so dass der womöglich zugeflossene Bruttobetrag unbekannt ist. Ist die **Vergütungshöhe** im Streit, kann der Arbeitnehmer allein den fehlenden **Spitzenbetrag** *(über den Betrag iHv <Betrag> hinaus weitere <Betrag> EUR)* oder aber den gesamten Betrag einklagen. Dann läuft er allerdings Gefahr, dass der Arbeitgeber in Höhe des unstreitigen Betrags die Klageforderung anerkennt mit der entsprechenden Kostenfolge.[2183] Alternativ ist an eine **Feststellungsklage** zu denken (→ Rn. 4).

8. Berücksichtigung von in Abzug zu bringenden Beträge

39 Der Arbeitnehmer kann nicht immer die Zahlung des vollen Bruttobetrags verlangen. Ein solcher Antrag wäre zwar zulässig, aber unbegründet.[2184] Dies gilt zunächst dann, wenn er insoweit nicht mehr aktivlegitimiert ist, etwa weil Ansprüche auf Dritte übergegangen sind. Zum anderen muss der Arbeitnehmer bei der Vergütungsklage bereits erbrachte Nettozahlungen (etwa einen → *Vorschuss* oder eine → *Abschlagszahlung*) berücksichtigen. Daneben sind auch andersartige Leistungen des Arbeitge-

2181 BAG 9.10.2002 – 5 AZR 160/01, NZA 2003, 344; BAG 24.3.2011 – 6 AZR 691/09, NZA 2011, 1116.
2182 Ziemann FS Schwerdtner, 2003, 715 ff.
2183 BAG 14.2.2012 – 3 AZB 59/11, NZA 2012, 469.
2184 BAG 25.6.2014 – 5 AZR 283/12, BeckRS 2014, 72952.

bers in Abzug zu bringen wie → *vermögenswirksame Leistungen* oder Sachleistungen, etwa Dienstwagen (→ *Kraftfahrzeug*). Brutto- und Nettobeträge können nicht gegenseitig verrechnet werden, da sie sind nicht gleichartig sind.[2185] Deshalb kann der Arbeitgeber grundsätzlich auch nur gegen Nettobeträge aufrechnen, so dass solche (Netto-)Beträge ebenfalls von Bruttobeträgen in Abzug zu bringen sind.

Die in Abzug zu bringenden Beträge sind zu beziffern. In der Praxis sind vor allem **40**
Leistungen der **Agentur für Arbeit** oder **Krankengeldzahlungen** der Krankenkassen zu berücksichtigen.[2186] Gleiches gilt für Grundsicherungsleistungen nach dem SGB II[2187] oder Insolvenzgeld gemäß § 169 S. 1 SGB III.[2188] Der **zulässige** Antrag lautet beispielsweise:[2189]

> **Die Beklagte wird verurteilt, an den Kläger EUR <Betrag> brutto abzüglich erhaltenen Arbeitslosengeldes in Höhe von EUR <Betrag> netto[2190] zu zahlen.**

Der **Zeitpunkt** des Leistungsempfangs ist nicht anzugeben. Dieser ist allerdings bei **41**
der **Zinszahlung** von Interesse (→ *Zinsen*).

Unbestimmte Beträge, die in Abzug zu bringen sind, führen zur **Unzulässigkeit** des **42**
gesamten Antrags.[2191] Der Leistungsantrag erfüllt dann nicht mehr die Voraussetzungen des § 253 Abs. 2 ZPO. Der Arbeitnehmer muss in der Zahlungsklage den ihm zustehenden Lohnanteil beziffern. Wenn er beispielsweise Lohnansprüche für einen Zeitraum geltend macht, für den er Arbeitslosengeld erhalten hat, so ist dieses beziffert im Antrag in Abzug zu bringen. **Unzulässig** ist daher folgender Antrag, da der in Abzug zu bringende Betrag unbeziffert und nur allgemein gehalten formuliert ist:[2192]

> *Die Beklagte wird verurteilt, dem Kläger EUR <Betrag> brutto abzüglich erhaltenen Arbeitslosengeldes zu zahlen.*

Oder:

> *Die Beklagte wird verurteilt, an den Kläger EUR <Betrag> brutto zu zahlen, sofern der Anspruch nicht auf öffentliche Träger der Arbeitslosen- und Sozialhilfe übergeht.*

2185 Vgl. etwa BAG 22.3.2000 – 4 AZR 120/99, BeckRS 2000, 30783845; LAG Mecklenburg-Vorpommern 12.12.2018 – 3 SA 123/18, BeckRS 2018, 37168.

2186 Beim Arbeitslosengeld ist zu beachten, dass dieses nur in Höhe der an den Arbeitnehmer ausgezahlten Beträge auf die Bundesagentur für Arbeit übergeht; die auf die Entgeltersatzleistung entrichteten Beiträge zur Sozialversicherung zählen nicht dazu, vgl. BAG 24.9.2003 – 5 AZR 282/02, NZA 2003, 1332; vgl. zum Krankengeld BAG 19.9.2012 – 5 AZR 924/11, NZA 2013, 156; zum Insolvenzgeld BAG 25.6.2014 – 5 AZR 283/12, BeckRS 2014, 72952.

2187 Dabei ist zu beachten, dass Leistungen an andere Mitglieder der Bedarfsgemeinschaft gemäß § 34b SGB II als Aufwendungen des Leistungsträgers gelten, BAG 21.3.2012 – 5 AZR 61/11, NZA 2012, 729; vgl. dazu auch Maul-Sartori BB 2010, 3021 ff.

2188 BAG 27.7.2017 – 6 AZR 801/16, NZA 2018, 811.

2189 BAG 15.11.1978 – 5 AZR 199/77, NJW 1979, 2634; vgl. auch MAH ArbR/Hexel § 22 Rn. 115.

2190 Der Anspruchsübergang erfasst nur das erhaltene Nettoarbeitslosengeld, nicht aber die durch die Bundesagentur für Arbeit abgeführten Arbeitnehmeranteile zur Sozialversicherung, BAG 14.3.2006 – 9 AZR 312/05, NZA 2006, 1232; für das Krankengeld BAG 4.12.2002 – 7 AZR 437/01, NZA 2004, 64.

2191 BAG 15.11.1978 – 5 AZR 199/77, NJW 1979, 2634; LAG Niedersachsen 18.2.1992 – 14 Ta 340/91, NZA 1992, 713; MAH ArbR/Hexel § 22 Rn. 105.

2192 BAG 15.11.1978 – 5 AZR 199/77, NJW 1979, 2634.

Oder:

> *Die Beklagte wird verurteilt, an den Kläger EUR <Betrag> brutto abzüglich der Lohn- und Kirchensteuer, des Solidaritätszuschlages und der Sozialversicherungsbeiträge zu zahlen.*

43 Die Ausführungen gelten entsprechend, sofern Vergütungsansprüche des Arbeitnehmers **gepfändet** worden sind:

> *Die Beklagte wird verurteilt, dem Kläger EUR <Betrag> brutto abzüglich des pfändbaren Nettobetrags zu zahlen.*[2193]

44 Hat der Arbeitgeber durch Teilzahlungen bereits **erfüllt,** so sind diese ebenfalls in Abzug zu bringen. Regelmäßig handelt es sich um **Nettozahlungen,** etwa Vorschüsse. Der Antrag kann dann wie folgt lauten:

> **Die Beklagte wird verurteilt, an den Kläger EUR <Betrag> brutto abzüglich bereits gezahlter EUR <Betrag> netto zu zahlen.**

45 Der Zeitpunkt der Teilzahlung ist wiederum allein für die Zinszahlung von Interesse (→ *Zinsen*). In Abzug zu bringen sind aber nicht nur Nettozahlungen, sondern auch **bereits abgeführte Sozialversicherungsbeiträge und Steuern.** Mit der Abführung **erfüllt** der Arbeitgeber den Bruttovergütungsanspruch.[2194] Es bedarf keiner Aufrechnung. Macht der Arbeitnehmer mehrere Monatsbruttovergütungen in Einzelanträgen geltend, so kann er nicht die abgeführten Sozialversicherungsbeiträge als Gesamtsumme am Ende in Abzug bringen.[2195] Der spezielle Erfüllungseinwand, also die Abführung von Steuern und Beiträgen für den Arbeitnehmer, kann nicht erst dann geltend gemacht werden, wenn der Arbeitgeber die Steuern und Beiträge tatsächlich abgeführt hat, sondern **bereits** dann, wenn er **die Beträge abrechnet und einbehält**[2196] **bzw zur Abführung beim Finanzamt und der Krankenkasse als Einzugsstelle angemeldet** hat.[2197] Der Arbeitgeber hat die einzubehaltende Lohnsteuer nach § 41a Abs. 1 S. 1 EStG beim Finanzamt anzumelden und abzuführen; die Anmeldung der Lohnsteuer steht einer Steuerfestsetzung unter Vorbehalt der Nachprüfung gleich (§ 168 S. 1 AO).[2198]

46 Der Arbeitnehmer kann grundsätzlich nicht gegen den Arbeitgeber Vergütungsdifferenzen einklagen mit der Begründung, dass dieser unberechtigt erhöhte Steuern oder Sozialversicherungsbeiträge abgeführt habe, da die **Arbeitsgerichte nicht befugt sind, die Berechtigung der Abzüge zu überprüfen.** Der Arbeitnehmer ist auf steuer- und sozialrechtliche Rechtsbehelfe beschränkt (→ *Lohnsteuer*).[2199] Eine Vergütungsklage vor den Arbeitsgerichten ist nach Auffassung des BAG nur in Betracht zu ziehen, wenn für den Arbeitgeber zum Zeitpunkt des Abzugs eindeutig erkennbar

2193 LAG Niedersachsen 18.2.1992 – 14 Ta 340/91, NZA 1992, 713; Musielak/Voit/Lackmann ZPO § 704 Rn. 8.
2194 BAG 30.4.2008 – 5 AZR 725/07, AP Nr. 4 zu § 28g SGB IV mit zust. Anm. Ramrath; BAG 21.12.2016 – 5 AZR 266/16 NZA 2017, 531.
2195 Vgl. LAG Düsseldorf 13.3.2012 – 17 Sa 277/11, BeckRS 2012, 72417.
2196 LAG Berlin-Brandenburg 17.4.2015 – 6 Sa 1689/14, BeckRS 2015, 68955.
2197 So LAG Mecklenburg-Vorpommern 21.7.2015 – 2 Sa 140/14, NZA-RR 2016, 133.
2198 BAG 17.10.2018 – 5 AZR 538/17, NJW 2019, 695.
2199 BAG 30.4.2008 – 5 AZR 725/07, AP Nr. 4 zu § 28g SGB IV mit zust. Anm. Ramrath; BAG 21.12.2016 – 5 AZR 266/16 NZA 2017, 531; BFH 20.4.2016 – II R 50/14, NZA-RR 2016, 492.

gewesen sei, dass eine Verpflichtung zum Abzug nicht bestanden habe. Mit Blick auf das oben bereits dargestellte Zuflussprinzip im Lohnsteuerrecht stellt sich die Frage, ob der Arbeitgeber den Erfüllungseinwand nicht erheben kann, wenn er keine Nettovergütung auszahlt, sondern nur Steuern und Sozialversicherungsbeiträge abführt, etwa um einen Insolvenzantrag zu vermeiden. Sofern also eine solche vom BAG beschriebene Ausnahme vorliegen sollte, greift der Erfüllungseinwand nicht und im Antrag sind die abgeführten Steuern nicht vom Bruttobetrag in Abzug zu bringen.

Zu **vermögenswirksamen Leistungen** wird auf das Stichwort verwiesen (→ *ver-* 47
mögenswirksame Leistungen).

9. Weitere Angaben im Antrag

Es ist grundsätzlich nicht erforderlich, im Antrag zu bezeichnen, ob es sich um die 48
Vergütung für einen bestimmten Zeitraum, um Weihnachtsgeld oder Ähnliches handelt. Allerdings muss sich dies dann aus der Begründung ergeben. Andernfalls sind die Voraussetzungen des § 253 Abs. 2 ZPO nicht erfüllt. Gerade wenn zahlreiche Ansprüche im Wege der objektiven Klagehäufung geltend gemacht werden, bietet sich eine Bezeichnung im Antrag an, um jegliche Verwechslungsgefahr auszuschließen. Dies bedeutet allerdings nicht, dass sonstige Bestandteile der Begründung mit in den Klageantrag aufzunehmen wären.

Zulässig ist etwa folgender Antrag: 49

> **Die Beklagte wird verurteilt, an den Kläger EUR <Betrag> brutto als Vergütung für den Monat <Bezeichnung> zu zahlen.**

Abzuraten ist etwa von folgender Formulierung: 50

> *Die Beklagte wird verurteilt, an den Kläger für <Anzahl> Stunden geleistete Arbeit bei einem vereinbarten Stundenlohn von EUR <Betrag> brutto sowie einem Zuschlag in Höhe von <Zahl> % für <Zahl> Stunden Sonntagsarbeit insgesamt EUR <Betrag> brutto zu zahlen.*

Es besteht kein Rechtsschutzinteresse daran, weitere Daten der Antragsbegründung 51
mit in den Tenor zu nehmen, wenn es allein darum geht, dass der Kläger etwa 2100 EUR ausgezahlt erhalten will. Besteht hingegen ein grundsätzlicher Streit über die vereinbarte Stundenvergütung, so ist zu überlegen, ob insofern ein zusätzlicher Feststellungsantrag (ggf. als Zwischenfeststellungsklage) zu stellen ist (vgl. auch → *Inhalt Arbeitsverhältnis*).

10. Betriebsübergang

Grundsätzlich gibt es keine Besonderheiten, wenn ein Arbeitsverhältnis gemäß 52
§ 613a BGB auf den Betriebserwerber übergegangen ist. Es kommt eine **gesamtschuldnerische Haftung** von Betriebsveräußerer und Betriebserwerber in Betracht (dazu oben → Rn. 22 und → *Betriebsübergang*). **Unzulässig** ist hingegen, Unsicherheiten über den richtigen Antragsgegner in den Antrag mitaufzunehmen wie im folgenden Beispiel:

Die Beklagte zu 1) wird verurteilt, den zuletzt vereinbarten Bruttolohn in Höhe von EUR <Betrag> an den Kläger weiterzuzahlen und für den Fall, dass die Beklagte zu 2) das Arbeitsverhältnis mit dem Kläger übernommen haben sollte, darauf den von der Beklagten zu 2) ab <Monat und Jahr> gezahlten Bruttolohn von monatlich EUR <Betrag> bis zum Zeitpunkt einer eventuellen Beendigung des Arbeitsverhältnisses der Klägerin mit der Beklagten zu 2) anzurechnen.

11. Prozesskostenhilfe

53 Sind nicht nur Zahlungsansprüche im Streit, sondern auch der Bestand des Arbeitsverhältnisses, dann sind die Zahlungsansprüche grundsätzlich als **uneigentlicher Hilfsantrag** zu stellen. Der Antragsteller muss immer den **kostengünstigsten Weg** beschreiten, dh vermeidbare Kosten sparen. Ist ein Vergütungsanspruch bereits vom Arbeitgeber abgerechnet, aber nicht ausgezahlt worden, so ist regelmäßig die **Beiordnung eines Rechtsanwalts** nicht iSd § 121 Abs. 2 ZPO erforderlich.

12. Einstweiliger Rechtsschutz

54 Die bloße Sicherung eines Zahlungsanspruchs erfolgt durch einen Arrestantrag. Bei Vergütungsansprüchen kommt dem Arrest keine praktische Bedeutung zu. Die **Durchsetzung** eines Vergütungsanspruchs im Wege der einstweiligen Verfügung ist möglich. Allerdings sind Leistungsverfügungen nur in engen Grenzen zulässig, da sie bereits zur (endgültigen) Befriedigung des Anspruchs führen und die Hauptsache (zumindest teilweise) vorwegnehmen.[2200] Erforderlich ist eine finanzielle Notlage des Anspruchstellers. Gegenstand der einstweiligen Verfügung kann nur ein **Nettobetrag** zur Abdeckung des Lebensunterhalts sein.[2201] Zinszahlungen sind im Wege der einstweiligen Verfügung nicht durchsetzbar (→ *Zinsen*).[2202] Ein solcher Antrag könnte lauten:[2203]

Dem Antragsgegner wird im Wege der einstweiligen Verfügung aufgegeben/die Verfügungsbeklagte wird verurteilt, dem Antragsteller/Verfügungskläger EUR <Betrag> netto zu zahlen.

Oder:

Dem Antragsgegner wird im Wege der einstweiligen Verfügung aufgegeben/die Verfügungsbeklagte wird verurteilt, dem Antragsteller/Verfügungskläger als Vergütungsabschlag für den Monat <Monat/Jahr> einen angemessenen Betrag zur Sicherung des Lebensunterhalts, mindestens jedoch EUR <Betrag> netto zu zahlen.[2204]

55 Dem Gericht steht gemäß § 938 Abs. 1 ZPO **freies Ermessen** zu, welche Anordnungen es zur Erreichung des Zwecks trifft. Vor diesem Hintergrund könnte es ausreichen, den Betrag auch ins Ermessen des Gerichts zu legen.[2205] Allerdings ist sind die

2200 Vgl. BeckOK ArbR/Hamacher ArbGG § 62 Rn. 75.
2201 BeckOK ArbR/Hamacher ArbGG § 62 Rn. 76; Reinhard/Kliemt NZA 2005, 545 (552).
2202 Reinhard/Kliemt NZA 2005, 545 (552); aA anscheinend MAH ArbR/Hexel § 22 Rn. 134.
2203 Reinhard/Kliemt NZA 2005, 545 (552).
2204 Vgl. MAH ArbR/*Hexel* § 22 Rn. 134.
2205 AA *Reinhard/Kliemt* NZA 2005, 545, 552.

Anforderungen an eine **Leistungsverfügung** höher; die Leistung ist grundsätzlich konkret im Antrag zu benennen. Jedenfalls ist ein Mindestbetrag oder eine Größenordnung zu nennen, damit festgestellt werden kann, ob der Antragsteller/Verfügungskläger beschwert ist.

13. Zwangsvollstreckung

Die Zwangsvollstreckung von Zahlungstiteln erfolgt durch den **Gerichtsvollzieher;** 56
zuständig ist das Amtsgericht (→ *E. Rn. 11*). Zu beachten ist, dass die Verurteilung zur Zahlung einer Bruttovergütung nicht bedeutet, dass der Arbeitnehmer den gesamten Betrag behalten darf. Der Arbeitgeber kann vielmehr die Abführung der Lohnsteuer und des Arbeitnehmeranteils des Sozialversicherungsbeitrags an die Einzugsstelle nachweisen, so dass dann insoweit die Zwangsvollstreckung nach § 775 Nr. 4, 5 ZPO einzustellen ist.[2206] Greift der Gerichtsvollzieher auf den vollen Bruttobetrag zu, ist das zuständige Finanzamt zu benachrichtigen (§ 62 GO).[2207]

Verhandlungsanspruch

Einen gesetzlichen Verhandlungsanspruch gibt es grundsätzlich nicht. Es besteht 1
Privatautonomie (→ *Konkurrentenklage*). Die Parteien können allerdings einen solchen Anspruch vereinbaren. Ein Anspruch auf Verhandlungen über den Abschluss eines Arbeitsverhältnisses kann etwa im Rahmen eines Beendigungsvergleichs für den Fall aufgenommen werden, dass beim Arbeitgeber wieder Beschäftigungsbedarf entsteht. Regelmäßig werden dabei entweder ein Anspruch auf → *Wiedereinstellung* (unter bestimmten Voraussetzungen) oder eine bloße Absichtserklärung des Arbeitgebers in den Vergleich aufgenommen. Liegen die Voraussetzungen des **Wegfalls der Geschäftsgrundlage** vor, dann besteht nach § 313 Abs. 1 BGB ein Anspruch auf **Anpassung** des Vertrages. In diesem Fall kann unmittelbar auf die danach geschuldete Leistung geklagt werden.[2208] Im Rahmen des § 313 BGB kommt auch der Anspruch auf Erteilung der Zustimmung zu einer konkreten Vertragsänderung in Betracht. Die Rechtsprechung hat bereits eine Feststellungsklage für zulässig erachtet.[2209]

Abzugrenzen ist der bloße Verhandlungsanspruch von einem **Anspruch auf Ab-** 2
schluss eines Vertrages (→ *Vertragsabschluss*). Ist der Inhalt des Vertrages geklärt, dann ist auf Abgabe einer Willenserklärung zu klagen, deren Vollstreckung sich nach § 894 ZPO richtet. Besteht bereits ein Vorvertrag, der aber selbst nicht alle Vertragsregelungen beinhaltet, sondern im Übrigen auf Verträge mit Dritten verweist, dann ist auf Abgabe eines konkreten Vertragsangebotes zu klagen.[2210]

Eine Klage auf Durchführung von Verhandlungen ist möglich. Ob eine solche Klage 3
Sinn ergibt, mag bedacht werden, da es grundsätzlich jeder Seite freisteht, Verhandlungen für gescheitert zu erklären. Soll dennoch Klage erhoben werden, ist der Gegenstand der Verhandlungen hinreichend konkret zu beschreiben. Der mögliche Vertragspartner muss wissen, welches Verhalten von ihm gefordert wird. Die Vollstreckung richtet sich nach § 888 ZPO (→ *E. Rn. 15*).

2206 BAG 21.12.2016 – 5 AZR 273/16, NZA 2017, 449.
2207 BAG 21.12.2016 – 5 AZR 273/16, NZA 2017, 449.
2208 BGH 30.3.1984 – V ZR 119/83, NJW 1985, 126.
2209 BGH 21.12.2005 – X ZR 108/03, NJW-RR 2006, 699.
2210 Dazu BGH 12.1.2001 – V ZR 468/99, NJW 2001, 1272.

Die Beklagte wird verurteilt, mit dem Kläger innerhalb von <Zahl> Wochen nach Rechtskraft des Urteils über den Abschluss eines Arbeitsvertrages, der eine Beschäftigung des Klägers im Betrieb der Beklagten in <Ort> als <Bezeichnung> zum Gegenstand hat, zu verhandeln.

Oder:

Die Beklagte wird verurteilt, mit dem Kläger innerhalb von <Zahl> Wochen nach Rechtskraft des Urteils die Vor- und Nachteile des Abschlusses eines Arbeitsvertrages auf der Grundlage des Entwurfs vom <Datum>, der eine Beschäftigung des Klägers im Betrieb der Beklagten in <Ort> als <Bezeichnung> zum Gegenstand hat, zu erörtern.

Oder:

Die Beklagte wird verurteilt, bei einer Anpassung des Arbeitsvertrages vom <Datum> bezüglich der <Beschreibung der erstrebten Änderung> mitzuwirken.

Nicht hinreichend bestimmt ist folgender Antrag:

Die Beklagte wird verurteilt, mit dem Kläger über eine Anpassung des Arbeitsvertrages zu verhandeln.

4 Die **Tarifautonomie** kennt ebenfalls weder einen Verhandlungsanspruch noch einen Anspruch auf Abschluss eines Tarifvertrages.[2211] Etwas anderes ergibt sich nunmehr aus § 4a Abs. 4 TVG. Bei einem kollidieren Tarifvertrag gibt es einen Anspruch auf → *Nachzeichnung* (→ *Tarifvertrag, Abschluss*). Allerdings können die Tarifvertragsparteien einen Verhandlungsanspruch vereinbaren, etwa in einer **Schlichtungsvereinbarung.**[2212] Ist ein solcher Tarifvertrag gekündigt, so kann der vertragliche Verhandlungsanspruch wieder entfallen.[2213]

5 Besteht ein tarifvertraglicher Verhandlungsanspruch, so können Verhandlungen eingeklagt werden. Es gelten die obigen Anforderungen an den Antrag: Der Vertragspartner muss wissen, welches Verhalten von ihm gefordert wird.[2214] Das BAG[2215] hat die folgenden Anträge als hinreichend bestimmt angesehen.

Der Beklagte wird verurteilt, bei einer Änderung von § <Zahl> <Bezeichnung des konkreten Tarifvertrages> mitzuwirken, so dass <Beschreibung der erstrebten Änderung.>

Oder:

Der Beklagte wird verurteilt, bei einer Anpassung der <Beschreibung der erstrebten Änderung> im Tarifvertrag <genaue Bezeichnung> mitzuwirken.

6 Welchen Inhalt die angestrebte Änderung haben soll, an der der Arbeitgeberverband mitwirken soll, werde ausreichend deutlich. Einer auf diesen Antrag hin ausgesprochenen Mitwirkungspflicht des Arbeitgeberverbandes genüge dieser auch und schon

2211 BAG 14.2.1989 – 1 AZR 142/88, NZA 1989, 601; LAG Berlin-Brandenburg 29.11.2007 – 20 Sa 1218/07, BeckRS 2011, 66977; aA etwa Wiedemann/Thüsing TVG § 1 Rn. 203.

2212 Wiedemann/Thüsing TVG § 1 Rn. 200; vgl. auch BAG 25.9.2013 – 4 AZR 173/12, BeckRS 2014, 68159.

2213 BAG 14.2.1989 – 1 AZR 142/88, NZA 1989, 601.

2214 Wiedemann/Thüsing TVG § 1 Rn. 211.

2215 BAG 14.2.1989 – 1 AZR 142/88, NZA 1989, 601.

dann, wenn er sich überhaupt für die geforderte Änderung der Tarifvertragsregelung einsetze. Zutreffend weist das BAG darauf hin, dass das Vorliegen eines Rechtsschutzinteresses nicht gesondert zu prüfen ist, da es sich um eine Leistungsklage handelt.

Unzulässig – mangels hinreichender Bestimmtheit – ist hingegen folgender Antrag: 7

> *Der Beklagte wird verurteilt, mit der Klägerin Tarifvertragsverhandlungen aufzunehmen.*

Ausreichend dürfte folgender Antrag sein: 8

> **Der Beklagte wird verurteilt, mit der Klägerin Verhandlungen über einen Tarifvertrag zum Thema <Beschreibung> aufzunehmen.**

Es können auch weitere Verhandlungsumstände genau beschrieben werden, wie 9
etwa: Zusammensetzung der Verhandlungskommission, Verhandlungsort und Verhandlungszeitpunkt.[2216] Allerdings dürfte ein solcher Antrag unbegründet sein, da (in der Regel) kein Anspruch auf Verhandlungen unter bestimmten Umständen besteht. Die Klage auf Verhandlungen innerhalb eines bestimmten nahen Zeitraumes dürft sich regelmäßig durch Zeitablauf erledigen. Ein solcher Anspruch kann dann nur im Rahmen einer **einstweiligen Verfügung** in Betracht kommen. Für den Antrag gelten dieselben Grundsätze.

Vermögenswirksame Leistungen

Vermögenswirksame Leistungen sind Geldleistungen, die die Arbeitgeberin für den 1
Arbeitnehmer anlegt (§ 2 Abs. 1 Fünftes VermBG). Grundlage kann eine Vereinbarung sein, wonach die Arbeitgeberin einen Teil des verdienten Nettolohnes auf diese Art auszuzahlen hat. Die Zahlung kann aber auch ganz oder teilweise als Arbeitgeberzuschuss zur normalen Vergütung verabredet sein, dh die Arbeitgeberin verspricht, sich mit einem bestimmten Betrag an einer vermögenswirksamen Anlage des Arbeitnehmers zu beteiligen, sofern dieser eine solche Anlage vornimmt. Es gibt wohl kaum einen Zahlungsanspruch, der in der gerichtlichen Praxis so häufig fehlerhaft beantragt[2217] (und auch ausgeurteilt!) wird wie der auf vermögenswirksame Leistungen. Insbesondere bei auf Annahmeverzug gestützten Klagen wird der als vermögenswirksame Leistung geschuldete Betrag oft einfach dem normalen Vergütungsanspruch hinzugerechnet.[2218] Der Arbeitnehmer hat jedoch regelmäßig keinen Anspruch auf Zahlung von vermögenswirksamen Leistungen an sich selbst. Vielmehr muss die Arbeitgeberin nach § 3 Abs. 2 S. 1 Fünftes VermBG die vermögenswirksamen Leistungen **unmittelbar auf das ihr mitgeteilte Konto** des Arbeitnehmers bei dem Unternehmen oder Institut überweisen, bei dem sie angelegt werden sollen.[2219] Eine Ausnahme gilt nur bei der in der Praxis seltenen Anlageform nach § 2 Abs. 1 Nr. 5 Fünftes VermBG, wenn der Arbeitnehmer eine Bestätigung nach § 3

2216 Dazu Wiedemann/Thüsing TVG § 1 Rn. 211.

2217 Das stimmt wohl leider auch im Zeitpunkt dieser Auflage noch, vgl. nur den Sachverhalt in LAG Sachsen 8.6.2023 – 9 Sa 86/22; Revision anhängig unter 9 AZR 185/23.

2218 ZB LAG Baden-Württemberg 27.10.2017 – 12 Sa 28/17, BeckRS 2017, 141230; LAG Köln 13.9.2018 – 4 Sa 964/17, BeckRS 2018, 26413.

2219 BAG 19.10.2000 – 8 AZR 20/00, NZA 2001, 598; BAG 18.1.2000 – 9 AZR 932/98, NZA 2000, 1157; BAG 21.1.1999 – 8 AZR 217/98, BeckRS 1999, 15050.

Abs. 3 Fünftes VermBG vorgelegt hat[2220] sowie im Fall von → *Schadensersatz*. Außerdem ist ein eventueller Arbeitgeberzuschuss **steuer- und sozialversicherungspflichtig** (§ 2 Abs. 6 S. 1 Fünftes VermBG), also brutto zu zahlen,[2221] während der vereinbarte Abfluss auf das Konto für die vermögenswirksame Anlage in jedem Fall aus dem Nettoanspruch des Arbeitnehmers erfolgt.

2 Falsch ist deshalb der Antrag:

> *Die Beklagte wird verurteilt, an den Kläger vermögenswirksame Leistungen in Höhe von 39,88 EUR netto zu zahlen.*

3 Der richtige Antrag hängt davon ab, in welchem Umfang die Arbeitgeberin die Vergütung schuldig geblieben ist. Hat sie die Vergütung vollständig nicht gezahlt, ist zu beantragen:

> **1. Die Beklagte wird verurteilt, an den Kläger <Betrag> EUR brutto <Gehalt inkl. evtl. Arbeitgeberzuschuss zu den vermögenswirksamen Leistungen> abzüglich <Betrag in Höhe der vereinbarten vermögenswirksamen Leistungen, zB 39,88>EUR netto zu zahlen.**
> **2. Die Beklagte wird verurteilt, auf das Konto des Klägers bei <Unternehmen oder Institut> <Kontonummer, Bankleitzahl> vermögenswirksame Leistungen in Höhe von <selber Betrag wie Abzug unter 1.> zu zahlen.**

4 Hat die Arbeitgeberin die normale Vergütung gezahlt, dabei die vermögenswirksamen Leistungen vereinbarungsgemäß vom auszuzahlenden Nettobetrag einbehalten, jedoch **nicht abgeführt,** lautet der Antrag:

> **Die Beklagte wird verurteilt, auf das Konto des Klägers bei <Unternehmen oder Institut> <Kontonummer, Bankleitzahl> vermögenswirksame Leistungen in Höhe von <Betrag in Höhe der vereinbarten vermögenswirksamen Leistungen, zB 39,88>EUR zu zahlen.**

5 Gleiches gilt, wenn die Arbeitgeberin abredewidrig das Nettoentgelt ungekürzt gezahlt hat, anstatt die vereinbarte Summe als vermögenswirksame Leistungen auf das ihr mitgeteilte Konto zu überweisen. Der Arbeitnehmer ist dann zwar überzahlt. Eine Erfüllungswirkung ist durch die Zahlung an den Arbeitnehmer jedoch nicht eingetreten, da die Parteien eine teilweise Erfüllung des Nettoanspruchs durch Zahlung von vermögenswirksamen Leistungen vereinbart haben.

6 Hat die Arbeitgeberin die vermögenswirksamen Leistungen zwar an das vom Kläger benannte Konto gezahlt, diese Zahlung jedoch aus der abgerechneten Nettovergütung des Arbeitnehmers erbracht ohne Zuzahlung eines von ihr selbst geschuldeten Zuschusses, kann der Arbeitnehmer von ihr noch Zahlung des Arbeitgeberzuschusses an sich selbst verlangen, und zwar als Bruttobetrag.[2222] Es handelt sich um eine normale Klage auf → *Vergütung*.

7 Ist der **Vertrag,** auf den die vermögenswirksamen Leistungen gezahlt werden sollen, **bereits beendet** oder ist nach den Vertragsbedingungen eine **Zahlung nicht mehr**

2220 Vgl. BAG 3.3.1993 – 10 AZR 36/92, BeckRS 1993, 30919307, zu I 4 der Gründe.
2221 BAG 19.9.2012 – 5 AZR 628/11, NZA 2013, 330.
2222 BAG 19.9.2012 – 5 AZR 628/11, NZA 2013, 330.

möglich, kommt aus dem Gesichtspunkt der **Unmöglichkeit** ein Anspruch auf → *Schadensersatz* in Betracht.[2223]

Verpflegungsmehraufwendungen

Unter dem Begriff der Verpflegungsmehraufwendungen versteht man Mehrkosten, die dem Arbeitnehmer bei der beruflichen Tätigkeit abseits des regulären Arbeitsortes bei der Verpflegung entstehen, weil die zu Hause bestehenden günstigen Versorgungsmöglichkeiten wegfallen. Hierfür hat der Gesetzgeber in § 9 Abs. 4a EstG bestimmte Pauschalen in Abhängigkeit von der Dauer der Ortsabwesenheit geregelt. Dabei kommt es allerdings auf die konkreten Abreden zwischen den Parteien an. Denn die Arbeitgeberin ist gesetzlich nicht zur Zahlung des Verpflegungsmehraufwandes verpflichtet. Erstattet die Arbeitgeberin dem Arbeitnehmer den Verpflegungsmehraufwand nicht, kann er diesen aber im Rahmen seiner Steuererklärung geltend machen. Erstattet die Arbeitgeberin den Mehraufwand, erfolgt die Zahlung sozialversicherungsfrei. Dies hat Auswirkungen auf den Antrag → *Aufwendungsersatz.* Häufig werden von der Arbeitgeberin für typisch anfallende Auslagen auch Pauschalen gewährt, die dann als „Spesenpauschale" oder „Auslöse" bezeichnet wird. Derartige Pauschalierungen finden sich oft in Tarifverträgen.[2224] Auch hier ergeben sich keine Besonderheiten für den Antrag → *Aufwendungsersatz.*

Versetzung

→ *Direktionsrecht*

Vertragsabschluss

1 In der Praxis finden sich zahlreiche Konstellationen, in denen ein Kläger den Abschluss eines Vertrages geltend macht. Hierzu zählen die → *Einstellung* oder der → *Arbeitsvertrag,* der → *Aufhebungsvertrag,* die → *Wiedereinstellung,* der Abschluss eines Altersteilzeitvertrages (→ *Altersteilzeit*) oder eines Teilzeitvertrages (→ *Teilzeit*). Es kommt auch vor, dass eine Tarifvertragspartei den Abschluss eines Tarifvertrages (→ *Tarifvertrag, Abschluss*) verlangt.[2225]

2 Regelmäßig zielt ein solcher Antrag nicht auf Vertragsverhandlungen (→ *Verhandlungsanspruch*), sondern auf Annahme eines Angebots des Klägers und damit auf **Abgabe einer Willenserklärung.** Die Willenserklärung gilt gemäß § 894 ZPO mit Rechtskraft als abgegeben (→ *E. Rn. 32*). Die Abgabe wird also gesetzlich **fingiert.** Die abzugebende Willenserklärung muss im Antrag **hinreichend bestimmt** sein.[2226] Bei der Annahme eines Vertragsangebots ist es erforderlich, dass das Vertragsangebot so hinreichend bestimmt ist, dass der Vertrag durch die Fiktion eines bloßen „Ja" zustande kommen kann. Der Inhalt des verlangten Vertrages muss also hinreichend bezeichnet sein, dh der Antrag muss den gesamten vom Kläger erstrebten Vertragsinhalt erfassen.[2227] Geht es etwa um den Abschluss eines Arbeitsvertrags, muss die nach § 894 S. 1 ZPO als abgegeben geltende Willenserklärung den für eine Vertragseinigung notwendigen Mindestinhalt umfassen.[2228] Wenn alle begehrten Vertragsre-

2223 BAG 21.1.1999 – 8 AZR 217/98, BeckRS 1999, 15050; BAG 1.12.2020 – 9 AZR 174/20, AP BBiG § 17 Nr. 16.
2224 BAG 12.12.2012 – 5 AZR 355/12, NZA 2013, 1158; BAG 14.10.2004 – 6 AZR 494/03, AuR 2005, 197.
2225 Dazu BAG 25.9.2013 – 4 AZR 173/12, BeckRS 2014, 68159.
2226 BAG 13.3.2013 – 7 AZR 334/11, NZA 2013, 804.
2227 BAG 25.9.2013 – 4 AZR 173/12, BeckRS 2014, 68159.
2228 BAG 24.10.2018 – 10 AZR 69/18, BeckRS 2018, 32259; BAG 22.10.2019 – 1 AZR 217/18, NZA 2020, 181.

gelungen im Antrag formuliert sind, dann besteht allerdings das Risiko, dass der Antrag unbegründet ist. Enthält der Antrag ein Element, zu dem keine Zustimmungspflicht besteht, dann ist der Antrag insgesamt unbegründet.[2229] Einerseits sollten daher keine „überflüssigen" Regelungen in den Antrag aufgenommen werden, andererseits muss er den für den Vertragsschluss notwendigen Mindestinhalt (essentialia negotii) enthalten.[2230] Zu überlegen ist insbesondere, ob ggf. mit „abgespeckten" Hilfsanträgen zu arbeiten ist, wenn der Anspruch auf Zustimmung zu einzelnen Regeln fragwürdig erscheint (vgl. auch → *Arbeitsvertrag*).

3 Unzulässig ist etwa folgender Antrag, der auf den Abschluss eines **Tarifvertrages** (→ *Tarifvertrag, Abschluss*) gerichtet ist:[2231]

> *Die Beklagte wird verurteilt, mit der Klägerin Tarifverträge zu <Bezeichnung des Themas, etwa „Führung, Verwaltung und Sicherung der Wertguthaben von Langzeitkonten"> abzuschließen.*

4 Der Inhalt des Tarifvertrages, der abgeschlossen werden soll, wird nicht benannt. Die bloße bestimmte Bezeichnung des Vertrages ist unzureichend. Damit ist der Antrag zu unbestimmt. Gleiches gilt auch für andere Arten von Verträgen, etwa für Arbeitsverträge.

5 Beim **Arbeitsvertrag** müssen Art und Umfang der Dienste bestimmt sein; die Höhe der Vergütung kann ggf. auch aus § 612 BGB folgen.[2232] Zu den wesentlichen Vertragsbedingungen zählen neben der Art der Tätigkeit, dem Arbeitsumfang, der Vergütung und den übrigen Arbeitsbedingungen auch der Vertragsbeginn und die Angabe, ob der Vertrag befristet oder auf unbefristete Zeit abgeschlossen werden soll.[2233]

6 **Unbestimmt** ist etwa der folgende Antrag:

> *Die Beklagte wird verurteilt, den Kläger als <Bezeichnung, zB Lagermitarbeiter> einzustellen.*

7 Zunächst ist bereits der Begriff der Einstellung ungenau, auch wenn dies noch ausgelegt werden könnte. Die konkreten Arbeitsbedingungen sind jedenfalls nicht hinreichend geklärt, etwa die Anzahl der Arbeitsstunden und die Vergütung, wobei hier § 612 BGB Anwendung finden könnte.

8 **Ungenau** ist daher folgender Antrag:[2234]

> *Die Beklagte wird verurteilt, mit dem Kläger mit Wirkung zum <Datum> ein befristetes Altersteilzeitverhältnis nach den Bedingungen des Tarifvertrages zur Förderung der Altersteilzeit für die <Branchenbezeichnung> abzuschließen.*

2229 BAG 25.9.2013 – 4 AZR 173/12, BeckRS 2014, 68159.
2230 BAG 13.3.2013 – 7 AZR 334/11, NZA 2013, 804; BAG 13.6.2012 – 7 AZR 738/10, BeckRS 2012, 73033; BAG 14.3.2012 – 7 AZR 147/11, NJOZ 2012, 1782.
2231 BAG 9.12.2009 – 4 AZR 190/08, NZA 2010, 712.
2232 BAG 13.3.2013 – 7 AZR 334/11, NZA 2013, 804.
2233 BAG 22.10.2019 – 1 AZR 217/18, NZA 2020, 181.
2234 Vgl. BAG 12.8.2008 – 9 AZR 620/07, NZA-RR 2009, 430.

Zutreffend ist etwa folgender Antrag: 9

Die Beklagte wird verurteilt, das/dem Angebot des Klägers, mit Wirkung zum <Datum> ein befristetes Altersteilzeitverhältnis nach den Bedingungen des Tarifvertrages zur Förderung der Altersteilzeit für die <Bezeichnung der Branche> für einen Zeitraum von <Monate/Jahre> abzuschließen, anzunehmen/zuzustimmen.

Oder

Der Beklagte wird verurteilt, das Angebot des Klägers auf Abschluss eines unbefristeten Arbeitsvertrages als Lehrkraft in Vollbeschäftigung an einer Schule der in § <Nr.> des Schulgesetzes genannten Schulen zu den arbeitsbzw. tarifrechtlichen Konditionen des Bundeslandes <Bezeichnung>, die zu diesem Zeitpunkt gelten, mit Wirkung zum <Datum> anzunehmen.[2235]

10

Zu beachten ist, dass Arbeitsverträge auch **rückwirkend** begründet bzw. abgeändert werden können.[2236] Der Antrag kann daher auch eine Begründung/Änderung eines Vertrages mit Rückwirkung vorsehen.[2237] Die nach § 894 S. 1 ZPO fingierte Willenserklärung wirkt aber nicht zurück.[2238]

Bedenklich ist auch folgender Antrag: 11

Die Beklagte wird verurteilt, dem Kläger ein Vertragsangebot zur Änderung des Arbeitsvertrags ab dem <Datum> zu unterbreiten mit dem Inhalt, dass der Kläger weiterhin als Lagerarbeiter mit einer regelmäßigen wöchentlichen Arbeitszeit von <Anzahl> Stunden tätig ist.

Dem Wortlaut entsprechend wird nur ein Unterbreiten eines Vertragsangebots verlangt, ohne dass damit geklärt wäre, dass der Vertrag auch zustande kommt. Will der Kläger einen Vertrag mit einem derartigen Inhalt, so kann er dem Gegner ein Angebot unterbreiten, so dass eben nur noch die bloße Zustimmung einzuklagen ist. Aus diesem Grund ist ein solcher Antrag bereits für unzulässig erachtet worden.[2239] Ausgeschlossen ist ein solcher Antrag aber nicht, wenn es um den Abschluss eines Arbeitsvertrages geht (vgl. auch → *Arbeitsvertrag*).[2240] 12

Will der Arbeitnehmer einen Aufhebungsvertrag und zugleich einen **Versorgungsvertrag** abschließen und vorzeitig in den Ruhestand treten, dann ist folgender Vertrag mangels hinreichender Bestimmtheit unzulässig:[2241] 13

Die Beklagte wird verurteilt, den Kläger in den Ruhestand zu versetzen.

2235 LAG Berlin-Brandenburg 8.5.2007 – 12 Sa 329/07, ZTR 2007, 699.
2236 BAG 24.9.2003 – 5 AZR 282/02, NZA 2003, 1332.
2237 BAG 27.4.2004 – 9 AZR 522/03, NZA 2004, 1225.
2238 BAG 15.9.2009 – 9 AZR 608/08, NZA 2010, 32.
2239 Vgl. etwa BAG 25.9.2013 – 4 AZR 173/12, BeckRS 2014, 68159; vgl. auch BGH 12.1.2001 – V ZR 468/99, NJW 2001, 1272.
2240 Dazu BAG 13.6.2012 – 7 AZR 738/10, BeckRS 2012, 73033; BAG 9.2.2011 – 7 AZR 91/10 – NZA-RR 2012, 232.
2241 LAG Rheinland-Pfalz 6.6.2016 – 3 Sa 496/15, BeckRS 2016, 74178; zulässiger Antrag LAG Rheinland-Pfalz 17.2.2014 – 3 Sa 453/13, BeckRS 2014, 70021.

14 Besteht bereits ein Vorvertrag, der aber selbst nicht alle Vertragsregelungen beinhaltet, sondern im Übrigen auf Verträge mit Dritten verweist, dann ist auf Abgabe eines konkreten Vertragsangebotes zu klagen.[2242]

15 **Einstweiliger Rechtsschutz** kommt regelmäßig nicht in Betracht. Begehrt wird die Abgabe einer Willenserklärung, deren Abgabe mit Rechtskraft der Entscheidung nach § 894 ZPO fingiert wird. Eine vorläufige Regelung zur bloßen Sicherung eines Anspruchs ist nicht möglich. Im Übrigen richtet sich die Vollstreckung auch bei einer einstweiligen Verfügung nach § 894 ZPO.

16 Immer wieder sind auch Anträge anzutreffen, die nicht auf die Annahme eines Vertragsangebots des Klägers zielen, sondern die darauf gerichtet sind, dass die Beklagte dem Kläger ein **Vertragsangebot unterbreiten** soll (dazu auch → *Arbeitsvertrag* Rn. 15). Regelmäßig wird ein solcher Antrag dahingehend auszulegen sein, dass der Kläger selbst ein Angebot unterbreitet.[2243] Zwingend ist dies aber nicht. Es kann auch im Interesse des Arbeitnehmers liegen, nicht schon mit Rechtskraft des seiner Klage stattgebenden Urteils vertraglich gebunden zu sein, sondern unter Berücksichtigung der konkreten Umstände entscheiden zu können, ob er das Vertragsangebot des Arbeitgebers annimmt. Einem solchen Antrag fehlt nicht ohne Weiteres das erforderliche allgemeine Rechtsschutzbedürfnis.[2244]

Vertragsstrafe

1 Vertragsstrafe ist eine (Geld-)Leistung, die der Schuldner für den Fall verspricht, dass er seine Verbindlichkeit nicht oder nicht in gehöriger Weise erfüllt (§ 339 BGB). In der Regel werden Vertragsstrafen zu Lasten des Arbeitnehmers vereinbart, beispielsweise bei Nichtantritt, vorzeitigem Ausscheiden, Verstößen gegen Wettbewerbsverbote oder Verschwiegenheitsgebote.

2 Hat der Arbeitnehmer die Vertragsstrafe verwirkt, so kann der Arbeitgeber Klage auf → *Zahlung* erheben.

3 Denkbar ist auch, dass der Arbeitnehmer eine **Klage auf negative Feststellung** (vgl. → *A. I Rn. 44*) erhebt, wenn der Arbeitgeber sich eines Anspruchs auf Zahlung der Vertragsstrafe rühmt. Dies wird vor allem dann in Betracht kommen, wenn sich der Arbeitnehmer darauf beruft, dass die Vertragsklausel gemäß §§ 305 ff. BGB unwirksam ist.

Verzugspauschale

1 Mit Einführung des § 288 Abs. 5 BGB fanden sich bei Klagen auf → *Vergütung* oftmals auch Anträge auf Zahlung einer Verzugspauschale in Höhe von 40 EUR je Monatsvergütung. Das BAG hat jedoch entschieden, dass § 12a Abs. 1 S. 1 ArbGG als spezielle arbeitsrechtliche Regelung nicht nur einen prozessualen Kostenerstattungsanspruch wegen erstinstanzlich entstandener Beitreibungskosten, sondern auch einen entsprechenden materiell-rechtlichen Kostenerstattungsanspruch und damit auch den Anspruch auf Pauschalen nach § 288 Abs. 5 BGB ausschließt.[2245] Entsprechende Anträge sind daher sinnlos.

2242 Dazu BGH 12.1.2001 – V ZR 468/99, NJW 2001, 1272.

2243 BAG 12.4.2017 – 7 AZR 446/15, NZA 2017, 1125; BAG 9.2.2011 – 7 AZR 91/10, NZA-RR 2012, 232.

2244 BAG 12.4.2017 – 7 AZR 446/15, NZA 2017, 1125; BAG 9.2.2011 – 7 AZR 91/10, NZA-RR 2012, 232.

2245 BAG 25.9.2018 – 8 AZR 26/18, BeckRS 2018, 24940; unter Einbeziehung europäischen Rechts bestätigt von BAG 24.10.2019 – 8 AZR 528/18, NZA 2020, 469.

Vollstreckungsgegenklage

Aus Gründen des Sachzusammenhangs finden sich die Erläuterungen zu einer Vollstreckungsgegenklage nach § 767 ZPO unter → *E. Zwangsvollstreckungsverfahren III. 2.*

Vordienstzeiten, Anerkennung von

Besteht zwischen den Parteien Streit darüber, welche **Betriebszugehörigkeit** der Ar- 1
beitnehmer aufweist, ist zwischen verschiedenen Fallgestaltungen zu unterscheiden. Reklamiert der Arbeitnehmer, das Arbeitsverhältnis dauere länger als die Arbeitgeberin zugesteht, beispielsweise weil er der Ansicht ist, die Arbeitgeberin sei im Wege des Betriebsübergangs in ein zuvor mit einer anderen Arbeitgeberin begründetes Arbeitsverhältnis eingetreten, kann er beantragen:

> **Es wird festgestellt, dass das Arbeitsverhältnis zwischen den Parteien seit dem <Datum> besteht.**

Sind zusätzlich auch die Vertragsbedingungen streitig vgl. unter → *Betriebsüber-* 2
gang.

Anders sieht es aus, wenn der Arbeitnehmer meint, die bei einem anderen Arbeitgeber verbrachte Betriebszugehörigkeit sei aus Rechtsgründen (beispielsweise aufgrund einer arbeitsvertraglichen Zusage oder tariflicher Regelung) auf die **aktuelle Betriebszugehörigkeit anzurechnen.** Es liegen dann zwei verschiedene Arbeitsverhältnisse vor, so dass der obige Antrag ungeeignet ist. Vielmehr ist dann wie folgt zu formulieren:

> **Es wird festgestellt, dass auf das zwischen den Parteien bestehende Arbeitsverhältnis die vom Kläger bei der <Bezeichnung der anderen Arbeitgeberin> im Zeitraum vom <Datum> bis <Datum> verbrachte Betriebszugehörigkeit anzurechnen ist.**[2246]

Möglich ist auch, dass die Frage einer Vordienstzeit nur für einzelne Bereiche der 3
Rechtsbeziehung der Arbeitsvertragsparteien wichtig ist, beispielsweise für die betriebliche Altersversorgung oder die Eingruppierung. Dann kann ein Antrag lauten:

> **Es wird festgestellt, dass die Beklagte bei der Berechnung der Firmenrente gemäß <Versorgungszusage> verpflichtet ist, bei der Berechnung der Gesamtbeschäftigungszeit die Beschäftigungszeit seit dem <Datum> zu berücksichtigen.**[2247]

2246 Vgl. BAG 19.8.2003 – 9 AZR 641/02, NZA 2004, 285; s. auch BAG 16.3.2023 – 6 AZR 124/22, NZA 2023, 1065; LAG Rheinland-Pfalz 30.5.2022 – 3 Sa 311/20, BeckRS 2022, 29197.

2247 BAG 19.5.2016 – 3 AZR 6/15, BeckRS 2016, 71113; vgl. auch LAG Hamburg 12.4.2018 – 7 Sa 102/17, BeckRS 2018, 14460; LAG Rheinland-Pfalz 2.2.2023 – 5 Sa 140/22, BeckRS 2023, 4639.

Oder:

Es wird festgestellt, dass die Beklagte verpflichtet ist, für die Berechnung des Initialbausteins des Klägers das rechnerische Eintrittsdatum 28. Juni 1986 zugrunde zu legen, falls er nicht vor Eintritt des Versorgungsfalls aus dem Arbeitsverhältnis ausscheidet.[2248]

Oder:

Es wird festgestellt, dass die ab dem 21. Dezember 2009 bis zum 31. Dezember 2014 bei der Beklagten zurückgelegten Tätigkeitszeiten bei der Zuordnung des Klägers zu den Gruppenstufen innerhalb der Entgeltgruppe 3 ETV-DP AG anzurechnen sind.[2249]

4 Wichtig ist, dass für derartige Anträge ein **Feststellungsinteresse** iSd § 256 Abs. 1 ZPO begründet werden muss. Für den Bereich der Altersversorgung versteht sich dies von selbst, da der Arbeitnehmer der zu erwartenden Versorgungshöhe durch sein Spar- und Konsumverhalten Rechnung tragen sollte. Allgemein ist dies insbesondere dann anzunehmen, wenn nach den für das Arbeitsverhältnis einschlägigen tariflichen oder sonstigen Arbeitsvertragsbedingungen die Beschäftigungszeit von besonderer Bedeutung ist, und zwar im Sinne eines das Arbeitsverhältnis prägenden „umfassenden Sozialstatus", wie er insbesondere häufig im öffentlichen Dienst anzunehmen ist.[2250] Ein Feststellungsinteresse ist auch dann anzunehmen, wenn durch ein Urteil ein Streit der Parteien über die Höhe künftiger Zahlungen entschieden wird.[2251]

5 Die Arbeitgeberin kann unter denselben Voraussetzungen entsprechende negative Feststellungsklagen erheben.

6 Ergeben sich aus einer Anrechnung von Vordienstzeiten konkrete Ansprüche des Arbeitnehmers, beispielsweise auf eine bessere Bezahlung, kann er selbstverständlich eine entsprechende Leistungsklage erheben (→ *Zahlung;* → *Vergütung*). Es kann sich empfehlen, im Wege der Zwischenfeststellungsklage (→ *A. I. Rn. 74ff.*) zusätzlich einen Antrag wie oben aufgeführt zu stellen.

Vorschuss/Abschlagszahlung

Übersicht

	Rn.
1. Rechtsgrundlagen	1
2. Vorschuss	2, 3
3. Provisionsvorschuss/Abschlagszahlung	4, 5
4. Rückzahlungsanspruch des Arbeitgebers	6, 7

2248 BAG 19.11.2019 – 3 AZR 332/18, NZA 2020, 519 Rn. 7; vgl. auch BAG 27.1.2022 – 6 AZR 564/20, AP TVöD § 46 Nr. 7.

2249 BAG 24.3.2022 – 6 AZR 255/21, NZA 2022, 1138 Rn. 9.

2250 BAG 19.8.2003 – 9 AZR 641/02, NZA 2004, 285; vgl. BAG 6.11.2002 – 5 AZR 364/01, AP ZPO 1977 § 256 Nr. 78.

2251 BAG 19.12.2013 – 6 AZR 94/12, BeckRS 2014, 66199; BAG 23.2.2011 – 10 AZR 101/10, NZA-RR 2012, 122; BAG 19.1.2011 – 3 AZR 29/09, NZA 2011, 860; sehr großzügig BAG 19.11.2020 – 6 AZR 417/19, AP TVöD § 23 Nr. 2.

1. Rechtsgrundlagen

1 Nach § 614 BGB ist die Vergütung erst nach der Arbeitsleistung zu erbringen. Es besteht also grundsätzlich eine **Vorleistungspflicht des Arbeitnehmers.** Hiervon kann durch Arbeitsvertrag, Betriebsvereinbarung und Tarifvertrag abgewichen werden. Vor diesem Hintergrund werden häufig Vorschüsse oder Abschlagszahlungen gewährt. **Lohnvorschüsse** werden auf demnächst fällige Lohnansprüche gezahlt, **Abschlagszahlungen** sind Zahlungen auf bereits fällige Ansprüche, deren Abrechnung hinausgeschoben wird.[2252] Lohnvorschüssen und Abschlagszahlungen ist gemeinsam, dass mit ihnen der Lohnanspruch des Arbeitnehmers idR noch nicht vollständig erfüllt ist. Ein Anspruch besteht nur bei einer entsprechenden Vereinbarung. Ausnahmsweise kann ein Anspruch in Notfällen aus der Fürsorgepflicht des Arbeitgebers hergeleitet werden. Pfändungsfreigrenzen sind bei der „Verrechnung" nicht zu beachten, da der Vergütungsanspruch vorzeitig erfüllt worden ist.[2253]

2. Vorschuss

2 Eine Klage auf Zahlung eines Vorschusses erledigt sich regelmäßig aufgrund Zeitablaufs. Ist der Arbeitnehmer in einer finanziellen Notsituation auf die sofortige Auszahlung eines Vorschusses angewiesen, so kann die Zahlung nur im Rahmen eines **einstweiligen Verfügungsverfahrens** geltend gemacht werden (→ *Vergütung*). Sie ist in jedem Fall auf einen **Nettobetrag** zu richten. Nur insoweit kann ein Verfügungsgrund bestehen. Im Antrag ist der konkrete Betrag anzugeben, den der Arbeitnehmer benötigt.

3 Ist zwischen den Parteien streitig, ob der Arbeitgeber vertraglich verpflichtet ist, dem Arbeitnehmer monatlich einen Vorschuss zu zahlen, so kann dies Gegenstand einer Feststellungsklage sein (→ *Inhalt Arbeitsverhältnis*).

> **Es wird festgestellt, dass die Beklagte verpflichtet ist, dem Kläger jeweils zum <Tag> eines Monats einen Vorschuss in Höhe EUR <Betrag> netto zu zahlen.**

3. Provisionsvorschuss/Abschlagszahlung

4 Ein Sonderfall ist für Provisionen in § 87a Abs. 1 S. 2 und 3 HGB geregelt. Der Arbeitnehmer hat mit Ausführung des provisionspflichtigen Geschäfts Anspruch auf Zahlung eines angemessenen Vorschusses. Bei sonstigen Vergütungszahlungen, die nicht monatlich, sondern beispielsweise nur jährlich abgerechnet werden, besteht häufig die Abrede, dass dem Arbeitnehmer monatlich Vorauszahlungen geleistet werden. Hierzu zählen etwa Vergütungsansprüche aufgrund einer (jährlichen) Zielvereinbarung. Diese Vorauszahlungen sind grundsätzlich Bruttobeträge. Sie können mit dem später abgerechneten „Jahres-/Quartalsanspruch" verrechnet werden.

5 Der vereinbarte Provisionsvorschuss kann mittels Zahlungsklage geltend gemacht werden. Es handelt sich regelmäßig um Bruttobeträge (→ *Vergütung*). Es kommt bei einem grundsätzlichen Streit über die Vorschusspflicht eine Verbindung mit einer Zwischenfeststellungsklage in Betracht (→ *A. I. Rn. 74ff.*). Da nach § 87a Abs. 1 HGB der Arbeitgeber einen angemessenen Vorschuss zu zahlen hat, ist zunächst eine → *Leistungsbestimmung* erforderlich. Nimmt der Arbeitgeber keine oder keine ver-

2252 BAG 11.2.1987 – 4 AZR 144/86, NZA 1987, 485.

2253 BAG 11.2.1987 – 4 AZR 144/86, NZA 1987, 485; zur Abgrenzung zum Arbeitgeberdarlehen MAH ArbR/Hexel § 20 Rn. 173ff.

bindliche Leistungsbestimmung vor, so kann unmittelbar auf Leistung eines Zahlungsbetrages geklagt werden.

4. Rückzahlungsanspruch des Arbeitgebers

6 Ergibt sich später aus der Vergütungsabrechnung, dass der Arbeitnehmer überzahlt worden ist, so hat der Arbeitgeber Anspruch auf Rückzahlung (→ *Rückzahlungsansprüche des Arbeitgebers*). Der Anspruch ergibt sich aus der jeweiligen Vorschussvereinbarung. Wer Geld als Vorschuss nimmt, verpflichtet sich damit, den Vorschuss dem Vorschussgeber zurückzuzahlen, wenn und soweit die bevorschusste Forderung gegen diesen nicht oder nicht zeitgerecht entsteht.[2254] Ein Rückgriff auf §§ 812ff. BGB ist nicht erforderlich.[2255] Im laufenden Arbeitsverhältnis wird der Arbeitgeber seinen Anspruch regelmäßig durch Aufrechnung geltend machen. Bei einem beendeten Arbeitsverhältnis ist Zahlungsklage zu erheben (→ *Zahlung*). Es bedarf keiner Bezeichnung als Brutto- oder Nettozahlung.

7 Auch Provisionsvorschüsse sind grundsätzlich zurückzuzahlen, sofern die tatsächlich verdienten Provisionen die geleisteten Provisionsvorschüsse nicht erreichen.[2256] Gleiches gilt für Abschlagszahlungen. Der Anspruch richtet sich regelmäßig auf den ausgezahlten Bruttobetrag. Allerdings bestehen Besonderheiten bzgl. der abgeführten Beträge (→ *Rückzahlungsansprüche*).[2257]

Vorstellungskosten

1 Der Arbeitgeber, der einen Bewerber zur Vorstellung auffordert, ist gemäß § 670 BGB grundsätzlich verpflichtet, diesem die daraus entstehenden notwendigen Kosten zu erstatten.[2258] Dies gilt unabhängig davon, ob später ein Arbeitsverhältnis zustande kommt oder nicht. Zu den erstattungspflichtigen Kosten gehören etwa die Fahrtkosten und die Mehrkosten für Verpflegung und Übernachtung, die der Bewerber aufwendet, sofern diese zum Zwecke des Aufsuchens des Arbeitgebers erforderlich sind. Im Streit steht beispielsweise, ob Flugkosten dazugehören.[2259] Auf die Antragsstellung haben diese Streitigkeiten keine Auswirkungen.

2 Die Kostenerstattung ist durch **Leistungsklage** geltend zu machen. Es gelten die Grundsätze zur → *Zahlung*. Es handelt sich nicht um einen Vergütungsanspruch, so dass der Zahlungsbetrag nicht als Brutto- oder Nettobetrag zu bezeichnen ist (→ *Aufwendungsersatz*).

Wahlschuld

1 Nicht immer kann der Arbeitnehmer eine konkrete Leistung verlangen. Insbesondere aufgrund des der Arbeitgeberin zustehenden Direktionsrechts kommt es zu Konstellationen, in denen das Recht der Arbeitgeberin die Wahl lässt, wie sie eine bestimmte Pflicht erfüllt. Auch kann der Arbeitgeberin das Recht eingeräumt sein, dem Arbeitnehmer entweder Freizeit oder eine Geldzahlung zu gewähren, zB bei Mehr- oder Nachtarbeit (§ 6 Abs. 5 ArbZG).[2260] Bei einer solchen Wahlschuld mit

2254 LAG Hamburg 9.2.2005 – 5 Sa 86/04, NZA-RR 2005, 496.
2255 Vgl. BAG 25.2.1993 – 6 AZR 334/91, NZA 1994, 705.
2256 LAG Rheinland-Pfalz 30.11.2007 – 9 Sa 517/07, BeckRS 2008, 51421.
2257 BAG 21.1.2015 – 10 AZR 84/14, NZA 2015, 871.
2258 BAG 29.6.1988 – 5 AZR 433/87, NZA 1989, 468.
2259 ArbG Düsseldorf 15.5.2012 – 2 Ca 2404/12 NZA-RR 2012, 2012, 488.
2260 BAG 12.12.2012 – 5 AZR 918/11, BeckRS 2013, 68694 Rn. 31; BAG 25.5.2022 – 10 AZR 230/19, NZA 2022, 1194.

Wahlberechtigung des Schuldners (§ 262 BGB) muss der Gläubiger alternativ auf Verurteilung zu der einen oder der anderen Leistung klagen.[2261] Dementsprechend ist beispielsweise zu beantragen:

> **Die Beklagte wird verurteilt, den Kläger nach ihrer Wahl als Sachbearbeiter Einkauf oder als Sachbearbeiter Verkauf zu beschäftigen.**[2262]
>
> **Die Beklagte wird verurteilt, nach ihrer Wahl dem Kläger <Anzahl> bezahlte freie Arbeitstage zu gewähren oder <Betrag> EUR brutto nebst Zinsen in Höhe von 5 Prozentpunkten über dem Basiszinssatz seit dem <Datum> zu zahlen.**[2263]
>
> **Die Beklagte wird verurteilt, dem Kläger einen Bürostuhl zur Verfügung zu stellen, der nach Qualität und Ausstattung mindestens dem Modell <genaue Bezeichnung> entspricht.**[2264]

Erst mit dem Beginn der Zwangsvollstreckung wird das Wahlrecht eingeschränkt, 2
§ 264 BGB.

Beruft sich die Arbeitgeberin bei dem oben erstgenannten Antrag darauf, ihr Wahl- 3
recht lasse auch eine dritte Möglichkeit der Beschäftigung zu, muss der Arbeitnehmer entweder darlegen, dass dies nicht der Fall ist, oder diese Möglichkeit ebenfalls in seinen Antrag aufnehmen. Ist nur ein Teil der zur Wahl gestellten Möglichkeiten nicht hinreichend bestimmt formuliert, bleiben die anderen Teile davon unberührt.[2265]

Besondere Schwierigkeiten entstehen, wenn die mit einem Wahlrecht verbundene 4
Pflicht der Arbeitgeberin darin besteht, eine Willenserklärung abzugeben, beispielsweise ein Vertragsangebot. Ausführlich dazu → *Arbeitsvertrag*.

Siehe auch → *A. I. Rn. 119* und → *Nachtarbeit, Ausgleich.*

Weisungsrecht

→ *Direktionsrecht*

Weiterbeschäftigung

→ *Beschäftigung*

Wettbewerbsverbot

Zu den Zahlungsansprüchen des Arbeitnehmers bei Vereinbarung eines nachver- 1
traglichen Wettbewerbsverbots: → *Karenzentschädigung*. Zu Geschäfts- und Betriebsgeheimnissen → *Geheimnis*.

Hat der Arbeitnehmer nach Auffassung der Arbeitgeberin gegen ein Wettbewerbs- 2
verbot verstoßen, kommen Ansprüche auf → *Schadensersatz*[2266] in Betracht. Besitzt

2261 BAG 12.2.2013 – 3 AZR 100/11, NZA 2013, 733; LAG Baden-Württemberg 30.1.2014 – 21 Sa 54/13, BeckRS 2014, 68263.
2262 Vgl. LAG Hamm 1.8.2013 – 8 Sa 215/13, BeckRS 2013, 72523.
2263 BAG 5.9.2002 – 9 AZR 202/01, NZA 2003, 563.
2264 LAG Nürnberg 10.12.2002 – 2 TaBV 20/02, NZA-RR 2003, 418.
2265 Vgl. BAG 3.12.2019 – 9 AZR 78/19, NZA 2020, 578.
2266 BAG 20.4.2016 – 10 AZR 111/15, NZA 2017, 141.

die Arbeitgeberin alle notwendigen Informationen, wird sie auf → *Zahlung* klagen. Hat sie keine hinreichenden Kenntnisse über die Wettbewerbshandlungen, kann sie vom Arbeitnehmer Auskunft (siehe auch → *Auskunft*) verlangen:

Der Beklagte wird verurteilt, der Klägerin Auskunft zu erteilen,

welche Geschäfte er im Rahmen seiner Tätigkeit für <genaue Bezeichnung des Konkurrenten> im Zeitraum von <Datum> bis <Datum> mit den Kunden der Klägerin, den Firmen <genaue Bezeichnung>, vermittelt hat, aufgeschlüsselt nach Zeit, Art, Umsatz, Aufwand und erzieltem Gewinn.[2267]

Oder:

für welche der in der Anlage <Bezeichnung> genannten, früher von ihr beratenen Auftraggeber er im Zeitraum von <Beginn der wettbewerbswidrigen Handlungen> bis <Ende des Wettbewerbsverbots> tätig war.[2268]

Oder:

welchen Arbeitnehmern der Klägerin er während des Bestands des Arbeitsverhältnisses zwischen den Parteien im Zeitraum vom <Datum> bis <Datum> ein Angebot auf Abschluss eines Arbeitsvertrages mit der Firma <Konkurrenzunternehmen> unterbreitet hat, das von diesen angenommen worden ist.[2269]

Oder:

welche Mandate er gemeinschaftlich oder einzeln unter der Bezeichnung <im Geschäftsverkehr verwendete Bezeichnung> im Zeitraum vom <Datum> bis <Datum> bearbeitet hat und welche Vergütung er gemeinschaftlich oder einzeln im Zusammenhang mit der Durchführung dieser Mandate erhalten hat.[2270]

Oder:

in welchem Umfang er während des Bestands des Arbeitsverhältnisses zwischen den Parteien im Zeitraum vom <Datum> bis <Datum> im geschäftlichen Verkehr zu Wettbewerbszwecken die bisher in ihrer Praxis in <Bezeichnung> behandelten Patienten angerufen, angeschrieben und/oder sonst Kontakt zu ihnen aufgenommen hat.[2271]

Oder:

ihr darüber vollständig und umfassend Auskunft zu erteilen, an wen er die <genau bezeichnete Daten> mitgeteilt, übermittelt oder zur Verfügung gestellt hat oder zugelassen hat, dass sich Dritte diese Daten von ihm verschaffen.[2272]

3 Die Vollstreckung eines erlangten Titels erfolgt nach § 888 ZPO (Einzelheiten → *E. Zwangsvollstreckungsverfahren*).

4 Der Antrag kann im Rahmen einer → *Stufenklage* mit einem Antrag auf eidesstattliche Versicherung der Richtigkeit der Auskunft und Zahlung von Schadensersatz verbunden werden:

2267 Vgl. auch BAG 25.11.2021 – 8 AZR 226/20, NZA 2022, 655.

2268 BAG 27.9.1988 – 3 AZR 59/87, NZA 1989, 467.

2269 LAG Köln 17.1.2002 – 5 Sa 1141/01, BeckRS 2002, 16472.

2270 BAG 26.9.2007 – 10 AZR 511/06, NZA 2007, 1436; vgl. auch LAG Berlin-Brandenburg 5.9.2022 – 21 Sa 2/22, DStRE 2023, 1524.

2271 LAG Berlin 4.11.2005 – 6 Sa 1454/05, BeckRS 2005, 31049684.

2272 LAG Rheinland-Pfalz 1.9.2016 – 5 Sa 139/16, BeckRS 2016, 74588.

> ...
>
> **2. Der Beklagte wird verurteilt, die Richtigkeit und Vollständigkeit seiner Angaben an Eides Statt zu versichern.**
>
> **3. Der Beklagte wird verurteilt, an die Klägerin einen nach Erteilung der Auskunft noch zu beziffernden Betrag nebst Zinsen in Höhe von 5 Prozentpunkten über dem Basiszinssatz seit Rechtshängigkeit zu zahlen.**

Droht erst ein Wettbewerbsverstoß oder dauert dieser an, wird das Interesse der Arbeitgeberin zudem auf Unterlassung gerichtet sein. Es ist dann – wegen der Eilbedürftigkeit meist im Wege der einstweiligen Verfügung[2273] – zu beantragen: 5

> **Der Beklagte wird unter Androhung von Ordnungsgeld bis zu 250.000 EUR für jeden Fall der Zuwiderhandlung, ersatzweise Ordnungshaft oder Ordnungshaft bis zu sechs Monaten verurteilt, es zu unterlassen ...**
>
> **<soweit das Wettbewerbsverbot zeitlich begrenzt ist: Angabe des Enddatums: in der Zeit bis zum ...>**
>
> **<sofern das Wettbewerbsverbot örtlich begrenzt ist: Angabe der Region, zB in der Bundesrepublik Deutschland/in einem Umkreis von 150 km von...>**
>
> **<bei Tätigwerden für einen bestimmten Dritten:> ... in selbstständiger, unselbstständiger oder sonstiger Weise[2274] für <genaue Bezeichnung des Konkurrenten> tätig zu werden.**
>
> **<wenn allgemein gegen Tätigkeit bei Wettbewerbern gerichtet: Beschreibung des Konkurrenzverhältnisses, zB:> ... in selbstständiger, unselbstständiger oder sonstiger Weise[2275] für Unternehmen, die Bremsbeläge für die Automobilindustrie herstellen, tätig zu werden.**
>
> **<bei selbstständiger Tätigkeit:> ..., in eigenem Namen und für eigene Rechnung, <Beschreibung der Tätigkeit, zB: Bremsbeläge für die Automobilindustrie zu vertreiben>.**

Wichtig ist, dass der Antrag hinreichend bestimmt die konkrete Verletzungshandlung oder die konkret angegriffene Verletzungsform enthält, damit der Beklagte sich erschöpfend verteidigen kann und nicht letztlich die Entscheidung darüber, was ihm verboten ist, dem Vollstreckungsgericht überlassen bleibt.[2276] Auch für die anderen Bestandteile des Antrags ist besondere Sorgfalt auf die **hinreichende Bestimmtheit** der Formulierung zu legen, so dass zB der Antrag 6

> *Der Beklagte wird unter Androhung von Ordnungsgeld bis zu 250.000 EUR für jeden Fall der Zuwiderhandlung, ersatzweise Ordnungshaft oder Ordnungshaft bis zu sechs Monaten verurteilt, es zu unterlassen, für Unternehmen tätig zu werden, welche mit der Klägerin in Konkurrenz stehen.*

nicht zu empfehlen ist.[2277]

2273 Beispielhaft LAG Schleswig-Holstein 21.3.2017 – 1 SaGa 4/17, BeckRS 2017, 111918; LAG Hamm 17.7.2015 – 10 SaGa 17/15, BeckRS 2015, 72692.

2274 LAG Hamm 1.12.2009 – 14 SaGa 59/09, BeckRS 2010, 67131; LAG Düsseldorf 19.9.2012 – 12 SaGa 17/12, BeckRS 2012, 76073; LAG Hamm 15.12.2022 – 18 SaGa 16/22, juris Rn. 30.

2275 LAG Hamm 1.12.2009 – 14 SaGa 59/09, BeckRS 2010, 67131; LAG Düsseldorf 19.9.2012 – 12 SaGa 17/12, BeckRS 2012, 76073.

2276 BGH 22.3.2018 – I ZR 118/16, DB 2018, 2495 Rn. 16.

2277 LAG Hamm 12.9.2006 – 7 Sa 1356/06, BeckRS 2006, 12415.

7 Da es sich um eine Unterlassungsverpflichtung handelt, empfiehlt es sich, die im Rahmen der Zwangsvollstreckung nach § 890 Abs. 2 ZPO erforderliche Androhung von Ordnungsgeld/Ordnungshaft (nicht etwa Zwangsgeld/Zwangshaft[2278]) wie angegeben bereits im Erkenntnisverfahren zu beantragen (→ *E. Zwangsvollstreckungsverfahren*). Erweist sich die das Unterlassungsgebot im Hauptsacheverfahren als unbegründet, kommen Schadensersatzansprüche des Schuldners in Betracht.[2279] Beachte im Übrigen auch das Stichwort → *Unterlassung.*

8 Kommt es zum Streit, ob eine bestimmte Tätigkeit vom vertraglichen oder einem nachvertraglichen Wettbewerbsverbot erfasst ist, kann die Arbeitgeberin ebenfalls den genannten Unterlassungsantrag stellen. Dem Interesse des Arbeitnehmers zu erfahren, ob er sich im Fall der Aufnahme der Tätigkeit vertragswidrig verhält und damit der Ausspruch einer Kündigung und/oder Schadensersatzansprüche drohen, kann mit einem Feststellungsantrag Rechnung getragen werden:

Es wird festgestellt, dass eine Tätigkeit des Klägers bei der <vermeintlicher Konkurrent/als <Angabe der beabsichtigten Tätigkeit> nicht dem zwischen den Parteien bestehenden Wettbewerbsverbot unterfällt.

9 Bestreitet der Arbeitnehmer, überhaupt an ein Wettbewerbsverbot gebunden zu sein, handelt es sich um einen Streit über einzelne Arbeitsbedingungen (siehe → *Inhalt Arbeitsverhältnis*).

10 Ist das Wettbewerbsverbot abgelaufen oder war ein solches nicht (wirksam) vereinbart, besteht keine Pflicht des Arbeitnehmers zur Wettbewerbsenthaltung. Er kann bis zu den durch § 1 UWG, §§ 823 und 826 BGB gesteckten Grenzen zu seiner ehemaligen Arbeitgeberin in Wettbewerb treten.[2280] Zu entsprechenden Streitigkeiten kommt es häufig, weil die Arbeitgeberin den Arbeitnehmer verdächtigt, rechtswidrig **Kundenlisten** oder dergleichen behalten zu haben und diese für eine Konkurrenztätigkeit einzusetzen. Bei hinreichenden Verdachtsmomenten kann die Arbeitgeberin womöglich durch eine Strafanzeige eine Hausdurchsuchung erreichen. Ein **Unterbinden der Ausnutzung** der rechtswidrig einbehaltenen Unterlagen stellt sich in der Praxis als kaum durchsetzbar dar.[2281] Problematisch ist insbesondere auch, ob die Arbeitgeberin einen hinreichend bestimmten Antrag nur dann stellt, wenn sie in ihn die Namen ihrer Kunden aufnimmt, deren Daten der Arbeitnehmer sich rechtswidrig angeeignet haben soll, und damit ihm genau die Daten liefern muss, die sie eigentlich schützen möchte. Fehlt es im Antrag an diesen Angaben, müsste in der Vollstreckung festgestellt werden, ob es sich um einen Kunden der Arbeitgeberin handelt und ob der Arbeitnehmer diesen unter Zuhilfenahme der entwendeten Unterlagen (und nicht etwa aus dem Gedächtnis heraus) kontaktiert hat. Handelt es sich um eine solche Vielzahl von Kunden, dass es unter normalen Umständen unmöglich erscheint, dass der Arbeitnehmer sich an deren Namen ohne Zuhilfenahme von Unterlagen erinnern kann, wird man ihm das Argument kaum aus der Hand schlagen können, er könne ohne Angabe der Namen im Antrag nicht sicher erkennen, welche Kunden er nicht kontaktieren dürfe.

2278 Ungenau AnwFormB Arbr/Diller M 25.11.
2279 BGH 30.7.2015 – I ZR 250/12, NJW-RR 2016, 485.
2280 BAG 19.5.1998 – 9 AZR 394/97, NZA 1999, 200 = DB 1999, 289.
2281 Vgl. zB LAG Köln 18.1.2012 – 9 Ta 407/11, BeckRS 2012, 68079; LAG Sachsen-Anhalt 10.7.2009 – 9 Sa 167/08, juris.

Stützt der Arbeitgeber seine Ansprüche ausschließlich auf das Gesetz gegen den un- 11
lauteren Wettbewerb (UWG), so ist die dort unter § 14 geregelte ausschließliche Zuständigkeit der Landgerichte zu beachten.[2282]

Es kann sich ein Anspruch auf → *Schadensersatz* in Höhe der gesetzlichen Karenz- 12
entschädigung ergeben, wenn die Arbeitgeberin ein Wettbewerbsverbot mit einer unwirksamen Vertragsklausel verwendet – etwa weil es räumlich zu weit gefasst ist – und der Arbeitnehmer im Vertrauen darauf anderweitigen Verdienst unterlässt.[2283]

Wettbewerbsverstoß

Die insoweit in Betracht kommenden Anträge finden sich unter dem Stichwort → *Wettbewerbsverbot.*

Widerruf von Erklärungen

Auch im Arbeitsverhältnis kommt es zwischen Arbeitnehmern oder auch zwischen 1
Arbeitnehmer und Arbeitgeber zu Äußerungen, welche als ehrenrührig angesehen werden und deren Widerruf derjenige verlangt, auf den sie bezogen sind. Insoweit ist zunächst zu beachten, dass eine Klage auf Widerruf von Äußerungen, die im Rahmen eines anhängigen oder in Vorbereitung eines konkreten gerichtlichen Verfahrens zur Rechtsverfolgung oder -verteidigung abgegeben werden, nach der langjährigen ständigen Rechtsprechung des Bundesgerichtshofs mangels Rechtsschutzinteresses unzulässig ist.[2284]

Der Widerruf von **Meinungsäußerungen** oder **Bewertungen** kann (im Unterschied 2
zu Tatsachen[2285]) grundsätzlich nicht verlangt werden, da Werturteile wegen ihres subjektiven Charakters nicht auf Richtigkeit oder Wahrheit überprüfbar sind und niemand rechtlich und im Wege der Zwangsvollstreckung gezwungen werden kann, eine Überzeugung aufzugeben oder eine Würdigung zurückzunehmen.[2286] Werden ehrverletzende Tatsachenbehauptungen nur gegenüber dem Verletzten aufgestellt, kann ebenfalls kein Widerruf verlangt werden.[2287]

Besondere Sorgfalt ist der Bestimmtheit des Klageantrags zu widmen. Sowohl die 3
fragliche Äußerung als auch der Adressatenkreis des Widerrufs, uU auch dessen Form ist genau zu bezeichnen, beispielsweise:

Die Beklagte wird verurteilt, die Behauptung, der Kläger habe an seine Arbeitnehmer Schwarzgeldzahlungen erbracht, gegenüber Herrn Willi Schmitz, wohnhaft <genaue Angabe der Anschrift>, in schriftlicher Form zu

2282 BAG 10.6.2010 – 5 AZB 3/10, NZA 2010, 1086.

2283 BGH 25.10.2012 – VII ZR 56/11, NJW 2013, 2027; OLG Brandenburg 15.12.2020 – 6 U 172/18, GmbHR 2021, 647.

2284 BGH 14.6.1977 – VI ZR 111/75, VersR 1977, 836; 10.6.1986 – VI ZR 154/85, NJW 1986, 2502; 13.10.1987 – VI ZR 83/87, VersR 1988, 379; 17.12.1991 – VI ZR 169/91, VersR 1992, 443; 18.10.1994 – VI ZR 74/94, VersR 1995, 176; 16.11.2004 – VI ZR 298/03, VersR 2005, 277; 11.12.2007 – VI ZR 14/07, NJW 2008, 996; 19.7.2012 – I ZR 105/11, VersR 2013, 601; das Bundesverfassungsgericht hat diese Rechtsprechung für verfassungsrechtlich unbedenklich gehalten: BVerfG 25.9.2006 – 1 BvR 1898/03, NJW-RR 2007, 840.

2285 Zur Abgrenzung siehe BGH 16.11.2004 – VI ZR 298/03, NJW 2005, 279; LAG Hessen 26.3.2014 – 12 Sa 1728/12, BeckRS 2015, 67848.

2286 BGH 16.6.1998 – VI ZR 205/97, NJW 1998, 3047; BGH 22.6.1982 – VI ZR 251/80, NJW 1982, 2246; BVerfG 7.5.1997 – 1 BvR 1805/92, BeckRS 1997, 127766.

2287 BGH 17.6.1953 – VI ZR 51/52, BGHZ 10, 104.

widerrufen[2288]/und den Widerruf auf der Homepage der Beklagten unter der Rubrik „Startseite Allgemein" für einen Zeitraum von <Angabe> zu veröffentlichen.[2289]

4 Es handelt sich bei dem Widerruf um eine unvertretbare Handlung, die nach § 888 ZPO vollstreckt wird (→ *E. Zwangsvollstreckungsverfahren*).

Siehe auch → *Ehrverletzung* und → *Unterlassung.*

Widerrufsvorbehalt

1 Das Arbeitsverhältnis ist kein statisches Vertragsverhältnis. Gerade bei Dauerschuldverhältnissen besteht das Bedürfnis, auch im laufenden Vertragsverhältnis Anpassungen vorzunehmen und auf veränderte Rahmenbedingungen zu reagieren. So kann das Bedürfnis entstehen, vereinbarte Zulagen zu beseitigen oder andere Sonderleistungen entfallen zu lassen. In diesen Fällen stellt sich die Frage, ob der Arbeitgeber die Bindung an die einzelne vertragliche Arbeitsbedingung separat beenden kann. Wesentliches Merkmal dieser Situation ist, dass der Arbeitgeber das Arbeitsverhältnis nicht als Ganzes zur Disposition stellt.[2290]

Die rechtlichen Möglichkeiten sind begrenzt. So können dem Arbeitnehmer durch die Befristung einzelner Arbeitsbedingungen → *Inhalt Arbeitsverhältnis* abweichend vom Arbeitsvertrag für einen bestimmten Zeitraum andere Tätigkeiten übertragen werden oder vorübergehend eine andere Arbeitszeit vereinbart werden. Ein weiteres Instrument, mit dem die Flexibilisierung von einzelnen Arbeitsbedingungen versucht wird, ist der Widerrufsvorbehalt. Dem Arbeitnehmer kann zB durch eine separate Abrede widerruflich eine Erschwerniszulage gezahlt, eine weitere Arbeitsaufgabe oder aber ein zusätzliches Amt übertragen werden.

2 Ein entsprechend im Arbeitsvertrag oder in einer Betriebsvereinbarung ausdrücklich oder stillschweigend vereinbarter Widerrufsvorbehalt gewährt dem Arbeitgeber das Recht, eine unbefristet zugesagte Arbeitsbedingung bzw. Leistung ganz oder teilweise zu widerrufen oder anzupassen. Der Arbeitgeber sagt eine Leistung zunächst unbefristet zu, räumt sich aber die Möglichkeit ein, durch Ausübung des Widerrufsrechts die Weitergewährung der Leistung zu beenden.[2291]

3 Ist das Recht zur einseitigen Änderung einzelner Vertragsbedingungen vertraglich vereinbart, so bedarf es keiner → *Teilkündigung.* Ein Widerrufsvorbehalt kann nur in engen Grenzen vereinbart werden.[2292]

4 Hat die Arbeitgeberin eine Leistung widerrufen, kann der Arbeitnehmer auf **zwei Wegen** mit unterschiedlicher Zielsetzung vorgehen. Er kann ohne weiteres **Leistungsklage,** also zB Klage auf Zahlung der vereinbarten widerrufenen entgeltlichen Leistung erheben, oder die sonstige Leistung, etwa einen Dienstwagen, geltend machen.[2293]

2288 Vgl. LAG Rheinland-Pfalz 17.6.2011 – 7 Sa 2/11, BeckRS 2011, 74578; LAG Rheinland-Pfalz 20.7.2021 – 2 Sa 345/20, BeckRS 2021, 54734.

2289 Vgl. ArbG Lübeck 9.9.2021– 1 Ca 442/21, BeckRS 2021, 39859.

2290 ErfK/Müller-Glöge BGB § 620 Rz. 49.

2291 ErfK/Preis BGB § 310 Rn. 57; APS/Künzl KSchG § 2 Rn. 107.

2292 BAG 24.1.2017 – 1 AZR 774/14, NZA 2017, 777. Vgl. auch APS/Künzl KSchG § 2 Rn. 109. LAG Frankfurt 25.3.2022 – 10 Sa 1254/21, NZA-RR 2022, 342.

2293 BAG 13.4.2010 – 9 AZR 113/09, NZA-RR 2010, 457; vgl. auch LAG Düsseldorf 9.3.2022 – 12 Sa 598/21, BeckRS 2022, 7832; LAG Frankfurt 25.3.2022 – 10 Sa 1254/21, NZA-RR 2022, 342; LAG Nürnberg 23.11.2022 – 2 Sa 271/22, ZTR 2023, 236.

Darüber hinaus kann der Arbeitnehmer aber auch eine **Feststellungsklage** erheben, die umfassend auf die Unwirksamkeit des Widerrufs abzielt. Erforderlich ist, dass durch sie der Streit insgesamt beseitigt und das Rechtsverhältnis der Parteien abschließend geklärt werden kann. Dabei hängt der konkrete Antrag ab vom Inhalt der widerrufenen Abrede. Geht es um den Widerruf einer entgeltlichen Leistung lautet der Antrag zB:

> **Es wird festgestellt, dass die Beklagte verpflichtet ist, dem Kläger weiterhin eine <Inhaltsbeschreibung, zB die Erschwerniszulage> gem. der Nebenabrede der Parteien vom <Datum> zu zahlen.**[2294]

Oder bei einer Freistellung:

> **Es wird festgestellt, dass der Kläger bis zum Befristungsende des Arbeitsvertrags vom <Datum> am <Datum> unwiderruflich vom Trainings- und Spielbetrieb freigestellt ist.**[2295]

Vom BAG wird jedenfalls bei einer Teilkündigung nach Auslegung auch folgender 5 Antrag für möglich gehalten, den man in entsprechender Weise auch für den Widerrufsvorbehalt formulieren könnte.

> *Es wird festgestellt, dass die Nebenabrede der Parteien vom <Datum> betreffend <Inhaltsbeschreibung, zB die Erschwerniszulage> zum Arbeitsvertrag der Parteien vom <Datum> durch den Widerruf der Beklagten vom <Datum> nicht beseitigt worden ist.*[2296]

> *Es wird festgestellt, dass der Widerruf der die Nebenabrede der Parteien vom <Datum> betreffend <Inhaltsbeschreibung, zB die Erschwerniszulage> unwirksam ist.*[2297]

> *Es wird festgestellt, dass die Änderung der Arbeitsbedingungen im Zusammenhang mit dem Widerruf vom <Datum> rechtsunwirksam ist.*[2298]

Während die erste Formulierung tatsächlich noch auslegungsfähig sein dürfte, leh- 6 nen sich die weiteren Formulierungen zu sehr an § 4 KSchG an → *Allgemeiner Feststellungsantrag*. Zwar können auch einzelne Beziehungen und Folgen eines Rechtsverhältnisses können Gegenstand einer Feststellungsklage sein. Der Widerruf selbst aber ist kein Rechtsverhältnis, sondern eine Rechtshandlung und kann dem entsprechend nicht Gegenstand einer Feststellungsklage sein. Richtigerweise sollte der Antrag deshalb am Rechtsschutzziel orientiert werden, also daran, dass die Verpflichtung zur Fortzahlung der widerrufenen Erschwerniszulage festgestellt werden soll. Denn die Parteien streiten darüber, welchen Inhalt das Arbeitsverhältnis infolge des Widerrufsvorbehaltes hat.

2294 Vgl. BAG 13.11.2007 – 3 AZR 455/06, NZA-RR 2008, 520; LAG Hamm 13.5.2016 – 16 Sa 1652/15, BeckRS 2016, 73176.

2295 Vgl. LAG Hessen 11.9.2020 – 14 Sa 349/20, BeckRS 2020, 30977.

2296 Vgl. zu einer Teilkündigung BAG 18.5.2017 – 2 AZR 721/16, NZA 2017, 1195.

2297 LAG Rheinland-Pfalz 5.7.2017 – 4 Sa 512/16, BeckRS 2017, 133912; wohl zulassend: BAG 20.4.2011 – 5 AZR 191/10, NZA 2011, 796.

2298 LAG München 26.6.2014 – 3 Sa 30/14, BeckRS 2015, 72845.

Wiedereingliederung

→ *Beschäftigung*

Wiedereinstellung

Grundlagen

1 In Einzelfällen steht einem Arbeitnehmer ein Wiedereinstellungsanspruch zu. Allgemein anerkannt ist der Wiedereinstellungsanspruch zB für die **betriebsbedingte Kündigung,** wenn sich die betrieblichen Verhältnisse nach dem Zugang der Kündigung aber noch während der Kündigungsfrist ändern und dringende betriebliche Erfordernisse nicht mehr vorliegen.[2299] Darauf ist der Wiedereinstellungsanspruch aber nicht beschränkt. Auch im Falle der personenbedingten oder verhaltensbedingten Kündigung kann der Kündigungsgrund nachträglich entfallen. Daneben ist eine Wiedereinstellung nach Ablauf einer Befristung aus dem Gesichtspunkt der Gleichbehandlung denkbar.[2300] Ebenso kann er auf einer vertraglichen Vereinbarung oder einer gesetzlichen Grundlage[2301] beruhen. Aus einem Abwicklungsvergleich ergibt sich regelmäßig aber kein Wiedereinstellungsanspruch.[2302]

2 Inhaltlich richtet sich der Anspruch auf **Fortsetzung des bisherigen Arbeitsverhältnisses.** Dies erfordert den Abschluss eines neuen Arbeitsvertrages, mit dem das bisherige Arbeitsverhältnis fortgesetzt wird → *Vertragsabschluss* → *Arbeitsvertrag.* Denn das ursprüngliche Arbeitsverhältnis ist, zB durch eine Kündigung, wirksam beendet. Prozessual richtet sich der Wiedereinstellungsanspruch damit auf Abgabe einer Willenserklärung. Der Kläger muss die Verurteilung des Arbeitgebers **zur Annahme seines Angebots** auf Abschluss eines Arbeitsvertrags und damit auf Abgabe einer Willenserklärung, beantragen. Die Erklärung des Arbeitgebers auf Annahme des Angebotes gilt mit Rechtskraft eines dem Klageantrag stattgebenden Urteils gem. § 894 Abs. 1 S. 1 ZPO als abgegeben.[2303] Zu den Einzelheiten des § 894 ZPO vgl. → *Arbeitsvertrag.*

3 Der auf dieser Basis zu stellende Antrag muss den Bestimmtheitsanforderungen entsprechen, wie sie allgemein an Vertragsanträge im Sinne des § 145 BGB gestellt werden und so formuliert sein, dass er mit einem „ja" angenommen werden kann. Dabei muss der **Inhalt** des abzuschließenden Arbeitsvertrags im Klageantrag **konkret bezeichnet** werden.[2304] Die Angabe eines Datums ist letztlich entbehrlich, weil sich der

2299 BAG 25.5.2022 – 6 AZR 224/21, NZA 2022, 1201; BAG 27.2.2020 – 8 AZR 215/19 –, BAGE 170, 98; BAG 19.10.2017 – 8 AZR 845/15, NZA 2018, 436; BAG 24.6.2015 – 7 AZR 541/13, NZA 2015, 1511; BAG 15.12.2011 – 8 AZR 197/11, NZA-RR 2013, 197; BAG 16.5.2007 – 7 AZR 621/06, BeckRS 2009, 69832.

2300 BAG 13.8.2008 – 7 AZR 513/07, NZA 2009, 27.

2301 BAG 28.1.2020 – 9 AZR 493/18, BAGE 169, 328 zu § 6c Abs. 1 Satz 4 SGB II. Bei der Wiedereinstellung iSd § 6c Abs. 1 S. 4 SGB II handelt es sich allerdings nicht um einen Übertritt kraft Gesetzes in den Dienst eines anderen Trägers, sondern um die vertragliche Neubegründung eines Arbeitsverhältnisses.

2302 LAG Mecklenburg-Vorpommern 18.7.2023 – 2 Sa 31/23, BeckRS 2023, 28191.

2303 BAG 25.5.2022 – 6 AZR 224/21, NZA 2022, 1201; BAG 27.1.2016 – 5 AZR 9/15, NZA 2016, 691; BAG 20.10.2015 – 9 AZR 743/14, NZA 2016, 299; BAG 24.6.2015 – 7 AZR 541/13, NZA 2015, 1511; BAG 15.12.2011 – 8 AZR 197/11, NZA-RR 2013, 197.

2304 BAG 28.1.2020 – 9 AZR 493/18, BAGE 169, 328 Rn 59; BAG 26.1.2017 – 2 AZR 61/16, NZA 2017, 1199; BAG 15.10.2013 – 9 AZR 399/13, Beck RS 2014, 68900; BAG 12.6.2013 – 7 AZR 557/11, BeckRS 2013, 70956; BAG 15.12.2011 – 8 AZR 197/11, NZA-RR 2013, 197; BAG 21.8.2008 – 8 AZR 201/07, NZA 2009, 29; BAG 25.10.2007 – 8 AZR 989/06, NZA 2008, 357; BAG 13.5.2004 – 8 AZR 198/03, AP BGB § 613a Nr. 264.

Beginn des Arbeitsverhältnisses aus dem Gesetz ergibt, der Rechtskraft.[2305] Gleichwohl sollte klargestellt werden, ab wann der Vertrag geschlossen werden soll. Dies scheint das BAG in seiner Rechtsprechung auch für die Bestimmtheit des Klageantrags zu fordern, wenn es vom „Beginn“ der Dienstleistung spricht.[2306] Das Datum muss nicht mehr in der Zukunft liegen.[2307] Der rückwirkende Abschluss eines Vertrags ist nicht mehr nichtig,[2308] vgl. → *Arbeitsvertrag;* → *Vertragsabschluss.*

Anträge

Die Beklagte wird verurteilt, das Angebot des Klägers auf Abschluss eines Fortsetzungsvertrages ab dem <Datum> als <Tätigkeitsbezeichnung> zu den Arbeitsbedingungen, wie sie zuvor zwischen dem Kläger und der Beklagten gemäß Arbeitsvertrag vom <Datum> bestanden, unter Anrechnung der bisherigen Betriebszugehörigkeit seit dem <Datum> anzunehmen.[2309]

Soweit kein schriftlicher Arbeitsvertrag abgeschlossen worden ist und die Arbeitsbe- 4
dingungen unklar sind, sollten die **Essentialia des Arbeitsvertrages** in den Antrag aufgenommen werden.

Die Beklagte wird verurteilt, das Angebot des Klägers auf Abschluss eines Fortsetzungsvertrags ab dem <Datum> als <konkrete Tätigkeitsbeschreibung> mit einem Umfang der Arbeitszeit von <Anzahl Stunden> pro <Bezugszeitraum> in der Filiale der Beklagten in <Ort> mit einem Stundenlohn von <Betrag> ab dem <Datum> unter Anrechnung der bisherigen Betriebszugehörigkeit seit dem <Datum> anzunehmen.[2310]

Ist der Kläger gegen **Zahlung einer Abfindung** aus dem Arbeitsverhältnis ausge- 5
schieden, kommt nur eine Verurteilung **„Zug um Zug“** gegen Rückzahlung der Abfindung in Betracht, § 894 Abs. 1 S. 2 ZPO iVm § 726 ZPO.

Die Beklagte wird verurteilt, Zug um Zug gegen Rückzahlung der Abfindungszahlung in Höhe von <Betrag> das Angebot des Klägers auf Abschluss eines Fortsetzungsvertrags ab dem <Datum> als <Tätigkeitsbezeichnung> zu den Arbeitsbedingungen, wie sie zuvor zwischen dem Kläger und der Beklagten gemäß Arbeitsvertrag vom <Datum> bestanden, unter Anrechnung der bisherigen Betriebszugehörigkeit seit dem <Datum> anzunehmen.[2311]

2305 BAG 24.6.2008 – 9 AZR 514/07, NZA 2008, 1289; BAG 16.10.2007 – 9 AZR 239/07, NZA 2008, 289; BAG 21.6.2005 – 9 AZR 409/04, NZA 2006, 317.

2306 BAG 25.6.2014 – 7 AZR 847/12, NZA 2014, 1209; vgl. auch BAG 19.9.217 – 9 AZR 36/17, NZA 2017, 1612.

2307 BAG 25.5.2022 – 6 AZR 224/21, NZA 2022, 1201; BAG 28.6.2000 – 7 AZR 904/98, EZA KSchG § 1 Wiedereinstellungsanspruch Nr. 5.

2308 BAG 25.5.2022 – 6 AZR 224/21, NZA 2022, 1201; BAG 12.6.2013 – 7 AZR 557/11, BeckRS 2013, 70956; BAG 15.10.2013 – 9 AZR 399/13, BeckRS 2014, 68900; BAG 13.11.2012 – 9 AZR 259/11, NZA 2013, 373; BAG 9.2.2011 – 7 AZR 334/11, NZA 2013, 804; zur bisherigen Rechtslage: BAG 24.6.2008 – 9 AZR 313/07, NZA 2008, 1309; BAG 9.11.2006 – 2 AZR 509/05, EZA KSchG § 1 Wiedereinstellungsanspruch Nr. 8; BAG 27.4.2004 – 9 AZR 522/03, BAGE 110, 232.

2309 BAG 19.10.2017 – 8 AZR 845/15, NZA 2018, 436; BAG 11.9.2013 – 7 AZR 107/12, NZA 2014, 150; BAG 25.10.2007 – 8 AZR 989/06, NZA 2008, 357; ähnlich auch BAG 13.8.2008 – 7 AZR 513/07, NZA 2009, 27; BAG 21.8.2008 – 8 AZR 201/07, NZA 2009, 29; vgl. auch BAG 25.5.2022 – 6 AZR 224/21, NZA 2022, 1201.

2310 Vgl. auch BAG 20.10.2015 – 9 AZR 743/14, NZA 2016, 299.

2311 BAG 28.6.2000 – 7 AZR 904/98, AP KSchG 1969 § 1 Wiedereinstellung Nr. 6.

6 Das BAG lässt statt des Hinweises auf den „Fortsetzungsvertrag“ durch Annahme eines Angebotes des Arbeitnehmers auch die Formulierung „Angebot auf Wiedereinstellung“ ausreichen.[2312] Hiernach soll es für die Geltendmachung des Wiedereinstellungsanspruchs zulässig sein, die Beklagte zur Abgabe eines Angebotes zu verurteilen, das der Arbeitnehmer noch annehmen muss:

> *Die Beklagte wird verurteilt, ihm ein Vertragsangebot als vollbeschäftigter Arbeitnehmer ab <Datum> mit der Vergütungsgruppe <Gruppe> gemäß § 10 des Entgeltrahmentarifvertrags zu unterbreiten.*[2313]

Dieser Weg soll dann zulässig sein, wenn es dem Kläger nach der Klagebegründung noch nicht um das endgültige Zustandekommen eines Arbeitsvertrags mit der Beklagten geht. Es könne im Interesse des Arbeitnehmers liegen, nicht schon mit Rechtskraft des seiner Klage stattgebenden Urteils vertraglich gebunden zu sein, sondern unter Berücksichtigung der konkreten Umstände entscheiden zu können, ob er das Vertragsangebot des Arbeitgebers annimmt. Diese Begründung erscheint verfehlt. In aller Regel fehlt es für einen derartigen Antrag am Rechtsschutzbedürfnis. Der Arbeitnehmer hat es in der Hand, selbst ein Vertragsangebot abzugeben und auf dessen Annahme durch die Arbeitgeberin zu klagen. Dass es kein § 12 S. 1 KSchG entsprechendes Lösungsrecht des Arbeitnehmers gibt, verändert die rechtliche Konstruktion der Vertragslösung nicht. § 12 S. 1 KSchG stellt eine Spezialregelung dar, deren Fehlen nicht für andere Sachverhalte verallgemeinert werden kann.

Negativbeispiele:

7 Unrichtig ist folgender Antrag:

> *Die Beklagte wird verurteilt, den Kläger als Fahrer wieder einzustellen.*[2314]

8 Klageziel des Wiedereinstellungsanspruchs ist die Annahme des Angebotes des Klägers, nicht die tatsächliche Wiedereinstellung. Will der Kläger sogleich auch die tatsächliche Beschäftigung geltend machen, kann er zusätzlich einen entsprechenden Antrag stellen → *Beschäftigungsanspruch.* Dieser ist allerdings unbegründet, da der Vertrag erst mit Rechtskraft des Wiedereinstellungsanspruchs zustande kommt.

9 Schließlich findet sich zuweilen folgender Antrag:

> *Die Beklagte wird verurteilt, den Kläger ab dem <Datum> als Industriemeister der Textilveredelung wiedereinzustellen, hilfsweise, ihn weiterzubeschäftigen.*[2315]

10 Dieser Antrag ist unklar, weil offen bleibt, was der Kläger letztlich durchsetzen will. Das LAG Düsseldorf hat diesen Antrag allerdings noch für auslegungsfähig gehalten.

2312 BAG 28.1.2020 – 9 AZR 493/18, BAGE 169, 328; BAG 22.10.2019 – 1 AZR 217/18, NZA 2020, 181, Rn. 16; BAG 18.9.2018 – 9 AZR 20/18, AP AGG § 22 Nr 16, Rn. 20; BAG 12.6.2013 – 7 AZR 557/11, BeckRS 2013, 70956.

2313 BAG 9.2.2011 – 7 AZR 91/10, NZA-RR 2012, 232; vgl. auch BAG 28.1.2020 – 9 AZR 493/18, BAGE 169, 328.

2314 Vgl. BAG 6.8.1997 – 7 AZR 557/96, NZA 1998, 254 gleichwohl für zulässig gehalten.

2315 LAG Düsseldorf 29.6.2007 – 9 Sa 447/07, LAGE BGB 2002 § 611 Aufhebungsvertrag Nr. 4.

Völlig unklar ist: 11

> *Die Beklagte wird verurteilt, eine Willenserklärung zur Wiedereinstellung des Klägers bei der Beklagten zum Zeitpunkt des Betriebsübergangs abzugeben.*[2316]

Hier bleibt offen, zu welchen konkreten Bedingungen überhaupt weitergearbeitet werden soll. 12

Wenig hilfreich ist auch der Antrag:. 13

> *Die Beklagte wird verurteilt, dem Kläger den Abschluss eines Arbeitsvertrages als kaufmännische Angestellte bei der Beklagten zu den Bedingungen <Bezeichnung> anzubieten.*[2317]

Der Sinn ist zweifelhaft, weil der Arbeitnehmer nur eine Angebot erhält, der Vertragsschuss aber von dessen Annahme abhängt → *Arbeitsvertrag.* 14

Einstweilige Verfügung

Die Durchsetzung des Wiedereinstellungsanspruchs im Wege der einstweiligen Verfügung scheitert regelmäßig. Dabei kann offen bleiben, ob die Abgabe einer Willenserklärung, die endgültige Verhältnisse herstellt, überhaupt im Wege der einstweiligen Verfügung möglich ist, weil die Hauptsache in vollem Umfang vorweggenommen wird.[2318] Lässt man die einstweilige Verfügung zu, sind an Verfügungsanspruch und Verfügungsgrund aus diesem Grund besonders strenge Anforderungen zu stellen. Der Arbeitnehmer muss Gründe darlegen, dringend auf die Wiedereinstellung angewiesen zu sein. Das ist kaum denkbar, zumal für den Fall der Nichtbeschäftigung Sekundäransprüche aus dem Gesichtspunkt des Annahmeverzugs bestehen. 15

Zahlung

Übersicht

	Rn.
1. Überblick	1, 2
2. Leistungsklage	3–15
a) Geldforderung	3
b) Bezifferter Antrag	4–10
c) Zahlungsempfänger	11, 12
d) Beklagtenseite	13–15
3. Feststellungsklage	16
4. Einstweiliger Rechtsschutz	17

1. Überblick

Meist wird über Vergütungsansprüche des Arbeitnehmers gestritten (→ *Vergütung*). Im Rahmen eines Arbeitsverhältnisses können aber auch andere Zahlungsansprüche entstehen. Hierzu zählen etwa Ansprüche auf Erstattung von → *Spesen,* auf Zahlung von → *Vertragsstrafen,* auf → *Schadensersatz,* auf → *Entschädigung,* auf → *Aufwendungsersatz* oder auch → *Rückzahlungsansprüche.* 1

2316 Das BAG 15.12.2011 – 8 AZR 197/11, NZA-RR 2013, 179, hat den Antrag allerdings ausgelegt.
2317 LAG Rheinland-Pfalz 7.11.2017 – 8 Sa 288/17, BeckRS 2017, 139996.
2318 Vgl. dazu Zöller/Vollkommer ZPO § 938 Rn. 5.

2 Zahlungsklagen sind grundsätzlich im Rahmen von **Leistungsklagen** (vgl. unten → Rn. 3 ff.) geltend zu machen. Die Zwangsvollstreckung erfolgt nach §§ 802 ff. ZPO (→ *E. Rn. 11*). Unter bestimmten Voraussetzungen (Vollstreckungsverbot gemäß § 210 InsO) ist die Leistungsklage im **Insolvenzfall** (→ *Insolvenz*) unzulässig. In Ausnahmefällen sind auch **Feststellungsanträge** möglich.

2. Leistungsklage

a) Geldforderung

3 Die Geldforderung muss nicht zwingend auf einen EURO-Betrag gerichtet sein. Ein in ausländischer Währung ausgedrückter Geldbetrag kann ebenfalls vor einem deutschen Gericht eingeklagt werden (§ 244 BGB).[2319]

b) Bezifferter Antrag

4 Die Klageforderung ist grundsätzlich **zu beziffern.** Auch von diesem Grundsatz gibt es **Ausnahmen.** Die Angabe des zu zahlenden Betrages ist nicht erforderlich, wenn die **Berechnung** der Klageforderung anhand **allgemeinkundiger Daten** ohne weiteres möglich ist,[2320] dh die Berechnung muss dem Gerichtsvollzieher möglich sein. Gleiches gilt, wenn sich der Zahlungsanspruch ohne weiteres aus dem Titel errechnen lässt.[2321] Eine weitere Ausnahme ist zu beachten, wenn es dem **Gericht** obliegt, den zu zahlenden **Betrag festzusetzen.** Hier sind etwa zu nennen: Anpassungsklage nach § 16 BetrAVG (→ *betriebliche Altersversorgung*),[2322] → *Leistungsbestimmung* nach § 315 Abs. 3 S. 2 BGB,[2323] → *Schmerzensgeld* gemäß § 253 BGB, die Abfindung bei einem Antrag auf → *Auflösung* oder → *Entschädigung bei Diskriminierung* nach § 15 AGG.

5 Das Bestimmtheitserfordernis ist auch dann zu beachten, wenn **Beträge in Abzug** zu bringen sind. Regelmäßig kann dann der Differenzbetrag eingeklagt werden. Dies gilt aber nicht, wenn es sich nicht um gleichartige Forderungen handelt, etwa bei Vergütungsansprüchen: Brutto- und Nettobeträge sind nicht gleichartig (→ *Vergütung*). Ist ein Betrag in Abzug zu bringen, so muss dieser beziffert werden, andernfalls ist der Antrag unzulässig:

> *Die Beklagte wird verurteilt, dem Kläger <Betrag> EUR abzüglich des pfändbaren Betrags zu zahlen.*[2324]

6 Nebenforderungen sind ebenfalls bestimmt, dh beziffert anzugeben. Unzulässig ist daher etwa folgender Antrag:

> *Die Beklagte wird verurteilt, an den Kläger <Betrag> EUR nebst Spesen und sonstigen Kosten zu zahlen.*

7 Sofern **Verzugszinsen** miteingeklagt werden sollen, ist der Antrag entsprechend zu ergänzen (→ *Zinsen*).

2319 BAG 26.7.1995 – 5 AZR 216/94, NZA 1996, 30.
2320 LAG Rheinland-Pfalz 21.8.2007 – 7 Ta 185/07, BeckRS 2008, 51404.
2321 BGH 27.11.2023 – VIa ZR 1062/22, BeckRS 2023, 40799.
2322 BAG 17.10.1995 – 3 AZR 881/94, NZA 1996, 1038.
2323 BAG 17.10.1995 – 3 AZR 881/94, NZA 1996, 1038.
2324 LAG Niedersachsen 18.2.1992 – 14 Ta 340/91, NZA 1992, 713; Musielak/Voit/Lackmann ZPO § 704 Rn. 8.

Gerade bei Zahlungsklagen sind die Grundsätze der Teilklage und der Alternativklage (→ *A. I. Rn. 11, 119*) zu beachten. Dies gilt vor allem bei einer Klagehäufung. Stützt ein Kläger seinen Zahlungsanspruch etwa auf drei **verschiedene Streitgegenstände,** also drei selbständige Lebenssachverhalte, so führt dies im Ergebnis zu einer objektiven Klagehäufung. Dabei ist entweder zu klären, welcher Teilbetrag welchem Streitgegenstand zuzuordnen ist oder, falls der Betrag jeweils vollständig, insgesamt aber nur einmal geltend gemacht werden soll, in welcher Reihenfolge die Ansprüche zur Entscheidung gestellt werden sollen.[2325] Andernfalls handelt es sich um unzulässige Teilklagen/verdeckte Klagehäufung bzw. um eine unzulässige Alternativklage. Bei einer – auch unbewussten – **Teilklage** könnte der Kläger nachträglich Mehrforderungen geltend machen, ohne dass klar wäre, über welchen Teil bereits entschieden worden ist.[2326] Es gilt aber der Grundsatz, dass der Streitgegenstand so genau bezeichnet werden muss, dass sowohl bei einer der Klage stattgebenden als auch bei einer sie abweisenden Sachentscheidung feststeht, worüber das Gericht entschieden hat.[2327] Die erforderliche Zuordnung kann im Rahmen der Begründetheit erfolgen und hat nicht zwingend Folgen für die Antragsformulierung. 8

Bei einer **verdeckten Klagehäufung** ist die Klage unzulässig, obwohl der Klageantrag konkret beziffert ist.[2328] Bei der Geltendmachung eines bezifferten **Gesamtbetrages** ist im Rahmen der Begründung die Zuordnung der Klagegründe und damit regelmäßig die Bezifferung der geforderten Einzelbeträge erforderlich, wenn es sich nicht um einen sog. einheitlichen Gesamtanspruch handelt, der sich aus gleichförmigen, periodisch wiederkehrenden Einzelforderungen zusammensetzt.[2329] Gerade beim → *Schadensersatz* ist zu beachten, dass verschiedene Schadenspositionen **nicht ohne weiteres nur einzelne unselbständige Rechnungsposten** eines einheitlichen Schadensersatzanspruchs sind.[2330] Bei **Schadensersatzansprüchen** liegt dann ein **einheitlicher Streitgegenstand** vor, wenn das schadensverursachende Verhalten bei natürlicher Betrachtung eine Einheit bildet, wenn es sich mithin um dieselbe Pflichtverletzung handelt, sich die einzelnen in eine Gesamtforderung eingestellten Rechnungspositionen also auf dieselben Anspruchsvoraussetzungen gründen lassen, deren Vorliegen sich aus demselben Lebenssachverhalt ergibt und hieraus ein Schaden folgt, der sich nicht in unterschiedliche Schadenspositionen und erst recht nicht in unterschiedliche Schadensarten (z. B. Sachschaden, Verdienstausfall, Schmerzensgeld) aufteilen lässt.[2331] **Wechselt** hingegen der Kläger allein die **Art der Schadensberechnung,** ohne seinen Klageantrag zu erweitern oder diesen auf einen anderen Lebenssachverhalt zu stützen, liegt keine Änderung des Streitgegenstands vor.[2332] 9

Bei einer Klage auf → ***künftige Zahlungen*** sind die Voraussetzungen des § 259 ZPO zu beachten. Der Zahlungsanspruch muss bereits entstanden sein. 10

c) Zahlungsempfänger

Regelmäßig soll der Kläger auch Zahlungsempfänger sein. In einigen Fällen muss allerdings die Zahlung an **Dritte** verlangt werden. Vorrangig ist hier an einen Fall der 11

2325 LAG Rheinland-Pfalz 3.4.2008 – 10 Sa 18/08, BeckRS 2008, 54126.
2326 Vgl. auch BGH 11.3.2009 – IV ZR 224/07, NJW 2009, 1950.
2327 BAG 24.3.2011 – 6 AZR 691/09, NZA 2011, 1116; BAG 2.8.2018 – 6 AZR 437/17, BeckRS 2018, 32165.
2328 Vgl. etwa LAG Hamm 8.5.2008 – 8 Sa 420/07, BeckRS 2008, 142791.
2329 BGH 21.3.2018 – VIII ZR 68/17, BeckRS 2018, 6447.
2330 BAG 17.12.2015 – 8 AZR 54/14, BeckRS 2016, 68734; LAG Düsseldorf 18.12.2013 – 7 Sa 343/13, BeckRS 2014, 66025.
2331 BAG 17.12.2015 – 8 AZR 54/14, BeckRS 2016, 68734.
2332 BGH 18.5.2017 – VII ZR 122/14, NJW 2017, 2673.

Prozessstandschaft zu denken. Der Dritte ist dann im Antrag so genau zu bezeichnen, dass er **zweifelsfrei identifiziert** werden kann. Regelmäßig gehört hierzu mindestens die Angabe der Anschrift. Hiervon können Ausnahmen gemacht werden, wenn der Dritte auch so unzweifelhaft feststeht. So hat das BAG die Tenorierung einer Zahlung an die Bundesagentur für Arbeit als ausreichend angesehen.[2333] Es bietet sich an, das entsprechende Aktenzeichen des Vorgangs mit anzugeben. Geht es um → *betriebliche Altersversorgung* und Zahlung an eine Versorgungseinrichtung oder an eine Versicherung, bietet es sich an, neben der Bezeichnung des Dritten die Versorgungsverhältnisnummer oder die Versicherungsvertragsnummer im Antrag anzugeben.[2334]

12 Einen Ausnahmefall stellt auch die Zahlung → *vermögenswirksamer Leistungen* dar.

d) Beklagtenseite

13 Die Bestimmung der Beklagtenseite ist regelmäßig kein Problem der konkreten Antragstellung, sondern der allgemeinen Klageerhebung. Besonderheiten sind zu beachten, wenn sich die Klage gegen mehrere Beklagte richtet **(subjektive Klagehäufung).** In diesem Fall ist klarzustellen, gegen wen sich der jeweilige Zahlungsanspruch richtet. Sind die Beklagten **Gesamtschuldner,** so ist eine entsprechende Klarstellung im Antrag (und Tenor) geboten.[2335] Dies gilt bereits, um eine Abgrenzung zur Teilschuld (§ 420 BGB) vorzunehmen. Jedenfalls ist klarzustellen, in welchem Umfang sie gesamtschuldnerisch haften, wenn sie nicht in vollem Umfang als Gesamtschuldner haften. Im Arbeitsverhältnis kommt eine gesamtschuldnerische Haftung insbesondere bei einem → *Betriebsübergang* gemäß § 613a BGB in Betracht. Wird hingegen nur ein Gesamtschuldner verklagt (§ 421 BGB), bedarf es keiner Klarstellung der gesamtschuldnerischen Haftung im Antrag (und Tenor).[2336]

14 Der Antrag kann bei einer **gesamtschuldnerischen Haftung** etwa wie folgt lauten:

> **Die Beklagten werden verurteilt, an den Kläger gesamtschuldnerisch <Betrag> EUR zu zahlen.**

Oder:

> **Die Beklagten werden als Gesamtschuldner verurteilt, an den Kläger <Betrag> EUR zu zahlen.**

15 Haften die Beklagten nur für einen Teilbetrag gesamtschuldnerisch, ist für den überschießenden Betrag ein weiterer Antrag zu stellen:

> **Darüber hinaus wird die Beklagte zu 2 verurteilt, an den Kläger weitere <Betrag> EUR zu zahlen.**

2333 BAG 19.3.2008 – 5 AZR 432/07, NJW 2008, 2204; Jobcenter ausreichend LAG Baden-Württemberg 12.2.2016 – 12 Sa 2/15, BeckRS 2016, 69019.
2334 Vgl. BAG 8.3.2022 – 3 AZR 361/21, NZA 2022, 724.
2335 Vgl. BAG 27.6.2006 – 3 AZR 85/05, NZA-RR 2008, 35.
2336 BGH 17.5.1990 – III ZR 191/88, NJW 1990, 2615.

3. Feststellungsklage

In Ausnahmefällen lässt die Rechtsprechung auch eine Feststellungsklage zu (→ *A.I.Rn. 42ff.*). Im Bereich der Vergütung ist etwa die Eingruppierungsfeststellungsklage (→ *Eingruppierung*) zu nennen. Darüber hinaus kommt eine Feststellungsklage bei bestimmten Personen auf Beklagtenseite in Betracht. Auch wenn es um künftige Zahlungen geht, können die Voraussetzungen des § 259 ZPO nicht immer eingehalten werden, so dass etwa eine Leistungsklage für bereits fällige Zahlungsansprüche in Verbindung mit einer Zwischenfeststellungsklage für künftig fällige Ansprüche in Betracht zu ziehen ist (→ *künftige Zahlungen*). Diese Ansprüche müssen aber bereits entstanden sein. 16

4. Einstweiliger Rechtsschutz

Die Durchsetzung eines Vergütungsanspruchs im Wege der einstweiligen Verfügung ist möglich (→ *Vergütung*). Bei sonstigen Zahlungsansprüchen ist dies kaum denkbar und kommt in der Praxis auch nicht vor. Leistungsverfügungen führen bereits zur (endgültigen) Befriedigung des Anspruchs und nehmen die Hauptsache (zumindest teilweise) vorweg.[2337] Zur Sicherung sonstiger Zahlungsansprüche dient vielmehr das **Arrestverfahren** (→ *A.I.Rn. 84*). 17

Zeugnis

Übersicht

	Rn.
1. Zeugniserteilung	1–11
2. Zeugnisberichtigung	12–25
3. Zwischenzeugnis	26–28
a) Ansprüche des Arbeitnehmers	26, 27
b) Ansprüche des Arbeitgebers	28
4. Einstweilige Verfügung	29
5. Zwangsvollstreckung	30
6. Das Zeugnis im Vergleich	31–35

1. Zeugniserteilung

Gesetzliche Regelungen zur Zeugniserteilung finden sich in diversen Vorschriften. § 630 BGB verpflichtet den Dienstberechtigten, § 16 BBiG den Ausbildenden und § 109 GewO den Arbeitgeber zur Erteilung eines Zeugnisses. Grundlegend für das Arbeitsrecht ist § 109 Abs. 1 GewO. Danach hat der Arbeitnehmer bei Beendigung des Arbeitsverhältnisses Anspruch auf ein schriftliches Zeugnis. Das Zeugnis muss mindestens Angaben zu Art und Dauer der Tätigkeit enthalten. Diese Mindestangaben definiert das Gesetz als „einfaches Zeugnis". Der Arbeitnehmer kann nach § 109 Abs. 1 S. 2 GewO verlangen, dass sich die Angaben darüber hinaus auf Leistung und Verhalten im Arbeitsverhältnis erstrecken. Diese Form des Zeugnisses definiert das Gesetz als „qualifiziertes Zeugnis". Der Anspruch auf Erteilung des Zeugnisses entsteht „bei Beendigung" des Arbeitsverhältnisses, ist allerdings noch nicht sogleich erfüllbar, weil der Arbeitnehmer erst noch sein Wahlrecht im Hinblick auf die Erteilung eines einfachen oder qualifizierten Zeugnisses ausüben muss.[2338] Demgegen- 1

2337 Vgl. BeckOK ArbR/Hamacher ArbGG § 62 Rn. 75.

2338 BAG 6.6.2023 – 9 AZR 272/22, NZA 2024, 379; BAG 27.4.2021 – 9 AZR 262/20, NZA 2021, 1327; BAG 12.2.2013 – 3 AZR 120/11, NZA 2014, 31.

über ist im Berufsausbildungsverhältnis ein einfaches Zeugnis gem. § 16 BBiG auch ohne Verlangen zu erteilen. Lediglich das qualifizierte Zeugnis muss verlangt werden.

2 Das Zeugnis ist wie die übrigen Arbeitspapiere beim Arbeitgeber abzuholen. Der Anspruch ist fällig „bei" und nicht erst „nach" Beendigung des Arbeitsverhältnisses. Bei der fristlosen Kündigung fallen beide Zeitpunkte zusammen, so dass sogleich ein Endzeugnis verlangt werden kann. Bei ordentlichen Kündigungen kann dem Arbeitnehmer ein qualifiziertes Endzeugnis erst nach dem Ende des Arbeitsverhältnisses erteilt werden, da es bis zu diesem Zeitpunkt noch Veränderungen zugänglich sein muss, zB wenn während der Kündigungsfrist noch gearbeitet wird. Mit Ausspruch der Kündigung hat er aber Anspruch auf Erteilung eines Zwischenzeugnisses.[2339]

3 Hält der Arbeitgeber das begehrte Zeugnis trotz Verlangens des Arbeitnehmers nicht bereit, kann der Arbeitnehmer **Leistungsklage erheben mit dem Antrag, ihm ein einfaches oder qualifiziertes Zeugnis zu erteilen.** Der Arbeitnehmer kann in dieser Situation also nicht bereits einen bestimmten Zeugnisinhalt geltend machen.

4 Erst wenn das Zeugnis formuliert ist und der Arbeitnehmer von seinem Inhalt Kenntnis erlangt hat, kann er beurteilen, ob der Arbeitgeber den Beurteilungsspielraum richtig ausgefüllt und ein den gesetzlichen Erfordernissen entsprechendes Zeugnis ausgestellt hat. Ist das nicht der Fall, hat der Arbeitnehmer weiterhin nur einen **Erfüllungsanspruch auf Erteilung eines ordnungsgemäßen Zeugnisses.**[2340] Der richtige Antrag lautet deshalb:

Einfaches Zeugnis:

Die Beklagte wird verurteilt, dem Kläger ein einfaches Zeugnis zu erteilen.[2341]

Qualifiziertes Zeugnis:

Die Beklagte wird verurteilt, dem Kläger ein qualifiziertes Zeugnis zu erteilen.

5 In der gerichtlichen Praxis findet sich eine Vielzahl abweichender Formulierungen, die allesamt falsch oder nicht weiterführend sind:

Die Beklagte wird verurteilt, dem Kläger ein qualifiziertes Endzeugnis zu erteilen, das sich auf Führung und Leistung im Arbeitsverhältnis erstreckt.

6 Die verwendete Floskel: „das sich auf Führung und Leistung im Arbeitsverhältnis erstreckt" ist **nicht erforderlich.** Denn der Begriff „qualifiziertes Zeugnis" ist in § 109 GewO legal definiert. Gleichwohl wird er häufig ohne jedes Problembewusstsein verwendet.[2342] Richtiger wird der Zusatz dadurch nicht.

2339 ErfK/Müller-Glöge GewO § 109 Rn. 7. Vgl. HWK/Gäntgen GewO § 109 Rn. 15, wonach der Anspruch auf das Endzeugnis bereits mit Ausspruch der Kündigung entstehen soll.

2340 So schon BAG 17.2.1988 – 5 AZR 638/86, NZA 1988, 427.

2341 Vgl. BAG 14.3.2000 – 9 AZR 246/99, ArbuR 2000, 360.

2342 Vgl. LAG Rheinland-Pfalz 27.1.2020 – 3 Sa 313/19, BeckRS 2020, 7849 wobei der Antrag bereits aus anderen Gründen abweisungsreif gewesen ist; LAG Berlin-Brandenburg 14.1.2016 – 5 Sa 657/15, LAGE § 626 BGB 2002 Nr 64. Vgl. auch BAG 25.4.2018 – 2 AZR 6/18, NZA 2018, 1056.

Falsch sind Umschreibungen wie „wohlwollend“[2343] oder gar „das den Arbeitnehmer 7
nicht in seinem beruflichen Fortkommen behindert“.[2344] Denn es bleibt offen, was diese Begriffe konkret gerichtet auf die Erteilung des Zeugnisses bedeuten sollen. Sie sind letztlich nicht hinreichend bestimmt und damit nicht vollstreckungsfähig.

> *Die Beklagte wird verurteilt, dem Kläger ein wohlwollendes qualifiziertes Endzeugnis zu erteilen, das sich auf Verhalten und Leistung im Arbeitsverhältnis erstreckt und ihn nicht in seinem beruflichen Fortkommen behindert.*

> *Die Beklagte wird verurteilt, dem Kläger ein wohlwollendes, das berufliche Fortkommen nicht unnötig behinderndes Abschlusszeugnis zu erteilen.*

Derartige Formulierungen mögen allenfalls in einem Vergleich sinnvoll sein, weil 8
damit an den Arbeitgeber appelliert wird, die gesetzlichen Vorgaben einzuhalten oder das Zeugnis mit einem bestimmten Tenor zu erteilen. Den Antrag aber machen sie wegen mangelnder Bestimmtheit unzulässig. Sie sind auch in einem Vergleich nicht vollstreckungsfähig und sollten vermieden werden, dazu sogleich unten „Das Zeugnis im Vergleich“, → Rn. 31 ff.

Ebenso falsch ist es, ein vollständiges Zeugnis zu formulieren, solange der Arbeitge- 9
ber noch kein Zeugnis erteilt hat. Denn in dieser Situation besteht der Erfüllungsanspruch unverändert fort.

> *Die Beklagte wird verurteilt, dem Kläger ein qualifiziertes Endzeugnis mit folgendem Wortlaut <vollständiger Text des Zeugnisses> zu erteilen.*

Auch eine Endnote kann im Rahmen der Erteilung nicht vorgegeben werden. Dies 10
kann nur im Rahmen der Berichtigung verlangt werden.

> *Die Beklagte wird verurteilt, dem Kläger ein sehr gutes Zeugnis zu erteilen.*

Zuweilen wird im Zeugnisantrag auch auf das Zwischenzeugnis Bezug genommen. 11
Auch dies ist natürlich unzureichend, weil unbestimmt.

> *Die Beklagte wird verurteilt, dem Kläger ein endgültiges Zeugnis mit dem Inhalt des dem Kläger unter dem 28.2.2015 erteilten Zwischenzeugnisses zu erteilen.*

2. Zeugnisberichtigung

Hat der Arbeitgeber ein Zeugnis erteilt, kommt eine Zeugnisberichtigung in Be- 12
tracht. Denn dann ist der Anspruch auf Erteilung des Zeugnisses erloschen.[2345] Dieser Anspruch beruht auf § 109 Abs. 2 GewO. Danach muss das Zeugnis klar und verständlich formuliert sein. Es darf keine Merkmale oder Formulierungen enthalten, die den Zweck haben, eine andere als aus der äußeren Form oder aus dem Wortlaut ersichtliche Aussage über den Arbeitnehmer zu treffen. Das erteilte Zeugnis muss einerseits der Form eines Zeugnisses entsprechen. Es muss die Schriftform wahren,

2343 Vgl. dazu LAG Hamm 4.8.2010 – 1 Ta 310/10, BeckRS 2010, 72056. Richtig auch: HWK/Gäntgen GewO § 109 Rn. 49.

2344 Vgl. dazu LAG Sachsen 6.8.2012 – 4 Ta 170/12, NZA-RR 2013, 215.

2345 BAG 6.6.2023 – 9 AZR 272/22, NZA 2024, 379; BAG 27.4.2021 – 9 AZR 262/20, NZA 2021, 1327; BAG 14.2.2017 – 9 AZB 49/16, BeckRS 2017, 103516; LAG Rheinland-Pfalz 27.1.2020 – 3 Sa 313/19, BeckRS 2020, 7849; LAG Rheinland-Pfalz 20.1.2020 – 3 Sa 256/19, BeckRS 2020, 7835.

den Aussteller erkennen lassen, ein Ausstellungsdatum enthalten und den Arbeitnehmer eindeutig identifizieren. Andererseits müssen die Grundsätze der Einheitlichkeit, Vollständigkeit und Wahrheit des Zeugnisses eingehalten werden. Weder Wortwahl noch Auslassungen dürfen dazu führen, dass bei den Lesern des Zeugnisses der Wahrheit nicht entsprechende Vorstellungen entstehen können. Dabei soll das Zeugnis vom Wohlwollen des Arbeitgebers getragen sein. In diesem Rahmen ist der Arbeitgeber frei in der Wahl seiner Formulierungen.[2346]

13 Fehlen diese Voraussetzungen, ist der Anspruch auf Erteilung des Zeugnisses nicht durch Erfüllung erloschen. Der Arbeitnehmer kann dann vom Arbeitgeber die Erteilung eines Zeugnisses beanspruchen, das nach Form und Inhalt den gesetzlichen Vorschriften entspricht.[2347]

14 Hat der Arbeitgeber den Anspruch auf Zeugniserteilung erfüllt, ist der Arbeitnehmer damit aber nicht einverstanden, muss er Leistungsklage erheben und im Klageantrag genau bezeichnen, was das Zeugnis in welcher Form enthalten soll.[2348] Der Arbeitnehmer kann den gewünschten Inhalt nicht lediglich auszugsweise vorgeben oder allgemeine Umschreibungen verwenden. Er muss auf der Grundlage des Zeugnisses des Arbeitgebers den konkreten Wortlaut formulieren.[2349] Ob der Arbeitnehmer dann Anspruch auf den gewünschten Wortlaut hat, ist eine Frage der Begründetheit.

15 Deshalb kann grundsätzlich das gesamte neu zu erteilende Zeugnis im Antrag formuliert werden. Der Antrag lautet dann:

Die Beklagte wird verurteilt, dem Kläger Zug um Zug gegen Rückgabe des Zeugnisses vom <Datum> ein neues Zeugnis mit folgendem Wortlaut zu erteilen:

<Vollständiger Text des gewünschten Zeugnisses, bei dem die Abweichungen durch Verwendung von fetter oder kursiver Schrift deutlich gemacht werden sollten>[2350]

16 Sofern das zunächst erteilte Zeugnis dem Arbeitgeber noch nicht zurückgegeben wurde, ist die Herausgabe des ursprünglichen Zeugnisses in den Antrag aufzunehmen. Damit wird in der Zwangsvollstreckung sichergestellt, dass letztlich nur ein Zeugnis existiert.[2351] Ist das Zeugnis dem Arbeitgeber bereits zurückgegeben worden, entfällt die Formulierung „Zug um Zug". Soweit eine „Zug-um-Zug-Verurteilung" in Betracht kommt, muss die Gegenleistung so konkret bezeichnet werden dass sie Gegenstand einer Leistungsklage sein kann. Der Kläger sollte die Zug-um-Zug-Verurteilung von sich aus bereits aus Kostengründen berücksichtigen → *A. I. Systematische Einleitung.*

17 Allerdings wird unterschiedlich beurteilt, ob **stets das gesamte Zeugnis** wörtlich im Antrag formuliert sein muss, Bezugnahmen möglich sind oder es ausreicht, nur die

2346 BAG 27.4.2021 – 9 AZR 262/20, NZA 2021, 1327; BAG 14.2.2017 – 9 AZB 49/16, BeckRS 2017, 103516; BAG 11.12.2012 – 9 AZR 227/11, BAGE 144, 103; BAG 15.11.2011 – 9 AZR 386/10, NZA 2012, 448; BAG 21.6.2005 – 9 AZR 352/04, NZA 2006, 104.

2347 BAG 27.4.2021 – 9 AZR 262/20, NZA 2021, 1327; vgl. auch LAG Nürnberg 3.5.2016 – 2 Ta 50/16, BB 2016, 1908.

2348 BAG 6.6.2023 – 9 AZR 272/22, NZA 2024, 379; BAG 14.2.2017 – 9 AZB 49/16, BeckRS 2017, 103516.

2349 Vgl. BAG 27.4.2021 – 9 AZR 262/20, NZA 2021, 1327; BAG 14.2.2017 – 9 AZB 49/16, BeckRS 2017, 103516; BAG 15.11.2011 – 9 AZR 386/10, NZA 2012, 448; BAG 14.3.2000 – 9 AZR 246/99, ArbuR 2000, 360.

2350 Vgl. etwa den Antrag LAG Berlin-Brandenburg 21.3.13 – 18 Sa 2133/12, AuA 2013, 617.

2351 LAG München 11.11.2008 – 8 Sa 298/08, BeckRS 2009, 67484; LAG Hamm 11.7.1996 – 4 Sa 1285/95 – nv; vgl. auch LAG Köln 12.9.2023 – 4 Sa 12/23, BeckRS 2023, 29572.

Abweichungen zu formulieren. Das **BAG** ist uneinheitlich. Während das BAG im Urteil vom 14.3.2000 strenge Anforderungen formuliert und die auszugsweise Formulierung gerade nicht für ausreichend zu halten scheint, hat das BAG in späteren Entscheidungen die Beschränkung auf konkrete Änderungen im Antrag für möglich gehalten.[2352] In keinem Fall zu beanstanden ist es, wenn der Arbeitnehmer das Antrag im Zeugnis vollständig formuliert, vgl. zur Formulierung → Rn. 15.[2353] Richtigerweise ist zu differenzieren. Geht es um einzelne klar abgrenzbare Änderungswünsche im Zeugnis, können diese Änderungen isoliert formuliert werden. Dies gilt zB, wenn es lediglich darum geht, dass die richtige Person das Zeugnis unterschreibt.

> **Die Beklagte wird verurteilt, das dem Kläger zu erteilende Zeugnis durch einen ranghöheren Vorgesetzten unterzeichnen zu lassen.**[2354]

Die im Antrag enthaltene mangelnde Bestimmtheit des Kreises der Vorgesetzten war 18
im Fall allerdings durch ein beigefügtes Organigramm eingegrenzt. Unberücksichtigt bleibt bei diesem Antrag aber, dass bereits ein Zeugnis erteilt worden ist. Der bessere Antrag lautet:

> **Die Beklagte wird verurteilt, dem Kläger Zug um Zug gegen Rückgabe des Zeugnisses vom <Datum> ein neues Zeugnis mit dem Inhalt des Zeugnisses vom <Datum, Anlage Nr.> zu erteilen, das durch einen ranghöheren Vorgesetzten unterzeichnet wird.**

Geht es ausschließlich um die Formulierung des Führungsverhaltens, hält das BAG 19
es für möglich, diesen Satz zu ergänzen. Der richtige Antrag lautet dann:

> **Die Beklagte wird verurteilt, dem Kläger Zug um Zug gegen Rückgabe des Zeugnisses vom <Datum, Anlage Nr.> ein neues Zeugnis zu erteilen, das im Absatz <Nummer> wie folgt zu ergänzen ist: Sein Verhalten gegenüber Vorgesetzten und Mitarbeitern war stets einwandfrei.**[2355]

Das BAG hält es auch für möglich, mehrere Änderungen auf diese Weise im Antrag 20
zu konkretisieren, so dass man sich letztlich im Antrag darauf beschränken kann, nur die konkreten Änderungswünsche konkret zu bezeichnen.[2356]

> **Die Beklagte wird verurteilt, dem Kläger Zug um Zug gegen Rückgabe des Zeugnisses vom <Datum, Anlage Nr.> ein neues Zeugnis zu erteilen, das wie folgt zu ergänzen ist: a) Auf Blatt 1 wird der dritte Punkt der Aufgabenbeschreibung <Wiedergabe der alten Beschreibung> wie folgt neu gefasst: <Neue Beschreibung> b) Auf Seite 2 wird der erste Satz im ersten Absatz <Wiedergabe alte Beschreibung> wie folgt neu gefasst: <Neue Beschreibung>.**

2352 Zuletzt etwa: BAG 25.1.2022 – 9 AZR 146/21, NZA 2022, 783; BAG 14.6.2016 – 9 AZR 8/15, BeckRS 2016, 73357; BAG 11.12.2012 – 9 AZR 227/11, BAGE 144, 103; BAG 15.11.2011 – 9 AZR 386/10, NZA 2012, 448; vgl. auch LAG Köln 12.9.2023 – 4 Sa 12/23, BeckRS 2023, 29572; LAG Hamm 14.2.2018 – 2 Sa 1255/17, BeckRS 2018, 10099. Vgl. auch ErfK/Müller-Glöge GewO § 109 Rn. 74.

2353 Zuletzt etwa: BAG 6.6.2023 – 9 AZR 272/22, NZA 2024, 379; BAG 27.4.2021 – 9 AZR 262/20, NZA 2021, 1327.

2354 BAG 4.10.2005 – 9 AZR 507/04, NZA 2006, 436.

2355 BAG 21.6.2005 – 9 AZR 352/04, NZA 2006, 104; vgl. auch BAG 11.12.2012 – 9 AZR 227/11, BAGE 144, 103.

2356 BAG 15.11.2011 – 9 AZR 386/10, NZA 2012, 448.

21 Dieses Vorgehen hat auch einen praktischen Nutzen. Formuliert man das gesamte Zeugnis im Antrag neu ist die Versuchung groß, jeden Satz des Zeugnisses neu zu formulieren. Dabei wird häufig übersehen, dass die Formulierungshoheit des Zeugnisses beim Arbeitgeber liegt.

22 Im Antrag kann nach hM auch auf eine Anlage Bezug genommen werden. Da in derartigen Fällen das Zeugnis nicht vollständig im Antrag aufgenommen ist, kann der Klage eine Anlage beigefügt und im Antrag auf ein Zeugnis gem. Anlage verwiesen werden.[2357] Denn für den Antrag reicht es aus, dass in Verbindung mit den beigefügten Anlagen, also vor allem dem abzuändernden Zeugnis eindeutig ist, wie das Zeugnis künftig aussehen muss. Dabei ist darauf zu achten, dass das Zeugnis ein einheitliches Ganzes ist, dessen Teile nicht ohne Gefahr getrennt werden können. Die Möglichkeit des Verweises auf eine Anlage gilt freilich nur für den Antrag. Im Urteil muss der Zeugnistext vollständig in den Tenor aufgenommen werden, da es ansonsten mangels Bestimmtheit nicht vollstreckt werden kann.[2358] Möglich ist deshalb auch folgender Antrag:

> **Die Beklagte wird verurteilt, dem Kläger Zug um Zug gegen Rückgabe des Zeugnisses vom <Datum> ein neues Zeugnis gem. Anlage zu erteilen.**

23 Stets ist allerdings sorgfältig zu differenzieren, ob ein Antrag auf Zeugniserteilung erforderlich ist, oder ein Berichtigungsanspruch geltend gemacht werden kann. Fehlt einem Zeugnis eine grundlegende Mindestanforderung, zB bei einem qualifizierten Zeugnis eine Aussage zum Leistungsverhalten, kann der Arbeitnehmer nicht auf Berichtigung klagen, sondern muss den Erfüllungsanspruch geltend machen und auf Zeugniserteilung klagen.[2359]

24 In der gerichtlichen Praxis finden sich vielfach unbestimmte Berichtigungsanträge, zB:

> *Die Beklagte wird verurteilt, das dem Kläger erteilte Zeugnis dahingehend abzuändern, dass ihm ein „sehr gut" erteilt wird.*

> *Die Beklagte wird verurteilt, dem Kläger ein besseres Zeugnis zu erteilen.*

25 Auch wenn in dieser Weise der Antrag durch den Kläger konkret vorgegeben werden muss, hängt die Entscheidung des Gerichtes davon ab, ob und in welchem Umfang dem Kläger der Nachweis gelingt, dass die beantragte Berichtigung gerechtfertigt ist. Nach der Rechtsprechung des Bundesarbeitsgerichtes trägt der Kläger die **Darlegungs- und Beweislast** dafür, dass er Anspruch auf ein besseres Zeugnis als „Befriedigend" hat, die Beklagte trägt die Darlegungs- und Beweislast für eine Bewertung unterhalb des „Befriedigend".[2360] Soweit weder dem Kläger noch der Beklagten der Nachweis für die beanspruchte bzw. erteilte Note gelingt, hat das Arbeitsgericht abweichend vom Antrag ein eigenes Zeugnis auszuurteilen das der Bewertung „Befriedigend" entspricht. Insofern liegt im Antrag auf Erteilung einer Bewertung besser als

---

2357 LAG Mecklenburg-Vorpommern 2.4.2019 – 2 Sa 187/18, NZA-RR 2019, 519; HWK/Gäntgen GewO § 109 Rn. 50.

2358 BAG 12.1.11 – 7 ABR 25/09, NZA 2011, 1304; LAG Köln 8.1.2003 – 6 Ta 386/02, MDR 2003, 778.

2359 LAG Köln 30.3.2001 – 4 Sa 1485/00, BB 2001, 1959.

2360 BAG 27.4.2021 – 9 AZR 262/20, NZA 2021, 1327 Rn. 30; BAG 18.11.2014 – 9 AZR 584/13, NZA 2015, 435; BAG 14.10.2003 – 9 AZR 12/03, NZA 2004, 1270.

befriedigend als „Minus“ auch der Antrag auf das „Befriedigend“, soweit ein „Sehr gut“ beantragt wird, auch das „Gut“.

3. Zwischenzeugnis

a) Ansprüche des Arbeitnehmers

Es ist allgemein anerkannt, dass dem Arbeitnehmer jedenfalls aufgrund einer ver- 26
traglichen Nebenpflicht ein Zwischenzeugnis zu erteilen ist, wenn ein berechtigtes Interesse besteht.[2361] Als berechtigtes Interesse ist zB eine ausgesprochene Kündigung anerkannt, da dem Arbeitnehmer die anderweitige Bewerbung ermöglicht werden muss. Darüber hinaus existiert ein berechtigtes Interesse auch bei einem Vorgesetztenwechsel.[2362] Für die Erteilung des Zwischenzeugnisses gelten die allgemeinen Grundsätze. Der Antrag lautet:

Einfaches Zwischenzeugnis:

Die Beklagte wird verurteilt, dem Kläger ein einfaches Zwischenzeugnis zu erteilen.

Qualifiziertes Zwischenzeugnis:

Die Beklagte wird verurteilt, dem Kläger ein qualifiziertes Zwischenzeugnis zu erteilen.

Auch der Inhalt des Zwischenzeugnisses richtet sich nach den Allgemeinen Grundsätzen. Ist der Arbeitnehmer mit dem Inhalt nicht einverstanden muss er Leistungsklage mit dem gewünschten Inhalt des Zeugnisses erheben vgl. oben „Zeugnisberichtigung“, solange nicht der Anspruch auf Zeugniserteilung fortbesteht, weil das Zeugnis die formalen Mindestanforderungen einer Zeugniserteilung nicht erfüllt.

Der Arbeitnehmer hat **während des Laufs des Kündigungsschutzprozesses** ein 27
Wahlrecht, ob er ein End- oder ein Zwischenzeugnis verlangt. Hat er ein Endzeugnis erhalten, kann er grundsätzlich nicht zusätzlich ein Zwischenzeugnis beanspruchen. Denn insoweit ist nicht ersichtlich, welches Interesse an der Erteilung des – weiteren – Zwischenzeugnisses bestehen sollte. Die Situation kann sich ändern, wenn rechtskräftig feststeht, dass das Arbeitsverhältnis durch die Kündigung nicht beendet wurde.[2363]

b) Ansprüche des Arbeitgebers

Es stellt sich die Frage, ob der Arbeitgeber umgekehrt ein bereits erteiltes Arbeits- 28
zeugnis zurückverlangen kann, wenn ihm nachträglich Tatsachen bekannt werden, die eine andere Beurteilung rechtfertigen würden und für einen zukünftigen Arbeitgeber von ausschlaggebender Bedeutung bei der Einstellungsentscheidung sein könnten. Dies wird teilweise bejaht.[2364] Dann lautet der Antrag:

2361 ErfK/Müller-Glöge GewO § 109 Rn. 7.
2362 BAG 1.10.1998 – 6 AZR 176/97, AP BAT § 61 Nr. 2.
2363 LAG München 20.11.2013 – 11 Sa 567/13, BeckRS 2014, 71906.
2364 LAG Schleswig-Holstein 17.10.2017 – 1 Sa 228/17, NZA-RR 2018, 99.

Herausgabe des Zeugnisses an Arbeitgeber:

Der Beklagte wird verurteilt, an die Klägerin das dem Beklagten erteilte Arbeitszeugnis vom <Datum> herauszugeben.

4. Einstweilige Verfügung

29 Die Durchsetzung von Zeugniserteilung und Zeugnisberichtigung im Wege der einstweiligen Verfügung ist zwar denkbar, aber in den seltensten Fällen Erfolg versprechend. Einerseits wird die Hauptsache vorweggenommen, andererseits ist nicht ersichtlich, welches Eilbedürfnis bestehen sollte. Denkbar ist allenfalls, dass der Arbeitnehmer sich dringend bewerben möchte und Bewerbungsfristen abzulaufen drohen und entweder gar kein Zeugnis erteilt worden ist, oder aber ein Zeugnis, das an offensichtlichen Mängeln leidet.[2365] Für den Antrag gelten dann aber keine Besonderheiten. In diesem Fall kann auch ein Schadensersatzanspruch möglich sein.[2366]

5. Zwangsvollstreckung

30 Die Zwangsvollstreckung der Zeugniserteilung oder Berichtigung des Zeugnisses richtet sich nach **§ 888 ZPO.**[2367] Erfüllt der Arbeitgeber seine Pflichten nicht, kommt die Verhängung eines Zwangsgeldes in Betracht. Dies ist allerdings nur dann möglich, wenn der Titel einen vollstreckungsfähigen Inhalt aufweist. Insoweit korrespondieren Antrag und Zwangsvollstreckung. Darüber hinaus ermöglicht **§ 61 Abs. 2 ArbGG** für den Fall, dass Klage auf Vornahme einer Handlung erhoben worden ist den weiteren Antrag, dass das ArbG dem Beklagten eine Frist zur Vornahme der Handlung setzt und für den Fall der Nichtvornahme den Beklagten zur **Zahlung einer Entschädigung** verurteilt → *Entschädigung.*

6. Das Zeugnis im Vergleich

31 Typischerweise findet die Erteilung des Zeugnisses Berücksichtigung im arbeitsgerichtlichen Vergleich. Auch hier ist bei der Formulierung im Vergleich im Hinblick auf eine spätere Vollstreckung sorgfältig vorzugehen. Typische Formulierungen im Vergleichstext lauten:

Die Beklagte erteilt dem Kläger ein wohlwollendes qualifiziertes Arbeitszeugnis, das sich auf Verhalten und Leistung im Arbeitsverhältnis erstreckt und ihn nicht in seinem beruflichen Fortkommen behindert.

Die Beklagte erteilt dem Kläger ein wohlwollendes qualifiziertes Arbeitszeugnis mit einer sehr guten Führungs- und Leistungsbeurteilung und einer Bedauerns-, Dankes- und gute Wünscheformulierung im Schlusssatz.[2368]

32 Mit diesen Formulierungen ist kein vollstreckungsfähiger Inhalt gerichtet auf die Erteilung eines bestimmten Zeugnisses vorgegeben. Es fehlt an einer hinreichenden Konkretisierung der den Schuldner treffenden Leistungspflicht. Ist dies das Ziel der

2365 Unklar LAG Frankfurt 17.2.2014 – 16 SaGa 61/14, AA 2014, 126; zutreffend: LAG Rheinland-Pfalz 31.8.2006 – 6 Sa 366/06, BeckRS 2007, 42336; LAG Köln 5.5.2003 – 12 Ta 133/03, ZTR 2003, 580.
2366 BAG 12.2.2013 -3 AZR 120/11, NZA 2014, 31.
2367 LAG Düsseldorf 18.1.2021 – 13 Ta 364/20, NZA-RR 2021, 333.
2368 BAG 14.2.2017 – 9 AZB 49/16, BeckRS 2017, 103516.

in den Vergleich aufgenommenen Regelung, muss im Vergleichstext genau bezeichnet werden, was das Zeugnis in welcher Form enthalten soll. Insoweit gelten die im Rahmen der Zeugniserteilung bzw. Berichtigung aufgezeigten Grundsätze. Die Formulierung im Vergleich lautet dann:

> **Die Beklagte wird verurteilt, dem ein neues Zeugnis mit folgendem Wortlaut zu erteilen:**
>
> **<Vollständiger Text des gewünschten Zeugnisses, bei dem die Abweichungen durch Verwendung von fetter oder kursiver Schrift deutlich gemacht werden sollten>**

Ohne eine konkrete Angabe des Wortlautes kann aus den o.g. typischen Formulie- **33**
rungen im Vergleichstext nur die Zeugniserteilung begehrt werden. Angesichts des dem Arbeitgeber durch die gewählte Formulierung eingeräumten weitreichenden Gestaltungsspielraums bei der Auswahl des Zeugnisinhalts muss dann bei Beanstandungen der Weg über die Zeugnisberichtigung beschritten werden.[2369] Allerdings kann es nach der Rechtsprechung des BAG ausreichen, dass die Beklagte dem Kläger ein Zeugnis auf Grundlage eines vom Kläger vorzulegenden Entwurfes erteilt.[2370] Derartige in der Praxis häufig vorkommende Formulierungen lauten:

> *Die Beklagte erteilt dem Kläger ein wohlwollendes qualifiziertes Arbeitszeugnis, das sich auf Verhalten und Leistung im Arbeitsverhältnis erstreckt und ihn nicht in seinem beruflichen Fortkommen behindert und das eine Leistungsbeurteilung mit der Note „sehr gut" enthält. Der Kläger ist berechtigt, der Arbeitgeberin einen Entwurf vorzulegen, von dem die Beklagte nur aus wichtigem Grund abweichen wird.*

Auch diese Formulierung hilft nach hM nur begrenzt weiter. In dieser Situation ist **34**
dann nämlich im Zwangsvollstreckungsverfahren zu klären, ob das von der Arbeitgeberin erteilte Zeugnis dem eingereichten Entwurf entspricht. Ob insoweit für die Vollstreckung ausreicht, es ausreicht, dass sich die Arbeitgeberin zur Erteilung eines Zeugnisses verpflichtet, dessen Inhalt einer bestimmten Notenstufe entspricht, ist streitig.[2371] Das BAG hält die Arbeitgeberin bei einer entsprechenden Formulierung nicht für verpflichtet, den Entwurf Wort für Wort zu übernehmen.[2372] Die Arbeitgeberin sei insbesondere nicht verpflichtet, Grammatik-, Rechtschreibe- oder Zeichensetzungsfehler zu übernehmen. Auch – und das ist entscheidend – darf die Zwangsvollstreckung nicht dazu führen, dass die Arbeitgeberin ein Zeugnis erteilt, dass nicht der Wahrheit entspricht. Damit ist der Entwurf des Arbeitnehmers gegen die Arbeitgeberin mit derartigen Formulierungen nur bis zur Grenze der Zeugniswahrheit vollstreckbar. Da dies wiederum nicht im Zwangsvollstreckungsverfahren geklärt werden kann, müsste der Arbeitnehmer bei einer entsprechenden Einwendung der Arbeitgeberin eine Klage auf Zeugnisberichtigung erheben.

Im Hinblick auf die Vollstreckung einer „Bedauerns- und Dankesformel" wird teil- **35**
weise der Hinweis auf eine „übliche" Dankesformel für ausreichend erachtet.[2373]

2369 BAG 14.2.2017 – 9 AZB 49/16, BeckRS 2017, 103516.
2370 BAG 9.9.2011 – 3 AZB 35/11, NZA 2012, 1244.
2371 Diese Formulierung reicht aus nach: LAG Düsseldorf 18.1.2021 – 13 Ta 364/20, NZA-RR 2021, 333.
2372 BAG 9.9.2011 – 3 AZB 35/11, NZA 2012, 1244.
2373 LAG Berlin-Brandenburg 5.4.2018 – 9 Ta 1625/17, BeckRS 2018, 9551.

Zielvereinbarung

Übersicht

	Rn.
1. Grundsätze	1
2. Klageanträge bei unterbliebener Zielfestlegung	2–4
3. Klageanträge nach Zielfestlegung	5–12
4. Feststellungsanträge	13, 14

1. Grundsätze

1 Zielvereinbarungen sind Vereinbarungen zwischen Arbeitgeber und Arbeitnehmer über das Erreichen von bestimmten Zielen für eine bestimmte Periode, meist eines Jahres. Die Zielvereinbarung ist häufig mit der Zahlung eines Bonusses im Falle der Zielerreichung kombiniert. Ohne Entgeltbestandteil ist die Zielvereinbarung regelmäßig Bestandteil des betrieblichen Beurteilungssystems. Zu den entsprechenden Anträgen → *Beurteilung*. Die entgeltbezogene Zielvereinbarung besteht typischerweise aus einer Rahmenvereinbarung und einer separaten für jedes Jahr neu zu vereinbarenden konkreten Zielfestlegung. In der gerichtlichen Praxis treten dabei zwei wesentliche Problemkreise auf. Zum einen wird über den Grad der Zielerreichung und damit über die Bonushöhe gestritten, zum anderen über die Festlegung der Ziele, wenn die Zielvereinbarung für ein Jahr unterblieben ist. Darüber hinaus können Störungen bei der Zielerreichung eintreten, etwa wenn das vom Arbeitnehmer zu vertreibende Produkt eingestellt wird. Hinsichtlich der Anspruchsgrundlage ist zu differenzieren zwischen einer Zielvorgabe und einer Zielvereinbarung.[2374] Im ersten Fall ist der Arbeitgeber verpflichtet, Ziele vorzugeben, im zweiten Fall bedarf es einer Vereinbarung über die Ziele. Ob eine Zielvereinbarung oder eine Zielvorgabe gemeint ist, ist durch Auslegung der vertraglichen Vereinbarung zu ermitteln.[2375]

2. Klageanträge bei unterbliebener Zielfestlegung im Rahmen der Zielvorgabe oder Zielvereinbarung

2 Ist die **Zielfestlegung unterblieben,** kann der Arbeitnehmer **während des Laufes der Zielperiode** zunächst deren Festlegung einfordern. Dabei ist nach der Rechtsgrundlage zu unterscheiden. Fehlt die einseitige Festlegung der Zielvorgabe durch den Arbeitgeber, kommt eine Leistungsklage in Betracht, mit der der Arbeitgeber zur Leistungsbestimmung gezwungen werden soll → *Leistungsbestimmung:*

> **Die Beklagte wird verurteilt, die Ziele für das Jahr <Zahl> nach <§/Nr.> des Arbeitsvertrages vom <Datum> zu bestimmen.**

3 Bei einer „echten" **Zielvereinbarung** kommt nur ein → *Verhandlungsanspruch* in Betracht, weil der Inhalt des abzuschließenden Vertrages gerade noch offen ist. Hier ist folgender Antrag möglich:

2374 BAG 13.10.2021 – 10 AZR 729/19, NZA 2022, 268 Rn. 53; BAG 17.12.2020 – 8 AZR 149/20, NZA 2021, 1034 Rn. 46; BAG 3.8.2016 – 10 AZR 710/14, NZA 2016, 1334; BAG 19.3.2014 – 10 AZR 622/13, NZA 2014, 595; BAG 11.12.2013 – 10 AZR 364/13, ZIP 2014, 1093; BAG 15.5.2013 – 10 AZR 679/12, NJW-Spezial 2013, 563; grundlegend: BAG 12.12.2007 – 10 AZR 97/07, NZA 2008, 409.

2375 BAG 17.12.2020 – 8 AZR 149/20, NZA 2021, 1034 Rn. 37.

> **Der Beklagte wird verurteilt, mit dem Kläger auf der Grundlage der Rahmenvereinbarung zum Arbeitsvertrag vom <Datum> innerhalb von <Anzahl> Wochen nach Rechtskraft des Urteils über eine Zielvereinbarung zu verhandeln.**

Nach Ablauf der Zielvereinbarungsperiode ist die Festlegung der Ziele hingegen 4
nicht mehr möglich. Die Arbeitgeberin kann bei einer nicht abgeschlossenen Zielvereinbarung nach Ablauf der Zielperiode gem. § 280 Abs. 1 und 3 BGB iVm §§ 283 S. 1, 252 BGB verpflichtet sein, dem Arbeitnehmer wegen der entgangenen Vergütung **Schadensersatz** zu leisten. Haben die Parteien also während der Zielvereinbarungsperiode keine Zielvereinbarung abgeschlossen, muss der Arbeitnehmer einen Schadensersatzanspruch geltend machen. Dabei handelt sich um einen vom Erfüllungsanspruch zu unterscheidenden Streitgegenstand. In diesem Fall kann der Arbeitnehmer deshalb unmittelbar einen Zahlungsantrag formulieren → *Schadensersatz.*[2376] Hat der Arbeitgeber schuldhaft kein Gespräch mit dem Arbeitnehmer über eine Zielvereinbarung geführt, ist der für den Fall der Zielerreichung zugesagte Bonus bei der abstrakten Schadensberechnung nach § 252 S 2 BGB Grundlage für die Ermittlung des dem Arbeitnehmer zu ersetzenden Schadens.[2377]

3. Klageanträge nach Zielfestlegung – der Streit um die Zielerreichung

Sind die Ziele festgelegt worden, kommt es häufig zum Streit über die Frage der 5
Zielerreichung. Dieser Streit entsteht im Regelfall deshalb, weil die zugrunde liegende Regelung die Höhe des zu zahlenden Bonus nicht immer von exakten Rechengrößen abhängig macht. Insbesondere ist der Arbeitgeberin bei der Bestimmung der Faktoren häufig ein einseitiges Leistungsbestimmungsrecht zugewiesen. Dies ist zulässig. Insofern ist allgemein anerkannt, dass die Höhe und Art einer Bonuszahlung nicht abschließend im Arbeitsvertrag festgelegt werden muss.[2378] In einem solchen Fall hat die Leistungsbestimmung nach der gesetzlichen Regelung mangels abweichender Anhaltspunkte nach billigem Ermessen zu erfolgen. Eine Leistungsbestimmung entspricht billigem Ermessen, wenn die wesentlichen Umstände des Falls abgewogen und die beiderseitigen Interessen angemessen berücksichtigt worden sind. Maßgeblich ist dabei der Zeitpunkt, in dem der Bestimmungsberechtigte die Ermessensentscheidung zu treffen hat. Dem Inhaber des Bestimmungsrechts nach § 315 Abs. 1 BGB verbleibt für die rechtsgestaltende Leistungsbestimmung also ein nach billigem Ermessen auszufüllender Spielraum. Innerhalb des Spielraums können dem Bestimmungsberechtigten auch mehrere Entscheidungsmöglichkeiten zur Verfügung stehen.[2379] Ob die Entscheidung der Billigkeit entspricht, unterliegt der vollen gerichtlichen Kontrolle (§ 315 Abs. 3 S. 2 BGB). Ist dieser der Arbeitgeberin eingeräumte Ermessensspielraum überschritten, ist die vorgenommene Leistungsbestimmung unverbindlich, § 315 Abs. 3 BGB. In diesem Fall hat gem. § 315 Abs. 2 BGB die Bestimmung der Höhe des Anspruchs für das Geschäftsjahr 2011 durch Urteil zu erfolgen. Dies hat **Konsequenzen für den Antrag.**

2376 BAG 13.10.2021 – 10 AZR 729/19, NZA 2022, 268 Rn. 55; BAG 17.12.2020 – 8 AZR 149/20, NZA 2021, 1034 Rn. 46; BAG 10.12.2008 – 10 AZR 889/07, NZA 2009, 256; BAG 12.12.2007 – 10 AZR 97/07, NZA 2008, 409.

2377 BAG 17.12.2020 – 8 AZR 149/20, NZA 2021, 1034 Rn. 52.

2378 BAG 3.8.2016 – 10 AZR 710/14, NZA 2016, 1334.

2379 BAG 13.10.2021 – 10 AZR 729/19, NZA 2022, 268 Rn. 96.

6 Der Arbeitnehmer, der die Leistungsbestimmung durch die Arbeitgeberin für unverbindlich hält, muss die Bestimmung durch das Gericht geltend machen. Hierdurch kann eine andere als die von der Arbeitgeberin vorgenommene Leistungsbestimmung durch das Gericht durchgesetzt werden → *Leistungsbestimmung.*

7 Dann lautet der Antrag:

> **Die Beklagte wird verurteilt, die Höhe der Gratifikation für das Jahr <Zahl> nach <§/Nr.> des Arbeitsvertrages vom <Datum> zu bestimmen.**

8 Das BAG und die Instanzrechtsprechung lassen zutreffend folgenden Antrag zu:

> **Die Beklagte wird verurteilt, dem Kläger für das Geschäftsjahr <Jahr> einen Bonus, der der Höhe nach in das Ermessen des Gerichts gestellt wird, der aber mindestens <Mindestbetrag> brutto beträgt, nebst Zinsen iHv. fünf Prozentpunkten über dem Basiszinssatz seit dem <Datum> zu zahlen.**[2380]

9 Soweit der Arbeitnehmer der Auffassung ist, die festgelegten Ziele seien trotz des der Arbeitgeberin eingeräumten Bestimmungsrechtes erreicht, kann er wegen der **Zielerreichung** unmittelbar auf Zahlung des sich aus der Zielvereinbarung ergebenden Betrages klagen → *Vergütung.* Ob die Klage erfolgversprechend ist, hängt aber insbesondere bei der Festlegung der „subjektiven Ziele" weitgehend von der Einschätzungsprärogative des Arbeitgebers ab.[2381]

10 Das BAG lässt bei der Bestimmung der Leistung durch eine paritätische Kommission folgenden Antrag zu, auch wenn es um die Leistungsbestimmung durch das Gericht geht:

> **Die Beklagte wird verurteilt, die Gesamtpunktsumme der Leistungsbeurteilung des Klägers vom <Datum> für den Beurteilungszeitraum <Zeitraum> auf X Punkte festzusetzen.**[2382]

11 Demgegenüber können die Ziele der Zielvereinbarung als Entgeltabrede nicht überprüft werden.[2383] → *Leistungsbeurteilung*

12 Der Betriebsrat kann hinsichtlich der abgeschlossenen Zielvereinbarungen einen Anspruch auf Auskunft haben → *Unterrichtung.*[2384]

4. Feststellungsanträge

13 Geht es um die Auslegung einer **unklaren Zielvereinbarung,** kommt auch eine Feststellungsklage in Betracht. Denn eine Feststellungsklage muss sich nicht notwendig auf das Rechtsverhältnis insgesamt erstrecken. Sie kann sich auch auf einzelne Bezie-

2380 BAG 3.8.2016 – 10 AZR 710/14, NZA 2016, 1334; LAG Rheinland-Pfalz 30.11.2022 – 7 Sa 124/22, BeckRS 2022, 48506 Rn. 19.

2381 Vgl. BAG 25.1.2023 – 10 AZR 319/20, NZA 2023, 574; BAG 24.10.2018 – 10 AZR 285/16, NZA 2019, 387; BAG 22.1.1997 – 10 AZR 468/96, NZA 97, 837 zur paritätischen Kommission. Küttner/Griese Personalbuch § 471 Rn. 15 Zielvereinbarung.

2382 BAG 18.5.2016 – 10 AZR 183/15, BAGE 155, 109.

2383 BAG 12.12.2007 – 10 AZR 97/07, NZA 2008, 409.

2384 BAG 21.10.2003 – 1 ABR 39/02, NZA 2004, 936.

hungen oder Folgen aus einem Rechtsverhältnis, auf bestimmte Ansprüche oder Verpflichtungen oder auf den Umfang der Leistungspflicht beschränken. Vgl. dazu ausführlich → Inhalt Arbeitsverhältnis Rn. 3. Auf dieser Grundlage kann der Streit über die Bonusgrundlagen zulässiger Gegenstand einer **Elementenfeststellungsklage** sein, wenn sich die Feststellung hinreichend bestimmt auf den Umfang der Leistungspflicht des Arbeitgebers bezieht.

Besteht zB ein Streit über die Berechnungsgrundlage der Zielvereinbarung, kann diese durch eine konkrete Feststellung geltend gemacht werden. Wichtig ist dabei aber die präzise Beschreibung der streitigen Grundlage. Geht es bereits um die abstrakte Höhe des Volumens der Zielvereinbarung könnte Folgendes beantragt werden: 14

Es wird festgestellt, dass für die Berechnung des Bonus gem. <Beschreibung der Grundlage der Vereinbarung> bei Zielerreichung von 100% ein Betrag in Höhe von 100.000,00 € zugrunde zu legen ist.[2385]

Zinsen

Eine Zinszahlung ist durch **Leistungsantrag** durchzusetzen. Auch für Nebenforderungen gilt das Bestimmtheitsgebot (vgl. § 308 Abs. 1 S. 2 ZPO).[2386] Der Antrag auf Zahlung von Zinsen wird regelmäßig in Verbindung mit einem sonstigen Zahlungsantrag (→ *Zahlung* und → *Vergütung*) gestellt. Daneben finden sich auch Anträge auf Zahlung einer → *Verzugspauschale.* Bereits angefallene Zinsen können aber auch berechnet und durch einen eigenständigen Antrag geltend gemacht werden. Insoweit gelten keine Besonderheiten zu sonstigen Zahlungsanträgen (→ *Zahlung*). Zinsen sind allerdings keine wiederkehrenden Leistungen iSd § 258 ZPO, sondern Sekundäransprüche, deren Entstehung ungewiss ist, so dass sie nicht für die Zukunft eingeklagt werden können.[2387] Dies ist insbesondere bei (Feststellungs-)Anträgen zu beachten, die auf → *betriebliche Altersversorgung* gerichtet sind. 1

Bei **laufenden Zinsen** kann keine Bezifferung erfolgen. Dies ist aber auch nicht notwendig. Es reicht aus, neben dem Beginn der Zinspflicht die **Höhe des Zinssatzes** anzugeben.[2388] Sofern sich dieser geändert hat, muss der konkrete Zeitpunkt der Änderung angegeben werden. Im Interesse der Klarheit sollten in diesem Fall allerdings besser die Zinsen für vergangene Zeiträume berechnet und als konkreter Zahlungsbetrag eigenständig geltend gemacht werden.[2389] Wird kein Zinssatz, sondern lediglich ein Fälligkeitsdatum angegeben, nimmt die Rechtsprechung regelmäßig an, dass die gesetzlichen Verzugszinsen iSv § 288 Abs. 1 BGB begehrt werden.[2390] 2

Werden lediglich **Verzugs- oder Prozesszinsen** in der **gesetzlich vorgesehenen Höhe** geltend gemacht, muss **kein konkreter Zinssatz** angegeben werden.[2391] Dies gilt auch für die Höhe des Basiszinssatzes. Sie kann sich gemäß § 247 Abs. 1 BGB zweimal jährlich ändern.[2392] Das Vollstreckungsorgan kann den Basiszinssatz und 3

2385 LAG Schleswig-Holstein 28.6.2023 – 1 Sa 101/22, BeckRS 2023, 25732.
2386 BAG 13.7.2021 – 3 AZR 349/20, AP BetrAVG § 1 Auslegung Nr. 61.
2387 BAG 25.1.2022 – 3 AZR 406/21, NZA 2022, 792; BAG 22.10.2019 – 3 AZR 429/18, AP BetrAVG § 1 Ablösung Nr. 81.
2388 Vgl. BAG 13.7.2021 – 3 AZR 349/20, AP BetrAVG § 1 Auslegung Nr. 61.
2389 Vgl. MüKoZPO/Becker-Eberhard § 253 Rn. 132; aber nicht notwendig BAG 1.10.2002 – 9 AZR 215/01, NZA 2003, 87.
2390 BAG 13.7.2021 – 3 AZR 349/20, AP BetrAVG § 1 Auslegung Nr. 61.
2391 BAG 1.10.2002 – 9 AZR 215/01, NZA 2003, 87.
2392 Vgl. www.bundesbank.de.

damit den Zinssatz insgesamt ggf. selbst bestimmen. Es genügt daher, den Wortlaut des § 288 Abs. 1 S. 2 BGB zu übernehmen.[2393]

4 Anzugeben ist das **Datum,** ab dem der Zahlungsbetrag zu verzinsen ist. Dabei ist folgendes zu beachten. Ist ein Betrag etwa am Ersten eines Monats fällig, dann beginnt der Verzug am **Folgetag** des Monatsersten. Fällt der Monatserste aber auf einen Samstag, Sonn- oder Feiertag, dann verschiebt sich die Fälligkeit gemäß § 193 BGB auf den nächsten Werktag. Verzug tritt dann also erst am Folgetag ein.[2394] Ausreichend ist die Geltendmachung **ab Rechtshängigkeit.**[2395] Damit werden Prozesszinsen iSd § 291 BGB geltend gemacht. Zinsen auf die Hauptsumme stehen dem Gläubiger dann aber erst ab dem auf die Rechtshängigkeit des Zahlungsanspruchs folgenden Tag (§ 187 Abs. 1 BGB entsprechend) zu.[2396]

5 Manchmal ist auch ein Zinsantrag ab beispielweise Mitte des Jahres (1.7.) oder einem ähnlichen Zeitpunkt unter dem Stichwort **mittlerer Verzug** zu finden. Solange der Antrag bestimmt ist, besteht kein Zulässigkeits-, sondern ein Begründetheitsproblem.[2397]

6 Eine Besonderheit ist auch bei **verdeckten Gestaltungsurteilen** (→ *Leistungsbestimmung;* → *Auflösung*) zu beachten: Die Bestimmung der dem Kläger zustehenden Vergütung ist durch Gestaltungsurteil zu treffen.[2398] Dazu gehören auch die aufgrund einer Anpassungsentscheidung nach § 16 Abs. 1 und Abs. 2 BetrAVG zu gewährenden Leistungen (→ *betriebliche Altersversorgung*).[2399] Erst mit der Rechtskraft des Urteils tritt die Gestaltungswirkung ein, die mit der Neubestimmung der Vergütung verbunden ist. Mit der Rechtskraft tritt der Verzug des Schuldners aber ohne weiteres ein.[2400]

7 Der übliche und **richtige Antrag** zur Durchsetzung von gesetzlichen Verzugs- oder Prozesszinsen lautet wie folgt:

> **Der Beklagte wird verurteilt, an den Kläger <Betrag> EUR nebst Zinsen in Höhe von 5 Prozentpunkten über dem Basiszinssatz seit dem <Datum>/seit Rechtshängigkeit zu zahlen.**

8 **Unzulässig** ist etwa folgende Antragsstellung:

> *Die Beklagte wird verurteilt, an den Kläger <Betrag> EUR zuzüglich gesetzlicher Zinsen zu zahlen.*

2393 Den erhöhten Zinssatz iHv acht Prozentpunkten über dem Basiszinssatz gemäß § 288 Abs. 2 BGB kann der Arbeitnehmer hingegen nicht verlangen, BAG 23.2.2005 – 10 AZR 602/03, NZA 2005, 694.

2394 LAG Düsseldorf 8.12.2017 – 6 Sa 193/17, NZA-RR 2018, 210.

2395 Vgl. BAG 15.11.2000 – 5 AZR 365/99, NZA 2001, 386.

2396 BGH 24.1.1990 – VIII ZR 296/88, NJW-RR 1990, 519; BGH 10.10.2017 – XI ZR 555/16, BeckRS 2017, 131350; BAG 30.10.2001 – 1 AZR 65/01, NZA 2002, 449; BAG 15.9.2009 – 9 AZR 645/08, NZA-RR 2010, 271; vgl. aber auch Ziemann FS Schwerdtner, 2003, 715 ff.; aA AG Hamburg-Altona 5.2.2013 – 316 C 337/12, BeckRS 2013, 02900.

2397 Vgl. dazu LAG 21.12.1998 – 2 Sa 1320/97, BeckRS 1998, 30858250; vgl. aber auch ArbG Solingen 20.2.2014 – 1 Ca 161/13 lev, BeckRS 2014, 68543.

2398 BAG 24.10.2018 – 10 AZR 285/16, BeckRS 2018, 36770.

2399 BAG 28.6.2011 – 3 AZR 859/09, NZA 2011, 1285; BAG 30.9.2014 – 3 AZR 613/12, AP BetrAVG § 1 Pensionskasse Nr. 11.

2400 BGH 4.4.2006 – X ZR 122/05, NJW 2006, 2472; BAG 13.5.1969 – 5 AZR 309/68, NJW 1969, 1735; BAG 28.6.2011 – 3 AZR 859/09, NZA 2011, 1285.

Unzulässig ist auch die Verknüpfung einer Zahlungsklage mit folgendem Satz: 9

> *Der Betrag ist im Falle des Verzugs zu verzinsen mit fünf Prozentpunkten über dem Basiszinssatz.*

Diese Formulierung zielt ihrem Wortlaut nach bereits nicht auf Zahlung ab. Zudem 10
wird sie abhängig gemacht von der Bedingung des Verzugs.

Der Antragstellung sollte auch im Übrigen etwas Aufmerksamkeit zugewandt wer- 11
den. Andernfalls ist schnell **etwas Anderes** beantragt. So trifft man in der Praxis häufig folgenden zulässigen, aber inhaltlich nicht gewollten Antrag an:

> *Der Beklagte wird verurteilt, dem Kläger <Betrag> EUR nebst 5 % Zinsen ab dem <Datum> zu zahlen.*

Ein solcher Antrag ist zwar zulässig, aber mit ihm wird vom Wortlaut her ein –in der 12
Regel – niedrigerer Zinssatz geltend gemacht und auf Zinsen in Höhe des Basiszinssatzes verzichtet. Ob wirklich ein Weniger gewollt ist oder aber schlicht ein Formulierungsfehler vorliegt, wird zwar durch das Gericht aufzuklären sein. Ein solcher Antrag wird womöglich auch im Sinne der gesetzlichen Regelung auszulegen sein.[2401] Es sollte aber beim Antrag **kein Risiko** eingegangen werden.

Etwas Anderes wird dem (auslegungsfähigen) Wortlaut nach auch mit der nachfol- 13
genden Formulierung beantragt:

> *Der Beklagte wird verurteilt, dem Kläger <Betrag> EUR nebst 5 % Zinsen über dem Basiszinssatz ab dem <Datum> zu zahlen.*

Werden in einem Klageantrag **verschiedene Zahlungsansprüche,** die zu verschiede- 14
nen Zeitpunkten fällig waren, **zusammengefasst,** so ist für jeden einzelnen Anspruch der Zeitpunkt anzugeben, ab wann er zu verzinsen ist. Der Antrag kann dann etwa wie folgt lauten:

> **Die Beklagte wird verurteilt, dem Kläger <Gesamtbetrag> EUR nebst Zinsen iHv fünf Prozentpunkten über dem Basiszinssatz aus EUR <Betrag> seit dem <Datum> und aus weiteren <Betrag> EUR seit dem <Datum> zu zahlen.**

Oder bei gleich hohen Einzelbeträgen: 15

> **Die Beklagte wird verurteilt, dem Kläger <Gesamtbetrag> EUR nebst Zinsen iHv fünf Prozentpunkten über dem Basiszinssatz aus jeweils EUR <Betrag> seit dem <Datum>, seit dem <Datum> sowie seit dem <Datum> zu zahlen.**

Für Zinsen bei **Bruttovergütungsansprüchen** gelten die obigen Ausführungen ent- 16
sprechend. Es können Zinsen vom Bruttoanspruch geltend gemacht werden.[2402]

2401 BGH 7.2.2013 – VII ZB 2/12, NJW-RR 2013, 100; OLG Hamm 5.4.2005 – 21 U 149/04, NJW 2005, 2238; LAG Berlin-Brandenburg 12.11.2009 – 25 Sa 29/09, BeckRS 2011, 67156.

2402 BAG 7.3.2001 – GS 1/00, NZA 2001, 1195; dies gilt zumindest für den gesetzlichen Zinssatz, vgl. auch MAH ArbR/Hexel § 22 Rn. 111.

Dennoch wird in der Praxis zum Teil noch der Zins nur für den Nettobetrag eingefordert, obwohl es sich bei der Hauptforderung um eine Bruttovergütung handelt.

17 Der Antrag lautet dann beispielsweise:

> *Der Beklagte wird verurteilt, dem Kläger <Betrag> EUR brutto nebst Zinsen iHv fünf Prozentpunkten über dem jeweiligen Basiszinssatz aus dem sich daraus ergebenden Nettobetrag seit dem <Datum> zu zahlen.*

18 Derartige Anträge sind von Gerichten früher ohne weitere Erörterung gebilligt worden.[2403] Ein solcher Antrag ist aber **nicht hinreichend bestimmt.**[2404] Der für die Zinsen maßgebliche Nettobetrag ist zu beziffern. Von einem solchen Antrag ist aber ohnehin **abzuraten,** da mit ihm auf einen Teil der **Zinsen verzichtet** wird. Der Zinsanspruch sollte sich auf die Bruttohauptforderung beziehen.

19 Wird eine **Bruttovergütung** eingeklagt, von der **Leistungen,** etwa erfolgte Nettozahlungen oder übergeleitete Ansprüche wie etwa Arbeitslosengeld, **in Abzug** zu bringen sind, dann ist für die Berechnung der Zinsen der **Zeitpunkt** anzugeben, wann solche konkret zu beziffernde Leistungen (→ *Vergütung*) zugeflossen sind.[2405] In Höhe des erhaltenen Arbeitslosengeldes oder sonstiger Leistungen kann der Arbeitnehmer selbstverständlich keine Zinsen verlangen.[2406] Bis zu diesem Zeitpunkt besteht ein Zinsanspruch bezogen auf den gesamten Bruttobetrag.[2407]

> **Der Beklagte wird verurteilt, dem Kläger <Betrag> EUR brutto abzüglich eines am <Datum> gezahlten Nettobetrages iHv <Betrag> EUR nebst Zinsen iHv fünf Prozentpunkten über dem Basiszinssatz seit dem <Datum> zu zahlen.**

20 Andernfalls können die Zinsen von Beginn an nur von dem Differenzbetrag berechnet werden. Der Antrag lautet dann:

> **Der Beklagte wird verurteilt, dem Kläger <Betrag> EUR brutto abzüglich eines gezahlten Nettobetrages iHv <Betrag> EUR nebst Zinsen iHv fünf Prozentpunkten über dem Basiszinssatz aus <Differenzbetrag> EUR dem sich ergebenden Restbetrag seit dem <Datum> zu zahlen.**

21 Eine **einstweilige Verfügung,** die auf eine Zahlung gerichtet ist, kommt nur in Ausnahmefällen in Betracht, etwa zur Absicherung des Existenzminimums (→ *Vergütung*). Verfügungsverfahren dienen grundsätzlich nur der Absicherung von Ansprüchen. Für die Durchsetzung eines Zinsanspruchs im Wege eines einstweiligen Verfügungsverfahrens besteht **kein (Verfügungs-)Grund.**[2408]

Zurückbehaltungsrecht

→ *Leistungsverweigerungsrecht*

2403 Vgl. etwa BAG 15.12.1998 – 1 AZR 289/98, NZA 1999, 552; BAG 15.11.2000 – 5 AZR 365/99, NZA 2001, 386; LAG Sachsen-Anhalt 29.6.2001 – 2 Sa 588/00, BeckRS 2001, 162042.

2404 So jetzt auch BAG 10.11.2010 – 5 AZR 783/09, NZA 2011, 879; s. a. Ziemann FS Schwerdtner, 2003, 715 ff.; LAG München 18.12.1985 – 6 Sa 426/85, LAGE ZPO § 253 Nr. 1.

2405 BAG 19.3.2008 – 5 AZR 429/07, NZA 2008, 757; BAG 24.6.2021 – 5 AZR 385/20, AP BGB § 286 Nr. 5.

2406 BAG 13.6.2002 – 2 AZR 391/01, NZA 2003, 44; BAG 28.9.2016 – 5 AZR 224/16, NZA 2017, 124.

2407 Vgl. auch MAH ArbR/Hexel § 22 Rn. 115.

2408 LAG Rheinland-Pfalz 14.7.2005 – 4 Sa 442/05, BeckRS 2005, 42799.

Zuschläge

Ob der Arbeitgeber für bestimmte Tätigkeiten Zuschläge zahlen muss, richtet sich 1
nach dem Arbeitsvertrag bzw. Tarifvertrag. Regelmäßig wird der Arbeitnehmer Klage auf → *Zahlung* erheben, wenn der Arbeitgeber Zuschläge nicht geleistet hat. Werden Zuschläge für einen mehrmonatigen Zeitraum geltend gemacht, handelt es sich um eine objektive Klagehäufung, bei der erkennbar sein muss, aus welchen Einzelforderungen sich die sog. Gesamtklage zusammensetzt.[2409] Eine Ausnahme besteht bei der → *Nachtarbeit, Ausgleich.* Der Arbeitgeber kann den Ausgleich entweder durch Freistellung oder durch Zahlung eines Zuschlags leisten.

Ist zwischen den Parteien grundsätzlich streitig, ob geleistete Arbeit zuschlagspflich- 2
tig ist, kommt die Erhebung einer Feststellungsklage in Betracht.

> **Es wird festgestellt, dass die Beklagte verpflichtet ist, an den Kläger ab dem <Datum> eine Schichtzulage gem. <Bezeichnung der Rechtsgrundlage> zu zahlen.**[2410]

Zuschuss zum Mutterschaftsgeld

Nach § 20 MuSchG (§ 14 MuSchG aF) haben Arbeitnehmerinnen gegenüber ihrem Arbeitgeber Anspruch auf Zahlung eines Zuschusses zum Mutterschaftsgeld in Höhe der Differenz zwischen 13,00 EUR und dem durchschnittlichen Arbeitsnettoentgelt. Es handelt sich um einen **lohnähnlichen Anspruch.** Er ist auf einen **Nettobetrag** gerichtet. Im Übrigen gelten die Ausführungen zu → *Vergütung* und → *Zahlung.* In Betracht kommen sowohl Leistungs- als auch Feststellungsanträge.[2411]

Zustandekommen des Arbeitsverhältnisses

→ *Allgemeiner Feststellungsantrag*

Zustimmungsersetzung

Begehrt der Arbeitnehmer eine andere, etwa auch leidensgerechte → ***Beschäftigung,*** die eine **Versetzung nach § 95 Abs. 3 BetrVG** darstellt, so kann der Arbeitgeber in einem Betrieb mit einem errichteten Betriebsrat nur dann die Versetzung durchführen, wenn der Betriebsrat der Versetzung nach § 99 BetrVG zustimmt. Stimmt er nicht zu, stellt sich die Frage, ob der Arbeitnehmer die Durchführung eines Zustimmungsersetzungsverfahrens nach § 99 Abs. 4 BetrVG (→ *Mitbestimmung speziell personell*) verlangen kann. Ob ein solcher Anspruch besteht, ist umstritten.[2412] Das **BAG** hat einen solchen **Anspruch** allerdings **verneint.**[2413] Soll dennoch geklagt werden, kann der Antrag lauten:[2414]

> **Die Beklagte wird verurteilt, bezüglich des Zustimmungsersuchens vom <Datum> das Zustimmungsersetzungsverfahren gemäß § 99 Abs. 4 BetrVG durchzuführen.**

2409 BAG 25.5.2022 – 10 AZR 230/19, NJW 2022, 2705.
2410 BAG 12.3.2008 – 4 AZR 616/07, EzA TVG § 4 Chemische Industrie Nr. 10.
2411 Vgl. etwa BAG 31.5.2023 – 5 AZR 305/22, NZA 2023, 1324.
2412 Befürwortend LAG Hamm 12.5.2015 – 14 Sa 904/14, BeckRS 2015, 70507.
2413 BAG 21.2.2017 – 1 AZR 367/15, NZA 2017, 740.
2414 LAG Hamm 12.5.2015 – 14 Sa 904/14, BeckRS 2015, 70507.

Zutritt zum Betrieb

Regelmäßig verlangen Gewerkschaften den Zutritt zum Betrieb eines Arbeitgebers, um dort → *Gewerkschaftstätigkeit* verrichten zu können, etwa Mitgliederwerbung. Es geht um die Durchsetzung eines **Duldungsanspruchs,** auch wenn sich die Verpflichtung zur → *Duldung* nicht notwendig im Unterlassen der Behinderung des Zutritts erschöpft, sondern je nach den konkreten Umständen mit Handlungspflichten verbunden ist, wie etwa das Öffnen von Türen, die einem ungehinderten Zugang im Wege stehen, oder die Anweisung an das Pfortenpersonal, die Gewerkschaftsbeauftragten hereinzulassen. Die Zwangsvollstreckung richtet sich nach § 890 ZPO (→ *E. Rn. 24*).[2415] Die Antragsformulierung richtet sich auch bei anderen möglichen Anspruchsberechtigten nach denselben Voraussetzungen (→ *Gewerkschaftstätigkeit*). Bei Unterlassungs- und Duldungsanträgen sind dabei generalisierende Formulierungen häufig unvermeidlich.[2416] Mit der Corona-Pandemie und der Zunahme von Tätigkeiten im → *Home-Office* wird vermehrt auch über ein sog. digitales Zugangsrecht diskutiert (→ *Gewerkschaftstätigkeit Rn. 8aff.*).

Zuweisung

1 Zuweisung ist ein Begriff des öffentlichen Dienstrechtes. Nach § 44g Abs. 1 SGB II können Beamtinnen und Beamten sowie Arbeitnehmerinnen und Arbeitnehmern einer gemeinsamen Einrichtung auf Dauer auch ohne deren Zustimmung zugewiesen werden, wenn dringende dienstliche Interessen es erfordern. Insoweit bedeutet Zuweisung die Personalübertragung von Mitarbeitern durch Zuweisung von Tätigkeiten bei der Einrichtung. Der Akt der Zuweisung ist die personelle Ausstattung der gemeinsamen Einrichtung.[2417] Der Begriff deckt sich mit dem in § 4 Abs. 2 TVöD. Hiernach ist Zuweisung die vorübergehende Tätigkeit bei einem Dritten, wobei im Rahmen des TVöD, anders als nach § 44g SGB II stets die Zustimmung des Arbeitnehmers erforderlich ist.

2 Die Aufhebung dieser Zuweisung regelt § 44g Abs. 5 SGB II. Sie kann einerseits aus wichtigem Grund auf Verlangen des Beamten/Arbeitnehmers jederzeit, andererseits aus dienstlichen Gründen mit einer Frist von drei Monaten aufgehoben werden.

3 Da die Mitarbeiter entweder kraft Gesetzes oder durch eine Vereinbarung der Einrichtung zugewiesen worden sind, kann idR nicht mit Erfolg die Feststellung der Unwirksamkeit der Zuweisung geltend gemacht werden.[2418] Diese ist als solche im Regelfall unstreitig. Es geht meist vielmehr um die Aufhebung der Zuweisung nach § 44 Abs. 5 SGB II. Dann kann formuliert werden:

> **Die Beklagte wird verurteilt, die Zuweisung des Klägers in die Einrichtung „Jobcenter <Name>" zu beenden.**[2419]

4 Die Beantragung der Aufhebung ist nicht zwingend. Es kann auch statt oder neben der Aufhebung der Zuweisung die Beschäftigung gegenüber der ursprünglichen

2415 BAG 28.2.2006 – 1 AZR 460/04, NZA 2006, 798.
2416 BAG 28.2.2006 – 1 AZR 460/04, NZA 2006, 798.
2417 BeckOGK/Wendtland SGB II § 44g Rn. 1; Hauck/Noftz/Noftz SGB II § 44g Rn. 1, 4, § 44b Rn. 20.
2418 Zur verfassungsrechtlichen Unbedenklichkeit vgl. LAG Hamburg 22.2.2012 – 3 Sa 110/11, juris.
2419 LAG Hamburg 10.4.2014 – 8 Sa 79/13, BeckRS 2016, 65381; LAG Berlin-Brandenburg 21.3.2012 – 4 Sa 1721/11, BeckRS 2012, 70874.

Dienstbehörde geltend gemacht werden. Insoweit gelten die allgemeinen Grundsätze (→ *Beschäftigung*).

Zwischenzeugnis

→ *Zeugnis*

B. Beschlussverfahren

I. Systematische Einleitung

Übersicht

	Rn.
1. Grundlagen	1–15
2. Leistungsanträge	16, 17
3. Feststellungsanträge	18–21
4. Gestaltungsanträge	22
5. Vorläufiger Rechtsschutz	23–27

1. Grundlagen

Der richtigen Antragsstellung kommt im Beschlussverfahren besondere Bedeutung zu. Sie wirft zugleich oft erhebliche Probleme auf.[1] Die Erlangung effizienten Rechtsschutzes hängt häufig von dem Geschick bei der Wahl der zutreffenden Antragsstellung ab.[2] Im Beschlussverfahren gelten gemäß § 80 Abs. 2 ArbGG die für das Urteilsverfahren maßgeblichen Vorschriften entsprechend, soweit sich aus den §§ 81ff. nichts anderes ergibt. Die Bestimmungen über das Beschlussverfahren kommen nicht nur gemäß §§ 80 Abs. 1, 2a ArbGG vor den **Arbeitsgerichten** zur Anwendung. Auch die **Verwaltungsgerichte** entscheiden in Streitigkeiten aus dem Personalvertretungsrecht gemäß § 83 Abs. 2 BPersVG im Beschlussverfahren. Nach § 106 BPersVG, § 187 Abs. 2 VwGO ist für das Personalvertretungsrecht der Länder diesen nicht die Wahl der Gerichtsbarkeit, wohl aber der Verfahrensart freigestellt. Die Personalvertretungsgesetze der Länder haben das Beschlussverfahren nach dem ArbGG für anwendbar erklärt. In vielen Bundesländern gelten die Vorschriften des ArbGG für Streitigkeiten aus dem Personalvertretungsrecht uneingeschränkt; in den Ländern Bayern, Hessen, Nordrhein-Westfalen, Rheinland-Pfalz, Sachsen, Sachsen-Anhalt und Thüringen finden kleinere Modifikationen Anwendung.[3] 1

Dem **Antrag** ist mit § 81 ArbGG für das Beschlussverfahren ein eigener Paragraf gewidmet. Dieser stellt in Abs. 1 Hs. 1 klar, dass das Verfahren nur auf Antrag eingeleitet wird. Ein solcher Sachantrag ist Voraussetzung für ein Tätigwerden des Gerichts. Ein von Amts wegen durchzuführendes Beschlussverfahren gibt es trotz des in diesem Verfahren herrschenden Untersuchungsgrundsatzes nicht.[4] Es gilt der **Dispositionsgrundsatz.** Das Gericht ist nicht befugt, einer Partei etwas zuzusprechen, was nicht beantragt ist; auch darf es nicht etwas Anderes zusprechen als das Beantragte (§ 308 Abs. 1 S. 1 ZPO). Dem Antragserfordernis kann nicht durch eine bloße streitige Erörterung der Sach- und Rechtslage Genüge getan werden. Aus Gründen der prozessualen Klarheit und der Notwendigkeit, die Sachentscheidungsbefugnis des Gerichts näher zu bestimmen, bedarf es einer konkreten, auf die Sachentscheidung 2

1 Fischer jurisPR-ArbR 45/2012 Anm. 1 zu E.

2 Vgl. Laber ArbRB 2007, 28, 32; Fischer, jurisPR-ArbR 17/2014 Anm. 3, führt in diesem Zusammenhang aus, die arbeitsgerichtlichen Beschlussverfahren seien Legion, in denen Betriebsräte mit ihren Begehren schon deshalb und allein deshalb scheiterten, weil sie oder ihre Verfahrensvertretung nach Ansicht der Arbeitsgerichte nicht die hohe Kunst der Antragstellung in der gebotenen Perfektion beherrschten.

3 Vgl. Nachweise bei GK-ArbGG/Ahrendt § 80 Rn. 84.

4 GMP/Spinner ArbGG § 81 Rn. 3.

des Gerichts ausgerichteten Antragstellung.[5] Der Antrag ist beim Arbeitsgericht schriftlich einzureichen oder bei seiner Geschäftsstelle mündlich zu Protokoll anzubringen. Dem Dispositionsgrundsatz entsprechend kann der Antrag bis zur Verkündung der erstinstanzlichen Entscheidung jederzeit in derselben Form zurückgenommen werden,[6] ohne dass es der Zustimmung der übrigen Beteiligten bedürfte. Die Rücknahme kann auch im Termin zur Anhörung der Beteiligten zu Protokoll erklärt werden.[7] Nach wirksamer **Antragsrücknahme** ist das Verfahren gemäß § 81 Abs. 2 S. 2 ArbGG vom Vorsitzenden des Arbeitsgerichts einzustellen. Ab Verkündung der erstinstanzlichen Entscheidung bedarf die Rücknahme nach § 87 Abs. 2 S. 3 ArbGG der Zustimmung der übrigen Beteiligten.[8]

3 Nach § 81 Abs. 3 S. 1 ArbGG ist eine **Änderung des Antrags** zulässig, wenn entweder die übrigen Beteiligten zustimmen oder das Gericht die Änderung für sachdienlich hält. Die Vorschrift des § 264 ZPO, nach der bei bestimmten Modifikationen des Antrags keine Antragsänderung iSd Gesetzes anzunehmen ist, findet im Beschlussverfahren Anwendung.[9] Eine Antragsänderung setzt nicht zwingend eine Änderung des Antragswortlauts voraus; auch eine erhebliche **Änderung des** zugrundeliegenden **Lebenssachverhalts** führt zu einer Antragsänderung im Rechtssinn.[10] Die Zustimmung ist nach § 81 Abs. 3 S. 2 ArbGG als erteilt anzusehen, wenn sich die Antragsgegnerin sich im Termin zur Anhörung, ohne zu widersprechen, auf den geänderten Antrag einlässt.[11] Das gilt gemäß § 87 Abs. 2 S. 3 Hs. 2 ArbGG auch im Beschwerdeverfahren vor dem Landesarbeitsgericht. Eine Antragsänderung im Rechtsbeschwerdeverfahren ist grundsätzlich unzulässig.[12] Anders als § 87 Abs. 2 ArbGG verweist § 92 Abs. 2 ArbGG für das Rechtsbeschwerdeverfahren nicht mehr auf § 81 Abs. 3 ArbGG. Eine Antragsänderung kann allerdings im Ausnahmefall aus prozessökonomischen Gründen zugelassen werden, wenn sich der neue Sachantrag auf einen in der Beschwerdeinstanz festgestellten oder von den Beteiligten übereinstimmend vorgetragenen Sachverhalt stützen kann, sich das rechtliche Prüfprogramm nicht wesentlich ändert und die Verfahrensrechte der anderen Beteiligten durch eine Sachentscheidung nicht verkürzt werden.[13] Eine unzulässige Antragsänderung in der Rechtsbeschwerdeinstanz liegt dementsprechend vor, wenn der bisherige Streitgegenstand des Verfahrens geändert und derart erweitert wird, dass sich auch das erforderliche Prüfprogramm erweitert.[14] Dies kann auch der Fall sein, wenn der Antrag in zweiter Instanz zwar gestellt, aber versehentlich vom Landesarbeitsgericht nicht beschieden worden war. Wird der Antrag vor dem Bundesarbeitsgericht wieder gestellt, ohne fristgemäß nach § 321 ZPO Ergänzung des Beschlusses beantragt zu haben, kann dies zur Unzulässigkeit des Antrags führen.[15] Bei Unzulässigkeit der An-

5 BAG 24.10.2017 – 1 AZR 166/16, NZA 2018, 196 Rn. 14; 7.6.2016 – 1 ABR 26/14, NZA 2016, 1166 Rn. 8 mwN.

6 GMP/Spinner ArbGG § 81 Rn. 69; GK-ArbGG/Ahrendt § 81 Rn. 125; aA Weth, Das arbeitsgerichtliche Beschlussverfahren, S. 323: Rücknahme bis Eintritt der Rechtskraft.

7 Helml/Pessinger/Helml ArbGG § 81 Rn. 24; MHdb ArbR IV/Pulz § 392 Rn. 24.

8 ErfK/Koch BetrVG § 81 Rn. 6; Helml/Pessinger/Helml ArbGG § 81 Rn. 24; aA SW/Weth ArbGG § 81 Rn. 102.

9 Vgl. BAG 30.9.2008 – 1 ABR 54/07, NZA 2009, 502, 503 Rn. 14.

10 BAG 25.1.2023 – 4 ABR 4/22, NZA 2023, 979 Rn. 35 mwN.

11 Vgl. BAG 21.4.1983 – 6 ABR 70/82 – zu III 2 der Gründe, AP BetrVG 1972 § 40 Nr. 20.

12 BAG 25.1.2023 – 4 ABR 4/22, NZA 2023, 979 Rn. 36; 8.12.2010 – 7 ABR 69/09NZA 2011, 362 Rn. 19 f.; 26.10.2004 – 1 ABR 37/03, NZA 2005, 367, 368.

13 BAG 15.5.2018 – 1 ABR 75/16, NZA 2018, 1150 Rn. 36; 18.5.2016 – 7 ABR 81/13, AP BetrVG 1972 § 23 Nr. 49 Rn. 24.

14 Vgl. BAG 8.11.2016 – 1 ABR 57/14, NZA-RR 2017, 134 Rn. 25; 11.12.2001 – 1 ABR 3/01,AP BetrVG 1972 § 87 Nr. 93 zu B I 2,.

15 Vgl. BAG 8.11.2016 – 1 ABR 57/14, NZA-RR 2017, 134 Rn. 25.

tragsänderung fallen dem Gericht regelmäßig die ursprünglich gestellten Anträge zur Entscheidung an.[16] Vorsorglich sollte der Antragsteller klarstellen, ob er hilfsweise für den Fall der Unzulässigkeit der Antragsänderung weiterhin auch den ursprünglichen Antrag stellt.

Nicht unter die Dispositionsbefugnis der Parteien fällt die Frage, in welcher **Verfahrensart** zu entscheiden ist. Nach §§ 80 Abs. 3, 48 Abs. 1 ArbGG iVm § 17a GVG hat das Gericht vielmehr von Amts wegen zu entscheiden, ob das Urteilsverfahren (§ 2 Abs. 5 ArbGG) oder Beschlussverfahren (§ 2a Abs. 2 ArbGG) stattfindet. Ein auf die Verfahrensart bezogener „Antrag" einer Partei oder eines Beteiligten ist nur Wiedergabe einer Rechtsansicht über das gebotene Verfahren und für das Gericht nicht bindend.[17] Rügt ein Verfahrensbeteiligter ausdrücklich die gewählte Verfahrensart, hat das Gericht nach § 17a Abs. 3 GVG vorab über ihre Zulässigkeit zu entscheiden.[18] Kommt das Gericht zu dem Ergebnis, dass ein Verfahren in der falschen Verfahrensart eingeleitet worden ist, so hat es die Sache entsprechend § 17a GVG in die richtige Verfahrensart überzuleiten. In entsprechender Geltung des § 17 Abs. 2 Satz 1 GVG kommt den Gerichten für Arbeitssachen allerdings ggf. eine verfahrensüberschreitende Sachentscheidungskompetenz zu, wenn der Gegenstand des Verfahrens ein einheitlicher Streitgegenstand im Sinne eines einheitlichen prozessualen Anspruchs ist. Liegt hingegen eine Mehrheit prozessualer Ansprüche vor, ist für jeden dieser Ansprüche die Verfahrensart gesondert zu prüfen.[19] 4

Die Antragsschrift wird den übrigen Beteiligten zugestellt. Mit der **Zustellung** des Antrags wird die Sache entsprechend § 261 ZPO rechtshängig. Ist das Arbeitsgericht nach dem BetrVG innerhalb einer bestimmten Frist anzurufen (zB § 19 Abs. 2 bei der Wahlanfechtung, § 76 Abs. 5 bezüglich der Ermessensüberschreitung durch die Einigungsstelle), so kommt es allerdings nicht darauf an, ob der Antrag den übrigen Verfahrensbeteiligten innerhalb der Anfechtungsfrist oder „demnächst" iSv § 167 ZPO zugestellt wurde. Maßgeblich ist vielmehr der Eingang des Wahlanfechtungsantrags beim Arbeitsgericht.[20] Dies entspricht den Besonderheiten des arbeitsgerichtlichen Beschlussverfahrens, bei dem zwischen den an dem Verfahren nach § 83 Abs. 3 ArbGG Beteiligten – anders als zwischen den Parteien des Zivilprozesses – kein kontradiktorisches Prozessrechtsverhältnis entsteht. Das Beschlussverfahren kennt keinen förmlichen Antragsgegner. Wegen der drittschützenden Funktion der Kündigungserklärungsfrist des § 626 Abs. 2 BGB soll hingegen bei der Einleitung eines Zustimmungsersetzungsverfahrens nach § 103 Abs. 2 BetrVG § 167 ZPO entsprechend zur Anwendung kommen.[21] 5

Der **Streitgegenstand** eines Verfahrens, über den das Gericht zu entscheiden hat, wird grundsätzlich durch den Antrag und den ihm zu Grunde liegenden Lebenssachverhalt (Klagegrund) bestimmt (sog. zweigliedriger Streitgegenstandsbegriff).[22] Der Gegenstand eines Verfahrens ändert sich iSv § 263 ZPO daher auch dann, wenn zwar nicht der Wortlaut des Antrags, aber der dem Antrag zugrundeliegende Sach- 6

16 Vgl. BAG 24.4.2018 – 1 ABR 6/16, NZA 2018, 1565 Rn. 42.
17 GMP/Spinner ArbGG § 81 Rn. 4; Helml/Pessinger/Helml ArbGG § 81 Rn. 1.
18 BeckOK ArbR/Roloff ArbGG § 80 Rn. 1.
19 BAG 4.12.2013 – 7 ABR 7/12, NZA 2014, 803, 807 Rn. 47.
20 Vgl. zu § 22 MitbestG BAG 24.2.2021 – 7 ABR 38/19, NZA 2021, 886 Rn. 17; 17.5.2017 – 7 ABR 22/15, NZA 2017, 1405 Rn. 31 ff.; Fitting § 19 BetrVG Rn. 35; GK-BetrVG/Jacobs § 76 Rn. 165; GMP/Spinner ArbGG § 81 Rn. 31.
21 GK-ArbGG/Ahrendt § 81 Rn. 13.
22 BAG 23.2.2022 – 10 ABR 33/20, NZA 2022, 995 Rn. 27; 4.12.2013 – 7 ABR 7/12, NZA 2014, 803, 807 Rn. 48; SW/Weth ArbGG § 81 Rn. 18.

verhalt ein anderer geworden ist.[23] Dagegen ist es nach der Rechtsprechung des Bundesarbeitsgerichts unschädlich, wenn die Änderung des Lebenssachverhalts allein in einer für Inhalt und Umfang des Streitstoffs folgenlosen Rechts- oder Funktionsnachfolge besteht.[24] Der Streitgegenstand erfasst alle Tatsachen, die bei einer natürlichen, vom Standpunkt der Beteiligten ausgehenden, den Sachverhalt seinem Wesen nach erfassenden Betrachtungsweise zu dem zur Entscheidung gestellten Tatsachenkomplex gehören, die zur Stützung des Rechtsschutzbegehrens dem Gericht unterbreitet werden.[25] Maßgebend ist mithin das Vorbringen des Antragstellers. Der Vortag der anderen Verfahrensbeteiligten hat grundsätzlich keinen Einfluss auf den Verfahrensgegenstand.[26] So geben gemäß § 83 ArbGG die gestellten Anträge den Rahmen vor, innerhalb dessen das Gericht den **Sachverhalt von Amts wegen** erforscht. Auch im Beschlussverfahren ist das Gericht an diesen Antrag gebunden und darf dem Antragsteller entsprechend § 308 ZPO nicht etwas zusprechen, was dieser nicht beantragt hat.[27] Entscheidend für die Beurteilung der Frage, welchen Verfahrensgegenstand ein Antragsteller mit seinem Begehren zur Entscheidung gestellt – und über welchen Verfahrensgegenstand das Gericht ggf. entschieden – hat, ist nicht allein der Wortlaut von Antrag und ggf. Beschlussausspruch. Es kommt vielmehr auf deren – ggf. durch Auslegung zu ermittelnden – verfahrensgegenständlichen Inhalt an.[28] Ob der Antrag begründet ist, prüft das Gericht unter allen rechtlichen Gesichtspunkten. Der Antragsteller kann dem Gericht den Inhalt dieser rechtlichen Prüfung nicht vorschreiben und das Prüfprogramm nicht auf bestimmte rechtliche Aspekte beschränken.[29] Das käme einem unzulässigen bedingten Antrag gleich. Nach dem auch im Beschlussverfahren anwendbaren § 322 Abs. 1 ZPO sind Beschlüsse der **Rechtskraft** fähig, soweit über den durch den Antrag erhobenen Anspruch entschieden ist.[30] Der Begriff des Anspruchs bezeichnet dabei den prozessualen Anspruch im Sinne der Streitgegenstandslehre. Die objektiven Grenzen der Rechtskraft werden durch den Gegenstand des vorangehenden Verfahrens bestimmt.[31] Die materielle Rechtskraft einer gerichtlichen Entscheidung steht einer neuen Verhandlung und Entscheidung über denselben Streitgegenstand entgegen; eine erneute Klage, deren Streitgegenstand mit dem eines bereits rechtskräftig entschiedenen Rechtsstreits identisch ist, ist deshalb unzulässig.[32]

7 Ein Antrag muss im Beschlussverfahren ebenso **bestimmt** sein wie im Urteilsverfahren. § 253 Abs. 2 Nr. 2 ZPO ist auf das Beschlussverfahren und die in ihm gestellten Anträge entsprechend anwendbar.[33] Der Verfahrensgegenstand muss so genau bezeichnet werden, dass die eigentliche Streitfrage zwischen den Beteiligten mit Rechtskraftwirkung entschieden werden kann.[34] Enthält der Antrag Rechtsbegriffe,

23 BAG 8.12.2010 – 7 ABR 69/09, NZA 2011, 362 Rn. 16; BAG 2.10.2007 – 1 ABR 79/06, NZA 2008, 129 Rn. 18.
24 BAG 18.5.2016 – 7 ABR 81/13, AP BetrVG 1972 § 23 Nr. 49 Rn. 24; 4.11.2015 – 7 ABR 61/13, AP BetrVG 1972 § 29 Nr. 10 Rn. 20 mwN.
25 BAG 24.4.2018 – 1 ABR 6/16, NZA 2018, 1565 Rn. 43; 20.2.2018 – 1 AZR 787/16, BeckRS 2018, 2751 Rn. 12.
26 GK-ArbGG/Ahrendt § 81 ArbGG Rn. 5 unter Bezugnahme auf BAG 18.11.2014 – 1 AZR 257/13, NZA 2015, 306 Rn. 15 zum Urteilsverfahren.
27 BAG 26.1.2016 – 1 ABR 13/14, NZA 2016, 842 Rn. 29; 27.10.1992 – 1 ABR 17/92, NZA 1993, 561, 562.
28 BAG 26.1.2016 – 1 ABR 13/14, NZA 2016, 842 Rn. 29.
29 BAG 11.12.2018 – 1 ABR 13/17, BeckRS 2018, 40730 Rn. 30; 11.3.1986 – 1 ABR 12/84 – zu B II 2 der Gründe, AP BetrVG 1972 § 87 Überwachung Nr. 14 mzustAnm Kraft.
30 BAG 26.6.2018 – 1 ABR 37/16, AP TVG § 2 Tariffähigkeit Nr. 10 Rn. 37; 5.3.2013 – 1 ABR 75/11, AP ArbGG 1979 § 81 Nr. 63 Rn. 12.
31 Fitting ArbGG Rn. 58.
32 BAG 18.11.2020 – 7 ABR 37/19, NZA 2021, 657 Rn. 13.
33 BAG 8.3.2022 – 1 ABR 19/21, NZA 2022, 1068 Rn. 24; 23.3.2021 – 1 ABR 31/19, NZA 2021, 959 Rn. 21; 22.1.2020 – 7 ABR 18/18, NZA 2020, 783 Rn. 14; 4.12.2013 – 7 ABR 7/12, NZA 2014, 803, 804 Rn. 21; BAG 10.6.1986 – 1 ABR 61/84 – zu B II 2 der Gründe, BAGE 52, 160 mwN.
34 BAG 3.5.2006 – 1 ABR 63/04, NZA 2007, 285, 286 mwN.

ist dies unter Bestimmtheitsgesichtspunkten nur ausreichend, wenn sich aus dem Vorbringen der Beteiligten ergibt, welche tatsächlichen und in ihrer rechtlichen Beurteilung zwischen ihnen umstrittenen Sachverhalte von dem im Antrag verwandten Begriff umfasst sind.[35] Es genügt allerdings, wenn sich die Bestimmtheit des Antrags erst im Wege der **Auslegung** ergibt.[36] Grundlage einer Auslegung ist das tatsächliche Vorbringen des Antragstellers zur Begründung des Antrages und derjenige Vorgang, der Anlass für den Streit der Beteiligten gegeben hat.[37] Der Vorsitzende des Arbeitsgerichts hat nach § 139 Abs. 1 S. 2 ZPO auf sachdienliche, dh das Begehren des Antragstellers bestimmt bezeichnende Anträge hinzuwirken.[38] Bei erstmals in der Revisionsinstanz festgestellten Mängeln des Klageantrags kann es der Grundsatz des Vertrauensschutzes und der Anspruch der Parteien auf ein faires Gerichtsverfahren gebieten, dem Antragsteller durch die Wiedereröffnung der Berufungsinstanz Gelegenheit zu geben, den insoweit bestehenden Bedenken durch eine angepasste Antragsfassung Rechnung zu tragen.[39] Dennoch sollte in der Praxis von vornherein der korrekten Formulierung der Anträge besondere Aufmerksamkeit gewidmet werden. Der Unterstützung durch das Gericht bei der Antragsstellung sind klare Grenzen gesetzt. So darf sich die Auslegung grundsätzlich nicht über einen **eindeutigen Wortlaut** hinwegsetzen.[40] Nach heute herrschender Meinung ist das Gericht bei der Auslegung des Antrags im Beschlussverfahren weder freier gestellt als im Urteilsverfahren noch kann es einen Antrag großzügiger auslegen.[41] Allerdings sind die Gerichte bestrebt, Anträge möglichst so auszulegen, dass sie eine erstrebte Sachentscheidung zulassen und nicht als unzulässig abzuweisen sind,[42] sog. rechtsschutzgewährende Auslegung.[43] So kann unter bestimmten Umständen sogar eine unzulässige oder unbegründete Leistungsklage ohne Verstoß gegen § 308 Abs. 1 Satz 1 ZPO in eine Feststellungsklage umgedeutet werden.[44] Auch wenn dieses Vorgehen seinem wohlverstandenen Eigeninteresse widerspricht, sind die Grenzen der Auslegung eines Antrags allerdings erreicht, wenn der Antragsteller unmissverständlich ein bestimmtes Verfahrensziel verfolgt. Dies gebietet auch die Berücksichtigung der schutzwürdigen Belange anderer Beteiligter. Sie müssen sich zur Sicherstellung einer ordnungsgemäßen Verteidigung gegen das Antragsbegehren darauf verlassen können, dass ausschließlich über den gestellten Antrag entschieden wird und nicht über den Antrag, der richtigerweise hätte gestellt werden müssen.[45]

Ob unter dem Gesichtspunkt der Bestimmtheit des Antrags die **Bezeichnung** eines **8**
„Antragsgegners" erforderlich ist, richtet sich nach dem Streitgegenstand.[46] Soll eine Person oder Stelle zur Vornahme einer Handlung oder zur Unterlassung verpflichtet

35 BAG 18.5.2016 – 7 ABR 41/14, NZA 2017, 342 Rn. 20; 22.7.2014 – 1 ABR 94/12 Rn. 24; AP ArbGG 1979 § 81 Nr. 64.
36 BAG 27.10.1992 – 1 ABR 17/92, NZA 1993, 561, 562.
37 BAG 19.1.2010 – 1 ABR 55/08, NZA 2010, 659; GMP/Spinner ArbGG § 81 Rn. 30 mwN.
38 GMP/Spinner ArbGG § 81 Rn. 8.
39 BGH 8.3.2012 – I ZR 85/10, NJW 2012, 3241 Rn. 16 mwN; vgl. auch Gravenhorst FA 2013, 361.
40 BAG 17.6.1997 – 1 ABR 10/97 – zu B 1 der Gründe, BeckRS 1997, 30769061; Lipke/Düwell/Reinfelder ArbGG § 81 Rn. 29.
41 SW/Weth ArbGG § 81 Rn. 33; GMP/Spinner ArbGG § 81 Rn. 30; aA BAG 13.9.1977 – 1 ABR 67/75 – zu II A 2 der Gründe, AP BetrVG 1972 § 42 Nr. 1.
42 BAG 18.5.2016 – 7 ABR 41/14, NZA 2017, 392 Rn. 24; 10.12.2002 – 1 ABR 27/01 – zu B II 1a, AP BetrVG 1972 § 95 Nr. 42.
43 Vgl. BAG 17.10.2023 – 1 ABR 24/22, BeckRS 2023, 31901 Rn. 11; 23.3.2021 – 1 ABR 31/19, NZA 2021, 959 Rn. 51; 28.7.2020 – 1 ABR 41/18, NZA 2020, 1413 Rn. 11 mwN.
44 BAG 27.10.2010 – 7 ABR 36/09, NZA 2011, 527 Rn. 17 mwN.
45 BAG 18.5.2016 – 7 ABR 41/14, NZA 2017, 342 Rn. 24 mwN; Ostrowicz/Künzl/Scholz Hdb des arbeitsgerichtlichen Verfahrens Rn. 732.
46 GK-ArbGG/Ahrendt § 81 Rn. 35.

werden, so muss diese Person oder Stelle notwendigerweise im Antrag genannt werden.[47] Im Übrigen bestimmt das Gericht von Amts wegen die materiell Beteiligten des Verfahrens. Die Bezeichnung von sonstigen Beteiligten in der Antragsschrift ist daher für das Gericht nicht bindend.[48] Sie ist dennoch empfehlenswert.[49]

9 Dem Bestimmtheitserfordernis kann auch ein so genannter **Globalantrag** genügen. Ein solcher liegt vor, wenn im Rahmen eines Antrags auf Vornahme einer Handlung, auf Duldung, auf Unterlassung oder auf Feststellung ein abstrakt umschriebener Verfahrensgegenstand, der sich einschränkungslos auf alle denkbaren Möglichkeiten erstreckt, unter denen das geltend gemachte Recht bestehen soll, zur Entscheidung gestellt wird. Ein Globalantrag ist nicht per se unzulässig, aber schon dann (insgesamt) unbegründet, wenn er nur einen Fall umfasst, in dem das begehrte Recht zu verneinen ist.[50] Etwas anderes gilt lediglich dann, wenn sich der Antrag auf voneinander zu trennende und gegeneinander klar abgrenzbare Sachverhalte bezieht und der begründete Teil dem Antrag selbst als Teilziel des Verfahrens zu entnehmen ist.[51] Das Gericht kann jedoch nicht dahin erkennen, dass der geltend gemachte Anspruch nur unter bestimmten, nicht zum Inhalt des Antrags erhobenen Voraussetzungen bestehe. Eine solche Tenorierung würde den Gegenstand des Verfahrens verändern und § 308 ZPO verletzen. Diesen Bedenken kann in manchen Fällen durch eine klarstellende Antragsbegründung Rechnung getragen werden. Dies ist jedoch ausgeschlossen, wenn sich die Einschränkungen auf situationsbezogene Sachverhalte beziehen, die sich im Voraus nicht hinreichend klar bezeichnen lassen. Durch nicht hinreichend eindeutige Einschränkungen würde die Beschlussformel unbestimmt und die Abgrenzung in unzulässiger Weise in das Vollstreckungsverfahren verlagert.[52] Man mag den Globalantrag als „Ungeheuer" des kollektiven arbeitsrechtlichen Verfahrensrechts ansehen,[53] denn von ihm gehen tatsächliche erhebliche Gefahren für Zulässigkeit und Begründetheit eines Antrags aus. Um ein „in der Regel auch nicht durch allergrößte Anstrengung und Formulierungskunst" zu Besänftigendes handelt es sich jedoch nicht.[54] Auch wenn das Interesse der Betriebsparteien, Antworten auf abstrakte Fragen zu erhalten, die im Betrieb umstritten sind, nachvollziehbar ist, sollte bei der Formulierung des Antrags nicht bei der abstrakt streitigen Frage, sondern bei dem konkreten Anlass, bei dem sich die streitige Frage praktisch gestellt hat, angesetzt werden. Hierauf haben auch die Gerichte nach § 139 ZPO hinzuwirken.[55] Da die einmalige Rechtsverletzung die Wiederholungsgefahr grundsätzlich indiziert, und eine Wiederholungsgefahr nur dann ausgeschlossen ist, wenn aus tatsächlichen oder rechtlichen Gründen keine erneute Verletzungshandlung zu erwarten ist,[56] erscheint die Gefahr, dass ein derart konkret gefasster Antrag wegen fehlenden Rechtsschutzinteresses oder mangelnder Wiederholungsgefahr abgewiesen wird, eher ge-

47 BAG 13.12.2005 – 1 ABR 31/03, BeckRS 2005, 30366392; ErfK/Koch BetrVG § 81 Rn. 1; Ostrowicz/Künzl/Scholz Hdb des arbeitsgerichtlichen Verfahrens Rn. 731; SW/Weth ArbGG § 81 Rn. 15.

48 GK-ArbGG/Ahrendt § 81 Rn. 36.

49 SW/Weth ArbGG § 81 Rn. 12.

50 stRspr seit BAG 10.6.1986 – 1 ABR 61/84 – zu B II 2 der Gründe, AP BetrVG 1972 § 87 Arbeitszeit Nr. 18; aus jüngerer Zeit zB BAG 23.3.2021 – 1 ABR 31/19, NZA 2021, 959 Rn. 55; 12.3.2019 – 1 ABR 42/17, NZA 2019, 843 Rn. 74 mwN; GWBG/Greiner ArbGG § 81 Rn. 5; Ostrowicz/Künzl/Scholz Hdb des arbeitsgerichtlichen Verfahrens Rn. 733; GMP/Spinner ArbGG § 81 Rn. 9; aA Gravenhorst, jurisPR-ArbR 36/2013 Anm. 4; zur grundsätzlichen Kritik an der Rspr. zum Globalantrag vgl. Jacobs FS Picker S. 1013, 1020 ff.

51 BAG 6.12.1994 – 1 ABR 30/94 – zu B II 2, AP BetrVG 1972 § 23 Nr. 24; BAG 19.7.1995 – 7 ABR 60/94 – zu B II 3, AP BetrVG 1972 § 23 Nr. 25.

52 BAG 6.12.1994 – 1 ABR 30/94 – zu B II 2, AP BetrVG 1972 § 23 Nr. 24.

53 So Fischer, jurisPR-ArbR 17/2014 Anm. 3.

54 AA Fischer, jurisPR-ArbR 17/2014 Anm. 3.

55 Gravenhorst, jurisPR-ArbR 36/2013 Anm. 4.

56 BAG 15.10.2013 – 1 ABR 31/12, NZA 2014, 319 Rn. 32 mwN.

ring.[57] Im Übrigen ist bei der Auslegung von Klageanträgen davon auszugehen, dass fernliegende Fallkonstellationen vom Antrag regelmäßig nicht erfasst sein sollen.[58]

Es sind aber auch Fälle denkbar, in denen ein Globalantrag bereits zu unbestimmt **10**
ist.[59] So ist ein Antrag zu unbestimmt, der lediglich den Gesetzeswortlaut einer Norm wiederholt und sich nicht auf eine konkrete Maßnahme bezieht, wenn gerade der Inhalt dieser gesetzlichen Regelung streitig ist.[60]

> *Der Arbeitgeberin wird aufgegeben, die Mitwirkungs-, Mitbestimmungs- und Informationsrechte des Betriebsrats nach dem Betriebsverfassungsgesetz zu wahren, insbesondere gemäß § 99 BetrVG den Betriebsrat vor jeder Einstellung, Eingruppierung, Umgruppierung und Versetzung zu unterrichten, ihm die erforderlichen Bewerbungsunterlagen vorzulegen und Auskunft über die Person der Beteiligten zu geben, sowie dem Antragsteller unter Vorlage der erforderlichen Unterlagen Auskunft über die Auswirkung der geplanten Maßnahme zu geben und die Zustimmung des Betriebsrats zu der geplanten Maßnahme einzuholen.*

Eine **objektive Antragshäufung** ist auch im Beschlussverfahren zulässig. Die ver- **11**
schiedenen Anträge müssen sich nicht gegen denselben Beteiligten richten.[61] Werden im Wege objektiver Antragshäufung mehrere Anträge gestellt, so ist hinsichtlich eines jeden Antrags zu prüfen, welche Personen und Stellen Beteiligte am Verfahren über diesen Antrag sind. Beteiligte am Verfahren hinsichtlich eines Antrags sind nicht notwendig auch Beteiligte am Verfahren hinsichtlich des anderen Antrags.[62] Die **subjektive Antragshäufung** ist auch im arbeitsgerichtlichen Beschlussverfahren zulässig. Die §§ 59ff. ZPO sind zwar in § 80 Abs. 2 ArbGG nicht in Bezug genommen. Gleichwohl ist eine Streitgenossenschaft auch im Beschlussverfahren möglich.[63] Für Beschlussverfahren in bestimmten betriebsverfassungsrechtlichen Angelegenheiten wird sie sogar vorausgesetzt (vgl. etwa §§ 19 Abs. 1 S. 1, 23 Abs. 1 S. 1 BetrVG). Tritt einem anhängigen Beschlussverfahren ein weiterer Antragsteller mit einem eigenen Sachantrag bei, so liegt darin eine Antragsänderung, deren Zulässigkeit sich nach § 81 Abs. 3 ArbGG bestimmt.[64] Zu beachten ist aber, dass die Heranziehung der Vorschriften der ZPO über die **Nebenintervention** nach § 80 Abs. 2 S. 1 letzter Hs. ArbGG in Angelegenheiten aus dem BetrVG gem. § 2a Abs. 1 Nr. 1 ArbGG durch die Verfahrensregelungen in §§ 81, 83 Abs. 1 S. 2, Abs. 3 ArbGG ausgeschlossen wird.[65] Auch im Beschlussverfahren können Anträge im Verhältnis von Haupt- und **Hilfsantrag** gestellt werden.[66] Der Hilfsantrag wird sofort rechtshängig, dies aber auflösend bedingt.[67] Es ist darauf zu achten, dass klargestellt wird, unter welcher Bedingung das Gericht über den Hilfsantrag entscheiden soll (zB nur für den Fall dass der

57 AA wohl Fischer, jurisPR-ArbR 17/2014 Anm. 3.
58 Vgl. BAG 18.3.2014 – 1 ABR 77/12, NZA 2014, 987 Rn. 11; restriktive Auslegung eines dem Wortlaut nach weit gefassten Antrags auch in BAG 13.5.2014 – 1 ABR 50/12, BeckRS 2014, 72127 Rn. 13.
59 SW/Weth ArbGG § 81 Rn. 7.
60 BAG 17.3.1987 – 1 ABR 65/85 – zu B III 1, AP BetrVG 1972 § 23 Nr. 7 mzustAnm v. Hoyningen-Huene; LAG Hamm 5.2.2010 – 13 TaBV 38/09, BeckRS 2010, 68701; ErfK/Koch BetrVG § 81 Rn. 3; BeckOK RGKU/Roloff ArbGG § 81 Rn. 5.
61 ErfK/Koch BetrVG § 81 Rn. 5.
62 BAG 30.1.1989 – 1 ABR 60/87, NZA 1989, 606, 608.
63 BAG 27.9.2005 – 1 ABR 41/04, NZA 2006, 273, 276 Rn. 24.
64 BAG 16.12.1986 – 1 ABR 35/85 – zu B I 3 der Gründe, NZA 1987, 355.
65 BAG 5.12.2007 – 7 ABR 72/06, NZA 2008, 653 Rn. 25f.
66 GMP/Spinner ArbGG § 81 Rn. 22.
67 BAG 21.11.2013 – 2 AZR 598/12, AP SGB V § 164 Nr. 3 Rn. 19; Musielak/Voit/Foerste ZPO § 260 Rn. 4b.

Hauptantrag als unzulässig angesehen wird).[68] So lassen sich unnötige Kosten vermeiden. Ebenso zulässig sind **Wideranträge** im Beschlussverfahren.[69] Unzulässig ist freilich ein Widerantrag, mit dem das bloße Gegenteil des Antrags erreicht werden soll; ihm steht die schon durch den Antrag begründete Rechtshängigkeit des gleichen Streitgegenstandes entgegen, § 261 Abs. 3 Nr. 1 ZPO.[70] Eine Ausnahme besteht bei Globalanträgen entgegengesetzten negativen Wideranträgen, wenn sie für den Fall gestellt werden, dass der Hauptantrag als unbegründet abgewiesen wird, weil es jedenfalls eine Fallgestaltung gibt, in der der geltend gemachte Anspruch nicht besteht.[71]

12 **Antragsteller** kann sein, wer beteiligtenfähig ist.[72] § 10 ArbGG ergänzt die Vorschrift des § 50 ZPO über die Parteifähigkeit im Zivilprozess für die beiden arbeitsgerichtlichen Verfahrensarten. Wer nach § 50 ZPO parteifähig ist, ist dies auch im arbeitsgerichtlichen Urteils- und Beschlussverfahren.[73] Da das Beschlussverfahren keine Parteien, sondern nur Beteiligte kennt, verwendet das Gesetz für diese – mit Ausnahme von § 10 S. 2 ArbGG – nicht den Begriff der Parteifähigkeit, sondern den der **Beteiligtenfähigkeit.** Wer zwar nicht im Zivilprozess, aber gemäß § 10 S. 1 Hs. 1 ArbGG im arbeitsgerichtlichen Urteilsverfahren parteifähig ist (Gewerkschaften und Vereinigungen von Arbeitgebern sowie Zusammenschlüsse solcher Verbände), ist auch im Beschlussverfahren beteiligtenfähig.[74] Gemäß § 10 S. 1 Hs. 2 ArbGG sind außerdem bestimmte Stellen beteiligtenfähig, die im arbeitsgerichtlichen Urteilsverfahren nicht parteifähig sind: In den Fällen des § 2a Abs. 1 Nr. 1 bis 3f sind auch die nach dem Betriebsverfassungsgesetz, dem Sprecherausschussgesetz, dem Mitbestimmungsgesetz, dem Mitbestimmungsergänzungsgesetz, dem Drittelbeteiligungsgesetz, dem § 139 SGB IX, dem § 51 des Berufsbildungsgesetzes und den zu diesen Gesetzen ergangenen Rechtsverordnungen sowie die nach dem Gesetz über Europäische Betriebsräte, dem SE-Beteiligungsgesetz, dem SCE-Beteiligungsgesetz und dem Gesetz über die Mitbestimmung der Arbeitnehmer bei einer grenzüberschreitenden Verschmelzung beteiligten Personen und Stellen Beteiligte. Beteiligtenfähig sind in den Fällen des § 2a Abs. 1 Nr. 4 ArbGG auch die beteiligten Vereinigungen von Arbeitnehmern oder von Arbeitgebern sowie die oberste Arbeitsbehörde des Bundes oder derjenigen Länder, auf deren Bereich sich die Tätigkeit der Vereinigung erstreckt. In dem durch das Tarifautonomiestärkungsgesetz neu geschaffenen Verfahren nach § 2a Abs. 1 Nr. 5 ArbGG nF sind nach § 10 S. 3 ArbGG nF auch beteiligtenfähig die oberste Arbeitsbehörde des Bundes oder die oberste Arbeitsbehörde eines Landes, soweit ihr nach § 5 Abs. 6 TVG Rechte übertragen sind. Um eine nach dem Betriebsverfassungsgesetz **beteiligte Stelle** handelt es sich, wenn einer Person oder einer Personengesamtheit, deren Bestand – wie bei einem Verein oder einem Organ der Betriebsverfassung – vom Wechsel der Mitglieder unabhängig ist, betriebsverfassungsrechtliche Befugnisse zugeordnet sind.[75] Steht gerade im Streit, ob einer Personengesamtheit eine betriebsverfassungsrechtliche Befugnis zusteht, aufgrund derer

68 Fitting ArbGG § 1 Rn. 19.
69 BeckOK RGKU/Roloff ArbGG § 81 Rn. 14.
70 BAG 8.8.1989 – 1 ABR 61/88, NZA 1990, 150, 151.
71 BAG 3.6.2003 – 1 ABR 19/02 – zu B II 2a, AP BetrVG 1972 § 89 Nr. 1; HWK/Treber ArbGG § 81 Rn. 21.
72 BeckOK RGKU/Roloff ArbGG § 81 Rn. 18; SW/Weth ArbGG § 81 Rn. 40.
73 GMP/Schlewing/Dickerhof-Borello ArbGG § 10 Rn. 3.
74 BAG 29.11.1989 – 7 ABR 64/87 – zu I 2a der Gründe, AP ArbGG 1979 § 10 Nr. 3. Im Hinblick auf Art. 9 Abs. 3 GG hatte der BGH auch Gewerkschaften, die als nichtrechtsfähige Vereine organisiert waren, die aktive Parteifähigkeit zuerkannt, vgl. BGH 6.10.1964 – VI ZR 176/63, NJW 1965, 29. Seit 2009 ergibt sie sich aus § 50 Abs. 2 ZPO nF.
75 BAG 19.9.2006 – 1 ABR 53/05, NZA 2007, 518, 519 Rn. 18.

ihr die Beteiligtenfähigkeit zuzuerkennen wäre, handelt es sich um eine doppelrelevante Tatsache mit der Folge, dass für das klärende Beschlussverfahren die Beteiligtenfähigkeit zu bejahen ist.[76]

13 **Beteiligtenfähig** ist grundsätzlich[77] jeweils **das Organ,** nicht an seiner Stelle einzelne seiner Mitglieder.[78] Daher bleibt die betriebsverfassungsrechtliche Stelle auch dann Antragsteller, wenn zB durch Neuwahl eine Änderung ihrer Zusammensetzung erfolgt. Ein Wechsel tritt nur ein, wenn das umstrittene Recht im Laufe des Verfahrens auf eine andere Stelle übergeht (zB vom Betriebsrat auf den Gesamtbetriebsrat).[79] Die Stellung als Antragsteller wird nicht dadurch beendet, dass die Amtszeit der betriebsverfassungsrechtlichen Stelle abläuft und eine neue nicht gewählt wird. Ob die Stelle nach Ablauf ihrer Amtszeit oder Beendigung ihrer Funktion etwa auf Grund eines sog. Restmandates im Beschlussverfahren noch Rechte geltend machen kann, ist eine Frage ihrer Antragsbefugnis oder der Begründetheit ihres Antrages, nicht aber eine solche ihrer Beteiligtenfähigkeit. Nach den gleichen Kriterien beurteilt sich, ob ein Betriebsrat, dessen Amtszeit abgelaufen ist, trotz Neuwahl eines Betriebsrates noch eigene Rechte als Antragsteller im Beschlussverfahren geltend machen kann.[80] Soweit das Gesetz eine **Mindestanzahl von Antragstellern** erfordert (zB §§ 19, 23 BetrVG), ist diese Mindestanzahl Prozessvoraussetzung, die während des gesamten Verfahrens vorliegen muss. Der Antrag wird unzulässig, wenn die Zahl der Antragsteller unter die Mindestanzahl sinkt, weil einer der Antragsteller zurücknimmt, was er ohne Zustimmung der anderen Antragsteller tun kann.[81] Zumindest in den Fällen, in denen der Antrag fristgebunden ist, können die Antragsteller nach Ablauf der Antragsfrist nicht mehr ausgetauscht oder durch einen anderen Anfechtungsberechtigten ersetzt werden (zB → *Wahlen*).[82]

14 Im Übrigen ist Voraussetzung einer wirksamen Verfahrensbeteiligung betriebsverfassungsrechtlicher Organe eine **ordnungsgemäße Beschlussfassung** dieses Gremiums.[83] Der Beschluss über ein bei Gericht anzustrengendes Beschlussverfahren muss dem dort zur Entscheidung gestellten Verfahrensgegenstand inhaltlich entsprechen. Er muss jedoch mit einer (beabsichtigten) Antragstellung nicht völlig übereinstimmen oder gar mit dieser wortlautidentisch sein. Vielmehr ist es ausreichend, wenn der Gegenstand, über den in dem Beschlussverfahren eine Klärung herbeigeführt werden soll, und das angestrebte Ergebnis erkennbar sind.[84] Ein fehlerhafter Beschluss kann durch einen neuen Beschluss bis zum Abschluss der Instanz geheilt werden.[85] Zu einem späteren Zeitpunkt kann eine rückwirkende Heilung des Mangels nicht mehr erfolgen. Lediglich der Nachweis über die bis zum Zeitpunkt der Prozessentscheidung erfolgte Beschlussfassung kann noch im Rechtsmittelverfahren geführt werden.[86] Vor einer Abweisung des Antrags als unzulässig hat das Gericht

76 BAG 19.9.2006 – 1 ABR 53/05, NZA 2007, 518, 519 Rn. 19.

77 Vgl. zur Auslegung der Antragstellung durch den „Vertrauensmann der Schwerbehinderten“ BAG 2.6.2010 – 7 ABR 24/09, AP SGB IX § 96 Nr. 1 Rn. 11.

78 BAG 5.2.1965 – 1 ABR 14/64, BAGE 17, 72; ErfK/Koch BetrVG § 81 Rn. 9.

79 BAG 18.10.1988 – 1 ABR 31/87 – zu B I 2a der Gründe, NZA 1989, 396, 397; Helml/Pessinger/Helml ArbGG § 81 Rn. 7.

80 BAG 18.3.2015 – 7 ABR 6/13, AP SGB IX § 94 Nr. 9 Rn. 11; GMP/Spinner ArbGG § 81 Rn. 39.

81 BAG 12.2.1985 – 1 ABR 11/84 – zu B II 2 der Gründe, NZA 1985, 786 ff.

82 Vgl. für die Wahlanfechtung BAG 10.6.1983 – 6 ABR 50/82 – zu II 3b der Gründe, AP BetrVG 1972 § 19 Nr. 10; BAG 4.12.1986 – 6 ABR 48/85, AP BetrVG 1972 § 19 Nr. 13; Fitting BetrVG § 19 Rn. 29.

83 BAG 29.9.2020 – 1 ABR 23/19, NZA 2021, 135 Rn. 13; 4.11.2015 – 7 ABR 61/13, NZA-RR 2016, 256 Rn. 24; 6.12.2006 – 7 ABR 62/05, AP BetrVG 1972 § 21b Nr. 5 Rn. 19 mwN; Düwell/Lipke/Reinfelder § 81 Rn. 5a.

84 BAG 29.9.2020 – 1 ABR 23/19, NZA 2021, 135 Rn. 15 mwN.

85 BAG 18.2.2003 – 1 ABR 17/02, NZA 2004, 336, 339.

86 BAG 6.12.2006 – 7 ABR 62/05, AP BetrVG 1972 § 21b Nr. 5 Rn. 20 mwN.

gem. § 56 Abs. 2 ZPO zu prüfen, ob der Betriebsratsvorsitzende einstweilen zugelassen werden kann.[87] Allerdings hat der Betriebsrat die Tatsachen, aus denen das Zustandekommen des (ordnungsgemäßen) Beschlusses folgt, nur auf entsprechendes Bestreiten des Arbeitgebers vorzutragen.[88] Für die Prüfung, ob der Verfahrenseinleitung ein ordnungsgemäßer Beschluss des Betriebsrats zugrunde liegt, besteht kein Anlass, wenn der Betriebsrat eine Beschlussfassung behauptet und der Arbeitgeber dies nicht in Abrede stellt.

15 Durch das Erfordernis der **Antragsbefugnis** sollen so genannte Popularklagen ausgeschlossen werden.[89] Antragsbefugnis und Beteiligtenstatus fallen nicht notwendig zusammen; § 83 Abs. 3 ArbGG besagt nichts darüber, ob ein Beteiligter im Beschlussverfahren einen Antrag stellen kann. Die Antragsbefugnis im Beschlussverfahren ist vielmehr nach den Regeln über die Einleitung eines gerichtlichen Verfahrens zu bestimmen (§ 81 Abs. 1 ArbGG).[90] Sie bedarf keiner weitergehenden Prüfung, wenn der Antragsteller mit der Einleitung eines Beschlussverfahrens eigene Rechte geltend macht und die betreffende Rechtsposition immerhin möglich erscheint.[91] Einem nicht (mehr) existenten Gremium kommen keine betriebsverfassungsrechtlichen Rechtspositionen (mehr) zu; es mangelt ihm an der Antragsbefugnis.[92] Die Antragsbefugnis im Beschlussverfahren **entspricht weitgehend** der **Prozessführungsbefugnis** im Urteilsverfahren. Die Gerichte sollen zur Feststellung oder Durchsetzung eines bestimmten Rechts nicht ohne eigene Rechtsbetroffenheit des Antragstellers in Anspruch genommen werden können. Die erforderliche Betroffenheit ist gegeben, wenn sich der Antragsteller eigener Rechte berühmt und deren Bestehen nicht von vornherein ausgeschlossen erscheint.[93] Sie ist dagegen zB ausgeschlossen, wenn der Betriebsrat ausschließlich individuelle Rechte der Arbeitnehmer geltend macht. Auf die speziellen Probleme der Antragsbefugnis in Bezug auf bestimmte betriebsverfassungsrechtliche Befugnisse wird im Rahmen der einzelnen Stichwörter eingegangen.[94] Das (Fort-)Bestehen der Antragsbefugnis ist von Amts wegen in jeder Lage des Verfahrens zu prüfen; fällt sie nachträglich weg, wird der Antrag unzulässig.[95]

2. Leistungsanträge

16 Ebenso wie im arbeitsgerichtlichen Urteilsverfahren und im allgemeinen zivilprozessualen Verfahren kann im arbeitsgerichtlichen Beschlussverfahren die Verurteilung zu einer Leistung begehrt werden.[96] Leistungsanträge haben eine Verpflichtung zur Vornahme einer **Handlung,** zur **Unterlassung** oder zur **Duldung** zum Inhalt.[97] Mit einem Leistungsantrag kann auch ein Einwirkungsanspruch geltend gemacht werden, der nicht auf die Erzielung eines Erfolgs gerichtet ist. Das Begehren richtet sich

87 Fitting ArbGG Rn. 36 mwN.
88 BAG 29.9.2020 – 1 ABR 23/19, NZA 2021, 135 Rn. 13; 4.11.2015 – 7 ABR 61/13, NZA-RR 2016, 256 Rn. 26.
89 BAG 24.10.2018 – 7 ABR 1/17,BeckRS 2018, 28939 Rn. 10; 19.12.2017 – 1 ABR 33/16, NZA 2018, 678 Rn. 28; 19.9.2006 – 1 ABR 53/05, NZA 2007, 518, 520 Rn. 22 mwN.
90 BAG 22.7.2014 – 1 ABR 94/12, BeckRS 2014, 74367 Rn. 12; 18.2.2003 – 1 ABR 17/02 – zu B III 2a der Gründe, NZA 2004, 336, 340.
91 BAG 19.9.2006 – 1 ABR 53/05, NZA 2007, 518, 520 Rn. 22 mwN; GMP/Spinner ArbGG § 81 Rn. 54.
92 BAG 25.2.2020 – 1 ABR 40/18, NZA 2020, 881 Rn. 11; 24.10.2018 – 7 ABR 1/17, BeckRS 2018, 28939 Rn. 10.
93 BAG 7.6.2016 – 1 ABR 30/14, NZA 2016, 1350 Rn. 15; 4.12.2013 – 7 ABR 7/12, NZA 2014, 803 Rn. 15 mwN; BAG 18.2.2003 – 1 ABR 17/02 – zu B III 2a der Gründe, NZA 2004, 336, 340.
94 Überblick bei GMP/Spinner ArbGG § 81 Rn. 57 ff.; Düwell/Lipke/Reinfelder ArbGG § 81 Rn. 10 ff.; SW/Weth ArbGG § 81 Rn. 72 ff.
95 Helml/Pessinger/Helml ArbGG § 81 Rn. 13.
96 SW/Weth ArbGG § 81 Rn. 24; GK-ArbGG/Ahrendt § 81 Rn. 18.
97 BeckOK RGKU/Roloff ArbGG § 81 Rn. 9.

in diesem Fall auf ein bloßes Bemühen zB der Arbeitgeberin, Dritte zur Vornahme bestimmter Handlungen zu bewegen.[98] Der Antrag kann unter den Voraussetzungen des § 259 ZPO – insbesondere muss der Anspruch bereits entstanden sein – auch auf eine zukünftige Leistung gerichtet sein.[99] Ein Antrag, mit dem Handlungspflichten des Arbeitgebers ausgesprochen werden sollen, muss die eindeutige Bestimmung des vom Arbeitgeber erwarteten Verhaltens zulassen. Der Arbeitgeber muss wissen, mit welchem Verhalten er seinen betriebsverfassungsrechtlichen Pflichten nachkommt.[100] Der **Streitgegenstand** muss so **genau bezeichnet** werden, dass die eigentliche Streitfrage selbst mit Rechtskraftwirkung zwischen den Beteiligten entschieden werden kann. Dies gilt auch für Anträge, mit denen die Unterlassung von Handlungen verlangt wird.[101] Sie und die ihnen stattgebenden gerichtlichen Entscheidungen müssen für den in Anspruch genommenen Beteiligten eindeutig erkennen lassen, was von ihm verlangt wird, und wann er wegen eines Verstoßes mit der Verhängung eines Ordnungsgeldes rechnen muss.[102] Ein Antrag auf Verpflichtung zur Einwirkung auf einen Dritten, eine bestimmte Handlung vorzunehmen oder diese zu unterlassen, ist dabei auch dann bestimmt genug, wenn die Art der Einwirkung nicht näher bezeichnet ist.[103] Jedem Unterlassungsbegehren wohnen notwendig gewisse Generalisierungen inne. Daher ist in der Rspr. anerkannt, dass die Verwendung allgemein gehaltener Formulierungen oder von rechtlichen Begriffen nach den Umständen des Einzelfalls den Bestimmtheitsanforderungen des § 253 Abs. 2 Nr. 2 ZPO entsprechen, wenn zum Verständnis der Begriffe auf die mit dem Antrag beanstandete konkrete Verletzungshandlung und die Antragsbegründung zurückgegriffen werden kann.[104] Die Prüfung, welche Maßnahmen der Schuldner vorzunehmen oder zu unterlassen hat, darf aber nicht in das Vollstreckungsverfahren verlagert werden. Dessen Aufgabe ist es, zu klären, ob der Schuldner einer Verpflichtung nachgekommen ist, nicht welchen Inhalt diese hat.[105] Das bedeutet aber nicht, dass das Vollstreckungsgericht der Notwendigkeit enthoben wäre, die möglicherweise schwierige Klärung der Frage herbeizuführen, ob gegen die Unterlassungsverpflichtung aus dem Titel verstoßen wurde.[106] Hinsichtlich der Vornahme unvertretbarer Handlungen ist zu beachten, dass diese gegen den Betriebsrat nicht vollstreckt werden können.[107]

Bei der Abfassung des Leistungsantrags im Beschlussverfahren wird zumeist die **17** Formulierung „zu verurteilen" vermieden, wohl, weil dies nur zu einem Urteil, nicht aber zu einem Beschluss zu passen scheint. Üblicherweise wird stattdessen der Ausdruck „aufgeben" oder „verpflichten" verwandt.[108] Für beide Ausdrucksweisen finden sich Anhaltspunkte im Gesetz. Nach § 101 S. 1 BetrVG „kann der Betriebsrat beim Arbeitsgericht beantragen, dem Arbeitgeber aufzugeben, die personelle Maßnahme

98 BAG 23.3.2021 – 1 ABR 31/19, NZA 2021, 959 Rn. 78.
99 BAG 12.12.2023 – 7 ABR 23/22, BeckRS 2023, 46437 Rn. 11; 27.10.2010 – 7 ABR 36/09, NZA 2011, 527 Rn. 13; BAG 17.5.1983 – 1 ABR 21/80 – zu II 4 der Gründe, AP BetrVG 1972 § 80 Nr. 19 mzustAnm v. Hoyningen-Huene.
100 BAG 15.11.2022 – 1 ABR 5/22, NZA 2023, 369 Rn. 19; 22.1.2020 – 7 ABR 18/18, NZA 2020, 783 Rn. 14; 10.12.2002 – 1 ABR 7/02, NZA 2004, 223, 224; BAG 13.3.2001 – 1 ABR 34/00, AP BetrVG 1972 § 99 Einstellung Nr. 34.
101 BAG 14.9.2010 – 1 ABR 32/09, NZA 2011, 364 Rn. 14; BAG 17.6.1997 – 1 ABR 10/97 – zu B 1 der Gründe, BeckRS 1997, 30769061.
102 BAG 22.7.2014 – 1 ABR 9/13 Rn. 12, BeckRS 2014, 73979; 17.11.1998 – 1 ABR 12/98, NZA 1999, 662, 663.
103 BAG 23.3.2021 – 1 ABR 31/19, NZA 2021, 959 Rn. 81.
104 BAG 23.3.2021 – 1 ABR 31/19, NZA 2021, 959 Rn. 53; 20.3.2018 – 1 ABR 70/16, NZA 2018, 1081 Rn. 27 unter Bezugnahme auf BGH 26.1.2017 – I ZR 207/14, GRUR 2017, 422 Rn. 18.
105 BAG 27.7.2016 – 7 ABR 16/14 Rn. 13 mwN; Fitting ArbGG Rn. 21.
106 BAG 25.8.2004 – 1 AZB 41/03– zu B II 2c bb der Gründe, AP BetrVG 1972 § 23 Nr. 41.
107 Vgl. BAG 12.12.2023 – 7 ABR 23/22, BeckRS 2023, 46437 Rn. 11; Raab RdA 2017, 288 (295 ff.).
108 Vgl. BAG 18.1.2005 – 3 ABR 21/04, NZA 2006, 167, 170.

aufzuheben". Nach § 85 Abs. 1 S. 1 ArbGG findet aus rechtskräftigen Beschlüssen der Arbeitsgerichte oder gerichtlichen Vergleichen, durch die einem Beteiligten „eine Verpflichtung" auferlegt wird, die Zwangsvollstreckung statt.

> **Der Betriebsrat/der Arbeitgeber wird verpflichtet, <Beschreibung der vorzunehmenden Handlung>.**

3. Feststellungsanträge

18 Nach § 256 Abs. 1 ZPO kann die gerichtliche Feststellung des Bestehens oder Nichtbestehens eines Rechtsverhältnisses beantragt werden, wenn der Antragsteller an der alsbaldigen Feststellung ein rechtliches Interesse hat. Die Vorschrift findet im Beschlussverfahren entsprechend Anwendung.[109] Ein **Feststellungsinteresse** muss als Sachurteilsvoraussetzung in jeder Lage des Verfahrens, dh auch in der Rechtsbeschwerdeinstanz noch gegeben sein.[110] Allerdings soll das Feststellungsinteresse nach Ansicht des BAG echte Prozessvoraussetzung nur für eine stattgebende Entscheidung sein.[111] Für eine nur **auf die Vergangenheit gerichtete** Feststellung, aus der sich keinerlei Rechtsfolgen für die Gegenwart und Zukunft mehr ergeben, besteht ein Rechtsschutzbedürfnis regelmäßig nicht.[112] Es ist nicht Aufgabe der Gerichte, einem Beteiligten zu bescheinigen, dass er im Recht war. Allerdings kann ein in der Vergangenheit liegender Streitfall Anlass sein, das Bestehen eines Mitbestimmungsrechts für die Zukunft feststellen zu lassen. Das Bestehen, der Inhalt oder der Umfang eines Mitbestimmungsrechts können im Beschlussverfahren losgelöst von einem konkreten Ausgangsfall geklärt werden, wenn die Maßnahme, für die ein Mitbestimmungsrecht in Anspruch genommen wird, häufiger im Betrieb auftritt und sich auch künftig jederzeit wiederholen kann.[113]

19 Das Feststellungsinteresse kann fehlen, wenn der Antragsteller sein Recht im Wege eines Leistungs- oder Gestaltungsantrags verfolgen könnte und nicht Gründe der Prozessökonomie einen Feststellungsantrag ausnahmsweise als sachdienlich erscheinen lassen (sog. **Subsidiarität**).[114] Dort, wo er nach seinen sonstigen Voraussetzungen möglich ist, ist ein Leistungsantrag auch im Beschlussverfahren dem Feststellungsantrag im Allgemeinen vorzuziehen, weil aus ihm vollstreckt werden kann.[115] Das Feststellungsinteresse entfällt jedoch nicht automatisch, weil der Betriebsrat einen Leistungsantrag stellen könnte.[116] **Im Beschlussverfahren** sind hier einige **Besonderheiten** zu beachten: Soweit es um die grundsätzliche Klärung eines streitigen Rechtsverhältnisses zwischen den Betriebspartnern geht, ist das Feststellungsverfahren häufig das geeignetere Verfahren, wenn es zu einer umfassenden Bereinigung des Streits führen kann. Deshalb entspricht es ständiger Rechtsprechung, dass der Streit der Betriebspartner über Bestehen und Umfang eines Mitbestimmungsrechts im

109 BAG 23.10.2018 – 1 ABR 18/17, BeckRS 2018, 38669 Rn. 14; 3.5.2006 – 1 ABR 63/04, NZA 2007, 285, 286 Rn. 19; 18.2.2003 – 1 ABR 17/02, NZA 2004, 336, 339 mwN.

110 BAG 18.2.2003 – 1 ABR 17/02, NZA 2004, 336, 340; 21.6.2000 – 5 AZR 782/98, NZA 2002, 164.

111 BAG 18.10.2023 – 5 AZR 22/23, NZA 2024, 128 Rn. 13 mwN.

112 BAG 23.10.2018 – 1 ABR 18/17, BeckRS 2018, 38669 Rn. 14; 19.12.2017 – 1 ABR 33/16, NZA 2018, 678 Rn. 24; 15.4.2008 – 1 ABR 14/07, NZA 2008, 1020, 1021 Rn. 17; 2.3.2004 – 1 ABR 15/03 – zu B I, AP ZPO 1977 § 256 Nr. 87.

113 Vgl. BAG 17.11.2021 – 7 ABR 40/19 – Rn. 30, NJOZ 2022, 922; 28.5.2002 – 1 ABR 35/01 – zu B II 1, NZA 2003, 1101, 1102 f.

114 BAG 15.4.2008 – 1 ABR 14/07, NZA 2008, 1020, 1021 Rn. 17; 18.9.2002 – 1 ABR 54/01 – zu B II 1, NZA 2003, 670, 672.

115 Vgl. BAG 19.6.1984 – 1 ABR 6/83 – zu B I 2, AP BetrVG 1972 § 9 Nr. 2.

116 BAG 15.12.1998 – 1 ABR 9/98, NZA 1999, 722, 724.

Feststellungsverfahren geklärt werden kann, und zwar auch dann, wenn ein vollstreckbarer Anspruch des Betriebsrats auf Unterlassung mitbestimmungswidriger Maßnahmen in Betracht käme.[117] Der Grundsatz der Subsidiarität des Feststellungsantrags beruht letztlich auf Überlegungen der Prozessökonomie. Da Feststellungsanträge keinen vollstreckbaren Inhalt haben, müsste zusätzlich ein Leistungsverfahren durchgeführt werden, wenn der Schuldner nicht bereit ist, dem stattgebenden Feststellungsantrag Folge zu leisten. Dies erscheint bei Einzelansprüchen, die den Streit abschließend erfassen, als unsinnige Prozessverdoppelung (→ *A. I. Rn. 64*). Geht es aber um Bestand und Inhalt der Rechtsbeziehung zwischen den Betriebspartnern, ist die Klärung im Feststellungsverfahren in der Regel trotzdem hilfreich. Hier kann häufig mit der begehrten Feststellung ein Streit auch für künftige gleichgelagerte Fälle vermieden werden.[118] Für die prozesswirtschaftliche Zweckmäßigkeit des Feststellungsbegehrens spricht nach Ansicht des BAG im Beschlussverfahren ferner, dass die Betriebspartner kraft der gemäß § 2 BetrVG ausdrücklich gebotenen vertrauensvollen Zusammenarbeit gehalten sind, eine rechtskräftige Feststellung zu beachten. Das hat zumindest Bedeutung für ein Vorgehen nach § 23 BetrVG wegen eines → *groben Verstoßes* gegen betriebsverfassungsrechtliche Pflichten. Dem Betriebsrat oder Arbeitgeber, der das festgestellte Recht missachtet, kann bei Würdigung seines Verhaltens nicht mehr eine ungeklärte Rechtslage zugute gehalten werden. Die Rechtsprechung stellt noch eine weitere Überlegung an: Zwar müssen auch Feststellungsanträge bestimmt sein, damit der Umfang der **Rechtskraftwirkung** zweifelsfrei ist,[119] aber die insoweit an einen Leistungsantrag zu stellenden Anforderungen sind strenger, weil ein Leistungstenor vollstreckbar und daher so eindeutig sein muss, dass nicht im Vollstreckungsverfahren klärungsbedürftig bleibt, welches Tun oder Unterlassen zu erzwingen ist.[120] Die erforderliche Präzision ist gerade in betriebsverfassungsrechtlichen Streitigkeiten erfahrungsgemäß besonders schwierig. Auch deshalb bietet es sich an, den Bestand und den Umfang des geltend gemachten Beteiligungsrechts zunächst im Rahmen eines Feststellungsverfahrens grundsätzlich zu klären.

Auch bei Feststellungsanträgen ist aber auf die **Bestimmtheit des Antrags** zu achten. **20**
Abhängig vom Gegenstand der begehrten Feststellung sind in einigen Fällen erhöhte Anforderungen an die Bestimmtheit zu stellen. Wenn mit dem Feststellungsantrag zB das Bestehen einer Verpflichtung zu einem bestimmten Handeln festgestellt werden soll, werden im Ergebnis keine geringeren Anforderungen an den Feststellungs- als an den Leistungsantrag gestellt. Die Handlungspflicht muss dann so präzise bezeichnet werden, dass ein hierauf gerichtetes Leistungsurteil vollstreckbar wäre.[121] Ist das Bestehen eines Mitbestimmungsrechts streitig, muss entweder die Maßnahme des Arbeitgebers oder die betriebliche Angelegenheit so genau bezeichnet werden, dass mit der Entscheidung über den Antrag feststeht, für welche betrieblichen Angelegenheiten das Mitbestimmungsrecht bejaht oder verneint worden ist. Diese müssen so konkret umschrieben werden, dass die Streitfrage mit Rechtskraftwirkung zwischen den Betriebsparteien entschieden werden kann.[122]

117 Vgl. BAG 15.12.1998 – 1 ABR 9/98 – zu B I 3, NZA 1999, 722; 3.5.1994 – 1 ABR 24/93 – zu D, AP BetrVG 1972 § 23 Nr. 23.
118 BAG 15.12.1998 – 1 ABR 9/98, NZA 1999, 722, 724.
119 BAG 24.1.2001 – 7 ABR 2/00 – zu B I 1, AP ArbGG 1979 § 81 Nr. 50.
120 Vgl. BAG 18.1.2005 – 3 ABR 21/04, NZA 2006, 167, 170.
121 Vgl. BAG 22.10.2008 – 4 AZR 735/07, BeckRS 2009, 51442 Rn. 53; vgl. a. BAG 22.7.2014 – 1 ABR 94/12, BeckRS 2014, 74367 Rn. 24.
122 BAG 23.10.2018 – 1 ABR 18/17, BeckRS 2018, 38669 Rn. 18.

21 Gegenstand eines Feststellungsantrags können nur Rechtsverhältnisse sein. Ein **Rechtsverhältnis** ist jedes durch die Herrschaft einer Rechtsnorm über einen konkreten Sachverhalt entstandene rechtliche Verhältnis einer Person zu einer anderen Person oder zu einer Sache.[123] Streiten die Betriebsparteien über den Bestand, den Inhalt oder den Umfang von Mitbestimmungsrechten, streiten sie damit über das Bestehen oder Nichtbestehen eines entsprechenden Rechtsverhältnisses. Dieser Streit kann daher im Wege des Feststellungsverfahrens geklärt werden.[124] Ein Feststellungsantrag muss sich nicht notwendig auf das Rechtsverhältnis insgesamt erstrecken. Er kann sich auf Teilrechtsverhältnisse, insbesondere auf einzelne Beziehungen oder Folgen aus einem Rechtsverhältnis, auf bestimmte Ansprüche oder Verpflichtungen oder auf den Umfang einer Leistungspflicht beschränken. Bloße Elemente oder Vorfragen[125] eines Rechtsverhältnisses können jedoch nicht zum Gegenstand eines Feststellungsantrags gemacht werden.[126] Insbesondere der auf die Klärung einer bloßen Rechtsfrage oder den Bestandteil einer solchen Rechtsfrage gerichtete Feststellungsantrag ist unzulässig. Darüber besteht allgemein Einigkeit. Ein wenig irreführend ist es allerdings, wenn in Entscheidungen des BAG teilweise von der zulässigen **Elementenfeststellungsklage** gesprochen wird.[127] In der Sache ist damit nicht die Feststellung einzelner Elemente eines Rechtsverhältnisses, sondern Feststellung von Teilrechtsverhältnissen gemeint. Im Einzelfall kann die Abgrenzung freilich schwierig sein. Auch die rechtliche Beurteilung einer Maßnahme ist kein Rechtsverhältnis iSd § 256 ZPO.[128] Ein Antrag kann nicht auf die Feststellung der Wirksamkeit oder Unwirksamkeit von Willenserklärungen oder sonstigen Rechtshandlungen gerichtet werden.[129] Entscheidungen über solche Anträge würden auf die Erstellung von Rechtsgutachten hinauslaufen, zu denen die Gerichte nicht berufen sind.[130] Etwas anderes gilt dort, wo das Gesetz dies ausdrücklich anordnet, wie etwa bei der Feststellung der Unwirksamkeit einer → *Allgemeinverbindlicherklärung.* Die (Fort-) Geltung einer Betriebsvereinbarung kann dagegen zum Gegenstand eines Feststellungsantrags gemacht werden, weil durch sie ein Rechtsverhältnis zwischen den Betriebsparteien begründet wird (→ *Betriebsvereinbarung*).

4. Gestaltungsanträge

22 Mit Entscheidungen über Gestaltungsanträge werden unmittelbar Rechtsverhältnisse begründet, aufgehoben oder geändert. Der stattgebende Beschluss bedarf keiner Vollstreckung, weil mit der formellen Rechtskraft die vom Antragsteller angestrebte Rechtsfolge von selbst eintritt.[131] Gestaltungsanträge sind zum Beispiel[132] zu stellen

123 Vgl. BAG 22.7.2014 – 1 ABR 9/13, BeckRS 2014, 73979 Rn. 19; 24.4.2007 – 1 ABR 27/06 – zu B I 2a der Gründe mwN, AP TVG § 2 Tarifzuständigkeit Nr. 20; 10.5.1989 – 4 AZR 80/89, NZA 1989, 687.

124 Vgl. BAG 15.4.2008 – 1 ABR 14/07, NZA 2008, 1020 Rn. 12; 19.2.2002 – 1 ABR 20/01 – zu B III 2b mwN, NZA 2003, 1159, 1162.

125 Bezieht sich die Vorfrage gerade auf das Bestehen eines Rechtsverhältnisses, kann aber das Feststellungsinteresse fehlen, in diesem Sinne wohl BAG 23.10.2018 – 1 ABR 18/17, BeckRS 2018, 38669 Rn. 14.

126 BAG 8.3.2022 – 1 ABR 19/21, NZA 2022, 1068 Rn. 52; 28.3.2017 – 1 ABR 40/15, BeckRS 2017, 118988 Rn. 16; 18.1.2012 – 7 ABR 73/10, NZA 2012, 813 Rn. 35; 27.10.2005 – 6 AZR 123/05, NZA 2006, 621, 622 Rn. 12; 25.10.2001 – 6 AZR 718/00, NZA 2002, 1052, 1053.

127 S. nur BAG 12.12.2018 – 4 AZR 123/18, BeckRS 2018, 39995 Rn. 13; 3.7.2013 – 4 AZR 961/11, NZA-RR 2014, 80 Rn. 10 mwN; 22.10.2008 – 4 AZR 784/07, BAGE 128, 165 Rn. 11 mwN.

128 BAG 15.4.2008 – 1 ABR 14/07, NZA 2008, 1020 Rn. 12; aA BVerwG 24.10.1975 – VII P 11.73 – zu II 1c bb, PersV 1976, 422.

129 Vgl. BAG 9.9.2015 – 7 ABR 69/13, NZA 2016, 57 Rn. 20; BGH 2.10.1991 – VIII ZR 21/91 – zu II 1 der Gründe, NJW-RR 1992, 252.

130 BAG 3.5.2006 – 1 ABR 63/04, NZA 2007, 285, 286 Rn. 19; BVerwG 12.8.1988 – 6 P 5/87, AP BPersVG § 28 Nr. 1.

131 ErfK/Koch BetrVG § 81 Rn 2; BeckOK RGKU/Roloff ArbGG § 81 Rn. 11.

132 Weitere Beispiele bei GK-ArbGG/Ahrendt § 81 Rn. 20.

im Rahmen der Wahlanfechtung nach § 19 Abs. 1 BetrVG (→ *Wahlen*), in Bezug auf die Auflösung des Betriebsrats bzw. des Ausschlusses eines Betriebsratsmitglieds gemäß § 23 Abs. 1 BetrVG (→ *Ausschluss aus und Auflösung des Betriebsrats*), zur Auflösung eines nach § 78a BetrVG mit einem Auszubildenden begründeten Arbeitsverhältnisses (→ *Übernahme von Jugend- und Auszubildendenvertretern*) und in Zustimmungsersetzungsverfahren bei personellen Einzelmaßnahmen nach § 99 BetrVG (→ *Mitbestimmung in personellen Angelegenheiten*) oder nach § 103 BetrVG (→ *Kündigung von Betriebsratsmitgliedern und anderen Amtsträgern*).

5. Vorläufiger Rechtsschutz: Arrest und einstweilige Verfügung

23 Der Erlass einer einstweiligen Verfügung ist auch im Beschlussverfahren gemäß § 85 Abs. 2 S. 1 ArbGG zulässig. Obwohl im Gesetz nicht ausdrücklich erwähnt, ist auch der Erlass eines Arrests möglich.[133] Für das Verfahren gelten die Vorschriften des Achten Buches der Zivilprozessordnung über den Arrest und die einstweilige Verfügung entsprechend mit der Maßgabe, dass die Entscheidungen durch **Beschluss der Kammer** ergehen, erforderliche **Zustellungen von Amts wegen** erfolgen und ein Anspruch auf **Schadensersatz** nach § 945 der Zivilprozessordnung in Angelegenheiten des Betriebsverfassungsgesetzes **nicht** besteht (§ 85 Abs. 2 S. 2 ArbGG). Voraussetzung für den Erlass einer einstweiligen Verfügung ist, dass der Antragsteller einen Verfügungsanspruch sowie einen Verfügungsgrund hat bzw. glaubhaft gemacht hat. **Verfügungsanspruch** ist der materielle Anspruch, dessen Vereitelung oder Gefährdung durch Zeitablauf die einstweilige Verfügung verhindern soll.[134] Ein **Verfügungsgrund** liegt vor, wenn die Besorgnis besteht, dass ohne die begehrte einstweilige Verfügung die Verwirklichung des Rechts, das Gegenstand des Verfügungsanspruchs ist, bis zur Verkündung (oder – bei nichtvermögensrechtlichen Streitigkeiten – bis zur Rechtskraft, § 85 Abs. 1 S. 2 ArbGG) einer Hauptsachenentscheidung vereitelt oder wesentlich erschwert wird.[135]

24 Auch im Beschlussverfahren gibt es einstweilige Verfügungen in Form der **Sicherungsverfügung** nach § 935 ZPO, der **Regelungsverfügung** nach § 940 ZPO und der von der Rechtsprechung entwickelten **Leistungs- und Befriedungsverfügung.** An den Erlass einer Leistungsverfügung sind allerdings strenge Anforderungen zu stellen. Dies gilt im Beschlussverfahren wegen des Ausschlusses des Schadensersatzanspruchs nach § 945 ZPO in besonderem Maß.[136] **Unzulässig** ist hingegen ein Antrag auf Erlass einer einstweiligen **Feststellungsverfügung.**[137] Ihm fehlt in aller Regel das erforderliche Rechtsschutzinteresse.[138]

25 Streitig ist die Frage, ob Beteiligungsrechte des Betriebsrates als zu sichernde Verfügungsansprüche in Betracht kommen und dem Arbeitgeber durch einstweilige Verfügung aufgegeben werden kann, eine Maßnahme so lange zu unterlassen, bis der Betriebsrat ordnungsgemäß beteiligt wurde. Hier unterscheidet die Rechtsprechung nach der Art der Beteiligungsrechte.[139] Insofern kann auf die Ausführungen zu den

133 GMP/Spinner ArbGG § 85 Rn. 28; BeckOK RGKU/Roloff ArbGG § 85 Rn. 17; Korinth, Einstweiliger Rechtsschutz im Arbeitsgerichtsverfahren, H.1.

134 ErfK/Koch ArbG § 85 Rn. 4.

135 ErfK/Koch ArbG § 85 Rn. 5.

136 Fitting ArbGG Rn. 66.

137 SW/Walker § 85 Rn. 53; beachte aber BAG 28.5.2014 – 7 ABR 36/12 – Rn. 21, NZA 2014, 1213 zum Ausnahmefall der Feststellung von Unterlassungspflichten des Betriebsrats; Korinth, Einstweiliger Rechtsschutz im Arbeitsgerichtsverfahren, H.17c.

138 Vgl. LAG Hamm 21.5.2008 – 10 TaBVGa 7/08 – Rn. 84; LAG Düsseldorf 6.9.1995 – 12 TaBV 69/95, NZA-RR 1996, 12, 13.

139 Vgl. BeckOK RGKU/Roloff ArbGG § 85 Rn. 21; SW/Walker § 85 Rn. 54ff.

einzelnen Stichwörtern Bezug genommen werden zB → *Mitbestimmung in personellen Angelegenheiten,* → *Mitbestimmung in sozialen Angelegenheiten,* → *Mitbestimmung in wirtschaftlichen Angelegenheiten.* Die Auslegung von betriebsverfassungsrechtlichen Vorschriften kann ergeben, dass eine einstweilige Verfügung zum Schutz eines Rechts nicht in Betracht kommt (iErg meist streitig, vgl. § 99, § 98 Abs. 5, § 104 BetrVG, § 23 Abs. 3 BetrVG).[140]

26 Auch § 938 ZPO findet im Beschlussverfahren Anwendung. Das Gericht bestimmt nach freiem Ermessen, welche Anordnung zur Erreichung des Zwecks erforderlich ist. Dies hat Auswirkungen auf die Antragsstellung (→ *A. I. Rn. 87*). Der Antrag muss grundsätzlich nur das Rechtsschutzziel formulieren. Beim Antrag auf eine Unterlassungsverfügung wird allerdings verlangt, dass das erstrebte Verbot möglichst genau bezeichnet wird.[141] Die vom Gericht angeordnete Maßnahme muss sich im Rahmen des Antrags halten.[142]

27 Die Entscheidung über den Antrag auf Erlass einer einstweiligen Verfügung kann auch ohne **mündliche Verhandlung** ergehen (§ 937 Abs. 2 ZPO). Ob eine mündliche Verhandlung anberaumt wird, entscheidet das Gericht von Amts wegen, eines Antrags bedarf es hierzu nicht. Sofern mündlich verhandelt werden soll, kann es aufgrund der besonderen Eilbedürftigkeit angezeigt sein, die Ladungsfrist abzukürzen. Auch die Ladungsfrist ist eine Zwischenfrist, die nach § 226 ZPO abgekürzt werden kann. Die **Abkürzung der Ladungsfrist** muss danach beantragt werden.[143] Nach herrschender Meinung bedarf es hierzu im Verfahren des vorläufigen Rechtsschutzes zwar keiner ausdrücklichen Antragsstellung,[144] aus anwaltlicher Vorsicht sollte sie dennoch erfolgen.

> **Der Betriebsrat/der Arbeitgeber wird im Wege der einstweiligen Verfügung verpflichtet, es zu unterlassen <Beschreibung der zu unterlassenden Handlung>.**
>
> **Die Ladungsfrist wird auf 48 Stunden abgekürzt.**

II. ABC der Anträge im Beschlussverfahren

Allgemeines Gleichbehandlungsgesetz (AGG)

Übersicht

	Rn.
1. Antrag nach § 17 Abs. 2 AGG	2–5
2. Beschwerdestelle	6–8

1 Gemäß § 1 AGG ist es das **Ziel** des Gesetzes, Benachteiligungen aus Gründen der Rasse oder wegen der ethnischen Herkunft, des Geschlechts, der Religion oder Weltanschauung, einer Behinderung, des Alters oder der sexuellen Identität zu verhindern oder zu beseitigen. § 17 Abs. 1 fordert ausdrücklich Tarifvertragsparteien, Ar-

140 Vgl. BeckOK ArbR/Roloff ArbGG § 85 Rn. 25; zu § 99 BetrVG vgl. BAG 23.6.2009 – 1 AZR 23/08 – Rn. 15 ff.; LAG Köln 13.8.2002 – 12 Ta 244/02, NZA-RR 2003, 249.

141 Zöller/Vollkommer ZPO § 938 Rn. 1 mwN.

142 TP/Reichold § 938 Rn. 2.

143 GMP/Künzl § 47 Rn. 23.

144 GMP/Künzl § 47 Rn. 23; Helml/Pessinger/Helml ArbGG § 47 Rn. 11; aA GK-ArbGG/Bader § 47 Rn. 33 mwN.

beitgeber, Beschäftigte und deren Vertretungen auf, im Rahmen ihrer Aufgaben und Handlungsmöglichkeiten an der Verwirklichung dieses Ziels mitzuwirken.

1. Antrag nach § 17 Abs. 2 AGG

In Betrieben, in denen die Voraussetzungen des § 1 Abs. 1 S. 1 BetrVG vorliegen, 2
können gemäß § 17 Abs. 2 AGG bei einem **groben Verstoß des Arbeitgebers** gegen Vorschriften aus dem 2. Abschnitt des AGG der **Betriebsrat** oder eine im Betrieb vertretene **Gewerkschaft** die in § 23 Abs. 3 S. 1 BetrVG genannten Rechte gerichtlich geltend machen. Ob auch Personalräte **antragsbefugt** sind, ist streitig.[145] Nach inzwischen hM ist über den Antrag im Beschlussverfahren zu entscheiden.[146] Für die Zwangsvollstreckung gelten die Grundsätze des § 23 Abs. 3 S. 2 bis 5 BetrVG. Die Handlungsmöglichkeiten für Betriebsräte werden durch die Vorschrift teilweise erweitert. Im Regelfalle bedeutet ein grober Verstoß des Arbeitgebers gegen das AGG zugleich einen groben Verstoß gegen § 75 Abs. 1 BetrVG, dessen Anwendungsbereich auf sämtliche Diskriminierungsmerkmale des AGG erstreckt wurde.[147] Das Benachteiligungsverbot schützt allerdings alle Beschäftigten iSd § 6 AGG, also auch die noch nicht beschäftigten **Stellenbewerber.**[148] Daher kann der Betriebsrat zB bei groben Verstößen gegen die Verpflichtung zur nicht diskriminierenden Stellenausschreibung (vgl. § 11 AGG) tätig werden.[149] Je nach der Art der Pflichtverletzung des Arbeitgebers kann der Betriebsrat das Unterlassen von Handlungen oder die Vornahme einer Handlung verlangen.[150]

1. **Der Arbeitgeberin wird aufgegeben, es zu unterlassen, in Stellenausschreibungen für <Bezeichnung der Stellen> als Qualifikation <Bezeichnung der diskriminierenden Stellenanforderung> zu verlangen.**
2. **Der Arbeitgeberin wird für jeden Fall des Verstoßes gegen Ziffer 1 ein Ordnungsgeld iHv bis zu 10000 EUR angedroht.**

Fraglich ist, wie der Antrag bei einem groben Verstoß des Arbeitgebers gegen seine 3
Verpflichtung nach § 12 Abs. 3 AGG hinreichend bestimmt zu formulieren ist. Nach dieser Vorschrift hat der Arbeitgeber die im Einzelfall geeigneten, erforderlichen und angemessenen Maßnahmen zur Unterbindung der Benachteiligung (zB Abmahnung, Umsetzung, Versetzung oder Kündigung) zu ergreifen, wenn Beschäftigte gegen das Benachteiligungsverbot des § 7 Abs. 1 AGG verstoßen. Solange keine Ermessensreduzierung auf Null gegeben ist, kann der Arbeitgeber selbst entscheiden, auf welchem Weg er gegen die Benachteiligung vorgeht. Es spricht viel dafür, dass der Betriebsrat aus diesem Grund im Antrag nur den Erfolg, nicht aber das Mittel konkret bezeichnen muss.[151]

---

145 Dagegen ErfK/Schlachter AGG § 17 Rn. 2; aA Besgen/Roloff NZA 2007, 670, 671.

146 Kleinebrink ArbRB 2007, 24, 25; Däubler/Bertzbach/Buschmann AGG § 17 Rn. 42; BeckOK/RGKU/Roloff AGG § 17 Rn. 9 mwN.

147 Zum (Nicht-)Bestehen eines allgemeinen Beseitigungs- oder Unterlassungsanspruch des Betriebsrats aus § 75 Abs. 1 BetrVG vgl. LAG Berlin-Brandenburg, Beschl. 20.8.2015 – 21 TaBV 336/15, NZA-RR 2016, 74.

148 Vgl. BAG 14.11.2013 – 8 AZR 997/12, NZA 2014, 489 Rn. 42; Fitting BetrVG § 23 Rn. 112; ErfK/Schlachter AGG § 17 Rn. 2.

149 Vgl. Hessisches LAG 6.3.2008 – 9 TaBV 251/07, BeckRS 2008, 54494, Rechtsbeschwerde zurück gewiesen durch Beschluss BAG vom 18.8.2009 – 1 ABR 47/08, NZA 2010, 222; SSV/Schleusener AGG § 17 Rn. 11.

150 Vgl. Fitting BetrVG § 23 Rn. 114, die auch die Duldung einer Handlung in Betracht ziehen, allerdings ohne ein Beispiel zu nennen.

151 Vgl. Kleinebrink ArbRB 2007, 24, 27.

Die Arbeitgeberin wird verpflichtet, die <genaue Bezeichnung der Benachteiligung, zB sexuelle Belästigung durch das Zusenden von Emails mit pornografischem Inhalt> des/der Beschäftigten <Name> durch die Arbeitnehmerin/den Arbeitnehmer <Name> zu unterbinden.

4 Mit dem Antrag dürfen gemäß § 17 Abs. 2 S. 2 AGG nicht Ansprüche des Benachteiligten geltend gemacht werden. Dies gilt erst Recht für solche Ansprüche, die nicht einmal der Benachteiligte selbst gerichtlich durchsetzen kann; so ist ein Antrag des Betriebsrats auf Einstellung oder Beförderung des Benachteiligten ausgeschlossen.[152] **Individualansprüche** sind vom einzelnen Arbeitnehmer im Urteilsverfahren geltend zu machen (→ *A. II. Diskriminierung*). Andersherum fehlt es an einer nationalen gesetzlichen Grundlage für einen „generalpräventiven" Unterlassungsanspruch des einzelnen Bewerbers gegen den Arbeitgeber.[153] Da § 23 Abs. 3 BetrVG Feststellungs- und Folgenbeseitigungsansprüche nicht regelt, hat der Betriebsrat für solche Ansprüche keine Antragsbefugnis.[154]

5 Wie bei Anträgen unmittelbar nach § 23 Abs. 3 BetrVG,[155] ist auch bei § 17 Abs. 2 AGG umstritten, ob **einstweilige Verfügungen** in Betracht kommen.[156]

2. Beschwerdestelle

6 Ob und inwieweit die **Besetzung**[157] und **Organisation** einer **Beschwerdestelle** im Rahmen des § 13 AGG mitbestimmungspflichtig ist, ist umstritten.[158] Die Frage kann sich entweder im Rahmen des Verfahrens über die Einrichtung einer → *Einigungsstelle*[159] stellen oder im Rahmen der Anfechtung eines Einigungsstellenspruchs.[160] Denkbar ist auch ein Feststellungsantrag über das Bestehen eines Mitbestimmungsrechts.

Es wird festgestellt, dass dem Betriebsrat hinsichtlich der personellen Besetzung der Beschwerdestelle iSd § 13 AGG ein Mitbestimmungsrecht zusteht.

7 Hat der Arbeitgeber einseitig Verfahrensvorschriften für Beschwerden iSd § 13 AGG festgelegt, so kann der Betriebsrat sein Mitbestimmungsrecht durch entsprechenden Feststellungsantrag geltend machen.

Es wird festgestellt, dass dem Betriebsrat bei der Aufstellung verbindlicher Verfahrensregeln für die Einreichung von Beschwerden iSd § 13 AGG ein Mitbestimmungsrecht nach § 87 Abs. 1 BetrVG zusteht.

8 Bleibt der Arbeitgeber in Bezug auf das Beschwerderecht untätig, kann der Betriebsrat sein Initiativrecht feststellen lassen.

152 Bauer/Krieger/Günther AGG § 17 Rn. 23.
153 BAG 14.11.2013 – 8 AZR 997/12, NZA 2014, 489 Rn. 40.
154 Fitting BetrVG § 23 Rn. 114.
155 Bejahend LAG Düsseldorf 16.5.1990 – 12 Ta BV 9/90, NZA 1991, 29; DKKW/Trittin BetrVG § 23 Rn. 279 mwN in Fn. 431.
156 Dagegen: BeckOK/Roloff AGG § 17 Rn. 18; Bauer/Krieger/Günther AGG § 17 Rn. 26 mwN; dafür: Wendeling-Schröder/Stein AGG § 17 Rn. 49.
157 Vgl. dazu BAG 21.7.2009 – 1 ABR 42/08, NZA 2009, 1049.
158 Vgl. Nachweise bei ErfK/Schlachter AGG § 13 Rn. 2; Fitting BetrVG § 87 Rn. 74.
159 Vgl. LAG Hamburg 17.4.2007 – 3 TaBV 6/07, NZA-RR 2007, 413.
160 Vgl. BAG 21.7.2009 – 1 ABR 42/08, NZA 2009, 1049.

Es wird festgestellt, dass dem Betriebsrat für die Aufstellung von Verfahrensregeln für die Einreichung von Beschwerden iSd § 13 AGG ein Initiativrecht nach § 87 Abs. 1 BetrVG zusteht.

Allgemeinverbindlicherklärung (AVE)

§ 2a Abs. 1 ArbGG Nr. 5 weist die Entscheidung über die Wirksamkeit einer Allgemeinverbindlicherklärung (AVE) nach § 5 TVG den Arbeitsgerichten zu. Gleiches gilt für die Entscheidungen über die Wirksamkeit einer Rechtsverordnung nach § 7 oder § 7a des AEntG oder einer Rechtsverordnung nach § 3a AÜG. Hierzu wurde durch das Tarifautonomiestärkungsgesetz mit Wirkung zum 16. August 2014 ein neuer § 98 ArbGG in das Gesetz eingefügt. Früher hatten über diese Frage die Verwaltungsgerichte zu entscheiden.[161] Nach der Neuregelung ist der Antrag nunmehr an das Landesarbeitsgericht zu richten, in dessen Bezirk die Behörde ihren Sitz hat, die den Tarifvertrag für allgemeinverbindlich erklärt hat oder die Rechtsverordnung erlassen hat (§ 98 Abs. 2 ArbGG). Handelt das Bundesministerium für Arbeit und Soziales ist damit die örtliche Zuständigkeit des Landesarbeitsgerichts Berlin-Brandenburg begründet.[162] 1

Bei dem Verfahren nach § 2a Abs. 1 Nr. 5, § 98 ArbGG handelt es sich um ein Normenkontrollverfahren, dessen Durchführung eine Antragsbefugnis voraussetzt.[163] Die Antragsbefugnis ist erheblich ausgedehnt worden. Nach früherer Rechtslage konnten nur die Tarifvertragsparteien die AVE gerichtlich angreifen.[164] War ein bislang nicht tarifgebundener Arbeitgeber der Ansicht, die AVE sei unwirksam, konnte die Rechtmäßigkeit nur inzident im arbeitsgerichtlichen Verfahren geprüft werden, wenn Arbeitnehmer Leistungen aus dem für allgemeinverbindlich erklärten Tarifvertrag einklagten.[165] Nach § 98 Abs. 1 ArbGG steht die Antragsberechtigung zur Einleitung eines Verfahrens iSd § 2a Abs. 1 Nr. 5 ArbGG nunmehr jeder natürlichen oder juristischen Person sowie einer Gewerkschaft oder einer Vereinigung von Arbeitgebern zu, die nach Bekanntmachung der AVE oder der Rechtsverordnung geltend macht, durch diese oder deren Anwendung in ihren Rechten verletzt zu sein oder in absehbarer Zeit verletzt zu werden. Die bloße Behauptung einer Rechtsverletzung reicht für die Annahme einer Antragsbefugnis nicht aus. Der Antragsteller hat vielmehr Tatsachen vorzutragen, die es zumindest als möglich erscheinen lassen, dass er durch die angegriffene AVE oder VO oder deren Anwendung in einer eigenen Rechtsposition verletzt wird. Nach dieser sog. Möglichkeitsformel fehlt die Antragsbefugnis nur dann, wenn unter Zugrundelegung des Antragsvorbringens Rechte des Antragstellers offensichtlich und eindeutig nach keiner Betrachtungsweise verletzt sein können.[166] Die Antragsbefugnis muss für jeden Antragsteller geprüft werden und vorliegen.[167] Nach § 98 Abs. 4 S. 3 kann eine AVE oder VO als wirksam oder unwirksam festgestellt werden. Trotz dieser Formulierung ist das BAG davon ausge- 2

161 Vgl. BVerwG 18.9.2014 – 8 B 34.14, BeckRS 2014, 56999; JKOS/Oetker BetrVG § 6 Rn. 130; Henssler/Moll/Bepler TarifV-HdB/Sittard Teil 7 Rn. 94, dort in Rn. 15 ff. auch zur Rechtsnatur der AVE.
162 Vgl. BAG 21.9.2016 – 10 ABR 33/15, AP TVG § 5 Nr. 35 Rn. 39; Maul-Sartori NZA 2014, 1305 (1308).
163 BAG 23.2.2022 – 10 ABR 33/20, NZA 2022, 995 Rn. 20.
164 Zum Rechtsschutz einer konkurrierenden Tarifvertragspartei vgl. BVerG 28.1.2010 – 8 C 38/09, NZA 2010, 1137 Rn. 32 ff.
165 Vgl. BAG 28.3.1990 – 4 AZR 536/89, AP TVG § 5 Nr. 25; JKOS/Oetker BetrVG § 6 Rn. 133 f.; Treber FS Bepler, 2012, 557, 559 ff.
166 Vgl. BAG 21.9.2016 – 10 ABR 33/15, AP TVG § 5 Nr. 35 Rn. 45; GK-ArbGG/Ahrendt § 98 Rn. 20a.
167 BAG 21.3.2018 – 10 ABR 62/16, AP TVG § 5 Nr. 40 Rn. 34.

gangen, eine Antragsbefugnis komme nur für einen Antrag in Betracht, der auf die Feststellung der Unwirksamkeit der Norm gerichtet sei (negativer Feststellungsantrag).[168] Ein „vorbeugender" Antrag auf Feststellung der Wirksamkeit einer AVE oder VO scheitert schon daran, dass es an einer möglichen Rechtsverletzung des Antragstellers nach § 98 Abs. 1 ArbGG fehle. Gleiches gelte, wenn eine AVE oder VO noch nicht bekannt gemacht worden sei.[169] Das BAG hat allerdings anerkannt, dass sich die Antragsbefugnis für einen positiven Feststellungsantrag aus § 98 Abs. 6 S. 7 ArbGG ergeben kann.[170] Ferner kommt ein positiver Feststellungsantrag als Gegenantrag in Betracht, wenn andere Beteiligte bereits die Feststellung der Unwirksamkeit beantragt haben.[171] Dementsprechend wird auch empfohlen, dass das Gericht im Tenor einen negativen Feststellungsantrag nicht abweist, sondern positiv die Wirksamkeit der AVE bzw. VO feststellt.[172]

3 Wie bei → *Tariffähigkeit* und → *Tarifzuständigkeit* hat das Gericht nach der Neuregelung jetzt ein Verfahren bis zur Erledigung des Beschlussverfahrens nach § 2a Abs. 1 Nr. 5 ArbGG auszusetzen, wenn die Entscheidung des Rechtsstreits davon abhängt, ob eine Allgemeinverbindlicherklärung wirksam ist. In diesem Fall sind die Parteien des ausgesetzten Rechtsstreits auch im Beschlussverfahren über die Wirksamkeit der Allgemeinverbindlicherklärung antragsberechtigt. Der Aussetzungsbeschluss bestimmt dann im Rahmen des Beschlussverfahrens nach § 2a Abs. 1 Nr. 5 den zulässigen Antragsinhalt der nach Abs. 5 Satz 2 antragsbefugten Beteiligten.[173] Das für den Antrag erforderliche Rechtsschutzinteresse besteht regelmäßig bei Vorliegen der Antragsbefugnis; der Antragsteller muss zum Zeitpunkt der letzten Entscheidung ein rechtlich geschütztes Interesse an der begehrten Feststellung haben.[174] Hinsichtlich bereits außer Kraft getretener AVE oder VO bedarf es allerdings der Darlegung eines rechtlich anerkennenswerten Feststellungsinteresses an einer entsprechenden Entscheidung. Rein vergangenheitsbezogene Feststellungen, ohne dass die erstreckten Tarifnormen noch geschützte Rechtspositionen des Antragstellers beeinträchtigen können, scheiden aus.[175] Nach § 98 Abs. 4 S. 1 ArbGG wirkt der rechtskräftige Beschluss über die Wirksamkeit einer AVE für und gegen jedermann. Gemäß § 98 Abs. 3 ArbGG gelten für das Verfahren zur Entscheidung über die Wirksamkeit einer AVE grundsätzlich die Bestimmungen zum Beschlussverfahren entsprechend; das gilt auch für die Regelungen zum Antrag in § 81 ArbGG. Die AVE, deren Wirksamkeit geprüft werden soll, ist – ggf. durch Hinweis auf die Angaben in der amtlichen Bekanntmachung einschließlich der Fundstelle – konkret zu bezeichnen.[176]

Es wird festgestellt, dass die Allgemeinverbindlicherklärung vom <Datum> des Tarifvertrags <Bezeichnung des Tarifvertrags> unwirksam ist.[177]

4 Liegen zwei eigenständige Allgemeinverbindlicherklärungen (AVE) desselben Tarifvertrags für denselben Zeitraum vor, hindert die Rechtskraft einer Entscheidung

168 BAG 21.9.2016 – 10 ABR 33/15, AP TVG § 5 Nr. 35 Rn. 46.
169 Vgl. auch Walker JbArbR Bd. 52 S. 100.
170 BAG 21.3.2018 – 10 ABR 62/16, AP TVG § 5 Nr. 40 Rn. 33; GK-ArbGG/Ahrendt § 98 Rn. 19a.
171 Düwell/Lipke/Reinfelder ArbGG § 98 Rn. 11.
172 ErfK/Koch ArbGG § 98 Rn. 6.
173 GK-ArbGG/Ahrendt § 98 Rn. 32.
174 ErfK/Koch ArbGG § 98 Rn. 6.
175 BAG 21.3.2018 – 10 ABR 62/16, AP TVG § 5 Nr. 40 Rn. 35; 21.9.2016 – 10 ABR 33/15, AP TVG § 5 Nr. 35 Rn. 49.
176 Maul-Sartori NZA 2014, 1305 (1309).
177 Vgl. Tenor des Beschlusses BAG 23.2.2022 – 10 ABR 33/20, BeckRS 2022, 11125.

über die Wirksamkeit einer der beiden AVE nicht die Entscheidung über den Antrag betreffend die weitere AVE. Dies folgt daraus, dass Verfahrensgegenstand eines Beschlussverfahrens nach § 98 ArbGG eine bestimmte Rechtsverordnung oder die Wirksamkeit der AVE eines bestimmten Tarifvertrags ist. Maßgeblich für die Bestimmung des Streitgegenstands bei der Prüfung der Rechtswirksamkeit einer AVE sind daher sowohl der jeweilige Normsetzungsakt als auch dessen Gegenstand, also ein bestimmter Tarifvertrag. Welchen Inhalt die AVE hat, ergibt sich aus der ministeriellen Entscheidung, die der gerichtlichen Überprüfung unterliegt. Werden in einem Normsetzungsakt verschiedene Tarifverträge für allgemeinverbindlich erklärt, handelt es sich rechtlich um mehrere AVE und mehrere prozessuale Verfahrensgegenstände.[178]

Ein vorläufiger Rechtsschutz kommt nicht in Betracht, da § 85 Abs. 2 ArbGG in § 98 5
ArbGG nicht in Bezug genommen ist. Für die Untersagung der Anwendung der umstrittenen Norm durch einstweilige Verfügung besteht kein Grund.[179]

Fraglich ist, inwiefern gegen die Ablehnung einer AVE **Rechtsschutzmöglichkeiten** 6
bestehen. Die Allgemeinverbindlicherklärung von Tarifverträgen ist nach der Rechtsprechung des Bundesverfassungsgerichts im Verhältnis zu den ohne sie nicht tarifgebundenen Arbeitgebern und Arbeitnehmern ein Rechtsetzungsakt eigener Art zwischen autonomer Regelung und staatlicher Rechtsetzung, der seine eigenständige Grundlage in Art. 9 Abs. 3 GG findet.[180] Nach hM soll die Tarifvertragspartei, deren Antrag auf Erlass einer AVE abgelehnt wurde, die Gerichte anrufen können.[181] Für eine Klage gegen die Ablehnung der AVE war bisher der Rechtsweg zu den Verwaltungsgerichten eröffnet.[182] Es stellt sich die Frage, ob sich hieran durch das Tarifautonomiestärkungsgesetz etwas geändert hat. Der neue § 2a Nr. 5 ArbGG enthält eine Rechtswegzuweisung nur für die (negative) Klage auf Feststellung der Unwirksamkeit einer AVE. Es ist jedoch davon auszugehen, dass es sich um eine unbewusste Gesetzeslücke handelt.[183] Die Erwägungen, die zur Zuweisung der Verfahren über die Unwirksamkeit der AVE an die Arbeitsgerichte geführt haben, gelten ebenso für die Verfahren über die Pflicht zum Erlass einer AVE.[184] Mit der Gesetzesänderung soll sichergestellt werden, dass nur noch die aufgrund ihrer Befassung mit Fragen des Arbeits- und Tarifrechts besonders sachnahen Gerichte für Arbeitssachen über die Wirksamkeit einer Allgemeinverbindlichkeitserklärung eines Tarifvertrags nach den TVG zu entscheiden haben.[185]

Im Hinblick auf den Ermessensspielraum der Verwaltung erscheint ein Leistungsan- 7
trag auf Erlass der AVE nach der hM regelmäßig ausgeschlossen.[186] Nur für den Fall der Ermessensreduzierung auf Null muss anderes gelten. In diesem Fall sollte Leistungsklage auf Erlass der AVE verbunden mit einem Feststellungsantrag als Hilfsantrag erhoben werden, um die Möglichkeit abzudecken, dass das Landesarbeitsgericht

178 BAG 23.2.2022 – 10 ABR 33/20, NZA 2022, 995 Rn. 29.

179 Löwisch/Rieble TVG § 5 Rn. 412.

180 BVerfG 24.5.1977 – 2 BvL 11/74, AP TVG § 5 Nr. 15.

181 BVerwG 3.11.1988 – 7 C 115/86, NZA 1989, 364; Wiedemann/Wank TVG § 5 Rn. 204; Mäßen/Mauer NZA 1996, 121; Henssler/Moll/Bepler TarifV-HdB/Sittard Teil 7 Rn. 121; aA Löwisch/Rieble TVG § 5 Rn. 264.

182 BVerwG 3.11.1988 – 7 C 115/86, NZA 1989, 364.

183 AA Forst RdA 2015, 25 (34); Maul-Sartori NZA 2014, 1305 (1310); Henssler/Moll/Bepler TarifV-HdB/Sittard Teil 7 Rn. 121.

184 Vgl. BeckOK ArbR/Roloff ArbGG § 98 Rn. 2.

185 RegE Tarifautonomiestärkungsgesetz S. 52.

186 ErfK/Franzen TVG § 5 Rn. 27; JKOS/Oetker BetrVG § 6 Rn. 131; aA HWK/Henssler TVG § 5 Rn. 40: allg. Leistungsklage auf Normerlass; allg. zur Normerlassklage vgl. BVerfG 17.1.2006 – 1 BvR 541/02, NJW 2006, 2618; gegen jedes Klagerecht „auf Allgemeinverbindlicherklärung Löwisch/Rieble TVG § 5 Rn. 440.

die Ermessensreduzierung verneint. Eine Leistungsklage auf uneingeschränkte AVE der im Antrag genannten Tarifverträge kann eine Tarifvertragspartei jedenfalls dann nicht mehr erheben, wenn diese Verträge nach ihrem Ablauf durch neue Verträge ersetzt worden sind und damit nicht mehr für allgemeinverbindlich erklärt werden können.[187] In Betracht kommt regelmäßig ein Feststellungsantrag. Das stattgebende Urteil verpflichtet das Ministerium mittelbar, über den Antrag auf AVE erneut – fehlerfrei – zu entscheiden.[188]

Es wird festgestellt, dass das Ministerium <Bundesministerium für Arbeit und Soziales oder das entsprechende Landesministerium> verpflichtet ist, den Tarifvertrag <Bezeichnung des Tarifvertrags> nach § 5 TVG für allgemeinverbindlich zu erklären.

8 Denkbar erscheint es auch, nur ein bestimmtes Teilrechtsverhältnis im Wege des Feststellungsantrags klären zu lassen.

Es wird festgestellt, dass die Allgemeinverbindlicherklärung des Tarifvertrags <Bezeichnung des Tarifvertrags> nicht wegen des fehlenden öffentlichen Interesses abgelehnt werden durfte.

Amtszeit

Entsteht Streit, ob die Amtszeit eines Gremiums bereits geendet hat, kann diese Frage im Beschlussverfahren geklärt werden. In der erstrebten Feststellung des Bestehens oder Nichtbestehens eines Organs der Betriebsverfassung liegt regelmäßig ein zulässiges Begehren.[189] Ein auf die Feststellung des (Fort-) Bestands des Gesamtbetriebsrats oder der Schwerbehindertenvertretung gerichteter Antrag betrifft ein Rechtsverhältnis iSd § 256 Abs. 1 ZPO.[190] Diesen Antrag kann das Gremium selbst stellen, es ist insoweit antragsbefugt.

Es wird festgestellt, dass der/die <Bezeichnung des Gremiums> im Amt ist.

Anwaltskosten

1 Die durch die Tätigkeit des Betriebsrats entstehenden Kosten trägt gemäß § 40 Abs. 1 BetrVG der Arbeitgeber; für den Gesamtbetriebsrat gilt diese Regelung gemäß § 51 Abs. 1 S. 1 BetrVG entsprechend. Hierzu gehören auch die Honorarkosten für einen Rechtsanwalt, dessen Heranziehung in einem arbeitsgerichtlichen Beschlussverfahren[191] oder in einem Einigungsstellenverfahren[192] der Betriebsrat zur Durchsetzung oder Ausübung eines von ihm in Anspruch genommenen Mitbestimmungsrechts für erforderlich halten durfte. Das gilt auch dann, wenn der Betriebsrat einen Rechtsanwalt im Vorfeld eines arbeitsgerichtlichen Beschlussverfahrens oder eines

187 BVerwG 3.11.1988 – 7 C 115/86, NZA 1989, 364 (367).
188 Vgl. JKOS/Oetker BetrVG § 6 Rn. 131.
189 BAG 1.6.2022 – 7 ABR 41/20, NZA 2022, 1542 Rn. 19; für den Konzernbetriebsrat BAG 23.8.2006 – 7 ABR 51/05, AP BetrVG 1972 § 54 Nr. 12 Rn. 27.
190 BAG 19.10.2022 – 7 ABR 27/21, NZA 2023, 379 Rn. 18;.
191 BAG 18.3.2015 – 7 ABR 4/13, NZA 2015, 954 Rn. 10 mwN; 25.8.2004 – 7 ABR 60/03, NZA 2005, 168; 20.10.1999 – 7 ABR 25/, AP BetrVG 1972 § 40 Nr. 6798 zu B I 1 mwN; WPK/Kreft BetrVG § 40 Rn. 14.
192 BAG 8.3.2023 – 7 ABR 10/22, NZA 2023, 1051; 14.2.1996 – 7 ABR 25/95, NZA 1996, 892 zu B II 1 der Gründe; 21.6.1989 – 7 ABR 78/87, NZA 1990, 107 = BAGE 62, 139 zu B. II 1a der Gründe.

Einigungsstellenverfahrens einschaltet, um seine betriebsverfassungsrechtlichen Rechte durchzusetzen oder wahrzunehmen.[193] Dadurch wird den Regelungen in § 80 Abs. 3 BetrVG → *Sachverständige* und § 111 S. 2 BetrVG → *Berater bei Betriebsänderung* nicht jeglicher Anwendungsbereich entzogen.[194] Die Bestimmungen kommen vielmehr dann zur Anwendung, wenn es dem Betriebsrat nicht um die Wahrnehmung oder Durchsetzung von Rechten, sondern um die Vermittlung der zur Interessenwahrnehmung durch ihn selbst erforderlichen Kenntnisse geht. Zudem haben sie Bedeutung für die Beauftragung nicht juristischer Sachverständiger. Ferner trägt nach § 20 Abs. 3 S. 1 BetrVG der Arbeitgeber die Kosten der → *Wahlen zum Betriebsrat.* Dazu gehören alle Kosten, die mit der Einleitung und der Durchführung der Wahl sowie der gerichtlichen Überprüfung des Wahlergebnisses verbunden sind, also auch (Anwalts-)Kosten eines arbeitsgerichtlichen Beschlussverfahrens zur Klärung von sonst nicht behebbaren Meinungsverschiedenheiten, die im Laufe des Wahlverfahrens entstehen.[195]

Hat der Betriebsrat den Rechtsanwalt nicht ausnahmsweise in Vollmacht des Arbeit- 2
gebers beauftragt und damit einen unmittelbaren Anspruch des Anwalts begründet,[196] besteht ein eigener Zahlungsanspruch des Verfahrensbevollmächtigten gegen den Arbeitgeber nur dann, wenn der Betriebsrat seinen Freistellungsanspruch an den Anwalt abgetreten hat.[197] Geht der insoweit grundsätzlich (teil-)rechtsfähige Betriebsrat[198] eine Verbindlichkeit ein, besteht gemäß § 40 Abs. 1 BetrVG ein **Anspruch auf Freistellung** von dieser Verbindlichkeit.[199] Der Freistellungsanspruch stellt keine Geld- sondern eine Handlungsschuld dar. Der Antrag ist daher nicht als Zahlungsantrag zu formulieren.

> *Es wird festgestellt, dass die Arbeitgeberin verpflichtet ist, an den Betriebsrat zu Händen der Frau Rechtsanwältin X einen Betrag in Höhe von … € als Ausgleich für ihre Tätigkeit als Verfahrensbevollmächtigte der Arbeitnehmerbeisitzer der Einigungsstelle vom [Datum] zu zahlen.*[200]

Da der Freistellungsanspruch keine Geld- sondern eine Handlungsschuld darstellt, 3
können auch **Zinsansprüche** nicht unmittelbar geltend gemacht werden.[201] Das kann aber nur für den Freistellungsanspruch des Betriebsrats gelten. Sofern auf die gegen den Betriebsrat gerichtete Forderung Verzugszinsen zu zahlen sind, weil der Arbeitgeber die Forderung entgegen § 40 Abs. 1 BetrVG noch nicht erfüllt hat, sind die Verzugszinsen vom Freistellungsanspruch umfasst. In dem Beschlussverfahren über den Freistellungsanspruch ist der Rechtsanwalt kein notwendiger Beteiligter im Sinne des § 83 ArbGG.[202] Zu beachten ist, dass der Betriebsrat, der einen Rechtsanwalt

193 BAG 14.12.2016 – 7 ABR 8/15, NZA 2017, 514 Rn. 11.
194 BAG 14.12.2016 – 7 ABR 8/15, NZA 2017, 514 Rn. 15.
195 Vgl. BAG 16.4.2003 – 7 ABR 29/02, AP BetrVG 1972 § 20 Nr. 21 zu II. 1. a) der Gründe; Löwisch/Kaiser/Klumpp/Wiebauer BetrVG § 20 Rn. 20.
196 Vgl. zu möglichen Interessenkonflikten bei einem Vertrag zugunsten des Betriebsrats zwischen Berater und Arbeitgeber BGH 25.10.2012 – III ZR 266/11, AP BetrVG 1972 § 40 Nr. 110 Rn. 20.
197 BAG 13.5.1998 – 7 ABR 65/96, AP BetrVG 1972 § 80 Nr. 55 zu B I.
198 BGH 25.10.2012 – III ZR 266/11, AP BetrVG 1972 § 40 Nr. 110 Rn. 16.
199 Fitting BetrVG § 40 Rn. 92.
200 Vgl. BAG 14.2.1996 – 7 ABR 25/95, NZA 1996, 892 zu B. I. der Gründe, das einen solchen Antrag als Freistellungsantrag auslegt, was jedenfalls insoweit bedenklich ist, als es sich nach dem klaren Wortlaut (nur) um ein Feststellungsbegehren handelt.
201 Fitting BetrVG § 40 Rn. 94 unter Hinweis auf BAG 21.11.1978 – 6 ABR 10/77, AP BetrVG 1972 § 37 Nr. 35 zu III 5.
202 BAG 3.10.1978 – 6 ABR 102/76, AP BetrVG 1972 § 40 Nr. 14 zu II 3b; Fitting BetrVG § 40 Rn. 145.

mit der Durchsetzung seines Freistellungsanspruchs beauftragt hat, vom Arbeitgeber die Freistellung von den dadurch entstehenden weiteren Rechtsanwaltskosten nur verlangen kann, wenn er die Beauftragung eines Rechtsanwalts für erforderlich halten durfte.[203] Hat der Betriebsrat mit dem Rechtsanwalt eine Honorarvereinbarung getroffen, deren Höhe von der Höhe der gesetzlichen Anwaltsgebühren abweicht, genügt ein Antrag, da es sich nicht um verschiedene Ansprüche handelt.[204]

Die Arbeitgeberin wird verpflichtet, den Betriebsrat von der Forderung der Rechtsanwälte <Name, Anschrift> gemäß Kostennote vom <Datum> [einschließlich der auf diese Forderung zu zahlenden Verzugszinsen iHv EUR <Betrag> seit dem <Datum>] freizustellen.

4 Der Rechtsanwalt wird erst dann Gläubiger eines Zahlungsanspruchs gegen den Arbeitgeber, wenn ihm der Betriebsrat seinen Anspruch abtritt, wobei sich der abgetretene Freistellungsanspruch in einen **Zahlungsanspruch** umwandelt.[205] Zu beachten ist, dass die bei der Verfolgung dieses Zahlungsanspruchs entstehenden Kosten (insbesondere Mahnkosten) nicht unter § 40 Abs. 1 BetrVG fallen. Die Durchsetzung des von dem Betriebsrat an den Rechtsanwalt abgetretenen Anspruchs stellt keine Tätigkeit für den Betriebsrat dar.[206] Der Arbeitgeber ist regelmäßig auch nicht nach § 280 Abs. 1 und 2, § 286 Abs. 1 BGB verpflichtet, einem Rechtsanwalt des Betriebsrats die anwaltlichen Gebühren und Kosten als Verzugsschaden zu erstatten, die diesem zur Durchsetzung des an ihn abgetretenen Anspruchs des Betriebsrats auf Freistellung von Kosten einer erforderlichen Rechtsverfolgung entstanden sind.[207] Vor diesem Hintergrund wird teilweise empfohlen, es solle keine (pauschale) Abtretung des Freistellungsanspruchs an den Anwalt erfolgen. Freistellungsanspruch und Rechtsdurchsetzungskosten sollten vielmehr durch den Betriebsrat selbst arbeitsgerichtlich verfolgt werden.[208] Neben dem Antrag auf Freistellung von der Hauptforderung soll dazu zusätzlich ein Antrag auf Feststellung erhoben werden, dass der Arbeitgeber den Betriebsrat von weiteren gerichtlichen Anwaltskosten des laufenden Verfahrens freizustellen hat.[209] Von einem solchen Feststellungsantrag ist abzuraten. Da die gerichtlichen Anwaltskosten noch nicht bezifferbar und entstanden sind, dürfte dem Antrag das nach § 256 Abs. 1 ZPO erforderliche rechtliche Interesse an der alsbaldigen Feststellung fehlen.[210] Unabhängig von der Frage, ob es sich letztlich um eine im Beschlussverfahren nicht vorgesehene Kostenentscheidung handeln würde,[211] steht das fehlende Feststellungsinteresse auch folgendem Widerantrag des Arbeitgebers

203 BAG 1.8.2018 – 7 ABR 41/17, NZA 2018, 1574 Rn. 12.
204 BAG 8.3.2023 – 7 ABR 10/22, NZA 2023, 1051.
205 BAG 18.3.2015 – 7 ABR 4/13, NZA 2015, 954 Rn. 12; 13.5.1998 – 7 ABR 65/96, AP Nr. 55 zu § 80 BetrVG 1972 zu B I.
206 BAG 22.11.2017 – 7 ABR 34/16, NZA 2018, 461 Rn. 22 mwN.
207 BAG 1.8.2018 – 7 ABR 41/17, NZA 2018, 1574 Rn. 9; aA Pohl jurisPR-ArbR 2/2019 Anm. 5.
208 Schulze/Volk ArbRAktuell 2019, 34 (35).
209 Schulze/Volk ArbRAktuell 2019, 34 (36).
210 GK-BetrVG/Weber BetrVG § 40 Rn. 231; LAG Hamm 12.12.1984 – 12 TaBV 104/84, LAGE § 80 ArbGG 1979 Nr. 1; aA LAG Baden-Württemberg 24.6.2016 – 17 TaBV 6/15, BeckRS 2016, 70924 unter Bezugnahme auf GMP/Spinner ArbGG § 84 Rn. 33, der zwar einen solchen Feststellungsantrag befürwortet, ohne aber auf das Vorliegen eines Feststellungsinteresses einzugehen, der dafür aber im Falle der rechtskräftigen Feststellung hinsichtlich der Höhe der zu erstattenden Kosten eine Kostenfestsetzung nach § 104 ZPO für möglich hält.
211 So LAG Niedersachsen 14.9.2006 – 4 TaBV 7/06, BeckRS 2011, 66865, zu II. 2 der Gründe; LAG Schleswig-Holstein 12.1.2010 – 5 TaBV 32/09, BeckRS 2010, 68794, zu B. IV. 1 der Gründe mwN; aA LAG Baden-Württemberg 24.6.2016 – 17 TaBV 6/15, BeckRS 2016, 70924 Rn. 34; Bieder NZA-RR 2017, 225 (232); Schulze/Volk ArbRAktuell 2019, 34 (36).

entgegen, der sich im arbeitsgerichtlichen Beschlussverfahren nicht nur gegen das Hauptanliegen des Betriebsrats wehrt, sondern zugleich festgestellt wissen will, dass er die Anwaltskosten des Betriebsrats nicht tragen muss:[212]

> *Es wird festgestellt, dass die Arbeitgeberin nicht verpflichtet ist, den Betriebsrat von den Rechtsanwaltsgebühren in diesem Verfahren freizustellen.*

Auch nach der Abtretung des Freistellungsanspruchs durch den Betriebsrat ist der 5
Anspruch von dem Rechtsanwalt im Beschlussverfahren vor den Arbeitsgerichten geltend zu machen.[213] In diesem Verfahren ist der Betriebsrat, der die Forderung an den Rechtsanwalt abgetreten hat, regelmäßig nicht Beteiligter. Das gilt jedenfalls dann, wenn der Betriebsrat in seiner betriebsverfassungsrechtlichen Rechtsstellung nicht unmittelbar betroffen ist, weil nach Abtretung des Kostenerstattungsanspruchs kein Betriebsratsmitglied mehr Ansprüchen ausgesetzt ist, über die Kostenerstattungspflicht dem Grunde nach keine Meinungsverschiedenheiten bestehen und sich der Streit auf die Höhe der Kostenerstattung beschränkt.[214] Nachdem der BGH[215] die Auffassung vertreten hat, dass die handelnden Betriebsratsmitglieder uU analog § 179 BGB für Verbindlichkeiten haften, die sie im Namen des Betriebsrats begründet haben, obwohl der Betriebsrat die Aufwendungen nicht für erforderlich halten durfte, ist genau zu prüfen, ob nicht die betroffenen Betriebsratsmitglieder am Verfahren zu beteiligen sind.

> **Die Arbeitgeberin wird verpflichtet, an den Antragsteller <Betrag> EUR nebst Zinsen in Höhe von fünf Prozentpunkten über dem Basiszinssatz seit Zustellung der Antragsschrift zu zahlen.**

Ist die Hinzuziehung eines Rechtsanwalts erforderlich, hat der Arbeitgeber auf Ver- 6
langen des Anwalts auch Vorschüsse auf das Honorar (vgl. § 9 RVG) zu zahlen.[216] Steht dem Betriebsrat kein Dispositionsfonds zur Verfügung, aus dem er einen angeforderten Vorschuss zahlen kann und wird die Rechtsverfolgung durch die Nichtzahlung des Vorschusses beeinträchtigt, so kann der Anspruch auf Zahlung des Vorschusses gegen den Arbeitgeber auch im Wege der **einstweiligen Verfügung** durchgesetzt werden.[217] Ansonsten fehlt es für die Geltendmachung von Anwaltskosten im Wege des vorläufigen Rechtsschutzes regelmäßig an einem Verfügungsgrund.

Arbeitsschutz

Nach § 87 Abs. 1 Nr. 7 BetrVG hat der Betriebsrat bei betrieblichen Regelungen über 1
den Gesundheitsschutz mitzubestimmen, wenn der Arbeitgeber diese aufgrund einer

212 Das Feststellungsinteresse für einen solchen Antrag verneinend GK-BetrVG/Weber BetrVG § 40 Rn. 231; LAG Schleswig-Holstein 12.1.2010 – 5 TaBV 32/09, BeckRS 2010, 68794, zu B. IV. 2 der Gründe; aA LAG Baden-Württemberg 24.6.2016 – 17 TaBV 6/15, BeckRS 2016, 70924 Rn. 42, das wohl schon in dem Antrag des Betriebsrats, den Feststellungswiderantrag der Arbeitgeberin abzuweisen, ein Sich-Berühmen hinsichtlich des Bestehens der Forderung sieht. Anders kann das Bestehen eines Feststellungsantrags Antrags zu beurteilen sein, wenn der Betriebsrat ausdrücklich geltend gemacht hat, die Arbeitgeberin werde die Rechtsanwaltskosten zu tragen haben.

213 ErfK/Koch BetrVG § 40 Rn. 14; WPK/Kreft BetrVG § 40 Rn. 59.

214 BAG 15.1.1992 – 7 ABR 23/90, BetrVG 1972 § 40 Nr. 41 zu I 2b; LAG Berlin 10.10.1988 – 9 TaBV 6/88, DB 1989, 683 = NZA 1989, 193 (LS).

215 BGH 25.10.2012 – III ZR 266/11, AP BetrVG 1972 § 40 Nr. 110 Rn. 33 ff.

216 Fitting BetrVG § 40 Rn. 33; GK-BetrVG/Weber BetrVG § 40 Rn. 131.

217 Vgl. Fitting BetrVG § 40 Rn. 91.

öffentlich-rechtlichen Rahmenvorschrift zu treffen hat und ihm bei der Gestaltung Handlungsspielräume verbleiben. Dadurch soll im Interesse der betroffenen Arbeitnehmer eine möglichst effiziente Umsetzung des gesetzlichen Arbeitsschutzes im Betrieb erreicht werden.[218] Verneint die Arbeitgeberin hinsichtlich einer bestimmten Organisationsentscheidung das Vorliegen eines → *Mitbestimmungsrechts in sozialen Angelegenheiten* kann der Betriebsrat sein Mitbestimmungsrecht feststellen lassen. Zu beachten ist dabei, dass nach § 87 Abs. 1 Eingangshalbs. BetrVG kein Mitbestimmungsrecht des Betriebsrats besteht, soweit die betreffende Angelegenheit gesetzlich geregelt ist. Daher kann sich zB ein Initiativrecht des Betriebsrats nicht auf die Einführung – das „Ob" – einer darauf bezogenen Zeiterfassung richten.[219] Bei der Geltendmachung des Mitbestimmungsrechts bezüglich des „Wie" müssen die Vorgaben der jeweiligen Rahmenvorschrift iSd. § 87 Abs. 1 Nr. 7 BetrVG beachtet werden.[220] So hat das BAG folgenden Antrag für zulässig erachtet:[221]

Es wird festgestellt, dass die Übertragung von Unternehmerpflichten gemäß §§ 3 bis 14 ArbSchG durch Schreiben der Arbeitgeberin vom 16. September 2010 auf die Gruppe der Meister der Mitbestimmung des Betriebsrats nach § 87 Abs. 1 Nr. 7 BetrVG[222] unterliegt.

2 Ein auf die Feststellung eines Mitbestimmungsrechts nach § 87 Abs. 1 Nr. 7 BetrVG gerichteter Antrag muss aber erkennen lassen, welche Regelungen zur betrieblichen Umsetzung einer sich aus Normen des Arbeits- und Gesundheitsschutzes ergebenden konkreten Handlungspflicht des Arbeitgebers aus der Sicht des Betriebsrats in Betracht kommen, an deren Ausgestaltung er mitzuwirken beabsichtigt. Andernfalls ist der Antrag mangels der nach § 253 Abs. 2 Nr. 2 ZPO erforderlichen hinreichenden Bestimmtheit unzulässig.[223]

Es wird festgestellt, dass die Übertragung von Aufgaben gem. § 13 Abs. 2 ArbSchG der Mitbestimmung des Betriebsrats gem. § 87 Abs. 1 Nr. 7 BetrVG unterliegt.

3 Ein solcher Antrag ist nicht hinreichend bestimmt. Das Arbeitsschutzgesetz sieht in seinem zweiten Abschnitt eine Vielzahl von Pflichten und Aufgaben des Arbeitgebers vor. Hierbei verwendet es in erheblichem Umfang unbestimmte Rechtsbegriffe. Bei einer Sachentscheidung über diesen Antrag wäre daher nicht zuverlässig feststellbar, welche Aufgabenübertragungen von der objektiven Rechtskraft eines dem Antrag stattgebenden oder ihn abweisenden Beschlusses erfasst wären. Ebenso wenig gestattet der Antrag eine Beurteilung, ob ein etwaiges Mitbestimmungsrecht bei der Aufgabenübertragung dem antragstellenden Betriebsrat oder bei einer betriebsübergreifenden Aufgabe dem Gesamtbetriebsrat zustünde. Dagegen hat der Erste Senat des BAG in diesem Zusammenhang folgenden Unterlassungsantrag des Betriebsrats für zulässig – wenn auch unbegründet – erachtet, weil er sich nicht auf alle Aufgaben iSd

218 BAG 18.3.2014 – 1 ABR 73/12, NZA 2014, 855 Rn. 18.

219 BAG 13.9.2022 – 1 ABR 22/21, NZA 2022, 1616 Rn. 19.

220 BAG 13.9.2022 – 1 ABR 22/21, NZA 2022, 1616 Rn. 69; vgl. zur Durchsetzung der Mitbestimmung insoweit Faber/Kiesche BRuR 2023, 165 (169).

221 BAG 18.3.2014 – 1 ABR 73/12, NZA 2014, 855 Rn. 10; vgl. zu einem negativen Feststellungsantrag einer Arbeitgeberin BAG 30.9.2014 – 1 ABR 106/12, BeckRS 2015, 65108 Rn. 10f.

222 Bei der im Antrag genannten Rechtsnorm, aus der die erstrebte Mitbestimmung folgen soll, handelt es sich um eine – der Sache nach überflüssige – Abgabe einer rechtlichen Wertung des Antragstellers, vgl. BAG 11.12.2018 – 1 ABR 13/17, BeckRS 2018, 40730 Rn. 30.

223 BAG 18.8.2009 – 1 ABR 43/08, NZA 2009, 1434 Rn. 9 = BAGE 131, 351; 15.1.2002 – 1 ABR 13/01, NZA 2004, 1175 = BAGE 100, 173 zu B II 2b der Gründe.

§ 13 Abs. 2 ArbSchG bezieht, sondern auf die Übertragung und Durchführung von Unterweisungen und Gefährdungsbeurteilungen beschränkt:[224]

> **Der Arbeitgeberin wird aufgegeben, es zu unterlassen, Personen oder Einrichtungen mit der Durchführung von Unterweisungen und Gefährdungsbeurteilungen zu beauftragen, ohne zuvor seine Zustimmung oder deren Ersetzung durch die Einigungsstelle eingeholt zu haben.**

Grundsätzlich kann ein Unterlassungsanspruch wegen der Verletzung des Mit- 4
bestimmungsrechts nach § 87 Abs. 1 Nr. 7 BetrVG auch im Wege der einstweiligen Verfügung verfolgt werden. Es ist aber zu beachten, dass zB Voraussetzung für das Mitbestimmungsrecht nach § 87 Abs. 1 Nr. 7 BetrVG i.V.m. §§ 3a Abs. 1 S. 1 ArbStättV, 3 Abs. 1 S. 1 ArbSchG eine vorliegende oder im Rahmen einer Gefährdungsbeurteilung nach § 5 ArbSchG festgestellte konkrete Gefährdung der Mitarbeiter ist, die im Verfügungsverfahren glaubhaft gemacht werden muss.[225]

Auf einen hinreichend bestimmten Antrag ist auch zu achten, wenn sich der Streit 5
über das Bestehen und die Reichweite des Mitbestimmungsrechts nach § 87 Abs. 1 Nr. 7 BetrVG im Rahmen der Einsetzung einer → *Einigungsstelle* nach § 100 ArbGG stellt. Einigungs- oder Bestellungsgegenstand bei der Bildung einer Einigungsstelle ist auch die Festlegung des von ihr zu verhandelnden Regelungsgegenstands. Dieser kann zwar weit gefasst werden. Würde er zu weitgehend beschränkt, bestünde die Gefahr, dass die Einigungsstelle die dem Arbeitgeber obliegende Handlungspflicht inhaltlich nicht ausgestalten kann, weil ihr durch die Begrenzung des Regelungsauftrags der gesetzlich vorgesehene Gestaltungsspielraum – teilweise – genommen wird.[226] Stets muss aber hinreichend klar sein, über welchen Gegenstand die Einigungsstelle überhaupt verhandeln und ggf. durch Spruch befinden soll (→ *Einigungsstelle Rn. 4*). Das gilt auch für eine Einigungsstelle zur Beilegung von Meinungsverschiedenheiten in den Angelegenheiten des Arbeits- und Gesundheitsschutzes nach § 87 Abs. 1 Nr. 7 BetrVG.[227] Folgender Antrag war – selbst unter Beachtung eines zur Gerichtsakte gereichten Entwurfs einer Betriebsvereinbarung – zu unbestimmt:[228]

> *Zum Vorsitzenden einer Einigungsstelle zu organisatorischen Regelungen des Arbeitsschutzausschusses im Rahmen der Regelungen des Arbeitssicherheitsgesetzes und der DGUV 2 wird <Name> bestellt, die Anzahl der von jeder Seite zu benennenden Beisitzer auf je <Anzahl > festgesetzt.*

Auskunft

→ *Unterrichtung*

Auslegung einer Betriebsvereinbarung

Immer wieder kommt es zwischen den Betriebsparteien nach Abschluss einer Be- 1
triebsvereinbarung zum Streit darüber, wie einzelne Regelungen der Vereinbarung zu verstehen sind. Grundsätzlich können abstrakte Rechtsfragen nicht Gegenstand eines

224 BAG 18.8.2009 – 1 ABR 43/08, NZA 2009, 1434 R. 12 = BAGE 131, 351.
225 Vgl. zum „desk sharing" LAG Düsseldorf 9.1.2018 – 3 TaBVGa 6/17, NZA-RR 2018, 368.
226 BAG 13.9.2022 – 1 ABR 22/21, NZA 2022, 1616 Rn. 69.
227 BAG 7.12.2021 – 1 ABR 25/20, NZA 2022, 504 Rn. 20.
228 LAG Schleswig-Holstein 21.1.2014 – 1 TaBV 47/13, BeckRS 2014, 67279.

Feststellungsantrags sein (→ *B.I. Systematische Einleitung Rn. 20*). Das Bundesarbeitsgericht hält in ständiger Rechtsprechung[229] Feststellungsanträge einer Tarifvertragspartei, die auf die **Auslegung eines Tarifvertrags** gerichtet sind, für zulässig (→ *Urteilsverfahren/Tarifvertrag, Bestehen und Auslegung*). Allerdings erweitert § 9 TVG auch die Rechtskraftwirkung von zwischen Tarifvertragsparteien ergangenen Entscheidungen auf Dritte. Das Bundesarbeitsgericht spricht daher teilweise von der „Verbandsklage iSv § 2 Abs. 1 Nr. 1 ArbGG, § 9 TVG".[230] Eine § 9 TVG entsprechende Norm existiert für das Betriebsverfassungsrecht nicht. Allerdings schließt dies eine analoge Anwendung der Regelung auf Betriebsvereinbarungen nach hM nicht aus.[231] Ohne auf die Rechtsprechung zur Auslegung von Tarifverträgen einzugehen, hat das Bundesarbeitsgericht bei der abstrakten Frage nach der **Auslegung einer Betriebsvereinbarung** das Vorliegen eines Rechtsverhältnisses iSv § 256 Abs. 1 ZPO verneint.[232] Ihre Beantwortung hätte den Charakter eines Rechtsgutachtens, dessen Erstellung den Gerichten verwehrt sei. Der folgende Antrag wäre danach unzulässig:

> *Es wird festgestellt, dass die Betriebsvereinbarung vom 24.12.1979 dahingehend auszulegen ist, dass unter den Begriff der Teilzeitbeschäftigten in § 1 auch geringfügig beschäftigte Arbeitnehmer fallen.*

2 Es ist aber immer zu prüfen, ob wirklich eine bestimmte Auslegung der Betriebsvereinbarung festgestellt werden soll, oder ob es um ihre Rechtswirksamkeit geht. So hat das BAG einen Antrag, der nach seinem Wortlaut den personellen Geltungsbereich einer Betriebsvereinbarung festgestellt wissen wollte, mit dem Arbeitsgericht als auf die Feststellung der Rechtswirksamkeit der Betriebsvereinbarung gerichtet verstanden.[233]

3 Der Antrag wird nicht dadurch zulässig, dass er darauf gerichtet wird, dass der Arbeitgeber durch eine bestimmte Vorgehensweise gegen die Betriebsvereinbarung verstößt. Auch hier fehlt es nach einer älteren Entscheidung des BAG an einem feststellungsfähigen Rechtsverhältnis, vielmehr sei ein solcher Antrag auf die Feststellung einer Tatsache gerichtet.[234]

> *Es wird festgestellt, dass der Arbeitgeber durch <Verhaltensweise des Arbeitgebers> gegen <Bestimmung der Betriebsvereinbarung> verstößt.*

---

229 BAG 24.2.1987 – 1 ABR 73/84 – zu II 2a, AP BetrVG 1972 § 80 Nr. 28; 17.11.1998 – 9 AZR 431/97, NZA 1999, 773; 12.4.2000 – 5 AZR 372/98, NZA 2002, 226; 6.6.2007 – 4 AZR 411/06, NZA 2008, 1086 (1094) jew. mwN.

230 Vgl. BAG 18.4.2012 – 4 AZR 371/10, NZA 2013, 161 Rn. 29; 12.4.2000 – 5 AZR 372/98, NZA 2002, 226; kritisch Däubler/Reinecke/Rachor TVG § 9 Rn. 2, nach der die Zulässigkeit nicht erst aus § 9 TVG, sondern aus dem geltenden Prozessrecht folgt.

231 BAG 17.2.1992 – 10 AZR 448/91, NZA 1992, 999 mwN; WPK/Preis BetrVG § 77 Rn. 103.

232 BAG 20.2.2009 – 1 ABR 78/07, AP BetrVG 1972 § 77 Betriebsvereinbarung Nr. 44 Rn. 29; Ahrendt NZA 2011, 774 (778). In Bezug auf die Auslegung eines Tarifvertrags das Vorliegen eines Rechtsverhältnisses bejahend: BAG 17.11.1998 – 9 AZR 431/97, NZA 1999, 773. Vgl. auch BAG 6.6.2007 – 4 AZR 411/06, NZA 2008, 1086 (1094), wo der Vierte Senat bezüglich des normativen Teils des Tarifvertrags von einem „abstrakten Rechtsverhältnis" spricht.

233 BAG 15.5.2018 – 1 ABR 75/16, NZA 2018, 611 Rn. 13, für den Fall, dass sich der Betriebsrat in seiner Beschwerdebegründungsschrift nicht gegen ein solches Verständnis des Antrags durch den erstinstanzlichen Beschluss gewehrt hat.

234 So zu einem Streit zwischen Betriebsrat und Arbeitgeber um die Auslegung eines Tarifvertrags BAG 24.2.1987 – 1 ABR 73/84 – zu I 1, AP BetrVG 1972 § 80 Nr. 28; anders – ohne auf die frühere Entscheidung einzugehen – BAG 18.4.1989 – 1 ABR 3/88 – zu B I 1, 2 der Gründe, AP BetrVG 1972 § 87 Arbeitszeit Nr. 33.

4 Ein Feststellungsantrag bezüglich des Inhalts einer Betriebsvereinbarung ist jedenfalls dann unzulässig, wenn die Betriebspartner für Auslegungsstreitigkeiten in der Betriebsvereinbarung die Zuständigkeit der Einigungsstelle vereinbart haben.[235]

5 Das BAG erkennt freilich durchaus das Bedürfnis der Praxis nach Klärung von Auslegungsstreitigkeiten in Bezug auf Betriebsvereinbarungen. Es verlangt allerdings, dass der Feststellungsantrag auf die richtige → *Durchführung* der Betriebsvereinbarung gerichtet wird.[236]

Ausschluss aus und Auflösung des Betriebsrats

1 Wegen **grober Verletzung** seiner gesetzlichen **Pflichten** kann beim Arbeitsgericht der Ausschluss eines Mitglieds aus dem Betriebsrat oder die Auflösung des Betriebsrats beantragt werden. Der Amtsenthebungsantrag kann auch hilfsweise zu dem Begehren der Betriebsratsauflösung gestellt werden.[237] Antragsberechtigt sind hierzu mindestens ein Viertel der wahlberechtigten Arbeitnehmer, der Arbeitgeber[238] oder eine im Betrieb vertretene Gewerkschaft. Nach hM können in das Verfahren nach § 23 Abs. 1 BetrVG – anders als beim Anfechtungsverfahren nach § 19 BetrVG (→ *Wahlen*) – für ausscheidende Antragsteller andere wahlberechtigte Arbeitnehmer eintreten, um das erforderliche Mindestquorum aufrecht zu erhalten.[239] Der **Ausschluss eines Mitglieds** kann auch vom Betriebsrat beantragt werden. Der Antrag kann als Hilfsantrag zum Antrag nach § 103 BetrVG gestellt werden (→ *Kündigung von Betriebsratsmitgliedern*). Ein Antrag auf Ausschluss eines Mitglieds aus dem Betriebsrat kann erst nach der Wahl des Betriebsrats gestellt werden; vor der Wahl ist ein solcher Antrag unzulässig.[240] Hat der Betriebsrat nach dem Untergang des Betriebs nur noch ein Restmandat inne, ist der Ausschluss eines Mitglieds wegen grober Verletzung seiner gesetzlichen Pflichten in dem Sinne möglich, dass es durch gerichtlichen Beschluss von der Wahrnehmung des Restmandats ausgeschlossen wird.[241]

Frau/Herr <Vor- und Nachname> wird aus dem Betriebsrat ausgeschlossen.

2 Die Anträge auf Ausschluss aus dem Gesamtbetriebsrat (§ 48 BetrVG), aus dem Konzernbetriebsrat (§ 56 BetrVG) und aus der Gesamt- bzw. Konzern-Jugend- und Auszubildendenvertretung sind entsprechend zu fassen.

3 Ein **Rechtsschutzinteresse** am Ausschluss aus dem Betriebsrat besteht dann nicht mehr, wenn das von dem Ausschließungsverfahren nach § 23 BetrVG betroffene Mitglied des Betriebsrats inzwischen aus dem Betriebsrat durch **Ablauf der Amtszeit** ausgeschieden ist.[242] Dies gilt nach der Rspr. auch dann, wenn das Betriebsratsmitglied vor rechtskräftiger Erledigung des Ausschließungsverfahrens neu in den nach

235 BAG 23.2.2016 – 1 ABR 5/14, NZA 2016, 539 Rn. 21; 11.2.2014 – 1 ABR 76/12, NZA-RR 2015, 26 Rn. 14; 20.11.1990 – 1 ABR 45/89, NZA 1991, 473 (475).

236 Vgl. Ahrendt NZA 2011, 774 (778), vgl. auch BAG 18.1.2005 – 3 ABR 21/04, AP BetrVG 1972 § 77 Nr. 24.

237 BAG 24.5.2023 – 7 ABR 21/21, NZA 2023, 2322 Rn. 42; ErfK/Koch, 23. Aufl. 2023, BetrVG § 23 Rn. 10.

238 Es ist str., ob das Antragsrecht nach dem Sinn der Vorschrift auf solche Amtspflichtverletzungen zu beschränken ist, die das Verhältnis des Betriebsratsmitglieds zum Arbeitgeber betreffen, dagegen nicht gegeben bei Amtspflichtverletzungen gegenüber der Belegschaft oder einzelner Betriebsratsmitglieder gegenüber dem Betriebsrat, für Beschränkung: GK-BetrVG/Oetker BetrVG § 23 Rn. 84; Fitting BetrVG § 23 Rn. 10; aA HaKo-BetrVG/Düwell § 23 Rn. 20.

239 Fitting BetrVG § 23 Rn. 9; WPK/Kreft BetrVG § 23 Rn. 7; aA GK-BetrVG/Oetker BetrVG § 23 Rn. 83.

240 BAG 18.5.2016 – 7 ABR 81/13, AP BetrVG § 23 Nr. 49 Rn. 22.

241 BAG 24.5.2023 – 7 ABR 21/21, NZA 2023, 2322 Rn. 44.

242 BAG 18.5.2016 – 7 ABR 81/13, AP BetrVG § 23 Nr. 49 Rn. 16ff.; 29.4.1969 – 1 ABR 19/68, AP BetrVG § 23 Nr. 9.

Ablauf der Amtsperiode des bisherigen Betriebsrats gebildeten Betriebsrat gewählt worden ist.[243] In der Literatur wird vertreten, dass der Antrag in diesem Fall in den Tatsacheninstanzen[244] dahingehend geändert werden kann, dass nunmehr der Ausschluss aus dem neuen Betriebsrat begehrt wird.[245] Voraussetzung soll sein, dass die Verfehlung auch das gegenwärtige Amt noch belastet. In der Rechtsbeschwerde kann der Antrag nicht mehr auf den Ausschluss aus dem neuen Betriebsrat geändert werden, weil dies einen neuen Lebenssachverhalt betrifft.[246] In der Praxis ist zu beachten, dass ein Betriebsratsmitglied nach der Auffassung des BAG nach der Neuwahl des Betriebsrats nicht wegen einer in der abgelaufenen Amtszeit begangenen groben Verletzung betriebsverfassungsrechtlicher Pflichten aus dem neu gewählten Betriebsrat ausgeschlossen werden kann.[247]

4 Wird der Betriebsrat aufgelöst, so sieht § 23 Abs. 2 S. 1 BetrVG vor, dass das Arbeitsgericht unverzüglich einen Wahlvorstand für die Neuwahl einsetzt. Dies geschieht grundsätzlich von Amts wegen, ohne dass es eines Antrags bedarf. Zuständig ist das Gericht erster Instanz, auch wenn das Auflösungsverfahren im höheren Rechtszug abgeschlossen wurde.[248] Ob mit dem **Antrag auf Auflösung des Betriebsrats** ein Antrag nach §§ 23 Abs. 2, 16 Abs. 2 BetrVG verbunden werden kann, ist streitig.[249] Dem Erfordernis, dass der Bestellung des Wahlvorstands die rechtskräftige Auflösung des Betriebsrats vorausgehen muss, kann nach den Befürwortern dadurch Rechnung getragen werden, dass der Beschlusstenor zunächst die Auflösung des Betriebsrats feststellt, danach die Mitglieder des Wahlvorstands bestellt und diese Bestellung von der Rechtskraft des Auflösungsbeschlusses abhängig macht. Jedenfalls ist zu beachten, dass nach Ansicht von Teilen der Literatur der Arbeitgeber keine Vorschläge für die Besetzung des Wahlvorstandes iSd § 16 Abs. 2 S. 2 BetrVG machen kann.[250] Der restmandatierte Betriebsrat unterliegt keiner Auflösung nach § 23 Abs. 1 S. 1 Alt. 2 BetrVG.[251]

1. Der Betriebsrat <ggf. genauere Bezeichnung> wird aufgelöst.
[2. Für den Fall einer rechtskräftigen stattgebenden Entscheidung über den Antrag zu 1) wird ein aus drei Personen bestehender Wahlvorstand zur Durchführung der Betriebsratswahl bestellt. Der Wahlvorstand setzt sich zusammen aus
a. Frau/Herrn <Name> als Vorsitzende(r),
b. Frau/Herrn <Name> als weiteres Mitglied
c. Frau/Herrn <Name> als weiteres Mitglied.
(d. Frau/Herrn <Name> als Ersatzmitglied)]

5 Es handelt sich bei § 23 Abs. 1 ArbGG um Gestaltungsanträge (→ *B. I. Rn. 21*). Die Mitgliedschaft im Betriebsrat erlischt gemäß § 24 Nr. 5 BetrVG durch Ausschluss aus

243 BAG 29.4.1969 – 1 ABR 19/68, AP BetrVG § 23 Nr. 9.
244 Fenn SAE 1970, 246 f.
245 Richardi/Thüsing BetrVG § 23 Rn. 43.
246 BAG 18.5.2016 – 7 ABR 81/13, AP BetrVG § 23 Nr. 49 Rn. 12 ff.
247 BAG 27.7.2016 – 7 ABR 14/15, NZA 2017, 136 Rn. 21.
248 WPK/Kreft BetrVG § 30 Rn. 24; Richardi/Thüsing BetrVG § 23 Rn. 68.
249 Dafür: Fitting BetrVG § 23 Rn. 46; DKKW/Trittin BetrVG § 23 Rn. 63; aA HWGNRH/Huke BetrVG § 23 Rn. 59; Richardi/Thüsing BetrVG § 23 Rn. 70.
250 Fitting BetrVG § 23 Rn. 47; DKKW/Trittin BetrVG § 23 Rn. 192; aA Richardi/Thüsing BetrVG § 23 Rn. 70 mwN.
251 BAG 24.5.2023 – 7 ABR 21/21, NZA 2023, 2322 Rn. 21, wonach ein entsprechender Auflösungsantrag zwar zulässig, aber unbegründet ist.

dem Betriebsrat auf Grund einer gerichtlichen Entscheidung. Nach allgemeiner Meinung setzt dies die Rechtskraft des Beschlusses nach § 23 Abs. 1 BetrVG voraus.[252] Der Ausschluss aus dem Betriebsrat durch **einstweilige Verfügung** ist nicht möglich.[253] Zugleich ist aber anerkannt, dass schon vor der rechtskräftigen Entscheidung im Ausschlussverfahren die **Unterlassung der weiteren Amtsausübung** verlangt werden kann, wenn wegen der Art der Amtspflichtverletzung jede weitere vertrauensvolle Zusammenarbeit mit dem betreffenden Betriebsratsmitglied unzumutbar ist.[254]

> **Frau/Herrn <Vor- und Nachname> wird im Wege der einstweiligen Verfügung untersagt, ihr/sein Betriebsratsamt bis zum rechtskräftigen Abschluss des unter <Benennung des Aktenzeichens> beim Arbeitsgericht <Ort> anhängigen Ausschlussverfahrens auszuüben.**

Nach allgemeiner Auffassung ist dagegen eine einstweilige Verfügung, die dem ge- 6
samten Betriebsratsgremium vor Rechtskraft des Auflösungsbeschlusses generell die Ausübung seines Amtes untersagt, oder die ihn gar einstweilen auflöst, nicht zulässig.[255]

> *Der Betriebsrat wird im Wege der einstweiligen Verfügung bis zum rechtskräftigen Abschluss des unter <Benennung des Aktenzeichens> beim Arbeitsgericht <Ort> anhängigen Auflösungsverfahrens vorläufig aufgelöst.*

Berater bei Betriebsänderung

Im Zusammenhang mit einer anstehenden Betriebsänderung iSd § 111 BetrVG kann bei dem Betriebsrat ein Bedürfnis nach externem Sachverstand entstehen. § 111 S. 2 Hs. 2 BetrVG stellt klar, dass der Betriebsrat unter den Voraussetzungen des § 80 Abs. 3 BetrVG einen → *Sachverständigen* hinzuziehen kann. Dabei schließt § 111 S. 2 BetrVG die Beauftragung eines Rechtsanwalts mit der Führung der Interessenausgleichsverhandlungen nicht aus, dessen Kosten der Arbeitgeber dann gemäß § 40 Abs. 1 BetrVG zu tragen hat.[256] § 80 Abs. 3 BetrVG und § 111 S. 2 BetrVG kommen hingegen dann zur Anwendung, wenn es dem Betriebsrat nicht um die Wahrnehmung oder Durchsetzung von Rechten, sondern um die Vermittlung der zur Interessenwahrnehmung durch ihn selbst erforderlichen Kenntnisse geht. Zudem haben sie Bedeutung für die Beauftragung nicht juristischer Sachverständiger.[257] In Unternehmen mit **mehr als 300 Arbeitnehmern** kann der Betriebsrat für die Verhandlungen über einen Interessenausgleich – nicht auch für die Verhandlungen über einen Sozialplan[258] – gemäß § 111 S. 2 Hs. 1 BetrVG einen **Berater** hinzuziehen. Anders als bei § 80 Abs. 3 BetrVG verlangt das Gesetz für die Hinzuziehung des Beraters keine vorherige Vereinbarung mit dem Arbeitgeber.[259] Dies sah der Gesetzgeber als erforder-

252 BeckOK ArbR/Besgen § 24 Rn. 16; Richardi/Thüsing BetrVG § 24 Rn. 28.

253 ArbG Wiesbaden 11.4.1984 – 6 BVGa 1/84, BeckRS 1984, 30711204 (LS); ArbG Aachen 19.3.2009 – 8 BVGa 3/09d, AE 2009, 338; GK-BetrVG/Oetker BetrVG § 23 Rn. 107.

254 LAG Hamm 18.9.1975 – 8 TaBV 65/75, BB 1975, 1302; Korinth EinstwRS K Rn. 19; GK-BetrVG/Oetker BetrVG § 23 Rn. 106; zweifelnd LAG Berlin-Brandenburg 5.6.2014 – 10 TaBVGa 146/14, NZA-RR 2014, 538.

255 Richardi/Thüsing BetrVG § 23 Rn. 63; HSWGN/Schlochauer BetrVG § 23 Rn. 51; Fitting BetrVG § 23 Rn. 45.

256 BAG 14.12.2016 – 7 ABR 8/15, NZA 2017, 514 Rn. 14.

257 BAG 14.12.2016 – 7 ABR 8/15, NZA 2017, 514 Rn. 15.

258 HM vgl. Fitting BetrVG § 111 Rn. 119 mwN; Oetker NZA 2002, 465 (469).

259 ErfK/Kania BetrVG § 111 Rn. 25.

lich an, weil sich das Verfahren zur Hinzuziehung eines Sachverständigen nach § 80 Abs. 3 BetrVG als zu zeitaufwendig erwiesen habe.[260] Dementsprechend bedarf es keiner Anrufung des Arbeitsgerichts mit dem Ziel der Ersetzung der Zustimmung, wenn der Arbeitgeber die Beauftragung eines Beraters verweigert. Bei Vorliegen der materiellen Voraussetzung für die Hinzuziehung[261] kann der Betriebsrat einen Berater auf der Grundlage eines entsprechenden Beschlusses beauftragen. Da § 111 S. 2 BetrVG aber keine Regelung über die Kostentragung trifft, gilt insoweit § 40 Abs. 1 BetrVG.[262] Nach hM erwirbt der Berater keinen eigenen Zahlungsanspruch gegen den Arbeitgeber.[263] Der Betriebsrat muss entweder beim Arbeitsgericht den Antrag stellen, ihn von den Ansprüchen des Beraters freizustellen, oder er tritt den Freistellungsanspruch auf der Grundlage eines entsprechenden Beschlusses an den Sachverständigen ab. Wegen der Formulierung der Anträge kann insoweit auf die Vorschläge zu den → *Anwaltskosten* verwiesen werden.

Beschluss

1 Die Frage, ob ein Beschluss des Betriebsrats wirksam ist, stellt sich häufig als Vorfrage in gerichtlichen Verfahren.[264] Kommt es bei einer sog. Binnenstreitigkeit[265] innerhalb des Betriebsrat zu unterschiedlichen Auffassungen über die Rechtswirksamkeit eines Betriebsratsbeschlusses, können einzelne Betriebsratsmitglieder die Unwirksamkeit nur unter bestimmten Voraussetzungen geltend machen. Es bedarf insbesondere der Geltendmachung eines Eingriff in eine eigene betriebsverfassungsrechtliche Rechtsposition.[266] Im Rahmen einer Binnenstreitigkeit streiten die Beteiligten nicht über Individualrechte, sondern über Kompetenzen und Rechte, die dem Betriebsrat als Gremium oder einzelnen Betriebsratsmitgliedern kraft Gesetzes zugewiesen sind. Ebenso wie das BetrVG oder das ArbGG dem einzelnen Betriebsratsmitglied kein abstraktes inhaltliches Normenkontrollrecht für vom Betriebsrat geschlossene → *Betriebsvereinbarungen* einräumt,[267] kann es nicht ohne Betroffenheit in einer eigenen betriebsverfassungsrechtlichen Rechtsposition in der Sache die Feststellung der Rechtmäßigkeit von Handlungen oder Entscheidungen des Betriebsrats verlangen. Das gilt auch für die Beschlussfassung des Betriebsrats. Daher ist ein einzelnes Mitglied daran gehindert, die Feststellung eines Abstimmungsergebnisses durch die Sitzungsleitung im Beschlussverfahren überprüfen zu lassen oder ein bestimmtes Abstimmungsverfahren bei der Beschlussfassung des Betriebsrats zu fordern, sofern es sich nicht auf die Verletzung eigener mitgliedschaftlicher Rechte berufen kann. Einzelne Mitglieder des Betriebsrats können daher im arbeitsgerichtlichen Beschlussverfahren nicht klären lassen, ob der jeweilige Leiter der Betriebsratssitzung das Abstimmungsverhalten anderer Betriebsratsmitglieder zutreffend gewürdigt und in der Folge die nach § 33 Abs. 1 S. 1 BetrVG erforderliche Mehrheit der

260 BAG 14.12.2016 – 7 ABR 8/15, NZA 2017, 514 Rn. 13 mwN.

261 Hier ist insbesondere streitig, ob die Erforderlichkeit zu prüfen ist – so BAG 18.11.2020 – 7 ABR 37/19, NZA 2021, 657 Rn. 38; Richardi/Annuß BetrVG § 111 Rn. 53 – oder gesetzlich vermutet wird – so Däubler AuR 2001, 285 (286).

262 BAG 18.11.2020 – 7 ABR 37/19, NZA 2021, 657 Rn. 38.

263 Schaub ArbR-HdB/Koch, 18. Aufl. 2019, § 244 Rn. 36; Oetker NZA 2002, 465 (471 f.); aA DKKW/Däubler BetrVG § 111 Rn. 172: Rechtsgedanke des § 76a Abs. 3 BetrVG; vgl. auch BGH 25.10.2012 – III ZR 266/11, AP BetrVG 1972 § 40 Nr. 110 Rn. 11.

264 Vgl. zB BAG 8.2.2022 – 1 AZR 233/21, NZA 2022, 984 Rn. 23 ff.

265 Fitting BetrVG § 33 Rn. 47.

266 BAG 7.6.2016 – 1 ABR 30/14, NZA 2016, 1350 Rn. 16; zur Pflicht der Arbeitgeberin, die Anwaltskosten bei Binnenstreitigkeiten zu tragen vgl. BAG 3.4.1979 – 6 ABR 64/76 – zu III 2 der Gründe, AP BetrVG 1972 § 13 Nr. 1.

267 Vgl. BAG 29.4.2015 – 7 ABR 102/12, BAGE 151, 286 Rn. 18.

Stimmen richtig festgestellt hat. Daher war folgender Antrag einzelner Betriebsratsmitglieder unzulässig:[268]

> *Es wird festgestellt, dass die Beschlüsse des Betriebsrats vom 11. April 2013, Tagesordnungspunkt 2 der Tagesordnung, betreffend die Bestellung von Kommunikationsbeauftragten unwirksam sind.*

Bei der Überprüfung der Rechtmäßigkeit von Entscheidungen des Betriebsrats muss zwischen Organisationsentscheidungen, die in förmlichen Wahlen getroffen werden, und sonstigen Beschlüssen des Betriebsrats unterschieden werden.[269] Beschlüsse des Betriebsrats können grundsätzlich nicht selbständig angefochten werden; § 19 BetrVG ist mangels gesetzlicher Grundlage auf sie nicht anwendbar.[270] 2

> *Der Ablehnungsbeschluss des Betriebsrats vom 28. Mai 2002, die Entsendung von zwei Betriebsratsmitgliedern in den Gesamtbetriebsrat der D AG im Wege der Verhältniswahl durchzuführen, wird für unwirksam zu erklärt.*

Beschlüsse über die Entsendung in den Gesamtbetriebsrat nach § 47 Abs. 2 BetrVG sind hingegen als betriebsratsinterne Wahl in entsprechender Anwendung des § 19 BetrVG einer gerichtlichen Überprüfung zugänglich.[271] 3

> **Der Beschluss des Betriebsrats vom <Datum>, das Betriebsratsmitglied <Name> in den Gesamtbetriebsrat zu entsenden, wird für unwirksam erklärt.**

Ein Antrag, der auf die bloße Feststellung der Unwirksamkeit eines Beschlusses gerichtet ist, kommt nicht in Betracht, da er nicht auf die Feststellung eines Rechtsverhältnisses iSd § 256 Abs. 1 ZPO gerichtet wäre. Wird durch den Beschluss des Betriebsrats ein Rechtsverhältnis begründet, kann der Feststellungsantrag auf das Bestehen bzw. Nichtbestehen dieses Rechtsverhältnisses bezogen werden. 4

Betrieb

Zur Feststellung betriebsratsfähiger Organisationseinheiten → *Wahlen.*

Betriebsvereinbarung

Der Betriebsrat hat ebenso wie der Arbeitgeber ein rechtlich geschütztes Interesse daran, das **Bestehen oder Nichtbestehen** von Betriebsvereinbarungen, also betriebsverfassungsrechtlicher Rechtsverhältnisse, klären zu lassen. Dies ergibt sich nach Ansicht des Bundesarbeitsgerichts schon aus der Tragweite der Betriebsvereinbarungen als normative Regelungen, die auf die Arbeitsverhältnisse aller von ihr erfassten Arbeitnehmer der Belegschaft einwirken.[272] Ob und wie eine Gewerkschaft die Tarifwidrigkeit einer Betriebsvereinbarung geltend machen kann, ist in Rechtsprechung und Literatur umstritten.[273] Nach der Rechtsprechung des BAG ist für den Anspruch 1

268 BAG 7.6.2016 – 1 ABR 30/14, NZA 2016, 1350 Rn. 18.
269 Fitting BetrVG § 33 Rn. 49.
270 BAG 21.7.2004 – 7 ABR 58/03, NZA 2005, 170 Rn. 20.
271 BAG 21.7.2004 – 7 ABR 58/03, NZA 2005, 170 Rn. 24 mwN.
272 BAG 17.8.1999 – 3 ABR 55/98, NZA 2000, 498 (500) mwN.
273 Vgl. zum Streitstand Fitting BetrVG § 77 Rn. 235 ff.; Richardi BetrVG § 77 Rn. 332 ff.

einer Gewerkschaft auf die Beseitigung von Folgen tarifwidriger Betriebsvereinbarungen und Regelungsabreden, die dazu bestimmt sind, die tarifliche Ordnung zu verdrängen, wie für deren Unterlassungsbegehren das Beschlussverfahren die zutreffende Verfahrensart.[274] Wie bei allen Feststellungsanträgen ist Voraussetzung, dass noch ein **rechtliches Interesse** an alsbaldiger gerichtlicher Feststellung der (Un-) Wirksamkeit besteht (→ B. I. Rn. 17). Für eine nur auf die Vergangenheit gerichtete Feststellung, aus der keinerlei Rechtswirkungen für die Zukunft mehr folgen, besteht ein solches Rechtsschutzbedürfnis regelmäßig nicht.[275] Dem auf Feststellung der Rechtsunwirksamkeit einer Betriebsvereinbarung gerichteten Antrag des Betriebsrats kann nicht entgegengehalten werden, er sei rechtsmissbräuchlich, weil der Betriebsrat die Betriebsvereinbarung kurz zuvor selbst abgeschlossen habe.[276]

Es wird festgestellt, dass die Betriebsvereinbarung <genaue Bezeichnung> rechtswirksam ist [bzw.: keine Rechtswirkungen entfaltet].

2 Streiten die Betriebsparteien in der Sache darum, ob die Kündigung einer Betriebsvereinbarung wirksam war, kann auch die Feststellung des Fortbestands beantragt werden. Dagegen sollte der Antrag nicht auf die Feststellung der Unwirksamkeit der Kündigung gerichtet werden (→ *Urteilsverfahren/Tarifvertrag, Bestehen und Auslegung*).

Es wird festgestellt, dass die Betriebsvereinbarung <genaue Bezeichnung> fortbesteht.

3 Ist dagegen streitig, ob eine Betriebsvereinbarung nach ihrer Kündigung noch gemäß § 77 Abs. 6 BetrVG weiter gilt (sog. **Nachwirkung**), weil ihr Regelungsgegenstand die zwingende Mitbestimmung betrifft, sollte dies im Antrag klargestellt werden.

Es wird festgestellt, dass die Regelungen der Betriebsvereinbarung vom <genaue Bezeichnung> nach Ablauf der Kündigungsfrist am <Datum> gemäß § 77 Abs. 6 BetrVG weiter gelten <oder: nachwirken[277]> bis sie durch eine andere Abmachung ersetzt werden.

4 Anstelle eines auf die bloße Feststellung der Rechtswirksamkeit einer Betriebsvereinbarung gerichteten Antrags kann auch ein Antrag auf → *Durchführung* der Betriebsvereinbarung gestellt werden. Das Bundesarbeitsgericht hat in einem Verfahren, in dem die Nachwirkung einer Gesamtbetriebsvereinbarung streitig war, auch die Kombination eines Durchführungsantrags mit einem Feststellungsantrag für zulässig erachtet.[278] Zur Möglichkeit, den Inhalt einer Betriebsvereinbarung durch ein gerichtliches Verfahren klären zu lassen vgl. → *Auslegung von Betriebsvereinbarungen.*

274 BAG 25.1.2023 – 4 ABR 4/22, NZA 2023, 979 Rn. 30; 7.6.2017 – 1 ABR 32/15, NZA 2017, 1410 Rn. 10; 17.5.2011 – 1 AZR 473/09, NZA 2011, 1169 Rn. 24 mwN.

275 BAG 18.2.2003 – 1 ABR 17/02, NZA 2004, 336 (340).

276 BAG 18.2.2003 – 1 ABR 17/02, NZA 2004, 336 (339); Fitting BetrVG § 77 Rn. 228.

277 Vgl. BAG 23.10.2018 – 1 ABR 10/17, BeckRS 2018, 33792 Rn. 6.

278 BAG 10. 12 2013 – 1 ABR 39/12, BeckRS 2014, 67934 Rn. 10 ff. Auf die Problematik des Vorrangs der Leistungsklage ist der Erste Senat in seinen Gründen nicht eingegangen. Der Senat hat in Rn. 14 angenommen, dass das nach § 256 Abs. 1 ZPO erforderliche besondere Feststellungsinteresse vorliege. Die Zulässigkeit des Feststellungsantrags neben dem Durchführungsantrag dürfte jedenfalls aus § 256 Abs. 2 ZPO folgen.

Betriebsversammlung

1 Die §§ 42ff. BetrVG regeln die Einberufung und Durchführung von Betriebsversammlungen. Der Betriebsrat hat nach § 43 Abs. 1 BetrVG einmal in jedem Kalendervierteljahr eine Betriebsversammlung einzuberufen. Unter den Voraussetzungen des § 42 Abs. 2 S. 1 BetrVG hat der Betriebsrat in jedem Kalenderjahr zwei der genannten Betriebsversammlungen als Abteilungsversammlungen durchzuführen, die dann jeweils möglichst gleichzeitig stattfinden sollen. Weitere Betriebsversammlungen sind unter den im Gesetz näher bezeichneten Voraussetzungen möglich. **Effektiver Rechtsschutz** ist in Bezug auf bevorstehende Betriebsversammlung regelmäßig **nur im Eilverfahren** zu erlangen, weil die Durchführung des Hauptsacheverfahrens zu lange dauern würde.[279]

2 Ob der Betriebsrat die **Freistellung** der teilnahmebereiten Arbeitnehmer **von der Arbeitsleistung** gerichtlich durchsetzen kann, ist streitig. Teilweise wird dies jedenfalls dann angenommen, wenn der Arbeitgeber Maßnahmen getroffen hat, die die Entscheidungsfreiheit der Arbeitnehmer hinsichtlich der Teilnahme an der Betriebsversammlung nachhaltig beeinträchtigen. Der Antrag ist danach wie folgt zu formulieren[280]

> **Der Arbeitgeberin wird untersagt, Arbeitnehmer ihres Betriebs in <Ort> – mit Ausnahme der Leitenden Angestellten iSd § 5 Abs. 3 BetrVG – während der Betriebsversammlung am <Datum> in der Zeit <Uhrzeit von/bis> zu beschäftigen.**
>
> **Der Arbeitgeberin wird für jeden Fall der Zuwiderhandlung gegen die Verpflichtung ein Ordnungsgeld von bis zu <Betrag> EUR angedroht.**

3 Die **Gegenansicht** stellt darauf ab, dass die Arbeitnehmer von Gesetzes wegen zur Teilnahme an der Betriebsversammlung berechtigt sind, ohne dass es diesbezüglich einer Freistellung durch den Arbeitgeber bedürfe. Für eine diesbezügliche einstweilige Verfügung fehle es daher sowohl am Verfügungsgrund als auch am Verfügungsanspruch.[281] Das Landesarbeitsgericht Köln hat einen Anspruch auf Schließung des Betriebs während der Dauer einer Betriebsversammlung aus § 78 BetrVG in Betracht gezogen, die hohen Voraussetzungen für einen solchen Anspruch aber im konkreten Fall als nicht gegeben angesehen.[282]

4 Weigert sich die Arbeitgeberin, einen geeigneten **Raum für die Betriebsversammlung** zur Verfügung zu stellen, kann der Betriebsrat gerichtlich durchsetzen, dass entsprechende Räumlichkeiten zur Verfügung gestellt werden. Es gelten die allgemeinen Grundsätze für → *Sachmittel und Büropersonal.* Es ist aber zu beachten, dass der Betriebsrat regelmäßig nicht verlangen kann, dass ihm für die Durchführung von Betriebsversammlungen ein bestimmter Raum zur Verfügung gestellt wird.[283]

5 Will der Arbeitgeber eine Betriebsversammlung verhindern, muss er grundsätzlich initiativ werden und das Arbeitsgericht anrufen. Die generelle **Untersagung einer**

279 Vgl. Korinth EinstwRS K Rn. 56.
280 Vgl. MPFormB ArbR/Meier D. II. 2.18.
281 LAG München 11.3.1987 – 7 (8) TaBV 38/86, LAGE § 44 BetrVG 1972 Nr. 5; WPK/Roloff BetrVG§ 44 Rn. 21.
282 LAG Köln 23.10.1985 – 3 TaBV 56/85, NZA 1986, 370; vgl. auch LAG Köln 19.4.1988 – 11 TaBV 24/88, DB 1988, 1400.
283 LAG Hessen 10.10.2013 – 5 TaBV 323/12, BeckRS 2015, 70500.

Betriebsversammlung wird im Allgemeinen nur bei einer außerordentlichen Betriebsversammlung beantragt werden, weil sich die Notwendigkeit der regelmäßigen Betriebsversammlung bereits aus dem Gesetz ergibt.[284] Geht es dem Arbeitgeber nur darum zu verhindern, dass Themen behandelt werden, die nach § 45 BetrVG nicht Gegenstand einer Betriebsversammlung sein können, so sollte der Antrag konkret auf die Unterlassung der Behandlung dieses Themas gerichtet werden. Geht es dem Arbeitgeber in der Sache um eine **Verschiebung des Termins** der Betriebsversammlung, weil der vorgesehene Termin in der Arbeitszeit liegt, obwohl die Eigenart des Betriebs eine andere Reglung zwingend erfordert (§ 44 Abs. 1 S. 1 BetrVG), kann er die Unterlassung der Durchführung gerichtlich durchsetzen.[285]

> **Dem Betriebsrat wird im Wege der einstweiligen Verfügung untersagt, am <Datum> in der Zeit <Uhrzeiten> eine Betriebsversammlung abzuhalten.**

6 Nach § 46 Abs. 1 S. 1 BetrVG können an den Betriebs- oder Abteilungsversammlungen **Beauftragte der** im Betrieb vertretenen **Gewerkschaft** beratend teilnehmen. Diesen Anspruch kann die Gewerkschaft gerichtlich durchsetzen.[286] Er ist grundsätzlich auf die Duldung (vgl. § 890 Abs. 1 ZPO) des Zugangs zu richten.[287] Passiv legitimiert ist die Arbeitgeberin, nicht der Betriebsrat. Ein Streit über den Umfang des Zutrittsrechts zum Veranstaltungsgelände ist entweder zwischen den Betriebsparteien oder zwischen dem Dritten, der Zutritt begehrt, und dem Arbeitgeber zu klären.[288]

> **Die Arbeitgeberin wird im Wege der einstweiligen Verfügung verpflichtet, den Zugang der Gewerkschaftssekretärin <Name> als Beauftragte der antragstellenden Gewerkschaft zur Betriebsversammlung im Betrieb <genaue Bezeichnung> am <Datum> ab <Uhrzeit> zu dulden.**

7 Nach § 46 Abs. 1 S. 2 BetrVG kann der Arbeitgeber, wenn er an Betriebs- oder Abteilungsversammlungen teilnimmt, einen Beauftragten einer **Arbeitgebervereinigung,** der er angehört, hinzuziehen. Dies ist jedoch kein eigenes Recht der Arbeitgebervereinigung, so dass **antragsberechtigt** nur der **Arbeitgeber** ist.[289]

> **Der Betriebsrat wird im Wege der einstweiligen Verfügung verpflichtet, die gemeinsame Teilnahme der Frau/des Herrn <Name> als Beauftragte(n) des Arbeitgeberverbands <Name> mit dem Geschäftsführer der Arbeitgeberin an der Betriebsversammlung am <Datum> ab <Uhrzeit> zu dulden.**

8 Der Zeitpunkt und die Tagesordnung der Betriebs- oder Abteilungsversammlungen sind den im Betriebsrat vertretenen Gewerkschaften gemäß § 46 Abs. 2 BetrVG rechtzeitig schriftlich mitzuteilen. Die Pflicht trifft den Betriebsrat.[290] Kommt er die-

---

284 Korinth EinstwRS K Rn. 58.

285 WPK/Roloff BetrVG § 44 Rn. 21; vgl. auch LAG Berlin-Brandenburg 8.12.2022 – 4 TaBVGa 1301/22, BeckRS 2022, 51865, wobei der Tenor zu II. („wird aufgegeben, (…) die Betriebsversammlung auf denselben Kanälen aktiv abzusagen.") zu unbestimmt sein dürfte.

286 LAG Hamm 9.3.1972 – 8 TaBV 2/72, AP BetrVG 1972 § 2 Nr. 1; DKK FormB BetrVG/Berg §§ 42–46 Rn. 14.

287 BAG 19.9.2006 – 1 ABR 53/05, NZA 2007, 518 (519 Rn. 20); anders MPFormB ArbR/Manske/Witt Form. C. VI. 3: „… wird untersagt, den Zugang … für die Zeitdauer von im Betrieb stattfindenden Betriebs- und Abteilungsversammlungen zu untersagen bzw. zu unterbinden oder zu behindern".

288 BAG 22.5.2012 – 1 ABR 11/11, BAGE 141, 360 Rn. 25 = NZA 2012, 1176.

289 Fitting BetrVG § 46 Rn. 21; WPK/Roloff BetrVG § 46 Rn. 5.

290 Fitting BetrVG § 46 Rn. 12.

ser nicht nach, kann er gerichtlich im Wege des einstweiligen Rechtsschutztes dazu verpflichtet werden.[291]

> **Der Betriebsrat wird im Wege der einstweiligen Verfügung verpflichtet, die Antragstellerin bis zum <Zeitpunkt> über Ort und Tagesordnung der anberaumten Betriebsversammlung schriftlich zu informieren.**

Ist der Betriebsrat in der Vergangenheit seiner Informationspflicht nicht nachgekommen, kann die Gewerkschaft das Bestehen der Pflicht im Wege eines Feststellungsantrags klären lassen. Ein Antrag auf zukünftige Leistung kommt nicht in Betracht, da die Pflicht zur Einladung und Information in Bezug auf die in der Zukunft stattfindenden Betriebsversammlungen noch nicht entstanden ist (*→B. I. Systematische Einleitung Rn. 15*).

> **Es wird festgestellt, dass der Betriebsrat verpflichtet ist, der Antragstellerin mindestens eine Woche vor Beginn anberaumter Betriebs- und Abteilungsversammlungen über deren Zeitpunkt, Ort und Tagesordnung schriftlich zu informieren, im Falle kurzfristiger anberaumter Betriebs- und Abteilungsversammlungen unverzüglich nach der hierüber erfolgten Beschlussfassung des Betriebsrats.**

Durchführung von Betriebsvereinbarungen

Vereinbarungen zwischen Betriebsrat und Arbeitgeber, auch soweit sie auf einem 1
Spruch der Einigungsstelle beruhen, führt gemäß § 77 Abs. 1 BetrVG der Arbeitgeber durch, es sei denn, dass im Einzelfall etwas anderes vereinbart ist. Führt der Arbeitgeber eine Betriebsvereinbarung nicht durch, oder führt er sie in einer Art und Weise durch, die nicht dem Verständnis des Betriebsrats von der Regelung in der Betriebsvereinbarung entspricht, kann der Betriebsrat ein Beschlussverfahren einleiten, um seinen Durchführungsanspruch gerichtlich durchzusetzen.[292] Der Betriebsrat ist antragsbefugt, wenn er geltend macht, selbst Träger des streitbefangenen Rechts zu sein.[293] Wenn es dagegen um **Individualansprüche der Arbeitnehmer** geht, kann der Betriebsrat nicht aus eigenem Recht die Leistung an die Arbeitnehmer verlangen. Ein Antrag des Betriebsrats, mit dem er die Verurteilung des Arbeitgebers zur Erfüllung von Ansprüchen der Arbeitnehmer aus einem Sozialplan begehrt, ist unzulässig.[294]

> *Der Arbeitgeber wird verpflichtet, an den früheren Arbeitnehmer D. 4395,85 EUR und an den früheren Arbeitnehmer Dr. G. 3031,95 EUR zu zahlen.*

Das Bundesarbeitsgericht unterscheidet zwischen den Fällen, in denen durch die Be- 2
triebsvereinbarung normativ Ansprüche der Arbeitnehmer begründet werden, und dem Anspruch des Betriebsrats auf Durchführung einer Betriebsvereinbarung. Darauf, dass auch die normativ begründeten Ansprüche der Arbeitnehmer erfüllt wer-

291 MPFormB ArbR/Manske/Witt Form. C VI. 3.
292 Vgl. Ahrendt NZA 2011, 774 mwN.
293 BAG 18.5.2010 – 1 ABR 6/09, NZA 2010, 1433 Rn. 14. Der Antrag ist danach aber nur begründet, wenn der Betriebsrat selbst Partei der Betriebsvereinbarung ist oder ihm durch die Betriebsvereinbarung eigene betriebsverfassungsrechtliche Rechte eingeräumt werden; vgl. auch Schmidt/Pionteck NZA 2024, 97 (101).
294 BAG 17.10.1989 – 1 ABR 75/88, NZA 1990, 441; differenzierend Schmidt/Pionteck NZA 2024, 97 (102).

den, hat der Betriebsrat keinen eigenen Anspruch gegen den Arbeitgeber.[295] Der Individualrechtsschutz des einzelnen Arbeitnehmers darf nicht auf das Verhältnis Arbeitgeber/Betriebsrat verlagert werden. Dem Betriebsrat käme ansonsten die Rolle eines gesetzlichen Prozessstandschafters für die Arbeitnehmer zu. Dass dem Betriebsrat eine so weitgehende Befugnis eingeräumt werden sollte, kann weder § 77 Abs. 1 noch § 80 Abs. 1 Nr. 1 BetrVG entnommen werden.[296] Letztlich ist der Antrag daher aufgrund **fehlender Antragsbefugnis** des Betriebsrats unzulässig, und nicht (nur) weil das Beschlussverfahren bei Individualansprüchen nach §§ 2a, 80 ArbGG nicht zur Anwendung kommt.[297] Diese Grundsätze gelten auch, wenn der Betriebsrat nicht unmittelbar die Leistung an den Arbeitnehmer beantragt, sondern dessen Anspruch gegen den Arbeitgeber nur festgestellt wissen will.[298]

3 Der Betriebsrat kann aber aus **eigenem Recht** die ordnungsgemäße **Durchführung** der Betriebsvereinbarung verlangen. Für die Abgrenzung zur Geltendmachung von Individualansprüchen sollen dabei nicht die „Formulierungskünste" des Antragstellers ausschlaggebend sein; entscheidend ist nach einer Aussage des Dritten Senats des BAG, was der Betriebsrat „mit seinem Antrag letztlich begehrt".[299] Zur Erläuterung des Antrags sollte daher unbedingt bereits in der Antragsschrift klargestellt werden, dass es nicht um die Verfolgung von Vermögensansprüchen der Beschäftigten geht, sondern dass aus eigenem Recht die Durchführung der Betriebsvereinbarung verlangt wird.[300] Der Betriebsrat als Vertragspartner der Betriebsvereinbarung und Inhaber des Durchführungsanspruchs ist **antragsbefugt.**[301] Unerheblich ist dabei, ob sich der Ausgang des Verfahrens nur zugunsten einer begrenzten Anzahl von Arbeitnehmern auswirkt.[302] Das Bundesarbeitsgericht hat wiederholt entschieden, dass die Betriebsparteien den Streit, mit welchem Inhalt eine Betriebsvereinbarung durchzuführen sei, im Wege eines **Feststellungsantrags** im Beschlussverfahren klären lassen können.[303] Ein entsprechender Leistungsantrag ist nicht ausgeschlossen, kann aber eher zu Bestimmtheitsproblemen führen.[304] Die Frage, wie der Arbeitgeber eine bestimmte Regelung einer Betriebsvereinbarung durchzuführen hat, betrifft den Inhalt einer Verpflichtung des Arbeitgebers aus einem zwischen den Beteiligten bestehenden Rechtsverhältnis.[305] Soweit durch den Feststellungstenor eine umfassende Klärung der Rechtslage für eine Vielzahl von Fällen herbeigeführt werden kann, greift der Grundsatz der Subsidiarität des Feststellungsantrags nicht ein.[306]

> **Es wird festgestellt, dass der Arbeitgeber verpflichtet ist, die Betriebsvereinbarung bzw. den Sozialplan <genaue Bezeichnung> in der Weise durchzuführen, dass <Beschreibung der richtigen Durchführungsweise>.**[307]

295 BAG 17.10.1989 – 1 ABR 75/88, NZA 1990, 441 f.
296 BAG 18.1.2008 – 3 ABR 21/04, NZA 2006, 167 (170 f.).
297 Vgl. aber BAG 17.10.1989 – 1 ABR 75/88, NZA 1990, 441.
298 BAG 24.2.1987 – 1 ABR 73/84 – zu I 2b, AP BetrVG 1972 § 80 Nr. 28.
299 BAG 18.1.2008 – 3 ABR 21/04, NZA 2006, 167 (171).
300 Vgl. BAG 22.1.2013 – 1 ABR 92/11, BeckRS 2013, 68702 Rn. 8.
301 BAG 18.1.2008 – 3 ABR 21/04, NZA 2006, 167 (170).
302 BAG 25.2.2020 – 1 ABR 38/18, NZA 2020, 1128 Rn. 17; Schmidt/Pionteck NZA 2024, 97 (101).
303 BAG 30.10.2012 – 1 ABR 61/11, NZA 2013, 522 Rn. 18; 20.1.2009 – 1 ABR 78/07, BeckRS 2009, 56489 Rn. 29; 18.1.2008 – 3 ABR 21/04, NZA 2006, 167 (170); 18.4.1989 – 1 ABR 3/88 – zu B I 2a der Gründe, AP BetrVG 1972 § 87 Arbeitszeit Nr. 33.
304 BAG 18.1.2008 – 3 ABR 21/04, NZA 2006, 167 (169).
305 BAG 25.2.2020 – 1 ABR 38/18, NZA 2020, 1128 Rn. 13.
306 Vgl. BAG 30.10.2012 – 1 ABR 61/11, NZA 2013, 522 Rn. 18; Schüren/Feuerborn Anm. zu AP BetrVG 1972 § 87 Arbeitszeit Nr. 33.
307 Vgl. BAG 25.2.2020 – 1 ABR 38/18, NZA 2020, 1128 Rn. 5.

Andererseits bedarf der Leistungsantrag anders als ein Feststellungsantrag grundsätzlich keines besonderen Rechtsschutzbedürfnisses. In prozessualer Hinsicht kann der betriebsverfassungsrechtliche Durchführungsanspruch auch im Wege eines Leistungsantrags geltend gemacht werden.[308] Auch der Erlass einer einstweiligen Verfügung kommt insofern in Betracht.[309] Bezieht sich der Streit der Betriebsparteien darauf, wie die Bestimmung in einer Betriebsvereinbarung durchzuführen („auszulegen") ist, muss konkret im Antrag beschrieben werden, welche Maßnahme unter welchen Voraussetzungen von dem Arbeitgeber verlangt wird, um den Anforderungen des § 253 Abs. 2 Nr. 2 ZPO Genüge zu tun.[310] Folgenden Antrag, zu dem der Betriebsrat klargestellt hatte, dass es ihm nicht um die Verfolgung von Vermögensansprüchen der Beschäftigten geht, hat der Erste Senat als zulässig angesehen:[311] 4

Die Arbeitgeberin wird verpflichtet, den Spruch der Einigungsstelle vom 16. Januar 2009 über einen Sozialplan hinsichtlich der Berechnung der Abfindungen durchzuführen und die sich aus der Berechnung ergebenden Beträge an die berechtigten Arbeitnehmer auszuzahlen.

Um einen vollstreckbaren Titel zu erlangen, ist auch zu erwägen, den Arbeitgeber auf Unterlassung des betriebsvereinbarungswidrigen Verhaltens in Anspruch zu nehmen, wenn dieses Verhalten hinreichend konkret zu bezeichnen ist. Das Bundesarbeitsgericht erkennt einen **Unterlassungsanspruch** bei Verstößen gegen eine Betriebsvereinbarung grundsätzlich, unabhängig davon an, ob dieser Anspruch aus der Betriebsvereinbarung selbst oder aus § 77 Abs. 1 BetrVG abzuleiten ist.[312] Der Betriebsrat kann die Unterlassung bei jeder vereinbarungswidrigen Verhaltensweise verlangen, eine im Betrieb vertretene Gewerkschaft nur bei groben Verstößen iSd § 23 Abs. 3 BetrVG.[313] 5

Der Arbeitgeber wird verpflichtet, es zu unterlassen, <genaue Bezeichnung des Verhaltens, mit dem der Arbeitgeber gegen die Betriebsvereinbarung verstößt>.

Auch wenn der örtliche Betriebsrat mangels Aktivlegitimation über keinen eigenen Durchführungsanspruch verfügt, kann er die Einhaltung von Gesamt- und Konzernbetriebsvereinbarungen durch den Arbeitgeber dennoch mit Hilfe von § 23 Abs. 3 BetrVG erzwingen → *Grober Verstoß gegen Pflichten des Arbeitgebers.* Zu der betriebsverfassungsrechtlichen Ordnung, deren Einhaltung § 23 Abs. 3 BetrVG gewährleisten soll, gehören auch die Gesamt- und Konzernbetriebsvereinbarungen.[314] 6

Der Verstoß gegen die Durchführungspflicht ist jedoch kein Rechtsverhältnis iSd § 256 Abs. 1 ZPO.[315] Folgender Antrag wäre daher unzulässig: 7

308 Vgl. BAG 24.1.2017 – 1 ABR 24/15, NZA-RR 2017, 413 Rn. 12; Ahrendt NZA 2011, 774 (777), gegen Hess/Schlochauer/Worzalla/Glock/Nicolai BetrVG, 7. Aufl. 2008, § 77 Rn. 197.
309 HWK/Gaul BetrVG § 77 Rn. 6.
310 Ahrendt NZA 2011, 774 (777).
311 So der Tenor zu 2. von BAG 22.1.2013 – 1 ABR 92/11, BeckRS 2013, 68702.
312 BAG 10.11.1987 – 1 ABR 55/86 – zu B I 1, II 1 der Gründe, AP BetrVG 1972 § 77 Nr. 24; 20.3.2018 – 1 ABR 70/16, NZA 2018, 1081 Rn. 31.
313 BAG 29.4.2004 – 1 ABR 30/02, NZA 2004, 670 (675).
314 BAG 18.5.2010 – 1 ABR 6/09, NZA 2010, 1433 Rn. 24 f.; Ahrendt NZA 2011, 774 (777).
315 Vgl. zum Tarifrecht BAG 11.9.1991 – 4 AZR 71/91, NZA 1992, 321 (322).

> *Es wird festgestellt, dass die Arbeitgeberin mit dem <Beschreibung des betriebsvereinbarungswidrigen Verhaltens> gegen ihre Durchführungspflicht aus der Betriebsvereinbarung <konkrete Bezeichnung> verstoßen hat.*

Einigungsstelle

Übersicht

	Rn.
1. Grundlagen	1
2. Das Bestellungsverfahren	2–6
3. Das Vorabentscheidungsverfahren	7–10
4. Zwischenentscheidungen der Einigungsstelle	11, 12
5. „Anfechtung" des Einigungsstellenspruchs	13–17

1. Grundlagen

1 Zur Beilegung von Meinungsverschiedenheiten zwischen Arbeitgeber und Betriebsrat, Gesamtbetriebsrat oder Konzernbetriebsrat ist gemäß § 76 Abs. 1 BetrVG eine Einigungsstelle zu bilden. In den Fällen, in denen der Spruch der Einigungsstelle die Einigung zwischen Arbeitgeber und Betriebsrat ersetzt, wird die Einigungsstelle auf Antrag einer Seite tätig. Im Übrigen wird die Einigungsstelle nur tätig, wenn beide Seiten es beantragen oder mit ihrem Tätigwerden einverstanden sind. Gerichtliche Auseinandersetzungen finden sowohl über die Einsetzung und Besetzung der Einigungsstelle als auch über die Wirksamkeit des Spruchs der Einigungsstelle statt.

2. Das Bestellungsverfahren

2 Die Einigungsstelle besteht aus einer gleichen Anzahl von Beisitzern, die vom Arbeitgeber und Betriebsrat bestellt werden, und einem unparteiischen Vorsitzenden, auf dessen Person sich beide Seiten einigen müssen. Kommt eine Einigung über die Person des Vorsitzenden nicht zustande, so bestellt ihn nach § 76 Abs. 2 S. 2 BetrVG das Arbeitsgericht. Dieses entscheidet auch, wenn kein Einverständnis über die Zahl der Beisitzer erzielt wird. Seit dem 10.7.2015 findet sich die entsprechende verfahrensrechtliche Regelung in § 100 ArbGG. Die Vorschrift wurde durch Art. 2 Nr. 4 des Tarifeinheitsgesetzes umnummeriert, nachdem durch Art. 2 Nr. 6 des Tarifautonomiestärkungsgesetzes bereits dabei einmal die „Hausnummer" geändert war, ohne die Vorschrift inhaltlich zu modifizieren.[316] Für das Bestellungsverfahren gelten gemäß § 100 Abs. 1 S. 3 BetrVG die §§ 80 bis 84 ArbGG entsprechend. Die Bestellung eines Einigungsstellenvorsitzenden oder die Bestimmung der Zahl der Beisitzer durch das Arbeitsgericht setzt daher nach § 81 Abs. 1 ArbGG einen Antrag voraus. Im Hinblick auf die **Antragsbefugnis** sind einige Spezialregelungen zu beachten.[317] In den Fällen der §§ 37 Abs. 6, 38 Abs. 2 und 95 Abs. 1 BetrVG ist nur der Arbeitgeber antragsbefugt, während im Fall des § 85 Abs. 2 BetrVG nur der Betriebsrat die Einsetzung der Einigungsstelle betreiben kann. Soweit das BetrVG dem Betriebsrat ein volles Mitbestimmungsrecht gewährt, die Einigungsstelle also die Einigung zwischen den Betriebsparteien ersetzt, können nach § 76 Abs. 5 S. 1 BetrVG sowohl der Betriebsrat als auch der Arbeitgeber den Antrag stellen. Handelt es sich um eine freiwillige Einigungsstelle iSd § 76 Abs. 6 BetrVG, sind nach wohl herrschender Mei-

316 RegE S. 55 „redaktionelle Folgeänderung".
317 GMP/Schlewing/Künzl ArbGG § 100 Rn. 14.

nung ebenfalls beide Betriebsparteien antragsbefugt; das erforderliche Einverständnis der jeweils anderen Seite ist eine Frage der Begründetheit.[318] Unstreitig kann die Einsetzung der Einigungsstelle zur Erzielung eines Interessenausgleichs iSd § 112 Abs. 2 S. 2 BetrVG von jeder Seite allein beantragt werden, auch wenn die Einigungsstelle hier eine verbindliche Regelung nicht treffen kann.[319] **Beteiligte** am Verfahren nach § 100 ArbGG sind lediglich die Betriebspartner, nicht etwa auch die als Vorsitzende vorgeschlagene Person.[320]

Der Antrag muss hinreichend bestimmt sein. Die Vorgabe des § 253 Abs. 2 Nr. 2 ZPO gilt auch für das Verfahren nach § 100 ArbGG.[321] Die Gerichte prüfen voll und nicht nur, ob der Antrag offensichtlich unbestimmt ist.[322] Nach allgemeiner Auffassung muss dazu weder die/der gewünschte **Vorsitzende** der Einigungsstelle **namentlich benannt,** noch eine bestimmte **Anzahl von Beisitzern** angegeben werden.[323] Erfolgt im Antrag dennoch eine entsprechende Angabe, so wird dies nach wohl hM als bloße Anregung an das Gericht aufgefasst,[324] mit der Folge, dass der Antrag zB nicht allein deshalb als unbegründet abgewiesen wird, weil der genannte Richter wegen § 100 Abs. 1 S. 5 ArbGG nicht mit dem Vorsitz betraut werden kann.[325] Vielmehr setzt das Gericht eine andere Person ein oder setzt eine andere Anzahl an Beisitzern fest.[326] Diese Auffassung erscheint vorzugswürdig, um der Gefahr vorzubeugen, dass voreilig von einer Seite die Einsetzung einer Einigungsstelle durch das Arbeitsgericht beantragt wird, um nach dem Prinzip „Wer zuerst kommt, mahlt zuerst“ „seinen“ Einigungsstellenvorsitzenden durchzusetzen. 3

Der Antrag ist nur hinreichend bestimmt, wenn der **Regelungsgegenstand** der Einigungsstelle so **genau bezeichnet** ist, dass in einem nachfolgenden Einigungsstellenverfahren und einer möglichen gerichtlichen Überprüfung des Spruchs der Einigungsstelle klar ist, für welche Regelungsfragen sie eingesetzt wurde.[327] Nur bei entsprechender Angabe kann das Gericht überprüfen, ob die Einigungsstelle iSd § 100 Abs. 1 S. 2 ArbGG für diesen Regelungsgegenstand offensichtlich unzuständig ist. Zwar kann der von der Einigungsstelle zu verhandelnde Regelungsgegenstand 4

318 ErfK/Koch ArbGG § 100 Rn. 2; GMP/Schlewing/Künzl ArbGG § 100 Rn. 14; GK-ArbGG/Schleusener § 100 Rn. 7; aA DKW/Berg BetrVG § 76 Rn. 88.

319 DKW/Berg BetrVG § 76 Rn. 88; Richardi/Annuß BetrVG § 112 Rn. 229.

320 GMP/Schlewing/Künzl ArbGG § 100 Rn. 17 f.

321 LAG Rheinland-Pfalz 14.2.2023 – 6 TaBV 1/23 Rn. 27, BeckRS 2023, 14164; GK-ArbGG/Schleusener § 100 Rn. 10.

322 LAG Hessen 11.9.2012 – 4 TaBV 192/12, mzustAnm Schindele ArbR 2012, 623 und Bertzbach, jurisPR-ArbR 4/2013 Anm. 5; LAG Hamburg 1.2.2007 – 8 TaBV 18/06, MDR 2007, 1083.

323 Kühnreich DB 2017, 2296; GMP/Schlewing/Künzl ArbGG § 100 Rn. 15; SW/Walker § 100 Rn. 9.

324 LAG Nürnberg 21.6.2021 – 1 TaBV 11/21 Rn. 62, NZA-RR 2021, 551; LAG Düsseldorf 25.8.2014 – 9 TaBV 39/14, BeckRS 2014, 72576 mzustAnm Hobot DB 2014, 2596; LAG Baden-Württemberg 26.6.2002 – 9 TaBV 3/02, NZA-RR 2002, 523 f.; LAG Hamm 4.12.1986 – 3 TaBV 101/85, DB 1986, 547; Francken NZA 2008, 750 mwN in Fn. 6; BeckOK ArbR/Roloff ArbGG § 100 Rn. 4; aA LAG Berlin-Brandenburg 22. 1 2010 – 10 TaBV 2829/09, LAGE § 98 ArbGG 1979 Nr. 56; ErfK/Koch BetrVG § 100 Rn. 2; diff. GK-ArbGG/Schleusener§ 100 Rn. 32: Bindung, wenn der weitere Beteiligte keine Einwendungen gegen die vorgeschlagene Person erhebt und diese die rechtlichen Voraussetzungen erfüllt; ähnlich LAG Berlin-Brandenburg 27.7.2023 – 10 TaBV 355/23 Rn. 26, BeckRS 2023, 22631; LAG Köln 9.4.2018 – 9 TaBV 10/18 Rn. 12, BeckRS 2018, 8211; zu den Praxisfolgen Kühnreich DB 2017, 2296.

325 GMP/Schlewing/Künzl ArbGG § 100 Rn. 27.

326 Vgl. GK-ArbGG/Schleusener § 100 Rn. 43, der allerdings grundsätzlich die Festsetzung einer höheren Anzahl, als von einem der Beteiligten angeregt, für ausgeschlossen hält, wenn die andere Betriebspartei keinen begründeten Gegenvorschlag gemacht hat.

327 LAG Berlin-Brandenburg 17.2.2021 – 4 TaBV 50/21 Rn. 22, NZA-RR 2021, 392; LAG Hessen 11.9.2012 – 4 TaBV 192/12, BeckRS 2012, 75677 – mwN aus d. Rspr.; LAG Schleswig-Holstein 21.1.2014 – 1 TaBV 47/13, BeckRS 2014, 67279; Kühnreich DB 2017, 2296; HWK/Treber ArbGG § 100 Rn. 2; Schaub/Schrader/Straube/Vogelsang/Schrader/Thoms Formular- und Verfahrens-Hdb Rn. 306 Fn. 365; einschränkend Meyer RdA 2018, 175 (177 ff.).

weit gefasst werden, was nicht zuletzt dem im Einigungsstellenverfahren angelegten Einigungsvorrang (vgl. § 76 Abs. 3 S. 3 BetrVG) entspricht.[328] Der Regelungsauftrag einer Einigungsstelle aber ist nur dann geeignet, ihr die erforderliche Spruchkompetenz zu vermitteln, wenn er hinreichend bestimmt ist.[329] Dies wird in der Praxis nicht immer ausreichend berücksichtigt. Dagegen muss der Antragsteller im Bestellungsverfahren nicht den Inhalt der von ihm angestrebten Regelung darlegen.[330] Zur Auslegung des Antrags im Hinblick auf seine Bestimmtheit ist allerdings die Antragsschrift und damit insbesondere auch ein zur Gerichtsakte gereichter, zum beabsichtigten Regelungsgegenstand beabsichtigter BV-Entwurf heranzuziehen.[331] Ein **Rechtsschutzinteresse** besteht nur, wenn der Antragsteller geltend macht, dass entweder die Gegenseite Verhandlungen verweigert oder aber mit dem ernsten Willen zur Einigung geführte Verhandlungen gescheitert sind.[332] Dabei hat das angerufene Arbeitsgericht nach hM nicht zu prüfen, ob noch irgendein betrieblicher Verhandlungsspielraum bestehen könnte, sondern nur, ob die Antragsstellung zum aktuellen Zeitpunkt rechtsmissbräuchlich ist.[333]

Es wird beantragt,

1. **einen Vorsitzenden für eine Einigungsstelle mit dem Regelungsgegenstand <Thema> zu bestellen.**
2. **für diese Einigungsstelle die Anzahl der Beisitzer, die von Arbeitgeber und Betriebsrat bestellt werden, festzusetzen.**

5 Gemäß § 100 Abs. 1 S. 4 ArbGG betragen die Einlassungs- und Ladungsfristen 48 Stunden. Da sich dies bereits unmittelbar aus dem Gesetz ergibt, bedarf es keines entsprechenden Antrags.

Die Einlassungs- und Ladungsfristen werden auf 48 Stunden abgekürzt.

6 Der Erlass einer **einstweiligen Verfügung** auf Bestellung eines Vorsitzenden ist nicht möglich; § 100 BetrVG nimmt in Abs. 1 S. 3 nur die §§ 80 bis 84 in Bezug und gerade nicht auch den § 85.[334] § 100 BetrVG stellt selbst ein beschleunigtes Beschlussverfahren zur Verfügung, bei dem das Arbeitsgericht die Entscheidung den Beteiligten binnen zwei Wochen übermitteln soll und binnen vier Wochen muss.

3. Das Vorabentscheidungsverfahren

7 In der Praxis kommt es immer wieder vor, dass zwischen den Parteien streitig ist, ob dem Betriebsrat ein zwingendes Mitbestimmungsrecht in Bezug auf das Thema, zu dem er die Errichtung einer Einigungsstelle verlangt, überhaupt zusteht. Für das ar-

328 BAG 7.12.2021 – 1 ABR 25/20 Rn. 20, NZA 2022, 504.
329 BAG 19.11.2019 – 1 ABR 22/18 Rn. 19, NZA 2020, 266; zur Bestimmtheit eines Antrags auf Einsetzung einer Einigungsstelle zum mobilen Arbeiten vgl. LAG Köln 23.4.2021 – 9 TaBV 9/21, BeckRS 2021, 13339 mAnm Löbig jurisPR-ArbR 39/2021.
330 LAG Hessen 11.9.2012 – 4 TaBV 192/12, mzustAnm Schindele ArbR 2012, 623 und Bertzbach, jurisPR-ArbR 4/2013 Anm. 5 mwN.
331 LAG Schleswig-Holstein 21.1.2014 – 1 TaBV 47/13, BeckRS 2014, 67279.
332 BAG 18.3.2015 – 7 ABR 4/13 Rn. 17, NZA 2015, 954; LAG Düsseldorf 24.8.2021 – 3 TaBV 29/21 Rn. 20, BeckRS 2021, 38066; LAG Baden-Württemberg 16.10.1991 – 12 TaBV 10/91, NZA 1992, 186, 187; Hessisches LAG 12.11.1991 – 4 TaBV 148/91, NZA 1992, 853 f.; GK-ArbGG/Schleusener § 100 Rn. 8.
333 Vgl. LAG Hamm 14.5.2014 – 7 TaBV 21/14, BeckRS 2014, 70497.
334 BeckOK ArbR/Roloff ArbGG § 100 Rn. 8; GK-ArbGG/Schleusener § 100 Rn. 13; aA LAG Düsseldorf 8.2.1991 – 15 TaBV 11/91, LAGE ArbGG 1979 § 98 Nr. 19.

beitsgerichtliche Bestellungsverfahren ist das Problem mit der Arbeitsgerichtsnovelle von 1979 durch Abs. 1 S. 2 des jetzigen § 100 ArbGG gelöst worden. Wegen fehlender Zuständigkeit der Einigungsstelle können danach die Anträge nur zurückgewiesen werden, wenn die Einigungsstelle **offensichtlich unzuständig** ist. Das Bestellungsverfahren nach § 100 hindert damit aber nicht, dass über das Bestehen oder Nichtbestehen der geltend gemachten Mitbestimmungsrechte in einem normalen Beschlussverfahren auf Antrag des Arbeitgebers oder des Betriebsrates entschieden wird.[335] Ein solches **„Vorabentscheidungsverfahren"** ist zulässig, gleichgültig, ob es **vor, während oder nach dem Bestellungsverfahren** anhängig gemacht wird.[336] Nur eine unbedingte Parallelität des Bestellungs- und des Einigungsstellenverfahrens auf der einen Seite und des Vorabentscheidungsverfahrens auf der anderen Seite kann nach Ansicht des BAG gewährleisten, dass einerseits nicht Mitbestimmungsrechte des Betriebsrats durch ein Vorabentscheidungsverfahren blockiert werden und andererseits die Frage, ob das umstrittene Mitbestimmungsrecht besteht, nicht unnötig lange in der Schwebe gelassen werden muss.[337] Aus der gleichzeitigen Anhängigkeit eines Verfahrens nach § 100 ArbGG oder einer laufenden Einigungsstelle ergeben sich keine Besonderheiten für die Antragsstellung, es kann daher verwiesen werden auf die Ausführungen zur Antragstellung in Bezug auf → *Mitbestimmung – Soziale Angelegenheiten.* Der Antragsteller des Beschlussverfahrens muss dabei entweder die Maßnahme des Arbeitgebers oder die betriebliche Angelegenheit, hinsichtlich derer ein Mitbestimmungsrecht streitig ist, so genau bezeichnen, dass mit der Entscheidung über den Antrag feststeht, für welche betrieblichen Angelegenheiten das Mitbestimmungsrecht bejaht oder verneint worden ist. Diese müssen so konkret umschrieben werden, dass die Streitfrage mit Rechtskraftwirkung zwischen den Betriebsparteien entschieden werden kann. Hierfür genügt die Wiedergabe eines allg. umschriebenen Regelungsauftrags einer Einigungsstelle nicht.[338] Eine rechtskräftige Entscheidung im Vorabentscheidungsverfahren bindet das Gericht in einem nachfolgenden Bestellungsverfahren nach § 100 ArbGG.[339] Die Entscheidung im Bestellungsverfahren entfaltet hingegen für die Betriebspartner keine Bindungswirkung in der Frage, ob das vom Betriebsrat in Anspruch genommene Mitbestimmungsrecht besteht oder nicht.[340]

Es ist nicht zweckmäßig, den Antrag auf Feststellung eines Mitbestimmungsrechts und den Antrag auf Einsetzung einer Einigungsstelle im Wege der Antragshäufung zusammen in einem Verfahren zu stellen. Über ersteren wird im regulären Beschlussverfahren nach §§ 80ff. BetrVG durch die Kammer entschieden, über letzteren dagegen im Beschlussverfahren in besonderen Fällen (Alleinentscheidung durch den Vorsitzenden, kurzfristige Entscheidung mit Zustellung binnen zwei bzw. vier Wochen). **8**

Zu beachten ist, dass es für eine gerichtliche Entscheidung darüber, ob eine Einigungsstelle gehalten ist, in einer mitbestimmungspflichtigen Angelegenheit **einem bestimmten Regelungsverlangen** einer Betriebspartei vollständig oder teilweise nachzukommen, regelmäßig an einem Feststellungsinteresse fehlt.[341] So kann der Betriebsrat nicht beantragen **9**

335 GMP/Schlewing/Künzl ArbGG § 100 Rn. 12.
336 BAG 27.6.2006 – 1 ABR 18/05 – Rn. 14, NZA 2007, 106 (107); 1.7.2003 – 1 ABR 20/02, NZA 2004, 620, 621 mwN.
337 BAG 6.12.1983 – 1 ABR 43/81 – zu B I, AP BetrVG 1972 § 87 Überwachung Nr. 7.
338 BAG 23.2.2016 – 1 ABR 18/14 – Rn. 18, NZA 2016, 838.
339 LAG Berlin-Brandenburg 7.8.2008 – 14 TaBV 1212/08; GMP/Schlewing/Künzl ArbGG § 100 Rn. 13.
340 BAG 23.3.2016 – 5 AZR 337/15 Rn. 23f. mwN, AP TVG § 1 Tarifverträge: Metallindustrie Nr. 238.
341 BAG 17.9.2013 – 1 ABR 24/12 Rn. 20, NZA 2014, 740.

> *Es wird festgestellt, dass die Einigungsstelle verpflichtet ist, <nähere Bezeichnung von Analyseinstrumenten zur Gefährdungsbeurteilung> bei ihrer Entscheidung zu berücksichtigen.*

10 Dieser Antrag ist nach der Auffassung des BAG schon nicht auf ein feststellungsfähiges Rechtsverhältnis gerichtet. Die mit einem solchen Antrag begehrte Feststellung über die Berücksichtigung von bestimmten Analyseinstrumenten ist nur eine Vorfrage für den der Einigungsstelle übertragenen Regelungsauftrag.[342]

4. Zwischenentscheidungen der Einigungsstelle

11 **Verfahrensbegleitende Zwischenbeschlüsse** der Einigungsstelle, die nicht die Zuständigkeit der Einigungsstelle zum Gegenstand haben, sind grundsätzlich nicht gesondert gerichtlich anfechtbar.[343] Ein (Zwischen-)Beschluss der Einigungsstelle, mit dem diese ihre **Zuständigkeit** „förmlich" feststellt, ist zwar zulässig. Als „Entscheidung" über eine Rechtsfrage stellt ein derartiger Beschluss aber keine die Einigung der Betriebsparteien ersetzende und diese bindende Regelung iSd § 87 Abs. 2 BetrVG dar. Daher begründet ein (Zwischen-)Beschluss der Einigungsstelle, mit dem diese ihre Zuständigkeit bejaht oder verneint, kein Rechtsverhältnis zwischen den Betriebsparteien. Demzufolge kann die „(Un-)Wirksamkeit" eines derartigen (Zwischen-)Beschlusses nicht isoliert mit einem Feststellungsantrag nach § 256 Abs. 1 ZPO zur gerichtlichen Entscheidung gestellt werden.[344] Der die Zuständigkeit ablehnende Beschluss beendet zwar regelmäßig das Verfahren und die Tätigkeit der Einigungsstelle. Das BAG hält aber alle Zwischenbeschlüsse über die Zuständigkeit für nicht anfechtbar. Es ist stattdessen – wie soeben in Rn. 7 ff. dargestellt – ein Feststellungsverfahren über das (Nicht-)Bestehen eines Mitbestimmungsrechts anhängig zu machen.[345] Insbesondere besteht kein Interesse an der Feststellung der Wirksamkeit eines die Zuständigkeit bejahenden Zwischenbeschlusses, sobald die Einigungsstelle durch Spruch in der Sache über den Regelungsgegenstand entscheidet. Dann ist unmittelbar dieser verfahrensbeendende Spruch anzugreifen (→ Rn. 13).[346] Wird dem Feststellungsantrag über das Bestehen eines Mitbestimmungsrechts rechtskräftig stattgegeben, nachdem die Einigungsstelle ihre Zuständigkeit abgelehnt hatte, muss sie ihre Tätigkeit wieder aufnehmen und das Verfahren fortsetzen. Einer ausdrücklichen Feststellung der Unwirksamkeit des Spruchs bedarf es nicht.[347]

12 Nach der Rechtsprechung des BAG kann der Vorsitzende der Einigungsstelle zu jedem Zeitpunkt des Einigungsstellenverfahrens wegen **Besorgnis der Befangenheit** abgelehnt werden.[348] Er muss von Gesetzes wegen unparteiisch sein (§ 76 Abs. 2 S. 1 BetrVG). Im Zusammenhang mit der Ablehnung des Einigungsstellenvorsitzenden finden die Vorschriften über die Ablehnung eines Schiedsrichters nach

342 BAG 17.9.2013 – 1 ABR 24/12 Rn. 15 ff., NZA 2014, 740.

343 BAG 22.1.2002 – 3 ABR 28/01, AP BetrVG 1972 § 76 Einigungsstelle Nr. 16; 4.7.1989 – 1 ABR 40/88 – zu C II 1, NZA 1990, 29 (31); Fitting BetrVG § 76 Rn. 139.

344 BAG 8.2.2022 – 1 ABR 2/21 Rn. 17, NZA 2022, 870; 23.2.2016 – 1 ABR 18/14 Rn. 13, NZA 2016, 838; 17.9.2013 – 1 ABR 24/12 – Rn. 10, NZA 2014, 740; 8.6.2004 – 1 ABR 13/03, NZA 2004, 1175.

345 Vgl. BAG 23.2.2016 – 1 ABR 18/14 Rn. 15, NZA 2016, 838; 10.12.2002 – 1 ABR 27/01 – zu B II 1a, AP BetrVG 1972 § 95 Nr. 42; 22.1.2002 – 3 ABR 28/01, AP BetrVG 1972 § 76 Einigungsstelle Nr. 16; 4.7.1989 – 1 ABR 40/88 – zu C II 1, NZA 1990, 29, 31; aA wohl Schaub NZA 2000, 1087.

346 Vgl. BAG 22.1.2002 – 3 ABR 28/01 – zu II 2a bb mwN, AP BetrVG 1972 § 76 Einigungsstelle Nr. 16.

347 BAG 10.12.2002 – 1 ABR 27/01 – zu B II 1a, AP BetrVG 1972 § 95 Nr. 42.

348 BAG 17.11.2010 – 7 ABR 100/09 – Rn. 17, NZA 2011, 940; 29.1.2002 – 1 ABR 18/01, AP BetrVG 1972 § 76 Einigungsstelle Nr. 19.

§§ 1036ff. ZPO entsprechende Anwendung, soweit dem nicht zwingende Grundsätze des Einigungsstellenverfahrens nach § 76 BetrVG entgegenstehen.[349] Die für das arbeitsgerichtliche Urteils- und Beschlussverfahren geltenden Vorschriften der § 49 Abs. 1 und 3, § 64 Abs. 7, § 72 Abs. 6 ArbGG (iVm. § 80 Abs. 2, § 87 Abs. 2, § 92 Abs. 2 ArbGG) betreffen die Ablehnung von Gerichtspersonen. Sie sind auf das Einigungsstellenverfahren nicht übertragbar.[350] Legt der für befangen gehaltene Vorsitzende sein Amt nicht von sich aus nieder, entscheidet danach über den Ablehnungsantrag in entsprechender Anwendung des § 1037 Abs. 2 S. 2 ZPO die Einigungsstelle. Nach § 76 Abs. 3 BetrVG entscheidet sie ohne den abgelehnten Vorsitzenden; zu einer zweiten Abstimmung mit seiner Beteiligung kommt es nicht.[351] Findet der Ablehnungsantrag unter den Beisitzern der Einigungsstelle keine Mehrheit, entscheidet die Einigungsstelle unter Beteiligung des für befangen gehaltenen Vorsitzenden darüber, ob sie das Verfahren fortsetzt oder ggf. bis zur gerichtlichen Entscheidung über die geltend gemachten Ablehnungsgründe aussetzt (§ 1037 Abs. 3 S. 2 ZPO).[352] Der Inhalt des entsprechend § 1037 Abs. 3 S. 1 ZPO beim Arbeitsgericht, das in voller Kammerbesetzung erst- und zugleich letztinstanzlich entscheidet,[353] anzubringenden Antrags ist streitig. In der Literatur wird vertreten, Antrag und Entscheidung des Gerichts seien auf „Aufhebung des Beschlusses" zu richten.[354] Die Aufhebung des den Befangenheitsantrag ablehnenden Beschlusses würde jedoch zu kurz greifen. Nach § 1037 ZPO ist eine „Entscheidung über die Ablehnung" zu beantragen, dh das Gericht entscheidet durch Gestaltungsentscheidung über die Abberufung des Vorsitzenden. Der Antrag richtet sich auch nicht auf Feststellung eines Ablehnungsrechts, sondern unmittelbar auf die Beendigung des Amts.[355]

Frau/Herr <Name> wird ihres/seines Amtes als Vorsitzende/Vorsitzender der Einigungsstelle <Thema> enthoben.

5. „Anfechtung" des Einigungsstellenspruchs

Beruft sich eine Betriebspartei auf die Unwirksamkeit eines Einigungsstellenspruchs 13
– die Formulierung „Anfechtung des Spruchs" ist insoweit irreführend – ist das **Feststellungsbegehren** dafür die zutreffende Antragsart. Eine gerichtliche Entscheidung über die Wirksamkeit des Spruchs der Einigungsstelle gem. § 76 Abs. 5 BetrVG hat feststellende und nicht rechtsgestaltende Wirkung. Deshalb ist die Feststellung der Unwirksamkeit des Spruchs und nicht seine Aufhebung zu beantragen.[356] Der Antrag auf Feststellung der Unwirksamkeit eines Einigungsstellenspruchs umfasst als Minus auch eine Prüfung, ob einzelne Spruchregelungen unwirksam sind.[357] Den Antrag kann nur eine Partei des Einigungsverfahrens stellen. Ob auch Tarifvertragsparteien

349 BAG 11.9.2001 – 1 ABR 5/01, AP BetrVG 1972 § 76 Einigungsstelle Nr. 15.

350 BAG 17.11.2010 – 7 ABR 100/09 – Rn. 20, NZA 2011, 940.

351 AA Schaub NZA 2000, 1087 (1088) unter Hinweis auf § 1037 Abs. 2 ZPO, vgl. dazu Musielak/Voit ZPO § 1037 Rn. 4.

352 BAG 17.11.2010 – 7 ABR 100/09 – Rn. 17, NZA 2011, 940; Fitting BetrVG § 76 Rn. 44.

353 BAG 17.11.2010 – 7 ABR 100/09 – Rn. 21 ff., NZA 2011, 940.

354 Schaub NZA 2000, 1087 (1089).

355 Musielak/Voit ZPO § 1037 Rn. 5; Thomas/Putzo/Seiler ZPO § 1037 Rn. 6; enger MüKoZPO/Münch § 1037 Rn. 29 m. Fn. 68, wonach das Gericht nur aussprechen soll, dass die Ablehnung begründet sei, wodurch aber das Amt unmittelbar beendet werde.

356 BAG 14.2.2023 – 1 ABR 28/21 Rn. 15, NZA 2023, 702; 11.2.2014 – 1 ABR 72/12 Rn. 12 mwN, BeckRS 2014, 69880; 26.8.2008 – 1 ABR 16/07 Rn. 11, NZA 2008, 1187; 24.8.2004 – 1 ABR 23/03 – zu B II 1 NZA 2005, 302, 304; 28.5.2002 – 1 ABR 37/01 – B II 1, NZA 2003, 171; Müller-Boruttau BB 2020, 116 (118).

357 BAG 19.11.2019 – 1 ABR 36/18 Rn. 14, NZA 2020, 389.

antragsberechtigt sind, wenn der Spruch sie in ihren Rechten beeinträchtigt, ist streitig.[358] In dem Beschlussverfahren ist die Einigungsstelle nicht Beteiligte, weil es sich allein um einen Kompetenzstreit zwischen den Betriebspartnern handelt, an dessen Entscheidung die Einigungsstelle wegen ihrer bloßen Hilfs- und Ersatzfunktion für die Betriebspartner kein eigenes betriebsverfassungsrechtliches Interesse haben kann.[359] Beteiligungsbefugt können aber einzelne Arbeitnehmer sein, wenn sie durch die gerichtliche Entscheidung über die Wirksamkeit des Spruches unmittelbar betroffen werden (vgl. § 37 Abs. 6 S. 5; § 38 Abs. 2 S. 5; § 87 Abs. 1 Nr. 5, 9).[360] Hat der Spruch eine Rechtsfrage zum Gegenstand, unterliegt er zeitlich unbefristet und in vollem Umfang der gerichtlichen Rechtskontrolle, während der Antrag bei der Überprüfung von Ermessensentscheidungen nach § 72 Abs. 5 S. 2 BetrVG innerhalb von zwei Wochen anhängig gemacht werden muss.[361] Da es sich bei der Unwirksamkeit des Einigungsstellenspruchs um einen einheitlichen Streitgegenstand handelt, kann die Unwirksamkeit wegen eines Rechtsfehlers nicht in einem anderen Verfahren angegriffen werden, als die Unwirksamkeit wegen einer Ermessensüberschreitung.[362] Um dem **Bestimmtheitserfordernis** Genüge zu tun, sollten in dem Antrag sowohl das Thema der Einigungsstelle – insbesondere wenn bei der Arbeitgeberin zeitgleich mehrere Einigungsstellen zu verschiedenen Themen tagen – als auch das Datum des Spruchs bezeichnet werden.

Es wird festgestellt, dass der Spruch der Einigungsstelle <Thema> vom <Datum> unwirksam ist.

Falscher Antrag:

Der Spruch der Einigungsstelle vom <Datum> wird für unwirksam erklärt und aufgehoben.

14 Nach der Rechtsprechung des BAG bleibt bei **Teilnichtigkeit** einer Betriebsvereinbarung der übrige Teil grundsätzlich wirksam, sofern er noch eine sinnvolle und in sich geschlossene Regelung enthält.[363] Der Antrag kann mithin auch auf die Unwirksamkeit bestimmter selbständiger Teile des Spruchs gerichtet werden.[364]

Es wird festgestellt, dass <Paragraf bzw. Nummer> des Spruchs der Einigungsstelle <Thema> vom <Datum> unwirksam ist.

15 Die Anrufung des Arbeitsgerichts in Bezug auf die Wirksamkeit des Einigungsstellenspruchs suspendiert nicht die aus dem Spruch folgenden Pflichten.[365] Weigert sich der Arbeitgeber entgegen § 77 Abs. 1 BetrVG den Spruch umzusetzen, so kommt der Erlass einer **einstweiligen Verfügung** auf Antrag des Betriebsrats in Betracht, sofern

358 Dafür Fitting BetrVG § 76 Rn. 141; dagegen Richardi/Maschmann BetrVG § 76 Rn. 117.
359 BAG 28.7.1981 – 1 ABR 65/79 – zu B I 2, AP BetrVG 1972 § 87 Arbeitssicherheit Nr. 3.
360 GK-BetrVG/Jacobs § 76 Rn. 154; Fitting BetrVG § 76 Rn. 145; aA zu § 85 Abs. 2: BAG 28.6.1984 – 6 ABR 5/83, NZA 1985, 189.
361 Vgl. BAG 11.7.2000 – 1 ABR 43/99, AP BetrVG 1972 § 109 Nr. 2; Fitting BetrVG § 76 Rn. 148.
362 BAG 16.7.1996 – 3 ABR 13/95, NZA 1997, 337.
363 BAG 26.8.2008 – 1 ABR 16/07 Rn. 57, NZA 2008, 1187 (1194).
364 BAG 17.12.2019 – 1 ABR 25/18 Rn. 18, NZA 2020, 393; 8.12.2015 – 1 ABR 2/14, Rn. 33, AP BetrVG 1972 § 87 Arbeitszeit Nr. 139; 22.7.2014 – 1 ABR 96/12 Rn. 10, NZA 2014, 1151.
365 LAG Baden-Württemberg 20.7.2016 – 21 TaBV 4/16, BeckRS 2016, 73644; Hessisches LAG 16.12.2004 – 5 TaBVGa 153/04 – zu II 1, juris; Düwell/Krasshöfer § 76 Rn. 29; Gaul/Bartenbach NZA 1985, 341 (342 f.).

nicht gewichtige und überwiegende Interessen auf Arbeitgeberseite entgegenstehen.[366] Das Vorliegen eines Verfügungsgrunds ist im Einzelfall zu prüfen; die Eilbedürftigkeit folgt nicht schon aus der Nichtumsetzung eines Einigungsstellenspruchs an sich.[367] Inhaltlich ist der Antrag so zu formulieren wie bei Anträgen auf → *Durchführung von Betriebsvereinbarungen*. Insofern gilt es insbesondere zu beachten, dass der Betriebsrat nicht als Prozessstandschafter Vermögensansprüche der Beschäftigten gerichtlich durchsetzen kann. Mit seinem auf Durchführung des Einigungsstellenspruchs gerichteten Antrag darf es dem Betriebsrat nur um die Durchsetzung seines Mitbestimmungsrechts etwa bei der Aufstellung von Sozialplänen gehen.[368] Nachdem der Betriebsrat bereits in den Vorinstanzen klargestellt hatte, dass es ihm mit seinem Antrag nur um die Durchsetzung seines Mitbestimmungsrechts gehe, hielt das BAG in einem Hauptsacheverfahren zB folgenden Antrag für zulässig (und begründet):[369]

Die Arbeitgeberin wird verpflichtet, den Spruch der Einigungsstelle vom 16. Januar 2009 über einen Sozialplan hinsichtlich der Berechnung der Abfindungen durchzuführen und die sich aus der Berechnung ergebenden Beträge an die berechtigten Arbeitnehmer auszuzahlen.

16 Stellt der Betriebsrat einen Leistungsantrag auf Durchführung, und verweigert der Arbeitgeber die Durchführung des Einigungsstellenspruchs allein deshalb, weil er mangels Mitbestimmungsrechts die Einigungsstelle für unzuständig hielt, ergibt sich die Frage, ob für ein vom Arbeitgeber eingeleitetes Beschlussverfahren zur Feststellung des Nichtbestehens des Mitbestimmungsrechts das Feststellungsinteresse entfällt. Die Durchführung eines parallelen Anfechtungsverfahrens, weil die Einigungsstelle mit ihrem Spruch die Grenzen ihres Ermessens überschritten habe, hat das BAG dagegen für zulässig erachtet.[370]

17 Ist der Spruch der Einigungsstelle nur unter krassen und offensichtlichen Rechtsverstößen zustande gekommen, kann nach hM der **Vollzug des Spruchs** im Wege der einstweiligen Verfügung **ausgesetzt** werden.[371] Auch hier ist genau zu prüfen, ob die erforderliche besondere Eilbedürftigkeit vorliegt; ein materieller Verfügungsgrund liegt nicht bereits in der bloßen Einleitung des Verfahrens nach § 76 Abs. 5 S. 4 BetrVG.[372] Der Arbeitgeber, der nach § 77 Abs. 1 BetrVG zur Durchführung verpflichtet ist, bedarf der gerichtlichen Hilfe grundsätzlich nicht. Er kann untätig bleiben und sich in einem vom Betriebsrat mit dem Ziel der Durchführung anhängig gemachten einstweiligen Verfügungsverfahren damit verteidigen, dass dem Betriebsrat kein schützenswertes Interesse an der Durchführung eines offensichtlich rechtswidrigen Spruchs zukomme. Setzt dagegen der Arbeitgeber einen Spruch um, den der Betriebsrat für offensichtlich rechtswidrig hält, so ist der Antrag im einstweiligen Verfügungsverfahren nicht auf die „Aussetzung" des Vollzugs zu richten, sondern es ist ein Unterlassungsantrag zu formulieren:

366 Hessisches LAG 16.12.2004 – 5 TaBVGa 153/04 – zu II 1; LAG Köln 20.4.1999 – 13 Ta 243/98, NZA-RR 2000, 311 (312); LAG Berlin 6.12.1984 – 4 TaBV 2/84, BB 1985, 1199 f.
367 Zutreffend Bertzbach jurisPR-ArbR 32/2005 Anm. 2.
368 BAG 22.1.2013 – 1 ABR 92/11 Rn. 8, BeckRS 2013, 68702.
369 So der Tenor zu 2. von BAG 22.1.2013 – 1 ABR 92/11, BeckRS 2013, 68702.
370 BAG 22.1.2013 – 1 ABR 85/11, NZA-RR 2013, 409.
371 LAG Baden-Württemberg 7.11.1989 – 8 TaBV Ha 1/89, NZA 1990, 286, 287; Fitting BetrVG § 76 Rn. 165.
372 Gaul/Bartenbach NZA 1985, 341 (343).

Der Arbeitgeberin wird im Wege der einstweiligen Verfügung aufgegeben, es zu unterlassen, den Spruch der Einigungsstelle vom <Datum> durchzuführen, indem sie <zu unterlassendes Verhalten der Arbeitgeberin>.

Grober Verstoß gegen Pflichten des Arbeitgebers

1 Der Betriebsrat oder eine im Betrieb vertretene Gewerkschaft können gemäß **§ 23 Abs. 3 BetrVG** bei groben Verstößen des Arbeitgebers gegen seine Verpflichtungen aus diesem Gesetz beim Arbeitsgericht beantragen, dem Arbeitgeber aufzugeben, eine Handlung zu unterlassen, die Vornahme einer Handlung zu dulden oder eine Handlung vorzunehmen. Das Verfahren gegen den Arbeitgeber gliedert sich in zwei Stufen:[373] In das arbeitsgerichtliche Erkenntnisverfahren nach Abs. 3 S. 1 und das arbeitsgerichtliche Vollstreckungsverfahren nach Abs. 3 S. 2 und 3. Wegen der Anforderungen an den auf ein Tun, Unterlassen oder Dulden gerichteten **Leistungsantrag** im **Erkenntnisverfahren** kann auf die Ausführungen in → *Teil B. I. Einl. Rn. 15* verwiesen werden. Das Vorliegen einer groben Pflichtverletzung ist dabei nach überwiegender Auffassung keine Frage der Zulässigkeit, sondern der Begründetheit des Antrags.[374] Das BAG begrenzt den Unterlassungsanspruch dahingehend, dass mithilfe des in § 23 Abs. 3 BetrVG geregelten Anspruchs der Arbeitgeber nur zur Erfüllung seiner betriebsverfassungsrechtlichen Pflichten angehalten werden kann, soweit sie von ihm durch ein bestimmtes Vorgehen in einem betrieblichen Anlassfall verletzt wurden. Das wird mit dem Zweck der Norm begründet.[375] Mit ihr soll sichergestellt werden, dass der Arbeitgeber in Zukunft bei einer gleichgelagerten Konstellation die betriebsverfassungsrechtlichen Vorgaben einhält. Die Verletzungshandlung, die den groben Verstoß des Arbeitgebers begründet, und das Verhalten, das ihm untersagt werden soll, müssen daher im Wesentlichen gleichartig sein. Bei der Formulierung des Unterlassungsantrags ist daher zu beachten, dass er nicht Konstellationen umfasst, bei denen mangels Pflichtverletzung in der Vergangenheit keine Wiederholungsgefahr in der Zukunft besteht (Globalantrag). Andererseits haben die Arbeitsgerichte bei der Auslegung von Unterlassungsanträgen zu beachten, dass fernliegende Fallkonstellationen vom Antrag typischerweise nicht erfasst sein sollen.[376] Das Antragsrecht steht dem Betriebsrat oder jeder im Betrieb vertretenen Gewerkschaft auch dann zu, wenn sie nicht Gläubiger der Verpflichtung sind, gegen die der Arbeitgeber in grober Weise verstoßen hat. Insoweit besteht eine **gesetzliche Prozessstandschaft.**[377] Allerdings betrifft Abs. 3 grundsätzlich nur die Verletzung von Pflichten, die dem Arbeitgeber „aus diesem Gesetz" obliegen, dh es muss sich um Pflichten des Arbeitgebers im Rahmen der Betriebsverfassung handeln.[378] Durch § 17 Abs. 2 AGG wurde der Anwendungsbereich allerdings auf grobe Pflichtverstöße des Arbeitgebers gegen das AGG erweitert (→ *Allgemeines Gleichbehandlungsgesetz*).

2 Ein **Feststellungsantrag,** der auf das Vorliegen einer groben Pflichtverletzung des Arbeitgebers gerichtet wird, ist unzulässig. Die grobe Pflichtverletzung stellt kein

373 Fitting BetrVG § 23 Rn. 67; GK-BetrVG/Oetker § 23 Rn. 250.

374 BAG 29.2.2000 – 1 ABR 4/99 – zu II 2b, AP BetrVG 1972 § 87 Lohngestaltung Nr. 105; Fitting BetrVG § 23 Rn. 74; WPK/Kreft BetrVG § 23 Rn. 66; aA Richardi/Thüsing BetrVG § 23 Rn. 104.

375 BAG 8.3.2022 – 1 ABR 19/21 Rn. 42, NZA 2022, 1068.

376 BAG 18.3.2014 – 1 ABR 77/12 Rn. 12, NZA 2014, 987.

377 BAG 16.11.2004 – 1 ABR 53/03 – zu B I 1 der Gründe, NZA 2005, 416; Fitting BetrVG § 23 Rn. 69; Schaub/Koch ArbRHdb § 219 Rn. 36.

378 Fitting BetrVG § 23 Rn. 60; Schaub/Koch ArbRHdb § 219 Rn. 33.

Rechtsverhältnis iSd § 256 Abs. 1 ZPO dar.[379] Dies wird in Bezug auf einen entsprechenden **Zwischenfeststellungsantrag** nach § 256 Abs. 2 ZPO teilweise anders beurteilt.[380] Hierbei ist allerdings zu beachten, dass nach allgemeinen Grundsätzen das Rechtsschutzbedürfnis für die Zwischenfeststellungsklage fehlt, wenn das Rechtsverhältnis keine weiteren Folgen zeigen kann als die mit dem Hauptantrag zur Entscheidung gestellten.[381] Die grobe Pflichtverletzung hat aber nur Bedeutung für ein Vorgehen nach § 23 Abs. 3 BetrVG.

> *Es wird festgestellt, dass die Arbeitgeberin durch die Anordnung von Überstunden gegenüber den Arbeitnehmern <Name> und <Name> am <Datum> und am <Datum> grob gegen ihre betriebsverfassungsrechtlichen Pflichten verstoßen hat.*

Es kann aber durchaus sinnvoll sein, den Leistungsantrag nach § 23 Abs. 3 BetrVG 3
mit einem Feststellungsantrag im Verhältnis von **Haupt- und Hilfsantrag** zu kombinieren.[382] Dabei darf der Feststellungsantrag nicht im Sinne eines betriebsverfassungsrechtlichen Beweissicherungsverfahrens zur Feststellung einzelner Verstöße in der Vergangenheit missbraucht werden. Die Absicht des Betriebsrats, ein auf die Unterlassung bestimmter Handlungen durch den Arbeitgeber gerichtetes Verfahren nach § 23 Abs. 3 BetrVG vorzubereiten, begründet nicht das nach § 256 ZPO erforderliche Interesse an der Feststellung, dass der Arbeitgeber mit solchen Handlungen in der Vergangenheit das Mitbestimmungsrecht verletzt habe.[383] Der Feststellungsantrag kann aber auf das Bestehen der Verpflichtung des Arbeitgebers gerichtet werden, wenn die Rechtslage unklar ist. Dann fehlt es für die Begründetheit des Leistungsantrags regelmäßig an der Grobheit der Pflichtverletzung.[384] Der Betriebsrat kann das Bestehen dieser Pflicht mit Hilfe eines Feststellungsantrags gerichtlich klären lassen, um im Wiederholungsfall nach § 23 Abs. 3 S. 1 BetrVG vorgehen zu können, zB:[385]

> **1. Der Arbeitgeberin wird untersagt, Überstunden ohne vorherige Zustimmung des Betriebsrats oder der Einigungsstelle gegenüber Arbeitnehmern anzuordnen, wenn sich die Notwendigkeit der Ableistung von Überstunden erst weniger als fünf Stunden vor dem schichtplanmäßigen Ende der Arbeitszeit des Arbeitnehmers ergibt, sofern die Anordnung der Überstunden nicht zur Abwendung von dauerhaften Schäden notwendig ist;**
> **2. Für jede Zuwiderhandlung gegen diese Verpflichtung wird der Arbeitgeberin ein Ordnungsgeld in Höhe von bis zu 10000,00 EUR angedroht.**
> **Hilfsweise für den Fall des Unterliegens mit dem Antrag zu 1) wird beantragt:**
> **3. Es wird festgestellt, dass dem Betriebsrat ein Mitbestimmungsrecht bei der Anordnung von Überstunden auch dann zusteht, wenn sich die Notwendigkeit der Ableistung von Überstunden erst weniger als fünf Stunden vor dem schichtplanmäßigen Ende der Arbeitszeit des Arbeitnehmers ergibt.**

379 Vgl. BAG 8.3.2022 – 1 ABR 19/21 Rn. 55, NZA 2022, 1068; WPK/Kreft BetrVG § 23 Rn. 50; GK-BetrVG/Oetker BetrVG § 23 Rn. 255.
380 HaKo-BetrVG/Düwell § 23 Rn. 57.
381 Thomas/Putzo/Reichold ZPO § 256 Rn. 29 mwN.
382 Vgl. BAG 8.8.1989 – 1 ABR 59/88, NZA 1990, 569.
383 BAG 5.10.2000 – 1 ABR 52/99, AP BetrVG 1972 § 23 Nr. 35.
384 Vgl. BAG 14.11.1989 – 1 ABR 87/88, NZA 1990, 357.
385 BAG 16.11.2004 – 1 ABR 53/03, NZA 2005, 416 (417 f.).

4 Das **Vollstreckungsverfahren** richtet sich nach § 23 Abs. 3 S. 2 bis 5 BetrVG. Der Antrag auf Androhung eines Ordnungsgeldes (→ *E.II. Rn. 27*) kann mit dem Sachantrag im Erkenntnisverfahren verbunden werden.[386]

5 Die Zulässigkeit einer **einstweiligen Verfügung** im Verfahren nach § 23 Abs. 3 BetrVG ist umstritten. Für ihre Zulässigkeit spricht, dass § 85 Abs. 1 S. 3 ArbGG bestimmte Besonderheiten für das Verfahren nach § 23 Abs. 3 BetrVG ausdrücklich erwähnt (keine Festsetzung von Ordnungs- oder Zwangshaft), den Erlass einer einstweiligen Verfügung aber ohne Einschränkung zulässt.[387] Die Gegenansicht verweist darauf, dass die Verurteilung zu einem Ordnungs- oder Zwangsgeld die Rechtskraft der gerichtlichen Entscheidung voraussetzt. Dies vertrage sich nicht mit der notwendigen Eilbedürftigkeit eines auf Erlass einer einstweiligen Verfügung gerichteten Verfahrens.[388]

Grober Verstoß gegen Pflichten des Betriebsrats

→ *Ausschluss aus und Auflösung des Betriebsrats.*

Hinweisgeberschutz

1 Das zum 2.7.2023 in Kraft getretene Hinweisgeberschutzgesetz (HinSchG) regelt den Schutz von natürlichen Personen, die im Zusammenhang mit ihrer beruflichen Tätigkeit oder im Vorfeld einer beruflichen Tätigkeit Informationen über Verstöße erlangt haben und diese an die nach diesem Gesetz vorgesehenen Meldestellen melden oder offenlegen (hinweisgebende Personen). Nach § 1 Abs. 2 HinSchG werden darüber hinaus Personen geschützt, die Gegenstand einer Meldung oder Offenlegung sind, sowie sonstige Personen, die von einer Meldung oder Offenlegung betroffen sind.

2 Arbeitgeber haben nach § 12 HinSchG dafür zu sorgen, dass bei ihnen mindestens eine Stelle für interne Meldungen eingerichtet ist und betrieben wird, an die sich Beschäftigte wenden können (interne Meldestelle), wenn sie in der Regel mindestens 50 Beschäftigte haben. Der Betriebsrat ist als interne Meldestelle ungeeignet; er bleibt aber neben der internen Meldestelle gemäß § 85 BetrVG zur Entgegenahme von Beschwerden zuständig.[389] Außerdem können Arbeitnehmer gemäß § 84 Abs. 1 S. 2 BetrVG ein Mitglied des Betriebsrats bei der Anrufung der internen Meldestelle zur Unterstützung hinzuziehen.

3 Liegen die Voraussetzungen des § 12 HinSchG vor, ist der Gesetzgeber zur Einrichtung (mindestens) einer Stelle für interne Meldungen verpflichtet. Hinsichtlich des „Ob" der Einrichtung einer Meldestelle kommt dem Betriebsrat nach § 87 Abs. 1 Hs. 1 BetrVG kein Mitbestimmungsrecht zu.[390] Bezüglich des „Wie" der Ausgestaltung insbesondere des Meldeverfahrens einschließlich der Meldekanäle besteht hingegen ein – bezüglich des genauen Umfangs noch streitiges[391] – Recht auf → *Mit-*

386 BAG 24.4.2007 – 1 ABR 47/06, NZA 2007, 818 (821).

387 LAG Düsseldorf 16.5.1990 – 12 Ta BV 9/90, NZA 1991, 29; WPK/Kreft BetrVG § 23 Rn. 63; Fitting BetrVG § 23 Rn. 76 jew. mwN. Vgl. auch BAG 23.6.2009 – 1 ABR 22/08 Rn. 25, NZA 2009, 1430.

388 LAG Nürnberg 31.8.2005 – 6 TaBV 41/05, NZA-RR 2006, 137 (138); ErfK/Koch BetrVG § 23 Rn. 23; Richardi/Thüsing BetrVG § 23 Rn. 105.

389 Götz NZA 2023, 1433 (1434).

390 Bayreuther NZA 2023, 666 (667); Götz NZA 2023, 1433 (1435).

391 Vgl. BeckOK HinSchG/Dilling § 12 Rn. 14ff.; Götz NZA 2023, 1433 (1434ff.); Fitting BetrVG § 87 Rn. 746; Melbye AiB 2023 (9) 14ff.

bestimmung in sozialen Angelegenheiten, das mit den entsprechenden Anträgen gerichtlich geltend gemacht werden kann[392] Um das Bestehen von Mitbestimmungsrechten prüfen zu können, kann der Betriebsrat nach § 80 Abs. 2 S. 1 BetrVG entsprechende → *Unterrichtung* durch den Arbeitgeber verlangen. Versetzt der Arbeitgeber Arbeitnehmer in die interne Meldestelle oder stellt er Arbeitnehmer für die interne Meldestelle neu ein, ohne den Betriebsrat nach § 99 BetrVG zu beteiligen, kann der Betriebsrat seine Rechte auf → *Mitbestimmung in speziellen personellen Angelegenheiten* gerichtlich durchsetzen.

Jugend- und Auszubildendenvertretung

Die Jugend- und Auszubildendenvertretung (im Folgenden JAV) dient als eigenes 1
Gremium der Vertretung der Interessen innerhalb des Betriebes. Sie nimmt die besonderen Belange der Jugendlichen und Auszubildenden wahr (§ 60 Abs. 2 BetrVG).

Die JAV kann zu allen Betriebsratssitzungen einen Vertreter entsenden, § 67 Abs. 1 2
S. 1 BetrVG. Sie ist daher zu allen Sitzungen zu laden und beschließt selbst über die Entsendung. Das JAV-Mitglied hat in den Betriebsratssitzungen selbst das Recht, sich an der Beratung zu beteiligen und sich zu äußern. Eine Verletzung dieser Rechte führt allerdings nicht zur Unwirksamkeit der Betriebsratsbeschlüsse.[393]

Verweigert der Betriebsrat die Teilnahme eines entsandten Vertreters an den Sitzun- 3
gen, so kann ihm aufgegeben werden, diese Teilnahme sowie ggf. auch die Mitberatung zu gestatten. Diese Frage kann zwischen JAV und Betriebsrat im Beschlussverfahren geklärt werden.

Der Betriebsrat wird verpflichtet, die JAV zu jeder Betriebsratssitzung zu laden, die Teilnahme eines von ihr entsandten Vertreters an der Sitzung zu dulden sowie ihm die Beratung und Wortmeldung zu den Tagesordnungspunkten zu ermöglichen.

Ein entsprechender Antrag kommt in Ausnahmefällen auch im Wege einer **einstwei-** 4
ligen Verfügung für eine kurzfristig anstehende Betriebsratssitzung in Betracht.

Der Betriebsrat wird im Wege der einstweiligen Verfügung verpflichtet, die Teilnahme des entsandten Vertreters der Jugendlichen- und Auszubildendenvertretung an der Betriebsratssitzung vom <Datum> zu dulden.

Gemäß § 67 Abs. 1 S. 2 BetrVG hat die gesamte JAV ein Teilnahmerecht an Betriebs- 5
versammlungen, wenn Angelegenheiten behandelt werden, die besonders Jugendliche und Auszubildende betreffen. § 67 Abs. 2 BetrVG gewährt der JAV zudem ein Stimmrecht, wenn Angelegenheiten zur Abstimmung stehen, die überwiegend Angelegenheiten der Jugendlichen und Auszubildenden betreffen.

Verweigert der Betriebsrat diese Rechte, so kann die JAV auch dieses im Beschluss- 6
verfahren durchsetzen. Dabei wird es regelmäßig um kurzfristig anstehende Sitzungen des Betriebsrats gehen, so dass der Anspruch auf Teilnahme nur im Wege der **einstweiligen Verfügung** durchgesetzt werden kann.

392 Vgl.Götz NZA 2023, 1433 (1434); Hentschel AiB 2023 (12) 25.
393 Fitting BetrVG § 67 Rn. 16; Opolny BB 2001, 2055 (2058).

Dem Betriebsrat wird im Wege der einstweiligen Verfügung aufgegeben, die Teilnahme der gesamten Jugendlichen- und Auszubildendenvertretung an der Behandlung der Tagesordnungspunkte <genau benennen> in der Betriebsratssitzung vom <Datum> zu dulden.

7 Missachtet der Betriebsrat das Teilnahmerecht, so führt dieses nicht zur Unwirksamkeit seiner Beschlüsse. Missachtet er das Stimmrecht, so ist nach Auffassung des Bundesarbeitsgerichts der Beschluss nur dann wirksam, wenn sich auch ohne die Stimmen der JAV ein eindeutiges Votum des Betriebsrats ergibt.[394]

8 Die JAV kann verlangen, dass der Betriebsrat Angelegenheiten, die ihre Interessen betreffen, für die nächste Betriebsratssitzung auf die **Tagesordnung** nimmt, § 67 Abs. 3 BetrVG. Sie kann nicht verlangen, dass hierfür eine gesonderte Sitzung angesetzt wird. Diesen Anspruch kann die JAV auch im Beschlussverfahren durchsetzen. Handelt es sich um eine eilbedürftige Angelegenheit, so kommt auch in Betracht, den Anspruch im Wege der **einstweiligen Verfügung** geltend zu machen. Hier ist aber für den Verfügungsgrund zu berücksichtigen, dass eine spätere Befassung des Betriebsrats mit der Angelegenheit zu einem Rechtsverlust führen muss.

Dem Betriebsrat wird (im Wege der einstweiligen Verfügung) aufgegeben, die Angelegenheit <genau bezeichnen> auf die Tagesordnung der nächsten/der Betriebsratssitzung am <Datum> zu nehmen.

9 Gemäß § 66 BetrVG kann die JAV zudem verlangen, dass der Betriebsrat einen Beschluss für eine Woche aussetzt. Verletzt ein Beschluss des Betriebsrats wichtige Interessen der Jugendlichen bzw. Auszubildenden, so hat er auf Antrag der JAV diesen Beschluss für eine Woche auszusetzen und nach einer Woche neu über ihn zu beschließen. Verweigert der Betriebsrat trotz Antrags der JAV die Durchführung des Beschlusses auszusetzen, so kann dieses im Wege der einstweiligen Verfügung verlangt werden:

Dem Betriebsrat wird im Wege der einstweiligen Verfügung aufgegeben, den Beschluss vom <Datum> betreffend die Angelegenheit <genau bezeichnen> bis zum <Datum> nicht durchzuführen.

10 Gemäß § 68 BetrVG hat der Betriebsrat die JAV auch zu gemeinsamen Besprechungen mit dem Arbeitgeber heranzuziehen, soweit Angelegenheiten der Jugendlichen und Auszubildenden behandelt werden. Verweigert der Betriebsrat die Heranziehung, so kann auch dieses geltend gemacht werden. Aufgrund der regelmäßig kurzen Zeitspanne kommt auch hier eine Geltendmachung im Wege der **einstweiligen Verfügung** in Betracht.

Dem Betriebsrat wird (im Wege der einstweiligen Verfügung) aufgegeben, die Jugendlichen- und Auszubildendenvertretung zur Besprechung der Angelegenheit <genau bezeichnen> mit dem Arbeitgeber am <Datum> heranzuziehen.

394 BAG 6.5.1975 – 1 ABR 135/73, DB 1975, 1706; Fitting BetrVG § 67 Rn. 25; BeckOK ArbR/Mauer BetrVG § 67 Rn. 4; Richardi/Annuß BetrVG § 67 Rn. 25; aA für eine generelle Unwirksamkeit DKW/Trittin BetrVG § 67 Rn. 24.

Der Betriebsrat ist verpflichtet, Angelegenheiten, die die Interessen der JAV betreffen, dieser zur Vorberatung zu überlassen. Diese Informationsrechte können gegenüber dem Betriebsrat im Beschlussverfahren geltend gemacht werden. Insoweit kann auf die Geltendmachung von → *Unterrichtungsrechten* durch den Betriebsrat gegenüber dem Arbeitgeber verwiesen werden. 11

Verweigert sich der Betriebsrat in erheblichem Umfang den Rechten der JAV, so stellt dieses eine Verletzung der betriebsverfassungsrechtlichen Pflichten iSd § 23 Abs. 1 BetrVG dar, so dass dieses die Auflösung des Betriebsrats begründen kann, → *Ausschluss aus und Auflösung des Betriebsrats.* 12

Die JAV hat auch einen Anspruch auf die Zurverfügungstellung von **Sachmitteln.** 13
Hierzu gehört auch die Zurverfügungstellung von Räumlichkeiten, zumindest für die Wahrnehmung von Sitzungen bzw. Besprechungen.[395] Für die Geltendmachung des Anspruchs ist der **Betriebsrat aktivlegitimiert.** Für die zu stellenden Anträge siehe → *Sachmittel und Büropersonal.*

Kosten der Betriebsratstätigkeit

Die durch die Tätigkeit des Betriebsrats entstehenden Kosten trägt gemäß § 40 Abs. 1 1
BetrVG der Arbeitgeber (hierunter fallen ua → *Anwaltskosten,* Kosten für eine → *Schulung,* Vergütung eines → *Sachverständigen*). Streitigkeiten über die Geschäftsführungskosten des Betriebsrats, insbesondere auch über deren Notwendigkeit sind im arbeitsgerichtlichen **Beschlussverfahren** zu entscheiden.[396] Dies gilt auch dann, wenn der Kostenerstattungsanspruch an einen Dritten abgetreten wurde, denn die Anspruchsgrundlage und der Rechtscharakter der Forderung ändern sich durch die Abtretung nicht.[397] Nimmt der Dritte die angebotene Abtretung hingegen nicht an und begehrt die Vergütung aus dem Dienst- oder Werkvertrag unmittelbar vom Betriebsrat, sind die ordentlichen Gerichte zuständig.[398] Auch für Ansprüche einzelner Betriebsratsmitglieder auf Kostenerstattung ist das Verfahren nach §§ 2a, 80ff. ArbGG das richtige, da der Anspruch auf dem Betriebsratsamt beruht.[399] Die während der Betriebsratstätigkeit fortzuzahlende Vergütung ist hingegen im Urteilsverfahren geltend zu machen (→ *Urteilsverfahren/Vergütung*).[400] Ist das Betriebsratsmitglied selbst Antragsteller, ist der Betriebsrat nach § 83 Abs. 3 ArbGG zu beteiligen.[401] Der Betriebsrat hat aber auch das Recht, den Arbeitgeber auf Kostenerstattung an das einzelne Betriebsratsmitglied in Anspruch zu nehmen.[402]

Der Betriebsrat kann die Verpflichtung des Arbeitgebers zur Tragung bestimmter 2
Kosten bei Vorliegen der sonstigen Voraussetzungen grundsätzlich im Wege des **Feststellungsantrags** klären lassen, wenn hierüber aufgrund eines konkreten Anlasses Streit entstanden ist. Dagegen ist es nicht möglich, die generelle Erforderlichkeit zukünftiger Kosten auslösender Maßnahmen gerichtlich feststellen zu lassen.[403]

395 LAG Schleswig-Holstein 31.5.2017 – 31.5.2017, NZA-RR 2017, 596.
396 Vgl. schon BAG 12.2.1965 – 1 ABR 12/64, NJW 1965, 1245; Richardi/Thüsing BetrVG § 40 Rn. 94.
397 BAG 15.1.1992 – 7 ABR 23/90, NZA 1993, 189 (190).
398 Vgl. BGH 25.10.2012 – III ZR 266/11, AP BetrVG 1972 § 40 Nr. 110.
399 BAG 18.1.1989 – 7 ABR 89/87, NZA 1989, 641.
400 BAG 21.5.1974 – 1 ABR 73/73, AP BetrVG 1972 § 37 Nr. 12; WPK/Kreft BetrVG § 37 Rn. 92.
401 ErfK/Koch BetrVG § 40 Rn. 19.
402 BAG 15.1.1992 – 7 ABR 23/90, NZA 1993, 189 (190).
403 BAG 16.10.1986 – 6 ABR 4/84 – zu IV 2, DB 1987, 1439; Fitting BetrVG § 40 Rn. 138.

> *Es wird festgestellt, dass die Mitglieder des Betriebsrats berechtigt sind, notwendige Fahrten innerhalb Berlins in Erfüllung der dem Betriebsrat obliegenden Aufgaben mit dem eigenen Pkw vorzunehmen und dass die Antragsgegnerin verpflichtet ist, für derartige Fahrten die Aufwendungen der Betriebsratsmitglieder in Höhe von 0,51 EUR/Kilometer zu erstatten.*[404]

3 Solange die konkret anstehende **Verpflichtung noch nicht begründet** worden ist, wird teilweise empfohlen, der Antrag sei auf Übernahme dieser konkret zu bezeichnenden Kosten zu richten.[405] Es ist allerdings nicht ersichtlich, wie ein entsprechender Leistungsantrag vollstreckt werden sollte. Denkbar wäre daher nur ein entsprechender Feststellungsantrag. Zu beachten ist aber der Grundsatz des Vorrangs der Leistungsklage. Ob der Betriebsrat materiell-rechtlich einen Anspruch auf Übernahme der Kosten dahingehend hat, dass der Arbeitgeber selbst entsprechende Verträge abschließt bzw. Verbindlichkeiten eingeht, erscheint seit dem Urteil des BGH vom 25. Oktober 2012 zweifelhaft.[406] Soweit es nicht um Sachmittel iSd § 40 Abs. 2 BetrVG geht (→ *Sachmittel und Büropersonal*), ist daher bis zu einer weiteren Klärung durch die Arbeitsgerichte von folgendem Antrag eher abzuraten (anders noch die 1. Aufl.):

> *Der Arbeitgeber wird verpflichtet, dem Betriebsratsmitglied <Name> eine Hin- und Rückfahrkarte 2. Klasse für den <Datum> von <Ort> nach <Ort> mit der Bahn zur Verfügung zu stellen.*

4 Problematisch war in Bezug auf einen solchen Antrag schon immer die Dauer des Verfahrens bis zu einer nach § 85 ArbGG vollstreckbaren Entscheidung. Regelmäßig wird der insoweit partiell rechtsfähige Betriebsrat[407] die Verpflichtung selbst eingehen und sodann Freistellung vom Arbeitgeber verlangen. Dementsprechend ist der Antrag zu formulieren.[408]

> **Der Arbeitgeber wird verpflichtet, den Beteiligten zu 1) von der Zahlungsverpflichtung in Höhe von <Betrag> EUR gemäß Rechnung der <Firma> vom <Datum> mit der Rechnungsnummer <Nummer> freizustellen.**

5 Ist das Betriebsratsmitglied gegenüber dem Gläubiger im Verzug, umfasst der Freistellungsanspruch die Verzugszinsen.[409]

> **Der Arbeitgeber wird verpflichtet, den Beteiligten zu 1) von der Zahlungsverpflichtung in Höhe von <Betrag> EUR gemäß Rechnung der <Firma> vom <Datum> mit der Rechnungsnummer <Nummer> sowie den auf diese Forderung anfallenden Verzugszinsen in Höhe von fünf Prozentpunkten über dem Basiszinssatz seit dem <Datum> freizustellen.**

6 Hat ein Betriebsratsmitglied die Verbindlichkeit erfüllt, steht ihm ein **Erstattungsanspruch** gegen den Arbeitgeber zu.[410] Dieser ist mit einem bezifferten Leistungsantrag

404 Vgl. BAG 16.10.1986 – 6 ABR 4/84, DB 1987, 1439.
405 Fitting BetrVG § 40 Rn. 140.
406 Vgl. BGH 25.10.2012 – III ZR 266/11, AP BetrVG 1972 § 40 Nr. 110.
407 BGH 25.10.2012 – III ZR 266/11, AP BetrVG 1972 § 40 Nr. 110 Rn. 16; Fitting BetrVG § 1 Rn. 207 mwN.
408 BAG 27.3.1979 – 6 ABR 15/77, AP ArbGG 1953 § 80 Nr. 7.
409 Vgl. BAG 3.10.1978 – 6 ABR 102/76 – zu III 7, AP BetrVG 1972 § 40 Nr. 14; ErfK/Koch BetrVG § 40 Rn. 14.
410 BAG 18.1.1989 – 7 ABR 89/87, NZA 1989, 641 (642).

geltend zu machen. Gleiches gilt für den Fall, dass das Betriebsratsmitglied den Freistellungsanspruch gegen den Arbeitgeber erfüllungshalber an den Gläubiger abgetreten hat und dieser den Antrag selbst gegenüber dem Arbeitgeber gerichtlich geltend macht,[411] oder der Gläubiger den Freistellungsanspruch erfolgreich gepfändet und sich hat überweisen lassen.[412]

Der Arbeitgeber wird verpflichtet, an den Beteiligten zu 1) <Betrag> EUR nebst Zinsen in Höhe von fünf Prozentpunkten über dem Basiszinssatz seit dem <Datum> zu zahlen.

Führen Streitigkeiten zur Freistellung, Kostenübernahme und Ausstattung des Betriebsrats mit Sachmitteln zu einer nicht hinnehmbaren Erschwerung der Betriebsratsarbeit, kann eine einstweilige Verfügung nach § 85 Abs. 2 ArbGG iVm § 940 ZPO erwirkt werden.[413] Dabei ist im Einzelfall genau zu prüfen, ob es dem Betriebsratsmitglied zuzumuten ist, die Kosten vorzustrecken. 7

Kündigung von Betriebsratsmitgliedern und anderen Amtsträgern (§ 103 BetrVG)

Gemäß § 103 BetrVG bedarf die **außerordentliche Kündigung** von Mitgliedern des **Betriebsrats, der Jugend- und Auszubildendenvertretung, der Bordvertretung und des Seebetriebsrats, des Wahlvorstandes sowie von Wahlbewerbern** der **Zustimmung des Betriebsrats.** Ersatzmitglieder genießen den Schutz des § 103 BetrVG, solange sie wegen Erkrankung oder Urlaub der regelmäßigen Betriebsratsmitglieder herangezogen werden oder aber wenn sie endgültig in den Betriebsrat nachrücken. Die Vorschrift gilt auch für Schwerbehindertenvertreter (vgl. § 179 Abs. 3 SGB IX). 1

Das Zustimmungserfordernis für die außerordentliche Kündigung besteht für Betriebsratsmitglieder **nur während ihrer Amtszeit,** für den Wahlvorstand bzw. Wahlbewerber **vom Zeitpunkt der Bestellung bzw. Aufstellung bis zur Bekanntgabe des Wahlergebnisses oder des Endes der Kandidatur.** Das Zustimmungserfordernis besteht daher in einem zeitlich engeren Rahmen als der besondere Kündigungsschutz des § 15 Abs. 1 bis 3b KSchG. Der Kündigungsschutz bleibt auch bestehen, wenn das betriebsverfassungsrechtliche Amt im Laufe des Verfahrens wechselt, etwa vom Betriebsratsmitglied zum Wahlvorstand.[414] Endet der Sonderkündigungsschutz im laufenden Verfahren, so muss der Arbeitgeber die Kündigung unverzüglich nach Kenntnis davon aussprechen.[415] 2

Für den Zeitraum des nachwirkenden Kündigungsschutzes nach § 15 KSchG besteht daher lediglich die Anhörungspflicht des § 102 BetrVG. Eine Besonderheit besteht auch für Amtsträger, die aufgrund von tariflichen Vorschriften ordentlich nicht mehr kündbar sind, die aber eine Kündigung nach § 15 Abs. 4 oder 5 KSchG erhalten sollen. Hier kann nur eine außerordentliche Kündigung mit Auslauffrist in Betracht kommen. Diese unterliegt jedoch nicht dem Zustimmungserfordernis nach § 103 3

411 Vgl. BAG 15.1.1992 – 7 ABR 23/90, NZA 1993, 189 (190); WPK/Kreft BetrVG § 40 Rn. 59.
412 BAG 18.11.2020 – 7 ABR 37/19, NZA 2021, 657 Rn. 20.
413 ErfK/Koch BetrVG § 40 Rn. 19.
414 BAG 16.11.2017 – 2 AZR 14/17, NZA 2018, 240.
415 BAG 1.10.2020 – 2 AZR 238/20, NZA 2020, 3741; BAG 16.11.2017 – 2 AZR 14/17, NZA 2018, 240.

BetrVG.[416] Ist zweifelhaft, ob die Zustimmung des Betriebsrats notwendig ist, kann der Arbeitgeber hilfsweise die Feststellung beantragen, dass eine Zustimmung des Betriebsrates zur Kündigung entbehrlich ist.[417]

4 Der Arbeitgeber hat die Zustimmung des Betriebsrats zur außerordentlichen Kündigung einzuholen. Besteht im Betrieb (noch) **kein Betriebsrat,** so muss er **unmittelbar das Arbeitsgericht** um Zustimmung ersuchen.[418] Dieses gilt auch, wenn der Betriebsrat nur **aus einer Person** („Betriebsobmann") besteht und ein Ersatzmitglied nicht vorhanden ist[419] oder aber wenn Betriebsratsmitgliedern wegen einer Teilnahme an einem Arbeitskampf gekündigt werden soll.[420] Endet die Amtszeit des Betriebsrats, beispielsweise durch wirksame Wahlanfechtung, so besteht keine Verpflichtung nach § 103 BetrVG mehr, die Kündigung muss dann – ohne Zustimmung des Betriebsrats oder Ersetzung durch das Arbeitsgericht – unverzüglich ausgesprochen werden.[421]

5 Der Arbeitgeber hat für die Einholung der Zustimmung die Frist des § 626 Abs. 2 BGB zu beachten. Er muss den Antrag auf Zustimmungsersetzung so rechtzeitig dem Betriebsrat vorlegen, dass er bei einer Verweigerung noch innerhalb der **Zwei-Wochen-Frist des § 626 Abs. 2 BGB** die **Zustimmungsersetzung** beim Arbeitsgericht beantragen kann.[422] Der Arbeitgeber muss dabei für die **Zustimmungseinholung beim Betriebsrat** analog § 102 Abs. 2 S. 3 BetrVG **drei Tage** veranschlagen. Erklärt sich der Betriebsrat nicht binnen dieser drei Tage, so **gilt die Zustimmung als verweigert.**[423]

6 Verweigert der Betriebsrat die Zustimmung, so muss er dieses mit einem wirksamen Beschluss tun. Ist für den Arbeitgeber erkennbar, dass dieser nicht vorliegt, so kann er auf eine ihm vorliegende Zustimmungserklärung nicht vertrauen, er muss auch dann das Zustimmungsersetzungsverfahren vor dem Arbeitsgericht gemäß § 103 Abs. 2 BetrVG einleiten.[424]

7 Stimmt der Betriebsrat der Kündigung nicht zu oder erklärt sich nicht binnen drei Tagen, so muss der Arbeitgeber noch innerhalb der Frist des § 626 Abs. 2 BGB die Zustimmungsersetzung beim Arbeitsgericht beantragen. Der Antrag sollte wie folgt aussehen:

416 BAG 15.7.2007 – 8 AZR 310/06, DB 2007, 1759; BAG 18.9.1997 – 2 AZR 15/97, BAGE 86, 298 = NZA 1998, 189.

417 BAG 18.9.1997 – 2 AZR 15/97, BAGE 86, 298 = NZA 1998, 189.

418 BAG 12.8.1976 – 2 AZR 303/75, BAGE 28, 152 = NJW 1977, 267; BAG 30.5.1978 – 2 AZR 637/76 BAGE 30, 320 = NJW 1980, 80; Hessisches LAG 8.5.2007 – 4 TaBV 210/06, AuR 2008, 76; LAG Schleswig-Holstein 21.12.2004 – 2 Sa 459/04, NZA-RR 2005, 309; Fitting BetrVG § 103 Rn. 31; DKW/Kittner BetrVG § 103 Rn. 18; ErfK/Kania BetrVG § 103 Rn. 7; Richardi/Thüsing BetrVG § 103 Rn. 44; APS/Linck BetrVG § 103 Rn. 13; HWK/Ricken BetrVG § 103 Rn. 11; KT/Rinck § 103 BetrVG Rn. 54; aA LAG Baden-Württemberg 5.12.1975 – 5 Sa 120/75, BB 1976, 363.

419 BAG 25.4.2018 – 2 AZR 401/17, NZA 2018, 1087; Fitting BetrVG § 103 Rn. 11; Richardi/Thüsing BetrVG § 103 Rn. 38.

420 BAG 14.2.1978 – 1 ABR 54/76, BAGE 30, 43 = NJW 1978, 2054.

421 BAG 1.10.2020 – 2 AZR 238/20, NZA 2020, 3741; LAG Niedersachsen – 5 TaBV 117/90, DB 1991, 2248.

422 BAG 25.4.2018 – 2 AZR 401/17, NZA 2018, 1087; BAG 22.8.1974 – 2 ABR 17/74, BAGE 26, 219 = AP BetrVG 1972 § 103 Nr. 1; Fitting BetrVG § 103 Rn. 33; Richardi/Thüsing BetrVG § 103 Rn. 60.

423 BAG 18.8.1977– 2 ABR 19/77, BAGE 29, 270 = DB 1978, 109; Fitting BetrVG § 103 Rn. 33; Richardi/Thüsing BetrVG § 103 Rn. 46; GK/Raab BetrVG § 103 Rn. 60.

424 BAG 23.8.1984 – 2 AZR 391/83, BAGE 46, 258 = NZA 1985, 254; BAG 29.11.1984 – 2 AZR 581/83, BeckRS 2008, 56096; Richardi/Thüsing BetrVG § 103 Rn. 54; ErfK/Kania BetrVG § 103 Rn. 8 aA gegen einen Vertrauensschutz Fitting BetrVG § 103 Rn. 38; DKW/Kittner/Bachner BetrVG § 103 Rn. 34; KR/Rinck BetrVG § 103 Rn. 109.

> **Die von dem Betriebsrat verweigerte Zustimmung zur außerordentlichen Kündigung des Betriebsratsmitglieds <Name> wird ersetzt.**

Der betroffene Arbeitnehmer ist in diesem Verfahren Beteiligter, ihm steht auch für **8**
den Fall einer stattgebenden Entscheidung ein eigenes Beschwerderecht zu. Das Gericht entscheidet im Beschlussverfahren, wobei es grundsätzlich an den Amtsermittlungsgrundsatz gebunden ist.[425] Allerdings ist dieser im Hinblick auf die besondere Interessenlage zu berücksichtigen, dass hierdurch kein Beteiligter zu bevorzugen ist. Daher liegt die Darlegungs- und Beweislast für den Kündigungsgrund beim Arbeitgeber.[426]

Der Betriebsrat kann noch während des gerichtlichen Verfahrens die Zustimmung **9**
erteilen. Dann wird das Zustimmungsersetzungsverfahren gegenstandslos und ist einzustellen. Der Arbeitgeber kann in das Beschlussverfahren Kündigungsgründe nachschieben, er muss jedoch vorher den Betriebsrat hierüber unterrichten, erneut um Zustimmung ersuchen und diese nicht erhalten haben. Umstritten ist dabei, ob die Frist des § 626 Abs. 2 BGB nur im Hinblick auf die Information des Betriebsrats oder aber auch zur Einführung vor Gericht zu beachten ist.[427]

Mit dem Antrag auf Zustimmungsersetzung kann hilfsweise ein Antrag gemäß § 23 **10**
Abs. 1 BetrVG auf Ausschließung aus dem Betriebsrat verbunden werden. Umgekehrt ist dieses nicht möglich, da der Arbeitgeber damit zu erkennen gibt, dass ihm die Fortsetzung des Arbeitsverhältnisses zumutbar ist.[428]

Insofern kommt folgender Hilfsantrag in Betracht:

> **hilfsweise für den Fall des Unterliegens mit dem Antrag zu 1.):**
> **2. Das Betriebsratsmitglied <Name> wird aus dem Betriebsrat ausgeschlossen.**

Während der Dauer des Verfahrens besteht das Arbeitsverhältnis fort, das Betriebs- **11**
ratsmitglied kann sein Amt ausüben. **Einstweilige Verfügungen** auf eine vorläufige Ersetzung der Zustimmung[429] oder auf Untersagung der Amtsausführung sind **nicht zulässig.**[430] Ebenso unzulässig ist eine einstweilige Verfügung, mit der der Ausspruch einer Kündigung untersagt werden soll.[431]

Eine **Suspendierung des Betriebsratsmitglieds** von seiner Arbeitsleistung kommt in **12**
Betracht, wenn ein überwiegendes und schutzwürdiges Interesse des Arbeitgebers vorliegt, beispielsweise bei einer Gefährdung der Betriebssicherheit oder des Be-

425 BAG 27.1.1977 – 2 ABR 77/76, BB 1977, 544; Fitting BetrVG Rn. 43.
426 LAG Hamm 12.7.2016 – 7 TaBV 3/16, PflegR 2017, 98; LAG Düsseldorf 7.1.2004, 12 TaBV 69/03, LAG-Report 2004, 137.
427 Lediglich für eine Frist zur Zustimmungseinholung BAG 22.8.1974 – 2 ABR 17/74, BAGE 26, 219 = NJW 1975, 181; Galperin/Löwisch Rn. 24; weitergehend Fitting BetrVG § 103 Rn. 42; Richardi/Thüsing BetrVG § 103 Rn. 72; KR/Rinck BetrVG § 103 Rn. 125.
428 BAG 21.2.1978 – 1 ABR 54/76, DB 1978, 1547; Fitting BetrVG § 103 Rn. 44; DKW/Kittner/Bachner BetrVG § 103 Rn. 45; GK-BetrVG/Oetker § 23 Rn. 73; aA HWGNR/Schlochauer § 103 Rn. 51.
429 ArbG Hamm 21.7.1975 – 3 BV Ca 3/75, BB 1975, 1065; Fitting BetrVG § 103 Rn. 44; Richardi/Thüsing BetrVG § 103 Rn. 82; GK-BetrVG/Raab § 103 Rn. 81; APS/Linck BetrVG § 103 Rn. 33; DKW/Kittner/Bachner BetrVG § 103 Rn. 46.
430 Fitting BetrVG § 103 Rn. 44; DKW/Kittner/Bachner BetrVG § 103 Rn. 47.
431 Hessisches LAG 31.7.2017 – 16 TaBVGa 128/17, BeckRS 2017, 148060.

triebsfriedens.[432] Insoweit kann auf das Stichwort → *Beschäftigung* verwiesen werden. Der individualrechtliche Beschäftigungsanspruch ist im Urteilsverfahren geltend zu machen. Das Betriebsratsmitglied hat weiterhin das Recht, zur Ausübung seines Amts die **Betriebsräume** zu betreten, wenn die **Amtsausführung** nicht als missbräuchliche Rechtsausübung zu beurteilen ist.[433] Wird das Recht dem Betriebsratsmitglied verweigert, so kann dieses durch den Betriebsrat unter Beteiligung des betroffenen Mitglieds im Beschlussverfahren – in der Regel im Eilverfahren – geltend gemacht werden.

13 Ein Antrag im einstweiligen Verfügungsverfahren könnte wie folgt aussehen:

Der Arbeitgeberin wird im Wege der einstweiligen Verfügung aufgegeben, dem Betriebsratsmitglied <Name> zur Teilnahme an Betriebsratssitzungen sowie zur Ausübung seines Betriebsratsamts den Zutritt zu den Betriebsräumen zu gestatten.

14 Der Arbeitgeber kann nur dann kündigen, wenn die Zustimmung erteilt wurde oder rechtskräftig ersetzt wurde. Die Kündigung muss dann unverzüglich ausgesprochen werden.[434] Jede vor diesen Zeitpunkten ausgesprochene Kündigung ist unheilbar nichtig.

15 Hat der Arbeitgeber einmal eine Kündigung ausgesprochen, so ist das vorgeschaltete Zustimmungsverfahren verbraucht. Soll eine erneute Kündigung ausgesprochen werden, so ist ein erneutes Zustimmungsverfahren einzuleiten.

16 Der betroffene Arbeitnehmer kann nach Zugang der Kündigung Kündigungsschutzklage erheben. Für die Feststellung, dass ein Kündigungsgrund vorliegt, hat die gerichtliche Entscheidung im Zustimmungsersetzungsverfahren Präjudizwirkung, insbesondere kann sich der Arbeitnehmer im Kündigungsschutzverfahren nicht auf Einwendungen berufen, die er bereits im Zustimmungsersetzungsverfahren hätte geltend machen können.[435]

Leitende Angestellte

1 Gemäß **§ 5 Abs. 3 BetrVG** findet das Betriebsverfassungsgesetz, soweit nichts anderes bestimmt ist, keine Anwendung auf leitende Angestellte. Wer leitender Angestellter im Sinne des Betriebsverfassungsgesetzes ist, definiert § 5 Abs. 3 und 4 BetrVG.

2 Treten Streitigkeiten darüber auf, ob bestimmte Arbeitnehmer leitende Angestellte sind, so kann dieses positiv oder negativ in einem Feststellungsantrag geklärt werden.

Es wird festgestellt, dass die Arbeitnehmer A, B, C und D leitende Angestellte im Sinne des Betriebsverfassungsgesetzes sind.

432 LAG Hamm 12.12.2001 – 10 Sa 1741/01, NZA-RR 03, 311; LAG Köln 2.8.2005 – 1 Sa 952/05, NZA-RR 06, 28; LAG Sachsen 14.4.2000 – 3 Sa 298/00, NZA-RR 00, 588; LAG München 19.3.2003 – 7 TaBV 65/02, NZA-RR 2003, 641; Fitting BetrVG § 103 Rn. 44.

433 LAG Hamm 27.4.1972 – 8 TaBV/72, DB 1972, 1119; LAG Düsseldorf 22.2.1977 – 11 TaBV 7/77, DB 1977, 1053; APS/Linck BetrVG § 103 Rn. 48; Fitting BetrVG § 103 Rn. 44; § 103 Rn. 97; KR/Rinck BetrVG § 103 Rn. 158; Richardi/Thüsing BetrVG § 103 Rn. 96.

434 BAG 24.4.1975 – 2 AZR118/74, BAGE 27, 113 = DB 1975, 1610; BAG 18.8.1977 – 2 ABR 19/77, BAGE 29, 270 = DB 1978, 109; BAG 9.7.98 – 2 AZR 142/98, BAGE 89, 220 = NZA 1998, 1273; LAG Brandenburg 23.3.1999 – 1 Sa 690/98, LAGE Nr. 14 zu § 103 BetrVG 1972; Richardi/Thüsing BetrVG § 103 Rn. 63; APS/Linck BetrVG § 103 Rn. 31; aA für eine 2-Wochen-Frist Fitting BetrVG § 103 Rn. 46.

435 BAG 25.4.2018 – 2 AZR 401/17, NZA 2018, 1087.

Es wird festgestellt, dass die Arbeitnehmer A, B, C und D keine leitenden Angestellten im Sinne des Betriebsverfassungsgesetzes sind.

Beide Anträge können jeweils – je nach Interessenlage – entweder durch die Arbeitgeberin oder aber den Betriebsrat gestellt werden. In dem Verfahren sind auch die jeweilig betroffenen Angestellten zu beteiligen.[436] 3

Die Problematik entsteht aber häufiger im Zusammenhang mit Streitigkeiten über die Einstellung oder Versetzung von möglicherweise nicht leitenden Angestellten (→ *Mitbestimmung speziell personell*) 4

Dem Betriebsrat steht nach § 105 BetrVG ein Informationsrecht bei der Einstellung und personellen Änderungen in Bezug auf leitende Angestellte zu. Soweit der Arbeitgeber diese Verpflichtung nicht nachkommt, kann der Betriebsrat auch insoweit dieses Recht geltend machen.[437] 5

Die Arbeitgeberin wird verpflichtet, die Bewerbungs- und Einstellungsunterlagen für leitende Angestellte iSd §§ 5 Abs. 3, 105 BetrVG im in vollem Umfang an den Antragsteller zur Prüfung seiner Mitbestimmungsrechte aus dem BetrVG im Falle der Einstellung oder im Falle anderer personeller Veränderungen in jedem Einzelfall vorzulegen.

Dem Betriebsrat steht bei grober Verletzung der Mitteilungspflicht auch ein Unterlassungsanspruch nach § 23 Abs. 3 BetrVG zu.[438] Hier ist bei der Antragstellung zu beachten, dass die reine Wiederholung des Gesetzeswortlauts nicht ausreichend dürfte, wenn der Streit darin besteht, ob die Information bisher rechtzeitig iSd § 105 BetrVG erfolgt ist.[439] Da eine Woche in der Literatur als angemessen erachtet wird, sollte der Antrag entsprechend präzisiert werden.[440] 6

Der Arbeitgeberin wird bei Meidung eines Ordnungsgeldes von bis zu 10.000,00 € aufgegeben, es zu unterlassen, Einstellungen, Umgruppierungen, Versetzungen, Entlassungen, das Ausscheiden oder Änderungen in der Führungsfunktion von leitenden Angestellten iSd § 5 Abs. 3 BetrVG vorzunehmen, ohne dass dem Betriebsrat mindestens eine Woche vor Umsetzung der geplanten Maßnahme diese mitgeteilt wurde.

Mitbestimmung in allgemeinen personellen Angelegenheiten

Übersicht

	Rn.
1. Personalplanung	2
2. Beschäftigungssicherung	3, 4
3. Ausschreibung	5–9
4. Personalfragebögen	10, 11
5. Allgemeine Beurteilungsgrundsätze	12
6. Auswahlrichtlinie	13, 14
7. Berufsbildung	15–23

436 BAG 29.6.2011 – 7 ABR 15/10, NZA 2012, 408.
437 LAG Rheinland-Pfalz 4.5.2021 – 6 TaBV 1/20, BeckRS 2021, 29947.
438 Richardi/Thüsing BetrVG § 105 Rn. 19; ErfK/Kania BetrVG § 105 Rn. 4; APS/Linck BetrVG § 105 Rn. 9.
439 Hessisches LAG 22.3.2018 – 4 Ta 363/17, BeckRS 2018, 13787.
440 Richardi/Thüsing BetrVG § 105 Rn. 15; KR/Rinck BetrVG § 105 Rn. 31.

1 Der Betriebsrat hat in personellen Angelegenheiten diverse Mitbestimmungsrechte, die nicht konkrete Personen betreffen.

1. Personalplanung

2 Gemäß § 92 Abs. 1 BetrVG hat der Arbeitgeber den Betriebsrat über die **Personalplanung,** insbesondere über den gegenwärtigen und künftigen Personalbedarf sowie über die sich daraus ergebenden personellen Maßnahmen und Maßnahmen der Berufsbildung anhand von Unterlagen rechtzeitig und umfassend **zu unterrichten** und mit dem Betriebsrat über **Art und Umfang der erforderlichen Maßnahmen** und über die Vermeidung von Härten **zu beraten.** Das Mitbestimmungsrecht ist also zweigeteilt. Der Betriebsrat hat nicht nur einen Unterrichtungs-, sondern auch einen Beratungsanspruch. Wegen der allgemeinen Grundsätze der Antragsstellung für den Unterrichtungsanspruch vergleiche → *Unterrichtung.* In diesem Zusammenhang hat der Betriebsrat auch einen Anspruch auf Zurverfügungstellung der erforderlichen Unterlagen.[441] Der **Beratungsanspruch** ist dem gegenüber enger gefasst. Er bezieht sich lediglich auf die sich aus einer Personalplanung ergebenden personellen Maßnahmen. Führt eine Personalplanung zunächst nicht zu konkreten Maßnahmen, so ist der Arbeitgeber auch nicht verpflichtet, mit dem Betriebsrat über die Personalplanung zu beraten.[442] Ergeben sich aus einer Personalplanung jedoch konkrete Maßnahmen, so steht dem Betriebsrat ein Beratungsanspruch zu. Verweigert der Arbeitgeber die Beratung, so kann der Betriebsrat diese im Wege des Leistungsantrages geltend machen. Dabei ist jedoch der Gegenstand der Beratung so konkret zu bezeichnen, dass ohne weiteres zu erkennen ist, über welchen Gegenstand die Beratung stattzufinden hat (§ 253 Abs. 2 Nr. 2 ZPO). Der Antrag ist auch als Antrag auf zukünftige Leistung (§ 259 ZPO) zulässig, wenn eine konkrete Maßnahme in Betracht kommt und der Arbeitgeber sich bereits zuvor dem Beratungsrecht entzogen hat und daher die Befürchtung besteht, er werde dieses wieder tun.[443] Ein Antrag auf Durchführung einer Beratung könnte wie folgt gestellt werden:

> **Die Arbeitgeberin wird verpflichtet, mit dem Betriebsrat über Art und Umfang der im Zusammenhang mit der Zusammenlegung der Abteilungen A und B geplanten Kündigungen und Versetzungen zu beraten.**

Soweit zwischen den Betriebsparteien der Umfang der Informationspflicht streitig ist, ist auch die isolierte Feststellung, dass der Arbeitgeber seiner Verpflichtung nicht nachgekommen ist, als zulässig erachtet worden.[444] Zielführender dürfte aber sein, konkret feststellen zu lassen, welche Informationen zu übermitteln sind.

2. Beschäftigungssicherung

3 Eine entsprechende Beratungspflicht enthält § 92a BetrVG auch für **Maßnahmen der Beschäftigungssicherung.** Der Betriebsrat kann zur Sicherung und Förderung der Beschäftigung dem Arbeitgeber Vorschläge unterbreiten (§ 92a Abs. 1 S. 1 BetrVG). Zur Sicherung einer ernsthaften Auseinandersetzung mit diesen Vorschlägen hat der Arbeitgeber die Vorschläge mit dem Betriebsrat zu beraten und bei Ablehnung diese zu begründen, in Betrieben mit mehr als 100 Arbeitnehmern schrift-

441 LAG Baden-Württemberg 12.7.2017 – 2 TaBV 5/16, LAGE § 92 BetrVG 2001 Nr. 19.
442 BAG 6.11.1990 – 1 ABR 60/89, BAGE 66, 118 = NZA 1991, 358.
443 BAG 6.11.1990 – 1 ABR 60/89, BAGE 66, 118 = NZA 1991, 358.
444 LAG München 16.12.2019 – 3 TaBV 90/19, BeckRS 2019, 37540.

lich (§ 92a Abs. 2 S. 1 und 2 BetrVG). Auch insofern kann der Betriebsrat ein Beratungsrecht geltend machen.

> **Die Arbeitgeberin wird verpflichtet, die von dem Betriebsrat unterbreiteten Vorschläge <genaue Bezeichnung, zB zur Förderung von Teilzeitarbeit im mittleren Management> mit diesem zu beraten.**

Lehnt der Arbeitgeber den Vorschlag des Betriebsrats ab, ohne dies zu begründen, so **4**
kann der Betriebsrat auch die Begründung verlangen.

> **Die Arbeitgeberin wird verpflichtet, die Ablehnung des vom Betriebsrat unterbreiteten Vorschlages <genaue Bezeichnung, zB zur Förderung von Teilzeitarbeit im mittleren Management> (schriftlich) zu begründen.**

3. Ausschreibung

Der Betriebsrat kann gemäß **§ 93 BetrVG** verlangen, dass frei werdende Arbeitsplät- **5**
ze innerhalb des Betriebes **ausgeschrieben** werden. In diesem Zusammenhang ist umstritten, inwiefern der Gesamt- bzw. Konzernbetriebsrat eine unternehmens- bzw. konzernweite Ausschreibung verlangen kann.[445] Die Verpflichtung zur Ausschreibung einer Stelle kann der Betriebsrat im Wege des Leistungsantrages verfolgen.

> **Die Arbeitgeberin wird verpflichtet, den zu besetzenden Arbeitsplatz <genaue Bezeichnung, zB als Supervisor in der Abteilung A> innerhalb des Betriebes auszuschreiben.**

Das Bundesarbeitsgericht hat in diesem Zusammenhang aber auch einen Feststel- **6**
lungsantrag als zulässig erachtet.[446]

> **Es wird festgestellt, dass die Arbeitgeberin verpflichtet ist, Stellen im Bereich <genaue Bezeichnung> innerhalb des Betriebes auszuschreiben.**

Häufiger ist jedoch der Fall, in dem der Arbeitgeber diese Verpflichtung verletzt hat. **7**
Der Betriebsrat kann dann die Zustimmung zur beabsichtigten Einstellung gemäß § 99 Abs. 2 Nr. 5 BetrVG verweigern. Bestehen in diesem Zusammenhang Streitigkeiten über den Umfang der Ausschreibungspflicht, so können diese im Wege des Feststellungsantrages durch den Betriebsrat wie auch den Arbeitgeber anhängig gemacht werden.

> **Es wird festgestellt, dass die Arbeitgeberin (nicht) verpflichtet ist, im Betriebsteil A zu besetzende Stellen innerbetrieblich auszuschreiben.**

Verletzt der Arbeitgeber die Pflicht zur Ausschreibung einer Stelle wiederholt, so **8**
kann der Betriebsrat aus § 23 Abs. 3 BetrVG auch die Unterlassung verlangen. Das Bundesarbeitsgericht hat folgenden Antrag für zulässig erachtet:[447]

---

445 Ablehnend LAG München 8.11.1988 – 2 Sa 691/88, LAGE BGB § 611 Fürsorgepflicht Nr. 17; differenzierend ArbG Hamburg 20.6.2008 – 27 BV 5/08, BeckRS 2008, 55915; Fitting BetrVG § 93 Rn. 10; GK-BetrVG/Raab § 93 Rn. 30; Richardi/Thüsing BetrVG § 93 BetrVG Rn. 17; DKW/Buschmann BetrVG § 93 Rn. 28.

446 BAG 29.9.2020 – 1 ABR 17/19; BAG 7.6.2016 – 1 ABR 33/14, NZA 2016, 1226; BAG 15.10.2013 – 1 ABR 15/12, NZA 2014, 214; BAG 1.2.2011 – 1 ABR 79/09, BAGE 137, 106.

447 BAG 6.12.1988 – 1 ABR 43/87, BeckRS 1988, 30729118.

> **Der Arbeitgeberin wird aufgegeben, es zu unterlassen, Arbeitsplätze, die besetzt werden sollen, allgemein oder für bestimmte Arten von Tätigkeiten vor ihrer Besetzung nicht innerhalb des Betriebes auszuschreiben.**

9 Die doppelte Negation führt im Ergebnis dazu, dass dem Arbeitgeber eine Pflicht zur Vornahme einer Handlung auferlegt wird, was nach § 23 Abs. 3 BetrVG ebenfalls zulässig ist. Es dürfte auch zulässig sein, den Antrag dahingehend zu formulieren, dass dem Arbeitgeber untersagt wird, Einstellungen ohne vorherige Ausschreibung im Betrieb vorzunehmen. Mit Blick auf das Bestimmtheitsgebot des § 253 Abs. 2 Nr. 2 ZPO ist jedoch genau darauf zu achten, ob die Verpflichtung zur Ausschreibung generell oder lediglich für bestimmte Bereiche oder Arbeitnehmergruppen zwischen den Betriebsparteien streitig ist, um die Gefahr eines Globalantrages zu vermeiden.

4. Personalfragebögen

10 Gemäß § 94 Abs. 1 BetrVG bedürfen **Personalfragebögen** der Zustimmung des Betriebsrats. Die fehlende Zustimmung kann durch den Spruch der Einigungsstelle ersetzt werden. Missachtet der Arbeitgeber das Mitbestimmungsrecht, so kann der Betriebsrat neben der Einsetzung der Einigungsstelle die Unterlassung der Anwendung der Fragebögen, in eiligen Fällen auch im Wege der einstweiligen Verfügung beantragen.

> **Der Arbeitgeberin wird aufgegeben, zur Erfassung von Personaldaten das <Formular bezeichnen> nicht zu verwenden, solange nicht der Betriebsrat diesem zugestimmt hat oder die Zustimmung durch Spruch der Einigungsstelle ersetzt ist.**

11 Dieser Antrag sollte mit der Androhung eines Ordnungsgeldes verbunden werden, siehe hierzu → *Mitbestimmung in sozialen Angelegenheiten.*

5. Allgemeine Beurteilungsgrundsätze

12 Gemäß § 94 Abs. 2 BetrVG bedarf die Aufstellung **allgemeiner Beurteilungsgrundsätze** ebenfalls der Zustimmung des Betriebsrats. Er kann auch insoweit zum einen die Einigungsstelle anrufen und zur Sicherung des Anspruchs Unterlassung der Verwendung verlangen.[448]

6. Auswahlrichtlinie

13 Ebenso kann der Betriebsrat die Verwendung von allgemein aufgestellten **Auswahlrichtlinie** iSd § 95 Abs. 1 BetrVG untersagen lassen.[449]

> **Der Arbeitgeberin wird aufgegeben, das Punkteschema <genaue Bezeichnung> bei der Sozialauswahl von Mitarbeitern im Rahmen von betriebsbedingten Kündigungen nicht zu verwenden, solange nicht der Betriebsrat diesem zugestimmt hat oder die Zustimmung durch Spruch der Einigungsstelle ersetzt ist.**

448 BAG 17.3.2015 – 1 ABR 48/13 BAGE 151 117 = NZA 2015, 885.
449 BAG 26.7.2005 – 1 ABR 29/04, BAGE 115, 239 = NZA 2005, 1372.

Darüber hinaus steht in Betrieben mit mehr als 500 Arbeitnehmern dem Betriebsrat 14
auch ein Initiativrecht zu. Verweigert der Arbeitgeber Verhandlungen über eine Auswahlrichtlinie, so kann der Betriebsrat unmittelbar die Einigungsstelle anrufen (→ *Einigungsstelle*).

7. Berufsbildung

Bei **Maßnahmen der Berufsbildung** stehen dem Betriebsrat diverse Mitbestim- 15
mungsrechte zu. Der Betriebsrat kann vom Arbeitgeber verlangen, dass dieser den Berufsbildungsbedarf im Betrieb ermittelt und mit ihm Fragen der Berufsbildung berät (§ 96 Abs. 1 S. 2 BetrVG). Kommt der Arbeitgeber dem Verlangen des Betriebsrats nicht nach, so kann dieses im Wege des Leistungsantrages durchgesetzt werden.

> **Die Arbeitgeberin wird verpflichtet, dem Betriebsrat, unter Angabe der einzelnen Mitarbeiter einschließlich der Auszubildenden für jeden einzeln mitzuteilen, ob und wenn ja, welcher Bedarf an Berufsbildung (Berufsausbildung, berufliche Fortbildung und berufliche Umschulung) besteht.**

In diesem Rahmen ist aber immer zu beachten, dass aus dem Antrag die konkrete 16
Handlungspflicht deutlich wird. Sobald Streitigkeiten bereits im Vorfeld über den Begriff, was zur Berufsbildung gehört, vorlagen, ist der Antrag konkret auf die Maßnahmen zu beziehen, die nach Auffassung des Betriebsrats auch zur Berufsbildung gehören und im Streit stehen.[450]

§ 97 Abs. 1 BetrVG regelt ein weitergehendes **Beratungsrecht für die Errichtung** 17
und Ausstattung betrieblicher Einrichtungen zur Berufsbildung, die Einführung betrieblicher Berufsbildungsmaßnahmen und die Teilnahme an außerbetrieblichen Berufsbildungsmaßnahmen. Diesen Beratungsanspruch kann der Betriebsrat im Wege des Leistungsantrages durchsetzen. Ein größeres Konfliktfeld bietet die Vorschrift des § 97 Abs. 2 BetrVG, die dem Betriebsrat ein Mitbestimmungsrecht zugesteht, wenn aufgrund von Veränderungen im Arbeitsumfeld ein Bildungsbedarf erforderlich wird. Dem Betriebsrat steht hier ein Initiativrecht zu.[451] Es umfasst die Festlegung von Qualifizierungszielen, Qualifizierungswegen und auch den Kreis der Teilnehmer. Kommt eine Einigung nicht zustande oder verweigert der Arbeitgeber die Verhandlung, so ist die Einigungsstelle anzurufen (→ *Einigungsstelle*). Daneben steht dem Betriebsrat bei Missachtung des Mitbestimmungsrechts ein Unterlassungsanspruch zu. Zur Antragsstellung vgl. → *Mitbestimmung in sozialen Angelegenheiten.*

Führt der Arbeitgeber **betriebliche Bildungsmaßnahmen** durch, so steht dem Be- 18
triebsrat ebenfalls ein Mitbestimmungsrecht zu (§ 98 BetrVG). Das Mitbestimmungsrecht bezieht sich auf die Durchführung der betrieblichen Maßnahme, also die Festlegung des Teilnehmerkreises, die konkrete Ausgestaltung oder die Zahl der Teilnehmer,[452] sowie auch die Dauer der Maßnahme.[453]

Kommt eine Einigung nicht zustande, so entscheidet die → *Einigungsstelle.* Nach 19
§ 98 Abs. 2 BetrVG kann der Betriebsrat auch Einfluss auf die **Person des Ausbildenden** nehmen und dessen Bestellung widersprechen oder die Abberufung verlangen, wenn die Person die persönliche oder fachliche, insbesondere die berufs- und

450 Vgl. BAG 9.7.2013 – 1 ABR 17/12, NZA 2013, 1166.
451 Fitting BetrVG § 97 Rn. 20 mwN.
452 Fitting BetrVG § 98 Rn. 2; DKW/Buschmann BetrVG § 98 Rn. 2; teilweise aA GK-BetrVG/Raab § 98 Rn. 9.
453 BAG 24.8.2004 – 1 ABR 28/03, BAGE 111, 350 = NZA 2005, 371.

arbeitspädagogische Eignung im Sinne des Berufsbildungsgesetzes nicht besitzt oder ihre Aufgaben vernachlässigt. Für diesen Fall regelt § 98 Abs. 5 BetrVG ein ausdrückliches Recht, beim Arbeitsgericht die **Unterlassung der Bestellung oder die Abberufung** zu verlangen. Führt der Arbeitgeber die Bestellung einer rechtskräftigen gerichtlichen Entscheidung zuwider durch, so ist er auf Antrag des Betriebsrats vom Arbeitsgericht wegen der Bestellung nach vorheriger Androhung zu einem Ordnungsgeld zu verurteilen; das Höchstmaß des Ordnungsgeldes beträgt 10000,– EUR. Führt der Arbeitgeber die Abberufung einer rechtskräftigen gerichtlichen Entscheidung zuwider nicht durch, so ist auf Antrag des Betriebsrats vom Arbeitsgericht zu erkennen, dass der Arbeitgeber zur Abberufung durch Zwangsgeld anzuhalten sei; das Höchstmaß des Zwangsgeldes beträgt für jeden Tag der Zuwiderhandlung 250,– EUR. Anders als das Ordnungsgeld setzt das Zwangsgeld ein Verschulden und eine vorangegangene Androhung nicht voraus.[454] Umstritten ist, ob ohne Zustimmung des Betriebsrats überhaupt ein Ausbilder wirksam bestellt werden kann.[455] Es wird die Auffassung vertreten, dass der Betriebsrat den Rechtsweg beschreiten muss, um die Bestellung zu unterbinden, im Hinblick auf die häufig kurzfristige Maßnahme regelmäßig im Wege der einstweiligen Verfügung.[456]

20 Zur Klärung der Frage kommen seitens des Betriebsrats folgende Anträge in Betracht:

> **1. Der Arbeitgeberin wird aufgegeben, es zu unterlassen, <Name> zum Ausbildungsleiter zu bestellen.**
> **2. Der Arbeitgeberin wird bei einem Verstoß gegen die Verpflichtung aus Nr. 1 ein Ordnungsgeld von bis zu 10000,– EUR angedroht.**
>
> **Oder:**
>
> **1. Der Arbeitgeberin wird aufgegeben, <Name> als Ausbildungsleiter abzuberufen.**
> **2. Der Arbeitgeberin wird für jeden Tag des Verstoßes gegen die Verpflichtung aus Nr. 1 ein Zwangsgeld von bis zu 250,– EUR angedroht.**

21 Die Auffassung, die die Zustimmung als Wirksamkeitsvoraussetzung sieht, bejaht auch das Recht des Arbeitgebers, seinerseits feststellen zu lassen, dass der Widerspruch des Betriebsrats unberechtigt ist.[457]

22 Zudem kann der Betriebsrat **Vorschläge** bezüglich der Teilnehmer bei betrieblichen oder außerbetrieblichen Bildungsmaßnahmen unterbreiten. Kommt hier eine Einigung nicht zustande, so entscheidet die → *Einigungsstelle*. Bestehen zwischen den Betriebsparteien Streitigkeiten über den Umfang des Mitbestimmungsrechts, so kann der Umfang durch einen Feststellungsantrag geklärt werden.

> **Es wird festgestellt, dass dem Betriebsrat ein/kein Mitbestimmungsrecht hinsichtlich der Durchführung <genaue Bezeichnung der Maßnahme> zusteht.**

454 DKW/Buschmann BetrVG § 98 Rn. 18.
455 Dafür Richardi/Thüsing BetrVG § 98 Rn. 26; GK-BetrVG/Raab § 98 Rn. 29; dagegen DKW/Buschmann BetrVG § 98 Rn. 16; ErfK/Kania BetrVG § 98 Rn. 12; Fitting BetrVG § 98 Rn. 21.
456 GK-BetrVG/Raab § 98 Rn. 30.
457 LAG Berlin 6.1.2000 – 10 TaBV 2213/99, NZA-RR 2000, 370; DKW/Buschmann BetrVG § 98 Rn. 16; ErfK/Kania BetrVG § 98 Rn. 12; Fitting BetrVG § 98 Rn. 21.

Zur Sicherung der Mitbestimmungsrechte kann der Betriebsrat bei groben Verstößen des Arbeitgebers auch in diesem Zusammenhang die Unterlassung von Maßnahmen bzw. die Entsendung von Mitarbeitern zu Maßnahmen verlangen. 23

1. **Der Arbeitgeberin wird aufgegeben, es zu unterlassen, den Arbeitnehmer <Name> zu der Schulung <Name> zu entsenden, ohne dass hierüber eine Einigung mit dem Betriebsrat getroffen oder aber diese durch den Spruch der Einigungsstelle ersetzt wurde.**
2. **Der Arbeitgeberin wird bei einem Verstoß gegen die Verpflichtung aus Nr. 1 ein Ordnungsgeld von bis zu 10000,– EUR angedroht.**

Mitbestimmung in sozialen Angelegenheiten

Übersicht

	Rn.
1. Vorabentscheidungsverfahren	2–9
2. Betriebsvereinbarung	10
3. Unterlassung	11–17
4. Beseitigung	18
5. Vorläufiger Rechtsschutz	19, 20

Die Mitbestimmung des Betriebsrats in sozialen Angelegenheiten ist in den §§ 87ff. BetrVG geregelt. Kommt über eine mitbestimmungspflichtige Angelegenheit nach § 87 Abs. 1 Nr. 1 bis 14 BetrVG eine Einigung zwischen dem Arbeitgeber und dem Betriebsrat nicht zustande, so entscheidet gemäß § 87 Abs. 2 S. 1 BetrVG die → *Einigungsstelle.* Ob eine Maßnahme unter den Katalog der mitbestimmungspflichtigen Angelegenheiten des § 87 Abs. 1 BetrVG fällt, ist häufig zwischen den Betriebsparteien streitig. 1

1. Vorabentscheidungsverfahren

Die Rechtsprechung lässt zur Klärung des Bestehens eines Mitbestimmungsrechts einen entsprechenden **Feststellungsantrag** zu (sog. Vorabentscheidungsverfahren → *Einigungsstelle* Rn. 7[458]). Die allgemeinen Anforderungen des § 256 ZPO sind zu beachten, → *B. I. Rn. 17ff.* Die Rechtsprechung nimmt ein Feststellungsinteresse in Bezug auf das Bestehen, den Inhalt oder die Reichweite eines Mitbestimmungsrechts losgelöst von einem konkreten Ausgangsfall an, wenn die Angelegenheit, für die ein Mitbestimmungsrecht in Anspruch genommen oder bestritten wird, häufiger auftritt und sich auch zukünftig jederzeit wiederholen kann.[459] Streitgegenstand kann auch der Umfang eines bestimmten Mitbestimmungsrechts und damit die Mitbestimmungspflichtigkeit bestimmter Detailregelungen sein. Haben die Betriebspartner allerdings eine Angelegenheit **durch Betriebsvereinbarung bereits geregelt,** so ist es für ihre Rechtsbeziehungen zueinander ohne Bedeutung, ob dem Betriebsrat in dieser Angelegenheit ein Mitbestimmungsrecht zusteht und ob er gegebenenfalls die getroffene Regelung aufgrund seines Mitbestimmungsrechts auch über einen entsprechenden Spruch der Einigungsstelle hätte erzwingen können. Deshalb fehlt in einem solchen Falle für einen positiven Feststellungsantrag des Betriebsrats das Rechts- 2

458 BAG 6.12.1983 – 1 ABR 43/81 – zu B I – AP BetrVG 1972 § 87 Überwachung Nr. 7; *inzwischen wird dieser Begriff allerdings meist nur noch in Bezug auf die Vorlage an den EuGH nach 267 AEUV benutzt.*

459 BAG 19.11.2019 – 1 ABR 2/18 Rn. 15, NZA 2020, 404; 1.7.2003 – 1 ABR 20/02, NZA 2004, 620 (621); 15.1.2002 – 1 ABR 13/01, NZA 2002, 995 (996) jew. mwN.

schutzinteresse.[460] Den Inhalt einer bereits mitbestimmt gestalteten Angelegenheit kann der Betriebsrat nicht im Wege der Feststellung eines Mitbestimmungsrechts als solchem bezüglich dieser ausgestalteten Angelegenheit klären lassen.[461] Ebenso fehlt es für eine gerichtliche Entscheidung darüber, ob eine Einigungsstelle gehalten ist, in einer mitbestimmungspflichtigen Angelegenheit einem bestimmten Regelungsverlangen einer Betriebspartei vollständig oder teilweise nachzukommen, regelmäßig an einem Feststellungsinteresse.[462] Dagegen ist die beanspruchte Feststellung der fehlenden Befugnis der Betriebsparteien, eine näher angeführte Vereinbarung zu treffen, unzulässig, weil sie nicht auf die Feststellung eines Rechtsverhältnisses iSd § 256 Abs. 1 ZPO gerichtet ist.[463]

3 Bei der Formulierung des Antrags ist besondere Sorgfalt geboten.[464] Bei einem Streit über Mitbestimmungsrechte muss klar sein, an welchen Maßnahmen des Arbeitgebers der Betriebsrat beteiligt werden will.[465] Der Antragsteller eines Beschlussverfahrens muss die Maßnahme des Arbeitgebers oder den betrieblichen Vorgang, hinsichtlich dessen das Mitbestimmungsrecht des Betriebsrats streitig ist, so **genau bezeichnen,** dass mit der Entscheidung über den Antrag feststeht, für welche Maßnahmen oder Vorgänge das Mitbestimmungsrecht bejaht oder verneint worden ist.[466]

4 Dafür muss der jeweilige Streitgegenstand so konkret umschrieben werden, dass die Streitfrage mit Rechtskraftwirkung zwischen den Betriebsparteien entschieden werden kann. Dabei lässt sich das erforderliche Maß an Konkretisierung nicht abstrakt-generell bestimmen.[467] Es hängt vielmehr sowohl vom Inhalt des Mitbestimmungsrechts als auch von den Umständen des jeweiligen Streitfalls ab. Diese können bei der Auslegung des Antrags sowie bei einer etwa später erforderlich werdenden Bestimmung des Inhalts und Umfangs einer über den Antrag ergehenden Sachentscheidung herangezogen werden. Dies bedeutet auch, dass in Fällen, in denen das Mitbestimmungsrecht als solches streitig ist, aber über dessen ggf. zu beachtende gesetzliche Beschränkungen (noch) kein Streit besteht, nicht die einzelnen, das Mitbestimmungsrecht in seiner Ausgestaltung begrenzenden gesetzlichen Vorgaben in den Feststellungsantrag mit aufgenommen werden müssen. Der Umstand, dass bei der konkreten Ausübung eines Mitbestimmungsrechts noch Streit über die Anwendung und Auslegung zwingender gesetzlicher Vorgaben entstehen kann, bedeutet nicht, dass der Streit über das grundsätzliche Bestehen des Mitbestimmungsrechts nur unter – vorsorglicher – Einbeziehung aller denkbaren Abgrenzungen entschieden werden könnte. Dennoch ist immer auch zu überlegen, ob vom Antrag auch Konstellationen umfasst sind, in denen ein Mitbestimmungsrecht von vornherein ausgeschlossen ist. Dies kann nach der ständigen Rechtsprechung des BAG zum sogenannten **Globalantrag** (→ *B. I. Rn. 9*) dazu führen, dass der Antrag zwar zulässig aber insgesamt unbegründet ist. Um diese Folge zu vermeiden, sind entsprechende Ausnahmen in den Antrag aufzunehmen. In Zweifelsfällen kann mit einem unbe-

460 BAG 18.4.1989 – 1 ABR 3/88 – zu B I 1b, AP BetrVG 1972 § 87 Arbeitszeit Nr. 33; 12.1.1988 – 1 ABR 54/86 – zu III 1, ArbGG 1979 § 81 Nr. 8; anders bei Unterlassungsanträgen: diese sind zulässig aber unbegründet BAG 10.3.1992 – 1 ABR 31/91 – zu B I 2b, AP BetrVG 1972 § 77 Regelungsabrede Nr. 1.

461 BAG 19.11.2019 – 1 ABR 2/18 Rn. 16 ff., NZA 2020, 404.

462 BAG 17.9.2013 – 1 ABR 24/12 Rn. 20, NZA 2014, 740.

463 BAG 19.11.2019 – 1 ABR 2/18 Rn. 31, NZA 2020, 404.

464 MPFormB ArbR/Manske/Witt Form. C. X. 1 Anm. 4.

465 BAG 2.10.2007 – 1 ABR 60/06, NZA 2008, 244 (245); Matthes DB 1984, 453 f.

466 BAG 19.11.2019 – 1 ABR 2/18 Rn. 25, NZA 2020, 404; 22.7.2014 – 1 ABR 94/12 Rn. 24 mwN, BeckRS 2014, 74367; 15.1.2002 – 1 ABR 13/01, NZA 2002, 995 (997) mwN; BAG 10.3.2009 – 1 ABR 87/07 Rn. 11, BeckRS 2009, 68259.

467 BAG 8.6.2004 – 1 ABR 13/03, NZA 2004, 1175 (1176).

schränkten Hauptantrag und für den Fall des Unterliegens mit einem Hilfsantrag, der die zweifelhaften Angelegenheiten ausdrücklich ausnimmt, gearbeitet werden.[468] Der Gebrauch von juristischen Begriffen, deren Auslegung wiederum zu neuen Streitigkeiten führen kann, sollte vermieden werden. Enthält der Antrag Rechtsbegriffe, ist dies unter Bestimmtheitsgesichtspunkten nur ausreichend, wenn sich aus dem Vorbringen der Beteiligten ergibt, welche tatsächlichen und in ihrer rechtlichen Beurteilung zwischen ihnen umstrittenen Sachverhalte von dem im Antrag verwandten Begriff umfasst sind.[469]

Es kann sinnvoll sein, näher anzugeben, **welches Mitbestimmungsrecht** der Betriebsrat geltend macht. So kann bezüglich der befristeten Erhöhung der Arbeitszeit von Mitarbeitern sowohl ein Mitbestimmungsrecht nach § 99 als auch nach § 87 Abs. 1 BetrVG in Betracht kommen. Dagegen fehlt es regelmäßig an einem Feststellungsinteresse dafür, nach welcher Nummer des § 87 Abs. 1 BetrVG ein Mitbestimmungsrecht besteht, da die Rechtsfolgen hinsichtlich der Beteiligung des Betriebsrats identisch sind. Grundsätzlich sollte der Antragsteller überlegen, was er mit der Angabe der Norm im Antrag bezwecken wollte, und sollte dann versuchen, dies mit eigenen Worten zum Ausdruck zu bringen.[470] 5

Nach alledem wäre folgender Antrag zu unbestimmt:[471] 6

Es wird festgestellt, dass dem Betriebsrat ein Mitbestimmungsrecht bei der Anordnung von Überstunden zusteht, sofern es sich um eine kollektive Regelung handelt.

Ein konkretes Begehren wird dagegen mit folgendem Antrag beschrieben: 7

Es wird festgestellt, dass dem Betriebsrat bei der Anordnung von Überstunden für das Verkaufspersonal anlässlich der Inventur ein Mitbestimmungsrecht nach § 87 BetrVG zusteht.

Berühmt sich der Betriebsrat eines Mitbestimmungsrechts – etwa indem er die Einrichtung einer Einigungsstelle zu einem bestimmten Thema verlangt – kann der Arbeitgeber auch einen entsprechenden negativen Feststellungsantrag anhängig machen.[472] 8

Es wird festgestellt, dass dem Betriebsrat hinsichtlich <konkret zu bezeichnende Angelegenheit> kein Mitbestimmungsrecht zusteht.

Eine rechtskräftige Klärung des Bestehens eines Mitbestimmungsrechts ist dagegen nicht im Verfahren über die Besetzung der Einigungsstelle zu erlangen. Der Antrag nach § 98 Abs. 1 ArbGG kann wegen fehlender Zuständigkeit (dh hier wegen des Fehlens eines Mitbestimmungsrechts) nur zurückgewiesen werden, wenn die Einigungsstelle **offensichtlich** unzuständig ist → *Einigungsstelle/2. Vorabentscheidungsverfahren* Rn. 7. 9

468 MPFormB ArbR/Manske/Witt Form. C. X. 1 Anm. 4.
469 BAG 9.7.2013 – 1 ABR 17/12 Rn. 15, NZA 2013, 1166.
470 Matthes DB 1984, 453 (455); zur Bedeutungslosigkeit der Angabe einer Nummer im Antrag BAG 15.9.2022 – 1 ABR 22/21, NZA 2022, 1616 Rn. 12 mwN.
471 MPFormB ArbR/Manske/Witt Form. C. X. 1 Anm. 4.
472 BAG 26.1.2016 – 1 ABR 68/13 Rn. 16, NZA 2016, 498; 6.12.1983 – 1 ABR 43/81 – zu II 2, AP BetrVG 1972 § 87 Überwachung Nr. 7; 15.1.2002 – 1 ABR 13/01, NZA 2002, 995 (996).

2. Betriebsvereinbarung

10 Zwischen den Betriebsparteien kann Streit darüber entstehen, ob eine Betriebsvereinbarung oder Regelungsabrede, die eine soziale Angelegenheit für den Betrieb regelt, (noch) wirksam ist, vgl. zu Anträgen in diesem Zusammenhang → *Betriebsvereinbarung.* Die Frage der richtigen → *Auslegung* stellt sich regelmäßig im Rahmen der ordnungsgemäßen → *Durchführung* der Betriebsvereinbarung.

3. Unterlassung

11 Der Betriebsrat kann gegen ein mitbestimmungswidriges Verhalten des Arbeitgebers einen Unterlassungstitel erwirken. Handelt es sich um einen → *groben Verstoß,* richtet sich der Unterlassungsanspruch nach § 23 Abs. 3 BetrVG. Nach der ständigen Rechtsprechung des BAG kann sich der Betriebsrat gegen zu erwartende Verstöße des Arbeitgebers gegen ein Mitbestimmungsrecht aus § 87 Abs. 1 BetrVG auch unabhängig von den Voraussetzungen des § 23 Abs. 3 BetrVG im Wege eines **allgemeinen Unterlassungsanspruchs** wehren.[473] Der negatorische Rechtsschutz zur Sicherung des Mitbestimmungsrechts zielt darauf, künftige Verletzungshandlungen zu unterbinden. Eine Verletzungshandlung in der Vergangenheit indiziert in diesem Zusammenhang die für den allgemeinen Unterlassungsanspruch notwendige Wiederholungsgefahr.[474] Die Indizwirkung einer Verletzung beschränkt sich dabei nicht nur auf völlig identische Verletzungshandlungen; allerdings vermag sie nur solche Handlungen zu umfassen, die im Kern mit der bereits erfolgten gleichartig sind.[475]

12 Es handelt sich bei dem allgemeinen Unterlassungsanspruch gegenüber dem Antrag nach § 23 Abs. 3 BetrVG um einen eigenständigen Verfahrensgegenstand.[476] Der auf einem mitbestimmungswidrigen Verhalten der Arbeitgeberin gründende allgemeine Unterlassungsantrag stellt auch gegenüber einem Verbotsausspruch als Rechtsfolge eines nicht betriebsvereinbarungsgemäßen Verhaltens des Arbeitgebers einen anderen Verfahrensgegenstand dar.[477] Auch beim allgemeinen Unterlassungsantrag kann mit dem Sachantrag ein Antrag auf Androhung von Ordnungsgeld verbunden werden (§ 890 Abs. 2 ZPO).[478] Die Höchstgrenze des § 23 Abs. 3 S. 5 BetrVG (Höchstmaß des Ordnungsgeldes: 10000 EUR) ist auch im Falle des allgemeinen Unterlassungsanspruchs zu beachten → E. II. Rn. 27. Die Androhung von Ordnungshaft gegen den Arbeitgeber für den Fall, dass das Ordnungsgeld nicht beigetrieben werden kann, ist unzulässig.[479]

13 Wegen der allgemeinen Anforderungen an **Unterlassungsanträge** siehe → *B I Rn. 15.* Unterlassungsanträge müssen insbesondere für den in Anspruch genommenen Beteiligten eindeutig erkennen lassen, welcher Handlungen er sich enthalten soll. Die Prüfung, welche Handlung unterlassen werden muss, darf nicht durch eine ungenaue Antragsformulierung und einen entsprechend ungenauen gerichtlichen Ti-

473 Grundlegend BAG 3.5.1994 – 1 ABR 24/93 zu III, NZA 1995, 40 (42 ff.); vgl. auch 15.11.2022 – 1 ABR 5/22 Rn. 21, NZA 2023, 369; 22.8.2017 – 1 ABR 4/16 Rn. 17, BAGE 160, 49 = AP BetrVG 1972 § 87 Arbeitszeit Nr. 143; 3.5.2006 – 1 ABR 14/05 – zu B II mwN, AP BetrVG 1972 § 87 Arbeitszeit Nr. 119.

474 BAG 15.11.2022 – 1 ABR 5/22 Rn. 21, NZA 2023, 369; 8.3.2022 – 1 ABR 19/21 Rn. 36 mwN, NZA 2022, 1068.

475 BAG 18.3.2022 – 1 ABR 19/21 Rn. 36, NZA 2022, 1068; 18.11.2014 – 1 AZR 257/13 Rn. 39, BAGE 150, 50 = NZA 2015, 306.

476 BAG 20.3.2018 – 1 ABR 70/16 Rn. 13, NZA 2018, 1081.

477 BAG 23.3.2021 – 1 ABR 31/19 Rn. 74, NZA 2021, 959; 22.10.2019 – 1 ABR 17/18 Rn. 17, NZA 2020, 123.

478 BAG 24.4.2007 – 1 ABR 47/06 Rn. 24, NZA 2007, 818 (821).

479 BAG 5.10.2010 – 1 ABR 71/09 Rn. 7, NZA 2011, 174.

tel aus dem Erkenntnis- in das Vollstreckungsverfahren verlagert werden.[480] Andererseits wohnen einem Unterlassungsbegehren notwendig gewisse Generalisierungen inne. Daher ist in der Rspr. anerkannt, dass die Verwendung allgemein gehaltener Formulierungen oder von rechtlichen Begriffen nach den Umständen des Einzelfalls den Bestimmtheitsanforderungen des § 253 Abs. 2 Nr. 2 ZPO entsprechen, wenn zum Verständnis der Begriffe auf die mit dem Antrag beanstandete konkrete Verletzungshandlung und die Antragsbegründung zurückgegriffen werden kann.[481] Der Antrag kann auch auf die Unterlassung einer Duldung gerichtet sein. Eine Unterlassungsverpflichtung ist nicht notwendig darauf beschränkt, bestimmte Handlungen des Unterlassungsverpflichteten zu untersagen. So richtet sich zB das Unterlassen der Duldung von Überstunden darauf, die Arbeitgeberin anzuhalten, mögliche und zumutbare Maßnahmen zu ergreifen, um zu verhindern, dass sich anlassfallgleiche Überschreitungen der Schichtzeiten wiederholen.[482] Folgenden Antrag hat das Bundesarbeitsgericht als zulässig – insbesondere als hinreichend bestimmt – angesehen:[483]

Dem Arbeitgeber wird aufgegeben, in seinem Betrieb <Ort> und den Betriebsteilen Regionalbüro <Ort>, Regionalbüro <Ort>, Auslieferungsbüro <Ort> die Anordnung von Überstunden zu unterlassen bzw. die Entgegennahme von Mehrarbeit nicht zu dulden, ohne die Zustimmung des Betriebsrats dazu zuvor eingeholt zu haben, soweit es sich um eine Überschreitung folgender Zeiträume handelt:

a) Bei vereinbarter fester Arbeitszeit in der Hauptverwaltung – ET-Lager – von derzeit montags bis donnerstags 8.15 Uhr bis 17.00 Uhr und freitags von 8.15 Uhr bis 14.15 Uhr;

b) bei vereinbarter fester Arbeitszeit in den Regionen <Ortsangaben> von derzeit montags bis donnerstags 8.30 Uhr bis 17.15 Uhr und freitags von 8.30 Uhr bis 15.45 Uhr;

c) bei vereinbarter fester Arbeitszeit in <Ort> von derzeit 8.00 Uhr bis 16.30 Uhr;

d) bei vereinbarter Gleitzeit, soweit es sich um die Überschreitung der in den Betriebsvereinbarungen und Regelungsabsprachen festgelegten Rahmenzeiten handelt;

e) bei vereinbarter fester Arbeitszeit für den Bereich des so genannten Operating die dort derzeit vereinbarte Schichtzeit von 6.00 Uhr bis 14.12 Uhr und 13.48 Uhr bis 22.00 Uhr.

Dem Arbeitgeber wird für jeden Fall der Zuwiderhandlung gegen die vorstehende Verpflichtung ein Ordnungsgeld bis zu 10000 EUR angedroht.

Das Bundesarbeitsgericht hat bereits mehrfach ausgeführt, dass die Bestimmtheits- **14**
anforderungen an einen Unterlassungstitel größer seien, als die Anforderungen an einen Feststellungstenor.[484] Vor diesem Hintergrund kann es sinnvoll sein, **hilfsweise** einen **Feststellungsantrag** bezüglich des Bestehens eines Mitbestimmungsrechts zu formulieren, wenn nicht sicher ist, ob das Unterlassungsbegehren hinreichend be-

480 BAG 3.5.2006 – 1 ABR 14/05 – Rn. 11, AP BetrVG 1972 § 87 Arbeitszeit Nr. 119.

481 BAG 23.3.2021 – 1 ABR 31/19, NZA 2021, 959 Rn. 53;20.3.2018 – 1 ABR 70/16 Rn. 27, NZA 2018, 1081 unter Hinweis auf BGH 26.1.2017 – I ZR 207/14 Rn. 18, GRUR 2017, 422.

482 BAG 28.7.2020 – 1 ABR 18/19 Rn. 13, NZA 2021, 1509.

483 BAG 27.11.1990 – 1 ABR 77/89, AP BetrVG 1972 § 87 Arbeitszeit Nr. 41.

484 Vgl. BAG 18.1.2005 – 3 ABR 21/04, NZA 2006, 167 (170) mwN.

stimmt formuliert werden kann. Um unnötige Kosten für den Fall der Unbegründetheit des Unterlassungsantrags wegen des Fehlens eines Mitbestimmungsrechts zu vermeiden, sollte klargestellt werden, dass der Hilfsantrag nur zur Entscheidung anfallen soll, wenn der Unterlassungsantrag als unzulässig zurückgewiesen wird.

15 Das Bundesarbeitsgericht[485] hat die folgenden Anträge als zulässig angesehen:

1. Der Arbeitgeberin wird aufgegeben, die Anordnung von Arbeitsleistungen oder die Reduzierung von Arbeitsleistungen, die zu Abweichungen von dem dienstplanmäßigen Arbeitsbeginn oder dem dienstplanmäßigen Arbeitsende im Umfang von arbeitstäglich bis zu einer Stunde führen, gegenüber Arbeitnehmern der Niederlassung F, die weder ganz noch teilweise Zustelltätigkeiten verrichten und deren Arbeitszeitkonten sich im gelben oder grünen Bereich gemäß § 5 Abs. 1 S. 1 TV Nr. 37b befinden, zu unterlassen, wenn nicht seine vorherige Zustimmung erteilt oder die fehlende Zustimmung durch den Spruch der Einigungsstelle ersetzt ist;

2. Der Arbeitgeberin wird bei einem Verstoß gegen die Verpflichtung aus Nr. 1 für jeden Tag und jeden Beschäftigten ein Ordnungsgeld in Höhe von bis zu 10 000,– EUR angedroht;

hilfsweise [für den Fall, dass der Antrag zu 1. als unzulässig zurückgewiesen wird],

Es wird festgestellt, dass die Anordnung von Arbeitsleistungen oder die Reduzierung von Arbeitsleistungen, die zu Abweichungen von dem dienstplanmäßigen Arbeitsbeginn oder dem dienstplanmäßigen Arbeitsende im Umfang von arbeitstäglich bis zu einer Stunde führen, gegenüber Arbeitnehmern der Niederlassung F, die weder ganz noch teilweise Zustelltätigkeiten verrichten und deren Arbeitszeitkonten sich im gelben oder grünen Bereich gemäß § 5 Abs. 1 S. 1 TV Nr. 37b befinden, seiner vorherigen Zustimmung oder des die Zustimmung ersetzenden Spruchs der Einigungsstelle bedarf.

16 Begehrt der Betriebsrat eine möglichst weit reichende Untersagung von Handlungen, besteht aber die Gefahr, dass es sich um einen Globalantrag handelt, der Fallgestaltungen umfasst, in denen der Betriebsrat zwar ein Mitbestimmungsrecht begehrt, aber nicht sicher ist, ob es ihm tatsächlich zusteht, so kann der weit gefasste Hauptantrag von Hilfsanträgen flankiert werden, in denen die zweifelhaften Angelegenheiten ausdrücklich ausgenommen werden.[486] Eine Ausnahme dahingehend, dass der Unterlassungsanspruch nicht bestehen soll, wenn ein **Notfall** vorliegt, erscheint nicht notwendig.[487] Die Zulässigkeit einseitiger Anordnungen des Arbeitgebers ohne Beteiligung des Betriebsrats wird zwar in der Literatur allgemein anerkannt.[488] Für einen Notfall muss zumindest eine unvorhersehbare und schwerwiegende Situation vorliegen, in welcher der Betriebsrat entweder nicht erreichbar oder nicht zur rechtzeitigen Beschlussfassung in der Lage ist, der Arbeitgeber aber sofort handeln muss, um vom Betrieb oder den Arbeitnehmern nicht wiedergutzumachende Schäden abzuwenden.[489] Es würde eine unzulässige Erschwerung des Rechtsschutzes darstellen, zu

485 BAG 3.5.2006 – 1 ABR 14/05 Rn. 7/10 ff., AP BetrVG 1972 § 87 Arbeitszeit Nr. 119, die Anträge waren allerdings unbegründet.
486 Fitting BetrVG § 23 Rn. 71.
487 Vgl. BAG 20.3.2018 – 1 ABR 70/16 Rn. 29, NZA 2018, 1081.
488 GK-BetrVG/Wiese § 87 Rn. 167 f.; Richardi BetrVG § 87 Rn. 62; vgl. auch BAG 17.11.1998 – 1 ABR 12/98, NZA 1999, 662 (663).
489 Vgl. BAG 17.11.1998 – 1 ABR 12/98, NZA 1999, 662 (663).

verlangen, dass jede noch so krasse Ausnahmesituation bei der Antragstellung Berücksichtigung findet. Das BAG hat in einer entsprechenden Formulierung des Unterlassungsantrags sogar ein Bestimmtheitsproblem gesehen, die Herausnahme von „Notfällen" im Ergebnis aber akzeptiert.[490] Auch eine ausdrückliche Ausnahme für Situationen des Arbeitskampfes ist nicht notwendig.[491]

Folgende Hilfsantragskonstruktion hat das BAG für zulässig – wenn auch für unbe- 17
gründet – erachtet:[492]

1. **Der Beteiligten zu 2. wird – bei Meidung eines Ordnungsgeldes in Höhe von bis zu 10000 EUR in jedem Einzelfall – untersagt, kollektivbezogene Überstunden für Beschäftigte des Betriebes der Beteiligten zu 2. anzuordnen oder zu dulden, ohne dass vorher eine Zustimmung des Betriebsrates dazu vorliegt oder ohne dass der Beschluss einer Einigungsstelle die verweigerte Zustimmung des Betriebsrates ersetzt hat,**[493]
2. **hilfsweise,**
   der Beteiligten zu 2. wird – bei Meidung eines Ordnungsgeldes in Höhe von bis zu 10000 EUR in jedem Einzelfall – untersagt, kollektivbezogene Überstunden für Beschäftigte des Betriebes der Beteiligten zu 2. für Reparaturarbeiten inklusive Docken und Slippen anzuordnen oder zu dulden, ohne dass vorher eine Zustimmung des Betriebsrates dazu vorliegt oder ohne dass der Beschluss einer Einigungsstelle die verweigerte Zustimmung des Betriebsrates ersetzt hat,
3. **äußerst hilfsweise,**
   der Beteiligten zu 2. wird – bei Meidung eines Ordnungsgeldes in Höhe von bis zu 10000 EUR in jedem Einzelfall – untersagt, Überstunden, die darauf zurückzuführen sind, dass die anfallende Arbeit nicht mit den vorhandenen Arbeitskräften bewältigt werden kann, für Beschäftigte des Betriebes der Beteiligten zu 2. anzuordnen oder zu dulden, ohne dass vorher eine Zustimmung des Betriebsrates dazu vorliegt oder ohne dass der Beschluss einer Einigungsstelle die verweigerte Zustimmung des Betriebsrates ersetzt hat,
4. **äußerst hilfsweise,**
   der Beteiligten zu 2. wird – bei Meidung eines Ordnungsgeldes in Höhe von bis zu 10000 EUR in jedem Einzelfall – untersagt, Überstunden für Reparaturarbeiten inklusive Docken und Slippen, die darauf zurückzuführen sind, dass die anfallende Arbeit nicht mit den vorhandenen Arbeitskräften bewältigt werden kann, für Beschäftigte des Betriebes der Beteiligten zu 2. anzuordnen oder zu dulden, ohne dass vorher eine Zustimmung des Betriebsrates dazu vorliegt oder ohne dass der Beschluss einer Einigungsstelle die verweigerte Zustimmung des Betriebsrates ersetzt hat oder soweit nicht ein Sonderfall des § 6 Ziff. 4 Abs. 3 MTV vorliegt oder Notstandsfälle im Sinne der Rechtsprechung vorliegen.

490 BAG 20.3.2018 – 1 ABR 70/16 Rn. 29, NZA 2018, 1081; 24.4.2007 – 1 ABR 47/06 Rn. 11, NZA 2007, 818 (819); BAG 17.11.1998 – 1 ABR 12/98, NZA 1999, 662 (663).

491 BAG 28.7.2020 – 1 ABR 18/19 Rn. 11, NZA 2021, 1509; LAG Köln 3.12.2013 – 12 TaBV 65/13, BeckRS 2014, 65325; Fischer jurisPRArbR 17/2014 Anm. 3.

492 BAG 10.3.1992 – 1 ABR 31/91, AP BetrVG 1972 § 77 Regelungsabrede Nr. 1 (Anträge in NZA 1992, 952 nicht abgedruckt).

493 Die Bestimmtheit dieses Antrags erscheint zweifelhaft („kollektivbezogene Überstunden").

4. Beseitigung

18 Hat der Arbeitgeber durch sein mitbestimmungswidriges Verhalten einen rechtswidrigen Zustand geschaffen, kann der Betriebsrat dessen Beseitigung verlangen.[494] Während der Unterlassungsanspruch auf die Untersagung künftigen Verhaltens abzielt, richtet sich der Beseitigungsanspruch darauf, die unter Verletzung des Mitbestimmungsrechts eingetretene Lage zu beenden. Ein dem Betriebsrat bei der Verletzung eines Mitbestimmungsrechts nach § 87 Abs. 1 BetrVG gegen den Arbeitgeber zustehender Beseitigungsanspruch erfasst allerdings nur die Beendigung des betriebsverfassungswidrigen Zustands, nicht aber die Rückgängigmachung sich aus der Verletzung des Mitbestimmungsrechts ergebender Folgen.[495]

Der Arbeitgeberin wird aufgegeben, <Bezeichnung der zu treffenden Maßnahme, um den betriebsverfassungswidrigen Zustand zu beseitigen>

zB: „die Arbeitsanweisungen 1/96 Absturzsicherungen, 2+2a/96 Zugang zum Triebwerks- und Rollenraum, 3/96 Arbeiten auf dem Kabinendach, 4/96 Arbeiten in der Schachtgrube, 5/96 Elektrische Betriebsmittel aus dem „Field Operation Department" (FOD)-Handbuch herauszunehmen."[496]

oder: „die über den Bargeldkassen installierten Kameras zu entfernen."

5. Vorläufiger Rechtsschutz

19 Da der Arbeitgeber in echten **Notfällen** einseitige Anordnungen ohne Beachtung des Mitbestimmungsrechts des Betriebsrats anordnen kann, bedarf es nach hM keines Antrags auf Erlass einer **einstweiligen Verfügung** beim Arbeitsgericht.[497] Nach anderer Ansicht ist § 100 Abs. 2 S. 3 BetrVG entsprechend anzuwenden[498] (→ *Mitbestimmung personelle Angelegenheiten*).

20 Der Betriebsrat kann bei Vorliegen eines entsprechenden Verfügungsgrundes[499] seine Ansprüche auf Unterlassung und Beseitigung im Wege des einstweiligen Rechtsschutzes durchsetzen.[500] Bei der Formulierung der Antrags ergeben sich keine Besonderheiten.

Mitbestimmung in speziellen personellen Angelegenheiten (Einstellung, Versetzung, Eingruppierung)

Übersicht

	Rn.
1. Verfahren nach § 99 BetrVG	1–12
a) Allgemeines	1–8
b) Besonderheiten einzelner Maßnahmen	9–12

494 BAG 7.2.2012 – 1 ABR 63/10 Rn. 14, NZA 2012, 685; 9.12.2003 – 1 ABR 44/02, NZA 2004, 746 (749); 16.6.1998 – 1 ABR 68/97, NZA 1999, 49 (51 f.); GK-BetrVG/Oetker BetrVG § 23 Rn. 183; GK-BetrVG/Wiese § 87 Rn. 1111; DKW/Klebe BetrVG § 87 Rn. 392.

495 BAG 23.3.2021 – 1 ABR 31/19, NZA 2021, 959 Rn. 83, 85 unter Bezugnahme auf Thalhofer Betriebsverfassungsrechtlicher Beseitigungsanspruch S. 122.

496 Vgl. BAG 16.6.1998 – 1 ABR 68/97, NZA 1999, 49.

497 GK-BetrVG/Wiese § 87 Rn. 167; Richardi BetrVG § 87 Rn. 64.

498 Hanau RdA 1973, 281 (292).

499 Vgl. zur Interessenabwägung ErfK/Kania BetrVG § 87 Rn. 138; Korinth, Einstweiliger Rechtsschutz, K Rn. 112 ff.

500 GK-BetrVG/Wiese § 87 Rn. 1111; WPK/Bender BetrVG § 87 Rn. 291.

	Rn.
2. Vorläufige personelle Maßnahme	13–18
3. Gegenrechte des Betriebsrats	19–37

1. Verfahren nach § 99 BetrVG

a) Allgemeines

Gemäß **§ 99 Abs. 1 BetrVG** hat der Betriebsrat einer **Einstellung, Versetzung, Ein- und Umgruppierung** zuzustimmen. Der Arbeitgeber hat den Betriebsrat dabei umfassend über die in Aussicht genommene Maßnahme zu informieren. Der Betriebsrat kann die Zustimmung verweigern, wobei die ihm hierfür zur Verfügung stehenden Gründe abschließend in § 99 Abs. 2 Nr. 1–7 BetrVG geregelt sind. Gemäß § 99 Abs. 3 S. 1 BetrVG kann der Betriebsrat die **Zustimmung** binnen **einer Woche** unter Angabe von Gründen schriftlich **verweigern.** Lässt er die Frist verstreichen oder erklärt keine wirksame Zustimmungsverweigerung, so **gilt die Zustimmung als erteilt,** § 99 Abs. 3 S. 2 BetrVG. Der Betriebsrat genügt seiner Begründungspflicht schon dann, wenn es als möglich erscheint, dass mit der von ihm gegebenen Begründung einer der in § 99 Abs. 2 BetrVG aufgeführten Verweigerungsgründe geltend gemacht wird. Nur eine Begründung, die offensichtlich auf keinen der gesetzlichen Verweigerungsgründe Bezug nimmt, ist unbeachtlich.[501] Die Zustimmungsverweigerung kann per Fax erklärt werden[502] und auch per E-Mail, wenn aus der E-Mail deutlich erkennbar ist, dass es sich um eine abgeschlossene Erklärung handelt und wer der Handelnde ist.[503] 1

Verweigert der Betriebsrat formell ordnungsgemäß die Zustimmung, so kann der Arbeitgeber diese durch das Arbeitsgericht ersetzen lassen, § 99 Abs. 4 BetrVG. Das Gericht entscheidet im Beschlussverfahren. Der betroffene Arbeitnehmer ist dabei nicht Beteiligter, sondern ausschließlich der Betriebsrat. 2

Ein Antrag zur Ersetzung der Zustimmung könnte wie folgt aussehen: 3

> **Die von dem Betriebsrat verweigerte Zustimmung zur Einstellung/Versetzung von <Bezeichnung alter Arbeitsplatz> auf <Bezeichnung neuer Arbeitsplatz>/Eingruppierung/Umgruppierung in <Bezeichnung der Tarifgruppe> des Mitarbeiters <Name> wird ersetzt.**

Besteht bei dem Arbeitgeber die Annahme, dass keine wirksame Zustimmungsverweigerung vorliegt, insbesondere, weil der Betriebsrat die Zustimmung zwar formell ordnungsgemäß verweigert hat, jedoch keine Tatsachen für das Vorliegen eines Zustimmungsverweigerungsgrundes anführt oder nicht erkennbar ist, auf welchen Zustimmungsverweigerungsgrund er sich bezieht, so ist es sinnvoll, im Hauptantrag feststellen zu lassen, dass die Zustimmung als erteilt gilt und im Hilfsantrag einen Zustimmungsersetzungsantrag zu stellen. 4

> **1. Es wird festgestellt, dass die Zustimmung des Betriebsrats zur Einstellung/Versetzung/Eingruppierung/Umgruppierung des Mitarbeiters <Name> als erteilt gilt, hilfsweise**

501 BAG 20.10.2021 – 7 ABR 34/20, BeckRS 2021, 48087; BAG 10.10.2012 – 7 ABR 42/11, BeckRS 2013, 66464.
502 BAG 11.6.2002 – 1 ABR 43/01, BAGE 101, 298 = NZA 2003, 226.
503 BAG 27.4.2022 – 4 ABR 25/21, BeckRS 2022, 18636; BAG 12.6.2019 – 1 ABR 5/18, BeckRS 2019, 19123; BAG 10.3.2009 – 1 ABR 93/07, NZA 2009, 622

2. Die von dem Betriebsrat verweigerte Zustimmung zur Einstellung/Versetzung/Eingruppierung/Umgruppierung des Mitarbeiters <Name> wird ersetzt.

5 Führt der Arbeitgeber das Verfahren nach § 99 Abs. 4 BetrVG nicht durch, so darf er auch die personelle Maßnahme nicht durchführen. Der Arbeitgeber kann die Zustimmung nicht im Wege der einstweiligen Verfügung ersetzen lassen.[504] Für Eilmaßnahmen steht ihm das Instrumentarium des § 100 BetrVG zur Verfügung.

6 Besteht zwischen den Betriebsparteien Uneinigkeit, ob eine Maßnahme überhaupt mitbestimmungspflichtig ist, so kann dieses im Rahmen eines Feststellungsantrags geklärt werden.[505] Unzulässig ist ein Antrag, in dem allein die rechtliche Stellung eines Arbeitnehmers geklärt werden soll, soweit sich nicht daraus – wie bei einem leitenden Angestellten – unmittelbar das Bestehen oder Nichtbestehen von betriebsverfassungsrechtlichen Ansprüchen bzw. Rechten oder eine Zuständigkeit des Betriebsrats ergibt (zB Tendenzträger).[506] Unzulässig ist auch ein Antrag, in dem lediglich die rechtliche Qualität einer Maßnahme geklärt werden soll.[507]

Es wird festgestellt, dass es sich bei der <konkrete Maßnahme > um bzw. nicht um eine Versetzung iSd § 95 Abs. 3 BetrVG handelt.

Es wird festgestellt, dass dem Betriebsrat bei dem Einsatz von Arbeitnehmern der <Firma> im Betrieb der Arbeitgeberin kein/ein Mitbestimmungsrecht nach § 99 BetrVG zusteht.

7 In diesem Zusammenhang kann der Betriebsrat auch feststellen lassen, welche Informationen der Arbeitgeber ihm im Rahmen des Verfahrens nach § 99 Abs. 1 BetrVG zukommen lassen muss. Ein Leistungsantrag, der auf zukünftige Mitbestimmungsverfahren gerichtet ist, wird allerdings als unzulässig erachtet.[508]

8 Es kommt daher folgender Antrag in Betracht:

Es wird festgestellt, dass die Arbeitgeberin verpflichtet ist, bei der Einstellung von Arbeitnehmern – leitende Angestellte ausgenommen – <konkrete Information> mitzuteilen.

b) Besonderheiten einzelner Maßnahmen

aa) Einstellung

9 Die fehlende Zustimmung des Betriebsrats führt nicht zur Unwirksamkeit des geschlossenen Arbeitsvertrages.[509] Dem Arbeitgeber ist es allerdings verwehrt, den Arbeitnehmer tatsächlich einzusetzen. Dem betroffenen Arbeitnehmer steht ein Leis-

504 LAG Hessen 15.12.1987 – 4 TaBVGa 160/87, DB 1988, 915.
505 BAG 13.5.2014 – 1 ABR 50/12, BeckRS 2014, 72127; BAG 14.9.2010 – 1 ABR 29/09, BAGE 135, 291.
506 BAG 22.9.2021 – 7 ABR 13/20, BeckRS 2021, 45680; BAG 7.2.2012 – 1 ABR 58/10, NZA 2012, 878.
507 BAG 22.9.2021- 7 ABR 13/20, BeckRS 2021, 45680.
508 BAG 27.10.2010 – 7 ABR 36/09, NZA 2011, 527.
509 BAG 2.7.1980 – 5 AZR 1241/79, BAGE 34, 1 = NJW 1981. 272; BAG 5.4.2001 – 2 AZR 580/99, BAGE 97, 276 = NZA 2001, 893; ErfK/Kania BetrVG § 99 Rn. 45; Fitting BetrVG § 99 Rn. 278. Richardi/Thüsing BetrVG § 99 Rn. 329.

tungsverweigerungsrecht zu, soweit der Arbeitgeber nicht nach § 100 BetrVG vorgeht (dazu → Rn. 13ff.).[510]

bb) Versetzung

10 Im Gegensatz zur Einstellung führt die fehlende Zustimmung des Betriebsrats zu einer Versetzung nach Auffassung des Bundesarbeitsgerichts unmittelbar zur Unwirksamkeit der Maßnahme, soweit sie die tatsächliche Zuweisung der Tätigkeit betrifft.[511] Eine zum Zwecke der Versetzung ausgesprochene Änderungskündigung bleibt wirksam.[512]

11 Bei einer Versetzung beschränkt sich das Mitbestimmungsrecht bezüglich des Verweigerungsgrundes des § 99 Abs. 2 Nr. 4 BetrVG (Nachteil für den Betroffenen) wenn der Arbeitnehmer mit der Versetzung einverstanden ist. Es reduziert sich auf eine reine Unterrichtung, wenn der Arbeitnehmer dauerhaft den Betrieb wechselt und mit dieser Maßnahme einverstanden ist.[513] Dieses gilt jedoch nur für den abgebenden Betriebsrat. Der aufnehmende Betriebsrat, für den die Maßnahme eine Einstellung darstellt, ist vollständig zu beteiligen und kann auch ein Zustimmungsverweigerungsrecht ausüben.

cc) Ein- und Umgruppierung

12 Bei Ein- und Umgruppierungen gilt die Besonderheit, dass hier kein tatsächlicher Vorgang der Zustimmung durch den Betriebsrat unterliegt, sondern eine **Rechtsanwendung.** Es ist Aufgabe des Betriebsrats, die Richtigkeit der von dem Arbeitgeber beabsichtigten Eingruppierung zu überprüfen **(„Richtigkeitskontrolle").** Das betriebsverfassungsrechtliche Verfahren hat daher keinen Einfluss auf die Rechte des Arbeitnehmers. Seine Eingruppierung wird weder unwirksam, noch wird ihm das Recht genommen, selbst den Arbeitgeber auf eine richtige Eingruppierung in Anspruch zu nehmen, wenn er eine günstigere Eingruppierung als die im Mitbestimmungsverfahren festgestellte verlangt.[514] Der Arbeitnehmer kann sich gegenüber dem Arbeitgeber auf die Feststellungen im Beschlussverfahren berufen, soweit er sich auf die dort bestimmte Eingruppierung beruft.[515]

2. Vorläufige personelle Maßnahme

13 Parallel oder auch im Vorlauf zu einem Verfahren nach § 99 BetrVG hat der Arbeitgeber die Möglichkeit, die Maßnahme als **vorläufige personelle Maßnahme** gemäß § 100 Abs. 1 BetrVG durchzuführen. Dieses setzt voraus, dass der Arbeitgeber den Betriebsrat unverzüglich über die Durchführung informiert. Tatsächliche Vorausset-

510 BAG 5.4.2001 – 2 AZR 580/99, NZA 2001, 893; Fitting BetrVG § 99 Rn. 280.

511 BAG 5.4.200 – 2 AZR 580/99, NZA 2001, 893; BAG 26.1.1988 – 1 AZR 531/86, BAGE 57, 242 = NZA 1988, 476; BAG 26.1.1993 – 1 AZR 303/92, AP Nr. 102 zu § 99 BetrVG 1972; ErfK/Kania BetrVG § 99 Rn. 46; Fitting BetrVG § 99 Rn. 283; aA Richardi/Thüsing BetrVG § 99 Rn. 336; GK-BetrVG/Kraft/Raab § 99 Rn. 283.

512 BAG 18.5.2017 – 2 AZR 606/16, ArbR 2017, 413; BAG AG 30.9.1993 – 2 AZR 283/93, BAGE 74, 291 = NZA 1994, 615; BAG 17.6.1998 – 2 AZR 336/97, BAGE 89, 149 = NZA 1998, 1225; BAG 22.4.2010 – 2 AZR 491/09, BAGE 134, 154; ErfK/Kania BetrVG § 99 Rn. 46.

513 BAG 2.4.1996 – 1 ABR 39/95, AP Nr. 9 zu § 99 BetrVG 1972; BAG 20.9.1990 – 1 ABR 37/90, BAGE 66, 57 = NZA 1991, 195; Richardi/Thüsing BetrVG § 99 Rn. 301.

514 BAG 3.5.1994 – 1 ABR 58/93, BAGE 77, 1 = NZA 1995, 484; Fitting BetrVG § 99 Rn. 101; Richardi/Thüsing BetrVG § 99 Rn. 3409; ErfK/Kania BetrVG § 99 Rn. 47.

515 BAG 20.3.2014 – 2 AZR 846/12, EZA § 2 KSchG Nr. 90; BAG 3.5.1994 – 1 ABR 58/93, BAGE 77, 1; BAG 28.8.2008 – 2 AZR 967/06, NZA 2009, 505; ErfK/Kania BetrVG § 99 Rn. 47; Fitting BetrVG § 99 Rn. 101.

zung ist, dass die Maßnahme **aus sachlichen Gründen dringend erforderlich** ist, § 100 Abs. 1 S. 1 BetrVG. Der Betriebsrat hat seinerseits die Möglichkeit, die Dringlichkeit der Maßnahme zu bestreiten, er muss dieses ebenfalls unverzüglich tun. Bestreitet der Betriebsrat die Dringlichkeit, so muss der Arbeitgeber binnen **drei Tagen** beim Arbeitsgericht die Feststellung beantragen, dass die vorläufige Maßnahme durch sachliche Gründe dringend erforderlich ist.

14 Diese Frage ist bzw. wird obsolet, wenn der Betriebsrat der Maßnahme zustimmt. Sie kommt zum Tragen, wenn der Betriebsrat die Zustimmung zur Maßnahme nicht erteilt, diese aus Sicht des Arbeitgebers aber dringend durchgeführt werden muss. Bereits denklogisch spielt die Regelung des § 100 BetrVG bei einer Ein- bzw. Umgruppierung keine Rolle, da es sich hier lediglich um eine Rechtsanwendung handelt und eine sofortige Umsetzung regelmäßig nicht dringlich ist.[516]

15 Der Arbeitgeber hat den Antrag nach § 100 Abs. 2 S. 3 BetrVG mit dem Ersetzungsantrag nach § 99 Abs. 4 BetrVG zu verbinden.[517] Dieses ergibt sich bereits aus dem Wortlaut der Vorschrift. Eine isolierte Antragstellung nach § 100 Abs. 2 S. 3 BetrVG führt zur Unzulässigkeit, der Arbeitgeber darf die vorläufige Maßnahme nicht durchführen.[518] Dieses hat zur Folge, dass der Zustimmungsersetzungsantrag ebenfalls innerhalb der Frist des § 100 Abs. 2 S. 3 BetrVG zu stellen ist, es sei denn, das Beteiligungsverfahren nach § 99 Abs. 1 BetrVG ist noch nicht abgeschlossen. In diesem Fall ist der Antrag nach § 99 Abs. 4 BetrVG im Wege der Antragserweiterung im bereits anhängigen Beschlussverfahren zu stellen. Stimmt der Betriebsrat nach Einleitung des Verfahrens nach § 100 Abs. 2 S. 3 BetrVG der Einstellung zu, so ist das Verfahren einzustellen.

16 Es sind daher folgende Anträge zu stellen:

1. **Die von dem Betriebsrat verweigerte Zustimmung zur Einstellung/Versetzung des Mitarbeiters <Name> wird ersetzt.**
2. **Es wird festgestellt, dass die vorläufige Einstellung/Versetzung des Mitarbeiters <Name> aus sachlichen Gründen dringend erforderlich war.**

17 Der Betriebsrat kann seinerseits nicht im Wege des Widerantrages feststellen lassen, dass eine Maßnahme nicht dringend geboten iSd § 100 Abs. 1 BetrVG ist. Soweit der Arbeitgeber seinerseits den Antrag nach § 100 Abs. 2 S. 2 BetrVG stellt, ist der spiegelbildliche negative Feststellungsantrag unzulässig.[519]

18 Verweigert der Betriebsrat die Zustimmung, so hat das Arbeitsgericht ein doppeltes Prüfungsprogramm. Hält das Gericht Zustimmungsverweigerungsgründe für gegeben und die Maßnahme auch nicht für dringlich, so weist es beide Anträge ab. In diesem Fall hat der Arbeitgeber die Maßnahme gemäß § 100 Abs. 3 BetrVG zwei Wochen nach Rechtskraft einzustellen. Dieses gilt ebenso, wenn das Gericht die Maßnahme zwar für dringlich geboten hält, jedoch Zustimmungsverweigerungsgründe bejaht. Hält das Arbeitsgericht die Maßnahme nicht für dringlich, verneint jedoch Zustimmungsverweigerungsgründe, so kann es den Feststellungsantrag nach

516 Fitting BetrVG § 100 Rn. 5; ErfK/Kania BetrVG § 100 Rn. 1; Richardi/Thüsing BetrVG § 100 Rn. 1; Bedenken äußernd BAG 27.1.1987 – 1 ABR 66/85, NZA 1987, 489; aA GK-BetrVG/Kraft/Wiese § 100 Rn. 13.

517 BAG 15.9.1987 – 1 ABR 44/86, BAGE 56, 108 = NZA 1988, 101; Fitting BetrVG § 100 Rn. 11a; Richardi/Thüsing BetrVG § 100 Rn. 25.

518 BAG 15.9.1987 – 1 ABR 44/85, NZA 1988, 101.

519 AA LAG Hessen 18.9.2007 – 4 TaBV 83/07, BeckRS 2008, 53251.

§ 100 Abs. 2 S. 3 BetrVG nur dann abweisen, wenn die Maßnahme offensichtlich nicht dringlich war. Dieses hat es ausdrücklich im Tenor festzuhalten.[520] Nach Rechtskraft dieser Entscheidung gilt § 100 Abs. 3 BetrVG. Gibt das Arbeitsgericht beiden Anträgen statt, so kann der Arbeitgeber die Maßnahme durchführen. Ergeht zuvor eine rechtskräftige Entscheidung über den Antrag nach § 99 Abs. 4 BetrVG, so hat das Gericht das Verfahren nach § 100 BetrVG einzustellen.[521]

3. Gegenrechte des Betriebsrats

Der Betriebsrat kann bei Einstellungen und Versetzungen seinerseits **nicht verlangen,** dass der Arbeitgeber bei Verletzung der Rechte aus § 99 BetrVG nachträglich **ein Verfahren nach § 99 Abs. 4 BetrVG einleitet.**[522] Lediglich für die **Ein- und Umgruppierung** gilt hier eine **Ausnahme,** da es sich hier nicht um einen tatsächlichen Vorgang, sondern um reine Rechtsanwendung handelt. Der Arbeitgeber kann eine Eingruppierung nicht tatsächlich aufheben. Sie ist entweder richtig oder falsch. In diesen Fällen kann der Betriebsrat dem Arbeitgeber aufgeben, seine Zustimmung einzuholen bzw. ersetzen zu lassen.[523] 19

Unzulässig ist daher folgender Antrag: 20

> *Der Arbeitgeberin wird aufgegeben, die Zustimmung des Betriebsrats zur Einstellung der Arbeitnehmerin <Name> einzuholen bzw. bei deren Verweigerung diese durch das Arbeitsgericht ersetzen zu lassen.*

Zulässig ist allerdings folgender Antrag: 21

> **Der Arbeitgeberin wird aufgegeben, die Zustimmung des Betriebsrats zur Eingruppierung des Arbeitnehmers <Name> in die <Entgelt-/Tarifgruppe> einzuholen und im Fall der Verweigerung diese gerichtlich ersetzen zu lassen.**

Soweit noch nicht klar ist, wie die Eingruppierung vorgenommen wurde, kommt auch in Betracht, lediglich die Zustimmung zur Eingruppierung zu verlangen. Der Antrag könnte wie folgt aussehen: 22

> **Der Arbeitgeberin wird aufgegeben, die Zustimmung des Betriebsrats zur Eingruppierung des Arbeitnehmers <Name> in die <Entgeltordnung> einzuholen und im Fall der Verweigerung diese gerichtlich ersetzen zu lassen.**

Hat der Arbeitgeber überhaupt noch keine Eingruppierung vorgenommen, so kann der Betriebsrat diese im ersten Schritt ebenfalls verlangen. Ein entsprechender Antrag könnte wie folgt formuliert werden:[524] 23

---

520 BAG 18.10.1988 – 1 ABR 36/87, BAGE 60, 66 = NZA 1989, 183.

521 BAG 11.10.2016 – 1 ABR 49/14; Richardi/Thüsing BetrVG § 100 Rn. 36, 37; ErfK/Kania BetrVG § 100 Rn. 8; aA DKW/Kittner/Bachner BetrVG § 100 Rn. 36; Fitting BetrVG § 100 Rn. 15.

522 BAG 20.2.2001 – 1 ABR 30/00, AP Nr. 23 zu § 101 BetrVG 1972; BAG 2.3.2004 – 1 ABR 15/03, AP ZPO 1977 § 256 Nr. 87.

523 BAG 26.10.2004 – 1 ABR 37/03, BAGE 112, 238 = NZA 2005, 535; BAG 17.6.2008 – 1 ABR 37/07, AP BetrVG 1972 § 99 Nr. 126; BAG 14.8.2013 – 7 ABR 56/11, ZTR 2014, 68.

524 Vgl. BAG 11.9.2013 – 7 ABR 29/12, NZA 2014, 388.

Der Arbeitgeberin wird aufgegeben, den Arbeitnehmer <Name> in die <Entgeltordnung> einzugruppieren/in eine andere als die Entgeltgruppe <Name> umzugruppieren, die Zustimmung des Betriebsrats zu dieser Ein-/ Umgruppierung einzuholen und im Fall der Verweigerung diese gerichtlich ersetzen zu lassen.

24 Die zentrale Rechtsschutznorm des Betriebsrats ist § 101 BetrVG. Diese Vorschrift ermöglicht dem Betriebsrat, dem Arbeitgeber gerichtlich die Aufrechterhaltung der Maßnahme untersagen zu lassen, soweit dieser eine Maßnahme nach § 99 BetrVG ohne Einschaltung des Betriebsrats bzw. im Späteren des Arbeitsgerichts oder aber ohne Einleitung des Verfahrens nach § 100 BetrVG durchführt.

25 Ein Antrag nach § 101 BetrVG könnte wie folgt aussehen:

Der Arbeitgeberin wird aufgegeben, die Einstellung/Versetzung des Arbeitnehmers A in der Abteilung A/in die Abteilung A aufzuheben.

26 Der Betriebsrat kann einen Antrag nach § 101 BetrVG **auch als Widerantrag** in ein Verfahren nach § 99 bzw. § 100 BetrVG einführen. Der Antrag ist dann mit dem Abweisungsantrag verbunden.[525] Dem gegenüber kann der Arbeitgeber nicht im Wege des Hilfswiderantrages in einem Verfahren nach § 101 BetrVG den Zustimmungsersetzungsantrag nach § 99 Abs. 4 BetrVG stellen.[526]

27 Bei Rechtsverletzungen kann das Arbeitsgericht den Arbeitgeber auf Antrag des Betriebsrats durch die Festsetzung von Zwangsgeldern zur Aufhebung anhalten. Das Arbeitsgericht gewährt nochmals rechtliches Gehör, eine Androhung ist nicht erforderlich. Vor diesem Hintergrund ist auch nicht erforderlich, bereits eine Androhung im Hauptverfahren zu beantragen.

28 Die Regelungen des § 101 BetrVG **stehen unabhängig von der Regelung des § 23 Abs. 3 BetrVG.** Sie stellen jedoch nach Auffassung des Bundesarbeitsgerichts, soweit die Aufhebung einer konkreten Maßnahme begehrt wird, Sondervorschriften dar.[527] Dieses ist auch systemkonform, da die Regelung des § 23 Abs. 3 BetrVG dem vorbeugenden Schutz vor künftigen Rechtsverletzungen dient, während die Regelung des § 101 BetrVG Rechtsschutz vor bereits begangenen Rechtsverletzungen gewährt.

29 Der Betriebsrat hat außerhalb der groben Pflichtverletzung nach § 23 Abs. 3 BetrVG keinen **allgemeinen Unterlassungsanspruch** in Bezug auf personelle Einzelmaßnahmen.[528] Das Bundesarbeitsgericht hält aber eine einstweilige Leistungsverfügung zur Sicherung der Ansprüche aus § 101 BetrVG für möglich.[529]

30 Zumindest bei groben Pflichtverletzungen des Arbeitgebers kommt daher ein Unterlassungsantrag in Betracht. Insoweit ist aber darauf zu achten, dass der Antrag möglichst präzise gefasst ist nicht und nicht lediglich den Gesetzeswortlaut wiederholt.

525 Fitting BetrVG § 101 Rn. 6; ErfK/Kania BetrVG § 101 Rn. 3; DKW/Kittner/Bachner BetrVG § 101 Rn. 11; aA LAG Hamm 23.1.2015 – 13 TaBV 44/14, LAGE § 81 SGB IX Nr. 16.

526 BAG 18.7.1978 – 1 ABR 43/75, AP Nr. 1 zzu § 101 BetrVG 1972; Richardi/Thüsing BetrVG § 101 Rn. 15a.

527 BAG 17.3.1987 – 1 ABR 65/85, AP Nr. 7 zu § 23 BetrVG 1972; Fitting BetrVG § 101 Rn. 12; Richardi/ Thüsing BetrVG § 101 Rn. 45; aA DKW/Kittner/Bachner BetrVG § 101 Rn. 19.

528 BAG 14.2.2023- 1 ABR 9/22, BeckRS 2023, 7746; BAG 9.3.2011 – 7 ABR 137/09, NZA 2011, 871; BAG 23.6.2009 – 1 ABR 23/08, NZA 2009, 1430.

529 BAG 23.6.2009 – 1 ABR 23/08, NZA 2009, 1430; Fitting BetrVG § 99 Rn. 298; ErfK/Kania BetrVG § 101 Rn. 3.

Soweit die Pflichtverletzungen im Rahmen von personellen Einzelmaßnahmen einen bestimmten Bereich betreffen, ist der Unterlassungsantrag so zu fassen, dass klar ist, welches Verhalten in welchen Konstellationen vom Arbeitgeber gefordert ist.[530]

Der Antrag könnte daher wie folgt formuliert werden: 31

> **Der Arbeitgeberin wird aufgegeben, bei Meidung eines Ordnungsgeldes von bis zu 10000,– EUR es zu unterlassen, künftig Einstellungen/Versetzungen von Leiharbeitnehmern im Bereich <konkreter Bereich> vorzunehmen, ohne die Zustimmung des Betriebsrats hierzu einzuholen oder eine verweigerte Zustimmung durch das Arbeitsgericht ersetzen zu lassen oder den Betriebsrat über eine vorläufige Maßnahme nach § 100 Abs. 1 BetrVG zu informieren und bei dessen Bestreiten binnen drei Tagen das Arbeitsgericht anzurufen.**

Lediglich in Fällen, in denen der Arbeitgeber die Einhaltung des Mitbestimmungs- 32
verfahrens nach § 99 BetrVG völlig negiert, kommt ein Antrag in Betracht, der sich rein auf den Gesetzeswortlaut bezieht. In diesem Rahmen ist dann aber in der Begründung deutlich zu machen, dass es in allen Mitbestimmungstatbeständen und verschiedensten Bereichen des Betriebs zu Verstößen gekommen ist.

> **Der Arbeitgeberin wird aufgegeben, bei Meidung eines Ordnungsgeldes von bis zu 10000,– EUR es zu unterlassen, künftig Einstellungen oder Versetzungen vorzunehmen, ohne die Zustimmung des Betriebsrats hierzu einzuholen oder eine verweigerte Zustimmung durch das Arbeitsgericht ersetzen zu lassen oder den Betriebsrat über eine vorläufige Maßnahme nach § 100 Abs. 1 BetrVG zu informieren und bei dessen Bestreiten binnen drei Tagen das Arbeitsgericht anzurufen.**

Bei Fragen der Eingruppierung kommt, soweit grundsätzlich die Anwendung der 33
Entgeltordnung in Frage steht oder ein grober Verstoß vorliegt, folgender Antrag in Betracht:[531]

> **Der Arbeitgeberin wird aufgegeben, Arbeitnehmer bei Neueinstellungen in die <Entgeltordnung> einzugruppieren, soweit es sich nicht um leitende Angestellte oder Leiharbeitnehmer handelt, die Zustimmung des Betriebsrats hierzu einzuholen sowie diese bei Verweigerung gerichtlich ersetzen zu lassen.**

Das Bundesarbeitsgericht hat in einer entsprechenden Konstellation auch die Zuläs- 34
sigkeit eines Feststellungsantrags bejaht:[532]

> **Es wird festgestellt, dass die Arbeitgeberin verpflichtet ist, bei allen Neueinstellungen, soweit die Arbeitnehmer keine leitenden Angestellten oder Leiharbeitnehmer sind, eine Eingruppierung in <Entgeltordnung> vorzunehmen und dazu die Zustimmung des Betriebsrats einzuholen.**

530 LAG Hessen 11.7.2017 – 4 TaBV 47/17, BeckRS 2017, 148031; LAG Hamm 5.2.2010 – 13 TaBV 38/09, BeckRS 2010, 68701.
531 BAG 14.2.2023 – 1 ABR 9/22. BeckRS 2023, 7746; BAG 18.10.2011 – 1 ABR 25/10, NZA 2012, 392.
532 BAG 18.10.2011 – 1 ABR 34/10, AP Nr. 142 zu § 87 BetrVG Lohngestaltung.

35 Im Wege der einstweiligen Verfügung kommt folgender Antrag in Betracht:

Der Arbeitgeberin wird im Wege der einstweiligen Verfügung aufgegeben bis zur rechtskräftigen Entscheidung über den Aufhebungsantrag nach § 101 BetrVG die <Maßnahme> aufzuheben.

36 Neben dem Verfahren nach § 101 BetrVG kann der Betriebsrat aber auch in einem **Feststellungsverfahren** den Umfang seines Mitbestimmungsrechts feststellen lassen, wenn insoweit Streitigkeiten mit dem Arbeitgeber bestehen und in Betracht kommt, dass sich diese Frage auch weiterhin in diesem Betrieb stellt.[533] Er kann in diesem Rahmen den Umfang der nach § 99 Abs. 1 BetrVG vorzulegenden Unterlagen feststellen lassen.[534] Entsprechende Anträge können – soweit sie einen hinreichend bestimmten Sachverhalt umschreiben – **auch als Leistungsanträge** gestellt werden. Unter den Voraussetzungen des § 23 Abs. 3 BetrVG kann in diesem Zusammenhang auch ein Ordnungsgeld angedroht werden. Auch in diesem Rahmen ist präzise darauf zu achten und möglichst genau im Antrag zu beschreiben, welcher konkrete Einsatz nach Auffassung des Betriebsrats dem Mitbestimmungsrecht unterliegt, um die Gefahr eines Globalantrags zu vermeiden.[535] Dabei ist zu beachten, dass bei Einstellung und Versetzung der Antrag nur auf die Einleitung des Verfahrens nach § 99 Abs. 1 BetrVG gerichtet sein kann, nicht aber auf das Verfahren nach § 99 Abs. 4 BetrVG, da insoweit die Schutzrechte des § 101 BetrVG greifen. Im Übrigen muss die grobe Pflichtverletzung nach § 23 Abs. 3 BetrVG dargelegt werden.

37 Ein auf eine derartige Frage bezogener Antrag könnte wie folgt aussehen:

Es wird festgestellt, dass die Arbeitgeberin verpflichtet ist, die Zustimmung des Betriebsrats zum Einsatz von Dienstleistungskräften des Unternehmens A in der Abteilung B einzuholen.

Oder:

1. **Die Arbeitgeberin wird verpflichtet, vor Einsätzen von Dienstleistungskräften des Unternehmens A in der Abteilung B die Zustimmung des Betriebsrats einzuholen.**
2. **Der Arbeitgeberin wird für jeden Fall der Zuwiderhandlung gegen die Verpflichtung zu 1.) ein Zwangsgeld von bis zu 10000,– EUR angedroht.**

Mitbestimmung in wirtschaftlichen Angelegenheiten

Übersicht

	Rn.
1. Unterrichtung	1–5
2. Betriebsänderung	6–9
3. Unterlassungsanspruch	10–14
4. Insolvenz	15–18

533 BAG 22.3.2016 – 1 ABR 19/14 – NZA 2016, 909; BAG 30.4.1981 – 6 ABR 59/78, BAGE 35, 228 = DB 1981, 1833; BAG 25.1.2005 – 1 ABR 59/03, BAGE 113, 206 = NZA 2005, 945; BAG 9.12.2008 – 1 ABR 74/07, DB 2009, 743; Fitting BetrVG § 101 Rn. 5; Richardi/Thüsing BetrVG § 101 Rn. 7.

534 BAG 19.5.1981 – 1 ABR 109/78, BAGE 35, 278 = NJW 1982, 124.

535 BAG 29.9.2020 – 1 ABR 21/19; BAG 17.2.2015 – 1 ABR 45/13, NZA 2015, 27; BAG 13.5.2014 – 1 ABR 50/12, BeckRS 2014, 72127.

Die Mitwirkung und Mitbestimmung der Arbeitnehmer in wirtschaftlichen Angelegenheiten ist im sechsten Abschnitt des vierten Teils des Betriebsverfassungsgesetzes in den §§ 106ff. BetrVG geregelt.

1. Unterrichtung

1 Im Mittelpunkt des ersten Unterabschnitts aber auch am Anfang des Beteiligungsverfahrens bei Betriebsänderungen nach den Bestimmungen des zweiten Unterabschnitts steht die **Unterrichtung** der Arbeitnehmer bzw. ihrer Vertretungen (Wirtschaftsausschuss, Betriebsrat, Gesamtbetriebsrat). Wegen der allgemeinen Grundsätze der Antragsstellung vergleiche → *Unterrichtung.*

2 Da der Wirtschaftsausschuss lediglich Hilfsfunktionen für den Betriebsrat ausübt und keine eigenen Entscheidungsbefugnisse hat, sind **Meinungsverschiedenheiten** über die Auskunftspflichten des Unternehmens gegenüber dem Wirtschaftsausschuss nach § 109 Abs. 1 BetrVG **nicht vom Wirtschaftsausschuss,** sondern **vom Betriebsrat** mit dem Unternehmer auszutragen.[536] Wegen der Hilfsfunktion des Wirtschaftsausschusses berührt auch die Entscheidung darüber, ob die gesetzlichen Voraussetzungen für die Bildung eines Wirtschaftsausschusses gegeben sind, nur die betriebsverfassungsrechtliche Rechtsstellung des Betriebsrats, nicht jedoch eine betriebsverfassungsrechtliche Rechtsposition des Wirtschaftsausschusses. Dieser ist deshalb an einem Verfahren, in dem die Betriebspartner über die Berechtigung des Betriebsrats zur Bestellung eines Wirtschaftsausschusses streiten, nicht beteiligt.[537] Gleiches gilt, wenn der Betriebsrat die ihm zustehenden Rechte auf Erteilung von Informationen und die Vorlage von Unterlagen an den Wirtschaftsausschuss geltend macht. Durch ein solches Verfahren wird der Wirtschaftsausschuss in seiner betriebsverfassungsrechtlichen Rechtsstellung nicht berührt.[538]

3 Zur Beilegung von **Meinungsverschiedenheiten** über die **ordnungsgemäße Unterrichtung** des Wirtschaftsausschusses sieht § 109 BetrVG eine **Sonderregelung** vor: Wird eine Auskunft über wirtschaftliche Angelegenheiten des Unternehmens im Sinne des § 106 BetrVG entgegen dem Verlangen des Wirtschaftsausschusses nicht, nicht rechtzeitig oder nur ungenügend erteilt und kommt hierüber zwischen Unternehmer und Betriebsrat eine Einigung nicht zustande, so entscheidet die → *Einigungsstelle.* Das in § 109 BetrVG normierte Konfliktlösungsverfahren ist für Auseinandersetzungen über Grund, Umfang und Modalitäten der Unterrichtungs- und Vorlagepflicht des Unternehmers nach § 106 Abs. 2 BetrVG vorgesehen.[539] Nach hM gelten die Regelungen des § 109 BetrVG entsprechend für das Einsichtsrecht nach § 108 Abs. 3 BetrVG[540] und den Umfang der Erläuterungspflicht des Unternehmers nach § 108 Abs. 5 BetrVG.[541] Verfahrensvoraussetzung für die Bildung einer Einigungsstelle ist das vergebliche Verlangen nach Auskunft durch den Wirtschaftsausschuss. Dies gilt, obwohl die Verpflichtung des Unternehmens zur Auskunftserteilung gemäß § 106 BetrVG nicht von einem entsprechenden Antrag abhängig ist. Denn nur dann, wenn der Wirtschaftsausschuss ausdrücklich – und vergeblich –

536 BAG 15.3.2006 – 7 ABR 24/05 Rn. 23, NZA 2006, 1422 (1424).
537 BAG 26.2.2020 – 7 ABR 20/18 Rn. 12, NZA 2020, 960; 8.3.1983 – 1 ABR 44/81 – zu B I, AP BetrVG 1972 § 118 Nr. 26.
538 BAG 22.1.1991 – 1 ABR 38/89, NZA 1991, 649.
539 BAG 17.12.2019 – 1 ABR 25/18 Rn. 12, NZA 2020, 393; 12.2.2019 – 1 ABR 37/17 Rn. 14, NZA 2019, 787.
540 ErfK/Kania BetrVG § 109 Rn. 1; HWK/Willemsen/Lembke BetrVG § 109 Rn. 1; differenzierend Fitting BetrVG § 108 Rn. 41.
541 LAG Düsseldorf 13.3.1978 – 21 TaBV 3/78, DB 1978, 1696; HWK/Willemsen/Lembke BetrVG § 109 Rn. 1.

Auskunft über eine bestimmte wirtschaftliche Angelegenheit verlangt hat, kann sich der Betriebsrat bzw. Gesamtbetriebsrat einschalten.[542] Die Einleitung des Einigungsstellenverfahrens setzt weiter voraus, dass Unternehmer und Betriebsrat bzw. Gesamtbetriebsrat zunächst intern versucht haben, die Meinungsverschiedenheit über das konkrete Auskunftsverlangen des Wirtschaftsausschusses beizulegen (§ 109 Abs. 1 S. 1 BetrVG). Erst wenn diese Einigung scheitert, kann die Bildung einer Einigungsstelle verlangt werden. Dabei gehen die Landesarbeitsgerichte davon aus, dass die Einsetzung einer Einigungsstelle im Rahmen des § 109 BetrVG nur hinsichtlich eines zukunftsgewandten Auskunftsverlangens in Betracht kommt.[543] Da der Spruch der Einigungsstelle die Einigung zwischen Arbeitgeber und Betriebsrat ersetzt, ist der Arbeitgeber verpflichtet, ihn nach § 77 Abs. 1 S. 1 BetrVG durchzuführen. Will er dem nicht nachkommen, muss er dessen Unwirksamkeit gerichtlich geltend machen.[544] Der diesem Begehren entsprechende **Antrag** ist **auf** eine **Feststellung** zu richten (→ *Einigungsstelle Rn. 13*). Allerdings besteht eine Besonderheit, da die Einigungsstelle nach § 109 BetrVG nicht über eine Regelungs- sondern über eine Rechtsfrage entscheidet: Macht der Arbeitgeber die Unwirksamkeit eines eine Unterrichtungs- oder Vorlagepflicht erkennenden Spruchs geltend, will er regelmäßig auch feststellen lassen, dass keine gesetzliche Verpflichtung besteht, dem zugrundeliegenden Verlangen des Wirtschaftsausschusses nachzukommen.[545] Dies gilt jedenfalls, sofern keine gegenteiligen Anhaltspunkte bestehen. Nur mit einem solchen Antragsverständnis wird der zwischen den Betriebsparteien bestehende Streit über den Unterrichtungs-/Vorlageanspruch des Wirtschaftsausschusses oder seinen Modalitäten abschließend geklärt. Idealerweise sollte der Antrag daher folgendermaßen formuliert werden:

1. Es wird festgestellt, dass der Spruch der Einigungsstelle <Thema> vom <Datum> unwirksam ist.
2. Es wird festgestellt, dass die Antragstellerin nicht verpflichtet ist, dem Wirtschaftsausschuss über folgende Punkte zu unterrichten und ihm entsprechende Unterlagen vorzulegen <konkrete Bezeichnung der Tatsachen>.

4 Die besondere Zuständigkeit der Einigungsstelle nach § 109 S. 1 und S. 2 BetrVG verpflichten Unternehmer und (Gesamt-)Betriebsrat, vor Anrufung der Gerichte für Arbeitssachen deren Entscheidung herbeizuführen. Ein im arbeitsgerichtlichen Beschlussverfahren angebrachtes Begehren, das der Primärzuständigkeit der Einigungsstelle unterfällt, ist unzulässig, wenn nicht zuvor das in § 109 BetrVG vorgesehene Konfliktlösungsverfahren durchgeführt wurde.[546] Die Frage, **ob** eine vom Wirtschaftsausschuss geforderte Unterlage eine **„wirtschaftliche Angelegenheit"** betrifft, ist dagegen eine Rechtsfrage, bei der **keine Primärzuständigkeit der Einigungsstelle** besteht.[547] Diese Frage kann daher mit Hilfe eines Feststellungsantrags durch das Arbeitsgericht geklärt werden.

5 Insbesondere die umfassende Information des Betriebsrats nach § 111 Abs. 1 S. 1 im Vorfeld einer Betriebsänderung erlaubt häufig keine lange zeitliche Verzögerung. Der

542 BAG 17.12.2019 – 1 ABR 25/18 Rn. 28, NZA 2020, 393; LAG Hamburg, 12.6.2013 – 6 TaBV 9/13 – mwN, BeckRS 2014, 65029.
543 LAG Hamburg, 12.6.2013 – 6 TaBV 9/13 mwN, BeckRS 2014, 65029; LAG Köln 2.3.2009 – 2 TaBV 111/08, LAGE § 98 ArbGG 1979 Nr. 52.
544 BAG 17.12.2019 – 1 ABR 25/18 Rn. 13, NZA 2020, 393.
545 BAG 17.12.2019 – 1 ABR 25/18 Rn. 14, NZA 2020, 393.
546 BAG 12.2.2019 – 1 ABR 37/17 Rn. 15, NZA 2019, 787; Schaub/Ahrendt § 243 Rn. 33.
547 BAG 22.1.1991 – 1 ABR 38/89, NZA 1991, 649 mwN.

Unterrichtungsanspruch kann hier häufig sinnvoll nur im Verfahren des **einstweiligen Rechtsschutzes** durchgesetzt werden.[548]

> **1. Die Arbeitgeberin wird im Wege der einstweiligen Verfügung verpflichtet, dem Betriebsrat <konkrete Bezeichnung der herauszugebenden Unterlagen zB das Gutachten der Unternehmensberatung XY vom <Datum> in ungekürzter, ungeschwärzter Form> zur Verfügung zu stellen.**
> **2. Für den Fall des Obsiegens mit dem Antrag zu 1) wird beantragt, eine abgekürzte Beschlussausfertigung iSd § 317 Abs. 2 S. 2 ZPO zu erteilen.**

2. Betriebsänderung

Besteht Streit über die Frage, ob eine **Betriebsänderung iSd § 111 BetrVG** vorliegt, 6
kann der Betriebsrat die gerichtliche **Feststellung** beantragen, dass die geplante Maßnahme der Mitbestimmungspflicht des Betriebsrats unterliegt und den Unternehmer zu Verhandlungen über einen Interessenausgleich und Sozialplan verpflichtet.[549] Alternativ kann der Arbeitgeber den entsprechenden negativen Feststellungsantrag stellen. Dabei kann der Antrag nach Ansicht des BAG nicht darauf gerichtet werden festzustellen, dass die Maßnahme (k)eine Betriebsänderung im Sinne des § 111 BetrVG sei. Ein solcher Antrag sei auf die Beurteilung einer Tatsache und nicht auf die Feststellung eines Rechtsverhältnisses iSd § 256 Abs. 1 ZPO gerichtet.[550]

> *Es wird festgestellt, dass die Einstellung des Geschäftsbetriebs der Filiale Düsseldorf und die Beendigung der Arbeitsverhältnisse der dort beschäftigten Arbeitnehmer keine [eine] Betriebsänderung iSd § 111 BetrVG darstellt.*

Der Antrag sollte stattdessen folgendermaßen formuliert werden: 7

> **Es wird festgestellt, dass die Einstellung des Geschäftsbetriebs der Filiale Düsseldorf und die Beendigung der Arbeitsverhältnisse der dort beschäftigten Arbeitnehmer nicht der Mitbestimmung des Betriebsrats nach § 111 BetrVG unterliegt.**

Ist hingegen streitig, ob der Betriebsrat rechtzeitig gewählt wurde, so dass die Arbeit- 8
geberin anlässlich einer an sich unstreitig vorliegenden Betriebsänderung zum Abschluss eines Sozialplans verpflichtet ist, kann folgender Antrag gestellt werden:[551]

> **Es wird festgestellt, dass der Betriebsrat anlässlich der Betriebsänderung in Form <nähere Bezeichnung der Maßnahme> ein auf den Abschluss eines Sozialplans gerichtetes erzwingbares Mitbestimmungsrecht nach § 112 Abs. 1 S. 2 und Abs. 4 BetrVG hat.**

Der gerichtliche Beschluss bindet nicht nur Arbeitgeber und Betriebsrat, sondern 9
entfaltet darüber hinaus auch **Bindungswirkung** im Verhältnis zu einzelnen Arbeitnehmern, die einen Anspruch auf Nachteilsausgleich nach § 113 geltend machen.[552]

548 Richardi/Annuß BetrVG § 111 Rn. 171.
549 BAG 15.10.1979 – 1 ABR 49/77 – zu B, AP BetrVG 1972 § 111 Nr. 5; ErfK/Kania BetrVG § 111 Rn. 26.
550 BAG 10.11.1987 – 1 AZR 360/86 – zu 3, AP BetrVG 1972 § 113 Nr. 15.
551 Vgl. BAG 8.2.2022 – 1 ABR 2/21 – Rn. 14, NZA 2022, 870,
552 BAG 10.11.1987 – 1 AZR 360/86, AP BetrVG 1972 § 113 Nr. 15.

Führt der Arbeitgeber die Maßnahme vor Abschluss des Beschlussverfahrens durch, kann nur noch über die Verpflichtung zur Aufstellung eines Sozialplans gestritten werden. Für die Feststellung, der Arbeitgeber müsse einen Interessenausgleich versuchen, besteht kein Rechtsschutzinteresse mehr. Das Ergebnis in einem solchen Verfahren über die Sozialplanpflichtigkeit einer Maßnahme hat auf Verfahren nach § 113 Abs. 3 BetrVG die gleiche präjudizielle Wirkung wie das Beschlussverfahren, in dem es um die Verpflichtung des Arbeitgebers zum Versuch eines Interessenausgleichs geht. Mit präjudizieller Wirkung wird festgestellt, ob die durchgeführte Maßnahme eine Betriebsänderung war, die Beteiligungsrechte des Betriebsrats auslöst.[553] Die von der Rechtsordnung im Wege des Vorabentscheidungsverfahrens zugelassene Klärung der Rechte und Pflichten von Arbeitgeber und Betriebsrat würde nicht erreicht, wenn betriebsverfassungsrechtliche Pflichten in anderen Verfahren anders beurteilt werden könnten. Hätte das vorausgegangene Beschlussverfahren keine bindende Wirkung, müsste ein vorsichtiger Arbeitgeber in allen Fällen – selbst in denen, in denen eine solche Verpflichtung im Verhältnis zum Betriebsrat rechtskräftig verneint wurde – einen Interessenausgleich versuchen, um jedenfalls Ansprüche der Arbeitnehmer nach § 113 Abs. 3 BetrVG zu vermeiden. Das mutet ihm die Rechtsprechung nicht zu.

3. Unterlassungsanspruch

10 In Instanzrechtsprechung und Literatur ist umstritten, ob der Betriebsrat, um seine Mitwirkungsrechte nach §§ 111ff. zu sichern, dem Arbeitgeber gerichtlich untersagen lassen kann, eine Betriebsänderung durchzuführen, bis das Interessenausgleichsverfahren abgeschlossen ist. Anders als bei der → *Mitbestimmung in sozialen Angelegenheiten* hat der Gesetzgeber mit dem Nachteilsausgleich gem. § 113 Abs. 3 BetrVG eine ausdrückliche Sanktion für die Nichtbeachtung der Beteiligungsrechte des Betriebsrats vorgesehen. Vor diesem Hintergrund sehen einige Landesarbeitsgerichte und Teile der Literatur keinen Raum für ein eigenständiges Recht des Betriebsrats zu einer präventiven Verhinderung eines vorzeitigen Abbruchs von Interessenausgleichsverhandlungen.[554] Die Gegenmeinung steht auf dem Standpunkt, dass dem Betriebsrat ein Anspruch auf **Unterlassung einer Betriebsänderung** bis zum Zustandekommen oder endgültigen Scheitern eines Interessenausgleichs zusteht.[555] Allein aus der in § 113 Abs. 3 BetrVG enthaltenen individualrechtlichen Sanktionsmöglichkeit zu Gunsten der betroffenen Arbeitnehmer ergibt sich nach dieser Ansicht kein hinreichender Schutz des Rechtes des Betriebsrats auf Unterrichtung und Beratung. Spätestens seit Verstreichen der Umsetzungsfrist der Richtlinie 2002/14/EG am 23.3.2005 spricht viel dafür, in deren Anwendungsbereich angesichts Art. 4 Abs. 4 lit. e), Art. 8 Abs. 1 S. 2 RL 2002/14/EG im Wege richtlinienkonformer

553 BAG 10.11.1987 – 1 AZR 360/86 – zu 2c, AP BetrVG 1972 § 113 Nr. 15.

554 LAG Düsseldorf 19.11.1996 – 8 TaBV 80/96, NZA-RR 1997, 297; LAG München 24.9.2003 – 5 TaBV 48/03, NZA-RR 2004, 536; LAG München 28.6.2005 – 5 TaBV 46/05, ArbRB 2006, 78; LAG Köln 30.4.2004 – 5 Ta 166/04, NZA-RR 2005, 199; ArbG Dresden 25.7.1997 – 16 BVGa 9/97, NZA-RR 1998, 125; ArbG Schwerin 13.2.1998 – 1 BVGa 2/98, NZA-RR 1998, 448; Baur DB 1994, 224; ErfK/Kania BetrVG § 111 Rn. 24; Hohenstatt NZA 1998, 846; Neef NZA 1997, 68; Raab ZfA 1997, 183 (246 f.).

555 LAG Frankfurt 21.9.1982 – 4 TaBVGa 94/82, DB 1983, 613; LAG Hamm 23.3.1984 – 12 TaBV 15/83, AuR 1984, 54; LAG Berlin 7.9.1995 – 10 TaBV 5 und 9/95, NZA 1996, 1284; LAG Hamburg 26.6.1997 – 6 TaBV 5/97, NZA-RR 1997, 296; LAG Thüringen 26.9.2000 – 1 TaBV 14/2000, LAGE § 111 BetrVG 1972 Nr. 17; LAG Hamm 28.8.2003 – 13 TaBV 127/03, NZA-RR 2004, 80; LArbG Niedersachsen 4.5.2007 – 17 TaBVGa 57/07, LAGE § 111 BetrVG 2001 Nr. 7; LAG Schleswig-Holstein 20.7.2007 – 3 TaBVGa 1/07, NZA-RR 2008, 244; DKW/Däubler §§ 112, 112a Rn. 55; Heither FS für Däubler 1999 S. 338; Matthes RdA 1999, 178; Zwanziger BB 1998, 477; Pflüger DB 1998, 2062; Dütz AuR 1998, 181; vgl. zum Streitstand auch: Schmädicke NZA 2004, 295; Fauser/Nacken NZA 2006, 1136.

Auslegung einen Unterlassungsanspruch anzuerkennen.[556] Das BAG hat es offen gelassen, ob zur Gewährleistung der Beteiligungsrechte des Betriebsrats bei Betriebsänderungen ein solcher zukunftsbezogener Unterlassungsanspruch – vergleichbar demjenigen aus § 87 BetrVG – anzuerkennen ist.[557]

Bezüglich des Umfangs des Anspruchs ist zu berücksichtigen, dass der Unterlas- **11**
sungsanspruch des Betriebsrats nur der Sicherung seines Verhandlungsanspruchs dient, nicht aber losgelöst hiervon, der Untersagung der Betriebsänderung selbst. Mithin können nur solche Maßnahmen des Arbeitgebers untersagt werden, die den Verhandlungsanspruch des Betriebsrats rechtlich oder faktisch in Frage stellen.[558] Teilweise wird aus diesem Grund ein Unterlassungsanspruch jedenfalls dann verneint, wenn die Betriebsänderung bereits durchgeführt worden ist.[559]

Wie jeder Unterlassungsanspruch muss der Antrag auf Untersagung der Durchfüh- **12**
rung der im Rahmen der Betriebsänderung beabsichtigten Maßnahmen hohen Anforderungen bezüglich seiner **Bestimmtheit** genügen (→ *B.I. Rn. 15*). Daher kann sich der begehrte Verbotsausspruch nicht pauschal auf die Vornahme von Betriebsänderungen an einem Standort beziehen.[560] Ein solcher Antrag beschreibt die von der Arbeitgeberin zu unterlassenden Maßnahmen lediglich mit einem Rechtsbegriff, der als solcher und isoliert keine konkreten Handlungen bezeichnet. Die Klärung der Fragen, ob ein bestimmter Vorgang eine Betriebsänderung iSd § 111 BetrVG darstellt und wann eine solche als „vorgenommen" anzusehen wäre, würde vollständig in das Zwangsvollstreckungsverfahren verlagert.

Der Arbeitgeberin wird aufgegeben, es zu unterlassen, eine Betriebsänderung an dem Standort vorzunehmen, ohne zuvor mit dem Betriebsrat einen Interessenausgleich geschlossen zu haben bzw. bis die Einigungsstelle das Scheitern eines Interessenausgleichs festgestellt hat.

Allerdings ist bei einem auf die Abwehr künftiger Beeinträchtigungen gerichteten **13**
Unterlassungsanspruch das verlangte Verbot in der Regel rechtsschutzgewährend so auszulegen, dass es auf die Untersagung der im Anlassfall liegenden, als rechtswidrig angegriffenen Verhaltensweise gerichtet ist.[561] Bezieht sich der Unterlassungsantrag auf den Ausspruch von Kündigungen, so ist er auf betriebsbedingte Kündigungen zu beschränken.[562] Die Namen der zu kündigenden Arbeitnehmer, die dem Betriebsrat oft noch gar nicht bekannt sein müssen, sind nicht zwingend in den Antrag aufzunehmen.[563]

556 Vgl. LAG Schleswig-Holstein 15.12.2010 – 3 TaBVGa 12/10 – mwN, BeckRS 2011, 68509; Richardi/Annuß BetrVG § 111 Rn. 168; Fauser/Nacken NZA 2006, 1136 (1142 f.); aA LAG Baden-Württemberg 21.10.2009 – 20 TaBVGa 1/09, BeckRS 2010, 66550.

557 BAG 8.3.2022 – 1 ABR 19/21 Rn. 35, NZA 2022, 1068; insoweit kritAnm Richter/Jansen AP BetrVG 1972 § 1 Gemeinsamer Betrieb Nr. 35: das BAG ließ sich „die einmalige Gelegenheit entgehen, diese Rechtsfrage abschließend zu entscheiden".

558 LArbG Berlin-Brandenburg 19.6.2014 – 7 TaBVGa 1219/14, BeckRS 2014, 71664; dazu Söhl ArbR Aktuell 2014, 474.

559 LAG Rheinland-Pfalz 22.3.2018 – 4 TaBV 20/17, BeckRS 2018, 17613 Rn. 21.

560 BAG 8.3.2022 – 1 ABR 19/21 Rn. 26 f., NZA 2022, 1068, m. insoweit zustAnm Richter/Jansen AP BetrVG 1972 § 1 Gemeinsamer Betrieb Nr. 35.

561 BAG 8.3.2022 – 1 ABR 19/21 Rn. 26 f., NZA 2022, 1068; 28.7.2020 – 1 ABR 41/18 Rn. 11 mwN, NZA 2020, 1413.

562 Korinth, Einstweiliger Rechtsschutz, K Rn. 154.

563 Korinth, Einstweiliger Rechtsschutz, K Rn. 154; aA LAG Schleswig-Holstein 13.1.1992 – 4 TaBV 54/91, LAGE BetrVG 1972 § 111 Nr. 11.

> **1. Die Arbeitgeberin wird verpflichtet, es zu unterlassen, anlässlich <Bezeichnung der Maßnahme> gegenüber den dort beschäftigten Arbeitnehmern betriebsbedingte Kündigungen auszusprechen, solange die Verhandlungen vor der Einigungsstelle über einen Interessenausgleich noch nicht abgeschlossen oder nicht gescheitert sind.**
> **2. Für jeden Fall der Zuwiderhandlung gegen die Verpflichtung aus Ziff. 1 wird ein Ordnungsgeld bis zu 10000 EUR angedroht.**

14 Da die Durchführung der Betriebsänderung regelmäßig kurz bevorsteht, kann effektiver Rechtsschutz nur im Wege der → B. I. *einstweiligen Verfügung* auf Unterlassung erlangt werden. Für die Formulierung des Antrags gelten keine Besonderheiten.

4. Insolvenz

15 Nach Eröffnung des Insolvenzverfahrens über das Vermögen des Arbeitgebers sieht die Insolvenzordnung einige Modifikationen im Hinblick auf die Beteiligung des Betriebsrats bei Betriebsänderungen vor. Ist eine Betriebsänderung geplant und kommt zwischen Insolvenzverwalter und Betriebsrat der Interessenausgleich nach § 112 BetrVG nicht innerhalb von drei Wochen nach Verhandlungsbeginn oder schriftlicher Aufforderung zur Aufnahme von Verhandlungen zustande, obwohl der Verwalter den Betriebsrat rechtzeitig und umfassend unterrichtet hat, so kann der Verwalter gemäß **§ 122 Abs. 1 InsO** die **Zustimmung** des Arbeitsgerichts dazu beantragen, dass die **Betriebsänderung** durchgeführt wird, ohne dass das Verfahren nach § 112 Abs. 2 des Betriebsverfassungsgesetzes vorangegangen ist. Die Vorschriften des Arbeitsgerichtsgesetzes über das Beschlussverfahren gelten entsprechend; Beteiligte sind der Insolvenzverwalter und der Betriebsrat. Das Gericht erteilt gemäß § 122 Abs. 2 S. 1 InsO die Zustimmung, wenn die wirtschaftliche Lage des Unternehmens auch unter Berücksichtigung der sozialen Belange der Arbeitnehmer erfordert, dass die Betriebsänderung ohne vorheriges Verfahren nach § 112 Abs. 2 BetrVG durchgeführt wird. Der Antrag ist nach dem Wortlaut des Gesetzes nicht auf die Ersetzung der Zustimmung des Betriebsrats zu richten, sondern zielt auf die Erteilung eines gerichtlichen Dispenses von der Fortsetzung der Interessenausgleichsverhandlungen.[564] Die Entscheidung des Arbeitsgerichts nach Abs. 2 S. 1 ergeht nicht über die Frage des „Ob" der Betriebsänderung, sondern über die Frage des „Wann" (vor Durchführung des Einigungsstellenverfahrens oder danach). Sie ist keine Zustimmung zu der geplanten Betriebsänderung.[565] Die beabsichtigte Betriebsänderung muss im Antrag konkret bezeichnet werden.[566]

> **Die Zustimmung zur Durchführung der Maßnahme <genaue Bezeichnung der Betriebsänderung>, ohne dass das Verfahren nach § 112 Abs. 2 BetrVG vorangegangen ist, wird erteilt.**

16 Der Antrag wird unzulässig, wenn nach Einleitung des Verfahrens ein Interessenausgleich zustande kommt oder sich herausstellt, dass seine Herbeiführung bis zum Scheitern der Einigungsstelle ausreichend versucht wurde.[567] Der Antrag kann dann zurückgenommen (§ 81 Abs. 2 ArbGG) oder das Verfahren für erledigt erklärt werden (§ 83a Abs. 3 ArbGG).[568]

564 MPFormB ArbR/Manske/Witt Form. C. XII. 5 Anm. 1.
565 ArbG Lingen 9.7.1999 – 2 BV 4/99, ZInsO 1999, 656.
566 Schmädicke/Fackler NZA 2012, 1199 (1201).
567 BeckMandatsHdB InsArbR/Regh § 10 Rn. 80.
568 Schmädicke/Fackler NZA 2012, 1199 (1201).

17 Es erscheint zweifelhaft, ob der Antrag auch im Wege des einstweiligen Rechtsschutzes gestellt werden kann. In der Literatur wird dies teilweise – allerdings unter Hinweis auf die Vorwegnahme der Hauptsacheentscheidung – angenommen.[569] Da das Verfahren nach § 122 InsO bereits als ein beschleunigtes ausgestaltet ist (Pflicht zur vorrangigen Erledigung gem. Abs. 2 S. 3; Ausschluss der Beschwerde zum LAG gem. Abs. 3 S. 1), dürfte die Bezugnahme auf das Verfahren in Beschlusssachen dahingehend teleologisch zu reduzieren sein, dass der Erlass einer einstweiligen Verfügung gemäß § 85 Abs. 2 ArbGG nicht zulässig ist.

18 Hat der Betrieb keinen Betriebsrat oder kommt aus anderen Gründen innerhalb von drei Wochen nach Verhandlungsbeginn oder schriftlicher Aufforderung zur Aufnahme von Verhandlungen ein **Interessenausgleich mit Namensliste** nach § 125 Abs. 1 InsO nicht zustande, obwohl der Betriebsrat rechtzeitig und umfassend unterrichtet wurde, so kann der Insolvenzverwalter gemäß § 126 Abs. 1 InsO beim Arbeitsgericht beantragen festzustellen, dass die Kündigung der Arbeitsverhältnisse bestimmter, im Antrag bezeichneter Arbeitnehmer durch dringende betriebliche Erfordernisse bedingt und sozial gerechtfertigt ist. Auch hier findet das Beschlussverfahren Anwendung. Beteiligte sind gemäß § 126 Abs. 2 InsO der Insolvenzverwalter, der Betriebsrat und die bezeichneten Arbeitnehmer, soweit sie nicht mit der Beendigung der Arbeitsverhältnisse oder mit den geänderten Arbeitsbedingungen einverstanden sind. Die Beteiligtenstellung hängt also von dem individuellen Verhalten eines jeden Arbeitnehmers ab.[570] Gemäß § 128 Abs. 1 S. 2 InsO ist uU auch der Erwerber des Betriebs Beteiligter. Das Beschlussverfahren ist nach hM auch dann zulässig, wenn die Kündigung der im Antrag bezeichneten Arbeitnehmer schon vor Einleitung des Verfahrens erfolgt ist.[571] Denn unter dem Gesichtspunkt der zeitlichen Verzögerung ist es nicht praxisgerecht, wenn zunächst das Beschlussverfahren und erst nach dessen Rechtskraft die Kündigungen ausgesprochen werden. Dabei ist im Beschlussverfahren nach Ausspruch der Kündigungen für die Beurteilung von deren Rechtmäßigkeit auf den Zeitpunkt des Zugangs der Kündigungen abzustellen. In betriebsratslosen Betrieben kann der Insolvenzverwalter sofort den Antrag nach § 126 InsO stellen, ohne vorher den Versuch zu unternehmen, sich mit der Belegschaft über ein freiwilliges Ausscheiden zu einigen.[572] Der Antrag kann entsprechend dem Wortlaut des § 126 Abs. 1 S. 1 InsO formuliert werden. Die Feststellung der sozialen Rechtfertigung der Kündigungen „durch dringende betriebliche Erfordernisse" hält das BAG für unbedenklich, selbst wenn darin eine Tatsachenfeststellung liegt, weil der Zusatz auf die Bindungswirkung nach § 127 Abs. 1 InsO hinweise und daher der Klarstellung diene.[573]

Es wird festgestellt, dass die Kündigung der Arbeitsverhältnisse der im Folgenden namentlich bezeichneten Arbeitnehmer der <Name der Insolvenzschuldnerin> durch dringende betriebliche Erfordernisse bedingt und sozial gerechtfertigt ist:
<Auflistung der Arbeitnehmer>.

569 HWK/Annuß InsO § 122 Rn. 11; BeckOK RGKU/Plössner InsO § 122 Rn. 23; offenbar auch BAG 7.11.2017 – 1 AZR 186/16 Rn. 31, NZA 2018, 464.

570 Nerlich/Römermann/Hamacher InsO § 126 Rn. 52.

571 BAG 29.6.2000 – 8 ABR 44/99, NZA 2000, 1180 (1182); APS/Künzl InsO § 126 Rn. 38; Nerlich/Römermann/Hamacher InsO § 126 Rn. 3; aA Lakies RdA 1997, 145 (154 f.).

572 BAG 29.6.2000 – 8 ABR 44/99, NZA 2000, 1180 (1182).

573 BAG 29.6.2000 – 8 ABR 44/99, NZA 2000, 1180 (1183), aA Müller NZA 1998, 1315 (1319).

Rechtsverordnung nach §§ 7f. AEntG/§ 3a AÜG

Durch das Tarifautonomiestärkungsgesetz wurde die Zuständigkeit für die Prüfung der Wirksamkeit einer Rechtsverordnung nach §§ 7, 7a AEntG oder § 3a AÜG den Arbeitsgerichten zugewiesen (§ 2a Abs. 1 Nr. 5 ArbGG nF). Früher war der Rechtsweg zu den Verwaltungsgerichten gegeben.[574] Im Gegensatz zur Allgemeinverbindlicherklärung nach § 5 TVG werden durch die Verordnung iSd AEntG die Rechtsnormen des Tarifvertrags zu unmittelbar staatlich geltendem Recht und sind deshalb anzuwenden.[575] Die Entscheidung ergeht nunmehr im Beschlussverfahren nach § 98 ArbGG nF, der auch das Verfahren zur Entscheidung über die Wirksamkeit einer → *Allgemeinverbindlicherklärung* regelt. Hinsichtlich der Einzelheiten wird auf die dortige Kommentierung Bezug genommen.

> **Es wird festgestellt, dass die Rechtsverordnung <konkrete Bezeichnung der Rechtsverordnung> unwirksam ist.**

Sachmittel und Büropersonal

1 Für die Sitzungen, die Sprechstunden und die laufende Geschäftsführung hat der Arbeitgeber gemäß § 40 Abs. 2 BetrVG in erforderlichem Umfang Räume, sachliche Mittel, Informations- und Kommunikationstechnik sowie Büropersonal zur Verfügung zu stellen. Kommt der Arbeitgeber dieser Verpflichtung nicht nach, kann der Betriebsrat diesen Anspruch im Beschlussverfahren vor den Arbeitsgerichten durchsetzen. Das Bundesarbeitsgericht entscheidet bezüglich der möglichen Vorgehensweise des Betriebsrats genau zwischen den beiden Absätzen des § 40 BetrVG. Der Abs. 2 stimmt zwar in den Voraussetzungen zum Teil mit § 40 Abs. 1 BetrVG überein, trifft aber eine Regelung, die in der Rechtswirkung die Anwendung von § 40 Abs. 1 BetrVG ausschließt. Die nach Abs. 2 erforderlichen Handlungen muss der Arbeitgeber selbst vornehmen. Es ist daher **ausgeschlossen,** dass der Betriebsrat das **Sachmittel selbst beschafft** und sodann gerichtlich nur noch die Freistellung von den Kosten verlangt.[576]

> *Die Antragsgegnerin wird verpflichtet, den Antragsteller von dessen Verpflichtung gegenüber der Firma Bund-Verlag GmbH auf Zahlung von Abonnementsgebühren für die Zeitschrift „Arbeitsrecht im Betrieb" freizustellen.*

2 Es ist vielmehr die Verpflichtung zu beantragen, die Sachmittel dem Betriebsrat zur Verfügung zu stellen. Der Anspruch steht dem Betriebsrat als Organ zu, nicht einzelnen Betriebsratsmitgliedern.[577] Wird dem Arbeitgeber die beantragte Verpflichtung durch das Arbeitsgericht auferlegt, ist der Titel **vorläufig vollstreckbar** iSd § 85 Abs. 1 S. 2 ArbGG, denn es handelt sich bei Streitigkeiten über Sachmittel und über Büropersonal um vermögensrechtliche Streitigkeiten im Sinne der Norm.[578] Zwar ergibt sich die vorläufige Vollstreckbarkeit unmittelbar aus dem Gesetz, es empfiehlt sich jedoch zu Klarstellungszwecken, sie im Tenor des Beschlusses ausdrücklich aus-

574 Vgl. BVerwG 28.1.2010 – 8 C 19/09, NZA 2010, 718; Maul-Sartori NZA 2014, 1305 (1306).

575 Vgl. zu § 1 Abs. 3a AEntG aF: BAG 20.4.2011 – 4 AZR 467/09, AP AEntG § 1 Nr. 28; vgl. auch OVG Berlin-Brandenburg 18.12.2008 – OVG 1 B 13.08, ZTR 2009, 207; GK-ArbGG/Ahrend § 98 Rn. 15.

576 BAG 21.4.1983 – 6 ABR 70/82 – zu II 3, AP BetrVG 1972 § 40 Nr. 20.

577 LAG Berlin-Brandenburg 19.7.2011 – 7 TaBV 764/11, BeckRS 2011, 74395; Fitting BetrVG § 40 Rn. 105.

578 GMP/Spinner ArbGG § 85 Rn. 6; ErfK/Koch ArbGG § 85 Rn. 1.

zusprechen.[579] Eines **besonderen Antrags** des Antragsstellers bedarf es dazu nicht, er ist aber empfehlenswert. Unter den Voraussetzungen des § 62 Abs. 1 S. 2 iVm § 85 Abs. 1 S. 2 Hs. 2 ArbGG kann der Arbeitgeber beantragen, dass die vorläufige Vollstreckbarkeit ausgeschlossen wird. Erfüllt der Arbeitgeber eine titulierte, vollstreckbare Verpflichtung nicht, kann der Betriebsrat bei vertretbaren Handlungen nach § 887 ZPO die Ersatzvornahme betreiben.[580]

Damit die Zwangsvollstreckung betrieben werden kann, muss sich der **Gegenstand** 3
der Verpflichtung, also die vorzunehmende Handlung, aus dem Tenor der Entscheidung **eindeutig** ergeben.[581] Der Betriebsrat muss das benötigte Sachmittel bzw. Art und Umfang der benötigten Arbeiten einer Bürokraft in seinem Antrag genau umschreiben. Ist gerade umstritten, welche Sachmittel für eine Aufgabe des Betriebsrats erforderlich ist, so darf der Antrag nicht darauf gerichtet werden, die „erforderlichen Sachmittel" für die Tätigkeit zur Verfügung zu stellen.[582] Wie detailliert die Beschreibung sein muss, hängt von dem Gegenstand des Antrags ab. Bei der Nutzung der **Informations- und Kommunikationstechnik** muss im Antrag nur beschrieben werden, welche technischen Anwendungsmöglichkeiten zur Verfügung gestellt werden sollen, dagegen muss nicht dargestellt werden, wie dieser Anspruch technisch realisiert werden soll.[583] Bei **Computeranlagen** sollten die Systemanforderungen aufgenommen werden, die mindestens notwendig sind, um die erforderlichen Anwendungsprogramme nutzen zu können. Bei den **Programmen** selbst kann das Problem entstehen, dass bei langer Verfahrensdauer schon wieder neue Fassungen auf dem Markt sind.[584] Soweit dies technisch vertretbar ist, kann auch hier der Antrag dahingehend formuliert werden, dass „mindestens" eine bestimmte Version zur Verfügung gestellt werden soll, oder der Antrag ist entsprechend § 264 Nr. 3 ZPO anzupassen, wenn eine erforderliche neue Version während des Verfahrens auf den Markt kommt. Diese Ausführungen gelten entsprechend für den Anspruch auf Ausstattung mit **Literatur,** die häufig in der neuesten Auflage benötigt wird. Während bei den meisten Sachmitteln ein Anspruch des Betriebsrats auf ein bestimmtes Produkt eines bestimmten Herstellers kaum zu begründen sein wird,[585] erkennt die Rechtsprechung bei Fachliteratur ein Auswahlrecht des Betriebsrats an.[586] Der Betriebsrat kann selbst bestimmen, welche Zeitschrift er benutzen will. Dem entsprechend kann in einem Antrag die konkrete Zeitschrift aus einem bestimmten Verlag benannt werden, statt nur zu fordern, dass „eine arbeitsrechtliche Fachzeitschrift, die mindestens monatlich erscheint und sämtliche wichtigen Entscheidungen sowie Aufsätze zu aktuellen Themen enthält" zur Verfügung gestellt wird. Der Antrag sollte nach folgendem Schema formuliert sein

Der Arbeitgeber wird verpflichtet, dem Betriebsrat <konkrete Bezeichnung des Sachmittels> zur Verfügung zu stellen.
Der Beschluss ist vorläufig vollstreckbar.

579 Helml/Pessinger/Helml ArbGG § 85 Rn. 8; ErfK/Koch ArbGG § 85 Rn. 1; GMP/Spinner ArbGG § 84 Rn. 12; GK-ArbGG/Vossen § 85 Rn. 13; weitergehend GWBG/Greiner ArbGG § 84 Rn. 4; SW/Weth ArbGG § 84 Rn. 5: Vollstreckbarkeit zwingend im Tenor aufzunehmen.
580 ErfK/Koch BetrVG § 85 Rn. 2.
581 Helml/Pessinger/Helml ArbGG § 85 Rn. 3.
582 LAG Berlin-Brandenburg 24.8.2018 – 9 TaBV 157/18 – zu II B 1b der Gründe, BeckRS 2018, 23729.
583 Vgl. BAG 9.6.1999 – 7 ABR 66/97, NZA 1999, 1292 (1293); LAG Köln 24.6.2022 – 9 TaBV 52/21 Rn. 29, BeckRS 2022, 35627; LAG Hessen 14.3.2022 – 16 TaBV 143/21 Rn. 17, NZA-RR 2022, 420.
584 Vgl. MPFormB ArbR/Manske/Witt Form. E. IV.4 Anm. 4.
585 Vgl. LAG Nürnberg 10.12.2002 – 2 TaBV 20/02, NZA-RR 2003, 418.
586 BAG 21.4.1983 – 6 ABR 70/82 – zu III 3a dd, AP BetrVG 1972 § 40 Nr. 20.

4 Dem entsprechend ist in einem Verfahren, in dem der Betriebsrat die notwendige Technik für die Teilnahme an Betriebsratssitzungen per Videokonferenz iSd § 30 Abs. 2 BetrVG vom Arbeitgeber begehrte, folgender Antrag als zulässig angesehen worden:[587]

> **Der Arbeitgeber wird verpflichtet, dem Betriebsrat drei für die Durchführung von Videokonferenzen funktionsfähige Tablets oder Notebooks mit Internetzugang sowie mit mindestens 7,9 Zoll Displaygröße und einer Kamera- und Lautsprecher-/Mikrofunktion zur Verfügung zu stellen.**
> **Der Beschluss ist vorläufig vollstreckbar.**

Bei Büropersonal kann formuliert werden:

> **Der Arbeitgeber wird verpflichtet, dem Betriebsrat pro Woche die Arbeitskraft einer Bürokraft [ggf. nähere Einschränkung zB „ die über Grundkenntnisse der EDV-gestützten Text- und Dateiverwaltung verfügt"], im Umfang von <Anzahl der Stunden> zur Verfügung zu stellen.**
> **Der Beschluss ist vorläufig vollstreckbar.**

5 Erhebliche Probleme bei der Zwangsvollstreckung dürften auftreten, wenn das Arbeitsgericht gemäß dem folgenden Antrag[588] tenorieren würde

> *Der Beteiligte zu 2. hat dem Antragsteller folgende Kommunikationsmittel zur Verfügung zu stellen: PC, Telefax, Handy und Zugang zu Intranet und Internet.*

6 Der Anspruch auf Sachmittel und Personal kann, wenn die Betriebsratsarbeit aufgrund ihres Fehlens erheblich beeinträchtigt oder gar unmöglich wird, auch im Wege der **einstweiligen Verfügung** durchgesetzt werden.[589] In besonderen Ausnahmefällen, etwa wenn der Arbeitgeber sich entgegen einer gerichtlichen Entscheidung weigert, die erforderlichen Sachmittel zu überlassen oder die Erfüllung dieser Pflicht so verzögert, dass die Betriebsratsarbeit nicht mehr oder kaum noch durchgeführt werden kann, soll der Betriebsrat nach herrschender Meinung berechtigt sein, die erforderlichen Sachmittel im Wege der Geschäftsführung ohne Auftrag selbst anzuschaffen und vom Arbeitgeber nachträglich Kostenersatz zu verlangen.[590] Andersherum soll der Arbeitgeber berechtigt sein, selbst tätig zu werden, wenn der Betriebsrat sich weigert, vom Schwarzen Brett bzw. von seiner Internetseite beleidigende oder ehrkränkende Anschläge zu entfernen.[591] Grundsätzlich hat der Arbeitgeber aber den Rechtsweg – sinnvoller Weise im Wege des einstweiligen Rechtsschutzes – zu beschreiten, wenn er die Entfernung von Bekanntmachungen verlangt.[592]

> **Der Betriebsrat wird im Wege der einstweiligen Verfügung verpflichtet, den Aushang am seinem Schwarzen Brett <Bezeichnung des Aushangs> zu beseitigen.**

587 LAG München 7.12.2023 – 2 TaBV 31/23, BeckRS 2023, 39264; vgl. auch LAG Köln 24.6.2022 – 9 TaBV 52/21, BeckRS 2022, 35627 mit genaueren technischen Spezifikationen.

588 Vgl. Hümmerich/Mauer Arbeitsrecht § 7 Rn. 70.

589 Fitting BetrVG § 40 Rn. 148; Richardi/Thüsing BetrVG § 40 Rn. 100; Kramer IT-Arbeitsrecht C Rn. 263.

590 Fitting BetrVG § 40 Rn. 105; Richardi/Thüsing BetrVG § 40 Rn. 49; DKW/Wedde § 40 Rn. 118; aA Kramer IT-Arbeitsrecht C Rn. 263 Fn. 497.

591 Richardi/Thüsing BetrVG § 40 Rn. 87 mwN; aA DKW/Wedde BetrVG § 40 Rn. 148.

592 LAG Hamm 12.3.2004 – 10 TaBV 161/03, BeckRS 2004, 30460374 – vgl. Bertzbach jurisPR-ArbR 31/2004 Anm. 4; Fitting BetrVG § 40 Rn. 117.

Sachverständige

1 Der Betriebsrat kann gemäß § 80 Abs. 3 BetrVG bei der Durchführung seiner Aufgaben nach näherer Vereinbarung mit dem Arbeitgeber Sachverständige hinzuziehen, soweit dies zur ordnungsgemäßen Erfüllung seiner Aufgaben erforderlich ist. Die Vorschrift gilt entsprechend für die Hinzuziehung von Sachverständigen durch den Wahlvorstand.[593] Liegt die Erforderlichkeit vor,[594] begründet die Vorschrift einen Anspruch des Betriebsrats auf Hinzuziehung. Die Ausübung des Rechts auf Hinzuziehung eines Sachverständigen bedarf einer formlosen **„näheren Vereinbarung"** mit dem Arbeitgeber hinsichtlich der Modalitäten.[595] Hierin liegt die Besonderheit gegenüber der allgemeinen Verpflichtung des Arbeitgebers zur Übernahme der → *Kosten der Betriebsratstätigkeit* nach § 40 BetrVG. Soweit es um die Hinzuziehung von Sachverständigen durch den Betriebsrat geht, stellt die Vorschrift des § 80 Abs. 3 S. 1 BetrVG gegenüber § 40 Abs. 1 BetrVG eine inhaltliche „Konkretisierung und Spezialisierung" dar.[596] Für die Hinzuziehung eines → *Beraters bei Betriebsänderung* in Unternehmen mit mehr als 300 Arbeitnehmern gilt § 111 S. 2. In der Vereinbarung über die Hinzuziehung eines Sachverständigen sind das **Thema,** zu dessen Klärung er hinzugezogen werden soll, die voraussichtlichen **Kosten** seiner Hinzuziehung und insbesondere die **Person** des Sachverständigen festzulegen.[597] Dabei muss der Antrag keine **betragsmäßige Obergrenze** enthalten, um dem zivilprozessualen Bestimmtheitsgebot zu genügen. Die Angabe einer Stundenvergütung ist hierzu ausreichend.[598] Im Hinblick auf die Erforderlichkeit, die Voraussetzung für die Begründetheit des Antrags ist, kann es aber angezeigt sein, eine Obergrenze – zumindest in Form eines Hilfsantrags[599] – mit aufzunehmen. Kommt es nicht zur näheren Vereinbarung über die Hinzuziehung des Sachverständigen, so kann der Betriebsrat die fehlende Zustimmung des Arbeitgebers durch eine arbeitsgerichtliche Entscheidung ersetzen lassen.[600] Der Antrag ist auf die Abgabe einer Willenserklärung zu richten. Der rechtskräftige Beschluss ersetzt gemäß § 85 Abs. 1 ArbGG iVm § 894 ZPO die fehlende Zustimmung des Arbeitgebers zu dem Betriebsratsbeschluss über die Hinzuziehung eines Sachverständigen und damit zu der Vereinbarung iSd § 80 Abs. 3 BetrVG.[601]

Der Arbeitgeber wird verpflichtet, der Beauftragung des <Name> als Sachverständigen für den Betriebsrat für die Frage <Thema, zu dem der Sachverständige hinzugezogen werden soll> zu einer Vergütung in Höhe von <Vergütungshöhe, zB 150 EUR pro Stunde zzgl. MwSt, [ggf.: insgesamt höchstens 1500 EUR zzgl. MwSt]> zuzustimmen.

2 Berühmt sich der Betriebsrat eines Anspruchs auf Hinzuziehung eines Sachverständigen, hält der Arbeitgeber dies aber nicht für erforderlich, kann er nach einer Entscheidung des LAG Schleswig-Holstein ein Beschlussverfahren mit einem negativen

593 BAG 11.11.2009 – 7 ABR 26/08 Rn. 17 ff., NZA 2010, 353.
594 Vgl. dazu BAG 16.11.2005 – 7 ABR 12/05, NZA 2006, 553.
595 ErfK/Kania BetrVG § 80 Rn. 35.
596 BAG 26.2.1992 – 7 ABR 51/90 – zu B II 1, NZA 1993, 86.
597 BAG 19.4.1989 – 7 ABR 87/87, NZA 1989, 936.
598 BAG 16.11.2005 – 7 ABR 12/05 – zu B I 4, NZA 2006, 553.
599 Vgl. Antragstellung in BAG 16.11.2005 – 7 ABR 12/05 Rn. 7, AP BetrVG 1972 § 80 Nr. 64 (in NZA 2006, 553 nicht abgedruckt).
600 BAG 11.11.2009 – 7 ABR 26/08 Rn. 18 mwN, NZA 2010, 353.
601 BAG 4.6.1987 – 6 ABR 63/85 – zu B II 2, NZA 1988, 50.

Feststellungsantrag einleiten, obwohl der Betriebsrat ohne die Zustimmung nicht tätig werden kann.[602] Reagiert allerdings der Betriebsrat in dem Verfahren mit dem (Leistungs-)Antrag auf Zustimmung zur Beauftragung des Sachverständigen, so entfällt für den negativen Feststellungsantrag grundsätzlich das Feststellungsinteresse, so dass dieser Antrag für erledigt zu erklären ist.[603]

> **Es wird festgestellt, dass der Betriebsrat zur Prüfung der Frage <Thema> nicht befugt ist, einen Sachverständigen hinzuzuziehen.**

3 Denkbar ist auch folgender Antrag, wenn es aufgrund der Einfachheit der Frage nicht erforderlich erscheint, einen sehr hoch bezahlten Spezialisten für unbegrenzte Dauer als Sachverständigen zu beauftragen:

> **Es wird festgestellt, dass der Betriebsrat zur Prüfung der Frage <Thema> nicht befugt ist, einen Sachverständigen mit einem Stundensatz von über X Euro für eine Zeitdauer von mehr als Y Stunden hinzuzuziehen.**

3a Einzelne Teilfragen, die in Bezug auf die zwischen Betriebsrat und Arbeitgeber zu schließende Vereinbarung streitig sind, können nicht losgelöst von einem konkreten Anlassfall durch einen Feststellungsantrag geklärt werden. Unzulässig war daher folgender Antrag:[604]

> *Es wird festgestellt, dass der Betriebsrat nicht verpflichtet ist, bei der Hinzuziehung von Sachverständigen nach § 80 Abs. 3 BetrVG die zuwendungs- und vergaberechtlichen Verpflichtungen des Arbeitgebers einzuhalten.*

4 Weigert sich der Arbeitgeber trotz des Vorliegens einer Vereinbarung im Sinne des § 80 Abs. 3 BetrVG im Nachhinein die **Vergütung** des Sachverständigen zu zahlen, so steht dem Sachverständigen nach der Rechtsprechung des BAG kein unmittelbarer Zahlungsanspruch zu.[605] Die Kosten eines vom Betriebsrat hinzugezogenen Sachverständigen gehören zu den gem. § 40 Abs. 1 BetrVG vom Arbeitgeber zu tragenden Kosten der Betriebsratstätigkeit. Durch die Vereinbarung nach § 80 Abs. 3 S. 1 BetrVG entsteht ein gesetzliches Schuldverhältnis zwischen Arbeitgeber und Betriebsrat. Gläubiger ist der Betriebsrat, der insoweit als vermögensfähig anzusehen ist. Inhaltlich kann sich der Anspruch auf Zahlung an einen Dritten oder auf Freistellung von einer Verbindlichkeit gegenüber einem Dritten richten. Der Sachverständige wird nur dann Gläubiger eines Zahlungsanspruchs, wenn ihm der Betriebsrat seinen Anspruch abtritt, wobei sich der abgetretene Freistellungsanspruch in einen Zahlungsanspruch umwandelt.[606] Wegen der Formulierung der Anträge kann dementsprechend auf die Antragstellung bei → *Anwaltskosten* Bezug genommen werden.

5 Fraglich ist, wie in **Eilfällen** vorzugehen ist. In der Literatur wird teilweise vertreten, der Betriebsrat könne den Sachverständigen in dringenden Fällen selbst beauftragen

602 LAG Schleswig-Holstein 19.8.2008 – 5 TaBV 23/08, NZA-RR 2009, 136.
603 Vgl. Thomas/Putzo/Reichold ZPO § 256 Rn. 19 mwN; aA LAG Schleswig-Holstein 19.8.2008 – 5 TaBV 23/08, NZA-RR 2009, 136 (138), das sich mit nicht unproblematischer Begründung auf § 256 Abs. 2 ZPO beruft.
604 LAG Thüringen 22.3.2023 – 4 TaBV 21/21 Rn. 22, BeckRS 2023, 16666.
605 BAG 13.5.1998 – 7 ABR 65/96, NZA 1998, 900 (901).
606 BAG 11.11.2009 – 7 ABR 26/08 – Rn. 13 mwN, NZA 2010, 353.

und später Kostenersatz verlangen.[607] Eine solche Vorgehensweise erscheint risikobehaftet, da das Gesetz in § 80 Abs. 3 BetrVG ausdrücklich eine Vereinbarung fordert, an der es fehlen würde. Eine besondere Eilsituation, die ein solches Selbsthilferecht des Betriebsrats rechtfertigen könnte, wird auch kaum auftreten. Insbesondere in den Fällen, in denen der Sachverständige im Vorfeld des Abschlusses einer Betriebsvereinbarung hinzugezogen werden soll, kann der Betriebsrat zunächst den Abschluss der Betriebsvereinbarung verweigern, bis die Frage der Zuziehung eines Sachverständigen geklärt ist. Für den Fall der Betriebsänderung sieht das Gesetz in § 111 Abs. 1 S. 2 BetrVG eine Sonderregelung für Unternehmen mit über 300 Arbeitnehmern über die Hinzuziehung eines → *Beraters bei Betriebsänderungen* vor.

In den verbleibenden Eilfällen, kann der Betriebsrat den Erlass einer **einstweiligen** 6
Verfügung beantragen.[608] Soweit durch die einstweilige Verfügung eine vollständige Befriedigung des Anspruchs des Betriebsrats eintreten würde, muss dies durch einen entsprechend schwerwiegenden Verfügungsgrund gerechtfertigt sein.[609] Sofern ein Beteiligter auf die kurzfristige Erfüllung des Anspruchs angewiesen ist, kann mithin im Einzelfall auch die Hauptsache vorweggenommen werden.[610] Zu bedenken ist, dass nach § 938 ZPO keine strenge Bindung an die Anträge besteht, und das Gericht nach freiem Ermessen bestimmt, welche Anordnungen zur Erreichung des Zwecks erforderlich sind. Statt mit der Rechtskraft der einstweiligen Verfügung gemäß § 894 ZPO die Willenserklärung zur Beauftragung des Gutachters insgesamt endgültig zu ersetzen – was rechtlich teilweise als möglich angesehen wird[611] –, kann das Gericht in Betracht ziehen, die Zustimmung nur zu Teilleistungen des Sachverständigen (zB Beginn mit Vorarbeiten; Erteilung einer mündlichen Auskunft statt Erstellung eines schriftlichen Gutachtens) zu ersetzen. Wie immer bei Ansprüchen auf Abgabe einer Willenserklärung bestehen besondere Probleme für den Zeitraum bis zum Eintritt der Rechtskraft iSd § 705 ZPO, der Voraussetzung der Fiktionswirkung des § 894 ZPO ist,[612] vgl. → *Urlaub, Teilzeit.* Sind sofortige Maßnahmen zwingend erforderlich, ist zu überlegen, ob das Gericht im Wege des Gestaltungstenors die Berechtigung des Betriebsrats zur Beauftragung des Sachverständigen ausspricht und zugleich ausdrücklich die Frage der Pflicht zur Kostentragung durch den Arbeitgeber dem Hauptsacheverfahren vorbehält.

Schlichtungsstelle, tarifliche

Durch Tarifvertrag kann gemäß § 76 Abs. 8 BetrVG bestimmt werden, dass an die Stelle der in Abs. 1 bezeichneten Einigungsstelle eine tarifliche Schlichtungsstelle tritt. Sieht ein Tarifvertrag eine solche Schlichtungsstelle vor, so sollte der Tarifvertrag auch Regelungen über deren Besetzung enthalten. Es ist möglich, dass der Tarifvertrag für den Fall der Nichteinigung über die Besetzung eine Entscheidung des Arbeitsgerichts entsprechend § 100 ArbGG vorsieht.[613] Nach hM soll § 100 ArbGG auch dann zur Anwendung kommen, wenn der Tarifvertrag kein Verfahren zur Be-

607 DKW/Buschmann BetrVG § 80 Rn. 155.
608 LAG Hamm 22.2.2008 – 10 TaBVGa 3/08 Rn. 43, BeckRS 2008, 53298; Fitting BetrVG § 80 Rn. 97; WPK/Preis BetrVG § 80 Rn. 50; Pflüger NZA 1988, 45 (49).
609 LAG Köln 5.3.1986 – 5 TaBV 4/86; HWGNR/Nicolai BetrVG § 80 Rn. 105.
610 Pflüger NZA 1988, 45 (49).
611 OLG Köln 7.12.1995 – 18 U 93/95, NZW-RR 1997, 59; diff. Zöller/Vollkommer ZPO § 938 Rn. 5; krit. OLG Hamburg NJW-RR 1991, 382; Thomas/Putzo/Seiler ZPO § 938 Rn. 3.
612 Zöller/Stöber ZPO § 894 Rn. 4.
613 Vgl. LAG Düsseldorf 26.10.1976 – 5 TaBV 46/76, EzA § 76 BetrVG 1972 Nr. 14; GMP/Schlewing/Künzl ArbGG § 100 Rn. 3; GK-ArbGG/Schleusener § 100 Rn. 3; aA Schwab/Weth/Walker ArbGG § 100 Rn. 4.

setzung regelt.[614] Bezüglich der Anträge kann insoweit auf die Anträge zur Besetzung der → *Einigungsstelle* verwiesen werden.

Schulung

Übersicht

Rn.
1. Hauptsacheverfahren über Kosten und Teilnahme 1–10
2. Einstweiliger Rechtsschutz 11–13
3. Besonderheiten zu § 37 Abs. 7 BetrVG 14, 15

1. Hauptsacheverfahren über Kosten und Teilnahme

1 In Bezug auf die Teilnahme von Betriebsratsmitgliedern an Schulungsveranstaltungen ist zwischen zwei Arten von Ansprüchen zu unterscheiden. Der Anspruch des Betriebsratsmitglieds auf **Arbeitsentgelt** bzw. **Arbeitsbefreiung**[615] (vgl. § 37 Abs. 6 iVm Abs. 2, 3) für die Dauer einer vom Arbeitgeber als nicht erforderlich angesehenen Schulung ist nicht im Beschlussverfahren, sondern im Urteilsverfahren geltend zu machen.[616] Im Hinblick auf diese Antragstellung gelten die allgemeinen Grundsätze (→ *Urteilsverfahren/Vergütung,* → *Urteilsverfahren/Arbeitszeitkonto*).

2 Unter die durch die Tätigkeit des Betriebsrats entstehenden Kosten, die gemäß § 40 Abs. 1 BetrVG der Arbeitgeber trägt, fallen hingegen die Kosten der Teilnahme an der Schulung selbst. Zu den vom Arbeitgeber hierbei zu tragenden Kosten gehören neben den eigentlichen **Seminargebühren** auch die notwendigen **Reisekosten** sowie die notwendigen **Übernachtungs- und Verpflegungskosten** des Betriebsratsmitglieds.[617] Solche Ansprüche sind im Beschlussverfahren geltend zu machen.[618] Es kann grundsätzlich auf die Ausführungen zu den → *Kosten der Betriebsratstätigkeit* verwiesen werden.

3 Der Anspruch des einzelnen Betriebsratsmitglieds auf Kostentragung für die Teilnahme an einer Schulungsveranstaltung geht in erster Linie auf eine Kostenübernahme mit der Folge, dass das Betriebsratsmitglied nicht aus der Verbindlichkeit haftet.[619] Weigert sich der Arbeitgeber, das Betriebsratsmitglied zu einer bestimmten Schulung anzumelden, so kann sich der Antrag auf die Abgabe der entsprechenden Willenserklärung richten.

> **Die Arbeitgeberin wird verurteilt, den Antragsteller für den Zeitraum vom <Datum> bis <Datum> bei dem Schulungsveranstalter <Name> für die Schulung <Thema> anzumelden.**

4 Bei dieser Antragstellung ist freilich zu bedenken, dass die Willenserklärung erst als abgegeben gilt, wenn der Beschluss Rechtskraft erlangt hat (§ 894 Abs. 1 S. 1 ZPO

614 GK-BetrVG/Jacobs § 76 Rn. 189; Kleinebrink ArbRB 2015, 112 (114); zweifelnd LKK/Wiebauer BetrVG § 76 Rn. 95.
615 Zum Antrag auf Gewährung einer Zeitgutschrift auf einem Arbeitszeitkonto BAG 26.9.2018 – 7 AZR 829/16 Rn. 12 f, BeckRS 2018, 35398.
616 BAG 18.6.1974 – 1 ABR 119/73, AP § 37 BetrVG 1972 Nr. 16; 17.9.1974 – 1 AZR 574/73, AP BetrVG 1972 § 37 Nr. 17; WPK/Kreft BetrVG § 37 Rn. 92.
617 BAG 27.5.2015 – 7 ABR 26/13 Rn. 15, NZA 2015, 1141; 28.3.2007 – 7 ABR 33/06 Rn. 10, AP BetrVG 1972 § 40 Nr. 89; ErfK/Koch BetrVG § 40 Rn. 9.
618 WPK/Kreft BetrVG § 37 Rn. 92.
619 Fitting BetrVG § 40 Rn. 93.

iVm § 85 Abs. 1 S. 3 ArbGG). Im Regelfall wird der Betriebsrat daher die notwendigen Verpflichtungen selbst eingehen und vom Arbeitgeber Freistellung oder Ersatz verlangen → *Kosten der Betriebsratstätigkeit.* In der Praxis kommt es auch vor, dass das einzelne Betriebsratsmitglied die Verpflichtungen selbst eingeht. Dann ist der Betriebsrat als Gremium berechtigt, den Arbeitgeber auf Freistellung des Betriebsratsmitglieds von der Zahlungsverpflichtung in Anspruch zu nehmen.[620]

Der Arbeitgeberin wird aufgegeben, das Betriebsratsmitglied <Name> von der Inanspruchnahme durch die <Firma>, aus deren Rechnung <genaue Bezeichnung nach Nr. und Datum>, in Höhe von <Betrag> Euro freizustellen.

Erfüllt das Betriebsratsmitglied die Forderung des Dritten (Schulungsveranstalter, Hotel) durch Zahlung, wandelt sich der Freistellungsanspruch in einen Zahlungsanspruch gegen den Arbeitgeber um.[621]

Die Arbeitgeberin wird verpflichtet, an das Betriebsratsmitglied <Name> <Betrag> Euro zu zahlen.[622]

Ist ein Antrag auf Abgabe der Willenserklärung bereits anhängig, kann der Antrag 5
entsprechend § 264 Nr. 3 ZPO auf Freistellung oder Kostenersatz umgestellt werden. Wird der ursprüngliche Termin einer beabsichtigten Inhouse-Schulung wegen des Streits um ihre Erforderlichkeit nach der Entscheidung des Arbeitsgerichts bis zu einem Termin nach der Entscheidung des Landesarbeitsgerichts verschoben, kann der Antrag auch in der Beschwerdeinstanz noch an das neue Datum angepasst werden.[623]

Der Anspruch des Betriebsrats gegen den Arbeitgeber auf Übernahme von Kosten 6
nach § 40 Abs. 1 BetrVG, die einem Betriebsratsmitglied anlässlich des Besuchs einer Schulungsveranstaltung nach § 37 Abs. 6 BetrVG entstanden sind, setzt einen vorangegangenen **Beschluss des Betriebsrats** zur Teilnahme an der vom Betriebsratsmitglied besuchten Veranstaltung voraus.[624] Erlangt der Arbeitgeber von dem Entsendungsbeschluss Kenntnis (§ 37 Abs. 6 S. 4 BetrVG) und meint, dieser sei nichtig, so soll er die **Unwirksamkeit** des Beschlusses im Wege des Feststellungsantrags geltend machen können.[625] Ein Betriebsratsbeschluss ist nichtig, wenn er entweder einen gesetzwidrigen Inhalt hat oder nicht ordnungsgemäß zustande gekommen ist. Die Nichtigkeit der Beschlussfassung wird jedoch nicht durch jeden Mangel des Verfahrens bewirkt, sondern nur durch grobe Verstöße gegen Verfahrensvorschriften, die für das ordnungsgemäße Zustandekommen als wesentlich anzusehen sind.[626] Die **Antragsbefugnis des Arbeitgebers** für die Feststellung der Unwirksamkeit des Entsendungsbeschlusses erscheint nicht unproblematisch. Die Kostentragungspflicht folgt nicht aus dem Beschluss des Betriebsrats, sondern aus dem Gesetz. In der Literatur wird jedoch offenbar vom Bestehen der Antragsbefugnis ausgegangen.[627] Dafür

620 BAG 27.5.2015 – 7 ABR 26/13 Rn. 10, NZA 2015, 1141; 28.6.1995 – 7 ABR 55/94 – zu B I 1 der Gründe, BAGE 80, 236 = NZA 1995, 1216.

621 Schaub ArbR-HdB/Koch § 222 Rn. 25a; Schaub ArbRFV-HdB/Straube Kap. 3 Rn. 217.

622 Das BAG hat die auf „erstatten" gerichtete Tenorierung des LAG akzeptiert, vgl. BAG 17.11.2010 – 7 ABR 113/09, NZA 2011, 816; im Hinblick auf eine möglicherweise notwendige Vollstreckung sollte aber der Begriff „zahlen" verwandt werden.

623 LAG Rheinland-Pfalz 8.2.2018 – 5 TaBV 34/17, BeckRS 2017, 145186.

624 BAG 8.3.2000 – 7 ABR 11/98, NZA 2000, 838 (839).

625 MPFormB ArbR/Müller/Witt Form. C. V. 1.

626 BAG 23.8.1984 – 2 AZR 391/83, NZA 1985, 254 (255).

627 Vgl. MPFormB ArbR/Müller/Witt Form. C. V. 1., die die Antragsbefugnis nicht erwähnen.

spricht, dass das Vorliegen eines ordnungsgemäßen Beschlusses für die Kostentragungsverpflichtung zwingende Voraussetzung ist.

> **Es wird festgestellt, dass der Betriebsratsbeschluss vom <Datum> über die Entsendung des Betriebsratsmitglieds <Name> zu der Schulungsveranstaltung <Thema> vom <Datum> bis zum <Datum> in <Ort> unwirksam ist.**

7 Ein solcher Antrag kommt nur dann in Betracht, wenn der Arbeitgeber die fehlende Erforderlichkeit der Schulungsteilnahme geltend machen will. Hält der Arbeitgeber hingegen die **betrieblichen Notwendigkeiten** bei der Festlegung der zeitlichen Lage der Teilnahme an der Schulungsveranstaltung für nicht ausreichend berücksichtigt, so kann er gemäß § 37 Abs. 6 S. 6 BetrVG die **Einigungsstelle anrufen.** Einem Antrag bei Gericht fehlt bis zu einem Spruch der Einigungsstelle, der die Einigung zwischen Arbeitgeber und Betriebsrat ersetzt, das Rechtsschutzbedürfnis. Der Spruch ist dann allerdings gerichtlich überprüfbar;[628] zu den Anträgen vgl. → *Einigungsstelle.*

8 Will das Betriebsratsmitglied, das an einem Seminar teilnehmen möchte, obwohl der Arbeitgeber eine Teilnahme für nicht erforderlich hält, bereits vorab Rechtssicherheit erlangen – zB um sich nicht der Gefahr einer Abmahnung auszusetzen[629] – kommt ein Antrag beim Arbeitsgericht auf Freistellung von der Arbeitspflicht für die Dauer des Seminars in Betracht. Problematisch ist, dass es kaum jemals gelingen wird, vor Beginn der Veranstaltung eine letztinstanzliche Entscheidung zu erhalten. Entscheidet das Gericht erst über den Feststellungsantrag, wenn die Schulung bereits vorbei ist, fehlt das Feststellungsinteresse.[630] Dann spricht aber viel dafür, dass das Rechtsschutzbedürfnis für den auf Freistellung von der Arbeit gerichteten Antrag nach der Teilnahme entfällt und der Antragsteller gehalten ist, den Antrag auf die dann noch streitigen Punkte – zB auf die Freistellung von den Seminargebühren – umzustellen. Eine andere – vom BAG nicht erörterte – Frage liegt darin, ob das Rechtsschutzbedürfnis für den auf Freistellung von der Arbeit gerichteten Antrag von vornherein fehlt, weil das Betriebsratsmitglied einer Zustimmung oder Freistellungserklärung des Arbeitgebers zur Teilnahme an einer Schulungsveranstaltung nicht bedarf, vgl. dazu sogleich unter → *Schulung 2. Einstweiliger Rechtsschutz.* Folgt man der Auffassung, dass es einer Freistellungshandlung des Arbeitgebers nicht bedarf, fehlt für einen entsprechenden Antrag im Hauptsacheverfahren das Rechtsschutzbedürfnis.[631]

> **Der Arbeitgeber wird verpflichtet, den Antragsteller in der Zeit vom <Datum> bis zum <Datum> zum Zwecke der Teilnahme an der Schulungsveranstaltung <Thema> in <Ort> von der beruflichen Tätigkeit zu befreien.**

9 Ein Antrag auf Feststellung, dass der Betriebsrat berechtigt ist, ein Betriebsratsmitglied zu einer Schulungsveranstaltung zu entsenden, ist nur hinreichend bestimmt iSv § 253 Abs. 2 Nr. 2 ZPO, wenn der Themenplan, die zeitliche Lage und der Ort der Veranstaltung genannt werden. Es genügt nicht, eine nur thematisch und nach Ver-

628 Fitting BetrVG § 37 Rn. 246/261; Henssler RdA 1991, 268 (273).
629 Vgl. zur Zulässigkeit BAG 31.8.1994 – 7 AZR 893/93, NZA 1995, 225.
630 BAG 18.1.2012 – 7 ABR 73/10 Rn. 20ff., BAGE 140, 277 = NZA 2012, 813; anders noch BAG 16.3.1976 – 1 ABR 43/74, AP BetrVG 1972 § 37 Nr. 22.
631 LAG Hamm 30.5.2008 – 10 TaBV 129/07 – zu B I 1c, BeckRS 2008, 56545.

anstalter eingegrenzte Art von Schulung anzugeben.[632] Nicht ganz klar ist bisher, wie detailliert der Themenplan in den Antrag selbst aufgenommen werden muss. Hier sollte das Gericht ggf. um einen Hinweis gebeten werden.

> *Es wird festgestellt, dass die Teilnahme des Betriebsratsvorsitzenden K an einer einwöchigen Schulungsveranstaltung „Rhetorik für Betriebsräte – Teil 1", ausgerichtet von der Akademie für Arbeits- und Sozialrecht R-GmbH, H., erforderlich ist.*

Der Siebte Senat des BAG hat ausdrücklich eingeräumt, dass es auf Grund des Erfor- 10
dernisses eines Betriebsratsbeschlusses, der auf eine konkrete, nach Zeitpunkt und Ort bestimmte Schulung bezogen ist, schwierig oder fast unmöglich werden kann, vor dem Schulungsbesuch eine rechtskräftige gerichtliche Entscheidung über seine Erforderlichkeit herbeizuführen.[633] Soweit Rechte von konkreten, sich ändernden Umständen abhängen, könne die Rechts- und Verfahrensordnung aber nicht stets – jedenfalls nicht im Erkenntnisverfahren – die vorherige rechtskräftige gerichtliche Klärung des Streits über das Bestehen des Rechts sicherstellen. Vielmehr könne es Sache des tatsächlichen oder vermeintlichen Rechtsinhabers sein, das Recht wahrzunehmen und erforderlichenfalls danach klären zu lassen, ob das berechtigterweise geschah. Das gelte auch für den eigenverantwortlich handelnden Betriebsrat. Mit seinem Beurteilungsspielraum korrespondiere das Risiko, ihn überschritten zu haben.

2. Einstweiliger Rechtsschutz

Zu der Frage, ob ein Betriebsratsmitglied vom Arbeitgeber die Freistellung für bzw. 11
die Zustimmung zur Teilnahme an einer Schulung im Wege des einstweiligen Rechtsschutzes erstreiten kann, gibt es widersprüchliche Entscheidungen der Landesarbeitsgerichte.[634] Nach den Befürwortern richtet sich der Anspruch nach § 37 Abs. 6 in Verbindung mit § 37 Abs. 2 BetrVG darauf, das Betriebsratsmitglied nach diesen Vorschriften von der Arbeitspflicht[635] freizustellen.[636]

> **Der Arbeitgeber wird im Wege der einstweiligen Verfügung verpflichtet, den Antragsteller für die Teilnahme an dem Schulungsseminar <Thema> in der Zeit vom <Datum> bis zum <Datum> von der Arbeitspflicht freizustellen.**

Allerdings bedarf es nach der ständigen Rechtsprechung des BAG nicht der Zustim- 12
mung des Arbeitgebers zur Arbeitsbefreiung nach § 37 Abs. 2 BetrVG.[637] Das Be-

632 BAG 12.1.2011 – 7 ABR 94/09 Rn. 15, NZA 2011, 813; BAG 18.1.2012 – 7 ABR 73/10 Rn. 37 ff., BAGE 140, 277 = NZA 2012, 813.

633 BAG 12.1.2011 – 7 ABR 94/09 Rn. 22, NZA 2011, 813.

634 Antrag möglich: LAG Hessen 14.2.2019 – 16 TaBVGa 24/19, BeckRS 2019, 24763 dazu zust. Wolmerath jurisPR-ArbR 47/2019 Anm. 7; 26.3.2018 – 16 TaBVGA 57/18, BeckRS 2018, 9384 dazu Grambow DB 2018, 1799; 19.8.2004 – 9 TaBVGa 114/04 dazu Beckmann jurisPR-ArbR 9/2005 Anm. 1; LAG Hamm 23.11.1972 – 8 TaBV 37/72, DB 1972, 2489; aA LAG Hamm 10.5.2004 – 10 TaBV 41/04 dazu Wolmerath jurisPR-ArbR 32/2004 Anm. 5 und 21.5.2008 – 10 TaBVGa 7/08, BeckRS 2008, 55453; LAG Mainz 13.10.2006 – 6 TaBV 61/06 dazu Wolmerath jurisPR-ArbR 27/2007 Anm. 6; LAG Düsseldorf 6.9.1995 – 12 TaBV 69/95, LAGE BetrVG 1972 § 37 Nr. 44; LAG Köln 22.11.2003 – 5 TaBV 69/03, DB 2004, 551 (LS) = ZBVR 2004, 101 dazu Decruppe jurisPR-ArbR 18/2004 Anm. 5.

635 Auf welches Tun oder Unterlassen des Arbeitgebers sich der Antrag bezieht, sollte auch im Verfahren des vorläufigen Rechtsschutzes klargestellt werden; (zu) großzügig in diesem Punkt LAG Düsseldorf 5.12.2017 – 4 TaBVGa 7/17, BeckRS 2017, 143323; ähnlich LAG Hessen 22.5.2017 – 16 TaBVGa 116/17, BeckRS 2017, 124014.

636 LAG Hessen 19.8.2004 – 9 TaBVGa 114/04, BeckRS 2004, 30451032.

637 BAG 24.2.2016 – 7 ABR 20/14 Rn. 12, NZA 2016, 831; 15.3.1995 – 7 AZR 643/94, NZA 1995, 961; Fitting BetrVG § 37 Rn. 49.

triebsratsmitglied muss den Arbeitgeber nur ordnungsgemäß in Kenntnis setzen, kann dann aber auch ohne eine Zustimmung der Arbeit fernbleiben. Aus diesem Grund ist das Bestehen eines **Rechtsschutzbedürfnisses** für den genannten Antrag zweifelhaft. Wird das Rechtsschutzbedürfnis bejaht, kann der Erlass einer einstweiligen Verfügung nicht von Vornherein mit der Begründung abgelehnt werden, damit würde die **Hauptsache vorweggenommen.**[638] Auch im Beschlussverfahren ist dem Verfassungsgebot eines effektiven Rechtsschutzes mit der Möglichkeit des Erlasses einer einstweiligen Verfügung Rechnung zu tragen. Auch eine Befriedigungsverfügung ist trotz ihrer nicht nur sichernden, sondern befriedigenden Wirkung und der damit verbundenen Vorwegnahme der Entscheidung im Hauptsacheverfahren ausnahmsweise zulässig, wenn sie zur Erfüllung des rechtsstaatlichen Justizgewährungsanspruchs auf effektiven Rechtsschutz erforderlich ist. Entscheidend für die Zulässigkeit einer Befriedigungsverfügung ist in den Fällen der Dringlichkeit wegen der Gefahr eines irreversiblen Rechtsverlustes eine Abwägung der Interessen beider Parteien im jeweils gegebenen Einzelfall, zumal gemäß § 85 Abs. 2 S. 2 ArbGG Schadensersatzansprüche nach § 945 ZPO im Beschlussverfahren ausscheiden. Im Hinblick auf den drohenden Rechtsverlust wird teilweise darauf abgestellt, dass die konkrete Schulung, an der das Betriebsratsmitglied teilnehmen soll, zu verstreichen droht. Teilweise wird darauf abgestellt, ob es dem Betriebsrat ohne die einstweilige Verfügung unmöglich wird, das erforderliche Wissen – ggf. im Rahmen einer anderen Schulungsveranstaltung – rechtzeitig vor dem Zeitpunkt zu erwerben, in dem er es für die Betriebsratstätigkeit benötigt.[639] Vor diesem Hintergrund wird teilweise angenommen, auch der Anspruch auf Freistellung von den mit der erforderlichen Betriebsratsschulung verbundenen Kosten könne auch im Wege der einstweiligen Verfügung geltend gemacht werden.[640]

13 Den aufgezeigten Bedenken in Bezug auf das Rechtsschutzbedürfnis begegnet ein auf Zahlung eines bezifferten Kostenvorschusses gerichteter Antrag dagegen nicht. Verlangt der Schulungsveranstalter oder das Hotel einen Kostenvorschuss und verfügt das Betriebsratsmitglied nicht über ausreichende eigene Mittel,[641] so kann es im Wege der einstweiligen Verfügung die Freistellung bzw. – falls es die Mittel zumindest vorübergehend aufbringen konnte – die Erstattung vom Arbeitgeber verlangen.[642]

3. Besonderheiten zu § 37 Abs. 7 BetrVG

14 Streitigkeiten über die **Anerkennung von Schulungs- und Bildungsveranstaltungen** sind im Beschlussverfahren vor dem Arbeitsgerichten zu entscheiden, obwohl es sich bei dem Anerkennungsbescheid nach § 37 Abs. 7 BetrVG um einen Verwaltungsakt der obersten Arbeitsbehörde des Landes handelt.[643] **Antragsberechtigt** sind der Träger der Veranstaltung, der den Antrag auf Anerkennung gestellt hat und die im Anerken-

638 LAG Hessen 19.8.2004 – 9 TaBVGa 114/04; aA wohl LAG Köln 20.11.2003 – 5 TaBV 69/03 – zu 2., BeckRS 2003, 30461930.

639 Vgl. LAG Köln 20.11.2003 – 5 TaBV 69/03 – zu 2., BeckRS 2003, 30461930.

640 LAG Hessen 14.2.2019 – 16 TaBVGa 24/19, BeckRS 2019, 24763 dazu zust. Wolmerath jurisPR-ArbR 47/2019 Anm. 7.

641 Dies ist nach dem LAG Hessen 4.11.2013 – 16 TaBVGa 179/13, BeckRS 2014, 70908, vom Betriebsratsmitglied im Verfahren durch eidesstattliche Erklärung zu versichern; aA LAG Düsseldorf 5.12.2017 – 4 TaBVGa 7/17, BeckRS 2017, 143323.

642 Decruppe jurisPR-ArbR 18/2004 Anm. 5; Fitting BetrVG § 40 Rn. 148; Richardi/Thüsing BetrVG § 40 Rn. 90.

643 BAG 11.8.1993 – 7 ABR 52/92, NZA 1994, 517 (518); aA Richardi/Thüsing BetrVG § 37 Rn. 196; Schiefer DB 1991, 1453 (1461 f.).

nungsverfahren zu beteiligenden Spitzenorganisationen der Gewerkschaften und der Arbeitgeberverbände.[644] Nach der bisher nicht aufgegebenen[645] Rechtsprechung des BAG ist der einzelne Arbeitgeber auch dann nicht antragsberechtigt, wenn er auf Grund der Anerkennung einer Schulungs- und Bildungsveranstaltung auf Entgeltfortzahlung in Anspruch genommen wird.[646] Ein Arbeitgeber, der auf Fortzahlung der Vergütung für die Zeit der Teilnahme eines Mitglieds des Betriebsrats oder der Jugendvertretung an einer nach § 37 Abs. 7 BetrVG anerkannten Schulungs- und Bildungsveranstaltung in Anspruch genommen wird, kann nach der Rechtsprechung gegen den Zahlungsanspruch nicht einwenden, die Veranstaltung sei nicht geeignet i. S. dieser Vorschrift.[647] Auch eine Inzidentkontrolle des Anerkennungsbescheids ist damit nicht möglich. Nach dieser Rechtsprechung hat der Arbeitgeber keinerlei Möglichkeit, die Rechtmäßigkeit des Bescheids in Frage zu stellen, obwohl letztlich er allein durch die Anerkennung belastet wird. Dies wird in der Literatur weitgehend als unbefriedigend empfunden.[648]

Auch wenn die Veranstaltung bereits durchgeführt wurde, besteht weiterhin ein **15** **Rechtsschutzinteresse** für den Aufhebungsantrag, denn der Anerkennungsbescheid zeitigt auch danach noch Rechtswirkungen zu Lasten der Arbeitgeberseite.[649] Der Antrag ist **auf Aufhebung** des Anerkennungsbescheids, nicht auf Feststellung seiner Rechtswidrigkeit zu richten.[650]

Der Anerkennungsbescheid des <Ministerium> vom <Datum> mit dem <Aktenzeichen>, betreffend den Antrag des <Veranstalter> vom <Datum> auf Anerkennung der Veranstaltung <Thema, Ort, Zeit> wird aufgehoben.

Tariffähigkeit

Nach §§ 2a Abs. 1 Nr. 4, 97 ArbGG entscheiden die Arbeitsgerichte über die Tariffä- **1** higkeit und die → *Tarifzuständigkeit* einer Vereinigung im Beschlussverfahren. Seit der Änderung des § 97 Abs. 2 ArbGG durch das Tarifautonomiestärkungsgesetz mit Wirkung zum 16.8.2014 ist für das Verfahren erstinstanzlich das Landesarbeitsgericht zuständig, in dessen Bezirk die Vereinigung, über deren Tariffähigkeit zu entscheiden ist, ihren Sitz hat. Es handelt sich nicht um ein besonderes Verfahren eigener Art, so dass es keines besonderen Antrags auf Entscheidung „im Verfahren nach § 97 ArbGG" bedarf.[651] Der Begriff der Tariffähigkeit ist gesetzlich nicht definiert. § 2 Abs. 1 bis 3 TVG bestimmt zwar, wer Partei eines Tarifvertrags sein kann, enthält aber selbst keine nähere Definition der Tariffähigkeit. **Tariffähigkeit** ist die rechtliche Fähigkeit, mit dem sozialen Gegenspieler durch Tarifverträge Arbeitsbedingungen mit normativer Wirkung zu regeln.[652] Eine Arbeitnehmervereinigung ist für den von ihr beanspruchten Zuständigkeitsbereich entweder insgesamt oder überhaupt nicht tariffähig. Es gibt keine partielle Tariffähigkeit.[653]

644 BAG 30.8.1989 – 7 ABR 65/87 – zu III 2, AP BetrVG 1972 § 37 Nr. 73.
645 Allerdings zuletzt offen gelassen in BAG 30.8.1989 – 7 ABR 65/87 – zu III 2, AP BetrVG 1972 § 37 Nr. 73.
646 BAG 25.6.1981 – 6 ABR 92/79, AP BetrVG 1972 § 37 Nr. 38.
647 BAG 17.12.1981 – 6 AZR 546/78, AP BetrVG 1972 § 37 Nr. 41.
648 Fitting BetrVG § 37 Rn. 265; ErfK/Koch BetrVG § 37 Rn. 25; Richardi SAE 1984, 8 jew. mwN.
649 BAG 11.8.1993 – 7 ABR 52/92, NZA 1994, 517 (518).
650 BAG 6.4.1976 – 1 ABR 96/74 – zu II 3b, AP BetrVG 1972 § 37 Nr. 23; Fitting BetrVG § 37 Rn. 263.
651 Vgl. GMP/Schlewing/Günther-Gräff ArbGG § 97 Rn. 73.
652 BAG 13.9.2022 – 1 ABR 24/21, NZA 2023, 117 Rn. 16; 26.6.2018 – 1 ABR 37/16, AP TVG § 2 Tariffähigkeit Nr. 10 Rn. 51;28.3.2006 – 1 ABR 58/04, NZA 2006, 1112; BAG 14.12.2010 – 1 ABR 19/10, BAGE 136, 302 Rn. 64; MHdB ArbR/Klumpp § 232 Rn. 1.
653 BAG 28.3.2006 – 1 ABR 58/04, BeckRS 2003, 30461930 = AP TVG § 2 Tariffähigkeit Nr. 4 m. Anm. Henssler/Heiden.

2 Nach § 97 Abs. 1 ArbGG kann das Verfahren über die Tariffähigkeit einer Vereinigung auf Antrag einer räumlich und sachlich zuständigen Gewerkschaft, auf deren Gebiet sich die Tätigkeit der Vereinigung erstreckt, eingeleitet werden. Erforderlich ist, dass sich der räumliche und sachliche Zuständigkeitsbereich der antragstellenden Gewerkschaft zumindest teilweise mit den Zuständigkeitsbereichen der Vereinigung deckt, deren Tariffähigkeit bestritten wird.[654] Soweit eine antragstellende Vereinigung von Arbeitnehmern die Tariffähigkeit einer anderen Vereinigung bestreitet, muss sie selbst tariffähig sein.[655] In einem Verfahren über die Tariffähigkeit einer Arbeitnehmervereinigung nach § 97 Abs. 1 ArbGG ist auch die oberste Arbeitsbehörde eines Landes, auf dessen Gebiet sich die Tätigkeit der Vereinigung erstreckt, antragsberechtigt. Insoweit ist keine Einschränkung der Vorschrift aus verfassungsrechtlichen Gründen veranlasst.[656] § 97 ArbGG schafft auch in seiner aktuellen Fassung kein gerichtliches Konzessionierungsverfahren für Tarifvertragsparteien. Die Tariffähigkeit einer Vereinigung wird im Verfahren nach § 97 Abs. 1 ArbGG nicht konstitutiv begründet, sondern festgestellt.[657] Eine Arbeitnehmervereinigung kann selbst die Feststellung beantragen, sie sei tariffähig und damit eine Gewerkschaft im Sinne von § 2 TVG.[658] Hängt die Entscheidung eines Rechtsstreits davon ab, ob eine Vereinigung tariffähig ist, so hat das Gericht das Verfahren bis zur Erledigung des Beschlussverfahrens nach § 2a Abs. 1 Nr. 4 auszusetzen. Diese Pflicht besteht nach § 97 Abs. 5 ArbGG von Amts wegen, eines gesonderten Antrags auf Aussetzung bedarf es daher nicht.[659] Im Falle der Aussetzung eines Rechtsstreits wegen der Vorgreiflichkeit der Frage nach der Tariffähigkeit sind die Parteien des Rechtsstreits auch im Beschlussverfahren antragsberechtigt. Mit der Aussetzung des Verfahrens wird nicht automatisch das Verfahren nach § 2a Abs. 1 Nr. 4, 97 ArbGG eingeleitet, es bedarf vielmehr der Stellung des Sachantrags beim zuständigen Landesarbeitsgericht.[660]

3 Die Verfahren nach § 2 Abs. 1 Nr. 4 ArbGG sind nicht auf das Bestehen eines Rechtsverhältnisses iSd § 256 Abs. 1 ZPO gerichtet, sondern auf das Vorliegen oder Nichtvorliegen einer Eigenschaft.[661] Das BAG verlangt für die Feststellung auch kein besonderes Feststellungsinteresse iSd. § 256 Abs. 1 ZPO mehr.[662] Das Verfahren nach § 2a Abs. 1 Nr. 4 ArbGG eröffnet einer Vereinigung, deren Tariffähigkeit oder Tarifzuständigkeit umstritten ist, selbst die Möglichkeit, eine der Rechtskraft zugängliche Klärung herbeizuführen. In einem solchen Verfahren kann auch die (positive) Feststellung beantragt werden, dass eine bestimmte Vereinigung tariffähig oder tarifzuständig ist. Diese Grundsätze gelten nicht nur für Vereinigungen von Arbeitgebern und Arbeitnehmern, sondern gleichermaßen für einen Zusammenschluss von Gewerkschaften.[663]

Es wird festgestellt, dass die <Bezeichnung der Vereinigung> tariffähig ist.

654 BAG 5.10.2010 – 1 ABR 88/09, NZA 2011, 300 Rn. 23 mwN.
655 BAG 6.6.2000 – 1 ABR 10/99, zu B I 2 der Gründe, NZA 2001, 160.
656 Vgl. BAG 14.12.2010 – 1 ABR 19/10, NZA 2011, 289 Rn. 50.
657 BAG 26.6.2018 – 1 ABR 37/16, AP TVG § 2 Tariffähigkeit Nr. 10 Rn. 26.
658 BAG 25.11.1986 – 1 ABR 22/85, NZA 1987, 492.
659 Vgl. BAG 23.10.1996 – 4 AZR 409/95, NZA 1997, 383 (384); Helml/Pessinger ArbGG § 97 Rn. 33; GMP/Schlewing/Günther-Gräff ArbGG § 97 Rn. 38.
660 GK-ArbGG/Ahrendt § 97 Rn. 97; GMP/Schlewing/Günther-Gräff § 97 Rn. 41.
661 BAG 11.6.2013 – 1 ABR 33/12, NZA-RR 2013, 641 Rn. 11.
662 BAG 26.6.2018 – 1 ABR 37/16, AP TVG § 2 Tariffähigkeit Nr. 10 Rn. 33; 11.6.2013 – 1 ABR 32/12, NZA-RR 2013, 641 Rn. 22; anders noch BAG 10.2.2009 – 1 ABR 36/08, BAGE 129, 322 Rn. 22.
663 BAG 14.12.2010 – 1 ABR 19/10, BAGE 136, 302 Rn. 53.

> **Es wird festgestellt, dass die <Bezeichnung der Vereinigung> keine tariffähige Vereinigung ist.**

Gegenstand eines Verfahrens nach § 2a Abs. 1 Nr. 4, § 97 ArbGG kann nur die vom Antragsteller begehrte Feststellung sein, ob eine Vereinigung tariffähig ist. Durch eine lediglich auf die partielle Tariffähigkeit einer Vereinigung gerichtete Antragstellung kann die mit diesem Verfahren beabsichtigte Klärung einer für die Teilnahme am Tarifgeschehen unerlässlichen Eigenschaft nicht erreicht werden.[664] Ein auf die Feststellung einer lediglich partiellen Tarifunfähigkeit einer Arbeitnehmervereinigung gerichteter Antrag ist unzulässig, daher hatte der folgende Antrag vor dem BAG keinen Erfolg:

> *Es wird festgestellt, dass ver.di nicht tariffähig ist, soweit es um Betriebe und selbstständige Betriebsabteilungen geht, die überwiegend ambulante, teilstationäre oder stationäre Pflegeleistungen oder ambulante Krankenpflegeleistungen für Pflegebedürftige erbringen (Pflegebetriebe), soweit diese Leistungen nicht in Krankenhäusern erbracht werden.*

4 Durch einen Feststellungsantrag nach § 97 Abs. 1 ArbGG wird typischerweise die Tariffähigkeit ab dem Zeitpunkt der Zustellung der Antragsschrift bis zu dem der letzten Anhörung zur gerichtlichen Entscheidung festgestellt.[665] Dies kann anders zu beurteilen sein, wenn der Antragsteller sein Begehren in zeitlicher Hinsicht beschränkt (Zeitraum ab der letzten Satzungsänderung der Vereinigung)[666] oder eine ausschließlich vergangenheitsbezogene Feststellung erreichen will. Insbesondere bei einem aufgrund eines Aussetzungsbeschlusses nach § 97 Abs. 5 ArbGG von einer Arbeitsvertragspartei eingeleiteten Beschlussverfahren, kann der Antrag so verstanden werden, dass er nur auf die Feststellung der Tariffähigkeit für die Zeit bis zur Beendigung des Arbeitsverhältnisses gerichtet ist.[667] Ein Antrag, mit dem die punktuelle Feststellung begehrt wird, dass eine Vereinigung zu einem bestimmten Zeitpunkt (etwa dem Abschluss eines Tarifvertrags) nicht tariffähig war, ist nicht von vornherein unzulässig.[668] Er ist aber häufig überflüssig, weil die Rechtskraft des allgemeinen Feststellungsantrags diesen Zeitpunkt mit umfasst. Wurde das Fehlen der Tariffähigkeit durch den allgemeinen Feststellungsantrag bereits rechtskräftig festgestellt, besteht kein rechtlich geschütztes Interesse mehr an der punktuellen Feststellung der Tarifunfähigkeit im konkreten Zeitpunkt.[669]

5 Von Amts wegen sind an einem Beschlussverfahren mit diesem Antrag die Spitzenorganisationen der Arbeitgeber- und der Arbeitnehmerseite sowie die oberste Arbeitsbehörde des Bundes zu beteiligen.[670] In dem Verfahren um die Tariffähigkeit einer Vereinigung ist der Antragsteller notwendiger Beteiligter. Dies ist nicht nur die Vereinigung oder Stelle, die den verfahrenseinleitenden Antrag gestellt hat, sondern auch die antragsbefugte Vereinigung oder oberste Arbeitsbehörde, sofern sie im Verfahren einen eigenen Sachantrag gestellt hat. Dieser kann neben den des ursprüngli-

664 BAG 13.9.2022 – 1 ABR 24/21, NZA 2023, 117 Rn. 15.
665 BAG 26.6.2018 – 1 ABR 37/16, AP TVG § 2 Tariffähigkeit Nr. 10 Rn. 16; 11.6.2013 – 1 ABR 33/12, NZA-RR 2013, 641 Rn. 17 mwN.
666 Vgl. BAG 14.12.2010 – 1 ABR 19/10, BAGE 136, 302 Rn. 33.
667 Vgl. BAG 14.12.2010 – 1 ABR 19/10, BAGE 136, 302 Rn. 38.
668 BAG 11.6.2013 – 1 ABR 33/12, NZA-RR 2013, 641 Rn. 9 ff.
669 Vgl. BAG 11.6.2013 – 1 ABR 33/12, NZA-RR 2013, 641 Rn. 19.
670 BAG 28.3.2006 – 1 ABR 58/04, NZA 2006, 1112 (1113).

chen Antragstellers oder den der Arbeitnehmervereinigung treten, deren Tariffähigkeit vom Antragsteller oder einer Mehrheit von Antragstellern bestritten wird. Daher kann auch der Antrag, der auf die Abweisung eines oder mehrerer Anträge gerichtet ist, die Beteiligtenstellung einer der in § 97 Abs. 1 ArbGG genannten Vereinigungen und obersten Arbeitsbehörden begründen.[671] Die Antragsteller können ihr Begehren im Wege der subjektiven Antragshäufung verfolgen; es bestehen insoweit keine verfahrensrechtlichen Bedenken.[672] Der Beschluss zur Tariffähigkeit einer Vereinigung entfaltet **Rechtskraft** gegenüber jedermann. Das war schon bisher allgemeine Auffassung,[673] ergibt sich nunmehr aber ausdrücklich aus dem Gesetz (§ 97 Abs. 3 Satz 1 ArbGG).[674] Bei einer rechtskräftigen Entscheidung nach § 97 ArbGG ist ein erneuter Antrag mit identischem Verfahrensgegenstand unzulässig.[675] Identität der Verfahrensgegenstände liegt auch vor, wenn im Zweitverfahren der Ausspruch des kontradiktorischen Gegenteils einer im Erstverfahren festgestellten Rechtsfolge begehrt wird.[676] Eine Beendigung der eine erneute Entscheidung sperrenden Rechtskraft kommt in Betracht, wenn sich die maßgebenden tatsächlichen oder rechtlichen Verhältnisse wesentlich geändert haben.[677] Die Feststellung der Tariffähigkeit im Wege der **einstweiligen Verfügung** kommt nicht in Betracht.[678]

Tarifkollision iSd § 4a TVG

1 Die Gerichte für Arbeitssachen sind seit dem Tarifeinheitsgesetz im Jahre 2015 nach § 2a Abs. 1 Nr. 6 ArbGG[679] ausschließlich zuständig für die Entscheidung über den nach § 4a Absatz 2 Satz 2 TVG im Betrieb anwendbaren Tarifvertrag. Dies ist regelmäßig der sog. Mehrheitstarifvertrag.[680] Gemäß § 99 Abs. 1 ArbGG wird das Verfahren auf Antrag einer Tarifvertragspartei eines kollidierenden Tarifvertrags eingeleitet. Teilweise[681] wird eine teleologische Reduktion der Vorschrift dahingehend verlangt, dass die Antragsbefugnis einer Gewerkschaft voraussetze, dass der Arbeitgeber einen von dieser abgeschlossenen TV ganz oder in Teilen im Betrieb nicht auf die Mitglieder der Tarifvertragspartei anwende. Dies erfordere ein Verlangen eines tarifgebundenen Arbeitnehmers, der seine Verbandsmitgliedschaft seinem Arbeitgeber gegenüber offengelegt und die Anwendung des von seiner Gewerkschaft abgeschlossenen Tarifvertrags erfolglos verlangt habe. Dagegen sollen ein Arbeitgeber, der selbst Tarifvertragspartei ist, oder die tarifschließenden Arbeitgeberverbände stets antragsbefugt sein. Hingegen sind der Arbeitgeber, der an die kollidierenden Tarifverträge lediglich kraft Mitgliedschaft im Arbeitgeberverband gebunden ist, und auch der einzelne Arbeitnehmer, der Mitglied einer der beiden konkurrierenden Gewerkschaften ist, nicht antragsberechtigt.[682] Anders als § 97 Abs. 5 ArbGG → *Tariffähigkeit* und § 98 Abs. 6 ArbGG → *Allgemeinverbindlicherklärung* kennt § 99 ArbGG

671 BAG 14.12.2010 – 1 ABR 19/10, BAGE 136, 302 Rn. 57; ob hieran mit Blick auf § 97 in seiner ab dem 16.8.2014 geltenden Fassung festzuhalten ist, hat das BAG jüngst allerdings ausdrücklich offen gelassen, vgl. BAG 26.6.2018 – 1 ABR 37/16, AP TVG § 2 Tariffähigkeit Nr. 10 Rn. 21.

672 BAG 26.6.2018 – 1 ABR 37/16, AP TVG § 2 Tariffähigkeit Nr. 10 Rn. 24 mwN.

673 BAG 15.11.2006 – 10 AZR 665/05, NZA 2007, 448 (450 f.); ErfK/Koch ArbGG § 97 Rn. 5.

674 Vgl. BAG 26.6.2018 – 1 ABR 37/16, AP TVG § 2 Tariffähigkeit Nr. 10 Rn. 24 mwN.

675 BAG 26.6.2018 – 1 ABR 37/16, AP TVG § 2 Tariffähigkeit Nr. 10 Rn. 39.

676 BAG 23.5.2012 – 1 AZB 58/11, NZA 2012, 623 Rn. 7 mwN.

677 BAG 26.6.2018 – 1 ABR 37/16, AP TVG § 2 Tariffähigkeit Nr. 10 Rn. 40 mwN.

678 Helml/Pessinger ArbGG § 97 Rn. 28; MAH ArbR/Ulrich § 78 Rn. 115.

679 Mit Wirkung vom 10.7.2015 eingefügt durch Art. 2 Nr. 1 Buchst. b des Tarifeinheitsgesetzes v. 3.7.2015, BGBl 2015 I 1130.

680 Vgl. § 4a Abs. 2 S. 2 TVG idF v. 18.12.2018.

681 Ahrendt FS Kothe, 2016, 211; ErfK/Koch ArbGG § 99 Rn. 2; GMP/Schlewing ArbGG § 99 Rn. 7.

682 GMP/Schlewing ArbGG § 99 Rn. 5.

keine Aussetzung von Individualprozessen, in denen der eingeklagte Anspruch allein auf die normative Geltung eines kollidierenden Tarifvertrags gestützt wird. Dies stößt verfassungsrechtlich auf keine Bedenken.[683]

Gemäß § 99 Abs. 2 ArbGG findet auf das Verfahren ua die Regelung des § 81 ArbGG 2
über den Antrag Anwendung. Nach einer Mindermeinung bedarf es nur eines Verfahrensantrags, in dem angegeben wird, für welche Tarifkollision (Betrieb, Personenkreis und Zeitpunkt) das Ergebnis ihrer Auflösung nach § 4a Abs. 2 S. 2 TVG verbindlich festzustellen sei.[684] Nach der zutreffenden hM sind im Antrag der Tarifvertrag mit Abschlussdatum, die betreffende betriebliche Einheit, der zeitliche Beginn der Tarifwirkungen und ggf. die betroffene Arbeitnehmergruppe zu bezeichnen.[685] Dies folgt schon daraus, dass § 253 Abs. 2 Nr. 2 ZPO auch im Beschlussverfahren Anwendung findet → *B. I. Systematische Einleitung Rn. 7.*

Nach § 2a Abs. 1 Nr. 6 und § 99 Abs. 3 ArbGG geht es in dem Beschlussverfahren um 3
die Feststellung des im Betrieb „anwendbaren" Tarifvertrags. Das spricht dafür, dass es sich um einen positiven Feststellungsantrag handeln muss.[686] Teilweise wird angenommen, es komme auch ein negativer Antrag auf Feststellung, dass ein bestimmter (Minderheits-)Tarifvertrag im Betrieb unanwendbar sei, in Betracht.[687] Durch einen solchen negativen Antrag würde der Streit um den im Betrieb anwendbaren Tarifvertrag aber ggf. nicht abschließend geklärt, etwa wenn mehr als zwei Tarifverträge iSd. § 4a TVG kollidieren.

Es wird festgestellt, dass ab dem < Zeitpunkt des Abschlusses des zuletzt abgeschlossenen kollidierenden Tarifvertrags> in dem Betrieb <Bezeichnung des betroffenen Betriebs> für die Arbeitnehmer <ggf. nähere Bezeichnung der Arbeitnehmer, für die sich die persönlichen Geltungsbereiche der kollidierenden Tarifverträge überschneiden> nur der Tarifvertrag <Bezeichnung des (Mehrheits-) Tarifvertrags> anwendbar ist.

Mit dem rechtskräftigen Urteil wird die Rechtslage nicht gestaltet, die Verdrän- 4
gungswirkung des Mehrheitstarifvertrags tritt kraft Gesetzes ein (*ipso iure* und *ex tunc*) und wird von den Arbeitsgerichten nur festgestellt.[688] Ist der auf Feststellung der Anwendbarkeit eines Tarifvertrags gerichtete Antrag unbegründet, sollte der Antrag nicht zurückgewiesen werden, sondern das Gericht sollte positiv tenorieren, welcher Tarifvertrag stattdessen Anwendung findet.[689]

Die abstrakte Feststellung der Mehrheitsverhältnisse der organisierten Arbeitnehmer 5
ist gesetzlich nicht Vorgesehen. Mehrheitsverhältnisse als solche sind isoliert nicht gerichtlich feststellbar, weil sie tatsächliche und keine rechtlichen Verhältnisse

683 BVerfG 11.7.2017 – 1 BvR 1571/15, 1 BvR 1588/15, 1 BvR 2883/15, 1 BvR 1043/16, 1 BvR 1477/16, NZA 2017, 915 Rn. 214.

684 Ulrici NZA 2017, 1161 (1166).

685 ErfK/Koch ArbGG § 99 Rn. 2; BeckOK ArbR/Roloff ArbGG § 99 Rn. 4.

686 Ulrici DB 2015, 2511 (2512).

687 Konzen/Schliemann RdA 2015, 1 (9); BeckOK ArbR/Roloff ArbGG § 99 Rn. 4; Tiedemann ArbRB 2015, 124 (127).

688 BVerfG 11.7.2017 – 1 BvR 1571/15, 1 BvR 1588/15, 1 BvR 2883/15, 1 BvR 1043/16, 1 BvR 1477/16, NZA 2017, 915 Rn. 175 f.; BeckOK ArbR/Roloff ArbGG § 99 Rn. 1; Ulrici NZA 2017, 1161 (1162); anders noch das BVerfG in seiner Eilentscheidung vom 6.10.2015 – 1 BvR 1571/15, 1 BvR 1582/15, 1 BvR 1588/15, NZA 2015, 1271 Rn. 4 und im Sondervotum Paulus/Baer BVerfG NZA 2017, 915 Rn. 5, 17.

689 Ulrici DB 2015, 2511 (2512).

sind.[690] Insofern kommt auch kein Zwischenfeststellungsantrag iSd. § 256 Abs. 2 ZPO in Betracht.

> *Es wird festgestellt, dass in dem Betrieb Y die Mehrheit der Arbeitnehmer der Gewerkschaft X angehören.*

6 Es ist auch nicht statthaft, im Beschlussverfahren nach § 99 ArbGG im Wege der objektiven Klagehäufung die Verpflichtung einer Tarifvertragspartei zum Abschluss eines Nachzeichnungstarifvertrags gemäß § 4a Abs. 4 TVG zu verlangen. Insofern bedarf es einer gesonderten Klage im Urteilsverfahren → *Tarifvertrag, Abschluss.*[691]

Tarifzuständigkeit

1 Nach §§ 2a Abs. 1 Nr. 4, 97 ArbGG entscheiden die Gerichte für Arbeitssachen über die → *Tariffähigkeit* und die Tarifzuständigkeit einer Vereinigung im Beschlussverfahren. Seit der Änderung des § 97 Abs. 2 ArbGG durch das Tarifautonomiestärkungsgesetz mit Wirkung zum 16.8.2014 ist für das Verfahren erstinstanzlich das Landesarbeitsgericht zuständig, in dessen Bezirk die Vereinigung, über deren Tarifzuständigkeit zu entscheiden ist, ihren Sitz hat. Es handelt sich nicht um ein besonderes Verfahren eigener Art, so dass es keines besonderen Antrags auf Entscheidung „im Verfahren nach § 97 ArbGG" bedarf.[692] Die **Tarifzuständigkeit** ist nach der ständigen Rechtsprechung des BAG die Fähigkeit einer an sich tariffähigen Vereinigung, Tarifverträge mit einem bestimmten Geltungsbereich abzuschließen.[693] Dem entsprechend sollte auch der Antrag formuliert werden:

> **Es wird festgestellt, dass die antragstellende Gewerkschaft tarifzuständig ist für den Abschluss von Tarifverträgen, deren Geltungsbereich <genaue Bezeichnung des räumlichen, betrieblichen, beruflich-fachlichen und/oder persönlichen Geltungsbereichs> umfasst.**

2 Die Verwendung des Begriffs der „Tarifzuständigkeit" genügt den **Bestimmtheitsanforderungen** iSd § 253 ZPO; er wird in § 2a Abs. 1 Nr. 4 ArbGG vorausgesetzt.[694] Der Antragsteller muss für die Feststellung der Tarifzuständigkeit der betroffenen Vereinigung ein Rechtsschutzinteresse haben.[695] Es bedarf allerdings keines Feststellungsinteresses iSd § 256 Abs. 1 ZPO, weil es sich um einen Feststellungsantrag eigener Art handelt, der nicht auf die Feststellung eines Rechtsverhältnisses gerichtet ist.[696] Für einen (positiven) Antrag auf Klärung der Tarifzuständigkeit besteht das erforderliche Interesse, wenn die Vereinigung nach ihrer Satzung die umstrittene Tarifzuständigkeit für sich in Anspruch nimmt.[697] Für einen negativen, auf die Feststel-

690 Vgl. Konzen/Schliemann RdA 2015, 1 (9).

691 ErfK/Koch ArbGG § 99 Rn. 2; zu einem solchen Antrag vgl. BAG 25.9.2013 – 4 AZR 173/12, AP TVG § 1 Tarifverträge: Musiker Nr. 26 Rn. 15.

692 Vgl. GMP/Schlewing/Günther-Gräff ArbGG § 97 Rn. 3.

693 BAG 17.4.2012 – 1 ABR 5/11, BAGE 141, 110 Rn. 46; BAG 18.7.2006 – 1 ABR 36/05, NZA 2006, 1225 (1228 Rn. 33 mwN); MAH ArbR/Hamacher/van Laak § 69 Rn. 20.

694 BAG 17.4.2012 – 1 ABR 5/11, BAGE 141, 110 Rn. 46; BAG 18.7.2006 – 1 ABR 36/05, NZA 2006, 1225 (1227 Rn. 27).

695 GMP/Schlewing/Günther-Gräff ArbGG § 97 Rn. 19; GK-ArbGG/Ahrendt § 97 Rn. 64.

696 BAG 11.6.2013 – 1 ABR 32/12, AP TVG § 2 Tarifzuständigkeit Nr. 24 Rn. 22; 18.7.2006 – 1 ABR 36/05, NZA 2006, 1225 (1227 Rn. 29).

697 BAG 11.6.2013 – 1 ABR 32/12, AP TVG § 2 Tarifzuständigkeit Nr. 24 Rn. 22; GMP/Schlewing/Günther-Gräff ArbGG § 97 Rn. 19.

lung der Unzuständigkeit einer Gewerkschaft gerichteten Antrag eines einzelnen Arbeitgebers besteht ein Rechtsschutzbedürfnis, wenn sich die Gewerkschaft einer Tarifzuständigkeit für das Unternehmen oder einen Betrieb des Arbeitgebers berühmt. Dazu ist Voraussetzung, dass die Gewerkschaft durch entsprechende Erklärungen oder Handlungen zum Ausdruck bringt, dass sie die Wahrnehmung von Befugnissen beabsichtigt, für die es ihrer Tarifzuständigkeit bedarf.[698] Das Bundesarbeitsgericht hat es im Falle einer Gewerkschaft, die nach ihrer Satzung für verschiedene Branchen zuständig war, für zulässig erachtet, den Antrag darauf zu richten, dass die Zuständigkeit für ein bestimmtes Unternehmen aufgrund der **Zugehörigkeit zu einer konkreten Branche** bestehe, obwohl das Unternehmen die Zuständigkeit der Gewerkschaft an sich anerkannte. Das Unternehmen hielt sich allerdings einer anderen von der Gewerkschaftssatzung erfassten Branche zugehörig.[699]

> **Es wird festgestellt, dass die antragstellende Gewerkschaft für den Abschluss von Tarifverträgen mit dem Beteiligten zu 2) als einem Unternehmen der X-Branche tarifzuständig ist.**

3 Der Antrag kann auch auf die Feststellung der Tarifunzuständigkeit einer Vereinigung gerichtet werden.

> **Es wird festgestellt, dass die <genaue Bezeichnung der Vereinigung> für den Abschluss von Tarifverträgen, die für <genaue Bezeichnung des Geltungsbereichs> gelten sollen, nicht tarifzuständig ist.**

Steht im Streit, ob eine Gewerkschaft für den Abschluss eines Haustarifvertrags mit einer einzelnen Arbeitgeberin tarifzuständig ist, kann die Arbeitgeberin auch schlicht beantragen:[700]

> **Es wird festgestellt, dass die Beteiligte zu 2. für die Antragstellerin nicht tarifzuständig ist.**

4 In zeitlicher Hinsicht erfasst der auf die Feststellung der fehlenden Tarifzuständigkeit gerichtete Antrag die Entscheidung über die Tarif(un)zuständigkeit einer Vereinigung von seiner Rechtshängigkeit bis zum Zeitpunkt der letzten gerichtlichen Entscheidung.[701] Dies kann anders zu beurteilen sein, wenn die antragstellende Vereinigung ihren Antragswortlaut entsprechend formuliert oder aus ihrem zu seiner Begründung gegebenen Vorbringen deutlich wird, dass sie ihr Begehren in zeitlicher Hinsicht beschränken will.[702] § 97 Abs. 1 ArbGG lässt auch eine vergangenheitsbezogene Feststellung der Tarifzuständigkeit einer Gewerkschaft zu.[703]

5 Die Feststellung der Wirksamkeit oder der Unwirksamkeit von Tarifverträgen kann nicht Gegenstand eines Beschlussverfahrens nach § 97 Abs. 1, § 2a Abs. 1 Nr. 4 ArbGG sein. In einem solchen Verfahren kann nur über die Tariffähigkeit oder die Tarifzuständigkeit entschieden werden. Dies folgt schon aus dem Wortlaut des § 97 Abs. 1 ArbGG. Für andere Streitgegenstände eröffnet die Vorschrift einer konkurrie-

698 BAG 13.3.2007 – 1 ABR 24/06, NZA 2007, 1069 (1071 Rn. 21).
699 BAG 12.12.1995 – 1 ABR 27/95 – zu II A 1a der Gründe, NZA 1996, 1042 (1043).
700 Vgl. LAG Hessen 18.8.2022 – 5 BVL 2/21, BeckRS 2022, 55167.
701 BAG 17.4.2012 – 1 ABR 5/11, BAGE 141, 110 Rn. 45.
702 Vgl. BAG 14.12.2010 – 1 ABR 19/10, AP TVG § 2 Tariffähigkeit Nr. 6 Rn. 33.
703 BAG 11.6.2013 – 1 ABR 32/12, AP TVG § 2 Tarifzuständigkeit Nr. 24 Rn. 53 mAnm. Ricken.

renden Arbeitnehmervereinigung keine Antragsbefugnis. Für diese Sichtweise spricht nach Ansicht des BAG[704] zudem die Rechtswegzuweisung in § 2 Abs. 1 Nr. 1 ArbGG, wonach ua in bürgerlichen Rechtsstreitigkeiten zwischen Tarifvertragsparteien oder zwischen diesen und Dritten über das Bestehen oder Nichtbestehen von Tarifverträgen das Urteilsverfahren stattfindet (§ 2 Abs. 5 ArbGG) → *Tarifvertrag, Bestehen und Auslegung.*

> *Es wird festgestellt, dass der von der <genaue Bezeichnung der tarifunzuständigen Vereinigung> abgeschlossene Tarifvertrag <genaue Bezeichnung des Tarifvertrags> nichtig ist.*

6 **Beteiligte** im Verfahren über die Tarifzuständigkeit einer Gewerkschaft sind gem. § 97 Abs. 2 iVm § 83 Abs. 3 ArbGG neben dem Antragsteller diejenigen Stellen, deren materielle Rechtsstellung im Hinblick auf die Tarifzuständigkeit unmittelbar betroffen ist.[705]

7 Die **Antragsbefugnis** in Verfahren über die Tarifzuständigkeit einer Vereinigung ist in § 97 ArbGG selbst geregelt. Das Verfahren wird auf Antrag einer räumlich und sachlich zuständigen Vereinigung von Arbeitnehmern oder von Arbeitgebern oder der obersten Arbeitsbehörde des Bundes oder der obersten Arbeitsbehörde eines Landes, auf dessen Gebiet sich die Tätigkeit der Vereinigung erstreckt, eingeleitet. § 10 S. 2 ArbGG stellt deren Beteiligtenfähigkeit klar. Nach Sinn und Zweck des § 97 Abs. 1 ArbGG ist auch ein **einzelner Arbeitgeber** zur Einleitung eines Verfahrens befugt, wenn die Tarifzuständigkeit einer Gewerkschaft für sein Unternehmen oder einen seiner Betriebe zu klären ist.[706]

8 Die Aufzählung der Antragsberechtigten in § 97 Abs. 1 ArbGG hat einschränkenden Charakter, sie schließt andere Stellen, insbesondere betriebsverfassungsrechtliche Organe, von einer Antragsbefugnis aus. Auf den **Betriebsrat** eines Betriebs, für den die Tarifzuständigkeit einer Vereinigung streitig ist, sind die Regelungen über die Antragsbefugnis **nicht** analog anzuwenden.[707] Soweit das BAG früher[708] eine Antragsbefugnis gem. § 97 Abs. 2 iVm § 83 Abs. 3 ArbGG für grundsätzlich möglich gehalten hat, hält es daran nicht mehr fest.[709] Auch wenn bei einer Gewerkschaft für Planung, Aushandeln, Abschluss und Kündigung von Tarifverträgen im Bezirksbereich die jeweilige Bezirksleitung zuständig ist, schließt dies die räumliche Zuständigkeit der Gesamtorganisation für die Durchführung des Verfahrens nach § 97 ArbGG nicht aus, wenn die Tarifzuständigkeit der Gewerkschaft und damit die Auslegung ihrer Satzung unabhängig von dem betroffenen Bezirk im Streit steht.[710]

9 § 97 Abs. 4 S. 2 ArbGG erweitert die Antragsbefugnis zur Einleitung eines Beschlussverfahrens über die Tarifzuständigkeit in den Fällen, in denen ein Gericht einen Rechtsstreit gem. § 97 Abs. 5 S. 1 ArbGG bis zur Erledigung eines Beschlussverfahrens nach § 2a Abs. 1 Nr. 4 ArbGG ausgesetzt hat, über den Kreis der nach § 97 Abs. 1 ArbGG Antragsbefugten hinaus aus auf die Parteien des ausgesetzten Rechtsstreits. Al-

704 BAG 26.1.2016 – 1 ABR 13/14, NZA 2016, 842 Rn. 33; 17.4.2012 – 1 ABR 5/11, BAGE 141, 110 Rn. 42.
705 BAG 13.3.2007 – 1 ABR 24/06, NZA 2007, 1069 (1070 Rn. 12); 25.9.1996 – 1 ABR 4/96 – zu B I 1 mwN, NZA 1997, 613 (614).
706 BAG 13.3.2007 – 1 ABR 24/06, NZA 2007, 1069 (1071 Rn. 20); 27.9.2005 – 1 ABR 41/04, NZA 2006, 273 (276 f. Rn. 32).
707 BAG 13.3.2007 – 1 ABR 24/06, NZA 2007, 1069 (1070 Rn. 14).
708 Vgl. BAG 25.11.1986 – ABR 22/85 – zu B I 2, AP TVG § 2 Nr. 36.
709 BAG 13.3.2007 – 1 ABR 24/06, NZA 2007, 1069 Rn. 14.
710 BAG 12.12.1995 – 1 ABR 27/95 – zu II A 1b der Gründe, NZA 1996, 1042 (1043).

lerdings muss die Aussetzung zu Recht erfolgt sein; ein zu Unrecht ergangener Aussetzungsbeschluss vermittelt keine Antragsbefugnis.[711] Hängt die Entscheidung des ausgesetzten Rechtsstreits offensichtlich nicht von der in einem Verfahren nach § 2a Abs. 1 Nr. 4, § 97 ArbGG zu klärenden rechtlichen Eigenschaft der Tarifzuständigkeit ab, vermittelt der Aussetzungsbeschluss ebenfalls keine Antragsbefugnis.[712] Die Antragsbefugnis nach § 97 Abs. 5 S. 2 ArbGG beschränkt sich auf die Vorfrage, wegen derer das Gericht sein Verfahren ausgesetzt hat. Die Parteien des ausgesetzten Verfahrens sind nicht befugt, eine andere als die von dem aussetzenden Gericht für entscheidungserheblich erachtete Frage der Tariffähigkeit oder Tarifzuständigkeit gerichtlich klären zu lassen.[713] Der Aussetzungsbeschluss bestimmt damit den zulässigen inhaltlichen und zeitlichen Umfang eines Antrags der nach § 97 Abs. 5 Satz 2 ArbGG Antragsberechtigten.[714] Mit der Aussetzung des Verfahrens wird nicht automatisch das Verfahren nach § 2a Abs. 1 Nr. 4, 97 ArbGG eingeleitet, es bedarf vielmehr der Stellung des Sachantrags beim zuständigen Landesarbeitsgericht.[715]

Die Feststellung der Tarifzuständigkeit im Wege der **einstweiligen Verfügung** **10**
kommt nicht in Betracht.[716]

Tendenzeigenschaft

Die Vorschriften des BetrVG finden nach § 118 Abs. 1 keine Anwendung auf Unter- **1**
nehmen und Betriebe, die unmittelbar und überwiegend politischen, koalitionspolitischen, konfessionellen, karitativen, erzieherischen, wissenschaftlichen oder künstlerischen Bestimmungen oder Zwecken der Berichterstattung oder Meinungsäußerung, auf die Art. 5 Abs. 1 S. 2 des Grundgesetzes Anwendung findet, dienen, soweit die Eigenart des Unternehmens oder des Betriebs dem entgegensteht. Die §§ 106 bis 110 BetrVG sind nicht, die §§ 111 bis 113 BetrVG nur insoweit anzuwenden, als sie den Ausgleich oder die Milderung wirtschaftlicher Nachteile für die Arbeitnehmer infolge von Betriebsänderungen regeln. Ein auf die Feststellung des Bestehens oder Nichtbestehens der Tendenzeigenschaft eines Unternehmens iSd § 118 Abs. 1 S. 1 BetrVG gerichteter Feststellungsantrag ist nach der neueren Rechtsprechung des BAG unzulässig.[717] Er ist nicht auf die Feststellung eines konkreten Rechtsverhältnisses iSd § 256 Abs. 1 ZPO gerichtet. Soweit der Erste Senat des BAG im Beschluss vom 21.7.1998[718] angenommen hatte, ein auf die Feststellung der Tendenzeigenschaft eines Unternehmens gerichteter Feststellungsantrag sei zulässig, hält er hieran inzwischen nicht mehr fest.[719]

> *Es wird festgestellt, dass es sich bei der Arbeitgeberin nicht um ein Tendenzunternehmen iSv § 118 Abs. 1 BetrVG handelt.*

711 BAG 25.4.2017 – 1 ABR 62/14, NZA 2018, 61 Rn. 21.
712 BAG 26.1.2016 – 1 ABR 13/14, NZA 2016, 842 Rn. 40.
713 BAG 25.4.2017 – 1 ABR 62/14, NZA 2018, 61 Rn. 28; 18.7.2006 – 1 ABR 36/05, NZA 2006, 1225 (1228 Rn. 18).
714 BAG 26.1.2016 – 1 ABR 13/14, NZA 2016, 842 Rn. 37 mwN; zust. Bissels/Traut AP ArbGG 1979 § 97 Nr. 21. Die unter dem Aktenzeichen 1 BvR 1103/16 gegen den Beschluss des BAG eingelegte Verfassungsbeschwerde wurde durch Beschluss des BVerfG vom 5.2.2018 nicht zur Entscheidung angenommen.
715 GK-ArbGG/Ahrendt § 97 Rn. 97; GMP/Schlewing ArbGG § 97 Rn. 17.
716 GK-ArbGG/Ahrendt § 97 Rn. 71; MAH ArbR/Ulrich § 78 Rn. 115.
717 BAG 14.12.2010 – 1 ABR 93/09, NZA 2011, 473 = BAGE 136, 334.
718 BAG 21.7.1998 – 1 ABR 2/98 – zu B I 2b der Gründe, BAGE 89, 228; bestätigt durch BAG 23.3.1999 – 1 ABR 28/98 – zu B I der Gründe, BAGE 91, 144.
719 BAG 14.12.2010 – 1 ABR 93/09, NZA 2011, 473 Rn. 17 = BAGE 136, 334; BAG 7.2.2012 – 1 ABR 58/10, NZA 2012, 878 Rn. 12; 22.7.2014 – 1 ABR 93/12, NZA 2014, 1417 Rn. 14.

2 Der Betriebsrat muss vielmehr ein konkretes Mitbestimmungsrecht – etwa die → *Mitbestimmung in sozialen Angelegenheiten* – feststellen lassen, dessen Bestehen von der Arbeitgeberin unter Hinweis auf ihre Tendenzträgereigenschaft abgestritten wird.[720] Ebenso kann eine Arbeitgeberin unter Berufung auf ihre Tendenzeigenschaft die Feststellung beantragen, dass der Betriebsrat nicht befugt ist, einen Wirtschaftsausschuss zu bilden.[721]

Übernahme von Jugend- und Auszubildendenvertretern

1 Die Vorschrift des § 78a BetrVG regelt, dass Auszubildende, die Mitglied in der Jugend- und Auszubildendenvertretung sind bzw. deren Amtszeit im letzten Jahr vor Ende der Ausbildung endet, verlangen können, über das Ende der Ausbildung hinaus in einem unbefristeten Arbeitsverhältnis beschäftigt zu werden. Der Auszubildende hat dieses innerhalb der letzten drei Monate vor Abschluss der Ausbildung schriftlich zu verlangen (§ 78a Abs. 2 BetrVG). Ohne ein form- und fristgerechtes Verlangen endet das Ausbildungsverhältnis mit dem Bestehen der Prüfung, § 21 BBiG. Liegt ein form- und fristgerechtes Verlangen vor, so gilt ein Arbeitsverhältnis als begründet.

2 Der Arbeitgeber hat seinerseits die Verpflichtung, den Auszubildenden drei Monate vor Ende der Ausbildung schriftlich darüber zu informieren, wenn er ihn nicht übernehmen will, § 78a Abs. 1 BetrVG.

3 Der Arbeitgeber kann der Verpflichtung zur Übernahme und Weiterbeschäftigung in einem unbefristeten Arbeitsverhältnis nur entgehen, wenn Tatsachen vorliegen, aufgrund derer dem Arbeitgeber unter Berücksichtigung aller Umstände die Weiterbeschäftigung nicht zugemutet werden kann.

4 Der Arbeitgeber kann sich von der Verpflichtung zur Übernahme und Weiterbeschäftigung nur durch arbeitsgerichtliche Entscheidung entbinden lassen. Der Antrag muss spätestens zwei Wochen nach Beendigung des Ausbildungsverhältnisses beim Arbeitsgericht eingegangen und entweder auf die Feststellung gerichtet sein, dass ein Arbeitsverhältnis nicht begründet wird, wenn das Ausbildungsverhältnis noch besteht oder aber auf Auflösung des Arbeitsverhältnisses, wenn das Ausbildungsverhältnis bereits beendet ist (§ 78a Abs. 4 BetrVG). Voraussetzung ist, dass der Auszubildende die Übernahme bereits verlangt hat.[722]

5 Im Beschlussverfahren sind der Betriebsrat sowie die Jugend- und Auszubildendenvertretung zu beteiligen.

6 Ein Antrag auf Feststellung, dass ein Arbeitsverhältnis nicht begründet wird, könnte wie folgt formuliert werden:[723]

Es wird festgestellt, dass zwischen der Arbeitgeberin/Antragstellerin und dem Auszubildenden/Arbeitnehmer <Name> nach Ende der Berufsausbildung kein Arbeitsverhältnis begründet wird.

720 Vgl. BAG 22.5.2012 – 1 ABR 7/11, NZA-RR 2013, 78 Rn. 12; 22.7.2014 – 1 ABR 93/12, NZA 2014, 1417 Rn. 16.
721 Vgl. BAG 26.2.2020 – 7 ABR 20/18, NZA 2020, 960 Rn. 15 ff.
722 Fitting § 78a BetrVG Rn. 35.
723 Vgl. BAG 17.6.2020 – 7 ABR 46/18, BeckRS 2020, 28689.

Ein Antrag auf Auflösung kann wie folgt formuliert werden:[724] 7

> **Das mit dem Auszubildenden <Name>/Antragsgegner begründete Arbeitsverhältnis wird aufgelöst.**

Ein Auflösungstermin ist dabei nicht aufzunehmen, da die Auflösung mit Rechts- 8
kraft der Entscheidung eintritt.

In diesem Zusammenhang ist umstritten, ob nach Abschluss der Ausbildung zu- 9
nächst ein Arbeitsverhältnis begründet wird. Nach der Rechtsprechung ist dies der Fall, auch wenn der Arbeitgeber bereits vor Ende der Ausbildung die gerichtliche Feststellung beantragt, dass ein Arbeitsverhältnis nicht begründet wird. Der Antrag gemäß § 78a Abs. 4 S. 1 Nr. 1 wandelt sich automatisch in einen Antrag nach § 78a Abs. 4 S. 1 Nr. 2 BetrVG um.[725] Bis zu diesem Zeitpunkt besteht ein Arbeitsverhältnis und mithin auch Vergütungs- und Beschäftigungspflicht. Vor diesem Hintergrund empfiehlt es sich, wenn absehbar ist, dass das Ausbildungsverhältnis im Lauf des Verfahrens endet, den Antrag zu Ziffer 2 als Hilfsantrag zu stellen.[726]

Nach dem Wortlaut des § 78a Abs. 4 BetrVG beziehen sich die Anträge lediglich auf 10
die Frage, ob das Arbeitsverhältnis aufgrund der Unzumutbarkeit für den Arbeitgeber nicht begründet ist. Tritt die gesetzliche Folge jedoch nicht ein, da die Voraussetzungen der §§ 78a Abs. 2 bzw. Abs. 3 BetrVG nicht vorliegen, so kann der Arbeitgeber ebenfalls feststellen lassen, dass ein Arbeitsverhältnis nicht begründet ist. Nach älterer Rechtsprechung des Bundesarbeitsgerichts ist diese Frage im Urteilsverfahren zu klären.[727] In einer folgenden Entscheidung hat das Bundesarbeitsgericht eine Rechtsprechungsänderung angekündigt, ohne diese jedoch im späteren umsetzen zu können.[728] In einer neueren Entscheidung hat das Bundesarbeitsgericht nochmals auf diese Entscheidung Bezug genommen, die Frage jedoch in der Sache dahinstehen lassen.[729] Für eine einheitliche Behandlung im Beschlussverfahren spricht jedoch, dass der zu stellende Sachantrag identisch ist mit dem Antrag des § 78a Abs. 4 S. 1 Nr. 1 BetrVG und zudem in vielen Fällen beide Fragen durch den Arbeitgeber angesprochen werden müssten und er dann wortidentische Anträge in zwei Verfahrensarten stellen müsste.[730] Tritt die gesetzliche Fiktion der §§ 78a Abs. 2 bzw. Abs. 3 BetrVG nicht ein, so wird ein Arbeitsverhältnis nicht begründet.

Der Arbeitgeber kann die Begründung des Arbeitsverhältnisses nicht im Wege der 11
einstweiligen Verfügung verhindern.[731] Umstritten ist die Frage, ob der Arbeitgeber während eines Verfahrens nach § 78a Abs. 4 BetrVG sich im Wege der einstweiligen Verfügung im Beschlussverfahren von der Verpflichtung zur Weiterbeschäftigung entbinden lassen kann.[732] Dabei ist zu berücksichtigen, dass die bloße Unzumutbar-

724 BAG 18.9.2019 – 7 ABR 44/17, BeckRS 2019, 35879.
725 BAG 11.1.1995 – 7 AZR 574/94, NZA 1995, 647; LAG Hamm 11.1.2013 – 10 TaBV 5/12, BeckRS 2013, 197312.
726 Vgl. hierzu BAG 5.12.2012 – 7 ABR 38/11, NZA-RR 2013, 241.
727 BAG 29.11.1989 – 7 ABR 67/88, NZA 1991, 233.
728 BAG 11.1.1995 – 7 AZR 574/94, NZA 1995, 647; so auch GK-BetrVG/Oetker § 78a Rn. 73 f.; Fitting BetrVG § 78a Rn. 61.
729 BAG 5.12.2012 – 7 ABR 38/11, NZA-RR 2013, 241.
730 So auch Fitting BetrVG § 78a Rn. 61; im Ergebnis ArbG Gelsenkirchen 17.11.2010 – 3 BV 17/10, BeckRS 2013, 67235.
731 Fitting BetrVG § 78a Rn. 45; ErfK-Kania § 78a BetrVG Rn. 12.
732 Dafür LAG Köln 31.3.2005 – 5 Ta 52/05, LAGE § 78a BetrVG 2001 Nr. 2; Fitting BetrVG § 78a Rn. 45; ErfK/Kania BetrVG § 78a Rn. 12; GK-BetrVG/Oetker § 78a Rn. 215; dagegen ArbG Wiesbaden 11.1.1978 – 6

keit der Beschäftigung nicht ausreichen dürfte, um diesen Anspruch zu begründen, sondern vielmehr eine fehlende tatsächliche Beschäftigungsmöglichkeit.

12 Der Antrag auf Entbindung von der Weiterbeschäftigungspflicht könnte wie folgt aussehen:

> **Die Arbeitgeberin wird im Weg der einstweiligen Verfügung von der Verpflichtung zur Beschäftigung des Arbeitnehmers/Auszubildenden bis zur rechtskräftigen Beendigung des Beschlussverfahrens x BV x/xx entbunden.**

13 Bestreitet der Arbeitgeber seinerseits die Begründung des Arbeitsverhältnisses, so kann der Arbeitnehmer Klage auf die Feststellung, dass ein Arbeitsverhältnis besteht, erheben. Diese Frage ist im Urteilsverfahren zu entscheiden. In diesem Rahmen kann der Arbeitnehmer auch im Wege der einstweiligen Verfügung sein Recht auf Beschäftigung geltend machen.[733] Insoweit wird auf das Stichwort → *Beschäftigung* verwiesen.

14 Auch die Frage, zu welchen konkreten Bedingungen das Arbeitsverhältnis begründet worden ist, ist im Urteilsverfahren zu klären. Auch hier wird auf das Stichwort → *Beschäftigung* verwiesen.

15 Verletzt der Arbeitgeber seine Mitteilungspflicht nach § 78a Abs. 1 BetrVG, so ist er bei Vorliegen von Entbindungsgründen nach § 78a Abs. 4 BetrVG nicht zur Übernahme verpflichtet. Der Auszubildende kann jedoch Schadensersatzansprüche im Wege der → *Zahlungsklage* geltend machen.

Unterlassungsanspruch gegen den Betriebsrat

1 Gelegentlich kommt es zu Situationen, in denen sich der Betriebsrat betriebsverfassungswidrig verhält, indem er etwa durch Äußerungen über den Arbeitgeber die Verpflichtung zur Wahrung des Betriebsfriedens, das Verbot der parteipolitischen Betätigung verletzt oder aber Verpflichtungen aus Betriebsvereinbarungen nicht einhält. In diesen Fällen stellt sich die Frage, ob der Arbeitgeber gegenüber dem Betriebsrat einen Anspruch auf Unterlassung von betriebsverfassungswidrigem Verhalten durchsetzen kann. Diese Frage ist durch das Bundesarbeitsgericht verneint worden.[734] Aus dem Grundkonzept von § 23 BetrVG ergebe sich, dass ein Unterlassungsanspruch nur gegenüber dem Arbeitgeber geltend gemacht werden könne, da nur dieser in § 23 Abs. 3 BetrVG geregelt ist. Zum anderen sei aufgrund der Vermögenslosigkeit des Betriebsrats ein Unterlassungstitel ohnehin nicht vollstreckbar. Es reiche für den Rechtsschutz des Arbeitgebers aus, wenn diesem die Möglichkeit offenstehe, entsprechende Feststellungsanträge zu verfolgen.

2 Vor diesem Hintergrund kommt ein Unterlassungsantrag **nicht** in Betracht. Folgender Antrag wäre daher unbegründet:

Ga 3/77, DB 1978, 797; Reinecke DB 1981, 899; Moritz DB 1974, 1016; Becker-Schaffner DB 1987, 2647; DKW/Bachner BetrVG § 78a Rn. 53; APS/Künzl BetrVG § 78a Rn. 160.

733 LAG Hamm 28.3.2007 – 10 SaGa 11/07, BeckRS 2007, 44922; LAG Berlin 16.12.1974 – 5 Sa 91/74, BB 1995, 837; LAG Hessen 14.8.1987 – 14 SaGa 967/87, BB 1987, 2160; LAG Sachsen 2.11.2005 – 7 Sa 731/05, juris; ErfK/Kania BetrVG § 78a Rn. 12; Fitting BetrVG § 78a Rn. 64, DKW/Bachner BetrVG § 78a Rn. 45; APS/Künzl BetrVG § 78a Rn. 158.

734 BAG 28.5.2014 – 7 ABR 36/12, BeckRS 2014, 72526; BAG 15.10.2013 – 1 ABR 31/12, NZA 2014, 319; BAG 17.3.2010 – 7 ABR 95/08, BAGE 133, 342;.

> *Dem Betriebsrat wird aufgegeben, es zu unterlassen, zu behaupten, die Arbeitgeberin verletze permanent die Rechte des Betriebsrats und trete die Betriebsverfassung mit Füßen.*

Bei schweren Pflichtverletzungen kann der Arbeitgeber gemäß § 23 Abs. 1 BetrVG 3
die Auflösung des Betriebsrats oder aber den Ausschluss eines Betriebsratsmitglieds verlangen. Bezüglich der Antragstellung wird auf das Stichwort → *Ausschluss aus und Auflösung des Betriebsrats* verwiesen.

Der Arbeitgeber hat aber die Möglichkeit, im Vorfeld oder auch zur Vorbereitung ei- 4
nes Verfahrens nach § 23 Abs. 1 BetrVG den Verstoß des Betriebsrats oder eines Mitglieds gegen betriebsverfassungsrechtliche Pflichten durch einen Feststellungsantrag klären zu lassen.[735] Diese Rechtsauffassung des Bundesarbeitsgerichts ist nicht unproblematisch, da sie im Spannungsfeld zu der Frage steht, inwiefern bei einem abgeschlossenen Sachverhalt ein Rechtsgutachten erstellt wird, was den Gerichten verwehrt ist.[736]

Nach der Rechtsprechung des Bundesarbeitsgerichts dürfte daher folgender Antrag 5
zulässig sein:

> **Es wird festgestellt, dass die Äußerung des Betriebsratsvorsitzenden in der Betriebsversammlung am <Datum>, die Arbeitgeberin verletze permanent die Rechte des Betriebsrats und trete die Betriebsverfassung mit Füßen, eine Verletzung der Verpflichtung des Betriebsrats zur Wahrung des Betriebsfriedens gemäß § 74 Abs. 2 S. 2 BetrVG/eine grobe Verletzung der betriebsverfassungsrechtlichen Pflichten iSd § 23 Abs. 3 BetrVG darstellt.**

Auch für einen entsprechenden Antrag ist die Darlegung eines **Feststellungsinteres-** 6
ses erforderlich. Es kommt nur in Betracht, wenn der Arbeitgeber darlegen kann, dass eine Wiederholungsgefahr für das Fehlverhalten besteht. Insoweit ist auch darauf zu achten, dass kein Globalantrag gestellt wird. Problematisch ist insoweit die Frage, wie zu berücksichtigen ist, dass ein Verhalten, das sich in der konkreten Situation als pflichtwidrig erweist, aufgrund anderer Umstände in der Zukunft aber rechtmäßig sein kann. Ein Beispiel dafür ist etwa eine unberechtigte kritische Äußerung des Betriebsrats über den Arbeitgeber, die den Betriebsfrieden gefährdet (Verstoß gegen § 74 Abs. 2 S. 2 BetrVG), die aber bei ihrer Wiederholung in einer anderen Situation aufgrund eines Fehlverhaltens des Arbeitgebers rechtmäßig ist. Zu der Problematik vergleiche auch → *Grober Verstoß gegen Pflichten des Arbeitgebers.*

Das Bundesarbeitsgericht hält in diesem Zusammenhang auch eine **Feststellungs-** 7
verfügung für zulässig, wenn Verstöße des Betriebsrats gegen seine betriebsverfassungsrechtlichen Verpflichtungen in Rede stehen.[737] Dieses soll zumindest der Fall sein, wenn es gesetzliche Gründe dafür gibt, dass die Rechtslage zugunsten des Arbeitgebers nicht erst im Hauptsacheverfahren, sondern vorher geklärt werden muss. Feststellungsverfahren des Arbeitgebers gegen den Betriebsrat haben entsprechend

735 BAG 17.3.2010 – 7 ABR 95/08, BAGE 133, 342.

736 BAG 17.9.2013 – 1 ABR 24/12, NZA 2014, 740; BAG 14.12.2010 – 1 ABR 93/09, BAGE 136, 334; BAG 28.4.2009 – 1 ABR 7/08, AP § 77 BetrVG 1972 Nr. 99; BAG 20.1.2009 – 1 ABR 78/07, AP § 77 BetrVG 1972 Nr. 44.

737 BAG 28.5.2014 – 7 ABR 36/12, BeckRS 2014, 72526; aA Korinth Einstweiliger Rechtsschutz im Arbeitsgerichtsverfahren H. 17c.

der Grundkonzeption von § 23 BetrVG den Zweck, als Vorstufe einer möglichen Amtsenthebung des Betriebsrats zwischen den Betriebsparteien die Rechtslage zu klären. Die Besonderheit einer Feststellungsverfügung korrespondiert damit mit der Unmöglichkeit für den Arbeitgeber, ein betriebsverfassungswidriges Verhalten des Betriebsrats im Wege einer Unterlassungsverfügung zu unterbinden.[738]

Unterrichtung

1 Zur Durchführung seiner Aufgaben nach dem Betriebsverfassungsgesetz ist der Betriebsrat nach § 80 Abs. 2 S. 1 BetrVG vom Arbeitgeber umfassend und rechtzeitig zu unterrichten. Streitigkeiten über das Bestehen und den Umfang der Informations- und Vorlagepflichten werden ebenso im Beschlussverfahren nach § 2a ArbGG entschieden wie das in § 80 Abs. 2 S. 2 BetrVG geregelte Einblicksrecht in die Lohn- und Gehaltslisten sowie das Zur-Verfügung-Stellen von Auskunftspersonen.

2 Weigert sich der Arbeitgeber, dem Betriebsrat angeforderte **Unterlagen vorzulegen,** kann ihm das Arbeitsgericht aufgeben, die Unterlagen zur Verfügung zu stellen bzw. Einblick zu gewähren.[739] Zur Zulässigkeit eines entsprechenden vom Betriebsrat verfolgten Leistungsantrags ist die Darlegung eines besonderen **Rechtsschutzbedürfnisses** grundsätzlich nicht erforderlich.[740] Ob die begehrten Auskünfte, soweit sie sich auf die Vergangenheit beziehen, im Zeitpunkt der letzten mündlichen Verhandlung noch von Bedeutung für das Verhältnis von Betriebsrat und Arbeitgeberin sind, ist keine Frage der Zulässigkeit, sondern allenfalls der Begründetheit des Antrags.[741] Gleiches gilt für die Frage, ob sich der Betriebsrat die begehrten Informationen auf andere Weise verschaffen könnte.[742] Damit der Antrag **hinreichend bestimmt** iSv § 253 Abs. 2 Nr. 2 ZPO ist, müssen Gegenstand, Umfang und Form der begehrten Auskunft ausreichend bezeichnet sein.[743] Die Prüfung, welche Maßnahmen der Schuldner vorzunehmen oder zu unterlassen hat, darf grundsätzlich nicht in das Vollstreckungsverfahren verlagert werden.[744]Ein Antrag, mit dem ein Informationsrecht des Betriebsrats gegenüber dem Arbeitgeber in bestimmten Situationen gerichtlich festgestellt werden soll, muss wegen der Anforderungen der §§ 308, 322 ZPO nicht nur den Inhalt der begehrten Information, sondern auch den betrieblichen Vorgang, bei dem die Unterrichtungspflicht des Arbeitgebers geltend gemacht wird, so genau bezeichnen, dass mit der Entscheidung feststeht, wann der Arbeitgeber zu welcher Information verpflichtet ist.[745] Bei zukunftsgerichteten Anträgen sollte angegeben werden, ob eine einmalige oder fortlaufende Unterrichtung begehrt wird.[746] Verlangt der Betriebsrat Unterrichtung über bestimmte Daten, ist in der Regel davon auszugehen, dass er mit seinem Antrag nur die dem Arbeitgeber bekannten Daten verlangt.[747] Allein der Umfang der dem Betriebsrat ggf. zu übermittelnden Informationen kann der Bestimmtheit des Antrags nicht entgegenstehen.[748] Bezüglich der Bezeichnung des Gegenstands der Unterrichtung ist zu unterscheiden: Ist zwischen den Betriebsparteien streitig, ob überhaupt ein Unterrichtungsanspruch zu

738 BAG 28.5.2014 – 7 ABR 36/12, BeckRS 2014, 72526.
739 Fitting BetrVG § 80 Rn. 96.
740 Fitting BetrVG § 80 Rn. 96.
741 BAG 21.10.2003 – 1 ABR 39/02, NZA 2004, 936 (938).
742 BAG 10.10.2006 – 1 ABR 68/05, NZA 2007, 99.
743 Vgl. für einen begehrten EDV-Lesezugriff BAG 27.7.2010 – 1 ABR 74/09, AP ZPO § 253 Nr. 51.
744 BAG 23.3.2021 – 1 ABR 31/19, NZA 2021, 959 Rn. 21.
745 BAG 27.10.2010 – 7 ABR 36/09 Rn. 19, NZA 2011, 527.
746 Fitting BetrVG § 80 Rn. 96.
747 BAG 9.5.2023 – 1 ABR 14/22 Rn. 14, NZA 2023, 1404.
748 BAG 23.3.2021 – 1 ABR 31/19, NZA 2021, 959 Rn. 22.

einer bestimmten Frage besteht, so genügt die pauschale Bezeichnung des Themas. Ist der Arbeitgeber grundsätzlich zur Auskunft bereit und fühlt sich der Betriebsrat nur nicht ausreichend unterrichtet, so ist die genaue Frage, die der Betriebsrat als noch nicht geklärt ansieht, im Antrag zu bezeichnen. Zur Bestimmtheit eines auf die Arbeitszeiten mehrerer Personen gerichteten Unterrichtungsantrags reicht es aus, wenn der betreffende in seiner Zusammensetzung nicht konstante Personenkreis nach objektiv feststellbaren und zwischen den Beteiligten unstreitigen Merkmalen bezeichnet wird.[749] Bereits bei der Antragstellung ist zu überlegen, ob der Betriebsrat materiellrechtlich einen Anspruch auf eine bestimmte **Form der Auskunft** hat. Es steht dem Arbeitgeber nach der Rechtsprechung des BAG grundsätzlich frei zu entscheiden, in welcher Form er den Auskunftsanspruch des Betriebsrats erfüllt. Insbesondere bei umfangreichen, komplexen Informationen kann aber nach § 2 Abs. 1 BetrVG eine schriftliche Auskunft notwendig sein.[750]

Das BAG hat folgenden Leistungsantrag für zulässig erachtet:[751]

Die Arbeitgeberin wird verpflichtet, dem Betriebsrat in Schriftform darüber Auskunft zu erteilen, bei welchen Mitarbeiterinnen und Mitarbeitern am Standort A in den Jahren 2000 bis 2002 eine Erhöhung der außertariflichen Zulagen von der Arbeitgeberin vorgenommen wurde und in welcher Höhe sie jeweils erfolgte.

Zulässig ist es auch, im Wege der objektiven Antragshäufung Auskunft zu mehreren 3
Themen zu verlangen.

Die Arbeitgeberin wird verpflichtet, dem Betriebsrat über folgende Fragen Auskunft zu erteilen
– <konkrete Darstellung des 1. Themas, zu dem Auskunft begehrt wird>;
– < konkrete Darstellung des 2. Themas, zu dem Auskunft begehrt wird >;
– < konkrete Darstellung des 3. Themas, zu dem Auskunft begehrt wird >.

Als zulässig angesehen hat das BAG auch folgenden Antrag:[752]

Die Arbeitgeberin wird verpflichtet, dem Betriebsrat Auskunft über die ihr bekannte Anzahl und die ihr bekannten Namen der in dem Betrieb beschäftigten schwerbehinderten und gleichgestellten Menschen im Sinn des § 2 SGB IX zu erteilen.

Es ist jedoch unzulässig, diesen Auskunftsantrag mit folgendem Unterlassungsantrag zu kombinieren. Der mit ihm geltend gemachte Verfahrensgegenstand ist bereits Gegenstand des Auskunftsantrags *(§ 261 Abs. 3 Nr. 1 ZPO)*.[753]

Der Arbeitgeberin wird aufgeben, es zu unterlassen, die Arbeit des Betriebsrats dadurch zu stören und zu behindern, dass ihm nicht Anzahl und Namen der in dem Betrieb beschäftigten schwerbehinderten und ihnen gleichgestellten Menschen mitgeteilt werden.

749 BAG 6.5.2003 – 1 ABR 13/02, NZA 2003, 1348 zu II.2.a) mwN.
750 BAG 10.10.2006 – 1 ABR 68/05, NZA 2007, 99 (101); ErfK/Kania BetrVG § 80 Rn. 23.
751 BAG 10.10.2006 – 1 ABR 68/05, NZA 2007, 99.
752 BAG 9.5.2023 – 1 ABR 14/22 Rn. 11 ff., NZA 2023, 1404.
753 Vgl. BAG 9.5.2023 – 1 ABR 14/22 Rn. 83, NZA 2023, 1404.

4 Der in § 80 Abs. 2 S. 2 Hs. 1 BetrVG geregelte Anspruch auf Überlassung von Unterlagen ist auf die Herausgabe von Urkunden gerichtet.[754] Notwendige Voraussetzung der Begründetheit dieses Anspruchs ist, dass der Arbeitgeber über die entsprechenden Unterlagen – zumindest in Form einer Datei – bereits verfügt. Zur Herstellung noch nicht vorhandener Unterlagen ist er nicht verpflichtet.[755] **§ 80 Abs. 2 S. 2 BetrVG** unterscheidet zwischen der Verpflichtung, Unterlagen „zur Verfügung zu stellen" und der Verpflichtung, „Einblick" zu gewähren. Im **ersten Fall** muss der Arbeitgeber die Unterlagen – zumindest in Abschrift – dem Betriebsrat überlassen; er muss die Unterlagen aus der Hand geben, der Betriebsrat kann sie ohne Beisein des Arbeitgebers auswerten. Im **zweiten Fall** braucht der Arbeitgeber die Unterlagen nicht aus der Hand zu geben.[756] Im Hinblick darauf, dass die Unterlagen nicht im Original zu überlassen sind, sollte der Antrag nicht auf Herausgabe gerichtet werden, sondern darauf, die fraglichen Unterlagen zur Verfügung zu stellen:

Die Arbeitgeberin wird verpflichtet, dem Betriebsrat <genaue Bezeichnung des Schriftstücks> zur Verfügung zu stellen.

5 § 80 Abs. 2 S. 2 Hs. 2 BetrVG stellt gegenüber S. 2 Hs. 1 die speziellere Vorschrift dar und verdrängt diese für den Bereich der Löhne und Gehälter.[757] Reichen die Angaben in einer **Bruttolohn- und -gehaltsliste** nicht aus, um den Betriebsrat im erforderlichen Umfang zu unterrichten, ist der Arbeitgeber allerdings nach § 80 Abs. 2 S. 1 BetrVG zu weitergehenden Auskünften verpflichtet.[758] Das Maß der **Konkretisierung** des Antrags auf Einsichtnahme hängt wiederum vom Umfang des Streits der Betriebsparteien ab. Steht nicht das Einsichtsrecht an sich, sondern die Art und Weise der Einsichtnahme[759] im Streit, ist dies im Antrag so klarzustellen, dass eine der Rechtskraft fähige Entscheidung darüber ergehen kann. Eine eigene Anspruchsgrundlage für die Einsichtnahme und Auswertung von Bruttoentgeltlisten enthält § 13 EntgTranspG → *Entgelttransparenz – Betriebsrat.* Der Antrag auf Einsichtnahme in Bruttolohn und -gehaltslisten kann zB wie folgt formuliert werden:[760]

Die Arbeitgeberin wird verpflichtet, der/dem Betriebsratsvorsitzenden, dessen bzw. deren Stellvertreter/in oder einem vom Betriebsrat hierzu beauftragten Betriebsratsmitglied[761] [den Mitgliedern des Betriebsausschusses] Einsichtnahme in die Bruttolohn- und -gehaltslisten der <Bezeichnung der Arbeitnehmer, deren Löhne/Gehälter geprüft werden sollen, anhand abstrakter Merkmale, ggf. aller Arbeitnehmer mit Ausnahme der leitenden Angestellten> zu gewähren [, unter der Maßgabe, dass während der Dauer dieser Einsichtnahme weder der Geschäftsführer der Antragsgegnerin, noch andere von der Antragsgegnerin bestellte Personen anwesend sein dürfen, soweit diese den Auftrag haben, bzw. die Anwesenheit mit dem Ziel erfolgt, die Einsichtnahme in die Bruttolohn- und -gehaltslisten zu überwachen.]

754 BAG 10.10.2006 – 1 ABR 68/05, NZA 2007, 99 (101).
755 BAG 6.5.2003 – 1 ABR 13/02, NZA 2003, 1348 (1351) mwN.
756 BAG 29.9.2020 – 1 ABR 32/19 Rn. 16, NZA 2021, 53; 20.11.1984 – 1 ABR 64/82, NZA 1985, 432 (433).
757 BAG 10.10.2006 – 1 ABR 68/05 Rn. 21, NZA 2007, 99 (101).
758 BAG 30.9.2008 – 1 ABR 54/07, BeckRS 2009, 51929.
759 Vgl. dazu BAG 16.8.1995 – 7 ABR 63/94, NZA 1996, 330.
760 Vgl. MPFormB ArbR/Müller/Witt Form. C. VIII. 3.
761 Vgl. zur Angabe der berechtigten Personen im Antrag BAG 29.9.2020 – 1 ABR 23/19 Rn. 10, NZA 2021, 135.

6 Soweit es zur ordnungsgemäßen Erfüllung der Aufgaben des Betriebsrats erforderlich ist, hat der Arbeitgeber ihm gemäß § 80 Abs. 2 S. 3 BetrVG **sachkundige Arbeitnehmer** als **Auskunftspersonen** zur Verfügung zu stellen. Von der Möglichkeit zur Information durch Mitarbeiter des eigenen Unternehmens hat der Betriebsrat grundsätzlich zunächst Gebrauch zu machen, bevor er einen externen → *Sachverständigen* zu Rate zieht.[762] Der Betriebsrat kann eine Auskunftsperson nur im Zusammenhang mit der Erfüllung einer konkreten Betriebsratsaufgabe verlangen.[763] Diese sollte daher im Antrag bezeichnet werden. Der Arbeitgeber hat die Vorschläge des Betriebsrats bezüglich der Auskunftsperson zu berücksichtigen, soweit betriebliche Notwendigkeiten nicht entgegenstehen. Es kann – muss aber nicht – eine konkrete Person namentlich bezeichnet werden. Sofern zwischen den Betriebsparteien ein Streit absehbar ist, in welchem zeitlichen Umfang die Auskunftsperson zur Verfügung stehen muss, sollte dies im Antrag präzisiert werden. Allerdings dürfte der Betriebsrat nicht antragsbefugt sein, eine Freistellung der Auskunftsperson von der Arbeitsleistung geltend zu machen, zumal die Auskunftstätigkeit Teil der arbeitsvertraglichen Pflicht des betroffenen Arbeitnehmers ist.[764] Weigert sich der Arbeitgeber die Auskunftsperson zu entlohnen, so muss diese ihre Ansprüche daher im Urteilsverfahren geltend machen (→ *Vergütung*).[765]

> **Die Arbeitgeberin wird verpflichtet, dem Betriebsrat den sachkundigen Arbeitnehmer <Bezeichnung der Person> als Auskunftsperson zu <Bezeichnung der Thematik> [in einem Umfang von X Stunden] zur Verfügung zu stellen.**

7 Seine Unterrichtungsansprüche kann der Betriebsrat nötigenfalls auch im Wege der **einstweiligen Verfügung** durchsetzen.[766] Droht der Betriebsrat seine gesetzlichen Aufgaben ohne die geforderten Informationen endgültig nicht erfüllen zu können, so ist es unschädlich, wenn durch den Erlass der einstweiligen Verfügung die Hauptsacheentscheidung vorweggenommen würde.

Versetzung von Betriebsratsmitgliedern und anderen Amtsträgern (§ 103 BetrVG)

1 **Verliert** ein Mitglied des Betriebsrats, der Jugend- und Auszubildendenvertretung, der Bordvertretung oder des Seebetriebsrats, ein Schwerbehindertenvertreter, Wahlvorstand oder ein Wahlbewerber aufgrund einer **Versetzung seine Wählbarkeit oder aber sein Amt,** so bedarf die Versetzung der Zustimmung des Betriebsrats (§ 103 Abs. 3 S. 1 BetrVG). Dieses gilt nicht, wenn der Amtsträger mit der Versetzung einverstanden ist. Zu beachten ist weiterhin, dass die Vorschrift auch nicht für betriebsverfassungsrechtliche Versetzungen Anwendung findet, wenn diese durch eine Änderungskündigung durchgesetzt werden. Diese unterfällt § 103 Abs. 1 und 2 BetrVG.[767]

2 Die Frage der Wählbarkeit betrifft primär Wahlbewerber. Der Amtsverlust tritt in der Regel durch eine Versetzung in einen anderen Betrieb ein. Bezüglich der Einzelhei-

762 Vgl. dazu BAG 16.11.2005 – 7 ABR 12/05 Rn. 28 ff., NZA 2006, 553 (556).
763 Fitting BetrVG § 80 Rn. 82.
764 Vgl. Fitting BetrVG § 80 Rn. 85; aA wohl MPFormB ArbR/Manske/Witt Form. E. IV. 9.
765 Fitting BetrVG § 80 Rn. 93.
766 Korinth, Einstweiliger Rechtsschutz, K Rn. 139; DKW/Buschmann BetrVG § 80 Rn. 144 f.
767 BAG 27.6.2019 – 2 AZR 38/19, BeckRS 2019, 22223; ErfK/Kania BetrVG § 103 Rn. 6; KR/Rinck BetrVG § 103 Rn. 170; Fitting BetrVG § 103 Rn. 65; APS/Linck § 103 Rn. 53.

ten des Verfahrens wird auf das Stichwort → *Kündigung von Betriebsratsmitgliedern* verwiesen.

3 Stimmt der Betriebsrat der Versetzung nicht zu, so kann der Arbeitgeber diese durch das Arbeitsgericht ersetzen lassen, § 103 Abs. 3 S. 2 BetrVG. Das Arbeitsgericht hat diese zu ersetzen, wenn die Versetzung auch unter Berücksichtigung der betriebsverfassungsrechtlichen Stellung des betroffenen Arbeitnehmers aus dringenden betrieblichen Gründen notwendig ist.

Die von dem Betriebsrat verweigerte Zustimmung zur Versetzung des Betriebsratsmitglieds <Name> wird ersetzt.

4 Der Arbeitgeber kann bei einer Versetzung gegen den Willen des Arbeitnehmers keine vorläufige personelle Maßnahme gemäß § 100 BetrVG durchführen.[768] Die Umsetzung der Maßnahme kann daher erst nach rechtskräftiger Zustimmungsersetzung vorgenommen werden.

5 Führt der Arbeitgeber die Maßnahme durch, ohne dass die Zustimmung des Betriebsrats vorliegt oder aber ersetzt wurde, kann der Betriebsrat nach § 101 BetrVG die Aufhebung der Maßnahme verlangen. Bezüglich des Antrags wird auf das Stichwort → *Mitbestimmung in personellen Angelegenheiten (Einstellung, Versetzung, Eingruppierung)* verwiesen.

6 Aufgrund der besonderen Situation kommt in dieser Konstellation auch der Erlass einer einstweiligen Verfügung zur Sicherung des Mitbestimmungsrechts in Betracht, zumindest, soweit es sich um eine Versetzung unter Ausübung des Direktionsrechts handelt.[769] Es kommt folgender Antrag in Betracht:

Der Antragsgegnerin wird im Wege der einstweiligen Verfügung aufgegeben, die Versetzung des Betriebsratsmitglieds <Name> aufzuheben.

Wahlen

Übersicht

	Rn.
1. Feststellung betriebsratsfähiger Organisationseinheiten	1–4
2. Bestellung/Ersatz eines Wahlvorstands	5–10
3. Auskunftserteilung zur Erstellung der Wählerliste	11–13
4. Maßnahmen des Wahlvorstands	14, 15
5. Unwirksamkeit der Betriebsratswahl (Anfechtung)	16–23

1. Feststellung betriebsratsfähiger Organisationseinheiten

1 In Betrieben mit in der Regel mindestens fünf ständigen wahlberechtigten Arbeitnehmern, von denen drei wählbar sind, werden gemäß § 1 BetrVG Betriebsräte gewählt. Dies gilt auch für gemeinsame Betriebe mehrerer Unternehmen. Ist zweifelhaft, ob eine **betriebsratsfähige Organisationseinheit** vorliegt, können nach § 18 Abs. 2 BetrVG der Arbeitgeber, jeder beteiligte Betriebsrat, jeder beteiligte Wahlvorstand oder eine im Betrieb vertretene Gewerkschaft eine Entscheidung des Arbeitsgerichts beantragen. Durch die Neufassung dieser Regelung durch das BetrVG-Re-

768 LAG Berlin – 22.12.2004 – 9 TaBV 2175/04, AiB 2006, 516.
769 LAG Nürnberg, 31.1.2014 – 8 TaBVGa 1/14, BB 2014, 1203; ErfK/Kania BetrVG § 103 Rn. 18.

formG 2001 wurde verdeutlicht, dass in allen Fällen, in denen Zweifel über das Vorliegen einer betriebsratsfähigen Organisationseinheit und ihren Umfang bestehen, von den antragsberechtigten Parteien das Arbeitsgericht angerufen werden kann.[770] Ob das Bestehen von ernsthaften Zweifeln eine Frage des Rechtsschutzinteresses und damit der Zulässigkeit des Antrags darstellt, ist umstritten.[771] Die Entscheidung des Arbeitsgerichts kann selbständig, dh **ohne Zusammenhang mit einer Wahl,** beantragt werden.[772] Die systematische Einordnung der Vorschrift in den Abschnitt über die Wahl des Betriebsrats steht dem nicht entgegen. Der Gesetzgeber hat dies durch den veränderten Wortlaut nach dem BetrVerf-Reformgesetz vom 23.7.2001 ausdrücklich bestätigt (BT-Drucks. 14/5741, S. 38).[773] Das Verfahren nach § 18 Abs. 2 BetrVG klärt eine für die gesamte Betriebsverfassung grundsätzliche Vorfrage, indem verbindlich festgelegt wird, welche Organisationseinheit als der Betrieb anzusehen ist, in dem ein Betriebsrat gewählt wird, und in dem er seine Beteiligungsrechte wahrnehmen kann.[774] Für die Zulässigkeit eines Antrags nach § 18 Abs. 2 BetrVG kommt es daher nicht darauf an, in welchen betrieblichen Organisationseinheiten bereits Betriebsräte gewählt sind.[775] Die Klärung kann mit Hilfe eines Feststellungsantrags herbeigeführt werden. Die Betriebsratsfähigkeit einer Organisationseinheit ist als Rechtsverhältnis iSv § 256 Abs. 1 ZPO zu erachten, das gerichtlich gesondert festgestellt werden kann.[776]

Gegenstand des Verfahrens kann zB sein: 2

- das Bestehen und die Zuordnung eines Kleinstbetriebs nach § 4 Abs. 2 BetrVG[777]

> **Es wird festgestellt, dass <Bezeichnung der Organisationseinheit, zB die Filiale an der Schlösserstraße in Erfurt> als unselbstständiger Betriebsteil dem <Bezeichnung des Hauptbetriebs> zuzuordnen ist.**

- die Zuordnung eines Betriebsteils zum Hauptbetrieb durch eine Entscheidung der Arbeitnehmer des Betriebsteils nach § 4 Abs. 1 S. 2 BetrVG[778]

> **Es wird festgestellt, dass die Arbeitnehmer des <Bezeichnung des Betriebsteils> aufgrund eines entsprechenden Beschlusses iSd § 4 Abs. 1 Satz 2 BetrVG an der Wahl in dem <Bezeichnung des Hauptbetriebs> zu beteiligen sind.**

- die Selbständigkeit von Betriebsteilen nach § 4 Abs. 1 BetrVG[779]

> **Es wird festgestellt, dass <Bezeichnung der Organisationseinheit> eine betriebsratsfähige Organisationseinheit darstellt.**

770 Fitting BetrVG § 18 Rn. 53.
771 LAG Düsseldorf 15.11.2023 – 12 TaBV 35/23, BeckRS 2023, 42564: Antrag unzulässig; LAG Baden-Württemberg 16.8.2023 – 10 TaBV 2/23 Rn. 37, NZA-RR 2024, 72: Antrag unbegründet.
772 BAG 23.11.2016 – 7 ABR 3/15 Rn. 57, NZA 2017, 1003.
773 Richardi/Thüsing BetrVG § 18 Rn. 22.
774 BAG 17.1.2007 – 7 ABR 63/05 Rn. 12, AP BetrVG 1972 § 4 Nr. 18.
775 BAG 25.10.2023 – 7 ABR 25/22 Rn. 19, AP BetrVG 1972 § 3 Nr. 19; 23.11.2016 – 7 ABR 3/15 Rn. 57, NZA 2017, 1003.
776 BAG 13.2.2013 – 7 ABR 36/11 Rn. 23 mwN, NZA-RR 2013, 521; LAG Baden-Württemberg 16.8.2023 – 10 TaBV 2/23 Rn. 26, NZA-RR 2024, 72.
777 Vgl. BAG 17.1.2007 – 7 ABR 63/05 Rn. 11, AP BetrVG 1972 § 4 Nr. 18; BeckOF Prozess/Reinartz 3.2.2.
778 Richardi/Thüsing BetrVG § 18 Rn. 23.
779 Vgl. BAG 21.7.2004 – 7 ABR 57/03, AP BetrVG 1972 § 4 Nr. 15.

– das Bestehen[780] oder Nichtbestehen[781] eines Gemeinschaftsbetriebs

> **Es wird festgestellt, dass die Betriebsstätten der Arbeitgeberin zu 2) in <Bezeichnung der Betriebsstätte> und der Arbeitgeberin zu 3) in <Bezeichnung der Betriebsstätte> einen gemeinsamen Betrieb im Sinne des BetrVG darstellen.**

Beziehungsweise:

> **Es wird festgestellt, dass die Antragssteller zu 1) und 2) in <Bezeichnung der Betriebsstätte> keinen gemeinsamen Betrieb führen.**

– die Bildung von Vertretungen nach § 3 BetrVG;[782] in der Sache geht es vor allem um die Auslegung des Tarifvertrags bzw. der Betriebsvereinbarung und die Frage, ob diese Vereinbarungen wirksam abgeschlossen wurden.[783]

> **Es wird festgestellt, dass für alle Betriebe der Arbeitgeberin ein unternehmenseinheitlicher Betriebsrat zu wählen ist.**

In einer Konstellation, in der ein Betriebsrat eine gewillkürte Betriebsverfassung nach § 3 für unwirksam hielt, und daher seine (fort-) bestehende Betriebseigenschaft geltend machte, hielt das BAG auch folgenden Antrag für an sich zulässig:[784]

> **Es wird festgestellt, dass am Standort der Arbeitgeberin <Bezeichnung des Standorts> eine betriebsratsfähige Organisationseinheit besteht.**

3 Die Durchführung der Betriebswahl stellt kein erledigendes Ereignis für das nach § 18 Abs. 2 BetrVG eingeleitete Beschlussverfahren dar.[785] Sofern die Anfechtungsfrist des § 19 BetrVG gewahrt wird, kann von dem ursprünglich gestellten Antrag **auf einen Wahlanfechtungsantrag umgestellt** werden.[786] Wird während der Amtszeit eines Betriebsrats rechtskräftig festgestellt, dass eine betriebsratsfähige Organisationseinheit nicht vorliegt, so berührt dies nicht die Wirksamkeit der Betriebsratswahl, weil eine Verkennung des Betriebsbegriffs grundsätzlich nur eine Wahlanfechtung rechtfertigt. Der Betriebsrat bleibt folglich im Amt bis zum turnusgemäßen Ablauf seiner Amtszeit.[787]

4 Eine im Beschlussverfahren nach § 18 Abs. 2 BetrVG ergangene Entscheidung entfaltet eine **präjudizielle Bindungswirkung** auch im Verhältnis zwischen dem Arbeitgeber und einzelnen Arbeitnehmern, zB in Bezug auf Nachteilsausgleichsansprüche nach § 113 BetrVG.[788] Die Bindungswirkung besteht bis zu einer Änderung der tatsächlichen Voraussetzungen, von denen das Arbeitsgericht ausgegangen ist.[789]

780 MPFormB ArbR/Manske/Witt Form. C. III. 1. Anm. 6.
781 Vgl. BAG 13.2.2013 – 7 ABR 36/11 Rn. 24, NZA-RR 2013, 521; 17.1.1978 – 1 ABR 71/76 – zu II 1c, AP BetrVG 1972 § 1 Nr. 1; 7.8.1986 – 6 ABR 57/85, AP BetrVG 1972 § 1 Nr. 5.
782 Vgl. BAG 24.4.2013 – 7 ABR 71/11 Rn. 22, BAGE 145, 60 = AP Nr. 11 zu § 3 BetrVG 1972; Fitting BetrVG § 18 Rn. 54.
783 Richardi/Thüsing BetrVG § 18 Rn. 23.
784 Vgl. BAG 25.10.2023 – 7 ABR 25/22 Rn. 18, AP BetrVG 1972 § 3 Nr. 19.
785 BAG 9.4.1991 – 1 AZR 488/90, AP BetrVG 1972 § 18 Nr. 3.
786 Fitting BetrVG § 18 Rn. 66 unter Hinweis auf BAG 14.1.1983 – 6 ABR 39/82, AP BetrVG 1972 § 19 Nr. 9.
787 Richardi/Thüsing BetrVG § 18 Rn. 32; Fitting BetrVG § 18 Rn. 62.
788 BAG 9.4.1991 – 1 AZR 488/90, NZA 1991, 812.
789 ErfK/Koch BetrVG § 18 Rn. 5; Richardi/Thüsing BetrVG § 18 Rn. 29f.

2. Bestellung/Ersatz eines Wahlvorstands

5 Nach § 16 Abs. 1 S. 1 BetrVG bestellt der Betriebsrat spätestens zehn Wochen vor Ablauf seiner Amtszeit einen aus drei Wahlberechtigten bestehenden **Wahlvorstand** und einen von ihnen als Vorsitzenden.[790] Besteht acht Wochen vor Ablauf der Amtszeit des Betriebsrats kein Wahlvorstand, so bestellt ihn gemäß § 16 Abs. 2 S. 1 BetrVG das Arbeitsgericht auf Antrag von mindestens drei Wahlberechtigten oder einer im Betrieb vertretenen Gewerkschaft. Eine Gewerkschaft ist im Betrieb vertreten, wenn ihr mindestens ein Arbeitnehmer des Betriebs als Mitglied angehört und dieser nach der Satzung nicht offensichtlich zu Unrecht als Mitglied aufgenommen wurde. Die Tarifzuständigkeit der Gewerkschaft für den Betrieb oder das Unternehmen des Arbeitgebers ist dazu nicht erforderlich.[791] In dem Antrag können **Vorschläge für die Zusammensetzung** des Wahlvorstands gemacht werden. Die Vorschläge sind für das Gericht jedoch nicht bindend.[792] Es kann auch unmittelbar die Bestellung von Ersatzmitgliedern beantragt werden.[793] Das Arbeitsgericht hat auch zu versuchen, der Regelung des Abs. 1 S. 5 Rechnung zu tragen, dass in Betrieben mit weiblichen und männlichen Arbeitnehmern dem Wahlvorstand Frauen und Männer angehören sollen. In den Betrieben der privatisierten Post-Nachfolgeunternehmen hat dem Wahlvorstand überdies ein Beamter anzugehören, sofern diese Gruppe im Betrieb vertreten ist (§ 26 Nr. 6 PostPersRG).[794] Das Arbeitsgericht kann für Betriebe mit in der Regel mehr als zwanzig wahlberechtigten Arbeitnehmern auch Mitglieder einer im Betrieb vertretenen Gewerkschaft, die nicht Arbeitnehmer des Betriebs sind, zu Mitgliedern des Wahlvorstands bestellen, wenn dies zur ordnungsgemäßen Durchführung der Wahl erforderlich ist. Die vom Antragsteller vorgeschlagenen und die vom Arbeitsgericht bestellten Wahlvorstandsmitglieder sind nicht Beteiligte des Beschlussverfahrens zur Bestellung eines Wahlvorstands.[795] Der Arbeitgeber ist nach hM nicht antragsbefugt, aber nach § 83 Abs. 3 ArbGG am Verfahren zu beteiligen.[796]

6 Ob der Antrag frühestens acht Wochen (§ 16 Abs. 2 BetrVG) bzw. drei Wochen (§ 17a Nr. 1 BetrVG) vor Ablauf der Amtszeit des Betriebsrats bei Gericht gestellt werden darf,[797] oder ob der Antrag auch früher gestellt werden kann, solange die **Frist** im Zeitpunkt der letzten mündlichen Verhandlung gewahrt wurde,[798] ist umstritten. Wurde der Antrag vorzeitig bei Gericht eingereicht, ist in der Praxis zu erwägen, ob nach Fristbeginn im anhängigen Verfahren antragserweiternd der Antrag auf Bestellung des Wahlvorstands als Hilfsantrag für den Fall der Unzulässigkeit des ursprünglichen Antrags (nochmals) gestellt wird. So kann sichergestellt werden, dass das Gericht auf jeden Fall in der Sache entscheidet. In den Fällen der vorzeitigen Neuwahl nach § 13 Abs. 2 Nr. 1 bis 3 BetrVG bzw. § 21a Abs. 1 S. 2 BetrVG kann der Antrag zwei Wochen nach dem Tag gestellt werden, an dem der Betriebsrat den Wahlvorstand hätte bestellen müssen.[799]

7 Endet die Amtszeit des Betriebsrats nach Antragstellung, ist das Bestellungsverfahren fortzuführen. Ist die Amtszeit des Betriebsrats dagegen bereits beendet, kann ein ar-

790 Zu den Besonderheiten im vereinfachten Wahlverfahren vgl. § 17a BetrVG.
791 Vgl. BAG 10.11.2004 – 7 ABR 19/04, NZA 2005, 426 (427).
792 BAG 23.11.2016 – 7 ABR 13/15 Rn. 14, NZA 2017, 589.
793 Fitting BetrVG § 16 Rn. 62.
794 DKW/Homburg BetrVG § 16 Rn. 26.
795 Vgl. BAG 10.11.2004 – 7 ABR 19/04, NZA 2005, 426 (427).
796 MPFormB ArbR/Müller/Witt Form. C. III. 2. Anm. 2.
797 So wohl Fitting BetrVG § 16 Rn. 58.
798 GK-BetrVG/Kreutz § 16 Rn. 56.
799 BAG 23.11.2016 – 7 ABR 13/15 Rn. 34, NZA 2017, 589; Richardi/Thüsing BetrVG § 16 Rn. 34; Fiting § 16 Rn. 58.

beitsgerichtliches Beschlussverfahren nicht mehr eingeleitet werden.[800] Es besteht dann ein **betriebsratsloser Betrieb,** so dass die Bestellung des Wahlvorstands grundsätzlich durch den GBR/KBR bzw. eine Betriebsversammlung zu erfolgen hat (vgl. § 17 Abs. 1, 2 BetrVG).[801] Für die Abgrenzung, ob sich die gerichtliche Bestellung nach § 16 Abs. 2 BetrVG oder nach § 17 Abs. 4 BetrVG richtet, ist der Zeitpunkt der Antragstellung maßgebend.[802] Findet in dem betriebsratslosen Betrieb trotz Einladung keine Betriebsversammlung statt oder wählt die Betriebsversammlung keinen Wahlvorstand, so bestellt ihn gemäß § 17 Abs. 4 BetrVG das Arbeitsgericht auf Antrag von mindestens drei wahlberechtigten Arbeitnehmern oder einer im Betrieb vertretenen Gewerkschaft. Das Bestellungsverfahren nach § 16 Abs. 2 BetrVG kommt dann entsprechend zur Anwendung. Es kommt ebenfalls zur Anwendung, wenn der Betriebsrat durch das Gericht aufgelöst wird und das Arbeitsgericht unverzüglich nach § 23 Abs. 2 BetrVG einen Wahlvorstand einsetzt → *Ausschluss aus und Auflösung des Betriebsrats Rn. 4.*

> **Es wird ein aus drei Personen bestehender Wahlvorstand zur Durchführung der Betriebsratswahl im Betrieb der Arbeitgeberin in <Ort> bestellt. Der Wahlvorstand setzt sich zusammen aus**
> **1. Frau/Herrn <Name> als Vorsitzende(r),**
> **2. Frau/Herrn <Name> als weiteres Mitglied**
> **3. Frau/Herrn <Name> als weiteres Mitglied.**
> **[4. Frau/Herrn <Name> als Ersatzmitglied]**

8 Hat der Wahlvorstand – ggf. nach dem Nachrücken von zuvor bestellten Ersatzmitgliedern – nicht mehr die erforderliche Mitgliederzahl, so hat der Betriebsrat ihn unverzüglich zu **ergänzen.** Bleibt der Betriebsrat untätig, erfolgt die Ergänzung auf entsprechenden Antrag analog § 16 Abs. 2 BetrVG durch das Arbeitsgericht.[803]

> **Frau/Herr <Name> wird als weiteres Mitglied des Wahlvorstands zur Durchführung der Betriebsratswahl im Betrieb der Arbeitgeberin in <Ort> bestellt.**

9 In der Praxis sollte vor einer Antragstellung bei Gericht abgewogen werden, ob nicht stattdessen eine Bestellung des Wahlvorstands durch den Gesamt- oder Konzernbetriebsrat nach § 16 Abs. 3 BetrVG in Betracht kommt. Diese Vorgehensweise führt regelmäßig schneller und einfacher zum Ziel als ein gerichtliches Verfahren.[804] Beide Verfahren können auch nebeneinander betrieben werden. Es gilt dann das Prioritätsprinzip. Wird der Wahlvorstand während des gerichtlichen Bestellungsverfahrens schon vom GBR oder KBR bestellt, ist das Beschlussverfahren erledigt und einzustellen, weil das Rechtsschutzinteresse für die gerichtliche Einsetzung dann entfallen ist.[805] Sobald der gerichtliche Einsetzungsbeschluss rechtskräftig wird, kommt eine Bestellung nach Abs. 3 nicht mehr in Betracht.[806]

800 Fitting BetrVG § 16 Rn. 57; Richardi/Thüsing BetrVG § 16 Rn. 34.
801 DKW/Homburg BetrVG § 16 Rn. 24.
802 BAG 23.11.2016 – 7 ABR 13/15 Rn. 26, NZA 2017, 589.
803 BAG 23.11.2016 – 7 ABR 13/15 Rn. 35 mwN, NZA 2017, 589; Fitting BetrVG § 16 Rn. 37; DKW/Homburg BetrVG § 16 Rn. 17.
804 MPFormB ArbR/Müller/Witt Form. C. III. 2. Anm. 1; vgl. BAG 23.11.2016 – 7 ABR 13/15 Rn. 29, NZA 2017, 589: „Die Bestellung eines Wahlvorstands durch das Arbeitsgericht hat nur subsidiäre Bedeutung".
805 Vgl. BAG 23.11.2016 – 7 ABR 13/15 Rn. 19, NZA 2017, 589.
806 Fitting BetrVG § 16 Rn. 76; ErfK/Koch BetrVG § 16 Rn. 8.

Kommt der Wahlvorstand seiner Verpflichtung nach § 18 Abs. 1 BetrVG nicht nach, 10
so **ersetzt** ihn das Arbeitsgericht auf Antrag des Betriebsrats, von mindestens drei wahlberechtigten Arbeitnehmern oder einer im Betrieb vertretenen Gewerkschaft. Auch hier gilt im Übrigen § 16 Abs. 2 BetrVG entsprechend. Der Betriebsrat kann den einmal eingesetzten Wahlvorstand selbst nicht mehr abberufen, daher entfällt das Rechtsschutzbedürfnis für den Ersetzungsantrag nicht, wenn der Betriebsrat einen „neuen" Wahlvorstand einsetzt.[807] Das Gesetz sieht nur die Ersetzung des gesamten Wahlvorstands vor. Das Gericht kann auch ein Mitglied des bisherigen Wahlvorstands zum Mitglied des neuen bestellen, wenn es der Überzeugung ist, dass das Versagen des bisherigen Wahlvorstands nicht auf dem Verhalten dieses Mitglieds beruht.[808]

Der Wahlvorstand bestehend aus <Namen der Mitglieder des untätigen Wahlvorstands> wird seines Amtes enthoben.

Es wird ein neuer aus drei Personen bestehender Wahlvorstand zur Durchführung der Betriebsratswahl im Betrieb der Arbeitgeberin in <Ort> bestellt. Der Wahlvorstand setzt sich zusammen aus
1. Frau/Herrn <Name> als Vorsitzende(r),
2. Frau/Herrn <Name> als weiteres Mitglied
3. Frau/Herrn <Name> als weiteres Mitglied.
[4. Frau/Herrn <Name> als Ersatzmitglied]

3. Auskunftserteilung an den Wahlvorstand

Der Wahlvorstand hat gemäß § 2 Abs. 1 WO-BetrVG für jede Betriebsratswahl eine 11
Liste der Wahlberechtigten **(Wählerliste)**, getrennt nach den Geschlechtern, aufzustellen. Die Wahlberechtigten sollen darin mit Familienname, Vorname und Geburtsdatum in alphabetischer Reihenfolge aufgeführt werden. Die nach § 14 Abs. 2 S. 1 des AÜG nicht passiv Wahlberechtigten sind in der Wählerliste auszuweisen. Der Arbeitgeber hat dem Wahlvorstand alle für die Anfertigung der Wählerliste erforderlichen Auskünfte zu erteilen und die erforderlichen Unterlagen zur Verfügung zu stellen.[809] Es ist sinnvoll, den Antrag hinsichtlich des nach § 7 S. 2 BetrVG aktiv wahlberechtigten Personenkreises möglichst weit zu fassen.[810]

1. Die Arbeitgeberin wird verpflichtet, eine nach Geschlechtern geordnete Liste aller Arbeitnehmerinnen und Arbeitnehmer des Betriebs <Bezeichnung des Betriebs> mit Familiennamen, Vornamen, Geburtsdatum, Eintrittsdatum in den Betrieb[811] zu erstellen und an den Antragsteller herauszugeben.[812]

807 LAG Berlin-Brandenburg 22.9.2016 – 15 TaBV 1683/16, BeckRS 2016, 133869 Rn. 47.
808 Richardi/Thüsing BetrVG § 18 Rn. 15 mwN.
809 Zum Verweigerungsrecht des Arbeitgebers bei zu erwartender Nichtigkeit der Wahl vgl. LAG Mecklenburg-Vorpommern 21.2.2018 – 3 TaBVGa 1/18, BeckRS 2018, 4801, mzustAnm Fischer ArbRAktuell 2018, 239; Burgmer/Richter NZA-RR 2018, 1 (4) mwN aus der Rspr.
810 MPFormB ArbR/Müller/Witt Form. C. III. 5. Anm. 3.
811 Das Eintrittsdatum ist nicht in die Wählerliste aufzunehmen. Gleichwohl handelt es sich um ein Datum, das der Wahlvorstand zur Ermittlung der Wählbarkeit (§ 8 BetrVG) ggf. benötigt. Dagegen benötigt der Wahlvorstand nicht die Anschriften aller Arbeitnehmer des Betriebs (aA wohl ArbR/Müller/Witt Form. C. III. 5.).
812 Nach der Formulierung der Wahlordnung hat der Arbeitgeber die erforderlichen Unterlagen „zur Verfügung zu stellen". Eine entsprechende Antragstellung wird von der Rechtsprechung als zulässig angesehen, LAG Schleswig-Holstein 2.4.2014 – 3 TaBVGA 2/14, BeckRS 2014, 69519. Der hier vorgeschlagene Tenor erscheint jedoch im Hinblick auf eine mögliche Vollstreckung besser geeignet.

> **2. Die Arbeitgeberin wird verpflichtet, eine nach Geschlechtern geordnete Liste aller im Betrieb eingesetzten Arbeitnehmerinnen und Arbeitnehmer eines anderen Arbeitgebers mit Familiennamen, Vornamen, Geburtsdatum, Privatanschrift, vorgesehener Überlassungsdauer, Tag des Einsatzbeginns und, im Fall der wiederholten Überlassung, auch deren bisherige Zeiträume zu erstellen und an den Antragsteller herauszugeben.**

12 Bezüglich der Antragstellung für anders geartete Informationen – etwa im Zusammenhang mit der Feststellung der Eigenschaft der Leitenden Angestellten gemäß § 2 Abs. 2 S. 3 WO-BetrVG – kann auf die Ausführungen zur → *Unterrichtung* Bezug genommen werden. So hat der Verordnungsgeber in § 24 Abs. 2 S. 2 WO-BetrVG inzwischen ausdrücklich geregelt, dass der Arbeitgeber dem Wahlvorstand die erforderlichen Informationen zur Verfügung zu stellen hat, damit dieser den in § 24 Abs. 2 WO-BetrVG genannten Wahlberechtigten die Briefwahlunterlagen übermitteln kann.

13 Der Wahlvorstand ist nach § 18 Abs. 1 S. 1 BetrVG verpflichtet, die Wahl unverzüglich einzuleiten. Insbesondere, wenn wegen der fehlenden Auskunft des Arbeitgebers ein betriebsratsloser Zustand droht, kann der Wahlvorstand seine Ansprüche im Wege der **einstweiligen Verfügung** geltend machen.[813]

4. Maßnahmen des Wahlvorstands

14 Entscheidungen und Maßnahmen des Wahlvorstands können auch schon vor Abschluss der Betriebsratswahl selbständig angegriffen werden.[814] Hierbei ist regelmäßig Eilbedürftigkeit im Hinblick auf die bevorstehende Wahl gegeben, so dass effektiver Rechtsschutz zumeist nur durch Anträge im Rahmen des **einstweiligen Rechtsschutzes** gewährleistet werden kann.[815] Ließe man Eingriffe in das Wahlverfahren nicht zu, so wäre die fehlerhafte Wahl zwar anfechtbar, der fehlerhaft gewählte Betriebsrat bliebe jedoch bis zu einer rechtskräftigen Entscheidung im Amt. Zudem hat der Arbeitgeber ein Interesse an der möglichen Korrektur des Wahlverfahrens, um eine spätere erfolgreiche Anfechtung durch Dritte zu vermeiden, durch die eine kostenintensive Wiederholung der Wahl erzwungen werden könnte.[816] **Antragsberechtigt** ist jeder, der durch Maßnahmen des Wahlvorstands in seinem aktiven oder passiven Wahlrecht betroffen ist. Das gilt auch für den einzelnen Arbeitnehmer; soweit er eigene Rechtspositionen geltend macht, ist die Beschränkung des § 19 Abs. 2 BetrVG nicht entsprechend anzuwenden.[817] Der Antrag ist regelmäßig auf ein Tun oder Unterlassen des Wahlvorstands gerichtet, der gemäß § 10 ArbGG **beteiligtenfähig** ist. Das gilt selbst dann, wenn seine Bestellung nichtig ist. Der Wahlvorstand hält sich für existent. Für das Verfahren, in dem mittelbar über die Nichtigkeit seiner Bestellung gestritten wird, ist er als bestehend zu behandeln und damit beteiligtenfähig.[818] Der amtierende Betriebsrat ist am Verfahren nicht zu beteiligen, weil er durch das einstweilige Verfügungsverfahren in seiner betriebsverfassungsrechtlichen

813 LAG Mecklenburg-Vorpommern 21.2.2018 – 3 TaBVGa 1/18, BeckRS 2018, 4801, mzustAnm Fischer ArbRAktuell 2018, 239; LAG Schleswig-Holstein 7.4.2011 – 4 TaBVGa 1/11, BeckRS 2011, 73471; 2.4.2014 – 3 TaBVGA 2/14, BeckRS 2014, 69519; LAG Hamm 14.3.2005 – 10 TaBV 31/05, NZA-RR 2005, 373; Fitting BetrVG § 2 WO 2001 Rn. 6.

814 ErfK/Koch BetrVG § 18 Rn. 7.

815 Heider NZA 2010, 488; Rieble/Triskatis NZA 2006, 233 (234); zur Wahl der Arbeitnehmervertreter im Aufsichtsrat vgl. Grambow DB 2023, 2692.

816 Korinth, Einstweiliger Rechtsschutz im Arbeitsgerichtsverfahren, K Rn. 86.

817 Rieble/Triskatis NZA 2006, 233 (237).

818 BAG 27.7.2011 – 7 ABR 61/10 Rn. 21, NZA 2012, 345.

Rechtsstellung nicht berührt wird.[819] Es wird allgemein als unzulässig angesehen, den Antrag auf die Aussetzung der Wahl bis zur Klärung der streitigen Frage im Hauptsacheverfahren zu richten.[820] Dies würde auf eine vorläufige Suspendierung der Geltung des BetrVG hinauslaufen, weil der Betrieb nach Ablauf der Amtszeit des bestehenden Betriebsrats betriebsratslos wird. Der Antrag ist stattdessen auf den Erlass von Leistungsverfügungen zur Korrektur von Mängeln im Wahlverfahren zu richten. Eine entsprechende einstweilige Verfügung kommt in Betracht, wenn ein wesentlicher Fehler vorliegt, der zweifelsfrei die Anfechtbarkeit oder Nichtigkeit begründet und durch einstweilige Verfügung korrigierbar ist.[821] Beispiele:

Der Wahlvorstand wird verpflichtet, die von den Antragstellern am <Datum> übergebene Vorschlagsliste im Rahmen der Losentscheidung gemäß § 10 Abs. 1 WO zu berücksichtigen und die Vorschlagsliste gemäß § 10 Abs. 2 WO bekannt zu machen.

Der Wahlvorstand wird verpflichtet, an die bei der Arbeitgeberin beschäftigten Heimarbeiter Briefwahlunterlagen zu versenden.[822]

Dem Wahlvorstand wird aufgegeben, den Antragsteller in die Wählerliste aufzunehmen und die korrigierte Wählerliste gemäß § 2 Abs. 4 WO-BetrVG bekannt zu machen.

Kommt ein lediglich korrigierender Eingriff nicht in Betracht, zB weil dies nicht mit 15
der Regelung des § 10 Abs. 2 WO in Einklang zu bringen wäre, wonach spätestens eine Woche vor dem Beginn der Stimmabgabe die als gültig anerkannten Wahlvorschläge bekannt zu machen sind,[823] ist an einen Antrag auf Abbruch der Wahl zu denken. Der Antrag ist darauf zu richten, dem Wahlvorstand jede weitere Handlung zu untersagen, die auf die Durchführung der Wahl gerichtet ist.[824] Ob für einen solchen Antrag erforderlich ist, dass die Betriebsratswahl aufgrund der Schwere und Offensichtlichkeit des Fehlers nichtig wäre, oder ob es genügt, dass eine Anfechtung der Wahl mit Sicherheit erfolgreich wäre, wurde von den Landesarbeitsgerichten früher unterschiedlich beurteilt.[825] Mit seinem Beschluss vom 27.7.2011 hat das Bundesarbeitsgericht klargestellt, dass sich ein Anspruch auf Abbruch der Betriebsratswahl nur aus ihrer zu erwartenden Nichtigkeit ergeben kann. Ihre bloße Anfechtbarkeit genügt nicht.[826]

---

819 Zwanziger DB 1999, 2264 (2267).

820 Fitting BetrVG § 18 Rn. 37 mwN; Korinth, Einstweiliger Rechtsschutz im Arbeitsgerichtsverfahren, K Rn. 90; aA noch LAG Nürnberg 10.4.1978 – 4 TaBV 6/78, AMBl Bayern 1978, C39–40.

821 LAG Hamm 18.9.1996 – 3 TaBV 108/96, AP BetrVG 1972 § 1 Gemeinsamer Betrieb Nr. 10.

822 Vgl. Korinth, Einstweiliger Rechtsschutz im Arbeitsgerichtsverfahren, K Rn. 101.

823 Vgl. LAG Berlin 7.2.2006 – 4 TaBV 214/06, NZA 2006, 509 (510).

824 BAG 27.7.2011 – 7 ABR 61/10 Rn. 19, NZA 2012, 345.

825 Nichtigkeit erforderlich: LAG Hessen 29.4.1997 – 12 TaBVGa 60/97, BeckRS 1997, 30 449 695; 16.7.1992 – 12 TaBVGa 112/92, NZA 1993, 1008 LS; LAG Köln 29.3.2001 – 5 TaBV 22/01, MDR 2001, 1176; LAG Baden-Württemberg 20.5.1998 – 8 Ta 9/98, AiB 1998, 401; zum Abbruch der Wahl auch Wahlfehler geeignet, die zwar lediglich zur Anfechtung einer Betriebsratswahl berechtigen, jedoch so schwerwiegend sind, dass sie mit Sicherheit einer zu erwartenden Wahlanfechtung zum Erfolg verhelfen: LAG Berlin 7.2.2006 – 4 TaBV 214/06, NZA 2006, 509 (511); LAG Düsseldorf 25.6.2003 – 12 TaBV 34/03, BeckRS 2007, 47709; LAG Baden-Württemberg 16.9.1996, NZA-RR 1997, 141; LAG Hamburg 26.4.2006 – 6 TaBV 6/06, NZA-RR 2006, 413.

826 BAG 27.7.2011 – 7 ABR 61/10 Rn. 24, NZA 2012, 345; dem folgend zB LAG München 20.5.2022 – 5 TaBVGa 2/22, NZA-RR 2022, 592; LAG Berlin-Brandenburg 23.11.2021 – 13 TaBVGa 1534/21, NZA-RR 2022, 136; LAG Hamm 4.4.2014 – 13 TaBVGa 8/14, BeckRS 2014, 68972.

Dem Wahlvorstand wird untersagt, das laufende Wahlverfahren fortzuführen, insbesondere wird den Mitgliedern des Wahlvorstands untersagt, die Stimmabgabe und -auszählung vorzunehmen und die Gewählten bekanntzumachen.

5. Unwirksamkeit der Betriebsratswahl (Anfechtung)

16 Die Wahl kann gemäß § 19 BetrVG beim Arbeitsgericht angefochten werden, wenn gegen wesentliche Vorschriften über das Wahlrecht, die Wählbarkeit oder das Wahlverfahren verstoßen worden ist und eine Berichtigung nicht erfolgt ist, es sei denn, dass durch den Verstoß das Wahlergebnis nicht geändert oder beeinflusst werden konnte. Zur Anfechtung berechtigt sind mindestens drei Wahlberechtigte,[827] eine im Betrieb vertretene Gewerkschaft oder der Arbeitgeber.[828] Die **Wahlanfechtung** ist nur binnen einer **Frist von zwei Wochen,** vom Tage der Bekanntgabe des Wahlergebnisses an gerechnet, zulässig. Das **Rechtschutzinteresse** für einen Wahlanfechtungsantrag fehlt, wenn die begehrte gerichtliche Entscheidung für die Beteiligten keine rechtliche Wirkung mehr entfalten kann. Dies ist der Fall, wenn die Amtszeit des gewählten Betriebsrats während des Verfahrens geendet hat.[829]

17 Die Regelung des § 19 BetrVG ist auf die fehlerhafte **Wahl des Betriebsratsvorsitzenden** und dessen Stellvertreters sowie auf die Wahl freizustellender Betriebsratsmitglieder und auf die Bestellung der Mitglieder des Betriebsratsausschusses und anderer Ausschüsse entsprechend anwendbar.[830] Die Bestimmung gilt gemäß § 63 Abs. 2 S. 2 BetrVG auch für die Anfechtung der Wahl der JAV. Auf die Bestellung der Mitglieder des GBR, des KBR, der Gesamt-JAV und der Konzern-JAV findet die Vorschrift nur entsprechende Anwendung, da deren Bestellung durch Beschluss und nicht durch Wahl erfolgt.[831] § 19 BetrVG ist nicht nur auf betriebsratsinterne Wahlen entsprechend anzuwenden, sondern auch auf die von den jeweils zuständigen Arbeitnehmervertretungen zu fassenden Beschlüsse über die Bestellung der inländischen Arbeitnehmervertreter im **Europäischen Betriebsrat** nach § 23 Abs. 1 bis 3 EBRG. Dabei ist allerdings die in § 19 Abs. 2 BetrVG bestimmte **Beschränkung der Anfechtungsberechtigung** auf mindestens drei Wahlberechtigte – ebenso wie bei betriebsratsinternen Wahlen – **nicht sachgerecht.**[832] Die Anfechtung der Wahl des Seebetriebsrats und der Bordvertretung unterliegt den Sonderregelungen der § 116 Abs. 2 Nr. 8 BetrVG und § 115 Abs. 2 Nr. 9 BetrVG.

Die Betriebsratswahl im Betrieb <nähere Bezeichnung> vom <Datum> wird für unwirksam erklärt.[833]

18 Wird eine Betriebsratswahl gemäß § 19 Abs. 1 BetrVG erfolgreich angefochten, aber nicht die Nichtigkeit der Wahl von Anfang an festgestellt, hat die Anfechtung keine

827 Diese müssen während des ganzen Verfahrens Antragsteller bleiben, vgl. Windeln ArbRB 2018, 90; ein Arbeitnehmer, der seinen Antrag zurücknimmt, kann nach Ablauf der Anfechtungsfrist nicht durch einen anderen wahlberechtigten Arbeitnehmer ersetzt werden, BAG 12.2.1985 – 1 ABR 11/84, NZA 1985, 786.

828 Zum Gemeinschaftsbetrieb vgl. BAG 18.1.2018 – 7 ABR 21/16 Rn. 21 ff. mwN, NZA 2018, 675 ff.

829 BAG 20.6.2018 – 7 ABR 48f. Rn. 16, NZA 2018, 1633; 16.4.2008 – 7 ABR 4/07 Rn. 13, NZA-RR 2008, 583; Windeln ArbRB 2018, 90 (91).

830 BAG 15.1.1992 – 7 ABR 24/91, NZA 1992, 1091 (1092 f.); BeckOK RGKU/Besgen BetrVG § 19 Rn. 2.

831 BAG 25.5.2005 – 7 ABR 10/04, NZA 2006, 215 zu B. I.; ErfK/Koch BetrVG § 47 Rn. 13; Fitting BetrVG § 19 Rn. 2.

832 BAG 18.4.2007 – 7 ABR 30/06 Rn. 44, NZA 2007, 1375.

833 So der bestätigte Tenor des Arbeitsgerichts in BAG 12.6.2013 – 7 ABR 77/11, AP BetrVG 1972 § 19 Nr. 64.

rückwirkende Kraft. Der Betriebsrat verliert erst mit der rechtsgestaltenden Feststellung der Ungültigkeit der Wahl sein Amt.[834]

Bei groben und offensichtlichen Verstößen gegen wesentliche Grundsätze des gesetz- 19
lichen Wahlrechts, die so schwerwiegend sind, dass auch der Anschein einer dem Gesetz entsprechenden Wahl nicht mehr besteht, ist die Betriebsratswahl nichtig. Eine nichtige Wahl entfaltet keine Rechtswirkungen. Die Feststellung der **Nichtigkeit** einer Wahl kann von jedermann, zu jeder Zeit, in jeder Form geltend gemacht werden.[835] Dies gilt bei betriebsratsinternen „Wahlen“ auch dann, wenn das Gesetz keine Wahl, sondern eine Entsendung von Mitgliedern in ein anderes Gremium durch Mehrheitsbeschluss vorsieht, wie zB bei der Entsendung von Betriebsratsmitgliedern in den Gesamtbetriebsrat nach § 47 Abs. 2 BetrVG.[836]

Es wird festgestellt, dass die Betriebsratswahl im Betrieb <nähere Bezeichnung> vom <Datum> nichtig ist.

Häufig geht es dem Antragsteller darum, die Wirksamkeit der Wahl unter allen Ge- 20
sichtspunkten rechtlich überprüfen zu lassen. Wegen der weitreichenden Folgen der Feststellung der Nichtigkeit der Wahl, kann es aber sein, dass nur eine Unwirksamkeitserklärung mit ex-nunc-Wirkung im Interesse des Antragstellers bzw. der Antragsteller liegt (etwa wenn die Anfechtenden in den Betriebsrat gewählt sind). Das BAG ist bisher davon ausgegangen, dass der Anfechtungsantrag in dem Antrag auf Feststellung der Nichtigkeit der Wahl als Minus enthalten ist.[837] Ohne besondere Anhaltspunkte sprechen die besseren Gründe gegen eine solche Auslegung.[838] So handelt es sich hinsichtlich der Folgen der Nichtigkeitsfeststellung nicht um ein Minus gegenüber der Wahlanfechtung. Andererseits lässt sich fragen, ob für den rechtsgestaltenden Wahlanfechtungsantrag iSd § 19 BetrVG ein Rechtsschutzbedürfnis besteht, wenn die Wahl nichtig war.

Zur Klarstellung sollte dem weitergehenden Nichtigkeitsfeststellungsantrag der An- 21
fechtungsantrag als Hilfsantrag zur Seite gestellt werden.

Es wird festgestellt, dass die Betriebsratswahl im Betrieb <nähere Bezeichnung> vom <Datum> nichtig ist.

Hilfsweise wird beantragt:

Die Betriebsratswahl im Betrieb <nähere Bezeichnung> vom <Datum> wird für unwirksam erklärt.

Grundsätzlich kann eine Betriebsratswahl nur als Ganzes angefochten werden.[839] 22
Insbesondere lässt sich die Wahl einzelner Mitglieder oder von Ersatzmitgliedern nicht anfechten.[840] Die Rechtsprechung lässt aber auch eine auf Berichtigung des Wahlergebnisses gerichtete **Teilanfechtung** zu, sofern der geltend gemachte Anfechtungsgrund auf den angefochtenen Teil beschränkt ist und das Wahlergebnis darüber

834 BAG 9.6.2011 – 6 AZR 132/10, AP BetrVG 1972 § 102 Nr. 164.
835 Fitting BetrVG § 19 Rn. 9.
836 BAG 18.4.2007 – 7 ABR 30/06 Rn. 38, NZA 2007, 1375.
837 BAG 24.1.1964 – 1 ABR 14/63, AP BetrVG § 3 Nr. 6 = BAGE 15, 235; ausdrücklich offengelassen in BAG 30.6.2024 – 7 ABR 24/20, NZA 2021, 1561 Rn. 25.
838 Vgl. LAG Berlin-Brandenburg 25.7.2017 – 11 TaBV 826/17, BeckRS 2017, 132303 Rn. 31.
839 BAG 22.11.2017 – 7 ABR 35/16 Rn. 11, NZA 2018, 604.
840 BAG 23.7.2014 – 7 ABR 23/12 Rn. 16 mwN, NZA 2014, 1288.

hinaus nicht beeinflussen kann.[841] Eine derartige Teilanfechtung kommt insbesondere dann in Betracht, wenn nur die fehlerhafte Verteilung der Sitze auf die Vorschlagslisten gerügt wird und somit durch die Korrektur lediglich der wahren Wählerentscheidung Geltung verschafft werden soll. Ebenso wie bei der Anfechtung der Wahl insgesamt, bei der die Wahl für ungültig erklärt wird, erfolgt bei einer Teilanfechtung die Berichtigung des Wahlergebnisses durch eine rechtsgestaltende Entscheidung des Gerichts.[842] Die Teilanfechtung unterliegt auch der Anfechtungsfrist des § 19 Absatz 2 BetrVG.[843] Die nach dem bekannt gemachten Wahlergebnis gewählten Betriebsratsmitglieder, die ihr Amt durch die begehrte Entscheidung verlieren könnten, sind am Verfahren zu beteiligen, nicht zu beteiligen sind demgegenüber die Wahlbewerber, die erst durch die Teilanfechtung in den Betriebsrat gelangen sollen.[844]

Das Ergebnisses der Wahl vom <Datum> im Betrieb <nähere Bezeichnung> wird dahingehend berichtigt, dass anstelle der Beteiligten zu X., die vom Wahlvorstand als über die Vorschlagsliste A gewähltes Betriebsratsmitglied ermittelt wurde, die Wahlbewerberin Y von der Liste B zum Betriebsratsmitglied zu bestimmen ist.[845]

Zugang zum Betrieb

Die Mitglieder des Betriebsrats, des Gesamtbetriebsrats, des Konzernbetriebsrats, der Jugend- und Auszubildendenvertretung, der Gesamt-Jugend- und Auszubildendenvertretung, der Konzern-Jugend- und Auszubildendenvertretung, des Wirtschaftsausschusses, der Bordvertretung, des Seebetriebsrats, der in § 3 Abs. 1 BetrVG genannten Vertretungen der Arbeitnehmer, der Einigungsstelle, einer tariflichen Schlichtungsstelle und einer betrieblichen Beschwerdestelle sowie Auskunftspersonen dürfen gemäß § 78 BetrVG in der Ausübung ihrer Tätigkeit **nicht gestört oder behindert** werden. In der Praxis kommt es häufiger zu einer Behinderung der Betriebsratsarbeit durch die Erteilung eines Hausverbots.[846] Auch nach einer missbräuchlichen Kündigung durch die Arbeitgeberin kann es dazu kommen, dass Betriebsratsmitgliedern der Zutritt zum Betrieb nicht gestattet wird. Gegen ein ungerechtfertigtes Hausverbot kann sich ein Betriebsratsmitglied mit folgendem Antrag – ggf. auch im Wege der einstweiligen Verfügung[847] – zur Wehr setzen:

Der Arbeitgeberin wird aufgegeben, den Zugang des Betriebsratsmitglieds <Name> zum Betrieb <ggf. nähere Beschreibung> zur Erfüllung seiner betriebsverfassungsrechtlichen Aufgaben während der betriebsüblichen Arbeitszeiten zu dulden.

Wegen der Möglichkeit der Teilnahme von Beauftragten der Gewerkschaft oder des Arbeitgeberverbandes an einer Betriebsversammlung nach § 46 BetrVG → *Betriebsversammlung;* vgl. auch → *A. Zutritt zum Betrieb.*

841 BAG 16.3.2005 – 7 ABR 40/04, NZA 2005, 1252 – Rn. 22 mwN.
842 Vgl. dazu BAG 21.7.2004 – 7 ABR 62/03 – zu B I 1 der Gründe, AP BetrVG 1972 § 51 Nr. 4.
843 LAG Nürnberg 16.2.2016 – 7 TaBV 34/15, NZA-RR 2016, 417.
844 Windeln ArbRB 2018, 90 (91).
845 Vgl. das Antragsverständnis in BAG 22.11.2017 – 7 ABR 35/16 Rn. 10, NZA 2018, 604.
846 Vgl. MPFormB ArbR/Becker/Meier Form D. 15.
847 LAG Hessen 28.8.2023 – 16 TaBVGa 97/23, BeckRS 2023, 22985 Rn. 16; ArbG Berlin 2.8.2013 – 28 BVGa 10241/13 – zu B II 2 der Gründe BeckRS 2013, 72645; LAG München 28.9.2005 – 9 TaBV 58/05 – zu III der Gründe, BeckRS 2009, 68058; vgl. zum Zutritt zu einer Dienststelle VG Mainz 14.10.2016 – 5 L 989/16.MZ, BeckRS 2016, 53166; Korinth ArbRB 2015, 28.

Zuständigkeit Betriebsrat/Gesamtbetriebsrat/ Konzernbetriebsrat

1 Die **Abgrenzung der Zuständigkeiten** zwischen Betriebsrat, Gesamtbetriebsrat (GBR) und Konzernbetriebsrat (KBR) erfolgt anhand der §§ 50 und 58 BetrVG. Der Gesamtbetriebsrat ist gemäß § 50 Abs. 1 S. 1 BetrVG zuständig für die Behandlung von Angelegenheiten, die das Gesamtunternehmen oder mehrere Betriebe betreffen und nicht durch die einzelnen Betriebsräte innerhalb ihrer Betriebe geregelt werden können; seine Zuständigkeit erstreckt sich insoweit auch auf Betriebe ohne Betriebsrat. Betreffen Regelungsmaterien unterschiedliche Mitbestimmungstatbestände, folgt aus der Zuständigkeit des Gesamtbetriebsrats für die eine Angelegenheit keine solche für die andere.[848] Der Konzernbetriebsrat ist dagegen nach § 58 Abs. 1 S. 1 BetrVG zuständig für die Behandlung von Angelegenheiten, die den Konzern oder mehrere Konzernunternehmen betreffen und nicht durch die einzelnen Gesamtbetriebsräte innerhalb ihrer Unternehmen geregelt werden können; seine Zuständigkeit erstreckt sich insoweit auch auf Unternehmen, die einen Gesamtbetriebsrat nicht gebildet haben, sowie auf Betriebe der Konzernunternehmen ohne Betriebsrat.

2 Macht der GBR/KBR ein Mitbestimmungsrecht geltend, und versagt der Arbeitgeber dies unter Hinweis auf die fehlende Zuständigkeit, kann der GBR/KBR nach den allgemeinen Grundsätzen mit einem Feststellungsantrag das Arbeitsgericht anrufen (→ *Mitbestimmung in sozialen Angelegenheiten*). Bei der Formulierung des Antrags ist bezüglich der **Bestimmtheit** besonders sorgfältig vorzugehen.[849] Auch wenn nach neuerer Rspr. der Globalantrag nicht per se unbestimmt ist (→ *B. I. Systematische Einleitung Rn. 9*), ist ein Antrag wegen eines Verstoßes gegen § 253 ZPO unzulässig, der nur den Gesetzeswortlaut wiederholt.[850]

> *Es wird festgestellt, dass dem örtlichen Betriebsrat bezüglich Richtlinien zur Auswahl bei Einstellungen, bei Versetzungen und Umgruppierungen und bei Entlassungen kein Mitbestimmungsrecht zusteht.*

3 Es bestehen auch Zweifel, ob die Zuständigkeit bzw. Unzuständigkeit für eine Materie überhaupt zum Gegenstand eines Feststellungsantrags gemacht werden kann. Die **Zuständigkeit** ist **kein Rechtsverhältnis.** Zu bedenken ist auch, dass die Zuständigkeit des Betriebsrats oder des GBR zwar gegeben sein kann, ein Mitbestimmungsrecht für den konkreten Regelungsgegenstand aber aus anderem Grund – zB gemäß § 87 Abs. 1 Eingangssatz BetrVG – nicht besteht. Dann liefe die Entscheidung des Gerichts über die Zuständigkeit auf die Erstellung eines abstrakten Rechtsgutachtens hinaus. Das BAG hat den folgenden Antrag – allerdings wegen fehlender Bestimmtheit – für unzulässig gehalten.[851]

> *Es wird festgestellt, dass der Antragsgegner für die Vereinbarung von Ergänzungen zu den bei der Arbeitgeberin bestehenden Richtlinien zur Auswahl bei Einstellungen, Versetzungen, Umgruppierungen und Entlassungen vom 11.12.1972 unzuständig ist.*

848 BAG 18.7.2017 – 1 ABR 59/15, NZA 2017, 1615 Rn. 21.
849 DKKW/Trittin BetrVG § 50 Rn. 85.
850 BAG 3.5.1984 – 6 ABR 68/81, AP BetrVG 1972 § 95 Nr. 5 mkritAnm. Fabricius.
851 BAG 3.5.1984 – 6 ABR 68/81, AP BetrVG 1972 § 95 Nr. 5 mkritAnm. Fabricius.

4 Der Antrag muss sich vielmehr auf das (Nicht-)Bestehen eines konkreten Mitbestimmungsrechts beziehen, zB

> **Es wird festgestellt, dass dem Betriebsrat des Betriebs <genaue Bezeichnung> kein Mitbestimmungsrecht in Bezug auf die in dem Entwurf einer Betriebsvereinbarung <genaue Bezeichnung des Themas> vom <Datum> genannten Regelungsgegenstände zusteht.**

5 Ob in einem solchen Verfahren die einzelnen Betriebsräte nach § 83 Abs. 3 ArbGG zu beteiligen sind, ist im Einzelfall zu prüfen.[852] Für ein **unmittelbares Betroffensein örtlicher Betriebsräte** genügt es nicht, dass mit einer Entscheidung, die einem vom Gesamtbetriebsrat gestellten Antrag über einen betriebsverfassungsrechtlichen Anspruch oder das Bestehen eines Mitbestimmungsrechts stattgibt, inzident zugleich darüber entschieden wird, dass der Anspruch bzw. das Mitbestimmungsrecht den örtlichen Betriebsräten nicht zusteht (bzw. bei vertauschten Beteiligtenrollen umgekehrt). Voraussetzung für ein Betroffensein iSv § 83 Abs. 3 ArbGG ist nach der Rspr. vielmehr, dass eine Rechtsposition des jeweils anderen Gremiums als Inhaber des vom Antragsteller geltend gemachten Anspruchs oder Rechts **materiell-rechtlich ernsthaft in Frage kommt.** Daher kommt eine Beteiligung der örtlichen Betriebsräte dann nicht in Betracht, wenn es um die Mitbestimmung an einer Entscheidung des Arbeitgebers geht, die **notwendig oberhalb der Ebene der einzelnen Betriebe** getroffen wird, etwa weil sie das Verhältnis der einzelnen Betriebe zueinander betrifft.[853]

6 Verweigert einer der Betriebspartner die Aufnahme von Verhandlungen über einen Gegenstand der zwingenden Mitbestimmung, kann der andere auch die Bestellung einer → *Einigungsstelle* gemäß § 99 ArbGG gerichtlich beantragen. In diesem Verfahren wird allerdings nur die offensichtliche Unzuständigkeit geprüft (§ 99 Abs. 1 S. 2 ArbGG).

7 Besteht zwischen Betriebsrat, GBR und Arbeitgeber Streit darüber, ob der GBR zum Abschluss einer Gesamtbetriebsvereinbarung mit dem Arbeitgeber zuständig war, kann ein Betriebsrat die **Unanwendbarkeit dieser Betriebsvereinbarung** in seinem Betrieb im Beschlussverfahren feststellen lassen.[854] Der Betriebsrat macht ein eigenes betriebsverfassungsrechtliches Recht geltend, wenn er seinen Zuständigkeitsbereich verteidigt. Die Wahrnehmung eigener betriebsverfassungsrechtlicher Rechte begründet, wenn sie von anderen Betriebsverfassungsorganen bestritten wird, auch ein **Feststellungsinteresse.**[855]

> **Es wird festgestellt, dass <Bezeichnung der Betriebsvereinbarung bzw. einer bestimmten Regelung in der BV> für die Arbeitnehmer des Betriebs <Bezeichnung des Betriebs> nicht gilt.**

852 BAG 28.3.2006 – 1 ABR 59/04, NZA 2006, 1367.

853 BAG 28.3.2006 – 1 ABR 59/04, NZA 2006, 1368; zur Beteiligung sowohl des Gesamtbetriebsrats als auch der Betriebsräte, wenn die Zuständigkeit im Streit steht vgl. BAG 18.7.2017 – 1 ABR 59/15, NZA 2017, 1615 Rn. 10.

854 BAG 9.12.2003 – 1 ABR 49/02, NZA 2005, 234 (235); 20.12.1995 – 7 ABR 8/95, NZA 1996, 945, 946; Fitting BetrVG § 50 Rn. 78; GK-BetrVG/Franzen § 50 Rn. 104.

855 BAG 20.12.1995 – 7 ABR 8/95, NZA 1996, 945 (946).

Alternativ kann auch der Arbeitgeber die Feststellung der Anwendbarkeit einer Bestimmung aus einer Gesamtbetriebsvereinbarung in einem bestimmten Betrieb feststellen lassen.[856] 8

Es wird festgestellt, dass <Bezeichnung der Gesamtbetriebsvereinbarung bzw. einer bestimmten Regelung in der GBV> für die Arbeitnehmer des Betriebs <Bezeichnung des Betriebs> gilt.

856 GK-BetrVG/Franzen § 50 Rn. 104.

C. Allgemeine Verfahrensanträge

Akteneinsicht

1 Das Recht auf Akteneinsicht ist in dem nach § 46 Abs. 2 S. 1 ArbGG auch für arbeitsgerichtliche Verfahrensakten anwendbaren § 299 ZPO geregelt. Danach haben die **Verfahrensbeteiligten** – ohne dass die Darlegung eines besonderen Interesses erforderlich ist – während des laufenden Rechtsstreits ein Recht auf Einsichtnahme in die Prozessakte.

2 Zu den **Prozessakten** gehören grundsätzlich alle Schriftsätze und Unterlagen, die bei dem Gericht zu dem Rechtsstreit geführt werden. Dies sind im Wesentlichen die von den Parteien eingereichten Schriftsätze nebst Anlagen und die im Gericht selbst erstellten Dokumente. Nicht zu den Prozessakten gehören hingegen beigezogene Akten aus anderen gerichtlichen oder behördlichen Verfahren. Wenn eine Partei schon bei der Einreichung von Unterlagen zu erkennen gibt, dass diese der Gegenseite nur unter bestimmten Voraussetzungen zugänglich gemacht werden sollen, werden diese jedenfalls dann nicht zum Bestandteil der Prozessakten, wenn das Gericht mit Rücksicht auf diesen Vorbehalt von einer Weitergabe an den Gegner absieht.[1] Zu den Möglichkeiten eines Schutzes von Geschäfts- und Betriebsgeheimnissen → *Geheimnis.*

3 Ganz überwiegend werden Akten bei den Gerichten für Arbeitssachen inzwischen **elektronisch geführt.** Wie eine Akteneinsicht in diesem Fall erfolgt, ist in § 299 Abs. 3 ZPO geregelt. Grundsätzlich erfolgt die Einsicht danach durch Bereitstellung des Inhalts der Akten zum Abruf oder durch Übermittlung des Inhalts der Akten auf einem sicheren Übermittlungsweg. Nur auf besonderen Antrag wird Akteneinsicht durch Einsichtnahme in die Akten in Diensträumen gewährt. Ein Aktenausdruck oder ein Datenträger mit dem Inhalt der Akte wird auf besonders zu begründenden Antrag nur übermittelt, wenn der Antragsteller hieran ein berechtigtes Interesse darlegt. Eine Entscheidung über einen solchen Antrag ist nicht anfechtbar, § 299 Abs. 3 S. 5 ZPO.

4 **Einsichtnahme in Papierakten** erfolgt nach der Ermessensentscheidung des Vorsitzenden durch Aktenübersendung oder Einsichtnahme auf der Geschäftsstelle. Hierbei sind die Interessen der Prozessparteien und der Prozessbevollmächtigten sowie die Erfordernisse eines geordneten gerichtlichen Geschäftsganges gegeneinander abzuwägen.[2] Verweigert der Urkundsbeamte der Geschäftsstelle die Einsicht, kann hiergegen Erinnerung nach § 573 Abs. 1 ZPO Erinnerung eingelegt werden; gegen die Entscheidung hierüber wie über eine richterliche Entscheidung über ein Akteneinsichtsgesuch ist die sofortige Beschwerde gegeben, § 567 Abs. 1 ZPO. Die Rechtsstellung eines Kommanditisten einer am Rechtsstreit beteiligten Gesellschaft reicht für ein rechtliches Interesse an einer Akteneinsicht nicht aus.[3] Anderes gilt nach dem OLG Köln für den Rechtsschutzversicherer einer Prozesspartei.[4]

1 BGH 14.1.2020 – X ZR 33/19, NJW-RR 2020, 246.
2 LAG Rheinland-Pfalz 11.6.1987 – 1 Ta 106/87, LAGE ZPO § 299 Nr. 1; LAG Hamm 20.6.1974 – 8 Ta 56/74, NJW 1974, 1920.
3 BGH 15.10.2020 – IX AR (VZ) 2/19, NJW-RR 2021, 48.
4 OLG Köln 12.8.2019 – 7 VA 17/19, BeckRS 2019, 29969.

5 Nach § 299 Abs. 2 ZPO kann der Vorstand des Gerichts **dritten Personen** ohne Einwilligung der Parteien die Einsicht der Akten nur gestatten, wenn ein rechtliches Interesse glaubhaft gemacht wird. Mit einem entsprechenden Antrag sollte daher ein solches Interesse begründet werden. Es handelt sich nicht um eine Entscheidung in dem betreffenden Rechtsstreit, sondern um einen Justizverwaltungsakt.[5] Wird der Antrag abgelehnt, kann hiergegen Klage vor dem Verwaltungsgericht erhoben werden; für Justizverwaltungsakte von Organen der Arbeitsgerichtsbarkeit ist nämlich § 23 EGGVG nicht einschlägig.[6]

6 Auch das Einsichtsgesuch eines Verfahrensbeteiligten in ein **bereits abgeschlossenes Verfahren** unterfällt der Regelung des § 299 Abs. 2 ZPO.[7] Hingegen richtet sich die Erteilung von anonymisierten Abschriften gerichtlicher Entscheidungen an Dritte nicht nach § 299 Abs. 2 ZPO.[8] Sie ist Teil der öffentlichen Aufgabe der Gerichte, Entscheidungen zu veröffentlichen.

7 Das **Akteneinsichtsrecht eines Insolvenzverwalters** richtet sich nach § 299 Abs. 1 ZPO. Er ist nicht mehr Dritter im Sinne des § 299 Abs. 2 ZPO, sobald seine Bestellung erfolgt ist, also unabhängig davon, ob er bereits die Aufnahme des Rechtsstreits erklärt hat.[9]

8 Es empfiehlt sich in allen Fällen des § 299 Abs. 1 und 2 ZPO, die bevorzugte Art der Einsichtnahme im Antrag zum Ausdruck zu bringen und kurz zu begründen, damit das Gericht sein Ermessen sachgerecht ausüben kann. Es kann folgender Antrag gestellt werden:

Es wird beantragt, dem Kläger/Beklagten/Antragsteller Einsicht in die Gerichtsakten <soweit der Antrag außerhalb eines laufenden Rechtsstreits gestellt wird: Angabe des Aktenzeichens> durch Übersendung in die Kanzlei des Unterzeichners, hilfsweise durch Einsichtnahme auf der Geschäftsstelle, zu gewähren.

9 Abzugrenzen ist die Akteneinsicht von behördlichen Amtshilfeersuchen nach Art. 35 Abs. 1 GG. Auch dabei handelt es sich um einen Justizverwaltungsakt und nicht um richterliche Tätigkeit, so dass der Vorstand des Gerichts zu entscheiden hat.[10]

Anerkenntnis

1 Nach § 307 ZPO ist eine Partei gemäß dem Anerkenntnis zu verurteilen, wenn sie den gegen sie geltend gemachten Anspruch ganz oder zum Teil anerkennt. Ein **Antrag** auf Erlass eines Anerkenntnisurteils ist – außer im Revisionsverfahren, § 555 Abs. 3 ZPO – **nicht erforderlich;** es kann zudem ohne mündliche Verhandlung ergehen. Sinnvoll kann ein Anerkenntnis vor allem sein, um der entsprechenden Kostenlast zu entgehen, was insbesondere bei einer Mehrheit von Klageanträgen oftmals übersehen wird. § 93 ZPO bestimmt ja bekanntlich, dass der Kläger die Prozesskos-

5 LAG Hamm 19.7.2010 – 1 Ta 174/10, BeckRS 2010, 71921; teilweise missverständlich (Aktenzeichen, Parteibezeichnung) daher ArbG München 27.9.2010 – 31 Ca 11065/07, BeckRS 2011, 69658.
6 ZB OVG Nordrhein-Westfalen 16.1.2017 – 4 A 1606/16, DVBl 2017, 576; OVG Nordrhein-Westfalen 24.3.2021 – 2 A 1812/20, BeckRS 2021, 6637.
7 BGH 29.4.2015 – XII ZB 214/14, NJW 2015, 1827 Rn. 11.
8 BGH 5.4.2017 – IV AR (VZ) 2/16, NJW 2017, 1819; BGH 25.3.2021 – IX AR (VZ) 1/19, NJW-RR 2021, 1212.
9 LAG Hamm 14.2.2014 – 12 Ta 63/14, BeckRS 2014, 67410.
10 OLG Köln 27.3.2015 – 7 VA 1/15, FamRZ 2015, 1926.

ten zu tragen hat, wenn der Beklagte nicht durch sein Verhalten Veranlassung zur Erhebung der Klage gegeben hat und diese sofort anerkennt. Außerdem reduzieren sich die Gerichtsgebühren (vgl. GKG KV Nrn. 8211, 8222 und 8232). Für eine Arbeitgeberin kann ein Anerkenntnis auch in den Fällen sinnvoll sein, in denen der Arbeitnehmer eine einvernehmliche „Rücknahme" einer Kündigung im Rahmen der Kündigungsschutzklage verweigert. Das Anerkenntnis stellt dann meist die schnellste Möglichkeit dar, den Annahmeverzug zu beenden.

Um unnötige Probleme zu vermeiden, sollte die Erklärung eines Anerkenntnisses 2
wie jede andere Prozesshandlung **ausdrücklich und eindeutig** erfolgen. Wird die Klage nicht insgesamt anerkannt, sollte zur Vermeidung von Missverständnissen konkret bezeichnet werden, in welchem Umfang bzw. bezogen auf welche Klageanträge das Anerkenntnis erfolgen soll, auch wenn das Gericht gehalten ist, die Erklärung des Anerkenntnisses auszulegen.[11]

Erklärt der Kläger, er erkenne den **Berufungsantrag** der Beklagten an, handelt es 3
sich rechtlich nicht um ein Anerkenntnis, sondern um einen Klageverzicht nach § 306 ZPO, denn er hat damit einen prozessualen Antrag und keinen Anspruch anerkannt.[12] Die anerkennende Partei übernimmt mit dem Anerkenntnis das Beurteilungsrisiko bezüglich der dem Anerkenntnis zugrunde gelegten tatsächlichen und rechtlichen Vorstellungen; insoweit ist das Gericht von der Prüfung des Streitstoffes enthoben.[13]

Streitig ist, ob ein Anerkenntnis auch noch nach Schluss der mündlichen Verhandlung erklärt werden kann.[14]

Aussetzung

Bei der Aussetzung des Rechtsstreits nach § 148 ZPO handelt es sich um eine pro- 1
zessleitende Maßnahme. Sie kann von Amts wegen, aber auch auf ausdrücklichen Antrag erfolgen. Ihre Anordnung steht – nach Gewährung rechtlichen Gehörs – in der Regel im pflichtgemäßen Ermessen des Gerichts. Der andere Rechtsstreit bzw. das Verwaltungsverfahren, in dem das vorgreifliche Rechtsverhältnis gegenständlich ist, muss im Antrag bzw. im Tenor **genau bezeichnet werden,** damit mit hinreichender Sicherheit feststellbar ist, wann die Aussetzung – abgesehen von ihrer nach § 150 ZPO möglichen Aufhebung oder einer Aufnahme nach § 250 ZPO – beendet ist:

> **Der Rechtsstreit wird bis zum rechtskräftigen Abschluss des Verfahrens <genaue Bezeichnung des Gerichts bzw. der Behörde unter Angabe des Aktenzeichens> ausgesetzt.**

Eine Vorgreiflichkeit setzt voraus, dass die Klage nicht bereits aus anderen Gründen 2
entscheidungsreif ist.[15] In **Bestandsschutzstreitigkeiten** kommt eine Aussetzung daher idR erst in Betracht, wenn der über die Aussetzung nach Maßgabe des § 55 Abs. 1 Nr. 8 ArbGG allein entscheidende Vorsitzende aufgrund vorläufiger Einschät-

11 LAG Rheinland-Pfalz 9.11.2012 – 9 Sa 313/12, BeckRS 2013, 65162; BGH 2.2.2017 – VII ZR 261/14, BeckRS 2017, 102825; vgl. a. BVerfG 8.8.2013 – 1 BvR 1314/13, NJW 2014, 291.

12 LAG Rheinland-Pfalz 10.7.2018 – 6 Sa 319/16, BeckRS 2018, 25516 Rn. 20; aA OLG München 14.7.2023 – 19 U 1370/23e, MDR 2023, 1409 mwN.

13 BGH 19.10.2021 – VI ZR 1173/20, NJW-RR 2022, 205 Rn. 15.

14 Bejahend ArbG Berlin 11.11.2022 – 17 Ca 6085/22, BeckRS 2022, 35027.

15 OLG Karlsruhe 12.9.2018 – 9 W 18/18, BeckRS 2018, 23496.

zung positiv von der tatsächlichen und nicht nur möglichen Vorgreiflichkeit iSv § 148 ZPO ausgeht; diese Einschätzung kann regelmäßig nicht erfolgen, bevor der kündigenden Beklagten Gelegenheit zur Begründung der Kündigung und dem gekündigten Kläger zur Erwiderung gegeben wurde.[16] Auch kann eine **Verbindung Vorrang vor einer Aussetzung** haben.[17] Die Entscheidung über die Aussetzung unterliegt gemäß § 252 ZPO der sofortigen Beschwerde.

3 Nach ständiger Rechtsprechung des Bundesarbeitsgerichts kann ein Rechtsstreit in entsprechender Anwendung von § 148 Abs. 1 ZPO ausgesetzt werden, wenn entscheidungserheblich ist, wie **Unionsrecht** auszulegen ist, und ein mit jedenfalls einer weitgehend gleichen Rechtsfrage anhängiges Vorabentscheidungsersuchen vor dem Gerichtshof dies aus Gründen der Verfahrensbeschleunigung und Prozessökonomie rechtfertigt.[18] Zudem soll eine Aussetzung in entsprechender Anwendung des § 148 Abs. 1 ZPO auch im Hinblick auf eine anhängige **Verfassungsbeschwerde** möglich sein.[19] Hingegen kann das Gericht nicht durch Aussetzungsentscheidungen die Durchführung eines „Musterprozesses" quasi erzwingen.[20]

Befangenheit

1 Nach §§ 49, 46 Abs. 2 ArbGG iVm §§ 41 ff. ZPO kann ein Richter abgelehnt werden, wenn die Besorgnis seiner Befangenheit besteht. Nach § 42 Abs. 2 ZPO besteht die Besorgnis der Befangenheit, wenn ein Grund vorliegt, der geeignet ist, Misstrauen gegen die Unparteilichkeit eines Richters zu rechtfertigen. Es muss also nicht feststehen, dass er die Sache nicht unparteilich betreiben wird, sondern es reicht aus, dass aus Sicht einer vernünftigen Partei die entsprechende Besorgnis besteht. Um das Prozessklima nicht unnötig zu belasten, kann bereits bei der Begründung des Befangenheitsgesuchs auf diesen Maßstab ausdrücklich hingewiesen werden. Wird im arbeitsgerichtlichen Verfahren ein Richter als befangen abgelehnt, wird gemäß § 46 Abs. 2 ArbGG, § 45 Abs. 1 ZPO über das Ablehnungsgesuch grundsätzlich ohne dessen Mitwirkung entschieden. In klaren Fällen eines unzulässigen oder missbräuchlich angebrachten Ablehnungsgesuchs kann jedoch eine Selbstentscheidung des abgelehnten Richters über das Gesuch erfolgen.[21]

2 Befangenheitsanträge werden in der Praxis oftmals zum Zweck der **Verfahrensverzögerung** gestellt. Wer nicht in diesen Verdacht geraten will, möge den guten Rat des LAG Hamm beachten: In der mündlichen Verhandlung, in deren Verlauf unweigerlich auch die Persönlichkeit der Beteiligten einschließlich des Richters hervortritt, wenn nicht Formalismus und Langeweile Oberhand gewinnen sollen, kann auch für Witz und Humor Gelegenheit sein, sofern dies nicht auf fremde Kosten geht und die Autorität des Gerichts keinen Schaden nimmt.[22] Zudem hat der Gesetzgeber mit der Änderung des § 47 ZPO seit 2004 dem Richter die Möglichkeit eingeräumt, bei einem während der mündlichen Verhandlung gestellten Ablehnungsgesuch den Termin fortzusetzen, wenn ansonsten eine Vertagung erforderlich wäre. Allerdings darf

16 LAG Düsseldorf 25.1.2021 – 4 Ta 401/20, NZA-RR 2021, 26.
17 LAG Hamm 18.10.2010 – 1 Ta 494/10, BeckRS 2010, 74743; vgl. auch Hessisches LAG 2.11.2007 – 16 Ta 88/08 Rn. 9; BeckRS 2008, 53179; vgl. auch BAG 16.1.2007 – 1 ABR 16/06, EzA BetrVG 2001 § 99 Versetzung Nr. 3.
18 Vgl. nur BAG 11.5.2023 – 6 AZR 157/22 (A), NZA 2023, 1040 Rn. 31.
19 BAG 10.9.2020 – 6 AZR 136/19 (A), NZA 2021, 149; LAG Baden-Württemberg 20.9.2023 – 12 Sa 90/20, BeckRS 2023, 26155.
20 LAG Nürnberg 1.4.2020 – 7 Ta 44/20, LAGE ZPO 2002 § 148 Nr. 11.
21 BVerfG 20.7.2007 – 1 BvR 3084/06, NJW-RR 2008, 72.
22 LAG Hamm 21.2.2008 – 8 Sa 1736/07, BeckRS 2008, 53988.

vor der Entscheidung über das Ablehnungsgesuch keine Endentscheidung getroffen werden.[23]

Ein Ablehnungsgesuch kann wie folgt formuliert werden:

> **Die Besorgnis der Befangenheit des <Dienstbezeichnung und Name des Richters> wird für begründet erklärt.**

Der Ablehnungsgrund ist nach § 44 Abs. 2 ZPO glaubhaft zu machen. Die Entschei- 3
dung über ein Ablehnungsgesuch ist im arbeitsgerichtlichen Verfahren unanfechtbar, § 49 Abs. 3 ArbGG.

Nach § 49 ZPO ist auch ohne ein Gesuch der Parteien über die Frage der Besorgnis 4
der Befangenheit zu entscheiden, wenn der Richter selbst einen entsprechenden Sachverhalt mitteilt.

Berichtigung

§ 319 ZPO regelt die Berichtigung **offensichtlicher Unrichtigkeiten** in gerichtlichen 1
Entscheidungen. Sie kann – nach Anhörung der Parteien – von Amts wegen, aber auch auf ausdrücklichen Antrag erfolgen. Mit Unrichtigkeit gemeint sind dabei nur Fälle einer **Abweichung zwischen Willen und Erklärung** des Gerichts. Das liegt nicht vor, wenn das Gericht in den Urteilsgründen selbst bekundet, fehlerhaft entschieden zu haben.[24] **Alle Urteilsbestandteile** können Gegenstand einer Berichtigung sein. Auch das mit der Sache befasste Rechtsmittelgericht kann eine Berichtigung vornehmen.[25] „Offenbar" iSd § 319 Abs. 1 ZPO bedeutet grundsätzlich, dass die Unrichtigkeit aus dem Zusammenhang des Urteils selbst oder mindestens aus den Vorgängen bei seinem Erlass oder seiner Verkündung nach außen hervorgetreten ist, so dass sie für Dritte ohne weiteres deutlich ist.[26] Allerdings hat das Bundesarbeitsgericht[27] offen gelassen, ob im Anschluss an ein obiter dictum in einem Beschluss des Bundesgerichtshofs[28] betreffend eine Rubrumsberichtigung anderes gelten soll, wenn die Richter, die an der fehlerhaften Entscheidung mitgewirkt haben, den Berichtigungsbeschluss fassen. Es erscheint äußerst fraglich, ob dies für alle Fälle einer Berichtigung gelten soll.

Ein Berichtigungsantrag ist etwa wie folgt zu formulieren: 2

> **Das Urteil <genaue Bezeichnung nach Gericht, Datum und Aktenzeichen> wird nach § 319 ZPO <genaue Bezeichnung des Gegenstandes der Berichtigung, z.B. „in der Hauptsache", „im Kostenausspruch",[29] „zur Zulassung der Berufung/Revision">[30] dahingehend berichtigt, dass es dort wie folgt heißt: <korrekte Formulierung>.[31]**

23 BGH 21.6.2007 – V ZB 3/07, NJW-RR 2008, 216.
24 BAG 24.8.2023 – 2 AZR 19/23, NZA 2023, 1603 Rn. 43 ff.
25 BAG 24.3.2009 – 9 AZR 733/07, NZA 2009, 861; BAG 8.12.2020 – 3 AZR 64/19, Rn. 47 ff.
26 BAG 29.8.2001 – 5 AZB 32/00, NZA 2002, 286.
27 BAG 22.3.2018 – 8 AZR 779/16, NZA 2018, 1216.
28 BGH 27.3.2012 – II ZB 6/09, BeckRS 2012, 9566.
29 ZB LAG Sachsen 8.7.2019 – 1 Sa 49/19, BeckRS 2019, 24481.
30 BAG 22.3.2018 – 8 AZR 779/16, NZA 2018, 1216.
31 Vgl. a. BVerfG 16.8.2018 – 2 BvR 1550/17, BeckRS 2018, 37505 zur Formulierung einer umfangreichen Berichtigung.

3 Nach § 319 Abs. 3 ZPO ist gegen die **Berichtigung** im 1. Rechtszug die sofortige Beschwerde statthaft (§ 567 ZPO), während gegen die **Abweisung** des Berichtigungsantrags grds. kein Rechtsmittel gegeben ist.

4 Andere Unrichtigkeiten, Auslassungen, Lücken und Mängel können möglicherweise durch → *Tatbestandsberichtigung,* → *Ergänzungsurteil* (insbesondere bei fehlender Kostenentscheidung zu einer Nebenintervention) oder → *Teil D., VI. Anhörungsrüge* behoben werden.

Prozessvergleiche können nicht in entsprechender Anwendung des § 319 ZPO korrigiert werden; in Betracht kommt allenfalls nach § 164 ZPO eine Berichtigung des Protokolls, in dem der Vergleich enthalten ist (beachte auch § 278 Abs. 6 S. 3 ZPO).[32]

Beweissicherung

1 Nach § 46 Abs. 2 ArbGG sind die Regelungen der Zivilprozessordnung über die Beweissicherung auch im arbeitsgerichtlichen Urteilsverfahren anwendbar. Die Zulässigkeitsvoraussetzungen finden sich in § 485 ZPO. Die Antragsfassung hängt davon ab, welches Beweismittel gesichert werden soll. Beispielhaft ist zu nennen:

Im Wege der Beweissicherung wird das schriftliche Gutachten eines Sachverständigen zu <Beweisfrage> eingeholt.

Oder:

Im Wege der Beweissicherung wird die Vernehmung des Zeugen <Name und ladungsfähige Anschrift> zu <Beweisfrage> angeordnet.

2 Dabei müssen sich die gemäß § 487 Nr. 2 ZPO als Beweisgegenstand zu bezeichnenden Tatsachen auf einen der Tatbestände der §§ 485 Abs. 2 S. 1 Nr. 1 bis 3 ZPO beziehen[33] und sich dem Antrag hinreichend bestimmt entnehmen lassen.[34] Auch das selbstständige Beweisverfahren dient nicht der Ausforschung von Tatsachen.[35] Gegenstand eines Antrages gemäß § 485 Abs. 2 Nr. 1 ZPO kann nicht die Begutachtung durch einen Sachverständigen darüber sein, ob dem Antragsteller durch das Verhalten des Antragsgegners Gewinne in einer bestimmten Mindesthöhe entgangen sind.[36] Nach einem Personenschaden ist es hingegen gemäß § 485 Abs. 2 S. 1 Nr. 3 ZPO grundsätzlich zulässig, den entgangenen Gewinn festzustellen. Der Antragsteller muss dann ausreichende Anknüpfungstatsachen für die begehrte Feststellung durch den Sachverständigen vortragen.[37] Ein rechtliches Interesse an einer vorprozessualen Klärung der haftungsrechtlich maßgeblichen Gründe für einen Gesundheitsschaden durch einen Sachverständigen kann im selbständigen Beweisverfahren auch dann gegeben sein, wenn zwar die Feststellung der Vermeidung eines Rechtsstreits dienen kann, jedoch für eine abschließende Klärung weitere Aufklärungen erforderlich erscheinen.[38]

32 LAG Hamm 25.1.2021 – 12 Ta 411/20, LAGE ZPO 2002 § 278 Nr. 6; OLG Celle 24.5.2022 – 11 W 8/22, MDR 2022, 1112.
33 LAG Köln 28.5.2012 – 7 Ta 211/11, BeckRS 2013, 70841; BGH 27.11.2013 – III ZB 38/13, NJW-RR 2014, 180.
34 BAG 30.9.2008 – 3 AZB 47/08, EzA ZPO 2002 § 485 Nr. 1; BGH 20.10.2009 – VI ZB 53/08, NJW-RR 2010, 946.
35 LAG Berlin-Brandenburg 20.2.2007 – 10 Ta 2137/06, BeckRS 2008, 51222.
36 BGH 27.11.2013 – III ZB 38/13, NJW-RR 2014, 180.
37 BGH 20.10.2009 – VI ZB 53/08, NJW-RR 2010, 946.
38 BGH 24.9.2013 – VI ZB 12/13, NJW 2013, 3654.

Gegen die Ablehnung eines Antrags auf Beweissicherung durch das Arbeitsgericht ist die sofortige Beschwerde zulässig.[39]

Bindung an die Anträge

1 Mit seinem Antrag bestimmt der Kläger, worüber gestritten wird. Folgerichtig bestimmt § 308 Abs. 1 ZPO, dass das Gericht nicht befugt ist, einer Partei etwas zuzusprechen, was nicht beantragt ist. Der Antragsgrundsatz ist auch dann verletzt, wenn ihr ein Anspruch aberkannt wird, den sie nicht zur Entscheidung gestellt hat.[40] Dabei darf „Antrag" nicht im Sinne einer bloßen Wortlautinterpretation der klägerischen Formulierung verstanden werden.[41] Gemeint ist vielmehr der durch den Antrag nebst Klagebegründung zur Entscheidung des Gerichts gestellte **Streitgegenstand;** in diesem Rahmen ist auch eine Antragsumdeutung ohne Verstoß gegen § 308 ZPO möglich.[42] Maßgeblich dafür, welche Anträge der Kläger gestellt hat, ist das Protokoll der mündlichen Verhandlung.[43] In der Praxis stellt sich – oft unbemerkt – das Problem der Abgrenzung, ob mehrere Anspruchsgrundlagen desselben prozessualen Anspruchs vorliegen oder ob es sich um eine Mehrheit von Streitgegenständen handelt. Am Wortlaut des Antrags allein lässt sich das nicht festmachen.[44] Näheres findet sich in → *Teil A. Systematische Einleitung Rn. 2ff.*

2 Ein weiteres Abgrenzungsproblem entsteht dadurch, dass die gerichtliche Geltendmachung eines Anspruchs grundsätzlich auch einen Anspruch erfasst, der als ein „Weniger" in ihm enthalten ist.[45] Handelt es sich dagegen um ein „Aliud", bedarf es einer gesonderten prozessualen Geltendmachung,[46] die am besten durch das Stellen mehrerer Klageanträge (uU im Hilfsverhältnis) verdeutlicht wird. Eine richterliche Nachfrage nach § 139 ZPO ist im Zweifelsfall stets sinnvoll.

3 § 308 ZPO ist auch dann einschlägig, wenn das Gericht eine Entscheidung erlässt, obwohl die Partei keinen Antrag gestellt hat.[47] Entsprechendes gilt, wenn das Gericht über einen Antrag entscheidet, der in Auslegung des Klagebegehrens nur als – nach dem Ergebnis der Entscheidung über den Hauptantrag nicht zum Zuge kommender – Hilfsantrag gestellt war.[48] Ein Verstoß gegen § 308 Abs. 1 ZPO liegt auch bei einer Aufrundung des Klagebetrages auf den nächsten Euro vor.[49]

4 Trotz eines Verstoßes gegen § 308 ZPO nimmt auch ein seitens des Gerichts fälschlich entschiedener Ausspruch an der Rechtskraft der Entscheidung teil, wenn diese nicht angegriffen wird. Der Umfang der Rechtskraft bestimmt sich nämlich danach, worüber das Gericht entschieden hat, nicht danach, worüber es hätte entscheiden müssen.[50] Hat das Gericht nach Ansicht der Beklagten gegen § 308 ZPO verstoßen, indem es dem Kläger einen prozessualen Anspruch zugesprochen hat, den er nicht zur Entscheidung gestellt hat, muss sie daher für eine entsprechende Rüge das zuläs-

39 LAG Berlin-Brandenburg 20.2.2007 – 10 Ta 2137/06, BeckRS 2008, 51222.
40 St. Rspr. vgl. nur BAG 25.1.2023 – 4 AZR 171/22, NZA 2023, 779.
41 LAG Hamm 29.11.2023 – 9 Sa 693/23, BeckRS 2023, 39665.
42 BAG 25.3.2021 – 6 AZR 41/20, AP TVÜ § 29a Nr. 4 Rn. 22.
43 BAG 9.2.2022 – 5 AZR 347/21, NZA 2022, 653.
44 BAG 18.11.2014 – 1 AZR 257/13, NJW 2015, 1548.
45 BAG 14.9.2016 – 4 AZR 456/14, NZA-RR 2017, 202; BAG 13.7.2022 – 5 AZR 412/21, NZA 2022, 1488.
46 BAG 18.9.2018 – 9 AZR 199/18, BeckRS 2018, 32168.
47 BAG 1.12.2004 – 5 AZR 121/04, BeckRS 2004, 30347089.
48 BAG 28.2.2023 – 2 AZN 22/23, NZA 2023, 719 Rn. 7; BAG 21.7.2022 – 2 AZN 801/21, AP ZPO § 308 Nr. 10 Rn. 5f.; BAG 10.12.2020 – 2 AZR 308/20, NZA 2021, 293.
49 BAG 5.12.2019 – 2 AZR 147/19, NZA 2020, 505 Rn. 77.
50 BAG 27.6.2000 – 1 ABR 36/99, NZA 2001, 626.

sige Rechtsmittel einlegen, um den Eintritt der Rechtskraft zu verhindern. Für den Entscheidungsausspruch gilt dann dasselbe wie bei einem aus anderen Gesichtspunkten begründeten Rechtsmittel. Auch der Kläger muss mit einem normalen Rechtsmittel rügen, wenn er meint, das Gericht habe ihm einen prozessualen Anspruch durch Klageabweisung abgesprochen, der nicht Streitgegenstand war. Das kann wie folgt formuliert werden:

Es wird festgestellt, dass das Urteil des <Gericht> vom <Datum, Aktenzeichen> insoweit gegenstandslos ist, als die Klage wegen des auf <Anspruchsgrundlage> gestützten <Bezeichnung des Anspruchs> abgewiesen worden ist.[51]

5 Ist ein Rechtsmittel eingelegt, hat das Gericht einen Verstoß gegen § 308 ZPO auch ohne eine ausdrückliche Rüge von Amts wegen zu berücksichtigen,[52] sofern sich nicht der Kläger die „Klageerweiterung" – beispielsweise durch einen Antrag auf Zurückweisung der Berufung – zu eigen macht.[53] Hingegen kommt eine Korrektur nach § 319 ZPO in der Regel nicht in Betracht.[54]

6 Beliebte Fehler sind insoweit Entscheidungen über einen Schadensersatzanspruch, obwohl nur der Erfüllungsanspruch, zB aus Annahmeverzug,[55] verlangt wurde. Auch das Bundesarbeitsgericht ist insoweit nicht stets konsequent, beispielsweise indem es eine Klage aus dem Gesichtspunkt des Schadensersatzes zuspricht und dabei ausdrücklich dahinstehen lässt, ob der Kläger einen tariflichen Anspruch hat.[56]

Entscheidung nach Aktenlage

Bei **Säumnis beider Parteien** in einem Termin kann das Gericht unter den Voraussetzungen des § 251a ZPO eine Entscheidung nach Lage der Akten treffen. Bleibt hingegen **nur eine Partei** im Termin aus, kann die Gegenseite den Erlass eines → *Versäumnisurteils* oder eine Entscheidung nach Aktenlage gemäß § 331a ZPO beantragen.

Der Kläger beantragt, nach Lage der Akten zu entscheiden und die Beklagte zu verurteilen, <Klageantrag>.

Oder:

Die Beklagte beantragt, nach Lage der Akten zu entscheiden und die Klage abzuweisen.

Ergänzungsurteil

1 Hat das Gericht **versehentlich**[57] einen nach dem ursprünglich festgestellten oder nachträglich berichtigten Tatbestand von einer Partei geltend gemachten Haupt- oder Nebenanspruch oder den Kostenpunkt bei der Endentscheidung ganz oder

51 BAG 25.8.2015 – 1 AZR 754/13, NZA 2016, 47; BAG 15.10.2013 – 9 AZR 1040/12, BeckRS 2014, 68598.
52 BAG 17.3.2015 – 1 ABR 49/13, BeckRS 2015, 68902; BAG 7.8.2012 – 9 AZR 189/11, BeckRS 2012, 73037.
53 Hessisches LAG 15.2.2023 – 18 Sa 967/22, BeckRS 2023, 25072; LAG Rheinland-Pfalz 1.9.2020 – 6 Sa 431/19, LAGE BGB 2002 § 823 Nr. 7.
54 BAG 18.1.2000 – 9 AZR 897/98, BeckRS 2000, 30782475.
55 BAG 27.5.2015 – 5 AZR 88/14, NZA 2015, 1053 Rn. 23.
56 BAG 21.5.2015 – 6 AZR 349/14, BB 2015, 1914 Rn. 23.
57 BAG 20.2.2014 – 2 AZR 864/12, NZA 2015, 124 Rn. 25; BGH 1.6.2011 – I ZR 80/09, MDR 2011, 1064.

teilweise übergangen, können die Parteien einen Antrag auf Ergänzung des Urteils stellen, § 321 ZPO. Dieser ist binnen einer zweiwöchigen Frist, die mit der Zustellung des Urteils beginnt, durch Einreichung eines Schriftsatzes zu stellen. Ist die Frist abgelaufen, **erlischt** die **Rechtshängigkeit** des übergangenen Anspruchs.[58] Ein Ergänzungsantrag kann sich zulässigerweise auch darauf beziehen, dass das Gericht nach Meinung des Antragstellers einen Rechtsmittelantrag übergangen hat.[59] Die Vorschrift gilt auch im Beschlussverfahren[60] und ist auf Beschlüsse entsprechend anwendbar.[61]

> **Es wird beantragt, das Urteil des <Gericht> vom <Datum, Aktenzeichen> wie folgt zu ergänzen:**
> **<übergangener Antrag bzw. fehlende Kostenentscheidung>.**

Hat das Gericht einen übergangenen Antrag auch nicht in den Tatbestand seines un- 2
vollständigen Urteils aufgenommen, muss einer Urteilsergänzung nach § 321 ZPO eine → *Tatbestandsberichtigung* nach § 320 ZPO vorangehen.[62]

Versehentliche übergangene Kostenentscheidungen kommen häufig bezogen auf die 3
Kosten einer **Nebenintervention** vor, über die aufgrund § 101 ZPO gesondert zu entscheiden ist.[63] § 321 ZPO erlaubt nicht die Ergänzung einer unterlassenen Entscheidung über die **Zulassung eines Rechtsmittels.** Vielmehr gilt bei den Gerichten für Arbeitssachen insoweit die Regelung des § 64 Abs. 3a S. 2 ArbGG (bei Berufungsurteilen iVm § 72 Abs. 1 S. 2 ArbGG). Ob bei tenorierter Abweisung der Klage im Fall mehrerer Streitgegenstände alle beschieden worden sind, ist durch Auslegung zu ermitteln.[64]

Ein nicht versehentliches, sondern ein **bewusstes Übergehen** ist hingegen mit einem 4
Rechtsmittel zu rügen.[65] Die Abgrenzung kann im Einzelfall Schwierigkeiten bereiten. Der Kläger kann dann beide Wege beschreiten. Klüger dürfte es oft sein – insbesondere wenn keine Verjährung droht oder ein Fall des § 61b Abs. 1 ArbGG vorliegt[66] – den übergangenen Antrag allein zum Gegenstand des Berufungsverfahrens zu machen. Dann erlischt zwar dessen Rechtshängigkeit nach Ablauf der Frist zur Urteilsergänzung. Dessen Weiterverfolgung in der Berufung ist aber in aller Regel dann als Klageerweiterung im Berufungsverfahren (für den berufungsbeklagten Kläger durch Anschlussberufung) möglich.[67] Anderes gilt natürlich, wenn das Landesarbeitsgericht einen Antrag nicht beschieden hat, da eine Klageerweiterung in der Revision nicht möglich ist.[68] Um ein bewusstes Übergehen handelt es sich auch, wenn das Gericht meint, einen Antrag nicht bescheiden zu müssen, etwa weil es sich um einen unechten Hilfsantrag handele. Die Rechtsmittelinstanz hat dann zu beachten, dass bereits der Angriff gegen die Abweisung des Hauptantrags die Entschei-

58 BAG 24.1.1991 – 2 AZR 402/89, BeckRS 1991, 30736092; BGH 20.1.2015 – VI ZR 209/14, NJW 2015, 1826.
59 BAG 15.9.2011 – 8 AZR 781/10, BeckRS 2012, 65500.
60 BAG 12.11.2013 – 1 ABR 59/12, NZA 2014, 557 Rn. 15.
61 BAG 30.4.2014 – 10 AZB 13/14, NZA-RR 2014, 382.
62 BAG 26.6.2008 – 6 AZN 1161/07, NZA 2008, 1028 Rn. 14.
63 Sogar beim BGH 27.10.2020 – II ZB 31/19, BeckRS 2020, 30195; BGH 16.1.2020 – I ZR 80/18, BeckRS 2020, 1926.
64 BVerfG 16.11.2021 – 1 BvR 1775/21, BeckRS 2021, 44874.
65 BGH 5.3.2019 – VIII ZR 190/18, NJW 2019, 1950.
66 LAG Berlin-Brandenburg 27.10.2022 – 21 Sa 317/22, BeckRS 2022, 42684; Revision anhängig unter 8 AZR 21/23.
67 Vgl. nur OLG Köln 10.8.2023 – I-15 U 184/22, NZA-RR 2023, 515 Rn. 18.
68 Vgl. nur BAG 10.11.2021 – 10 AZR 696/19, NZA 2022, 345.

dung des Arbeitsgerichts über den Hilfsantrag zu Fall bringt, also für die Zulässigkeit der Berufung gegen den Hilfsantrag ausreicht.[69]

Erledigungserklärung

1 Nach § 91a ZPO kann der Kläger den Rechtsstreit in der Hauptsache für erledigt erklären, wenn die Klage seiner Ansicht nach nachträglich unzulässig oder unbegründet geworden ist. Die Regelung gilt für alle kontradiktorischen Verfahren, in denen eine Kostengrundentscheidung möglich ist.[70]

> **Der Rechtsstreit <das Zwangsvollstreckungsverfahren etc.> wird in der Hauptsache für erledigt erklärt.**

2 Will die Beklagte sich der Erledigungserklärung **anschließen,** kann sie entweder die Fiktion nach § 91a Abs. 1 S. 2 ZPO eintreten lassen oder dies ausdrücklich erklären:

> **Die Beklagte schließt sich der Erledigungserklärung des Klägers <bei schriftsätzlicher Erklärung: vom …> an.**

3 Liegen übereinstimmende Erledigungserklärungen vor, entscheidet das Gericht nach Anhörung der Parteien von Amts wegen über die Pflicht zur Kostentragung. In den oben aufgeführten Anträgen eine bestimmte Kostenentscheidung zu begehren, ist daher nicht erforderlich, allerdings auch unschädlich. Durch die übereinstimmenden Erledigungserklärungen **endet die Rechtshängigkeit der Hauptsache und bereits ergangene, noch nicht rechtskräftige Entscheidungen werden ex tunc wirkungslos.** Insbesondere im Berufungsverfahren kommt es häufig vor, dass die Parteien über die Hauptsache einen Vergleich schließen und – aufgrund der Sorge, die Rechtsschutzversicherung werde die in einem Vergleich vereinbarte Kostenquote nicht akzeptieren – dem Gericht die Kostenentscheidung nach § 91a ZPO überlassen. Das hat allerdings den Nachteil, dass die Gerichtsgebühr nicht nach der Vorbemerkung 8 zum Teil 8 des Kostenverzeichnisses der Anlage 1 zu § 3 Abs 2 GKG wegfällt.[71] Haben die Parteien übereinstimmende Erledigungserklärungen abgegeben, können diese nicht mehr beseitigt werden.[72]

4 Wegen der ansonsten nach § 91a Abs. 1 S. 2 ZPO eintretenden Fiktionswirkung muss der Beklagte der Erledigung ausdrücklich **widersprechen,** wenn er eine Entscheidung nach § 91a ZPO verhindern will. Dies bedarf keiner besonderen Formulierung, muss jedoch hinreichend deutlich zum Ausdruck gebracht werden:

> **Der Erledigungserklärung des Klägers <bei schriftsätzlicher Erklärung: vom …> wird ausdrücklich widersprochen.**

5 Bei einer solchen einseitig bleibenden Erledigungserklärung ändert sich der Gegenstand der Klage dahingehend, ob eine Erledigung eingetreten ist. Das Gericht entscheidet darüber im ordentlichen Streitverfahren wie über jeden anderen Klageantrag, bei Obsiegen des Klägers durch Feststellungsurteil.

---

69 Das übersieht LAG Berlin-Brandenburg 24.8.2023 – 10 Sa 171/23, BeckRS 2023, 34676.

70 BGH 4.2.2010 – IX ZB 57/09, NJW-RR 2010, 571; für die Zwangsvollstreckung LAG Hessen 14.1.2021 – 10 Ta 357/20, BeckRS 2021, 3047.

71 BAG 16.4.2008 – 6 AZR 1049/06, NZA 2008, 783.

72 BAG 8.11.2022 – 6 AZR 133/20, NZA 2022, 1702 Rn. 21 ff.

6 Für das **Beschlussverfahren** nach §§ 80ff. ArbGG vertritt das Bundesarbeitsgericht einen **abweichenden Erledigungsbegriff.** Hier kommt es nicht darauf an, ob die Klage ursprünglich zulässig und begründet war.

7 In der **Rechtsmittelinstanz** ist das Verfahren nach § 91a ZPO nur möglich, wenn ein statthaftes und zulässiges Rechtsmittel vorliegt. Die obigen Ausführungen gelten zudem entsprechend, wenn nicht der Kläger den Rechtsstreit, sondern der Rechtsmittelführer das Rechtsmittel in der Hauptsache für erledigt erklärt.

§ 91a ZPO ist auch im **Zwangsvollstreckungsverfahren** anwendbar.[73]

8 Von der Erledigung der Hauptsache zu unterscheiden ist die übereinstimmende Erklärung der **Erledigung eines Rechtsmittels.** Sie ist insbesondere zulässig, wenn nur auf diese Weise eine angemessene Kostenentscheidung möglich ist. Es ist dann allein über die Kosten des Rechtsmittels zu entscheiden. Anders als bei der Erledigung der Hauptsache bleibt die Entscheidung der Vorinstanz unangefochten bestehen.[74]

Ersatzeinreichung

1 Die Einführung des elektronischen Rechtsverkehrs erleichtert die Kommunikation zwischen dem Gericht und den Prozessbevollmächtigten. Seit dem 1.1.2022 besteht bundesweit insbesondere für Rechtsanwälte[75] nach § 46g S. 1 ArbGG eine weitgehende **aktive Nutzungspflicht.** Allerdings hat der Einsatz der Informationstechnik auch neue Probleme gebracht, sei es, dass die Nutzung des besonderen elektronischen Anwaltspostfachs (beA) gestört ist,[76] der Empfang auf Gerichtsseite (beim Intermediär) nicht funktioniert[77] oder beim Prozessbevollmächtigten eine Störung vorliegt, beispielsweise beim Zugang zum Internet oder bei einem Ausfall der Hard- oder Software. Der Gesetzgeber hat für den Fall, dass eine Übermittlung **aus technischen Gründen vorübergehend nicht möglich** ist, eine im Vergleich zur → *Wiedereinsetzung* vereinfachte, insbesondere verschuldensunabhängige Lösung bereitgestellt, die sog. Ersatzeinreichung nach § 46g S. 3 und 4 ArbGG. Es ist dann die Übermittlung nach den allgemeinen Vorschriften möglich, also wie vor der Einführung des elektronischen Rechtsverkehrs. Ein besonderer Antrag ist nicht vorgesehen. Vielmehr ist erforderlich, dass der Prozessbevollmächtigte die vorübergehende Unmöglichkeit „bei der Ersatzeinreichung oder unverzüglich danach glaubhaft" macht, § 46g S. 4 ArbGG. Die Voraussetzungen der Unverzüglichkeit und der Glaubhaftmachung der Unmöglichkeit müssen insbesondere bei fristgebundenen Schriftsätzen **unbedingt ernst genommen werden,** da die Einreichung ansonsten unheilbar und unverzichtbar unwirksam ist. Leider sind die konkreten Anforderungen an die Unverzüglichkeit und die Glaubhaftmachung noch nicht endgültig geklärt; im Gegenteil bestehen teilweise erhebliche Divergenzen insbesondere zwischen dem BAG und dem BGH,[78] obwohl das BAG betont, § 130d ZPO und § 46g ArbGG enthielten identische Vorgaben.[79] Der sorgfältige Prozessbevollmächtigte wird sich also vorläufig jeweils am höchsten Maßstab orientieren. Das bedeutet konkret:

---

73 LAG Hessen 14.1.2021 – 10 Ta 357/20, BeckRS 2021, 3047.
74 BAG 25.6.2019 – 3 AZR 458/17, NZA 2008, 902 Rn. 23.
75 Zum Syndikusrechtsanwalt BAG 23.5.2023 – 10 AZB 18/22, NZA 2023, 786; zum als Rechtsanwalt zugelassenen Verbandsvertreter BAG 21.9.2023 – 10 AZR 512/20, NZA 2023, 1351.
76 BGH 25.5.2023 – V ZR 134/22, NJW 2023, 2484 Rn. 9.
77 BGH 25.7.2023 – X ZR 51/23, NJW 2023, 3367 Rn. 23.
78 Dazu auch Bader NZA 2023, 403.
79 BAG 23.5.2023 – 10 AZB 18/22, NZA 2023, 786 Rn. 8.

2 a) Es ist noch nicht entschieden, ob ein einziger Fehlversuch ausreicht oder mehrere in gewissem zeitlichem Abstand gefordert werden. Mit drei Versuchen im Zeitraum einer Stunde dürfte man auf der sicheren Seite sein, wenn nicht abzusehen ist, wann die Störung behoben sein wird.[80] Anders als nach der Rechtsprechung zur Wiedereinsetzung bei Störungen der Faxübersendung[81] ist der Prozessbevollmächtigte dann **nicht mehr gehalten, sich vor Fristablauf weiter um eine elektronische Übermittlung zu bemühen.**[82] Der elektronische Rechtsverkehr soll anders als die Möglichkeit der Faxübersendung im Wesentlichen auch der Erleichterung der gerichtlichen Abläufe dienen. Der Nutzungspflicht stellt § 46g ArbGG dabei die unkomplizierte Möglichkeit einer Ersatzeinreichung mit „niedrigschwelligen Erfordernissen"[83] zur Seite, wenn die Technik nicht funktioniert. Das spricht wesentlich dagegen, dass der Prozessbevollmächtigte sich stundenlang damit befassen muss, ob eine elektronische Übermittlung wieder möglich ist.

3 b) Soweit möglich, sind die Gründe für die Unmöglichkeit bereits **mit der Ersatzeinreichung** zu schildern, und zwar in Form einer aus sich heraus verständlichen, geschlossenen Schilderung der tatsächlichen Abläufe oder Umstände;[84] es genügt eine (laienverständliche) Schilderung.[85] Ist das nicht möglich, etwa weil der Fristablauf kurz bevorsteht oder die Gründe für die Unmöglichkeit der Übersendung noch nicht hinreichend genau feststehen, sollte dies so bald wie möglich, **am besten noch am selben Tag,**[86] nachgeholt werden. Der BGH lässt den etwas weiteren Maßstab des § 121 BGB insoweit nicht gelten;[87] insbesondere räumt er keine gesonderte Prüfungs- und Überlegungszeit ein.[88] Allgemeine Störungen werden auf der Seite der Bundesrechtsanwaltskammer (https://portal.beasupport.de/verfuegbarkeit und https://www.brak.de/fileadmin/02_fuer_anwaelte/bea/beA-Störungsdokumentation_02.pdf) und/oder der Seite der Justiz (https://egvp.justiz.de/meldungen) veröffentlicht. Beruht eine Ersatzeinreichung auf einem vorübergehenden Funktionsausfall eines Computers, ist eine nähere Darlegung zur Art des Defekts und seiner Behebung sinnvoll, um glaubhaft zu machen, dass kein Bedienungsfehler vorliegt.[89]

4 c) Für die **Glaubhaftmachung** gilt § 294 ZPO. Der BGH lässt es ausreichen, wenn die Richtigkeit der geschilderten Gründe unter Bezugnahme auf die Standespflichten anwaltlich versichert wird.[90] Ausreichend ist ggfs. auch ein Screenshot einer offiziellen Störungsmeldung auf der Seite der Justiz oder der Bundesrechtsanwaltskammer[91] oder Screenshots der Prüfprotokolle der drei Fehlversuche, aus denen sich ergibt, dass sämtliche Prüfungen ein positives Ergebnis erbrachten (also kein Anwenderfehler vorliegt) und der einen Hinweis auf die Fehlerursache enthält. Die Schilderung der Gründe sollte ausdrücklich den Hinweis enthalten, dass die gemeldete Störung der Grund für die Unmöglichkeit der elektronischen Übermittlung ist. Nicht ausrei-

80 Vgl. BGH 25.7.2023 – X ZR 51/23, NJW 2023, 3367 Rn. 22.
81 Vgl. nur BGH 20.8.2019 – VIII ZB 19/18, NJW 2019, 3310.
82 BGH 25.5.2023 – V ZR 134/22, NJW 2023, 2484 Rn. 10; BGH 25.7.2023 – X ZR 51/23, NJW 2023, 3367 Rn. 28.
83 Vgl. BAG 25.8.2022 – 6 AZR 499/21, NZA 2023, 58 Rn. 29.
84 BGH 21.9.2022 – XII ZB 264/22, NJW 2022, 3647 Rn. 15; BGH 17.11.2022 – IX ZB 17/22, NJW 2023, 456.
85 BGH 21.6.2023 – V ZB 15/22, NJW 2023, 2883 Rn. 21.
86 BGH 25.7.2023 – X ZR 51/23, NJW 2023, 3367 Rn. 12 f.
87 Anders BAG 25.8.2022 – 6 AZR 499/21, NZA 2023, 58 Rn. 32.
88 BGH 21.6.2023 – V ZB 15/22, NJW 2023, 2883 Rn. 20 ff.; BGH 26.1.2023 – V ZB 11/22, FamRZ 2023, 1045 Rn. 13.
89 Vgl. BGH 1.3.2023 – XII ZB 228/22, NJW-RR 2023, 760; BAG 25.8.2022 – 6 AZR 499/21, NZA 2023, 58 Rn. 29.
90 BGH 21.9.2022 – XII ZB 264/22, NJW 2022, 3647 Rn. 15.
91 Vgl. BGH 10.10.2023 – XI ZB 1/23, NJW 2023, 3799 Rn. 18.

chend ist nach Ansicht des BAG, dass eine technische Störung des beA oder des Intermediärs der Justiz gerichtsbekannt und offenkundig ist.[92] Der BGH hat das noch offengelassen.[93]

Zwar sind auch Sachverhalte denkbar, in denen womöglich neben bzw. zusätzlich zu einem Sachverhalt nach § 46g S. 3 ArbGG eine → *Wiedereinsetzung* in Betracht kommt. Liegt allein ein Sachverhalt vor, der eine Ersatzeinreichung begründen konnte, scheitert ein ohne eine solche gestellter Wiedereinsetzungsantrag jedoch in der Regel daran, dass der Prozessbevollmächtigte nicht von der Möglichkeit des § 46g S. 3 ArbGG Gebrauch gemacht hat.[94] 5

Fristverlängerung

Im gerichtlichen Verfahren existiert eine Vielzahl gesetzlicher oder vom Gericht gesetzter Fristen. Sog. Notfristen unterliegen keiner Änderungsmöglichkeit. Das sind nach der Legaldefinition des § 224 Abs. 1 S. 2 ZPO nur diejenigen, die im Gesetz als solche bezeichnet sind. Nach § 224 Abs. 2 ZPO können andere Fristen auf Antrag verlängert werden, gesetzliche Fristen nur, soweit dies im Gesetz ausdrücklich bestimmt ist: 1

Die Frist der <Parteibezeichnung> zur <geforderte Prozesshandlung> wird bis zum <Datum> verlängert.

Der Antragsteller muss für die erbetene Fristverlängerung erhebliche Gründe glaubhaft machen, § 224 Abs. 2 ZPO. In der Praxis werden zu Recht anwaltliche Erklärungen als ausreichend angesehen.[95] Wichtig ist, dass der Antrag noch **innerhalb der zu verlängernden Frist bei Gericht eingeht,** da ein Verlängerungsantrag nach Fristablauf nicht mehr berücksichtigungsfähig ist.[96] 2

Weder gegen die Ablehnung (s. § 225 Abs. 3 ZPO) noch gegen die Gewährung einer Fristverlängerung (s. § 567 Abs. 1 ZPO) ist ein Rechtsmittel gegeben. 3

Eine besondere Bedeutung haben insbesondere Rechtsmittelfristen, da ihre Versäumung grundsätzlich zum Rechtsverlust führt. Für das Berufungsverfahren hat der Rechtsanwalt zu beachten, dass anders als in der ordentlichen Gerichtsbarkeit eine **wiederholte Verlängerung** der Begründungs- und der Beantwortung **nicht möglich** ist, § 66 Abs. 1 S. 5 ArbGG. Gleiches gilt für die Beschwerdebegründung im Beschlussverfahren, § 87 Abs. 2 S. 1 iVm § 66 Abs. 1 S. 5 ArbGG sowie für die Revisionsbegründung, § 74 Abs. 1 S. 3 ArbGG. Bei Letzterer ist zudem eine Verlängerung um mehr als einen Monat nicht möglich. Das wiederum gilt aufgrund der Verweisung in § 92Abs. 2 S. 1 ArbGG auch für das Rechtsbeschwerdeverfahren. Eine durch das Gericht unter Verletzung dieser Vorschriften vorgenommene Verlängerung ist unwirksam.[97] Anderes gilt, wenn das Gericht eine gesetzlich mögliche Verlängerung vorgenommen hat, obwohl kein (wirksamer) Antrag vorlag.[98] 4

92 BAG 25.8.2022 – 6 AZR 499/21, NZA 2023, 58 Rn. 39.
93 BGH 10.10.2023 – XI ZB 1/23, NJW 2023, 3799 Rn. 18.
94 BGH 1.3.2023 – XII ZB 228/22, NJW-RR 2023, 760 Rn. 19.
95 BAG 27.9.1994 – 2 AZB 18/94, NZA 1995, 189.
96 BGH 12.2.2009 – VII ZB 76/07, NJW 2009, 1149.
97 BAG 7.11.2012 – 7 AZR 314/12, NZA 2013, 1035 Rn 19.
98 BAG 23.3.2021 – 1 ABR 31/19, NZA 2021, 959.

Geschäftsgeheimnisstreitsachen

1 Auch vor dem ArbG werden Klagen erhoben, bei denen es um die Verletzung von Geschäftsgeheimnissen geht, etwa bei Verstößen gegen ein → *Wettbewerbsverbot,* insbesondere im Rahmen von Kündigungsschutz-, Schadensersatz- oder Unterlassungsklagen. Was ein Geschäftsgeheimnis ist, wird nun in § 2 GeschGehG definiert. Die arbeitsvertragliche Verschwiegenheitspflicht kann sich darüber hinaus erstrecken. Verfahren, durch die Ansprüche nach GeschGehG geltend gemacht werden, sind sog. **Geschäftsgeheimnisstreitsachen,** vgl. § 16 Abs. 1 GeschGehG. § 15 GeschGehG regelt keine Rechtswegzuständigkeit. Der Gesetzgeber hat ausdrücklich erklärt, dass der Rechtsweg zu den Arbeitsgerichten unberührt bleibt, so dass die Regelungen zu Verfahren in Geschäftsgeheimnisstreitsachen auch dort Anwendung finden.[99] Im Ergebnis gelten daher die verfahrensrechtlichen Sonderregelungen des GeschGehG auch in arbeitsgerichtlichen Verfahren, die Geschäftsgeheimnisstreitsachen zum Gegenstand haben.[100]

2 Alle an solchen Streitsachen Beteiligten, insbesondere die Parteien und deren Prozessvertreter, müssen als geheimhaltungsbedürftig eingestufte Informationen vertraulich behandeln und dürfen diese außerhalb eines gerichtlichen Verfahrens nicht nutzen oder offenlegen (§ 16 Abs. 2 GeschGehG).[101] Bei Zuwiderhandlung kann das Gericht Ordnungsmittel nach § 17 GeschGehG verhängen.

3 Nach § 16 Abs. 1 GeschGehG kann das Gericht auf Antrag einer Partei streitgegenständliche Informationen ganz oder teilweise **als geheimhaltungsbedürftig einstufen,** wenn diese ein Geschäftsgeheimnis sein können. Der **Umfang** der Geheimhaltungsanordnung muss eindeutig **bestimmbar** sein. Um eine entsprechende Entscheidung des Gerichts sicherzustellen, bedarf es deshalb einer entsprechenden Bezeichnung im Antrag. Dieser muss deswegen die betreffenden Informationen so genau bezeichnen, dass sie ohne weiteres identifiziert werden können, etwa durch Bezeichnung des Schriftstücks mit Seite und Absatz oder Angabe der Anlagenummer. Bei einer entsprechenden konkreten Bezugnahme sind die geheimhaltungsbedürftigen Informationen im Antrag nicht zwingend nochmals wieder zu geben.[102] Eine lediglich abstrakte Umschreibung der Information ohne Bezugnahme auf konkrete Textstellen ist nicht ausreichend.[103]

> **Es wird beantragt, die Informationen <diese sind genau zu beschreiben, ggf. durch Bezugnahme auf beigefügte Anlagen, etwa Anlage xx oder Schriftsatz vom xx, Seite x unter Ziffer xx>[104] werden als geheimhaltungsbedürftig eingestuft.[105]**

4 Aus § 20 Abs. 3 und 4 GeschGehG ergibt sich die Pflicht der antragstellenden Partei, **glaubhaft** zu machen, dass es sich bei der streitgegenständlichen Information um ein Geschäftsgeheimnis handelt. In den Schriftstücken und sonstigen Unterlagen, die mit dem Antrag eingereicht oder vorgelegt werden, müssen von der den Antrag stellende

99 BT-Drs. 19/4724, 34; Francken NZA 2019, 1665 (1666).
100 Francken NZA 2019, 1665 (1666).
101 Zur Abgrenzung von Sachanträgen vgl. OLG Nürnberg 5.4.2024 – 3 W 545/24 UWG, GRUR-RS 2024, 8032.
102 LAG Baden-Württemberg 22.9.2023 – 7 Ta 1/22, BeckRS 2023, 26430; vgl. auch OLG Dresden 2.1.2024 – 4 W 720/23, NJW-RR 2024, 520.
103 LAG Baden-Württemberg 22.9.2023 – 7 Ta 1/22, BeckRS 2023, 26430.
104 Vgl. Keller/Schönknecht/Glinke/Schönknecht GeschGehG § 16 Rn. 23 Fn. 32.
105 Vgl. LAG Baden-Württemberg 22.9.2023 – 7 Ta 1/22, BeckRS 2023, 26430; Schulte ArbRB 2019, 320 (321).

Partei diejenigen **Ausführungen gekennzeichnet** werden, die nach ihrem Vorbringen Geschäftsgeheimnisse enthalten.

5 Daneben bietet das GeschGehG zusätzlich die Möglichkeit, verschiedene Verfahrensanträge zu stellen, die – ebenso wie der Antrag nach § 16 Abs. 1 GeschGehG – bereits mit Klageeinreichung eingereicht werden können. Nach § 19 Abs. 1 GeschGehG kann das Gericht zusätzlich (eine Einstufung muss also vorliegen bzw. zugleich beantragt werden)[106] auf Antrag den **Zugang** ganz oder teilweise auf eine bestimmte Anzahl von zuverlässigen Personen zu von den Parteien oder Dritten eingereichten oder vorgelegten Dokumenten, die Geschäftsgeheimnisse enthalten können, oder zur mündlichen Verhandlung, bei der Geschäftsgeheimnisse offengelegt werden könnten, und zu der Aufzeichnung oder dem Protokoll der mündlichen Verhandlung **beschränken.**

> **Es wird beantragt, den Zugang zu vom <Bezeichnung der antragstellenden Partei> eingereichten Dokumenten <ebenso wie beim Antrag nach § 16 Abs. 1 GeschGehG genau zu bezeichnen> auf <Angabe der Anzahl von zuverlässigen Personen/des Personenkreises> zu beschränken.**[107]
>
> **Oder/und:**
>
> **Es wird beantragt, den Zugang sowie die Teilnahme an der mündlichen Verhandlung und den Zugang zum Protokoll auf die Mindestteilnahme auf <Angabe der Anzahl von zuverlässigen Personen/des Personenkreises> zu beschränken.**

§ 20 Abs. 3, 4 GeschGehG kommt auch insoweit zur Anwendung.

6 Schließlich kann das Gericht nach § 19 Abs. 2 GeschGehG, wenn es Beschränkungen nach Absatz 1 Satz 1 trifft, auf Antrag die **Öffentlichkeit** von der mündlichen Verhandlung **ausschließen.** Mit Blick auf die Abhängigkeit von der Entscheidung des Gerichts, den Zugang nach § 19 Abs. 1 GeschGehG zu beschränken, ist ein Antrag nach Abs. 1 vorrangig und ein Antrag nach § 19 Abs. 2 GeschGehG für den Fall der Bewilligung des Antrags nach Abs. 1 zu stellen.[108]

> **Für den Fall, dass das Gericht dem <zuvor gestellten> Antrag stattgibt, wird beantragt, die Öffentlichkeit von der mündlichen Verhandlung auszuschließen.**[109]

7 Über den Antrag nach § 16 Abs. 1 GeschGehG entscheidet das Gericht nach § 20 Abs. 5 S. 1 GeschGehG vorab durch Beschluss.[110] Über den Ausschluss der Öffentlichkeit ist nach § 52 S. 4 ArbGG iVm § 174 Abs. 1 S. 1 GVG durch Beschluss zu entscheiden sein.[111] Gegen das Absehen von der Anordnung einer Geheimhaltungsverpflichtung nach § 174 Abs. 3 GVG ist kein Rechtsmittel gegeben.[112]

106 Reinfeld, Das neue Gesetz zum Schutz von Geschäftsgeheimnissen, § 6 Rn. 67.
107 Vgl. Schulte ArbRB 2019, 320 (322).
108 Schulte ArbRB 2019, 320 (322).
109 Schulte ArbRB 2019, 320 (322).
110 LAG Baden-Württemberg 22.9.2023 – 7 Ta 1/22, BeckRS 2023, 26430.
111 LAG Baden-Württemberg 22.9.2023 – 7 Ta 1/22, BeckRS 2023, 26430.
112 BGH 14.10.2020 – IV ZB 8/20, NJW-RR 2020, 1386.

Klageabweisung

1 Die Abweisung der Klage (oder der Widerklage) ist im Grundsatz unproblematisch. Es bedarf keines Zusatzes, ob die Klage als unzulässig oder als unbegründet abgewiesen werden soll.

> **Die Klage wird abgewiesen.**

2 An dieser Stelle soll allerdings darauf hingewiesen werden, dass genau zu prüfen ist, ob **bei objektiver Klagehäufung** die Abweisung aller Anträge (bzw. bereits die Ankündigung im Bestellungsschriftsatz) angebracht erscheint. So ist etwa regelmäßig eine Kündigungsschutzklage mit einem **Antrag auf Zeugniserteilung** verbunden. Hierauf besteht ein Anspruch. Soweit dieser noch nicht erfüllt ist, führt ein dennoch auch insoweit gestellter Antrag auf Klageabweisung zu einer überflüssigen Kostenbelastung. Gerade wenn der Kläger im Vorfeld seinen Zeugnisanspruch noch nicht gegenüber der Beklagten geltend gemacht haben sollte, kommt auch ein sofortiges → ***Anerkenntnis*** (§ 307 ZPO) mit entsprechender **Kostenfolge** zu Lasten des Klägers in Betracht. Gleiches gilt etwa, wenn der Kläger eine nach § 16 BetrAVG **erhöhte Betriebsrente** verlangt und nicht nur den Differenzbetrag (Spitzenbetrag), sondern gemäß § 258 ZPO den künftigen Gesamtbetrag einklagt. Auch insoweit ist hinsichtlich des unstreitigen (bereits bislang gezahlten) Betrags an ein Anerkenntnis zu denken.[113]

Nebenintervention

1 Es versteht sich von selbst, dass ein Rechtsstreit grundsätzlich nur von den Parteien selbst geführt wird. Dennoch gibt es verschiedene Konstellationen, in denen der Gesetzgeber Dritten eine Beteiligung ermöglicht, nämlich die sog. Nebenintervention nach §§ 66ff. ZPO. Oftmals ist sie Folge einer → *Streitverkündung.*

2 Der Nebenintervenient (andere Bezeichnung: Streithelfer) muss ein **rechtliches Interesse** daran haben, dass eine Hauptpartei obsiegt (sog. Interventionsgrund). Ein solches liegt vor, wenn die Entscheidung des Hauptprozesses durch Inhalt oder Vollstreckung mittelbar oder unmittelbar auf seine privatrechtlichen oder öffentlich-rechtlichen Verhältnisse rechtlich einwirkt. Das rechtliche Interesse des Nebenintervenienten ist auch dann zu bejahen, wenn das Unterliegen der Hauptpartei ihm keinen Nachteil, der Sieg aber einen Vorteil bringt. Der Begriff ist weit auszulegen,[114]ein rein wirtschaftliches oder tatsächliches Interesse reicht jedoch nicht aus.[115]

3 Nach § 70 ZPO erfolgt der Beitritt schriftsätzlich gegenüber dem Gericht:

> **Der/Die <Bezeichnung> tritt dem Rechtsstreit <Parteibezeichnungen und Aktenzeichen> auf Seiten des Klägers/der Beklagten bei.**

4 In dem Schriftsatz ist das erforderliche rechtliche Interesse zu begründen, beispielsweise, indem auf eine vorangegangene Streitverkündung Bezug genommen wird, wobei jedoch allein die Tatsache der Streitverkündung das erforderliche rechtliche

113 Vgl. BAG 14.2.2012 – 3 AZB 59/11, NZA 2012, 469.

114 BAG 30.9.2014 – 3 AZR 617/12, NZA 2015, 544 Rn. 19; zur Unterscheidung der einfachen von der streitgenössischen Nebenintervention OLG Celle 16.11.2022 – 14 U 30/22, BeckRS 2022, 31770 Rn. 23.

115 OLG Rostock 28.3.2019 – 3 U 76/17, BeckRS 2019, 12545.

Interesse nicht zu begründen vermag.[116] Die Erklärung des Beitritts muss nicht wörtlich und ausdrücklich erfolgen; vielmehr genügt eine dem Sinne nach eindeutige Äußerung, aus der sich die aktive Beteiligung am Prozess auf einer bestimmten Seite ergibt.[117] Besser – weil weniger risikobehaftet – ist selbstverständlich ein ausdrücklicher Antrag, der die Voraussetzungen des § 70 Abs. 1 S. 2 ZPO erfüllt.

Eine Nebenintervention kann auch noch in der **Rechtsmittelinstanz** erfolgen.[118] Im 5
arbeitsgerichtlichen Beschlussverfahren nach § 2a Abs. 1 Nr. 1 ArbGG ist eine Nebenintervention ausgeschlossen.[119]

Da der Beitritt Prozesshandlung ist, ist von Amts wegen zu prüfen, ob die allgemei- 6
nen Prozesshandlungsvoraussetzungen und die formalen Anforderungen des § 70 Abs. 1 S. 2 ZPO vorliegen. Die inhaltlichen Voraussetzungen der Nebenintervention werden jedoch nur auf Antrag einer Hauptpartei geprüft (§ 71 ZPO);[120] dabei kann das Zwischenurteil über die Nebenintervention mit dem Endurteil verbunden werden.[121]

Im Fall einer Nebenintervention bedarf die **Kostenentscheidung** besonderer Sorg- 7
falt. Die Kosten derselben sind – was oftmals übersehen wird – nämlich nach § 101 ZPO gesondert zu tenorieren. Unterbleibt dies, lässt sich das nicht durch eine Urteilsberichtigung nach § 319 ZPO reparieren. Erforderlich ist vielmehr eine Ergänzung nach § 321 ZPO durch **fristgebundenen** Antrag[122] (→ *Ergänzungsurteil*).

Nichtigkeitsklage

Die Nichtigkeit eines Urteils oder eines Beschlusses wird durch fristgebundene 1
(§ 586 ZPO) Klage nach § 579 ZPO geltend gemacht. § 584 ZPO regelt, bei welchem Gericht die Klage zu erheben ist.

Der Antrag lautet:

> **Auf die Nichtigkeitsklage des <Parteibezeichnung> wird das Urteil/der Beschluss des <Gericht> vom <Datum, Aktenzeichen> aufgehoben.**[123]

Die Angabe der Klageart im Antrag ist wegen § 587 ZPO sinnvoll. Ergänzend sind 2
dann hilfsweise, für den Fall des Obsiegens, die ursprünglichen Klageanträge zu stellen. Eine Änderung dieser Anträge ist nur bei erfolgreicher Nichtigkeitsklage möglich.[124] Zur Zulässigkeit der Nichtigkeitsklage gehört die Darlegung eines gesetzlichen Nichtigkeitsgrundes, § 588 ZPO.

Über den Wortlaut des § 578 Abs. 1 ZPO hinaus ist auch ein Nichtigkeitsantrag ge- 3
gen einen Beschluss des Bundesarbeitsgerichts statthaft, mit dem eine Nichtzulassungsbeschwerde des Antragstellers verworfen oder zurückgewiesen worden ist.[125]

116 BGH 10.2.2011 – I ZB 63/09, NJW-RR 2011, 907.
117 BAG 18.9.2014 – 8 AZR 733/13, NZA 2015, 97 Rn. 16; BAG 31.1.2008 – 8 AZR 10/07, BeckRS 2008, 53326.
118 BAG 30.9.2014 – 3 AZR 617/12, NZA 2015, 544 Rn. 19; BGH 21.4.2016 – I ZR 198/13, BeckRS 2016, 8171.
119 BAG 5.12.2007 – 7 ABR 72/06, NZA 2008, 653.
120 BGH 24.11.2022 – V ZB 29/22, NJW-RR 2023, 502 Rn. 7.
121 BAG 26.3.1987 – 6 AZR 298/85, BeckRS 1987, 30720766.
122 BGH 16.4.2013 – II ZR 297/11, NJW 2013, 452.
123 BAG 2.12.1999 – 2 AZR 843/98, NZA 2000, 733 = DB 2000, 1084.
124 Vgl. zur Restitutionsklage LAG Düsseldorf 4.5.2011 – 7 Sa 1427/10, BeckRS 2011, 72244.
125 BAG 13.10.2015 – 3 AZN 915/15 (F), NZA 2016, 127.

Protokollberichtigung

1 Über die mündliche Verhandlung sowie jede Beweisaufnahme ist nach § 159 ZPO ein Protokoll zu führen. Die Hinzuziehung eines Urkundsbeamten für die Protokollführung ist in der Praxis die Ausnahme, so dass diese Aufgabe vom Vorsitzenden zusätzlich zur Verhandlungsführung wahrgenommen wird. Bei aller richterlichen Routine handelt es sich aufgrund der vielfältigen Anforderungen einer mündlichen Verhandlung um eine fehlerträchtige Angelegenheit. Der Gesetzgeber hat in weiser Voraussicht eine eigenständige Regelung zur Berichtigung geschaffen, § 164 ZPO, und zwar für die Fälle, in denen eine Abweichung des Protokollierten von dem tatsächlich in der mündlichen Verhandlung Geschehenen vorliegt.[126] Eine Entscheidung erfolgt nach Anhörung der Parteien von Amts wegen oder auf Antrag:

> **Das Protokoll der mündlichen Verhandlung/der Beweisaufnahme vom <Datum> wird dahingehend berichtigt/ergänzt, dass ...**

2 Allerdings ist eine Ergänzung im Sinne des § 160 Abs. 4 ZPO nur bis zum Schluss der mündlichen Verhandlung zulässig; nur ein fehlerhaftes Protokoll kann nach § 164 ZPO „ergänzt", also berichtigt werden.[127]

3 Nach einer vereinzelt vertretenen Meinung soll es hinsichtlich der vollständig unterbliebenen Protokollierung der Verkündung einer Entscheidung jedoch zulässig sein, diese im Wege der Berichtigung nachträglich in das Protokoll einzufügen.[128]

Prozesskostenhilfe

Übersicht

	Rn.
1. Erstinstanzliches Verfahren	1–8
2. Rechtsmittelinstanz	9–13

1. Erstinstanzliches Verfahren

1 Für die Bewilligung von Prozesskostenhilfe gelten nach § 11a ArbGG auch vor den Gerichten für Arbeitssachen uneingeschränkt die Vorschriften der §§ 114ff. ZPO. Wichtig – wenn auch von Anwaltsseite nicht stets stringent beachtet – ist, dass eine Klage nicht unter der Bedingung der Bewilligung der Prozesskostenhilfe erhoben werden kann. Möglich ist es insoweit nur, einem Prozesskostenhilfeantrag eine unterzeichnete Klageschrift beizufügen und zu erklären, dass eine Zustellung erst und nur dann erfolgen soll, wenn Prozesskostenhilfe bewilligt worden ist. Eine solche Klage wird dann allerdings nicht bereits mit dem Eingang des Prozesskostenhilfeantrags anhängig, so dass eine derartige Verfahrensweise insbesondere bei Kündigungsschutzklagen nicht zu empfehlen ist, da je nach Bearbeitungsdauer die Einhaltung der Frist des § 4 KSchG nicht sichergestellt ist.[129] In der Praxis häufiger ist ohnehin eine unbedingte Klage verbunden mit einem Prozesskostenhilfeantrag. Dieser kann wie folgt formuliert werden:

---

126 BAG 25.11.2008 – 3 AZB 64/08, NZA 2009, 332; LAG Hamm 22.2.2011 – 1 Ta 99/11, juris.
127 LAG Schleswig-Holstein 5.11.2015 – 1 Sa 48a/15, BeckRS 2016, 66303.
128 LG Darmstadt 30.8.2021 – 26 O 48/21, BeckRS 2021, 33277.
129 Vgl. zum Streitstand LAG Nürnberg 4.5.2012 – 7 Ta 19/12, BeckRS 2012, 70648; LAG Hamm 14.6.2011 – 14 Ta 295/11, BeckRS 2012, 65045; LAG Schleswig-Holstein 30.7.2020 – 1 Ta 80/20, NZA-RR 2020, 662.

Es wird beantragt, dem Kläger für die vorstehenden Anträge Prozesskostenhilfe unter Beiordnung des Unterzeichners/der<Kanzleibezeichnung> zu gewähren.

2 Prozesskostenhilfe kann nur rückwirkend auf den Zeitpunkt der **Antragstellung** bewilligt werden. Allerdings kann ein Prozesskostenhilfeantrag noch bis zum Ende des Verhandlungstermins auf einen eventuellen **Mehrvergleich** erstreckt werden.[130] Auch ist in der Regel davon auszugehen, dass eine finanziell unbemittelte Partei Prozesskostenhilfe (konkludent) auch für die weiteren durch den Vergleich miterledigten Streitpunkte beantragt.[131] Streitig ist, ob das auch dann gilt, wenn bei Abschluss des Vergleichs der zunächst gestellte Antrag bereits beschieden war.[132] Wichtig ist, den Antrag vollständig **unter Vorlage von Belegen zu begründen** und eventuelle Nachfragen des Gerichts ernst zu nehmen,[133] auch wenn die Gerichte nicht allzu beckmesserisch handeln sollten.[134] Hat der Kläger die für die Gewährung von Prozesskostenhilfe erforderlichen Unterlagen und Belege nicht rechtzeitig vorgelegt, kann nach Auffassung des Bundesarbeitsgerichts die versagte Prozesskostenhilfe grundsätzlich[135] nicht durch Nachreichung der Unterlagen und Belege erst in der Beschwerdeinstanz korrigiert werden.[136] Anderes galt für das Nachprüfungsverfahren nach § 120a ZPO.[137] Daran hat auch der seit dem 1.1.2014 neu geschaffene § 120a Abs. 4 S. 2 ZPO nichts geändert.[138] Allerdings ist es grundsätzlich ausreichend, auf bereits zu den Akten gereichte Vordrucke Bezug zu nehmen, wenn Veränderungen seitdem nicht eingetreten sind und wenn hierauf unmissverständlich hingewiesen wird. Doch genügt eine solche **Bezugnahme** nur, wenn die früher eingereichten Unterlagen ihrerseits ausreichten, um die Bedürftigkeit darzulegen.[139] Liegt bis zum Abschluss der Instanz ein (hinreichender) Antrag nicht vor, ist die Bewilligung von Prozesskostenhilfe nicht mehr möglich,[140] es sei denn, es ist eine gerichtliche Frist zum Nachreichen von Unterlagen gesetzt worden.[141] Eine Pflicht des Gerichts, vor Beendigung der Instanz auf die fehlende Bescheidungsfähigkeit hinzuweisen, besteht nicht.[142] Ist Prozesskostenhilfe bewilligt worden, ist durch Auslegung des Bewilligungsbeschlusses zu ermitteln, ob sich diese auch auf eine **Klageerweiterung oder einen Mehrvergleich** erstreckt.[143] Hat das Gericht einen von einer Partei (möglicherweise auch konkludent) gestellten **Antrag teilweise übergangen,** ist § 321 ZPO entsprechend anwendbar,[144] dh. der Antragsteller muss binnen der dort genannten Frist eine Ergänzung der Entscheidung beantragen, um seine Rechte zu wahren.

3 Es ist stets der Vergleichsmaßstab der selbstzahlenden Partei zu beachten. So sollte ein Antrag als unechter Hilfsantrag gestellt werden, wenn er vom Erfolg eines ande-

130 BAG 16.2.2012 – 3 AZB 34/11, NZA 2012, 1390.
131 BAG 30.4.2014 – 10 AZB 13/14, NZA-RR 2014, 382.
132 Bejahend LAG Hamm 3.1.2024 – 13 Ta 350/23, BeckRS 2024, 8; ablehnend Hessisches LAG16.9.2019 – 4 Ta 67/19, BeckRS 2019, 37955.
133 Vgl. LAG Mecklenburg-Vorpommern 18.6.2021 – 5 Ta 15/21, BeckRS 2020, 48514.
134 BVerfG 20.2.2020 – 1 BvR 1975/18, FamRZ 2020, 846.
135 Eine Ausnahme behandelt LAG Köln 3.4.2019 – 9 Ta 10/19, NZA-RR 2019, 382.
136 BAG 3.12.2003 – 2 AZB 19/03, MDR 2004, 415.
137 BAG 18.11.2003 – 5 AZB 46/03, NZA 2004, 1062.
138 BGH 9.10.2018 – VIII ZB 44/18, BeckRS 2018, 26436, allerdings ohne auf die Gesetzesänderung einzugehen; ausdrücklich BAG 8.12.2020 – 9 AZB 59/20, NZA 2021, 374.
139 BGH 2.2.2012 – V ZA 3/12; BeckRS 2012, 05678.
140 BAG 5.12.2012 – 3 AZB 40/12, BeckRS 2012, 212393.
141 LAG Berlin-Brandenburg 6.4.2018 – 21 Ta 322/18, BeckRS 2018, 9068.
142 BAG 31.7.2017 – 9 AZB 32/17, BeckRS 2017, 123309.
143 LAG Hamm 3.8.2018 – 8 Ta 653/17, BeckRS 2018, 24085.
144 BAG 30.4.2014 – 10 AZB 13/14, NZA-RR 2014, 382.

ren Antrags abhängt. Eine solchermaßen – auflösend – bedingte Antragstellung entspricht insbesondere beim **allgemeinen Weiterbeschäftigungsanspruch** sowie bei **mehreren,** zu unterschiedlichen Beendigungszeitpunkten erklärten **Kündigungen** dem (Kosten-)Interesse des Kündigungsempfängers[145] (→ *bedingte Klageanträge*). Eine unbedingte Antragstellung erscheint in solchen Fällen **mutwillig** iSd § 114 ZPO. Entsprechendes gilt selbstverständlich, wenn ein Antrag nur Erfolg haben kann, sofern ein anderer Antrag abgewiesen wird: Dann ist ein echter Hilfsantrag zu stellen.

4 Vorsicht ist auch geboten, wenn bereits ein Verfahren zwischen den Parteien anhängig ist. Die Erhebung einer neuen Klage anstatt der **kostengünstigeren Klageerweiterung** ist mutwillig iSv § 114 S. 1 ZPO, wenn eine bemittelte Partei keinen begründeten Anlass gehabt hätte, ein gesondertes Verfahren anhängig zu machen. Sachliche Gründe für eine gesonderte Klageerhebung können sich insbesondere unter dem Gesichtspunkt einer effektiven Rechtsverfolgung ergeben.[146] Liegen keine sachlichen Gründe vor, kann auch nicht Prozesskostenhilfe für die gesonderte Klage in der Form gewährt werden, dass sie unter Abzug der vermeidbaren Mehrkosten bewilligt wird.[147]

5 Entsprechend sieht der Bundesgerichtshof auch das Verhalten einer Prozesskostenhilfepartei als mutwillig an, die ein Verfahren (weiter) betreibt, obwohl dieselben (Rechts-)Fragen bereits in anderen Verfahren anhängig sind (sog. **unechte Musterverfahren**). Ein sein Kostenrisiko vernünftig abwägender Kläger, der die Prozesskosten aus eigenen Mitteln finanzieren muss, handle nicht so.[148]

6 Die **Beiordnung eines Rechtsanwalts** im Rahmen der Prozesskostenhilfe setzt voraus, dass ein Bemittelter in der Lage des Unbemittelten vernünftigerweise einen Rechtsanwalt mit der Wahrnehmung seiner Interessen beauftragt hätte.[149] Insoweit ist eine auf die jeweilige Lage bezogene **Einzelfallprüfung** geboten.[150] In der Regel ist die Beiordnung eines Rechtsanwalts im Sinne von § 121 Abs. 2 ZPO nicht erforderlich, wenn ein Kläger abgerechnete oder einfach zu berechnende Vergütungsansprüche oder die Herausgabe von Arbeitspapieren geltend macht. Es ist einem Kläger in diesen Fällen grundsätzlich zuzumuten, die Rechtsantragsstelle des Arbeitsgerichts in Anspruch zu nehmen und den Gütetermin abzuwarten, wenn der Anspruch von der Arbeitgeberseite nicht bereits außergerichtlich bestritten wurde.[151] Entgegen landläufiger Auffassung kann der bedürftigen Partei im Rahmen der Bewilligung von Prozesskostenhilfe auch eine **Rechtsanwaltssozietät** beigeordnet werden.[152]

7 Zu beachten ist zudem, dass dem Prozesskostenhilferecht (im Fall einer größeren Entfernung zwischen Wohn- und Gerichtsort) die Beiordnung eines Unterbevollmächtigten fremd ist. Das Gesetz geht vielmehr davon aus, dass neben dem am Gerichtsort ansässigen Hauptbevollmächtigten ein **Verkehrsanwalt** bestellt werden kann.[153]

145 BAG 21.11.2013 – 2 AZR 474/12, EzA SGB V § 164 Nr. 1; Niemann NZA 2019, 65.
146 BAG 8.9.2011 – 3 AZB 46/10, NZA 2011, 1382.
147 BAG 17.2.2011 – 6 AZB 3/11, NZA 2011, 422.
148 BGH 21.11.2013 – III ZA 28/13, JurBüro 2014, 203.
149 BAG 18.5.2010 – 3 AZB 9/10, NJW 2010, 2748.
150 BAG 18.5.2010 – 3 AZB 9/10, NJW 2010, 2748.
151 LAG Schleswig-Holstein 4.7.2017 – 1 Ta 83/17, BeckRS 2017, 125018 Rn. 4.
152 BGH 17.9.2008 – IV ZR 343/07, NJW 2009, 440.
153 ZB BAG 17.9.2007 – 3 AZB 23/06, NZA 2007, 1317;umfassend LAG Hamm 15.2.2018 – 5 Ta 447/17, BeckRS 2018, 2206.

Ruft der Antragsteller ein unzuständiges Gericht an, erfolgt im Fall einer gleichzeitig unbedingt erhobenen Klage eine Entscheidung erst durch das zuständige Gericht im Anschluss an die Verweisung; handelt es sich um einen isolierten Prozesskostenhilfeantrag, ist dieser mangels Erfolgsaussicht durch das angerufene Gericht zurückzuweisen,[154] sofern nicht im Einvernehmen mit dem Antragsteller eine Abgabe des Gesuch an das zuständige Gericht erfolgt.[155] 8

2. Rechtsmittelinstanz

In den Rechtsmittelinstanzen besteht häufig die Interessenlage, die Berufung oder die Revision nur durchführen zu wollen, wenn hierfür Prozesskostenhilfe gewährt wird. Entsprechend den Ausführungen zur ersten Instanz gilt auch hier: Eine **bedingte Berufung ist unwirksam;** möglich ist nur ein isolierter Prozesskostenhilfe-Antrag mit Zurückstellung der Berufungseinlegung bis zur Entscheidung über die Prozesskostenhilfe (wenn erforderlich verbunden mit einem Antrag auf Wiedereinsetzung[156]) oder eben doch eine unbedingte Berufung nebst einem Prozesskostenhilfe-Antrag.[157] Welches Modell gewählt wird, sollte hinreichend deutlich gemacht werden, um dem Gericht Auslegungsprobleme[158] und sich selbst Risiken zu ersparen. 9

Insbesondere bei Zurückstellung der Berufungseinlegung bis zur Entscheidung über die Prozesskostenhilfe ist besonderes Augenmerk auf die **Richtigkeit und Vollständigkeit des Prozesskostenhilfe-Antrags** zu richten. Einer Partei, die ihr vollständiges Gesuch um Bewilligung von Prozesskostenhilfe nicht innerhalb der Rechtsmittelfrist unter Verwendung des vorgeschriebenen Vordrucks und Beifügung erforderlicher Nachweise vorgelegt hat, kann Wiedereinsetzung in den vorigen Stand nach § 233 ZPO in die verstrichene Rechtsmittelfrist nicht gewährt werden, da sie nicht ohne ihr Verschulden an der Einhaltung dieser Frist gehindert war.[159] Zur Bezugnahme auf bereits zu den Akten gereichte Unterlagen gelten die obigen Darlegungen zum erstinstanzlichen Verfahren entsprechend. Auch in der Rechtsmittelinstanz gilt, dass gerichtliche Hinweise zum Prozesskostenhilfe-Antrag unbedingt ernst zu nehmen sind.[160] Eine sachliche Begründung zu den Erfolgsaussichten der Berufung ist zweckmäßig, jedoch nicht erforderlich.[161] 10

War das Rechtsmittel nicht bereits unbedingt eingelegt und wird die **Bewilligung von Prozesskostenhilfe** mangels Erfolgsaussicht **abgelehnt,** beginnt die zweiwöchige Frist des § 234 Abs. 1 S. 1 ZPO für das Wiedereinsetzungsgesuch und die mit ihm zu verbindende Einlegung des Rechtsmittels nach höchstens drei bis vier Tagen. Entsprechendes gilt für die Frist zur Wiedereinsetzung in die Frist zur Begründung des Rechtsmittels nach § 234 Abs. 1 S. 2 und Abs. 2 ZPO.[162] 11

Angesichts der dargestellten Probleme verfällt mancher Rechtsmittelführer auf die Idee, die Berufung/Revision ohne Wenn und Aber einzulegen und nur das Ein- 12

154 LAG Köln 30.4.2018 – 9 Ta 55/18, BeckRS 2018, 9788.

155 BGH 24.8.2017 – III ZA 15/17, BeckRS 2017, 123736.

156 BVerfG 11.3.2010 – 1 BvR 290/10, NZA 2010, 965; BAG 5.6.2014 – 6 AZN 267/14, NJW 2015, 269; BAG 3.7.2013 – 2 AZN 250/13, NZA-RR 2013, 660; BAG 5.7.2016 – 8 AZB 1/16, BeckRS 2016, 71337.

157 BGH 5.2.2013 – VIII ZB 38/12, NJW-RR 2013, 509.

158 Aus der vielfältigen Rechtsprechung vgl. nur BGH 18.7.2007 – XII ZB 31/07, NJW-RR 2007, 1565; BGH 8.12.2010 – XII ZB 140/10, NJW-RR 2011, 492.

159 BGH 9.10.2013 – XII ZB 311/13, NJW-RR 2013, 1527; BGH 5.2.2013 – XI ZA 13/12, BeckRS 2013, 07782; BGH 2.2.2012 – V ZA 3/12, BeckRS 2012, 05678.

160 BGH 14.5.2013 – II ZB 22/11, BeckRS 2013, 10758.

161 BAG 5.7.2016 – 8 AZB 1/16, JurBüro 2016, 592.

162 BAG 3.7.2013 – 2 AZN 250/13, NZA-RR 2013, 660.

reichen der Begründungsschrift bis zur Bewilligung der Prozesskostenhilfe zurückzustellen. Auch ein solches Vorgehen ist jedoch nicht ohne Risiko. Der Rechtsmittelführer hat dann nämlich zum einen durch einen rechtzeitigen Antrag auf Verlängerung der Begründungsfrist dafür zu sorgen, dass eine Wiedereinsetzung wenn möglich nicht notwendig wird.[163] Auch hat der Bundesgerichtshof vereinzelt vertreten, die Mittellosigkeit der Partei sei für das Versäumen der Begründungsfrist nicht kausal, wenn der Rechtsanwalt zur Begründung des Prozesskostenhilfe-Antrags bereits einen Entwurf der Begründung beigefügt habe.[164]

13 Einem in der Vorinstanz anwaltlich vertretenen **Rechtsmittelgegner** kann im Allgemeinen Prozesskostenhilfe erst gewährt werden, wenn das Rechtsmittel begründet worden ist und die Voraussetzungen für eine Verwerfung des Rechtsmittels nicht gegeben sind.[165]

Rechtmittelzulassung

1 Über die Zulassung eines Rechtsmittels haben die Gerichte für Arbeitssachen von Amts wegen zu entscheiden, so dass ein „Antrag" stets nur eine Anregung darstellt. Nach § 64 Abs. 3a S. 1 ArbGG (für die Zulassung der Revision iVm § 72 Abs. 1 S. 2 ArbGG) ist die Entscheidung in den Urteilstenor aufzunehmen. Eine wirksame Zulassung der Berufung oder der Revision in den Entscheidungsgründen oder in der Rechtsmittelbelehrung ist nicht mehr möglich.[166] Nur in **nicht verkündeten Beschlüssen** muss die Zulassungsentscheidung nicht in die Beschlussformel aufgenommen werden; sie kann vielmehr auch in den Gründen erfolgen.[167]

2 Hat das Gericht die Entscheidung versehentlich unterlassen, kann binnen einer Frist von zwei Wochen **ab Verkündung** des Urteils eine entsprechende **Ergänzung des Tenors** beantragt werden:

In Ergänzung des Urteils des <Gericht> vom <Verkündungsdatum, Aktenzeichen> wird die <Bezeichnung des Rechtsmittels> für <Bezeichnung der antragstellenden Partei> zugelassen.

3 Über den Antrag kann die Kammer nach § 64 Abs. 3a S. 3 ArbGG ohne mündliche Verhandlung entscheiden. Bei dieser Entscheidung müssen, da es sich um eine § 320 Abs. 1 ZPO vergleichbare Auslassung in der Urteilsformel handelt, dieselben Richter wie am Urteil selbst mitwirken.[168] Ergeht die Entscheidung ohne mündliche Verhandlung, ist sie durch Beschluss zu treffen, § 53 Abs. 1 ArbGG.

4 § 64 Abs. 3a S. 1 ArbGG schließt eine Berichtigung nach **§ 319 ZPO** nicht aus.[169] Sicherheitshalber sollte jedoch fristgerecht ein Antrag auf Ergänzung gestellt werden. Hingegen ist eine **nachträgliche Zulassung des Rechtsmittels durch das Rechtsmittelgericht** selbst ausgeschlossen.[170]

163 BGH 19.3.2013 – VI ZB 68/12, NJW 2013, 1684.
164 BGH 6.5.2008 – VI ZB 16/07, NJW 2008, 2855; anders BGH 16.11.2010 – VIII ZB 55/10, NJW 2011, 230; BGH 28.11.2012 – XII ZB 235/09, NJW 2013, 697; BGH 29.3.2012 – IV ZB 16/11, NJW 2012, 2041; BGH 19.9.2013 – IX ZB 67/12, NJW 2014, 1307.
165 BAG 23.4.2018 – 9 AZB 5/18, NZA 2018, 1021.
166 BAG 10.5.2005 – 9 AZR 251/04, NZA 2006, 439 Rn. 16f; BAG 28.5.2020 – 8 AZR 169/19, NZA 2020, 1134 Rn. 20.
167 BAG 17.1.2007 – 5 AZB 43/06, NZA 2007, 644.
168 BAG 23.8.2011 – 3 AZR 650/09, NZA 2012, 37.
169 BAG 22.3.2018 – 8 AZR 779/16, NZA 2018, 1216.
170 BAG 25.1.2017 – 4 AZR 519/15, MDR 2017, 1007.

Restitutionsklage

Die Wiederaufnahme eines durch rechtskräftiges Urteil beendeten Verfahrens kann 1
durch eine Restitutionsklage nach § 580 ZPO geltend gemacht werden. Eine im Arbeitsgerichtsprozess relevante Konstellation liegt vor, wenn der Arbeitgeber mit Zustimmung des Integrationsamtes einem **schwerbehinderten Menschen** kündigt und rechtskräftig den Kündigungsschutzprozess gewinnt, der Zustimmungsbescheid später jedoch rechtskräftig aufgehoben wird.[171] Oft wird die Klage auf das Auffinden einer Urkunde (§ 580 Nr. 7b ZPO) gestützt.[172] Die Klage ist fristgebunden (§ 586 ZPO). § 584 ZPO regelt, bei welchem Gericht sie zu erheben ist. Für den neu eingefügten Restitutionsgrund des § 580 Nr. 8 ZPO fehlt eine ausdrückliche Regelung.[173] Der Antrag lautet:

> **Auf die Restitutionsklage des <Parteibezeichnung> wird das Urteil/der Beschluss des <Gericht> vom <Datum, Aktenzeichen> aufgehoben.**[174]

Die Angabe der Klageart im Antrag ist wegen § 587 ZPO sinnvoll. Ergänzend sind 2
dann hilfsweise, für den Fall des Obsiegens, die ursprünglichen Klageanträge zu stellen. Eine Änderung/Erweiterung dieser Anträge ist nur bei erfolgreicher Restitutionsklage möglich.[175] Es ist unzulässig, mit der Restitutionsklage ausschließlich einen neuen Streitgegenstand einzuführen.[176] Zur Zulässigkeit der Restitutionsklage gehört die Darlegung eines gesetzlichen Restitutionsgrundes, § 588 ZPO.[177]

Von der Restitution ist die Möglichkeit abzugrenzen, auf der Grundlage von § 826 3
BGB, d.h. der vorsätzlichen sittenwidrigen Schädigung, einen Anspruch auf → *Schadensersatz* trotz ergangener rechtskräftiger Entscheidung anzuerkennen.[178]

Ruhen des Verfahrens

Erscheinen oder verhandeln[179] beide Parteien in der Güteverhandlung nicht, ist ge- 1
mäß § 54 Abs. 5 S. 1 ArbGG zwingend das Ruhen des Verfahrens anzuordnen. Auf Antrag einer Partei ist Termin zur streitigen Verhandlung zu bestimmen:

> **Es wird beantragt, Termin zur streitigen Verhandlung zu bestimmen.**

Der Antrag kann nach § 54 Abs. 5 S. 3 ArbGG nur **innerhalb von sechs Monaten** 2
nach der Güteverhandlung gestellt werden, nicht jedoch bereits vorher.[180] Da eine Wiedereinsetzung nicht möglich ist,[181] sollte der Antrag rechtzeitig und nachweisbar gestellt werden. Nach Ablauf der sechsmonatigen Frist ist § 269 Abs. 3 bis 5 ZPO ent-

171 BAG 25.11.1980 – 6 AZR 210/80, NJW 1981, 2023.
172 LAG Rheinland-Pfalz 14.1.2021 – 5 Sa 370/19, LAGE ZPO 2002 § 580 Nr. 1; LAG Baden-Württemberg 3.6.2020 – 21 Sa 102/19, BeckRS 2020, 29014; LAG Köln 22.1.2020 – 11 Sa 688/18, BeckRS 2020, 29511.
173 BGH 21.3.2018 – IV ZR 196/17, FamRZ 2018, 1013.
174 BAG 2.12.1999 – 2 AZR 843/98, NZA 2000, 733.
175 Vgl. LAG Düsseldorf 4.5.2011 – 7 Sa 1427/10, BeckRS 2011, 72244.
176 BGH 3.8.2021 – II ZR 283/19, NJW-RR 2021, 1650.
177 BAG 29.9.2011 – 2 AZR 674/10, AP ZPO § 580 Nr. 16.
178 LAG Düsseldorf 12.9.2018 – 12 Sa 757/17, BeckRS 2018, 30656.
179 Zu diesem Begriff BAG 22.4.2009 – 3 AZB 97/08, NZA 2009, 804; LAG Schleswig-Holstein 18.7.2011 – 6 Ta 100/11, BeckRS 2011, 78369; LAG Düsseldorf 7.5.2003 – 12 Sa 216/03, LAGE § 54 ArbGG 1979 Nr. 6.
180 BAG 21.6.2023 – 7 AZR 234/22, NZA 2023, 1549 Rn. 21 ff.
181 BAG 21.6.2023 – 7 AZR 234/22, NZA 2023, 1549 Rn. 20.

sprechend anzuwenden mit der Folge, dass der Rechtsstreit als nicht anhängig geworden anzusehen ist.

3 Abzugrenzen ist, ob eine Ruhensanordnung nach **§ 54 Abs. 5 S. 1 ArbGG oder nach § 251 ZPO** vorgenommen worden ist.[182] Um Missverständnisse und daraus resultierende überflüssige Probleme zu vermeiden, sollte das Gericht in seiner Ruhensanordnung die von ihm angezogene **Norm ausdrücklich benennen.** Stellt der Kläger die Auffassung des Gerichts in Abrede, dass ein Fall des § 54 Abs. 5 S. 1 ArbGG vorliegt oder besteht Streit, ob der Terminsantrag wirksam gestellt worden ist, sollte der Antrag lauten:

Es wird festgestellt, dass der Rechtsstreit nicht als nicht anhängig geworden anzusehen ist.[183]

4 Es handelt sich nicht um einen Sachantrag im eigentlichen Sinn. Vielmehr sind die ursprünglichen Klageanträge hilfsweise – für den Fall, dass der Rechtsstreit noch anhängig ist – zu stellen. Es entsteht eine ähnliche Situation wie beim Streit über die verfahrensbeendende Wirkung eines Vergleichs (Einzelheiten → *Anfechtung unter* 3.). Es ist dann Termin zur streitigen Verhandlung zu bestimmen und mit der Kammer zu entscheiden.[184] Verweigert das Arbeitsgericht durch Beschluss eine Terminierung, ist hiergegen die sofortige Beschwerde statthaft.[185]

Streitverkündung

1 Der Rechtsstreit wird zwischen den Parteien geführt. Daher entfaltet die gerichtliche Entscheidung grundsätzlich nur zwischen ihnen eine **Bindungswirkung.** Selbstverständlich hat es der Kläger in der Hand, nicht nur eine, sondern mehrere Parteien zu verklagen, und dem Beklagten kann eine Drittwiderklage möglich sein. In einer Konstellation, in der die Partei meint, lediglich **im Fall des Unterliegens** im Rechtsstreit einen Anspruch gegen einen Dritten zu haben oder dem Anspruch eines Dritten ausgesetzt zu sein, hilft das jedoch nicht, da eine entsprechend bedingte Klageerhebung unzulässig wäre (außerprozessuale Bedingung) und eine unbedingte Klage im Fall des erhofften Obsiegens mit der Hauptklage unnötige Kosten produzieren würde. Für eine solche Konstellation steht vielmehr das Instrument der **Streitverkündung nach § 72 ZPO** zur Verfügung. Eine solche ist auch noch in der Rechtsmittelinstanz möglich. Zum Umfang der Bindungswirkung einer zulässigen Streitverkündung sei auf die einschlägige Rechtsprechung[186] und Literatur verwiesen.

2 Für den klagenden Pfändungsgläubiger enthält § 841 ZPO eine Pflicht zur Streitverkündung.

3 Die Streitverkündung erfolgt durch Einreichung eines Schriftsatzes, in dem der Grund der Streitverkündung und die Lage des Rechtsstreits anzugeben sind, § 73 ZPO. Die Angaben im Streitverkündungsschriftsatz müssen insgesamt so klar sein, dass der Streitverkündungsempfänger die Notwendigkeit seines Beitritts prüfen

182 LAG Köln 17.11.2015 – 12 Ta 298/15, NZA-RR 2016, 101 Rn. 11 f.
183 BAG 21.6.2023 – 7 AZR 234/22, NZA 2023, 1549 Rn. 14.
184 LAG Hamm 2.6.2020 – 12 Ta 313/20, BeckRS 2020, 43975; aA LAG Baden-Württemberg 4.12.2014 – 13 Ta 27/14, BeckRS 2015, 65660.
185 LAG Hamm 2.6.2020 – 12 Ta 313/20, BeckRS 2020, 43975.
186 ZB BGH 18.12.2014 – VII ZR 102/14, NJW 2015, 559.

kann. Die Praxis behilft sich meist durch Übersendung von Kopien des bisherigen Prozessverlaufs. Eine Streitverkündung kann wie folgt erklärt werden:

> **Der/Dem <genaue Bezeichnung des Streitverkündungsempfängers mit Zustellanschrift> wird der Streit verkündet.**

Das Unterlassen einer gebotenen Streitverkündung kann zur Anwaltshaftung führen.[187] 4

Tatbestandsberichtigung

Meint eine Partei, der Streitstoff sei im Tatbestand des Urteils (oder auch in tatbestandlichen Feststellungen in den Entscheidungsgründen[188]) nicht zutreffend wiedergegeben, steht ihr das Mittel eines Antrags auf **Tatbestandsberichtigung nach § 320 ZPO** zur Verfügung. Dieser muss **binnen zwei Wochen** nach Zustellung des in vollständiger Form abgefassten Urteils gestellt werden. Eine weitere absolute zeitliche Grenze besteht nach § 320 Abs. 2 S. 3 ZPO darin, dass eine **Berichtigung ausgeschlossen** ist, **wenn sie nicht binnen drei Monaten** seit der Verkündung des Urteils beantragt wird. An der Entscheidung, die durch Beschluss erfolgt, dürfen nach § 320 Abs. 3 S. 2 ZPO nur diejenigen Richter mitwirken, die die an der zu ergänzenden Entscheidung beteiligt waren. Da die Urteile der ersten Instanz vom Vorsitzenden allein verfasst werden, bestimmt § 55 Abs. 1 Nr. 10 ArbGG, dass dort der Vorsitzende allein entscheidet, wenn keine mündliche Verhandlung beantragt wird. Im **Beschlussverfahren** nach §§ 80ff. ArbGG ist § 320 ZPO ebenfalls anwendbar.[189] 1

Im Eingangssatz von § 320 Abs. 1 ZPO wird klargestellt, dass eine → *Berichtigung* nach § 319 ZPO Vorrang hat. 2

Der Antrag muss **konkret angeben,** und zwar binnen der zweiwöchigen Frist,[190] welche konkrete Formulierung durch welche ersetzt werden soll bzw. welche – knappe – Ergänzung vorzunehmen ist:[191] 3

> **Der Tatbestand des Urteils des erkennenden Gerichts vom <Datum> wird nach § 320 ZPO dahingehend berichtigt, dass anstelle von <Bezeichnung der zu korrigierenden Formulierung> wie folgt formuliert wird: <geänderte Formulierung>.**

Dem Antragsteller obliegt es, konkret darzulegen, inwieweit die Darstellung des Tatbestandes seiner Ansicht nach fehlerhaft ist.[192] Dies setzt voraus, dass der Tatbestand etwas bekundet, das die Parteien nicht oder nicht so vorgetragen haben, oder etwas fehlerhaft als streitig oder unstreitig behandelt.[193] Kein Fall einer Berichtigung liegt vor, wenn der Antragsteller meint, nicht wesentliche Tatsachen (vgl. § 313 Abs. 2 S. 1 ZPO) müssten in den Tatbestand aufgenommen werden oder wenn er die rechtliche Beurteilung und Würdigung des Tatgerichts verändern will.[194] Genauso wenig be- 4

187 BGH 16.9.2010 – IX ZR 203/08, NJW 2010, 3576.
188 BAG 23.2.2005 – 4 AZR 139/04, NZA 2005, 1193; BGH 26.3.1997 – IV ZR 275/96, NJW 1997, 1931.
189 BAG 8.11.2016 – 1 ABR 64/14, NZA 2017, 942, BAG 15.3.2011 – 1 ABR 97/09, NZA 2011, 1112 Rn. 41.
190 LG Berlin 14.9.2006 – 5 O 72/06, BeckRS 2006, 11844.
191 OLG Stuttgart 15.6.2015 – 5 W 48/13, BeckRS 2016, 814; OLG Köln 28.5.2019 – 15 U 155/18, BeckRS 2019, 19479.
192 LAG Rheinland-Pfalz 22.10.2003 – 11 Sa 689/03, BeckRS 2003, 31031607.
193 OLG Düsseldorf 29.10.2018 – VI-U (Kart) 11/17, juris.
194 OLG Düsseldorf 5.3.2019 – VI-U (Kart) 17/17, BeckRS 2019, 6904.

steht ein Anspruch auf Übernahme bestimmter, vom Antragsteller vorgeschlagener Formulierungen.[195]

5 Wenn über den Berichtigungsantrag eine Sachentscheidung ergeht, ist diese nach § 320 Abs. 3 S. 4 ZPO unanfechtbar. Siehe auch → *D. VI. Anhörungsrüge.*

6 Vermisst der Kläger im Urteil Ausführungen zu einem von ihm in das Verfahren eingeführten Streitgegenstand, ist er gehalten, zunächst innerhalb der Frist des § 320 ZPO auf eine Ergänzung des Urteils im Tatbestand hinzuwirken und – auf dieser Grundlage – sodann eine Urteilsergänzung gemäß § 321 ZPO zu beantragen → *Ergänzungsurteil.*

Terminsänderung

1 Die Zivilprozessordnung kennt in § 227 verschiedenen Formen von Terminsänderungen. Unter **Aufhebung** versteht sie das Absetzen des Termins vor dessen Beginn, ohne dass gleichzeitig ein neuer bestimmt wird, unter **Vertagung** das Beenden eines bereits begonnenen Termins vor dessen Schluss, also insbesondere vor Eintritt der Entscheidungsreife (§ 300 ZPO), unter gleichzeitiger Bestimmung eines neuen (Fortsetzungs-)Termins. Der in der Praxis weitaus häufigste Fall betrifft die Antragstellung auf **Verlegung,** also die Aufhebung eines bereits anberaumten, aber noch nicht begonnenen Termins unter gleichzeitiger Anberaumung eines anderen:

Es wird beantragt, den Termin vom <Datum> zu verlegen.

2 Da § 227 Abs. 1 ZPO für eine Terminsänderung einen erheblichen Grund verlangt, ist der Antrag entsprechend zu begründen. Nach § 227 Abs. 2 ZPO sind die Gründe auf Verlangen glaubhaft zu machen. Wird der Antrag so kurzfristig gestellt, dass der Richter nicht mehr zur Glaubhaftmachung auffordern kann, wird vertreten, dass die Gründe im Antrag so angegeben und untermauert werden müssen, dass das Gericht die Gründe, zB die Frage der Verhandlungsunfähigkeit, selbst beurteilen kann.[196] § 46 Abs. 2 S. 2 ArbGG bestimmt für die erste Instanz ausdrücklich, dass die Regelung des § 227 Abs. 3 ZPO zur erleichterten Möglichkeit der Terminsverlegung in der **Ferienzeit** keine Anwendung findet. Anderes könnte für das Berufungsverfahren gelten, da § 64 Abs. 6 und 7 ArbGG keine entsprechende Regelung vorsehen. Möglicherweise handelt es sich aber auch um ein Redaktionsversehen. In der Praxis spielt die Regelung keine Rolle.

3 Besteht nur für einen bestimmten Zeitraum des Terminstages eine Verhinderung, kann auch eine bloße **Änderung der Terminsstunde** angeregt und nur hilfsweise ein Verlegungsantrag gestellt werden. Beruht der Verlegungswunsch auf einer längeren Ortsabwesenheit, sollte auch deren Ende angegeben werden (das unterbleibt tatsächlich in einer nicht unbeträchtlichen Anzahl von Fällen!). Zur Vermeidung weiterer Verlegungsanträge kann es sinnvoll sein, die eigene Terminslage an dem Terminswochentag der Kammer in den nächsten Wochen nach dem zu verlegenden Termin mitzuteilen. Bestehen insoweit umfangreiche Verhinderungen, kann es angezeigt sein, mit der Geschäftsstelle Kontakt aufzunehmen und die vorhandenen Möglichkeiten auszuloten, um nicht durch eine seitenfüllende Verhinderungsliste den Eindruck zu erwecken, anstelle des Gerichts wolle der Rechtsanwalt den neuen Termin festlegen.

195 OLG Köln 5.4.2019 – 20 U 193/17, BeckRS 2019, 12472.
196 KG 25.4.2022 – 2 U 69/19, BeckRS 2022, 9728.

Gemäß § 227 Abs. 4 S. 3 ZPO ist die gerichtliche Entscheidung grundsätzlich unanfechtbar. 4

Trennung

Aus sachlichen Gründen kann das Gericht anordnen, dass mehrere in einer Klage erhobene Ansprüche (Streitgegenstände) in getrennten Prozessen verhandelt werden. Solche **sachlichen Gründe** können vor allem in einer Ordnung des Prozessstoffes, zur Förderung der Übersichtlichkeit oder der Verhütung einer Prozessverschleppung begründet sein. Gleiches gilt, wenn nur für einen Teil der Anträge eine Rechtswegrüge vorliegt.[197] In der Praxis wird eine Trennung oft vorgenommen, wenn das Gericht meint, dass nur teilweise Entscheidungsreife vorliegt. Dabei ist allerdings zu bedenken, dass streitig ist, ob eine **Prozesstrennung zur Vermeidung eines unzulässigen Teilurteils** zulässig ist.[198] BAG und BGH nehmen jedenfalls an, dass eine Trennung ausgeschlossen und durch Teilurteil zu entscheiden ist, wenn ein Rechtsstreit (nur) teilweise zur Endentscheidung reif ist.[199] Auch ist gemäß § 145 Abs. 2 ZPO die Abtrennung einer Klage von einer **Widerklage** ausgeschlossen, wenn zwischen beiden ein rechtlicher Zusammenhang iSd § 33 ZPO zB in Gestalt eines einheitlichen Lebenssachverhalts besteht.[200] Ausgeschlossen ist eine Trennung zudem bei **notwendiger Streitgenossenschaft** und bei einem – zulässigen – **Eventualverhältnis** zwischen den Streitgegenständen.[201] Möglich ist nach § 145 Abs. 3 ZPO die Abtrennung einer zur **Aufrechnung** gestellten Forderung, sofern nicht zwischen Anspruch und Gegenanspruch ein rechtlicher Zusammenhang besteht. Besteht nach einer Abtrennung durch das Arbeitsgericht die Gefahr widersprechender Entscheidungen im Instanzenzug, kann das Berufungsgericht das noch in der Vorinstanz befindliche Verfahren von Amts wegen an sich ziehen.[202] Auf eine **fehlerhafte Abtrennung** kann ein Rechtsmittel gestützt werden, wenn sich die durch das Urteil beschwerte Partei gerade auf eine Unzulässigkeit der Abtrennung beruft.[203] Eine selbständige Anfechtung der Trennung ist hingegen nicht statthaft.[204] 1

Soll einer von mehreren Streitgegenständen abgetrennt werden, wird dies wie folgt zum Ausdruck gebracht: 2

> **Der Antrag <Bezeichnung, zB zu 3 aus dem Schriftsatz vom …/die Widerklage vom …> wird abgetrennt und in einem gesonderten Rechtsstreit verhandelt.**

Bei subjektiver Klagehäufung gilt hingegen: 3

> **Die Klage des <Bezeichnung, zB Klägers zu 3.> wird abgetrennt und in einem gesonderten Rechtsstreit verhandelt.**

197 LAG Rheinland-Pfalz 7.3.2023 – 8 Sa 371/21, BeckRS 2023, 14324; vgl. auch LAG Hamm 30.7.2007 – 2 Ta 354/06, BeckRS 2007, 48152.
198 LAG Rheinland-Pfalz 8.9.2020 – 8 Sa 485/19, BeckRS 2020, 42457 Rn. 57.
199 BAG 16.6.1976 – 2 AZR 304/75, BeckRS 1976, 174 Rn. 17; BGH 30.10.1956 – I ZR 82/55, NJW 1957, 183.
200 LAG Rheinland-Pfalz 8.9.2020 – 8 Sa 485/19, BeckRS 2020, 42457 Rn. 57.
201 BGH 19.5.2015 – X ARZ 61/15, NJW-RR 2015, 957.
202 LAG Hamm 14.10.2004 – 4 Sa 1740/03, LAGReport 2005, 219.
203 BGH 6.7.1995 – I ZR 20/93, NJW 1995, 3120.
204 LAG Köln 8.1.2020 – 9 Ta 203/19, BeckRS 2020, 8112; LAG Berlin-Brandenburg 13.1.2010 – 13 Ta 67/10, BeckRS 2010, 66007.

4 Vor der Trennung ist **rechtliches Gehör** zu gewähren. Der **Trennungsbeschluss ist zu begründen,** indem die sachlichen Gründe und die Abwägung mit möglichen Nachteilen für die Parteien dargelegt werden.[205]

Verbindung

1 Es gibt unterschiedliche Gründe, dass Streitgegenstände zwar beim selben Gericht, aber in getrennten Klageverfahren anhängig gemacht werden, obwohl eine **gemeinschaftliche Befassung sinnvoll** erscheint. Das kann sowohl der Fall sein, wenn zwischen denselben Parteien mehrere Rechtsstreitigkeiten geführt werden, als auch wenn mehrere Kläger dieselbe Beklagte in Anspruch nehmen, die zugrundeliegenden Sachverhalte aber sehr ähnlich sind. Nach § 147 ZPO können derartige Prozesse zu einem verbunden werden, wenn sie in einem rechtlichen Zusammenhang (vergleichbar § 33 ZPO) stehen oder in einer Klage hätten geltend gemacht werden können (beachte § 260 ZPO und §§ 59, 60 ZPO):

Die Sachen <Aktenzeichen> und <Aktenzeichen> werden zur gemeinsamen Verhandlung und Entscheidung verbunden. Es führt der Rechtsstreit <Aktenzeichen>.

2 Ursprünglich hatte das Bundesarbeitsgericht angenommen, eine kammerübergreifende Verbindung sei nur mit Einverständnis der Parteien möglich.[206] Daran hat es jedoch nicht festgehalten. Da das Verfassungsgebot des gesetzlichen Richters, Art. 101 Abs. 1 S. 2 GG, betroffen ist, bedarf es allerdings allgemeiner Regelungen darüber, welches Gericht, welcher Spruchkörper und welche Richter zur Entscheidung des Einzelfalls berufen sind; die Garantie des gesetzlichen Richters verpflichtet den Gesetzgeber und die Gerichte bei der Aufstellung von **Geschäftsverteilungsplänen,** eine klare und abstrakt-generelle Zuständigkeitsordnung zu schaffen, die für jeden denkbaren Streitfall im Voraus den Richter bezeichnet, der für die Entscheidung zuständig ist.[207] Der Verbindungsbeschluss ist zu begründen, es sei denn die betroffenen Parteien haben durch ausdrückliche Zustimmung zu einer beabsichtigten Verbindung konkludent auf eine solche Begründung verzichtet.[208] Überflüssig ist daher eine (erneute) Begründung der Verbindung im die Instanz abschließenden Urteil.[209] Die → *Aussetzung* eines Kündigungsschutzverfahrens wegen Vorgreiflichkeit eines anderen Kündigungsschutzverfahrens ist regelmäßig ermessensfehlerhaft, wenn eine Verbindung der Verfahren möglich ist.[210] Auch nach einer zulässig vorgenommenen Verbindung ist es nicht gänzlich ausgeschlossen, im weiteren Verlauf durch Teilurteil zu entscheiden.[211] Keine Verbindung liegt vor, wenn das Gericht zwei Klagen auf denselben Zeitpunkt terminiert, die beiden Verfahren jedoch selbstständig fortbestehen lässt.[212]

205 Zöller/Greger § 145 ZPO Rn. 6.
206 BAG 22.3.2001 – 8 AZR 565/00, NZA 2002, 1349.
207 BAG 21.9.2016 – 10 AZN 67/16, NZA 2016, 1352 Rn. 23.
208 BAG 21.9.2016 – 10 AZN 67/16, NZA 2016, 1352 Rn. 26.
209 Anders in LAG Berlin-Brandenburg 23.3.2022 – 25 Sa 335/20 (25 Sa 778/21), Rn. 249, juris; LAG Nürnberg 8.7.2020 – 2 Sa 379/19, Rn. 38, BeckRS 2020, 28370.
210 LAG Hamm 18.10.2010 – 1 Ta 494/10, BeckRS 2010, 74743.
211 BAG 22.1.2020 – 10 AZR 387/18, NZA 2020, 1345.
212 BAG 25.3.2004 – 2 AZR 399/03, NZA 2004, 1216.

Unzulässig ist es, lediglich die **Prozesskostenhilfeverfahren** verschiedener Rechtsstreitigkeiten miteinander zu verbinden.[213] Gleiches gilt für Nachprüfungsverfahren.[214] 3

Ein eigenständiges **Rechtsmittel** gegen eine vorgenommene Verbindung besteht nicht. Die Partei kann allenfalls anregen, eine Verbindung nach § 150 ZPO wieder aufzuheben. Eine nachträgliche Trennung von zunächst verbundenen Verfahren ist aber nur dann zulässig, wenn in einem der verbundenen Verfahren eine weitere Verhandlung erforderlich wird, während das andere Verfahren entscheidungsreif ist.[215] 4

Eine **unzulässige Verbindung** bewirkt jedoch den **Revisionsgrund** der nicht vorschriftsmäßigen Besetzung des erkennenden Gerichts, iSv § 72 Abs. 2 Nr. 3 Alt. 1 ArbGG iVm § 547 Nr. 1 ZPO und kann daher einer Nichtzulassungsbeschwerde zum Erfolg verhelfen.[216] Das Recht auf den gesetzlichen Richter ist unverzichtbar.[217] 5

Die **Ablehnung einer Verbindung** trotz Anregung der Partei(en) kann ebenfalls nicht selbständig angefochten werden. 6

Versäumnisurteil

Ist eine Partei in einem Termin säumig, kann die Gegenpartei ein Versäumnisurteil oder eine → *Entscheidung nach Aktenlage* beantragen. Beim Antrag eines Versäumnisurteils ist zu unterscheiden, zunächst danach, welche Partei säumig ist, danach in welchem Termin eine Partei säumig ist und schließlich welche Partei im Termin nach einem Einspruch welchen Antrag zu stellen hat. 1

Bei **Säumnis**[218] **des Klägers** ist auf *Antrag* (§ 330 ZPO)[219] ein **klageabweisendes** Versäumnisurteil zu erlassen. 2

> **1. Die Klage wird abgewiesen.**
> **2. Des Weiteren wird beantragt, gegen den Kläger ein Versäumnisurteil zu erlassen.**

Bei **Säumnis der Beklagten** ergeht auf *Antrag* (§ 331 Abs. 1 ZPO) ein stattgebendes Versäumnisurteil, wenn die Klage zulässig und schlüssig ist.[220] 3

> **1. Die Beklagte wird verurteilt, <Klageantrag>.**
> **2. Des Weiteren wird beantragt, gegen die Beklagte ein Versäumnisurteil zu erlassen.**

Der Kläger kann den Antrag aber auch **auf einen Teil des Anspruchs beschränken.** Dies empfiehlt sich insbesondere dann, wenn das Gericht einen Hinweis erteilt, wonach es etwa bei einer Klagehäufig einen Antrag für unzulässig oder unschlüssig hält. In diesem Fall kann ein **Versäumnisteilurteil** erlassen werden, soweit die Voraussét- 4

213 Hessisches LAG 16.4.2018 – 15 Ta 133/16, Rn. 13, BeckRS 2018, 9391.
214 LAG Hamm 23.3.2015 – 14 Ta 120/15, NZA-RR 2015, 383.
215 BAG 21.10.1971 – 2 AZR 17/71, DB 1972, 244.
216 BAG 21.9.2016 – 10 AZN 67/16, NZA 2016, 1352.
217 BGH 16.10.2008 – IX ZR 183/06, NJW 2009, 1351.
218 Dazu BeckOK ArbR/Hamacher ArbGG § 59 Rn. 5 ff.
219 Ob ein solcher Antrag auch konkludent gestellt wird, ist durch Auslegung zu ermitteln, wobei die Rechtsprechung insoweit recht großzügig ist, vgl etwa BGH 4.4.1962 – V ZR 110/60, NJW 1962, 1149.
220 LAG Rheinland-Pfalz. 2.4.2015 – 3 Sa 666/14, BeckRS 2015, 70063.

zungen des § 301 ZPO vorliegen. Bei einer → *Stufenklage* ist auch bei Säumnis lediglich zunächst über die erste Stufe durch Versäumnisteilurteil zu entscheiden.

5 Werden Bedenken des Gerichts bzgl. der Klage nicht geteilt und soll das Gericht über den Antrag entscheiden, so ergeht insoweit kein echtes, sondern ein sog. **unechtes Versäumnisurteil,** also ein „echtes" klageabweisendes Urteil, gegen das ggf. nur Berufung und nicht Einspruch eingelegt werden kann. Bei einer objektiven Klagehäufung und Bedenken gegen einen Teil der Anträge hat das Gericht die unzulässigen oder unbegründeten Anträge durch unechtes Versäumnisurteil abzuweisen und im Übrigen der Klage durch **Versäumnisschlussurteil** stattzugeben.[221]

6 **Nach Erlass eines Versäumnisurteils** und nach erfolgtem Einspruch nach § 338 ZPO ist wiederum zu entscheiden:

7 Ist ein **echtes Versäumnisurteil gegen den Kläger** ergangen, hat er Folgendes zu beantragen, wenn dieses **vollständig** keinen Bestand haben soll:

> **Unter Aufhebung des Versäumnisurteils vom <Datum> wird die Beklagte verurteilt, <Klageantrag>**

8 Wird hingegen das Versäumnisurteil **nur zum Teil** mit dem Einspruch **angefochten,** so ist dies im Einspruch (§ 340 Abs. 2 S. 2 ZPO) und damit auch im Antrag zu bezeichnen.

> **Das Versäumnisurteil vom <Datum> wird bzgl. der Punkte <genaue Bezeichnung> aufgehoben. Die Beklagte verurteilt, <Klageantrag>**
>
> **Oder:**
>
> **Unter Aufhebung des Versäumnisurteils vom <Datum> bzgl. der Punkte <genaue Bezeichnung> wird die Beklagte verurteilt, <Klageantrag>**

9 Bei einem **echten Versäumnisurteil gegen die Beklagte** lautet der Antrag entsprechend wie folgt:

> **Unter Aufhebung des Versäumnisurteils vom <Datum> wird die Klage abgewiesen.**

10 Bei **teilweiser Anfechtung** durch die Beklagte ist auch dies im Antrag zu bezeichnen:

> **Das Versäumnisurteil vom <Datum> wird aufgehoben, soweit die Beklagte verurteilt worden ist, <genaue Bezeichnung> und die Klage abgewiesen.**

11 Die **Gegenseite** wird bei einem Einspruch regelmäßig die **Aufrechterhaltung des Versäumnisurteils** zu beantragen haben. Etwas anderes gilt dann, wenn bereits der Einspruch für unzulässig erachtet wird.

> **Der Einspruch vom <Datum> gegen das VU vom <Datum> wird als unzulässig verworfen.**

221 Dazu BeckOK ArbR/Hamacher ArbGG § 59 Rn. 33 ff.

Ist ein zulässiger Einspruch durch eine Partei eingelegt worden und ist diese Partei im nächsten Termin wiederum säumig, so ist ein sog. **Zweites Versäumnisurteil** zu erlassen, mit dem der Einspruch ebenfalls verworfen wird. Gegen dieses ist dann nur noch die → *Berufung* (D. Rn. 24f.) statthaft. 12

Vorläufige Vollstreckbarkeit/ Einstellung der Zwangsvollstreckung

Urteile der Arbeitsgerichte, die noch mit Einspruch oder der Berufung angefochten werden können, sind nach § 62 Abs. 1 S. 1 ArbGG vorläufig vollstreckbar. Entsprechendes gilt nach § 64 Abs. 7 ArbGG für Urteile der Landesarbeitsgerichte, die noch mit Einspruch oder Revision angegriffen werden können. Deshalb ist der **Ausschluss der vorläufigen Vollstreckbarkeit** die **Ausnahme.** Er richtet sich nach § 62 Abs. 1 ArbGG und erfordert einen Antrag. Dieser Antrag kann bis zum Schluss der mündlichen Verhandlung bereits in der ersten Instanz gestellt werden. Dann hat das Arbeitsgericht über ihn zusammen mit dem Urteil zu entscheiden. Ob die einstweilige Einstellung der Zwangsvollstreckung aus einem vorläufig vollstreckbaren Urteil des Arbeitsgerichts in Betracht kommt, wenn der Schuldner es **versäumt** hat, im erstinstanzlichen Verfahren einen Schutzantrag nach § 62 Abs. 1 S. 2 ArbGG zu stellen, ist streitig. Teilweise wird der Antrag nur dann für zulässig gehalten, wenn die Gründe, auf die der Einstellungsantrag gestützt wird, im Zeitpunkt der letzten mündlichen Verhandlung vor dem Arbeitsgericht noch nicht vorlagen oder aus anderen Gründen nicht vorgetragen und glaubhaft gemacht werden konnten.[222] Nach anderer Auffassung ist die Versäumung des Antrags unschädlich.[223] Nach zutreffender hM kann der Berufungsführer zusammen mit der Einlegung der Berufung die Einstellung der Zwangsvollstreckung nach § 62 Abs. 1 S. 3 ArbGG beantragen, auch wenn der Antrag unterblieben ist oder in erster Instanz nicht erfolgreich war → *Berufung.* Darüber hinaus kann in der Berufungsinstanz im Hinblick auf das Berufungsurteil auch erstmals der Antrag nach § 62 Abs. 1 S. 2 ArbGG gestellt werden → *Berufung.* Auch in der Revisionsinstanz kann der Antrag auf Einstellung der Zwangsvollstreckung gestellt werden → *Revision.* In materieller Hinsicht ist erforderlich, dass der Antragsteller glaubhaft macht, dass die Vollstreckung ihm einen nicht zu ersetzenden Nachteil bringen würde. Dabei ist ein enger Maßstab zugrunde zu legen. Dies ist nur anzunehmen, wenn durch die Vollstreckung zu Lasten des Schuldners vollendete Tatsachen geschaffen werden, die weder rückgängig gemacht, noch angemessen in Geld ausgeglichen werden können.[224] 1

222 LAG Düsseldorf 1.12.2008 – 11 Sa 1490/08, BeckRS 2008, 29661; LAG Berlin-Brandenburg 23.8.2007 – 15 Sa 1630/07, NZA-RR 2008, 42; BGH 31.10.2000 – XII ZR 3/00, NJW 2001, 375; BeckOK/Hamacher ArbGG § 62 Rn. 30 will dies im Rahmen der Interessenabwägung berücksichtigen.

223 LAG Rheinland-Pfalz 17.10.2023 – 8 Sa 181/23, BeckRS 2023, 34832; LAG Hamm 15.5.2023 – 18 Sa 1195/22, BeckRS 2023, 13970; LAG Düsseldorf 31.8.2020 – 4 Sa 480/20, Rn. 12, BeckRS 2020, 43434; LAG Baden-Württemberg 14.12.2017 – 17 Sa 84/17, NZA-RR 2018, 100; LAG Baden-Württemberg 30.6.10 – 19 Sa 22/10, BeckRS 2010, 71928; LAG Hamm 21.12.2010 – 18 Sa 1827/10, BeckRS 2011, 73631; LAG Baden-Württemberg 26.8.2008 – 5 Sa 52/08, BeckRS 2008, 56524; LAG Berlin-Brandenburg 6.1.2009 – 15 Sa 2311/08, BeckRS 2009, 74501; ErfK/Koch ArbGG § 62 Rn. 5; GK-ArbGG/Vossen § 62 Rn. 30; differenzierend SW-ArbGG/Walker § 62 Rz. 27.

224 LAG Rheinland-Pfalz 17.10.2023 – 8 Sa 181/23, BeckRS 2023, 34832; LAG Baden-Württemberg 29.3.2023 – 12 Sa 3/23, Rn. 19, BeckRS 2023, 11351; LAG Düsseldorf 31.8.2020 – 4 Sa 480/20, Rn. 12, BeckRS 2020, 43434; LAG Mecklenburg-Vorpommern 20.6.2018 – 5 Sa 72/18, BeckRS 2018, 15633; LAG Baden-Württemberg 20.1.2016 – 19 Sa 63/15, BeckRS 2016, 66008; LAG Berlin Brandenburg 6.1.2009 – 15 Sa 2311/08, BeckRS 2009, 74501; LAG Düsseldorf 1.12.2008 – 11 Sa 1490/08, BeckRS 2008, 29661; LG Mannheim 26.8.2005 – 7 O 506/04, InstGE 6, 9; LAG Düsseldorf 20.3.1980 – 19 Sa 142/80, EzA ArbGG 1979 § 62 Nr. 3; SW-ArbGG/Walker § 62 Rn. 16.

2 **Antrag nach § 62 Abs. 1 S. 2 ArbGG**

Es wird beantragt, die vorläufige Vollstreckbarkeit im Urteil auszuschließen.

3 **Antrag nach § 62 Abs. 1 S. 3 ArbGG**

Die Zwangsvollstreckung aus dem Urteil des Arbeitsgerichtes <Name> vom <Verkündungsdatum, Aktenzeichen> wird eingestellt.[225]

4 Soweit sich das Verfahren schon in der **Berufungsinstanz** befindet kann beantragt werden:

Die Zwangsvollstreckung aus dem Urteil des Arbeitsgerichtes <Ort> vom <Verkündungsdatum, Aktenzeichen> wird bis zum Erlass des Urteils in der Berufungsinstanz einstweilen eingestellt.

5 Soweit die Einstellung noch von anderen Faktoren abhängig ist, etwa der Beschäftigungsanspruch von einer Kündigung, die in einem anderen Verfahren anhängig ist, kann im Berufungsverfahren auch wie folgt einschränkend formuliert werden:

Die Zwangsvollstreckung aus dem Urteil des Arbeitsgerichtes <Name> vom <Verkündungsdatum, Aktenzeichen> wird bis zum Erlass des Urteils in der Berufungsinstanz einstweilen eingestellt, sofern nicht zuvor die <zB Unwirksamkeit der Kündigung der Beklagten vom Datum im Verfahren AZ> festgestellt wird.

Vgl. auch → *Rechtsmittelverfahren*

Wiedereinsetzung

1 Nach § 230 ZPO hat die Versäumung einer Prozesshandlung zur Folge, dass die Partei mit der vorzunehmenden Prozesshandlung ausgeschlossen wird. Unter den Voraussetzungen des § 233 ZPO und bei ordnungsgemäßer Geltendmachung nach §§ 234ff. ZPO gilt eine versäumte Prozesshandlung jedoch als rechtzeitig bewirkt. Grundsätzlich wird Wiedereinsetzung nach § 236 ZPO auf Antrag gewährt. Dieser muss nach § 234 ZPO binnen zwei Wochen nach Behebung des Hindernisses gestellt werden; die Frist beträgt bei den in Abs. 2 genannten Rechtsmittelbegründungsfristen einen Monat; zusätzlich gilt die Ausschlussfrist von einem Jahr nach Abs. 3. Er muss die **Angabe der die Wiedereinsetzung begründenden Tatsachen** enthalten. Dazu gehören vor allem die Tatsachen zur Fristversäumung, deren Grund und fehlendem Verschulden und der Zeitpunkt, in dem das Hindernis behoben war. Erforderlich ist eine aus sich heraus verständliche, geschlossene Schilderung der tatsächlichen Abläufe; eine Widersprüchlichkeit bzw. Unschlüssigkeit darf nicht erst nachträglich repariert werden.[226] Es darf kein Sachverhalt als möglich übrig bleiben,

225 LAG Rheinland-Pfalz 17.10.2023 – 8 Sa 181/23, BeckRS 2023, 34832; LAG Hamm 15.5.2023 – 18 Sa 1195/22, BeckRS 2023, 13970.
226 BGH 11.11.2015 – XII ZB 257/15, MDR 2016, 110.

der als Verschulden zu werten wäre.[227] Die Tatsachen sind bei der Antragstellung oder im Verfahren **glaubhaft zu machen** (§ 294 ZPO). Eine tatsächliche Behauptung ist glaubhaft gemacht, wenn bei der umfassenden Würdigung der Umstände des jeweiligen Falles mehr für das Vorliegen der in Rede stehenden Behauptung spricht als dagegen.[228] Außerdem ist innerhalb der Antragsfrist die versäumte Prozesshandlung nachzuholen; dann kann nach § 236 Abs. 2 S. 2 letzter Halbsatz ZPO die Wiedereinsetzung **auch ohne Antrag** gewährt werden, wenn die Voraussetzungen der Wiedereinsetzung offenkundig sind.[229] Möglich ist auch eine konkludente Antragstellung.[230]

> **Dem <Parteibezeichnung> wird Wiedereinsetzung in den vorigen Stand gegen die Versäumung der <versäumte Frist> gewährt.**
>
> **Gleichzeitig <Nachholung der versäumten Prozesshandlung, zB „wird Einspruch gegen das Versäumnisurteil vom <Datum> eingelegt" oder „wird die am <Datum> eingelegte Berufung wie folgt begründet: …".**

Das Gericht darf über einen Antrag auf Wiedereinsetzung in den vorigen Stand nicht vor Ablauf der Wiedereinsetzungsfrist entscheiden.[231] Erfolgt eine Wiedereinsetzung, ist die Entscheidung unanfechtbar, § 238 Abs. 3 ZPO. Bei Ablehnung siehe § 238 Abs. 2 ZPO. Es kann auch angezeigt sein, vorab durch Zwischenurteil allein über die Wiedereinsetzung zu entscheiden.[232] 2

Es lässt sich feststellen, dass die Gründe für das Versäumen von Fristen mit der zunehmenden Einführung des **elektronischen Rechtsverkehrs** nicht weniger, sondern lediglich andere geworden sind.[233] Das beA hat – ua – das Fax ersetzt. Entsprechend überträgt die Rechtsprechung die für die Übersendung von Schriftsätzen per Telefax entwickelten anwaltlichen Sorgfaltspflichten grundsätzlich auf die Übermittlung von fristgebundenen Schriftsätzen im Wege des elektronischen Rechtsverkehrs.[234] Gleiches gilt für die Prüfungspflichten des Rechtsanwalts, wenn ihm die Akten im Zusammenhang mit einer fristgebundenen Prozesshandlung vorgelegt werden.[235] 3

Ist die Übersendung von Dokumenten in der vorgeschriebenen elektronischen Form aus technischen Gründen vorübergehend nicht möglich: → *Ersatzeinreichung.* 4

Zuständigkeit

Entscheidungen über die Zuständigkeit des angerufenen Gerichts stellen sich vor allem bezogen auf die **örtliche Zuständigkeit** und die **Rechtswegzuständigkeit.** Im Hinblick auf die Verfahrensbeschleunigung erklärt § 48 ArbGG für beide Fragestellungen die §§ 17ff. GVG mit zwei Abweichungen für entsprechend anwend- 1

227 BGH 8.4.2014 – VI ZB 1/13, NJW 2014, 2047 Rn. 13; BGH 20.8.2019 – VIII ZB 19/18, NJW 2019, 3310 Rn. 15.

228 BAG 7.11.2012 – 7 AZR 314/12, NZA 2013, 1035.

229 BGH 17.1.2013 – III ZR 168/12, NJW-RR 2013, 692; BGH 12.6.2019 – XII ZB 432/18, BeckRS 2019, 16469; BGH 29.7.2021 – III ZB 84/20, BeckRS 2021, 26108.

230 BGH 21.2.2023 – VIII ZB 17/22, MDR 2023, 861; vgl. aber BGH 5.6.2012 – VI ZB 76/11, NJW-RR 2012, 1206; BGH 15.10.2019 – VI ZB 22/19, NJW-RR 2020, 309.

231 BGH 21.6.2023 – V ZB 15/22, NJW 2023, 2883 Rn. 10.

232 LAG Baden-Württemberg 13.2.2023 – 10 Sa 27/22, BeckRS 2023, 22929.

233 Vgl. nur LAG Schleswig-Holstein 8.4.2021 – 1 Sa 358/20, NJW 2021, 2308; LAG Rheinland-Pfalz 21.5.2019 – 8 Sa 279/18, BeckRS 2019, 20582; BGH 1.3.2023 – XII ZB 228/22, NJW-RR 2023, 760 („Computerabsturz"); Zur Frage, wann ein Rechtsanwalt von einer erfolgreichen Übermittlung eines Schriftsatzes mittels des beA an das Gericht ausgehen darf: BGH 18.4.2023 – VI ZB 36/22, NJW 2023, 2433 Rn. 14.

234 BGH 31.8.2023 – VIa ZB 24/22, NJW 2023, 3434; BGH 24.5.2022 – XI ZB 18/21, NJW-RR 2022, 1069.

235 BGH 1.3.2023 – XII ZB 483/21, NJW-RR 2023, 698.

bar, nämlich dass Beschlüsse über die örtliche Zuständigkeit unanfechtbar sind und dass über die Rechtswegzuständigkeit das Arbeitsgericht durch die Kammer entscheidet.

2 Sowohl die Rechtswegzuständigkeit als auch die örtliche Zuständigkeit sind **von Amts wegen** zu prüfen. Hat über beide Fragen eine Entscheidung zu ergehen, ist zunächst über die Rechtswegzuständigkeit zu entscheiden,[236] da für die Prüfung der örtlichen Zuständigkeit in den unterschiedlichen Rechtswegen nicht durchgehend dieselben Regeln gelten. Für die örtliche Zuständigkeit entfaltet die Rechtswegverweisung keine Bindungswirkung; das Gericht des anderen Rechtsweges kann daher nach Prüfung seiner örtlichen Zuständigkeit den Rechtsstreit innerhalb des Rechtsweges weiterverweisen.[237] Bezogen auf beide Zuständigkeitsfragen gilt, dass das Gericht hierüber eine Vorabentscheidung zu treffen hat, wenn es sich für unzuständig hält oder eine der Parteien die örtliche und/oder die Rechtswegzuständigkeit rügt. Eine solche Rüge kann wie folgt formuliert werden:

Der Rechtsweg zu den Gerichten für Arbeitssachen ist unzulässig. Der Rechtsstreit wird an das zuständige <Gericht des anderen Rechtsweges> verwiesen.

Bzw.:

Das Arbeitsgericht <Bezeichnung> erklärt sich für örtlich unzuständig. Der Rechtsstreit wird an das örtlich zuständige Arbeitsgericht <Bezeichnung> verwiesen.

3 Der Antrag auf Verweisung ist allerdings nicht notwendiger Bestandteil der Rüge.[238]

4 **Hilfsanträge** folgen der Rechtswegzuweisung für den Hauptantrag, bis der Bedingungseintritt erfolgt. Dann ist ggfs. über den Rechtsweg für den (früheren) Hilfsantrag in einem neuen Vorabentscheidungsverfahren zu befinden.[239]

5 Für die **internationale Zuständigkeit** gelten die vorstehenden Ausführungen nicht. Im Fall ihres Fehlens wird die Klage schlicht als unzulässig abgewiesen.

236 LAG Köln 3.5.2018 – 9 Ta 48/18, BeckRS 2018, 9786 Rn. 5.
237 LAG Hamm 17.1.2014 – 2 Ta 252/13, BeckRS 2014, 67416.
238 BGH 18.11.1998 – VIII ZR 269/97, NJW 1999, 651.
239 BAG 1.3.2022 – 9 AZB 25/21, NZA 2022, 509; LAG Düsseldorf 27.6.2023 – 3 Ta 141/23, BeckRS 2023, 16985.

D. Rechtsmittelverfahren

I. Berufung

1. Grundlagen

1 Die Berufung gehört neben der Revision und der sofortigen Beschwerde zu den **Rechtsmitteln.** Sie richtet sich nach den §§ 64ff. ArbGG. Im Rahmen der Berufung wird **die Sache** in tatsächlicher und rechtlicher Hinsicht grundsätzlich **neu verhandelt.** Ziel der Berufung ist es, Fehler der 1. Instanz zu korrigieren, vgl. §§ 513, 529 ZPO. Nach § 529 Abs. 1 Nr. 1 ZPO ist das LAG grundsätzlich an die erstinstanzlichen Tatsachenfeststellungen gebunden und soll auch seine Entscheidung hierauf stützen. Eine Bindung entfällt, wenn aufgrund konkreter Anhaltspunkte Zweifel an der Richtigkeit oder Vollständigkeit der entscheidungserheblichen Feststellungen bestehen. Auch ist es nicht mehr möglich, grenzenlos neues Vorbringen im Berufungsverfahren zu liefern, vgl. § 67 ArbGG.

2 Wie bei jedem Rechtsmittel sind **Zulässigkeit und Begründetheit** zu unterscheiden. Die Zulässigkeit der Berufung setzt die **Statthaftigkeit** des Rechtsmittels, die Wahrung von **Form und Frist** sowie eine **Beschwer** voraus. Gem. § 64 Abs. 1 ArbGG findet die Berufung gegen Endurteile des Arbeitsgerichtes statt, soweit nicht nach § 78 ArbGG das Rechtsmittel der sofortigen Beschwerde möglich ist. Die Berufung gegen ein derartiges Endurteil ist allerdings nach § 64 Abs. 2 ArbGG nur in einem der dort genannten vier Fälle statthaft. Die Berufung ist nur möglich, wenn sie (a) vom ArbG im Urteil zugelassen wurde oder (b) der Wert des Beschwerdegegenstandes 600 Euro übersteigt oder (c) in Rechtsstreitigkeiten über das Bestehen bzw. Nichtbestehen oder die Kündigung eines Arbeitsverhältnisses oder (d) wenn es sich um ein Versäumnisurteil handelt, gegen das der Einspruch an sich nicht statthaft ist, also insbesondere gegen ein zweites Versäumnisurteil. Diese vier Tatbestände sind jeweils eigenständig, gleichrangig und unabhängig voneinander, so dass die Berufung statthaft ist, wenn auch nur einer von ihnen erfüllt ist.[1] Wie bei jedem anderen Rechtsmittel ist daneben eine Beschwer des Rechtsmittelklägers erforderlich, die anhand des erstinstanzlichen Urteils zu ermitteln ist.

2. Einlegung der Berufung

3 **Einlegung und Begründung** der Berufung sind **zu unterscheiden.** Zunächst ist die Berufung innerhalb der Monatsfrist von § 66 Abs. 1 S. 1 ArbGG bei dem dem ArbG übergeordneten LAG **einzulegen.** Um welches LAG es sich handelt, ergibt sich aus der Rechtsmittelbelehrung des angefochtenen Urteils. Die Einlegung erfolgt durch Einreichung eines Berufungsschriftsatzes. Die Form der Berufungseinlegung richtet sich nach § 519 ZPO. Die Berufungsschrift ist ein sog. **bestimmender Schriftsatz** und muss deshalb gem. §§ 519 Abs. 4, 130 Nr. 6 ZPO grundsätzlich von einem Rechtsanwalt oder einem postulationsfähigen Verbandsvertreter iSv § 11 Abs. 4, Abs. 2 S. 2 Nr. 4 und 5 ArbGG handschriftlich und eigenhändig **unterzeichnet** sein. Bei erforderlicher elektronischer Einreichung des Dokumentes tritt an die Stelle der Unterschrift die elektronische Signatur. Da nach § 46g ArbGG nunmehr allerdings

1 SW/Schwab ArbGG § 64 Rn. 36.

eine Nutzungspflicht des elektronischen Rechtsverkehrs für Rechtsanwälte, Behörden und vertretungsberechtigte Bevollmächtigte besteht, muss das elektronische Dokument entweder mit einer qualifizierten elektronischen Signatur der verantwortenden Person versehen sein oder von der verantwortenden Person (einfach) signiert und auf einem sicheren Übermittlungsweg eingereicht werden.[2] Das angefochtene **Urteil** muss nach § 519 Abs. 2 Nr. 1 ZPO so **bestimmt bezeichnet** sein, dass sich das angerufene Gericht über dessen Identität Gewissheit verschaffen kann. Zudem müssen Berufungskläger und Berufungsbeklagte genau angegeben werden. Zur Vermeidung von Unklarheiten sollte der Berufungskläger der Berufung eine Kopie des angefochtenen Urteils beifügen.

Muster Einlegung der Berufung:

In pp

<vollständiges Rubrum>

legen wir namens und in Vollmacht des Klägers/der Beklagten und Berufungsklägers(in) gegen das Urteil des ArbG <Name> vom <Verkündungsdatum, Aktenzeichen>, dem Kläger/der Beklagten zugestellt am <Zustellungsdatum> das Rechtsmittel der Berufung ein.

Eine Kopie des Urteils fügen wir bei.

Berufungsanträge und Berufungsbegründung bleiben einem gesonderten Schriftsatz vorbehalten.

3. Begründung der Berufung

4 Die Berufung muss **begründet** werden. Die Berufungsbegründungsfrist beträgt gem. § 66 Abs. 1 zwei Monate. Die Frist beginnt mit Zustellung des vollständig abgefassten Urteils, spätestens aber fünf Monate nach der Urteilsverkündung. Die Berufungsbegründung ist die **zentrale Prozesshandlung** des Rechtsmittelklägers in der 2. Instanz. Sie bedarf einer besonders sorgfältigen Bearbeitung. Die Berufungsbegründung muss die **Berufungsanträge** und die **Berufungsgründe** enthalten. Wie Klageanträge in der Klageschrift müssen auch sie bestimmt genug sein iSv § 253 Abs. 2 Nr. 2 ZPO vgl. → *Systematische Einleitung,* Rn. 88ff. Denn mit den Berufungsanträgen bestimmt der Berufungskläger, inwieweit das angefochtene Urteil vom Berufungsgericht überprüft und abgeändert werden soll. Er muss deshalb klarstellen, ob das Urteil in vollem Umfang oder nur teilweise angefochten werden soll. Zudem müssen die Berufungsanträge auf die Abänderung des arbeitsgerichtlichen Urteils gerichtet sein. Erforderlich ist also, dass der Kläger beantragt, dass das Berufungsgericht das arbeitsgerichtliche Urteil abändert und angibt, wie das Berufungsgericht nach den Vorstellungen des Berufungsklägers den Sachverhalt zu entscheiden hat. Es sollte also ein **Berufungsantrag stets konkret gefasst** werden, wenngleich eine formelle Notwendigkeit als Zulässigkeitsvoraussetzung der Berufung hierfür nicht besteht. Es reicht auch aus, wenn sich aus dem Inhalt der innerhalb der Frist eingegangenen oder zulässigerweise in Bezug genommenen Schriftsätze eindeutig entnehmen lässt, in welchem Umfang das angefochtene Urteil abgeändert werden soll. Auf dieses Risiko sollte sich aber kein Berufungskläger einlassen. Zu den Einzelheiten der Anforderungen der Berufungsbegründung, insbesondere der erforderlichen **Auseinan-**

2 Henssler/Willemsen/Kalb/Tiedemann ArbGG § 46g Rn. 2.

dersetzung mit dem erstinstanzlichen Urteil wird auf die einschlägige Rechtsprechung verwiesen.[3]

4. Gestaltung der Anträge:

Die Anträge unterscheiden sich danach, wer in erster Instanz in welchem Umfang 5
und mit welchem Rechtsschutzziel unterlegen ist.

a) Berufung des Klägers

Kläger in 1. Instanz in vollem Umfang mit Leistungsklage unterlegen: 6

> **Es wird beantragt, das Urteil des ArbG <Name> vom <Verkündungsdatum, Aktenzeichen> abzuändern**
> **und die Beklagte zu verurteilen, <Begehren 1. Instanz>**
> **zB an den Kläger 10 000 EUR nebst Zinsen in Höhe von fünf Prozentpunkten über dem jeweiligen Basiszinssatz seit dem <Datum> zu zahlen.**

Kläger in 1. Instanz teilweise mit einer Leistungsklage unterlegen:

> **Es wird beantragt, das Urteil des ArbG <Name> vom <Verkündungsdatum, Aktenzeichen> teilweise abzuändern**
> **und die Beklagte zu verurteilen, <Abweichung vom Begehren 1. Instanz>**
> **an den Kläger weitere 2000 EUR nebst Zinsen in Höhe von 5 Prozentpunkten über dem jeweiligen Basiszinssatz seit dem <Datum> zu zahlen.**

Kläger in 1. Instanz in vollem Umfang mit einer Feststellungsklage, zB Kündigungsschutzklage, unterlegen:

> **Es wird beantragt, das Urteil des ArbG <Name> vom <Verkündungsdatum, Aktenzeichen> abzuändern und festzustellen, dass das zwischen den Parteien bestehende Arbeitsverhältnis durch die ordentliche Kündigung der Beklagten vom <Datum> nicht aufgelöst worden ist.**

Kläger in 1. Instanz teilweise mit einer Feststellungsklage, zB Kündigungsschutzklage (ordentliche Kündigung), unterlegen:

> **Es wird beantragt, das Urteil des ArbG <Name> vom <Verkündungsdatum, Aktenzeichen> teilweise abzuändern und festzustellen, dass das zwischen den Parteien bestehende Arbeitsverhältnis auch durch die ordentliche Kündigung der Beklagten vom <Datum> nicht aufgelöst worden ist.**

3 BAG 28.6.2023 – 5 AZR 9/23, Rn. 13, NZA 2023, 1388; BAG 24.5.2023 – 7 AZR 169/22, Rn. 12, NZA 2023, 1391; BAG 13.10.2021 – 5 AZR 291/20, Rn. 17, BeckRS 2021, 46645; BAG 20.3.2018 – 3 AZR 861/16, Rn. 38, Beck RS 2018, 14129; BAG 23.11.2017 – 8 AZR 458/17, NZA 2018, 541; BAG 16.5.2012 – 4 AZR 245/10, NZA-RR 2012, 599; BAG 18.5.2011 – 4 AZR 552/09, NZA 2012, 231; BVerfG 4.3.2004 – 1 BvR 1892/03, BVerfGE 110, 339.

b) Berufung der Beklagten:

7 Soweit die Beklagte in der ersten Instanz außer der Klageabweisung keinen eigenen Sachantrag gestellt hat, geht es ihr in der Berufung im Regelfall nach wie vor um die Klageabweisung. Insofern gilt Folgendes:

Beklagte ist in der ersten Instanz in vollem Umfang unterlegen:

> **Es wird beantragt, das Urteil des ArbG <Name> vom <Verkündungsdatum, Aktenzeichen> abzuändern und die Klage abzuweisen.**

Beklagte ist in der ersten Instanz teilweise unterlegen:

> **Es wird beantragt, das Urteil des ArbG <Name> vom <Verkündungsdatum, Aktenzeichen> teilweise abzuändern und die Klage insgesamt abzuweisen.**

Hat die Beklagte in erster Instanz bereits einen über die Klageabweisung hinausgehenden Sachantrag gestellt, also etwa im Wege einer Widerklage, kommt es darauf an, ob und in welchem Umfang der Widerklage stattgegeben worden ist. Insofern ist dann abhängig vom Umfang des Obsiegens das Begehren zu formulieren.

Beklagte ist in der ersten Instanz ganz oder teilweise unterlegen und hat hinsichtlich der Widerklage ganz/teilweise verloren.

> **Es wird beantragt, das Urteil des ArbG <Name> vom <Verkündungsdatum, Aktenzeichen> (teilweise) abzuändern und die Klage (insgesamt) abzuweisen. Auf die Widerklage wird der Kläger verurteilt an die Beklagte**
>
> **<Begehren 1. Instanz> zB 10 000 EUR nebst Zinsen in Höhe von fünf Prozentpunkte über dem jeweiligen Basiszinssatz seit dem <Datum>**
>
> **<Abweichung vom Begehren 1. Instanz> zB weitere 2000 EUR nebst Zinsen in Höhe von 5 Prozentpunkten über dem jeweiligen Basiszinssatz seit dem <Datum>**
>
> **zu zahlen.**

Legt die Beklagte in dieser Situation nur hinsichtlich der Widerklage Berufung ein, lautet der Antrag:

> **Es wird beantragt, das Urteil des ArbG <Name> vom <Verkündungsdatum, Aktenzeichen> teilweise abzuändern und den Kläger auf die Widerklage zu verurteilen an die Beklagte**
>
> **<Begehren 1. Instanz> zB 10 000 EUR nebst Zinsen in Höhe von fünf Prozentpunkte über dem jeweiligen Basiszinssatz seit dem <Datum>**
>
> **<Abweichung vom Begehren 1. Instanz> zB weitere 2000 EUR nebst Zinsen in Höhe von 5 Prozentpunkten über dem jeweiligen Basiszinssatz seit dem <Datum>**
>
> **zu zahlen.**

5. Beantwortung der Berufung

Die Partei, gegen die sich die Berufung richtet, muss die Berufung innerhalb einer Frist 8
von einem Monat nach Zustellung der Berufungsbegründung beantworten. Mit der Zustellung der Berufungsbegründung ist der Berufungsbeklagte auf die Frist zur Berufungsbegründung hinzuweisen, § 66 Abs. 1 S. 4 ArbGG. Auch die Berufungserwiderung muss von einem postulationsfähigen Prozessvertreter, also von einem Rechtsanwalt oder einem postulationsfähigen Verbandsvertreter iSv § 11 Abs. 4, Abs. 2 Nr. 4 und 5 ArbGG unterschrieben sein.Bei erforderlicher elektronischer Einreichung des Dokumentes tritt an die Stelle der Unterschrift die elektronische Signatur. Da nach § 46g ArbGG eine Nutzungspflicht des elektronischen Rechtsverkehrs für Rechtsanwälte, Behörden und vertretungsberechtigte Bevollmächtigte besteht, muss das elektronische Dokument entweder mit einer qualifizierten elektronischen Signatur der verantwortenden Person versehen sein oder von der verantwortenden Person (einfach) signiert und auf einem sicheren Übermittlungsweg eingereicht werden, oben → Rn. 3. Der Antrag des Berufungsbeklagten kann wie folgt formuliert werden:

> **Es wird beantragt, die Berufung des Klägers/der Beklagten gegen das Urteil des ArbG <Name> vom <Verkündungsdatum, Aktenzeichen> zurückzuweisen.**

6. Von beiden Parteien eingelegte Berufung

Liegen die Zulässigkeitsvoraussetzungen der Berufung für beide Parteien vor, kann 9
die Berufung auch von beiden Parteien eingelegt werden. Zu denken ist insbesondere an die Fälle, in denen der Zahlungsklage des Klägers nur teilweise stattgegeben wird oder aber die Situation der Kündigungsschutzklage, wenn die Beklagte sowohl die außerordentliche als auch die ordentliche Kündigung erklärt hat und das Arbeitsgericht die außerordentliche Kündigung für unwirksam, die ordentliche Kündigung für wirksam hält. Hier gelten für den Antrag keine Besonderheiten. Jede Partei muss ihr Berufungsbegehren formulieren ebenso wie den jeweiligen Antrag auf Zurückweisung der Berufung des Gegners.

Für den Kläger könnte also Folgendes formuliert werden:

> 1. **Es wird beantragt, das Urteil des ArbG <Name> vom <Verkündungsdatum, Aktenzeichen> (teilweise) abzuändern und die Beklagte zu verurteilen, <Begehren 1. Instanz zB an den Kläger (weitere) 10 000 EUR nebst Zinsen in Höhe von fünf Prozentpunkten über dem jeweiligen Basiszinssatz seit dem <Datum> zu zahlen>.**
> 2. **Die Berufung der Beklagten wird zurückgewiesen.**

Für die Beklagte:

> 1. **Es wird beantragt, das Urteil des ArbG <Name> vom <Verkündungsdatum, Aktenzeichen> (teilweise) abzuändern und die Klage (insgesamt) abzuweisen. Auf die Widerklage wird der Kläger verurteilt <zB an die Beklagte (weitere) 20 000 EUR nebst Zinsen in Höhe von fünf Prozentpunkten über dem jeweiligen Basiszinssatz seit dem <Datum> zu zahlen.**
> 2. **Die Berufung des Klägers wird zurückgewiesen.**

7. Beschränkte Einlegung der Berufung

10 Der Umfang der Anfechtung eines Berufungsurteils ergibt sich aus den Berufungsanträgen. Dabei ist wichtig, dass der Beschwerte **die Berufung** auf einen Teil der Beschwer **beschränken** kann. Er muss also nicht das gesamte Urteil angreifen. Hat der Arbeitgeber eine fristlose, hilfsweise fristgerechte Kündigung ausgesprochen und das Arbeitsgericht geurteilt, die fristlose Kündigung sei wirksam, kann der Kläger die Berufung auf die fristlose Kündigung beschränken, wenn er nun – aufgrund der Urteilsgründe – die ordentliche Kündigung für wirksam hält.

> **Es wird beantragt, das Urteil des ArbG <Name> vom <Verkündungsdatum, Aktenzeichen> teilweise abzuändern und festzustellen, dass das zwischen den Parteien bestehende Arbeitsverhältnis nicht durch die fristlose Kündigung der Beklagten vom <Datum> aufgelöst worden ist.**

11 Hat das Arbeitsgericht in diesem Fall eine sowohl fristlose als auch fristgerechte Kündigung für unwirksam gehalten, kann der Arbeitgeber die Berufung auf die Feststellung der Wirksamkeit der ordentlichen Kündigung beschränken, wenn er zwischenzeitlich seinerseits zu der Auffassung gelangt sein sollte, die fristlose Kündigung sei unwirksam.

> **Es wird beantragt, das Urteil des ArbG <Name> vom <Verkündungsdatum, Aktenzeichen> teilweise abzuändern und die Klage insoweit abzuweisen, als das Arbeitsverhältnis nicht durch die ordentliche Kündigung der Beklagten vom <Datum> aufgelöst worden sein soll.**

12 Ergänzend sollte im Text der Berufungsbegründung der Umfang der Beschränkung nochmals ausdrücklich klargestellt werden, um ggf. verbleibende Zweifel zu beseitigen.

8. Klageerweiterung in der Berufungsinstanz

13 Gem. § 533 ZPO ist eine Klageänderung in der Berufungsinstanz nur zulässig, wenn der Gegner einwilligt oder das Gericht diese für sachdienlich hält und die Klageänderung auf Tatsachen gestützt werden kann, die das Berufungsgericht seiner Verhandlung und Entscheidung über die Berufung ohnehin nach § 529 ZPO zugrunde zu legen hat.[4]

14 Soweit diese Voraussetzungen erfüllt sind, kann auch in der Berufungsinstanz ein neuer Sachantrag durch den Berufungskläger in das Verfahren eingeführt werden. Insoweit gelten für die Antragstellung keine Besonderheiten. Inhaltlich sind die allgemeinen für das Urteilsverfahren geltenden Grundsätze zu beachten. Für die Berufungsbeklagte vgl. unten „Anschlussberufung".

9. Zurückverweisung

15 Im Rahmen des Berufungsverfahrens besteht gem. §§ 538 ZPO die Möglichkeit, den Rechtsstreit an das Vordergericht zurückzuverweisen. Für das Arbeitsgericht ergibt

4 Vgl. zu den Voraussetzungen etwa BAG 9.2.2022 – 5 AZR 347/21, Rn. 19, NZA 2022, 653; BAG 24.3.2021 – 10 AZR 16/20, NZA 2021, 1651; BAG 14.12.2017 – 2 AZR 86/17, NZA 2018, 646; BGH 11.5.2010 – X ZR51/06, GRUR 2010, 901; OLG Brandenburg 1.2.2012 – 4 U 93/10, BeckRS 2012, 4233; Zöller/Heßler ZPO § 533 Rn. 6.

sich aus § 68 ArbGG allerdings die Einschränkung, dass eine Zurückverweisung wegen eines Mangels im Verfahren nicht in Betracht kommt. Im arbeitsgerichtlichen Verfahren soll damit das Berufungsgericht wegen des Beschleunigungsgrundsatzes in der Regel selbst in der Sache entscheiden.[5] Eine Zurückverweisung kommt – neben den in § 538 Abs. 2 S. 1 Nr. 2 bis 7 ZPO genannten Fällen – nur ausnahmsweise in Betracht, wenn ein Verfahrensmangel vorliegt, der in der Berufungsinstanz nicht korrigiert werden kann.[6] Das ist etwa der Fall, wenn das Gericht erster Instanz eine Entscheidung getroffen hat, ohne dass – wirksam – Sachanträge gestellt worden wäre oder wenn ein Urteil gegen eine in Wahrheit nicht beklagte Partei ergangen ist.[7] Gleiches gilt bei fehlender Verkündung eines Urteils.[8] In derartigen krassen Fällen sowie im Falle des § 538 Abs. 2 Nr. 7 ZPO bedarf es keines Antrags. Der grundsätzlich erforderliche Antrag, der bis zum Schluss der mündlichen Verhandlung[9] gestellt werden kann, lautet:

> **Es wird beantragt, das Urteil des ArbG <Name> vom <Verkündungsdatum, Aktenzeichen> aufzuheben und die Sache zur neuen Verhandlung und Entscheidung an das Arbeitsgericht <Ausgangsgericht> zurückzuverweisen.**

Überwiegend wird es für möglich gehalten, diesen Antrag auf Zurückverweisung auch als Hilfsantrag zu stellen.[10] Erforderlich ist dann aber jedenfalls ein Antrag in der Sache.

10. Anschlussberufung

Im Rahmen des Berufungsverfahrens besteht gem. §§ 524 ZPO, 64 Abs. 6 ArbGG die **16**
Möglichkeit der sog. Anschlussberufung. Danach kann sich der Berufungsbeklagte durch Einreichung einer Berufungsanschlussschrift bis zum Ablauf eines Monats nach Zustellung der Berufungsbegründungsschrift der Berufung anschließen. Diese Situation entsteht häufig, wenn das Arbeitsgericht einer Partei weitgehend Recht gibt und diese Partei grundsätzlich kein Interesse an der Fortsetzung des Rechtsstreites hat. Legt die andere Partei dann Berufung ein und ist die Berufungsfrist bereits abgelaufen, bleibt nur noch die Anschlussberufung.[11] Ziel der Anschlussberufung kann es aber auch sein, **neue Anträge,** etwa eine Widerklage, in den Prozess einzuführen.[12] Sie ist letztlich ein Mittel der Prozesstaktik.[13] Es ist allerdings zu beachten, dass es für die Anschlussberufung keiner eigenständigen Beschwer bedarf. Ein mit dem Hauptantrag erstinstanzlich obsiegender Kläger kann deshalb mit der Anschlussberufung den Hilfsantrag zur Entscheidung des Landesarbeitsgerichts stellen, obschon er durch das Teilurteil des Arbeitsgerichts nicht beschwert war.[14] Zu beachten ist, dass eine ausdrückliche Erklärung, es werde Anschlussberufung eingelegt, nach § 524

5 BAG 20.2.2014 – 2 AZR 248/13, ArbR 2014, 448. Vgl. auch LAG Baden-Württemberg 21.4.2023 – 12 Sa 56/22, NZA-RR 2023, 545.
6 BAG 23.3.2021 – 3 AZR 224/20, BeckRS 2021, 11851 Rn. 31; BAG 20.2.2014 – 2 AZR 864/12, Rn. 13, NZA 2015, 124; LAG Baden-Württemberg 19.8.2021 – 17 Sa 66/20, Rn. 77, BeckRS 2021, 50906.
7 BAG 23.3.2021 – 3 AZR 224/20, BeckRS 2021, 11851 Rn. 31; BAG 20.2.2014 – 2 AZR 864/12, Rn. 13, NZA 2015, 124.
8 BAG 14.10.2020 – 5 AZR 712/19, NZA 2021, 74.
9 OLG Saarbrücken 19.2.2003 – 1 U 653/02 – 155, NJW-RR 2003, 573.
10 OLG Frankfurt a. M. 13.6.2003 – 5 U 159/02, BeckRS 2003, 5669 Rn. 9.
11 Vgl. BAG 10.11.2021 – 10 AZR 256/20, Rn. 16, AP ArbZG § 6 Nr. 23.
12 BAG 10.11.2021 – 10 AZR 256/20, Rn. 16, AP ArbZG § 6 Nr. 23.
13 So zutreffend SW/Schwab ArbGG § 64 Rn. 188.
14 BAG 19.5.2016 – 3 AZR 766/14, NZA-RR 2016, 550.

Abs. 1 ZPO nicht erforderlich ist.[15] Insoweit kann auch eine Berufungserwiderung als Anschlussberufung ausgelegt werden.[16] Gleichwohl empfiehlt sich auch hier ein klarer Antrag:

In pp

legen wir namens und in Vollmacht der Beklagten und Berufungsbeklagten gegen das Urteil des ArbG <Name> vom <Verkündungsdatum, Aktenzeichen>, gegen das der Kläger und Berufungskläger am <Datum> Berufung eingelegt hat, und dessen Berufungsbegründung der Beklagten und Berufungsbeklagten am <Datum> zugestellt worden ist, das Rechtsmittel der Anschlussberufung ein.

1. **Es wird beantragt, die Berufung des Klägers und Berufungsklägers gegen das Urteil des ArbG <Name> vom <Verkündungsdatum, Aktenzeichen> zurückzuweisen.**
2. **Es wird beantragt, das Urteil des ArbG <Name> vom <Verkündungsdatum, Aktenzeichen> abzuändern und die Klage insgesamt abzuweisen.**
3. **Des weiteren beantragen wir im Wege der Widerklage, den Kläger zu verurteilen, das ihm überlassene Laptop der Firma <Name>, Seriennummer <Nr.> an die Beklagte herauszugeben.**

11. Ausschluss der vorläufigen Vollstreckbarkeit/Einstellung der Zwangsvollstreckung im Berufungsverfahren

17 Urteile der Arbeitsgerichte, die noch mit Einspruch oder Berufung angefochten werden können, sind nach § 62 Abs. 1 S. 1 ArbGG vorläufig vollstreckbar. Entsprechendes gilt nach § 64 Abs. 7 ArbGG für Urteile der Landesarbeitsgerichte, die noch mit Einspruch oder Revision angegriffen werden können.

18 In bestimmten Fällen kann das Arbeitsgericht auf Antrag die vorläufige Vollstreckbarkeit im Urteil ausschließen. Zudem kommt ein Antrag auf Einstellung der Zwangsvollstreckung in Betracht → *vorläufige Vollstreckbarkeit/Einstellung der Zwangsvollstreckung.*

19 Ob die einstweilige Einstellung der Zwangsvollstreckung aus einem vorläufig vollstreckbaren Urteil des Arbeitsgerichts in Betracht kommt, wenn der Schuldner es **versäumt** hat, im erstinstanzlichen Verfahren einen Schutzantrag nach § 62 Abs. 1 S. 2 ArbGG zu stellen, ist streitig. Nach hM kann der Berufungsführer zusammen mit der Einlegung der Berufung die Einstellung der Zwangsvollstreckung nach § 62 Abs. 1 S. 3 ArbGG beantragen, auch wenn der Antrag die vorläufige Vollstreckbarkeit im Urteil auszuschließen, erstinstanzlich unterblieben ist oder in erster Instanz nicht erfolgreich war.[17] → *vorläufige Vollstreckbarkeit/Einstellung der Zwangsvollstreckung*

15 BAG 10.11.2021 – 10 AZR 256/20, Rn. 16, AP ArbZG § 6 Nr. 23; BAG 21.1.2021 – 8 AZR 195/19, Rn. 28, NZA 2021, 1022; BAG 21.8.2019 – 7 AZR 563/17, Rn. 66, NZA 2020, 42.

16 BAG 10.11.2021 – 10 AZR 256/20, Rn. 16, AP ArbZG § 6 Nr. 23; BAG 25.3.2021 – 8 AZR 120/20, Rn. 42, AP Nr. 22 § 823 BGB.

17 Vgl. LAG Rheinland-Pfalz 17.10.2023 – 8 Sa 181/23, BeckRS 2023, 34832; LAG Hamm 15.5.2023 – 18 Sa 1195/22, BeckRS 2023, 13970; LAG Düsseldorf 31.8.2020 – 4 Sa 480/20, Rn. 12, BeckRS 2020, 43434; LAG Baden-Württemberg 14.12.2017 – 17 Sa 84/17, NZA-RR 2018, 100; LAG Baden-Württemberg 30.6.2010 – 19 Sa 22/10, BeckRS 2010, 71928; LAG Hamm 21.12.2010 – 18 Sa 1827/10, BeckRS 2011, 73631; LAG Baden-Württemberg 26.8.2008 – 5 Sa 52/08, BeckRS 2008, 56524; LAG Berlin-Brandenburg 6.1.2009 – 15 Sa 2311/08, BeckRS 2009, 74501; Dagegen: LAG Berlin-Brandenburg 23.8.2007 – 15 Sa 1630/07, NZA-RR 2008, 42; LAG Düsseldorf 31.8.2008 – 13 Sa 1895/07, BeckRS 2008, 5815; BGH 4.6.2008 – XII ZR 55/08, MDR 2008, 885; BGH 13.3.2003 – XII ZR 144/00, FamRZ 2003, 1009; BGH 31.10.2000 – XII ZR 3/00, NJW 2001, 375.

Antrag nach § 62 Abs. 1 S. 3 ArbGG

> **Die Zwangsvollstreckung aus dem Urteil des Arbeitsgerichtes <Name> vom <Verkündungsdatum, Aktenzeichen> wird bis zum Erlass des Urteils in der Berufungsinstanz einstweilen eingestellt.**

20 In materieller Hinsicht ist erforderlich, dass der Antragsteller glaubhaft macht, dass die Vollstreckung ihm einen nicht zu ersetzenden Nachteil bringen würde. Dabei ist ein enger Maßstab zugrunde zu legen → *vorläufige Vollstreckbarkeit/Einstellung der Zwangsvollstreckung*. Macht der Schuldner jedoch im Berufungsverfahren zusätzlich zu den Angriffen auf das Urteil nachträgliche Einwendungen iSv § 767 Abs. 2 ZPO geltend, ist die Zwangsvollstreckung ausnahmsweise in entsprechender Anwendung von § 769 Abs. 1 ZPO ohne einen nicht zu ersetzenden Nachteil einzustellen. Andernfalls käme es zu einem Wertungswiderspruch.[18]

Soweit die Einstellung noch von anderen Faktoren abhängig ist, etwa der Beschäftigungsanspruch von einer Kündigung, die in einem anderen Verfahren anhängig ist, kann im Berufungsverfahren auch wie folgt einschränkend formuliert werden:

> **Die Zwangsvollstreckung aus dem Urteil des Arbeitsgerichtes <Name> vom <Verkündungsdatum, Aktenzeichen> wird bis zum Erlass des Urteils in der Berufungsinstanz einstweilen eingestellt, sofern nicht zuvor die <zB Unwirksamkeit der Kündigung der Beklagten vom Datum im Verfahren AZ> festgestellt wird.**

21 Darüber hinaus kann in der Berufungsinstanz im Hinblick auf das Berufungsurteil auch erstmals der Antrag nach § 62 Abs. 1 S. 2 ArbGG gestellt werden.

Erstmaliger Antrag nach § 62 Abs. 1 S. 2 ArbGG im Berufungsverfahren

> **Es wird beantragt, die vorläufige Vollstreckbarkeit im Urteil Arbeitsgerichtes <Name> vom <Verkündungsdatum, Aktenzeichen> auszuschließen.**

12. Fristverlängerungsanträge

22 Auch im Berufungsverfahren kommt es vor, dass die Begründungsfrist nicht eingehalten werden kann. Gem. § 66 Abs. 1 S. 5 ArbGG können die Fristen zur Begründung der Berufung und zur Berufungsbeantwortung vom Vorsitzenden **einmal** (anders als § 520 Abs. 2 ZPO) auf Antrag verlängert werden, wenn dadurch der Rechtsstreit nicht verzögert wird oder die Partei erhebliche Gründe vorträgt. Die Verlängerungsdauer hängt ab vom Einzelfall. Dabei ist nicht stets eine einmonatige Verlängerung erforderlich. Die Frist für die Begründung der Berufung kann im Einzelfall aber auch über einen Monat hinaus verlängert werden.[19] Der Antrag muss **vor Fristablauf** gestellt werden, da das Rechtsmittel der Berufung mit Ablauf der Berufungsbegründungsfrist unzulässig wird. Unerheblich ist, ob das Gericht vor oder

---

18 LAG Düsseldorf 31.8.2020 – 4 Sa 480/20, Rn. 12, BeckRS 2020, 43434; LAG Hamburg 20.3.2014 – 3 Sa 2/14, BeckRS 2014, 72828; LAG Rheinland-Pfalz 11.12.2012 – 10 Sa 422/12, BeckRS 2013, 66634. AA: LAG München 5.3.2018 – 4 Sa 823/17, BeckRS 2018, 15082; Baden-Württemberg 14.12.2017 – 17 Sa 84/17, NZA-RR 2018, 100.

19 BAG 16.7.2008 – 7 ABR 13/07, NZA 2009, 202.

nach Fristablauf entscheidet. Im Hinblick auf die Begründung des Antrags ist nach überwiegender Ansicht die konkrete Darlegung erheblicher Verlängerungsgründe erforderlich. Formelhafte Wendungen reichen nicht aus. Auch kann der Anwalt nicht davon ausgehen, dass die Verlängerung gewährt wird. Eine vorherige Nachfrage bei Gericht ist deshalb wegen der unterschiedlichen Handhabung der Kammern unerlässlich. Besonders zu betonen ist, dass eine Fristverlängerung **nur einmal möglich** ist. Dies gilt selbst dann, wenn bei dem ersten Verlängerungsantrag die maximale Frist nicht ausgeschöpft worden ist.

> **Es wird beantragt, die Frist zur Begründung der Berufung/Berufungsbeantwortung um einen Monat bis zum <Datum> zu verlängern.**

13. Antrag auf Ergänzung/Änderung der Zulassungsentscheidung, § 64 Abs. 3a ArbGG

23 Die Entscheidung des Arbeitsgerichtes, ob die Berufung zugelassen oder nicht zugelassen wird, ist gem. § 64 Abs. 3a ArbGG in den Urteilstenor aufzunehmen. Dies gilt also sowohl für die Zulassung wie auch für die Nichtzulassung der Berufung.[20] Ist dies unterblieben, kann binnen einer Frist von zwei Wochen ab Verkündung des Urteils eine entsprechende Ergänzung beantragt werden. Dabei ist einerseits von Bedeutung, dass das Berufungsgericht die Entscheidung darüber, ob die Voraussetzungen für die Zulassung vorliegen, selbst nicht nachholen kann.[21] Andererseits ist die kurze Frist zu beachten. Denn diese beginnt ausdrücklich schon mit der Verkündung des Urteils und nicht erst mit Zustellung des in vollständiger Form abgefassten Urteils. Dies ist insbes. dann problematisch, wenn sich bei unklarer Formulierung im Tenor erst aus den Urteilsgründen der Umfang der Zulassung erschließen lässt.[22] Den Parteien kann deshalb nur geraten werden, sich unverzüglich nach der Sitzung bei der Geschäftsstelle nach dem Inhalt des verkündeten Tenors zu erkundigen bzw. diesen online einzusehen, soweit die Gerichte diesen Service bieten.

> **Es wird beantragt, die Entscheidung, ob die Berufung zugelassen oder nicht zugelassen wird, in den Tenor des Urteils des Arbeitsgerichtes <Name > <Aktenzeichen> vom <Datum> aufzunehmen.**

Hat das ArbG die Entscheidung über die Zulassung oder Nichtzulassung des Rechtsmittels versehentlich nicht in den Urteilstenor aufgenommen, kann der Urteilstenor unter den Voraussetzungen des § 319 ZPO von Amts wegen im Wege des Berichtigungsbeschlusses ergänzt werden.[23]

14. Versäumnisverfahren/Entscheidung nach Lage der Akten

24 Für das Versäumnisverfahren vor dem LAG gilt die Regelung des § 539 ZPO. Ist der Berufungskläger säumig, wird die Berufung auf Antrag des Berufungsbeklagten ohne Sachprüfung durch Versäumnisurteil zurückgewiesen. Ist der Berufungsbeklagte säumig, entscheidet das LAG in der Sache. Dann muss das Berufungsvorbringen des

20 BeckOK ArbR/Klose, 50. Ed. 1.12.2023, ArbGG § 64 Rn. 8. BAG 28.5.2020 – 8 AZR 169/19, Rn. 20, NJW 2020, 2573.
21 BAG 25.1.2017 – 4 AZR 519/15, AP Nr 51 zu § 64 ArbGG 1979.
22 BeckOK ArbR/Klose, 50. Ed. 1.12.2023, ArbGG § 64 Rn. 8.
23 BAG 22.3.2018 – 8 AZR 779/16, Rn. 20, BAGE 162, 275.

Berufungsklägers seinen Berufungsantrag rechtfertigen. Ist dies der Fall, ist antragsgemäß zu entscheiden. Ist das Berufungsvorbringen unschlüssig, ist die Berufung durch unechtes Versäumnisurteil zurückzuweisen. Gegen das echte VU kann auch in der Berufungsinstanz Einspruch eingelegt werden. Die Einspruchsfrist beträgt wie vor dem Arbeitsgericht eine Woche. Für den Antrag gelten keine Besonderheiten, insoweit ist aber die Situation der Berufung zu berücksichtigen, also neben dem Säumnisantrag der jeweilige Berufungsantrag zu stellen → *Versäumnisurteil.* Gegen ein zweites Versäumnisurteil des LAG findet die Revision nur statt, wenn sie von dem LAG zugelassen worden ist.

Ist in einem früheren Termin bei dem LAG bereits verhandelt worden, kann nach 25
§ 331a ZPO eine Entscheidung nach Lage der Akten ergehen.[24] Hier gelten keine Besonderheiten für den Antrag → *Entscheidung nach Aktenlage.* Es ist lediglich der Berufungsantrag zu berücksichtigten, also zB:

Der Kläger beantragt, nach Lage der Akten zu entscheiden und das Urteil des ArbG <Name> vom <Verkündungsdatum, Aktenzeichen> abzuändern und die Beklagte zu verurteilen <Begehren erster Instanz>.

Oder:

Die Beklagte beantragt, nach Lage der Akten zu entscheiden und die Berufung des Klägers/der Beklagten gegen das Urteil des ArbG <Name> vom <Verkündungsdatum, Aktenzeichen> zurückzuweisen.

II. Revision

1. Grundlagen

Die Revision ist ein **Rechtsmittel,** für deren rechtliche Beurteilung die allgemeinen 26
Prüfkriterien gelten. Wie bei der Berufung sind Zulässigkeit und Begründetheit zu unterscheiden → *Berufung.* § 74 ArbGG regelt in Verbindung mit den Vorschriften der ZPO, wie die Revision einzulegen und zu begründen ist und wie sich der weitere Verfahrensgang gestaltet. Die arbeitsrechtliche Revision ist zulassungsgebunden. Sie ist nur statthaft, wenn sie durch das LAG im Urteil oder auf eine Nichtzulassungsbeschwerde durch das BAG zugelassen worden ist. Ist dies der Fall, muss der Beschwerte eine Revisionsschrift einreichen, die der Begründung bedarf.

2. Einlegung der Revision

Zu unterscheiden sind **Einlegung** und **Begründung** der Revision. Zunächst muss die 27
Revision innerhalb der Revisionsfrist eingelegt werden. Die **Frist** für die **Einlegung** beträgt **einen Monat** und beginnt mit Zustellung des in vollständiger Form abgefassten Urteils, spätestens aber mit Ablauf von fünf Monaten nach der Verkündung, § 74 Abs. 1 ArbGG. Die Einlegung der Revision erfolgt durch Einreichung einer Revisionsschrift. Dies ergibt sich aus § 549 Abs. 1 S. 1 ZPO. Die das Revisionsverfahren einleitende Revisionsschrift ist ein sog. bestimmender Schriftsatz gem. § 129 ZPO.[25] Erforderlich ist, dass ein Schriftsatz von einem **gem. § 11 Abs. 4 ArbGG zugelassenen Bevollmächtigten** unterschrieben beim BAG eingereicht wird. Das sind außer

24 GMP/Schleusener ArbGG § 64 Rn. 129.
25 Vgl. dazu Zöller/Greger ZPO § 129 Rn. 3.

Rechtsanwälten Gewerkschaften und Arbeitgeberverbände, soweit sie durch Personen mit der Befähigung zum Richteramt handeln. Bei erforderlicher elektronischer Einreichung des Dokumentes tritt an die Stelle der Unterschrift die elektronische Signatur. Da nach § 46g ArbGG nunmehr allerdings eine Nutzungspflicht des elektronischen Rechtsverkehrs für Rechtsanwälte, Behörden und vertretungsberechtigte Bevollmächtigte besteht, muss das elektronische Dokument entweder mit einer qualifizierten elektronischen Signatur der verantwortenden Person versehen sein oder von der verantwortenden Person (einfach) signiert und auf einem sicheren Übermittlungsweg eingereicht werden.[26]

Erforderliche Angaben nach § 130 Nr. 1 ZPO sind die Bezeichnung der Parteien und ihrer gesetzlichen Vertreter nach Namen, Stand oder Gewerbe, Wohnort und Parteistellung, die Bezeichnung des Gerichtes und des Streitgegenstandes und die Zahl der Anlagen. Zudem muss innerhalb der Revisionsfrist eindeutig angegeben werden, **für und gegen wen die Revision eingelegt wird.**[27] Dabei ist auf eine klare Bezeichnung insbesondere dann zu achten, wenn beide Parteien durch das Berufungsurteil beschwert sind. Es reicht aber aus, wenn sich die Parteien innerhalb der Revisionsfrist aus anderen Tatsachen ergeben.[28] Nach § 549 Abs. 1 Nr. 1 ZPO muss in der Revisionsschrift das Urteil genannt werden, gegen das die Revision gerichtet ist, ansonsten ist sie unzulässig. Die **Bezeichnung des Urteils** erfolgt dabei nach Gericht, Verkündungsdatum und Aktenzeichen, wobei die Angaben zutreffend sein müssen.[29] Ausreichend ist, dass die Identifizierung des Urteils aufgrund der sonstigen für das BAG erkennbaren Umstände innerhalb der Revisionsfrist erfolgen kann.[30] Um Unklarheiten zu vermeiden, sollte der Revisionsschrift deshalb eine Abschrift des angefochtenen Urteils beigefügt werden.

> **In pp**
>
> **<vollständiges Rubrum>**
>
> **legen wir namens und in Vollmacht des Klägers/der Beklagten und Revisionsklägers(in) gegen das Urteil des LAG <Name> vom <Verkündungsdatum, Aktenzeichen>, dem Kläger/der Beklagten zugestellt am <Zustellungsdatum> das Rechtsmittel der Revision ein.**
>
> **Eine Kopie des Urteils fügen wir bei.**
>
> **Revisionsanträge und Revisionsbegründung bleiben einem gesonderten Schriftsatz vorbehalten.**

3. Begründung der Revision

28 Die Revision muss begründet werden. Der Inhalt richtet sich nach § 551 Abs. 3 ZPO. Diese Norm differenziert zwischen dem **Revisionsantrag** und der **Revisionsbegründung.** Nach § 551 Abs. 3 Nr. 1 ZPO muss die Revisionsbegründung eine Erklärung darüber enthalten, inwieweit das Urteil angefochten und dessen Aufhebung beantragt wird. Die Revisionsbegründung benötigt damit einen Revisionsantrag. Zum Revisionsantrag gehört neben dem Antrag, das angefochtene Urteil aufzuheben, auch

26 Henssler/Willemsen/Kalb/Tiedemann ArbGG § 46g Rn. 2.
27 BAG 18.5.2010 – 3 AZR 372/08, BeckRS 2010, 72845; BAG 18.5.2006 – 2 AZR 245/06, ZTR 2007, 50.
28 BAG 18.5.2006 – 2 AZR 245/06, ZTR 2007, 50.
29 Helml/Pessinger/Helml ArbGG § 74 Rn. 4.
30 BAG 19.5.2009 – 9 AZR 145/08, NZA 2010, 176; BAG 12.1.2005 – 5 AZR 144/04, AP BGB § 612 Nr. 69; ErfK/Koch ArbGG § 74 Rn. 2.

der **Sachantrag,** also der Antrag, wie in der Sache entschieden werden soll. Der Revisionskläger muss klar formulieren, **welche sachlichen Änderungen** er durchsetzen will, also entweder die Zurückweisung der Berufung gegen das Ersturteil oder die Abänderung des Ersturteils zu seinen Gunsten. Aus dem Revisionsantrag muss also in jedem Falle ersichtlich sein, **inwieweit das Urteil angefochten** und dessen **Aufhebung begehrt** wird. Nicht erforderlich ist, dass der Revisionsantrag gesondert hervorgehoben oder ausdrücklich formuliert worden ist.[31] Gleichwohl sollte der Revisionskläger im eigenen Interesse einen **klaren Revisionsantrag** ausdrücklich formulieren. Dabei ist die konkrete Formulierung je nach Fallkonstellation unterschiedlich. Sie hängt davon ab, in welcher Instanz welche Entscheidung für und gegen wen ergangen ist. Denn der Antrag muss genau erkennen lassen, welche sachliche Änderung der Revisionskläger verfolgt. Eine besonders klare Fassung des Antrags ist insbesondere bei einer beschränkt eingelegten Revision unerlässlich. Ohne einen entsprechend klaren Antrag ist nicht ersichtlich, inwieweit das Urteil letztendlich angefochten werden soll, was zur Unzulässigkeit der Revision führen kann.

4. Gestaltung der Anträge

Unterliegen des Klägers/der Beklagten in 1. und 2. Instanz: 29

> **Es wird beantragt, das Urteil des LAG <Name> vom <Verkündungsdatum, Aktenzeichen> aufzuheben und auf die Berufung des Klägers/der Beklagten**
>
> **das Urteil des ArbG <Name> vom <Verkündungsdatum, Aktenzeichen> abzuändern und <Begehren erster Instanz>**
>
> **zB: die Beklagte zu verurteilen an den Kläger <Betrag> zu zahlen**
>
> **zB: die Klage abzuweisen.**

Obsiegen des Klägers/der Beklagten in 1. Instanz und Unterliegen in 2. Instanz:

> **Es wird beantragt, das Urteil des LAG <Name> vom <Verkündungsdatum, Aktenzeichen> aufzuheben und die Berufung des Klägers/der Beklagten gegen das Urteil des ArbG <Name> vom <Verkündungsdatum, Aktenzeichen> zurückzuweisen.**

Ein (hilfsweise) gestellter **Antrag auf Zurückverweisung** der Sache an das Beru- 30
fungsgericht braucht nicht ausdrücklich gestellt zu werden. Darüber entscheidet das Revisionsgericht von Amts wegen. Es kann auch trotz eines derartigen Antrags in der Sache selbst entscheiden, soweit die Voraussetzungen dafür vorliegen.[32]

5. Beantwortung der Revision

Für die Beantwortung der Revision enthält das Gesetz keine Regelung. Insbesondere 31
existiert keine Frist zur Beantwortung der Revisionsbegründung. Sie sollte aber natürlich rechtzeitig vor der mündlichen Verhandlung eingehen. Der Antrag kann wie folgt formuliert werden:

31 BAG 31.7.2014 – 2 AZR 505/13, NZA 2015, 245; BAG 20.4.2010 – 3 AZR 225/68, NZA 2010, 883; GK-ArbGG/Mikosch § 74 Rn. 98; Düwell/Lipke/Düwell ArbGG § 74 Rn. 59.

32 BAG 6.10.1965 – 2 AZR 404/64, AP PersVG § 59 Nr. 4.

Es wird beantragt, die Revision des Klägers/der Beklagten gegen das Urteil des LAG <Name> vom <Verkündungsdatum, Aktenzeichen> zurückzuweisen.

6. Von beiden Parteien eingelegte Revision

32 Liegen die Zulässigkeitsvoraussetzungen der Revision für beide Parteien vor, kann sie auch von beiden Parteien eingelegt werden. Für die Revisionsanträge gelten dann keine Besonderheiten. Jede Partei muss ihren eigenen Revisionsantrag formulieren ebenso wie einen Zurückweisungsantrag hinsichtlich der Revision der Gegenseite.

1. **Es wird beantragt, das Urteil des LAG <Name> vom <Verkündungsdatum, Aktenzeichen> aufzuheben und auf die Berufung des Klägers/der Beklagten das Urteil des ArbG <Name> vom <Verkündungsdatum, Aktenzeichen> abzuändern und <Begehren erster Instanz> zB: die Beklagte zu verurteilen an den Kläger <Betrag> zu zahlen oder zB: die Klage abzuweisen.**
2. **Die Revision des Klägers/der Beklagten gegen das Urteil des LAG <Name> vom <Verkündungsdatum, Aktenzeichen> wird zurückgewiesen.**

7. Beschränkte Einlegung der Revision, Antragsänderung

33 Das Revisionsgericht ist an die Revisionsanträge gebunden, § 557 Abs. 1 ZPO. Der Revisionsantrag kann nach dem Ablauf der Revisionsbegründungsfrist grds. **nicht mehr erweitert werden,** da das angefochtene Urteil hinsichtlich des nicht angegriffenen Teils rechtskräftig geworden ist. Auch eine Änderung des Sachantrages ist in der Revisionsinstanz grundsätzlich unzulässig.[33] Denn es ist nur die Aufgabe des Revisionsgerichtes zu prüfen, ob die Vorinstanz fehlerfrei entschieden hat. Der Prüfung des BAG unterliegt gem. § 559 Abs. 1 S. 1 ZPO nur das Parteivorbringen, das aus dem Tatbestand des Berufungsurteils oder dem Sitzungsprotokoll ersichtlich ist. Eine Ausnahme besteht für den Fall einer Änderung des Klageantrags nach § 264 Nr. 2 oder Nr. 3 ZPO, wenn der geänderte Antrag auf den Feststellungen des LAG oder einem in der Revisionsinstanz unstreitig gestellten Sachverhalt beruht.[34] Der Kläger könnte also in der Revisionsinstanz erstmals Zinsen einklagen.[35] Das BAG hat auch den Übergang von der Leistungsklage zur Feststellungsklage für zulässig gehalten ebenso wie den umgekehrten Fall.[36] Auch kann der frühere Hilfsantrag in der Revisionsinstanz zum Hauptantrag und umgekehrt der frühere Hauptantrag zum Hilfsantrag erhoben werden.[37] Soweit dies ausnahmsweise möglich ist, gelten die allg. Grundsätze.

33 BAG 18.2.2021 – 6 AZR 92/19, NZA 2021, 446; BAG 5.6.2019 – 10 AZR 100/18 (F), BAGE 167, 36; BAG 29.8.2018 – 7 AZR 206/17, NZA 2019, 253; BAG 18.5.2016 – 10 AZR 183/15, NZA 2016, 1089; BAG 26.6.2013 – 5 AZR 428/12, NZA 2013, 1262; BAG, 20.4.2010 – 3 AZR 509/08, NZA 2011, 1092.

34 BAG 18.2.2021 – 6 AZR 92/19, NZA 2021, 446; BAG 18.2.2020 – 3 AZR 258/18, NZA 2020, 956; BAG 19.11.2019 – 3 AZR 294/18, NZA 2020, 542; BAG 18.5.2016 – 10 AZR 183/15, NZA 2016, 1089; BAG 26.6.2013 – 5 AZR 428/12, NZA 2013, 1262; BAG 5.12.2012 – 7 AZR 698/11, NZA 2013, 515; BAG 25.1.2012 – 4 AZR 147/10, NZA-RR 2012, 530; BAG 21.6.2005 – 9 AZR 409/04, NZA 2006, 317.

35 BAG 28.7.2005 – 3 AZR 14/05, NZA 2006, 336.

36 BAG 5.6.2019 – 10 AZR 100/18 (F), BAGE 167, 36; BAG 25.1.2012, 4 AZR 147/10, NZA-RR 2012, 530; BAG 28.1.2004 – 5 AZR 58/03, AP EntgeltFG § 3 Nr. 21; BAG 7.12.2005 – 5 AZR 535/04, NZA 2006, 423.

37 BAG 4.5.1977 – 4 AZR 755/75, AP BGB § 611 Bergbau Nr. 17.

Darüber hinaus ist es wichtig, dass der Beschwerte **die Revision** auf einen Teil der Beschwer **beschränken** kann. Er muss also nicht das gesamte Urteil angreifen. Dies macht eine besonders klare Fassung des Antrags unerlässlich → *Berufung Ziffer 7.* Es kann also beispielsweise formuliert werden: 34

> **Es wird beantragt, das Urteil des LAG <Name> vom <Verkündungsdatum, Aktenzeichen> teilweise aufzuheben und auf die Berufung der Beklagten das Urteil des ArbG <Name> vom <Verkündungsdatum, Aktenzeichen> teilweise abzuändern und die Klage insoweit abzuweisen, als das Arbeitsverhältnis nicht durch die ordentliche Kündigung der Beklagten vom <Datum> aufgelöst worden sein soll.**

8. Anschlussrevision

Im Rahmen des Revisionsverfahrens besteht gem. § 72 Abs. 5 ArbGG, § 554 ZPO die Möglichkeit der sog. Anschlussrevision[38]. Danach kann sich der Revisionsbeklagte durch Einreichung einer Revisionsanschlussschrift bis zum Ablauf eines Monats nach Zustellung der Revisionsbegründungschrift der Revision anschließen. Sie verliert ihre Wirkung, wenn die Revision zurückgenommen oder als unzulässig verworfen wird. Dabei können neue Anträge, wie unter Ziffer 7. Dargestellt, auch mit der Anschlussrevision grundsätzlich nicht eingeführt werden. 35

> **In pp**
>
> **legen wir namens und in Vollmacht der Beklagten und Revisionsbeklagten gegen das Urteil des LAG <Name> vom <Verkündungsdatum, Aktenzeichen>, gegen das der Kläger und Revisionskläger am <Datum> das Rechtsmittel der Revision eingelegt hat und dessen Revisionsbegründung der Beklagten und Revisionsbeklagten am <Datum> zugestellt worden ist, das Rechtsmittel der Anschlussrevision ein.**
>
> 1. **Es wird beantragt, die Revision des Klägers gegen das Urteil des LAG <Name> vom <Verkündungsdatum, Aktenzeichen> zurückzuweisen.**
> 2. **Es wird beantragt, das Urteil des LAG <Name> vom <Verkündungsdatum, Aktenzeichen> teilweise aufzuheben und auf die Berufung der Beklagten das Urteil des ArbG <Name> vom <Verkündungsdatum, Aktenzeichen> abzuändern und die Klage insgesamt abzuweisen.**

9. Vorläufige Vollstreckbarkeit

Urteile des Landesarbeitsgerichtes, die noch mit Einspruch oder Revision angegriffen werden können, sind nach § 64 Abs. 7 ArbGG vorläufig vollstreckbar. Hat das **Berufungsgericht** die **vorläufige Vollstreckbarkeit** im Urteil **ausgeschlossen,** kann das BAG nach Ablauf der Revisionsbegründungsfrist ohne mündliche Verhandlung durch Beschluss das Urteil nach § 558 ZPO für vorläufig vollstreckbar erklären, soweit es durch den Revisionsantrag nicht angefochten worden ist. Nach § 719 Abs. 2 ZPO kann auch das BAG auf Antrag die Zwangsvollstreckung aus dem Urteil des LAG einstweilen einstellen. Der Antrag hängt nicht davon ab, ob die Beklagte zuvor beim LAG den Ausschluss der vorläufigen Vollstreckbarkeit beantragt hatte. 36

38 Vgl. nur: BAG 25.3.2021 – 2 AZR 508/19, NZA 2021, 739.

Antrag nach § 558 S. 1 ZPO

> **Es wird beantragt, das Urteil des LAG <Name> vom <Verkündungsdatum, Aktenzeichen> im Hinblick auf die Anträge zu <konkrete Bezeichnung > für vorläufig vollstreckbar zu erklären.**

Antrag nach § 62 Abs. 1 S. 3 ArbGG

> **Die Zwangsvollstreckung aus dem Urteil des Landesarbeitsgerichtes <Name> vom <Verkündungsdatum, Aktenzeichen> wird bis zum Erlass des Urteils in der Revisionsinstanz einstweilen eingestellt.**

10. Antrag auf Ergänzung/Änderung der Zulassungsentscheidung, § 72 Abs. 2 S. 1 und 2 und § 64 Abs. 3a ArbGG

37 Die von Amts wegen zu treffende Entscheidung des Landesarbeitsgerichtes, ob die Revision zugelassen oder nicht zugelassen wird, ist gem. § 72 Abs. 2 S. 1 und 2 und § 64 Abs. 3a ArbGG in den Urteilstenor aufzunehmen. Dies gilt also sowohl für die Zulassung wie auch für die Nichtzulassung der Revision. In den Entscheidungsgründen ist weder eine nachträgliche Beschränkung noch eine Erweiterung der mit dem Tenor verkündeten Zulassung der Revision möglich.[39] Ist dies unterblieben, kann binnen einer Frist von **zwei Wochen ab Verkündung** des Urteils eine entsprechende Ergänzung beantragt werden. Dabei ist einerseits von Bedeutung, dass das Revisionsgericht die Entscheidung darüber, ob die Voraussetzungen für die Zulassung vorliegen, selbst nicht nachholen kann.[40] Andererseits ist die kurze Frist zu beachten. Denn diese beginnt ausdrücklich schon mit der Verkündung des Urteils und nicht erst mit Zustellung des in vollständiger Form abgefassten Urteils. Ist diese Frist versäumt, kann nur noch Nichtzulassungsbeschwerde eingelegt werden.[41] Den Parteien kann deshalb nur geraten werden, sich unverzüglich nach der Sitzung bei der Geschäftsstelle nach dem Inhalt des verkündeten Tenors zu erkundigen bzw. diesen online einzusehen, soweit die Gerichte diesen Service bieten.

> **Es wird beantragt, die Entscheidung, ob die Revision zugelassen oder nicht zugelassen wird, in den Tenor des Urteils des Landesarbeitsgerichtes <Name > <Aktenzeichen> vom <Datum> aufzunehmen.**

11. Versäumnisverfahren/Entscheidung nach Lage der Akten

38 Für das Versäumnisverfahren vor dem BAG gelten aufgrund der Verweisung in § 72 Abs. 5 ArbGG iVm § 555 ZPO die Regelungen der §§ 330ff. ZPO für das Verfahren vor dem LG entsprechend. Eine ausdrückliche Verweisung auf § 539 ZPO, der das Versäumnisverfahren in der Berufungsinstanz regelt, fehlt zwar. Gleichwohl ist § 539 ZPO auch im Revisionsverfahren anwendbar.[42] Ist der Revisionskläger säumig, wird die Revision auf Antrag der Revisionsbeklagten ohne Sachprüfung durch Versäum-

39 BAG 28.5.2020 – 8 AZR 169/19, NZA 2020, 2573; BAG 28.5.2019 – 8 AZN 268/19, NZA 2019, 1311; BeckOK ArbR/Klose, 70. Ed. 1.12.2023, ArbGG § 72 Rn. 20.
40 BAG 25.1.2017 – 4 AZR 519/15, AP Nr 51 zu § 64 ArbGG 1979.
41 BeckOK ArbR/Klose, 70. Ed. 1.12.2023, ArbGG § 72 Rn. 20.
42 BAG, 8.5.2014 – 6 AZR 465/12, NJW 2014, 3262; GMP/Müller-Glöge ArbGG § 74 Rn. 145.

nisurteil zurückgewiesen. Ist die Revisionsbeklagte säumig, entscheidet das BAG in der Sache. Gegen das VU kann auch in der Revisionsinstanz Einspruch eingelegt werden. Dabei ist zu beachten, dass die einwöchige Einspruchsfrist des § 59 im Revisionsverfahren keine Anwendung findet. Die Einspruchsfrist beträgt zwei Wochen (§ 72 Abs. 5 ArbGG iVm §§ 565, 525, 339 ZPO). Für den Antrag gelten keine Besonderheiten, insoweit ist aber die Situation der Revision zu berücksichtigen, → *Versäumnisurteil.*

Ist in einem früheren Termin beim BAG bereits verhandelt worden, kann nach 39
§ 331a ZPO eine Entscheidung nach Lage der Akten ergehen.[43] Erforderlich ist aber eine vorangegangene zweiseitige mündliche Verhandlung in der Revisionsinstanz. Hier gelten keine Besonderheiten für den Antrag → *Entscheidung nach Aktenlage.* Es ist lediglich der Revisionsantrag zu berücksichtigten, also zB:

Der Kläger beantragt, nach Lage der Akten zu entscheiden und das Urteil des LAG <Name> vom <Verkündungsdatum, Aktenzeichen> aufzuheben und auf die Berufung des Klägers das Urteil des ArbG <Name> vom <Verkündungsdatum, Aktenzeichen> abzuändern und <Begehren erster Instanz>.

Oder:

Die Beklagte beantragt, nach Lage der Akten zu entscheiden und die Revision des Klägers/der Beklagten gegen das Urteil des LAG <Name> vom <Verkündungsdatum, Aktenzeichen> zurückzuweisen.

III. Nichtzulassungsbeschwerde

1. Grundlagen

Nach § 72a ArbGG kann die Nichtzulassung der Revision durch das Landesarbeits- 40
gericht selbstständig durch Beschwerde angefochten werden. Die Nichtzulassungsbeschwerde ist damit das **Korrektiv** für die Einführung der reinen **Zulassungsrevision.** Sie soll es ermöglichen, die Zulassung in den Fällen durchzusetzen, in denen das LAG die Revision irrtümlich oder fehlerhaft nicht zugelassen hat. Die Nichtzulassungsbeschwerde richtet sich damit gegen die Nichtzulassung der Revision als solche. Die Nichtzulassung der Revision durch das LAG kann sowohl durch ausdrückliche Ablehnung der Zulassung im Tenor als auch durch fehlende Erklärung zur Revisionszulassung erfolgen. Die Nichtzulassungsbeschwerde ist dann die **letzte Möglichkeit** die Revisionsinstanz zu erreichen, soweit nicht eine Ergänzung nach § 72 Abs. 1 iVm § 64 Abs. 3a ArbGG möglich ist. Grundsätzlich kann jede Partei, die durch die Berufung beschwert, also ganz oder teilweise unterlegen ist, die Nichtzulassungsbeschwerde einlegen.[44] Wird die Revision – was möglich ist – vom LAG nur teilweise zugelassen, steht die Nichtzulassungsbeschwerde nur für den nicht zugelassenen Teil offen.[45] Sind beide Parteien beschwert, können sie unabhängig voneinander die Nichtzulassungsbeschwerde erheben.[46]

43 BAG, 8.5.2014 – 6 AZR 465/12, NJW 2014, 3262; BAG, 6.7.2007 – 8 AZR 796/06, NZA 2007, 1419.
44 BAG 17.2.2016 – 5 AZN 981/15, NZA 2016, 574; GMP/Müller-Glöge ArbGG § 72a Rn. 6.
45 GK-ArbGG/Mikosch § 72a Rn. 21.
46 BAG 12.8.1981 – 4 AZN 166/81, AP ArbGG 1979 § 72a Nr. 11.

41 Die Nichtzulassungsbeschwerde kann nur auf drei Zulassungsgründe gestützt werden. § 72 Abs. 2 Nr. 1 ArbGG regelt die **Grundsatzrevision.** Erforderlich ist, dass der Rechtsstreit eine entscheidungserhebliche Rechtsfrage von grundsätzlicher Bedeutung betrifft. Dies richtet sich danach, ob die zu entscheidende Rechtsfrage klärungsfähig und klärungsbedürftig ist und die Klärung entweder von allgemeiner Bedeutung für die Rechtsordnung ist oder wegen ihrer tatsächlichen Auswirkungen die Interessen der Allgemeinheit oder eines größeren Teils der Allgemeinheit eng berührt.[47] § 72 Abs. 2 Nr. 2 ArbGG regelt die **Divergenzrevision.** Hier kann der Beschwerdeführer geltend machen, dass das Urteil des LAG von einer Entscheidung der in § 72 Abs. 2 Nr. 2 ArbGG genannten Gerichte abweicht und auf dieser Abweichung beruht. Entscheidend ist, dass das Berufungsurteil von einer Entscheidung eines der abschließend genannten divergenzfähigen Gerichte (also des BVerfG, des Gemeinsamen Senats der obersten Gerichtshöfe des Bundes oder des BAG) oder – solange eine Entscheidung des BAG in der Rechtsfrage nicht ergangen ist –, von einer Entscheidung einer anderen Kammer desselben LAG oder eines anderen LAG abweicht.[48] Nach § 72 Abs. 2 Nr. 3 ArbGG ist die Revision bei bestimmten **Verfahrensverstößen** zuzulassen, dh wenn ein absoluter Revisionsgrund gem. § 547 Nr. 1 bis 5 ZPO besteht oder eine entscheidungserhebliche Verletzung des Anspruchs auf rechtliches Gehör geltend gemacht wird und vorliegt.

2. Einlegung der Nichtzulassungsbeschwerde

42 Die Nichtzulassungsbeschwerde ist bei dem BAG innerhalb einer **Notfrist von einem Monat** nach Zustellung des in vollständiger Form abgefassten Urteils schriftlich einzulegen, § 72a Abs. 2 S. 1 ArbGG. Sie muss von einem **Bevollmächtigten** gem. § 11 Abs. 4 ArbGG eingelegt und von diesem unterzeichnet werden. Die Beschwerdeschrift ist ein **bestimmender Schriftsatz.** Sie muss wenigstens den Formerfordernissen genügen, denen auch die allgemeine Beschwerde im Zivilprozess nach § 569 Abs. 2 ZPO unterliegt. Das anzufechtende Urteil ist eindeutig zu bezeichnen nach Gericht, Datum und Aktenzeichen. Die Bezeichnung dieser Angaben kann unterbleiben, wenn sie sich aus den sonstigen Umständen ergeben, etwa wenn der Beschwerdeschrift gem. § 72a Abs. 2 S. 2 ArbGG eine Ausfertigung oder beglaubigte Abschrift des Urteils des Berufungsgerichts beigefügt wird.[49] Der Begriff „Nichtzulassungsbeschwerde“ muss nicht notwendig verwendet werden. Es reicht aus, wenn sich aus den Umständen ergibt, dass eine Nichtzulassungsbeschwerde eingelegt werden soll. Eine unzulässig eingelegte Revision kann aber zB nicht in eine Nichtzulassungsbeschwerde umgedeutet werden.[50] Die Umdeutung einer nicht statthaften Nichtzulassungsbeschwerde in eine sofortige Beschwerde nach § 72b ArbGG ist hingegen möglich.[51]

In pp

<vollständiges Rubrum>

legen wir namens und in Vollmacht des Klägers/der Beklagten und Nichtzulassungsbeschwerdeführers(in) gegen die Nichtzulassung der Revision im

47 BAG 3.12.2019 – 3 AZM 19/19, NZA 2020, 199; BAG 23.6.2016 – 8 AZN 205/16, BeckRS 2016, 71138; BAG 23.1.2007 – 9 AZN 792/06, BeckRS 2007, 41330.

48 BAG 18.2.2020 – 3 AZN 954/19, NZA 2020, 1475; BAG 3.12.2019 – 3 AZM 19/19, NZA 2020, 199; BAG 26.6.2001 – 9 AZN 132/01, NZA 2001, 1038; BAG 18.5.2004 – 9 AZN 653/03, BeckRS 2004, 41663.

49 GMP/Müller-Glöge ArbGG § 72 Rn. 27.

50 BAG 4.7.1985 – 5 AZR 318/85, BeckRS 2004, 41663; ErfK/Koch ArbGG § 72a Rn. 6.

51 BAG 24.10.2019 – 8 AZN 589/19, NZA 2020, 258; BAG 24.2.2015 – 5 AZN 1007/14, NZA 2015, 511; BAG 2.11.2006 – 4 AZN 716/06, NZA 2007, 111.

Urteil des LAG <Name> vom <Verkündungsdatum, Aktenzeichen>, dem Kläger/der Beklagten zugestellt am <Zustellungsdatum> Nichtzulassungsbeschwerde ein.

Eine Kopie des Urteils fügen wir bei.

Beschwerdeantrag und Beschwerdebegründung bleiben einem gesonderten Schriftsatz vorbehalten.

3. Begründung der Nichtzulassungsbeschwerde

Die Nichtzulassungsbeschwerde ist nach § 72a Abs. 3 S. 1 ArbGG innerhalb einer Notfrist von zwei Monaten nach Zustellung des in vollständiger Form abgefassten Urteils zu begründen. Dieses Erfordernis ist **nicht** zu **unterschätzen.** Denn die Nichtzulassungsbeschwerde wird verworfen, wenn sie nicht ordnungsgemäß begründet worden ist.[52] Dabei muss die Begründung keinen besonderen Antrag enthalten. Aus ihr muss nur hervorgehen, dass die Zulassung der Revision gegen das Urteil des LAG begehrt wird. Gleichwohl sollte im eigenen Interesse ein **konkreter Antrag** formuliert werden. Der Antrag ergibt sich aus dem Gegenstand der Nichtzulassungsbeschwerde, die Zulassung zur Revision zu erreichen. 43

Umfassende Einlegung der Beschwerde

Es wird beantragt, die Revision gegen das Urteil des LAG <Name> vom <Verkündungsdatum, Aktenzeichen> für <den Kläger/die Beklagte> zuzulassen.[53]

Beschränkte Einlegung der Beschwerde

Es wird beantragt, die Revision gegen das Urteil des LAG <Name> vom <Verkündungsdatum, Aktenzeichen> für <den Kläger/die Beklagte> zuzulassen, soweit es über den Anspruch <nähere Bezeichnung> entschieden hat.[54]

Soweit das LAG die Revision nur teilweise zugelassen hat und der Beschwerdeführer die Zulassung auch hinsichtlich der übrigen Streitgegenstände erreichen möchte, bietet sich folgende Formulierung an. 44

Es wird beantragt, die Revision gegen das Urteil des LAG <Name> vom <Verkündungsdatum, Aktenzeichen> für <den Kläger/die Beklagte> auch insoweit zuzulassen, als das LAG über den weiteren Anspruch <nähere Bezeichnung> entschieden hat.[55]

Die weitere Begründung der Nichtzulassungsbeschwerde hängt ab vom jeweils geltend gemachten Zulassungsgrund. Für den Fall der Grundsatzrevision muss der Beschwerdeführer zB die in der anzufechtenden Entscheidung aufgeworfene Rechtsfrage konkret benennen und ihre Klärungsfähigkeit, Klärungsbedürftigkeit, und Ent- 45

52 Vgl. nur BAG 31.3.2021 – 5 AZN 926/20, NZA 2021, 742.
53 GK-ArbGG/Mikosch § 72a Rn. 1a.
54 HWK/Treber/Klug ArbGG § 72a Rn. 8.
55 HWK/Treber/Klug ArbGG § 72a Rn. 8.

scheidungserheblichkeit sowie deren allgemeine Bedeutung aufzeigen. Bei der Divergenzrevision muss der Beschwerdeführer neben dem abstrakten Rechtssatz aus der angefochtenen Entscheidung auch darlegen, dass die anzufechtende Entscheidung von einem abstrakten Rechtssatz der divergenzfähigen Entscheidung abweicht und dass die Entscheidung des LAG auf dieser Abweichung beruht. Auch etwaige absolute Revisionsgründe sowie Gehörsverletzungen sind eingehend darzulegen. „Darlegen" bedeutet schon nach allgemeinem Sprachgebrauch mehr als nur einen allgemeinen Hinweis geben; „etwas darlegen" bedeutet vielmehr soviel wie „erläutern", „erklären" oder „näher auf etwas eingehen". Die bloße Behauptung eines Zulassungsgrundes reicht dazu nicht aus.[56] Liegt keine Begründung vor, die den Formerfordernissen genügt, ist die Beschwerde als unzulässig zu verwerfen.[57] Insoweit wird auf die Rechtsprechung zur Nichtzulassungsbeschwerde verwiesen.

4. Beantwortung der Nichtzulassungsbeschwerde

46 Für die Beantwortung der Nichtzulassungsbeschwerde enthält das Gesetz keine Regelung. Der Antrag kann wie folgt formuliert werden:

Es wird beantragt, die Nichtzulassungsbeschwerde des Klägers/der Beklagten gegen das Urteil des LAG <Name> vom <Verkündungsdatum, Aktenzeichen> zurückzuweisen.

IV. Revisionsbeschwerde

1. Grundlagen

47 Gegen den Beschluss des LAG, der die Berufung als unzulässig verwirft, steht dem Beschwerten nach § 77 ArbGG das Rechtsmittel der Rechtsbeschwerde zur Verfügung, die im arbeitsgerichtlichen Verfahren als Revisionsbeschwerde bezeichnet wird. Sie richtet sich ausschließlich gegen die **Verwerfung der Berufung** durch das LAG. Die Revisionsbeschwerde darf nicht mit der nach § 92 ArbGG eröffneten **Rechtsbeschwerde** an das BAG im Beschlussverfahren → *Beschlussverfahren* **verwechselt** werden.

48 Soweit das LAG in seinem die Berufung verwerfenden Beschluss die Revisionsbeschwerde nicht zugelassen hat, kann die Nichtzulassungsbeschwerde eingelegt werden.

2. Einlegung der Nichtzulassungsbeschwerde

49 Zur Einlegung und Begründung der Nichtzulassungsbeschwerde vergleiche bereits oben III. Abweichungen ergeben sich nur aus der Bezeichnung „Revisionsbeschwerde" und der Entscheidungsform.

56 Vgl. BeckOK ArbGG/Klose § 72a Rn. 10 mwN.

57 BAG 14.4.2005 – 1 AZN 840/04, NZA 2005, 708; BAG 27.3.2002 – 8 AZN 117/02, BeckRS 2002, 30369405; GMP/Müller-Glöge ArbGG § 72a Rn. 28.

Einlegung der Nichtzulassungsbeschwerde:

> **In pp**
> **<vollständiges Rubrum>**
> **legen wir namens und in Vollmacht des Klägers/der Beklagten und Nichtzulassungsbeschwerdeführers(in) gegen die Nichtzulassung der Revisionsbeschwerde im Beschluss des LAG <Name> vom <Verkündungsdatum, Aktenzeichen>, dem Kläger/der Beklagten zugestellt am <Zustellungsdatum> Nichtzulassungsbeschwerde ein.**
>
> **Eine Kopie des Beschlusses fügen wir bei.**
>
> **Beschwerdeantrag und Beschwerdebegründung bleiben einem gesonderten Schriftsatz vorbehalten.**

Begründung der Nichtzulassungsbeschwerde:

> **Es wird beantragt, die Revisionsbeschwerde gegen den Beschluss des LAG <Name> vom <Verkündungsdatum, Aktenzeichen> für <den Kläger/die Beklagte> zuzulassen.**

3. Einlegung der Revisionsbeschwerde

Die Anforderungen an Frist, Form und Begründung der Revisionsbeschwerde rich- 50
ten sich nach §§ 574ff. ZPO. Die Einlegung der Revisionsbeschwerde erfolgt durch **Einreichen einer Beschwerdeschrift** beim BAG. Die Einlegung beim Gericht, dessen Entscheidung angefochten wird, reicht nicht aus. Für die Revisionsbeschwerde besteht **Vertretungszwang,** so dass sie durch einen Bevollmächtigten nach § 11 Abs. 4 ArbGG zu unterzeichnen ist. Die Beschwerdefrist beträgt **einen Monat** nach Zustellung des Beschlusses. Die Beschwerdeschrift muss als **notwendigen Inhalt** die Entscheidung, gegen die die Revisionsbeschwerde gerichtet ist, bezeichnen und die Erklärung enthalten, dass diese Entscheidung mit der Revisionsbeschwerde angegriffen wird. Zudem ist der **Beschwerdeführer eindeutig zu bezeichnen,** was sich aber auch aus den Umständen, insbesondere einer beigefügten beglaubigten Abschrift der angefochtenen Entscheidung ergeben kann.

> **In pp**
> **<vollständiges Rubrum>**
> **legen wir namens und in Vollmacht des Klägers/der Beklagten und Revisionsbeschwerdeführers(in) gegen den Beschluss des LAG <Name> vom <Verkündungsdatum, Aktenzeichen>, dem Kläger/der Beklagten zugestellt am <Zustellungsdatum> Revisionsbeschwerde ein.**
>
> **Eine Kopie des Beschlusses fügen wir bei.**
>
> **Beschwerdeantrag und Beschwerdebegründung bleiben einem gesonderten Schriftsatz vorbehalten.**

4. Begründung der Revisionsbeschwerde

Die Revisionsbeschwerde ist innerhalb einer Frist von einem Monat nach der Zustel- 51
lung der angefochtenen Entscheidung zu begründen, sofern nicht schon die Be-

schwerdeschrift die Begründung enthält, § 575 Abs. 2 S. 1 ZPO. Die Begründung der Revisionsbeschwerde muss die Erklärung enthalten, inwieweit die Entscheidung des LAG angefochten und deren Aufhebung beantragt wird. Darüber hinaus ist darzulegen, welche Beschwerdegründe bestehen, also weshalb die Entscheidung des LAG fehlerhaft gewesen ist. Da Ziel nur die Aufhebung des Urteils des LAG ist lautet der Antrag:

> **Es wird beantragt, den Beschluss des LAG <Name> vom <Verkündungsdatum, Aktenzeichen> aufzuheben und die Sache zur erneuten Verhandlung und Entscheidung, auch über die Kosten des Rechtsbeschwerdeverfahrens, an das Landesarbeitsgericht zurückzuverweisen.**[58]

5. Beantwortung der Revisionsbeschwerde

52 Für die Beantwortung der Revisionsbeschwerde enthält das Gesetz keine Regelung. Insbesondere existiert keine Frist zur Beantwortung der Beschwerdebegründung. Sie sollte aber natürlich rechtzeitig vor einer eventuell anberaumten mündlichen Verhandlung eingehen. Der Antrag des Beschwerdegegners kann wie folgt formuliert werden:

> **Es wird beantragt, die Revisionsbeschwerde des Klägers/der Beklagten gegen den Beschluss des LAG <Name> vom <Verkündungsdatum, Aktenzeichen> zurückzuweisen.**

V. Sofortige Beschwerde wegen verspäteter Absetzung des Berufungsurteils

1. Grundlagen

53 Die sofortige Beschwerde ermöglicht es, Entscheidungen von Rechtsstreitigkeiten durch zweitinstanzliche Urteile, die erst **später als fünf Monate nach ihrer Verkündung** vollständig abgefasst und mit den Unterschriften sämtlicher erkennender Richter versehen **zur Geschäftsstelle gelangt sind,** fachgerichtlich zu korrigieren. Es handelt sich – im Vergleich zur Nichtzulassungsbeschwerde gem. § 72a ArbGG – um ein **schnelles Verfahren,** um eine Sache vor dem Landesarbeitsgericht neu verhandeln zu können und eine mit Gründen versehene Entscheidung zu erhalten. Voraussetzung ist, dass das Endurteil des LAG nicht binnen fünf Monaten nach der Verkündung vollständig abgefasst und mit den Unterschriften der Kammer versehen der Geschäftsstelle übergeben worden ist. Der Wortlaut der Norm stellt ausschließlich auf den formalen Mindestgehalt eines Urteils ab. Irrelevant ist, ob die Entscheidung zB deshalb völlig unbrauchbar ist, weil sie lediglich nichts sagende Floskeln enthält oder völlig unverständlich ist. Derartige Mängel sind bei zugelassener Revision mit der Revisionsbegründung und bei fehlender Zulassung wegen der Verletzung des Anspruchs auf rechtliches Gehör mit der Nichtzulassungsbeschwerde geltend zu machen.[59] Die Regelung ist **abschließend.** Liegen die Voraussetzungen für eine sofortige Beschwerde nach § 72b ArbGG vor, ist sie grundsätzlich der einzige Rechtsbehelf, der gegen ein verspätet abgesetztes Urteil des Landesarbeitsgerichts statthaft ist. Die

58 BAG 24.8.2005 – 2 AZB 20/05, NZA 2005, 1262.
59 BAG 18.9.2019 – 5 AZB 20/19, NZA 2019, 1525; BAG 20.12.2006 – 5 AZB 35/06, NZA 2007, 226.

Rüge der verspäteten Absetzung kann weder mit der Revision selbst, noch mit der Nichtzulassungsbeschwerde geltend gemacht werden.[60] Dies schließt nicht aus, dass die beschwerte Partei Revision einlegt, wenn das LAG diese in seinem Urteil zugelassen hat. Dann hat die beschwerte Partei ein **Wahlrecht.**[61]

2. Einlegung der sofortigen Beschwerde

Die sofortige Beschwerde ist gem. § 72b Abs. 2 innerhalb einer Notfrist von **einem** 54
Monat beim BAG **einzulegen und zu begründen.** Die Frist beginnt mit dem Ablauf von fünf Monaten nach der Verkündung des Urteils des LAG.

> **In pp**
> **<vollständiges Rubrum>**
> **legen wir namens und in Vollmacht des Klägers/der Beklagten und Beschwerdeführers/in gegen das Urteil des LAG <Name> vom <Verkündungsdatum, Aktenzeichen>, Beschwerde nach § 72b ArbGG ein.**
> **Beschwerdeantrag und Beschwerdebegründung bleiben einem gesonderten Schriftsatz vorbehalten.**

3. Begründung der sofortigen Beschwerde

Der Antrag ergibt sich aus dem Gegenstand der Beschwerde. Sie richtet sich gegen 55
das verspätet abgesetzte Berufungsurteil. Ziel ist die Zurückverweisung der Sache an das LAG zu neuer Verhandlung und Entscheidung.

> **Es wird beantragt, das Urteil des LAG <Name> vom <Verkündungsdatum, Aktenzeichen> aufzuheben und die Sache zur erneuten Verhandlung und Entscheidung an das LAG <ggf. an eine andere Kammer > zurückzuverweisen.**[62]

VI. Anhörungsrüge

1. Grundlagen

Für den Bereich des arbeitsgerichtlichen Verfahrens eröffnet § 78a ArbGG, der eine 56
Sonderregelung gegenüber § 321a ZPO darstellt, die Möglichkeit der Erhebung der Anhörungsrüge innerhalb aller drei Instanzen und damit eine **Selbstkorrektur** durch den judex a quo bei allen mit Rechtsmitteln oder Rechtsbehelfen nicht mehr angreifbaren Entscheidungen sowohl im Urteils- als auch im Beschlussverfahren. § 78a ArbGG regelt die Anhörungsrüge für das arbeitsgerichtliche Verfahren eigenständig und abschließend.

Der **Rechtsbehelf** der Anhörungsrüge greift nur Platz, soweit kein Rechtsmittel oder 57
kein sonstiger Rechtsbehelf gegen die Entscheidung gegeben ist, sie ist subsidiär. Es gibt also kein Wahlrecht zwischen den verschiedenen Rechtsschutzmöglichkeiten.[63]

60 BAG 2.1.2018 – 6 AZR 235/17, NZA 2018, 257; BAG 2.11.2006 – 4 AZN 716/06, NZA 2007, 111; BAG 15.3.2006 – 9 AZN 885/05, EzA ArbGG 1979 § 72a Nr. 107; GK-ArbGG/Mikosch § 72b Rn. 4.
61 ErfK/Koch ArbGG § 72b Rn. 3; BeckOKArbR/Klose ArbGG § 72b Rn. 3.
62 Ähnlich: HWK/Treber/Klug ArbGG § 72b Rn. 8.
63 Vgl. nur SW/Schwab ArbGG § 78a Rn. 7.

58 Gegen **Urteile des Arbeitsgerichtes** scheidet die Anhörungsrüge folglich aus, wenn die Möglichkeit der Berufung besteht, so dass es um Fälle geht, bei denen der Beschwerdewert in Höhe von 600 EUR nicht erreicht wird und die Berufung nicht zugelassen worden ist. **Beschlüsse im Beschlussverfahren** erster Instanz sind stets rechtsmittelfähig, so dass die Anhörungsrüge von vornherein ausscheidet. Gegen ein Urteil des Landesarbeitsgerichtes findet die Anhörungsrüge nur in den nach § 72 Abs. 4 ArbGG generell nicht anfechtbaren Entscheidungen im einstweiligen Rechtsschutz statt. **Lässt das LAG** demgegenüber in einem Hauptsacheverfahren **die Revision oder Rechtsbeschwerde nicht** zu, steht die Anhörungsrüge nicht zur Verfügung, weil die Möglichkeit der Nichtzulassungsbeschwerde besteht, die der Anhörungsrüge vorgeht. **Urteile** (oder Beschlüsse von Beschlussverfahren) **des BAG** können hingegen stets mit der Anhörungsrüge angegriffen werden, weil sie nicht rechtsmittelfähig sind.[64]

59 Entscheidend für die Begründetheit der Anhörungsrüge ist ein **entscheidungserheblicher Verstoß** gegen den **Anspruch auf rechtliches Gehör.**

2. Einlegung und Begründung der Anhörungsrüge

60 Die Rüge muss innerhalb einer **Notfrist von zwei Wochen** nach Kenntnis der Gehörsverletzung schriftlich bei dem Gericht, dessen Entscheidung angegriffen wird, erhoben werden. Die Rügefrist läuft ab **positiver Kenntnis** von der Verletzung des rechtlichen Gehörs. Dabei ist der Zeitpunkt der Kenntniserlangung vom Rügeführer glaubhaft zu machen, § 294 ZPO. Innerhalb der Frist von zwei Wochen ist die Rüge auch inhaltlich zu begründen.[65]

61 Die **Rügeschrift** muss einen bestimmten **Mindestinhalt** aufweisen. Dazu gehört die Bezeichnung der Entscheidung des Prozessverfahrens, die substantiierte Darlegung der Verletzung des rechtlichen Gehörs sowie die Entscheidungserheblichkeit der Verletzung. Für die Erhebung der Rüge besteht in demselben Umfang wie für die angefochtene Entscheidung Vertretungszwang.

62 Der **Inhalt des Antrags** ergibt sich dabei aus dem Ziel der Anhörungsrüge. Ist die Rüge begründet, hilft ihr das Gericht ab, indem es das Verfahren fortführt, soweit dies aufgrund der Rüge geboten ist. Dabei wird das Verfahren in die Lage zurückversetzt, in der es sich vor dem Schluss der mündlichen Verhandlung befand, § 78a Abs. 5 S. 1 und 2 ArbGG.

Einlegung und Antrag des Rügeführers:

In pp

<vollständiges Rubrum>

legen wir namens und in Vollmacht des Klägers/der Beklagten und Rügeführers(in) gegen das Urteil/den Beschluss des ArbG/LAG <Name>/BAG vom <Verkündungsdatum, Aktenzeichen>, dem Kläger/der Beklagten zugestellt am <Zustellungsdatum> die Anhörungsrüge ein.

Eine Kopie des Urteils fügen wir bei.

64 Vgl. zum Ganzen SW/Schwab ArbGG § 78a Rn. 7 ff. Vgl auch BAG 3.6.2020 – 3 AZR 255/20 (F), NZA 2020, 895.

65 BAG 12.1.2023 – 6 AZN 678/22 (F), AP Nr 19 zu § 78a ArbGG 1979.

Es wird beantragt, das Verfahren in das Verfahrensstadium zurückzuversetzen, in dem es sich vor dem <Datum des Schlusses der letzten mündlichen Verhandlung> befunden hat.[66]

Beantwortung der Anhörungsrüge:

Es wird beantragt, die Anhörungsrüge des Klägers/der Beklagten gegen das Urteil/den Beschluss des ArbG/LAG <Name>/BAG vom <Verkündungsdatum, Aktenzeichen> zurückzuweisen.

Ein erneuter Rechtsbehelf gegen einen Beschluss, mit dem eine Anhörungsrüge als unzulässig verworfen bzw. als unbegründet zurückgewiesen wurde, ist wegen der Unanfechtbarkeit dieser Entscheidung nach § 78a Abs. 4 S. 4 ArbGG nicht statthaft.[67]

VII. Rechtsmittel im Beschlussverfahren

Das Rechtsmittelrecht im Beschlussverfahren entspricht weitgehend dem des Urteils- 63
verfahrens. Für die **Anhörungsrüge** im Beschlussverfahren gelten kraft ausdrücklicher Anordnung in § 78a Abs. 8 ArbGG die Abs. 1 bis 7 entsprechend.[68] Es wird daher auch für das Beschlussverfahren auf die Ausführungen zur (→ *Anhörungsrüge*) verwiesen.

1. Beschwerde

Die §§ 87 bis 91 ArbGG regeln das zweitinstanzliche Beschlussverfahren. Ein Unter- 64
schied zum Berufungsrecht regelt § 87 Abs. 1 ArbGG: Die Beschwerde findet grundsätzlich **gegen alle** das Verfahren erster Instanz beendenden **Beschlüsse des Arbeitsgerichtes** statt, also gegen alle Beschlüsse nach § 84 ArbGG. Auf die Höhe der Beschwer oder auf eine Zulassung der Beschwerde durch das Arbeitsgericht kommt es anders als bei der → *D. I. Berufung/1. Grundlagen Rn. 2* nicht an. Eine Ausnahme gilt nur für die Beschlüsse nach § 122 Abs. 2 und § 126 Abs. 2 InsO, die lediglich mit der Rechtsbeschwerde angefochten werden können, sofern diese zugelassen worden ist.

Die §§ 87ff. ArbGG enthalten keine selbständige und erschöpfende Regelung des 65
Beschwerdeverfahrens. Es wird weitgehend auf Vorschriften über das Berufungsverfahren verwiesen, § 87 Abs. 2 ArbGG.[69] Das gilt auch für die **Einlegung** der Beschwerde und ihre **Begründung.** Für die Postulationsfähigkeit gelten nach § 89 Abs. 1 ArbGG die Bestimmungen der Abs. 4 und 5 des § 11 ArbGG entsprechend. Hinsichtlich der Notwendigkeit einer Beschlussfassung durch den Betriebsrat bezüglich der Einlegung der Beschwerde ist zu unterscheiden: Zum einen geht die hM grundsätzlich davon aus, dass der Arbeitgeber die Anwaltskosten der zweiten Instanz nur dann nach § 40 Abs. 1 BetrVG zu tragen hat, wenn der Betriebsrat einen ordnungsgemäßen Beschluss über die Fortführung des Verfahrens gefasst hat.[70] Eine

66 Zu diesem Antrag BAG 30.11.2005 – 2 AZR 622/05, NJW 2006, 1614.
67 BAG 1.3.2023 – 6 AZN 56/23 (F), Rn. 2, NZA 2023, 719.
68 Vgl. BeckOK ArbR/Klose ArbGG § 78a Rn. 16.
69 GMP/Schlewing § 87 Rn. 8ff.; BeckOK ArbR/Roloff § 87 ArbGG Rn. 18ff.
70 BAG 18.3.2015 – 7 ABR 4/13, NZA 2015, 954 Rn. 12; Busemann NZA-RR 2014, 513 (516) mwN in Fn. 21; Fitting BetrVG § 40 Rn. 32.

Ausnahme von diesem Grundsatz kann dann in Betracht kommen, wenn es der Betriebsrat wegen der besonderen Bedeutung der Angelegenheit von vornherein für geboten und erfolgversprechend halten darf, einen Rechtsstreit durch alle Instanzen zu führen, oder wenn gegen eine zugunsten des Betriebsrats ergangene Entscheidung vom Prozessgegner ein Rechtsmittel eingelegt wird.[71] Zum anderen bedarf es zur Einlegung eines Rechtsmittels gegen eine den Betriebsrat beschwerende Entscheidung durch einen ordnungsgemäß beauftragten Verfahrensbevollmächtigten prinzipiell keiner gesonderten Beschlussfassung des Betriebsrats.[72] Nach den auch im Beschlussverfahren geltenden Vorschriften des § 81 ZPO iVm § 46 Abs. 2 ArbGG ermächtigt die einmal erteilte Prozessvollmacht im Außenverhältnis – in den zeitlichen Grenzen des § 87 ZPO – zu allen den Rechtsstreit betreffenden Prozesshandlungen einschließlich der Einlegung von Rechtsmitteln. Für die Zulässigkeit der Rechtsbeschwerde kommt es nicht darauf an, ob der ursprünglich erteilten Vollmacht zur Einleitung des Beschlussverfahrens ordnungsgemäße Beschlüsse zugrunde lagen. Dies ist grds. eine Frage der Zulässigkeit des Antrags.[73]

66 Die **Beschwerdeschrift** muss gemäß § 89 Abs. 2 ArbGG den Beschluss bezeichnen, gegen den die Beschwerde gerichtet ist, und die Erklärung enthalten, dass gegen diesen Beschluss die Beschwerde eingelegt wird. Die **Beschwerdebegründung** muss angeben, auf welche im Einzelnen anzuführenden Beschwerdegründe sowie auf welche neuen Tatsachen die Beschwerde gestützt wird.

67 Bei der Formulierung der Anträge ist auf die besonderen **Begrifflichkeiten des Beschlussverfahrens** zu achten: Beschwerde statt Berufung, Beschwerdeführer statt Berufungskläger.

Es wird beantragt, den Beschluss des Arbeitsgerichts <Name> vom <Verkündungsdatum, Aktenzeichen> abzuändern

und die Beteiligte zu 2) zu verpflichten, <Begehren der 1. Instanz>

zB dem Beschwerdeführer einen abschließbaren Büroschrank zur Verfügung zu stellen und ihm sämtliche zugehörige Schlüssel herauszugeben.

68 Für **Antragsänderung** gelten gemäß § 87 Abs. 2 S. 3 Hs. 2 ArbGG die § 81 Abs. 2 S. 2 und 3 sowie Abs. 3 entsprechend (→ *B. I. Einl. Rn. 3*). Ferner besteht die Möglichkeit, die erstinstanzliche Entscheidung teilweise zu akzeptieren und nur **beschränkt Beschwerde** einzulegen. Dies ist statthaft, wenn soweit der Streitgegenstand teilbar ist oder das Arbeitsgericht über mehrere Anträge entschieden hat. Hier ist auf eine klare Formulierung des Beschwerdeantrags Wert zu legen[74] → *D. I. Berufung/7. Beschränkte Einlegung der Berufung Rn. 10.*

69 Für die **Rücknahme** der Beschwerde enthält § 89 Abs. 4 ArbGG eine ausdrückliche Regelung. Sie ist – abweichend von § 516 ZPO – auch noch zulässig nach einer Entscheidung des Gerichts über die Beschwerde, solange die Entscheidung nicht rechtskräftig geworden oder gegen sie Rechtsbeschwerde eingelegt worden ist.[75] Die Rücknahme muss außerhalb der Anhörung der Beteiligten die Formanforderungen der Beschwerdeeinlegung erfüllen, also von einem nach § 11 Abs. 2 Bevollmächtigten

71 BAG 18.3.2015 – 7 ABR 4/13, NZA 2015, 954 Rn. 12; Fitting BetrVG § 40 Rn 32.
72 BAG 6.11.2013 – 7 ABR 84/11, NZA-RR 2014, 196.
73 BAG 4.11.2015 – 7 ABR 61/13, NZA-RR 2016, 256 Rn. 18 mwN.
74 GMP/Schlewig/Spinner ArbGG § 89 Rn. 26.
75 GMP/Schlewig/Spinner ArbGG § 89 Rn. 54.

unterzeichnet sein.[76] Im Übrigen kann wegen der Antragstellung vollumfänglich auf die Ausführungen zur → *D. I. Berufung* Bezug genommen werden.

2. Rechtsbeschwerde

Die Regelungen der Rechtsbeschwerde gegen Entscheidungen der LAG nach § 91 ArbGG in den §§ 92ff. ArbGG sind weitgehend den Vorschriften über die Revision angepasst worden. Die **Rechtsbeschwerde** ist nur zulässig, wenn sie vom Landesarbeitsgericht oder auf eine Nichtzulassungsbeschwerde hin vom Bundesarbeitsgericht entsprechend § 72 Abs. 2 ArbGG **zugelassen worden** ist. Kein Rechtsmittel findet statt gegen Beschlüsse nach § 89 Abs. 3, durch die die Beschwerde als unzulässig verworfen wird.[77] Ebenfalls nicht mit der Rechtsbeschwerde anfechtbar sind gemäß § 92 Abs. 1 S. 3 ArbGG die Beschlüsse des Landesarbeitsgerichts im Verfahren auf Erlass einer einstweiligen Verfügung oder der Anordnung eines Arrests. Unanfechtbar ist nach § 100 Abs. 2 S. 4 ArbGG weiter der Beschluss des Landesarbeitsgerichts im Verfahren zur Bestellung eines Vorsitzenden der Einigungsstelle oder zur Bestimmung der Zahl der Beisitzer. Soweit danach die Rechtsbeschwerde gegen eine Entscheidung des Landesarbeitsgerichtes nicht statthaft ist, wird sie auch nicht dadurch statthaft, dass das Landesarbeitsgericht sie zulässt.[78] 70

Die **Nichtzulassung der Rechtsbeschwerde** durch das Landesarbeitsgericht kann selbständig durch Beschwerde angefochten werden. Gemäß § 92a ArbGG ist § 72a Abs. 2 bis 7 entsprechend anzuwenden. Es kann daher für die Antragsstellung Bezug genommen werden auf die Ausführungen zur → *D. III. Nichtzulassungsbeschwerde.* Gleiches gilt für die → *D. V. sofortige Beschwerde wegen verspäteter Absetzung der Beschwerdeentscheidung* gemäß § 92b iVm § 72b Abs. 2 bis 5 ArbGG. 71

Die Zulässigkeit eines Rechtsmittels setzt voraus, dass der Rechtsmittelführer durch die angefochtene Entscheidung beschwert ist und mit seinem Rechtsmittel gerade die Beseitigung der Beschwer begehrt. Die Rechtsmittelbefugnis im Beschlussverfahren folgt der Beteiligungsbefugnis. Deshalb ist nur rechtsbeschwerdebefugt, wer nach § 83 Abs. 3 ArbGG am Verfahren beteiligt ist.[79] Für die **Einlegung der Rechtsbeschwerde** und ihre Begründung gelten über § 92 Abs. 2 S. 1 ArbGG grundsätzlich die für das Revisionsverfahren maßgebenden Vorschriften. Die Rechtsbeschwerde muss von einem **postulationsfähigen Rechtsanwalt bzw. Bevollmächtigten iSd §§ 94 Abs. 1, 11 Abs. 4 ArbGG** unterschrieben beim BAG eingereicht werden. Sie muss gemäß § 94 Abs. 2 ArbGG den Beschluss bezeichnen, gegen den sie gerichtet ist, und die Erklärung enthalten, dass gegen diesen Beschluss die Rechtsbeschwerde eingelegt werde. Die **Rechtsbeschwerdebegründung** muss angeben, inwieweit die Abänderung des angefochtenen Beschlusses beantragt wird, welche Bestimmungen verletzt sein sollen und worin die Verletzung bestehen soll. Die Rechtsprechung verlangt trotz des recht klaren Wortlauts des § 94 Abs. 2 S. 2 ArbGG teilweise seit dem Inkrafttreten des Gesetzes zur Reform des Zivilprozesses vom 27.7.2001 (BGBl. 2001 I 1887) die Bezeichnung der verletzten Rechtsnorm nicht mehr.[80] Aus 72

76 BeckOK ArbR/Roloff ArbGG § 89 Rn. 14; GMP/Schlewig/Spinner ArbGG § 89 Rn. 55.

77 Anders als bei der Revisionsbeschwerde bei der Verwerfung der Berufung als unzulässig (§ 77 S. 2 ArbGG) hat der Gesetzgeber bewusst davon abgesehen, hier auch die Möglichkeit einer Nichtzulassungsbeschwerde zu eröffnen, vgl. BT-Drs. 18/8487, 61.

78 BAG 22.1.2001 – 9 AZB 7/03, AP ArbGG 1979 § 78 Nr. 12.

79 BAG 8.3.2022 – 1 ABR 19/21, NZA 2022, 1068 Rn. 11; 20.6.2018 – 7 ABR 48/16, NZA 2018, 1633 Rn. 12 mwN.

80 BAG 15.11.2006 – 7 ABR 6/06, AP ArbGG 1979 § 94 Nr. 4 mwN; aA GK-ArbGG/Ahrendt § 94 Rn. 28.

Gründen der Vorsicht, sollte die Rechtsnorm aber bezeichnet werden. Bei der Formulierung der Rechtsbeschwerdeanträge ist auf die besonderen Begrifflichkeiten des Beschlussverfahrens zu achten:

Es wird beantragt, den Beschluss des Landesarbeitsgerichts <Name> vom <Verkündungsdatum, Aktenzeichen> aufzuheben und auf die Beschwerde des Antragstellers und Rechtsbeschwerdeführers den Beschluss des Arbeitsgerichts <Name> vom <Verkündungsdatum, Aktenzeichen> abzuändern

und die Beteiligte zu 2) zu verpflichten, <Begehren der 1. Instanz>

zB dem Beschwerdeführer einen abschließbaren Büroschrank zur Verfügung zu stellen und ihm sämtliche zugehörige Schlüssel herauszugeben.

73 Wie die Beschwerde kann auch die Rechtsbeschwerde jederzeit in der für ihre Einlegung vorgeschriebenen Form zurückgenommen werden. Eine **Änderung des Sachantrages** ist in der Rechtsbeschwerdeinstanz grundsätzlich nicht mehr zulässig → *B. I. Systematische Einleitung Beschlussverfahren Rn. 3.* Das gilt auch für die erstmalige Stellung eines Widerantrags.[81] Anders als § 87 Abs. 2 ArbGG für das Beschwerdeverfahren verweist § 92 Abs. 2 ArbGG für das Rechtsbeschwerdeverfahren nicht mehr auf § 81 Abs. 3 ArbGG, die Vorschrift über die Antragsänderung. Eine Änderung kann allerdings im Ausnahmefall aus prozessökonomischen Gründen zugelassen werden, wenn der geänderte Sachantrag sich auf den vom Beschwerdegericht festgestellten Sachverhalt stützt.[82] Unschädlich ist es außerdem, wenn eine Änderung des Lebenssachverhalts allein in einer für Inhalt und Umfang des Streitstoffs folgenlosen Rechts- oder Funktionsnachfolge besteht.[83] Im Übrigen kann für die Antragstellung auf die Ausführungen zur → *Revision* Bezug genommen werden.

81 BAG 1.8.2018 – 7 ABR 63/16, NZA 2018, 1640 Rn. 26 mwN.

82 BAG 15.4.2014 – 1 ABR 80/12, NZA 2015, 62 (64 Rn. 18 mwN); 5.11.1985 – 1 ABR 49/83 – zu B III, AP BetrVG 1972 § 98 Nr. 2.

83 BAG 4.11.2015 – 7 ABR 61/13, NZA-RR 2016, 256 Rn. 20; 18.5.2016 – 7 ABR 81/13, NZA-RR 2016, 582 Rn. 24.

E. Zwangsvollstreckungsverfahren

I. Allgemeine Voraussetzungen der Zwangsvollstreckung

1 Im Arbeitsgerichtsprozess richtet sich die Zwangsvollstreckung im Wesentlichen nach den Regeln der **Zivilprozessordnung.** Insbesondere für die allgemeinen Voraussetzungen der Zwangsvollstreckung gelten keine Besonderheiten. Es ist also der bekannte Dreiklang zu erfüllen: **Titel, Klausel, Zustellung.** Eine gesonderte Zustellung auch der Klausel ist grundsätzlich nicht erforderlich. Letztere wird vom Gesetz nur verlangt, wenn eine titelergänzende oder titelumschreibende Klausel besonderer Prüfung bedarf und als qualifizierte Klausel nicht vom Urkundsbeamten, sondern vom Rechtspfleger gemäß den in § 750 Abs. 2 ZPO im einzelnen angeführten Vorschriften erteilt wird.[1] Beruht der Titel auf einer einstweiligen Verfügung (bzw. einem Arrest), ist zwar grundsätzlich keine Vollstreckungsklausel erforderlich (§§ 936, 929 Abs. 1 ZPO), allerdings muss binnen der Frist des § 929 Abs. 2 ZPO die Vollziehung erfolgen,[2] also die Einleitung der Zwangsvollstreckung durch den Gläubiger.[3] Insoweit reicht die Zustellung des Verfügungsurteils im Parteibetrieb ohne die in diesem in Bezug genommenen Anlagen jedenfalls dann aus, wenn das ausgesprochene Verbot aus sich heraus verständlich ist.[4]

1. Titel

2 Vollstreckbare **Titel** stellen vor allem Urteile und Beschlüsse sowie Vergleiche dar. Anders als bei den ordentlichen Gerichten sind im arbeitsgerichtlichen Verfahren Entscheidungen im Beschlussverfahren (soweit sie vermögensrechtliche Streitigkeiten betreffen) und Urteile bereits **von Gesetzes wegen vorläufig vollstreckbar** (§ 85 Abs. 1 S. 2 bzw. § 62 Abs. 1 S. 1 ArbGG; für Urteile der Landesarbeitsgerichte über die Verweisungen in §§ 87 Abs. 2 bzw. 64 Abs. 7 ArbGG). Allerdings kann nach § 62 Abs. 1 S. 2 ArbGG das Gericht die vorläufige Vollstreckbarkeit im Urteil/Beschluss **auf Antrag der Beklagten ausschließen** → *D. I. 11.;* für die 3. Instanz → *D. II. 9.*). Ist er in der Tatsacheninstanz nicht gestellt worden oder erfolglos geblieben, kann in der höheren Instanz die Einstellung der Zwangsvollstreckung beantragt werden (→ *C. Vorläufige Vollstreckbarkeit/Einstellung der Zwangsvollstreckung*). Ein **„Vergleich"** darf sich nicht darauf beschränken, dass der Beklagte oder der Beteiligte eines Beschlussverfahrens den streitgegenständlichen Anspruch in vollem Umfang anerkennt. Fehlt es an einem gegenseitigen Nachgeben im Sinne des § 779 BGB, liegt nämlich kein Vergleich im Rechtssinn und damit kein Vollstreckungstitel nach § 794 Nr. 1 ZPO vor.

3 Eine **hinreichend bestimmte** Beschreibung der Verpflichtung im Titel ist für die Vollstreckungsfähigkeit unabdingbar. Der Streit der Parteien darf nicht vom Erkenntnis- in das Zwangsvollstreckungsverfahren verlagert werden. Dessen Aufgabe

1 BGH 5.7.2005 – VII ZB 14/05, MDR 2005, 1433; LAG München 19.6.2018 – 7 Ta 281/17, BeckRS 2018, 22838.
2 BAG 18.9.2007 – 9 AZR 672/06, MDR 2008, 576; LAG Berlin/Brandenburg 24.2.2011 – 7 Ta 2696/10, BeckRS 2011, 73061 mwN; für Beschlussverfahren LAG Berlin-Brandenburg 13.5.2020 – 15 TaBVGa 2087/19, BeckRS 2020, 14299.
3 BAG 18.9.2007 – 9 AZR 672/06, MDR 2008, 576; LAG Hamm 2.1.2017 – 7 Ta 585/16, BeckRS 2017, 125477.
4 OLG Dresden 21.8.2018 – 4 U 255/18, NJW-RR 2018, 1445.

ist es zu klären, ob der Schuldner einer festgesetzten Verpflichtung nachgekommen ist, nicht aber, ob und gegebenenfalls in welchem Umfang diese besteht.[5] Tenorierungen im Beschlussverfahren, die die Arbeitgeberin zu „einer ordnungsgemäßen Beteiligung des Betriebsrats nach § …" verpflichten, sind daher nicht ungefährlich. Sie setzen voraus, dass die Beteiligten nicht darüber streiten, welche Maßnahmen der Arbeitgeberin eine Beteiligung des Betriebsrats nach der genannten Norm verlangen. Das betriebsverfassungsrechtliche Rechtsverhältnis, über das die Beteiligten streiten, ist im Antrag bzw. im Tenor möglichst präzise zu beschreiben. Hat der Arbeitgeber nach Ansicht des Betriebsrats seine Mitbestimmungsrechte beim Einsatz von Leiharbeitnehmern missachtet, kann er nicht generell verlangen, dass die Arbeitgeberin Einstellungen ohne seine Beteiligung unterlässt. Allerdings dürfen die Anforderungen an die Bestimmtheit nicht so hoch gesteckt werden, dass die Gewährung effektiven Rechtsschutzes beeinträchtigt würde.[6] Möglicherweise muss der Kläger eine zunächst auf Auskunft gerichtete Stufenklage erheben, um einen hinreichend bestimmten Leistungsantrag stellen zu können.[7]

4 Auf die Bestimmtheit ist deshalb nicht nur bei der Antragstellung und der daraus folgenden Tenorierung, sondern auch bei der **Formulierung von Vergleichen** zu achten. Einer Partei wird kaum zu vermitteln sein, weshalb sie statt einer erfolgreichen Vollstreckung eine weitere Klage erheben muss, obwohl sie sich doch mit dem Gegner bereits geeinigt hat.

5 Vorsicht ist auch geboten, wenn die Parteien in einen Vergleich die Unsicherheit berücksichtigen wollen, ob dem Gläubiger der Anspruch (noch) in vollem Umfang zusteht, beispielweise wenn nicht klar ist, ob eine Zahlung bereits bei ihm eingegangen ist oder ob ein gesetzlicher Forderungsübergang auf einen Sozialversicherungsträger erfolgt ist. Stehen die Parteien vor der Frage, ob sie einen Vergleich schließen sollen, obwohl im Termin ein materiell-rechtlicher Einwand nicht abgearbeitet werden kann, müssen sie deshalb entscheiden, ob sie die Frage einem (neuen) Klageverfahren überlassen, oder ob sich der Schuldner der Zwangsvollstreckung in der vollen Höhe unterwirft und ggfs. ein Zurückbleiben des tatsächlich materiell Geschuldeten hinter dem titulierten Betrag als materiell-rechtliche Einwendung im Verfahren der Vollstreckungsabwehrklage geltend gemacht werden soll. Ein hinreichend bestimmter Vollstreckungstitel kann also nicht geschaffen werden durch Formulierungen wie

Die Beklagte verpflichtet sich, an den Kläger … zu zahlen unter Beachtung eventueller Forderungsübergänge auf die Bundesagentur für Arbeit.

6 Die Parteien müssen dann vielmehr die Zahlungspflicht ohne Wenn und Aber titulieren, mit einem Zusatz jedoch zum Ausdruck bringen, dass der Schuldner mit einer bestimmten Einwendung nicht ausgeschlossen sein soll, sondern ihm vorbehalten bleibt, diese im Wege der Vollstreckungsabwehrklage geltend zu machen. Veranlassung hierfür besteht insoweit, als zwar die Präklusion nach § 767 Abs. 2 ZPO für Prozessvergleiche nicht gilt, da sie nicht in Rechtskraft erwachsen,[8] der Vergleich aber daraufhin auszulegen ist, ob und welche Einwendungen durch ihn ausgeschlossen sein sollen.[9]

5 BAG 28.2.2003 – 1 AZB 53/02, NZA 2003, 516.
6 BAG 13.10.2021 – 4 AZR 403/20, NZA 2022, 416.
7 BAG 27.4.2021 – 2 AZR 342/20, NZA 2021, 1053 Rn. 20.
8 BAG 22.2.1968 – 5 AZR 278/67, DB 1968, 671.
9 LAG Nürnberg 9.3.2005 – 4 Sa 207/04, NZA-RR 2006, 100.

2. Klausel

Die mit der Klausel versehene **vollstreckbare Ausfertigung** muss nicht nur erteilt 7
worden sein (dies kann das Gericht nach § 734 ZPO der Akte entnehmen). Sie muss vielmehr dem Gericht **vorgelegt werden,** damit dieses prüfen kann, ob sie noch (beim Gläubiger) vorhanden ist.[10] Die geforderte Vorlage dient dem Schutz des Schuldners. Wenn der Gläubiger befriedigt ist, hat er nämlich die ihm erteilte vollstreckbare Ausfertigung an den Schuldner herauszugeben. Soll aus dem Titel gleichzeitig wegen mehrerer Ansprüche durch unterschiedliche Vollstreckungsorgane vollstreckt werden, muss der Gläubiger insofern nach § 733 ZPO eine **zweite vollstreckbare Ausfertigung** beantragen. Ist nach Begründung des Titels auf Gläubiger- oder Schuldnerseite eine Rechtsnachfolge eingetreten, kann der Gläubiger eine **Umschreibung** des Titels nach § 727 ZPO erreichen, wenn die Rechtsnachfolge bei dem Gericht offenkundig ist oder er diese durch öffentliche oder öffentlich beglaubigte Urkunden nachweisen kann. Anderenfalls, beispielsweise im Fall eines möglichen Betriebsübergangs nach § 613a BGB,[11] muss er versuchen, die Umschreibung durch Klage nach § 731 ZPO zu bewirken. Nach herrschender Auffassung handelt es sich um eine prozessuale Feststellungsklage. Die Voraussetzungen des § 256 ZPO müssen vorliegen; das Prozessgericht erteilt die Klausel nicht, sondern stellt nur fest, dass ihre Erteilung zulässig ist:[12]

> **Dem Kläger ist die Vollstreckungsklausel zu dem Urteil des <Gericht> vom <Datum> in Sachen <Kurzrubrum> zur Zwangsvollstreckung gegen den Beklagten zu erteilen.**

Nach anderer Ansicht[13] ist der Antrag auf die Anordnung zu richten, dass die Klausel zu erteilen ist, wobei er den Inhalt (Titel, Parteien, Zusätze, Einschränkungen) möglichst bestimmt, am besten mit dem künftigen Wortlaut wiedergeben sollte.

Falsch und bestenfalls auslegungsfähig wäre der Antrag:

> *Dem Kläger wird eine Vollstreckungsklausel zu dem Urteil des <Gericht> vom <Datum> in dem Rechtsstreit <Kurzrubrum> zum Zwecke der Zwangsvollstreckung gegen die Beklagte erteilt.*

3. Zustellung

Ist für den Titel gesetzlich keine **Zustellung** (§§ 794f., 750 ZPO) von Amts wegen 8
vorgeschrieben (wie zB bei Urteilen, § 317 Abs. 1 ZPO), muss der Gläubiger diese im Parteibetrieb vornehmen (also insbesondere bei Vergleichen). Gemäß § 172 Abs. 1 ZPO hat die Zustellung des Titels an den für den Rechtszug bestellten Prozessbevollmächtigten zu erfolgen, sofern ein solcher vorhanden ist. Ein Verstoß hiergegen führt zur Unwirksamkeit/Wirkungslosigkeit der Zustellung. Für **Beschlüsse nach § 278 Abs. 6 ZPO** ist umstritten, ob diese als Beschluss nach § 329 Abs. 3 ZPO von Amts wegen zuzustellen sind[14] oder ob sie, da sie nur einen zwischen den Parteien geschlossenen Vergleich feststellen, wie ein solcher im Parteibetrieb zuzustellen

10 OLG Köln 29.3.2000 – 2 W 13/00, NJW-RR 2000, 1580; Zöller/Seibel ZPO § 724 Rn. 14.
11 LAG Hessen 30.10.2012 – 13 Sa 928/12, BeckRS 2013, 65743.
12 Zöller/Seibel ZPO § 731 Rn. 4f.
13 Stein/Jonas/Münzberg ZPO § 731 Rn. 7.
14 Zöller/Greger ZPO § 278 Rn. 34 mwN.

sind.[15] Eine höchstrichterliche Entscheidung hierzu ist soweit ersichtlich noch nicht ergangen, vielleicht auch, weil insofern das Problembewusstsein nicht durchgängig gegeben ist. Wichtig ist diese Fragestellung deshalb, weil wohl weder die amtswegige Zustellung die im Parteibetrieb noch umgekehrt ersetzen dürfte.[16] Der Gläubiger kann sich bis zu einer höchstrichterlichen Klärung nur an den Usancen im jeweiligen Gerichtsbezirk orientieren und hoffen, dass diese mit der zuständigen Beschwerdekammer abgesprochen sind.

4. Behebung von Mängeln

9 Grundsätzlich ist der Gläubiger vor Zurückweisung seines Antrags auf fehlende Vollstreckungsvoraussetzungen hinzuweisen. Ihm ist Gelegenheit zu geben, eventuelle Mängel zu beheben.[17] Eine Nachholung kann auch noch im Beschwerdeverfahren erfolgen.[18]

II. Arten der Zwangsvollstreckung

10 Allerdings sind die Gerichte für Arbeitssachen nicht für jegliche Vollstreckung aus Titeln **zuständig,** die in einem bei ihnen geführten Verfahren erlangt worden sind. Dies gilt vielmehr nur dann, wenn die Vollstreckung dem Prozessgericht des ersten Rechtszuges zugewiesen ist. Es ist nach der Art des zu vollstreckenden Anspruchs zu unterscheiden:

1. Die Zwangsvollstreckung beim Amtsgericht

11 Die Vollstreckung aus **Herausgabe- und Zahlungstiteln** ist dem Amtsgericht zugewiesen. Der Gläubiger muss sich wegen der Herausgabe beweglicher Sachen und für die Vollstreckung in das bewegliche Vermögen an die Gerichtsvollzieherverteilerstelle des zuständigen Amtsgerichts (§§ 12 ff. ZPO iVm der Gerichtsvollzieherordnung) wenden. Auch im Übrigen ist insbesondere für Pfändungen das Amtsgericht zuständig

2. Die Zwangsvollstreckung beim Arbeitsgericht

12 Für die Zwangsvollstreckung im Übrigen ist hingegen das Arbeitsgericht als Prozessgericht des ersten Rechtszuges zuständig.

a) Vertretbare Handlungen.

13 Dies gilt zunächst für die zwangsweise Durchsetzung von **vertretbaren Handlungen** gemäß § 887 ZPO wie zB die Erteilung eines Buchauszuges oder von Provisionsabrechnungen oder auch das Einstellen der Klimaanlage derart, dass die Temperaturen im Betriebsratsbüro nicht unter 21 Grad Celsius fallen.[19] Die Vollstreckung ist darauf gerichtet, dass das Gericht den Gläubiger ermächtigt, auf Kosten des Schuldners die Handlung vornehmen zu lassen. Der Antrag kann dann lauten:

---

15 LAG Hamm 4.8.2010 – 1 Ta 310/10, BeckRS 2010, 72056; ArbG Koblenz 28.11.2016 – 4 Ca 192/16, BeckRS 2016, 119653; OLG Oldenburg 7.2.2005 – 8 W 10/05, BeckRS 2011, 16876; LAG Düsseldorf 4.2.2022 – 4 Ta 21/22, BeckRS 2022, 4825.

16 BGH 19.5.2010 – IV ZR 14/08, MDR 2010, 885; aA LG Ingolstadt 11.3.2005 – 1 T 403/05, Rpfleger 2005, 456; LAG Düsseldorf 4.2.2022 – 4 Ta 21/22, BeckRS 2022, 4825.

17 BGH 4.10.2005 – VII ZB 21/05, NJW-RR 2006, 217.

18 Zur Vollstreckungsklausel LAG Hamm 3.5.2007 – 10 Ta 692/06, BeckRS 2007, 45169.

19 LAG Berlin-Brandenburg 15.12.2011 – 7 Ta 1087/11 ua, BeckRS 2012, 67812.

Der Gläubiger wird ermächtigt, auf Kosten der Schuldnerin die ihr nach dem <Bezeichnung des Titels> obliegende Verpflichtung, <Bezeichnung der Handlung>, vornehmen zu lassen.

Die Schuldnerin wird verurteilt, an den Gläubiger auf die Kosten, die durch die Vornahme der vorgenannten Handlung entstehen, eine Vorauszahlung in Höhe von <Betrag> zu zahlen.

<Wenn erforderlich:> Die Beklagte ist verpflichtet, zu dem oben genannten Zweck das Betreten ihrer Geschäftsräume sowie die Einsichtnahme in die Geschäftsbücher der Beklagten durch einen beauftragten vereidigten Buchsachverständigen oder Wirtschaftsprüfer zu gestatten und diesem Zugang zu verschaffen.[20]

14 Der Anspruch auf Lieferung eines herauszugebenden Gegenstands zu einem im Vollstreckungstitel bezeichneten Ort stellt hingegen keine unvertretbare Handlung dar, sondern unterliegt der Herausgabevollstreckung nach § 883 ZPO.[21] Auch bei der Verurteilung zur Leistung einer bestimmten Menge von Wertpapieren kann nicht nach § 887 ZPO vollstreckt werden; die Zwangsvollstreckung erfolgt allein nach § 884 ZPO.[22]

b) Unvertretbare Handlungen

15 Die Vollstreckung **unvertretbarer Handlungen** nach § 888 ZPO[23] ist beim Arbeitsgericht zu beantragen, wenn der Titel in einem bei den Gerichten für Arbeitssachen geführten Verfahren erlangt worden ist. Unvertretbare Handlungen liegen insbesondere beim Verlangen auf (Weiter-)Beschäftigung und beim Anspruch auf Erteilung einer Abrechnung nach § 108 GewO vor (siehe insoweit → *Abrechnung*). Auch Ansprüche auf Erteilung der Arbeitsbescheinigung oder der Urlaubsbescheinigung, auf Mitteilung der Meldung zur Sozialversicherung, auf Erteilung eines Zeugnisses, auf Entfernung einer Abmahnung aus der Personalakte[24] sowie Auskunftsansprüche sind nach § 888 ZPO zu vollstrecken. Die Zwangsvollstreckung soll durch Festsetzung von Zwangsgeld oder Zwangshaft den Willen des Schuldners dahingehend beugen, die Handlung vorzunehmen.

16 Das Zwangsgeld ist **in einer Summe** zu beantragen (und festzusetzen), nicht etwa in Teilbeträgen für jeden Tag der Zuwiderhandlung.[25] Nach § 888 Abs. 1 S. 2 ZPO darf das einzelne Zwangsgeld 25000,– EUR nicht überschreiten. Es empfiehlt sich, zum beantragten Zwangsgeld einen **Mindestbetrag** anzugeben. Ansonsten dürfte es an der erforderlichen Beschwer fehlen, wenn der Gläubiger den Zwangsvollstreckungsbeschluss nur mit dem Argument angreifen will, das festgesetzte Zwangsgeld sei zu

20 LAG Rheinland-Pfalz 18.1.2010 – 7 Ta 288/09, BeckRS 2010, 67066.

21 BGH 7.1.2016 – I ZB 110/14, MDR 2016, 298.

22 LAG Hamburg 11.3.2014 – 5 Ta 5/14, BeckRS 2014, 6830.

23 Zu den Folgen eines im Berufungsverfahrens gestellten Auflösungsantrags LAG Rheinland-Pfalz 17.10.2023 – 8 Sa 181/23, BeckRS 2023, 34832; zu einer späteren Ausübung des Direktionsrechts Hessisches LAG 20.6.2023 – 10 Ta 24/23, BeckRS 2023, 19382; zum Erfüllungs- und zum Unmöglichkeitseinwand Hessisches LAG 26.5.2023 – 10 Ta 55/23, BeckRS 2023, 13402.

24 LAG Hessen 9.6.1993 – 12 Ta 82/93, BeckRS 1993, 30901257; LAG Baden-Württemberg 15.11.2012 – 4 Ta 15/12, BeckRS 2012, 75665.

25 LAG Köln 21.10.1996 – 10 Ta 218/96, LAGE § 888 ZPO Nr. 39; LAG Hessen 25.6.2007 – 4 Ta 92/07, BeckRS 2007, 47215 mit umfangreichen Nachweisen; aA LAG Hamburg 7.7.1988 – H 4 Ta 21/88, LAGE § 888 ZPO Nr. 17.

gering. Bei einem Titel, der auf ein **Urteilsverfahren** zurückgeht, erscheint daher ein Antrag wie folgt ratsam:

> **Gegen die Schuldnerin wird zur Erzwingung der Verpflichtung aus <Bezeichnung des Titels>, nämlich <Beschreibung der Verpflichtung>, ein Zwangsgeld in Höhe von <Betrag> EUR verhängt. Für den Fall, dass dieses nicht beigetrieben werden kann, wird für jeweils <Betrag> EUR ein Tag Zwangshaft festgesetzt,[26] zu vollziehen an <Schuldner; bei juristischen Personen gesetzlicher Vertreter>.**
>
> **Die Vollstreckung der Zwangsmittel entfällt, sobald die Schuldnerin der genannten Verpflichtung nachkommt.**

17 Maßgeblich für die **Höhe des Zwangsgeldes** ist nicht das Erfüllungsinteresse des Gläubigers, sondern allein die Frage, welcher Betrag erforderlich ist, um den der Pflichterfüllung entgegenstehenden Willen des Schuldners zu überwinden.[27] Das Zwangsgeld kann auch wiederholt beantragt und festgesetzt werden, sofern die Schuldnerin ihrer Verpflichtung trotz der vorherigen Festsetzung nicht nachgekommen ist. Die Vollstreckung des Zwangsgeldbeschlusses erfolgt durch den Gläubiger zugunsten der Staatskasse. § 888 ZPO lässt auch die sofortige Festsetzung von Zwangshaft zu. Mindestens bei der erstmaligen Festsetzung eines Zwangsmittels dürfte dies jedoch unverhältnismäßig sein.

18 Im **Beschlussverfahren** darf nach § 23 Abs. 3 S. 5 BetrVG das einzelne Zwangsgeld 10000,– EUR nicht überschreiten. Auch ist § 85 Abs. 1 S. 3 ArbGG zu beachten. Danach kommt in den Fällen des § 23 Abs. 3, des § 98 Abs. 5 sowie der §§ 101 und 104 BetrVG und auch beim allgemeinen betriebsverfassungsrechtlichen Unterlassungsanspruch sowie im Rahmen der Durchführungspflicht nach § 77 Abs. 1 BetrVG **Zwangshaft** nicht in Betracht. Der Antrag ist daher wie folgt zu stellen:

> **Gegen die Schuldnerin wird zur Erzwingung der Verpflichtung aus <Bezeichnung des Titels>, nämlich <Beschreibung der Verpflichtung>, ein Zwangsgeld in Höhe von <Betrag> EUR verhängt.**
>
> **Die Vollstreckung des Zwangsmittels entfällt, sobald die Schuldnerin der genannten Verpflichtung nachkommt.**

19 Schwierigkeiten entstehen, wenn die Pflicht des Schuldners darauf gerichtet ist, zunächst **eine Handlung zu erbringen** (etwa ein Zeugnis zu fertigen oder einen Ausdruck der dem Finanzamt übermittelten elektronischen Lohnsteuerbescheinigung herzustellen) **und** sodann den erstellten Gegenstand, insbesondere ein Schriftstück, **herauszugeben.** Oftmals wird dies durch die Formulierung „zu erteilen" zum Ausdruck gebracht. Es stellt sich die Frage, ob der Gläubiger die Herausgabevollstreckung nach § 883 ZPO und/oder eine solche nach § 888 ZPO betreiben muss. Nach zutreffender Ansicht muss der Gläubiger in diesen Fällen nicht zunächst die Herausgabevollstreckung betreiben. Es steht ihm vielmehr frei, ob er derart vorgeht oder für Herstellung und Herausgabe einheitlich unmittelbar nach § 888 ZPO die Vollstre-

26 Ein Beispiel für die Verhängung von Ersatzzwangshaft liefert LAG Hessen 9.12.2020 – 8 Ta 313/20, LAGE ZPO 2002 § 888 Nr. 16. Ist für die Ersatzzwangshaft keine bestimmte Dauer im Verhältnis zur Höhe des Zwangsgeldes festgesetzt worden, kann dies durch gesonderten Beschluss nachgeholt werden: LAG Berlin-Brandenburg 31.3.2017 – 21 Ta 213/17, BeckRS 2017, 113295.

27 LAG Hessen 30.12.2020 – 8 Ta 342/20, BeckRS 2020, 39924.

ckung für unvertretbare Handlungen betreibt.[28] Lediglich wenn feststeht, dass der herzustellende Gegenstand bereits zur Abholung bereit liegt, sollte nach § 883 ZPO eine Vollstreckung durch den Gerichtsvollzieher erfolgen.[29]

Im Rahmen von Vergleichen kommt es vor, dass sich die Arbeitgeberin verpflichtet, dem Arbeitnehmer ein **Zeugnis nach** einem von diesem **noch zu erstellenden Entwurf** zu erteilen. Das BAG[30] hält eine solche Verpflichtung für vollstreckbar, insbesondere für hinreichend bestimmt. Der Arbeitnehmer könne zwangsweise durchsetzen, dass die Arbeitgeberin das Zeugnis nach seinem Entwurf erteilt, es sei denn, sie trage „nachvollziehbar" Umstände vor, die ergäben, dass das verlangte Zeugnis nicht der Wahrheit entspreche. Es ist allerdings ein fester Grundsatz der Zwangsvollstreckung, dass ein Titel nur aus sich heraus ausgelegt werden kann.[31] Es besteht insoweit lediglich die Möglichkeit, im Titel auf andere Urkunden zu verweisen (§ 313 Abs. 2 ZPO), die dann als Teil des vollstreckbaren Titels zu betrachten sind.[32] Wie seine Auffassung damit vereinbar sein soll, dass der Inhalt des durch die Arbeitgeberin zu erteilenden Zeugnisses erst nach dem Zustandekommen des Vergleichs durch den Arbeitnehmer bestimmt wird, erklärt das BAG leider nicht.[33] 20

Hingegen ist die in Vergleichen (und zT auch in Urteilen!) oftmals verwendete Wendung, die Arbeitgeberin habe ein „wohlwollend formuliertes" Zeugnis zu erteilen, unschädlich. Zwar ist dies unbestimmt und daher nicht vollstreckbar. Es hindert jedoch nicht die Vollstreckbarkeit des titulierten Anspruchs auf ein Zeugnis, da es nur deklaratorisch das wiedergibt, was von einem Zeugnis ohnehin zu fordern ist.[34] 21

Nach Auffassung des BAG[35] ist ein Vergleich, in dem die Arbeitgeberin sich zur Erteilung eines **Zeugnisses einer bestimmten Notenstufe** verpflichtet (zB „gute Beurteilung von Leistung und Verhalten") nicht vollstreckbar. Es fehle an der notwendigen **Bestimmtheit,** da die Vereinbarung einer bestimmten Notenstufe dem Arbeitgeber einen derart weiten Gestaltungsspielraum hinsichtlich der Auswahl und Gewichtung einzelner Gesichtspunkte, des Umfangs des Zeugnistextes sowie der Formulierung der Leistungs- und Führungsbeurteilung lasse, dass von einem konkreten Leistungsbefehl, der die Grundlage einer mit staatlichen Zwangsmitteln zu vollziehenden Vollstreckung bildet, nicht die Rede sein könne. Das ist mehr als fraglich. Der Bestimmtheit eines Leistungstitels steht nicht entgegen, dass dem Schuldner diverse Möglichkeiten zur Erfüllung desselben zur Verfügung stehen. Ansonsten wären auch die meisten Weiterbeschäftigungstitel nicht vollstreckbar, da in der Regel verschiedene Tätigkeiten die geschuldete Beschäftigung erfüllen. Die von der Arbeitgeberin geschuldete Handlung besteht nicht darin, wie auf den ersten Blick tituliert, dem Arbeitnehmer gegenüber zu erklären: „Ich weise Ihnen Tätigkeiten als technischer Angestellter zu, die die eigen- 22

28 LAG Thüringen 23.12.2000 – 5 Ta 58/00, BB 2001, 943; LAG Hamm 8.8.2012 – 7 Ta 173/12, BeckRS 2012, 73496; LAG Düsseldorf 16.10.2013 – 13 Ta 488/13, unveröffentlicht; LAG Düsseldorf 17.11.2004 – 16 Ta 553/04, unveröffentlicht (die teilweise noch zitierte gegenteilige Rechtsprechung hat die jeweils zuständige Beschwerdekammer des LAG Düsseldorf seit 1991 in mehreren leider unveröffentlichten Entscheidungen aufgegeben); LAG Hessen 19.6.2017 – 10 Ta 172/17, BeckRS 2017, 115904; aA noch LAG Hessen 13.8.2002 – 16 Ta 321/02, LAGE ZPO 2002 § 888 Nr. 1; LAG Berlin 7.1.1998 – 9 Ta 1/98, LAGE ZPO § 888 Nr. 40.

29 Zur Abgrenzung LAG Baden-Württemberg 7.12.2017 – 4 Ta 12/17, BeckRS 2017, 137441.

30 BAG 9.9.2011 – 3 AZB 35/11, NZA 2012, 1244.

31 BAG 28.2.2003 – 1 AZB 53/02, NZA 2003, 516; BGH 25.8.1999 – XII ZR 136/97, BeckRS 1999, 30070983.

32 BAG 15.4.2009 – 3 AZB 93/08, NZA 2009, 917.

33 Zur Kritik ausführlich LAG Düsseldorf 4.3.2014 – 13 Ta 645/13, BeckRS 2014, 73396.

34 LAG Düsseldorf 4.3.2014 – 13 Ta 645/13, BeckRS 2014, 73396; LAG Köln 3.9.2013 – 11 Sa 202/13; LAG Sachsen 6.8.2012 – 4 Ta 170/12 (9), NZA-RR 2013, 215.

35 BAG 14.2.2017 – 9 AZB 49/16, JurBüro 2017, 497; aA LAG Düsseldorf 18.1.2021 – 13 Ta 364/20, BeckRS 2021, 5855.

ständige Anwendung technischer Fertigkeiten voraussetzen".[36] Vielmehr wird die Arbeitgeberin dem Arbeitnehmer verschiedene konkrete Tätigkeiten zuzuweisen haben, welche die genannten Anforderungen erfüllen. In der ordentlichen Gerichtsbarkeit sind beispielsweise auch Verpflichtungen wie „Trockenlegung eines Kellers nach den Regeln der Baukunst" als hinreichend bestimmt angesehen werden.[37] Geschuldete Handlung bei der fraglichen Zeugniserteilung sind nicht konkrete Formulierungen, sondern die Erteilung eines Zeugnisses einer bestimmten Notenstufe. Die Frage, ob ein beliebiger Text diese Notenstufe enthält, ist der gerichtlichen Prüfung zugänglich, wenn sich die Arbeitgeberin auf die Erfüllung eines entsprechenden Anspruchs beruft. Der Bewertung, welcher „Schulnote" ein Zeugnis entspricht, stellt sich im Rahmen von Erkenntnisverfahren auch das BAG.[38] Jedenfalls bei unstreitigem Sachverhalt ist der Erfüllungseinwand jedoch grundsätzlich auch im Zwangsvollstreckungsverfahren zu berücksichtigen. Dabei ist das Vollstreckungsgericht nicht der Notwendigkeit enthoben, eine möglicherweise schwierige Klärung der Frage herbeizuführen, ob die aus einem Titel folgende Verpflichtung erfüllt wurde.[39] Letztlich wird auch das BAG nicht in Abrede stellen können, dass ein auf Erteilung eines qualifizierten Zeugnisses gerichteter Titel hinreichend bestimmt und damit vollstreckbar ist, obwohl der Arbeitgeberin zur Erfüllung dieser Pflicht ebenfalls unzählige Möglichkeiten der Formulierung zur Verfügung stehen und dann ebenfalls das Vollstreckungsgericht überprüfen muss, ob das erteilte Zeugnis alle Mindestanforderungen an ein qualifiziertes Zeugnis erfüllt (§ 109 GewO: Angaben zu Art und Dauer der Tätigkeit, Beurteilung von Leistung und Verhalten im Arbeitsverhältnis).

23 Die gerichtliche Vergleichspraxis wird sich jedoch auf die Ansicht des BAG einzustellen haben. Wer eine Zeugnisberichtigungsklage – in der die Arbeitgeberin selbstverständlich an die zugesagte Notenstufe gebunden wäre – vermeiden will, muss in den Vergleich konkrete Formulierungen zur Zeugnisformulierung bzw. das vollständige Zeugnis aufnehmen. Für die gerichtliche Praxis insbesondere in Güteterminen kein sonderlich pragmatischer Ansatz.

c) Unterlassung oder Duldung von Handlungen

24 Insofern bestimmt § 890 ZPO eine Vollstreckung durch Verurteilung zu Ordnungsgeld oder Ordnungshaft bis zu sechs Monaten. Das einzelne Ordnungsgeld darf im **Urteilsverfahren** den Betrag von 250.000 Euro, die Ordnungshaft insgesamt zwei Jahre nicht übersteigen. Nach § 890 Abs. 2 ZPO hat der Verurteilung eine Androhung vorauszugehen. Ist diese – was selbstverständlich sinnvoll ist – nicht bereits auf Antrag des Klägers im Urteil erfolgt (Formulierungsbeispiel Teil 1 → *Unterlassung*), muss sie daher vor der Einleitung der Vollstreckung gesondert beantragt werden:

> **Der Beklagten/Der Schuldnerin wird für jeden Fall der Zuwiderhandlung gegen ihre im <Bezeichnung des Titels> festgelegte Verpflichtung, <Konkretisierung derselben, zB durch Nennung ihres Inhalts oder Ziffer des Urteils> ein Ordnungsgeld bis zu 250000,– EUR ersatzweise Ordnungshaft <uU: gegen ihre gesetzlichen Vertreter> oder Ordnungshaft bis zu sechs Monaten angedroht.**

36 BAG 15.4.2009 – 3 AZB 93/08, NZA 2009, 917.
37 OLG Hamm 21.3.1984 – 26 W 4/84, MDR 1984, 591; zustimmend Zöller/Seibel ZPO § 887 Rn. 4.
38 ZB BAG 23.9.1992 – 5 AZR 573/91, BeckRS 1992, 30742556; BAG 18.11.2014 – 9 AZR 584/13, NZA 2015, 435.
39 BAG 31.5.2012 – 3 AZB 29/12, NZA 2012, 1117.

In einem Vergleich ist die Androhung nicht wirksam möglich, so dass sie in jedem Fall gesondert beantragt werden muss. Der Antrag auf Androhung eines Ordnungsgeldes setzt kein besonderes Rechtsschutzinteresse etwa durch einen Verstoß nach Schaffung des Titels voraus; dieses folgt vielmehr bereits aus § 890 Abs. 2 ZPO unter Einbeziehung des Gedankens, dass eine Androhung bereits im Schuldtitel (Urteil/Beschluss) enthalten sein kann. **25**

Auch hier ist sorgsam darauf zu achten, dass bereits der Titel die Handlung, welche der Schuldner zu unterlassen oder zu dulden hat, hinreichend bestimmt beschreibt. Die Zwangsvollstreckung stellt in der Sache eine Bestrafung des Schuldners dafür dar, dass er gegen das titulierte Gebot verstoßen hat. Die Verletzungshandlung(en) sind daher im Antrag hinreichend bestimmt zu schildern. Allerdings sind im Interesse eines hinreichenden Rechtsschutzes gewisse Verallgemeinerungen zulässig, sofern das Charakteristische der konkreten Verletzungsform zum Ausdruck kommt.[40] **26**

Im **Beschlussverfahren** lautet der Antrag hingegen: **27**

> **Der Arbeitgeberin wird für jeden Fall der Zuwiderhandlung gegen ihre im <Bezeichnung des Titels> festgelegte Verpflichtung, <Konkretisierung derselben, zB durch Nennung ihres Inhalts oder Ziffer des Beschlusses> ein Ordnungsgeld bis zu 10000,– EUR angedroht.**

Die unterschiedliche Höhe des Maximalbetrages ergibt sich daraus, dass im Beschlussverfahren § 23 Abs. 3 S. 5 BetrVG zu beachten ist, und zwar auch dann, wenn der Titel auf dem allgemeinen betriebsverfassungsrechtlichen Unterlassungsanspruch[41] oder auf der Durchführungspflicht nach § 77 Abs. 1 BetrVG[42] beruht. Die Verhängung von Ordnungshaft kommt nach § 85 Abs. 1 S. 3 BetrVG im Beschlussverfahren in den Fällen des § 23 Abs. 3, des § 98 Abs. 5 sowie der §§ 101 und 104 BetrVG und auch beim allgemeinen betriebsverfassungsrechtlichen Unterlassungsanspruch sowie im Rahmen der der Durchführungspflicht nach § 77 Abs. 1 BetrVG nicht in Betracht.[43] **28**

Meint der Gläubiger, die Schuldnerin habe nach erfolgter Androhung gegen den Titel verstoßen, ist zu beantragen: **29**

> **Die Schuldnerin wird verurteilt, ein Ordnungsgeld in Höhe von <Betrag> EUR zu zahlen.**
>
> **Für den Fall, dass dieses nicht beigetrieben werden kann, wird für jeweils EUR <Betrag> ein Tag Ordnungshaft festgesetzt, zu vollziehen an <Schuldner; bei juristischen Personen gesetzlicher Vertreter>.**

Die Angabe eines Mindestbetrags des Ordnungsgeldes empfiehlt sich aus den oben zum Zwangsgeld genannten Erwägungen. Beruht der Titel auf einem **Beschlussverfahren,** entfällt der zweite Satz. **30**

Die Vollstreckung des Beschlusses erfolgt **von Amts wegen.** **31**

---

40 LAG Hamm 9.3.2016 – 4 Ta 610/15, juris.
41 BAG 29.4.2004 – 1 ABR 30/02, AP § 77 BetrVG 1972 Durchführung Nr. 3.
42 BAG 29.4.2004 – 1 ABR 30/02, AP § 77 BetrVG 1972 Durchführung Nr. 3.
43 BAG 5.10.2010 – 1 ABR 71/09, NZA 2011, 174.

d) Abgabe einer Willenserklärung

32 Ist der Schuldner zur **Abgabe einer Willenserklärung** verurteilt worden, bedarf es grundsätzlich keiner eigenen Vollstreckungsmaßnahme. Vielmehr gilt nach § 894 S. 1 ZPO mit Rechtskraft des Urteils die Erklärung als abgegeben. Der Ausnahmefall des § 894 S. 2 ZPO, dass die Willenserklärung von einer Gegenleistung abhängig gemacht ist, ist praktisch kaum relevant. Dann tritt die Fiktion erst ein, sobald nach den Vorschriften der §§ 726, 730 ZPO eine vollstreckbare Ausfertigung des rechtskräftigen Urteils erteilt ist.

e) Einsichtnahme in Unterlagen

33 Die Zwangsvollstreckung eines Anspruchs auf Einsichtgewährung in Unterlagen, der als Hauptverpflichtung tituliert wird, kann sich im Einzelfall nach § 883 ZPO, nicht nach § 888 ZPO richten.[44]

III. Einwände des Schuldners

1. Erfüllung und Unmöglichkeit

33 Zum Antrag auf einstweilige Einstellung der Zwangsvollstreckung nach § 62 Abs. 1 S. 3 ArbGG → *C. Vorläufige Vollstreckbarkeit/Einstellung der Zwangsvollstreckung.*

Obwohl der Schuldner materiell-rechtliche Einwendungen grundsätzlich nur mit der Vollstreckungsgegenklage nach § 767 ZPO geltend machen kann,[45] ist der Einwand der **Erfüllung** im Zwangsvollstreckungsverfahren grundsätzlich beachtlich.[46] Dies gilt auch, wenn die Erfüllung erst nach Eingang des Vollstreckungsantrags erfolgt. Der Gläubiger sollte dann die Zwangsvollstreckung entsprechend § 91a ZPO[47] für erledigt erklären. Entsprechendes gilt, wenn die Erfüllung erst im Beschwerdeverfahren (IV.) eintritt. Das Beschwerdegericht prüft nicht etwa nur, ob der Zwangsvollstreckungsbeschluss im Zeitpunkt seines Erlasses gerechtfertigt war. Hat der Schuldner die geschuldete Handlung inzwischen vorgenommen, gibt es keinen Grund mehr, seinen Willen zu beugen. Hält der Gläubiger seinen Vollstreckungsantrag dennoch aufrecht, ist dieser zurückzuweisen. Allerdings kommt dann die Anwendung von § 97 Abs. 2 ZPO in Betracht.[48]

34 Ob Erfüllung eingetreten ist, ist nicht immer leicht zu beurteilen, selbst wenn die Umstände unstreitig sind. Hat der Schuldner nach dem Titel ein qualifiziertes Zeugnis zu erteilen, hat das Gericht zu prüfen, ob das erteilte Zeugnis alle Mindestanforderungen hierfür erfüllt (§ 109 GewO: Angaben zu Art und Dauer der Tätigkeit, Beurteilung von Leistung und Verhalten im Arbeitsverhältnis). Eine Tätigkeitsbeschreibung ist beispielsweise nur ausreichend, wenn sie die Tätigkeiten, die der Arbeitnehmer im Laufe des Arbeitsverhältnisses ausgeübt hat, so vollständig und genau beschreibt, dass sich künftige Arbeitgeber ein klares Bild machen können.[49]

---

44 LAG Düsseldorf 29.7.2020 – 12 TaBVGa 4/20, BeckRS 2020, 28707.

45 LAG Rheinland-Pfalz 27.11.2007 – 10 Ta 263/07, BeckRS 2008, 51336.

46 BAG 31.5.2012 – 3 AZB 29/12, NZA 2012, 1117; OLG Köln 5.2.2003 – 19 W 22/02, MDR 2003, 894; BGH 6.6.2013 – I ZB 56/12, NJW-RR 2013, 1336.

47 LAG Hessen 14.1.2021 – 10 Ta 357/20, BeckRS 2021, 3047; zur einseitig bleibenden Erledigungserklärung LAG Schleswig-Holstein 28.1.2021 – 1 Ta 118/20, BeckRS 2021, 3692.

48 LAG Köln 18.8.2014 – 7 Ta 126/14, BeckRS 2015, 65280.

49 BAG 12.8.1976 – 3 AZR 720/75, DB 1976, 2211; LAG Düsseldorf 13.8.2014 – 13 Ta 351/14, unveröffentlicht: „Mitarbeiterin im Bereich Floristik“ ist unzureichend; zur äußeren Form Hess. LAG Hessen 13.8.2002 – 16 Ta 255/02, BeckRS 2002, 30450921.

Der Einwand der **Unmöglichkeit** kann in der Zwangsvollstreckung nur dann berücksichtigt werden, wenn diese unstreitig oder offenkundig ist.[50]

2. Änderung der Umstände

Haben sich die bei Erlass des Titels maßgebenden **Umstände** nach Ansicht des 35
Schuldners später **geändert,** kann er dies nicht in der Zwangsvollstreckung geltend machen, sondern muss – wenn er kein Rechtsmittel einlegt – eine Vollstreckungsgegenklage nach § 767 ZPO erheben:

> **Die Zwangsvollstreckung aus <Bezeichnung des Vollstreckungstitels, wenn erforderlich unter Nennung der fraglichen Ziffer> wird für unzulässig erklärt.**

Häufig empfiehlt es sich, zusätzlich den Antrag nach § 769 Abs. 1 ZPO zu stellen: 36

> **Die Zwangsvollstreckung aus <Bezeichnung des Vollstreckungstitels, wenn erforderlich unter Nennung der fraglichen Ziffer> wird einstweilen eingestellt.**

Dessen Grundsätze können entsprechend auch bei einem Antrag auf einstweilige 37
Einstellung der Zwangsvollstreckung nach § 62 Abs. 1 S. 3 ArbGG (→ *C. Vorläufige Vollstreckbarkeit/Einstellung der Zwangsvollstreckung*) anwendbar sein, so dass das Erfordernis des nicht zu ersetzenden Nachteils ausnahmsweise nicht zum Tragen kommt.[51]

Im **Beschlussverfahren** kann ein solcher Einwand gegeben sein, wenn sich die dem 38
Titel zugrundeliegende Betriebsvereinbarung geändert hat.[52]

3. Aufhebung des Titels

Nach § 775 ZPO ist im Fall der ganzen oder teilweisen Aufhebung des zu voll- 39
streckenden Urteils und in den sonstigen dort genannten Fällen die Zwangsvollstreckung einzustellen:

> **Die Zwangsvollstreckung aus <Bezeichnung des Vollstreckungstitels, wenn erforderlich unter Nennung der fraglichen Ziffer> wird eingestellt.**

4. Schadensersatz

§ 717 Abs. 2 ZPO spricht dem Schuldner Ansprüche auf → *Schadensersatz* zu, wenn 40
der Gläubiger vollstreckt hat, das Urteil jedoch später abgeändert oder aufgehoben wird. Die Regelung ist gemäß § 85 Abs. 1 S. 3 ArbGG auch im arbeitsgerichtlichen Beschlussverfahren grundsätzlich anwendbar.[53]

---

50 BAG 28.2.2023 – 8 AZB 17/22, NJW 2023, 1307.

51 Zu Einzelheiten LAG Baden-Württemberg 30.6.2010 – 19 Sa 22/10, BeckRS 2010, 71928; LAG Hamm 21.12.2010 – 18 Sa 1827/10, BeckRS 2011, 73631.

52 BAG 19.6.2012 – 1 ABR 35/11, NZA 2012, 1179.

53 BAG 12.11.2014 – 7 ABR 86/12, NZA 2015, 252.

IV. Rechtsmittel

41 Gegen Zwangsvollstreckungs-Beschlüsse des Arbeitsgerichts ist das Rechtsmittel der **sofortigen Beschwerde** zum Landesarbeitsgericht gegeben. Es gelten die Regelungen der §§ 567ff. ZPO. § 569 ZPO erlaubt die Einlegung sowohl beim Arbeitsgericht als auch beim Landesarbeitsgericht. Da grundsätzlich nach § 572 ZPO eine Abhilfeentscheidung erfolgen muss, führt die Einlegung beim Landesarbeitsgericht zu einer (geringfügigen) Verzögerung, die allerdings aufgrund der nach § 570 ZPO geregelten **aufschiebenden Wirkung** durchaus im Interesse des Beschwerdeführers liegen kann.

42 Die sofortige Beschwerde ist auch dann statthaft, wenn der Rechtspfleger die Erteilung einer **vollstreckbaren Ausfertigung** abgelehnt hat, §§ 11 Abs. 1 RPflG, 793 ZPO. In den Fällen, in denen der Urkundsbeamte der Geschäftsstelle für die Klauselerteilung zuständig ist und diese ablehnt, ist gemäß § 573 Abs. 1 ZPO die befristete Erinnerung gegeben. Erst gegen den die Erinnerung zurückweisenden Beschluss des Arbeitsgerichts ist dann nach § 573 Abs. 2 ZPO das Rechtsmittel der sofortigen Beschwerde gegeben. Einwendungen des Schuldners, welche die Zulässigkeit der Vollstreckungsklausel betreffen, sind mit der Klauselerinnerung nach § 732 ZPO geltend zu machen.[54]

43 Gemäß § 567 Abs. 3 ZPO ist eine **Anschlussbeschwerde** möglich, die – wie die Anschlussberufung – keine eigene Beschwer voraussetzt.

44 Die **Rechtsbeschwerde** zum Bundesarbeitsgericht ist nur statthaft, wenn das Landesarbeitsgericht sie zugelassen hat, § 574 Abs. 1 Nr. 2 ZPO.

45 Entscheidungen, die sich über einen nach **§ 769 ZPO** gestellten Antrag auf einstweilige Einstellung der Zwangsvollstreckung verhalten, unterliegen keiner Anfechtung.[55]

---

54 LAG Hessen 9.8.2016 – 7 Ta 310/16, BeckRS 2016, 116551.
55 BGH 21.4.2004 – XII ZB 279/03, NJW 2004, 2224.